अंतर्राष्ट्रीय संबंध

पीयू घोष
सह-प्राध्यापक एवं विभागाध्यक्षा
स्नातकोत्तर राजनीति विज्ञान विभाग
हुगली मोहसिन कॉलेज
चिंसुराह, हुगली, पश्चिम बंगाल

PHI Learning Private Limited
Delhi-110092
2024

₹795.00

अंतर्राष्ट्रीय संबंध
पीयू घोष

ISBN-978-81-19364-68-8 (Print Book)
ISBN-978-81-19364-98-5 (e-Book)

Published by Asoke K. Ghosh, PHI Learning Private Limited, Rimjhim House, 111, Patparganj Industrial Estate, Delhi-110092 and Printed by Sanjay Printers, 12/31, Site-4, Sahibabad Industrial Area, UP-201010.

संक्षिप्त विषय सूची

विषय सूची

प्रस्तावना

अंतर्राष्ट्रीय संबंध का अंग्रेजी संस्करण सर्वप्रथम 2009 में प्रकाशित हुआ जिसके उपरान्त शिक्षाविदों, छात्रों, युवा विद्वानों और शिक्षण संकायों से उत्तम प्रतिक्रिया मिलने के उपरांत इस संस्करण को नवीन रूप में पेश किया गया। अंग्रेजी संस्करण की अपार सफलता को देखते हुए और हिन्दी भाषी छात्रों की ज़रूरतों को पूरा करने हेतु पुस्तक के हिन्दी अनुवाद की आवश्यकता महसूस की गई। इसीलिए आपके समक्ष इस पुस्तक का हिन्दी संस्करण पेश करते हुए हमें अत्यंत हर्ष हो रहा है।

पुस्तक अंतर्राष्ट्रीय संबंधों के विषय के परिचय के साथ शुरू होती है और अध्याय 1–5 अंतर्राष्ट्रीय संबंधों के सैद्धांतिक पहलुओं से संबंधित हैं। ये अध्याय मुख्य रूप से अंतर्राष्ट्रीय संबंधों के विकास, प्रकृति और दायरे, अंतर्राष्ट्रीय संबंधों के अध्ययन के विभिन्न दृष्टिकोण, अंतर्राष्ट्रीय प्रणाली और राज्यीय और गैर-राज्यीय कर्ताओं, राष्ट्रीय शक्ति, राष्ट्रीय हित, शक्ति संतुलन और विदेश नीति पर विस्तृत चर्चा पर केंद्रित हैं। अध्याय 6–9 द्वितीय विश्व युद्ध के बाद के युग में उभरी प्रमुख विश्व घटनाओं और अंतर्राष्ट्रीय संबंधों के पैटर्न से संबंधित है। अध्याय 10 अंतर्राष्ट्रीय संबंधों में क्षेत्रवाद और दुनिया के प्रमुख क्षेत्रीय संगठनों और विश्व राजनीति में उनकी भूमिका से संबंधित है। अध्याय 11 में संयुक्त राष्ट्र का गहन विश्लेषण है। अध्याय 12–16 में अंतर्राष्ट्रीय संबंधों की नई चिंताओं का विश्लेषण है। वे निरस्त्रीकरण के विभिन्न प्रयासों, वैश्वीकरण से उत्पन्न चुनौतियों, विकास और सतत विकास के प्रश्न, मानवाधिकारों के मुद्दे और आतंकवाद के खतरे से निपटने से संबंधित हैं। अध्याय 14 विकास पर विभिन्न दृष्टिकोणों से संबंधित है। अध्याय 17 विश्व राजनीति में अंतर्राष्ट्रीय कानून, अंतर्राष्ट्रीय नैतिकता और विश्व जनमत के महत्व के बारे में बताता है। अध्याय 18 भारतीय विदेश नीति से संबंधित है जो पंडित जवाहर लाल नेहरू के दिनों से लेकर वर्तमान तक विकसित होती रही है। इस अध्याय में प्रमुख शक्तियों के साथ भारत के द्विपक्षीय संबंधों पर विस्तार से चर्चा की गई है। अध्याय 19 अंतर्राष्ट्रीय संबंधों और पर्यावरण के साथ इसके संबंध से संबंधित है। अध्याय 20 अंतर्राष्ट्रीय संबंधों में प्रवासन और शरणार्थियों जैसे उभरते मुद्दे को दर्शाता है। अध्याय 21 प्रमुख उभरते आर्थिक समूहों/पहल के साथ-साथ मौजूदा अंतर्राष्ट्रीय और क्षेत्रीय व्यवस्थाओं और संस्थानों पर केंद्रित है। अध्याय 22 समकालीन अंतर्राष्ट्रीय संबंधों में वर्तमान विकास पर केंद्रित है जो पुस्तक को और अधिक प्रासंगिक बनाता है।

यह पुस्तक न केवल अंतर्राष्ट्रीय संबंध, राजनीति विज्ञान, इतिहास के छात्रों और शिक्षकों के लिए बल्कि नेट (NET), एसएलईटी (SLET) और केंद्रीय और राज्यीय सिविल सेवाओं (Civil Services Exam) जैसी विभिन्न प्रतियोगी परीक्षाओं के इच्छुक विद्यार्थियों के लिए भी एक उपयोगी मार्गदर्शिका है।

पांडुलिपि के सावधानीपूर्वक प्रसंस्करण और निरंतर सहयोग के लिए मैं अपने प्रकाशक, PHI Learning को धन्यवाद देना चाहूँगी। मैं अपने माता-पिता श्री सुभाष कुमार घोष और श्रीमती कृष्णाश्री घोष के प्यार और स्नेह के लिए आभारी हूं। उनकी प्रेरणा, उत्साह और आर्शीवाद के कारण ही आज इस सफल पुस्तक का हिन्दी संस्करण पाठकों के समक्ष पेश हो सका हैं।

पीयू घोष

1

अंतर्राष्ट्रीय संबंध—अर्थ, विकास, प्रकृति और दायरा (International Relations—Meaning, Evolution, Nature and Scope)

अंतर्वस्तु (Contents)

परिचय (*Introduction*)

यह विश्व परिवर्तनशील है। परिवर्तन चाहे प्रौद्योगिकी, दूरसंचार या यात्रा जैसे किसी भी क्षेत्र में हो, हमारे दैनिक जीवन को प्रभावित करता है। ऐसे बदलावों से हमारी रोजमर्रा की पसंद या जरूरत प्रभावित होती है। इस तेजी से बढ़ती वैश्वीकृत दुनिया में, जब से हम किसी चुनाव में मतदान करते हैं या किसी राजनीतिक मंच पर कार्य करते हैं या विश्व बाजार में वस्तुओं या यहां तक कि व्यापार सेवाओं का उपभोग करते हैं, तब से हम अंतर्राष्ट्रीय समुदाय का हिस्सा बन जाते हैं। चाहे वह विश्व व्यापार प्रणाली के नियम हों या युद्ध, आपदा या लोगों के बीच बढ़ता संपर्क, दुनिया के बारे में हमारा दृष्टिकोण समकालीन विश्व घटनाओं से आकार लेता है। अंतर्राष्ट्रीय संबंधों का विषय ऐसी अंतर्राष्ट्रीय राजनीति और प्रक्रियाओं को समाहित करने का प्रयास करता है।

अंतर्राष्ट्रीय संबंध (International Relations) राज्यों, अंतर-सरकारी संगठनों (आईजीओ) (Inter-governmental organizations—IGOs), गैर-सरकारी संगठनों (एनजीओ) (Non-governmental organizations—NGO), और बहुराष्ट्रीय निगमों (एमएनसी) (Multinational Corporations—MNCs) की भूमिकाओं सहित राज्यों के बीच विदेशी मामलों और वैश्विक मुद्दों के अध्ययन का प्रतिनिधित्व करता है। यह एक अकादमिक और सार्वजनिक नीति

क्षेत्र है, जो या तो सकारात्मक या फिर मानक हो सकता है क्योंकि यह विशेष राज्यों की विदेश नीति का विश्लेषण करने के साथ-साथ उसे तैयार करने का भी प्रयास करता है। इसे प्रायः राजनीति विज्ञान की एक शाखा माना जाता है।

राजनीति विज्ञान के अलावा अंतर्राष्ट्रीय संबंध अर्थशास्त्र, इतिहास, कानून, दर्शन, भूगोल, समाजशास्त्र, मानव विज्ञान, मनोविज्ञान और सांस्कृतिक अध्ययन जैसे विविध क्षेत्रों पर आधारित है। इसमें विभिन्न प्रकार के मुद्दे शामिल हैं, जैसे वैश्वीकरण, राज्य संप्रभुता, पारिस्थितिक स्थिरता, परमाणु प्रसार, राष्ट्रवाद, आर्थिक विकास, वैश्विक वित्त, आतंकवाद, संगठित अपराध, मानव सुरक्षा, विदेशी हस्तक्षेप और मानवाधिकार।

चूँकि वैश्विक घटनाक्रम प्रत्येक व्यक्ति के जीवन को प्रभावित करता है, इसलिए अंतर्राष्ट्रीय संबंधों का क्षेत्र केवल राष्ट्रपतियों, प्रधानमंत्रियों या राजनयिकों का अधिकार नहीं हो सकता है। यह विश्व में रहने वाले प्रत्येक व्यक्ति के लिए प्रासंगिक हो जाता है। प्रथम विश्व युद्ध के बाद शुरू हुए इस विषय का विकास अभी भी विकासशील चरण में है और इसका दायरा दिन-ब-दिन बढ़ता जा रहा है। इस तेजी से बदलती दुनिया में शिक्षाविदों और छात्रों के लिए इस विषय में महारत हासिल करना एक चुनौती बन गया है।

अंतर्राष्ट्रीय संबंधों का अर्थ (Meaning of International Relations)

अंतर्राष्ट्रीय संबंधों का सटीक अर्थ देना कोई आसान काम नहीं है। इसे अंग्रजी के संक्षिप्त शब्दों में 'IR' (आईआर) के रूप में दशार्या जाता है। विश्वविद्यालयों और कॉलेजों में पढ़ाए जाने वाले इस अध्ययन के क्षेत्र को एक 'विषय' या 'अनुशासन' के रूप में निर्दिष्ट किया जाता है। 'अंतर्राष्ट्रीय संबंध' और 'अंतर्राष्ट्रीय राजनीति' शब्दों को परस्पर उपयोग करने की प्रवृत्ति के कारण कठिनाई कई गुना बढ़ जाती है। प्रायः यह मान लिया जाता है कि अंतर्राष्ट्रीय संबंध केवल अंतर्राष्ट्रीय राजनीति का अध्ययन है। हंस जे. मोर्गेंथाऊ (Hans J. Morgenthau)[1] और अन्य लोगों ने अंतर्राष्ट्रीय संबंधों के मूल को अंतर्राष्ट्रीय राजनीति की तरह देखा और अंतर्राष्ट्रीय राजनीति का विषय संप्रभु राष्ट्रों के बीच सत्ता के लिए संघर्ष के रूप में देखा गया। पैडलफ़ोर्ड और लिंकन (Padelford and Lincoln)[2] का यह भी मानना है कि, जब लोग 'अंतर्राष्ट्रीय संबंधों' की बात करते हैं, तो वे आमतौर पर राज्यों के बीच संबंधों के बारे में सोचते हैं। वे आगे तर्क देते हुए कहते हैं कि राज्यों के बीच ऐसे रिश्ते 'अंतर्राष्ट्रीय राजनीति' का गठन करते हैं जो शक्ति संबंधों के बदलते पैटर्न के भीतर राज्य की नीतियों की अंतःक्रिया है।

लेकिन अंतर्राष्ट्रीय संबंधों का अर्थ इससे कुछ अधिक व्यापक है जैसा कि पामर और पर्किन्स (Palmer and Perkins)[3] कहते हैं, अंतर्राष्ट्रीय संबंध केवल कूटनीति और राज्यों और अन्य राजनीतिक इकाइयों के बीच संबंधों पर केंद्रित अंतर्राष्ट्रीय समुदाय की राजनीति से संबंधित नहीं है, इसका अर्थ है 'विश्व समाज में लोगों और समूह के बीच संबंधों की समग्रता' । इसलिए, 'अंतर्राष्ट्रीय संबंध' शब्द न केवल व्यापक है, बल्कि इसका अर्थ उनके राज्यों की ओर से सरकारों के बीच आधिकारिक राजनीतिक संबंधों से भी कुछ अधिक है। जैसा कि हॉफमैन (Hoffman)[4] ने सुझाव दिया, आईआर का विषय "उन कारकों और गतिविधियों से संबंधित है जो बाहरी नीतियों और बुनियादी इकाइयों की शक्ति को प्रभावित करते हैं जिनमें दुनिया विभाजित है"।

पामर और पर्किन्स (Palmer and Perkins)[5] मानते हैं कि आईआर "राष्ट्र-राज्यों और अंतर्राष्ट्रीय संगठनों और समूहों के बीच संबंधों से कहीं अधिक व्यापक है। इसमें विभिन्न स्तरों पर, राष्ट्र-राज्य के स्तर से ऊपर और नीचे, अंतर्राष्ट्रीय समुदाय में अभी भी मुख्य कर्ता के रूप में बड़ी संख्या में संक्रमणकालीन रिश्ते शामिल हैं।

राइट (Wright)[6] ने तर्क दिया कि अंतर्राष्ट्रीय संबंधों में "अनिश्चित संप्रभुता वाली कई संस्थाओं के बीच संबंध" शामिल हैं और "यह केवल राष्ट्रों के लिए नहीं है, जिनसे अंतर्राष्ट्रीय संबंध जुड़ना चाहते हैं। यदि उपचार यथार्थवादी होना है तो अंतर्राष्ट्रीय संबंधों के अध्ययन में विभिन्न प्रकार के समूहों—राष्ट्रों, राज्यों, सरकारों, लोगों, क्षेत्रों, गठबंधनों, संघों, अंतर्राष्ट्रीय संगठनों, यहां तक कि औद्योगिक संगठनों, सांस्कृतिक संगठनों, धार्मिक संगठनों—के संबंधों पर विचार किया जाना चाहिए"।

फ्रेंकल (Frankel) द्वारा एक अधिक ठोस परिभाषा प्रदान की गई है[7]: "यह नया विषय विभिन्न देशों के विदेशी मामलों और अंतर्राष्ट्रीय इतिहास के अध्ययन के संयोजन से कहीं अधिक है—इसमें समग्र रूप से अंतर्राष्ट्रीय समाज और इसके संस्थानों और प्रक्रियाओं का अध्ययन भी शामिल है। यह न केवल राज्यों और उनकी अंतःक्रियाओं को लेकर, बल्कि अंतर्राष्ट्रीय राजनीति के जाल को लेकर भी चिंतित है''।

मैथिसन (Mathiesen)[8] अंतर्राष्ट्रीय संबंधों की एक बहुत व्यापक परिभाषा और सुझाव देते हैं कि "अंतर्राष्ट्रीय संबंध राज्य की सीमाओं से परे सभी प्रकार के संबंधों को शामिल करते हैं, चाहे वे आर्थिक, कानूनी, राजनीतिक या किसी अन्य प्रकार के हों, चाहे वे निजी हों या आधिकारिक", और "सभी मानव व्यवहार राज्य की सीमा के एक तरफ उत्पन्न होते हैं और सीमा के दूसरी तरफ मानव व्यवहार को प्रभावित करते हैं"।

गोल्डस्टीन (Goldstein)[9] का मानना है कि आईआर का क्षेत्र मुख्य रूप से "दुनिया की सरकारों के बीच संबंधों से संबंधित है"। लेकिन उनका तर्क है कि आईआर को इस तरह से परिभाषित करना सरल लग सकता है, और इसलिए, आईआर को समग्र रूप से समझने के लिए, राज्यों के बीच संबंधों को अन्य कर्ताओं (अंतर्राष्ट्रीय संगठनों, बहुराष्ट्रीय कंपनियों, व्यक्तियों) की गतिविधियों के संबंध में समझा जाना चाहिए। उनके अनुसार, अन्य सामाजिक संरचनाओं (आर्थिक, सांस्कृतिक और घरेलू राजनीति सहित) के साथ, ऐतिहासिक और भौगोलिक प्रभावों पर विचार करना चाहिए।

जैक्सन और सोरेनसन (Jackson and Sorenson)[10] मानते हैं कि "हमें आईआर का अध्ययन क्यों करना चाहिए इसका मुख्य कारण यह तथ्य है कि दुनिया की पूरी आबादी अलग-अलग क्षेत्रीय समुदायों या स्वतंत्र राज्यों में विभाजित है, जो लोगों के जीवन जीने के तरीके को गहराई से प्रभावित करती है"। यह परिभाषा आईआर के अध्ययन में राज्यों और राज्य प्रणाली की केंद्रीयता की ओर इशारा करती है लेकिन समकालीन आईआर में अन्य मुद्दे भी हैं। जैक्सन और सोरेनसन इस प्रकार प्रतिबिंबित करते हैं कि "एक चरम पर विद्वानों का ध्यान विशेष रूप से राज्यों और अंतर-राज्य संबंधों पर है; लेकिन दूसरे चरम पर आईआर में लगभग वह सब कुछ शामिल है जिसका दुनिया भर में मानवीय संबंधों से लेना-देना है। इसलिए, आईआर यह समझना चाहता है कि लोगों को सुरक्षा, स्वतंत्रता, व्यवस्था, न्याय और कल्याण के बुनियादी मूल्य कैसे प्रदान किए जाते हैं या प्रदान नहीं किए जाते हैं।

लॉसन (Lawson) के अनुसार[11] "सबसे सरल और संकीर्ण अर्थों में, आईआर को राज्यों के बीच संबंधों के अध्ययन को दर्शाने के लिए लिया जाता है"। उनका तर्क है कि, व्यापक अर्थ में, "आईआर राज्य की सीमाओं के पार राज्य-आधारित कर्ताओं के बीच बातचीत को दर्शाता है" जिसका अर्थ है कि, समग्र रूप से राज्य प्रणाली के साथ घनिष्ठ सरोकार के अलावा, विभिन्न प्रकार की गैर-राज्यीय कर्ताओं की गतिविधियों के साथ समान सरोकार है।

अंतर्राष्ट्रीय संबंधों की कुछ हद तक मानक परिभाषा फ्रेडरिक एस. डन (Frederick S. Dunn) द्वारा 1948 में प्रदान की गई । उनके अनुसार अंतर्राष्ट्रीय संबंधों को "राष्ट्रीय सीमाओं के पार होने वाले वास्तविक संबंधों के रूप में, या किसी भी समय उन संबंधों के बारे में हमारे पास मौजूद ज्ञान के भंडार के रूप

में देखा जा सकता है”[12]। इसे एक व्यापक परिभाषा माना जाता है क्योंकि यह इस विषय को राज्यों और सरकारों के बीच आधिकारिक संबंधों तक सीमित नहीं करती है।

इस प्रकार, यह देखा जा सकता है कि आईआर विद्वानों की ओर से राज्य-केंद्रित सोच से बाहर आने और अन्य कर्ताओं की उपस्थिति को पहचानने के साथ-साथ एक परिप्रेक्ष्य को अपनाने का जबरदस्त प्रयास किया गया है। इसलिए, उपरोक्त दृष्टिकोणों को सारांशित करते हुए, यह पता लगाया जा सकता है कि आईआर एक विशाल क्षेत्र है जिसमें राज्यों के बीच उनके सभी आयामों में संबंधों को शामिल किया गया है, जिसमें अंतर्राष्ट्रीय इतिहास, अंतर्राष्ट्रीय कानून के अध्ययन के साथ-साथ विभिन्न अन्य राजनीतिक और गैर-राजनीतिक समूहों, अंतर्राष्ट्रीय समाज और अंतर्राष्ट्रीय राजनीतिक अर्थव्यवस्था के साथ बातचीत भी शामिल है।

अंतर्राष्ट्रीय संबंधों के अध्ययन का विकास (Evolution of the Study of IR)

प्रथम विश्व युद्ध के परिणामस्वरूप लगभग हर देश में अत्यधिक विनाश और तबाही हुई, जिसमें लाखों लोगों की जान चली गई—शायद इसका उचित अनुमान कभी नहीं लगाया जा सकता है। लड़ाई समाप्त होने के कई वर्षों बाद भी पूर्ण आर्थिक पतन, व्यापक अकाल और बड़े पैमाने पर बीमारियों के कारण यहाँ तक कि विजयी पक्ष या विजयी राष्ट्रों से भी मरने वालों की संख्या में वृद्धि हुई। प्रथम विश्व युद्ध के इस भयानक और दर्दनाक अनुभव से ही एक अलग शैक्षणिक विषय के रूप में आईआर (IR) का अध्ययन करने की जिज्ञासा बढ़ी।

अंतर्राष्ट्रीय संबंध की उत्पत्ति का पता राजनीतिक दार्शनिकों जैसे कि थ्यूसीडाइड्स (Thueydides), एक प्राचीन यूनानी इतिहासकार के लेखन से लगाया जा सकता है, जिन्होंने ‘*पेलोपोनेसियन युद्ध का इतिहास* (History of the Peloponnesian War)’ लिखा था और उन्हें *रियलपोलिटिक* (realpolitik), चाणक्य के अर्थशास्त्र और *निकोलो मैकियावेली* (Niccolò Machiavelli’s) के इल प्रिंसिपे (Il Principe—The Prince) के बौद्धिक अग्रदूत के रूप में भी प्रस्तुत किया गया है। *हालाँकि, अपने आप में एक अकादमिक* विषय *के रूप में आईआर का अध्ययन प्रथम विश्व युद्ध के भयावह अनुभवों के बाद ही किया गया।* इससे पहले, आईआर हमेशा इतिहास, कानून, दर्शन, राजनीति विज्ञान और अन्य संबंधित विषयों की एक शाखा के रूप में अस्तित्व में था। लेकिन प्रथम विश्व युद्ध, जिसके परिणामस्वरूप 20 मिलियन लोगों की जान चली गई, ने विश्व व्यवस्था बनाए रखने की एक विधि के रूप में पारंपरिक यूरोपीय कूटनीति की दिवालियापन और सीमाओं को साबित कर दिया, और विकल्पों के लिए इच्छा प्रबल हो गई।

इसने आईआर के प्रति उदार दृष्टिकोण को जन्म दिया जिसे अक्सर सामूहिक रूप से आदर्शवाद (idealism) या कभी-कभी यूटोपियनवाद (utopianism) के रूप में जाना जाता है। उनका ध्यान अंतर्राष्ट्रीय व्यवस्था की बुराइयों और भविष्य में बड़ी आपदाओं से बचने और भावी पीढ़ियों को युद्धों के संकट से बचाने के लिए “जो किया जाना चाहिए” उस पर था। उदारवादी सोच के कई पहलू थे, लेकिन कई उदारवादी लेखों में चलने वाली मूल धारणा यह थी कि मनुष्य तर्कसंगत थे और, जब वे अंतर्राष्ट्रीय संबंधों के लिए तर्क लागू करते हैं, तो वे सभी के लाभ के लिए संगठन स्थापित कर सकते हैं। इसलिए, उदारवादी सोच के विकास के इस चरण के दौरान युद्ध को गैरकानूनी घोषित करने, निरस्त्रीकरण, अंतर्राष्ट्रीय कानून और अंतर्राष्ट्रीय संगठनों पर जोर दिया गया। प्रथम विश्व युद्ध (World War I—WWI) के बाद के आदर्शवाद के मुख्य समर्थक अल्फ्रेड जिमर्न (Alfred Zimmern)(1879–1957), नॉर्मन एंजेल Norman Angell (1872–1967), जेम्स टी. शॉटवेल (James T. Shotwell, 1874–1965)

और वुडरो विल्सन (Woodrow Wilson, 1856–1924) थे। विशेष रूप से, 1918 में अमेरिकी कांग्रेस के समक्ष विल्सन द्वारा दिया गया "14 पॉइंट्स" का भाषण आदर्शवादी व्याख्या की भावनाओं की अभिव्यक्ति है। उन्होंने विश्व समुदाय से निम्नलिखित के लिए प्रतिज्ञा की:

- दुनिया को लोकतंत्र के लिए सुरक्षित बनाना।
- राष्ट्र-राज्यों के बीच शांतिपूर्ण सहयोग को बढ़ावा देने के लिए अंतर्राष्ट्रीय संगठन का निर्माण।

दरअसल, युद्ध के बाद के शांति समझौते में विल्सन की बातों को अपनाया गया। राष्ट्र संघ और संधि का जन्म, जो अंततः 1919 में तैयार किया गया, विल्सनियन सिद्धांतों की अंतिम अभिव्यक्ति थी। उनक सोचना मुख्यतः यह था कि वास्तविक राजनीति (realpolitik) एक "जंगल की तरह है, जहां खतरनाक जानवर घूमते हैं और मजबूत और चालाक शासन करते हैं, उसी प्रकार राजनीति में राष्ट्र संघ के तहत जानवरों को अंतर्राष्ट्रीय संगठन के प्रतिबंधों द्वारा, जो एक पिंजरे के समान है बाँध दिया जाता है।[13]

ऐसी पृष्ठभूमि में उभरे अंतर्राष्ट्रीय संबंधों ने जल्द ही अमेरिकी विश्वविद्यालयों में अपनी जगह बना ली। इस विषय को औपचारिक रूप से एबरिस्टविथ (Aberystwyth), चेयर आफ इंटरनेशनल पालिटिक्स वुडरो विल्सन (Woodrow Wilson) द्वारा 1919 में स्थापित किया गया। इसका लोकोपकारक (philanthropist) डेविड डेविस (David Davies) द्वारा समर्थन किया गया। सर अल्फ्रेड जिमर्न (Sir Alfred Zimmern) इस प्रतिष्ठित कुर्सी के पहले धारक थे। इसके साथ ही, मोंटेग बर्टन (Montague Burton) ने जेरूसलम (1929), ऑक्सफोर्ड विश्वविद्यालय (1930), लंदन स्कूल ऑफ इकोनॉमिक्स (1936) और एडिनबर्ग विश्वविद्यालय (1948) में अंतराष्ट्रीय संबंधों की शाखा भी स्थापित की। उनका दृढ़ विश्वास था कि अंतर्राष्ट्रीय संबंधों के अध्ययन को बढ़ावा देने से शांति लाना संभव होगा, अर्थात अंतर्राष्ट्रीय संबंधों के व्यवस्थित अध्ययन से अंतर्राष्ट्रीय कानून और राष्ट्र संघ के लिए समर्थन बढ़ेगा। उदारवादी विचार की कई कमियों के बावजूद, यह स्वीकार किया जाता है कि जिमर्न, विल्सन और डेविस ने एक अकादमिक विषय के रूप में आईआर के अध्ययन की नींव रखी।[14]

चूँकि प्रमुख शिक्षाविद् अभी भी प्रथम विश्व युद्ध के सदमे और भय से जूझ रहे थे, उन्होंने कानूनी-नैतिकवादी दृष्टिकोण अपनाया। उनका दृष्टिकोण प्रमुख रूप से अत्यधिक वर्णनात्मक (descriptive) और अनुदेशात्मक (prescriptive) था। वे अंतर्राष्ट्रीय संबंधों की जटिल प्रकृति को समझने की आवश्यकता को पूरा करने में असमर्थ थे। उन्होंने आदर्श स्थापित करने की केशिश की किन्तु स्थापित करने की कोशिश की किन्तु, अंतर्राष्ट्रीय संबंधों की कठोर वास्तविकताओं की अनदेखी करते हुए। इसलिए, उदारवादी विचारकों के आशावाद और आदर्शों को 1939 में द्वितीय विश्व युद्ध (Second World War—WWII) के फैलने से गहरा झटका लगा। युद्ध को रोकने में राष्ट्र संघ की विफलता और कुछ अन्य राज्यों के संबंध में कुछ राज्यों के व्यवहार से संबंधित प्रश्नों का उत्तर देने में आदर्शवादियों की विफलता, जिसने अंतर-युद्ध अवधि में संघर्ष जैसी स्थितियों को बढ़ा दिया, जो अंततः द्वितीय विश्वयुद्ध में परिणत हुआ। जिसके कारण आदर्शवादियों की कड़ी आलोचना हुईं।

विल्सन की लोकतंत्र के विस्तार की आशा के विपरीत, इटली और जर्मनी में फासीवाद और नाज़ीवाद का विकास हुआ और इसके साथ ही मध्य और पूर्वी यूरोप में अधिनायकवाद का उदय हुआ। आक्रामक राज्यों को नियंत्रित करने के लिए राष्ट्र संघ बहुत कमजोर अंतर्राष्ट्रीय संगठन साबित हुआ। रूस और जर्मनी के लीग के साथ सदैव तनावपूर्ण संबंध रहे। जर्मनी 1926 में लीग में शामिल हुआ और 1930 के दशक की शुरुआत में अलग हो गया। मंचूरिया पर आक्रमण के बाद, जापान ने लीग छोड़ दी। रूस 1934 में लीग में पुनः शामिल हुआ लेकिन 1940 में फिनलैंड पर हमले के बाद उसे निष्कासित कर दिया गया। ब्रिटेन और

फ्रांस ने कभी भी लीग के सिद्धांतों का सम्मान नहीं किया। संयुक्त राज्य अमेरिका, हालांकि लीग के निर्माण में अग्रणी था, लेकिन सीनेट द्वारा लीग की संधि को मंजूरी देने से इनकार करने के साथ-साथ तटस्थता (isolationism) की अपनी सदियों पुरानी नीति को आगे बढ़ाने के अपने इरादे के कारण इसमें शामिल नहीं हो सका। 1930 के दशक के गंभीर आर्थिक संकट ने राज्यों को फिर से परस्पर निर्भरता के बजाय संरक्षणवाद की नीति का उत्साहपूर्वक पालन करने के लिए मजबूर किया। जैसा कि कुछ विद्वानों ने कहा, प्रत्येक देश अपनी बेहतर स्थिति के लिए कार्य कर रहा था, प्रत्येक देश अपने स्वयं के हितों की देखभाल करने की पूरी कोशिश कर रहा था।[15] इसलिए, आईआर की अधिक आलोचनात्मक और गहन समझ के लिए मंच तैयार था।

जब द्वितीय विश्व युद्ध (1939–1945) अंततः छिड़ गया, तो आदर्शवादियों को उनकी यूटोपियन सोच के लिए दोषी ठहराया गया और उनकी कानूनी-नैतिकतावादी धारणाओं को सत्ता की राजनीति की वास्तविकताओं से दूर होने का आरोप लगाया गया। आईआर जल्द ही उदार आदर्शवाद की आलोचना में व्यस्त हो गया और इसमें से एक नया प्रतिमान उभरा—यथार्थवाद, जिसे कभी-कभी 'रियलपोलिटिक' भी कहा जाता है—जिसे आदर्शवाद के एक विरोधी सिद्धांत के रूप में जाना जाता है। इस विश्वदृष्टि के प्रमुख समर्थक ई.एच. कैर (E.H. Carr, 1939), जॉर्ज एफ. केनन (George F. Kennan, 1954, 1956), हंस जे. मोर्गेंथाऊ (Hans J. Morgenthau, 1948), रेनहोल्ड निबुहर (Reinhold Niebuhr, 1947), केनेथ डब्ल्यू. थॉम्पसन (Kenneth W. Thompson, 1958, 1960) और अन्य थे। यह द्वितीय विश्व युद्ध के बाद की अवधि में आईआर में पहली 'महान बहस' का उद्भव था।

यथार्थवादी प्रतिमान राज्यों और उनकी गतिविधियों को एकमात्र महत्व देता है, जो उनके हितों द्वारा निर्देशित होती हैं जो एकमात्र वास्तविकता हैं। यथार्थवादियों के लिए, हितों का टकराव अपरिहार्य है, जिसके परिणामस्वरूप एक अराजक अंतर्राष्ट्रीय व्यवस्था बनती है और यह विश्व राजनीति की स्थिति है जो राज्यों की पसंद को आकार देती है जहां प्रत्येक राज्य शक्ति के संदर्भ में अपने हित को परिभाषित करता है। यथार्थवादी के अनुसार, किसी भी नैतिक विचार से रहित शक्ति के संदर्भ में परिभाषित हित, अंतर्राष्ट्रीय राजनीति को अर्थ देता है। यथार्थवाद अपनी सशक्त व्याख्या के साथ जल्द ही आईआर को समझने का प्रमुख प्रतिमान बन गया। फिर भी, 1960 और 1970 के दशक के आसपास यथार्थवादी प्रतिमान की कमियों को लेकर भी असंतोष पैदा हुआ।

यह असंतोष भाषा और आईआर के अध्ययन के तरीके को लेकर अधिक था। इसका मुख्य कारण सामाजिक विज्ञान के संपूर्ण क्षेत्र में व्यवहारिक क्रांति थी। मुख्य जोर अध्ययन की वैज्ञानिक पद्धतियों के अनुप्रयोग पर था। इस प्रकार, आईआर में दूसरी महान बहस सामने आई। लेकिन यह 'नई' महान बहस इस अर्थ में पहली बहस से अलग थी कि पहली महान बहस आईआर की विषय वस्तु या सामग्री से संबंधित थी, जबकि दूसरी विशुद्ध रूप से आईआर में विश्लेषण के तरीके पर ध्यान केंद्रित करने वाला एक पद्धतिगत आंदोलन था। जैसा कि केगली और विटकोफ (Kegley and Wittkopf)[16] बताते हैं कि मुख्य ध्यान "अंतर्राष्ट्रीय संबंधों के बारे में सिद्धांत बनाने" के बजाय "सिद्धांत के बारे में सिद्धांत बनाने" पर था। उन्होंने व्यक्तिपरक विश्वास को सत्यापन योग्य ज्ञान से बदलने की कोशिश की और केवल राय के लिए डेटा और प्रतिलिपि प्रस्तुत करने योग्य जानकारी को प्रतिस्थापित करने के प्रयास के साथ-साथ परीक्षण योग्य साक्ष्य के साथ प्रभाववाद और अंतर्ज्ञान को प्रतिस्थापित करना चाहते थे। जिन प्रमुख कार्यों में वैज्ञानिक तरीकों को शामिल करने की कोशिश की गई, वे थे क्विंसी राइट (Quincy Wright) की 'ए स्टडी ऑफ वॉर'*,

* Quincy Wright, *A Study of War*, University of Chicago, Chicago, 1942.

मॉर्टन ए. कपलान (Morton A. Kaplan) की 'सिस्टम्स एंड प्रोसेसेज इन इंटरनेशनल पॉलिटिक्स'* और चार्ल्स मैक्लेलैंड (Charles McClelland's)† की 'थ्योरी ऑफ द इंटरनेशनल सिस्टम'।

मॉर्टन कपलान (Morton Kaplan) और कार्ल डॉयचे (Karl Deutsch)‡ जैसे सिद्धांतकारों की कार्यप्रणाली ने पारंपरिक दृष्टिकोण की नैतिकता और कानूनीवाद को अस्वीकार कर दिया। कपलान ने अंतर्राष्ट्रीय प्रणाली की कल्पना अंतर्राष्ट्रीय कर्ताओं के व्यवहार और उनकी नीतियों के "नियामक", "एकीकृत" या विघटनकारी परिणामों को समझाने के लिए एक "विश्लेषणात्मक इकाई" के रूप में की। डॉयचे (Deutsch) ने अंतर्राष्ट्रीय प्रणाली को "बस्ती के समूह, परिवहन के साधन, संस्कृति के केंद्र, भाषा के क्षेत्र, बाजारों के बीच जाति और वर्ग बाधाओं के निर्णय, धन और परस्पर निर्भरता में ज्यादा क्षेत्रीय अंतर" के रूप में समझा। सईद (Said)[17] के आईआर में इन सिद्धांतकारों के लिए "पारंपरिक सिद्धांतकारों की वैचारिक प्रतिबद्धता वास्तविक राजनीतिक दुनिया में कार्य-कारण का विश्लेषण करने के लिए एक अवमूल्यन परिकल्पना बन गई है"।

दूसरी महान बहस न तो व्यवहारवादियों और न ही परंपरावादियों द्वारा जीती गई और, धीरे-धीरे विवाद कम हो गए लेकिन आईआर विद्वानों, विशेषकर यूएसए (USA) के विद्वानों पर लंबे समय तक अपना प्रभाव छोड़ा। अंततः, इससे यथार्थवाद और उदारवाद दोनों का पुनरुद्धार हुआ, जो दोनों ही व्यवहारवादी पद्धतियों से अत्यधिक प्रभावित थे। नव-यथार्थवाद और नव-उदारवाद के रूप में यथार्थवाद और उदारवाद के नए अवतारों ने 1970 के दशक में पहली बड़ी बहस को फिर से शुरू कर दिया। साथ ही, एक ओर नव-उदारवाद और नव-यथार्थवाद और दूसरी ओर नव-मार्क्सवाद के बीच एक और बड़ी बहस छिड़ गई। यह 'नव-नव' (neo-neo) बहस आईआर की तीसरी महान बहस बन गई।

नवउदारवादियों ने प्रगति और परिवर्तन की संभावना के बारे में पुराने उदारवादी विचारों को नवीनीकृत किया, लेकिन उन्होंने आदर्शवाद को त्याग दिया। उन्होंने सिद्धांत बनाने और नए तरीके लागू करने की कोशिश की जो वैज्ञानिक थे। नव-उदारवाद के कई पहलुओं में से, सबसे प्रमुख, जिसने यथार्थवादी चुनौती का सामना करने की कोशिश की, आम तौर पर बहुलवाद के रूप में जाना जाता था, और इसके साथ जुड़ा अंतर्राष्ट्रीय संबंधों का अंतरनिर्भरता मॉडल था। नव-उदारवादी दृष्टिकोण के मुख्य प्रस्तावक ई. हास (E. Haas) (प्रभावशाली अमेरिकी राजनीतिक वैज्ञानिक), रॉबर्ट केओहेन (Robert Keohane)§ और जोसेफ नी (Joseph Nye)¶ थे।

इस नव-उदारवादी स्कूल के मुख्य कर्ताओं की बहुलता (plurality) या बहुगुण (multiplicity) थी। नव-उदारवादियों ने यथार्थवादी दृष्टिकोण की विलक्षण सरलताओं को खारिज कर दिया, जो राज्यों को अंतर्राष्ट्रीय संबंधों में एकमात्र महत्वपूर्ण कर्ता मानता था। उदारवादी विचारधारा के इस नए स्कूल ने अंतर्राष्ट्रीय संबंधों में कर्ताओं की बहुलता और उनकी गतिविधियों पर बहुत अधिक जोर दिया। उन्होंने स्वीकार किया

* Morton A. Kaplan, *Systems and Processes in International Politics*, Wiley and Sons, New York, 1957.

† Charles McClelland's, *Theory of the International System*, The Macmillan Company, New York, 1967.

‡ Karl Deutsch, *The Analysis of International Relations*, Prentice Hall, Englewood Cliffs, New Jersey, 1968.

§ Robert Keohane is an American academic and a neo-liberal institutionalism theorist in international relations. He is the Professor of International Affairs at the Princeton University.।

¶ Joseph Nye Voted as one of the ten most influential scholars of international relations in the US. Along with Robert Keohane, he developed the neo-liberal theory of international relations.

कि संयुक्त राष्ट्र और यूरोपीय संघ (ईयू) (European Union—EU), दक्षिण पूर्व एशियाई देशों के संगठन (आसियान) (Association of South East Asian Nations—ASEAN), अफ्रीकी संघ (एयू) (African Union—AU) जैसे राज्य-आधारित संगठनों के साथ-साथ गैर राज्य संगठनों का महत्व बढ़ रहा था। जैसे बहुराष्ट्रीय निगम (एमएनसी) (Multinational Corporations—MNCs), अंतर्राष्ट्रीय मुद्रा कोष (आईएमएफ) (International Monetary Fund—IMF), विश्व बैंक, कई अंतर्राष्ट्रीय गैर-सरकारी संगठन जैसे रेड क्रॉस, रेड क्रिसेंट, मेडेकिन्स सेन्स फ्रंटियर्स, एमनेस्टी इंटरनेशनल और कई अन्य गैर-राज्यीय कर्ता। ये कर्ता घरेलू और अंतर्राष्ट्रीय क्षेत्रों के बीच काम करते हैं, जिससे राज्यों का अतिक्रमण होता है और सीमाएं कुछ हद तक अप्रासंगिक हो जाती हैं।

दूसरा विचार जो नव-उदारवादियों ने सामने रखा वह 'जटिल परस्पर निर्भरता' की अवधारणा है, जो यथार्थवादियों से नाटकीय रूप से भिन्न है। उनका तर्क है कि, सरकारों के राजनीतिक संबंधों के अलावा, व्यापार निगमों के बीच अंतर्राष्ट्रीय संबंधों सहित समाजों के बीच अन्य प्रकार के संबंध भी हैं। यहां सैन्य बल को ज्यादा महत्व नहीं दिया जाता। इसलिए, "मुद्दों के बीच पदानुक्रम की अनुपस्थिति" पाई जाती है और सैन्य शक्ति अब अन्य कर्ताओं की तरह विदेश नीति के एक साधन के रूप में उपयोगी नहीं है; इसके अलावा, राज्यों के अंतर्राष्ट्रीय एजेंडे में हिंसक संघर्ष नहीं है। इसलिए, यह कहा जा सकता है कि नव-उदारवादियों ने अंतर्राष्ट्रीय संबंधों के गैर-सैन्य प्रतिमानों को सामने रखा और लगातार शांतिपूर्ण और सहकारी अंतर्राष्ट्रीय संबंधों के लिए तर्क दिया।[18]

बहुलवादियों के तर्कों ने जल्द ही यथार्थवादियों का ध्यान आकर्षित किया और यह केनेथ वाल्ट्ज (Kenneth Waltz)* थे जिन्होंने यथार्थवाद को उसके नए रूप—नव-यथार्थवाद—में नवीनीकृत किया और यथार्थवादियों और उदारवादियों के बीच बहस को पुनर्जीवित किया। नव-यथार्थवाद की इस धारा ने शास्त्रीय यथार्थवाद के सिद्धांतों, विशेष रूप से हंस जे. मोर्गेंथाऊ (Hans J. Morgenthau) के सिद्धांतों पर निर्माण करने की कोशिश की और शास्त्रीय यथार्थवाद से एक सिद्धांत के उन तत्वों को खींचने की कोशिश की जो बीसवीं सदी के उत्तरार्ध की दुनिया के लिए पर्याप्त थे और साथ ही साथ वैचारिक रूप से जुड़े हुए थे। अन्य सैद्धांतिक प्रयास वाल्ट्ज के अग्रणी कार्य *थ्योरी ऑफ इंटरनेशनल पॉलिटिक्स* (Theory of International Politics)† (1979) ने नव-यथार्थवादियों की बहस का आवश्यक आधार तैयार किया। उन्होंने अंतर्राष्ट्रीय प्रणाली की 'संरचना' और अंतर्राष्ट्रीय प्रणाली में उस संरचना के परिणामों पर ध्यान केंद्रित किया। नव-यथार्थवादियों के लिए, अंतर्राष्ट्रीय राजनीति राज्यों की विदेश नीतियों के योग और अन्य कर्ताओं के बाहरी संतुलन से कहीं अधिक हो गई। इसलिए, वाल्ट्ज़ (Waltz) ने एक ऐसी प्रणाली में कर्ताओं के बीच पैटर्न वाले रिश्तों पर जोर दिया जो अराजक है। उनके लिए, राज्य सत्ता चाहने वाले और सुरक्षा के प्रति जागरूक थे, इसलिए नहीं कि मानवीय स्वभाव को शास्त्रीय यथार्थवादियों द्वारा 'साधारण रूप से बुरा' माना जाता था, बल्कि इसलिए कि अंतर्राष्ट्रीय प्रणाली की संरचना उन्हें ऐसा करने के लिए मजबूर करती थी। इसलिए, नव-यथार्थवादियों ने राज्यों के बीच सहयोग की संभावनाओं को नजरअंदाज नहीं किया। लेकिन विवाद का मुद्दा यह था कि राज्यों ने एक-दूसरे के साथ सहयोग करते हुए अपनी सापेक्ष शक्ति को अधिकतम करने और अपनी स्वायत्तता को बनाए रखने की कोशिश की। इसलिए, नव-यथार्थवादी 1980 के दशक में नव-उदारवादियों को रक्षात्मक स्थिति में लाने में सफल रहे।[19]

---

* Kenneth Waltz is one of the most prominent scholars of international relations.

† Kenneth Waltz, *Theory of International Politics*, McGraw Hill, New York, 1979.

हालाँकि, इस अवधि के दौरान, विद्वानों द्वारा दोनों विचारधाराओं को करीब लाने के प्रयास शुरू किए गए। रॉबर्ट केओहेन (Robert Keohane) और बैरी बुज़न (Bary Buzan)[20] के प्रयास उल्लेखनीय थे। चार्ल्स जोन्स और रिचर्ड लिटिल (Charles Jones and Richard Little) के साथ बैरी बुज़न (Bary Buzan) ने नव-यथार्थवादी और नव-उदारवादी संस्थागत पदों को संश्लेषित करने की कोशिश की और उन्होंने 'गहरी संरचना' की अवधारणा पेश की, जिसका अर्थ था कि राजनीतिक संरचना में अराजकता के साथ-साथ पदानुक्रम भी शामिल है और इसमें न केवल शक्ति और संस्थान शामिल हैं बल्कि नियम और मानदंड भी। उनका मानना था कि अराजक समाज ने ऐसे राज्यों का निर्माण किया जो संप्रभु हैं लेकिन इसका मतलब यह नहीं है कि अराजकता सहयोग के साथ असंगत है। बुज़ान (Buzan), जोन्स (Jones) और लिटिल (Little) की राय थी कि अंतर्राष्ट्रीय प्रणाली की इकाइयों की संरचनाएँ अलग-अलग होती हैं, जो साम्राज्यों से लेकर गणराज्यों तक फैली हुई हैं और राज्य और गैर-राज्यीय कर्ताओं सहित, अपनी अंतर्राष्ट्रीय कार्रवाई में सहकारी और प्रतिस्पर्धी व्यवहार प्रदर्शित करती हैं। इसके परिणामस्वरूप अंतर्राष्ट्रीय सहयोग के लिए गठजोड़, गठबंधन, शासन, मानदंड और संस्थान बने। अंतर्राष्ट्रीय व्यवस्था और उसकी इकाइयों के बीच परस्पर क्रिया से परिवर्तन और निरंतरता आई। कुल मिलाकर, बुज़ान, जोन्स और लिटिल (Buzan, Jones and Little) ने वाल्ट्ज (Waltz) के संरचनात्मक यथार्थवाद के मूल तत्वों को बरकरार रखा, लेकिन अंतर्राष्ट्रीय प्रणाली जो अराजकता पर आधारित थी के बावजूद भी सहयोग के पैटर्न को शामिल करते हुए इसे व्यापक बनाया।

एक और चुनौती, जो इस दौरान सीधे तौर पर नव-यथार्थवादियों और नव-उदारवादियों के सामने आई, वह थी मार्क्सवादी दृष्टिकोण। इसमें मुख्य योगदान नव-मार्क्सवादियों, जैसे आंद्रे गुंडर फ्रैंक (Andre Gunder Frank, 1967), इमैनुएल वालरस्टीन (Immanuel Wallerstein, 1974) और अन्य लोगों का था जिन्होंने स्कूल ऑफ इंटरनेशनल पॉलिटिकल इकोनॉमी (IPE) का गठन किया। उनका मौलिक योगदान अंतर्राष्ट्रीय प्रणाली की उत्पत्ति और विकास में शक्तिशाली अंतर्दृष्टि प्रदान करने में था जो मोटे तौर पर प्रमुख उत्तर और आश्रित दक्षिण में विभाजित है। उनका प्रयास अधिकांश विकासशील देशों के प्रभुत्व और निर्भरता के पैटर्न में लगातार अविकसितता के कारणों का पता लगाना था। संरचनात्मक सिद्धांतकारों के दो पहलुओं पर ध्यान देने की आवश्यकता है: विश्व प्रणाली सिद्धांत और निर्भरता सिद्धांत। दुनिया का एक केन्द्र-परिधि (core-periphery) विभाजन निर्भरता सिद्धांतकारों द्वारा विकसित किया गया था, जिन्होंने लेनिन के काम '*साम्राज्यवाद: पूंजीवाद का उच्चतम चरण*' (Imperialism: The Highest Stage of Capitalism) से संकेत लिया था। 1970 के दशक में, इमैनुएल वालरस्टीन* ने आधुनिक विश्व प्रणाली सिद्धांत विकसित करते समय दोहरे संरचना मॉडल में अर्ध-परिधि (semi-periphery) की एक और श्रेणी जोड़ी। इन संरचनात्मक मार्क्सवादियों के कार्यों में प्रतिबिंबित सोच यह है कि विश्व व्यवस्था की सबसे बड़ी विशेषता परिधीय देशों से मुख्य देशों तक धन और संसाधनों का हस्तांतरण है। नतीजा यह होता है कि अमीर और अमीर हो जाते हैं और गरीब और गरीब हो जाते हैं। मुख्य-परिधि का विभाजन "अमीर देशों (अर्थात उत्तरी अमेरिका और यूरोप के साथ-साथ जापान) की सापेक्ष आर्थिक ताकत का प्रतीक है, जो विश्व अर्थव्यवस्था का मूल है, और परिधि पर गरीब लोग हैं। सोवियत संघ का अर्ध-परिधि पर कब्जा है।"[21]

1970 और 1980 के दशक नव-उदारवाद और नव-यथार्थवाद की बहस में पूरी तरह व्यस्त थे। लेकिन 1990 के दशक से शीत युद्ध की समाप्ति के बाद आईआर को देखने के तरीके में बदलाव आया।

* Immanuel Wallerstein is an American Sociologist.

अमेरिकी विद्वानों की प्रधानता कम हो गई और इससे यूरोप और दुनिया के अन्य स्थानों के आईआर विद्वानों के लिए दावा करने का रास्ता खुल गया। यूनाइटेड किंगडम में इस समय के आसपास उभरे विचारधारा के स्कूल को 'राज्यों के समाज या अंतर्राष्ट्रीय समाज' पर जोर देने के साथ "इंग्लिश स्कूल" कहा जाने लगा।[22] हालाँकि स्कूल का संबंध अंग्रेजों से हो गया था, लेकिन इसके प्रमुख व्यक्ति हेडली बुल (Hedley Bull) एक ऑस्ट्रेलियाई थे। इस स्कूल के अन्य प्रमुख प्रस्तावक ई.एच. कैर, सी.ए.डब्ल्यू. मैनिंग, एफ.एस. नॉर्थएज, मार्टिन वाइट, एडम वॉटसन, आर.जे. विंसेंट, जेम्स मायल, रॉबर्ट जैक्सन, (E.H. Carr, C.A.W. Manning, F.S. Northedge, Martin Wight, Adam Watson, R.J. Vincent, James Mayall, Robert Jackson) और टिमोथी डन और निकोलस व्हीलर (Timothy Dunne and Nicholas Wheeler) जैसे नए विद्वान थे।[23] इंटरनेशनल सोसाइटी के सिद्धांतकारों ने एक वैकल्पिक सेट प्रदान करने का प्रयास किया जो न तो हॉब्सियन और न ही यूटोपियन है। वास्तव में, उन्होंने हॉब्सियन से गैर-हॉब्सियन निष्कर्षों पर पहुंचने की कोशिश की। उन्होंने सत्ता और राष्ट्रीय हित पर यथार्थवादियों के जोर को अस्वीकार नहीं किया और उन्होंने स्वीकार किया कि विश्व राजनीति एक "अराजक समाज" है, लेकिन साथ ही, उनका तर्क है कि अराजकता की स्थितियों में, राज्य मानदंडों की एक प्रणाली के भीतर कार्य करते हैं जो अधिकांश समय, विवश करने वाला होता है। इसलिए, उनके विचार का मूल तत्व यह है कि संप्रभु राज्यों की एक दुनिया मौजूद है जहां शक्ति और कानून दोनों मौजूद हैं। सत्ता और राष्ट्रीय हित मायने रखते हैं, लेकिन मानदंडों और संस्थानों का भी बहुत महत्व है।[24]

हालाँकि, शीत युद्ध की समाप्ति और सोवियत संघ के विघटन के साथ, आईआर में प्रमुख प्रतिमान मौजूदा स्थितियों की व्याख्या करने में असमर्थ प्रतीत हुए। इसलिए, नए चिंतनशील आलोचनात्मक विचारों ने जोर पकड़ना शुरू कर दिया, जो आईआर में मुख्यधारा के उदारवादी, यथार्थवादी और रूढ़िवादी मार्क्सवादी सोच से हटकर थे। इसलिए, आईआर में कार्यप्रणाली के साथ-साथ महत्वपूर्ण मुद्दों पर नई विचारधाराएं पैदा हुई हैं। वर्तमान में एक चौथी विचारधारा चल रही है, जो वैकल्पिक तरीकों से आईआर में स्थापित परंपराओं को चुनौती देती है। आईआर में नई आवाज़ों को उत्तर-प्रत्यक्षवादी दृष्टिकोण के रूप में पहचाना जाता है और जिस युग की शुरुआत हुई है उसकी पहचान योसेफ लैपिड (Yosef Lapid)* ने उत्तर-प्रत्यक्षवादी युग के रूप में की है।

स्टीव स्मिथ (Steve Smith)[25] आईआर के वर्तमान सैद्धांतिक परिप्रेक्ष्य पर विचार करते हुए, आईआर सिद्धांतों को दो व्यापक श्रेणियों में रखते हैं:

- व्याख्यात्मक सिद्धांत जो दुनिया को हमारे सिद्धांतों से बाहर की चीज़ के रूप में देखते हैं। यथार्थवादी, बहुलवादी और संरचनात्मक नव-मार्क्सवादी सिद्धांत व्याख्यात्मक सिद्धांत होते हैं, जिनका कार्य सिद्धांतों से बाहर की दुनिया पर रिपोर्ट करना होता है। इस प्रयास में, वे मानव व्यवहार में नियमितता खोजने का प्रयास करते हैं और इस तरह सामाजिक दुनिया को उस तरह समझाते हैं जैसे एक प्राकृतिक वैज्ञानिक करता है।
- संवैधानिक सिद्धांत वे हैं जो दुनिया के निर्माण में मदद करते हैं। अधिकांश हालिया दृष्टिकोण, आलोचनात्मक सिद्धांतों से लेकर उत्तर-आधुनिकतावादी सिद्धांतों तक, इस अर्थ में संवैधानिक हैं कि ये सिद्धांत उन चीजों से बाहर नहीं हैं जिन्हें वे समझाने की कोशिश कर रहे हैं और वे सिर्फ यह बताने का प्रयास करते हैं कि कोई दुनिया के बारे में कैसे सोचता है।

---

* Yosef Lapid, 'The Third Debate: On the Prospects of International Theory in a Post-Positivist Era', *International Studies Quarterly*, 33(3), 1989.

स्मिथ (Smith) का तर्क है कि सैद्धांतिक परिप्रेक्ष्य निम्नलिखित पर आधारित हैं:

- मूलभूत सैद्धांतिक स्थिति जो बताती है कि सभी सत्य दावों को सही या गलत आंका जा सकता है। नव-नव बहस, ऐतिहासिक समाजशास्त्र और आलोचनात्मक सिद्धांत मूलभूत प्रतीत होते हैं।
- मूलभूत-विरोधी सैद्धांतिक स्थिति जो यह तर्क देती है कि सत्य के दावों का इस प्रकार मूल्यांकन नहीं किया जा सकता क्योंकि ऐसा करने के लिए कभी भी तटस्थ आधार नहीं होते हैं। उत्तर-आधुनिकतावाद, कुछ नारीवादी सिद्धांत, मानक सिद्धांत आधार-विरोधी होते हैं।

स्मिथ आगे सिद्धांतों को दो श्रेणियों में वर्णित करते हैं:

- तर्कवादी, नव-उदारवादी और नव-यथार्थवादी सैद्धांतिक पदों का गठन।
- चिंतनवादी, गैर-सकारात्मक सिद्धांतों का गठन।

स्मिथ का तर्क है कि वर्तमान आईआर की विशेषता तीन प्रमुख प्रवृत्तियाँ हैं: [चित्र 1.1]

- तीन सिद्धांतों—यथार्थवाद, उदारवाद और आधुनिक विश्व प्रणाली सिद्धांत—का निरंतर प्रभुत्व तर्कवादी स्थिति का गठन करता है और 'नव-नव' बहस का प्रतीक है।
- परावर्तनवादी स्थिति को चिह्नित करने वाले गैर-सकारात्मक सिद्धांतों का उद्भव।
- एक ऐसे दृष्टिकोण का विकास जो तर्कवादी और चिंतनवादी स्थितियों के बीच तालमेल की तलाश करता है और सामाजिक रचनावादी स्थिति का प्रतीक है।[25]

चित्र 1.1 1990 के दशक के अंत में अंतर्राष्ट्रीय संबंध सिद्धांत का वर्गीकरण
(Classification of international relations theory in the late 1990s)

[*Source:* Adapted from Steve Smith)][25]

अंतर्राष्ट्रीय संबंधों की प्रकृति (Nature of International Relations)

अंतर्राष्ट्रीय संबंधों के जन्म से ही इसे अपनी सीमाओं के संबंध में अनिश्चितता का सामना करना पड़ रहा है। प्रथम विश्व युद्ध के बाद एक अलग विषय के रूप में इसका अकादमिक अध्ययन शुरू होने से पहले, आईआर को इतिहास, कानून और राजनीतिक सिद्धांत का एक हिस्सा माना जाता था। बौद्धिक विकास शुरू होने और इस विषय को अपने पैर जमाने में सफल होने के बाद भी, कुछ लोगों ने इसे राजनीति विज्ञान के बड़े क्षेत्र का एक उपखंड माना और वैश्विक स्तर पर राजनीतिक घटनाओं का अध्ययन करने की आवश्यकता पर जोर दिया। फिर भी, कुछ विश्वविद्यालय आज अलग डिग्री प्रदान करते हैं और आईआर के लिए अलग विभाग हैं (विशेषकर पीजी स्तर पर) जबकि अन्य राजनीति विज्ञान के साथ-साथ आईआर भी पढ़ाते हैं।

कुछ अन्य लोगों का मानना है कि आईआर की विषय वस्तु का अध्ययन केवल राजनीति विज्ञान, अर्थशास्त्र, समाजशास्त्र, मनोविज्ञान, मानव विज्ञान, चिकित्सा, साइबरनेटिक्स और संचार और अध्ययन के अन्य संबंधित क्षेत्रों सहित कई विषयों की विशेषज्ञता पर आधारित अंतःविषय अनुसंधान टीमों द्वारा किया जा सकता है और अलग से नहीं। ज़िमर्न (Zimmern)[26] (एक ब्रिटिश शिक्षाविद् और अंतर्राष्ट्रीय राजनीति के विल्सन प्रोफेसर, अंतर्राष्ट्रीय राजनीति के पहले प्रोफेसर, जिन्हें विश्व में अंतर्राष्ट्रीय संबंधों के रूप में भी जाना जाता है) ने टिप्पणी की कि "अंतर्राष्ट्रीय संबंधों का अध्ययन एक छोर पर प्राकृतिक विज्ञान से लेकर दूसरी ओर नैतिक दर्शन तक फैला हुआ है।" उन्होंने क्षेत्र को एक विषय या अनुशासन के रूप में नहीं बल्कि "विषयों के बंडल...एक सामान्य दृष्टिकोण से" के रूप में परिभाषित किया।

राजनीति विज्ञान और अंतर्राष्ट्रीय संबंध (Political Science and International Relations)

भले ही आईआर को अभी भी 'विषय के बंडल' के रूप में माना जाता है, राजनीति विज्ञान और आईआर के विषय के बीच अक्सर विवाद सामने आता है। एक दूसरे को अपने ही विषय की शाखा या यों कहें कि हिस्सा मानता है, जबकि दूसरा एक स्वायत्त विषय होने का दावा करता है। राजनीति विज्ञान और आईआर दोनों को विभाजित करना वास्तव में बहुत कठिन है, क्योंकि दोनों एक-दूसरे से अभिन्न रूप से जुड़े हुए हैं, और ऐसे विवादों से बचना चाहिए। अधिक परिपक्व और समग्र अध्ययन के लिए दोनों को साथ मिलकर काम करना होगा। जो किया जा सकता है वह यह है कि दोनों की शक्ति और एक-दूसरे के विषय में प्रवेश के स्तर को देखा जाए। राजनीति विज्ञान, यदि इसे राजनीति के विज्ञान के रूप में माना जाता है और यह किसी विशेष राज्य में मौजूद औपचारिक और अनौपचारिक राजनीतिक पैटर्न का अध्ययन करने की दिशा में काम करता है, तो आईआर राज्य के अंतर-क्षेत्रीय मामलों से अधिक चिंतित है। राजनीति विज्ञान में उस क्षेत्रीय इकाई के भीतर की राजनीति से सरोकार शामिल है जिसे राज्य कहा जाता है। किसी राज्य के राजनीतिक जीवन को प्रभावित करने वाली राजनीतिक व्यवस्था की विधायी, कार्यकारी और न्यायिक गतिविधियाँ राजनीति विज्ञान की चिंता का मुख्य क्षेत्र हैं। संबंधित राज्य का विदेशी संबंधों पर बहुत कम जोर होता है और यह तब चर्चा में आता है जब यह मुख्य रूप से राष्ट्रीय नीतियों को प्रभावित करता है। दूसरी ओर, आईआर राज्यों के बाहरी संबंधों और अंतर्राष्ट्रीय स्तर पर सत्ता सौदेबाजी की राजनीति का अध्ययन करने में अधिक संलग्न है। राज्यों की व्यक्तिगत विदेश नीतियां, द्विपक्षीय और बहुपक्षीय जुड़ाव, अंतर्राष्ट्रीय गैर-राज्यीय कर्ताओं के साथ बातचीत, संघर्ष और सहयोग, अंतर्राष्ट्रीय शांति और सुरक्षा के प्रश्न आईआर के मुख्य विषय बन जाते हैं। हालाँकि, इन दोनों विषयों के बीच एक लौह पर्दा खींचना संभव नहीं है। अंतर्राष्ट्रीय राजनीति की पूरी तरह से उपेक्षा करके घरेलू राजनीति का अध्ययन करना संभव नहीं है, क्योंकि अंतर्राष्ट्रीय समझौते और यहां तक कि अंतर्राष्ट्रीय संगठन राज्य की राष्ट्रीय आर्थिक और राजनीतिक नीतियों को प्रभावित कर सकते हैं। इसी तरह, आईआर भी घरेलू राजनीति से प्रभावित है। सत्तारूढ़ सरकार या शासन, नौकरशाह, राजनीतिक दल और जनता की राय का राज्य के बाहरी संबंधों पर प्रभाव पड़ता है। उदाहरण के लिए, अंतर्राष्ट्रीय राजनीतिक अर्थव्यवस्था में ट्रायड के रूप में जाने जाने वाले आईएमएफ (IMF), विश्व बैंक (World Bank) और डब्ल्यूटीओ (World Trade Organization—WTO), संरचनात्मक समायोजन कार्यक्रम (एसएपी) (Structural Adjustment Programmes—SAPs) की अपनी नीतियों से उन देशों की आर्थिक और वित्तीय नीतियों को प्रभावित करते हैं, जो उनसे ऋण लेते हैं। दूसरी ओर, किसी भी राज्य की विदेश नीति की प्रवृत्ति का विश्लेषण करने के लिए, राजनीतिक व्यवस्था की आंतरिक कार्यप्रणाली

का अध्ययन करना पड़ता है, जिसमें राजनीतिक संस्थानों, राजनीतिक दलों और हित समूहों और जनता की राय का अध्ययन भी शामिल है। जो कहा जा सकता है वह यह है कि घरेलू राजनीति और अंतर्राष्ट्रीय राजनीति का अध्ययन अलग-अलग नहीं किया जा सकता है। इसलिए, आईआर को अंतर्राष्ट्रीय राजनीति को समझने के लिए पद्धतियों और सिद्धांतों को विकसित करके उचित समझ के लिए राजनीति विज्ञान के क्षेत्र में प्रवेश करना होगा।

आईआर के अध्ययन के दृष्टिकोण: सिद्धांत और पद्धतियाँ (The Approaches to the Study of IR: Theories and Methodologies)

वास्तव में, आईआर में जटिलताएं सीमित ज्ञान के साथ अध्ययन करना असंभव बना देती हैं। आईआर की विषय वस्तु का एक व्यवस्थित विश्लेषण आवश्यक है। इसके लिए, जैसा कि गोल्डस्टीन (Goldstein)[27] का मानना है कि वर्णनात्मक और सैद्धांतिक ज्ञान दोनों की आवश्यकता है क्योंकि उनका तर्क है कि "केवल घटनाओं का सामान्यीकरण करने या उनसे सबक लेने में सक्षम हुए बिना उनका वर्णन करने से कोई फायदा नहीं होगा। न ही पूरी तरह से अमूर्त सिद्धांतों को तैयार करने से कोई फायदा होगा, जब तक कि हम उन्हें उस विस्तृत और जटिल वास्तविक दुनिया में लागू करने में सक्षम न हों जिसमें हम रहते हैं।" विभिन्न सिद्धांतों को विकसित करने और परीक्षण करने में विधियों का उपयोग भी उतना ही महत्वपूर्ण है। चाहे कोई तथ्यों से सिद्धांत बनाता हो या सिद्धांतों से तथ्यों की भविष्यवाणी करता हो, कोई उन्हें असंख्य तरीकों से आईआर सीखने में उपयोग कर सकता है। लेकिन आईआर की जटिलताओं और अप्रत्याशितता को देखते हुए, यह कहा जा सकता है कि सर्वोत्तम सिद्धांत भी अंतर्राष्ट्रीय प्रक्रियाओं और इंटरैक्शन को समझने और अंततः निर्णय लेने के लिए केवल एक मोटा मार्गदर्शन प्रदान करते हैं।

फिर भी, समय के साथ आईआर में अलग-अलग प्रतिमानों ने बड़ी बहस छेड़ दी, जिससे अंततः इस विषय का क्रमिक विकास हुआ जैसा कि पहले ही चर्चा की जा चुकी है। आईआर में मुख्य बहसें इनके बीच हैं:

1. यूटोपियन उदारवाद/आदर्शवाद और यथार्थवाद
2. दृष्टिकोण और व्यवहारवाद
3. नव-उदारवाद/नव-यथार्थवाद और नव-मार्क्सवाद
4. प्रत्यक्षवाद और उत्तर-प्रत्यक्षवादी विकल्प।

अधिकांश आईआर विद्वान इस बात से सहमत हैं कि सिद्धांतों का एक सेट या अवधारणाओं का एक भी सेट आईआर की व्याख्या करने की स्थिति में नहीं होगा। फिर भी आईआर के अध्ययन पर तीन प्रतिमान हावी पाए जाते हैं।

1. यथार्थवाद और नव-यथार्थवाद
2. उदारवाद, बहुलवाद और नव-उदारवाद
3. अंतर्राष्ट्रीय राजनीतिक अर्थव्यवस्था—संरचनावाद और नव-मार्क्सवाद।

अब्दुल ए. सईद (Abdul A. Said)[17] जैसे विद्वानों ने देखा कि अंतर्राष्ट्रीय संबंधों के अज्ञात क्षेत्र की जांच के लिए सिद्धांतों की पांच श्रेणियां सामने आई हैं:

1. *सिद्धांत का सिद्धांत (Theory of theory):* आईआर का विषय कितना 'वैज्ञानिक' बन सकता है।

2. *सिस्टम विश्लेषण (Systems analysis):* यह अंतर्राष्ट्रीय प्रणाली के बारे में परिकल्पनाओं के विकास को संदर्भित करता है। दो प्राथमिक केंद्र हैं—अंतर्राष्ट्रीय प्रणाली के भीतर एक प्रतिक्रियाशील इकाई के रूप में राज्य और समग्र रूप से अंतर्राष्ट्रीय प्रणाली का विन्यास।
3. *कार्रवाई सिद्धांत (Action theories):* राज्यों और उनके निर्णय निर्माताओं द्वारा निर्णय लेने की क्षमताओं, संस्थानों और राजनीतिक व्यवस्था और राष्ट्रीय समाज की बातचीत सहित विदेश नीति का संचालन करने के तरीकों का विश्लेषण।
4. *इंटरैक्शन सिद्धांत (Interaction theory):* जो इंटरैक्शन के 'पैटर्न' और इंटरैक्टिंग इकाइयों के आंतरिक व्यवहार के बारे में सामान्यीकरण करने का प्रयास करता है जैसे शक्ति संतुलन, विश्व संतुलन, गेमिंग, "चुनौती और प्रतिक्रिया", और अंतर्राष्ट्रीय प्रक्रियाएं जिसमें प्रतिस्पर्धा, सहयोग, सौदेबाजी और टकराव शामिल है।
5. *नई शोध तकनीकें (Newer research techniques):* अन्य विषयों से उधार ली गई; संचार, साइकोमेट्रिक्स के अध्ययन से उधार लिया गया सामग्री विश्लेषण जो राज्यों के बीच 'दोस्ती' या 'शत्रुता', खेल सिद्धांत और इसी तरह के दृष्टिकोण को मापने में उपयोगी है।[28]

समकालीन आईआर के अध्ययन में कई वैकल्पिक दृष्टिकोण (Alternative Approach) भी विकसित हुए हैं।

1. रिचर्ड एशले (Richard Ashley) (1988), आर.बी.जे. वॉकर (R.B.J. Walker) (1993), जेम्स डेरियन (James Derian) (1989) और अन्य के द्वारा प्रतिपादित उत्तर-आधुनिकतावादी सिद्धांत।
2. एंड्रयू लिंकलेटर (Andrew Linklater) (1990), रॉबर्ट कॉक्स (Robert Cox) (1996) और अन्य द्वारा समर्थित आलोचनात्मक सिद्धांत।
3. माइकल मान (Michael Mann) (1986 और 1983), चार्ल्स टिली (Charles Tilly) (1990), थेडा स्कोकपोल (Theda Skocpol) द्वारा प्रतिपादित ऐतिहासिक समाजशास्त्र।
4. नारीवादी सिद्धांतों की वकालत जे. एन टिकनर (J. Ann Tickner) (1988), सिंथिस एनलो (Cynthis Enloe)(1988, 1990, 1993 और 1999) और क्रिस्टीन सिल्वेस्टर (Christine Sylvester) (1998) ने की है।[29]

सिद्धांत निर्माण और प्रतिमान विकास और सुधार में ऐसी सफलताओं के बावजूद, ऐसे सिद्धांतों का उपयोग करके आईआर का अध्ययन करना मुश्किल है। सर्वोत्तम स्थिति में, स्वीकार्य परिणाम प्राप्त करने के लिए सिद्धांतों के संयोजन के मिश्रण की आवश्यकता होती है। इसका उद्देश्य आईआर विद्वानों और छात्रों को आईआर सिद्धांतों का विकल्प प्रदान करना है जो बहुस्तरीय और सांस्कृतिक जटिल दुनिया को समझने के साथ-साथ उन्हें समझने में शामिल प्रक्रियाओं और कठिनाइयों को पहचानने में मदद करेगा।

आईआर का दायरा और विषय वस्तु (Scope and Subject Matter of IR)

अंतर्राष्ट्रीय संबंध एक गतिशील विषय है। वैश्वीकरण के कारण दुनिया तेजी से बदल रही है, साथ ही कट्टरवाद, जातीयता और आतंकवाद के खतरे, कमजोर राज्य प्रणाली, राज्यों की संप्रभुता में संकट, मानवाधिकार, नए अंतराष्ट्रीय शासन के कारण इस विषय को अपने पारंपरिक विषयों से आगे बढ़ने के लिए मजबूर होना पड़ा है और अपने अध्ययन में एक 'नया एजेंडा' शामिल किया है।

प्रारंभ में, इस विषय ने खुद को राजनयिक इतिहास, राज्यों की विदेश नीतियों, अंतर्राष्ट्रीय कानून, अंतर्राष्ट्रीय संगठनों के अध्ययन के लिए समर्पित किया। द्वितीय विश्व युद्ध के फैलने के बाद से और उसके बाद के वर्षों में, दुनिया न केवल संयुक्त राज्य अमेरिका और सोवियत संघ के बीच शीत युद्ध में फंस गई थी, बल्कि तेजी से उपनिवेशीकरण के समाप्त होने के कारण कई नए राज्यों का जन्म भी हुआ, जिसके कारण आईआर के दायरे का विस्तार हूआ। परिणामस्वरूप, आईआर का अध्ययन करने के लिए नए सिद्धांत और नई पद्धतियाँ सामने आईं। 1960 और 1970 के दशक की तरह, जब व्यवहारवाद ने आईआर के अध्ययन में एक मार्ग बनाया, तो राज्यों के साथ-साथ राजनीतिक नेताओं के उद्देश्यों और व्यवहारों का भी अध्ययन किया जाने लगा। यह काफी व्यापक विषय है जिसमें राजनयिक इतिहास, अंतर्राष्ट्रीय राजनीति, अंतर्राष्ट्रीय संगठन, अंतर्राष्ट्रीय कानून, क्षेत्रीय अध्ययन, राज्यों का व्यवहार और उनके आपसी संबंध, अंतर्राष्ट्रीय व्यापार और विदेश नीति शामिल है। इसका दायरा अभी भी बढ़ रहा है और भविष्य में भी बढ़ेगा। जैसा कि फ्रेडरिक एस. डन (Frederick S. Dunn) का तर्क है कि 'स्कोप' शब्द अस्पष्ट है क्योंकि इसका तात्पर्य निश्चित सीमा रेखाओं से है जिन्हें सर्वेक्षक के निशान के रूप में आसानी से पहचाना जा सकता है। इसलिए, उन्होंने सुझाव दिया कि "अंतर्राष्ट्रीय संबंधों के विषय में किसी भी स्रोत से प्राप्त ज्ञान शामिल है, जो नई अंतर्राष्ट्रीय समस्याओं से निपटने या पुरानी समस्याओं को समझने में सहायक हो सकता है"।[30] आईआर विद्वान इस बात पर कभी सहमत नहीं हुए कि उनके क्षेत्र की सीमाएँ कहाँ हैं।

गोल्डस्टीन ने आईआर को निम्नलिखित पर ध्यान केंद्रित करते हुए अध्ययन के क्षेत्र के रूप में प्रोजेक्ट किया है:

1. मुद्दे के क्षेत्र—कूटनीति, युद्ध, व्यापार संबंध, गठबंधन, सांस्कृतिक आदान-प्रदान, अंतर्राष्ट्रीय संगठनों में भागीदारी, आदि।
2. मुद्दे क्षेत्रों से संबंधित राज्यों के बीच संबंधों में संघर्ष और सहयोग।
3. अंतर्राष्ट्रीय सुरक्षा—युद्ध और शांति के प्रश्न।
4. अंतर्राष्ट्रीय राजनीतिक अर्थव्यवस्था—1970 और 1980 के बीच आर्थिक मुद्दों पर बढ़ती चिंता ने अंतर्राष्ट्रीय राजनीतिक अर्थव्यवस्था (आईपीई) (International Political Economy–IPE) को विशेष रूप से सुरक्षा मुद्दों के संबंध में आईआर में अंतर्निहित कर दिया।[31]

पामर और पर्किन्स (Palmer and Perkins)[32] के आईआर के क्षेत्र में राज्य प्रणाली, राष्ट्रीय शक्ति, कूटनीति, प्रचार, युद्ध, साम्राज्यवाद, शक्ति संतुलन, सामूहिक सुरक्षा, अंतर्राष्ट्रीय संगठन, अंतर्राष्ट्रीय कानून, क्षेत्रीय संघर्ष, राष्ट्रीय हित, परमाणु हथियार और बदलती अंतर्राष्ट्रीय व्यवस्था जैसे विषय शामिल हैं।

फ्रेंकल (Frankel) के अनुसार,[33] आईआर की सामग्री को अंतर्राष्ट्रीय प्रणाली में बदलावों का ध्यान रखना चाहिए, यानी, राज्यों, बहुराष्ट्रीय कंपनियों और आतंकवादी समूहों की संख्या में वृद्धि; भौगोलिक दृष्टि से प्रमुख ख़तरे वाले स्थानों का यूरोप से मध्य पूर्व और अफ्रीका तक रणनीतिक से आर्थिक क्षेत्र में स्थानांतरण; संप्रभु राज्यों से ऊपर उठकर किसी प्रकार की वैश्विक या क्षेत्रीय व्यवस्था की आवश्यकता की बढ़ती मान्यता। इसलिए, इसके अध्ययन में विदेशी नीतियों का निर्माण, राज्यों के बीच आपसी बातचीत, संघर्ष, प्रतिस्पर्धा और उनके बीच सहयोग, राष्ट्रीय शक्ति, कूटनीति, प्रचार, अंतर्राष्ट्रीय प्रणाली और अंतर्राष्ट्रीय संगठन को शामिल किया जाना चाहिए।

कोलंबिस और वोल्फ (Coloumbis and Wolfe)[34] इस बात पर जोर देते हैं कि आईआर के अध्ययन में आईआर के अध्ययन के दृष्टिकोण, आईआर के सिद्धांत, राष्ट्र-राज्य और राष्ट्रवाद, राष्ट्रीय शक्ति, राष्ट्रीय हित, राष्ट्र-राज्यों की विदेशी नीतियां और राष्ट्रवाद, निर्णय लेना, कूटनीति, युद्ध, शक्ति संतुलन, अंतर्राष्ट्रीय कानून, अंतर्राष्ट्रीय अर्थव्यवस्था, अंतर्राष्ट्रीय संगठन, कार्यात्मकता और क्षेत्रीय एकीकरण, अमीर और गरीब राष्ट्र-राज्यों के बीच अंतर, अंतर्राष्ट्रीय प्रणाली में नए कर्ता, मानव जाति के सामने खतरे शामिल होने चाहिए।

काल होल्स्टी (Kal Holsti)[35] बताते हैं कि शीत युद्ध के सुनहरे दिनों के दौरान, इस क्षेत्र की विशेषता मानक संबंधी चिंताओं या प्रवचनों के तीन अलग-अलग सेट थे, जो इस सवाल का जवाब देने की कोशिश करते थे कि 'क्या अध्ययन करें?' वे निम्नांकित हैं:

- सुरक्षा, संघर्ष और युद्ध
- सहयोग और शांति के लिए शर्तें
- समानता, न्याय और अंतर्राष्ट्रीय असमानता के स्रोत

जैक्सन और सोरेनसन (Jackson and Sorenson)[36] के अनुसार, पारंपरिक आईआर पूरी तरह से राज्यों की बड़ी प्रणाली या समाज के संदर्भ में संप्रभु राज्य के विकास और परिवर्तन से संबंधित था जो युद्ध और शांति के सवालों को समझाने में मदद कर सकता था। हालाँकि, वे इस बात पर जोर देते हैं कि समकालीन आईआर न केवल राज्यों के बीच राजनीतिक संबंधों से संबंधित है, बल्कि परस्पर आर्थिक निर्भरता, मानवाधिकार, अंतर्राष्ट्रीय निगम, अंतर्राष्ट्रीय संगठन, पर्यावरण, लैंगिक असमानता, विकास, आतंकवाद आदि जैसे कई अन्य विषयों आदि से भी संबंधित है।

बेलीस और स्मिथ Baylis and Smith [37] ने आईआर में आगामी एजेंडे को शामिल करने के अपने प्रयास में कई नए विषयों को शामिल करने का प्रयास किया। उन्होंने न केवल शीत युद्ध के अंत तक अंतर्राष्ट्रीय समाज और विश्व इतिहास के ऐतिहासिक संदर्भ पर गौर किया और आईआर में मुख्य सिद्धांतों पर चर्चा की, जिसमें न केवल शीत युद्ध के बाद के युग में आईआर सिद्धांत के नए दृष्टिकोण ही शामिल थे, बल्कि मुख्य रूप से शीत युद्ध के बाद के युग में अंतर्राष्ट्रीय सुरक्षा, वैश्वीकरण के युग में अंतर्राष्ट्रीय राजनीतिक अर्थव्यवस्था, अंतर्राष्ट्रीय शासन, कूटनीति, संयुक्त राष्ट्र और अंतर्राष्ट्रीय संगठन, अंतर्राष्ट्रीय कर्ता, पर्यावरणीय मुद्दे, परमाणु प्रसार, राष्ट्रवाद, आईआर में सांस्कृतिक संघर्ष, विश्व राजनीति में मानवीय हस्तक्षेप, क्षेत्रवाद और एकीकरण, वैश्विक व्यापार और वित्त, गरीबी, विकास और भूख, मानवाधिकार और लैंगिक मुद्दे पर भी ध्यान केंद्रित किया।

केगली और विटकोफ (Kegley and Wittkopf)[38] द्वारा अधिक व्यापक सामग्री प्रदान की गई है। व्यापक राजनीतिक परिप्रेक्ष्य का उपयोग करके, वे हमारा ध्यान इस ओर आकर्षित करते हैं:

- विश्व राजनीति (राष्ट्र-राज्यों और अंतर्राष्ट्रीय मामलों में विभिन्न गैर-राज्यीय प्रतिभागियों) में प्रमुख कर्ताओं की विशेषताएं, क्षमताएं और रुचियां।
- प्रमुख कल्याण और वैश्विक मुद्दे जो वैश्विक एजेंडे को प्रभावित करते हैं।
- सहयोग और विवाद के पैटर्न जो कर्ताओं और मुद्दों के बीच बातचीत को प्रभावित करते हैं।

इसके अलावा, वे कहते हैं कि समकालीन आईआर के दायरे को ऐसे प्रश्नों को समायोजित करने के लिए विस्तारित करना होगा:

- क्या राज्य अप्रचलित हैं?
- परस्पर निर्भरता एक इलाज है या अभिशाप?
- तकनीकी नवाचार एक वरदान है या बोझ?
- क्या भू-अर्थशास्त्र भू-राजनीति का स्थान ले लेगा?
- पारिस्थितिक रूप से नाजुक ग्रह में मानव कल्याण का क्या अर्थ है?

लॉसन (Lawson)[39] बताते हैं कि, हालांकि युद्ध और विशेष रूप से अंतर-राज्यीय युद्ध के लिए पारंपरिक चिंता अभी भी आईआर का मुख्य मुद्दा है, लेकिन आईआर का "नया एजेंडा" "नीतिगत मुद्दों की एक विस्तृत श्रृंखला" को शामिल करता है। उनमें वैश्विक पर्यावरण संबंधी चिंताएँ, एड्स की महामारी विज्ञान, शरणार्थी आंदोलनों सहित कानूनी और अवैध प्रवासन, उत्तर-दक्षिण अंतर, मानवाधिकार, संयुक्त राष्ट्र और उसकी एजेंसियों में सुधार, अंतर्राष्ट्रीय कानून का विस्तार और मानवता के खिलाफ अपराधों का मुकदमा, आतंकवाद, चाहे धार्मिक कट्टरवाद या अंतर्राष्ट्रीय संगठित आपराधिक गतिविधियाँ, जिनमें नशीली दवाओं के उत्पादन और तस्करी से लेकर मनी लॉन्ड्रिंग, हथियारों, हीरों, लुप्तप्राय प्रजातियों और लोगों सहित सभी प्रकार के सामानों की तस्करी और धार्मिकता से जुड़ी 'पहचान की राजनीति', जातीय या सांस्कृतिक कारक से उत्पन्न होने वाले 'नए युद्ध' शामिल हैं। लॉसन इस बात पर प्रकाश डालते हैं कि "राज्य सुरक्षा' के बजाय 'मानव सुरक्षा' की धारणा अब बहुत अधिक बढ़ रही है।"

जो बड़े विषय अब आईआर के अध्ययन पर हावी हो गए हैं, वे समय की बदलती जरूरतों के साथ फिर से पर्याप्त नहीं हो सकते हैं। विश्व की परिस्थितियाँ बदलने पर परिवर्तन की संभावनाएँ बनी रहती हैं।

अभ्यास (Exercises)

1. इस बात पर प्रकाश डालें कि समय के साथ विद्वानों ने अंतर्राष्ट्रीय संबंधों को कैसे परिभाषित करने का प्रयास किया है। अंतर्राष्ट्रीय संबंधों के विकास का पता लगाने का भी प्रयास करें।
2. अंतर्राष्ट्रीय संबंधों की प्रकृति और दायरे पर चर्चा करें।
3. चर्चा करें कि प्रथम विश्व युद्ध की समाप्ति के बाद, 1919 से, अंतर्राष्ट्रीय संबंधों का अध्ययन अपने वर्तमान स्वरूप में कैसे विकसित हुआ है।
4. 'महान वाद-विवाद' पर विशेष जोर देते हुए एक अकादमिक विषय के रूप में अंतर्राष्ट्रीय संबंधों के विकास के विभिन्न चरणों पर चर्चा करें।

संदर्भ (References)

[1] Morgenthau, Hans J., *Politics Among Nations: The Struggle for Power and Peace*, Kalyani Publishers, New Delhi, 1985, p. 31.

[2] Padelford, Norman J. and George A. Lincoln, *International Politics: Foundations of International Relations,* New York, 1954, pp. 4, 6.

[3] Palmer, Norman D. and Howard C. Perkins, *International Relations—The World Community in Transition,* A.I.T.B.S. Publishers, New Delhi, 1997, p. xiv.

[4] Hoffman, Stanley (Ed.), *Contemporary Theory of International Relations,* Prentice Hall, Englewood Cliffs, New Jersey, 1960, p. 6.

[5] Palmer and Perkins, *op. cit.*, n. 3, p. xi.

[6] Wright, Quincy, *The Study of International Relations,* Appleton-Century Crofts, New York, 1955, p. 5.
[7] Frankel, Joseph, *International Relations in a Changing World,* Oxford University Press, London, 1979, p. 6.
[8] Quoted in Palmer and Perkins, *op. cit.*, n. 3, p. xiv.
[9] Goldstein, Joshua S., *International Relations*, Pearson Education, New Delhi, 2006, p. 29.
[10] Jackson, Robert and George Sorensen, *Introduction to International Relations—Theories and Approaches*, Oxford University Press, London, 1999, pp. 2–3.
[11] Lawson, Stephanie, *International Relations,* Polity Press, UK, 2004, p. 4.
[12] Dougherty, James E. and Robert L. Pfaltzgraff, Jr, *Contending Theories of International Relations—A Comprehensive Survey,* Longman, New York, 1997, p. 18.
[13] Jackson and Sorensen, *op. cit.*, n. 10, p. 38.
[14] Lawson, Stephanie, *op. cit.*, n. 11, pp. 41, 44.
[15] Jackson and Sorensen, *op. cit.*, n. 10, pp. 40, 41.
[16] Kegley, Charles W., Jr. and Eugene R. Wittkopf, *World Politics—Trends and Transformation,* St. Martin's Press, New York, 1997, pp. 26–27.
[17] Said, Abdul A., *Theory of International Relations—The Crisis of Relevance,* Prentice-Hall of India, New Delhi, 1969, p. 18.
[18] Lawson, Stephanie, *op. cit.*, n. 11, pp. 49–50.
[19] Dougherty and Pfaltzgraff, *op. cit.*, n. 12, pp. 80–82.
[20] Buzan, Bary, Charles Jones and Richard Little, *The Logic of Anarchy: Neo-realism to Structural Realism*, Columbia University Press, New York, 1993, p. 36.
[21] Lawson, Stephanie, *op. cit.*, n. 11, pp. 53–54.
[22] Jackson and Sorensen, *op. cit.*, n. 10, p. 53.
[23] Brown, Chris, *Understanding International Relations,* Macmillan Press, London, 1997, pp. 52–53.
[24] Jackson and Sorensen, *op. cit.*, n. 10, pp. 53–55.
[25] Smith, Steve, "New Approaches to International Theory," *in* John Baylis and Steve Smith, *The Globalization of World Politics,* Oxford University Press, London, 1997, pp. 166–173.
[26] Dougherty and Pfaltzgraff, *op. cit.*, n. 12, p. 17.
[27] Goldstein, Joshua S., *op. cit.*, n. 9, pp. 32–35.
[28] Jackson and Sorensen, *op. cit.*, n. 10, p. 35.
[29] Baylis, John and Steve Smith, *op. cit.*, n. 25, pp. 172–186.
[30] Dougherty and Pfaltzgraff, *op. cit.*, n. 12, p. 18.
[31] Goldstein, Joshua S., *op. cit.*, n. 9, pp. 30–31.
[32] Palmer and Perkins, *op. cit.*, n. 3, p. xv.
[33] Frankel, Joseph, *op. cit.*, n. 7.
[34] Couloumbis, Theodre A. and James H. Wolfe, *Introduction to International Relations—Power and Justice,* Prentice-Hall of India, New Delhi, 1986.
[35] Holsti, Kal J., "The Study of International Politics during the Cold War," *in* Tim Dunne, Michael Cox and Ken Booth (Eds.), *The Eighty Years' Crisis—International Relations—1919–1999,* Cambridge University Press, London, 1998, p. 26.
[36] Jackson and Sorensen, *op. cit.*, n. 10, p. 34.
[37] Baylis, John and Steve Smith, *op. cit.*, n. 25, pp. xiii–xviii.
[38] Kegley and Wittkopf, *op. cit.*, n. 16, pp. 10–15.
[39] Lawson, Stephanie, *op. cit.*, n. 11, p. 6.

2

अंतर्राष्ट्रीय संबंधों के अध्ययन के सिद्धांत और दृष्टिकोण (Theories and Approaches to the Study of International Relations)

अंतर्वस्तु (Contents)

- उदार दृष्टिकोण (The Liberal Approach)
- राजनीतिक यथार्थवाद (Political Realism)
- ई.एच. कैर (E.H. Carr) और यथार्थवाद (E.H. Carr and Realism)
- मोर्गेंथाऊ और यथार्थवाद (Morgenthau and Realism)
- नव-यथार्थवाद (Neo-Realism)
- बहुलवाद (Pluralism)
- मार्क्सवादी दृष्टिकोण और आधुनिक विश्व व्यवस्था सिद्धांत (Marxist Approach and the Modern World System Theory)
- विश्व व्यवस्था सिद्धांत (World System Theory)
- भारतीय दृष्टिकोण: उत्तर से दक्षिण तक (The Indian Approach: North over South)
- सिस्टम सिद्धांत (Systems Theory)
- संचार दृष्टिकोण (Communications Approach)
- निर्णय लेने का सिद्धांत (Decision-Making Theory)
- अंतर्राष्ट्रीय संबंधों में उत्तर-संरचनावाद (Post-Structuralism in International Relations)
- रचनावाद (Constructivism)
- अंतर्राष्ट्रीय संबंधों में नारीवाद (Feminism in International Relations)

परिचय (*Introduction*)

सिद्धांत को घटनाओं का एक व्यवस्थित प्रतिबिंब माना जाता है, जो यह समझाने और दिखाने के लिए डिज़ाइन किया जाता है कि वे किस प्रकार एक असंगत ब्रह्मांड के अव्यवस्थित तत्वों के रूप में पेश करने की बजाय, एक सार्थक, बुद्धिमान पैटर्न में एक दूसरे से संबंधित हैं। अनुसंधान में मदद करने और स्पष्टीकरण और पूर्वानुमान के लिए आधार प्रदान करने के लिए 'सिद्धांत' प्रत्येक विषय के लिए आवश्यक है। हालाँकि,

सामाजिक विज्ञानों में, विशेष रूप से आईआर में, भव्य सिद्धांतों ने भी उस ताकत या शक्ति के साथ सामान्यीकरण, सिद्धांत या परिकल्पना प्रदान नहीं की है कि उन्हें आईआर के सार्वभौमिक रूप से स्वीकृत व्यापक सिद्धांतों की नींव के रूप में माना जा सके। जैसा कि हमने अध्याय 1 में देखा है, आईआर में व्यापक सिद्धांत-निर्माण की दिशा में प्रयास आदर्शवादियों और यथार्थवादियों के बीच बड़ी बहस के साथ शुरू हुआ। इसके बाद 1940 के दशक में, आईआर में अनुसंधान, विश्लेषण और शिक्षण के लिए नई पद्धतियों और तकनीकों में बढ़ती रुचि के कारण सिद्धांत-निर्माण की दिशा में विकास को बढ़ावा मिला। इसके अलावा, 1960 के दशक की व्यवहारिक क्रांति ने अनुसंधान और पद्धतिगत उपयोग के लिए नए रास्ते खोले। अंतर्राष्ट्रीय राजनीतिक व्यवहार को समझाने के लिए जैविक, मनोवैज्ञानिक, मानवशास्त्रीय, समाजशास्त्रीय, आर्थिक और अन्य व्यवहार विज्ञान से इनपुट लिया गया। समकालीन आईआर भी उत्तर-प्रत्यक्षवादी (post-positivism) परंपरा के कई नए दृष्टिकोणों की लगातार वृद्धि देख रहा है। सिद्धांत निर्माण की ऐसी पहल के बावजूद, डफ़र्टी और फ़्लाल्ट्ज़ग्राफ (जूनियर) (Dougherty and Pfaltzgraff (Jr.))[1] बताते हैं कि अन्य सभी सामाजिक विज्ञान विषयों की तरह, भौतिक विज्ञान की तुलना में आईआर में सिद्धांत अधिक व्यापक और कम सटीक है। हालाँकि, आज तक आईआर की मुख्यधारा का विमर्श विश्व राजनीति के पटल पर तीन मुख्य सैद्धांतिक दृष्टिकोणों—उदारवाद, राजनीतिक यथार्थवाद और विश्व व्यवस्था सिद्धांत के प्रभाव में है। इनमें से भी, राजनीतिक यथार्थवाद अन्य पर प्रबल प्रतीत होता है।

उदार दृष्टिकोण (The Liberal Approach)

इमैनुएल कांट, थॉमस जेफरसन, जेम्स मैडिसन, जॉन स्टुअर्ट मिल, जॉन लॉक, डेविड ह्यूम, जीन-जैक्स रूसो और एडम स्मिथ जैसे उदार विचारकों द्वारा प्रतिपादित उदारवादी राजनीतिक विचार की परंपरा को पुनर्जीवित किया गया, अपनाया गया और आईआर को उदारवादी दृष्टिकोण देने के लिए रूपांतरित किया गया। प्रथम विश्व युद्ध के बाद के उदारवाद के मुख्य प्रस्तावक अल्फ्रेड जिमर्न (Alfred Zimmern), नॉर्मन एंजेल (Norman Angell), जेम्स टी. शॉटवेल (James T. Shotwell) और वुडरो विल्सन (Woodrow Wilson) थे। उन्हें कभी-कभी उदार आदर्शवादी या केवल आदर्शवादी कहा जाता है। हालाँकि, ई.एच. कैर (E.H. Carr, 1939) ने उन्हें यूटोपियन बताया।

उदार विश्वदृष्टि के केंद्र में मानवीय तर्कसंगतता और नैतिकता के बारे में कुछ बुनियादी धारणाएं, समस्याओं के समाधान के रूप में संस्थानों में सुधार का विश्वास और सबसे महत्वपूर्ण रूप से मानव प्रगति के बारे में विचार निहित हैं। डेविड सिडोरस्की (David Sidorsky)[2] के शब्दों में उदारवाद में "सरलतम शब्दों में, सबसे पहले मनुष्य की स्वतंत्रता की इच्छा रखने वाले और तर्कसंगत स्वतंत्र विकल्प चुनने में सक्षम होने की अवधारणा शामिल है। दूसरा, यह व्यक्तिगत आवश्यकताओं के आलोक में तर्कसंगत पुनर्निर्माण के लिए खुले सामाजिक संस्थानों पर एक परिप्रेक्ष्य है। तीसरा, सामाजिक संस्थाओं में मानवीय तर्क के निरंतर अनुप्रयोग के माध्यम से इतिहास को उत्तरोत्तर परिपूर्ण बनाने का दृष्टिकोण" है।

अपने आशावाद के आधार पर, उदारवादियों ने व्यक्ति को तर्कसंगतता के स्वामी और नैतिक मूल्यों और गुणों की सीट के रूप में अवधारणा दी है जो अपने मूल आवेगों को नियंत्रित करने में भी सक्षम है। वे व्यक्तियों के तर्कहीन और अनैतिक व्यवहार को त्रुटिपूर्ण मानव स्वभाव की अभिव्यक्ति ही नहीं बल्कि अज्ञानता और गलतफहमी का परिणाम बताकर उचित ठहराने का प्रयास करते हैं, जिसे शिक्षा, सामाजिक और राजनीतिक संस्थानों में सुधार के माध्यम से दूर करना संभव है।

मनुष्य के ऐसे सकारात्मक चित्रण के साथ-साथ, उदारवादी सामाजिक और व्यक्तिगत संघर्षों को अपरिहार्य मानने पर कम ज़ोर देते हैं। उनका मानना है कि सबसे बड़ी मात्रा में सबका भला करना संभव है जिससे सभी को लाभ होगा और एक ऐसी व्यवस्था बनेगी जो व्यक्तिगत स्वतंत्रता और भौतिक और आर्थिक समृद्धि को बढ़ाएगी। इसका तार्किक परिणाम "हितों के सामंजस्य" की अवधारणा है।

यथार्थवादी स्थिति के विपरीत, जो हितों के टकराव और टकराव की संभावना पर केंद्रित है, उदारवादी सामान्य हितों पर जोर देते हैं। धारणा यह है कि लोगों और राष्ट्रों के साझा हित हैं और उनके बीच सहकारी गतिविधियों की संभावनाएँ इन हितों को संतुष्ट करेंगी। उदारवादी अंतर्राष्ट्रीय संघर्ष और युद्ध के यथार्थवादी परिप्रेक्ष्य के बारे में आलोचनात्मक हैं और उन्हें वास्तविकता का विरूपण मानते हैं। दूसरी ओर, उनका मानना है कि कुल मिलाकर राष्ट्रों के बीच अधिकांश बातचीत सहयोगात्मक और गैर-संघर्षपूर्ण है। युद्ध होते हैं लेकिन उनका तर्क है कि अधिकांश राष्ट्र शांति से रहते हैं और तथ्य यह है कि वे शांति में किसी शक्ति संतुलन के कारण नहीं है।

सबसे महत्वपूर्ण बात यह है कि मानव प्रगति के लिए उदारवादी तर्क ध्यान देने योग्य है। इस सोच के मूल में यह अंतर्निहित विश्वास (या उदार विश्वास) भी है कि मनुष्य स्वभाव से तर्कसंगत प्राणी है। उदारवादी इस यथार्थवादी स्थिति को अस्वीकार करते हैं कि अंतर्राष्ट्रीय संबंधों की बुनियादी गतिशीलता और मौलिक वास्तविकताएँ अपरिवर्तित रहती हैं। उनका तर्क है कि जैसे-जैसे लोग तर्कसंगत होते हैं, वे सीखेंगे कि युद्ध जैसी कुछ चीजें तर्कहीन और अवांछनीय हैं और, जैसे-जैसे वे इस बारे में अधिक सीखते हैं कि जिस दुनिया में वे रहते हैं वह कैसे काम करती है, उन्हें ज्ञान प्राप्त होगा जो अंततः उन्हें समस्याओं को हल करने में मदद करेगा। जैसा कि रॉबर्ट गिलपिन (Robert Gilpin) (*वॉर एंड चेंज इन वर्ल्ड पॉलिटिक्स*, 1981) (War and Change in World Politics, 1981) ने कहा है कि, जिस तरह यथार्थवाद "नैतिक प्रगति और मानवीय संभावनाओं के संबंध में निराशावाद पर आधारित है", उसी तरह उदारवाद भी नैतिक प्रगति और मानवीय संभावनाओं के संबंध में आशावाद पर आधारित है।

केगली और विटकोफ Kegley and Wittkopf[3] उदारवादी विश्वदृष्टि की अंतर्निहित मान्यताओं को प्रस्तुत करते हैं और उनके अनुसार उदारवाद की मूल धारणाएँ निम्नांकित हैं:

1. मानव स्वभाव मूलतः "अच्छा" या परोपकारी है और इसलिए, लोग पारस्परिक सहायता और सहयोग करने में सक्षम हैं।
2. दूसरों के कल्याण के लिए मौलिक मानवीय चिंता प्रगति को संभव बनाती है।
3. बुरा मानवीय व्यवहार, जैसे कि हिंसा, त्रुटिपूर्ण लोगों का नहीं बल्कि दुष्ट संस्थाओं का उत्पाद है जो लोगों को स्वार्थी ढंग से कार्य करने और दूसरों को नुकसान पहुँचाने के लिए प्रोत्साहित करते हैं।
4. युद्ध अपरिहार्य नहीं है और इसे प्रोत्साहित करने वाली संस्थागत व्यवस्थाओं को ख़त्म करके इसकी आवृत्ति को कम किया जा सकता है।
5. युद्ध एक अंतर्राष्ट्रीय समस्या है जिसे नियंत्रित करने के लिए राष्ट्रीय के बजाय सामूहिक या बहुपक्षीय प्रयासों की आवश्यकता होती है।
6. युद्ध की संभावना पैदा करने वाली संस्थाओं को खत्म करने के लिए अंतर्राष्ट्रीय समाज को खुद को पुनर्गठित करना होगा और राष्ट्रों को अपनी राजनीतिक प्रणालियों में सुधार करना होगा ताकि राज्यों के भीतर आत्मनिर्णय और लोकतांत्रिक शासन राज्यों के बीच संबंधों को शांत करने में मदद कर सके।[3]

हालाँकि, अंतर-युद्ध काल से पहले और बाद में आदर्शवाद की कई अभिव्यक्तियाँ हुईं। यह कहा जा सकता है कि उस समय और उसके बाद विश्व राजनीति में "प्रतिद्वंद्वी उदारवाद" काम कर रहे थे। उन्हें इस प्रकार वर्गीकृत किया जा सकता है:

उदार अंतर्राष्ट्रीयवाद (Liberal Internationalism): उदारवादी सोच का यह पहलू मानवीय तर्क में विश्वास रखता है और मानता है कि यह तर्क अंतर्राष्ट्रीय संबंधों में स्वतंत्रता और न्याय प्रदान कर सकता है। उनका जोर व्यक्तिगत चेतना के परिवर्तन, युद्ध को समाप्त करने, विश्व सरकार की स्थापना करने, मुक्त व्यापार को बढ़ावा देने और शांति बनाए रखने पर था। उदारवादी अंतर्राष्ट्रीयवादियों ने अंतर्राष्ट्रीय संबंधों में 'हितों के सामंजस्य' की बात की, जिसकी ई.एच. कैर (E.H. Carr) ने अपने प्रसिद्ध कार्य 'द ट्वेंटी इयर्स क्राइसिस' (*The Twenty Years' Crisis*, 1939) में कड़ी आलोचना की। जेरेमी बेंथम (Jeremy Bentham, 1748–1832) और इमैनुएल कांट (Immanuel Kant, 1724–1804) उदार अंतर्राष्ट्रीयवाद के प्रमुख प्रतिपादक थे।[4]

आदर्शवाद (Idealism): उदारवादी अंतर्राष्ट्रीयवादियों के विपरीत, आदर्शवादियों का मानना था कि शांति और समृद्धि एक प्राकृतिक स्थिति नहीं है, बल्कि एक ऐसी स्थिति है जिसका निर्माण किया जाना चाहिए और जिसके लिए "सचेत रूप से तैयार की गई मशीनरी" की आवश्यकता है। दूसरे शब्दों में, उन्होंने शांति सुनिश्चित करने के लिए एक अंतर्राष्ट्रीय संस्था की स्थापना की बात की और इस उद्देश्य के साथ, उन्होंने राष्ट्र संघ की विफलता के बाद संयुक्त राष्ट्र की स्थापना के कदमों का समर्थन किया। वे सामूहिक सुरक्षा, मानवाधिकार, "नई अंतर्राष्ट्रीय आर्थिक व्यवस्था" शांति और निरस्त्रीकरण के भी समर्थक थे।

उदार संस्थावाद (Liberal Institutionalism): डेविड मित्रानी (David Mitrany, 1966) और अर्न्स्ट हास (Ernst Haas, 1968) पहले के उदार संस्थावादी थे जिनका मानना था कि अंतर्राष्ट्रीय और क्षेत्रीय संस्थानों के माध्यम से करने एकीकरण से आम समस्याओं को हल करने में मदद मिलेगी। उनके कार्य ने यूरोपीय राज्यों के बीच सहयोग बढ़ाने के लिए प्रेरणा प्रदान की। केओहेन (Keohane) और नी (Nye) जैसे बाद के उदारवादी संस्थावादियों ने राज्यों के अलावा अन्य कर्ताओं की केंद्रीयता पर जोर दिया और अंतर्राष्ट्रीयवाद और परस्पर निर्भरता पर ध्यान केंद्रित किया।

हालाँकि, इन प्रतिस्पर्धी उदारवादियों की मूल सामग्री आर्थिक स्वतंत्रता पर जोर, राष्ट्रीय आत्मनिर्णय के लिए समर्थन, मानदंडों और नियमों के आधार पर संगठित और विनियमित अंतर्राष्ट्रीय प्रणाली, गैर-हस्तक्षेप के सिद्धांत, सत्तावादी शासन का विरोध, युद्ध और निःशस्त्रीकरण को गैरकानूनी घोषित करना थी।

नव-उदारवादी अंतर्राष्ट्रीयवाद (Neo-Liberal Internationalism): नव-उदारवादी सोच के इस पहलू पर लोकतांत्रिक शांति थीसिस के समर्थकों का वर्चस्व है, जिनकी मूल सोच इस धारणा पर आधारित है कि उदार राज्य अन्य उदार राज्यों के साथ युद्ध नहीं करते हैं। इस उद्देश्य से फ्रांसिस फुकुयामा (Francis Fukuyama, 1989) ने द नेशनल इंटरेस्ट (*The National Interest*) में "इतिहास का अंत" शीर्षक वाले अपने लेख में सभी विचारधाराओं पर उदारवाद की जीत की वकालत की और तर्क दिया कि उदारवादी राज्य आंतरिक रूप से अंतर्राष्ट्रीय संबंधों में अधिक स्थिर और अधिक शांतिपूर्ण थे। उनका मानना है कि उदार राज्यों ने प्रशांत संघ (Pacific Union) की स्थापना की है जिसके भीतर युद्ध अकल्पनीय हो जाता है।

***नव-आदर्शवाद* (*Neo-Idealism*):** डेविड हेल्ड (David Held)*, नॉर्बर्टो बोबियो (Norberto Bobbio)† और डेनिएल आर्किबुगी (Danielle Archibugi)‡ जैसे नव-आदर्शवाद के पैरोकारों का मानना है कि वैश्विक राजनीति का लोकतंत्रीकरण किया जाना चाहिए। डेविड हेल्ड ने वेस्टफेलियन और संयुक्त राष्ट्र मॉडल के स्थान पर "लोकतंत्र का महानगरीय मॉडल" और क्षेत्रीय संसदों के निर्माण, यूरोपीय संघ जैसे क्षेत्रीय निकायों के अधिकार के विस्तार के साथ-साथ संयुक्त राष्ट्र जैसे अंतर्राष्ट्रीय संगठनों के लोकतंत्रीकरण की भी सिफारिश की है। वह राष्ट्रीय संसदों के माध्यम से मानवाधिकारों की प्राप्ति और मानवाधिकारों के एक नए अंतर्राष्ट्रीय न्यायालय द्वारा निगरानी की भी सिफारिश करते हैं।

***नव-उदारवादी संस्थागतवाद* (*Neo-Liberal Institutionalism*):** एक्सलरोड, केओहेन और नी (Axelrod, Keohane and Nye) जैसे नव-उदारवादी संस्थागतवाद के समर्थकों ने केनेथ वाल्ट्ज (Kenneth Waltz's) के नव-यथार्थवाद के सिद्धांत के जवाब में अपने प्रसिद्ध कार्य '*थ्योरी ऑफ इंटरनेशनल पॉलिटिक्स*' (Theory of International Politics, 1979) में अपने विचार सामने रखे। नव-उदारवादी संस्थागतवाद का यह पहलू यथार्थवादियों के साथ इस धारणा को साझा करता है कि राज्य सबसे महत्वपूर्ण कर्ता हैं और अंतर्राष्ट्रीय वातावरण अराजक है। लेकिन नव-उदारवादी संस्थावादी अराजकता की स्थिति में राज्यों के बीच सहयोग बनाए रखने के कार्य पर ध्यान केंद्रित करने का प्रयास करते हैं।

आलोचना (Criticisms)

आदर्शवादियों की अधिकांश धारणाओं की कई आधारों पर आलोचना की गई है। उन्हें अव्यावहारिक, यूटोपियन माना गया है और अधिकांश उदार सिद्धांतों पर संस्कृति-विशिष्ट और जातीय केंद्रित होने का आरोप लगाया गया है। वे पश्चिमी मूल्यों का चित्रण करते हैं और उन्हें गैर-पश्चिमी मूल्यों पर थोपने का प्रयास करते हैं। मुक्त व्यापार, परस्पर निर्भरता, लोकतंत्र पश्चिमी उदारवादी परंपरा से जुड़ी अवधारणाएँ हैं और विकासशील दुनिया इन्हें बहुत अधिक विवादों के साथ देखती है। क्योंकि, बड़े और शक्तिशाली राज्य ही अंतर्राष्ट्रीय राजनीति की कार्यप्रणाली को नियंत्रित करते हैं। शांति, प्रभावी अंतर्राष्ट्रीय संगठन और निरस्त्रीकरण के उदारवादियों के प्रयासों को बहुत कम सफलता मिली है। इसके अलावा, मानव स्वभाव और राजनीति की वास्तविकताओं को ध्यान में न रखने के लिए यथार्थवादियों द्वारा आदर्शवाद की तीखी आलोचना की गई है। व्यक्तिगत कार्यों और राज्य की गतिविधियों के मामले में स्वार्थ की खोज एकमात्र मार्गदर्शक सिद्धांत बन जाती है। राजनीति के क्षेत्र में नैतिकता का महत्व सबसे कम है। जैसा कि कूलम्बिस और वोल्फ (Couloumbis and Wolfe)[5] ने कहा, "यथार्थवादियों का तर्क है कि राजनीति में कानूनी, नैतिक और यहां तक कि वैचारिक व्यवहार को अपनाना प्रकृति की शक्तियों के विपरीत चलता है और इसके परिणामस्वरूप एक ओर शांतिवाद और पराजयवाद होता है और दूसरी ओर उग्र विशिष्टतावादी ओर धर्मयुद्ध की भावना"। केगले और विटकोफ (Kegley and Wittkopf) ने यह भी बताया कि "सुधार के लिए आदर्शवादी कार्यक्रम का ज्यादा प्रयास कभी नहीं किया गया था, और इसमें से बहुत कम हासिल किया गया था"।

---

* David Held a British political scientist and a prominent scholar in the field of international relations.

† Norberto Bobbio was an Italian political scientist.

‡ Danielle Archibugi is an Italian social scientist.

इसका मतलब यह नहीं कि आदर्शवाद का कोई मूल्य नहीं है। इस समय एक विद्वान यह प्रश्न पूछ सकता है कि क्या अंतर्राष्ट्रीय संबंधों के अध्ययन में व्यापक दृष्टिकोण प्राप्त करने के लिए यथार्थवाद और आदर्शवाद को संश्लेषित किया जा सकता है। रेनहोल्ड निबुहर (Reinhold Niebuhr)[6] (*The Children of Light and the Children of Darkness, 1944*) का मानना है कि यथार्थवादियों के ज्ञान को आदर्शवादियों के आशावाद के साथ जोड़ना संभव है या कोई यथार्थवादियों के निराशावाद और आदर्शवादियों की मूर्खता को त्याग सकता है। इस विचारधारा का सार राज्यों के बीच सत्ता संघर्ष की वास्तविकता को बनाए रखना और साथ ही अंतर्राष्ट्रीय शांति और सुरक्षा और शांतिपूर्ण सह-अस्तित्व के निर्माण की दिशा में राज्यों के प्रयासों को निर्देशित करना है। रेनहोल्ड निबुहर (Reinhold Niebuhr) ने '**प्रकाश के बच्चों**' (children of light) और '**अंधेरे के बच्चों**' (children of darkness) की अवधारणा पेश की। प्रकाश के बच्चे सार्वभौमिक कानूनों के लिए स्व-हित की अधीनता को मानते हैं ताकि वे सार्वभौमिक सिद्धांतों के साथ सामंजस्य स्थापित कर सकें और 'अंधेरे के बच्चे' स्व-हित को प्रमुख मार्गदर्शक सिद्धांत के रूप में मानते हैं। इस मानदंड के आधार पर, निबुहर 'अंधेरे के बच्चों' को दुष्ट और 'प्रकाश के बच्चों' को गुणी मानते हैं। लेकिन फिर, उसे एहसास होता है कि 'अंधेरे के बच्चे' बुद्धिमान हैं और 'प्रकाश के बच्चे' मूर्ख हैं क्योंकि वे स्वार्थ की शक्ति को समझने में असफल होते हैं और अराजकता को कम आंकते हैं। इसलिए, निबुहर का सुझाव है कि 'अंधेरे के बच्चों' को प्रकाश के बच्चों से कुछ सीखना चाहिए और 'प्रकाश के बच्चों' को 'अंधेरे के बच्चों' से कुछ सीख लेनी चाहिए। अंतर्राष्ट्रीय संबंधों को समझने के लिए व्यापक दृष्टिकोण विकसित करने का यही एकमात्र संभव तरीका है।

राजनीतिक यथार्थवाद (Political Realism)

द्वितीय विश्व युद्ध के बाद के अंतर्राष्ट्रीय संबंधों में यथार्थवाद सबसे प्रमुख विचारधारा रही है और वर्तमान अंतर्राष्ट्रीय संबंधों के परिदृश्य में अभी भी इसकी प्रासंगिकता बनी हुई है। यथार्थवादी विचारधारा की मुख्य विचारधारा राज्यों द्वारा शक्ति और उसके प्रयोग के संदर्भ में है। दूसरे शब्दों में, इसका संबंध मुख्यतः *वास्तविक राजनीति* (*realpolitik*) से है।

यथार्थवाद की मूल धारणाएँ हैं:

1. अंतर्राष्ट्रीय व्यवस्था अराजक है।
2. संप्रभु राज्य अंतर्राष्ट्रीय व्यवस्था में प्रमुख कर्ता हैं।
3. राज्य तर्कसंगत एकात्मक कर्ता हैं और प्रत्येक अपने राष्ट्रीय हित के विचार के तहत कार्य करते हैं।
4. राष्ट्रीय सुरक्षा और अस्तित्व प्रत्येक राज्य का प्राथमिक 'राष्ट्रीय हित' है।
5. राष्ट्रीय सुरक्षा की खोज में राज्य राष्ट्रीय शक्ति बढ़ाने का प्रयास करते हैं।
6. राष्ट्रीय शक्ति और क्षमताएँ राज्यों के बीच संबंधों को निर्धारित करती हैं।
7. राष्ट्रीय शक्ति के संदर्भ में परिभाषित राष्ट्रीय हित, अंतर्राष्ट्रीय संबंधों में राज्यों के कार्यों का मार्गदर्शन करता है।

हालाँकि, यथार्थवाद के बीज थ्यूसीडाइड्स (Thucydides) जैसे राजनीतिक दार्शनिकों के लेखन में खोजे जा सकते हैं, जो एक प्राचीन यूनानी इतिहासकार थे, जिन्होंने *पेलोपोनेसियन युद्ध का इतिहास* लिखा था और उन्हें वास्तविक राजनीति के बौद्धिक अग्रदूत, चाणक्य के *अर्थशास्त्र* के रूप में भी उद्धृत किया गया है; *मैकियावेली* (Machiavelli) *का* इल प्रिंसिपे (द प्रिंस) (*Il Principe*—The Prince); थॉमस हॉब्स

(Thomas Hobbes) का *लेविथान (Leviathan)*; ओटो वॉन बिस्मार्क (Otto von Bismarck), एक प्रशिया राजनेता जिन्होंने '*शक्ति संतुलन*' *शब्द गढ़ा* और कार्ल वॉन क्लॉज़विट्ज़ (Carl von Clausewitz) उन्नीसवीं शताब्दी के जनरल और प्रशिया के सैन्य सिद्धांतकार थे जिन्होंने *ऑन वॉर (वॉन क्रिएज) On War (Von Kriege)* लिखा था जिसमें उन्होंने अपना सबसे बड़ा सिद्धांत प्रतिपादित किया था कि '*युद्ध और कुछ नहीं बल्कि अन्य तरीकों से राजनीति की निरंतरता*' है।

वास्तविक राजनीति की उनकी समझ ने विश्व राजनीति को विशेष रूप से मानव स्वभाव के दृष्टिकोण से देखने के राजनीतिक यथार्थवादियों के दृष्टिकोण को गहराई से प्रभावित किया, जिसे उन्होंने संशोधित राज्यों के क्षेत्र में स्थानांतरित कर दिया। यह हमें कुछ राजनीतिक दार्शनिकों द्वारा सामने रखे गए प्रस्तावों पर चर्चा की ओर ले जाएगा और जानकारी देगा कि उन्होंने आईआर के विषय में "राज्य के निर्माण", "पौरूष निर्माण" और "योद्धा मानसिकता के निर्माण" में कैसे मदद की।

मैकियावेली (Machiavelli)[7] की क्लासिक कृति द *प्रिंस* (*The Prince*) इस बात का प्रतीक है कि एक राजकुमार को वास्तव में कैसा होना चाहिए और अपने राज्य पर अपना प्रभुत्व बनाए रखने के लिए उसे किस तरह से अपनी शक्ति का उपयोग करना चाहिए। ऐसा करने के लिए, वह उन गैर-सैद्धांतिक तरीकों का सहारा ले सकता है जो धार्मिक या नैतिक मानकों द्वारा अनुमोदित नहीं हैं और फिर भी सदाचारी बने रहेंगे। राजकुमार को अपने अंदर मनुष्य और जानवर के गुणों को मिलाना चाहिए। उसे एक ही समय में लोमड़ी और शेर की क्षमताओं को समझने में सक्षम होना चाहिए। मैकियावेली का तर्क यह है कि नई रियासतें या तो किसी व्यक्ति की अपनी सेनाओं और उसके गुणों के माध्यम से हासिल की जाती हैं या धारण की जाती हैं, न कि भाग्य के माध्यम से। यहां, वह शासन कला को एक पौरूष चरित्र देते हैं क्योंकि वह भाग्य का वर्णन एक ऐसी महिला के रूप में करते हैं जिस पर हमेशा भरोसा किया जा सकता है और जो हमेशा 'वीर', सच्ची मर्दानगी का आदमी, बहादुरों का दोस्त और उन लोगों से आकर्षित होती है जो "कम सतर्क और अधिक उत्साही" हैं।[8] यदि एक सदाचारी और विवेकशील शासक भाग्य पर कब्ज़ा करना चाहता है, तो मैकियावेली की सलाह है कि "उसे मारो और पीटो और आप देखेंगे कि वह खुद को उन लोगों की तुलना में जल्दबाज़ी और हिंसक लोगों द्वारा अधिक आसानी से पराजित होने देती है जो बहुत धीरे और ठंडे तरीके से आगे बढ़ते हैं"।

संस्कृत में लिखा गया चाणक्य[9] का अर्थशास्त्र, शासन कला के सिद्धांतों पर विस्तार से चर्चा करता है। शीर्षक, अर्थशास्त्र, जिसका अर्थ है "भौतिक लाभ का विज्ञान" या "राजनीति का विज्ञान", इसके अंत के बारे में कोई संदेह नहीं छोड़ता है। कौटिल्य ने सुझाव दिया कि शासक को अपने लक्ष्य को प्राप्त करने के लिए किसी भी साधन का उपयोग करना चाहिए और उसके कार्यों को किसी नैतिक स्वीकृति की आवश्यकता नहीं है। जिन समस्याओं पर चर्चा की गई वे राजाओं द्वारा सामना की जाने वाली सबसे व्यावहारिक प्रकार की हैं, और सुझाए गए समाधान आधुनिक प्रशासनिक दुनिया में अभी भी प्रासंगिक और व्यावहारिक हैं। जासूसों की संस्था पर पुस्तक I के अध्याय XI में बड़े पैमाने पर जासूसी और उत्तेजक एजेंटों के उदार उपयोग की सिफारिश की गई है। हत्या और झूठे आरोपों का इस्तेमाल राजा के गुप्त एजेंटों द्वारा नैतिकता या नैतिकता के बारे में कोई विचार किए बिना किया जाना था। राजाओं को अपने बेटों की असामयिक महत्वाकांक्षाओं को नियंत्रित रखने में मदद करने के लिए अध्याय हैं, और इसी तरह अध्यायों का उद्देश्य राजकुमारों को उनके पिता के दबंग अधिकार को विफल करने में मदद करना है।

हॉब्स (Hobbes)[10] ने अपने *लेविथान* (*Leviathan*) में प्रकृति की एक स्थिति का चित्रण किया है, जो भयानक और निस्संदेह अराजक है। इस अराजकता का मूल कारण मानव स्वभाव की बुनियादी विशेषताओं में निहित है, जो प्रत्येक व्यक्ति को तीन प्रमुख कारणों—प्रतिस्पर्धा, अविश्वास और महिमा के

लिए हर व्यक्ति का दुश्मन बनने के लिए प्रेरित करता है। अत: ऐसी स्थिति में "कोई कला नहीं; कोई अक्षर नहीं; कोई समाज नहीं; और जो सबसे बुरा है, निरंतर भय, और हिंसक मृत्यु का खतरा; और मनुष्य का जीवन, एकान्त, गरीब, घिनौना, पाशविक और अल्पता होती है"। बल और धोखाधड़ी दो प्रमुख गुण हैं। इस स्थिति से बाहर आने के लिए, मनुष्य ने एक अनुबंध किया—'प्रत्येक व्यक्ति का प्रत्येक व्यक्ति के साथ एक अनुबंध' और इस प्रकार बहुलता एक व्यक्ति—कॉमनवेल्थ, लैटिन में, *सिविटास* (civitas) में एकजुट हो गई। इसलिए, लेविथान,—अमर ईश्वर, का जन्म हुआ और इसके साथ ही संप्रभुता, नागरिक समाज और राजनीतिक सत्ता अस्तित्व में आई।

राजनीतिक यथार्थवादी, इन दार्शनिक व्याख्याओं से अपनी बुनियादी धारणाएँ प्राप्त करते हुए मानते हैं कि मानव जाति स्वाभाविक रूप से परोपकारी नहीं है, बल्कि आत्म-केंद्रित और प्रतिस्पर्धी है। इससे, वे प्रचारित करते हैं कि राज्य भी स्वाभाविक रूप से आक्रामक (आक्रामक यथार्थवाद) और/या सुरक्षा (रक्षात्मक यथार्थवाद) से ग्रस्त हैं; और वह क्षेत्रीय विस्तार केवल विरोधी शक्तियों द्वारा बाधित है। हालाँकि, यह आक्रामक सोच एक सुरक्षा दुविधा की ओर ले जाता है जहाँ किसी की अपनी सुरक्षा बढ़ाने से अधिक अस्थिरता आ सकती है क्योंकि प्रतिद्वंद्वी अपने हथियार बना लेता है। इस प्रकार, सुरक्षा एक शून्य-राशि का खेल है जहाँ केवल सापेक्ष लाभ ही कमाया जा सकता है। राजनीतिक यथार्थवाद के प्रमुख प्रस्तावक ई.एच. कैर (E.H. Carr, 1939), निकोलस जे. स्पाईकमैन (Nicholas J. Spykman, 1942), रेनहोल्ड निबुहर (Reinhold Niebuhr, 1947), जॉर्ज एफ. केनन (George F. Kennan, 1954 and 1966), हंस जे. मोर्गेंथाऊ (Hans J. Morgenthau, 1948) और केनेंथ डब्ल्यू. थॉम्पसन (Kenenth W. Thompson, 1958 and 1960) थे।

ई.एच. कैर और यथार्थवाद (E.H. Carr and Realism)

अंतर्राष्ट्रीय संगठनों, निरस्त्रीकरण, खुली कूटनीति, आत्मनिर्णय और अन्य ऊंचे आदर्शों के माध्यम से शांतिपूर्ण विश्व व्यवस्था स्थापित करने के उदारवादियों के प्रयासों की कैर[11] (Carr, 1939) ने अपने विवादास्पद कार्य ट्वेंटी इयर्स क्राइसिस: 1919–1939 (*Twenty Years' Crisis:* 1919–1939) में तीखी आलोचना की थी। उनका विचार था कि "अंतर्राष्ट्रीय राजनीति के विज्ञान का दूरसंचार पहलू शुरू से ही विशिष्ट रहा है। यह एक महान विनाशकारी युद्ध से उत्पन्न हुआ; नए विज्ञान के अग्रदूतों पर हावी और प्रेरित करने वाला भारी उद्देश्य अंतर्राष्ट्रीय राजनीतिक निकाय की इस बीमारी की पुनरावृत्ति को रोकना था"। इसलिए, युद्ध को रोकने की उत्कट इच्छा ने ही अध्ययन की दिशा निर्धारित की। इसका स्पष्ट परिणाम यह हुआ कि अंतर्राष्ट्रीय राजनीति को स्वप्नलोकवाद द्वारा चिह्नित किया जाने लगा। हितों के सामंजस्य का उदारवादी सिद्धांत अस्थिर प्रतीत होता है क्योंकि वास्तव में जो भी सामान्य हित मौजूद हैं, वे "यथास्थिति के संरक्षण में निहित स्वार्थ के साथ संतुष्ट शक्तियों की अभिव्यक्ति से अधिक कुछ नहीं हैं"। दरअसल, कैर के अनुसार हितों के सामंजस्य का सिद्धांत, अपनी स्थिति को सही ठहराने और बनाए रखने के लिए विशेषाधिकार प्राप्त समूहों द्वारा पूर्ण ईमानदारी से लागू एक सरल नैतिक उपकरण के रूप में कार्य करता है। मामले की जड़ यह है कि जो पूर्ण सार्वभौमिक सिद्धांत प्रतीत होते हैं वे एक विशेष समय में राष्ट्रीय हित की एक विशेष व्याख्या के आधार पर राष्ट्रीय नीति के अचेतन प्रतिबिंबों के अलावा और कुछ नहीं हैं। वे स्वार्थी, निहित स्वार्थों के पारदर्शी भेष के अलावा और कुछ नहीं हैं। उनका मानना है कि "आधुनिक अंतर्राष्ट्रीय संकट का आंतरिक अर्थ हितों के सामंजस्य की अवधारणा पर आधारित यूटोपियनवाद की पूरी संरचना का पतन है"। कैर के अनुसार, यूटोपियनवाद का दिवालियापन अपने सिद्धांतों पर खरा उतरने में विफलता में नहीं, बल्कि

अंतर्राष्ट्रीय मामलों के संचालन के लिए कोई पूर्ण और उदासीन मानक प्रदान करने में असमर्थता को उजागर करने में निहित है। अत: अंतर्राष्ट्रीय संबंधों में सत्ता की राजनीति के महत्व को स्वीकार करना होगा। लेकिन कैर ने सुझाव दिया कि ठोस राजनीतिक सिद्धांत प्राप्त करने के लिए, यूटोपियनवाद और यथार्थवाद दोनों के तत्वों, अर्थात् शक्ति और नैतिक मूल्यों की आवश्यकता होती है।

मोर्गेंथाऊ और यथार्थवाद (Morgenthau and Realism)

अंतर्राष्ट्रीय संबंधों में राजनीतिक यथार्थवाद अपने चरम पर पहुंच गया और हंस जे. मोर्गेंथाऊ (Hans J. Morgenthau) के मौलिक कार्य *पॉलिटिक्स अमंग नेशंस: द स्ट्रगल फॉर पावर एंड पीस* (*Politics Among Nations: The Struggle for Power and Peace*, 1948) में एक विचित्र कद ग्रहण किया। उनके छह सिद्धांत या संकेत हैं:

1. राजनीति, सामान्यतः समाज की तरह, उद्देश्ययुक्त कानूनों द्वारा शासित होती है जिनकी जड़ें मानव स्वभाव में होती हैं जो अपरिवर्तनीय है। इसलिए, एक तर्कसंगत सिद्धांत विकसित करना संभव है जो इन उद्देश्य युक्त कानूनों को दर्शाता है।
2. राजनीतिक यथार्थवाद का मुख्य संकेत शक्ति के संदर्भ में परिभाषित हित की अवधारणा है जो राजनीति की विषय वस्तु में तर्कसंगत व्यवस्था को शामिल करती है, और इस प्रकार राजनीति की सैद्धांतिक समझ को संभव बनाती है। मोर्गेंथाऊ (Morgenthau) अंतर्राष्ट्रीय राजनीति को एक ऐसी प्रक्रिया के रूप में देखते हैं जिसमें युद्ध की कूटनीति के आधार पर राष्ट्रीय हितों को समायोजित या हल किया जाता है। उन्होंने कहा कि "राष्ट्रीय हित की अवधारणा न तो स्वाभाविक रूप से सामंजस्यपूर्ण, शांतिपूर्ण दुनिया और न ही सभी देशों द्वारा अपने राष्ट्रीय हितों की खोज के परिणामस्वरूप युद्ध की अनिवार्यता को मानती है। इसके विपरीत, यह मानता है कि कूटनीतिक कार्रवाई द्वारा परस्पर विरोधी हितों के निरंतर समायोजन के माध्यम से निरंतर संघर्ष और युद्ध के खतरे को कम किया जा सकता है।
3. यथार्थवाद मानता है कि शक्ति के रूप में परिभाषित हित एक उद्देश्ययुक्त श्रेणी है जो सार्वभौमिक रूप से मान्य है लेकिन इसका कोई ऐसा अर्थ नहीं है जो एक बार और सभी के लिए तय हो। ऐसी दुनिया में जहां संप्रभु राज्य सत्ता के लिए प्रतिस्पर्धा करते हैं, जीवित रहना विदेश नीति का न्यूनतम लक्ष्य और मुख्य राष्ट्रीय हित है। "अन्य राष्ट्रों द्वारा अतिक्रमण के विरुद्ध उनकी भौतिक और सांस्कृतिक पहचान" की सुरक्षा महत्वपूर्ण हित है जो सभी राज्यों के लिए समान है। इसलिए, पहचान योग्य मूल न्यूनतम राष्ट्रीय हित राष्ट्रीय अस्तित्व है और अन्य हित समय, स्थान, संस्कृति, राज्यों की सामाजिक-आर्थिक और राजनीतिक स्थिति की आवश्यकताओं से निर्धारित होते हैं। अपने तर्क का समर्थन करने के लिए, मोर्गेंथाऊ इतिहास से उत्कृष्ट उदाहरण देते हैं। ऐसा ही एक 1939–40 में फिनलैंड के प्रति ग्रेट ब्रिटेन की नीति है, जो उनके अनुसार, कानूनी-नैतिक आधार पर आधारित नहीं थी, बल्कि सोवियत आक्रामकता के सामने बड़े पैमाने पर सैन्य सहायता द्वारा समर्थित थी, जिसका ब्रिटेन के अस्तित्व पर ही प्रतिकूल प्रभाव पड़ सकता था। इसे नाजी जर्मनी के हाथों विनाश का सामना करना पड़ा होगा और फिनलैंड की स्वतंत्रता को बहाल करने में सक्षम नहीं होगा, जिससे इसके महत्वपूर्ण राष्ट्रीय हित, यानी राष्ट्रीय अस्तित्व को खतरे में डाल दिया जाएगा। मोर्गेंथाऊ टिप्पणी करते हुए पूछते हैं: जब राष्ट्रीय अस्तित्व से संबंधित राष्ट्रीय हितों की रक्षा की गई है, तो क्या राष्ट्र कम हितों का अनुसरण कर सकते हैं?

4. सार्वभौमिक नैतिक सिद्धांतों को राज्य की कार्रवाई पर लागू नहीं किया जा सकता। उन्हें समय और स्थान की ठोस परिस्थितियों के माध्यम से फ़िल्टर किया जाना चाहिए। व्यक्तिगत नैतिकता को राज्य की नैतिकता के साथ भ्रमित करना आपदा को जन्म देना है, क्योंकि अपने राष्ट्रीय हित की खोज में राज्य एक ऐसी नैतिकता द्वारा शासित होते हैं जो व्यक्तियों के व्यक्तिगत संबंधों की नैतिकता से भिन्न होती है।
5. राजनीतिक यथार्थवाद किसी विशेष राष्ट्र की नैतिक आकांक्षाओं को ब्रह्मांड को नियंत्रित करने वाले नैतिक कानूनों के साथ पहचानने से इनकार करता है। यह शक्ति के संदर्भ में परिभाषित हित की अवधारणा है जो हमें नैतिक अतिरेक और राजनीतिक मूर्खता से बचाती है।
6. राजनीतिक यथार्थवादी राजनीतिक क्षेत्र की स्वायत्तता को उसी तरह बनाए रखता है जैसे अर्थशास्त्री, वकील और नैतिकतावादी रखते हैं।[12] एक राजनीतिक यथार्थवादी सत्ता के संदर्भ में परिभाषित हित के संदर्भ में सोचता है, जैसे अर्थशास्त्री धन के रूप में परिभाषित हित के संदर्भ में सोचता है, वकील कानूनी नियमों के साथ कार्रवाई की अनुरूपता के संदर्भ में सोचता है, और नैतिकतावादी, जो हितों की अनुरूपता के संदर्भ में नैतिक सिद्धांतों के साथ कार्रवाई के बारे में सोचता है। इस प्रकार बौद्धिक रूप से, राजनीतिक यथार्थवादी राजनीतिक क्षेत्र की स्वायत्तता को बनाए रखता है, लेकिन फिर भी राजनीतिक यथार्थवादी राजनीतिक मानकों के अलावा विचार के मानकों के अस्तित्व और महत्व की उपेक्षा नहीं करते हैं। इसका तात्पर्य यह है कि विचार के प्रत्येक मानक को उसका उचित क्षेत्र और कार्य सौंपा जाना चाहिए। अर्थशास्त्र और अन्य विषयों की तरह राजनीति के क्षेत्र में भी विचारों के मानकों का विकास राजनीतिक यथार्थवाद का मुख्य उद्देश्य है।

इसलिए, हॉब्सियन (Hobbesian), 'मैकियावेलियन (Machiavellian) और कौटिलियन (Kautilyan) की मानव स्वभाव के बारे में समझ है कि 'जब तक उपयुक्त परिस्थितियाँ न मिलें, मानव स्वभाव स्वार्थी और संघर्षशील रहता है', को सफतलापूवर्क अपनाया गया, आत्मसात किया गया और अंतर्राष्ट्रीय संबंधों के आधुनिक सिद्धांत के रूप में परिवर्तित कर दिया गया। शीत युद्ध के दौरान यह विश्व राजनीति का सबसे व्यापक स्वीकृत परिप्रेक्ष्य बन गया। जैसा कि रोथेंस्टीन (Rothenstein)*[13] ने दर्शाया कि, यथार्थवाद एक "सिद्धांत बन गया जिसने (अमेरिकी) विदेश नीति को प्रतिष्ठित करने के लिए लगभग बीस वर्षों तक संदर्भ का बौद्धिक ढांचा प्रदान किया... इसने उन श्रेणियों को निर्धारित किया जिनके द्वारा उन्होंने बाहरी दुनिया और मन की स्थिति का आकलन किया और जिसके कारण उन्होंने मौजूदा समस्याओं का सामना किया।'' व्यवहारिक क्रांति द्वारा चुनौती मिलने तक आईआर में राजनीतिक कार्रवाई की स्वायत्तता और "बिलियर्ड बॉल" (billiard ball) मॉडल पर जोर देने के साथ यथार्थवाद प्रमुख प्रतिमान के रूप में प्रचलित रहा। लेकिन 1970 के दशक में यह नव-यथार्थवाद के रूप में फिर से उभर कर सामने आया।

नव-यथार्थवाद (Neo-Realism)

नव-उदारवादी विचार के उद्भव, विशेषकर 'बहुलवाद' द्वारा उत्पन्न चुनौती के कारण यथार्थवादी परंपरा को झटका लगा। पारंपरिक यथार्थवादियों के राज्य-केंद्रवाद को एक गंभीर झटका लगा क्योंकि बहुलवादियों ने

* R. Rothenstein, "on the Costs of Realism", *Political Science Quarterly*, Vol. 87, No. 3, 1972, p. 38.

इस तथ्य पर जोर दिया कि राज्य अंतर्राष्ट्रीय संबंधों में एक महत्वपूर्ण कर्ता हो सकता है लेकिन यह एकमात्र कर्ता नहीं है। दूसरे शब्दों में, उन्होंने अंतर्राष्ट्रीय संबंधों में कर्ता की बहुलता को स्वीकार किया जैसा कि नीचे चर्चा की जाएगी। यथार्थवाद के प्रति बहुलवादी की चुनौती का सामना जल्द ही यथार्थवादियों के एक नए ब्रांड से हुआ, और उनमें से अग्रदूत थे केनेथ वाल्ट्ज़ (Kenneth Waltz)। वाल्ट्ज (Waltz) ने अपनी प्रसिद्ध कृतियों, मैन, द स्टेट एंड वॉर (Man, the State and War, 1959) और थ्योरी ऑफ इंटरनेशनल पॉलिटिक्स Theory of International Politics, 1979) में विश्व राजनीति के बारे में अपना विचार प्रस्तुत किया, जिसे लोकप्रिय रूप से 'नव-यथार्थवाद' के रूप में जाना जाता है। वाल्ट्ज का तर्क है कि अंतर्राष्ट्रीय और घरेलू राजनीति के बीच मुख्य अंतर युद्ध और संघर्ष की नियमितता में नहीं बल्कि अंतर्राष्ट्रीय प्रणाली की संरचना में है। अंतर्राष्ट्रीय प्रणाली में उच्च प्राधिकार के अभाव में स्वयं की सुरक्षा के लिए 'स्वयं-सहायता' के अलावा कोई अन्य रास्ता नहीं है जो अंततः 'सुरक्षा दुविधा' को जन्म देगा क्योंकि किसी एक की सुरक्षा का निर्माण दूसरों की असुरक्षा को जन्म देगा। इसलिए, नव-यथार्थवादियों के लिए परिणामी अराजकता एक ऐसी प्रणाली की उपस्थिति के कारण है, जो संप्रभु राज्यों पर उच्च शक्ति की अनुपस्थिति की विशेषता है। अंतर्राष्ट्रीय व्यवस्था की यह संरचना ही अंतर्राष्ट्रीय संबंधों में राज्यों के व्यवहार और सत्ता के लिए उनके संघर्ष को निर्णायक रूप से आकार देती है। इस प्रकार, संघर्ष के स्रोत या युद्ध के कारण, पारंपरिक या शास्त्रीय यथार्थवादियों के तर्क के विपरीत, मानव प्रकृति पर नहीं बल्कि अंतर्राष्ट्रीय संबंधों की अराजक संरचना के बुनियादी ढांचे के भीतर टिके हुए हैं। वाल्ट्ज़ इस वातावरण में शक्ति संतुलन और स्वयं सहायता को संबोधित करने के लिए गेम थ्योरी (एक आर्थिक अवधारणा जो आज कई क्षेत्रों में व्यापक रूप से उपयोग की जाती है) का उपयोग करता है। उनका कहना है कि शक्ति संतुलन के परिणामस्वरूप किसी विशेष राज्य की मंशा के बावजूद इस तरह की व्यवस्था बनती है। लेकिन अंतर्राष्ट्रीय राजनीति में, बल के उपयोग को प्रभावी ढंग से प्रतिबंधित करने के अधिकार के अभाव में, राज्यों के बीच शक्ति का संतुलन अक्सर शारीरिक बल सहित क्षमताओं का संतुलन बन जाता है, जिसे राज्य अपने लक्ष्यों को प्राप्त करने के लिए उपयोग करते हैं। इस प्रकार, एक स्व-सहायता प्रणाली में, स्व-हित का तर्क व्यक्ति के हितों बनाम सामान्य हित के हितों और अल्पकालिक हितों और दीर्घकालिक हितों के बीच भुगतान की समस्या को समझने का आधार प्रदान करता है।[14] नव-यथार्थवादियों ने राज्यों के बीच सहयोग की संभावनाओं को भी नज़रअंदाज नहीं किया। लेकिन विवाद का मुद्दा यह था कि, राज्यों ने एक-दूसरे के साथ सहयोग करते हुए, अपनी सापेक्ष शक्ति को अधिकतम करने और अपनी स्वायत्तता को बनाए रखने की कोशिश की।

आलोचना (Criticisms)

यथार्थवाद के विरुद्ध पहली बड़ी आलोचना यह की जा सकती है कि आदर्शवाद की तरह यथार्थवाद भी असंतुलित है और केवल शक्ति और शक्ति संघर्ष, यानी 'शक्ति अद्वैतवाद' पर जोर देता है। पारंपरिक यथार्थवादियों ने 1920 और 1930 के दशक के उदार यूटोपियनों की प्रतिक्रिया में अपने विचार तैयार किए। परिणामस्वरूप, उन्होंने 'सत्ता की राजनीति', राज्य की संप्रभुता, शक्ति संतुलन और युद्ध पर अधिक जोर दिया। यथार्थवादियों के लिए, अंतर्राष्ट्रीय संबंधों में राज्य ही एकमात्र महत्वपूर्ण कर्ता थे। इसके अलावा, विद्वानों का कहना है कि मोर्गेंथाऊ (Morgenthau) का यथार्थवाद मानव स्वभाव के बारे में *प्राथमिक धारणाओं* पर आधारित था, जैसे कि स्व-हित की तर्कसंगत खोज, अधिकतम उपयोगिता और इसी तरह, जो शायद ही सत्यापन और परीक्षण योग्य हैं। बेन्नो वासरमैन, रॉबर्ट टकर, स्टेनली हॉफमैन (Benno Wasserman, Robert Tucker, Stanley Hoffman) और अन्य लोगों ने जमीनी स्तर पर

पारंपरिक यथार्थवाद की आलोचना की है, कि यह न तो यथार्थवादी है और न ही अपने आप में सुसंगत है। स्टेनली हॉफमैन Stanley Hoffman[15] के अनुसार, यह सिद्धांत विसंगतियों और अस्पष्टताओं से भरा है और अंत की चर्चा को नजरअंदाज करता है। क्विंसी राइट (Quincy Wright) ने कहा कि यथार्थवादी सिद्धांत ने राष्ट्रीय नीति पर मूल्यों के प्रभाव को नजरअंदाज कर दिया है। रॉबर्ट टकर (Robert Tucker) ने सिद्धांत की आलोचना की क्योंकि उनका मानना था कि यह स्वयं और वास्तविकता दोनों के साथ असंगत था। वास्क्वेज़ (Vasquez, 1979) का तर्क है कि अंतर्राष्ट्रीय संबंधों के एक सांख्यिकीय विश्लेषण से पता चलेगा कि यद्यपि 1950 और 1960 के दशक में यथार्थवादी प्रतिमान का अत्यधिक प्रभुत्व था, लेकिन यह अंतर्राष्ट्रीय राजनीति को पर्याप्त रूप से समझाने में विफल रहा। निष्कर्षों के अनुसार, 7000 यथार्थवादी परिकल्पनाओं में से 90 प्रतिशत से अधिक गलत साबित हुईं। लिंकलैटर (Linklater, 1990) ने कहा कि संरचनात्मक यथार्थवादियों को प्रतिबंध के परे जाने की तथा उदार यथार्थवादियों को व्यवस्था के प्रति अभिलाषा की प्रवृत्ति से परे जाने की आवश्यकता है, ताकि सिद्धांत का एक मुक्तिदायक रूप विकसित किया जा सके जो एकजुटता की भावना को गहरा करना और वैश्विक राजनीति में समुदाय के बंधनों को चौड़ा करना चाहता है। नव-यथार्थवाद भी खामियों से रहित नहीं है क्योंकि लिंकलेटर ने बताया है कि वाल्ट्ज (Waltz) के इकाई-संरचना संबंध के साथ एक बड़ी समस्या यह है कि यह इकाइयों द्वारा प्रेरित प्रणालीगत परिवर्तन के लिए बहुत कम या कोई जगह नहीं छोड़ता है।[16] वह आगे तर्क देते हैं कि अंतर्राष्ट्रीय प्रणाली में पुनरावृत्ति और दोहराव पर जोर देकर, नव-यथार्थवाद शासन कला के एक ऐसे रूप की परिकल्पना नहीं कर सकता है जो शक्ति और नियंत्रण की गणना से परे हो। कॉक्स (Cox, 1986) नव-यथार्थवादी सिद्धांत को अंतर्राष्ट्रीय संबंधों के लिए 'समस्या-समाधान दृष्टिकोण' की श्रेणी में रखता है, जब यह अनैतिक और अनैतिक व्यवहार को छिपाने और तर्कसंगत बनाने से थोड़ा अधिक हो सकता है। यथार्थवाद, नव-यथार्थवाद और नव-उदारवाद को खंडित करके, उत्तर-आधुनिक आलोचनात्मक सिद्धांत यह देखता है कि अंतर-राज्य अराजकता की अवधारणा वास्तव में प्रमुख उपदेश और उससे जुड़ी राज्य प्रथाओं का एक कृत्रिम निर्माण है। यह प्रमुख अंतर्राष्ट्रीय संबंधों के विमर्श द्वारा निर्मित और उत्पन्न हुआ है।[17]

पूरे विमर्श में महिलाओं के बहिष्कार के दृष्टिकोण से यथार्थवादी सिद्धांत की नारीवादी आलोचना भी हुई है। शांति और युद्ध के नारीवादी विश्लेषणों में सबसे आम रूपांकन समाज और इतिहास में पुरुषत्व को एक पारलौकिक आक्रामक शक्ति के रूप में दर्शाता है। महिलाएं पुरुषों के युद्धों की दर्शक या पीड़िता होती हैं। 1980 के दशक तक अधिकांश नारीवादी टिप्पणियों ने इसी ढाँचे का अनुसरण किया। विशेष रूप से, 1970 और 1980 के दशक की शुरुआत में परमाणु खतरे पर चिंता के असाधारण विस्फोट के परिणामस्वरूप स्पष्ट या परोक्ष रूप से पुरुषवादी सैन्यवाद की आलोचना पर आधारित नारीवादी लेखन की बाढ़ आ गई। उदाहरण के लिए, हंस जे. मोर्गेंथाऊ (Hans J. Morgenthau) के अपने मूल्यांकन में, टिकनर (Tickner, 1988) ने यथार्थवाद की आलोचना करते हुए इसे केवल "अंतर्राष्ट्रीय राजनीति का एक आंशिक विवरण" कहा है, जो इसके गहरे अंतर्निहित पुरुषवादी पूर्वाग्रह के कारण है। लेकिन आंशिक विवरण आंशिक विवरण हैं; वे बिल्कुल भी गलत नहीं हैं। टिकनर ने कई आधारों पर मोर्गेंथाऊ के प्रतिमान पर हमला किया। लेकिन उनकी मुख्य चिंता कुछ यथार्थवादी सिद्धांतों के 'नारीवादी सुधार' की पेशकश करना है। इसी तरह, केंद्रीय समस्या उसी तरह वस्तुनिष्ठता के साथ नहीं हो सकती है, बल्कि वस्तुनिष्ठता के साथ है "जैसा कि इसे सांस्कृतिक रूप से परिभाषित किया गया है ... [और] पुरुषत्व से जुड़ा हुआ है"। इसी तरह "राष्ट्रीय हित" के विचार को और अधिक "बहुआयामी और प्रासंगिक रूप से संभाव्य" प्रस्तुत करने की आवश्यकता है, लेकिन जरूरी नहीं कि इसे छोड़ दिया जाए। टिकनर ने जोर देकर कहा: "मैं मोर्गेंथाऊ

(Morgenthau) के काम की वैधता से इनकार नहीं कर रहा हूं" बल्कि केवल 'विवादास्पद दूसरों' के साथ बातचीत करने के लिए कह रहा हूं।[18]

बहुलवाद (Pluralism)

बहुलवाद की बौद्धिक जड़ें उदारवादी सोच की अवधारणाओं, तर्कों और परिप्रेक्ष्यों में पाई जा सकती हैं, जिन्होंने प्रत्यक्ष या अप्रत्यक्ष रूप से अंतर्राष्ट्रीय राजनीति की बहुलवादी छवि, विशेषकर उदार संस्थागतवाद को प्रभावित किया है।

यथार्थवादी प्रतिमान की राज्य-केंद्रिकता, सुरक्षा और सैन्य मुद्दों और राष्ट्रीय हित के साथ इसकी एकमात्र चिंता 1960 के दशक के अंत और 1970 के दशक की शुरुआत में जांच के दायरे में आई। अंतर्राष्ट्रीय व्यवस्था के बदलते स्वरूप और साथ ही नए मुद्दों के उद्भव ने विश्व व्यवस्था की 'यथार्थवादी' छवि के लिए चुनौती खड़ी कर दी और यह चुनौती बहुलवादी विचारकों की ओर से आई। 'ट्रांसनेशनलिस्ट' छवि या बहुलवादी परिप्रेक्ष्य बहुराष्ट्रीय कंपनियों जैसे गैर-राज्य कर्ताओं, एमनेस्टी इंटरनेशनल, कैथोलिक चर्च, ओपेक, कार्टेल जैसे अंतर्राष्ट्रीय संगठनों और आतंकवादी संगठनों और अपहर्ताओं जैसे अन्य संगठनों के अस्तित्व को ध्यान में रखता है। उनके तर्क का मुख्य मुद्दा यह है कि **गैर-राज्यीय कर्ताओं** की अनुपस्थिति में कर्ताओं के रूप में राज्यों की उपस्थिति को नहीं समझा जा सकता है।

उन्होंने महत्वपूर्ण भूमिका निभाने वाले और अक्सर विदेश नीति निर्णयों को प्रभावित करने वाले '**अंतर-राज्यीय कर्ताओं**' के अस्तित्व पर भी गौर किया। उदाहरण के लिए, रिचर्ड सी. स्नाइडर (Richard C. Snyder, 1954) ने अपने सहयोगियों के साथ विदेश नीति निर्णय लेने में शामिल व्यक्तियों की व्यक्तिपरक धारणाओं और अंतर-राज्यीय 'सेटिंग' दोनों के संदर्भ में एक विशेष राज्य की विदेश नीति के व्यवहार को दिखाने की कोशिश की थी जिसमें वे काम करते हैं, जिसमें घरेलू राजनीति, जनमत और गैर-सरकारी कर्ता शामिल हैं।

अलेक्जेंडर जॉर्ज और ओले होल्स्टी (Alexander George and Ole Holsti)[17] जैसे कुछ अन्य बहुलवादियों ने विदेश नीति के निर्माण में व्यक्तियों की भूमिका, उनके विश्वास पैटर्न और उनके मनो-रोग संबंधी लक्षणों पर जोर दिया है। रॉबर्ट जर्विस (Robert Jervis) जैसे अन्य लोग निर्णय लेने वाली विदेश नीति में संज्ञानात्मक कारकों की भूमिका की ओर ध्यान आकर्षित करते हैं। इरविंग एल. जेनिस (Irving L. Janis) जैसे विद्वानों ने विदेश नीति के निर्माण में जिसे वे "समूह सोच" कहते हैं, उसके महत्व पर जोर दिया है। 1961 में संयुक्त राज्य अमेरिका द्वारा पिग्स की खाड़ी पर आक्रमण, 1941 में जापानी पर्ल हार्बर घटना के संबंध में अमेरिकी तैयारी की कमी, और कोरियाई और वियतनाम युद्धों को बढ़ाने के अमेरिकी निर्णय को मामले के अध्ययन के रूप में लेते हुए, उनका तर्क है कि छोटे समूह जो विदेश नीति संबंधी निर्णय तर्कसंगत सोच के बजाय समूह मानदंडों की मजबूरी के तहत अधिक कार्य करते हैं। अन्य बहुलवादियों ने गहन अध्ययन करने की कोशिश की है और किसी राज्य की विदेश नीति के प्रमुख निर्धारक के रूप में नौकरशाही की विशिष्ट भूमिका, उसके आंतरिक संघर्षों, विरोधाभासों और राजनीतिक कार्यपालिका के साथ संबंधों पर गौर किया है। ग्राहम टी. एलिसन (Graham T. Allison) ने एक अनुभवजन्य अध्ययन के आधार पर 1962 के क्यूबा मिसाइल संकट के दौरान अमेरिकी नौकरशाही की भूमिका पर तर्क दिया है। उन्होंने टिप्पणी की कि विदेश नीति का तर्कसंगत कर्ता मॉडल, जो राज्य को विदेश नीति का एक अखंड और तर्कसंगत निर्माता मानता है, एक अवास्तविक अमूर्तता है और वास्तव में, विदेश नीति तीव्र

नौकरशाही 'साम्राज्यवाद' और असहयोगी खेलों के रूप में समग्र प्रतिद्वंद्विता का परिणाम है और उस कारण अक्सर अतार्किक होता है।

केओहेन और नी (Keohane and Nye) (1972 और 1977) ने इस बहुलवादी छवि को यह तर्क देकर एक बड़ा कदम आगे बढ़ाया कि राज्य इन नौकरशाही कर्ताओं को सीमित करने में सक्षम नहीं हो सकता है। संगठन, चाहे निजी हों या सरकारी, अपने विदेशी समकक्षों के साथ गठबंधन बनाकर राज्यों की सीमाओं को पार कर सकते हैं। ऐसे **अंतर्राष्ट्रीय कर्ता (transnational actors)** अपने गृह राज्यों में सरकारी नेताओं के साथ परस्पर विरोधी उद्देश्यों के लिए काम कर सकते हैं जिनके पास अंतर्राष्ट्रीय संबंधों में निर्णय लेने का औपचारिक अधिकार होता है। सबसे अच्छा उदाहरण यह हो सकता है कि ब्रिटिश रक्षा मंत्रालय और अमेरिकी रक्षा विभाग का एक समान दृष्टिकोण हो सकता है लेकिन यह वास्तव में ब्रिटिश विदेश कार्यालय और अमेरिकी विदेश विभाग दोनों द्वारा अपनाए गए रुख के विपरीत है जो फिर से एक विशेष मुद्दे पर एकमत हो सकते हैं। इसके अलावा, दोनों देशों में कुछ गैर-सरकारी हित समूह एक या दूसरे अंतर-सरकारी गठबंधन का समर्थन करने वाले गठबंधन बना सकते हैं।[19]

इसलिए, अंतर्राष्ट्रीय संबंधों में गैर-राज्यीय, अंतर-राज्यीय और अंतर्राष्ट्रीय कर्ताओं की उपस्थिति पर जोर देकर, बहुलवादी खुद को पुराने और नए यथार्थवादियों से अलग करने की पूरी कोशिश करते हैं। वे अंतर्राष्ट्रीय संबंधों की प्रक्रियाओं के बहुभिन्नरूपी चरित्र को पहचानते हैं, जिससे अंतर्राष्ट्रीय संबंधों की राजनीतिक शक्ति के आयाम का अवमूल्यन होता है और यथार्थवादियों की अंतर्राष्ट्रीय प्रणाली के राज्य-केंद्रित और संघर्ष-ग्रस्त परिप्रेक्ष्य के विपरीत राष्ट्रों की **जटिल-अंतर्निर्भरता** पर जोर दिया जाता है।

यह **अंतर्राष्ट्रीयतावाद** और जटिल परस्पर निर्भरता का मॉडल रॉबर्ट कि ओहेन और जोसेफ नी (Robert Keohane and Joseph Nye)* द्वारा संपादित प्रसिद्ध कार्य ट्रांसनेशनल रिलेशंस एंड वर्ल्ड पॉलिटिक्स (*Transnational Relations and World Politics*) में प्रतिबिंबित हुआ। अपने अन्य प्रमुख कार्यों, पावर एंड इंटरडिपेंडेंस: वर्ल्ड पॉलिटिक्स इन ट्रांज़िशन (1977) में, उन्होंने यथार्थवाद के साथ-साथ चलने के लिए आईआर के एक नए खाते के रूप में जटिल अन्योन्याश्रयता का प्रस्ताव रखा। केओहेन और नी (Keohane and Nye) ने अंतर्राष्ट्रीय संबंधों के लिए यथार्थवादी दृष्टिकोण की बुनियादी धारणा के मुकाबले जटिल अंतरनिर्भरता की प्रमुख विशेषताओं को स्पष्ट किया। वे जटिल परस्पर निर्भरता की तीन मुख्य विशेषताओं की पहचान करते हैं:

1. ***संचार के कई चैनलों से जुड़े समाज:*** अंतर-राज्यीय, अंतर-सरकारी और अंतर्राष्ट्रीय संचार, जिसे यथार्थवादी ढांचा नजरअंदाज कर देता है।
2. ***मुद्दों के बीच पदानुक्रम का अभाव:*** अंतर-राज्यीय संबंधों के एजेंडे में कई मुद्दे शामिल हैं जिन्हें पदानुक्रम में व्यवस्थित नहीं किया जा सकता है। इसका मतलब यह है कि यह यथार्थवादी धारणा कि सैन्य सुरक्षा एजेंडे में सबसे ऊपर है, स्वीकार्य नहीं है।
3. ***सैन्य बल का कम महत्व:*** इस यथार्थवादी धारणा के विरुद्ध कि सैन्य बल प्रमुख है, केओहेन और नी (Keohane and Nye) का तर्क है कि सैन्य बल महंगा है और कुछ मामलों में कई मुद्दों पर अप्रासंगिक हो सकता है।[20]

इस जटिल परस्पर निर्भरता से, एक राजनीतिक प्रक्रिया उभरती है जो पारंपरिक प्रक्रिया से काफी अलग होती है जहां कोई निश्चित लक्ष्य और शक्ति का अंतर नहीं होता है। अंतर्राष्ट्रीय प्रणाली के पारंपरिक

* Robert Keohane and Joseph S. Nye, *Power and Inter dependence: World Politics in Transition*, Little Brown, Boston, 1977.

विश्लेषण के तहत, विभिन्न मुद्दों पर समान प्रक्रियाओं की आशा की जाती है। पारंपरिक प्रणाली के तहत, सैन्य और आर्थिक रूप से मजबूत राज्य कुछ मुद्दों पर अपनी नीतियों को अन्य मुद्दों पर अन्य राज्यों की नीतियों से जोड़कर, विभिन्न संगठनों और विभिन्न मुद्दों पर हावी हो जाते हैं। इसका परिणाम यह होगा कि मजबूत राज्य अपने प्रभुत्व का उपयोग करके कमजोर मुद्दों पर भी विजय प्राप्त करेंगे और अंततः सैन्य और आर्थिक शक्तियों की समग्र संरचना और किसी एक मुद्दे पर परिणाम के पैटर्न के बीच एकरूपता लाएंगे। इस प्रकार, विश्व राजनीति एक निर्बाध जाल बन जाती है। हालाँकि, जटिल परस्पर निर्भरता मॉडल के तहत, विभिन्न मुद्दों के बीच सामंजस्य की कमी से राज्यों के लिए लिंकेज रणनीतियाँ बनाने में कठिनाइयाँ बढ़ जाती हैं। जैसे-जैसे सैन्य बल का अवमूल्यन होता है, सैन्य रूप से मजबूत राज्यों के लिए उन मुद्दों पर परिणामों पर हावी होना मुश्किल हो जाता है जिनमें वे कमजोर हैं। इसी प्रकार, व्यापार शिपिंग या तेल में शक्ति संसाधनों के असमान वितरण के परिणामस्वरूप राजनीतिक सौदेबाजी के परिणामों के पैटर्न में भिन्नता होती है, जिससे राजनीतिक प्रक्रियाएं बनती हैं जो मुद्दों के एक सेट से दूसरे में भिन्न होती हैं।[21]

अन्योन्याश्रित संबंधों के प्रबंधन में मुद्दे क्षेत्रों में बातचीत को नियंत्रित करने के लिए नियमों और संबंधित संस्थानों और अंतर्राष्ट्रीय संगठनों का निर्माण शामिल हो सकता है। इनसे निश्चित रूप से अंतर्राष्ट्रीय व्यवस्थाओं को बढ़ावा मिलेगा और इस परस्पर निर्भर विश्व में अंतर्राष्ट्रीय संगठनों की गतिविधियों का दायरा बढ़ेगा। सुपरऑर्डिनेट केंद्रीय प्राधिकरण की अनुपस्थिति में, ये नियम अंतर्राष्ट्रीय संबंधों में कुछ हद तक व्यवस्था प्रदान करने के लिए राज्यों द्वारा स्वेच्छा से स्थापित किए जाते हैं। इस प्रकार, स्वैच्छिकवाद विचार की इस पद्धति का केंद्र बन जाता है।[22]

कुल मिलाकर, बढ़े हुए अंतर्राष्ट्रीय और अंतर-सरकारी संबंधों ने राष्ट्रीय और अंतर्राष्ट्रीय राजनीति के बीच अंतर को धुंधला कर दिया है और राजनीतिक प्रक्रियाओं का निर्माण किया है जिसमें राज्यों का प्रभुत्व मानकर परिणामों की भविष्यवाणी नहीं की जा सकती है।

बहुलवादी मॉडल की मूल धारणाएँ निम्नांकित हैं:

1. गैर-राज्यीय कर्ताओं की उपस्थिति की स्वीकृति।
2. गैर-सैन्य और गैर-सुरक्षा मुद्दे जैसे जनसंख्या, प्रदूषण, भोजन का वितरण, प्राकृतिक संसाधनों की कमी, निर्भरता और आउटर स्पेस प्राथमिकता वाले क्षेत्र हैं।
3. परस्पर निर्भरता में वृद्धि—व्यापार, प्रौद्योगिकी हस्तांतरण, निवेश, यात्रा प्रवास, छात्र आदान-प्रदान और अन्य बातचीत कई गुना बढ़ गई है।
4. विदेश नीति निर्णय निर्माताओं के लिए युद्ध अब एक प्रमुख विकल्प नहीं है, और एक राष्ट्र जितना अधिक शक्तिशाली होता है, युद्ध उतना ही कम व्यवहार्य हो जाता है। जैसा कि एक ने बताया: "हम आर्थिक शक्ति के प्रभुत्व वाले युग की ओर बढ़ रहे हैं—एक ऐसा युग जिसमें प्रमुख राज्यों के बीच युद्ध लगभग गायब हो सकता है"।[21]

आलोचना (Criticisms)

बहुलवादी सिद्धांत की पहली और सबसे बड़ी कमी यह है कि यथार्थवादियों द्वारा प्रतिपादित ऐसे सामान्य सिद्धांत का निर्माण करने के बजाय सिद्धांत के द्वीपों का निर्माण किया जाता है। कुछ निर्णय लेने की प्रक्रियाओं की धारणा पर ध्यान केंद्रित करते हैं, कुछ क्षेत्रीय एकीकरण पर, अन्य विदेश नीति पर घरेलू और नौकरशाही राजनीति के प्रभाव या विश्व राजनीति में अंतर्राष्ट्रीय कर्ताओं द्वारा निभाई गई भूमिकाओं पर ध्यान केंद्रित

करते हैं। सिद्धांत के द्वीपों को संयोजित करने का प्रयास आवश्यक रूप से एक सामान्य सिद्धांत में परिणत नहीं होता है।

इसके अलावा, बहुलवादी अंतर्राष्ट्रीय संबंधों के विश्लेषण में अराजकता और सुरक्षा दुविधा की भूमिका को कमतर आंकते हैं, जिसकी यथार्थवादियों ने अधूरे विश्लेषण के रूप में आलोचना की है। क्योंकि, विश्व राजनीति का कोई भी विश्लेषण तब तक पूरा नहीं होता जब तक व्यवस्था की अराजक संरचना को ध्यान में न रखा जाए। यथार्थवादियों का आरोप है कि इस प्रकार की सोच काल्पनिक होती है।

अमेरिकी राजनीतिक व्यवस्था के चश्मे से दुनिया को देखने के लिए कई लोगों द्वारा बहुलवादियों की भी आलोचना की गई है। इसका खंडन उन बहुलवादियों द्वारा किया गया है जो सांस्कृतिक, सामाजिक और अन्य मतभेदों को स्वीकार करते हैं। उनका तर्क है कि नौकरशाही, हित समूह और अंतर्राष्ट्रीय कर्ता अंतर्राष्ट्रीय संबंधों की बेहतर समझ के लिए महत्वपूर्ण हैं और इस बात से इनकार करते हैं कि यह छवि पूरी तरह से अमेरिकी जातीयतावाद है जो दुनिया पर थोपी गई है। फिर भी, आलोचक विश्व की बहुलवादी दृष्टि को अमेरिकी जातीयतावाद से ग्रस्त पाते हैं।[22]

मार्क्सवादी दृष्टिकोण और आधुनिक विश्व व्यवस्था सिद्धांत (Marxist Approach and the Modern World System Theory)

मार्क्सवादी सिद्धांत अंतर्राष्ट्रीय संबंधों के विषय में एक मजबूत स्थान सुरक्षित करने में सक्षम नहीं है। अधिकतर, मार्क्सवादी चर्चा 'साम्राज्यवाद' के प्रश्न और घटना की एकतरफ़ा व्याख्या तक ही सीमित है। अंतर्राष्ट्रीय स्तर पर आर्थिक कारकों पर मार्क्सवाद का जोर अंतर्राष्ट्रीय संबंधों के क्षेत्र में आने वाले राजनीतिक, वैचारिक और सुरक्षा मुद्दों को समझाने में भी बहुत सफल नहीं रहा है। इसलिए, मार्क्सवाद को आईआर सिद्धांतों के क्षेत्र में अपने लिए जगह बनाने में बड़ी कठिनाइयों का सामना करना पड़ा है। कार्ल मार्क्स ने अंतर्राष्ट्रीय संबंधों का कोई सिद्धांत नहीं दिया, लेकिन एंगेल्स (Engels) के साथ अपने कार्यों में, उदाहरण के लिए, 'कम्युनिस्ट पार्टी का घोषणापत्र (*Manifesto of the Communist Party, 1848*)', या उनकी प्रसिद्ध कृति 'कैपिटल: ए क्रिटिक ऑफ पॉलिटिकल इकोनॉमी (*Capital: A Critique of Political Economy*)' (दास कैपिटल, मूल रूप से 1867 में प्रकाशित), इसमें युद्धों, सर्वहारा अंतर्राष्ट्रीयतावाद, विश्व क्रांति, विश्व स्तर पर पूंजीवाद के विस्तार से क्रांतिकारी सामाजिक-आर्थिक परिवर्तन आदि का संदर्भ है। बाद में, लेनिन (Lenin), स्टालिन (Stalin), माओ (Mao), और कई अन्य कम्युनिस्ट विद्वानों ने समय और विश्व परिदृश्य की बदलती जरूरतों के अनुसार मार्क्स के विचारों को विस्तृत करने का प्रयास किया और उनके द्वारा प्रतिपादित सिद्धांतों की मदद से अंतर्राष्ट्रीय संबंधों की घटनाओं को समझाने का प्रयास किया।

मार्क्सवादी दृष्टिकोण की बुनियादी मान्यताएँ (Basic Assumptions of Marxian Approach)

1. आर्थिक या भौतिकवादी निर्धारण अंतर्राष्ट्रीय संबंधों को समझने के लिए एक सुराग प्रदान करता है।
2. ऐतिहासिक निर्धारण अंतर्राष्ट्रीय संबंधों को समझने के लिए एक दिशानिर्देश प्रदान करता है।
3. अंतर्राष्ट्रीय संबंधों में वर्ग और वर्ग संघर्ष की अवधारणा की केंद्रीयता स्पष्ट है।

4. पूंजीवादी राज्य कमजोर राज्यों का आर्थिक शोषण और राजनीतिक अधीनता चाहते हैं।
5. कालोनियों पर अधिपत्य के लिए संघर्ष शुरू हो जाता है।
6. उपनिवेश स्थापित करने की कोशिश में पूंजीवादी राष्ट्रों के बीच संघर्ष के परिणामस्वरूप युद्ध छिड़ जाते हैं। प्रथम विश्व युद्ध (1914–1918) इस संदर्भ में एक ज्वलंत उदाहरण है।
7. सर्वहारा या श्रमिक वर्ग विश्व स्तर पर एकजुट होंगे और सर्वहारा अंतर्राष्ट्रीयतावाद विश्व क्रांति को जन्म देगा।
8. विश्व क्रांति के बाद ही स्थायी शांति स्थापित की जा सकती है, क्योंकि यह साम्राज्यवाद के पतन और एक वर्गहीन और राज्यविहीन समाज की शुरुआत का प्रतीक होगा।

प्रोफेसर अरुण बोस (Arun Bose)[23] अंतर्राष्ट्रीय राजनीति के मार्क्सवादी दृष्टिकोण में अंतर्दृष्टि प्रदान करते हैं। उनके अनुसार, अंतर्राष्ट्रीय राजनीति के बुनियादी ढांचे में चार बुनियादी सिद्धांत शामिल हैं। इन पर अब संक्षेप में चर्चा की गई है।

सर्वहारा अंतर्राष्ट्रीयवाद (Proletarian Internationalism): सर्वहारा अंतर्राष्ट्रीयवाद का सार कम्युनिस्ट घोषणापत्र में निहित है, जो इस आह्वान के साथ समाप्त होता है: "दुनिया के श्रमिकों एक हो"। सर्वहारा क्रांति के आदर्श में शामिल हैं:

1. सर्वहारा शब्द का एक सामान्य हित है, जो सभी राष्ट्रीयताओं से स्वतंत्र है।
2. मेहनतकश लोगों का कोई देश नहीं होता क्योंकि प्रत्येक देश के सर्वहारा वर्ग को पहले राजनीतिक वर्चस्व हासिल करना होगा और खुद को एक राष्ट्र के रूप में स्थापित करना होगा; यह स्वयं राष्ट्रीय है।
3. सर्वहारा वर्ग द्वारा संयुक्त कार्रवाई सर्वहारा वर्ग की मुक्ति की पहली शर्तों में से एक है।
4. अनुपातिक रूप से, जिस प्रकार एक व्यक्ति का दूसरे व्यक्ति द्वारा शोषण समाप्त हो जाता है, उसी प्रकार, एक राष्ट्र का दूसरे राष्ट्र द्वारा शोषण भी समाप्त हो जाएगा..., और इस प्रकार, एक राष्ट्र की दूसरे राष्ट्र से शत्रुता समाप्त हो जाएगी।

साम्राज्यवाद विरोधी (Anti-Imperialism): सोच की मुख्य दिशा लेनिन के मौलिक कार्य साम्राज्यवाद-पूंजीवाद का उच्चतम चरण में निहित है। जैसे पूंजीवाद का अपना अंतर्विरोध है, वैसे ही साम्राज्यवाद का भी। लेनिन के अनुसार साम्राज्यवाद संक्रमणकालीन पूँजीवाद है जिसका प्रतिनिधित्व मरणासन्न पूँजीवाद करता है। लेनिन ने साम्राज्यवाद को "पूंजीवाद के एकाधिकार चरण" के रूप में चित्रित किया। उन्होंने साम्राज्यवाद की निम्नलिखित विशेषताओं के बारे में भी आगाह किया।

1. उत्पादन और पूंजी का संकेंद्रण राष्ट्रीय और बहुराष्ट्रीय एकाधिकार के निर्माण की ओर ले जाता है—जैसा कि उदार अर्थशास्त्र में नहीं, बल्कि उनके बाजारों पर वास्तविक शक्ति के रूप में होता है—जबकि "मुक्त प्रतिस्पर्धा" स्थानीय और विशिष्ट बाजारों का क्षेत्र बना रहता है।
2. औद्योगिक पूंजी के साथ बैंकिंग पूंजी का संलयन और इस वित्तीय पूंजी के आधार पर एक वित्तीय कुलीनतंत्र का निर्माण।
3. वित्तीय पूंजी निर्यात वस्तुओं के निर्यात का स्थान ले लेता है (हालाँकि वे उत्पादन में जारी रहते हैं)।
4. अंतर्राष्ट्रीय कार्टेल के माध्यम से बहुराष्ट्रीय उद्यमों द्वारा विश्व का आर्थिक विभाजन।
5. महान शक्तियों द्वारा दुनिया का राजनीतिक विभाजन, जिसमें उनके उपनिवेशों को वित्तीय पूंजी का निर्यात संसाधनों और निरंतर निवेश के लिए उनके शोषण की अनुमति देता है।[24]

साम्राज्यवाद-विरोध के केंद्रीय विषय हैं:

1. पूंजी अंतर्राष्ट्रीय और एकाधिकारवादी हो गई है।
2. असमान राजनीतिक और आर्थिक विकास पूंजीवाद का पूर्ण नियम है।
3. सर्वहारा समाजवादी क्रांति न केवल यूरोप के कई देशों में संभव है, बल्कि अकेले एक पूंजीवादी देश में भी संभव है, जो विश्व समाजवादी क्रांति का केंद्र, आधार, आधिपत्य बनाएगा, जो अन्य देशों के उत्पीड़ित वर्गों को अपनी ओर आकर्षित करेगा।

आत्मनिर्णय (Self-Determination): राष्ट्रीय आत्मनिर्णय के लक्ष्य को "सर्वहारा आत्मनिर्णय" के माध्यम से साकार किया जाना था क्योंकि जो वर्ग राजनीतिक वर्चस्व प्राप्त करता है, वह राष्ट्र का गठन करता है। इस विचारधारा का सार यह था कि दुनिया के सभी देशों को अपनी राजनीतिक नियति निर्धारित करने के लिए स्वतंत्र होना चाहिए और औपनिवेशिक व्यवस्था को समाप्त किया जाना चाहिए। इसके मुख्य विचारों में शामिल हैं:

1. लेनिन दुनिया के उत्पीड़क और उत्पीड़ित राष्ट्रों के बीच कोई अंतर नहीं करते।
2. उत्पीड़ित राष्ट्रों की पहचान साम्राज्यवाद के शिकार राष्ट्रीय क्रांतिकारी रिजर्व या विश्व समाजवादी क्रांति में सर्वहारा वर्ग के सहयोगियों के रूप में की जाती है।
3. उत्पीड़ित राष्ट्र के आत्मनिर्णय के अधिकार की मान्यता का अर्थ अब न केवल उत्पीड़ित राष्ट्रों के स्वतंत्र रूप से अलग होने का अधिकार है, बल्कि उत्पीड़ित राष्ट्रों के बीच 'अविश्वास' और 'पूर्वाग्रहों' को दूर करने के लिए अलगाव की वांछनीयता भी है।

शांतिपूर्ण सह-अस्तित्व (Peaceful Coexistence): इस विचारधारा ने इस बात को बरकरार रखा कि दुनिया के सभी राष्ट्र-राज्यों को दूसरे की सामाजिक, आर्थिक और राजनीतिक प्रणालियों की आलोचना या उन्हें कमजोर किए बिना शांति से रहना चाहिए। इसमें शामिल है:

1. सर्वहारा समाजवादी क्रांति पहले कई देशों में या एक देश में भी विजयी हो सकती है।
2. उसे साम्राज्यवाद-विरोधी अंतर्विरोधों पर भरोसा करके पूंजीवादी घेरे से बचना होगा।
3. इसे प्राप्त करने का सबसे अच्छा तरीका समाजवादी राज्यों और, यदि सभी नहीं तो कम से कम कुछ, पूंजीवादी राज्यों के बीच शांतिपूर्ण सह-अस्तित्व के संबंधों पर काम करने का प्रयास करना है।

इसलिए, अंतर्राष्ट्रीय संबंधों के लिए मार्क्सवादी दृष्टिकोण के इन सभी चार बुनियादी सिद्धांतों के सार में पूंजीवाद और साम्राज्यवाद का अंत, सर्वहारा वर्ग की एक राष्ट्रीय के रूप में एकता और अपने वास्तविक रूप में अंतर्राष्ट्रीयतावाद शामिल है। 1970 के दशक में अंतर्राष्ट्रीय संबंधों के प्रति मार्क्सवादी दृष्टिकोण में रुचि का पुनरुद्धार हुआ, जिसके कारण इमैनुएल वालरस्टीन (Immanuel Wallerstein, 1974), फ्रैंक (Frank, 1967), गाल्टुंग (Galtung, 1971) और अन्य विद्वानों ने प्रमुख योगदान दिया। उनके परिप्रेक्ष्य को डिपेंडेंसिया मॉडल या विश्व व्यवस्था सिद्धांत (*Dependencia Model or the World System Theory*) के रूप में पहचाना जाने लगा है।

विश्व व्यवस्था सिद्धांत (World System Theory)

विश्व व्यवस्था सिद्धांत की जड़ें लेनिन (Lenin) के लेखन में खोजी जा सकती हैं। अपने स्मारकीय

कार्य, *साम्राज्यवाद—पूंजीवाद का उच्चतम चरण (Imperialism—The Highest Stage of Capitalism)*, में लेनिन ने तर्क दिया कि साम्राज्यवाद ने पूंजीवादी विश्व अर्थव्यवस्था के भीतर दो-स्तरीय संरचना बनाई। उन्होंने प्रमुख संरचना को 'कोर' और कम विकसित संरचना को 'परिधि' के रूप में पहचाना। यह इस पूंजीवादी विश्व अर्थव्यवस्था के भीतर राज्यों का स्थान है, जो उनके बीच बातचीत के पैटर्न और वर्चस्व और निर्भरता के संबंध को निर्धारित करता है। गाल्टुंग Galtung (1971) और वालरस्टीन (Wallerstein) (1974) ने इस सिद्धांत को और विकसित किया और विश्व पूंजीवादी अर्थव्यवस्था के कामकाज में शक्तिशाली अंतर्दृष्टि प्रदान की। इस सिद्धांत के अन्य समर्थकों में आंद्रे गुंडर फ्रैंक (Andre Gunder Frank) (लैटिन अमेरिका में पूंजीवाद और अविकसितता, 1967), राउल प्रीबिश (Raúl Prebisch, 1963)*, लैटिन अमेरिका के लिए संयुक्त राष्ट्र आर्थिक आयोग के पहले कार्यकारी निदेशक, जॉन गैलाघेर ((John Gallagher) और रोनाल्ड रॉबिन्सन (Ronald Robinson, 1953)† और एशियन ड्रामा के लेखक गुन्नार मिर्डल (Gunnar Myrdal, 1957)‡ उल्लेखनीय थे।

विश्व व्यवस्था सिद्धांतकारों के तर्क की मुख्य पंक्ति यह है कि विकासशील देशों की निर्भरता की स्थिति उन्नत देशों द्वारा आर्थिक शोषण का प्रत्यक्ष परिणाम है। वे निर्भरता की स्थिति को इस प्रकार परिभाषित करते हैं, "ऐसी स्थिति जिसमें एक निश्चित संख्या में देशों की अर्थव्यवस्था दूसरे देशों के विकास और विस्तार से प्रेरित होती है..., आश्रित देशों को प्रमुख देशों द्वारा शोषित पिछड़ी स्थिति में डाल देती है"।

निर्भरता सिद्धांतकार न केवल विदेशी राज्यों, बहुराष्ट्रीय कंपनियों, अंतर्राष्ट्रीय बैंकों, बहुपक्षीय ऋण संस्थानों, प्रौद्योगिकी के विदेशी नियंत्रण और अंतर्राष्ट्रीय पूंजीपति वर्ग जैसे बाहरी कारकों को निर्भरता के कारणों के रूप में दर्शाते हैं, बल्कि विकास पर आंतरिक बाधाओं जैसे भूमि स्वामित्व के पैटर्न, सामाजिक संरचनाएँ, वर्ग गठबंधन और राज्य की भूमिका पर भी प्रकाश डालते हैं। ये आंतरिक कारक विदेशी प्रभुत्व के उपकरणों को मजबूत और सुदृढ़ करते हैं। इन आंतरिक और बाह्य कारकों के बीच परस्पर क्रिया के परिणामस्वरूप, समाज के विकास या अविकसितता की प्रकृति अलग-अलग होगी।

इस सोच को ध्यान में रखते हुए, कुछ विश्व प्रणाली सिद्धांतकार निर्भरता की इस स्थिति को समझाने के लिए मार्क्सवादी शब्दावली और लेनिनवादी अंतर्दृष्टि का उपयोग करते हैं। यहां दो मुख्य समर्थकों की निर्भरता के संरचनात्मक सिद्धांतों पर चर्चा की जाएगी।

इमैनुएल वालरस्टीन और उनका विश्व प्रणाली सिद्धांत (Immanuel Wallerstein and his World System Theory)

वालरस्टीन अपने मौलिक कार्य *मॉडर्न वर्ल्ड सिस्टम: कैपिटलिस्ट एग्रीकल्चर एंड द ओरिजिन्स ऑफ द यूरोपियन वर्ल्ड-इकोनॉमी इन द सिक्सटीन्थ सेंचुरी* (*Modern World System: Capitalist Agriculture and the Origins of the European World-Economy in the Sixteenth Century*, 1974) में आधुनिक विश्व प्रणाली सिद्धांत की सबसे शक्तिशाली व्याख्या का प्रतिनिधित्व करते

---

* Raúl Prebisch, *Towards a Dynamic Development Policy for Latin America*, United Nations, New York, 1963.

† John Gallagher and Ronald Robinson, 'The Imperialism of Free trade,' *Economic History Review*, Vol. 6, No. 1, 1953.

‡ Gunnar Myrdal, *Economic Theory and Underdeveloped Regions*, Gerald Duckworth, London, 1957.

हैं। सोलहवीं शताब्दी के यूरोप में पूंजीवाद के उद्भव का पता लगाते हुए, वह विश्व पूंजीवादी व्यवस्था में इसके विकास की जांच करते हैं जिसमें एक कोर, एक परिधि और एक अर्ध-परिधि शामिल है (चित्र 2.1 देखें)। 'कोर' ऐतिहासिक रूप से सबसे उन्नत आर्थिक क्षेत्रों का गठन करने लगा है, जो बैंकिंग, विनिर्माण, तकनीकी रूप से उन्नत कृषि, जहाज निर्माण और अन्य गतिविधियों में लगे हुए हैं। 'परिधि' कोर के आर्थिक विस्तार का समर्थन करने के लिए खनिज और लकड़ी जैसे कच्चे माल प्रदान कर रही है। अकुशल श्रम का दमन किया जाता है और परिधीय देशों को उन क्षेत्रों में कोर देशों की उन्नत तकनीक से वंचित किया जाता है जहां वे कोर देशों को कड़ी प्रतिस्पर्धा दे सकते हैं। अर्ध-परिधि उत्पादन गतिविधियों के मिश्रण में शामिल है, कुछ कोर क्षेत्रों से जुड़ी हैं और अन्य परिधीय क्षेत्रों से जुड़ी हैं। जब कोर अर्थव्यवस्थाओं में मजदूरी बहुत अधिक हो जाती है तो यह निवेश के लिए एक आउटलेट के रूप में भी कार्य करता है। समय के साथ, दुनिया के विशेष क्षेत्र कोर, परिधीय और अर्ध-परिधीय स्थिति के बीच झूल सकते हैं। प्रत्येक क्षेत्र में वर्ग संरचना इस बात पर निर्भर करती है कि प्रमुख वर्ग विश्व अर्थव्यवस्था से कैसे संबंधित है।

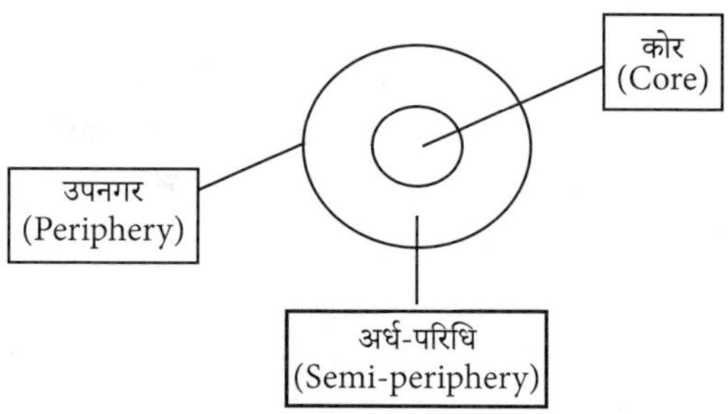

चित्र 2.1 आधुनिक विश्व प्रणाली का विन्यास (Configuration of the modern world system)।

जोहान गाल्टुंग और साम्राज्यवाद का उनका संरचनात्मक सिद्धांत (Johan Galtung and his Structural Theory of Imperialism)

गाल्टुंग (Galtung)[25] साम्राज्यवाद के अपने संस्करण को एक केंद्र और एक परिधि के बीच संबंध के रूप में प्रस्तुत करते हैं। रिश्ता असमान है और उनके सिद्धांत ने इस असमान रिश्ते की संरचना पर प्रकाश डालने की कोशिश की, जो यथास्थिति में किसी भी बदलाव का विरोध करती है। यह असमानता ही है जिसके परिणामस्वरूप एक केंद्र और एक परिधि का निर्माण होता है और उनका तर्क है कि जो लोग केंद्र में सत्ता में हैं, उनका हित परिधि में सत्ता में मौजूद लोगों के समुदाय के साथ है। इसके परिणामस्वरूप होने वाला परिणाम एक प्रकार का संबंध है जो परिधीय देशों के अधिकांश लोगों की कीमत पर संचालित होता है, लेकिन यह मुख्य रूप से केंद्र के देशों के अधिकांश लोगों के हितों की पूर्ति करता है।

गाल्टुंग की मूल धारणाएँ हैं:

1. केंद्र राष्ट्र में केंद्र और परिधि राष्ट्र में केंद्र के बीच हितों का सामंजस्य।
2. केन्द्र देशों की तुलना में परिधि वाले देशों में रुचि की असंगति।
3. केंद्र राष्ट्र में परिधि और परिधि राष्ट्र की परिधि के बीच हितों की असंगति।

उनके इस संबंध को चित्र 2.2 के अनुसार आरेखीय रूप से दर्शाया गया है।

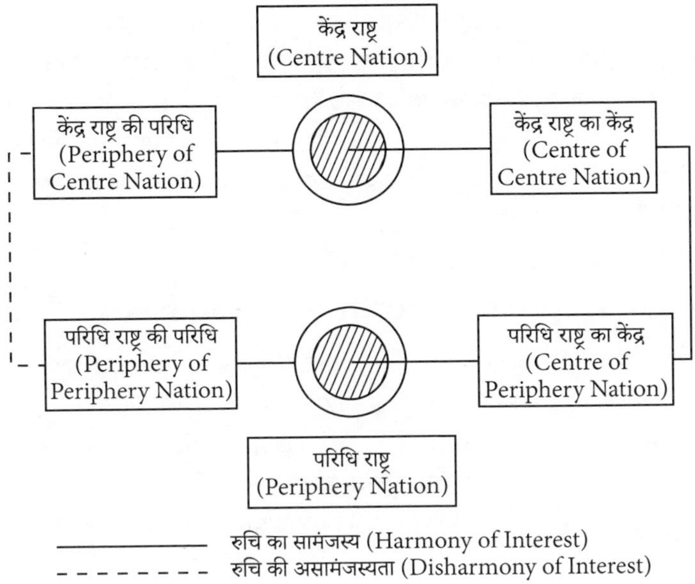

चित्र 2.2 गाल्टुंग का साम्राज्यवाद का संरचनात्मक सिद्धांत (Galtung's structural theory of imperialism)। [Adapted from Johan Galtung, "A Structural Theory of Imperialism]

गाल्टुंग (Galtung) के अनुसार साम्राज्यवाद के दो बुनियादी तंत्र हैं:

1. 'ऊर्ध्वाधर अंतःक्रिया संबंध' (Vertical Interaction Relation) के सिद्धांत, जिसमें केंद्र और परिधि के बीच वास्तविक शोषणकारी संबंध शामिल है।
2. केंद्र को परिधि से बचाने के एक तरीके के रूप में 'सामंती अंतःक्रिया संरचना' (*feudal interaction structure*) का सिद्धांत, उदाहरण के लिए परिधि के हिस्सों को एक दूसरे से अलग रखने के लिए केंद्र द्वारा फूट डालो और राज करो का सिद्धांत अपनाया गया।

पहला तंत्र असमानता के पीछे प्रमुख कारक है, और दूसरा असमानता को बनाए रखने और सुदृढ़ करने में मदद करता है। इसका परिणाम केंद्र पर परिधि की निरंतर निर्भरता है।

उन्होंने आगे केंद्र और परिधि के बीच संपर्क संरचना को परिभाषित करने वाले चार नियमों की गणना की:

1. केंद्र और परिधि के बीच अंतःक्रिया 'ऊर्ध्वाधर' है
2. परिधि और परिधि के बीच परस्पर क्रिया 'गायब' है
3. इन तीनों से जुड़ी बहुपक्षीय बातचीत 'गायब' है
4. बाहरी दुनिया के साथ बातचीत पर केंद्र का 'एकाधिकार' है जिसके दो निहितार्थ हैं:
   - अन्य केंद्र राष्ट्रों के साथ परिधि की बातचीत 'गायब' है
   - केंद्र के साथ-साथ अन्य केंद्र राष्ट्रों से संबंधित परिधि देशों के साथ परिधि की बातचीत गायब है।

उपर उल्लिखित दो तंत्रों का संचालन किसी भी संभावित खतरे के खिलाफ "सुरक्षा का सूक्ष्म ग्रिड" उपाय बनाता है, जैसे, परिधि में परेशानी। राष्ट्रों के भीतर या उनके बीच साम्राज्यवाद तंत्रों की जितना अधिक सूक्ष्म और परिष्कृत ढंग से प्रस्तुति होगी उतना ही उत्पीड़न, हिंसा और युद्ध का सहारा लेने की कम आवश्यकता होगी। गाल्टुंग का दावा है: "केवल अपूर्ण, नौसिखिया साम्राज्यवाद को ही हथियारों की आवश्यकता है; पेशेवर साम्राज्यवाद प्रत्यक्ष हिंसा के बजाय संरचनात्मकता पर आधारित है।

भारतीय दृष्टिकोण: उत्तर से दक्षिण (The Indian Approach: North over South)

लगभग यही विषय अंतर्राष्ट्रीय संबंधों के एक प्रसिद्ध भारतीय विद्वान प्रो. जयंतनुजा बंद्योपाध्याय ने अपने प्रसिद्ध काम *नॉर्थ ओवर साउथ—ए नॉन-वेस्टर्न पर्सपेक्टिव ऑफ इंटरनेशनल रिलेशंस* (*North Over South—A Non-Western Perspective of International Relations*, 1984) में प्रदान किया था। उन्होंने इस बात पर प्रकाश डाला कि समकालीन अंतर्राष्ट्रीय व्यवस्था की संरचना साढ़े चार शताब्दियों के यूरोपीय साम्राज्यवाद की विरासत है। इसके परिणामस्वरूप अंतर्राष्ट्रीय प्रणाली का दो उपप्रणालियों में संरचनात्मक विभाजन हो गया है। एक छोटा लेकिन प्रभुत्वशाली और दूसरा बड़ा लेकिन अधीनस्थ। प्रमुख उपप्रणाली विश्व के भौगोलिक उत्तर में और अधीनस्थ उपप्रणाली विश्व के भौगोलिक दक्षिण में स्थित है।[26]

जबकि उत्तर में प्रमुख उपप्रणाली ने सदियों पहले औद्योगिक क्रांति का अनुभव किया था और दूसरी औद्योगिक क्रांति या टेक्नोट्रॉनिक या साइबरनेटिक क्रांति के चरण से भी गुजर चुकी है, दक्षिण की अधीनस्थ उपप्रणाली अपनी पहली औद्योगिक क्रांति का अनुभव करने में भी विफल रही है। इसका मुख्य कारण ऐतिहासिक साम्राज्यवाद और समकालीन नव-साम्राज्यवाद द्वारा प्रदत्त उनकी दरिद्रता है, जिसने दक्षिण से धन की निकासी की कीमत पर फिर से उत्तर की समृद्धि का कारण बना दिया है। उपनिवेशवाद समाप्ति और तथाकथित "सत्ता हस्तांतरण" की प्रक्रिया के बाद भी स्थिति नहीं बदली है। साम्राज्यवादी लाभ अधिक परिष्कृत और बेहतर तंत्र के माध्यम से जारी है। गरीबी, भुखमरी और अविकसितता अभी भी विकासशील देशों को परेशान कर रही है क्योंकि विकसित देश खुद को समृद्ध बना रहे हैं। इसलिए, उत्तर-दक्षिण विरोधाभास अंतर्राष्ट्रीय प्रणाली के भीतर केंद्रीय या प्राथमिक विरोधाभास है।

आलोचना (Criticisms)

प्रोफेसर जयंतनुजा बंद्योपाध्याय ने दिखाया है कि विश्व प्रणाली सिद्धांत ने हमें अंतर्राष्ट्रीय प्रणाली के कामकाज में गहरी अंतर्दृष्टि दी है जो कि कुलीनतंत्रीय और आधिपत्यवादी है। हालाँकि, उनका कहना है कि सिद्धांत का यह न्यूनीकरणवादी नियतिवाद राज्य की विदेशी नीतियों पर घरेलू संरचनाओं के प्रभाव को विस्तार से या पद्धतिगत और तार्किक रूप से स्वीकार्य तरीके से समझाने की क्षमता में कमी लाता है। विश्लेषण में वर्ग के अलावा किसी भी संरचनात्मक तत्व की भूमिका का कोई संदर्भ नहीं है। राजनीतिक दलों, सशस्त्र बलों, जातीय और धार्मिक समूहों, नौकरशाही और अन्य कारकों को पूरी तरह से नजरअंदाज कर दिया गया है। प्रोफेसर बंद्योपाध्याय का मानना है कि विश्व प्रणाली पर निर्भरता के सिद्धांत बहुत सरल हैं और किसी राज्य की घरेलू संरचना और उसकी विदेश नीति के परिमाण और दिशा के बीच संबंधों पर संतोषजनक स्पष्टीकरण प्रदान करने में विफल हैं। वे केंद्र-परिधि संबंध में व्यस्त हैं और इन सभी कारकों पर अपर्याप्त ध्यान देते हैं।

इसमें कार्य-कारण का प्रश्न भी शामिल है। कुछ आलोचक सवाल करते हैं कि क्या निर्भरता आर्थिक और सामाजिक पिछड़ापन पैदा करती है, जैसा कि विश्व प्रणाली सिद्धांतकार दावा करते हैं, या यह आर्थिक और सामाजिक पिछड़ापन है जो निर्भरता की स्थिति पैदा करता है। इसके कारण पर कोई सहमति नहीं है कि निर्भरता पिछड़ेपन का कारण है या यह इस स्थिति का प्रभाव है।

ऐसी आलोचनाओं के बावजूद, विश्व व्यवस्था सिद्धांत मूल्यहीन नहीं है। इसने अंतर्राष्ट्रीय व्यवस्था की वास्तविक संरचना को उजागर करने में कुछ सकारात्मक योगदान दिया है, जो प्रोफेसर बंद्योपाध्याय (Professor Bandyopadhyaya) के अनुसार, मोटे तौर पर प्रमुख उत्तर और आश्रित दक्षिण के बीच विभाजित है। इसने अंतर्राष्ट्रीय व्यवस्था की कुलीनतंत्रीय और आधिपत्यवादी शक्तियों द्वारा गरीब और विकासशील देशों की इस निर्भरता, अधीनता और हाशिये पर डाले जाने के की शुरुआत और निरंतरता के कारणों और तंत्रों को समझने का एक संकेत भी दिया है।

सिस्टम सिद्धांत (Systems Theory)

सिस्टम सिद्धांत की उत्पत्ति मुख्य रूप से सामाजिक विज्ञान में व्यवहारिक क्रांति के कारण हुई। सामाजिक विज्ञान के विभिन्न विषयों को एकीकृत करके ज्ञान का एक सामान्य समूह विकसित करने की सामाजिक वैज्ञानिकों की नई शैली की इच्छा ने अंततः प्राकृतिक विज्ञान विधियों से प्रेरित कई सैद्धांतिक दृष्टिकोणों के उद्भव को जन्म दिया। उनमें से प्रमुख था सिस्टम विश्लेषण, और अंतर्राष्ट्रीय राजनीति के क्षेत्र में प्रमुख योगदान ईस्टन (Easton, 1965), कपलान (Kaplan, 1957), मैक्लेलैंड (McClelland, 1966), रोसेनौ (Rosenau, 1961), और बोल्डिंग (Boulding, 1956) सहित अन्य लोगों द्वारा दिया गया था।

मॉर्टन कपलान (Morton Kaplan)[27] अंतर्राष्ट्रीय संबंधों में सिस्टम सिद्धांत के मुख्य प्रतिपादक रहे हैं। वह अंतर्राष्ट्रीय प्रणाली को अंतर्राष्ट्रीय कर्ताओं के व्यवहार और उनकी नीतियों के नियामक, एकीकृत और विघटनकारी परिणामों को समझाने के लिए एक विश्लेषणात्मक इकाई के रूप में मानते हैं। कपलान की सोच में सकारात्मक तत्व 'परिवर्तन' की संभावना पर विचार है। इस प्रकार उन्होंने बदलती परिस्थितियों में एक प्रणाली के व्यवहार का अध्ययन किया। उन्होंने कहा कि अंतर्राष्ट्रीय संबंधों में कुछ सुसंगतता, नियमितता और व्यवस्था है और यह दो चीजों से बना है: "अंतर्राष्ट्रीय प्रणाली" और "राष्ट्र-राज्य प्रणाली"। अंतर्राष्ट्रीय प्रणाली उपप्रणालियों और अंतर्राष्ट्रीय और सुपरनैशनल दोनों कर्ताओं के एक समूह से बनी है, जो उनके बीच बातचीत की विशेषता है। राष्ट्र-राज्य प्राथमिक कर्ता हैं और अंतर्राष्ट्रीय व्यवस्था में परिवर्तन के साथ उनकी भूमिका बदल जाती है। कपलान अंतर्राष्ट्रीय प्रणाली के छह मॉडलों का वर्णन इस प्रकार करते हैं:

1. शक्ति संतुलन प्रणाली (The Balance of Power System)
2. ढीली द्विध्रुवी प्रणाली (The Loose Bipolar System)
3. चुस्त द्विध्रुवी प्रणाली (The Tight Bipolar System)
4. सार्वभौमिक प्रणाली (The Universal System)
5. पदानुक्रमित प्रणाली (The Hierarchical System)
6. यूनिट वीटो प्रणाली (The Unit Veto System)

शक्ति संतुलन प्रणाली (The Balance of Power (BOP) System): कपलान के अनुसार, 1815 और 1914 के बीच की अवधि में शक्ति संतुलन (BOP) का स्वर्ण युग देखा गया। बीसवीं सदी की शुरुआत

से, व्यवस्था लड़खड़ाने लगी क्योंकि प्रमुख अंतर्राष्ट्रीय कर्ताओं (BOP) द्वारा नियमों का उल्लंघन किया जाने लगा। अंततः, 1914 में प्रथम विश्व युद्ध के फैलने के साथ ही संपूर्ण बीओपी प्रणाली ध्वस्त हो गई। कपलान ने शक्ति संतुलन प्रणाली के कामकाज के लिए कुछ बुनियादी नियम भी सुझाए। इन नियमों का मतलब था कि व्यक्ति निम्नलिखित कदम उठाए:

1. क्षमताएं बढ़ाने के लिए कार्य करें लेकिन लड़ाई के बजाय बातचीत करें।
2. क्षमताओं को बढ़ाने का अवसर गँवाने के बजाय संघर्ष करें।
3. एक आवश्यक राष्ट्रीय कर्ता को ख़त्म करने के बजाय लड़ना बंद करें।
4. किसी भी गठबंधन या एकल कर्ता का विरोध करने के लिए कार्य करें जो शेष प्रणाली के संबंध में प्रभुत्व की स्थिति ग्रहण करता है।
5. उन कर्ताओं को प्रतिबंधित करने के लिए अधिनियम जो सुपरनैशनल आयोजन सिद्धांतों की सदस्यता लेते हैं।
6. पराजित या बाधित आवश्यक राष्ट्रीय कर्ताओं को सिस्टम में स्वीकार्य भूमिका भागीदार के रूप में फिर से प्रवेश करने की अनुमति दें या कुछ पहले से अनिवार्य कर्ता को आवश्यक कर्ता वर्गीकरण के भीतर लाने के लिए कार्य करें।
7. सभी आवश्यक कलाकारों को स्वीकार्य भूमिका भागीदार मानें।

कपलान (Kaplan) के विचार में, ये विशेषताएं संबंधों में संतुलन बनाए रखने में मदद करेंगी। विफलता का अर्थ होगा संतुलन और अंततः व्यवस्था का अंत।

ढीली द्विध्रुवी प्रणाली (The Loose Bipolar System): ढीली द्विध्रुवी प्रणाली, जिसे अक्सर 'शीत युद्ध' मॉडल के रूप में पहचाना जाता है, एक अंतर्राष्ट्रीय प्रणाली की परिकल्पना करती है जो तब लागू होती है जब केवल दो महाशक्तियाँ अपने संबंधित प्रतिस्पर्धी गुटों का नेतृत्व करती हैं और साथ ही गैर-सदस्यों ब्लॉक-कर्ता और सार्वभौमिक कर्ता की भी उपस्थिति होती है। इस प्रकार, इस प्रणाली में दो प्रमुख ब्लॉक कर्ता शामिल होंगे: गुटनिरपेक्ष राज्य और संयुक्त राष्ट्र जैसे अंतर्राष्ट्रीय संगठन। दोनों गुट अपनी क्षमताओं को बढ़ाने की कोशिश करते हैं और प्रतिद्वंद्वी गुट को खत्म करने के लिए कम से कम कुछ जोखिम उठाने को तैयार हैं। दोनों गुट सार्वभौमिक कर्ताओं के उद्देश्यों को अपने उद्देश्यों के अधीन करने का भी प्रयास करते हैं। दूसरी ओर, गुटनिरपेक्ष राज्य दो गुटों की शक्ति को रोकने और उनके बीच युद्ध के खतरे को कम करने के लिए सार्वभौमिक कर्ता का समर्थन करने का प्रयास करते हैं। दोनों गुट अपनी सदस्यता बढ़ाने का प्रयास करते हैं लेकिन साथ ही गुटनिरपेक्ष राज्यों की स्थिति को भी सहन करते हैं।

चुस्त द्विध्रुवी प्रणाली (The Tight Bipolar System): ढीली द्विध्रुवी प्रणाली एक चुस्त द्विध्रुवी प्रणाली में तब्दील हो सकती है जहां दो प्रमुख शक्तियां अपने-अपने गुटों का नेतृत्व करती हैं और यह वस्तुतः दो गुटों के बीच बातचीत के विभिन्न रूप बन जाती है। इसलिए, इस प्रणाली में गुटनिरपेक्ष राज्यों या गैर-सदस्य राज्यों की भूमिका या तो गायब हो जाती है या कम महत्वपूर्ण हो जाती है। यहां तक कि अंतर्राष्ट्रीय संगठन जैसे सार्वभौमिक कर्ता भी मध्यस्थता करने में बहुत कमजोर हो जाते हैं।

सार्वभौमिक प्रणाली (The Universal System): यह प्रणाली तब उभरती है जब दुनिया आपसी सहिष्णुता और कानून के सार्वभौमिक शासन के सिद्धांत के आधार पर एक संघीय विश्व राज्य में परिवर्तित हो जाती है। यह प्रणाली लगभग एक विश्व महासंघ के समान है। इसलिए, यह एक सार्वभौमिक कर्ता, जैसे

कि संयुक्त राष्ट्र जैसे अंतर्राष्ट्रीय संगठन या ऐसी अन्य एजेंसियों के माध्यम से काम करता है, जिनके पास द्विध्रुवीय प्रणाली समाप्त होने पर शांति और सुरक्षा बनाए रखने और युद्ध को रोकने के लिए आवश्यक क्षमता होगी। यह न्यायिक, आर्थिक, राजनीतिक और प्रशासनिक कार्य करेगा, हालाँकि राज्यों को पर्याप्त स्वायत्तता प्राप्त होगी।

पदानुक्रमित प्रणाली (The Hierarchical System): ऐसी प्रणाली तब अस्तित्व में आएगी जब एक एकल सार्वभौमिक कर्ता विजय या संधि के माध्यम से अन्य सभी राज्यों को अवशोषित कर लेगा। विश्व विजय के आधार पर व्यवस्था मिलेगी तो वह निर्देशात्मक होगी। यह गैर-निर्देशात्मक होगा जब सत्ता को एक ही राष्ट्रीय कर्ता के प्रभुत्व के तहत पदानुक्रम के अनुसार इकाइयों के बीच वितरित किया जाएगा। इस प्रकार, क्षेत्रीय इकाइयों के रूप में राज्य कार्यात्मक इकाइयों में बदल जाते हैं। गैर-निर्देशक प्रणाली इच्छा पर आधारित है, और निर्देश प्रणाली बल पर आधारित है।

यूनिट वीटो प्रणाली (The Unit Veto System): यह एक प्रकार की प्रणाली है जब सभी राज्यों में एक-दूसरे को नष्ट करने की समान क्षमता होगी। केवल घातक हथियारों और परमाणु हथियारों का कब्ज़ा ही किसी विशेष राज्य पर हमलों को रोक देगा। इसलिए, यह प्रणाली स्थिरता तक पहुंचती है जब एक राज्य हर दूसरे राज्य के खतरों का विरोध और जवाबी कार्रवाई कर सकता है।

आलोचना (Criticisms)

सिस्टम दृष्टिकोण के विरुद्ध प्रमुख आलोचनाएँ शुरू की गई हैं। सिस्टम विश्लेषकों के खिलाफ सामान्य आलोचना यह है कि उन्होंने कोई सिद्धांत विकसित नहीं किया है, बल्कि केवल रूपरेखा तैयार की है, जो अंतर्राष्ट्रीय संबंधों में महत्वपूर्ण योगदान नहीं दे सकती है। सिद्धांत को क्रियान्वित करना भी कठिन है क्योंकि अनुभवजन्य परीक्षण कठिन है। सिद्धांत और अनुसंधान के बीच एक अंतराल है। इसलिए, इसका दायरा सीमित है।

कप्लान (Kaplan) के अंतर्राष्ट्रीय प्रणाली के मॉडल की कड़ी आलोचना की गई है। यह तर्क दिया जाता है कि यह प्रणाली न केवल सीमित संभावनाएँ प्रदान करती है बल्कि इसकी योग्यता भी सीमित है। पहले दो मॉडल मोटे तौर पर विशेष ऐतिहासिक प्रक्षेप पथों की पृष्ठभूमि में वास्तविक स्थितियों से मेल खाते हैं। अन्य चार मॉडल पूरी तरह से काल्पनिक, अव्यवहारिक और मनमाने हैं। यह लगभग वास्तविकता के संदर्भ के बिना कपलान की ओर से एक बौद्धिक अभ्यास जैसा था। कपलान के मॉडल ने भू-रणनीतिक कारकों के साथ-साथ राष्ट्रीय और उप-राष्ट्रीय कारकों की भूमिका की भी उपेक्षा की। हालाँकि, आलोचनाओं का मतलब यह नहीं है कि सिस्टम दृष्टिकोण बिल्कुल योग्यता रहित है। इसने अंतर्राष्ट्रीय संबंधों में व्यवहार के वैज्ञानिक अध्ययन में महत्वपूर्ण योगदान दिया है। इसका उपयोग अंतर्राष्ट्रीय संबंधों के अध्ययन के अन्य दृष्टिकोणों के साथ किया जा सकता है।

संचार दृष्टिकोण (Communications Approach)

अंतर्राष्ट्रीय संबंधों के क्षेत्र में एक और उल्लेखनीय सिद्धांत संचार दृष्टिकोण है। 'संचार' शब्द 'साइबरनेटिक्स' की अवधारणा से लिया गया है, जिसका अर्थ है 'संचालन'। राजनीतिक प्रणालियों में संचार के नियंत्रण को दर्शाने के लिए नॉर्बर्ट वेनर (Norbert Weiner, 1948) ने अपने प्रसिद्ध कार्य साइबरनेटिक्स में साइबरनेटिक्स की अवधारणा विकसित की। साइबरनेटिक्स "विभिन्न लेकिन समान ब्रह्मांडों जैसे कि कुछ

प्रकार की मशीनों, जानवरों, व्यक्तिगत मनुष्यों, समाजों और राष्ट्र-राज्यों में संभावनाओं के अध्ययन के लिए सिद्धांत और तकनीक का एक समूह है—और एक तरीका है कि जिसमें ऐसे ब्रह्मांडों को नियंत्रित करने के लिए संदेश का आदान-प्रदान कार्य करता है"।[28] संचार को उस सीमेंट की तरह माना जाता है जो संगठन बनाता है। यह अकेले ही एक समूह को एक साथ सोचने, एक साथ देखने और एक साथ कार्य करने में सक्षम बनाता है। सभी सामाजिक विज्ञानों को संचार की समझ की आवश्यकता होती है।

अंतर्राष्ट्रीय संबंधों में यह दृष्टिकोण डॉयचे (Deutsch)[29] द्वारा अपने प्रसिद्ध कार्य द *नर्व्स ऑफ़ गवर्नमेंट: मॉडल ऑफ़ पॉलिटिकल कम्युनिकेशन एंड कंट्रोल* (*The Nerves of Government: Model of Political Communication and Control*, 1963) में विकसित किया गया था। इस पुस्तक में, डॉयचे ने वेनर की 'फीडबैक', 'चैनल क्षमता' और 'मेमोरी' की अवधारणाओं के आधार पर राजनीतिक और सामाजिक विज्ञान की समस्याओं के लिए सूचना, संचार और नियंत्रण के सिद्धांत की अवधारणा को लागू किया है। इनसे, डॉयचे ने "चेतना," "इच्छा" और "सामाजिक शिक्षा" की अपनी अवधारणाएँ विकसित कीं। 1960 के दशक से, संचार दृष्टिकोण सामाजिक विज्ञान में लोकप्रिय हो गया, और राजनीतिक प्रणालियों का विश्लेषण करते समय 'प्रतिक्रिया', 'संचालन' और 'सीखने की क्षमता' जैसे शब्द एक आम उपयोग बन गए हैं।

डॉयचे (Deutsch) के लिए, संचार, शब्द के सही अर्थों में, सरकार की नसें हैं। सरकार एक जहाज के संचालन के समान है और यह संचार चैनलों के प्रशासन का एक रूप है। स्टीयरिंग की समस्या के केंद्र में स्टीयरिंग का नियंत्रण है। एक सरकार, जो अंतर्राष्ट्रीय माहौल की अनिश्चितता को कम कर सकती है, उसके लिए फायदेमंद है और वह अंतर्राष्ट्रीय संबंधों के अशांत जल में स्पष्टता से काम कर सकती है। इसके लिए, मुख्य घटक वह जानकारी है जो राज्य के वर्तमान और भविष्य के निर्णय लेने के लिए महत्वपूर्ण है, साथ ही अन्य राज्यों के साथ-साथ गैर-राज्यीय कर्ताओं के वर्तमान और भविष्य के कार्यों के बारे में भी। इस संबंध में फीडबैक बहुत महत्वपूर्ण है। *इसका मतलब है कि सरकार फीडबैक तंत्र के माध्यम से अन्य कर्ताओं पर अपने निर्णयों के प्रभाव का आकलन करने में सक्षम है।* इससे सरकार को मदद मिलती है, खासतौर पर उन लोगों को, जिन पर निर्णय लेने की जिम्मेदारी होती है, उन्हें अंतर्राष्ट्रीय संबंधों के संकटपूर्ण हालात से सावधानीपूर्वक निपटने में मदद मिलती है। इसलिए, संचार दृष्टिकोण का मुख्य फोकस संचार और सूचना प्रवाह है न कि शक्ति पर एकात्मक जोर।

आलोचना (Criticisms)

संचार दृष्टिकोण के आलोचकों के अनुसार, आईआर के उद्देश्यपूर्ण अध्ययन के लिए किसी मॉडल को लागू करने या इसका उपयोग करने में भारी कठिनाई होती है, जो सीधे प्राकृतिक विज्ञान से प्रभावित है। इलेक्ट्रिकल या मैकेनिकल इंजीनियरिंग से उधार ली गई शब्दावली भी इसके अनुप्रयोग को और अधिक जटिल बनाती है, और संभावना है कि मॉडल का गलत उपयोग किया जा सकता है। सबसे तीखी आलोचना विकासशील दुनिया के विद्वानों द्वारा शुरू की गई है, जो तर्क देते हैं कि संचार प्रवाह और प्रतिक्रिया समान लोगों के बीच नहीं बल्कि वर्चस्व और अधीनता की विशेषता वाले असमान उपप्रणालियों के बीच है। सूचना प्रवाह पर नियंत्रण महत्वपूर्ण है क्योंकि यह निर्धारित करता है कि बाकियों पर कौन हावी है। जाहिर है, यह प्रमुख उत्तर है जो संचार सुविधाओं को नियंत्रित करता है और इस प्रकार सूचना का प्रवाह और परिणामस्वरूप प्रतिक्रिया कमजोर उपप्रणाली, अधीनस्थ दक्षिण का निर्माण करती है। संचार दृष्टिकोण के

समर्थकों ने दक्षिण पर उत्तर की निर्भरता और प्रभुत्व की इस घटना को संबोधित नहीं किया है। इसलिए, अंतर्राष्ट्रीय संबंधों के संपूर्ण परिदृश्य को अकेले इस दृष्टिकोण से नहीं समझा जा सकता है।

निर्णय लेने का सिद्धांत (Decision-Making Theory)

अंतर्राष्ट्रीय संबंधों के अध्ययन का एक अन्य दृष्टिकोण निर्णय लेने का दृष्टिकोण है। यह काफी सामान्य बात है कि सभी राजनीतिक और अंतर्राष्ट्रीय प्रणालियों में निर्णय विभिन्न स्तरों पर और विभिन्न तरीकों से लिए जाते हैं। निर्णय लेने का दृष्टिकोण राष्ट्रीय, अंतर्राष्ट्रीय या तुलनात्मक स्तर पर निर्णय लेने की पूरी प्रक्रिया और नीति निर्माण से इसके संबंध को समझने का प्रयास करता है। यह दृष्टिकोण संयुक्त राज्य अमेरिका में अधिक लोकप्रिय हो गया क्योंकि विद्वानों के बीच निर्णय लेने और सरकारी प्रक्रिया पर ध्यान केंद्रित करने की इच्छा बढ़ रही थी। इस दृष्टिकोण से जो नाम जुड़े, वे थे रिचर्ड सी. स्नाइडर, एच.डब्ल्यू. ब्रुक और बर्टन सैपिन (Richard C. Snyder, H.W. Bruck and Burton Sapin) जिन्होंने अपने महान कार्य डिसीज़न-मेकिंग ऐज़ एन अप्रोच टू द स्टडी ऑफ़ इंटरनेशनल रिलेशंस (*Decision-Making as an Approach to the Study of International Relations*, 1954)[30] में अंतर्राष्ट्रीय संबंधों में कर्ताओं के व्यवहार के विश्लेषण के लिए सैद्धांतिक रूपरेखा प्रदान करने का प्रयास किया।

उन्होंने इस धारणा के साथ शुरुआत की कि राजनीतिक कार्रवाई की कुंजी उस तरीके में निहित है जिसमें कर्ता के रूप में निर्णय लेने वाले अपनी स्थितियों को परिभाषित करते हैं और जो कर्ताओं के कार्यों की क्रियाविधि को निर्धारित करते हैं, क्योंकि राज्यों द्वारा की गई कार्रवाई वास्तव में राज्य के लिए काम करने वालों के कार्य हैं। यह समझने के लिए कि एक विशेष राज्य एक विशेष तरीके से क्यों कार्य करता है, किसी को उस तरीके को ध्यान में रखना होगा जिसमें कर्ता के रूप में निर्णय लेने वाले अपनी स्थिति को परिभाषित करते हैं जो फिर से कार्रवाई के अनुमानित क्रियाविधि के साथ-साथ ऐसे कार्यों के पीछे के कारणों पर आधारित होता है। इसलिए, निर्णय लेना एक "प्रक्रिया है जिसके परिणामस्वरूप निर्णय निर्माताओं द्वारा परिकल्पित विशेष भविष्य की स्थिति को लाने के लिए सामाजिक रूप से परिभाषित, सीमित संख्या में समस्याग्रस्त, वैकल्पिक परियोजना का चयन होता है"। बाहरी और आंतरिक कारक भी निर्णय लेने की प्रक्रिया को प्रभावित करते हैं। आंतरिक कारकों में जनमत की भूमिका, लोगों की सामाजिक-आर्थिक स्थिति, भौगोलिक और जनसांख्यिकीय कारक और अन्य शामिल हैं। बाहरी कारकों में अन्य राज्यों की क्रियाएँ और प्रतिक्रियाएँ प्रमुख हैं जो वहाँ के प्राधिकारियों द्वारा लिए गए निर्णयों के परिणामस्वरूप होती हैं। निर्णय निर्माताओं के कार्य भी तीन बुनियादी निर्धारकों द्वारा निर्धारित होते हैं: (i) क्षमता के क्षेत्र, (ii) संचार और सूचना और (iii) प्रेरणा। हालाँकि, निर्णय लेने और निर्णय परिणाम की कुछ सीमाएँ भी हैं। सीमाएँ निर्णय प्रणाली के बाहर से उत्पन्न हो सकती हैं और सीमाएँ निर्णय प्रणाली की प्रकृति और कार्यप्रणाली से भी उत्पन्न हो सकती हैं।

आलोचना (Criticisms)

हालाँकि निर्णय लेने का दृष्टिकोण विदेश नीति प्रक्रियाओं का अध्ययन करने के लिए एक उपयोगी उपकरण बन गया है, लेकिन कई आधारों पर इसकी आलोचना की गई है। विद्वान, हालांकि वे इस दृष्टिकोण के सकारात्मक योगदान को स्वीकार करते हैं, साथ ही यह भी तर्क देते हैं कि यह दृष्टिकोण आंशिक है। निर्णय लेने का दृष्टिकोण प्रभावशाली है और पारंपरिक शक्ति-केंद्रित दृष्टिकोण पर एक नवीनता है लेकिन यह अंतर्राष्ट्रीय संबंधों का व्यापक अध्ययन प्रदान करने में विफल रहा है। फिर, कर्ताओं के रूप में राज्यों पर

अधिक जोर देकर यह स्वयं राज्य-केंद्रिकता से ग्रस्त है। यह वस्तुनिष्ठ वास्तविकताओं की उपेक्षा करता है। यह निर्णय निर्माताओं के उद्देश्यों और कार्यों पर अधिक ध्यान केंद्रित करता है और अंतर्राष्ट्रीय राजनीति पर अन्य कारकों के प्रभाव को पूरी तरह से नजरअंदाज करता है। यह विदेश नीति प्रक्रियाओं और उस संबंध में निर्णय लेने वालों के महत्व को समझने में मदद करता है, लेकिन ऐसा करने में, यह जमीनी हकीकत के बजाय छवियों और धारणाओं पर अधिक ध्यान केंद्रित करता है। यह दृष्टिकोण राष्ट्रीय और अंतर्राष्ट्रीय राजनीति में मानदंडों और मूल्यों के महत्व की भी उपेक्षा करता है। इसके अलावा, निर्णय लेने की प्रक्रिया का विश्लेषण करने की कोई समान विधियाँ या तकनीकें नहीं हैं। फिर भी, यह सिद्धांत संस्थागत दृष्टिकोण में एक सुधार है क्योंकि इसने विभिन्न परिस्थितियों में राज्यों के व्यवहार पैटर्न की व्याख्या प्रदान करने का प्रयास किया है।

अंतर्राष्ट्रीय संबंधों में उत्तर-संरचनावाद (Post-Structuralism in International Relations)

पिछले अनुभागों विशेषकर उदारवाद, यथार्थवाद और नव-यथार्थवाद पर चर्चा से एक बात स्पष्ट रूप से समझी जा सकती है कि आईआर के क्षेत्र में जिसे हम वास्तविक, कालातीत और सार्वभौमिक मानते हैं वह एक प्रकार के आदेश थोपे जाने का परिणाम है। पारंपरिक रूप से स्थापित 'दुनिया' की प्रमुख व्याख्याएं राज्यों और उनके नीति-निर्माताओं द्वारा अपने राष्ट्रीय हितों को आगे बढ़ाने की बात करती हैं। इसलिए, जिस तरह से आईआर का विषय दुनिया को देखता है उससे यह स्पष्ट होता है कि इस विषय की विशेषता 'महान बहस' में प्रतिस्पर्धा करने वाले विभिन्न प्रतिमान हैं।

उत्तर-संरचनावाद प्रतिनिधित्व, शक्ति और ज्ञान के संबंध और वैश्विक राजनीति के उत्पादन और समझ के लिए पहचान की राजनीति के इन मुद्दों से जुड़ा हुआ है। किसी को उत्तर-संरचनावाद को आईआर में प्रतिमान के एक नए सेट के रूप में नहीं समझना चाहिए। बल्कि यह आलोचनात्मक रवैया, दृष्टिकोण या लोकाचार है जो वैश्विक मामलों की समझ में प्रतिनिधित्व के महत्व, शक्ति और ज्ञान के संबंध और पहचान की राजनीति पर ध्यान आकर्षित करता है।

उत्तर-संरचनावाद के आलोचनात्मक रवैये को माइकल फौकॉल्ट (Michael Foucault)* के लेखन में देखा जा सकता है। 1980 के दशक में आईआर के क्षेत्र में उत्तर-संरचनावाद एक दृष्टिकोण के रूप में उभरा। उत्तर-संरचनावाद की शुरुआत करने वाले प्रमुख विद्वान रिचर्ड एशले, जेम्स डेर डेरियन, माइकल और शापिरो, डेविड कैंपबेल और आर.बी.जे. वॉकर हैं। उत्तर-संरचनावाद मुख्य रूप से निम्नलिखित बिंदुओं पर ध्यान केंद्रित करता है।

1. आईआर यथार्थवादी सिद्धांतों जैसे प्रमुख प्रतिमानों की मेटा-सैद्धांतिक† आलोचना को स्पष्ट करता है।
2. सिद्धांत के नए स्रोतों को पेश करके आईआर को इसके अंतर-विषयक संदर्भ से जोड़ता है।
3. भीतर और बाहर के रिश्ते परस्पर कैसे बने, इसकी चिंता करता है।

* Michel Foucault (1926–1984): He was a French historian and philosopher, associated with the structuralist and post-structuralist movements, and often labeled as a post-modernist too. Foucault's work is inter-disciplinary in nature, ranging across the concerns of the disciplines of history, sociology, psychology, and philosophy.

† Meta-theoretical: A meta theory is a broad perspective that overarches two, or more, theories like positivism, post-positivism, hermeneutics, and so on – of importance in sociology and other social sciences.

4. पहचान, व्यक्तिपरकता और शक्तियों पर ध्यान केंद्रित करता है।
5. विश्लेषण को पूर्व-दिए गए विषयों के बारे में धारणाओं से हटाकर व्यक्तिपरकता की समस्या और उसके राजनीतिक अधिनियमन की ओर ले जाता है।
6. इतिहास लेखन (historiography) का वर्णन करने के बजाय व्याख्या, प्रतिनिधित्व और राजनीति के पद्धतिगत सिद्धांतों को नियोजित करता है।

रिचर्ड के. एशले (Richard K. Ashley) के प्रसिद्ध लेख, "नव-यथार्थवाद की गरीबी"(The Poverty of Neo-Realism) ने आईआर के लिए आलोचनात्मक दृष्टिकोण के विकास को जन्म दिया। उन्होंने बताया कि नव-यथार्थवाद, जिसने यथार्थवाद के व्यक्तिवाद को 'वैज्ञानिक' दृष्टिकोण से बदलने की कोशिश की, ने राज्यों और उनके हितों के पीछे या घटक सामाजिक शक्ति की 'उद्देश्यपूर्ण' संरचनाओं की पहचान करने की कोशिश की। वैश्विक परिवर्तन के बावजूद भी यथार्थवाद और नव-यथार्थवाद जिस तरह से प्रभावी बने रहे, उससे आलोचनात्मक विद्वान असंतुष्ट थे। उत्तर-संरचनावादियों ने अंतर्राष्ट्रीय कर्ताओं, मुद्दों और रिश्तों के साथ-साथ बहिष्कृत लोगों की आवाज़ों और दृष्टिकोणों के महत्व की यथार्थवाद की उपेक्षा पर प्रकाश डाला।

आईआर में पोस्ट-स्ट्रक्चरल प्रभाव ने आईआर के अध्ययन में नए आयाम खोले। कुछ नए शोध कार्य में वेबर (Weber, 1994, 1999) के काम में अमेरिकी हस्तक्षेप के संदर्भ में राज्य की पहचान के लिंग आधारित चरित्र का अध्ययन, और डोटी (Doty, 1993, 1996) द्वारा उत्तर-दक्षिण संबंधों और आव्रजन नीतियों में प्रतिनिधित्व की केंद्रीयता का अध्ययन, अकाल और मानवीय संकटों का एक विखंडनात्मक विवरण एडकिंस (Edkins, 2000), कूटनीति और यूरोपीय सुरक्षा की व्याख्यात्मक व्याख्या डिलन (Dillon, 1996), वित्त और अंतर्राष्ट्रीय राजनीतिक अर्थव्यवस्था के क्षेत्र पर पुनर्विचार डी गोएडे (de Goede, 2005, 2006) उल्लेखनीय हैं।[31]

मूल्यांकन (Evaluation)

उत्तर-संरचनावाद का आकलन करते समय इसे एक विधि, दृष्टिकोण या लोकाचार के रूप में देखा जाना चाहिए जो स्वाभाविक रूप से सकारात्मक अभ्यास के उद्देश्य से आलोचना करता है और विकल्पों को आगे बढ़ाने के लिए संभावना की स्थितियों को स्थापित करता है। यह इस संदर्भ में है कि उत्तर-संरचनावाद आईआर के अन्य सिद्धांतों को अपने विश्लेषण की वस्तुसामग्री बनाता है और उन प्रतिमानों को मेटा-सैद्धांतिक प्रश्नों के साथ पेश करता है जो यह उजागर करने के लिए डिज़ाइन किए गए हैं कि वे कैसे संरचित हैं। उत्तर-संरचनावाद विश्लेषण को पूर्व-प्रदत्त विषयों की पूर्व धारणा से दूर व्यक्तिपरकता की समस्या की ओर ले जाता है। इसमें शक्ति और पहचान के प्रश्न पर पुनर्विचार करना शामिल है ताकि पहचान को शक्ति के संचालन के प्रभाव के रूप में समझा जाए और प्रवचन के माध्यम से मूर्त रूप दिया जाए। हालाँकि, उत्तर-संरचनावाद को अक्सर आईआर के विषय में हाशिए पर रखा गया है, और उनके अत्यधिक आलोचनात्मक रवैये ने उन्हें विवादास्पद बना दिया है और उन्हें संशयवादी करार दिया जा रहा है।

रचनावाद (Constructivism)

रचनावाद पर चर्चा करना आसान होगा यदि कोई चित्र 1.1 (अध्याय 1) का अनुसरण करे। रचनावाद को आईआर के पारंपरिक सिद्धांतों वाले तर्कवाद और आईआर के उत्तर-संरचनावादी दृष्टिकोण वाले

परावर्तनवाद के बीच एक 'मध्यम आधार' पर कब्जा करते हुए देखा जा सकता है। रचनावाद के उदय का समय काफी आश्चर्यजनक है। शीत युद्ध की अचानक समाप्ति, सोवियत संघ का पतन और शीत युद्ध की समाप्ति के बाद यूरोप में संभावित परिवर्तनों की निश्चितता ने अंतर्राष्ट्रीय घटनाओं को समझने की दिशा में एक नए सैद्धांतिक अभिविन्यास की आवश्यकता को चिह्नित किया। रचनावादी आलोचना को प्रेरित करने वाला कारक यह है कि आईआर में पूर्व-प्रमुख सिद्धांत भविष्यवाणी करने में विफल रहे, और यहां तक कि इस संभावना को भी पहचानने में विफल रहे कि अंतर्राष्ट्रीय राजनीति में ऐसा नाटकीय परिवर्तन होगा। दूसरी बात जो स्पष्ट हो गई वह यह है कि अंतर्राष्ट्रीय संबंध स्थिर या स्थिर नहीं हैं, और मानवीय क्रिया और अनुभूति से स्वतंत्र रूप से मौजूद हैं। यह कहा जा सकता है कि अंतर्राष्ट्रीय संबंध सामाजिक निर्माण का परिणाम हैं। इस प्रकार रचनावाद अलेक्जेंडर वेंड्ट (Alexander Wendt), निकोलस ओनुफ (Nicholas Onuf), पीटर कैटज़ेंस्टीन (Peter Katzenstein) और फ्रेडरिक क्रैटोचविल (Friedrich Kratochwil) जैसे विद्वानों के साथ लोकप्रिय हो गया, जिन्होंने केनेथ वाल्ट्ज (Kenneth Waltz) द्वारा अग्रेसित उनके प्रसिद्ध काम *थ्योरी ऑफ इंटरनेशनल पॉलिटिक्स* (*Theory of International Politics*, 1979) में नव-यथार्थवादियों की बहस का विरोध करते हुए अपनी मूल्यवान अंतर्दृष्टि दी।

निकोलस ओनुफ़ (Niclolas Onuf) का तर्क है कि रचनावाद कोई सिद्धांत नहीं बल्कि सामाजिक संबंधों का अध्ययन करने का एक तरीका है। रचनावाद के मुख्य विषयों को संक्षेप में इस प्रकार प्रस्तुत किया जा सकता है:

1. अंतर्राष्ट्रीय संबंध एक सामाजिक निर्माण है। सामाजिक घटनाएँ जैसे राज्य या गठबंधन या अंतर्राष्ट्रीय संस्थाएँ या कोई अन्य घटनाएँ मानव प्रकृति की मूल सामग्री पर निर्मित हो सकती हैं, लेकिन वे विशिष्ट ऐतिहासिक, सांस्कृतिक और राजनीतिक रूप लेती हैं जो सामाजिक दुनिया में मानवीय संपर्क का एक उत्पाद हैं।
2. अंतर्राष्ट्रीय संबंधों का एक 'सामाजिक' आयाम है। भौतिक हित और शक्ति पर यथार्थवादी सिद्धांत के विशेष जोर के अलावा इस संदर्भ में मानदंडों, नियमों और भाषाओं का भी महत्व है।
3. वस्तुनिष्ठ वास्तविकता से बहुत दूर, अंतर्राष्ट्रीय राजनीति 'हमारे द्वारा बनाई गई दुनिया' है। कर्ताओं के बीच बातचीत ऐतिहासिक, सांस्कृतिक और राजनीतिक रूप से विशिष्ट 'वास्तविकताओं' को अस्तित्व में लाती है। ऐसा इसलिए है क्योंकि कर्ता अपनी परिस्थितियों को चुनने के लिए पूरी तरह से स्वतंत्र नहीं हैं और बातचीत की प्रक्रिया उनके लिए अपनी पसंद निर्धारित करना संभव बनाती है।
4. अंतर्राष्ट्रीय संबंध मानवीय अर्थ और क्रिया से स्वतंत्र रूप से विद्यमान होने के बजाय एक सामाजिक निर्माण हैं।
5. सामाजिक निर्माण का विचार एकल वस्तुनिष्ठ वास्तविकता के बजाय संदर्भ में अंतर का सुझाव देता है। सामान्यीकरण और सिद्धांत निर्माण के उद्देश्य से नियमितताओं के स्थान पर रचनावादियों ने अंतर्राष्ट्रीय स्तर पर 'परिवर्तन' को समझाने या समझने की कोशिश की है।

अलेक्जेंडर वेंड्ट (Alexander Wendt) की पुस्तक *सोशल थ्योरी ऑफ इंटरनेशनल पॉलिटिक्स* (*Social Theory of International Politics*, 1999) एक रचनावादी सिद्धांत का निर्माण करती है। ***अंतर्राष्ट्रीय संगठनों*** (*International Organizations*) में प्रकाशित अपने लेख "(*Anarchy is What States make of It: Social Theory of International Politics*, 1992) में, वैश्विक

प्राधिकरण की अनुपस्थिति में अराजकता की नव-यथार्थवादी धारणा का विरोध करते हुए, वेंड्ट (Wendt) पहचान और हितों के बारे में सोचने के लिए एक रूपरेखा प्रदान करते हैं। जो परिवर्तन की प्रक्रिया के अधीन है। वह संरचनात्मक और प्रतीकात्मक अंतःक्रियात्मक समाजशास्त्र से तैयार एक रचनात्मक तर्क विकसित करके तर्कवादी और चिंतनशील परंपराओं के बीच एक पुल का निर्माण करना चाहते है।[32]

मूल्यांकन (Evaluation)

रचनावाद को ज्ञानमीमांसीय (epistemologically) रूप से ज्ञान के सामाजिक निर्माण के बारे में और सत्तामीमांसीय (ontologically) रूप से सामाजिक वास्तविकता के निर्माण के बारे में कहा जा सकता है। इसलिए, रचनावाद का मूल उद्देश्य इस तथ्य के आधार पर आईआर में सैद्धांतिक और अनुभवजन्य दोनों अध्ययनों में संवेदनशीलता को बढ़ाना है कि सामाजिक दुनिया का विश्लेषण वास्तविक दुनिया का एक हिस्सा है और इसे प्रभावित भी कर सकता है। एक रचनावादी अंतर्राष्ट्रीय संबंधों को कर्ताओं, संस्थानों और घटनाओं के सामाजिक निर्माण के प्रति खुली नजर से देखता है। हालाँकि, इसका मतलब यह नहीं है कि रचनावाद उन विचारों को किनारे कर देता है कि भौतिक शक्ति महत्वपूर्ण है या कर्ता अपने हितों की साधनात्मक गणना करते हैं; न ही यह आवश्यक रूप से संप्रभु राज्यों के प्राथमिक अस्तित्व, ज्ञानमीमांसा प्रत्यक्षवाद, या अराजकता समस्या को मानता है। बल्कि, इसका मतलब यह है कि इन श्रेणियों और अवधारणाओं में जो कुछ भी होता है वह सामाजिक प्रक्रियाओं और अंतःक्रियाओं द्वारा निर्मित होता है, और अंतर्राष्ट्रीय संबंधों के लिए उनकी प्रासंगिकता साधनों के सामाजिक निर्माण का एक कार्य है। उदाहरण के लिए, राज्यों के बीच प्रतिस्पर्धा की यथार्थवादी धारणाएँ स्थिति, प्रतिष्ठा, आधिपत्य के लिए हो सकती हैं, लेकिन वे केवल वैध शक्ति या साझा समझ के संदर्भ में ही समझ में आएंगी या निर्मित होंगी। इसलिए, एक रचनावादी विश्लेषण अंतर्राष्ट्रीय संबंधों में किसी भी स्थिति या घटना के विश्लेषण में अधिक संवेदनशीलता के लिए जगह खोलता है, जहां कर्ता एक पल के लिए सोच सकते हैं कि उनके स्वयं के कार्य उन समस्याओं में कैसे योगदान दे सकते हैं जिन्हें वे संबोधित करना चाहते हैं। हाल की अंतर्राष्ट्रीय राजनीति में इसका ज्वलंत उदाहरण अमेरिका का आतंक के विरुद्ध युद्ध है। इसकी शुरुआत अमेरिका में 9/11 हमले के लिए बड़े पैमाने पर सैन्यीकृत प्रतिक्रिया के रूप में हुई थी, लेकिन बाद में इसने अमेरिकी कार्यों का राजनीतिकरण कर लिया और बाद में मध्य-पूर्व के देशों को उदार लोकतंत्र में बदलने का मिशन शुरू किया, जिसमें मानवाधिकारों का उल्लंघन, अंतर्राष्ट्रीय कानून की अवहेलना शामिल थी और इस प्रकार आतंक पर युद्ध अनंत अवधि का युद्ध बन गया। आतंक के खिलाफ इस युद्ध के लिए एक रचनात्मक दृष्टिकोण अपेक्षाकृत इस बात पर जोर देता है कि कैसे पहचान और मानवीय पीड़ाएं बातचीत की प्रक्रिया के माध्यम से निर्मित होती हैं और राज्यों पर जोर देने से दूर हो जाती हैं।

अंतर्राष्ट्रीय संबंधों में नारीवाद (Feminism in International Relations)

अंतर्राष्ट्रीय संबंध राष्ट्रों के बीच शक्ति संबंधों के बदलते पैटर्न के भीतर उनकी राजनीति का अध्ययन करने वाला एक विषय है, जो नारीवादी परिप्रेक्ष्य से प्रभावित होने वाला ज्ञान का अंतिम निकाय रहा है। अंतर्राष्ट्रीय संबंधों में महिलाएं हमेशा 'उपेक्षित' रही हैं, जिसे मुख्य रूप से एक पुरूष प्रधान माना जाता है। अंतर्राष्ट्रीय राजनीति में, पुरुष हमेशा आगे रहते हैं और महिलाओं को राष्ट्र प्रमुख या राजनयिक के रूप में ढूंढना मुश्किल होता है। यदि कोई जी-8 (G-8) या संयुक्त राष्ट्र सम्मेलन जैसे अंतर्राष्ट्रीय शिखर सम्मेलनों या यूरोपीय संघ

या सार्क जैसे कई क्षेत्रीय संगठनों के सम्मेलनों और शिखर सम्मेलनों को देखता है, तो पुरुषों की संख्या हमेशा महिलाओं की संख्या से अधिक होती है। तो, हम अंतर्राष्ट्रीय संबंधों में महिलाओं को कहाँ पाते हैं? लंबे समय से, महिलाओं को राजनयिकों की पत्नियों, राजनेताओं की पत्नियों या सैन्य कर्मियों के लिए 'आरामदायक महिलाओं' के रूप में स्थान दिया गया है। लेकिन अंतर्राष्ट्रीय राजनीति में युद्ध और शांति के संबंध में पुरुषों द्वारा लिए गए निर्णयों का शिकार हमेशा महिलाएं ही होती रही हैं। युद्ध या जातीय संघर्ष या अलगाववादी आंदोलनों के दौरान, वे सबसे अधिक पीड़ित होती हैं और उसके बाद भी, खासकर यदि उन्हें शरणार्थी के रूप में अपना देश छोड़ने के लिए मजबूर किया जाता है, तो उनकी स्थितियाँ दयनीय हो जाती हैं। शांति के समय में, महिलाएं तस्करी, महिला श्रमिकों के व्यापार या विश्व स्तर पर फल-फूल रहे सेक्स टूरिस्ट उद्योग में आसानी से शिकार हो जाती हैं। अत: अंतर्राष्ट्रीय संबंधों के विमर्श में महिलाओं को किसी भी प्रकार की चर्चा के दायरे से बाहर रखना उचित नहीं है। 1980 और 1990 के दशक के उत्तरार्ध से, नारीवादी दृष्टिकोण से पारंपरिक आईआर सिद्धांत के पुनर्मूल्यांकन के प्रयास किए गए, जिससे अंतर्राष्ट्रीय संबंधों में लिंग निर्धारण के लिए जगह खुल गई।

कई सम्मेलनों और प्रकाशित साहित्य ने विश्व घटनाओं की जांच के लिए एक नए दृष्टिकोण को चिह्नित किया। जीन बेथके एल्शटेन (Jean Bethke Elshtain) की *महिला और युद्ध* (*Women and War*, 1987), सिंथिया एन्लो (Cynthia Enloe) की *केले, समुद्र तट और आधार: अंतर्राष्ट्रीय राजनीति की नारीवादी भावना बनाना* (*Bananas, Beaches and Bases: Making Feminist Sense of International Politics*, 1989), जे. एन टिकनर (J. Ann Tickner) की *अंतर्राष्ट्रीय संबंधों में लिंग: वैश्विक सुरक्षा प्राप्त करने पर नारीवादी परिप्रेक्ष्य* (*Gender in International Relations: Feminist Perspectives on Achieving Global Security*, 1992), वी. स्पाइक पीटरसन (V. Spike Peterson) और ऐनी सिसन रुनियन (Anne Sisson Runyan) की *ग्लोबल जेंडर इश्यूज़* (*Global Gender Issues*, 1993), और क्रिस्टीन सिल्वेस्टर (Christine Sylvester) की *फेमिनिस्ट थ्योरी एंड इंटरनेशनल रिलेशंस इन ए पोस्टमॉडर्न एरा* (*Feminist Theory and International Relations in a Postmodern Era*, 1994) ने 1990 के दशक की शुरुआत में अपनी छाप छोड़ी।

कई अंतर्राष्ट्रीय सम्मेलनों ने भी महिलाओं के मुद्दों को उजागर करने का मार्ग प्रशस्त किया। उनमें से महत्वपूर्ण थे मेक्सिको महिला सम्मेलन (1975), कोपेनहेगन महिला सम्मेलन (1980), नैरोबी महिला सम्मेलन (1985), वियना मानवाधिकार सम्मेलन (1993), बीजिंग महिला सम्मेलन (1995), इत्यादि। वर्ष 1975 को अंतर्राष्ट्रीय महिला वर्ष और 1976-1985 को महिलाओं के लिए संयुक्त राष्ट्र दशक घोषित किया गया था। महिला मुद्दों को सामने लाने में ये मील के पत्थर थे। महिलाओं के खिलाफ सभी प्रकार के भेदभाव के उन्मूलन पर संयुक्त राष्ट्र कन्वेंशन (सीईडीएडब्ल्यू) (All Forms of Discrimination Against Women (CEDAW) (1979) और महिलाओं के खिलाफ हिंसा के उन्मूलन पर संयुक्त राष्ट्र महासभा घोषणा (1993) को अपनाना विश्व स्तर पर आयोजित महिलाओं के राजनीतिक अभियानों की जीत का प्रतीक है। तीन सम्मेलनों ने आईआर अध्ययन में नारीवादी विचार की प्रतिभागिता को भी बढ़ावा दिया। वे थे *मिलेनियम: लंदन स्कूल ऑफ इकोनॉमिक्स में जर्नल ऑफ इंटरनेशनल स्टडीज सम्मेलन* (1988), दक्षिणी कैलिफोर्निया विश्वविद्यालय में सम्मेलन (1989), और वेलेस्ले में सम्मेलन (1990)।

1997 में, इंटरनेशनल स्टडीज एसोसिएशन के '*इंटरनेशनल स्टडीज क्वार्टरली*' में जे. एन टिकनर (J. Ann Tickner) के नेतृत्व में एक बहस में, उन्होंने तीन प्रकार की गलतफहमियों का सुझाव दिया, जिन्हें महिला मुद्दों के संबंध में आईआर विद्वानों की अंतर्दृष्टि की कमी के लिए जिम्मेदार ठहराया जाना चाहिए। वे हैं: (i) लिंग के अर्थ के बारे में गलतफहमियाँ; (ii) विभिन्न सत्तामीमांसा (ontologies); और (iii) ज्ञानमीमांसीय (epistemologica) विभाजन। टिकनर (Tickner) ने अपने हंस मोर्गेंथाऊ के *राजनीतिक यथार्थवाद के सिद्धांतों: एक नारीवादी सुधार* (*Principles of Political Realism: A Feminist Reformulation*, 1988) में मोर्गेंथाऊ (Morgenthau) के राजनीतिक यथार्थवाद के छह सिद्धांतों का एक सुधार प्रस्तुत किया, जो अंतर्राष्ट्रीय संबंधों में प्रमुख दृष्टिकोण है और प्रकृति में बहुत अधिक पुरूषात्मक है, केवल सत्ता की राजनीति पर ध्यान केंद्रित करता है।

इसलिए, टिकनर गहराई से अंतर्निहित पुरुषवादी पूर्वाग्रह के कारण यथार्थवाद की केवल "अंतर्राष्ट्रीय राजनीति का आंशिक विवरण" के रूप में आलोचना करते हैं। उनकी मुख्य चिंता कुछ यथार्थवादी सिद्धांतों के "नारीवादी सुधार" की पेशकश करना है। जो इस प्रकार हैं:

- निष्पक्षता सांस्कृतिक रूप से परिभाषित है—और पुरुषत्व से जुड़ी है—इसलिए हमेशा आंशिक होती है।
- राष्ट्रीय हित बहुआयामी है—इसलिए हितों का कोई एक समूह इसे परिभाषित नहीं कर सकता (या करना चाहिए)।
- प्रभुत्व के रूप में शक्ति पर नियंत्रण पुरुषत्व का विशेषाधिकार है।
- सभी राजनीतिक कार्यों का नैतिक महत्व है—उन्हें अलग नहीं किया जा सकता या अलग नहीं किया जाना चाहिए।
- शायद सामान्य नैतिक तत्वों की तलाश करें।
- नारीवादी राजनीतिक क्षेत्र की स्वायत्तता से इनकार करते हैं—एक संकीर्ण रूप से परिभाषित राजनीतिक क्षेत्र के चारों ओर सीमाओं का निर्माण राजनीति को इस तरह से परिभाषित करता है जिसमें महिलाओं की चिंताओं और योगदान को शामिल नहीं किया जाता है।

हालाँकि, समकालीन वैश्विक मामलों ने नारीवादियों को चुनौतियों का सामना करने और परिणामस्वरूप वैश्वीकरण और विखंडन की ताकतों का जवाब देने, विश्लेषण करने और उनका सामना करने के लिए मजबूर किया है। अपनी बाज़ार शक्तियों के साथ वैश्वीकरण का महिलाओं पर गंभीर प्रभाव पड़ता है। यह महिलाओं के जीवन, परिवार और आजीविका को प्रभावित करता है और अक्सर तबाह कर देता है, और राज्य के खिलाफ दावे करने के लिए राजनीतिक स्थान को काफी कम कर देता है। इसके अलावा, 'नए युद्ध' शुरू करने वाले राजनीतिक पहचान आंदोलन, ज्यादातर गैर-पश्चिमी राज्यों में, ऐसे आंदोलनों में महिलाएं पीड़ित होती हैं। इसलिए, इन नए विकास के लिए राष्ट्रवाद, सैन्यीकरण, युद्ध और शांति, पहचान संघर्ष, धार्मिक कट्टरवाद, वैश्विक राजनीतिक अर्थव्यवस्था की कार्यप्रणाली और वैश्वीकरण की ताकतों के प्रभाव की नारीवादी समझ की आवश्यकता है। दुर्भाग्य से, नारीवादियों के ईमानदार प्रयासों के बावजूद, आईआर अभी भी पुरुष-प्रधान क्षेत्र बना हुआ है। अंतर्राष्ट्रीय संबंध के विद्वानों ने अपने स्वयं के बहिष्करण और समावेशन पर काम किया है और जब राष्ट्रों के बीच राजनीति का सवाल आता है तो उनके लिए सत्ता और राष्ट्रीय हित के मुद्दों से परे सोचना बहुत कठिन होता है।

आलोचना (Criticism)

नारीवादी आईआर के खिलाफ आलोचना करने वाले दो सबसे प्रसिद्ध विद्वान रॉबर्ट केओहेन (Robert Keohane) और फ्रांसिस फुकुयामा (Francis Fukuyama) रहे हैं। केओहेन (Keohane,) के लिए, नारीवादी आईआर को वैज्ञानिक, प्रमाणनीय सिद्धांत विकसित करने की आवश्यकता है। फुकुयामा (Fukuyama) ने नारीवादी आईआर विद्वानों के इस दृष्टिकोण पर सवाल उठाए कि अगर महिलाएं दुनिया चलातीं, तो हम कहीं अधिक शांतिपूर्ण दुनिया में रहते, जो उनके लिए संदिग्ध है। इस तरह की आलोचना के सामने, नारीवादी आईआर विद्वानों को राजनीतिक यथार्थवादियों द्वारा प्रस्तुत भारी चुनौती का सामना करने के लिए बहुत अधिक सूक्ष्म और परिष्कृत तर्क विकसित करने की आवश्यकता है।

हालाँकि, दुनिया भर में राजनीति और सार्वजनिक नीतियों पर नारीवादी जुड़ाव के प्रभाव से इनकार नहीं किया जा सकता है। कई सम्मेलनों द्वारा महिलाओं के अधिकारों को मान्यता देना अपने आप में एक सकारात्मक विकास है। नारीवादियों के अथक प्रयासों ने लैंगिक मुद्दों के प्रति चेतना जगाई है। नारीवादी और अंतर्राष्ट्रीय समर्थक पहली बार बलात्कार को युद्ध अपराध के रूप में वर्गीकृत करने में सफल रहे हैं, और पूर्व यूगोस्लाविया और रवांडा पर अंतर्राष्ट्रीय न्यायाधिकरणों द्वारा इसे यातना के रूप में वर्गीकृत किया गया है। कनाडा और स्पेन जैसे कुछ देशों ने यौन भेदभाव और दुर्व्यवहार को राजनीतिक शरण के आधार के रूप में स्वीकार कर लिया है। अंतर्राष्ट्रीय गैर-सरकारी संगठनों और विकासशील देशों को सहायता प्रदान करने में शामिल सहायता एजेंसियों ने अपनी विकास नीति में सामान्य लिंग संबंधी चिंताओं को अपनी दान नीतियों के केंद्र के रूप में निर्दिष्ट किया है। यहां तक कि राजनीतिक क्षेत्र में महिलाओं की भागीदारी सीटों के आरक्षण के माध्यम से संभव हो गई है, जैसा कि भारत में, स्थानीय स्व-सरकारी संस्थानों के मामले में और अब 21 सितम्बर 2003 को राष्ट्रीय विधेयक पारित कर दिया है जिसके अनुसार महिलाओं के लिए लोक सभा और राज्य विधामसभा में 33% सीट आरक्षित हैं। हालाँकि, व्यवहार में, आईआर में लिंग संवेदनशीलता के स्तर को बढ़ाने के लिए बहुत कुछ किया जाना बाकी है।

अभ्यास (Exercises)

1. अंतर्राष्ट्रीय संबंधों के अध्ययन के लिए उदारवादी दृष्टिकोण की मूल धारणाएँ क्या हैं? राजनीति के उदारवादी दृष्टिकोण का आलोचनात्मक परीक्षण करें।
2. अंतर्राष्ट्रीय संबंधों के अध्ययन में उदारवादी दृष्टिकोण पर चर्चा करें।
3. अंतर्राष्ट्रीय संबंधों के प्रति उदारवादी दृष्टिकोण के बुनियादी सिद्धांतों का विश्लेषण करें। 1970 के दशक में इसे कैसे पुनर्जीवित किया गया?
4. अंतर्राष्ट्रीय संबंधों के अध्ययन में उदारवादी और नव-उदारवादी दृष्टिकोण पर चर्चा करें।
5. अंतर्राष्ट्रीय संबंधों के अध्ययन में राजनीतिक यथार्थवाद के बुनियादी सिद्धांतों का विश्लेषण करें। इस संबंध में राजनीतिक यथार्थवाद पर ई.एच. कैर और मोर्गेंथाऊ (E.H. Carr's and Morgenthau's) के विचारों को स्पष्ट कीजिए।
6. अंतर्राष्ट्रीय संबंधों के प्रति यथार्थवादी दृष्टिकोण का परीक्षण करें। इस संदर्भ में नव-यथार्थवाद के उद्भव और उसके मूल सिद्धांतों पर भी चर्चा करें।
7. मोर्गेंथाऊ के राजनीतिक यथार्थवाद के सिद्धांत के छह मुख्य सिद्धांतों पर चर्चा करें।

8. बहुलवादी दृष्टिकोण का आलोचनात्मक परीक्षण करें और राजनीतिक यथार्थवादी दृष्टिकोण से इसके अंतर को इंगित करें।
9. अंतर्राष्ट्रीय संबंधों के अध्ययन में मार्क्सवादी दृष्टिकोण पर चर्चा करें।
10. अंतर्राष्ट्रीय संबंधों के आधुनिक विश्व व्यवस्था सिद्धांत के मूल सिद्धांतों और महत्व का विश्लेषण करें।
11. जोहान गाल्टुंग के साम्राज्यवाद के संरचनात्मक सिद्धांत को स्पष्ट करें।
12. मॉर्टन कपलान के अंतर्राष्ट्रीय प्रणाली के छह मॉडलों पर चर्चा करें।
13. परीक्षण करें कि अंतर्राष्ट्रीय संबंधों के अध्ययन के लिए संचार दृष्टिकोण किस हद तक लागू है।
14. अंतर्राष्ट्रीय संबंधों के अध्ययन के निर्णय लेने के सिद्धांत पर संक्षेप में चर्चा करें।
15. अंतर्राष्ट्रीय संबंधों के उत्तर-संरचनावादी दृष्टिकोण का परीक्षण करें।
16. अंतर्राष्ट्रीय संबंधों के अध्ययन के दृष्टिकोण के रूप में रचनावाद का विश्लेषण करें।
17. अंतर्राष्ट्रीय संबंधों के प्रति नारीवादी दृष्टिकोण पर चर्चा करें।

संदर्भ (References)

[1] Dougherty, James E. and Robert L. Pfaltzgraff, Jr., *Contending Theories of International Relations: A Comprehensive Study*, Longman, USA, 1997, pp. 14–22.

[2] Sidorsky, David (Ed.), *The Liberal Tradition in European Thoughts*, Capricorn Books, New York, 1970, p. 2, cited in Keith L. Shimko, *International Relations—Perspectives and Controversies*, Houghton Mifflin Company, New York, 2005, pp. 51–52.

[3] Kegley, Charles W., Jr. and Eugene R. Wittkopf, *World Politics—Trends and Transformation*, St. Martin's Press, New York, 1997, p. 20.

[4] Dunne, Timothy, "Liberalism", *in* John Baylis and Steve Smith (Eds.), *The Globalization of World Politics*, Oxford University Press, London, 1997, pp. 150–151.

[5] Couloumbis, Theodore A. and James H. Wolfe, *Introduction to International Relations: Power and Justice*, Prentice-Hall of India, New Delhi, 1981, p. 7.

[6] Cited in Mahendra Kumar, *Theoretical Aspects of International Relations*, Shiva Lal Agarwal & Co. Educational Publishers, Agra, 1995, pp. 58–59.

[7] Machiavelli, *The Prince*, Wordsworth Classics of World Literature, Hertfordshire, 1997.

[8] Skinner Quentin, *Machiavelli*, Oxford University Press, London, 1981, pp. 25–29.

[9] Arthashastra, http://www.mssu.edu/projectsouthasia/history primarydocs/Arthashastra/index.htm, see also http://www.wsu.edu:8080/~wldciv/world_civ_reader/world_civ_reader_1/arthashastra.html.

[10] Hobbes, Thomas, *Leviathan*, http:/oregonstate.edu/instruct/phl302/texts/hobbes/leviathan-contents.html.

[11] Carr, E.H., *The Twenty Years' Crisis: 1919–1939*, Macmillan Press, Bangalore, 1981, p. 80.

[12] Morgenthau, Hans. J, *Politics Among Nations: The Struggle for Power and Peace*, Kalyani Publishers, New Delhi, 1985, pp. 4–14.

[13] Cited in Radharaman Chakrabarti and Gautam Kumar Basu (Eds.), *Theories of International Relations: Search for Alternatives*, Sterling Publishers, New Delhi, 1992, p. 91.

[14] Dunne, Timothy, "Realism", *in* John Baylis and Steve Smith (Eds.), *The Globalization of World Politics*, Oxford University Press, London, 1997, pp. 117–119.

[15] Hoffman, Stanley (Ed.), *Contemporary Theory in International Relations*, Prentice Hall, Englewood Cliffs, New Jersey, 1960, p. 34.

[16] Burchill, Scott, "Realism and Neo-Realism," *in* Scott Burchill, Richard Devetak, Andrew Linklater, Matthew Paterson, Christian Reus-Smit and Jacqui True (Eds.), *Theories of International Relations*, Palgrave, New York, 2001, p. 92.

[17] Bandyopadhyaya, Jayantanuja and Amitava Mukherjee, *International Relations Theory: From Anarchy to World Government*, Manuscript India, Kolkata, 2001, p. 44–46.

[18] Review of International Studies, Adam Jones, *Does Gender Make the World Go Round, Feminist Critiques of International Relations,* http://adamjones.freeservers.com/does.htm.

[19] Viotti, Paul R. and Mark K. Kauppi (Eds.), *International Relations Theory: Realism, Pluralism, Globalism and Beyond*, Allyn & Bacon, USA, 1998, p. 210.

[20] Keohane, R.O. and J.S., Nye, "Realism and Complex Interdependence," *in* William Marc (Ed.), *International Relations in the Twentieth Century: A reader*, Macmillan Education, London, 1989, pp. 243–254.

[21] Sullivan, Michael P., "Transnationalism, Power Politics, and the Realities of the Present System," *in* William Marc (Ed.), *International Relations in the Twentieth Century: A reader*, Macmillan Education, London, 1989, pp. 255–274.

[22] Viotti, Paul R. and Mark K. Kauppi (Eds.), *International Relations Theory: Realism, Pluralism, Globalism and Beyond*, Macmillan, London, 1990, p. 215.

[23] Bose, Arun, "The Marxian Theory of International Relations", *in* K.P. Misra and R.S. Beal (Eds.), *International Relations Theory: Western and Non-western Perspective,* Vikas Publishing, New Delhi, 1980, pp. 161–165.

[24] Lenin, V.I., *Imperialism: The Highest Stage of Capitalism*, Left Word, New Delhi, 2000, pp. 113–123.

[25] Galtung, Johan, "A Structural Theory of Imperialism", *Journal of Peace Research*, International Peace Research Association, Groningen, Vol. 13, no. 2, 1971, pp. 81–94.

[26] Bandyopadhyaya, Jayantanuja, *North Over South: A Non-Western Perspective,* South Asian Publishers, New Delhi, 1984, pp. 1–2.

[27] Kaplan, Morton A., *System and Process in International Politics*, Wiley and Sons., New York, 1957, pp. 21–53.

[28] Weiner, Norbert, *The Human Use of Human Beings,* Boston, Houghton, Mifflin, 1950.

[29] Deutsch, Karl W., *The Nerves of Government: Model of Political Communication and Control,* The Free Press of Glencoe III, 1963.

[30] Snyder, Richard C., H.W. Bruck and Burton Sapin, *Decision-Making as an Approach to the Study of International Relations,* Princeton University Press, Princeton, 1954.

[31] Tim Dunne, Milja Kurki and Steve Smith, *International Relations Theories: Discipline and Diversity,* Oxford University Press, New Delhi, 2013.

[32] *ibid.*

3

अंतर्राष्ट्रीय प्रणाली में कर्ताओं और गैर-राज्यीय कर्ताओं की भूमिका (International System and the Role of Actors and Non-State Actors)

अंतर्वस्तु (Contents)

परिचय (*Introduction*)

वर्तमान अंतर्राष्ट्रीय प्रणाली में 193 राष्ट्र शामिल हैं जो संयुक्त राष्ट्र के सदस्य हैं, और 6 अन्य राष्ट्र जैसे कोसोवो, फिलिस्तीन, सहरावी अरब डेमोक्रेटिक रिपब्लिक (पश्चिमी सहारा), तुर्की साइप्रस, ताइवान और वेटिकन सिटी, संयुक्त राष्ट्र के गैर-सदस्य हैं। साथ ही, राज्यों के अलावा अन्य प्रकार के कर्ताओं की भी समानांतर वृद्धि हुई है, जो राज्य की ताकत को भी चुनौती दे रहे हैं। इन सभी तत्वों के बीच परस्पर निर्भरता में वृद्धि के कारण ही अंतर्राष्ट्रीय प्रणाली अब अधिक व्यापक हो गई है और यह केवल राज्यों और उनकी गतिविधियों तक ही सीमित नहीं है। इस अंतर्राष्ट्रीय प्रणाली की जटिलताओं और कार्यप्रणाली को समझने के लिए, अंतर्राष्ट्रीय राजनीति में प्रमुख कर्ताओं और उनकी भूमिकाओं की पहचान करना महत्वपूर्ण है। इसलिए, अंतर्राष्ट्रीय प्रणाली के साथ-साथ इसकी घटक इकाइयों के बदलते पैटर्न का आकलन करने के लिए विद्वानों में रुचि बढ़ी है।

अंतर्राष्ट्रीय प्रणाली (The International System)

वर्तमान अंतर्राष्ट्रीय व्यवस्था की संरचना काफी जटिल है और उत्तरोत्तर जटिल होती जा रही है। ऐसा सिस्टम की घटक इकाइयों की प्रकृति में बदलाव के कारण अधिक होता है। परंपरागत रूप से, यह केवल राज्य ही थे जिन्हें अंतर्राष्ट्रीय प्रणाली का महत्वपूर्ण हिस्सा या प्राथमिक कर्ता माना जाता था, लेकिन अब अन्य एजेंटों के अस्तित्व की मान्यता बढ़ रही है, या जैसा कि उन्हें अब अंतराष्ट्रीय संबंध में गैर-राज्यीय कर्ता कहा जाता है। इसलिए, अंतर्राष्ट्रीय प्रणाली को अपने अंतर्राष्ट्रीय व्यवहार में स्वायत्तता की अलग-अलग डिग्री के कई प्रकार के कर्ताओं के संयोजन के रूप में सोचा जा सकता है, जिनमें से राज्यों की अग्रणी भूमिका होती है लेकिन किसी भी तरह से कोई विशेष भूमिका नहीं होती है।[1]

अंतर्राष्ट्रीय प्रणाली से, कुछ विद्वानों का तात्पर्य एक अधिक जटिल अवधारणा से है जिसमें राज्यों और अन्य कर्ताओं का एक समूह एक-दूसरे के साथ बातचीत करता है। किसी भी प्रणाली को उसकी घटक इकाइयों की विशेषताओं और उन इकाइयों के बीच प्रकृति, पैटर्न और इंटरैक्शन की संख्या के संयोजन से परिभाषित किया जाता है। यदि इस विचार को अंतर्राष्ट्रीय व्यवस्था पर लागू किया जाए तो जो कारक महत्वपूर्ण हो जाते हैं, वे इस प्रकार हैं:

- राज्यीय कर्ताओं की संख्या
- विभिन्न कर्ताओं का सापेक्ष आकार
- गैर-राज्यीय कर्ताओं की संख्या और प्रकार
- राज्यीय कर्ताओं के बीच संबंध या बातचीत
- प्रणाली की इकाइयों के बीच परस्पर निर्भरता।[2]

हालाँकि, जैसा कि फ्रेंकल बताते हैं, अंतर्राष्ट्रीय प्रणाली में घरेलू राजनीतिक प्रणालियों की दो पूर्व-आवश्यकताओं का अभाव है, अर्थात्, एक समुदाय का सामाजिक आधार और दूसरी सरकार की राजनीतिक संरचना। अंतर्राष्ट्रीय प्रणाली में उप-समूह या व्यक्तिगत हितों पर कुछ बुनियादी सामान्य भलाई की प्राथमिकता और सहयोग पर कोई बिना शर्त समझौता नहीं होता है। इसमें केवल कुछ सीमित और सशर्त सहयोग पर बनाया गया है, जो कभी-कभी अराजकता में बदल जाता है। पदानुक्रमित रूप से व्यवस्थित सरकार की अनुपस्थिति में, सभी सामाजिक उप-समूहों के अधिकार क्षेत्र को निर्धारित करने और मानदंडों और कानूनों को लागू करने का कोई अधिकार नहीं है। जो मौजूद है वह राज्यों के व्यवहार को विनियमित करने के लिए केवल एक ढीली संरचना और मानदंडों का कमजोर सेट है। फिर भी, अंतर्राष्ट्रीय प्रणाली की विशेषता संप्रभु राज्यों की उपस्थिति और समय-समय पर उत्पन्न होने वाली अराजकता, सुरक्षा दुविधा, शक्ति संतुलन, आधिपत्य, गठबंधन, क्षेत्रीय संरेखण, अंतर्राष्ट्रीय शासन, सामूहिक सुरक्षा, संघर्ष और संघर्ष समाधान है। वर्तमान में, समकालीन अंतर्राष्ट्रीय व्यवस्था में, गैर-राज्यीय कर्ताओं द्वारा उत्पन्न चुनौतियों की तुलना में क्षेत्रीय राज्यों का संकट बढ़ रहा है।

अंतर्राष्ट्रीय प्रणाली में कर्ता (Actors in International System)

नाटकीय अर्थ में अभिनेताओं (कर्ताओं) का मतलब किसी नाटक या फिल्म में मुख्य भूमिका से है। अलग-अलग कलाकार मंच या फ़िल्म पर अलग-अलग भूमिकाएँ निभाते हैं। यदि इस अवधारणा को अंतर्राष्ट्रीय प्रणाली के दायरे में स्थानांतरित किया जाता है, तो संपूर्ण अंतर्राष्ट्रीय प्रणाली नाटकीय राजनीति का एक क्षेत्र

बन जाती है जहाँ मुख्य भूमिकाएँ कई कर्ताओं द्वारा निभाई जाती हैं जो व्यक्ति, समूह या संगठन हो सकते हैं। यहां, कर्ता एक ओर राज्यों के व्यक्तित्व हैं और दूसरी ओर कई गैर-राज्यीय कर्ता हैं। इसलिए, जैसा कि फ्रेंकल (Frankel) कहते हैं कि अंतर्राष्ट्रीय समाज को एक प्रणाली और उसके प्रमुख घटकों, राज्यों के साथ-साथ गैर-राज्यीय कर्ताओं, उप-प्रणालियों के रूप में कल्पना करते हुए, विश्व राजनीति की वास्तविकता को एक समझदार तरीके से समझना संभव है। वास्तविकता प्रभावित करने और प्रभावित होने के बारे में सवाल यह है कि कौन प्रभावित करता है और कौन प्रभावित होता है? इसका उत्तर स्पष्ट रूप से अंतर्राष्ट्रीय प्रणाली के कर्ताओं के व्यवहार पैटर्न का विश्लेषण करके पाया जा सकता है। प्रमुख कर्ता हमेशा लाभप्रद स्थिति में होते हैं और उनके पास कम शक्तिशाली कर्ताओं के व्यवहार को प्रभावित करने और हेरफेर करने की क्षमता होती है। सौदेबाजी और लाभ उठाना मुख्य प्रक्रियाएं हैं जिनके माध्यम से कर्ता अंतर्राष्ट्रीय प्रणाली में एक-दूसरे पर अपना प्रभाव बढ़ाने का प्रयास करते हैं, हालांकि वर्तमान समय में भी शक्ति का महत्व बरकरार है।

कर्ता के रूप में राज्य (States as Actors)

क्षेत्रीय राज्य के संकट के संबंध में कई विद्वानों द्वारा दिए गए कई तर्कों के बावजूद, बढ़ती वैश्विक परस्पर निर्भरता और परमाणु और अंतरिक्ष प्रौद्योगिकियों के प्रसार के युग में, राज्य अंतर्राष्ट्रीय प्रणाली में प्राथमिक कर्ता बना हुआ है। अधिकांश विद्वान राज्यीय प्रणाली के जन्म की तिथि 1648 और वेस्टफेलिया की संधि (Treaty of Westphalia, 1648) से मानते हैं, हालांकि कुछ का तर्क है कि राज्य का अस्तित्व वैसा ही है जिस रूप में सत्रहवीं शताब्दी में था और वह वेस्टफेलिया संधि से पूर्व 500 से अधिक वर्षों से हो रही प्रक्रियाओं की परिणति के अलावा और कुछ नहीं था। हालाँकि इतिहास में एक प्रवास (sojourn) इस बात की गवाही देता है कि लगभग 1450 से 1650 तक 200 वर्षों की अवधि में क्षेत्रीय राज्यीय प्रणाली का विकास हुआ। वेस्टफेलिया की संधि ने यूरोप में तीस साल के युद्ध को समाप्त कर दिया और इस संधि के आधार पर, यूरोप के शासकों ने चर्च और रोमन साम्राज्य के अधिकार से खुद को अलग कर लिया। इस संधि का स्पष्ट रूप से सरल लेकिन केंद्रीय सिद्धांत था "क्षेत्र का शासक उस क्षेत्र का धर्म निर्धारित करेगा" जिसके बड़े परिणाम हुए। यूरोप में धार्मिक और राजनीतिक एकता का दिखावा टूट गया और विभिन्न राजाओं और राजकुमारों के बीच सत्ता बिखर गई और संप्रभु राष्ट्र-राज्यों का आधार स्थापित हो गया। इस समय से राज्य के महत्वपूर्ण तत्वों की कल्पना की गई—एक लोग, एक क्षेत्र जहां वे रहते थे और एक सरकार जिसके पास लोगों और क्षेत्र पर शासन करने का अधिकार था। सरकार को राज्य के एजेंट के रूप में देखा जाता था, जिसे अब संप्रभुता का आनंद लेने वाली एक कानूनी इकाई माना जाता था।[3]

समय के साथ, राज्यों की संख्या में वृद्धि, सभी क्षेत्रों में उनके बीच परस्पर निर्भरता, विशेष रूप से आर्थिक क्षेत्र, तकनीकी विकास, लोकतांत्रिक संस्थानों के उदय, अंतर्राष्ट्रीय कानून, अंतर्राष्ट्रीय शासन, क्षेत्रीय गठबंधन, सैन्य युद्ध और हथियारों के विकास के कारण राज्य प्रणाली में और अधिक विकास और परिवर्तन हुए हैं। स्थिति चाहे जो भी हो, यह निश्चित रूप से कहा जा सकता है कि राज्य अभी भी अंतर्राष्ट्रीय व्यवस्था में प्रमुख कर्ता बने हुए हैं। जैसा कि पामर (Palmer) और पर्किन्स (Perkins)[4] कहते हैं, राज्य-व्यवस्था "अपने सूर्यास्त काल में हो सकती है, लेकिन ऐसा लगता है कि इसके मूल डिजाइन में बहुत कम बदलाव हुआ है, जो कि कुछ प्रमुख राज्यों सहित बड़ी संख्या में राज्यों का सह-अस्तित्व है जिसमें सैन्य शक्तियाँ शामिल हैं, सभी अपने विशेष हितों और भावनाओं की प्रेरणा के अधीन हैं, सभी संप्रभुता के सिद्धांत की

सदस्यता लेते हैं, और सभी को अपनी राष्ट्रीय नीतियों के साधन के रूप में राष्ट्रीय शक्ति विकसित करने के लिए प्रेरित किया जाता है"।

राज्यत्व के तत्व (Elements of Statehood)

राज्यत्व के तत्वों को अंतर्राष्ट्रीय कानून पर ब्रिटिश प्राधिकारी एल. ओपेनहेम (L. Oppenheim) (अंतर्राष्ट्रीय कानून, 1905) द्वारा दी गई राज्य की परिभाषा से समझा जा सकता है। उन्होंने कहा कि एक राज्य "तब अस्तित्व में होता है जब लोग अपनी संप्रभु सरकार के तहत किसी देश में बस जाते हैं"।[5] यह परिभाषा राज्य के चार विशिष्ट तत्वों पर केंद्रित है। वे एक लोग, एक क्षेत्र, एक सरकार और संप्रभुता के गुण हैं। इन चारों तत्वों का सूक्ष्म विश्लेषण आवश्यक है।

लोग (The People)

अक्सर राज्य की परिभाषा का तात्पर्य "एक निश्चित क्षेत्र में निवास करने वाले और एक सरकार के तहत राजनीतिक रूप से संगठित लोगों के किसी समूह" से है। अतः एक राज्य के रूप में अर्हता प्राप्त करने के लिए पहली महत्वपूर्ण आवश्यकता जनसंख्या है। जब तक लोग एक साथ संगठित जीवन नहीं बिताएंगे, तब तक किसी राज्य की कल्पना करना असंभव है। ऐसा इसलिए है क्योंकि राज्य सामाजिक संगठन का एक रूप है और लोगों को इसका अनिवार्य घटक होना चाहिए। किसी राज्य में रहने वाले लोगों की संख्या बहुत महत्व का विषय है। हालाँकि, जनसंख्या की सटीक संख्या के बारे में कोई निश्चित विचार नहीं है। अधिकांश विद्वानों की राय है कि जो वास्तन में मायने रखता है वह है जनसंख्या की गुणवत्ता और चरित्र। इनमें उम्र, लिंग वितरण, जन्म दर में रुझान, जीवन स्तर, स्वास्थ्य, साक्षरता, उत्पादक क्षमता और कौशल, रीति-रिवाज और विश्वास, नैतिक मानक और मनोबल और राष्ट्रीय चरित्र के मामले शामिल हैं।

क्षेत्र (Territory)

राज्य का दूसरा सबसे महत्वपूर्ण तत्व क्षेत्र है। निश्चित क्षेत्र के बिना कोई राज्य नहीं हो सकता। एक स्थान से दूसरे स्थान पर भ्रमण करने वाली घुमंतू जनजातियों को एक राज्य नहीं माना जा सकता। आधुनिक राज्य को निर्विवाद रूप से अपने क्षेत्र के रूप में पृथ्वी के एक निश्चित हिस्से की आवश्यकता होती है जिस पर उसका निर्विवाद अधिकार हो। पुनः जनसंख्या की भाँति क्षेत्र की सीमा तय करना कठिन है। सोवियत संघ जैसे विशाल क्षेत्र वाले राज्य या तुवालु, नाउरू, वेटिकन सिटी, मोनाको, मालदीव या माल्टा जैसे छोटे राज्य हो सकते हैं जिनका क्षेत्रफल अतयंत छोटा हो सकता है। राज्यों की भौगोलिक स्थिति बहुत मायने रखती है। अन्यथा, अटलांटिक में एक छोटे से धूमिल द्वीप, ग्रेट ब्रिटेन के लिए सदियों तक दुनिया पर अपना प्रभुत्व बनाए रखना संभव नहीं होता। वास्तव में, संयुक्त राज्य अमेरिका की रणनीतिक स्थिति भी इतनी अनोखी थी कि उसके लिए अतीत में अलगाववाद की नीति का पालन करना संभव था। संयुक्त राज्य अमेरिका अपने चारों ओर विशाल जल निकाय (अटलांटिक महासागर) के कारण भूमि या नौसैनिक हमलों से भी कम असुरक्षित है। शक्तिशाली अमेरिकी नौसेना द्वारा निकट आते शत्रु को मध्य समुद्र में रोका जा सकता है। इसलिए, आकार वास्तव में कोई मायने नहीं रखता। मायने यह रखता है कि कोई राज्य कितना असुरक्षित है या नहीं, जो फिर से बहुत सारी भू-रणनीतिक गणनाओं और राजनीतिक, आर्थिक और सैन्य कारकों पर निर्भर करता है, खासकर इस परमाणु और अंतरिक्ष युग में।

सरकार (Government)

तीसरा महत्वपूर्ण तत्व 'सरकार' है, जो राज्य का राजनीतिक संगठन है। सरकार राज्य की आंख और कान की तरह होती है और राज्य की इच्छा और कार्य सरकार के माध्यम से होता है। सरकार चाहे किसी भी प्रकार की हो, सरकार का होना नितांत आवश्यक है। सरकार के माध्यम से ही राज्य की संप्रभु इच्छा व्यक्त की जाती है। जहां तक विदेश नीति अभिविन्यास पर विचार किया जाता है, सरकार की प्रकृति क्या होनी चाहिए यह निस्संदेह महत्वपूर्ण है, लेकिन यह कहना कठिन है कि किसी राज्य के लिए 'मॉडल' सरकार क्या होनी चाहिए। अरस्तू से लेकर आज तक यह एक पहेली है जिसका कोई स्पष्ट उत्तर नहीं है। इसलिए, दुनिया में सरकार से लेकर सत्तावादी शासन तक के लोकतांत्रिक स्वरूप मौजूद हैं। मायने यह रखता है कि किसी विशेष राज्य की सरकार को अन्य देशों की सरकारों द्वारा मान्यता प्राप्त है या नहीं। एक बार जब उसे यह मान्यता प्राप्त हो जाती है, तो वह देश का कानूनी प्रतिनिधि बन जाता है, उदाहरण के लिए पीपुल्स रिपब्लिक ऑफ चाइना (People's Republic of China) जिसे 1949 में अपने जन्म के बाद मान्यता प्राप्त नहीं हुई थी और केवल 1971 में संयुक्त राज्य अमेरिका द्वारा मान्यता प्राप्त हुई और उसे संयुक्त राष्ट्र सुरक्षा परिषद (United Nations Security Council) में स्थायी सीट के लिए शामिल किया गया। इस प्रकार चीन गणराज्य का प्रतिनिधित्व पीपुल्स रिपब्लिक ऑफ चाइना (Peoples Republic of China) द्वारा प्रतिस्थापित (replaced) कर दिया गया; चीन गणराज्य (Republic of China, RoC) ताइवान को माना जाता है।

संप्रभुता (Sovereignty)

राज्य का सबसे महत्वपूर्ण तत्व 'संप्रभुता' है, । 'राज्य' शब्द लैटिन के 'स्टेटस' से लिया गया है जिसका अर्थ है शासक की 'स्थिति' या 'खड़ा होना'। राज्य का स्थान सर्वोच्च है। संप्रभुता राज्य की सर्वोच्चता है। आंतरिक एवं बाह्य मामलों में राज्य सर्वोच्च है। जैसा कि हेडली बुल (Hedley Bull) (द अनार्किकल सोसाइटी, (*The Anarchical Society*, 1977) का मानना है, संप्रभुता में "आंतरिक संप्रभुता, जिसका अर्थ है उस क्षेत्र और आबादी के भीतर अन्य सभी अधिकारों पर वर्चस्व" और "बाहरी संप्रभुता, जिसका अर्थ वर्चस्व नहीं बल्कि बाहरी अधिकारों की स्वतंत्रता है" शामिल है।[6] इसका तात्पर्य यह है कि राज्य के पास अपनी भूमि, संसाधनों और अपने क्षेत्र के भीतर की आबादी के साथ-साथ बाहरी संबंधों पर शासन करने की सर्वोच्च शक्ति है, इसके अधिकार पर कोई प्रतिबंध नहीं है, सिवाय उन प्रतिबंधों के, जिन्हें उसने स्वयं स्वीकार किया है।

अंतर्राष्ट्रीय संबंधों में, संप्रभुता को एक तथ्य के रूप में और सरकार को अपने राज्यों के प्रतिनिधियों के रूप में स्वीकार किया जाता है, भले ही न्यायविद या राजनीति विज्ञानी अंतिम संप्रभु शक्ति की सीट का पता लगाते हों। संप्रभुता को प्रत्येक राज्य और अन्य सभी राज्यों के बीच एक विशेष सैद्धांतिक संबंध के रूप में देखा जाना चाहिए। यद्यपि इस पृथ्वी पर सभी राज्यों को संप्रभु और समान माना जाता है, यह समानता कानूनी है और तथ्यात्मक नहीं है। विभिन्न आयामों की अवस्थाओं की एक साथ उपस्थिति होती है। कुछ को प्रमुख शक्तियाँ माना जाता है, अन्य को मध्यम श्रेणी की शक्तियाँ, फिर भी कुछ को छोटी और कमज़ोर माना जाता है। यहां, संप्रभुता के बीच परस्पर क्रिया महत्वपूर्ण हो जाती है। चूँकि प्रत्येक राज्य अपने राष्ट्रीय हितों को आगे बढ़ाने का प्रयास करता है, उनमें से प्रत्येक को समायोजन, समझौता और समायोजन करना पड़ता है, जो उनकी पूर्ण संप्रभुता को सीमित करता है। अंतर्राष्ट्रीय कानून और अंतर्राष्ट्रीय शासन भी राज्य

के व्यवहार पर प्रतिबंध लगाते हैं। क्लाइड ईगलटन (Clyde Eagleton, 1945) ने अंतर्राष्ट्रीय कानून और राज्यों की संप्रभुता के बीच अंतर-संबंध की समस्या पर यथार्थवादी दृष्टिकोण अपनाया। उन्होंने कहा, "संप्रभुता एक पूर्ण शब्द नहीं हो सकता। यह कहना उतना ही मूर्खतापूर्ण है कि संप्रभुता को आत्मसमर्पण कर दिया जाना चाहिए या समाप्त कर दिया जाना चाहिए, जितना कि यह कहना कि यह पूर्ण और अनियंत्रित होनी चाहिए...।"[7] ऐसे विद्वान हैं जो इस तथ्य की ओर इशारा करते हैं कि राज्य अक्सर अपनी संप्रभुता को अंतर्राष्ट्रीय समझौतों का निष्कर्ष और अंतर्राष्ट्रीय संस्थानों की उनकी सदस्यता के माध्यम से सीमित करने के लिए सहमत होते हैं। इसलिए, 'सहमति' का सिद्धांत महत्वपूर्ण हो जाता है, क्योंकि वास्तव में, राज्य कुछ नियमों का पालन करने और कुछ दायित्वों को अनुबंधित करने के लिए खुद को बाध्य कर सकते हैं।[8] इस विचार के कुछ समर्थक हैं कि विभिन्न प्रकार के अंतर्राष्ट्रीय समझौतों में भाग लेने या संयुक्त राष्ट्र या राष्ट्रमंडल जैसे विभिन्न अंतर्राष्ट्रीय संगठनों की सदस्यता प्राप्त करने से राज्य, संप्रभु राज्यों के रूप में अपनी स्थिति खो देते हैं। वर्तमान वैश्वीकृत दुनिया में सीमित संप्रभुता के बारे में विवाद हो सकते हैं, फिर भी इस बात से इनकार करना संभव नहीं है कि जब तक राष्ट्र-राज्य प्रणाली अंतर्राष्ट्रीय समाज के प्रचलित पैटर्न का आधार बनी रहेगी, तब तक संप्रभुता का सार बना रहेगा भले ही यह शब्द "संप्रभुता" गायब हो जाती है।

तथ्य यह है कि इस धरती पर सभी राज्य समान माने जाते हैं और राजनीतिक स्वतंत्रता का आनंद लेते हैं। अनुच्छेद II के तहत संयुक्त राष्ट्र चार्टर स्वीकार करता है कि यह "अपने सभी सदस्यों की संप्रभु समानता के सिद्धांत पर आधारित है"। यह कानूनी तौर पर सही हो सकता है लेकिन तथ्यात्मक रूप से गलत है। इसके कई कारण हो सकते हैं। कोई भी राज्य आकार, संसाधनों और आर्थिक विकास और इसलिए शक्ति के मामले में दूसरे के बराबर नहीं है। यह सच है कि कुछ राज्य दूसरों की तुलना में अधिक समान हो सकते हैं, लेकिन वास्तविकता से पता चलता है कि राज्यों के बीच असंख्य मतभेद हैं जो अंतर्राष्ट्रीय संबंधों में पैंतरेबाज़ी करने और दूसरों पर अपनी शक्ति और प्रभाव डालने की उनकी क्षमताओं को प्रभावित करते हैं। जैसा कि पामर (Palmer) और पर्किन्स (Perkins) ने शक्ति-राजनीतिक संदर्भ में राज्यों के पारंपरिक वर्गीकरण को "महान शक्तियों" या "प्रमुख शक्तियों" और "छोटी शक्तियों" या "कम शक्तियों" के रूप में और "मध्यम शक्तियों" जैसी श्रेणी के बारे में बात की थी। निस्संदेह, राज्यों की एक और श्रेणी है जो अंतर्राष्ट्रीय क्षेत्र में कमजोर है और इतनी शक्तिशाली नहीं है। इसलिए, यह स्पष्ट है कि "महान शक्तियों" को "छोटी शक्तियों" और कमजोर राज्यों की तुलना में सौदेबाजी में लाभ होगा और पुरस्कार और दंड का उपयोग करने की तकनीकों में हेरफेर भी करना होगा। इसलिए, शक्ति का गठन क्या होता है, जाहिर है, यह हमें राष्ट्रीय शक्ति के बारे में चर्चा में लाता है।

राष्ट्रीय शक्ति (National Power)

संयुक्त राज्य अमेरिका को दुनिया का सबसे शक्तिशाली राज्य क्या बनाता है? क्या भारत को अमेरिका के प्रति अनुकूल नीति अपनानी चाहिए? अमेरिका और रूस के रिश्तों में क्या समीकरण होने चाहिए? भारत-पाक संबंधों में अमेरिका का क्या महत्व है? ऐसे हजारों प्रश्न उठाए जा सकते हैं, लेकिन उत्तर यह है कि अंतर्राष्ट्रीय क्षेत्र में किसी राज्य विशेष का स्वभाव उसकी राष्ट्रीय शक्ति पर आधारित होता है।

शक्ति को "किसी अन्य कर्ता से वह कराने की क्षमता के रूप में देखा जाता है जो वह अन्यथा नहीं करता (या जो वह करता इसे न करने के लिए रोकना)।[9] साधारण भाषा में शक्ति का तात्पर्य दूसरों के प्रतिरोध के बावजूद अपनी इच्छा पूरी कराने की क्षमता से है। इसलिए, शक्ति एक संबंध है। यदि अंतर्राष्ट्रीय

संबंधों के संदर्भ में सोचा जाए, तो दूसरों को प्रभावित करने का राज्य का प्रयास काफी हद तक उसकी अपनी क्षमताओं, लक्ष्यों, नीतियों और कार्यों से निर्धारित होता है, जो समान रूप से उन लोगों के व्यवहार से प्रभावित होता है जिनके साथ वह बातचीत करता है।

विश्व राजनीति के संदर्भ में शक्ति को इस प्रकार देखा जा सकता है:

- विशेषताओं या क्षमताओं का एक सेट
- एक प्रभाव प्रक्रिया
- संसाधनों, अन्य राज्यों के व्यवहार, घटनाओं, बातचीत के परिणामों (सहकारी या परस्पर विरोधी) को नियंत्रित करने की क्षमता।

कूलम्बिस और वोल्फ (Couloumbis and Wolfe) ने शक्ति की एक व्यापक अवधारणा प्रस्तुत की जो किसी भी चीज़ को दर्शाती है जो एक कर्ता का दूसरे पर नियंत्रण स्थापित करती है और बनाए रखती है। वे शक्ति की कल्पना तीन तत्वों के रूप में करते हैं—बल, प्रभाव और अधिकार (चित्र 3.1 देखें)। बल को अपने राजनीतिक उद्देश्यों की पूर्ति के लिए एक कर्ता द्वारा दूसरे के खिलाफ स्पष्ट धमकी या सैन्य, आर्थिक और जबरदस्ती के अन्य उपकरणों के उपयोग के रूप में परिभाषित किया जा सकता है। प्रभाव को एक कर्ता के व्यवहार को दूसरे कर्ता द्वारा पसंदीदा तरीके से बनाए रखने या बदलने के लिए अनुनय के साधनों, बल की कमी के उपयोग के रूप में देखा जाता है। प्राधिकार का अर्थ है एक कर्ता का दूसरे कर्ता द्वारा जारी निर्देशों का अनुपालन करना, जो दूसरे कर्ता प्रथम के संबंध में सम्मान, एकजुटता, स्नेह, आत्मीयता, नेतृत्व, ज्ञान और विशेषज्ञता की अपनी स्वयं की धारणा से निहित करता है।[10]

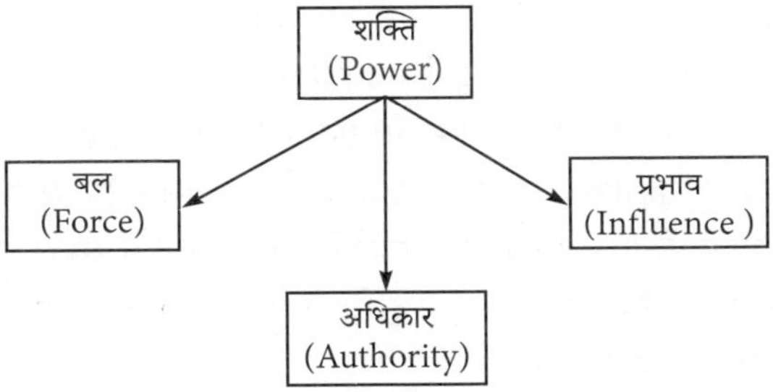

चित्र 3.1 शक्ति का चित्रण (Illustration of power)।
[*Source:* Adapted from Theodore A. Couloumbis and James H. Wolfe][10]

यथार्थवादी दृष्टिकोण से, अंतर्राष्ट्रीय राजनीति सत्ता के लिए निरंतर संघर्ष के अलावा और कुछ नहीं बन पाती है। इसके मुख्य प्रस्तावक के रूप में, हंस जे. मोर्गेंथाऊ (Hans J. Morgenthau)[11] ने अपने क्लासिक पाठ, *पॉलिटिक्स अमंग नेशंस* (*Politics Among Nations*) में, "सत्ता के लिए संघर्ष के रूप में अंतर्राष्ट्रीय राजनीति" शीर्षक वाले खंड में बताया: "सभी राजनीति की तरह अंतर्राष्ट्रीय राजनीति भी सत्ता के लिए एक संघर्ष है। अंतर्राष्ट्रीय राजनीति का अंतिम लक्ष्य चाहे जो भी हो, सत्ता उसका तात्कालिक लक्ष्य है।" उनके लिए शक्ति में "कुछ भी शामिल हो सकता है जो मनुष्य पर मनुष्य का नियंत्रण स्थापित करता है और बनाए रखता है [और यह] सभी सामाजिक रिश्तों को शामिल करता है जो उस उद्देश्य की पूर्ति करते हैं, शारीरिक हिंसा से लेकर सबसे सूक्ष्म मनोवैज्ञानिक संबंधों तक जिसके द्वारा एक दिमाग दूसरे को नियंत्रित करता है"।

ऑर्गन्स्की (Organski)[12] के अनुसार, शक्ति "व्यक्तियों या व्यक्तियों के समूहों के बीच रिश्ते का हिस्सा है" और इसलिए इसे "बाकी रिश्ते से अलग नहीं किया जा सकता है, लेकिन यह इससे प्रभावित होता है और इसके साथ बदलता है। क्योंकि, सत्ता रिश्ते का वह हिस्सा है जिसमें प्रत्येक पक्ष दूसरे के व्यवहार को प्रभावित करने में सक्षम होता है, और दो देशों के बीच लगभग किसी भी संबंध का उपयोग इसी तरह किया जा सकता है"। इस प्रकार, शक्ति अपने लक्ष्य के अनुसार दूसरों के व्यवहार को प्रभावित करने की क्षमता है। जब तक कोई राष्ट्र ऐसा नहीं कर सकता, चाहे वह बड़ा, धनवान या महान ही क्यों न हो, वह शक्तिशाली नहीं बन सकता।

पैडलफोर्ड (Padelford) और लिंकन (Lincoln)[13] राष्ट्रीय शक्ति को "किसी राज्य की ताकत और क्षमताओं के योग के रूप में परिभाषित करते हैं जिसका उपयोग उसके राष्ट्रीय हितों की उन्नति और उसके राष्ट्रीय उद्देश्यों की प्राप्ति के लिए किया जाता है"।

जैसा कि एबेंस्टीन (Ebenstein) (1948) ने राष्ट्रीय शक्ति को कुछ मात्रात्मक कारकों के योग से अधिक बताया है, यह "एक राष्ट्र की गठबंधन क्षमता, उसकी नागरिक भक्ति, उसके संस्थानों का लचीलापन, उसकी तकनीकी जानकारी, अभावों को सहन करने की उसकी क्षमता" है। इन्हें कुछ गुणात्मक तत्वों के रूप में संदर्भित किया जा सकता है जो किसी राष्ट्र की ताकत का निर्धारण करते हैं। [14]

राष्ट्रीय शक्ति के बारे में जो भी अलग-अलग धारणाएँ हों, अगर हम इसे व्यापक परिप्रेक्ष्य से परिभाषित करने का प्रयास करें, तो इसका अर्थ है संघर्ष में जीत हासिल करने और बाधाओं को दूर करने की क्षमता, और ऐसा इसलिए है क्योंकि राज्यों के बीच संबंधों में कुछ प्रकार की असंगतता शामिल होती है। इसलिए, शक्ति किसी को अपना रास्ता निकालने में मदद करती है। प्रभाव उन तरीकों में से एक है जिसके द्वारा राज्य, लोगों की तरह, अंतर्राष्ट्रीय संबंधों में अपना रास्ता बनाने की कोशिश करते हैं। प्रभाव मजबूरी, अंतर्राष्ट्रीय मंचों पर पाला बदलने, एक गठबंधन छोड़कर दूसरे गठबंधन में शामिल होने और आर्थिक प्रतिबंध से लेकर प्रतिरोध तक हो सकता है। एक नीति के रूप में शक्ति संतुलन (deterrence) शीत युद्ध के दौरान बहुत लोकप्रिय हो गया जब दोनों महाशक्तियों, संयुक्त राज्य अमेरिका और यूएसएसआर ने विश्व राजनीति में अपने पैर जमाने और अपने प्रभाव क्षेत्र को बनाए रखने के लिए वास्तव में इसका उपयोग करने के बजाय परमाणु मिसाइलों के खतरे का उपयोग करके एक-दूसरे को रोका। होल्स्टी ने प्रभाव सीढ़ी में छह अलग-अलग युक्तियों को सूचीबद्ध किया है:

1. बल प्रयोग
2. अहिंसक दंड देना
3. सज़ा की धमकी (छड़ी)
4. पुरस्कार देना (गाजर)
5. पुरस्कार की पेशकश
6. अनुनय[15]

राज्य अक्सर किसी विशेष सौदे में लाभ प्राप्त करने के लिए उपरोक्त सभी युक्तियों के संयोजन का उपयोग करते हैं, चाहे वह मौन हो या स्पष्ट। इसलिए, शक्ति अंतर्राष्ट्रीय संबंधों में एक महत्वपूर्ण कारक बन जाती है और यह जानने के लिए कि यह किसी राज्य की शक्ति में कैसे योगदान देती है, इसमें शक्ति का अनुमान लगाने का प्रयास शामिल है। चीनी रणनीतिकार सन त्ज़ु (Sun Tzu) ने शासकों को अपनी शक्ति का सटीक अनुमान लगाने की सलाह दी—धन से लेकर क्षेत्र तक, लोकप्रिय घरेलू समर्थन तक—और

अपने संभावित दुश्मनों की। उन्होंने लिखा कि "शत्रु को जानो और स्वयं को जानो" आवश्यक है, और जब राष्ट्रीय शक्ति का आकलन करने का प्रश्न आता है, तो राष्ट्रीय शक्ति के तत्वों के बारे में जानना आवश्यक है, क्योंकि राष्ट्रीय शक्ति का माप असंभव है। जैसा कि एबेनस्टीन ने कहा कि "अंतर्राष्ट्रीय संबंधों के क्षेत्र में, किसी राष्ट्र की ताकत की केंद्रीय समस्या अनिवार्य रूप से गुणात्मक निर्णय और माप की समस्या है, क्योंकि राष्ट्रीय शक्ति जनसंख्या, कच्चे माल और गुणात्मक कारकों के योग से अधिक है"। वैश्विक परस्पर निर्भरता के वर्तमान संदर्भ में देखा जाए तो शक्ति को अन्य कर्ताओं की संवेदनशीलता और भेद्यता पर प्रभाव डालने के रूप में देखा जा सकता है। इसलिए, राष्ट्रीय शक्ति के तत्वों पर चर्चा करना तर्कसंगत है, जो हमें अंतर्राष्ट्रीय क्षेत्र में बातचीत के पैटर्न को समझने में मदद करेगा।

राष्ट्रीय शक्ति के तत्व (Elements of National Power)

भूगोल (Geography): सर हैलफोर्ड मैकिंडर (Sir Halford Mackinder, 1869–1947), एडमिरल अल्फ्रेड थायर महान (Alfred Thayer Mahan, 1840–1914), कार्ल हौसहोफर (Karl Haushofer, 1869–1946) और निकोलस जे. स्पाईकमैन (Nicholas J. Spykman, 1893–1943) जैसे भू-राजनेताओं ने भूगोल को बहुत महत्व दिया। मैकिंडर ने "हार्टलैंड थ्योरी" (Heartland Theory") को आगे बढ़ाया। उन्होंने स्पष्ट किया, "जो पूर्वी यूरोप पर शासन करता है वह हार्टलैंड पर शासन करता है; हार्टलैंड पर जो शासन करता है, वह विश्व द्वीप पर शासन करता है; और जो विश्व द्वीप पर शासन करता है वह विश्व पर शासन करता है"। हौशोफ़र (Haushofer) ने जर्मन साम्राज्यवादी महत्वाकांक्षाओं का समर्थन करने के लिए थीसिस को विकृत कर दिया। उन्होंने इस विचार को प्रतिपादित किया कि स्वस्थ जीवन के लिए राज्य को नई भूमि प्राप्त करके या जिसे उन्होंने *लेबेन्स्राम* (Lebensraum) कहा था, पोषित किया जाना चाहिए। स्पाईकमैन ने हार्टलैंड सिद्धांत को संशोधित किया और उसे आगे बढ़ाया जिसे लोकप्रिय रूप से *रिमलैंड सिद्धांत* (*Rimland Theory*) के रूप में जाना जाता है। उन्होंने प्रतिपादित किया, "रिमलैंड पर जो नियंत्रण रखता है वह यूरेशिया पर शासन करता है; जो यूरेशिया पर शासन करता है वह विश्व की नियति को नियंत्रित करता है। महान (Mahan) ने अपनी पुस्तक द *इन्फ्लुएंस ऑफ सी पावर* (*The Influence of Sea Power*) में समुद्र पर नियंत्रण के आधार पर ब्रिटिश नौसैनिक शक्ति के उदय और कारनामों को देखा। एक विशाल और शक्तिशाली नौसेना विकसित करने की संयुक्त राज्य अमेरिका की राष्ट्रीय नीति पर उनके लेखन का बहुत प्रभाव पड़ा। इसलिए, भूगोल को सबसे स्थिर निर्धारक राष्ट्रीय शक्ति माना जा सकता है। इसमें क्षेत्र का आकार, स्थलाकृति, समुद्र के सापेक्ष स्थान और अन्य देशों के सापेक्ष भूभाग और रणनीतिक स्थानों का नियंत्रण शामिल है।

आकार (Size): इसका मतलब कुल भूमि द्रव्यमान है जिसे एक राज्य नियंत्रित करता है या अपने संप्रभु अधिकार का प्रयोग करता है। राज्यों का आकार एक राज्य से दूसरे राज्य में भिन्न होता है, लेकिन सबसे महत्वपूर्ण कारक, जो इसकी राष्ट्रीय शक्ति में योगदान करते हैं, वे हैं राज्य का आंतरिक संगठन, राजनीतिक एकता बनाने की क्षमता और खुद की रक्षा करने की क्षमता। एक बड़ा क्षेत्र किसी राज्य की शक्ति में तभी योगदान देता है जब वह उसे एक बड़ी आबादी को समाहित करने की क्षमता और प्राकृतिक संसाधनों की एक बड़ी विविध आपूर्ति प्रदान करने में सक्षम हो। फिर भी, आकार का राज्य की निर्णय लेने की क्षमता पर प्रभाव पड़ता है क्योंकि दुनिया की दो सबसे बड़ी शक्तियों, संयुक्त राज्य अमेरिका और सोवियत संघ के नियंत्रण में विशाल भूमि है।

स्थान (Location): आकार से अधिक महत्वपूर्ण इस अर्थ में राज्य की भू-रणनीतिक स्थिति है कि, अन्य भूमि निकायों और अन्य राज्यों के संबंध में एक राज्य की स्थिति जो संस्कृति, अर्थव्यवस्था और इसकी सैन्य और आर्थिक शक्ति दोनों को गहराई से प्रभावित करती है। स्थान एक राज्य, एक भूमि शक्ति या एक समुद्री शक्ति बनाता है। इसका विदेश नीति निर्णय लेने की शक्ति से भी गहरा संबंध है। ग्रेट ब्रिटेन की पृथकता और संयुक्त राज्य अमेरिका की पृथक स्थिति ने इन राज्यों के विदेश नीति निर्णयों को बहुत प्रभावित किया है।

जलवायु (Climate): यह एक अन्य भौगोलिक विशेषता है जो राष्ट्रीय शक्ति के निर्धारण में महत्वपूर्ण भूमिका निभाती है। जलवायु जनसंख्या के स्वास्थ्य, स्वभाव और ऊर्जा स्तर को प्रभावित करती है। इसका उत्पादकता से भी गहरा संबंध है। जलवायु की चरम सीमा आधुनिक औद्योगिक समाज के कामकाज और विकास को कठिन बना सकती है। जलवायु कृषि पर अपने प्रत्यक्ष प्रभाव के माध्यम से राज्यों की राष्ट्रीय शक्ति को प्रभावित करती है, जो इसकी आबादी का समर्थन करने के लिए आवश्यक है। अनिश्चित वर्षा और सूखा किसी राज्य की शक्ति को सीमित कर सकता है जबकि खाद्य आयात पर बहुत अधिक निर्भरता एक स्वतंत्र विदेश नीति को अपनाने में बाधा उत्पन्न कर सकती है।

स्थलाकृति (Topography): यह विदेश नीति निर्णयों को प्रभावित करने वाली एक अन्य महत्वपूर्ण भौगोलिक विशेषता है। यह न केवल जनसंख्या के घनत्व को निर्धारित करता है, जिसे कोई क्षेत्र समर्थन दे सकता है, बल्कि भूमि की जलवायु को भी निर्धारित करता है। हवा, वर्षा, तापमान और परिणामस्वरूप मिट्टी की स्थिति भूमि, समुद्र और पहाड़ों की स्थिति से प्रभावित होती है। पहाड़, घाटियों, नदियों और मैदानों और रेगिस्तानों की रणनीतिक स्थिति न केवल संचार में बल्कि सुरक्षा के मामलों में भी मदद करती है; उदाहरण के लिए, हिमालय और आल्प्स प्राकृतिक बाधाओं की तरह हैं। स्थलाकृति राज्यों के प्राकृतिक विस्तार की सीमा निर्धारित करती है। भारत और चीन के बीच प्राकृतिक बाधा के रूप में काम कर रहे हिमालय ने चीनी विस्तारवाद पर रोक लगा दी है। पाइरेनीज़ स्पेन के एक किले के रूप में काम करते हैं, और इंग्लिश चैनल ग्रेट ब्रिटेन को एक प्राकृतिक द्वीपीयता प्रदान करता है।

प्राकृतिक संसाधन और कच्चे माल की उपलब्धता (Natural Resources and Availability of Raw Materials): ये सभी अंतर्राष्ट्रीय स्तर पर किसी राज्य की सौदेबाजी की क्षमता में सुधार करते हैं। राज्यों को प्राकृतिक संसाधन मिट्टी और उसके उत्पाद, पानी और उसके उत्पाद और खनिजों के रूप में प्राकृतिक रूप से उपलब्ध हैं। ये बदले में राज्यों को औद्योगिक, आर्थिक और सैन्य रूप से विकसित होने में मदद करते हैं। हालाँकि, संसाधनों का विशाल कब्ज़ा किसी की ताकत को नहीं बढ़ाता है, लेकिन विशेष उत्पाद का उपयोग महत्वपूर्ण है। तेल, यूरेनियम और परमाणु ऊर्जा पर कब्जे का उपयोग विभिन्न राज्यों ने अपने लाभ के लिए किया है, जिसने अंतर्राष्ट्रीय क्षेत्र में उनकी स्थिति को मजबूत करने में योगदान दिया है। इस प्रकार, भारी मात्रा में तेल ने पश्चिम एशियाई और खाड़ी देशों को तेल कूटनीति की नीति अपनाने में मदद की है। अंतर्राष्ट्रीय अर्थव्यवस्था को झकझोर देने वाली सबसे उल्लेखनीय घटना 1973 में ओपेक देशों द्वारा तेल पर प्रतिबंध लगाना था। खाद्य, खनिज और ऊर्जा संसाधनों में आत्मनिर्भरता ने संयुक्त राज्य अमेरिका और रूसी विदेश नीति विकल्पों में भी मदद की है।

आर्थिक विकास (Economic Development): प्रति व्यक्ति जीएनपी (Gross National Product—GNP) के संदर्भ में किसी राज्य का आर्थिक प्रदर्शन राज्य की प्राकृतिक और मानव संसाधनों का उपयोग करने की क्षमता को समझने की कुंजी प्रदान करता है जो इसकी राष्ट्रीय शक्ति को बढ़ाता है

और इसकी नीति विकल्पों और मेनू को निर्धारित करता है। संयुक्त राज्य अमेरिका, उच्चतम सकल राष्ट्रीय उत्पाद दर्ज करने वाली अब तक की सबसे बड़ी अर्थव्यवस्था, हमेशा अविकसित और विकासशील राज्यों के साथ-साथ कुछ हद तक ब्रिटेन और फ्रांस जैसे कुछ विकसित राज्यों के संबंध में अपने उद्देश्यों को सुरक्षित करने में सक्षम है। उच्च आर्थिक विकास के स्तर देशों को आर्थिक रूप से कमजोर देशों के संबंध में अपनी ताकत दिखाने का अवसर प्रदान करते हैं। हालाँकि, संयुक्त राष्ट्र विकास कार्यक्रम (यूएनडीपी) (United Nations Development Programme—UNDP) ने विकास का एक अलग दृष्टिकोण सामने रखा है। सकल राष्ट्रीय उत्पाद हमेशा जनता की भलाई का संकेतक नहीं होता है। इसलिए, संयुक्त राष्ट्र विकास कार्यक्रम ने किसी राज्य के आर्थिक विकास की गणना के लिए मानव विकास सूचकांक (एचडीआई) (Human Development Index—HDI)) पेश किया है। इसमें मानव विकास के तीन बुनियादी घटक शामिल हैं—दीर्घायु, ज्ञान और जीवन स्तर। लेकिन यह भी पता चला था कि एचडीआई समूह में उच्च रैंकिंग वाले देशों में प्रति व्यक्ति जीएनपी भी उच्च है। इसलिए, चाहे वह आर्थिक विकास का एचडीआई या जीएनपी माप हो, विकसित देश ही लाभप्रद स्थिति में हैं और अंतर्राष्ट्रीय संबंधों में सफलता हासिल करने में सक्षम हैं। इसलिए, जहां तक राष्ट्रीय शक्ति का सवाल है, आर्थिक विकास एक महत्वपूर्ण कारक है। आर्थिक विकास का स्तर राज्य की अपनी सैन्य तैयारियों को बढ़ाने और अपनी सैन्य क्षमताओं में सुधार करने की क्षमता को भी निर्धारित करता है, जो बदले में उसकी विदेश नीति के उद्देश्यों को निर्धारित करता है।

सैन्य तैयारी (Military Preparedness): जहां तक राष्ट्रीय शक्ति और प्रतिष्ठा का सवाल है, सैन्य क्षमता सबसे निर्णायक कारक है। आइसलैंड, कोस्टा रिका, मालदीव, मॉरीशस और अन्य छोटे देशों की तुलना में रूस, संयुक्त राज्य अमेरिका और चीन के पास बहुत बड़ी सेना है। निरंतर अनुसंधान और विकास के माध्यम से परिष्कृत प्रौद्योगिकी और उन्नयन द्वारा समर्थित जनशक्ति ही किसी राज्य को सैन्य रूप से मजबूत और शक्तिशाली बनाती है। 1991 के खाड़ी युद्ध के दौरान अमेरिकी उच्च तकनीक युद्ध ने क्रांतिकारी परिवर्तन लाए और युद्ध के इतिहास में नई सोच पेश की। यह रणनीति अनुसंधान और विकास से लेकर खरीद तक आमूल-चूल परिवर्तन का प्रतीक है, इतना कि अन्य राज्यों को अपने सैन्य प्रतिष्ठान की प्रभावकारिता के बारे में पुनर्विचार करना पड़ा। इसलिए पारंपरिक बलों के साथ-साथ परमाणु शस्त्रागार का अधिकार राज्यों को दूसरों के साथ बातचीत में कुछ लाभ देता है। सरासर सैन्य शक्ति का प्रदर्शन किसी राज्य की शक्ति और प्रतिष्ठा को दर्शाता है।

राष्ट्रीय चरित्र और राष्ट्रीय मनोबल (National Character and National Morale): यद्यपि कई विद्वान विदेश नीति के एक महत्वपूर्ण इनपुट के रूप में राष्ट्रीय चरित्र के महत्व को इसके आध्यात्मिक पहलुओं के कारण नजरअंदाज करते हैं, फिर भी राष्ट्रीय चरित्र निर्णय निर्माताओं की धारणाओं, प्रतिक्रियाओं और व्यवहार पैटर्न के माध्यम से अंतर्राष्ट्रीय संबंधों में अभिव्यक्ति पाता है। जैसा कि प्रो. जयंतनुजा बंद्योपाध्याय (Prof. Jayantanuja Bandyopadhyaya) सुझाव देते हैं कि, यदि धन और शक्ति की पूजा को अमेरिकी राष्ट्रीय चरित्र का मुख्य गुण माना जाता है, तो विदेश नीति तार्किक रूप से एक हो जाती है, जो इन विशेषताओं के अनुरूप है। भारत में, संस्कृति और विश्वास प्रणाली ने निर्णय निर्माताओं के दृष्टिकोण और विदेश नीति के परिप्रेक्ष्य को ढाला है।

राष्ट्रीय मनोबल (National Morale): यह भी एक मायावी श्रेणी है और इसमें मन की एक अवस्था शामिल होती है, जिसे कभी-कभी देशभक्ति या देश प्रेम भी कहा जा सकता है। मोर्गेंथाऊ ने कहा, "राष्ट्रीय मनोबल दृढ़ संकल्प की वह डिग्री है जिसके साथ एक राष्ट्र शांति या युद्ध के समय में अपनी सरकार की घरेलू

और विदेशी नीतियों का समर्थन करता है। यह किसी राष्ट्र की सभी गतिविधियों, उसके कृषि और औद्योगिक उत्पादन के साथ-साथ उसके सैन्य प्रतिष्ठान और राजनयिक सेवा में व्याप्त है। अपने देश के लिए खड़े होने और बलिदान देने की इच्छा न केवल लड़ने वाले सैनिकों के राष्ट्रीय मनोबल का एक घटक है, बल्कि नागरिक आबादी का भी मनोबल है।

राजनीतिक संरचना और नेतृत्व (Political Structure and Leadership): किसी राज्य की राजनीतिक संरचना और शासक अभिजात वर्ग की प्रकृति काफी हद तक राष्ट्रीय नीतियों की दिशा और कार्यान्वयन को निर्धारित करती है और राज्य की विदेश नीति के निर्माण को भी प्रभावित करती है। दूसरे शब्दों में, एक परिपक्व और जिम्मेदार सरकार और निर्णयकर्ता किसी राज्य की राष्ट्रीय शक्ति में योगदान करते हैं। एक लोकतांत्रिक राज्य, उच्च स्तर की राजनीतिक जवाबदेही के साथ, अधिनायकवादी और सत्तावादी राज्यों की तुलना में उत्तरदायी और जिम्मेदार दोनों है। लेकिन यह नेतृत्व की गुणवत्ता है जो यह निर्धारित करती है कि राज्य किस हद तक अपने राष्ट्रीय हित को सुरक्षित रखने में सक्षम है। पाकिस्तान की लोकतांत्रिक रूप से निर्वाचित सरकार, 2008 के बाद से, अपने व्यक्तिगत नागरिकों या उस देश में आने वाले विदेशी नागरिकों की सुरक्षा सुनिश्चित करने में विफल रही है। 3 मार्च, 2009 को पाकिस्तान दौरे के दौरान श्रीलंकाई क्रिकेट टीम आतंक का निशाना बन गई, जिससे पूरी दुनिया आश्चर्यचकित रह गई। आरोप है कि पाकिस्तान की धरती का इस्तेमाल अंतर्राष्ट्रीय आतंकी संगठन अपने मंसूबों को अंजाम देने के लिए कर रहे हैं। दुर्भाग्य से, सत्तारूढ़ अभिजात वर्ग बढ़ती समस्या से निपटने में असमर्थ है, जो पाकिस्तान को और कमजोर कर रहा है और वास्तव में दक्षिण एशिया की शांति और सुरक्षा को परेशान कर रहा है। इसलिए, राष्ट्रीय शक्ति की प्रभावशीलता पर विचार करने में शासन की गुणवत्ता भी एक महत्वपूर्ण कारक है।

विचारधारा (Ideology): विचारधारा भी राष्ट्रीय शक्ति का एक महत्वपूर्ण तत्व है। पैडलफोर्ड और लिंकन (Padelford and Lincoln)[16] ने विचारधारा को "आर्थिक, सामाजिक और राजनीतिक मूल्यों और लक्ष्यों से संबंधित विचारों के एक समूह के रूप में परिभाषित किया है जो इन लक्ष्यों को प्राप्त करने के लिए कार्यक्रम तैयार करता है"। किसी राज्य के भीतर स्वीकृत विचारधारा, चाहे वह लोकतंत्र हो, समाजवाद हो या साम्यवाद या कोई अन्य, राज्य के कुछ हितों की पूर्ति करती है। वैचारिक सिद्धांतों का उपयोग राज्य या राज्यों के समूह द्वारा सत्ता के संघर्ष में अपनी नीतियों और कार्यों को उचित ठहराने या छिपाने के माध्यम से अपने राष्ट्रीय हितों को आगे बढ़ाने के लिए किया जा सकता है। दुनिया ने फासीवाद और नाजीवाद जैसी खतरनाक विचारधाराओं का अनुभव किया है जो अंतर्राष्ट्रीयतावाद के विपरीत हैं। फिर, सोवियत संघ ने सोवियत विस्तारवाद को बढ़ावा देने के लिए मार्क्सवादी-लेनिनवादी विचारधाराओं का उपयोग किया है। साम्यवाद के साथ पूंजीवाद का टकराव संयुक्त राज्य अमेरिका और सोवियत संघ के बीच शीत युद्ध का एक स्रोत था। हालाँकि, अकेले विचारधारा राष्ट्रीय शक्ति में योगदान नहीं दे सकती। किसी को अपने राष्ट्रीय हित को आगे बढ़ाने के लिए विचारधारा का प्रभावी ढंग से उपयोग और प्रचार करने के लिए प्रचार तंत्र, प्रचार सुविधाएं और मीडिया कवरेज अपने पास रखना होगा।

जनसंख्या (Population): जनसंख्या एक अन्य कारक है जो राष्ट्रीय शक्ति में योगदान करती है। जैसा कि मोर्गेंथाऊ ने बताया,[17] "चूंकि जनसंख्या का आकार उन कारकों में से एक है जिस पर राष्ट्रीय शक्ति निर्भर करती है और चूंकि एक राष्ट्र की शक्ति हमेशा दूसरे की शक्ति के सापेक्ष होती है, इसलिए सत्ता के लिए प्रतिस्पर्धा करने वाले देशों की जनसंख्या का सापेक्ष आकार और विशेष रूप से सापेक्ष विकास दर पर सावधानीपूर्वक ध्यान देने की आवश्यकता है।" लेकिन यह सुनिश्चित करना कठिन है कि जनसंख्या का आकार राष्ट्रीय शक्ति में योगदान देता है या नहीं। आधुनिक दुनिया में बड़ी आबादी ताकत या कमजोरी का

स्रोत हो सकती है। कसौटी यह है कि क्या कोई राज्य अपने मानव संसाधनों का प्रभावी ढंग से उपयोग कर सकता है, उन्हें सहनीय जीवन स्तर पर समर्थन दे सकता है, और उनकी प्रतिभा और ऊर्जा के लिए रचनात्मक आउटलेट प्रदान कर सकता है। विकसित देशों में, बड़ी जनसंख्या आमतौर पर उनकी ताकत का स्रोत होती हैं, लेकिन अविकसित और विकासशील देशों में, बड़ी जनसंख्या आमतौर पर उनका बोझ बन जाती हैं।

राष्ट्रीय हित (National Interest)

राष्ट्रीय हित के संदर्भ में परिभाषित शक्ति अंतर्राष्ट्रीय राजनीति को अर्थ देती है। यर्थाथवाद के दूसरे और सबसे महत्वपूर्ण संकेतक के रूप में मोर्गेंथाऊ द्वारा प्रतिपादित यह यथार्थवादी प्रस्ताव थोड़ा अतिरंजित लग सकता है, लेकिन फिर भी, यह कुछ हद तक सच है। यह अपनी राष्ट्रीय शक्ति के आधार पर अंतर्राष्ट्रीय क्षेत्र में एक विशेष राज्य की स्थिति है जो यह निर्धारित करती है कि वह दूसरों पर अपनी इच्छा का प्रयोग कैसे करेगा। जब किसी राज्य की इच्छा का प्रश्न विचार में आता है, तो निस्संदेह, राष्ट्रीय हित की अवधारणा किसी के अपने विचार में आ जाती है। लेकिन किसी विशेष राज्य के कुछ बुनियादी राष्ट्रीय हितों को इंगित करना बहुत मुश्किल हो जाता है। क्योंकि, जैसा कि फ्रेंकल (Franke)[18] ने लिखा है, 'राष्ट्रीय हित' एक अत्यंत अस्पष्ट अवधारणा है। जिन विभिन्न संदर्भों में इसका उपयोग किया जाता है उनमें यह विभिन्न प्रकार के अर्थ ग्रहण करता है और, इसके मौलिक महत्व के बावजूद, इन अर्थों में सामंजस्य नहीं बिठाया जा सकता है। अत: इसके अंतिम अर्थ के विषय में कोई सहमति नहीं बन पाती।

हालाँकि, इस अवधारणा को स्पष्ट अर्थ प्रदान करने के लिए कुछ प्रयास किए गए हैं। इसे सब्जेक्टिव और आब्जेक्टिव दृष्टिकोण से आजमाया गया है। पहला राष्ट्रीय हित की व्याख्या "आब्जेक्टव प्राथमिकताओं के लगातार बदलते बहुलवादी सेट" के रूप में करता है, जबकि बाद वाला मानता है कि राष्ट्रीय हित को तटस्थ रूप से परिभाषित किया जा सकता है, या कम से कम, कुछ तटस्थ रूप से परिभाषित मानदंडों की मदद से जांच की जा सकती है।

रोसेनौ (Rosenau)* ने राजनीतिक विश्लेषण और राजनीतिक कार्रवाई के उद्देश्य के लिए अवधारणा के उपयोग के बीच अंतर प्रस्तावित किया था। उनका विचार था कि एक विश्लेषणात्मक विधि के रूप में, इसे किसी देश की विदेश नीति की पर्याप्तता के स्रोतों को समझाने या मूल्यांकन करने के लिए नियोजित किया जा सकता है, और राजनीतिक कार्रवाई के एक साधन के रूप में, यह नीतियों को उचित ठहराने, निंदा करने या प्रस्तावित करने के साधन के रूप में काम कर सकता है।

फ्रेंकल (Frankel) ने 'राष्ट्रीय हित' शब्द के उपयोग को 'आकांक्षापूर्ण', 'परिचालनात्मक', 'व्याख्यात्मक' और 'विवादास्पद' में वर्गीकृत करने का प्रस्ताव रखा। आकांक्षात्मक स्तर पर, राष्ट्रीय हित लक्ष्यों के कुछ आदर्श सेटों को संदर्भित करता है, जिन्हें राज्य यदि संभव हो तो साकार करना चाहेगा। परिचालनांत्मक स्तर पर, राष्ट्रीय हित वास्तव में अपनाए गए हितों और नीतियों का कुल योग है। 'व्याख्यात्मक' और 'विवादास्पद' स्तर पर, राजनीतिक तर्क में, राष्ट्रीय हित की अवधारणा का उपयोग विदेश नीति की व्याख्या, मूल्यांकन, तर्कसंगतता या आलोचना करने के लिए किया जाता है।[19]

हालाँकि, मोर्गेंथाऊ द्वारा राष्ट्रीय हित की एक शक्तिशाली उद्देश्यपूर्ण व्याख्या दी गई थी। हालाँकि इसकी अत्यधिक आलोचना की गई, फिर भी मूल्य और प्रासंगिकता से रहित नहीं, उन्होंने तर्क दिया कि राजनेता शक्ति के संदर्भ में परिभाषित हित के अनुसार सोचते और कार्य करते हैं। राष्ट्रीय हित की सामग्री राजनीतिक परंपराओं और कुल सांस्कृतिक संदर्भ से निर्धारित होती है जिसके भीतर एक राष्ट्र संचालित

* James N. Rosenau, "National Interest", *International Encyclopaedia of Social Sciences*, 1968.

होता है। राष्ट्रीय हित के अर्थ में राज्यों की अन्य राज्यों के आक्रमणों से अपनी भौतिक, राजनीतिक और सांस्कृतिक पहचान की रक्षा करने की न्यूनतम आवश्यकता निहित है। अत: राष्ट्रहित में निहित अवशिष्ट अर्थ 'अस्तित्व' है। एक राज्य के 'अस्तित्व' में भौतिक पहचान का संरक्षण, यानी, क्षेत्रीय अखंडता का रखरखाव, राजनीतिक पहचान का संरक्षण, यानी, मौजूदा राजनीतिक-आर्थिक शासन का संरक्षण, सांस्कृतिक पहचान का संरक्षण, यानी, जातीय, धार्मिक, भाषाई और ऐतिहासिक मानदंडों का संरक्षण शामिल है। इन सामान्य उद्देश्यों से, मोर्गेंथाऊ का तर्क है कि राजनेता अपनी विशिष्ट नीतियां प्राप्त करते हैं जो सहकारी से लेकर प्रतिस्पर्धी नीतियों जैसे प्रतिस्पर्धी हथियार, शक्ति संतुलन, विदेशी सहायता, गठबंधन, तोड़फोड़ और आर्थिक और प्रचार 'युद्ध' तक हो सकती हैं।[20]

कुल मिलाकर, जैसा कि क्लिंटन (Clinton)[21] बताते हैं, 'राष्ट्रीय हित' कूटनीति के एक सामान्य नियामक सिद्धांत को संदर्भित करता है, जो राजनयिक कार्रवाई के अंत के रूप में, अन्य राष्ट्रीय इकाइयों के साथ अपने संबंधों में समाज के सामान्य अच्छे का प्रतिनिधित्व करता है। लेकिन 'राष्ट्रीय हित' शब्द का उपयोग असंख्य संकीर्ण लक्ष्यों को संदर्भित करता है जो राज्य की शक्ति को बनाए रखने या बढ़ाने के द्वारा 'राष्ट्रीय हित' के व्यापक लक्ष्य की पूर्ति करते हैं। राष्ट्रीय हित महत्वपूर्ण या प्राथमिक हितों से लेकर द्वितीयक हितों और फिर स्थायी से लेकर परिवर्तनशील हितों तक हो सकते हैं। सामान्य हित और विशिष्ट हित भी हो सकते हैं। इसके साथ ही, अंतर्राष्ट्रीय क्षेत्र में समान हितों, पूरक हितों और परस्पर विरोधी हितों के बीच एक खेल हो सकता है। राष्ट्रीय हित के संपूर्ण विचार का मुख्य उद्देश्य किसी राज्य की विदेश नीति के दीर्घकालिक उद्देश्यों को दिशा देना और उसके कार्यों को अल्पकालिक संदर्भ में अर्थ देना है।

प्रादेशिक राज्य का संकट (Crisis of Territorial State)

अंतर्राष्ट्रीय प्रणाली को कुछ विद्वानों द्वारा "स्वतंत्र राजनीतिक संस्थाओं—जनजातियों, शहर-राज्य, राष्ट्रों या साम्राज्यों के किसी भी संग्रह के रूप में परिभाषित किया गया है जो बार-बार और नियमित प्रक्रिया के अनुसार बातचीत करते हैं"। हालाँकि, यह अंतर्राष्ट्रीय संरचना की पूरी तस्वीर प्रस्तुत नहीं करता है। इस संरचना की कल्पना कई प्राथमिक कर्ताओं, राज्यों और अन्य समान रूप से महत्वपूर्ण अंतर्राष्ट्रीय कर्ताओं, गैर-राज्यीय कर्ताओं से बनी है। इन गैर-राज्यीय कर्ताओं की उपस्थिति राज्यीय कार्यों की बाधाओं और संभावनाओं के मेनू को विकसित करने और बढ़ावा देने में बहुत अधिक प्रभाव डालती है। संयुक्त राष्ट्र, नाटो, आसियान, सार्क, ओएयू, आईएमएफ, डब्ल्यूएचओ (NATO, ASEAN, SAARC, OAU, IMF, WHO) और अन्य जैसे अंतर्राष्ट्रीय और क्षेत्रीय अंतर-सरकारी संगठन राज्यों की पसंद के लिए मेनू को प्रभावित करने लगे हैं। इन सुपरनैशनल एक्टर्स के पास अलग से कार्य करने और ऐसे निर्णय लेने और लागू करने की शक्ति होती है जो सदस्यों और कुछ हद तक गैर-सदस्यों पर भी बाध्यकारी होते हैं। कुछ गैर-सरकारी संगठन (NGO), जैसे एमनेस्टी इंटरनेशनल, इंटरनेशनल रेड क्रॉस सोसाइटी, कई मानवाधिकार निकाय और पर्यावरण समूह राज्यों के नीतिगत निर्णयों पर महत्वपूर्ण प्रभाव डालते हैं। विश्व व्यवस्था की बढ़ती परस्पर निर्भरता के साथ व्यक्तिगत कार्य भी राज्य के कार्यों पर प्रभाव डालते हैं। विश्व जनमत की लगातार वृद्धि ने, कई मामलों में, मानवाधिकारों, पर्यावरण और युद्ध और शांति से संबंधित मामलों से संबंधित राज्य की नीतियों को प्रभावित किया है।

वैश्वीकरण और वैश्वीकरण के एजेंट भी अब राज्यों की संप्रभुता को इस हद तक सीमित कर रहे हैं कि राज्य की सत्ता के क्षरण पर सवाल उठने लगे हैं। बहुराष्ट्रीय निगम, पूंजी का प्रवाह और सूचना प्रौद्योगिकी, बाजारों का खुलना, मुद्राओं की परिवर्तनीयता, मुक्त व्यापार, वैश्विक स्टॉक और बांड व्यापार और जनसंचार

माध्यम राज्य के अधिकार को और अधिक सीमित कर रहे हैं। वर्तमान राज्य वैश्विक उपग्रह संवेदन, वैश्विक सामाजिक और पारिस्थितिक समस्याओं जैसी घटनाओं को नियंत्रित करने में काफी असमर्थ है, जो वैश्विक सामाजिक और पारिस्थितिक आंदोलनों के साथ-साथ इंटरनेट हैकिंग का नेतृत्व कर सकते हैं, जिसके अंतर्राष्ट्रीय प्रणाली पर परिणाम बड़े घातक हो सकते हैं।

सैन्य प्रौद्योगिकियों में अभूतपूर्व तकनीकी क्रांति ने राज्य के लिए सुरक्षा की पूरी धारणा को बदल दिया है। राज्य अब अजेय नहीं हैं। वे लंबी दूरी की क्रूज़ मिसाइलों, अंतर-महाद्वीपीय बैलिस्टिक मिसाइलों (आईसीबीएम) (inter-continental ballistic missiles—ICBMs), कम दूरी की बैलिस्टिक मिसाइलों (एसआरबीएम) (shortrange ballistic missiles—SRBMs), मल्टीपल इंडिपेंडेंटली टारगेटेबल रीएंट्री व्हीकल्स (एमआईआरवी) (Multiple Independently Targetable Reentry Vehicles—MIRVs), सामूहिक विनाश के हथियार और कई अन्य बेहतर नई तकनीकी खोजों के कमजोर शिकार बन गए हैं। इसमें जैविक और रासायनिक हथियारों के खतरे भी शामिल हैं। जैसा कि जॉन हर्ज़ (John Herz)(परमाणु युग में अंतर्राष्ट्रीय नीतियां, 1959) (*International Policies in the Nuclear Age*, 1959) ने सुझाव दिया कि, उपलब्ध हथियारों की प्रकृति को देखते हुए, पारंपरिक राज्य प्रणाली और सुरक्षा अप्रचलित हो गई है। राज्य अब पारंपरिक अर्थों में अपने नागरिकों के जीवन की रक्षा करने में सक्षम नहीं हैं। 1991 का खाड़ी युद्ध और इराक तथा अफगानिस्तान में आतंक के खिलाफ अमेरिकी युद्ध इस बात की गवाही देते हैं कि जबरदस्त सटीकता वाले आधुनिक हथियारों के बेधड़क इस्तेमाल के सामने राज्य कितने असहाय हो गए हैं।

इसके अलावा, आज हम पाते हैं कि कई सरकारों की शासन करने की क्षमता में भारी गिरावट आ रही है। यह अक्सर राज्यों द्वारा सामना की जा रही घरेलू चुनौतियों के परिणामस्वरूप होता है, जिनके अंतर्राष्ट्रीय प्रभाव होते हैं। जातीय और धार्मिक ताकतों के परिणामस्वरूप इन जातीय-राष्ट्रीय और धार्मिक आंदोलनों और राज्यों के बीच वफादारी विभाजित हो रही है। इनके परिणामस्वरूप कुछ मामलों में राज्यों का विघटन हुआ है और कुछ में विखंडनकारी ताकतों ने शासन के कार्य को कठिन बना दिया है। पूर्व यूगोस्लाविया और चेकोस्लोवाकिया में जातीय संघर्ष के कारण राज्यों का विघटन हुआ। रवांडा, बुरुंडी और सोमालिया में जातीय आधार पर झड़पें हो रही हैं जो भयावह हैं और अक्सर युद्ध में तब्दील हो जाती हैं। इसलिए, पर्यवेक्षकों का तर्क है कि जातीय-राष्ट्रीय बहुसंस्कृतिवाद राज्य के अस्तित्व के लिए एक संभावित दीर्घकालिक खतरा है क्योंकि एक अलग राज्य के लिए जातीय-राष्ट्रीय समूहों की आकांक्षाएं मौजूदा राज्यों की क्षेत्रीय अखंडता के विखंडन के माध्यम से ही संभव हो पाती हैं। पार्थ चटर्जी (Partha Chatterjee) *द नेशन एंड इट्स फ्रैगमेंट्स*, 1993 (*The Nation and its Fragments*, 1993) में बताते हैं कि राज्य स्वाभाविक रूप से नाजुक होते हैं क्योंकि सभी कई राष्ट्रीयताओं के कमजोर गठबंधन हैं जो टूट सकते हैं। धार्मिक कट्टरवाद की ताकतें, जो कभी-कभी अंतर्राष्ट्रीय अभिव्यक्ति मानकर आतंकवादी हमलों का स्वरूप ले लेती हैं, अब राज्य सत्ता के स्तंभों को हिला रही हैं।

हालाँकि, यह तर्क देना कि अंतर्राष्ट्रीय संबंधों में सबसे प्राथमिक इकाई के रूप में राज्य लुप्त हो रहा है, वास्तविकता को नजरअंदाज करना है। यह सच है कि अपने नागरिकों के जीवन और गतिविधियों या उसकी बाहरी और आंतरिक चिंताओं पर राज्य का अत्यधिक नियंत्रण ढीला हो गया है, लेकिन इससे राजनीतिक संगठन के प्रमुख रूप के रूप में इसकी स्थिति पर कोई असर नहीं पड़ा है—एक इकाई जो अपने लोगों को असंख्य सेवाएँ प्रदान करती है। यह स्पष्ट है कि राज्य एकमात्र ऐसा संगठन है जो समाज को जीवित रहने के लिए दो आवश्यक सेवाएं प्रदान कर सकता है—सुरक्षा और कल्याण। जातीयता की ताकतें, धार्मिक

कट्टरवाद, आतंकवाद, वर्ल्ड ट्रेड सेंटर पर 9/11 का हमला, लंदन विस्फोट, जयपुर विस्फोट, अहमदाबाद में सिलसिलेवार विस्फोट (जुलाई 2008), बैंगलोर (जुलाई 2008), और हाल ही में मुंबई की घेराबंदी (26/11) 2008 निस्संदेह राज्यों की ताकत को चुनौती दे रहा है, फिर भी, राज्य अंतर्राष्ट्रीय संबंधों में प्रमुख इकाइयाँ बने हुए हैं और उनकी सरकारों के निर्णय और कार्य और उनके अंतर्संबंध अभी भी जांच का केंद्र बने हुए हैं।

यदि कोई राज्यीय बनाम गैर-राज्यीय कर्ताओं के मामले पर विचार करता है, तो वह निश्चित रूप से यह निष्कर्ष निकालेगा कि गैर-राज्यीय कर्ता अपने विशिष्ट हितों की प्राप्ति के लिए काम करते हैं, जिनमें से कुछ का सीधा परिणाम युद्ध या शांति हो सकता है। लेकिन, फिर भी सरकारें इन मामलों में प्राथमिक मध्यस्थ बनी रहती हैं। जैसा कि होल्स्टी (Holsti)[22] का तर्क है, राज्य अंतर्राष्ट्रीय राजनीति में महत्वपूर्ण कर्ता बने हुए हैं क्योंकि:

1. वे एक निश्चित क्षेत्र पर रहने वाले लोगों की निष्ठा का आदेश देते हैं।
2. वे ही हैं जो अंतिम खतरे (युद्ध) को नियोजित करने की क्षमता रखते हैं।
3. वे, अंतर्राष्ट्रीय संगठनों के विपरीत, अपनी आबादी के सर्वांगीण विकास, कल्याण और सुरक्षा से चिंतित हैं।
4. केवल राज्यों को ही संप्रभुता प्राप्त है।

फ्रेंकल (Frankel) यह भी बताते हैं कि "सत्तर के दशक के अंत तक, जब औपनिवेशिक साम्राज्यों के बिखरे हुए अवशेष अभी भी राज्य का दर्जा प्राप्त कर रहे थे और राष्ट्रों के परिवार में, स्पष्ट रूप से कम 'व्यवहार्य', नए सदस्यों को जोड़ रहे थे, तब वैध राज्य के विघटन या लुप्त होने की कोई घटना दर्ज नहीं की गई थी"। अस्सी और नब्बे के दशक के उत्तरार्ध में यूगोस्लाविया, चेकोस्लोवाकिया और सोवियत संघ के विघटन से राज्यों की संख्या में वृद्धि हुई थी, लेकिन विश्व समुदाय को क्षेत्रीय राज्य के किसी भी प्रकार के पतन का अनुभव नहीं हुआ। फ्रेंकल[23] क्षेत्रीय राज्यों को चुनौती देने वाले कई संकटों के बावजूद उनके अस्तित्व में बने रहने के निम्नलिखित छह कारण बताते हैं:

1. राज्य आम तौर पर घरेलू और अंतर्राष्ट्रीय स्तर पर अपनी वैधता बरकरार रखते हैं।
2. वे सबसे बड़े पैमाने पर सार्थक समुदाय बने हुए हैं और अपने नागरिकों के विशाल बहुमत के प्रति सर्वोच्च निष्ठा रखते हैं, विशेष रूप से राष्ट्रों के राजनीतिक प्रतिनिधियों और राष्ट्रीय संस्कृतियों के संरक्षक के रूप में।
3. वे क्षेत्र का एकाधिकार और बड़े पैमाने पर वैध बल का लगभग एकाधिकार बनाए रखते हैं।
4. अंतर्निहित नौकरशाही और अन्य अनुभागीय हितों के कारण जड़ता की महान अंतर्निहित शक्तियों के साथ वे वास्तव में एकमात्र व्यापक बड़े पैमाने पर बहुक्रियाशील संगठन बने हुए हैं, जो उनके अस्तित्व में हिस्सेदारी रखते हैं।
5. नकारात्मक रूप से, उन्हें आम तौर पर वास्तव में गंभीर प्रतिद्वंद्वियों का सामना नहीं करना पड़ा है।
6. शायद सबसे महत्वपूर्ण बात, क्योंकि किसी भी राज्य का विघटन समग्र रूप से अंतर्राष्ट्रीय प्रणाली की स्थिरता को कमजोर कर सकता है और दूसरों को एक बड़े युद्ध की संभावना के साथ धमकी दे सकता है, जो सभी के लिए विनाशकारी है, इसलिए यथास्थिति की निरंतरता में अब हर किसी की पर्याप्त हिस्सेदारी है।

अत: गैर-राज्यीय कर्ताओं के बढ़ते महत्व को स्वीकार करते हुए यह भी स्वीकार करना होगा कि संप्रभु राज्य अंतर्राष्ट्रीय व्यवस्था की मूल इकाई बने रहेंगे। दूर भविष्य में किसी व्यवहार्य वैकल्पिक संस्थान की कल्पना भी नहीं की जा सकती। यह सच है कि घरेलू और अंतर्राष्ट्रीय राजनीति की परस्पर निर्भरता और अंतरप्रवेश, पूंजी और सूचना का आवागमन, वैश्वीकरण की ताकतें, तकनीकी नवाचार, नए हथियार, अंतर्राष्ट्रीय सामाजिक आंदोलनों और संगठनों का बढ़ता प्रभाव राज्य की सर्वोच्चता के लिए चुनौतियां पैदा करते हैं, फिर भी, इसका मतलब ये है कि अंतर्राष्ट्रीय संबंधों में प्राथमिक इकाई के रूप में राज्य का अंत नहीं है। राज्य व्यवस्था को अब अंतर्राष्ट्रीय स्तर पर और घरेलू मोर्चे पर भी नई चुनौतियों का सामना करना पड़ रहा है, जिनसे उसे तालमेल बिठाना होगा और उसका अस्तित्व ऐसे समायोजनों से ही जुड़ा हुआ है।

अंतर्राष्ट्रीय संबंधों में गैर-राज्यीय कर्ता (Non-State Actors in International Relations)

अंतर्राष्ट्रीय संबंधों के प्रसिद्ध सिद्धांतकार जॉन बर्टन (John Burton) (*द स्टडी ऑफ वर्ल्ड सोसाइटी: ए लंदन पर्सपेक्टिव* (*The Study of World Society: A London Perspective*, 1974)) का मानना है कि सदियों से विश्व समाज के विभिन्न पहलुओं पर ध्यान केंद्रित करने के लिए कई छवियां, अमूर्त मॉडल रहे हैं। ऐसी ही एक छवि दुनिया की यथार्थवादी धारणा की है। यह पारंपरिक छवि राष्ट्र-राज्यों से बनी दुनिया की एक झलक प्रस्तुत करती है, जो विभिन्न आकार और शक्ति के हैं। यह छवि 'बिलियर्ड बॉल' मॉडल के रूप में लोकप्रिय हुई। इन मॉडलों ने इकाइयों के रूप में अपनी सरकारों द्वारा प्रतिनिधित्व किए गए संप्रभु, स्वतंत्र राज्यों की उपस्थिति को बरकरार रखा और उनके बीच बातचीत या संपर्क विभिन्न आकार के बिलियर्ड गेंदों की तरह होते हैं, केवल कठोर बाहरी हिस्से स्पर्श करते हैं और भारी या तेज़ गति से चलने वाले लोग दूसरों को रास्ते से हटा देते हैं। दूसरे शब्दों में, संपर्क के बिंदु सरकार और सरकार के बीच में हैं। इसलिए, यह छवि केवल राजनयिक संबंधों, विश्व मामलों में मुख्य कर्ताओं के रूप में सरकारों, उनकी सापेक्ष शक्ति और उनके नेताओं की व्यक्तिगत विशेषताओं पर केंद्रित थी। लेकिन इस छवि के निर्माण के बाद से विशेषकर द्वितीय विश्व युद्ध के बाद से एक बड़ा बदलाव आया है। इस प्रकार, इस विश्व छवि को संशोधित करने की आवश्यकता थी।[24] बर्टन और उनके सहयोगियों ने इस बात पर प्रकाश डाला कि प्रौद्योगिकी, संचार, परिवहन और हथियार में वृद्धि के साथ, शक्ति संतुलन मॉडल का शास्त्रीय यूरोपीय मॉडल अपर्याप्त हो गया है। इसके अलावा, उन्होंने राज्यों के भीतर आंतरिक प्रक्रियाओं और घटकों और राजनीतिक दलों, जातीय समूहों और बहुराष्ट्रीय निगमों जैसे विभिन्न गैर-राज्यीय कर्ताओं के बीच बातचीत की उपेक्षा की, जिन्होंने सरकारी निर्णयों को बहुत प्रभावित किया है और कभी-कभी हेरफेर भी किया है।

इसलिए, बर्टन (Burton) ने यथार्थवादी मॉडल (realist model) के विपरीत सुझाव दिया, जिसे उन्होंने कोबवेब मॉडल (cobweb model) कहा—विश्व समाज की बहुलवादी छवि। उनका तर्क है कि बिलियर्ड गेंदों के सेट की तुलना में विश्व समाज की लगभग सटीक छवि देने के लिए एक मकड़ी का जाल या आरोपित और आपस में जुड़े हुए जालों की श्रृंखला बेहतर स्थिति में होगी। हालाँकि इसे सिद्धांतबद्ध करना कठिन होगा लेकिन फिर भी यह दुनिया भर में फैली वास्तविक राजनीतिक और आर्थिक प्रक्रियाओं को कम विरूपण के साथ प्रतिबिंबित करेगा। उन्होंने सुझाव दिया कि कोबवेब मॉडल न केवल यूनिलीवर या जनरल मोटर्स जैसे बहुराष्ट्रीय निगमों की गतिविधियों को ध्यान में रखेगा (2008 की आर्थिक मंदी से पहले जिसके बाद उन्होंने दिवालियापन के लिए आवेदन किया था) बल्कि अलगाववादी जातीय संगठनों की गतिविधियों

को भी ध्यान में रखा जाएगा जैसे कि अल्स्टर में आयरिश रिपब्लिकन आर्मी (आईआरए) (Irish Republican Army—IRA), फिलिस्तीनी लिबरेशन ऑर्गनाइजेशन (पीएलओ) (Palestinian Liberation Organization—PLO) और अन्य और इसमें ग्रीन पीस, एमनेस्टी इंटरनेशनल, रोमन कैथोलिक चर्च (Green Peace, Amnesty International, the Roman Catholic Church) और अन्य शक्तिशाली अंतर्राष्ट्रीय प्रभाव वाले व्यक्तियों और गैर-सरकारी संगठनों की गतिविधियां भी शामिल होंगी। जाहिर है, यह किसी भी तरह से राज्यों और उनकी सरकारों के महत्व को कम नहीं करता है क्योंकि उन्हें अभी भी बेहद महत्वपूर्ण अंतर्राष्ट्रीय कर्ताओं के रूप में माना जाता है लेकिन अब वे एकमात्र कर्ता नहीं हैं।[25] गैर-राज्यीय तत्वों की बढ़ती उपस्थिति को स्वीकार किया जाना चाहिए।

होल्स्टी तीन प्रकार के गैर-राज्यीय कर्ताओं को संदर्भित करते हैं:

- प्रादेशिक गैर-राज्यीय कर्ता
- गैर-क्षेत्रीय गैर-राज्यीय कर्ता
- अंतर-सरकारी कर्ता।

फ्रेंकल गैर-राज्यीय कर्ताओं की मुख्य रूप से तीन श्रेणियों के अस्तित्व को भी पहचानते हैं:

- अंतर-राज्यीय सरकारी संगठन
- अंतर-राज्यीय गैर-सरकारी कर्ता
- अंतर्राष्ट्रीय कर्ता।

फ्रेंकल के बाद अब हम इन तीन गैर-राज्यीय कर्ताओं के बारे में चर्चा करेंगे।

अंतर-राज्यीय सरकारी संगठन (आईजीओ) (Inter-State Governmental Organizations—IGOs)

आईजीओ (IGOs) विश्व राजनीति में महत्वपूर्ण गैर-राज्यीय कर्ता हैं। इनका गठन तब होता है जब कई राज्य किसी सामान्य हित में एक साथ आते हैं। ये संगठन अक्सर एक सामान्य बाहरी नीति विकसित करते हैं जो कभी-कभी किसी एक सदस्य राज्य के हितों का उल्लंघन कर सकती है।

आईजीओ को उनकी सदस्यता के दायरे और उनके उद्देश्य के अनुसार वर्गीकृत किया जा सकता है। एक ओर, सार्वभौमिक राजनीतिक संगठन हैं जैसे कि पूर्ववर्ती राष्ट्र संघ और वर्तमान संयुक्त राष्ट्र और इसकी विशेष एजेंसियां जो यथासंभव अंतर्राष्ट्रीय सदस्यता को शामिल करने का प्रयास करती हैं। दूसरी ओर, राज्यों के कई क्षेत्रीय समूह या यहां तक कि कुछ विशिष्ट या सामान्य उद्देश्यों के आधार पर समूह भी हो सकते हैं और इसलिए, सदस्यता भी क्षेत्रीय और कभी-कभी विशिष्ट होती है। वे अपने सदस्य राज्यों के लिए राजनीतिक, आर्थिक, विकासात्मक, सैन्य, सामाजिक-सांस्कृतिक या अन्य कार्य कर सकते हैं। इस प्रकार के आईजीओ में सबसे प्रमुख हैं उत्तरी अटलांटिक संधि संगठन (नाटो) (North Atlantic treaty Organization—NATO), अमेरिकी राज्यों का संगठन (ओएएस) (Organization of American States—OAS), अफ्रीकी एकता संगठन (ओएयू) (Organization of African Unity—OAU), दक्षिण एशियाई क्षेत्रीय सहयोग संगठन (सार्क) (South Asian Association for Regional Cooperation—SAARC), दक्षिणपूर्व संघ एशियाई राष्ट्र (आसियान) (South Asian Association for Regional Cooperation—SAARC), अरब लीग, पेट्रोलियम

निर्यातक देशों का संगठन (ओपेक) (Arab League, Organization of Petroleum Exporting Countries—OPEC) और, सबसे उल्लेखनीय यूरोपीय संघ (European Union—EU)। कुछ अन्य का उल्लेख करने के लिए, आईजीओ सामाजिक या विकासात्मक मामलों से संबंधित हैं, वे हैं विश्व स्वास्थ्य संगठन (WHO), अंतर्राष्ट्रीय मुद्रा कोष (IMF), अंतर्राष्ट्रीय श्रम संगठन (ILO) और विश्व बैंक (World Bank)।

1945–1985 की अवधि के बीच आईजीओ की संख्या में वृद्धि हुई, जो द्वितीय विश्व युद्ध के बाद सबसे अधिक 378 थी, लेकिन, 1990 तक, यह संख्या घटकर लगभग 300 आईजीओ रह गई। फिर भी, आईजीओ को अंतर्राष्ट्रीय संबंधों में महत्वपूर्ण कर्ता माना जाता है क्योंकि उनकी नीति और व्यवहार का उनके सदस्यों की विदेश नीति और गैर-सदस्यों पर भी निश्चित प्रभाव पड़ता है। अक्सर, आईजीओ में प्रतिनिधियों को भेजने या आईजीओ को वित्त पोषित करने या आईजीओ के माध्यम से अन्य राज्यों के साथ बातचीत करने से राजनेताओं को यह विश्वास हो जाता है कि आईजीओ अंतर्राष्ट्रीय कर्ताओं की तरह व्यवहार कर रहे हैं और उन्हें अपनी विदेश नीति के विचारों में महत्व दिया जाना चाहिए।[26]

अंतर-राज्यीय गैर-सरकारी कर्ता (Inter-State Non-Governmental Actors)

अंतर-राज्यीय गैर-सरकारी या गैर-क्षेत्रीय अंतर्राष्ट्रीय संगठनों को भी राज्यों के राजनीतिक, आर्थिक और सामाजिक-सांस्कृतिक जीवन पर पड़ने वाले प्रभाव के कारण अंतर्राष्ट्रीय संबंधों में प्रमुखता मिली है। इन्हें दो प्रकारों में वर्गीकृत किया जा सकता है—धार्मिक और आर्थिक।

होल्स्टी (Holsti)[27] के अनुसार उनकी विशेषताएँ निम्नलिखित हैं:

- कई देशों में एक साथ होने वाली संगठित गतिविधियाँ।
- ऐसे उद्देश्य जो किसी दिए गए क्षेत्र के हितों से संबंधित नहीं हैं।
- घटक भाग जो अनिवार्य रूप से गैर-राजनीतिक हैं।

जहां तक धार्मिक गैर-राज्यीय कर्ताओं का सवाल है, कोई भी कर्ता रोमन कैथोलिक चर्च जितना शक्तिशाली नहीं रहा है, पोप इसका सार्वभौमिक प्रमुख है जो वेटिकन या होली सी (Holy See) के राज्य का प्रमुख भी है। फ्रेंकल बताते हैं कि परंपरागत रूप से, वेटिकन को एक संप्रभु राज्य के रूप में माना जाता है और यह कई राज्यों के साथ राजनयिक संबंध बनाए रखता है, जिसमें गैर-ईसाई राज्य भी शामिल हो सकते हैं। वेटिकन या पोप, दुनिया के एक अरब से अधिक लोगों का सर्वोच्च प्रमुख, सभी जगह कैथोलिकों के रूप में कार्य करता है। पोप ने आर्थिक विकास, गर्भपात, हथियार नियंत्रण और राजनीतिक शासन की प्रकृति सहित विभिन्न अंतर्राष्ट्रीय मुद्दों पर घोषणाएँ की हैं। हालाँकि, 1954 के आसपास विश्व चर्च परिषद में संगठित गैर-कैथोलिक ईसाई चर्च इतनी बड़ी भूमिका नहीं निभाते हैं और न ही कोई अन्य धर्म इतनी बड़ी भूमिका निभाता है।

अन्य सबसे महत्वपूर्ण अंतर्राष्ट्रीय कर्ता वे हैं जो चरित्र में आर्थिक हैं लेकिन राज्यों के जीवन के सभी पहलुओं पर जबरदस्त प्रभाव डालते हैं। वे बहुराष्ट्रीय निगम (एमएनसी) (multinational corporations—MNCs) हैं। बहुराष्ट्रीय कंपनियों को विभिन्न तरीकों से परिभाषित किया गया है। कुछ लोग उन्हें "सामान्य प्रबंधन रणनीति के बंधनों से जुड़े विविध राष्ट्रीयता वाले निगमों के समूह" के रूप में देखते हैं। अन्य लोग उन्हें "ऐसी कंपनियों के रूप में देखते हैं जो दो या दो से अधिक देशों में उत्पादन सुविधाओं को नियंत्रित करती हैं"।[28] बहुराष्ट्रीय कंपनी को जिस भी तरीके से परिभाषित किया जाए,

वर्तमान संदर्भ में इसकी उपस्थिति है, जो राज्य-केंद्रित विचारकों द्वारा पहले से अनभिज्ञ थी। कुछ प्रमुख बहुराष्ट्रीय कंपनियाँ जीई, डेमलर-क्रिसलर, जनरल मोटर्स कॉर्पोरेशन (2008 की वैश्विक मंदी के बाद दिवालियापन के लिए आवेदन करने से पहले), फोर्ड मोटर कंपनी, एक्सॉन कॉर्पोरेशन, प्रॉक्टर एंड गैंबल, यूनिलीवर, माइक्रोसॉफ्ट, आईबीएम, टोयोटा, सोनी, एलजी, मित्सुबिशी, कोका कोला, पेप्सी कंपनी, आदि हैं।

बहुराष्ट्रीय कंपनियाँ विश्व अर्थव्यवस्था के बढ़ते वैश्वीकरण को दर्शाती हैं। भौतिक और वित्तीय संपत्तियों में उनके विशाल आकार के कारण, उनका वैश्विक आर्थिक प्रणाली पर जबरदस्त प्रभाव पड़ता है। उत्पादन के कारकों का आवंटन और निवेश प्रवाह का नियंत्रण उन्हें राज्यों जैसी अंतर्राष्ट्रीय राजनीतिक इकाइयों की तुलना में लाभ प्रदान करता है। ऐसा कहा जाता है कि रॉयल्टी और करों के भुगतान, नए संयंत्रों की स्थापना, या पुराने संयंत्रों को बंद करने, संयंत्रों के स्थान पर निर्णय और बहुराष्ट्रीय कंपनियों के माध्यम से विज्ञापन विकासशील देशों की आर्थिक संरचना, कर राजस्व, रोजगार के स्तर और उपभोग पैटर्न को प्रभावित कर सकते हैं और कभी-कभी सामाजिक तनाव का कारण बनते हैं।

बहुराष्ट्रीय कंपनियाँ राजनीतिक रूप से भी शामिल हो सकती हैं जैसा कि "बनाना रिपब्लिक" (banana republics) के अक्सर उद्धृत मामलों और यूनाइटेड फ्रूट कंपनी (United Fruit Company) की भागीदारी से स्पष्ट है जिसने उस सरकार को सत्ता में रखने की कोशिश की जो उन्हें भविष्य में निर्बाध रूप से काम करने की अनुमति देती। जब जनरल अर्बेंज़ (Arbenz) के अधीन एक शत्रुतापूर्ण शासन सत्ता में आया, तो कंपनी के महत्वपूर्ण हित ख़तरे में पड़ गए। 1952 में, अर्बेंज सरकार (Arbenz government) ने बड़े वृक्षारोपण के बंजर भूमि के हिस्से को ज़ब्त करने के उद्देश्य से भूमि सुधारों की शुरुआत की। चूंकि यूनाइटेड फ्रूट कंपनी के पास सबसे बड़ी भूमि थी और इसका अधिकांश भाग बंजर था, इसलिए वह आर्बेंज के सुधार कार्यक्रम से आशंकित हो गई। इसलिए, कंपनी ने होंडुरास और निकारागुआ में निर्वासितों का समर्थन करके शत्रुतापूर्ण शासन को उखाड़ फेंकने के अमेरिकी सरकार के प्रयासों में सहायता की। तख्तापलट ने अंततः आर्बेनज़ सरकार को गिरा दिया और उन्हें भागना पड़ा। दूसरा सबसे अधिक उद्धृत मामला इंटरनेशनल टेलीफोन एंड टेलीग्राफ कंपनी का है, जिसने चिली में अलेंदे सरकार को गिराने के लिए एक योजना को बढ़ावा दिया था, जहां अमेरिकी सरकार के अधिकारियों ने पहले से ही अलेंदे सरकार को गिराने के लिए कार्यक्रम शुरू कर दिए थे।[29] ऐसे मामले सामने आए हैं जहां गृह सरकार और बहुराष्ट्रीय कंपनी के हित मेल खाते थे, जिसके परिणामस्वरूप गृह सरकार द्वारा मेजबान देश के हस्तक्षेप से अंततः बहुराष्ट्रीय कंपनी के हित की पूर्ति हुई। बहुराष्ट्रीय कंपनियों और मेजबान सरकार की सांठगांठ के सबसे उद्धृत मामलों में से कुछ हैं: 1953 में ईरान में मोसादेग शासन को उखाड़ फेंकने में अमेरिकी सरकार की भागीदारी, जिसके परिणामस्वरूप अमेरिकी तेल कंपनियों और यूरोपीय तेल कंपनियों को नए परिचालन विशेषाधिकार प्राप्त हुए और 1956 में स्वेज नहर पर फ्रांसीसी-ब्रिटिश-इजरायली आक्रमण का मजबूत समर्थन और कास्त्रो को हटाने और अमेरिकी तेल कंपनियों के हितों को संरक्षित करने के लिए अमेरिकी सरकार द्वारा 1961 में बे ऑफ पिग्स (Bay of Pigs) पर असफल आक्रमण।

विश्व बाज़ारों के विभाजन के माध्यम से बहुराष्ट्रीय कंपनियों का भी अपना प्रभाव क्षेत्र है। वे अक्सर कूटनीति और जासूसी में लगे पाए जाते हैं, जो राज्य के संपर्क के पारंपरिक उपकरण हैं। उनके पास मौजूद विशाल आर्थिक संसाधन उन्हें कई नए और छोटे राज्यों के साथ-साथ पुराने राज्यों की तुलना में अधिक शक्तिशाली बनाते हैं। 1993 में, जनरल मोटर्स को फॉर्च्यून ग्लोबल 500 में प्रथम स्थान पर सूचीबद्ध किया गया था (हालाँकि वह कभी दिवालियापन के लिए आवेदन करने के बारे में सोच रहा था) और इसकी सकल

बिक्री फिनलैंड या डेनमार्क की जीएनपी से अधिक थी। इसलिए, वर्तमान समय में बहुराष्ट्रीय कंपनियों की संख्या और महत्व बढ़ गया है। फ्रेंकल ने देखा कि 1972 में "द ईयर बुक ऑफ इंटरनेशनल ऑर्गेनाइजेशन" में 2,190 बहुराष्ट्रीय कंपनियाँ सूचीबद्ध थीं, जबकि 1958 में यह संख्या 1,000 थी। 1990 के दशक तक, अधिकांश पर्यवेक्षकों द्वारा यह नोट किया गया था कि कम से कम 10,000 कंपनियाँ थीं जिनकी व्यावसायिक गतिविधियाँ दुनिया भर के कई देशों में फैली हुई थीं और 90,000 से अधिक सहायक कंपनियों को नियंत्रित कर रही थीं। संयुक्त राज्य अमेरिका 159, जापान 135 का, और ब्रिटेन 41, ऐसी बहुराष्ट्रीय कंपनियों का घर था।[30]

बहुराष्ट्रीय-आशावादी बहुराष्ट्रीय कंपनियों को "मानव समाज के अंतर्राष्ट्रीयकरण के लिए सबसे शक्तिशाली एजेंट" के रूप में देखते हैं। उनके लिए बहुराष्ट्रीय कंपनियाँ "विशाल आर्थिक संयोजन हैं जिनमें दुनिया को एक इकाई के रूप में मानने और अधिकतम दक्षता और तुलनात्मक लाभ के पुनर्जीवन कानून के नियमों के अनुसार उत्पादकता के लिए उत्पादन के कारकों (श्रम, भूमि, पूंजी और प्रबंधन) को संयोजित करने की क्षमता, जानकारी और ज्ञान है।" इसके अलावा, बहुराष्ट्रीय कंपनियाँ आधुनिकीकरण के शक्तिशाली एजेंट के रूप में भी कार्य कर सकती हैं, विशेष रूप से कम विकसित देशों में नई नौकरियाँ पैदा करके, उन्नत तकनीकों को पेश करके, स्थानीय नागरिकों को प्रशिक्षण देकर और इस तरह राज्य के विकास में योगदान देकर। बहुराष्ट्रीय कंपनियों के प्रबंधक और कर्मचारी वैश्विक स्तर पर उन्मुख हो जाते हैं और कट्टर राष्ट्रवाद और युद्ध के विपरीत विश्वव्यापी सोच रखते हैं, जिससे विश्व शांति के विकास का मार्ग प्रशस्त होता है। वे पृथ्वी के संसाधनों के उत्पादन और वितरण के लिए मानवता की सर्वोत्तम आशा होंगे।

इन विचारों के बिल्कुल विपरीत, बहुराष्ट्रीय निगम-निराशावादी बहुराष्ट्रीय कंपनियों की कार्यप्रणाली पर आलोचनात्मक दृष्टि डालते हुए अपनी आपत्तियाँ रखते हैं। बार्नेट और मुलर (Barnet and Muller)* ने अपने "***ग्लोबल रीच***" (*Global Reach*) में एक बहुत शक्तिशाली तर्क दिया कि बहुराष्ट्रीय कंपनियाँ "अभी तक...उपनिवेशीकरण...भविष्य के लिए तैयार की गई सबसे शक्तिशाली मानव संगठन" हैं और वे सामूहिक भुखमरी, बड़े पैमाने पर बेरोजगारी और घोर असमानता की समस्याओं के समाधान के लिए बहुत कम आशा प्रदान करती हैं। वे पोषण, स्वच्छ हवा और सार्वजनिक स्वास्थ्य जैसे सामाजिक रूप से महत्वपूर्ण मुद्दों और पर्यावरणीय कारकों की भी उपेक्षा करते हैं। उनका तर्क है कि बहुराष्ट्रीय कंपनियां गरीब और कम विकसित देशों को अपना उपनिवेश बना रही हैं और अपनी मजबूत पकड़ और लाभ के प्रवाह को बनाए रखने के लिए उन्हें तेजी से कमजोर कर रही हैं और साथ ही अमीर देशों को अस्थिर कर रही हैं। उनका अनुमान है कि अमीर देश भी बढ़ती बेरोजगारी और मुद्रास्फीति से प्रभावित होंगे जो वर्तमान संदर्भ में कुछ हद तक सच है। तीसरी दुनिया और यहां तक कि औद्योगिकीकृत पश्चिम भी बड़ी बहुराष्ट्रीय कंपनियों के हाथों में धन के संकेंद्रण की प्रक्रिया को रोकने की स्थिति में नहीं हैं।

अंतःराष्ट्रीय कर्ता (Intra-National Actors)

इस प्रकार के गैर-राज्यीय कर्ता राजनीतिक आंदोलनों, राष्ट्रीय मुक्ति आंदोलनों, जातीय, नस्लीय, धार्मिक या कुछ वैचारिक अल्पसंख्यक समूहों की गतिविधियों को संदर्भित करते हैं। उनकी गतिविधियों का उनके मूल राज्यों के कार्यों पर बहुत प्रभाव पड़ता है जब ये समूह बाहरी स्रोतों से समर्थन प्राप्त करने में सक्षम होते हैं, या तो अपने राष्ट्रीय समूहों के सदस्यों से, या अपनी ही सरकार के प्रति शत्रुतापूर्ण सरकारों से। इससे राज्यों के बीच संबंध जटिल हो जाते हैं और अंतर्राष्ट्रीय व्यवस्था पर भी इसका महत्वपूर्ण प्रभाव पड़ता है।

* Richard J. Barnet and Ronald E. Muller, "*Global Reach*", Simon and Sehuster, New York, 1974.

शीत युद्ध के दौरान, दोनों महाशक्तियाँ दोनों के बीच की वैचारिक लड़ाई में अपना पक्ष लेते हुए हिंसक समूहों से जुड़ी हुई थीं या उन्हें मौन समर्थन दे रही थीं। फिलिस्तीन मुक्ति संगठन (पीएलओ) (Palestine Liberation Organization—PLO), या अफ्रीकी राष्ट्रीय कांग्रेस (एएनसी) (African National Congress —ANC), और दक्षिण पश्चिम अफ्रीकी राष्ट्रीय पीपुल्स संगठन (एसडब्ल्यूएपीओ) (the South West African National People's Organization—SWAPO) जैसे राष्ट्रीय मुक्ति संघर्ष, जो रंगभेद शासन के खिलाफ संघर्ष के लिए जाने जाते हैं, ऐसे गैर-राज्यीय कर्ताओं के उल्लेखनीय उदाहरण हैं। यहां तक कि संयुक्त राज्य अमेरिका में यहूदी भी एक शक्तिशाली लॉबी के रूप में कार्य करते हैं, जिसे **ज़ायोनीवादी लॉबी** (Zionist lobby) कहा जाता है, यह एक दबाव समूह है जिसका लक्ष्य अमेरिका की विदेश नीति को इज़राइल राज्य के लिए अधिक अनुकूल बनाना है।

गैर-राज्यीय कर्ताओं की बढ़ती भूमिका (Increasing Role of Non-State Actors)

निःसंदेह, गैर-राज्यीय कर्ताओं ने अंतर्राष्ट्रीय परिदृश्य में महत्वपूर्ण स्थान प्राप्त कर लिया है, चाहे वे आईजीओ हों, या अंतर्राष्ट्रीय संगठन या अंतःराष्ट्रीय कर्ता हों। कई आईजीओ की भूमिका इस मायने में संस्थागत हो गई है कि राष्ट्रों का समुदाय उनसे एक विशेष पैटर्न में कार्य करने की अपेक्षा करता है, जैसा कि संयुक्त राष्ट्र के मामले में होता है। संयुक्त राष्ट्र से अपेक्षा की जाती है कि वह अंतर्राष्ट्रीय संघर्षों या स्थितियों को हल करने के प्रयास करेगा, जो संघर्ष को जन्म दे सकते हैं और शांति को बाधित कर सकते हैं। अंतर्राष्ट्रीय शांति स्थापना और शांति निर्माण में संयुक्त राष्ट्र की भूमिका को अच्छी तरह से स्वीकार किया गया है। संयुक्त राष्ट्र की विशिष्ट एजेंसियों से भी अपेक्षा की जाती है कि वे अपने अधिदेश (mandate) के अनुसार अपनी-अपनी सेवाएँ प्रदान करें। विकासशील राज्यों के विकासात्मक पहलुओं के संबंध में विश्व बैंक और आईएमएफ की भूमिकाएँ हैं। बहुराष्ट्रीय कंपनियाँ अब अंतर्राष्ट्रीय संबंधों में महत्वपूर्ण स्थान पर आ गई हैं और, काफी महत्वपूर्ण रूप से, राज्यों की आंतरिक और बाहरी नीतियों में अधिक निर्णायक भूमिका निभा रही हैं।

केओहेन और नी (Keohane and Nye)[31] का तर्क है कि अंतर्राष्ट्रीय संबंध एक-दूसरे के प्रति समाज की संवेदनशीलता को बढ़ाते हैं और, जिससे सरकारों के बीच संबंधों में बदलाव आता है। उन्होंने अंतर्राष्ट्रीय संपर्कों और संगठनों के पांच प्रमुख प्रभावों की ओर इशारा किया है, जिनके प्रत्यक्ष या अप्रत्यक्ष परिणाम आपसी संवेदनशीलता और इस प्रकार अंतर-राज्यीय राजनीति पर पड़ते हैं। वे बताते हैं कि इनमें से चार, अंतर्राष्ट्रीय संगठनों की उपस्थिति के बिना भी अंतर्राष्ट्रीय बातचीत के परिणामस्वरूप हो सकते हैं, हालांकि अंतर्राष्ट्रीय संगठन भी इन्हें उत्पन्न कर सकते हैं। पांचवां प्रभाव आवश्यक रूप से स्वायत्त या अर्ध-स्वायत्त कर्ताओं के रूप में अंतर्राष्ट्रीय संगठनों की उपस्थिति पर निर्भर करता है।

पाँच प्रभावों का सारांश इस प्रकार है:

1. ***दृष्टिकोण संबंधी परिवर्तन (Attitudianl Changes):*** ये विभिन्न राज्यों के नागरिकों के बीच आमने-सामने की बातचीत के माध्यम से लाए जा सकते हैं जो राष्ट्रीय समाज के भीतर अभिजात वर्ग और गैर-अभिजात वर्ग की वास्तविकता की राय और धारणाओं को बदल सकते हैं, जिसके राज्य की राजनीति पर संभावित परिणाम हो सकते हैं। अंतर्राष्ट्रीय संगठनों द्वारा भी नए दृष्टिकोण को बढ़ावा दिया जा सकता है क्योंकि वे अपनी गतिविधियों को वैधता प्रदान करने के लिए नए मिथक, प्रतीक और मानदंड बनाते हैं। यह

तर्क दिया जाता है कि इन बहुराष्ट्रीय उद्यमों द्वारा विज्ञापन कम विकसित समाजों में उनकी स्वायत्तता और आर्थिक विकास को नुकसान पहुँचाकर लोकप्रिय दृष्टिकोण को प्रभावित करते हैं।

2. *अंतर्राष्ट्रीय बहुलवाद (International Pluralism):* इसका अर्थ है अंतर्राष्ट्रीय संरचनाओं में राष्ट्रीय हित समूहों को जोड़ना, आमतौर पर समन्वय के उद्देश्यों के लिए अंतर्राष्ट्रीय संगठनों को शामिल करना। अंतर्राष्ट्रीय अंतर्राष्ट्रीय संगठनों की तेजी से वृद्धि हुई है जो समान हितों वाले राष्ट्रीय संगठनों को जोड़ते हैं। ऐसे संगठनात्मक संबंधों का निर्माण बदले में राष्ट्रीय समूहों द्वारा सरकारी नीति को प्रभावित करने और यहां तक कि घरेलू राजनीति के अंतर्राष्ट्रीयकरण में योगदान करने के प्रयासों को प्रभावित कर सकता है।

3. *निर्भरता और परस्पर निर्भरता (Dependence and Interdependence):* यह अक्सर अंतर्राष्ट्रीय परिवहन और वित्त आंदोलनों से जुड़ा होता है। विश्व मौद्रिक प्रणाली में एकीकरण से किसी राज्य के लिए अर्थव्यवस्था में भारी बदलाव के बिना स्वायत्त मौद्रिक नीति का पालन करना असंभव हो सकता है, और प्रौद्योगिकियों, पूंजी और प्रबंधकीय कौशल के लिए विदेशी कंपनियों पर निर्भरता कम-विकसित देशों को अत्यधिक राष्ट्रवादी और समाजवादी नीतियाँ पारिस्थितिकी का पालन करने से रोक सकती है। इसके अलावा, जहां मेजबान समाज के भीतर अंतर्राष्ट्रीय संगठन महत्वपूर्ण हो जाते हैं, वे घरेलू आर्थिक नीतियों के पैटर्न को भी बदल सकते हैं।

4. *कुछ सरकारों की दूसरों को प्रभावित करने की क्षमता में वृद्धि (Increase in Ability of Certain Governments to Influence Others):* कुछ सरकारों ने स्पष्ट रूप से राजनीतिक परिणाम प्राप्त करने के लिए अक्सर अंतर्राष्ट्रीय बातचीत में हेरफेर करने का प्रयास किया है। जासूसों के रूप में पर्यटकों का उपयोग या अन्य राज्यों में सहानुभूतिपूर्ण जातीय या धार्मिक समूहों की खेती ऐसे "अनौपचारिक प्रवेश" के उदाहरण हैं। शक्तिशाली सरकारें हमेशा अंतर्राष्ट्रीय व्यापार के प्रवाह को निर्देशित करने या एकतरफा कार्रवाई द्वारा अंतर्राष्ट्रीय मौद्रिक व्यवस्था में बदलाव लाने का प्रयास करेंगी। अंतर्राष्ट्रीय संगठन विशेष रूप से सरकार की विदेश नीति के साधन के रूप में उपयोगी होते हैं, चाहे नियंत्रण के माध्यम से या इच्छुक गठबंधन के माध्यम से। संयुक्त राज्य अमेरिका ने आईबीएम-फ्रांस को फ्रांसीसी सरकार को कुछ प्रकार के कंप्यूटर बेचने से रोककर फ्रांसीसी परमाणु क्षमता के विकास को रोकने की कोशिश की थी।

5. *स्वायत्त कर्ताओं का विकास (Growth of Autonomous Actors):* निजी विदेशी नीतियों वाले स्वायत्त कर्ताओं का उदय कई बार जानबूझकर राज्य की नीतियों का विरोध या अतिक्रमण करता है। ऐसे संगठनों में क्रांतिकारी आंदोलन, ट्रेड यूनियन, बहुराष्ट्रीय कंपनियां और रोमन कैथोलिक चर्च शामिल हैं। इस प्रकार, दोनों मामलों में कुछ तेल कंपनियों की भूमिका को ध्यान में रखे बिना 1951–1953 के दौरान ब्रिटिश-ईरानी संबंधों या 1959–1961 के बीच अमेरिकी-क्यूबा संबंधों को समझना संभव नहीं होगा।

होल्स्टी (Holsti)[32] गैर-राज्यीय कर्ताओं द्वारा निभाई गई कुछ भूमिकाओं की पहचान करता है। इन भूमिकाओं का तात्पर्य यह है कि ये गैर-राज्यीय कर्ता:

1. किसी मुद्दे को अंतर्राष्ट्रीय राजनयिक एजेंडे में शामिल करते हैं।
2. कुछ वैश्विक या क्षेत्रीय समस्याओं के संबंध में नागरिक चेतना को प्रचारित करते और बढ़ाते है।
3. राष्ट्रीय सरकारों और अंतर्राष्ट्रीय संगठनों को उनके हितों के अनुकूल निर्णय लेने के लिए लॉबी बनाते हैं।
4. प्रत्यक्ष कार्रवाई के माध्यम से परिणाम की तलाश करते हैं, कभी-कभी (हालांकि अपेक्षाकृत दुर्लभ) जिसमें धमकी या बल का उपयोग शामिल होता है।

इसलिए, यह निश्चित रूप से कहा जा सकता है कि गैर-राज्यीय कोई भी संगठित इकाई है जो व्यक्तियों के हितों की पहचान और वफादारी का आदेश देती है, जो अंतर-राज्यीय संबंधों को प्रभावित करती है, कर्ताओं के रूप में राज्यों की एक प्रमुख प्रतिस्पर्धी बन जाती है। यदि अंतर्राष्ट्रीय प्रक्रियाओं का विश्लेषण किया जाए तो यह बिना किसी संदेह के देखा जा सकता है कि न केवल राज्यों के बीच बल्कि राज्यों और गैर-राज्यीय कर्ताओं के बीच भी झगड़ा हो सकता है। उदाहरणों में संयुक्त राष्ट्र और इराक के बीच, ओपेक और औद्योगिक पश्चिम के बीच, पीएलओ और इज़राइल के बीच, एक बहुराष्ट्रीय कंपनी और एक राज्य के बीच यूनियन कार्बाइड के संयंत्र में जहरीली गैस दुर्घटना के मामले में जिसके परिणामस्वरूप भारत में भोपाल गैस त्रासदी हुई। फिर भी, यह भी कहा जा सकता है कि कर्ताओं के रूप में राज्यों की शक्ति और प्राधिकार के कई प्रतिस्पर्धी हो सकते हैं, फिर भी राज्यों को किसी भी अन्य अंतर्राष्ट्रीय गैर-राज्यीय कर्ता पर प्रभुत्व प्राप्त है।

अभ्यास (Exercises)

1. अंतर्राष्ट्रीय व्यवस्था में कर्ताओं से आप क्या समझते हैं? क्या आप सोचते हैं कि अंतर्राष्ट्रीय व्यवस्था में राज्य ही एकमात्र कर्ता है? अपने उत्तर का औचित्य साबित करें।
2. वैश्वीकरण के समक्ष क्षेत्रीय राज्य के संकट पर चर्चा करें।
3. गैर-राज्यीय कर्ताओं से आप क्या समझते हैं? अंतर्राष्ट्रीय संबंधों में गैर-राज्यीय कर्ताओं की भूमिका का परीक्षण करें।
4. राष्ट्रीय शक्ति से आप क्या समझते हैं? राष्ट्रीय शक्ति के तत्वों की चर्चा करें।
5. राजत्व (Statehood) के मुख्य घटक कौन हैं? स्पष्ट करें।
6. अंतर्राष्ट्रीय राजनीति में राष्ट्रीय हित के महत्व पर प्रकाश डालिए।

संदर्भ (References)

[1] Frankel, Joseph, *International Relations in a Changing World,* Oxford University Press, London, 1979, p. 8.

[2] Russet, Bruce and Harvey Starr, *World Politics : The Menu for Choice*, W.H. Freeman & Company, New York, 1996, pp. 74–75.

[3] *ibid.*, pp. 50–54.

[4] Palmer, Norman D. and Howard C. Perkins, *International Relations—The World Community in Transition,* A.I.T.B.S. Publishers, New Delhi, 1997, p. 10.

[5] Frankel, Joseph, *op. cit.*, n. 1, pp. 16–17.

[6] Russet and Starr, *op. cit.*, n. 2, p. 54.

[7] Palmer and Perkins, *op. cit.*, n. 4, p. 13.

[8] Frankel, *op. cit.*, n. 1, p. 20.

[9] Quoted in Vinay Kumar Malhotra, *International Relations,* Anmol Publications, New Delhi, 2006, p. 48.

[10] Couloumbis, Theodore A. and James H. Wolfe, *Introduction to International Relations: Power and Justice*, Prentice-Hall of India, New Delhi, 1981, pp. 86–87.

[11] Morgenthau, Hans J., *Politics among Nations: The Struggle for Power and Peace*, Kalyani Publishers, New Delhi, 1985, p. 31.

[12] Organski, A.F.K., *World Politics*, Alfred A. Knopf, New York, 1960, pp. 96 and 98.

[13] Padelford, Norman J. and George A. Lincoln, *International Politics: Foundations of International Relations,* The Macmillan and Co., New York, 1954, p. 193.

[14] Palmer and Perkins, *op. cit.*, n. 4, p. 35.
[15] Russet and Starr, *op. cit.*, n. 2, pp. 116–120.
[16] Padelford and Lincoln, *op. cit.*, n. 13, p. 136.
[17] Morgenthau, *op. cit.*, n. 11, p. 144.
[18] Frankel, Joseph, *National Interest*, Macmillan, London, 1970, p. 15.
[19] *ibid.*, p. 17.
[20] Couloumbis and Wolfe, *op. cit.*, n. 10, p. 113.
[21] Clinton, W. David, "The National Interest: Normative Foundation," *in* Richard Little and Michael Smith (Eds.), *Perspectives on World Politics*, Routledge, London, 1991, p. 50.
[22] Holsti, K.J., *International Politics: A Framework for Analysis*, Prentice- Hall of India, New Delhi, 1995, p. 65.
[23] Frankel, Joseph, *op. cit.*, n. 1, p. 55.
[24] Viotti, Paul R. and Mark K. Kauppi (Eds.), *International Relations Theory: Realism, Pluralism Globalism and Beyond*, Macmillan, London, 1990.
[25] Couloumbis and Wolfe, *op. cit.*, n. 10, pp. 369–370.
[26] Russet and Starr, *op. cit.*, n. 2, pp. 65–67.
[27] Holsti, *op. cit.*, n. 22, p. 61.
[28] Couloumbis and Wolfe, *op. cit.*, n. 10, pp. 370–371.
[29] Holsti, *op. cit.*, n. 22, pp. 62–63.
[30] Russet and Starr, *op. cit.*, n. 2, p. 69.
[31] Keohane, Robert O. and Joseph S. Nye, Jr. *Transnational Relations and World Politics*, Harvard University Press, Cambridge, Massachusetts, 1973, pp. xii–xxii.
[32] Holsti, *op. cit.*, n. 22, p. 64.

4

शक्ति संतुलन
(Balance of Power)

अंतर्वस्तु (Contents)

परिचय (*Introduction*)

अलग-अलग स्तर की शक्ति वाले राज्यों की मौजूदगी के कारण उनके बीच संबंधों के पैटर्न का अध्ययन करना आवश्यक हो जाता है। यदि कोई यथार्थवादी धारणा से चलता है, तो अंतर्राष्ट्रीय प्रणाली किसी भी अंतर्राष्ट्रीय सरकार द्वारा अप्रतिबंधित और असुरक्षित है, जहां राज्यों को अपने स्वयं के राष्ट्रीय हितों और, जाहिर है, राष्ट्रीय सुरक्षा की देखभाल करनी होती है, जिससे दूसरों में असुरक्षा पैदा होती है। इसलिए, जो तस्वीर उभरती है वह ऐसी है जिसमें "प्रत्येक दूसरे के खिलाफ है"। हालाँकि किसी विश्व सरकार के अभाव में अंतर्राष्ट्रीय संबंध अराजक लग सकते हैं, फिर भी अराजकता और अव्यवस्था के अर्थ में ऐसा नहीं है।[1] पहेली का समाधान, जैसा कि यथार्थवादी सुझाव देते हैं, शक्ति संतुलन का सिद्धांत है जो "अंतर्राष्ट्रीय संबंधों का एक बुनियादी सिद्धांत और राजनीति का एक मौलिक कानून है जैसा कि खोजना संभव है"। स्वतंत्र राष्ट्रों, विशेष रूप से महान शक्तियों के राजनीतिक संबंधों को पारंपरिक रूप से शक्ति संतुलन के सिद्धांत द्वारा समझाया गया है।[2]

शक्ति संतुलन (Balance of Power)

यूरोपीय इतिहास में लंबे समय तक वास्तविक रूप से बड़े पैमाने पर संघर्ष नहीं हुआ था। इसके पीछे मुख्य कारण एक एकल संप्रभु सत्ता का अभाव और कई संप्रभु राज्यों की उपस्थिति थी, जिनमें से प्रत्येक उत्साहपूर्वक अपनी स्वायत्तता की रक्षा करता था। सत्ता का वितरण इस प्रकार किया गया कि प्रत्येक राज्य

दूसरे राज्य को संतुलित करने में सक्षम हो। सिद्धांत रूप में, यदि कोई राज्य अपनी शक्ति बढ़ाने की कोशिश करता है, जिससे खतरा पैदा होता है, तो अन्य सभी इसे रोकने के लिए एकजुट हो जाएंगे। इसे ही शक्ति संतुलन के रूप में जाना जाने लगा (चित्र 4.1 देखें)।

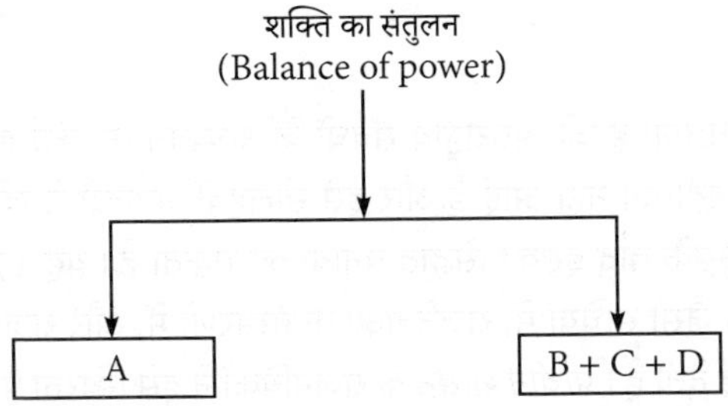

चित्र 4.1 शक्ति संतुलन का चित्रण (**Illustration of balance of power**)।

मूल धारणा यह है कि, जब तक शक्ति को समाप्त नहीं किया जाता है, तब तक इसकी पूर्ति प्रतिकारी शक्ति से की जानी चाहिए। शक्तिशाली पड़ोसियों की सद्भावना पर भरोसा करना मूर्खतापूर्ण होगा और केवल समान शक्ति ही सभी परिस्थितियों में पर्याप्त सुरक्षा प्रदान कर सकती है। *आपसी प्रतिरोध* (Mutual deterrence) मूलमंत्र बन गया है। किसी भी संभावित आक्रामकता को अन्य सभी राज्यों की संभावित संयुक्त शक्तियों द्वारा रोका जाता है। इसलिए, ऐसे मामले में, शक्ति संतुलन, या तो एक राष्ट्र द्वारा या राष्ट्रों के समूह द्वारा, किसी एक विशेष राष्ट्र को अपनी इच्छा दूसरों पर थोपने से रोकेगा। यदि राज्य A अपनी शक्ति बढ़ाता है, तो राज्य B को इसे बराबर करने का प्रयास करना चाहिए। यदि B अकेले A की शक्ति का मुकाबला नहीं कर सकता है, तो यह अन्य राज्यों में शामिल हो सकता है और साथ में वे A की शक्ति को संतुलित कर सकते हैं।

अठारहवीं और उन्नीसवीं शताब्दी के दौरान यूरोप में मौजूद शक्ति संतुलन शक्ति प्रणालियों के संतुलन का उत्कृष्ट उदाहरण है। उस समय ध्यान किसी की सेना का निर्माण करके प्रतिद्वंद्वी की शक्ति से मेल खाने पर नहीं था, बल्कि प्रतिद्वंद्वी की बढ़ती शक्ति से खतरे में पड़े एक या अधिक अन्य राज्यों का गठबंधन बनाने पर था। इस प्रकार, निरोध गठबंधनों द्वारा प्राप्त किया गया था न कि हथियारों की होड़ से। ऐतिहासिक रूप से, शक्ति प्रणालियों के इस प्रकार के संतुलन के तहत, किसी एक राज्य या यहाँ तक कि संपूर्ण प्रणाली की शक्ति में कोई वृद्धि नहीं हुई। आक्रामकता का मुकाबला करने के लिए केवल शक्ति की पुनः व्यवस्था की गई। राज्यों ने स्वतंत्र नीतियां अपनाईं और स्थायी गठबंधन द्वारा एक-दूसरे से बंधे नहीं थे। केवल जब एक राज्य ने दूसरे राज्य की स्वतंत्रता को धमकी दी, तो एक समूह ने एकजुट होकर जुझारू शक्ति का विरोध करना शुरू कर दिया।

ऐसे उदाहरण हैं जब 1740 और 1763 के बीच यूरोप में शक्ति संतुलन के ऐसे सिद्धांत लागू हुए। 1740–1743 में एक ओर फ्रांस, प्रशिया, सैक्सोनी, बवेरिया और दूसरी ओर ऑस्ट्रिया, इंग्लैंड और हनोवर के बीच कई गठबंधन हुए। 1744–1745 में, लाइन-अप के एक ओर फ्रांस, प्रशिया और बवेरिया थे, और दूसरी ओर ऑस्ट्रिया, इंग्लैंड, हनोवर और सैक्सोनी थे। 1756–1763 में, लाइन-अप में एक तरफ प्रशिया और हनोवर थे, और दूसरी तरफ ऑस्ट्रिया, रूस, फ्रांस और सैक्सोनी थे। ये व्यवस्थाएँ मूर्खतापूर्ण नहीं थीं और युद्ध को नहीं रोकती थीं, लेकिन जो बात मायने रखती थी वह यह थी कि कोई वैचारिक धर्मयुद्ध नहीं था जैसा कि बीसवीं सदी में देखा गया था। द्वितीय विश्व युद्ध के बाद अमेरिका द्वारा प्रशिया को "*डी-नाज़ीफाइड*"

(de-Nazified) जर्मनी के रूप में "*डीफ्रेडरिकिंग*" (deFredericking) करने का कोई आह्वान नहीं किया गया था। इसके अलावा, वे युद्ध मुख्य रूप से सिलेसिया (Silesia) पर लड़े गए थे और उनमें बड़े पैमाने पर नागरिक हताहत नहीं हुए थे, हालांकि बड़ी संख्या में सैनिक मारे गए थे।[3]

अर्थ (Meaning)

शक्ति संतुलन एक ऐसी धारणा है जो अंतर्राष्ट्रीय संबंधों के अध्ययन का केंद्र है। इस शब्द में किसी भी तरह से वर्तमान समय में नवीनता नहीं आई है और इसे सोलहवीं शताब्दी में खोजा जा सकता है, केवल अठारहवीं शताब्दी और उसके बाद इसका सिद्धांत बनाया जा सकता है। यह 1713 की *यूट्रेक्ट की संधि* (Treaty of Utrecht) जैसी संधियों में, राजनेताओं के संस्मरणों में, और राजनयिक इतिहासकारों और वकीलों के लेखन में दिखाई देती है। *प्राचीन शासन* के राजनयिकों ने इसे स्थिरता पैदा करने वाला अंतर्निहित सिद्धांत माना (वालोइस (Valois) और बॉर्बन (Bourbon) राजवंशों के तहत फ्रांस में चौदहवीं शताब्दी से अठारहवीं शताब्दी तक स्थापित राजनीतिक व्यवस्था को संदर्भित करता है)। बीसवीं सदी में इसे कई बार लागू किया गया है लेकिन समस्या यह है कि इस शब्द के सटीक अर्थ पर एकमतता का अभाव है।[4] इनिस एल. क्लाउड (Inis L. Claude, 1962) ने कहा कि "शक्ति संतुलन के साथ समस्या यह नहीं है कि इसका कोई अर्थ नहीं है, समस्या यह है कि इसके बहुत सारे अर्थ हैं,"।

प्रोफेसर ए.एफ. पोलार्ड (Professor A.F. Pollard, 1923) ने कहा कि वाक्यांश के कई हजार अर्थ हैं, लेकिन "आवश्यक विचार काफी सरल है: यह तराजू की एक जोड़ी द्वारा दर्शाए गए प्रकार का 'संतुलन' है। जब तराजू में वजन बराबर होता है तो संतुलन बनता है"।

जॉर्ज श्वार्ज़ेनबर्गर (George Schwarzenberger, 1951) ने शक्ति संतुलन को 'संतुलन' या "अंतर्राष्ट्रीय संबंधों में स्थिरता की एक निश्चित मात्रा" के रूप में देखा।

जी. लोव्स डिकिंसन (G. Lowes Dickinson, 1926) ने 'संतुलन' शब्द के दो उपयोगों को स्पष्ट किया। उन्होंने कहा कि "इसका मतलब है, एक तरफ, एक समानता, जब एक खाता संतुलित होता है तो दोनों पक्षों की समानता होती है, और दूसरी तरफ, एक असमानता, जब किसी के पास बैंक में 'शेष राशि' होती है"। उन्होंने यह भी कहा, "शक्ति संतुलन का सिद्धांत पूर्व की बात पर जोर देता है, लेकिन बाद की बात का तलाश करता है"।

प्रोफ़ेसर सिडनी बी. फे (Professor Sidney B. Fay, 1937) के अनुसार, शक्ति संतुलन "राष्ट्रों के परिवार के सदस्यों के बीच शक्ति का एक उचित संतुलन है जो उनमें से किसी एक को दूसरों पर अपनी इच्छा लागू करने के लिए पर्याप्त रूप से मजबूत होने से रोक देगा"।

कपलान (Kaplan)[5] ने अपने *सिस्टम एंड प्रोसेस इन इंटरनेशनल पॉलिटिक्स* (System and Process in International Politics) में शक्ति संतुलन प्रणाली और अन्य अंतर्राष्ट्रीय प्रणालियों के बीच अंतर किया है। उनके लिए शक्ति संतुलन प्रणाली एक राजनीतिक उपतंत्र के बिना एक अंतर्राष्ट्रीय सामाजिक व्यवस्था है। सिस्टम के भीतर कर्ता वे अंतर्राष्ट्रीय कर्ता हैं जो उप-वर्ग, "राष्ट्रीय कर्ता" के अंतर्गत आते हैं। 'आवश्यक' एक अपरिभाषित शब्द के रूप में उपयोग किया जा रहा है, आवश्यक कर्ताओं की संख्या कम से कम पांच और अधिमानतः अधिक होनी चाहिए।

मोर्गेंथाऊ (Morgenthau) ने अपनी *पॉलिटिक्स अमंग नेशंस: द स्ट्रगल फॉर पावर एंड पीस* (*Politics Among Nations: The Struggle for Power and Peace*) में इस शब्द के चार अर्थ बताए हैं:

1. एक नीति जिसका उद्देश्य एक निश्चित स्थिति को ध्यान में रखना है
2. मामलों की एक वास्तविक स्थिति
3. शक्ति का लगभग समान वितरण
4. शक्ति का कोई भी वितरण

हास (Haas)[6] ने शक्ति संतुलन की अवधारणा के आठ परस्पर अनन्य संस्करण दिए हैं:

1. राष्ट्र-राज्यों के बीच शक्ति के समान वितरण से उत्पन्न संतुलन।
2. राष्ट्र-राज्यों के बीच शक्ति के असमान वितरण से उत्पन्न संतुलन।
3. एक राष्ट्र-राज्य (संतुलनकर्ता) के प्रभुत्व से उत्पन्न संतुलन।
4. सापेक्ष स्थिरता और शांति प्रदान करने वाली प्रणाली।
5. एक ऐसी प्रणाली जिसकी विशेषता अस्थिरता और युद्ध है।
6. सत्ता की राजनीति कहने का दूसरा तरीका।
7. इतिहास का एक सार्वभौमिक नियम।
8. नीति निर्माताओं के लिए एक मार्गदर्शिका।

केनेथ वाल्ट्ज (Kenneth Waltz)*[7] अपने थ्योरी ऑफ इंटरनेशनल पॉलिटिक्स (Theory of International Politics) (1979) में यह नहीं मानते हैं कि राज्य आत्म-प्रशंसा करने वाले और आक्रामक निकाय हैं, लेकिन वह यह मानते हैं कि उन्हें खुद को संरक्षित करने की आवश्यकता है। इस प्रकार, वे अपनी सुरक्षा के बारे में चिंतित होने और संभावित खतरे उत्पन्न करने वाले अन्य राज्यों के अस्तित्व को ध्यान में रखने के लिए बाध्य हैं। यह राज्यों को अन्य राज्यों की शक्ति और अपनी शक्ति के अनुसार अंतर्राष्ट्रीय संबंधों में अपने रुख को लगातार समायोजित करने के लिए प्रेरित करता है। इन आंदोलनों का परिणाम शक्ति संतुलन का उदय है।

हेडली बुल (Hedley Bull)†[8] अपनी द *अनार्किकल सोसाइटी* (*The Anarchical Society*, 1977) में शक्ति संतुलन को एक प्रकार की कलाकृति मानते हैं, कुछ ऐसा जिसे राज्य, या राज्यों का एक महत्वपूर्ण हिस्सा, एक वांछनीय अंत के रूप में देखने के लिए तैयार हैं और इसके लिए प्रतिबद्ध विचार हैं और इसे कार्यान्वित करना 'चाहिए'।

कई अर्थों और निहितार्थों के बावजूद, शक्ति का संतुलन बना हुआ है, जैसा कि मोर्गेंथाऊ ने बताया, अंतर्राष्ट्रीय संबंधों में "एक सामान्य सामाजिक सिद्धांत की अभिव्यक्ति"।

शक्ति संतुलन के लिए पूर्वापेक्षाएँ (The Prerequisites for Balance of Power)

1. राज्यों की बहुलता।
2. इन संप्रभु कर्ताओं पर एक केंद्रीकृत वैध और मजबूत प्राधिकार का अभाव।
3. राष्ट्रीय शक्ति का अपेक्षाकृत असमान वितरण।
4. संतुलन शक्ति की आवश्यकता।

---

* Kenneth Waltz, *Theory of International Politics*, McGraw Hill, New York, 1979 [given details in Chap 1 (p. 8)].

† Hedley Bull, *The Anarchical Society: A Study of Order in Politics*, Columbia University Press, New York, 1977.

5. मौजूदा शक्ति वितरण को कायम रखना जिससे संतुलित राष्ट्रों को पारस्परिक रूप से लाभ होता है, अर्थात यथास्थिति।[9]

इन धारणाओं से अनौपचारिक रूप से व्यापक रूप से समझे जाने वाले सिद्धांतों या नियमों का एक सेट उत्पन्न होता है:

1. किसी अन्य देश-किसी भी देश द्वारा शक्ति में वृद्धि पर संदेह करें। क्षमताओं की चिंता करें, इरादों की नहीं।
2. हमेशा कमजोर पक्ष का साथ दें। मित्रता या नैतिकता जैसे विचारों पर ध्यान न दें।
3. किसी राज्य या राज्यों के समूह को तभी तक समर्थन दें, जब तक वह खतरे से बाहर न हो जाए। याद रखें कि कोई भी गठबंधन स्थायी नहीं होता।
4. पराजित होने वाले हमलावर के प्रति संयम दिखाएं क्योंकि कोई भी गठबंधन स्थायी नहीं होता है; आज का शत्रु कल का मित्र हो सकता है।
5. परिधीय क्षेत्रों में गैर-जरूरी झगड़ों को इस तरह से निपटाएं जिससे केंद्रीय संतुलन न बिगड़े।[10]

कपलान (Kaplan)[11] शक्ति संतुलन प्रणाली के कामकाज के लिए कुछ बुनियादी नियम भी सुझाते हैं:

1. क्षमताएं बढ़ाने के लिए कार्य करें लेकिन लड़ाई के बजाय बातचीत करें।
2. क्षमताओं को बढ़ाने का अवसर छोड़ने के बजाय संघर्ष करें।
3. एक आवश्यक राष्ट्रीय कर्ता को ख़त्म करने के बजाय लड़ना बंद करें।
4. किसी भी गठबंधन या एकल कर्ता का विरोध करने के लिए कार्य करें जो शेष प्रणाली के संबंध में प्रमुख स्थान रखता है।
5. उन कर्ताओं को प्रतिबंधित करने के लिए अधिनियम जो सुपरनैशनल आयोजन सिद्धांतों की सदस्यता लेते हैं।
6. पराजित या बाधित आवश्यक राष्ट्रीय कर्ताओं को सिस्टम में स्वीकार्य भूमिका भागीदार के रूप में फिर से प्रवेश करने की अनुमति दें या कुछ पहले से अनिवार्य कर्ता को आवश्यक कर्ता वर्गीकरण के भीतर लाने के लिए कार्य करें।
7. सभी आवश्यक कर्ताओं को स्वीकार्य भूमिका भागीदार मानें।

शक्ति संतुलन प्रणाली की विशेषताएँ (Characteristics of Balance of Power System)

प्रोफेसर पामर और पर्किन्स (Professor Palmer and Perkins) ने शक्ति संतुलन प्रणाली की कुछ बुनियादी विशेषताएं गिनाई हैं:

- 'शक्ति संतुलन' शब्द स्वयं संतुलन का सुझाव देता है लेकिन यह निरंतर परिवर्तनों के अधीन होता है, अर्थात संतुलन से असमानता की ओर।
- निकोलस जे. स्पाईकमैन (Nicholas J. Spykman, 1942) ने टिप्पणी की कि शक्ति संतुलन "भगवान का उपहार" नहीं है और इसे "मनुष्य के सक्रिय हस्तक्षेप" द्वारा प्राप्त किया जाना चाहिए। यदि राज्य जीवित रहने के इच्छुक हैं तो वे इसके 'घटित होने' तक इंतजार नहीं कर सकते हैं, और जैसा कि स्पाईकमैन कहते हैं, "उन्हें उस काल की बढ़ती आधिपत्य शक्ति के खिलाफ संतुलन बनाए रखने के लिए युद्ध में जाने के लिए तैयार रहना चाहिए"।

- शक्ति संतुलन यथास्थिति के पक्ष में होता है; लेकिन प्रभावी होने के लिए, शक्ति संतुलन नीति को परिवर्तनशील और गतिशील होना चाहिए।
- शक्ति का वास्तविक संतुलन शायद ही कभी मौजूद होता है और इसकी वास्तविक परीक्षा, संभवतः, युद्ध है। जब सचमुच युद्ध होता है तो पूरी व्यवस्था अस्त-व्यस्त हो जाती है।
- यह एक राजनेता का व्यक्तिपरक दृष्टिकोण और एक इतिहासकार का वस्तुपरक दृष्टिकोण दोनों प्रदान करता है। जैसा कि मार्टिन वाइट (Martin Wight) (1946) ने देखा था, और सुझाव दिया था कि एक इतिहासकार और एक राजनेता के दृष्टिकोण में अंतर यह है कि "इतिहासकार कहेगा कि एक संतुलन है जब विरोधी समूह उसे शक्ति में बराबर लगते हैं। राजनेता कहेगा कि एक संतुलन है जब वह सोचता है कि उसका पक्ष दूसरे से अधिक मजबूत है और वह कहेंगे कि उनका देश संतुलन रखता है, जब उसे अपने हितों के अनुसार एक पक्ष या दूसरे पक्ष में शामिल होने की स्वतंत्रता है। इसलिए, जो राज्य संतुलन का खेल खेलते हैं, वे वास्तव में अपने पक्ष में असंतुलन में लिप्त रहते हैं"।
- शक्ति संतुलन का खेल बड़े राज्यों के लिए एक खेल है, हालांकि छोटे और कमजोर राज्य परिणाम को लेकर बेहद चिंतित हैं; वे खिलाड़ी के बजाय महज़ दर्शक बन जाते हैं, या अक्सर पीड़ित बन जाते हैं।
- संतुलन बनाए रखने के लिए बैलेंसर की आवश्यकता होती है।

एच.एफ. हार्टमैन (H.F. Hartman)[12] ने इतिहास में पीछे मुड़कर देखा, तो 1815 के बाद से चार प्रकार की शक्ति संतुलन प्रक्रिया की पहचान की।

1. "बैलेंसर फॉर्म जिसमें बैलेंसर एक सरल, दो-ब्लॉक फॉर्म में लचीलेपन को बढ़ावा देता है जो किसी भी ब्लॉक को रोकता है"।
2. "बिस्मार्कवादी रूप जिसमें संभावित उपद्रवी को अन्य शक्तियों के हितों के प्रतिसंतुलन (counterbalance) के उपयोग पर निर्मित एक जटिल और लचीली गठबंधन प्रणाली के माध्यम से अलग करके नियंत्रित किया जाता है"।
3. "म्यूनिख युग (The Munich Era) का स्वरूप जिसमें लचीलापन हमले के संभावित पीड़ितों की ओर से हितों के समन्वय की कमी से उत्पन्न होता है"।
4. "सरल दो गुट का रूप, जैसा कि 1907–1914 में और फिर 1949–1963 या उसके आसपास अस्तित्व में था, जिसमें प्रत्येक गुट दूसरे पर प्रत्यक्ष रूप से एकमात्र निवारक या निरोधक प्रभाव हैं"।

तकनीक/उपकरण और विधियाँ (Techniques/Devices and Methods)

शक्ति प्रणाली का संतुलन बनाए रखने की विभिन्न तकनीकें हैं। इन पर अब संक्षेप में चर्चा की गई है।

1. *गठबंधन और प्रति-गठबंधन (Alliances and Counter-Alliances):* शक्ति संतुलन बनाए रखने के लिए ये सबसे अधिक उपयोग किए जाने वाली विधियाँ हैं। यदि कोई राज्य अपनी ताकत बढ़ाता है, तो उसके विरोधियों के पास उसके खिलाफ गठबंधन बनाकर उसे संतुलित करने के अलावा कोई अन्य विकल्प नहीं होता है। ऐसा यूरोप में अक्सर हुआ है, जहां, जब भी एक विशेष राज्य ने यूरोप में संतुलन को खतरे में डाला, तो अन्य राज्यों ने उसके खिलाफ गठबंधन बना लिया। राज्यों के एक समूह के गठबंधन

का मुकाबला राज्यों के दूसरे समूह द्वारा गठित प्रति-गठबंधन से हो सकता है। बीसवीं सदी के यूरोप में दो ऐसे गठबंधन और प्रति-गठबंधन देखे गए, उनमें से एक 1907 में इंपीरियल जर्मनी, ऑस्ट्रिया-हंगरी और इटली के ट्रिपल गठबंधन की प्रतिक्रिया के रूप में फ्रांस, इंग्लैंड और रूस द्वारा गठित *ट्रिपल एंटेंटे* (*Triple Entente*) था। दूसरा *एक्सिस* (*Axis*) था जिसका गठन 1936 में फ्रांस और यूरोपीय देशों के बीच गठबंधन का मुकाबला करने के लिए किया गया था। फिर, द्वितीय विश्व युद्ध के दौरान *मित्र शक्तियों* (*Allied powers*) ने धुरी राष्ट्र (*Axis power*) के विरुद्ध एक गठबंधन बनाया।

गठबंधन आक्रामक और रक्षात्मक दोनों हो सकते हैं, और यहां तक कि विश्व संतुलन या क्षेत्रीय संतुलन भी हो सकते हैं। यह कहना अतिशयोक्ति नहीं होगी कि शक्ति संतुलन संबंधी विचार, चाहे वह क्षेत्रीय हो, गोलार्ध में हो या विश्वव्यापी हो, राज्यों द्वारा गठित लगभग हर गठबंधन में एक नियंत्रक कारक होता है। यह शीत युद्ध के दिनों में सच साबित हुआ जब संयुक्त राज्य अमेरिका ने पश्चिमी यूरोपीय राज्यों, मध्य एशियाई राज्यों और पाकिस्तान के साथ नाटो, सीटो, सेंटो (NATO, SEATO, CENTO) और अन्य जैसी कई सैन्य क्षेत्रीय व्यवस्थाएं बनाईं, जिनका सोवियत नेतृत्व वाले गठबंधनों ने वारसा संधि जैसी संधि से मुकाबला किया।

2. *मुआवजा (Compensations)*: मोर्गेंथाऊ बताते हैं कि "राजनीतिक समझौते में जारी होने वाली राजनयिक वार्ता की सौदेबाजी सबसे सामान्य रूप में मुआवजे का सिद्धांत है, और इस तरह यह मूल रूप से शक्ति संतुलन से जुड़ा हुआ है"। मुआवज़े में आम तौर पर क्षेत्र का कब्ज़ा या विभाजन शामिल होता है। क्षेत्रीय मुआवजे का उपयोग अक्सर शक्तिशाली राज्यों द्वारा छोटे और कमजोर राज्यों की कीमत पर और युद्ध के अंत में विजयी शक्तियों द्वारा किया जाता है। 1870 और 1914 के बीच, इस सिद्धांत को बड़े पैमाने पर लागू किया गया, जिसके परिणामस्वरूप औपनिवेशिक क्षेत्रों का वितरण हुआ और यूरोपीय शक्तियों के बीच चीन और अन्य जगहों पर प्रभाव क्षेत्रों का चित्रण हुआ। प्रदेशों के विभाजन या बँटवारे का प्रयोग शक्ति संतुलन बनाये रखने में भी किया जाता रहा है। इस संबंध में बहुत सारे उदाहरण उपलब्ध हैं, जैसे यूट्रेक्ट की संधि (Treaty of Utrecht) के तहत यूरोप और उसके बाहर हैप्सबर्ग और बॉर्बन्स के बीच स्पेनिश संपत्ति का विभाजन, पोलैंड का विभाजन और बाद में रूस, प्रशिया और ऑस्ट्रिया के बीच इसका विभाजन, जर्मनी का विभाजन वर्सेलीज की संधि (Treaty of Versailles) द्वारा और फिर द्वितीय विश्व युद्ध के बाद ब्रिटेन, फ्रांस, रूस और संयुक्त राज्य अमेरिका के बीच, और द्वितीय विश्व युद्ध के बाद कोरिया और वियतनाम का विभाजन हुआ।

3. बफर स्टेट्स (*Buffer States*): भू-रणनीतिक रूप से, कुछ राज्यों को कुछ शक्तिशाली राज्यों के बीच इस तरह से रखा जा सकता है कि वे प्रतिद्वंद्वी शक्तियों को एक-दूसरे के सीधे संपर्क से दूर रखते हैं। वे दोनों के बीच एक बफर बनते हैं। पामर और पर्किन्स बताते हैं कि महान शक्तियों के बीच उनके कुशनिंग प्रभाव के कारण बफर राज्य बहुत महत्वपूर्ण हैं। वे तटस्थ या निष्प्रभावी राज्य, उपग्रह राज्य या आश्रित क्षेत्र हो सकते हैं, या अपेक्षाकृत सम्मानजनक तरीके से शक्ति के दो या दो से अधिक एकलीकरणों में से एक के साथ सक्रिय रूप से जुड़े भी हो सकते हैं।

दुनिया के महत्वपूर्ण बफर क्षेत्रों में से एक सोवियत संघ को गैर-कम्युनिस्ट शक्तियों से अलग करने वाला क्षेत्र रहा है, यह क्षेत्र कमजोर राज्यों, विशाल दूरियों, भौगोलिक बाधाओं, युद्ध के बाद की अवधि के दौरान महाशक्तियों के परस्पर विरोधी हितों और बढ़ते राष्ट्रवाद से युक्त है। यह मोटे तौर पर मैकिंडर के इनर *क्रीसेंट* और स्पाईकमैन *के रिमलैंड* (*Inner Crescent* of Mackinder and the *Rimland* of *Spykman*) के एक ब्ड़े हिस्से के विचार से मेल खा सकता है। अफगानिस्तान लंबे समय तक रूस और

स्वतंत्रता-पूर्व भारत के बीच एक बफर राज्य के रूप में कार्य करता रहा। इसी तरह, ब्रिटिश भारत के दौरान और भारत की आजादी के शुरुआती वर्षों के दौरान भी तिब्बत चीन और भारत के बीच एक बफर था। लेकिन दोनों ही मामलों में, 1979 में अफगानिस्तान में सोवियत हस्तक्षेप ने इसकी बफर स्थिति को बिगाड़ दिया, और हाल ही में तिब्बत पर चीनी कब्जे ने इसके बफर चरित्र को नष्ट कर दिया है। नेपाल और भूटान चीन और भारत के बीच बफर के रूप में भी काम करते हैं। इस प्रकार भारत और चीन दोनों नेपाल और भूटान के प्रति सतर्क विदेश नीति का पालन करते हैं। कई रेखाएँ, जैसे वियतनाम में 17वीं समानांतर और कोरिया में 38वीं समानांतर, भी बफर राज्यों के समान उद्देश्यों को पूरा करती हैं।

4. *शस्त्रीकरण और निरस्त्रीकरण (Armaments and Disarmaments)*: सैन्य शक्ति किसी राज्य के अस्तित्व के लिए महत्वपूर्ण है और सीधे उस विशेष राज्य की सुरक्षा के रखरखाव से जुड़ी होती है। इसलिए, राज्य अपनी पारंपरिक सेनाओं या परमाणु शस्त्रागार के संदर्भ में अपनी सैन्य तैयारियों पर बहुत जोर देते हैं। तथ्य यह है कि एक राज्य की सैन्य तैयारी दूसरे राज्य के लिए भी इसका अनुसरण करना आवश्यक बना देती है। इससे एक खतरनाक और अंतहीन हथियारों की दौड़ शुरू हो जाती है और प्रमुख शक्तियों के बीच प्रतिद्वंद्विता तेज हो जाती है, जैसा कि संयुक्त राज्य अमेरिका और सोवियत संघ के बीच युद्ध के बाद के युग में हुआ था, और जैसा कि दुनिया के हर हिस्से में होता है। भारत और पाकिस्तान दक्षिण एशियाई क्षेत्र में फिर से दावेदार हैं और उनके बीच हथियारों की होड़ क्षेत्र में संतुलन बिगाड़ रही है। चीन की ताकत की बराबरी करने के लिए अपने पड़ोसी की तुलना में भारत अपने सैन्य शस्त्रागार, पारंपरिक और परमाणु हथियारों को सुधारने और बढ़ाने की नीति अपना रहा है, जिससे फिर से उसके दक्षिण एशियाई पड़ोसियों, खासकर पाकिस्तान को झटका लगने की संभावना है और क्षेत्र में हथियारों की होड़ बढ़ेगी।

लेकिन लगातार हथियारों की होड़ से विनाश का डर बढ़ जाता है। इसलिए, सिद्धांत रूप में, हथियारों की दौड़ को समाप्त करके और आनुपातिक रूप से हथियारों को कम करके शक्ति का अधिक स्थिर संतुलन प्राप्त किया जा सकता है। निरस्त्रीकरण की दिशा में पहला प्रयास 1919 की वर्सेलीज की संधि (Treaty of Versailles) और फिर 1922 की वाशिंगटन नौसेना संधि (Washington Naval Treaty) थी। दोनों महाशक्तियों के बीच तनाव कम होने के बाद, दोनों ने अपने शस्त्रीकरण प्रयासों को कम करने का प्रयास किया है और इस संबंध में कई समझौतों पर हस्ताक्षर किए हैं जैसे, 1963 की *आंशिक परीक्षण प्रतिबंध संधि (पीटीबीटी)* (Partial Test Ban Treaty—PTBT), 1972 की सामरिक हथियार सीमा संधि साल्ट I (Strategic Arms Limitation Treaty, SALT-I) और 1979 की साल्ट II (SALT-II), 1987 की इंटरमीडिएट रेंज न्यूक्लियर फोर्स (Intermediate Range Nuclear Force, INF) संधि और 1991 की *स्ट्रैटेजिक आर्म्स रिडक्शन संधि* (Strategic Arms Reduction Treaty, START)। विश्व स्तर पर, संयुक्त राष्ट्र द्वारा भी कई निरस्त्रीकरण प्रयास किए गए हैं, जैसे *अप्रसार संधि (एनपीटी)* (Non Proliferation Treaty—NPT), *व्यापक परीक्षण प्रतिबंध संधि (सीटीबीटी)* (Comprehensive Test Ban Treaty—CTBT) , रासायनिक हथियार संधि और अन्य। लेकिन निरस्त्रीकरण के साथ समस्या यह है कि जो राज्य पहले निरस्त्रीकरण करता है, वह गंभीर जोखिम उठाता है। इसलिए, निरस्त्रीकरण पर अक्सर चर्चा की जाती है और इसके अभ्यास में कठिनाइयाँ शामिल होती हैं जब तक कि यह आश्वासन न मिल जाए कि सभी एक साथ इस तरह से निरस्त्रीकरण करेंगे कि यह शक्ति के वर्तमान वितरण को परेशान नहीं करेगा। चूंकि अधिकांश मामलों में इस आश्वासन की कमी है, इसलिए निरस्त्रीकरण उपायों को संदेह की दृष्टि से देखा जाता है और यही प्राथमिक कारण है कि परमाणु ऊर्जा विकसित करने की क्षमता रखने वाले अधिकांश राज्य अप्रसार संधि और व्यापक परीक्षण प्रतिबंध

संधि पर हस्ताक्षर करने से बचते हैं। उन्हें परमाणु संपन्न देशों के परमाणु आधिपत्य और वंचितों को परमाणु क्लब में शामिल होने से रोकने के उनके गणनात्मक उपायों का डर था।

5. *हस्तक्षेप और अहस्तक्षेप (Intervention and Non-Intervention):* हस्तक्षेप एक शक्तिशाली राज्य द्वारा इस्तेमाल किया जाने वाला हथियार है, जो आमतौर पर शक्ति के मौजूदा संतुलन में यथास्थिति बनाए रखने के लिए, आवश्यक कुछ रियायतें निकालने के लिए, दूसरे राज्य के आंतरिक मामलों में हस्तक्षेप करने के लिए संतुलनकर्ता होता है। ऐसे कई उदाहरण हैं जहां ऐसे हस्तक्षेप हुए हैं। जर्मनी ने जनरल फ्रेंको के पक्ष में स्पेनिश गृहयुद्ध में हस्तक्षेप किया, ब्रिटेन ने ग्रीस में, संयुक्त राज्य अमेरिका ने क्यूबा, लेबनान, लाओस, ग्वाटेमाला और अन्य में और सोवियत संघ ने उत्तर कोरिया, हंगरी, चेकोस्लोवाकिया, अफगानिस्तान और अन्य जगहों पर हस्तक्षेप किया। शीत युद्ध के बाद की दुनिया में, मध्य-पूर्व में इराक, कुवैत और अफगानिस्तान में संयुक्त राज्य अमेरिका के हस्तक्षेप के मामले सामने आए हैं।

फिर, अहस्तक्षेप एक प्रकार की नीति है जो आमतौर पर शक्तिशाली राज्यों के साथ-साथ छोटे राज्यों द्वारा भी अपनाई जाती है, जो राजनीतिक व्यवस्था को संतुष्ट करती है और संतुलन बनाए रखने के लिए शांतिपूर्ण तरीकों का पालन करती है। जर्मनी के विपरीत, फ्रांस और ब्रिटेन ने स्पेनिश गृहयुद्ध में हस्तक्षेप न करने की नीति का पालन किया।

6. *फूट डालो और राज करो (Divide and Rule):* यह प्रतिस्पर्धियों को आपस में बांटकर शक्ति संतुलन बनाए रखने के लिए लंबे समय से अपनाई गई नीति रही है। इसका उपयोग रोमनों ने बिखरे हुए लोगों पर अपना नियंत्रण बनाए रखने के लिए किया था। फ्रांसीसियों ने सत्रहवीं शताब्दी से ही जर्मनी के प्रति इस नीति का प्रमुखता से उपयोग किया था। अंग्रेजों ने ऐतिहासिक रूप से महाद्वीप के प्रति इसी नीति को अपनाया था। युद्ध के बाद की अवधि में, जब विश्व राजनीति दो महाशक्तियों के बीच तनाव से टूट गई थी, जिसे आम तौर पर शीत युद्ध के रूप में जाना जाता था, यह नीति फिर से महाशक्तियों की विदेश नीति अभिविन्यास में प्रमुखता से सामने आई। दोनों महाशक्तियों का उद्देश्य संतुलन बनाए रखने के साथ-साथ अपने प्रभाव क्षेत्रों को संरक्षित करने के लिए प्रतिद्वंद्वी खेमों, यानी पश्चिमी और पूर्वी यूरोप को विघटित और विभाजित रखना था।[13]

आलोचना (Criticism)

शक्ति संतुलन सिद्धांत कुछ अंतर्राष्ट्रीय संबंध विद्वानों की ओर से अन्य विज्ञानों की तरह अंतर्राष्ट्रीय राजनीति के लिए एक कानून तैयार करने का एक प्रयास था। लेकिन अंतर्राष्ट्रीय संबंधों के क्षेत्र में सबसे बड़ी कठिनाई अन्य विषयों से प्राप्त सिद्धांतों के अनुप्रयोग में होती है। इसलिए, शक्ति संतुलन के विचार को सिर्फ इसलिए स्वीकार करना मुश्किल हो जाता है क्योंकि यह पुराना और सम्मानजनक सिद्धांत है।

अधिकांश विद्वान अपने सुझावों के साथ आए हैं कि *थ्योरी के सिद्धांत* (principles of the theory) सही हैं लेकिन बदली हुई स्थितियाँ शक्ति संतुलन प्रणाली को सही ढंग से संचालित होने से रोकती हैं। जैसा कि मोर्गेंथाऊ (Morgenthau) ने बताया, "...अंतर्राष्ट्रीय मामलों में शक्ति का संतुलन केवल एक सामान्य सामाजिक सिद्धांत की एक विशेष अभिव्यक्ति है जिसके लिए कई स्वायत्त इकाइयों से बने सभी समाज अपनी स्वायत्तता का श्रेय देते हैं; कि शक्ति का संतुलन और उसके संरक्षण पर लक्षित नीतियां अपरिहार्य नहीं हैं, बल्कि संप्रभु राष्ट्रों के समाज में एक आवश्यक स्थिरीकरण कारक हैं; और यह कि शक्ति के अंतर्राष्ट्रीय संतुलन की अस्थिरता सिद्धांत की दोषपूर्णता के कारण नहीं है, बल्कि उन विशेष परिस्थितियों के कारण है जिनके तहत सिद्धांत को संप्रभु राज्यों के समाज में कार्य करना चाहिए"।[14]

ऑर्गेस्की (Organski) इस अवधारणा की कई कमियाँ बताते हैं। उनके लिए, यह अवधारणा गलत धारणाओं पर आधारित है कि राष्ट्र मूल रूप से स्थिर इकाइयाँ हैं जिनकी शक्ति भीतर से नहीं बदलती है और यह भी धारणा है कि राष्ट्रों का एक-दूसरे के साथ कोई स्थायी संबंध नहीं है, लेकिन स्वतंत्र रूप से चलते हैं, मुख्य रूप से शक्ति के विचार से प्रेरित होते हैं। उनका कहना है कि राष्ट्र स्थिर इकाइयाँ नहीं हैं जो केवल सैन्य आक्रमणों, क्षेत्रीय विस्तार और गठबंधनों के माध्यम से अपनी शक्ति बढ़ाते हैं। अंतर्राष्ट्रीय संबंधों के पैटर्न में आधुनिक परिवर्तनों को देखते हुए, राष्ट्रीय भावनाओं को संगठित करके, सामाजिक संगठनों की दक्षता में सुधार करके और औद्योगीकरण द्वारा राष्ट्र बदल सकते हैं। शक्ति में इस तरह की वृद्धि और बदलाव को शक्ति संतुलन के पारंपरिक तंत्रों के माध्यम से प्रतिकार नहीं किया जा सकता है क्योंकि विभिन्न प्रकार के आर्थिक, तकनीकी और सामाजिक-सांस्कृतिक परिवर्तन एक कारक के टूटने और दूसरे के उद्भव का कारण बन सकते हैं। एक सिद्धांत जो मानता है कि राष्ट्रीय सत्ता तक पहुंचने का मुख्य मार्ग युद्ध छेड़ने और गठबंधन बनाने में निहित है, आधुनिक समय के सबसे महत्वपूर्ण विकास से चूक गया है।

उन्होंने आगे तर्क दिया कि राष्ट्र केवल सत्ता की खातिर अपनी इच्छानुसार गठबंधन बनाने और तोड़ने के लिए स्वतंत्र नहीं हैं। यहां तक कि जब भी सत्ता का वितरण बदलता है तो 'संतुलनकर्ता' भी अक्सर पाला बदलने की स्थिति में नहीं होता है। सच्चाई यह है कि एक राष्ट्र अपने राष्ट्रीय हित के आधार पर अपने मित्रों और शत्रुओं का चयन करता है, जो विशुद्ध रूप से सैन्य-रणनीतिक से लेकर राजनीतिक, आर्थिक, सांस्कृतिक और यहां तक कि मनोवैज्ञानिक भी हो सकते हैं। यह एक राष्ट्र का समर्थन तब तक करता है जब तक उसके राष्ट्रीय हित को वर्तमान अंतर्राष्ट्रीय व्यवस्था के संरक्षण से सर्वोत्तम रूप से पूरा किया जाता है और उन लोगों का विरोध करता है, जो यथास्थिति को परेशान करते हैं या बदलाव की मांग करते हैं।

ऑर्गन्स्की (Organski) यह भी बताते हैं कि 'बैलेंसर' (balancer) जैसी कोई चीज़ नहीं होती है और न ही ऐसा कभी हुआ है। इंग्लैंड, जिसके बारे में लंबे समय से माना जाता था कि वह एक संतुलनकर्ता की भूमिका निभा रहा है, वास्तव में वह अपने स्वार्थ से प्रेरित था और उसने विश्व राजनीति में अपनी शक्ति की प्रधानता को बनाए रखने के लिए इस तरह से काम किया, न कि बिल्कुल भी संतुलन बनाए रखने के लिए।[15]

दूसरी सच्चाई इस तथ्य में निहित है कि शक्ति संतुलन शांति सुनिश्चित नहीं करता है। इसके विपरीत, आधुनिक इतिहास में दर्ज लगभग सभी बडे युद्ध ऐसे समय में हुए हैं जब चुनौती देने वालों में से एक ने प्रबल शक्ति को संतुलित किया या जब, गलत अनुमान के कारण, एक चुनौती देने वाले ने सोचा कि उसकी शक्ति उसके प्रतिद्वंद्वियों जितनी बड़ी थी।

मोर्गेंथाऊ (Morgenthau)[16] ने शक्ति संतुलन की अवधारणा की त्रिमुखी आलोचना की है। उन्होंने शक्ति संतुलन की अवधारणा की अनिश्चितता, अवास्तविकता और अपर्याप्तता की ओर इशारा किया है।

1. *अनिश्चितता (Uncertainty):* मोर्गेंथाऊ (Morgenthau) बताते हैं कि यदि शक्ति संतुलन की कल्पना यांत्रिक रूप से की जाती है, तो इसके लिए आसानी से पहचाने जाने योग्य मात्रात्मक मानदंड की आवश्यकता होगी जिसके द्वारा कई देशों की सापेक्ष शक्ति की माप और तुलना की जा सकती है। केवल ऐसे मानदंड के माध्यम से ही यह सुनिश्चित किया जा सकता है कि कोई विशेष राष्ट्र दूसरे की तुलना में अधिक शक्तिशाली होता है या वे आपस में शक्ति संतुलन बनाए रखते हैं। लेकिन वास्तव में, शक्ति का मात्रात्मक माप करना कठिन है, और राष्ट्रीय शक्ति इतने सारे तत्वों से बनी होती है कि इन घटकों की गुणवत्ता में भी निरंतर परिवर्तन होता रहता है। इस प्रकार, कई राष्ट्रों की सापेक्ष शक्ति की तर्कसंगत गणना अनुमानों की एक श्रृंखला बन जाती है, जिनकी सत्यता संदिग्ध होती है। शक्ति गणना की अनिश्चितता राष्ट्रीय शक्ति

की प्रकृति में ही अंतर्निहित है। हालाँकि, यह अनिश्चितता तब और बढ़ जाती है जब एक या दूसरे या दोनों पैमानों में वजन न केवल एकल इकाइयों का होता है बल्कि गठबंधन बनाने वाले कई राष्ट्रों का भी होता है।

2. ***अवास्तविकता (Unreality):*** शक्ति गणना की अनिश्चितता शक्ति प्रणाली के संतुलन को संचालित करने में अक्षम कर देती है और व्यवहार में भी इसे निषेध की ओर ले जाती है। चूँकि राष्ट्र राष्ट्रीय शक्ति के वितरण की गणना करने में असमर्थ हैं, इसलिए वे कम से कम यह सुनिश्चित करने का प्रयास करेंगे कि गणना में वे जो भी त्रुटि कर सकते हैं, इससे उन्हें शक्ति की प्रतिस्पर्धा में गंभीर नुकसान नहीं होगा और उनके पास सुरक्षा का एक मार्जिन होगा। .

इस प्रकार, शक्ति के लिए संघर्ष में, राष्ट्रों का लक्ष्य वास्तव में संतुलन नहीं होता है, जो कि शक्ति की समानता है, बल्कि उनके पक्ष में शक्ति की श्रेष्ठता है। सत्ता की असीमित आकांक्षा राष्ट्रों की मानसिकता में हमेशा मौजूद रहती है और यह हथियारों की होड़ में बदल जाती है जो अंततः युद्ध का कारण बन सकती है। हालाँकि, निवारक युद्ध, कूटनीतिक भाषा में घृणित और लोकतांत्रिक जनमत के लिए घृणाष्पद है, वास्तव में, शक्ति संतुलन का एक स्वाभाविक परिणाम है। प्रथम विश्व युद्ध उसी दिशा में एक संकेत है। एक विचारधारा के रूप में शक्ति संतुलन का उपयोग शक्ति संतुलन की यांत्रिकी में निहित कठिनाइयों और खतरों को बढ़ा देता है।

3. ***अपर्याप्तता (Inadequacy):*** मोर्गेंथाऊ ने देखा कि सत्रहवीं, अठारहवीं और उन्नीसवीं शताब्दी में शक्ति संतुलन प्रणाली द्वारा किए गए वास्तविक योगदान ने आधुनिक राज्य प्रणाली की स्थिरता की स्थापना और इसके सदस्यों की स्वतंत्रता के संरक्षण में मदद की थी। लेकिन यह अकेले शक्ति संतुलन नहीं था जिसने इन चीजों को हासिल करने में मदद की; यूरोप में मौजूद नैतिक सर्वसम्मति के निरोधक प्रभाव जैसे अन्य कारक भी थे। मोर्गेंथाऊ ने यह भी देखा कि शक्ति का संतुलन इस प्रकार एक वास्तविकता और कार्य को मानता है जो वास्तव में उसके पास नहीं है और इसलिए, अंतर्राष्ट्रीय राजनीति को छिपाने, तर्कसंगत बनाने और उचित ठहराने की प्रवृत्ति होती है जैसा कि यह वास्तव में है।

शक्ति संतुलन की प्रासंगिकता (Relevance of Balance of Power)

आलोचनाओं और कमियों के आधार पर, ऑर्गेन्स्की (Organski) ने अंतर्राष्ट्रीय संबंधों के विद्वानों से शक्ति संतुलन सिद्धांत को अस्वीकार करने के लिए कहा है क्योंकि इसकी अवधारणाएँ अस्पष्ट हैं, यह तार्किक रूप से अस्वस्थ है, विरोधाभासों से भरी है, घटित घटनाओं के साथ असंगत है, और ऐसे घटनाक्रम की व्याख्या करने में विफल है।

रिचर्ड कोबडेन (Richard Cobden)[17] (1867) ने टिप्पणी की, "शक्ति का संतुलन एक कल्पना है! यह कोई भ्रान्ति, भूल, कपट नहीं है—यह एक अवर्णित, अवर्णनीय, समझ से परे कुछ भी नहीं है; मात्र शब्द, मन तक विचार नहीं पहुँचाते, बल्कि ध्वनियाँ पहुँचाती हैं।"

यहां तक कि शक्ति संतुलन सिद्धांतकारों द्वारा प्रतिपादित नियम या बुनियादी सिद्धांत भी अंतर्राष्ट्रीय संबंधों के लगातार बदलते परिदृश्य में लागू नहीं होते हैं। उदाहरण के लिए, 1957 में मॉर्टन कपलान (Morton Kaplan) द्वारा प्रतिपादित सिद्धांत आज शायद ही मान्य हों। उन्होंने यह निर्धारित किया था कि राजनेताओं को कैसा व्यवहार करना चाहिए या अपेक्षाकृत वास्तव में उन्हें कैसे व्यवहार करना चाहिए। इसके अलावा, उनका नियम 6, "सभी प्रमुख शक्तियों को स्वीकार्य साझेदार के रूप में मानें" शायद ही तर्कसंगत है क्योंकि, वर्तमान संदर्भ में, जनता की राय के महत्व और राष्ट्रवाद में एक साथ वृद्धि को देखते हुए,

एक राज्य के लिए दूसरे की उपेक्षा करने का ये निरोधक कारक संभव नहीं है। इसके अलावा, शीत युद्ध के दौरान यह देखा गया कि वैचारिक मतभेदों के कारण संयुक्त राज्य अमेरिका और चीन के बीच मेल-मिलाप में लंबे समय तक देरी हुई।

समकालीन अंतर्राष्ट्रीय संबंधों में कोई भी नियम मान्य प्रतीत नहीं होता है। अब संपूर्ण युद्ध चरम सीमा तक पहुंच सकता है और किसी भी असफल उद्यम से लोकप्रिय समर्थन का नुकसान हो सकता है, जैसा कि वियतनाम युद्ध के दौरान अमेरिका के मामले में हुआ था। इसके अलावा, यदि जनता की राय हस्तक्षेपवाद और अलगाववाद के बीच झूलती है, तो किसी राज्य के लिए खतरनाक रूप से बढ़ते प्रतिद्वंद्वी का विरोध करना मुश्किल हो जाता है। बिना किसी महायुद्ध के भी व्यवस्था परिवर्तन हो सकता है जैसा कि सोवियत संघ में हुआ था।

इसके अलावा, सामूहिक विनाश के हथियारों, उदाहरण के लिए, परमाणु हथियारों के प्रसार ने ऐसी स्थितियाँ पैदा की हैं जो परमाणु-पूर्व अंतर्राष्ट्रीय परिदृश्य से काफी अलग हैं। परमाणु हथियारों का स्वामित्व एक निवारक के रूप में काम कर सकता है और नेताओं को संयम के साथ बल का उपयोग करने और छोटे युद्धों को बड़े युद्धों में बढ़ने से रोकने के लिए प्रेरित कर सकता है। फिर भी, यह स्थिति, जिसे आमतौर पर **पारस्परिक रूप से सुनिश्चित विनाश** (mutually assured destruction) के रूप में जाना जाता है, एक प्रकार का शक्ति संतुलन भी बनाती है जहां किसी राज्य की परमाणु शक्ति उसके विरोधियों के साथ मेल खाती है। हालाँकि, यह आतंक का संतुलन है, न कि शक्ति का, जैसा कि संयुक्त राज्य अमेरिका और सोवियत संघ के बीच शीत युद्ध के दिनों में प्रमाणित हुआ था, जो 1962 में क्यूबा मिसाइल संकट के दौरान चरमोत्कर्ष पर पहुँच गया था। हालाँकि, चरमोत्कर्ष के दौरान भी, दोनों शक्तियों ने परमाणु ऊर्जा का उपयोग करने से रोक दिया, हालाँकि उपयोग से एक को दूसरे पर बढ़त मिल सकती थी। इसलिए, भले ही पारंपरिक प्रणाली की तुलना में बड़े युद्ध परमाणु दुनिया में कम होते हों, ऐसे युद्धों की उच्च तीव्रता संभवतः युद्धों से होने वाले लाभ को रद्द कर देती है। इस स्थिति को कभी-कभी *पैक्स एटमिका* (*Pax Atomica*) भी कहा जाता है।

प्रो. पामर (Prof. Palmer) और पर्किन्स (Perkins) ने द्विध्रुवीय दुनिया में शक्ति संतुलन के सामने आने वाली कठिनाइयों की ओर इशारा इस प्रकार किया है:

1. शक्ति का भ्रमित करने वाला द्विध्रुवीय-बहुध्रुवीय पैटर्न और एक संतुलनकर्ता का गायब होना
2. रक्षात्मक की तुलना में आक्रामक की शक्ति में अचानक वृद्धि और पूर्ण युद्ध की प्रकृति और उसके भयावह निहितार्थ
3. वैचारिक विचार और शक्ति के अन्य कम मूर्त तत्व
4. राज्यों की शक्ति में असमानताएं बढ़ रही हैं, जिससे महाशक्तियां अधिक शक्तिशाली हो रही हैं और छोटे राज्य कम से कम सापेक्ष रूप में कमजोर हो रहे हैं।[18]

वर्तमान में, एक महाशक्ति के विघटन के साथ, शीत युद्ध के बाद की स्थिति ने दोनों ध्रुवों के बीच शक्ति समीकरण को काफी हद तक बदल दिया है। ऐसा कोई शक्ति परिवर्तन नहीं था जैसा कि ऑर्गेन्स्की (Organski) ने सुझाव दिया था जब उन्होंने कहा था कि "यदि एक ही जीवनकाल में महान परिवर्तन होता है, तो चुनौती देने वाले और प्रमुख राष्ट्र दोनों को अपनी सापेक्ष शक्ति का सही अनुमान लगाना मुश्किल हो सकता है, और एक ऐसे युद्ध में फंस सकता है जो कभी लड़ा गया नहीं होता यदि दोनों पक्षों ने यह अनुमान लगा लिया होता कि जीत कहाँ होगी, " सामान्य युद्ध के बिना ही व्यवस्थागत परिवर्तन हुए। सापेक्ष शक्ति में परिवर्तन अलग-अलग आर्थिक विकास दर और सोवियत संघ के सहयोगियों के नुकसान से आया। इसने

संयुक्त राज्य अमेरिका को विश्व राजनीति में निर्विवाद प्रमुख कर्ता के रूप में छोड़ दिया। लेकिन फिर से एक और सवाल सामने आता दिख रहा है कि क्या एकजुट पश्चिमी यूरोप संयुक्त राज्य अमेरिका का सहयोगी बनेगा या प्रतिस्पर्धी बनेगा। हालाँकि संयुक्त राज्य अमेरिका वर्तमान में निर्विवाद शक्ति प्रतीत होता है, वहाँ कई शक्ति केंद्र भी हैं और अंतर्राष्ट्रीय प्रणाली बहुध्रुवीय होती जा रही है। इसलिए, ऐसी बहुध्रुवीय दुनिया में शक्ति संतुलन प्रणाली के कामकाज को पूरी तरह से खारिज नहीं किया जा सकता है। अमेरिकी विदेश मंत्री के रूप में, लॉरेंस ईगलबर्गर ने 1989 में घोषणा की थी कि "अब हम एक ऐसी दुनिया में जा रहे हैं जिसमें शक्ति और प्रभाव कई राज्यों के बीच फैले हुए हैं —[एक] बहुध्रुवीय दुनिया"। विद्वानों का सुझाव है कि ऐसी बहुध्रुवीय प्रणाली में संयुक्त राज्य अमेरिका, चीन, जर्मनी, जापान, रूस और एक समेकित यूरोपीय संघ के शामिल होने की अधिक संभावना है। उनकी परिकल्पना है कि इस तरह की बहुध्रुवीयता के परिणामस्वरूप कई द्विपक्षीय भू-रणनीतिक संबंधों की एक विस्तृत वैश्विक शतरंज की बिसात तैयार होगी।[19]

सामूहिक सुरक्षा (Collective Security)

संकट प्रबंधन की एक विधि के रूप में शक्ति संतुलन, एक कम इस्तेमाल की जाने वाली विधि है, और अंतर्राष्ट्रीय समुदाय द्वारा सामूहिक कार्रवाई का एक आधुनिक उपाय, एक अधिक व्यवहार्य विकल्प बन गया है। **सामूहिक सुरक्षा**, जैसा कि यह लोकप्रिय रूप से जाना जाता है, एक ऐसा उपाय बन गया है जो शांति बनाए रखने के लिए प्रतिबद्ध राज्यों की ठोस शक्ति के साथ संभावित आक्रामकों या आक्रामकों का सामना करना चाहता है। सामूहिक सुरक्षा, हालाँकि पहली नज़र में सरल और आत्म-व्याख्यात्मक लग सकती है, लेकिन इसे परिभाषित करना कठिन है।

जैसा कि क्विंसी राइट (Quincy Wright, 1942) ने कहा: "सामूहिक सुरक्षा के लिए शक्ति संतुलन के संबंध... एक ही समय में पूरक और विरोधी रहे हैं"। यह विरोधाभासी नहीं बल्कि पूरक है और "सामूहिक सुरक्षा को बढ़ावा देने के लिए अंतर्राष्ट्रीय संगठन ... केवल शक्ति संतुलन नीतियों की प्राकृतिक प्रवृत्ति का एक योजनाबद्ध विकास है", और, फिर से, दोनों की मूल धारणाएं अलग-अलग हैं। सामूहिक सुरक्षा का सार संभावित हमलावर के खिलाफ एक विश्व मोर्चे का निर्माण है और शक्ति संतुलन का सार लगभग विरोधी मोर्चों की बराबरी करना है। लेकिन सामूहिक सुरक्षा में शक्ति संतुलन की तुलना में कहीं अधिक बड़े पैमाने पर व्यवस्थितकरण शामिल होता है। जैसा कि इनिस क्लाउड (Inis Claude) ने कहा है: "शक्ति संतुलन केवल शिष्टाचार द्वारा एक प्रणाली है; जबकि यह आरोप बहुत मजबूत है कि यह अराजकता की ओर ले जाता है, यह निश्चित रूप से एक सबसे अव्यवस्थित प्रणाली है... दूसरी ओर, सामूहिक सुरक्षा, व्यवस्थितकरण, अंतर्राष्ट्रीय संबंधों के संस्थागतकरण की इच्छा का प्रतिनिधित्व करती है।[20]

सामूहिक सुरक्षा इस सिद्धांत पर आधारित है कि "अंतर्राष्ट्रीय समुदाय के किसी एक सदस्य के खिलाफ आक्रामकता अंतर्राष्ट्रीय शांति और सुरक्षा के खिलाफ आक्रामकता है। ऐसे में इसे सभी देशों के सामूहिक प्रयासों से पूरा किया जाना चाहिए।'' इसका अर्थ है "एक सभी के लिए और सभी एक के लिए"।

एक प्रभावी सामूहिक सुरक्षा प्रणाली इतनी मजबूत और सक्षम होनी चाहिए कि आक्रमण होते ही किसी भी शक्ति या शक्तियों के संयोजन से किसी भी आक्रमण का सामना कर सके। जॉर्ज श्वार्ज़ेनबर्गर (George Schwarzenberger)* (सत्ता की राजनीति के एक प्रख्यात विद्वान) ने सामूहिक सुरक्षा को "एक स्थापित

* George Schwarzenberger, *Power Politics*, 2nd rev. ed. (New York: Frederick A. Praeger, 1951), p. 8.

अंतर्राष्ट्रीय व्यवस्था के खिलाफ किसी भी हमले को रोकने या उसका मुकाबला करने के लिए संयुक्त कार्रवाई की मशीनरी" के रूप में देखा। ऑर्गन्स्की (Organski)[21] ने कहा कि सामूहिक सुरक्षा कुछ देशों को नियंत्रण में और दूसरों को नहीं रखने की योजना नहीं है। बल्कि, यह एक ऐसी योजना है जिसके द्वारा अवैध रूप से बल का प्रयोग करने वाले किसी भी राष्ट्र को पराजित किया जाता है। ऑर्गेस्की ने सामूहिक सुरक्षा की पाँच बुनियादी धारणाओं को रेखांकित किया:

1. किसी भी सशस्त्र युद्ध में, सभी राष्ट्र इस बात पर सहमत होंगे कि कौन सा लड़ाका आक्रामणकारी है।
2. सभी राष्ट्र किसी भी स्रोत से आने वाली आक्रामकता को रोकने में समान रूप से रुचि रखते हैं।
3. सभी राष्ट्र समान रूप से स्वतंत्र हैं और हमलावर के खिलाफ कार्रवाई में शामिल होने में सक्षम हैं।
4. सामूहिकता की संयुक्त शक्ति आक्रमणकारी को परास्त करने के लिए काफी होगी।
5. यह जानते हुए कि भारी शक्ति उसके विरुद्ध उपयोग के लिए तैयार है, एक आक्रामक राष्ट्र या तो अपनी तलवार म्यान में रख लेगा या हार जाएगा।

मोर्गेंथाऊ (Morgenthau)[22] तीन बुनियादी शर्तों पर प्रकाश डालते हैं जिन्हें युद्ध को रोकने के उपाय के रूप में सामूहिक सुरक्षा के सफल संचालन के लिए पूरा किया जाना चाहिए:

1. सामूहिक सुरक्षा प्रणाली को हर समय, किसी भी संभावित हमलावर या हमलावरों के गठबंधन के खिलाफ इतनी जबरदस्त ताकत इकट्ठा करने में सक्षम होना चाहिए कि बाद वाला सामूहिक प्रणाली द्वारा संरक्षित आदेश को चुनौती देने की हिम्मत न कर सके।
2. कम से कम उन राष्ट्रों की, जिनकी संयुक्त शक्ति पहले सिद्धांत के तहत आवश्यकताओं को पूरा करेगी, सुरक्षा की वही अवधारणा होनी चाहिए जिसकी उन्हें रक्षा करनी चाहिए।
3. उन राष्ट्रों को अपने परस्पर विरोधी राजनीतिक हितों को सभी सदस्य देशों की सामान्य भलाई के अधीन सामूहिक रक्षा के संदर्भ में परिभाषित करने के लिए तैयार रहना चाहिए।

राष्ट्र संघ के तहत, 1935–1936 में इटालो-इथियोपिया युद्ध (Italo–Ethiopia War) के बाद इटली के खिलाफ प्रतिबंध और 1950 और 1953 में उत्तर कोरिया के आक्रमण के बाद दक्षिण कोरिया की क्षेत्रीय अखंडता की रक्षा में संयुक्त राष्ट्र का हस्तक्षेप, सामूहिक सुरक्षा के सिद्धांत के अनुप्रयोग का उदाहरण हैं

राष्ट्र संघ लीग की संविदा के अनुच्छेद 16 में निहित सामूहिक सुरक्षा के प्रावधानों को लागू करने में बुरी तरह विफल रहा। इसे कभी लागू नहीं किया गया। संयुक्त राज्य अमेरिका जैसी महाशक्तियों के इसमें शामिल होने से परहेज करने और सदस्य देशों के बीच आपसी प्रतिद्वंद्विता के कारण, प्रत्येक राष्ट्र द्वारा उत्साहपूर्वक अपने राष्ट्रीय हितों की रक्षा करने के कारण लीग शुरू से ही कमज़ोर थी। लीग मंचूरियन संकट के दौरान या नाजी जर्मनी के आक्रामक कृत्यों के खिलाफ प्रभावी कदम उठाने में विफल रही, जिसकी परिणति पोलैंड पर हमले के रूप में हुई। इटालो-इथियोपियाई संकट के दौरान ही लीग ने सामूहिक सुरक्षा प्रावधानों को लागू करने के लिए एक बार व्यापक प्रयास किया था। जैसा कि क्लाउड (Claude) ने कहा, "लीग के अनुभव को सामूहिक सुरक्षा विचार को कार्य प्रणाली में अनुवाद करने के एक असफल प्रयास के रूप में संक्षेपित किया जा सकता है। इस अवधि में सामूहिक सुरक्षा की विफलता प्रणाली के सफलतापूर्वक संचालित होने में उतनी विफलता नहीं थी जितनी इसकी स्थापना में विफलता थी।[23]

संयुक्त राष्ट्र के चार्टर में सामूहिक सुरक्षा से संबंधित प्रावधान शामिल हैं। चार्टर के अनुच्छेद I (Article I) में संयुक्त राष्ट्र के उद्देश्यों और सिद्धांतों को बताया गया है, जिसका उद्देश्य अंतर्राष्ट्रीय शांति और सुरक्षा को अपनी सर्वोच्च प्राथमिकता के रूप में बनाए रखना है और इसके लिए शांति के खतरों की रोकथाम और हटाने के लिए प्रभावी सामूहिक उपाय करने की घोषणा की गई है। शांति के लिए खतरों, शांति के उल्लंघन और आक्रामक कृत्यों के संबंध में कार्रवाई के संबंध में चार्टर के अध्याय VII (Chapter VII) में सामूहिक सुरक्षा प्रणाली से संबंधित अनुच्छेद 39–51 (Articles 39–51) के प्रावधान शामिल हैं। चार्टर अंतर्राष्ट्रीय सुरक्षा शांति के उल्लंघन के मामलों में सामूहिक सुरक्षा कार्रवाई शुरू करने के लिए सुरक्षा परिषद को सर्वोच्च शक्ति प्रदान करता है। संयुक्त राष्ट्र ने 1950 के कोरियाई संकट के दौरान सामूहिक सुरक्षा उपायों को लागू किया। सामूहिक सुरक्षा प्रणाली का एक और परीक्षण 1960 के कांगो संकट के दौरान हुआ। वर्तमान ऑपरेशन में 1991 में कुवैत पर इराक के आक्रमण के दौरान का ऑपरेशन भी शामिल है। लेकिन संयुक्त राज्य अमेरिका के आग्रह और प्रबलता के कारण ही सामूहिक कार्रवाई की गई। सामूहिक विनाश के हथियारों को खत्म करने की दलील पर संयुक्त राज्य अमेरिका द्वारा 2003 में इराक पर आक्रमण और अफगानिस्तान के खिलाफ संयुक्त राज्य अमेरिका का आतंक पर युद्ध, एकतरफा निर्णय थे और हस्तक्षेप के इन मामलों में संयुक्त राष्ट्र को नजरअंदाज कर दिया गया था। इसने संयुक्त राष्ट्र के तत्वावधान में सामूहिक कार्रवाई उपायों की विश्वसनीयता को कम कर दिया है। इसके अलावा, शीत युद्ध के सुनहरे दिनों के दौरान, महाशक्ति संबंधों ने सुरक्षा परिषद के संचालन को प्रभावित किया और इसलिए सामूहिक सुरक्षा प्रणाली के कार्यान्वयन को प्रभावित किया। अंतर्राष्ट्रीय समुदाय शांति और सुरक्षा के संरक्षण के लिए सामूहिक सुरक्षा की एक व्यावहारिक प्रणाली विकसित करने में विफल रहा है।

प्रथम विश्व युद्ध की समाप्ति के बाद से राज्यों के बीच सामूहिक सुरक्षा की प्रणाली विकसित करने के लिए सक्रिय पहल हुई। लेकिन सामूहिक सुरक्षा की मशीनरी कभी भी प्रभावी ढंग से विकसित नहीं हो पाई है। इसलिए, इस सिद्धांत के संचालन की सफलता दर कम है। यह एक अस्पष्ट सिद्धांत है जो कुछ अस्पष्ट दायित्वों को बनाए रखने और कुछ अज्ञात राज्य द्वारा सामने लाई गई काल्पनिक घटनाओं के जवाब में अनिर्दिष्ट कार्यों को करने के लिए राज्यों के एक साथ आने के दायित्व में अंतर्निहित है।[24] इनिस क्लाउड (Inis Claude) ने पाया कि सामूहिक सुरक्षा की इस अवधारणा के बारे में बहुत बात की गई है, लगातार इसकी वकालत की गई है और हमला किया गया है, बचाव किया गया है और आलोचना की गई है, लेकिन अंतर्राष्ट्रीय संबंधों के प्रबंधन में इसे एक कार्य सिद्धांत के रूप में विकसित करने के प्रयासों को अक्सर विफल कर दिया गया है।

ऐतिहासिक अनुभवों के एक सर्वेक्षण से पता चला है कि अंतर्राष्ट्रीय राजनीति की प्रकृति ऐसी है कि हितों का टकराव जारी रहेगा और इससे राज्यों को एक साथ आने में बाधा उत्पन्न होगी। इसके अलावा, सामूहिक सुरक्षा की धारणाओं के तहत, दुनिया में कहीं भी कोई भी युद्ध विश्व युद्ध का दर्जा ले लेता है। इसलिए, दो या दो से अधिक राज्यों के बीच वास्तविक या खतरे वाले संघर्ष को स्थानीय बनाने के बजाय, सामूहिक सुरक्षा प्रणाली में युद्ध को सार्वभौमिक बनाने की क्षमता है। जैसा कि मोर्गेंथाऊ बताते हैं, इसे संचालित करना एक खतरनाक सिद्धांत है, और यह सभी राज्यों के बीच शांति को नष्ट करने के लिए बाध्य है।

इसलिए, सामूहिक सुरक्षा को मूल रूप से पूरी तरह से भंग नहीं किया गया है, लेकिन, चूंकि सिद्धांत का संचालन कठिन हो गया है, संयुक्त राष्ट्र के पास अपने स्वयं के शांति स्थापना तंत्र हैं जिनमें अंतर्राष्ट्रीय शांति और सुरक्षा सुनिश्चित करने के लिए सामूहिक कार्रवाई का सिद्धांत शामिल है।

अभ्यास (Exercises)

1. शक्ति संतुलन की अवधारणा की विशेषता बताते हुए इसकी व्याख्या करें। शक्ति संतुलन बनाए रखने की विभिन्न तकनीकों पर चर्चा करें।
2. शक्ति संतुलन से आप क्या समझते हैं? शक्ति संतुलन की विभिन्न तकनीकें क्या हैं? चर्चा करें कि क्या यह अवधारणा समकालीन दुनिया में अभी भी प्रासंगिक है।
3. सामूहिक सुरक्षा की अवधारणा का विश्लेषण करें। क्या यह शक्ति संतुलन प्रणाली का विकल्प है?

संदर्भ (References)

[1] Brown, Chris, *Understanding International Relations,* Macmillan Press, London, 1997, p. 103.

[2] Organski, A.F.K., *World Politics*, Alfred A. Knopf, New York, 1960, p. 270.

[3] Ziegler, David W., *War, Peace and International Politics*, Little Brown & Company, Boston, 1987, pp. 165–173.

[4] Brown, Chris, *op. cit.*, n. 1, pp. 104–105.

[5] Kaplan, Morton A., *System and Process in International Politics*, Wiley&Sons, New York, 1957, pp. 22–23.

[6] Hass, Ernst, "The Balance of Power: Prescription, Concept, or Propaganda", *World Politics*, Vol. 5, July 1953, pp. 442–477 cited in Theodore A. Couloumbis and James H. Wolfe, *Introduction to International Relations: Power and justice*, Prentice-Hall of India, New Delhi, 1981, p. 43.

[7] Brown, Chris, *op. cit.*, n. 1, p. 47.

[8] *ibid.*, p. 109.

[9] Couloumbis and Wolfe, *op. cit.*, n. 6, p. 43.

[10] Ziegler, David W., *op. cit.*, n. 3.

[11] Padelford, Norman J. and George A.Lincoln, *International Politics: Foundations of International Relations,* The Macmillan & Co, New York, 1954, pp. 213–215.

[12] Hartman, F.H., *The Relations of Nations,* The Macmillan Company, New York, 1967, p. 368.

[13] Palmer and Perkins, *op. cit*, n. 12, p. 224–227.

[14] Morgenthau, Hans J., *Politics Among Nations: The Struggle for Power and Peace*, Kalyani Publishers, New Delhi, 1985, pp. 187.

[15] Organski, *op. cit.*, n. 2, pp. 287–297.

[16] Morgenthau, *op. cit.,* n. 16, pp. 223–233.

[17] Organski, *op. cit.*, n. 2, pp. 298.

[18] Palmer and Perkins, *op. cit.*, n. 12, p. 231.

[19] Kegley, Charles W., Jr. and Eugene R. Wittkopf, *World Politics—Trends and Transformation,* St. Martin's Press, New York, 1997, pp. 458–459.

[20] Palmer and Perkins, *op. cit.*, n. 12, p. 242.

[21] Organski, *op. cit.*, n. 2, p. 373.

[22] Morgenthau, *op. cit.*, n. 16, p. 452.

[23] Palmer and Perkins, *op. cit.*, n. 12, p. 246.

[24] *ibid.*, p. 241.

5

विदेश नीति—अवधारणाएँ और तकनीकें
(Foreign Policy—Concepts and Techniques)

अंतर्वस्तु (Contents)

परिचय (*Introduction*)

अंतर्राष्ट्रीय व्यवस्था की इकाइयों के रूप में राज्य एक-दूसरे से अलग-थलग नहीं रह सकते। विशेष रूप से, बढ़ती परस्पर निर्भरता के इस युग में, उनके बीच बातचीत के हमेशा उद्देश्य होते हैं। उनकी अंतःक्रियाएँ अंतर्राष्ट्रीय प्रक्रियाओं का जन्म देती हैं। ये अंतःक्रियाएं राज्यों द्वारा अन्य राज्यों के प्रति अपनाई गई नीतियों से सर्वोत्तम रूप से प्रतिबिंबित होती हैं। इन नीतियों को आम तौर पर विदेशी नीतियों के रूप में पहचाना जाता है जिसमें अंतर्राष्ट्रीय परिदृश्य में दूसरों के संबंध में राज्यों के बाहरी संबंधों को विनियमित और संचालित करना शामिल होता है।

विदेश नीति की परिभाषाएँ (Definitions of Foreign Policy)

सरल शब्दों में कहें तो विदेश नीति वैश्विक व्यवस्था में राज्य का आउटपुट है। 'नीति' को आम तौर पर "किसी कार्रवाई के लिए एक मार्गदर्शक या किसी संगठन के लक्ष्यों को साकार करने के उद्देश्य से कार्यों का एक सेट" के रूप में माना जाता है, जिसमें किसी के लक्ष्य को प्राप्त करने के लिए 'विकल्प' या कार्यों को चुनना (या निर्णय लेना) शामिल होता है। 'विदेशी' का तात्पर्य उन क्षेत्रीय संप्रभु इकाइयों से है जो किसी विशेष राज्य की कानूनी सीमाओं से परे मौजूद हैं। कहने का तात्पर्य यह है कि, उस कानूनी क्षेत्रीय सीमा से परे कुछ भी, जो संबंधित राज्य के कानूनी अधिकार के अंतर्गत नहीं है, विदेशी है। इसलिए, "विदेश नीति" को संबंधित राज्य की सीमाओं से परे लोगों, स्थानों और चीजों के बारे में किए जाने वाले विकल्पों के लिए दिशानिर्देशों का एक सेट माना जाता है।[1]

पैडलफोर्ड और लिंकन (Padelford and Lincoln)[2] बताते हैं कि विदेश नीति में ऐसे कार्यों का समावेश होता है जो एक राज्य आम तौर पर अपने अधिकार क्षेत्र की सीमाओं से परे अपने राष्ट्रीय उद्देश्यों को साकार करने के लिए करता है। वे आगे तर्क देते हैं कि किसी राज्य की विदेश नीति "कई विशिष्ट नीतियों के संग्रह से कुछ अधिक है जो वह व्यक्तिगत देशों के संबंध में अपनाता है"। किसी राज्य की विदेश नीति कई कारकों को ध्यान में रखती है जैसे कि उसकी अपनी शक्ति और क्षमताओं का अनुमान, आचरण के व्यापक सिद्धांत जो राज्य रखता है और उसकी सरकार अंतर्राष्ट्रीय मामलों के संबंध में वकालत करती है, राष्ट्रीय हित का विशिष्ट उद्देश्य जो राज्य स्वयं विदेशी संबंधों के साथ-साथ आम तौर पर विश्व मामलों के दौरान भी चाहता है। विदेश नीति में वे रणनीतियाँ और प्रतिबद्धताएँ और युक्तियाँ भी शामिल होती हैं जो किसी राज्य के उद्देश्यों और हितों की प्राप्ति के लिए अपनाई जाती हैं।

ऐसे अन्य लोग भी हैं जिन्होंने विदेश नीति की परिभाषा देने का प्रयास किया है। सी.सी. रोडी (C.C. Rodee) और अन्य ने *इंट्रोडक्शन टू पॉलिटिकल साइंस* (Introduction to Political Science, 1957) में विदेश नीति को "सिद्धांतों के एक समूह के निर्माण और कार्यान्वयन के रूप में परिभाषित किया है जो अपने महत्वपूर्ण हितों की रक्षा या आगे बढ़ाने के लिए अन्य राज्यों के साथ बातचीत (अनुबंध) करते समय एक राज्य के व्यवहार को आकार देता है"। प्रोफेसर चार्ल्स बर्टन मार्शल (*संप्रभुता का अभ्यास, 1965*) (Professor Charles Burton Marshall (*The Exercise of Sovereignty*, 1965) विदेश नीति को "राज्य के अधिकार द्वारा की गई कार्रवाई का कोर्स और उसके अधिकार क्षेत्र से परे स्थितियों को प्रभावित करने का इरादा" के रूप में परिभाषित करते हैं। प्रोफेसर एफ.एस. नॉर्थएज (F.S. Northedge) के अनुसार (*द नेचर ऑफ फॉरेन पॉलिसी, एफ.एस. नॉर्थेज (एड.) द फॉरेन पॉलिसीज ऑफ पॉवर्स, 1968 में*) (*The Nature of Foreign Policy, in F.S. Northedge* (Ed.) *The Foreign Policies of Powers*, 1968) विदेश नीति का तात्पर्य है "अन्य राज्यों को अपनी कानून बनाने की शक्ति का संबंधित राज्य को वांछित तरीके से उपयोग करने के लिए प्रेरित करने के लिए राजनीतिक प्रभाव का उपयोग" यह देश की सीमाओं के बाहर उत्पन्न होने वाली ताकतों और उनके भीतर काम करने वाली ताकतों के बीच एक बातचीत है। फ्रेंकल विदेश नीति को "निर्णयों और कार्यों से युक्त मानते हैं जिनमें एक राज्य और अन्य राज्यों के बीच कुछ सराहनीय सीमा तक संबंध शामिल होते हैं" (ये सभी परिभाषाएँ शर्मा और शर्मा में उद्धृत हैं)।[3]

जॉर्ज मॉडल्स्की (George Modelski)[4] (ए थ्योरी ऑफ फॉरेन पॉलिसी, 1962) (*A Theory of Foreign Policy*, 1962) ने विदेश नीति को "अन्य राज्यों के व्यवहार को बदलने और अपनी गतिविधियों को अंतर्राष्ट्रीय वातावरण में समायोजित करने के लिए समुदायों द्वारा विकसित गतिविधियों की

प्रणाली" के रूप में परिभाषित किया। लेकिन महेंद्र कुमार (Mahendra Kumar) (*अंतर्राष्ट्रीय राजनीति के सैद्धांतिक पहलू, 1995—Theoretical Aspects of International Politics, 1995*) जैसे विद्वानों ने ऐसी परिभाषा की सीमाओं की ओर इशारा किया है। महेंद्र कुमार के अनुसार विदेश नीति की परिभाषा में "अपने हित की अधिकतम सेवा सुनिश्चित करने के लिए, परिवर्तन या यथास्थिति के माध्यम से, अन्य राज्यों के व्यवहार को विनियमित करने के लिए एक राज्य की सभी गतिविधियों को शामिल करना चाहिए"। उनके लिए विदेश नीति की कल्पना "राष्ट्रीय हित की विचारधारा द्वारा निर्धारित विदेशी संबंधों में उद्देश्यों को प्राप्त करने के लिए एक सोची-समझी कार्रवाई के रूप में की जानी चाहिए"।

विदेश नीति की जो भी परिभाषाएँ हों, महत्वपूर्ण बात यह है कि निर्णय लेने, निर्णय करने या निर्णय लागू करने की प्रक्रिया से जुड़ी विदेश नीति 'संबंधपरक' होती है। यह इस अर्थ में 'संबंधपरक' है कि विदेश नीति का इरादा अन्य कर्ताओं के व्यवहार को प्रभावित करना है क्योंकि अंतर्राष्ट्रीय प्रणाली में कुछ भी समान नहीं है। प्रत्येक राज्य को संसाधनों, आर्थिक वस्तुओं, सैन्य जानकारी, राजनीतिक और रणनीतिक समर्थन और दूसरों के सहयोग के साथ-साथ अन्य सभी कर्ताओं के साथ समन्वय की आवश्यकता होती है। विदेश नीति, प्रक्रिया और आउटपुट दोनों के रूप में, किसी राज्य के भीतर होने वाली गतिविधियों और उसके बाहर के विश्व परिवेश के बीच की एक कड़ी भी है। जेम्स रोसेनौ James Rosenau (*विदेश नीति के घरेलू स्रोत, 1967; लिंकेज पॉलिटिक्स; राष्ट्रीय और अंतर्राष्ट्रीय प्रणाली के अभिसरण पर निबंध, 1969 और विदेश नीति का वैज्ञानिक अध्ययन, 1971*) (*Domestic Sources of Foreign Policy*, 1967; *Linkage Politics; Essays on the Convergence of the National and International System*, 1969 and *The Scientific Study of Foreign Policy*, 1971) विदेश नीति को एक "संबंध बनाने वाले विषय" के रूप में मानते हैं "जो अपने अध्ययन का फोकस उन संबंधो पर लेता है, जिन्हें राष्ट्र-राज्य कहलाने वाली संपूर्ण प्रणालियाँ खुद को और अपनी उप-प्रणालियों को और भी अधिक व्यापक अंतर्राष्ट्रीय प्रणालियों से जोड़ने के लिए बनाती हैं, जिनका वे हिस्सा हैं"।[5]

कुल मिलाकर, यह कहा जा सकता है कि विदेशी नीतियां अंतर्राष्ट्रीय क्षेत्र में अपने कार्यों को निर्देशित करने के लिए सरकारों द्वारा तैयार की गई रणनीतियां हैं। इसलिए, वे उन मूल उद्देश्यों का वर्णन करते हैं जिन्हें राज्य के नेताओं ने किसी दिए गए रिश्ते या स्थिति में सामान्य साधन के रूप में आगे बढ़ाने का निर्णय लिया है जिसके द्वारा वे अपने मूल उद्देश्यों को साकार करना चाहते हैं। निर्णय लेने वालों के सामने कठिन कार्य अपने देश की राजनीतिक, आर्थिक और मनोवैज्ञानिक आवश्यकताओं की पहचान करना और उनके अनुसरण में शामिल सीमाओं को पहचानना और "विदेश नीति के उद्देश्यों का एक अच्छी तरह से परिभाषित और सुव्यवस्थित सेट" तैयार करना है।[6]

विदेश नीति के उद्देश्य (Objectives of Foreign Policy)

प्रोफेसर जयंतनुजा बंद्योपाध्याय (द मेकिंग ऑफ इंडियाज फॉरेन पॉलिसी, 1970) Professor Jayantanuja Bandyopadhyaya (The Making of India's Foreign Policy, 1970) विदेश नीति के निर्माण को अंतर्राष्ट्रीय सेटिंग में राष्ट्र-राज्य की ओर से साध्य और साधन के चुनाव में एक सतत अभ्यास के रूप में मानते हैं। विदेश नीति को दिशा देने के लिए एक व्यापक अभिप्राय या लक्ष्य आवश्यक है।

मोटे तौर पर, विदेश नीति के उद्देश्यों से तात्पर्य उन चीजों से है जो राजनेता अन्य राज्यों के साथ अपनी बातचीत के दौरान अपनाते हैं। उद्देश्य विकसित होते हैं, और इस बात पर शायद ही कोई आम सहमति है

कि उन उद्देश्यों को सर्वोत्तम तरीके से कैसे आगे बढ़ाया जाए या विदेश नीति के उद्देश्य क्या होने चाहिए। यह हमें उद्देश्यों और रणनीति के बीच या साध्य और साधनों के बीच संबंध पर चर्चा में लाता है। उद्देश्यों के रूप में सोची गई कुछ चीजें अपने आप में लक्ष्य प्रतीत होती हैं, लेकिन वे और भी अधिक अमूर्त या दूर के लक्ष्यों (खुशी, सुरक्षा, सफलता, प्रतिष्ठा, आदि) और उद्देश्यों की प्राप्ति के साधन हैं, जो कुछ प्राप्त करने के साधन के रूप में उत्पन्न हुए हैं कभी-कभी अपने आप में एक अंत बन जाता है। आम तौर पर उद्धृत उदाहरण संयुक्त राज्य अमेरिका का है, जिसका उद्देश्य कोरिया और वियतनाम में युद्ध जीतना था। वास्तविक उद्देश्य साम्यवाद को नियंत्रित करना था जो अंततः अमेरिकी सुरक्षा की रक्षा के लिए अंतर्राष्ट्रीय प्रणाली में स्थिरता बनाए रखने के अमेरिकी हित से जुड़ा था। फिर, वियतनाम युद्ध जीतने का उद्देश्य साम्यवाद से युक्त था लेकिन धीरे-धीरे यह अपने आप में एक अंत बन गया क्योंकि नीति-निर्माताओं की प्रतिष्ठा युद्ध में जीत पर निर्भर करती थी हालांकि यह स्पष्ट हो गया कि वियतनाम युद्ध का परिणाम निश्चित रूप अमेरिका को कमज़ोर करना और कम्युनिस्टों को अनुकूल स्थिति में लाना था।[7]

इसलिए, लेग (Legg) और मॉरिसन (Morrison)[8] के अनुसार, एक तर्कसंगत नीति-निर्माण प्रक्रिया काफी हद तक स्पष्ट और विश्वसनीय को व्यवस्थित करने की प्रक्रिया है (यानी, साधन वास्तव में वांछित अंत तक ले जाते हैं), साधन-अंत श्रृंखला, प्रवृत्ति को नियंत्रित करना अपने आप में साध्य बनने के साधन और यह देखना कि मूल और अधिक मौलिक उद्देश्यों को परिप्रेक्ष्य में रखा जाए।

होल्स्टी (Holsti)[9] राज्यों के उद्देश्यों की पहचान करता है, जिसे वह विभिन्न बाहरी परिस्थितियों और घरेलू दबावों के आधार पर प्राथमिकताओं के अनुसार व्यवस्थित करता है:

- सुरक्षा
- स्वायत्तता
- व्यापक अर्थ में कल्याण
- स्थिति और प्रतिष्ठा

सभी राज्य समान प्रकार की प्राथमिकताएँ नहीं अपनाते हैं और 'बंदूकें' और 'मक्खन' के बीच विकल्प हो सकते हैं। इसलिए, विदेश नीति के उद्देश्यों को "लक्ष्यों की खोज के साथ-साथ विशेष परिणामों को प्राप्त करने के लिए निर्णयों का उपयोग करना" के रूप में वर्णित किया जा सकता है। उद्देश्यों में, "भविष्य की स्थिति और भविष्य की स्थितियों की छवि पेश करना शामिल हो सकता है जो सरकारें व्यक्तिगत नीति निर्माताओं के माध्यम से विदेशों में प्रभाव डालकर और अन्य राज्यों के व्यवहार को बदलने या बनाए रखने की इच्छा रखती हैं"। उद्देश्य तात्कालिक, ठोस या अमूर्त, दीर्घकालिक या कम ठोस हो सकते हैं। क्षेत्र का विस्तार जैसे कि तिब्बत में चीन का लक्ष्य, या भारत के साथ चीन की सीमा विवाद, और लड़े गए युद्ध और सीमा मुद्दों पर दुश्मनी कायम रहना, मध्य पूर्व में कई युद्ध जैसे *शत्त अल-अरब* (Shatt al-Arab) के नियंत्रण को लेकर ईरान-इराक युद्ध, या कुर्दिस्तान पर इराक के हमले को ठोस उद्देश्यों के रूप में देखा जा सकता है। "दुनिया को लोकतंत्र के लिए सुरक्षित बनाना", एक नई विश्व व्यवस्था बनाना, जैसे नई अंतर्राष्ट्रीय आर्थिक व्यवस्था की मांग, या "आतंकवाद पर युद्ध" जैसे विशिष्ट मूल्यों को बढ़ावा देना दीर्घकालिक और अमूर्त उद्देश्यों के रूप में देखा जा सकता है। कभी-कभी सरकारें असंगत उद्देश्यों का पीछा करती हैं, या तो दूसरे राज्य के उद्देश्यों के साथ असंगत होती हैं जैसा कि संयुक्त राज्य अमेरिका और सोवियत संघ के बीच शीत युद्ध के दिनों में हुआ था, या उनके घरेलू उद्देश्यों के साथ असंगत था। यह 1971–1972 में सोवियत संघ के साथ निक्सन प्रशासन के गेहूं सौदे का मामला था, जिसका उद्देश्य एक तरफ सोवियत संघ के साथ

संबंधों को बेहतर बनाने में मदद करना था, जिससे वियतनाम से अमेरिकी वापसी की सुविधा मिल सके और दूसरी तरफ मुद्रास्फीति, खाद्य पदार्थों की कीमतें नियंत्रित करने की कोशिश की गई और अमेरिकी समाज की भलाई सुनिश्चित की गई।

निस्संदेह, राज्य जो लक्ष्य चाहते हैं वह भू-रणनीतिक स्थान, जरूरतों, राजनीतिक संस्कृति, राष्ट्रीय हितों और शक्ति कारकों जैसे कई कारकों के आधार पर एक राज्य से दूसरे राज्य में भिन्न होते हैं। राज्यों के कई उद्देश्यों में से पैडलफोर्ड (Padelford) और लिंकन (Lincoln) ने चार बुनियादी उद्देश्यों की पहचान की है:

1. राष्ट्रीय सुरक्षा
2. आर्थिक उन्नति
3. अन्य राज्यों के साथ राष्ट्रीय शक्ति संबंध की सुरक्षा करना या बढ़ाना
4. अंतर्राष्ट्रीय प्रतिष्ठा।

सामान्यतया, राज्यों द्वारा निजी और सार्वजनिक उद्देश्यों की एक विस्तृत श्रृंखला, कुछ ठोस, कुछ अमूर्त और कुछ असंगत, अपनाई जाती हैं। यथार्थवादियों के लिए, ये उद्देश्य पूरी तरह से सैन्य/सुरक्षा मुद्दों, न कि आर्थिक मुद्दों से संबंधित प्रतीत होते हैं। अंतर्राष्ट्रीयवादियों के लिए उद्देश्यों में दीर्घकालिक आर्थिक और सामाजिक कल्याण के साथ-साथ सुरक्षा मुद्दे भी शामिल हैं, लेकिन यथार्थवादियों की तरह केवल सैन्य उद्देश्य नहीं।

विदेश नीति के निर्धारक (Determinants of Foreign Policy)

किसी विशेष देश की विदेश नीति के निर्माण को विभिन्न कारक प्रभावित करते हैं। यहां तक कि बुनियादी निर्धारकों का महत्व भी परिस्थितियों के अनुसार भिन्न-भिन्न होता है। इनमें से प्रत्येक कारक के सापेक्ष महत्व या प्राथमिकताओं के पैमाने के संबंध में कोई भी सामान्य नियम बनाना असंभव है जिसका निर्णय निर्माताओं को अपने नीतिगत निर्णय लेने में स्थायी रूप से पालन करना चाहिए। फिर भी, कुछ बुनियादी निर्धारकों की पहचान की जा सकती है जिन्हें अधिकांश राज्य अपनी नीति बनाते समय ध्यान में रखते हैं।

घरेलू निर्धारकों या आंतरिक निर्धारकों में सबसे महत्वपूर्ण निर्धारकों पर अब चर्चा की जा रही है।

1. *भूगोल (Geography):* शायद यह विदेश नीति का सबसे स्थिर निर्धारक है। इसमें क्षेत्र का आकार, स्थलाकृति, अन्य देशों के सापेक्ष समुद्र और भूमि के सापेक्ष स्थान और रणनीतिक स्थानों का नियंत्रण शामिल है।

आकार का अर्थ कुल भूभाग है जिस पर कोई राज्य नियंत्रण करता है या उस पर अपनी संप्रभु सत्ता का प्रयोग करता है। लेकिन एक बड़ा क्षेत्र किसी राज्य की शक्ति में तभी योगदान देता है जब वह उसे एक बड़ी आबादी को समाहित करने की क्षमता और प्राकृतिक संसाधनों की एक बड़ी और विविध आपूर्ति प्रदान करने में सक्षम हो।

आकार से अधिक महत्वपूर्ण इस अर्थ में राज्य की भू-रणनीतिक **स्थिति** है कि अन्य भूमि निकायों और अन्य राज्यों के संबंध में एक राज्य की स्थिति संस्कृति, अर्थव्यवस्था और इसकी सैन्य और आर्थिक शक्तियों दोनों को गहराई से प्रभावित करती है। ग्रेट ब्रिटेन की पृथकता और संयुक्त राज्य अमेरिका की पृथक स्थिति ने उन राज्यों के विदेश नीति निर्णयों को बहुत प्रभावित किया है।

जलवायु एक अन्य भौगोलिक विशेषता है जो किसी राज्य की विदेश नीति को निर्धारित करने में महत्वपूर्ण भूमिका निभाती है। जलवायु की प्रतिकूल सीमा आधुनिक औद्योगिक समाज के कामकाज और विकास को कठिन बना देती है। जलवायु राज्यों की राष्ट्रीय शक्ति को प्रभावित करती है और इसलिए कृषि पर इसके प्रत्यक्ष प्रभाव के माध्यम से इसकी विदेश नीति इसकी जनसंख्या का भरणपोषण करने के लिए आवश्यक है।

स्थलाकृति विदेश नीति निर्णयों को प्रभावित करने वाली एक अन्य महत्वपूर्ण भौगोलिक विशेषता है। यह न केवल उस जनसंख्या के घनत्व को निर्धारित करता है जिसे कोई क्षेत्र समर्थन दे सकता है, बल्कि भूमि की जलवायु को भी निर्धारित करता है। हवा, वर्षा, तापमान और, परिणामस्वरूप, मिट्टी की स्थिति भूमि, समुद्र और पहाड़ों की स्थिति से प्रभावित होती है। पहाड़ों, घाटियों, नदियों और मैदानों और रेगिस्तानों की रणनीतिक स्थिति न केवल संचार में मदद करती है बल्कि हिमालय, आल्प्स जैसे सुरक्षा के मामलों में भी मदद करती है जो प्राकृतिक बाधाओं की तरह हैं।

किसी राज्य के **प्राकृतिक संसाधन** अंतर्राष्ट्रीय स्तर पर उसकी सौदेबाजी क्षमता में सुधार करते हैं। संसाधनों का विशाल भंड़ार किसी की ताकत में वृद्धि नहीं करता है बल्कि विशेष उत्पाद का उपयोग करता है। इस प्रकार भारी मात्रा में तेल ने पश्चिम एशियाई और खाड़ी देशों को तेल कूटनीति की नीति अपनाने में मदद की है। सबसे उल्लेखनीय घटना जिसने अंतर्राष्ट्रीय अर्थव्यवस्था को हिलाकर रख दिया वह 1973 में ओपेक देशों द्वारा तेल प्रतिबंध था। खाद्य, खनिज और ऊर्जा संसाधनों में आत्मनिर्भरता ने संयुक्त राज्य अमेरिका और रूसी विदेश नीति विकल्पों में भी मदद की है।

2. *इतिहास और संस्कृति (History and Culture):* किसी राज्य की राजनीतिक परंपरा की जड़ें उसके इतिहास और संस्कृति में होती हैं। ऐतिहासिक और सांस्कृतिक परंपराएँ बुनियादी विदेश नीति उद्देश्यों को तैयार करने के लिए बुनियादी दिशानिर्देश प्रदान करती हैं। उपनिवेशवाद, साम्राज्यवाद और नस्लवाद के कड़वे अनुभवों ने कई देशों के साम्राज्यवाद विरोधी, उपनिवेशवाद विरोधी और नस्लवाद विरोधी रुख विकसित करने के संकल्प को मजबूत किया है। गांधी के अहिंसा के विचार और भारत की शांतिपूर्ण सह-अस्तित्व की नीति, जैसा कि पंचशील में परिलक्षित होता है, की जड़ें देश के इतिहास और संस्कृति में भी हैं।

3. आर्थिक विकास *(Economic Development)*: सकल राष्ट्रीय उत्पाद (जीएनपी) (Gross National Product—GNP) के संदर्भ में किसी राज्य का आर्थिक प्रदर्शन राज्य की प्राकृतिक और मानव संसाधनों का उपयोग करने की क्षमता को समझने की कुंजी प्रदान करता है, जो बदले में, उसकी विदेश नीति विकल्पों और मेनू को प्रभावित करता है। संयुक्त राज्य अमेरिका, उच्चतम जीएनपी दर्ज करने वाली अब तक की सबसे बड़ी अर्थव्यवस्था, हमेशा अविकसित और विकासशील राज्यों के साथ-साथ और कुछ हद तक ब्रिटेन और फ्रांस जैसे कुछ विकसित राज्यों के संबंध में अपने विदेश नीति उद्देश्यों को सुरक्षित करने में सक्षम है। उच्च आर्थिक विकास का स्तर देशों को आर्थिक रूप से कमजोर देशों के साथ अपने संबंधों में अपनी ताकत दिखाने का अवसर प्रदान करता है। विकासशील दुनिया काफी हद तक पूंजी, प्रौद्योगिकी और सैन्य अनुसंधान और विकास तथा हथियारों की आपूर्ति के लिए विकसित दुनिया पर निर्भर है। इससे वे नुकसानदेह स्थिति में आ जाते हैं और स्वतंत्र विदेश नीति को आगे बढ़ाने में उन्हें गंभीर बाधाएं आती हैं। आर्थिक विकास का स्तर राज्य की अपनी सैन्य तैयारियों को बढ़ाने और अपनी सैन्य क्षमताओं में सुधार करने की क्षमता को भी निर्धारित करता है, जो बदले में उसकी विदेश नीति के उद्देश्यों को निर्धारित करता है। जहां तक उनकी विदेश नीति के रुख का सवाल है, आर्थिक शक्ति ने संयुक्त राज्य अमेरिका के लिए एक

सकारात्मक कारक के रूप में काम किया है, जबकि आर्थिक गिरावट ने रूस के मामले में एक नकारात्मक कारक के रूप में काम किया है।

4. *राष्ट्रीय हित (National Interest):* यथार्थवादियों के लिए, 'राष्ट्रीय हित' अन्य राज्यों के संबंध में किसी राज्य के व्यवहार को निर्धारित करने में प्रमुख कारक है। राष्ट्रीय हित, चाहे वह राजनीतिक, आर्थिक या सैन्य हो, घरेलू मोर्चे पर या अंतर्राष्ट्रीय स्तर पर समय और परिस्थितियों की बदलती जरूरतों के साथ बदलता रहता है। लेकिन निःसंदेह, किसी राज्य की विदेश नीति तैयार करते समय राष्ट्रीय हित का सर्वोच्च महत्व है।

5. *राष्ट्रीय चरित्र और राष्ट्रीय मनोबल (National Character and National Morale):* यद्यपि कई विद्वान विदेश नीति के एक महत्वपूर्ण इनपुट के रूप में राष्ट्रीय चरित्र के महत्व को उसके आध्यात्मिक पहलुओं के कारण नजरअंदाज करते हैं, फिर भी राष्ट्रीय चरित्र निर्णय निर्माताओं की धारणाओं, प्रतिक्रियाओं और व्यवहार पैटर्न के माध्यम से अंतर्राष्ट्रीय संबंधों में अभिव्यक्ति पाता है। जैसा कि प्रो. जयंतनुजा बंद्योपाध्याय (Prof. Jayantanuja Bandyopadhyaya) सुझाव देते हैं कि यदि धन और शक्ति की पूजा को अमेरिका के राष्ट्रीय चरित्र का मुख्य गुण माना जाता है, तो विदेश नीति तार्किक रूप से ऐसी बन जाती है जो इन विशेषताओं के अनुरूप हो। भारत में संस्कृति और विश्वास प्रणाली ने निर्णय निर्माताओं के दृष्टिकोण और विदेश नीति के परिप्रेक्ष्य को भी आकार दिया है।

राष्ट्रीय मनोबल भी एक अमूर्त श्रेणी है और इसमें मन की एक अवस्था शामिल होती है, जिसे कभी-कभी **देशभक्ति** या **देश प्रेम** भी कहा जा सकता है। अपने देश के लिए खड़े होने और यहां तक कि अपने जीवन का बलिदान देने की इच्छा न केवल सामने लड़ने वाले सैनिकों के राष्ट्रीय मनोबल का एक तत्व है, बल्कि नागरिक आबादी का भी मनोबल है।

6. *राजनीतिक संरचना (Political Structure):* किसी राज्य की राजनीतिक संरचना और शासक अभिजात वर्ग की प्रकृति काफी हद तक किसी राज्य की विदेश नीति के निर्माण को प्रभावित करती है। उच्च स्तर की राजनीतिक जवाबदेही वाला एक लोकतांत्रिक राज्य उत्तरदायी और जिम्मेदार दोनों होता है। इसलिए, ऐसी प्रणाली द्वारा अपनाई गई विदेश नीति अधिनायकवादी और सत्तावादी राज्यों द्वारा अपनाई गई विदेश नीतियों से भिन्न होगी।

किसी राज्य की सरकार में अचानक परिवर्तन भी विदेश नीति के विषय में बदलाव का एक स्रोत है। उदाहरण के लिए, पाकिस्तान में सरकार में बदलाव, सैन्य शासन से लेकर अतीत में थोड़े समय के लिए लोकतांत्रिक रूप से निर्वाचित सरकार और 2008 के आम चुनाव के बाद एक नए लोकतांत्रिक सरकारी गठबंधन के कारण, उनकी विदेश नीति के दृष्टिकोण में कुछ बदलाव हुए हैं। इसी प्रकार, भारत में सरकारों में बदलाव ने भी समय-समय पर विदेश नीति विकल्पों को प्रभावित किया है। उदाहरण के लिए, सत्ता में कोई भी सरकार हो, चाहे वह पूर्ण रूप से कांग्रेस के नेतृत्व वाली सरकार हो, या भाजपा के नेतृत्व वाली *राष्ट्रीय जनतांत्रिक गठबंधन (एनडीए)* (National Democratic Alliance—NDA) गठबंधन, या जनता दल के नेतृत्व वाली सरकार, या कांग्रेस-यूपीए सरकार हो—विदेश नीति के रुख में बदलाव हुए हैं।

7. *सामाजिक संरचना (Social Structure):* विदेश नीति शून्य में उत्पन्न नहीं की जा सकती। जिस तरह राजनीतिक इनपुट महत्वपूर्ण हैं, उसी तरह सामाजिक कारक भी महत्वपूर्ण हैं। एक मजबूत सामंजस्यपूर्ण समाज एक मजबूत विदेश नीति के लिए अवसर प्रदान करता है, जबकि जातीय या धार्मिक कारकों के कारण तनाव वाले समाज या धन के असमान वितरण वाले समाज में विभिन्न समूहों के बीच सामंजस्य और सहयोग की कमी के कारण कमजोर नीति अपनाने की प्रबल संभावना होती है। इस प्रकार, किसी राज्य की बाह्य नीति के आंतरिक घटकों की उपेक्षा करना संभव नहीं है।

8. ***विचारधारा (Ideology):*** विचारधारा को सरकार, अर्थव्यवस्था, समाज और इतिहास के बारे में परस्पर संबंधित विचारों के एक समूह के रूप में परिभाषित किया गया है, हालांकि जरूरी नहीं कि यह तार्किक रूप से अन्योन्याश्रित हो। विचारधारा अक्सर राज्यों की विदेश नीतियों के संचालन में महत्वपूर्ण भूमिका निभाती है। लेकिन अक्सर, वैचारिक सिद्धांतों का उपयोग राज्यों या राज्यों के समूह द्वारा सत्ता के संघर्ष में अपनी नीतियों और कार्यों को उचित ठहराने या छिपाने के माध्यम से राष्ट्रीय हितों को आगे बढ़ाने के लिए किया जाता है। विचारधारा का संचालन कई बार अंतर्राष्ट्रीय संघर्ष का कारण बनता है। फासीवाद और नाज़ीवाद के उदय का अंतर्राष्ट्रीय वैचारिक क्षेत्र पर गहरा प्रभाव पड़ा। द्वितीय विश्व युद्ध के बाद, दुनिया ने सोवियत रूस और संयुक्त राज्य अमेरिका की विदेश नीति के उद्देश्यों में मजबूत वैचारिक प्रभाव देखा। यह संघर्ष साम्यवाद और साम्यवाद को 'रोकने' के पश्चिमी लोकतंत्रों के प्रयासों के बीच था। हालाँकि, किसी को भी विदेश नीति के निर्धारक के रूप में विचारधारा के महत्व को कम नहीं आंकना चाहिए, क्योंकि सही अर्थों में, इसका उपयोग मुख्य रूप से अंतर्राष्ट्रीय संबंधों में कर्ताओं के वास्तविक इरादों को छिपाने के लिए एक आड़ के रूप में किया जाता है।

9. ***जनमत (Public Opinion):*** एक लोकतांत्रिक राज्य में सरकार के लिए घरेलू और विदेशी दोनों नीतियों में जनमत के महत्व को नजरअंदाज करना असंभव है। सूचना प्रौद्योगिकी, जनसंचार माध्यम, दूरसंचार, इंटरनेट और इसी तरह की क्रांति के कारण यह आज पहले से कहीं अधिक सच है। लोग अब पहले की तुलना में कहीं अधिक जागरूक हैं। इस प्रकार जनमत की खुराक घरेलू और विदेशी नीतियों के लिए सीमा निर्धारित करती है। विदेश नीति के मामले में, जनता की राय निम्नलिखित निर्धारित करती है: (i) नीतियों की पसंद के संबंध में बाधाओं की व्यापक सीमाएँ—जनता का 'मूड'; (ii) नीति कार्यान्वयन में बाधाएँ। जैसा कि वियतनाम युद्ध के मामले में, तत्कालीन अमेरिकी सरकार को जनमत के आगे झुकना पड़ा और पीछे हटने के लिए मजबूर होना पड़ा। भारत में, 1962 में चीन द्वारा दिए गए झटके और भारतीय सेना की हार के बाद, रक्षा मंत्री के रूप में कृष्ण मेनन की छवि को गंभीर नुकसान हुआ और उन्हें असंतोषपूर्ण जनमत का सामना करना पड़ा, जिसके परिणामस्वरूप सबसे पहले उन्हें रक्षा उत्पादन मंत्री पद से हटा दिया गया; अंततः उन्हें इस्तीफा देना पड़ा, भले ही उनके प्रधानमंत्री नेहरू के साथ बहुत अच्छे व्यक्तिगत संबंध थे।

बाह्य निर्धारक (External Determinants)

अंतर्राष्ट्रीय व्यवस्थाएँ और संगठन (International Regimes and Organization): राज्यों की विदेश नीतियों को बाहरी वातावरण को भी ध्यान में रखते हुए संचालित करना होता है। पहला और सबसे महत्वपूर्ण कारक जो विदेशी नीतियों के निर्माण को बाधित या प्रभावित करता है, वह अंतर्राष्ट्रीय कानूनों, अंतर्राष्ट्रीय संधियों, समझौतों, व्यापारिक गुटों और विभिन्न अंतर्राष्ट्रीय और क्षेत्रीय संगठनों की उपस्थिति है। विदेश नीति विकल्प निर्धारित करते समय कई द्विपक्षीय और बहुपक्षीय संधियों और समझौतों को ध्यान में रखना पड़ता है। संयुक्त राष्ट्र और उसकी एजेंसियों, आईएमएफ (IMF), विश्व बैंक (World Bank), डब्ल्यूटीओ (WTO) जैसे अंतर्राष्ट्रीय संगठनों और आसियान (ASEAN), सार्क (SAARC), नाफ्टा (NAFTA), एपीईसी (APEC), जैसे क्षेत्रीय संगठनों और नाटो (NATO) जैसे सैन्य समझौतों की गतिविधियां हर राज्य की विदेश नीतियों पर महत्वपूर्ण प्रभाव डालती हैं।

विश्व जनमत (World Public Opinion): घरेलू जनमत विदेश नीति का एक महत्वपूर्ण निर्धारक है। इसी तरह, विश्व जनमत अब विदेश नीति विकल्पों को सीमित करने में महत्वपूर्ण भूमिका निभाने लगा है।

तीव्र संचार और सूचना आदान-प्रदान की इस वर्तमान दुनिया में, बड़े पैमाने पर लोगों के बीच जागरूकता बढ़ी है, और लोगों के बीच व्यापक संपर्क भी हुआ है, इन सभी ने मानवाधिकार, पर्यावरण, युद्ध और शांति और अन्य संबंधित मुद्दों पर विश्व जनमत तैयार करने की सुविधा प्रदान की है।

अन्य राज्यों की विदेश नीतियाँ (Foreign Policies of Other States): किसी राज्य के बाहरी वातावरण में अन्य राज्यों की उपस्थिति शामिल होती है। इसलिए, किसी विशेष राज्य की विदेश नीति के निर्माण और संचालन में उनके राज्यों के व्यवहार के साथ-साथ उनकी विदेश नीति विकल्पों को भी ध्यान में रखना पड़ता है। किसी राज्य की विदेश नीति के उद्देश्य इस अर्थ में राज्य विशिष्ट होने चाहिए कि उसे अपनी विदेश नीति के विकल्पों को उन राज्यों के साथ अपने संबंधों के अनुसार बदलना चाहिए जो मित्रवत हैं और जो शत्रुतापूर्ण हैं। अंततः, यह राज्यों की प्रतिक्रिया है जो सबसे अधिक मायने रखती है। इसलिए, वांछित परिणाम प्राप्त करने के लिए वांछित विदेश नीति को का निर्माण करना होगा।

विदेश नीति की तकनीकें (Techniques of Foreign Policy)

कूटनीति (Diplomacy)

अलग-अलग राजनीतिक इकाइयों के सह-अस्तित्व के लिए उनके बीच कुछ हद तक संपर्क की आवश्यकता होती है। सरकारों के बीच वार्ता एवं संवाद की आवश्यकता होती है तथा सरकारों के बीच संवाद की इसी व्यवस्था को तकनीकी रूप से कूटनीति कहा जाता है। व्यापक अर्थ में, कूटनीति का उपयोग अक्सर विदेश नीति के निर्माण और कार्यान्वयन दोनों के लिए किया जाता है।

विदेश नीति के एक साधन के रूप में कूटनीति कोई नई बात नहीं है और इसकी जड़ें पुरातनरूप से जुड़ी हैं। ग्रीस, बीजान्टियम और इटली पुनर्जागरण ने इसके विकास में सबसे उल्लेखनीय योगदान दिया। लेकिन संगठित कूटनीति की उत्पत्ति 1815 में वियना कांग्रेस से हुई। वियना की कांग्रेस, 19 मार्च 1815 की रेगमेंट (Reglement) और *ऐक्स-ला-चैपल* (Aix-la-Chappelle) के बाद के नियमों ने अंततः एक सहमत आधार पर राजनयिक सेवाओं और शक्तियों के प्रतिनिधित्व की स्थापना की। प्रतिनिधियों की चार श्रेणियां परिभाषित की गईं, अर्थात्: (i) राजदूत, पोप के प्रतिनिधि और पोप के राजदूत; (ii) असाधारण दूत और पूर्णाधिकारी मंत्री; (iii) आवास मंत्री; (iv) *चार्जे डी'एफ़ेयर्स* (Chargè d'Affaires.)।[10] अंततः, 1961 में राजनयिक संपर्क और प्रतिरक्षा पर वियना सम्मेलन में, जिसमें 81 राज्यों ने भाग लिया, राजनयिक प्रथाओं के लगभग सभी पहलुओं से संबंधित एक व्यापक समझौते पर हस्ताक्षर किए गए।

'ऑक्सफोर्ड डिक्शनरी' (दूसरा संस्करण, 1989) कूटनीति को "बातचीत द्वारा अंतर्राष्ट्रीय संबंधों का प्रबंधन" के रूप में परिभाषित करता है। सर अर्नेस्ट सैटो (Sir Ernest Satow)(गाइड टू डिप्लोमैटिक प्रैक्टिस, 1922) (*Guide to Diplomatic Practice*, 1922) ने कूटनीति को "स्वतंत्र राज्यों की सरकारों के बीच आधिकारिक संबंधों के संचालन के लिए बुद्धि और चातुर्य के अनुप्रयोग" के रूप में परिभाषित किया। एक अन्य परिभाषा, जो विधि को पदार्थ से निकटता से जोड़ती है, वह यह है कि कूटनीति "वार्ताकारों के बीच मांगों और रियायतों के आदान-प्रदान में औपचारिक रूप से प्रत्येक पक्ष पर संचयी राजनीतिक, आर्थिक और सैन्य दबाव का प्रतिनिधित्व करती है"।[11]

निकोलसन(Nicolson)[12] कूटनीति के पांच अलग-अलग अर्थ देते हैं। उनका कहना है कि वर्तमान भाषा में कूटनीति शब्द का प्रयोग लापरवाही के साथ कई चीजों को दर्शाने के लिए किया जाता है। जैसे:

1. विदेश नीति का पर्यायवाची
2. संधिर्वाता या समझौता (Negotiation)
3. वह मशीनरी जिसके द्वारा संधिर्वाता की जाती है
4. विदेश सेवा की एक शाखा
5. "एक अमूर्त गुण या उपहार, जो अपने सर्वोत्तम अर्थ में, अंतर्राष्ट्रीय वार्ता के संचालन में कौशलता का अभिप्राय है; और, इसके निकृष्ट अर्थ में, चातुर्य के धूर्त पहलुओं को दर्शाता है।

अंततः निकोलसन ऑक्सफोर्ड डिक्शनरी द्वारा दी गई परिभाषा से सहमत हैं।

ऑर्गन्स्की (Organski)[13] कूटनीति को "उस प्रक्रिया का केवल एक हिस्सा मानते हैं जिसके द्वारा विदेश नीति तैयार और क्रियान्वित की जाती है"। मोर्गेंथाऊ (Morgenthau) ने कूटनीति को राज्य शक्ति का मस्तिष्क कहा है।

विदेश नीति और कूटनीति (Foreign Policy and Diplomacy)

हालाँकि कूटनीति और विदेश नीति शब्दों का उपयोग परस्पर विनिमय के लिए किया जाता है, लेकिन दोनों के बीच अंतर को ध्यान में रखा जाना चाहिए। अंतर्राष्ट्रीय संबंधों के वर्णन में भाषा की कुछ सटीकता बनाए रखने के हित में, कूटनीति में एक "विधि या तकनीक शामिल होती है जिसके द्वारा राज्य एक दूसरे के साथ अपने संबंधों का संचालन करते हैं"। इसलिए, कूटनीति विदेश नीति का सार नहीं है और न ही यह उस प्रक्रिया का प्रतिनिधित्व करती है जिसके तहत सरकारें विदेश नीति तैयार करती हैं। यह उन तरीकों में से एक है जिनसे दुनिया भर में दिन-प्रतिदिन नीतियां लागू की जा रही हैं।

पामर (Palmer) और पर्किन्स (Perkins) ने जे.आर. चाईल्डस (J.R. Childs) (*अमेरिकी विदेश सेवा*, 1948) को उद्धृत करते हुए कूटनीति और विदेश नीति के बीच अंतर को भी इंगित किया, जिन्होंने विदेश नीति को "विदेशी संबंधों का सार" और कूटनीति को "वह प्रक्रिया जिसके द्वारा नीति लागू की जाती है" के रूप में सुझाया था। कूटनीति का उद्देश्य वह मशीनरी और कार्मिक उपलब्ध कराना है जिसके द्वारा विदेश नीति क्रियान्वित की जाती है। सर हेरोल्ड निकोलसन द्वारा अपने अध्ययन, *द कांग्रेस ऑफ वियना* (The Congress of Vienna, November 1814–June 1815) में अधिक सटीक अंतर प्रदान किया गया है। उन्होंने कहा कि "विदेश नीति राष्ट्रीय आवश्यकताओं की सामान्य अवधारणा पर आधारित है... दूसरी ओर, कूटनीति एक साध्य नहीं बल्कि एक साधन है; कोई उद्देश्य नहीं बल्कि एक तरीका... यह वह एजेंसी है जिसके माध्यम से विदेश नीति युद्ध के बजाय समझौते से अपने उद्देश्य को प्राप्त करना चाहती है।'' उनका आगे मानना है कि शत्रुता शुरू होने पर कूटनीति निष्क्रिय हो जाती है, क्योंकि विदेश नीति, जिसकी अंतिम मंजूरी युद्ध है, भी निष्क्रिय हो जाती है। लेकिन पामर और पर्किन्स को इस पर गंभीर आपत्ति है और उनका तर्क है कि जैसा कि निकोलसन सुझाव देते हैं, युद्ध के समय में कूटनीति काम करना बंद नहीं करती है। हालाँकि युद्धकाल में इसकी भूमिका भिन्न हो सकती है, लेकिन युद्धकाल में राजनयिकों और मंत्रियों का काम बढ़ जाता है। वे अपने तर्क के ठोस समर्थन के रूप में दो विश्व युद्धों का उदाहरण देते हैं। पूरी बहस का सार यह है कि कूटनीति एक पद्धति है और विदेश नीति वह पदार्थ है, जिसे कूटनीतिक तकनीक के इस्तेमाल से क्रियान्वित किया जाता है। एक ब्रिटिश राजनयिक ने एक बार टिप्पणी की थी, "विदेश नीति वह है जो आप करते हैं; और कूटनीति यह है कि आप इसे कैसे करते हैं"।

कूटनीति के कार्य (Functions of Diplomacy)

मोर्गेंथाऊ (Morgenthau)[15] कूटनीति के चार कार्य बताते हैं। इन कार्यों का तात्पर्य यह है कि व्यक्ति:

1. इन उद्देश्यों की पूर्ति के लिए वास्तव में और संभावित रूप से उपलब्ध शक्ति के आलोक में कूटनीति के उद्देश्यों को निर्धारित करें;
2. अन्य देशों के उद्देश्यों और उन उद्देश्यों की पूर्ति के लिए वास्तव में और संभावित रूप से उपलब्ध शक्ति का आकलन करें;
3. निर्धारित करें कि ये विभिन्न उद्देश्य किस हद तक एक-दूसरे के अनुकूल हैं; और
4. अपने उद्देश्यों की प्राप्ति के लिए उपयुक्त साधनों को नियोजित करें।

उनके अनुसार एक राजनयिक अपनी सरकार के लिए तीन बुनियादी कार्य पूरा करता है: प्रतीकात्मक, कानूनी और राजनीतिक।

पामर (Palmer) और पर्किन्स (Perkins) राजनयिकों के कार्यों को इस प्रकार वर्गीकृत करते हैं:

1. प्रतिनिधित्व
2. बातचीत
3. रिपोर्टिंग
4. राष्ट्रीय हितों और विदेशों में नागरिकों की सुरक्षा।

इस श्रेणी में एक और चीज़ जोड़ी जा सकती है, वह है अंतर्राष्ट्रीय शांति बनाए रखना और अंतर्राष्ट्रीय सहयोग को बढ़ावा देना।

पौलाडा (Poullada)[16] बताते हैं कि कूटनीति पाँच मूल कार्य करती है:

1. विवाद प्रबंधन
2. समस्या को सुलझाना
3. मुद्दों की एक विस्तृत श्रृंखला पर अंतर-सांस्कृतिक बातचीत
4. बातचीत और सौदेबाजी
5. एक देश से दूसरे देश की विदेश नीति संबंधी निर्णयों का कार्यक्रम प्रबंधन।

इन महत्वपूर्ण कार्यों के निष्पादन के लिए प्रक्रियात्मक रूप से अपनी सरकार के विचारों को संप्रेषित करना और सूचनाओं का आदान-प्रदान करना शामिल है। यह राजनयिकों द्वारा कुछ प्रक्रियात्मक कला और शिल्प का उपयोग करके जैसे प्रोटोकॉल, राजनयिक प्रारूपण, प्रेस संबंधों और यहां तक कि गैस्ट्रोनॉमी के परिशोधन द्वारा सबसे अच्छा किया जाता है।

व्हाइट (White)[17] ने कूटनीति के पांच प्रमुख कार्यों की ओर इशारा किया है:

1. जानकारी इकट्ठा करना
2. नीति संबंधी सलाह
3. प्रतिनिधित्व
4. बातचीत
5. कांसुलर सेवाएँ

कूटनीति के कुछ बुनियादी कार्यों की चर्चा नीचे की गई है:

प्रतिनिधित्व (Representation): राजनयिक अपने देश और सरकार का प्रतीकात्मक, कानूनी और राजनीतिक प्रतिनिधि है। उनके **प्रतीकात्मक** कार्यों में औपचारिक और सामाजिक अवसरों में भाग लेना, विदेशी समूहों को संबोधित करना और उन सभी कार्यक्रमों में उपस्थित रहना शामिल है जिनके साथ उनके देश का संबंध है। अपनी प्रतीकात्मक क्षमता में, राजनयिकों को अपनी सरकार और अपने मेजबान देश के बीच सभी पहलुओं में संबंधों की समग्रता से निपटना होता है।

देश के **कानूनी** और **राजनीतिक** प्रतिनिधि के रूप में, वह बातचीत करता है, संधियों पर हस्ताक्षर करता है, अंतर्राष्ट्रीय सम्मेलनों और संगठनों में अपने देश का प्रतिनिधित्व करता है, और अपनी सरकार के निर्देशों के अनुसार वोट देता है। वह विदेशों में भी अपने देश के हितों की रक्षा में लगे रहते हैं और विदेशों में नागरिकों की रक्षा करते हैं। उनसे यह भी अपेक्षा की जाती है कि वे जानकारी इकट्ठा करें और अपनी सरकार को रिपोर्ट करें, जो कच्चे माल की तरह हैं, जो सरकार को अपनी विदेशी नीतियों को तैयार करने में मदद करते हैं। मोर्गेंथाऊ बताते हैं, "जैसा कि विदेश कार्यालय विदेश नीति का मुख्य केंद्र है, वैसे ही राजनयिक प्रतिनिधि इसके बाहरी तंतु हैं जो केंद्र और बाहरी दुनिया के बीच दो-तरफा विचार-विनियम बनाए रखते हैं"।

बातचीत (Negotiation): यह कूटनीति का अब तक का सबसे महत्वपूर्ण कार्य है। इसमें साधारण परामर्श, विचारों के आदान-प्रदान से लेकर विशिष्ट मुद्दों पर पूर्ण बातचीत तक कई प्रकार की गतिविधियाँ शामिल हैं। बातचीत अनुनय, समझौते, प्रलोभन और यहां तक कि दबाव के माध्यम से भी की जा सकती है। ऐसा कहा जाता है कि अन्य सरकारों को मनाने की क्षमता कूटनीति की कला का केंद्र है। यदि अनुनय विफल हो जाता है, तो अन्य उपाय उपलब्ध हैं, उदाहरण के लिए, बातचीत पर समय सीमा लगाना, दूसरे राज्य को राजनयिक रूप से अलग-थलग करने की कोशिश करना या चरम स्थितियों में, राजनयिक संबंध तोड़ने की धमकी देना। कुल मिलाकर, बातचीत में घरेलू और विदेशी दोनों राजनीतिक प्रणालियों की मानसिकता, मूल्य प्रणाली और जनता की राय को ध्यान में रखना होगा। यदि राजनीतिक नेता या अन्य दूत बातचीत में शामिल हों तो पेशेवर राजनयिक बातचीत करते हैं या सहायक भूमिकाएँ प्रदान करते हैं।

सूचना प्राप्त करना (Obtaining Information): यह राजनयिक का सबसे नाजुक कार्य है क्योंकि सूचना और डेटा विदेश नीति के कच्चे माल हैं। सैन्य क्षमता, व्यक्तित्व और आर्थिक प्रवृत्तियों या समस्याओं से संबंधित डेटा उसके देश में नीति निर्माताओं को प्रदान किया जाना चाहिए ताकि वे अपनी कार्रवाई का तरीका तय कर सकें। राजनयिक का मुख्य कार्य डेटा की व्याख्या करने और अपनी सरकार की नीतियों के प्रति प्राप्तकर्ता सरकार की प्रतिक्रियाओं का विश्वसनीय आकलन और पूर्वानुमान करने के लिए अपने कौशल और विदेशी समाज के साथ परिचितता का उपयोग करके जानकारी प्रदान करना है।[18]

रिपोर्टिंग (Reporting): प्राप्तकर्ता देश से एकत्र किए गए डेटा और जानकारी को राजनयिक को अपनी सरकार को सूचित करना चाहिए। ये रिपोर्टें हर कल्पनीय विषय को कवर करती हैं, जो उनके देश के लिए महत्वपूर्ण हो सकता है। जैसा कि संयुक्त राज्य अमेरिका के विदेश विभाग के एक प्रकाशन में कहा गया है कि अमेरिकी विदेश सेवा अपने राजनयिकों से अपेक्षा करती है कि वे "जिस देश में वे नियुक्त हैं, वहां की राजनीतिक, सामाजिक और आर्थिक स्थितियों और महत्व के रुझानों का निरीक्षण, विश्लेषण और रिपोर्ट करें"।[19]

राष्ट्रीय हितों की सुरक्षा (Protection of National Interests): यद्यपि एक राजनयिक से राज्य की सरकार के लिए **व्यक्तिगत सम्मान** की अपेक्षा की जाती है, अर्थात उसे उस देश की सरकार के साथ मिलना

चाहिए जिससे वह मान्यता प्राप्त है, फिर भी अपने देश के राष्ट्रीय हितों की रक्षा करना और उसे आगे बढ़ाना उसका मुख्य कर्तव्य है। यह कूटनीति के अभ्यास का आधार है।

विदेश में नागरिकों की सुरक्षा (Protection of Nationals Abroad): इसमें विदेश में रहने वाले या यात्रा करने वाले नागरिकों के जीवन की रक्षा करना और उनके हितों को बढ़ावा देना शामिल है। यह एक नियमित कार्य है लेकिन आपदाओं या नागरिक विकारों के दौरान, राजनयिकों की भूमिका महत्वपूर्ण हो जाती है, खासकर जब स्थानीय सरकार विफल हो जाती है या विदेशी नागरिकों के जीवन और संपत्ति की सुरक्षा प्रदान नहीं करती है।

यद्यपि कूटनीति अपने पारंपरिक रूप से आधुनिक रूप में विकसित हुई है और विदेशी संबंधों में काफी बदलाव हुए हैं, कूटनीति और राजनयिकों के आवश्यक कार्य अपरिवर्तित रहे हैं। कूटनीति के मुख्य कार्य: सरकारों के बीच सूचना और दृष्टिकोण का प्रसारण, दूसरों के मुकाबले नीतिगत पदों का प्रतिनिधित्व, किसी के नागरिकों के हितों की सुरक्षा और शायद, सबसे ऊपर, हितों और नीति के मौजूदा मतभेदों पर बातचीत उन मतभेदों को समायोजित करने के लिए सूत्र खोजने की प्रक्रिया का लक्ष्य अभी भी वही बना हुआ है। जैसा कि मोर्गेंथाऊ (Morgenthau) ने *द आर्ट ऑफ डिप्लोमैटिक नेगोशिएशन* (*The Art of Diplomatic Negotiation*) में लिखा है,

> *एक राष्ट्र जो अन्य राष्ट्रों के बीच मौजूद है, वह बाहरी दुनिया के साथ तीन तरीकों से निपट सकता है: वह अपने और अन्य देशों के बीच संबंधों के महत्व को नकार सकता है—जिससे अलगाव और गैर-भागीदारी की नीति को बढ़ावा मिलेगा; यह अन्य राष्ट्रों की समानता को नकार सकता है और जबरदस्ती अपनी इच्छा दूसरों पर थोपने का प्रयास कर सकता है—जिससे आधिपत्य और साम्राज्यवाद की नीति को बढ़ावा मिलेगा; या यह इस धारणा पर अन्य देशों के साथ संपर्क में हितों को आगे बढ़ाने का प्रयास कर सकता है कि देशों के अलग-अलग हितों को एक दूसरे के साथ परिभाषित करने, पुनर्परिभाषित करने, समायोजित करने, और अनुकूलित करने की संभावनाएं हैं।*

और कार्रवाई का तीसरा तरीका वह कार्य है जो, मोर्गेंथाऊ के निर्णय में, कूटनीति को पूरा करना चाहिए।[20]

पारंपरिक और नई कूटनीति (Traditional and New Diplomacy)

अठारहवीं सदी के अंत तक कूटनीति को पुरानी या पारंपरिक कूटनीति का नाम दिया गया था। उन्नीसवीं सदी की कूटनीति को **आधुनिक कूटनीति** के रूप में जाना जाता है जिसमें कूटनीति की प्रकृति में परिवर्तन के कारण नए तरीकों और कर्मियों को शामिल किया गया था।

पुराने यूरोपीय प्रकार की कूटनीति की अकादमिक व्याख्या केनेथ डब्ल्यू थॉम्पसन (Kenneth W. Thompson) (अंतर्राष्ट्रीय संबंधों के क्षेत्र में अमेरिकी अकादमिक और लेखक) द्वारा प्रदान की गई है। उन्होंने कूटनीति की पृष्ठभूमि का वर्णन निम्नलिखित शब्दों में किया: "सैद्धांतिक रूप से, कम से कम, यह अनुनय, समझौता और समायोजन के माध्यम से संघर्षों को कम करने और कम करने का प्रयास करता था। यह नेताओं के एक छोटे समूह के हितों के समुदाय में निहित एक कूटनीति थी जो एक ही भाषा बोलते थे, एक-दूसरे की उतनी ही सेवा करते थे जितनी अपने लोगों की करते थे, और एक-दूसरे की ताकत और कमजोरियों से खेलते थे। जब युद्ध छिड़ गया, तो उन्होंने लड़ाकों के चारों ओर एक घेरा बना लिया और संघर्ष को स्थानीय बनाने और बेअसर करने की कोशिश की। पुरानी कूटनीति... ऐसे राज्यों से बनी दुनिया में

अपना काम करती थी जो छोटे, अलग-अलग, शक्ति में सीमित थे और विडंबना यह है कि आधी-अधूरी राजनीतिक वफादारी से भरपूर थे। धैर्य एक नारा था; बातचीत और वार्ताएं उन पेशेवरों द्वारा शुरू की जाएंगी, तोड़ी जाएंगी, फिर से शुरू की जाएंगी, अस्थायी रूप से बंद की जाएंगी और फिर से खोली जाएंगी जिनकी शब्दावली में कूटनीति का कोई विकल्प नहीं होगा।''

कुछ ऐसे कारक थे जिन्होंने कूटनीति के सिद्धांत और व्यवहार में बदलाव लाए और कूटनीति के एक नए युग की शुरुआत की। निकोलसन (Nicolson) "पुरानी कूटनीति" और उसके बदनाम संस्करण "गुप्त कूटनीति" की बात करते हैं, जिसके बारे में उनका कहना है कि वर्ष 1918 में एक *महान सफेद रोशनी* देखी गई और धीरे-धीरे नई कूटनीति के अपने नए रूप में आगे बढ़ी। सत्रहवीं या अठारहवीं सदी की कूटनीति अब अपने आधुनिक स्वरूप—उन्नीसवीं सदी की कूटनीति—के बिल्कुल विपरीत खड़ी है। हालाँकि, निकोलसन (Nicolson)[21] का तर्क है कि कोई अचानक रूपांतरण नहीं हुआ है, न ही सिद्धांत या पद्धति के तीव्र विरोधाभासों को पहचाना जा सका; केवल यही हुआ है कि बातचीत की कला ने धीरे-धीरे राजनीतिक परिस्थितियों में बदलाव के साथ खुद को समायोजित कर लिया है। निकोलसन (Nicolson) ने इन विकासों पर ध्यान इस प्रकार आकर्षित किया है:

- "राष्ट्रों के समुदाय की बढ़ती भावना"
- "जनता की राय के महत्व की बढ़ती सराहना"
- "संचार में तेजी से वृद्धि"

पारंपरिक कूटनीति की विशेषताएं (Features of Traditional Diplomacy)

कूटनीति की प्रणाली, जिसे "पारंपरिक कूटनीति" के रूप में जाना जाता है, को "पुरानी कूटनीति", "द्विपक्षीय कूटनीति", 'फ्रांसीसी' या 'इतालवी' कूटनीति प्रणाली के रूप में भी पहचाना जाता है। लेबल चाहे जो भी हो, पारंपरिक कूटनीति की संरचना, प्रक्रिया और एजेंडे के संबंध में कुछ विशिष्ट विशेषताएं होती हैं, जो मोटे तौर पर प्रश्नों से संबंधित होती हैं जैसे: कूटनीति में कौन शामिल है? राजनयिक गतिविधि कैसे की जाती है? कूटनीति का सार क्या है?

संरचना (Structure): पारंपरिक कूटनीति की पहली और सबसे महत्वपूर्ण विशेषता, जो प्राचीन और मध्ययुगीन दुनिया में अपने पूर्ववर्तियों से अलग थी, वह यह थी कि यह कैथोलिक चर्च जैसे राजनीतिक संगठन के किसी भी अन्य रूप के बजाय पहचानने योग्य आधुनिक राज्यों के बीच एक संचार प्रक्रिया का गठन करती थी। पारंपरिक कूटनीति भी *यूरोप-केन्द्रित* थी और पाँच बड़ी शक्तियाँ इंग्लैंड, फ्रांस, प्रशिया, ऑस्ट्रिया और स्पेन मुख्य कर्ता-धर्ता थे जो असामान्य सीमा तक सामंजस्य के साथ कार्य कर सकते थे और इसलिए, इस प्रणाली को अक्सर यूरोप की संयुक्त व्यवस्था (Concert of Europe) के रूप में जाना जाता था। एशिया, अफ्रीका और लैटिन अमेरिका का अधिकांश भाग या तो अलग-थलग पड़ गया या उपनिवेशीकरण के अधीन हो गया। इसलिए, कूटनीति वस्तुतः *यूरोपीय कूटनीति (European diplomacy)* थी।

पारंपरिक कूटनीति में भी धीरे-धीरे संस्थागतकरण देखा गया और सत्रहवीं शताब्दी तक, राजनयिक संस्थान पेशेवर हो गए क्योंकि कूटनीति एक तदर्थ गतिविधि नहीं रह गई और राजनयिकों के एक स्थायी और समर्पित कार्यबल की आवश्यकता थी।

पारंपरिक कूटनीति पर कुलीन वर्ग और पेशेवर राजनयिकों का एकाधिकार था जो एक-दूसरे के साथ संबंध साझा करते थे।

प्रक्रिया (Process): परंपरागत रूप से, कूटनीति बड़े पैमाने पर द्विपक्षीय आधार पर आयोजित की जाती थी और आमतौर पर विशिष्ट नियमों और प्रक्रियाओं की विशेषता वाली गोपनीयता में की जाती थी। पंद्रहवीं शताब्दी के बाद से, राजनयिक प्रोटोकॉल के विकास और राजनयिकों और राजनयिक गतिविधियों दोनों से जुड़े अधिकारों, विशेषाधिकारों और प्रतिरक्षाओं की एक श्रृंखला के साथ कूटनीति एक नियमित प्रक्रिया बन गई।

एजेंडा (Agenda): पारंपरिक कूटनीति का एजेंडा वर्तमान युग की तुलना में संकुचित और संकीर्ण था। जैसा कि व्हाइट (White) बताते हैं, एजेंडा न केवल राज्यों के बीच द्विपक्षीय संबंधों की अपेक्षाकृत अविकसित स्थिति द्वारा निर्धारित किया गया था, बल्कि इससे भी महत्वपूर्ण बात यह है कि, "कूटनीति की व्यस्तताएं राजनीतिक नेताओं की व्यस्तताओं को प्रतिबिंबित करती थीं"। शायद, पारंपरिक कूटनीति के महत्वपूर्ण योगदान को, अतिशयोक्ति के एक क्लासिक टुकड़े में, 1815–1914 के बीच यूरोप में "शांति की सदी" के रूप में जाना जाने लगा।

नई कूटनीति की विशेषताएं (Features of New Diplomacy)

शक्ति संतुलन प्रणाली के साथ-साथ कूटनीति के स्वर्ण युग, जिसके तुरंत बाद 1918 के बाद से अंतर्राष्ट्रीय राजनीति में भारी बदलाव हुए, का स्थान तथाकथित लोकप्रिय या नई कूटनीति ने ले लिया। इस परिवर्तन के मूल में शक्ति संतुलन की पूरी व्यवस्था के बारे में जनता का संदेह था जिसे उन्होंने प्रथम विश्व युद्ध के मुख्य कारण के रूप में पहचाना। वे गोपनीयता की परंपरा के साथ कूटनीति की भूमिका को लेकर भी सशंकित थे। राष्ट्रपति वुडरो विल्सन ने अपने "14-बिंदु" एजेंडे में कूटनीति के इस नए दृष्टिकोण को व्यक्त किया जब उन्होंने कहा: "शांति की खुली संधियाँ, खुले तौर पर सामने आईं, जिसके बाद किसी भी प्रकार की कोई निजी अंतर्राष्ट्रीय समझ नहीं होगी, लेकिन कूटनीति हमेशा स्पष्ट रूप से सार्वजनिक दृष्टि में आगे बढ़ेगी"।[22]

कई अन्य कारकों के कारण भी कूटनीति की प्रकृति में बदलाव आया। इनमें सबसे पहला और महत्वपूर्ण है प्रौद्योगिकी और संचार में विकास, जिसने काफी हद तक एक राजनयिक की भूमिका को बदल दिया है। यहां तक कि उच्चतम स्तर का एक राजदूत भी अब अपनी सरकार की सीट से दूर, एक स्वतंत्र एजेंट के रूप में अपना कार्यालय संचालित नहीं कर सकता है, जैसा कि वह कभी कर सकता था और उससे ऐसा करने की अपेक्षा की गई थी। उसे अपने कार्यालय और अपने गृह कार्यालय के बीच फेरबदल करना पड़ता है। बेहतर संचार ने एक पेशेवर राजनयिक के निर्णय लेने और आम तौर पर अपने देश का 'प्रतिनिधित्व' करने का अधिकार कम कर दिया है। सुपरफास्ट संचार प्रणाली ने राजनयिकों के महत्व को कम कर दिया है, और काफी हद तक, कूटनीति अब नीति निर्माण के साथ ओवरलैप हो गई है। जनसंचार के नये साधनों ने प्रचार-प्रसार जैसे अन्य माध्यमों से दूसरे देशों की जनता तक सीधे पहुँचने के साधन भी खोल दिये हैं।

इसके अलावा, जनमत अब एक महत्वपूर्ण भूमिका निभाने लगा है, जिसने काफी हद तक विदेश नीति के संचालन में हस्तक्षेप किया है। कूटनीति अब वंशवादी या मुट्ठी भर लोगों का मामला नहीं रह गई है। इसने एक लोकतांत्रिक चरित्र धारण कर लिया है जहां राजनेताओं को जनता को विश्वास में लेना होता है।

इसके अलावा, अंतर्राष्ट्रीय समाज की संरचना में भी कई बदलाव हुए हैं। यूरोप अब अंतर्राष्ट्रीय मामलों का केंद्र नहीं रहा। द्वितीय विश्व युद्ध के बाद, एशियाई और अफ्रीकी देशों के बड़े पैमाने पर विउपनिवेशीकरण के बाद, स्वतंत्र देशों की संख्या में वृद्धि हुई है। इसलिए, गैर-यूरोपीय शक्तियों—एशियाई और अफ्रीकी दोनों, का प्रभाव काफी बढ़ गया है; वास्तव में, आज अंतर्राष्ट्रीय मामलों में उनकी भूमिका अधिक है।

बहुपक्षीय कूटनीति, शिखर कूटनीति या संसदीय प्रक्रिया द्वारा कूटनीति ने द्विपक्षीय कूटनीति के साथ-साथ महत्व प्राप्त कर लिया है, और इन शिखर समिति या सम्मेलनों में "खुले तौर पर पहुंचे समझौते" निजी नागरिकों और समूहों की महत्वपूर्ण संख्या की उपभोक्ता रुचि को दर्शाते हैं। इसे विदेश नीति का "लोकतंत्रीकरण" माना गया है जो इस संबंध में एक महत्वपूर्ण विकास है। संयुक्त राष्ट्र एक महत्वपूर्ण अंतर्राष्ट्रीय संगठन बन गया है जो कूटनीति की इस नई शैली का प्रतिनिधित्व करता है।

निकोलसन (Nicolson) ने खुली कूटनीति की आलोचना की है क्योंकि उनका कहना है कि बातचीत के लिए "रियायतों और जवाबी रियायतों" की आवश्यकता होती है और एक बार रियायतों की खबर सामने आने के बाद, जनता नकारात्मक रवैया अपना सकती है और राजनयिकों को बातचीत छोड़ने के लिए मजबूर कर सकती है। निकोलसन (Nicolson) ने सम्मेलन द्वारा कूटनीति की गंभीर कमियों को भी उठाया है। इस प्रकार की बहुपक्षीय कूटनीति कई दोषों से ग्रस्त है और इसलिए ठीक से काम नहीं कर पाती है क्योंकि राजनीतिक राजनेता अक्सर राजनयिक बातचीत को संभालने में सक्षम नहीं होते हैं। इसके अलावा, चूंकि इसमें कई लोग शामिल होते हैं, यह कुछ मूलभूत समस्याओं को हल करने में विफल रहता है क्योंकि सदस्य कठोर रुख अपनाते हैं। फिर भी, इस नई तरह की कूटनीति लोकप्रिय है और इसकी कुछ बुनियादी विशेषताएं हैं जैसा कि हम अब चर्चा करते हैं।

संरचना (Structure): नयी कूटनीति की संरचना लगभग पुरानी कूटनीति के समान ही रही। राज्य अभी भी इस राजनयिक प्रणाली में प्रमुख कर्ता बने हुए थे और विदेशों में सुस्थापित स्थायी दूतावास थे। अंतर केवल इतना था कि राज्य को अन्य गैर-राज्यीय कर्ताओं जैसे अंतर-सरकारी संगठनों और गैर-सरकारी संगठनों के साथ मंच साझा करना पड़ता था।

प्रक्रिया (Process): बदलते अंतर्राष्ट्रीय परिदृश्य ने कर्ताओं के रूप में राज्यों की पसंद के मेनू को प्रभावित किया है, साथ ही गैर-राज्यीय कर्ताओं की संख्या में वृद्धि के कारण नई कूटनीति की प्रकृति और इसकी बातचीत की प्रक्रिया में बदलाव आया है। कूटनीति राज्यों और गैर-राज्यीय कर्ताओं से जुड़ी एक अधिक जटिल गतिविधि बन गई है। राज्य-दर-राज्य आधार पर द्विपक्षीय वार्ता के साथ-साथ, राज्यों के समूहों ने संयुक्त राष्ट्र जैसे अंतर-सरकारी संगठनों और अन्य गैर-सरकारी संगठनों के साथ बहुपक्षीय बातचीत की है।

एजेंडा (Agenda): नई कूटनीति के एजेंडे में आर्थिक, सामाजिक और कल्याण जैसे कई नए मुद्दे शामिल थे, जिन्हें आमतौर पर *निम्न राजनीति* (low politics) के रूप में पहचाना जाता है, साथ ही सैन्य मुद्दे और युद्ध और शांति के मुद्दे, जिन्हें *उच्च राजनीति* (high politics) के रूप में पहचाना जाता है।

नई कूटनीति के प्रकार (Types of New Diplomacy)

पामर और पर्किन्स (Palmer and Perkins) ने कूटनीति के सबसे प्रभावी रूपों पर ध्यान दिया जो बीसवीं शताब्दी से लेकर वर्तमान तक देखे जा सकते हैं। कूटनीति के मुख्य रूप, दूसरों के बीच, लोकतांत्रिक कूटनीति, अधिनायकवादी लोकतंत्र, शिखर कूटनीति, व्यक्तिगत कूटनीति, सम्मेलन द्वारा कूटनीति और संसदीय कूटनीति हैं।

लोकतांत्रिक कूटनीति (Democratic Diplomacy): यह विशेष रूप से बीसवीं सदी के अंत तक कूटनीति का सबसे सामान्य रूप बन गया था। किसी राज्य की राजनीति में लोगों की भागीदारी और जनमत के महत्व ने कूटनीति के लोकतंत्रीकरण को जन्म दिया, जहां सरकारें अब अभिजात वर्ग का क्षेत्र नहीं रहीं

और कूटनीति केवल राजनयिकों और मंत्रियों का मामला बन गई। लेकिन लोकतांत्रिक कूटनीति का अनुभव संतोषजनक नहीं रहा और निकोलसन (Nicolson) ने कई कमियाँ बताईं। लोकतांत्रिक कूटनीति के बारे में सबसे तीखी आलोचना यह है कि इसे बाज़ार की कूटनीति से जोड़ दिया गया है। इसके अलावा, निकोलसन बताते हैं कि खतरे का सबसे प्रबल स्रोत "संप्रभु लोगों की गैरजिम्मेदारी" है, जिसका अर्थ है विदेश नीति की जटिलताओं को समझने में आम लोगों की विफलता जो तथ्यों की अनुपस्थिति से नहीं बल्कि विदेशी मामलों को समझने के लिए उनके विचार और बुद्धि की अज्ञानता और लागू करने में असमर्थता से उत्पन्न होती है। विदेशी मामले उनके लिए बहुत अधिक विदेशी प्रतीत होते हैं; परिणामस्वरूप वे राजनयिकों के लिए शर्मिंदगी की स्थितियाँ पैदा करते हैं और यहाँ तक कि मजबूत जनमत भी राजनयिक वार्ता को विफल कर सकता है या इसमें देरी और अस्पष्टता पैदा कर सकता है।

अधिनायकवादी कूटनीति (Totalitarian Diplomacy): प्रथम विश्व युद्ध के बाद जर्मनी, इटली, सोवियत संघ जैसे अधिनायकवादी राज्यों के उदय ने एक नई लेकिन परेशान करने वाली कूटनीति की शुरुआत की जो अपने पूर्ववर्तियों से बहुत अलग थी। इन अधिनायकवादी राज्यों ने अपने प्रभाव क्षेत्र का विस्तार करने, अन्य राज्यों पर नियंत्रण हासिल करने और अन्य शासनों को नष्ट करने और विस्तार की अपनी आक्रामक नीति को आगे बढ़ाने के लिए सैन्य, राजनीतिक और मनोवैज्ञानिक शक्ति की आधुनिक तकनीकों का इस्तेमाल किया। इसके लिए, उन्होंने अपने राष्ट्रीय हितों को आगे बढ़ाने के लिए नस्लीय श्रेष्ठता, रहस्यवाद, भौतिकवाद और सैन्यवाद के सिद्धांतों का आह्वान किया। कूटनीति का उपयोग राष्ट्रीय नीति के एक उपकरण के रूप में किया जाने लगा और ऐसा करने पर, कूटनीति की भाषा और प्रयोग को पूरी तरह से अपमानित किया गया। इन अधिनायकवादी राज्यों से निपटने में, कूटनीति की पुरानी तकनीकें काफी अपर्याप्त लग रही थीं क्योंकि इन अधिनायकवादी शासनों के राजनयिक विजय, दोहरे व्यवहार और जासूसी के एजेंट बन गए थे। लॉर्ड वैनसिटार्ट (Lord Vansittart)(डिक्लाइन ऑफ डिप्लोमेसी, "फॉरेन अफेयर्स, XXVIII", जनवरी, 1950) ने टिप्पणी की कि अधिनायकवादी कूटनीति का उद्देश्य, अठारहवीं या उन्नीसवीं शताब्दी की कूटनीति के बिल्कुल विपरीत, राज्यों के बीच 'खराब' संबंध बनाना और बनाए रखना था।

शिखर सम्मेलन कूटनीति (Summit Diplomacy): इसमें राजनयिक वार्ता में विदेश मंत्रियों, राष्ट्राध्यक्षों और शासनाध्यक्षों की सीधी भागीदारी शामिल है। यह कोई नई बात नहीं है और, द्वितीय विश्व युद्ध के दौरान और यहां तक कि युद्ध के बाद के वर्षों में, चर्चिल और रूजवेल्ट के बीच कई व्यक्तिगत बैठकें आयोजित की गईं। 1941 की बैठक जिसके परिणामस्वरूप अटलांटिक चार्टर पर हस्ताक्षर किए गए, स्टालिन (Stalin) के साथ तेहरान की बैठक, याल्टा (Yalta) (फरवरी, 1945) और पॉट्सडैम कॉन्फ्रेंस (जुलाई-अगस्त, 1945) सबसे उल्लेखनीय हैं। एशियाई और अफ्रीकी प्रधानमंत्रियों की बैठकें, या तो द्विपक्षीय आधार पर यात्राओं के आदान-प्रदान के माध्यम से या प्रमुख अंतर्राष्ट्रीय सम्मेलनों में, अतीत में और वर्तमान में भी काफी होती रही हैं, जैसे 1955 में बांडुंग में एशियाई-अफ्रीकी सम्मेलन, 1961 में बेलग्रेड में गुटनिरपेक्ष राज्यों (Non-Aligned states) का सम्मेलन और 1964 में काहिरा में अफ्रीकी एकता संगठन (OAU), दक्षिण एशियाई क्षेत्रीय सहयोग संगठन (SAARC) और अन्य अंतर्राष्ट्रीय और क्षेत्रीय संगठनों की बैठकें हुईं।

व्यक्तिगत कूटनीति (Personal Diplomacy): व्यक्तिगत कूटनीति अन्य रूप भी लेती है जहां कूटनीति के सामान्य चैनलों का उपयोग केवल एक सीमित सीमा तक किया जाता है। राष्ट्राध्यक्षों ने अंतर्राष्ट्रीय

संबंधों में नाजुक समस्याओं से निपटने के लिए अपने निजी एजेंटों या प्रतिनिधियों का उपयोग करने की प्रथा शुरू कर दी है। यहां तक कि कभी-कभी उनमें विदेश मंत्रियों के बजाय अपने निजी पसंदीदा लोगों से परामर्श करने की प्रवृत्ति भी विकसित हो जाती है। यह कई दशकों से एक प्रथा रही है जैसा कि हेनरी रिस्टन (Henry Wriston)* ने *अमेरिकी विदेश संबंधों में कार्यकारी एजेंटों* (*Executive Agents in American Foreign Relations*) के अपने अध्ययन में बताया कि वे औपनिवेशिक काल से अमेरिकी राजनयिक संबंधों में कार्यरत रहे हैं। कर्नल हाउस पर रिस्टन की निर्भरता (Wriston's reliance on Colonel House) और हैरी हॉपकिंस पर रूजवेल्ट की निर्भरता (Roosevelt's on Harry Hopkins) सबसे प्रसिद्ध उदाहरण हैं। व्यक्तिगत एजेंटों को नियुक्त करने के अलावा, राष्ट्राध्यक्षों के बीच एक और बहुत आम प्रथा दूसरे देश में अपने समकक्ष से सीधे संपर्क करना है। चर्चिल (Churchill) और रूजवेल्ट (Roosevelt) ने इस प्रथा को एक उत्कृष्ट कला के रूप में विकसित किया और बाद में कैनेडी (Kennedy) और ख्रुश्चेव (Khrushchev) द्वारा, नरमी के दिनों में, हॉटलाइन के माध्यम से इसका उपयोग किया गया।

सम्मेलन द्वारा कूटनीति (Diplomacy by Conference): युद्ध के बाद की अवधि में, विदेशी नीतियों के संचालन में अंतर्राष्ट्रीय सम्मेलनों का प्रसार हुआ है और विदेशी कार्यालयों और राजनयिक और कांसुलर प्रतिष्ठानों के माध्यम से कूटनीति के सामान्य चैनलों की तुलना में अधिक महत्व प्राप्त किया है। इनमें, अधिकांश भागों में, क्षेत्रीय और अंतर्राष्ट्रीय संगठनों की आवधिक बैठकें शामिल होती हैं जिनमें सदस्य देशों और कभी-कभी गैर-सदस्य देशों के कई प्रतिनिधि भी शामिल होते हैं। प्रथम विश्व युद्ध के बाद राष्ट्र संघ द्वारा कूटनीति के इस रूप को प्रोत्साहन प्रदान किया गया था। प्रथम विश्व युद्ध के बाद कई सम्मेलन हुए, जैसे *पेरिस शांति सम्मेलन* (Paris Peace Conference, 1918), *जिनेवा में निरस्त्रीकरण सम्मेलन* (Disarmament Conference at Geneva, 1927), *लंदन सम्मेलन* (London Conference, 1930), और अन्य। द्वितीय विश्व युद्ध के दौरान कई महत्वपूर्ण सम्मेलन आयोजित किये गये। उनमें से सबसे उल्लेखनीय हैं: *तेहरान सम्मेलन* (Teheran Conference, 1943), *ब्रेटन वुड्स सम्मेलन* (Bretton Woods Conference, 1944), *याल्टा सम्मेलन* (Yalta Conference, 1945), और सैन फ्रांसिस्को सम्मेलन (San Francisco Conference, 1945)। समसामयिक अंतर्राष्ट्रीय संबंधों में निरस्त्रीकरण, परमाणु शासन, सतत विकास और पर्यावरण संबंधी मुद्दों से संबंधित कई सम्मेलन हुए हैं।

संसदीय कूटनीति (Parliamentary Diplomacy): केनेथ डब्ल्यू. थॉम्पसन (Kenneth W. Thompson) ने बताया है कि "कूटनीति का एक अनोखा, क्रांतिकारी और विश्वव्यापी संस्थागतकरण" हुआ है। यह आम तौर पर तीन विकासों का परिणाम रहा है, जो काफी चौंकाने वाले हैं:

1. सार्वजनिक बहुपक्षीय वार्ता की बढ़ती घटनाएं
2. सांस्कृतिक और शैक्षिक क्षेत्रों में राजनयिक गतिविधि का विस्तार
3. लोगों और राष्ट्रों के बीच संपर्क के अनौपचारिक चैनलों की वृद्धि।

इन कारकों के कारण जिसे 'संसदीय कूटनीति' कहा जाता है उसका महत्व बढ़ गया है। डीन रस्क (Dean Rusk) (संसदीय कूटनीति–बहस बनाम बातचीत, *विश्व मामलों के दुभाषिया* (World Affairs Interpreter), XXVI, Summer, 1955) ने सुझाव दिया कि इस प्रकार की बहुपक्षीय वार्ता में "एक

* Henry Wriston, *Executive Agents in American Foreign Relations*, The John Hopkins Press, Baltimore, 1929.

सतत संगठन", "जनसंचार के मीडिया के संपर्क में आने वाली नियमित सार्वजनिक बहस" प्रक्रिया के नियम जो, बहस की प्रक्रिया को नियंत्रित करते हैं", और "औपचारिक निष्कर्ष, आमतौर पर व्यक्त संकल्प" शामिल हैं। संयुक्त राष्ट्र महासभा और अन्य संयुक्त राष्ट्र निकाय संसदीय प्रक्रियाओं के माध्यम से कूटनीति के उदाहरण हैं।[23]

आर्थिक कूटनीति (Economic Diplomacy): एक अवधारणा के रूप में आर्थिक कूटनीति नई नहीं है। दरअसल, व्यापार कूटनीति का एक लंबा इतिहास है। लेकिन वार्ता में अनुकूल परिणाम प्राप्त करने के लिए द्वितीय विश्व युद्ध के बाद से व्यापार और सहायता का व्यापक रूप से उपयोग किया जा रहा है। इसलिए, व्यापार और सहायता का उपयोग लगातार 'गाजर और छड़ी' (carrot and stick) नीति के एक हिस्से के रूप में किया जा रहा है, जिसे या तो पेश किया जा सकता है या रोका जा सकता है। शीत युद्ध के दौरान, आर्थिक व्यापार और सहायता का उपयोग सहयोगियों पर जीत हासिल करने और संयुक्त राज्य अमेरिका और सोवियत संघ दोनों द्वारा संबंधित प्रभाव क्षेत्रों को बनाए रखने के साधन के रूप में किया गया था। ट्रूमैन सिद्धांत (Truman Doctrine) और मार्शल योजना (Marshall Plan) साम्यवाद के प्रसार को रोकने के उद्देश्य से यूरोपीय देशों को दी जाने वाली ऐसी सहायता के प्रमुख उदाहरण हैं। मार्शल योजना के प्रति सोवियत प्रतिक्रिया मोलोटोव योजना (Molotov Plan) थी जो पूर्वी यूरोपीय देशों के साथ उनके आर्थिक संकटों से निपटने में मदद करने और साम्यवाद को संरक्षित करने के लिए द्विपक्षीय समझौतों की एक श्रृंखला थी। शीत युद्ध के बाद व्यापार और सहायता, प्रौद्योगिकी, पूंजी और सूचना के हस्तांतरण के साथ, अभी भी आर्थिक कूटनीति का संचालन करते समय उपयोग किया जाता है। अधिकतर तीसरी दुनिया के देश निशाने पर होते हैं, और अमीर देशों द्वारा इन तकनीकों का उपयोग विकसित देशों को सौदेबाजी की स्थितियों में लाभ देता है। इसलिए, जबकि समान साझेदारों के बीच आर्थिक कूटनीति दोनों के लिए फायदेमंद परिणाम ला सकती है, अमीर और गरीब राज्यों के बीच ऐसी कूटनीति से बातचीत से असमान रिटर्न मिल सकता है। यहां तक कि आर्थिक कूटनीति में भी, किसी विशेष देश में शासन की गुणवत्ता और शासन का पैटर्न पीछे रह सकता है और राष्ट्रीय व्यापारिक हित सर्वोच्च हो सकता है। चूंकि सितंबर, 2007 में म्यांमार में मानवाधिकारों का उल्लंघन सभी सीमाओं को पार कर गया था, आसियान (ASEAN) के सदस्य देशों—भारत, चीन, रूस और जापान—ने सितंबर के विरोध प्रदर्शनों और सैनिक सरकार (junta) द्वारा गंभीर दमन के बाद संयम बरतने का आह्वान करते हुए नरम बयान जारी करने से ज्यादा कुछ नहीं किया। यह मुख्य रूप से म्यांमार में इन राज्यों के आर्थिक हितों के साथ-साथ रणनीतिक हितों के कारण है।

परमाणु कूटनीति (Nuclear Diplomacy): परमाणु कूटनीति अलग-अलग रूप और अर्थ लेती है, यह इस बात पर निर्भर करता है कि बातचीत करने वाले राज्य परमाणु संपन्न हैं या परमाणु संपन्न नहीं हैं। इन परिस्थितियों में या तो प्रतिरोध या मजबूरी या जबरदस्ती कूटनीति हो सकती है। यदि बातचीत में शामिल सभी पक्ष परमाणु संपन्न हैं तो प्रतिरोध अस्तित्व में आता है। तब परमाणु शस्त्रागार पर कब्ज़ा उन्हें परमाणु हथियारों का उपयोग करने से रोकेगा। दूसरी ओर, यदि दूसरे पक्ष के पास परमाणु हथियार नहीं हैं तो उस पक्ष को कुछ ऐसे काम करने के लिए मजबूर किया जा सकता है जो परमाणु-संपन्न पक्ष चाहते हों। लेकिन इस प्रकार की परमाणु कूटनीति के साथ एक अभूतपूर्व जोखिम जुड़ा हुआ है और संकट की स्थिति बढ़ सकती है और परमाणु युद्ध की दहलीज तक पहुंच सकती है, जैसा कि क्यूबा मिसाइल संकट के दौरान प्रकट हुआ था।

सार्वजनिक कूटनीति (Public Diplomacy): कूटनीति का यह रूप जो 1960 के दशक में अमेरिका में लोकप्रिय हुआ, विदेश नीति के उद्देश्य को साकार करने के संदर्भ में विदेशी जनता के साथ जुड़ाव का प्रतीक है। यह लोगों से लोगों के बीच संपर्क का रूप लेता है जिसमें शिक्षाविदों, गैर सरकारी संगठनों,

सांस्कृतिक समूहों, पर्यटन, फिल्मों, थिएटरों, इंटरनेट और ब्लॉगिंग को शामिल किया जाता है। इसका मुख्य उद्देश्य कूटनीति के पारंपरिक तंत्र के साथ-साथ लोगों से लोगों के बीच संपर्क बढ़ाना और विदेशों में देश की छवि में सुधार करना है। संचार, सूचना आदान-प्रदान और मीडिया और इंटरनेट क्रांति में सुधार के कारण यह सार्वजनिक-निजी भागीदारी काफी बढ़ गई है। संयुक्त राज्य अमेरिका, वॉयस ऑफ अमेरिका, अकादमिक आदान-प्रदान (छात्रों और शिक्षकों) के संगठन, सेमिनार, फिल्म शो और अन्य गतिविधियों के माध्यम से अन्य देशों में जनसंपर्क और अपनी छवि को बेहतर बनाने के लिए सार्वजनिक कूटनीति का उपयुक्त उपयोग करता है। ये गतिविधियाँ यूएसआईएस (USIS) द्वारा कई देशों में संचालित की जाती हैं। भारत में शैक्षिक आदान-प्रदान कार्यक्रम यूएसआईईएफ (यूनाइटेड स्टेट्स-इंडिया एजुकेशनल फाउंडेशन) (USIEF—United States-India Educational Foundation) के माध्यम से संचालित किए जाते हैं। हालाँकि, लंबे समय तक, सार्वजनिक कूटनीति को प्रचार के लिए एक *व्यंजना* (euphemism) के रूप में देखा गया था। फिर भी, सार्वजनिक कूटनीति के विद्वानों और अभ्यासकर्ताओं ने इस शब्द की इस संकीर्ण व्याख्या को दूर करने की कोशिश की है और ऐसी नीतियां अपनाई हैं जिनका उद्देश्य लोगों से लोगों के बीच संपर्क बढ़ाना है।

कूटनीति—विदेश नीति की एक तकनीक (Diplomacy—Technique of Foreign Policy)

जैसा कि पहले ही उल्लेख किया गया है, कूटनीति में पूरी तरह से सरकार-से-सरकार के बीच सीधी बातचीत शामिल होती है ताकि एक विशेष राज्य सरकारों को अपने देशों में उस तरीके से कार्य करने के लिए राजी कर सके जिस तरह से वह उनसे कराना चाहता है। इसलिए, कूटनीति को विदेश नीति कार्यान्वयन की केंद्रीय तकनीक माना जाता है और प्रभावी रूप से एकमात्र प्रत्यक्ष तकनीक है जहां मुख्य विशेषता संचार है। प्रोटोकॉल, राजनयिक छूट और गैर-हस्तक्षेप के अधिकांश नियम संचार को सुविधाजनक बनाने और अंतर-राज्य संचार में गलतफहमी और विकृति को कम करने के लिए स्थापित और संहिताबद्ध किए गए हैं।

विश्व राजनीति के परिप्रेक्ष्य से "कूटनीति संचार की एक प्रक्रिया को संदर्भित करती है जो अंतर्राष्ट्रीय प्रणाली के कामकाज के लिए केंद्रीय है"। यदि विश्व राजनीति को संघर्ष और सहयोग के बीच परस्पर क्रिया के रूप में पहचाना जाता है, तो, युद्ध और कूटनीति को दो परिभाषित संस्थानों का प्रतिनिधित्व करने वाला कहा जा सकता है (चित्र 5.1 देखें)। यदि संघर्ष और सहयोग को एक स्पेक्ट्रम में दो छोर पर रखा जाए तो

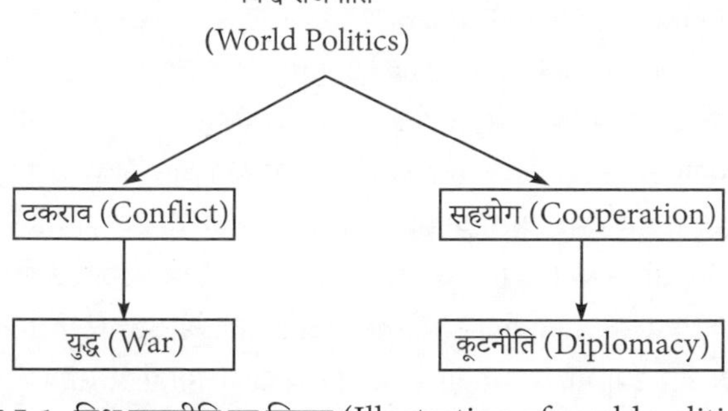

चित्र 5.1 विश्व राजनीति का चित्रण (Illustration of world politics)।

[*Source:* Adapted from Brian White][17]

कूटनीति सहयोग पर और संघर्ष अंत में युद्ध पर केंद्रित होगा। ऐसा इसलिए है, क्योंकि कूटनीति का मुख्य फोकस बातचीत और बातचीत के माध्यम से संघर्ष का समाधान है और संघर्ष को युद्ध में बदलने से रोकने के लिए विश्व राजनीति के भीतर किसी प्रकार की व्यवस्था बनाने का प्रयास है।[24]

"कूटनीति एक ऐसा साधन प्रदान करती है जिसका उपयोग अंतर्राष्ट्रीय कर्ता अपनी विदेश नीति को लागू करने के लिए या तो अपने अधिकार के रूप में या अन्य संबंधित पक्षों को अन्य उपकरणों के उपयोग या धमकी भरे उपयोग को संप्रेषित करने के साधन के रूप में कर सकते हैं"।[25] बातचीत और अनुनय पर आधारित "शुद्ध कूटनीति" को अक्सर विदेशी संबंधों के संचालन के अन्य उपकरणों से जोड़ा जाता है। यह एक 'मिश्रित' प्रकार की कूटनीति को जन्म देता है। यहां, कूटनीति "एक संचार चैनल बन जाती है जिसके माध्यम से अन्य उपकरणों का उपयोग या धमकी भरा उपयोग अन्य पक्षों तक पहुंचाया जाता है"। कूटनीति अक्सर अन्य संबंधित पक्षों के व्यवहार को सफलतापूर्वक ढालने के लिए 'गाजर' या 'छड़ी' की नीति से जुड़ी होती है। यह संभावित पुरस्कार या दंड का उपयोग करके किया जाता है।

सौदेबाजी की स्थिति में लाभ प्राप्त करने के लिए सैन्य बल का उपयोग करने का संदेश या धमकी लंबे समय से राज्यों द्वारा उपयोग की जाती रही है। कूटनीति और सैन्य बल, इन दोनों के संयोजन को विदेश नीति का पारंपरिक उपकरण माना जा सकता है। इसका उद्देश्य दूसरों को अपने पास मौजूद सैन्य क्षमताओं के बारे में जानकारी देना है, ताकि कूटनीति का उपयोग करके विरोधियों की पसंद के मेनू को प्रभावित किया जा सके।

एक अन्य साधन जिसमें बल की कमी है वह है आर्थिक उपायों, प्रतिबंधों (sanctions) और अधिरोध (embargos) का उपयोग। वार्ता के नतीजों को प्रभावित करने के लिए द्वितीय विश्व युद्ध के बाद से व्यापार और सहायता या वापसी या इनकार का तेजी से उपयोग किया गया है। यह इराक (जहां संयुक्त राष्ट्र द्वारा अनुमोदित आर्थिक प्रतिबंध कई वर्षों तक लागू थे) और अंतर्राष्ट्रीय मानदंडों और विनियमों का अनुपालन न करने वाले अन्य देशों के मामले में स्पष्ट रूप से चित्रित किया गया था। यहां भी कूटनीति या तो व्यापार और सहायता की पेशकश या निलंबन को संप्रेषित करने के काम के साथ मिश्रित हो जाती है।

तीसरा और हाल ही में प्रयुक्त उपकरण तोड़फोड़ है। यह उपकरण कड़े अर्थों में राजनयिक प्रक्रिया से जुड़ा नहीं हो सकता है। यह सरकार की ओर निर्देशित नहीं है बल्कि प्रचार, खुफिया गतिविधियों और विद्रोही समूहों को सहायता देने की विभिन्न तकनीकों के माध्यम से दूसरे राज्य के भीतर विशिष्ट समूहों की ओर लक्षित है। यह सब प्रतिद्वंद्वी राज्य की सरकार को कमजोर करने या उखाड़ फेंकने की धमकी के साथ राजनयिक सौदेबाजी में लाभ उठाने के अंतिम उद्देश्य से किया जाता है।

हालाँकि, विदेश नीति के संचालन के लिए अन्य उपकरणों का उपयोग कई कारकों पर निर्भर करता है, जिनमें से दो महत्वपूर्ण विचार अन्य उपकरणों की क्षमता और उपलब्धता और इन उपकरणों की लागत प्रभावशीलता हैं। इसलिए, कूटनीति सबसे पसंदीदा, लाभप्रद और लागत प्रभावी तरीका बनी हुई है।

शीत युद्ध की समाप्ति के बाद, वैचारिक मतभेदों के कम होने और अधिक राज्यों को दूसरों के साथ सामान्य राजनयिक संबंधों में शामिल करने के साथ कूटनीति अधिक वैश्विक हो गई है। इसने कूटनीति को और अधिक विविध और जटिल बना दिया है जिसमें कई कर्ता जैसे, काम पर जटिल द्विपक्षीय और बहुपक्षीय प्रक्रियाएं, समाजों के बीच परस्पर जुड़ाव या अन्योन्याश्रयता के स्तर और संचार प्रौद्योगिकी में क्रांति शामिल है। जटिल राजनीतिक और आर्थिक समस्याओं को घरेलू स्तर की तुलना में अंतर्राष्ट्रीय स्तर पर बातचीत द्वारा अधिक नियंत्रित किया जा रहा है। इसलिए, बातचीत की प्रक्रिया, जिसे अतीत में एक कला माना जाता था, अभी भी एक कला है, लेकिन प्रबंधन की एक कला है, जिसको बड़ी नौकरशाही में किसी विशेष राजनयिक को धोखा देने और छिपाने की कला में ज्यादा उपयोग किया जाता है।

प्रचार करना (Propaganda)

प्रचार अपने विदेशी संबंधों के संचालन में कूटनीति के बाद राज्यों द्वारा इस्तेमाल किया जाने वाला अगला प्रभावी हथियार है। यह सार और शैली में कूटनीति से बिल्कुल अलग है। प्रचार विशिष्ट समूहों पर लक्षित एक मनोवैज्ञानिक युद्ध की तरह है। यह आमतौर पर नेताओं के साथ-साथ अन्य देशों की सामान्य आबादी को मनाने या प्रभावित करने का एक प्रयास है। चूंकि प्रचार आम तौर पर दुश्मन या शत्रुतापूर्ण लोगों पर निर्देशित होता है, इसमें दर्शकों के दिमाग पर वांछित प्रभाव प्राप्त करने के लिए तथ्यों और प्रतीकों में हेरफेर शामिल होता है। इसलिए, कुछ विद्वान 'प्रचार' शब्द को बहुत संकीर्ण और अंतर्राष्ट्रीय संबंधों के संचालन के *मनोवैज्ञानिक तरीकों* का एक हिस्सा मात्र मानते हैं। डब्ल्यू.पी. डेविसन (W.P. Davison, 1963) जैसे विद्वान इसके स्थान पर 'राजनीतिक संचार' शब्द का उपयोग करना पसंद करते हैं। इस विधि को चाहे कोई भी कहे, यह निस्संदेह सत्य है कि सरकारों द्वारा अपने उद्देश्यों को साकार करने के लिए इस विशेष विधि का निरंतर उपयोग किया जाता रहा है और किया जा रहा है।[26]

होल्स्टी (Holsti) इस तथ्य की ओर इशारा करते हैं कि विदेशी मामलों में औसत नागरिकों या विषयों की व्यापक भागीदारी और विभिन्न राष्ट्रीयताओं के बीच लोगों से लोगों के बढ़ते संपर्क के कारण, मनोवैज्ञानिक और जनमत कारक अब विदेश नीति के आचरण में निर्णायक भूमिका निभाने लगे हैं। वियतनाम युद्ध में अमेरिकी भागीदारी से अमेरिकी सैनिकों की भारी क्षति हुई, जिसका अमेरिकी लोगों के दिमाग पर एक निश्चित प्रभाव पड़ा, जो आगामी राष्ट्रपति चुनावों में परिलक्षित हुआ। लोगों का दिमाग अंतर्राष्ट्रीय संबंधों में एक आवश्यक तत्व के रूप में विकसित हुआ है। चाहे घरेलू हो या विश्वव्यापी, जनता की राय को नज़रअंदाज़ करना कठिन है। इसलिए, आधुनिक अंतर्राष्ट्रीय राजनीतिक संबंधों के अनूठे पहलुओं में से एक "राजनयिकों और प्रचारकों के माध्यम से, विदेशी आबादी, या विशिष्ट जातीय, वर्ग, धार्मिक, आर्थिक, या भाषा समूहों के दृष्टिकोण और व्यवहार को प्रभावित करने के लिए सरकारों द्वारा जानबूझकर किया गया प्रयास है, जिसका उद्देश्य यह है कि ये विदेशी समूह या पूरी आबादी प्रचारकों की इच्छा के अनुसार अपनी घरेलू सरकार के दृष्टिकोण को प्रभावित करेगी और ढालेगी। इसका उद्देश्य "विदेशों में अपने देश की अनुकूल छवि बनाना" है।[27]

पामर (Palmer) और पर्किन्स (Perkins) ने प्रचार को "व्यक्तियों को एक निश्चित दृष्टिकोण स्वीकार करने या एक निश्चित कार्रवाई करने के लिए मनाने का कोई भी प्रयास" के रूप में संदर्भित किया है जिसका एक विशिष्ट उद्देश्य और कार्रवाई का तरीका है।

कूलम्बिस (Couloumbis) और वोल्फ (Wolfe)[28] बताते हैं कि प्रचार को प्रभावी ढंग से एक ऐसी प्रक्रिया के रूप में परिभाषित किया गया है जिसमें एक संचारक शामिल होता है जिसका ध्यान लक्षित आबादी के दृष्टिकोण, राय और व्यवहार को बोलने, लिखित और व्यवहार संबंधी प्रतीकों और पुस्तकों, पैम्फलेट फिल्में, व्याख्यान वगैरह है जैसे मीडिया को नियोजित करने पर होता है। वे यह भी पूर्वानुमान करते हैं कि प्रोपगैंडा को सहकारी और विवादात्मक प्रकांरों में विभाजित करने के लिए सफ़ेद, ग्रे और काले प्रोपगैंडा के रूप में किया जा सकता है।

श्वेत प्रचार (White Propaganda): इसे उन सहकारी और सीधे अभियानों के रूप में जाना जाता है जो किसी राज्य की नीतियों को उसकी सीमाओं और समुद्र के पार दर्शकों को समझाने के लिए डिज़ाइन किए गए हैं। इसमें आम तौर पर सांस्कृतिक और शैक्षिक डोमेन में सांस्कृतिक और शैक्षिक आदान-प्रदान कार्यक्रमों से जुड़ी गतिविधियाँ शामिल होती हैं। पत्रिकाएँ, पैम्फलेट, फ़िल्में और व्याख्यान पारस्परिक रूप से लाभकारी मित्रता और सहयोग के विकास लिए संदेश देने के सामान्य तरीके हैं।

धूसर प्रचार (Gray Propaganda): यह तब शुरू होता है जब संचारक और लक्षित राज्य की सरकार के बीच संबंध बिगड़ने लगते हैं। इसलिए, संचार में अतिशयोक्ति और झूठ आ जाता है और प्रचार (प्रचार की) सामग्री और दर्शन में जुझारू और प्रतिस्पर्धी बन जाता है।

काला प्रचार (Black Propaganda): यह आमतौर पर उन तकनीकों को संदर्भित करता है, जिनका उपयोग युद्ध के समय किया जाता है जब वास्तविक शत्रुता भड़क जाती है और कूटनीति और औपचारिक वार्ता विफल हो जाती है। संचार में मौखिक और दृश्य-श्रव्य हथियारों का उपयोग किया जाता है, संचारकों की वास्तविक पहचान छिपाई जाती है और जाली और मनगढ़ंत दस्तावेज तैयार किए जाते हैं, जिसका उद्देश्य दुश्मन के रैंकों में भ्रम और अराजकता पैदा करना है, उदाहरण के लिए, बड़े पैमाने पर बेरोजगारी, भोजन की कमी, श्रम, जातीय अशांति, और अकाल का पूर्वानुमान।

जोसेफ फ्रैंकल (Joseph Frankel) के अनुसार, प्रचार को आम तौर पर किसी विशिष्ट उद्देश्य के लिए किसी दिए गए समूह के दिमाग, भावनाओं और कार्यों को प्रभावित करने के किसी भी व्यवस्थित प्रयास के रूप में समझा जाता है। कूटनीति की तरह यह भी मौखिक है, लेकिन यह कूटनीति से दो मामलों में भिन्न है, हालाँकि विभाजन रेखा पूरी तरह से स्पष्ट नहीं है।

- प्रचार अन्य राज्यों के लोगों को संबोधित किया जाता है और शायद ही कभी उनकी सरकारों को संबोधित किया जाता है।
- प्रचार अक्सर स्वार्थी उद्देश्यों से निर्देशित होता है, केवल प्रचारक के राष्ट्रीय हितों द्वारा शासित होता है और इसलिए, आमतौर पर अन्य राज्यों के लिए अस्वीकार्य होता है।

प्रचार-प्रसार हेतु लक्ष्य का चयन आवश्यक है। महत्वपूर्ण कारक उन लक्ष्यों की पहचान है जिनके दृष्टिकोण को बदलना है। यह निर्विवाद है कि संचार, मीडिया, कंप्यूटर प्रौद्योगिकियों, इंटरनेट में बढ़ते विकास के बावजूद, किसी भी समाज में केवल एक अपेक्षाकृत छोटे वर्ग के लोगों के पास नई प्रौद्योगिकी और संचार के साधनों तक पहुंच है। इसलिए, लोगों का यह वर्ग विदेशी-उन्मुख जानकारी का संभावित लक्ष्य बन जाता है, क्योंकि कई विकासशील देशों में, अधिकांश आबादी संचार के साधनों तक पहुंच से वंचित है और अपने छोटे क्षेत्र या प्रांत तक ही सीमित है। प्रचार तब फिर से प्रभावी प्रतीत होता है जब संचारक के दृष्टिकोण को पूर्ण या आंशिक रूप से साझा करने वाले लोगों की ओर निर्देशित किया जाता है। जो पहले से ही शत्रुतापूर्ण हैं, उन्हें एकजुट करने की तुलना में मौजूदा दृष्टिकोण को मजबूत करने या पूर्वाग्रहों को स्पष्ट करने का काम आसान हो जाता है। अक्सर देखा जाता है कि जब भीड़ को लक्ष्य करके प्रचार किया जाता है तो वह प्रभावी हो जाता है। होल्स्टी (Holsti) बताते हैं कि कुछ प्रमाण हैं कि किसी भी मजबूत भावना की उत्तेजना भीड़ में व्यक्ति को अधिक विचारोत्तेजक बना सकती है, भले ही वह भावना शुरू में भीड़ के नेता के खिलाफ ही क्यों न निर्देशित हो।

लक्षित जनसंख्या या समूह को प्रभावित करना एक कठिन काम है और यह तब और कठिन हो जाता है जब लक्ष्य संचारक के प्रति शत्रुतापूर्ण हो। इसलिए, प्रचारक ऐसे तकनीको का उपयोग करते हैं जो शानदार, रंगीन, असामान्य होते हैं और किसी भी तरह से संदेश के सार से संबंधित नहीं होते हैं। धारणा यह है कि अन्य राज्यों की छवियां, जो विदेशी आबादी के पास हैं, आम तौर पर प्रत्यक्ष अनुभव के बजाय समाचार रिपोर्टों, फिल्मों, सांस्कृतिक कार्यक्रमों, टेलीविजन कार्यक्रमों और इंटरनेट पर जानकारी पर आधारित होती हैं। इसलिए, प्रयास शानदार समाचार बनाने वाली विदेश नीति कार्रवाइयों को प्रस्तुत करना है, जिस पर विदेशी आबादी का एक बड़ा हिस्सा ध्यान देगा, जबकि नियमित सरकारी जानकारी केवल सीमित दर्शकों

तक ही पहुंच पाएगी। विदेशी सूचना कार्यक्रमों का उद्देश्य समाज के भीतर राजनीतिक रूप से प्रासंगिक समूहों के दृष्टिकोण और व्यवहार को बनाए रखना या बदलना है।

प्रचार की तकनीक (Techniques of Propaganda)

होल्स्टी (Holsti) ने लक्षित समूह को विशिष्ट संदेश देने के अंतिम उद्देश्य के साथ प्रचार करने की कई तकनीकों को सूचीबद्ध किया है। इन तकनीकों का उल्लेख नीचे किया गया है।

नाम पुकारना (Name Calling): यह किसी व्यक्ति या देश के साथ भावनाओं से भरे प्रतीक को जोड़ना है, उदाहरण के लिए, शीत युद्ध के दिनों में सोवियत संघ को *दुष्ट साम्राज्य* (*evil empire*) या *बुराई की धुरी* (*axis of evil*) कहना राष्ट्रपति जॉर्ज बुश (George Bush) द्वारा प्रयुक्त, शीत युद्ध के बाद लीबिया, इराक और उत्तर कोरिया के लिए या कम्युनिस्टों को रेड्स (Reds) या संवैधानिक सरकारों को *पूंजीवादी गुट* (*capitalist cliques*) के रूप में नामित करना।

शानदार व्यापकता (Glittering Generality): यह पिछले वाले के समान है लेकिन इसका उद्देश्य किसी व्यक्ति के बजाय एक नीति का वर्णन करना है, उदाहरण के लिए, पश्चिमी प्रचारकों द्वारा उपयोग की जाने वाली "मुक्त दुनिया" (free world), या कम्युनिस्टों द्वारा उपयोग की जाने वाली "समाजवादी एकजुटता" (Socialist solidarity)।

स्थानांतरण (Transfer): इसका अर्थ है किसी विचार, व्यक्ति, देश या नीति को किसी अन्य के साथ पहचानना ताकि लक्ष्य इसे स्वीकृत या अस्वीकृत कर सके, उदाहरण के लिए, साम्यवाद के खिलाफ धार्मिक लोगों के बीच शत्रुता पैदा करना इसे नास्तिकता के बराबर करना है।

स्पष्ट लोग (Plain Folks): यह उस छवि को ख़त्म करना है क्योंकि विदेशी प्रचारक स्थानीय बोली, उच्चारण और मुहावरे का उपयोग करके लक्ष्य के मूल्यों और जीवनशैली के साथ जितना संभव हो सकता है खुद को ढालते हैं।

प्रशंसापत्र (Testimonial): इसका अर्थ है किसी विचार या राजनीतिक इकाई का समर्थन या आलोचना करने के लिए किसी प्रतिष्ठित व्यक्ति या संस्था का उपयोग करना।

चयन (Selection): यह तथ्यों के चयन को संदर्भित करता है, हालांकि शायद ही कभी विशिष्ट तथ्यात्मक सामग्री। प्रचारक केवल उन्हीं तथ्यों का उपयोग करते हैं जो पूर्व निर्धारित उद्देश्यों को सिद्ध करने के लिए आवश्यक होते हैं।

बैंडवैगन (Bandwagon): यह तकनीक दर्शकों की भीड़ से जुड़ने या उसके अनुरूप होने की इच्छा पर आधारित है। प्रशंसापत्र के समान, बल्कि एक भी प्रतिष्ठित व्यक्ति या संस्था नहीं, बल्कि लोगों का एक समूह आकर्षण का काम करता है। कम्युनिस्ट प्रचारकों के संदेशों में ऐसे वाक्यांशों का उपयोग किया जाता था जैसे, "पूरी दुनिया जानती है कि...", "सभी शांतिप्रिय लोग इसे पहचानते हैं..." और अन्य।

हताशा बलि का बकरा (Frustration Scapegoat): इसका अर्थ है बलि का बकरा बनाकर हताशा को दूर करना और हिटलर द्वारा बनाए गए मिथक की तरह उसके प्रति शत्रुता और घृणा को निर्देशित करना कि जर्मनी की आंतरिक और बाहरी समस्याएं "यहूदियों" द्वारा बनाई गई थीं, जिसके कारण नरसंहार हुआ।

डर (Fear): इसका अर्थ है चेतना का उत्थान जिसके परिणामस्वरूप दृष्टिकोण में परिवर्तन होता है जब दर्शकों को उनके जीवन और कल्याण के लिए आसन्न खतरे के बारे में जागरूक किया जाता है, उदाहरण के लिए, हथियार नियंत्रण और निरस्त्रीकरण के मुद्दों को बढ़ावा देने के लिए परमाणु युद्ध का डर।[29]

पामर (Palmer) और पर्किन्स (Perkins) प्रचार के चार प्रमुख तरीकों और तकनीकों का उल्लेख करते हैं:

1. प्रस्तुति के तरीके
2. ध्यान आकर्षित करने की तकनीक
3. प्रतिक्रिया प्राप्त करने के लिए उपकरण
4. स्वीकृति प्राप्त करने के तरीके।

जब प्रचार विदेशी आबादी पर केंद्रित होता है, तो कुछ निश्चित परिणामों या नतीजों को ध्यान में रखा जाता है। प्रचार आक्रामक और रक्षात्मक दोनों हो सकता है। जहां किसी अन्य सरकार की नीतियां प्रचार-प्रसार करने वाली सरकार के उद्देश्यों का विरोध करती हैं, वहां तकनीकों का उपयोग आंतरिक असंतोष और विरोध पैदा करने के लिए किया जा सकता है, जिसके परिणामस्वरूप घरेलू समर्थन कमजोर हो सकता है जो अन्यथा उन नीतियों को प्राप्त होता। कोई भी सरकार अपनी नीतियों के लिए सकारात्मक समर्थन आधार बनाने और प्रतिप्रचार के अभाव में अन्य राज्यों द्वारा समान नीतियों के उपयोग से उत्पन्न होने वाले नकारात्मक प्रभाव को दूर करने में कोई कसर नहीं छोड़ेगी। इससे प्रति-प्रचार को बढ़ावा मिल सकता है और अंत में शब्दों की कभी न ख़त्म होने वाली लड़ाई में मूल उद्देश्य खो सकता है।

अंतर्राष्ट्रीय संबंधों के संचालन में प्रचार की प्रभावशीलता (Efficacy of Propaganda in Conducting International Relations)

राजनीतिक संचार और मनोवैज्ञानिक तरीकों का प्रणालीगत उपयोग, जिसमें प्रचार एक प्रमुख हिस्सा है, अंतर्राष्ट्रीय संबंधों के इतिहास में कोई नई बात नहीं है। यह रोमन कैथोलिक चर्च था जिसने सबसे पहले इसका इस्तेमाल किया और इसे एक विशेष पवित्र मण्डली (*कांग्रिगेशन डी प्रोपेगैंडा फाइड* (*Congregation de Propaganda Fide*), यानी, आस्था के प्रचार-प्रसार की मण्डली) के माध्यम से विश्वास के प्रसार के रूप में संस्थागत बनाया, जिसके शीर्षक से 'प्रोपेगैंडा' शब्द की उत्पत्ति हुई है। यद्यपि ब्रिटिश सरकार प्रथम विश्व युद्ध के दौरान देश और विदेश में प्रचार के उपयोग को संगठित और व्यवस्थित करने वाली पहली सरकार थी। यह कम्युनिस्ट और फिर नाज़ी थे जिन्होंने अंतर-युद्ध अवधि (inter-war period) के दौरान प्रचार तंत्र विकसित किया था। उन्होंने इतनी महंगी प्रचार मशीनरी का निर्माण किया कि पश्चिमी लोकतंत्र को उनकी बराबरी के लिए इसे विकसित करने के लिए मजबूर होना पड़ा। द्वितीय विश्व युद्ध के बाद और, यहां तक कि, वर्तमान समय में भी, राज्य प्रचार को शासन कला के लिए एक उपयोगी तकनीक के रूप में उपयोग करना जारी रखे हुए हैं।

संयुक्त राज्य अमेरिका में, प्रचार गतिविधियों की प्रभारी एजेंसी संयुक्त राज्य *केंद्रीय सूचना एजेंसी (सीआईए)* (Central Information Agency—CIA) है और पूर्व सोवियत संघ में यह सोवियत कम्युनिस्ट पार्टी की केंद्रीय समिति का आंदोलन और प्रचार अनुभाग था। ब्रिटिश प्रचार (आधिकारिक तौर पर सूचना सेवाओं के रूप में जाना जाता है), हालांकि यह धन की कमी से ग्रस्त है, लेकिन विकेंद्रीकृत अंगों, केंद्रीय सूचना कार्यालय, बीबीसी (BBC) की विदेशी सेवाओं और ब्रिटिश काउंसिल के माध्यम से संचालन में अपेक्षाकृत सफल रहा है।[30]

द्वितीय विश्व युद्ध से पहले सोवियत संघ में, बोल्शेविक क्रांति के बाद, उन्होंने व्यक्ति पर '*सिद्धांत*'(indoctrination) की प्रक्रिया लागू की। इसके लिए उन्होंने पार्टी कार्यकर्ताओं, कस्बों और

गांवों की स्थानीय सोवियतों और सेना के माध्यम से प्रचार तंत्र का इस्तेमाल किया। जैसा कि लेनिन ने 1905 में ही लिखा था: "पार्टी की जीत के लिए प्रचार अत्यंत महत्वपूर्ण है"। बारह साल बाद उन्होंने टिप्पणी की कि क्रांति सफल हुई थी "क्योंकि यह जानती थी कि ताकत को अनुनय (Persuasion) के साथ कैसे जोड़ा जाए"। सोवियत प्रचार तकनीक विकसित करने और विशिष्ट स्थितियों के अनुसार तकनीकों को अपनाने में माहिर थे। साम्यवादी प्रचार के पास हमेशा अपनी खुद की शब्दावली होती थी और वे 'सर्वहारा', 'साम्यवाद', 'समाजवाद', 'मेहनतकश जनता' और 'क्रांति' जैसे शब्दों का इस्तेमाल करते थे, जिनका अनुकूल अर्थ होता था और 'पूंजीवाद', 'बुर्जुआ' ', 'वर्ग', 'साम्राज्यवाद' और 'संसदीयवाद' को उन विशेषणों के रूप में माना जाता था जिनका इस्तेमाल कम्युनिस्ट अपने दुश्मनों का जिक्र करते समय करते थे। 1918 के बाद, कम्युनिस्टों ने तीसरे *इंटरनेशनल (कॉमिन्टर्न)* (Third International (the Comintern)) को बढ़ावा दिया, जो दुनिया भर में कम्युनिस्ट पार्टियों को निर्देशित करने और सोवियत संघ के प्रति अनुकूल नीतियों का पालन करने के लिए विदेशी सरकारों पर दबाव डालने का एक उपयोगी माध्यम था। 1935 के बाद, एक आसन्न नाजी हमले के सामने, यह देखा गया कि यूरोप की कम्युनिस्ट पार्टियों ने "पीपुल्स फ्रंट" के लिए मास्को के निर्देश का पालन किया, जिसका अर्थ नाजी खतरे के खिलाफ उदार समूहों के साथ सहयोग करना था। इसलिए, पूर्व सोवियत संघ अपनी प्रचार मशीनरी का उपयोग करने में अत्यधिक सफल रहा।[31]

नाजी जर्मनी (Nazi Germany) ने कई 'बड़े झूठ' को प्रचारित करने के लिए भी प्रचार का इस्तेमाल किया था। इसका उपयोग हिटलर द्वारा प्रभावी ढंग से किया गया था, जो मानता था कि एक झूठ, बशर्ते कि वह पर्याप्त रूप से बड़ा हो और बार-बार दोहराया जाता हो, जनता द्वारा कम से कम आंशिक रूप से उस पर विश्वास किया जाएगा क्योंकि दृढ़ विश्वास यह है कि अधिकांश लोगों में यह कल्पना करने की कमी है कि बार-बार दिए गए बयान सब सच नहीं है। हिटलर ने कुख्यात जोसेफ गोएबल्स (Joseph Goebbles) की अध्यक्षता में लोकप्रिय ज्ञानोदय और प्रचार का एक राष्ट्रीय मंत्रालय स्थापित किया। गोएबल्स ने अपने काम को "एकल राय" की उपलब्धि के रूप में परिभाषित किया। जर्मनी की हार और *वर्सेलीज की संधि* (Versailles Treaty, 1919) के समापन के तुरंत बाद लोगों के बीच कुछ विचार प्रसारित हुए: (i) वर्सेलीज संधि उन पर अन्यायपूर्ण ढंग से थोपी गई थी; (ii) वाइमर गणराज्य के नेताओं ने अपने देश के साथ विश्वासघात किया था; (iii) 'यहूदी-कम्युनिस्ट' उनकी शिकायतों का कारण थे, और (iv) 'हेरेनवोल्क' (Herrenvolk) "मास्टर रेस" को 'लेबेन्सरम' (Lebensraum) में "रहने की जगह" की आवश्यकता थी। हिटलर (Hitler) और उसके अनुयायियों ने इन विचारों में हेरफेर किया और समाज के सभी वर्गों से अपील की और प्रचार तंत्र का सफलतापूर्वक उपयोग करके बेरोजगार युवाओं को *स्टॉर्म ट्रूप्स* (Storm Troops) में भर्ती कराया।

जहां तक फासीवादी इटली का सवाल है, मुसोलिनी ने नाजियों से पहले प्रचार तंत्र विकसित किया था और नाजियों ने उसकी कुछ तकनीकों की नकल की। सत्ता को मजबूत करने की अपनी खोज में, मुसोलिनी ने समाज के भीतर मौजूद सभी समूहों, जैसे सेना, नौसेना, राजतंत्रवादियों, कट्टरपंथियों, मौलवियों, असंतुष्ट जनता और अन्य से अपील की। उन्होंने "*सादे लोगों*" (plain folks) की तकनीक का इस्तेमाल किया, जिसने उनकी निम्न पृष्ठभूमि को उजागर किया और कुछ मामूली काम पर मेहनत करते हुए उनकी तस्वीरें वितरित कीं। *आईएल ड्यूस* (*IL Duce*) "नेता" के रूप में उनकी भूमिका को महिमामंडित और ऊंचा किया गया।[32]

1939 तक संयुक्त राज्य अमेरिका के पास विदेशी प्रचार या सामान्य सार्वजनिक सूचना कार्यक्रम के लिए उचित मशीनरी का अभाव था। द्वितीय विश्व युद्ध के दौरान "वॉयस ऑफ अमेरिका" को शामिल करते

हुए *युद्ध सूचना कार्यालय (ओडब्ल्यूआई)* (Office of War Information—OWI) की स्थापना की गई थी, जो देश और विदेश दोनों में युद्ध प्रयासों में राष्ट्रीय नीतियों का समर्थन करने के लिए कार्य करता था। युद्ध सूचना कार्यालय को बाद में समाप्त कर दिया गया और इसके कार्यों को राज्य विभाग को स्थानांतरित कर दिया गया। द्वितीय विश्व युद्ध के बाद सोवियत प्रचार से मेल खाने के लिए, अमेरिकी कांग्रेस ने अमेरिकी विदेश नीति के अनुरूप सूचना और सांस्कृतिक संबंधों के एक व्यापक कार्यक्रम की नींव रखी। इस तरह के कार्यक्रम का उद्देश्य "संयुक्त राज्य अमेरिका और अन्य देशों के लोगों के बीच आपसी समझ को बढ़ावा देना और अमेरिका के बारे में गलतफहमियों को दूर करने का प्रयास करना" के रूप में परिभाषित किया गया था। 1953 में, तत्कालीन अमेरिकी राष्ट्रपति आइजनहावर ने एक पुनर्गठन योजना द्वारा, *संयुक्त राज्य सूचना एजेंसी (यूएसआईए)* (United States Information Agency—USIA) को एक अलग कार्यकारी शाखा के रूप में स्थापित किया। अपने निर्माण के बाद से यूएसआईए ने विदेशों में आधिकारिक प्रचार में एक प्रमुख भूमिका निभाई है। यूएसआईएस की प्रसिद्ध शाखा, यूएसआईए "वॉयस ऑफ अमेरिका" है।

शीत युद्ध के दिनों में, दोनों महाशक्तियों ने अपने प्रभाव क्षेत्र को बनाए रखने के लिए एक-दूसरे के खिलाफ अपनी प्रचार मशीनरी का इस्तेमाल किया। संयुक्त राज्य अमेरिका अक्सर सोवियत संघ को एक "*दुष्ट साम्राज्य*" (evil empire) के रूप में पहचानता था। शीत युद्ध के बाद, सोवियत संघ के विघटन के बाद, इसकी पहचान लीबिया, इराक, ईरान और उत्तर कोरिया को "*बुराई की धुरी*" (axis of evil) (राष्ट्रपति George Bush द्वारा इस्तेमाल किया गया शब्द) के रूप में की गई। फिर, 9/11 के आतंकवादी हमलों के बाद अपने "*आतंकवाद पर युद्ध*" (War on Terror) में, इसने सद्दाम हुसैन (Saddam Hussain) को ओसामा बिन लादेन (Osama bin Laden) के दुष्प्रेरक के रूप में और इराक को *सामूहिक विनाश के हथियारों (डब्ल्यूएमडी)* (weapons of mass destruction—WMDs) के मालिक होने के कारण मानवता के लिए संभावित खतरे के रूप में पहचाना। इन सभी मामलों में, हालांकि अवधि अलग-अलग हो सकती है, अमेरिकियों ने उनके खिलाफ बड़े पैमाने पर प्रचार अभियान चलाने के लिए प्रेस, मीडिया, टेलीविजन, इंटरनेट ब्लॉग और वेबसाइटों वाली अपनी प्रचार मशीनरी का इस्तेमाल किया। साथ ही, उसने इसका उपयोग अंतर्राष्ट्रीय क्षेत्र में अपनी अनुकूल छवि पेश करने के लिए भी किया।

उपरोक्त चर्चा से यह स्पष्ट है कि राज्यों की विदेश नीति के संचालन में प्रचार की प्रभावी भूमिका होती है। मोर्गेंथाऊ (Morgenthau)[33] ने अपने प्रसिद्ध कार्य *पॉलिटिक्स अमंग नेशन्स (Politics Among Nations*) में "विदेश नीति का एक स्वायत्त साधन" के रूप में प्रचार के महत्व को बताया है, जो "*एक नवीनता है*" (is a novelty)। उनका कहना है कि सभी विदेश नीति का उद्देश्य प्रतिद्वंद्वी के दिमाग को बदलकर अपने हितों को बढ़ावा देना है। अंत में वह टिप्पणी करते हैं कि "कूटनीति में निम्नलिखित संदर्भों में अनुनय (persuasioness) का उपयोग किया जाता है, जैसे—हितों की संतुष्टि या इनकार के संदर्भ में वादों और धमकियों का दृढ़ता से उपयोग; सैन्य बल, प्रतिद्वंद्वी की कुछ हितों को आगे बढ़ाने की क्षमता पर वास्तविक हिंसा का भौतिक प्रभाव; किसी के हितों के समर्थन में बौद्धिक विश्वास, नैतिक मूल्यांकन और भावनात्मक प्राथमिकताओं का उपयोग और निर्माण"। इसलिए, उन्होंने निष्कर्ष निकाला कि "सभी विदेश नीति, मनुष्यों के दिमाग के लिए एक संघर्ष है; लेकिन प्रचार विशिष्ट अर्थों में इतना है कि यह हितों के हेरफेर या शारीरिक हिंसा के मध्यस्थ के बजाय सीधे पुरुषों के दिमाग को ढालने का प्रयास करता है। उपरोक्त चर्चा से यह स्पष्ट हो जाता है कि विदेश नीति की एक तकनीक के रूप में प्रचार, प्रचार की सामग्री, प्रचार के बीच संबंधों और उन लोगों के जीवन के अनुभवों के आधार पर प्रभावी हो सकता है, जिन तक पहुंचने की कोशिश

की जाती है, यानी लक्ष्य समूह और प्रचार और विदेश नीति के बीच संबंधों पर जिसका साधन प्रचार कार्य करता है और मूल्यांकन करता है कि मनोवैज्ञानिक युद्ध किस हद तक नीति का समर्थन करने में सक्षम है।

हालाँकि, जैसा कि होल्स्टी (Holsti)[34] बताते हैं, विदेश नीति की तकनीक के रूप में प्रचार के उपयोग की गंभीर सीमाएँ हैं। सूचना और संचार प्रचार के केंद्र में हैं और लगभग इसकी जीवन-शक्ति (life blood) हैं। लेकिन विचार करने वाली बात सूचना की उपलब्धता और लक्ष्य समूहों तक ऐसी सूचना प्रसारित करने के साधन हैं। उत्तर में, संचार माध्यम और समाचार पत्र, पत्रिकाएँ, रेडियो, टेलीविज़न, वीडियो रिकॉर्डर, कंप्यूटर तकनीक और इंटरनेट कनेक्शन जैसी सुविधाएँ देश भर में उपलब्ध हैं। लेकिन ये कोई वैश्विक तस्वीर नहीं है. गरीब, अविकसित दक्षिण के लोगों के पास इनमें से अधिकांश सुविधाओं तक पहुंच नहीं है।

इसके अलावा, संचार पैटर्न में भी विषमता है। प्रमुख औद्योगिक देशों की सरकारों को वैश्विक मीडिया तक पहुंच का लाभ मिलता है और इसलिए, वे सूचना के प्रवाह को नियंत्रित करती हैं। सार्वजनिक और निजी संचार के संदेश मुख्य रूप से औद्योगिक देशों के बीच और दक्षिण से तीसरी दुनिया के देशों की ओर जाते हैं, और कभी भी विपरीत दिशा में नहीं जाते। उत्तर से फिल्में, समाचार सेवा, उत्पाद और टेलीविजन कार्यक्रम कम पारस्परिकता के साथ तीसरी दुनिया के देशों में जाते हैं। जहां तक सूचना के प्रवाह पर नियंत्रण और प्रसारण के साधनों की उपलब्धता का सवाल है, तीसरी दुनिया के देश हमेशा नुकसानदेह स्थिति में हैं। उत्तर के विकसित देश अपने नव-साम्राज्यवादी मंसूबों को अंजाम देने और संचार के साधनों और सूचना के संचार पर नियंत्रण के माध्यम से एक प्रकार का सांस्कृतिक साम्राज्यवाद (cultural imperialism) लागू करने के लिए प्रचार की तकनीक का उपयोग करते हैं।

सैन्य शक्ति—विदेश नीति की एक तकनीक (Military Power—Technique of Foreign Policy)

गार्नेट (Garnett)[35] के अनुसार 'सैन्य शक्ति' शब्द का तात्पर्य किसी राज्य की मारने, अपंग करने, जबरदस्ती करने और नष्ट करने की क्षमता से है। यद्यपि विशिष्ट लक्ष्यों को प्राप्त करने के साधन के रूप में हिंसा के उपयोग के मामले में राज्यों के दावे हो सकते हैं, फिर भी आज तक यह आमतौर पर स्वीकार किया जाता है कि सैन्य शक्ति और इसका उपयोग राज्यों द्वारा किया जाता है और मुख्य रूप से सरकारों द्वारा अपने देशों को बाहरी आक्रामकता और आंतरिक तोड़फोड़ से बचाने के लिए उपयोग किया जाता है। यहां तक कि अनुच्छेद 51 के तहत संयुक्त राष्ट्र का चार्टर भी आत्मरक्षा में बल के उपयोग को स्वीकार करता है। अनुच्छेद के अनुसार, यदि संयुक्त राष्ट्र के किसी सदस्य के खिलाफ सशस्त्र हमला होता है, तो वर्तमान चार्टर में कुछ भी व्यक्तिगत या सामूहिक आत्मरक्षा के अंतर्निहित अधिकार को कम नहीं करेगा, जब तक कि सुरक्षा परिषद अंतर्राष्ट्रीय शांति और सुरक्षा बनाए रखने के लिए आवश्यक उपाय नहीं करती। इसलिए, सैन्य शक्ति, "हिंसा का कानूनी रूप से स्वीकृत साधन है जिसका उपयोग सरकारें एक-दूसरे के साथ अपने संबंधों में और, जब आवश्यक हो, आंतरिक सुरक्षा की भूमिका में करती हैं"।

इस परिभाषा से दो धारणाएँ निकाली जा सकती हैं। एक तो यह कि सैन्य शक्ति उद्देश्यपूर्ण है और दूसरा यह कि यह एक कार्यात्मक चीज़ है। यह कार्यात्मक है क्योंकि यह सत्ता के ऑर्केस्ट्रा में कई उपकरणों में से एक है जिसका उपयोग राज्य विभिन्न समय पर अपने राष्ट्रीय हितों की पूर्ति के लिए करते हैं। यह उद्देश्यपूर्ण है क्योंकि सैन्य शक्ति का उपयोग, जिसके परिणामस्वरूप युद्ध या आक्रामक कार्य होते हैं, हमेशा नीति के साधन के रूप में नहीं बल्कि एक उद्देश्यपूर्ण राजनीतिक कार्य के रूप में उपयोग किया जाता है।

यदि यथार्थवादियों का अनुसरण करते हुए अंतर्राष्ट्रीय व्यवस्था को हॉब्सियन (Hobbesian) 'राज्य की प्रकृति' के रूप में माना जाए, तो उस अनियंत्रित वातावरण में जीवित रहने के लिए सैन्य शक्ति एक शक्तिशाली हथियार साबित हुई है। इसलिए, असुरक्षा की ऐसी स्थितियों में विदेश नीति को आगे बढ़ाने के लिए एक तर्कसंगत तकनीक के रूप में सैन्य शक्ति के उपयोग को स्वीकार किया गया है। इसका बार-बार उपयोग यह निर्धारित नहीं करता है कि कौन सही है, बल्कि यह निर्धारित करता है कि समृद्धि, प्रतिष्ठा और सुरक्षा के लिए निरंतर संघर्ष में कौन विजयी होगा। माइकल हॉवर्ड (Michael Howard) ने सुझाव दिया कि "राज्यों की अपनी रक्षा करने की क्षमता, और ऐसा करने की उनकी स्पष्ट इच्छा, वह बुनियादी ढाँचा प्रदान करती है जिसके भीतर अंतर्राष्ट्रीय वार्ता का कार्य आगे बढ़ाया जाता है"। सैन्य शक्ति अंतर्राष्ट्रीय व्यवस्था से जुड़ी नाजुक अंतर्राष्ट्रीय व्यवस्था का एक आंतरिक हिस्सा है।[36]

परंपरागत रूप से, सैन्य शक्ति की उपयोगिता को कई रणनीतिक विचारकों और राजनीतिक दार्शनिकों द्वारा बरकरार रखा गया है और इसके उपयोग के खिलाफ बढ़ती आलोचनाओं के बावजूद इसका मूल्य स्वयं स्पष्ट है। प्रशिया के रणनीतिक विचारक कार्ल वॉन क्लॉज़विट्ज़ (Karl Von Clausewitz) ने एक कहावत दी थी जिसमें उन्होंने कहा था कि "युद्ध अन्य तरीकों से राजनीति की निरंतरता है"।

उनकी पुस्तक '*वॉन क्रिएग*' (*Von Kriegg*) (On War) में उनके द्वारा प्रतिपादित विभिन्न अवधारणाओं को स्पष्ट करने के लिए इतिहास से पर्याप्त उदाहरण शामिल हैं। क्लॉज़विट्ज़ियन (Clausewitzian) के कुछ प्रमुख सिद्धांत निम्नलिखित हैं:

1. युद्ध को कभी भी अपने लिए एक उद्देश्य के रूप में नहीं देखा जाना चाहिए, बल्कि किसी प्रतिद्वंद्वी पर शारीरिक रूप से अपनी इच्छा थोपने के साधन के रूप में देखा जाना चाहिए।
2. युद्ध में सैन्य उद्देश्य जो किसी के राजनीतिक उद्देश्यों का समर्थन करते हैं, दो व्यापक प्रकारों में आते हैं: "सीमित लक्ष्यों को प्राप्त करने के लिए युद्ध" और दुश्मन को "निशस्त्र" करने के लिए युद्धः "[उसे] राजनीतिक रूप से असहाय या सैन्य रूप से नपुंसक बनाना"।
3. युद्ध की दिशा उस पक्ष के पक्ष में होगी जिसके पास अधिक संकल्प और संसाधन होंगे।

कैर (Carr)[37] ने अपने *ट्वेंटी इयर्स क्राइसिस* (*Twenty Years Crisis*) में कहा कि "सैन्य उपकरण का सर्वोच्च महत्व इस तथ्य में निहित है कि अंतर्राष्ट्रीय संबंधों में शक्ति का अंतिम अनुपात (ultima ratio) युद्ध है"। अपनी शक्ति के पहलू से राज्य का प्रत्येक कार्य युद्ध को एक वांछनीय हथियार के रूप में नहीं बल्कि एक हथियार के रूप में निर्देशित करता है जिसकी उसे अंतिम उपाय के रूप में आवश्यकता हो सकती है। उन्होंने कहा कि "अंतर्राष्ट्रीय राजनीति की पृष्ठभूमि में युद्ध उसी तरह छिपा होता है जैसे घरेलू राजनीति की पृष्ठभूमि में क्रांति छिपी होती है"। इसलिए, संभावित युद्ध अंतर्राष्ट्रीय राजनीति में एक प्रमुख कारक बन जाता है और सैन्य ताकत एक मान्यता प्राप्त मानक राजनीतिक मूल्य बन जाती है। सैन्य शक्ति न केवल राज्य के जीवन का एक आवश्यक तत्व है बल्कि कभी-कभी यह अपने आप में एक लक्ष्य बन जाती है। कैर (Carr) का तर्क है कि व्यापार या क्षेत्रीय विस्तार के लिए कम युद्ध लड़े जाते हैं, और वह बताते हैं कि अधिकांश गंभीर युद्ध किसी देश को सैन्य रूप से मजबूत बनाने या किसी अन्य देश को सैन्य रूप से मजबूत होने से रोकने के लिए लड़े गए हैं। उनका कहना है कि "युद्ध का मुख्य कारण युद्ध ही है"।

क्विंसी राइट (Quincy Wright)* ने युद्धों के अपने अध्ययन में युद्ध को व्यापक अर्थ में "विभिन्न लेकिन समान संस्थाओं का एक हिंसक संपर्क" के रूप में परिभाषित किया है, और संकीर्ण अर्थ में, "एक कानूनी स्थिति जो समान रूप से दो या दो से अधिक शत्रुतापूर्ण समूहों को सशस्त्र बलों द्वारा संघर्ष जारी रखने की अनुमति देती है" के रूप में परिभाषित करती है।" उन्होंने आगे अपने *युद्ध के कारण और शांति की स्थितियाँ* (*Causes of War and Conditions of Peace*, 1935) में युद्ध के संभावित कारणों का सुझाव दिया, जो एक तरह से शांति की स्थितियों के विपरीत हैं, जो विश्व स्थिति के निम्नलिखित पहलुओं से संबंधित हैं:

- मौजूदा स्थिति के प्रति हिंसक रूप से प्रतिकूल राय की स्थिति
- संघर्षों से निपटने के लिए अंतर्राष्ट्रीय संगठन की अपर्याप्तता
- क़ानून की अपर्याप्त व्यवस्था
- भौतिक शक्तियों का अस्थिर संतुलन।

राइट (Wright) बताते हैं कि युद्ध के राजनीतिक-तकनीकी, न्यायिक-वैचारिक, सामाजिक-धार्मिक और मनो-आर्थिक कारण भी हो सकते हैं।

हालाँकि, राष्ट्रीय नीति के एक साधन के रूप में सैन्य शक्ति की भूमिका को अक्सर विशुद्ध सैन्य संदर्भ के बजाय राजनीतिक संदर्भ में माना जाता है। राजनीति और सैन्य रणनीति के कठोर विभाजन के खिलाफ क्लॉजविट्ज़ (Clausewitz's) की सख्ती की वैधता अधिक सच साबित होती है, खासकर वर्तमान संदर्भ में जब सैन्य प्रौद्योगिकियों की प्रगति ने राज्यों का ध्यान युद्ध से हटाकर मानवता के खिलाफ संभावित खतरे की और कर दिया है। परमाणु युग में विशेष रूप से सैन्य बल न केवल दुश्मनों को नुकसान पहुंचाने के उद्देश्य से मौजूद हैं, बल्कि राजनयिक सौदेबाजी में लाभ उठाने के खतरे के रूप में या संभावित विरोधियों को अपने इरादों को संप्रेषित करने के साधन के रूप में भी मौजूद हैं।

अंतर्राष्ट्रीय संबंधों में बल और बल प्रयोग का खतरा मौजूद है और सैन्य प्रौद्योगिकियों के विकास का राजनीतिक प्रणालियों की संरचनाओं और प्रक्रियाओं पर महत्वपूर्ण प्रभाव पड़ता है। थर्मोन्यूक्लियर हथियार और लंबी दूरी की बैलिस्टिक मिसाइलें अपने पूर्ववर्तियों या पारंपरिक बलों से गुणात्मक रूप से भिन्न हैं। लंबी दूरी की मिसाइलें जैसे *अंतरमहाद्वीपीय बैलिस्टिक मिसाइलें (आईसीबीएम)* (intercontinental ballistic missiles— ICBMs), और *कम दूरी की बैलिस्टिक मिसाइलें (एसआरबीएम)* (short-range ballistic missiles—RBMs) उपलब्ध हैं जो प्रमुख रणनीतिक वितरण वाहन के साथ में कार्य करती हैं तथा एक प्रक्षेपवक्र के साथ हथियार को ऊपर ले जाती हैं और इसे लक्ष्य पर गिरा देती हैं। सैन्य विश्लेषक 1991 के खाड़ी युद्ध से शुरू हुए काल को सैन्य मामलों, विशेषकर अमेरिकी सेनाओं में एक क्रांति के रूप में मानते हैं। 1999 के *कोसोवो अभियान* (Kosovo campaign) और 2001 में अफगानिस्तान में तालिबान के खिलाफ अमेरिकी अभियान में युद्ध रणनीति में बड़े बदलाव देखे गए। सूचना-संपन्न युद्ध प्रबंधन प्रणालियों का उपयोग करके विविध बलों के एकीकरण ने विरोधियों को घुटने टेकने पर मजबूर कर दिया। 2003 का इराक युद्ध एक और घटना थी जिसका मुख्य उद्देश्य दुश्मन को 'आश्चर्यचकित और भयभीत' करना था। इस उद्देश्य से, अमेरिका ने दुश्मन को निरस्त्र करने के लिए क्रूज मिसाइलों का इस्तेमाल किया। 1993 में, राष्ट्रपति बिल क्लिंटन (Bill Clinton) ने दर्जनों क्रूज़ मिसाइलों से इराकी खुफिया एजेंसी पर हमला किया, जो इतिहास में पहला पूर्ण-क्रूज़-मिसाइल हमला बन गया।[38] इसलिए,

* Quincy Wright, *A Study of War*, University of Chicago, Chicago, 1942.

सैन्य प्रौद्योगिकियों की इन नई पीढ़ियों ने सैन्य शक्ति गणना को बदल दिया है और विरोधियों पर एक निश्चित प्रभाव डाला है, जो पारंपरिक बलों के पास नहीं हो सकता है। राज्य अक्सर चाहते हैं कि उन्हें सैन्य रूप से मजबूत माना जाए और वे अपनी क्षमताओं का उपयोग करने के इच्छुक हैं और इस प्रकार वे चुनौती देना या विफल होना नहीं चाहते हैं। कौशल का प्रदर्शन सैन्य क्षमताओं के प्रदर्शन के माध्यम से स्पष्ट या अप्रत्यक्ष हो सकता है, जैसा कि परमाणु हथियारों के कब्जे के मामले में हो सकता है। भारत का पोखरण I और पोखरण II का परमाणु विस्फोट उसके पड़ोसियों के बीच स्थिति और प्रतिष्ठा प्राप्त करने का एक प्रयास था, जिसे उसके उत्तरी पड़ोसी चीन की उपस्थिति ने काफी हद तक विफल कर दिया था।

परमाणु हथियारों के कब्जे ने परमाणु शक्ति संपन्न देशों द्वारा अपनाई गई परमाणु रणनीति को आकार दिया है। या तो यह "पहला हमला" हो सकता है जैसा कि पाकिस्तान ने अपनाया है या "दूसरा हमला" हो सकता है जैसा कि भारत ने अपनाया है। ऐसी स्थिति भी हो सकती है जैसे संयुक्त राज्य अमेरिका और सोवियत संघ के बीच शीत युद्ध के दौरान हुई थी, जिसे **पारस्परिक रूप से सुनिश्चित विनाश** या **एमएडी (mutually assured destruction or MAD)** के रूप में जाना जाता था क्योंकि दोनों के पास दुबारा-हमला करने की क्षमता थी। लेकिन महत्वपूर्ण बात यह है कि केवल परमाणु हथियार रखने से ही दुश्मन को अपनी मिसाइल का इस्तेमाल करने से रोका जा सकेगा। शीत युद्ध के दिनों में सोवियत और अमेरिकी दोनों नेताओं ने यह स्वीकार किया था कि ऐसे कुछ लक्ष्य हैं, जिन्हें परमाणु हथियारों के वास्तविक 'उपयोग' से पूरा किया जा सकता है और परमाणु हथियारों के उपयोग की 'धमकी' अधिक निर्णायक भूमिका निभाती है। ऐसा कहा जाता है, "परमाणु युद्ध न तो जीता जा सकता है और न ही कभी लड़ा जा सकता है"। इसलिए, शक्ति संतुलन को उन साधनों में से एक माना जा सकता है जिसके द्वारा एक राज्य राजनीतिक विरोधियों के कुछ कार्यों को रोक सकता है। प्रभावी शक्ति संतुलन 'स्थिर' होने के साथ-साथ 'विश्वसनीय' भी होना चाहिए। एक मायने में वह 'सख्त' होना चाहिए ताकि विरोधियों द्वारा निषिद्ध कार्यवाई करने का प्रयास नहीं किया जाए और दूसरे मायने में वह 'स्थिर' होना चाहिए ताकि डर के मारे एहतियाती हमला करने के प्रोत्साहन को कम करने में पर्याप्त हो।[39] मजबूरी की तुलना में प्रतिरोध या मनाही को हासिल करना आसान है। वियतनाम में अमेरिकियों को न केवल एक विशेष कार्रवाई के लिए बाध्य करने के कार्य का सामना करना पड़ा, बल्कि एक प्रभावी राजनीतिक व्यवस्था को बढ़ावा देने का भी काम करना पड़ा, जिसे हासिल करना कठिन था। क्यूबा मिसाइल संकट धैर्य की परीक्षा थी और निस्संदेह यह साबित हुआ कि परमाणु शस्त्रागार का कब्ज़ा निर्णायक कारक नहीं है। इन तर्कों से कई विद्वान यह निष्कर्ष निकालते हैं कि इस परमाणु युग में सैन्य बलों की उपयोगिता कम हो गई है क्योंकि:

- एक महाशक्ति की परमाणु शक्ति दूसरे की परमाणु शक्ति को संतुलित करती है। अत: उनकी प्रभावी शक्ति शून्य हो जाती है। सर्वोत्तम और विशिष्ट ताकतें कम से कम प्रयोग योग्य होती हैं। जैसा कि जॉन हर्ज़ (John Herz) ने कहा था, "पूर्ण शक्ति पूर्ण नपुंसकता के बराबर होती है"।
- तनाव बढ़ने का डर विशेष रूप से संयुक्त राज्य अमेरिका या सोवियत संघ द्वारा पारंपरिक बलों के उपयोग को भी दृढ़ता से रोकता है। परमाणु शक्तियों को अन्य देशों की तुलना में तनाव बढ़ने का अधिक डर होना चाहिए, क्योंकि परमाणु स्तर तक बढ़ने वाले किसी भी युद्ध में, उन्हें मुख्य रूप से निशाना बनाया जाएगा। वे परंपरागत ताकतों का सहारा ले सकते हैं, लेकिन ऐसा करने में जोखिम पहले की तुलना में अधिक हैं। इसके अलावा, परमाणु युग में, विशाल सैन्य शक्ति अब सबसे कमजोर विरोधियों पर भी प्रभावी नियंत्रण सुनिश्चित नहीं करती है।

- दुनिया के कमजोर राज्यों ने शक्तिशाली देशों से परमाणु या पारंपरिक बल के प्रयोग पर संयम बरतने के लिए कहकर विश्व की राय बदलने की कोशिश की है।[40]

दिए गए तर्क हमें यह आभास दे सकते हैं कि परमाणु और थर्मोन्यूक्लियर हथियारों के आगमन ने उन लोगों पर नए प्रतिबंध लगाए हैं जो उन्हें नियंत्रित करते हैं और सैन्य शक्ति की उपयोगिता को कम कर दिया है। लेकिन सही मायने में, जैसा कि गार्नेट (Garnett)[41] कहते हैं, राज्यों ने ऐसी रणनीतियाँ विकसित की हैं जो युद्ध में भी सैन्य शक्ति के "राजनीतिक उपयोग" पर जोर देती हैं। टी.सी. शेलिंग (T.C.Schelling) (1966) ने युद्ध को "सौदेबाजी प्रक्रिया" या एक प्रकार की "कठिन बातचीत" और "हिंसा की कूटनीति" के रूप में परिभाषित किया है। ये सभी वास्तव में सुझाव देते हैं कि युद्ध कूटनीति का एक हिस्सा बन गया है। वह उन लक्ष्यों को प्राप्त करने के लिए सैन्य शक्ति के महत्व का वर्णन करने के लिए 'जबरदस्ती युद्ध' और 'विवशता' जैसे शब्दों का उपयोग करता है जो बिल्कुल भी सैन्य नहीं हैं और उसका "उद्देश्य दुश्मन से उचित व्यवहार करवाना है"। इस नीति का मूल चोट पहुंचाना, दर्द और पीड़ा पहुंचाना है। इसका उत्कृष्ट उदाहरण यह है कि द्वितीय विश्व युद्ध के अंत में हिरोशिमा और नागासाकी पर गिराए गए दो परमाणु बम वास्तव में इन शहरों पर लक्षित नहीं थे, बल्कि लक्ष्य टोक्यो में *निर्णय लेने वालों* (decision-makers) पर थे। शेलिंग (Schelling) के शब्दों में: "बमों का प्रभाव और उनका उद्देश्य मुख्य रूप से उनके द्वारा किया गया सैन्य विनाश नहीं था, बल्कि दर्द और सदमा और और अधिक का वादा था"। संयुक्त राज्य अमेरिका पर 9/11 के आतंकवादी हमले के बाद 2003 में इराक के खिलाफ अमेरिकी सैन्य अभियान के दौरान इसे फिर से चित्रित किया गया था। पूरी रणनीति दुश्मनों के मन में "आश्चर्य और भय" पैदा करने की थी ताकि उन्हें संयुक्त राष्ट्र के साथ-साथ अमेरिका द्वारा वांछित तरीके से व्यवहार करने के लिए मजबूर किया जा सके।

सैन्य शक्ति से संबंधित एक शक्तिशाली *सैन्य-औद्योगिक परिसर* (military–industrial complex) का प्रभाव बढ़ रहा है। "सैन्य-औद्योगिक परिसर" की पूरी अवधारणा में श्रमिक संघ और राजनेता दोनों शामिल हैं जिनके जिलों को सैन्य खर्च से सीधे लाभ होगा। यदि सामान्य रूप से पूरे अमेरिकी अर्थव्यवस्था सैन्य व्यय के बिना चल सकती है और समृद्ध हो सकती है, तो कुछ उद्योग और क्षेत्र सैन्य व्यय में कमी करने के किसी भी प्रकार के प्रतिकूल प्रभाव का सामना करेंगे। सैन्य-औद्योगिक संरचना अपने व्यवसाय को बनाए रखने और नए ठेकों को प्राप्त करने के लिए मेहनत करता है, और इस प्रयास में अक्सर सरकारी नीतियों की मदद लेता है। शीत युद्ध के बाद, जब घरेलू सैन्य आधार बंद हुए और हथियारों की दौड़ धीमी हो गई, लोगों ने सैन्य-औद्योगिक संरचना के महत्व को लेकर चर्चा शुरू की। इससे समझौता होने पर पैसों के 'शांति लाभ' के बारे में सवाल उठे कि यह पैसे पूर्व में हथियारों की दौड़ पर खर्च किए जाने के बजाय नागरिक जनसंख्या की जरूरतों को पूरा करने के लिए उपयोग किए जा सकते हैं। इस स्थिति के चलते, संयुक्त राज्य अमेरिका और कई अन्य देश अपने बड़े सैन्य बल को और लोकतांत्रिक सिद्धांतों को संतुलन बनाने के बीच फसे हैं। प्रेसिडेंट आइज़नहॉवर (Eisenhower) ने सैन्य-औद्योगिक संरचना को इस संकट का एक वास्तविक लक्षण कहा। निरस्त्रीकरण और हथियारों के नियंत्रण के कई प्रयासों के बावजूद, उनका अधिक प्रभाव नहीं हो सका, और सैन्य सुरक्षा और सैन्य शक्ति का उपयोग अब भी अंतरराष्ट्रीय संबंधों के संचालन में महत्वपूर्ण है।

अभ्यास (Exercises)

1. विदेश नीति से आप क्या समझते हैं? विदेश नीति के निर्धारकों की संक्षेप में चर्चा करें।
2. विदेश नीति के उद्देश्य क्या हैं?
3. विदेश नीति की विभिन्न तकनीकें क्या हैं? इस संबंध में, विदेश नीति की तकनीक के रूप में कूटनीति की भूमिका पर चर्चा करें।
4. कूटनीति से आप क्या समझते हैं? कूटनीति के कार्य क्या हैं?
5. कूटनीति के विभिन्न रूपों पर चर्चा करें।
6. आपके अनुसार पारंपरिक कूटनीति नई कूटनीति से किस प्रकार भिन्न है? स्पष्ट करें.
7. विदेश नीति की तकनीक के रूप में प्रचार की भूमिका पर चर्चा करें।
8. प्रचार से आप क्या समझते हैं? प्रचार की विभिन्न तकनीकें क्या हैं?
9. सैन्य शक्ति का प्रयोग विदेश नीति की किस हद तक प्रभावी तकनीक हो सकती है?
10. क्या आपको लगता है कि परमाणु दुनिया में सैन्य कौशल विदेश नीति की एक शक्तिशाली तकनीक के रूप में काम कर सकता है? तर्क दीजिए।

संदर्भ (References)

[1] Russett, Bruce and Harvey Starr, *World Politics: The Menu for* Choice, W.H. Freeman and Company, New York, 1996, pp. 162–163.
[2] Padelford, Norman J. and George A. Lincoln, *International Politics*, The Macmillan Company, New York, 1954, p. 306.
[3] Sharma, Urmila and S.K. Sharma, *International Relations: Theory and History*, Vol-I, Atlantic Publishers, New Delhi, 2000, pp. 112–113.
[4] *ibid.*
[5] Russet and Starr, *op. cit.*, n. 1, p. 164.
[6] Legg, Keith R. and James F. Morrison, "The Formulation of Foreign Policy Objectives", *in* Richard Little and Michael Smith (Eds.), *Perspectives on World Politics*, Routledge, London, 1991, p. 59.
[7] *ibid.*, p. 60.
[8] *ibid.*, p. 61.
[9] Holsti, K.J., *International* Politics: *A Framework for Analysis*, Prentice-Hall of India, New Delhi, 1967, p. 126.
[10] Nicolson, Sir Harold, *Diplomacy*, Oxford Universty Press, London, 1969, p. 14.
[11] Mclellan, David S., William C. Olson, Fred A. Sondermann, *The Theory and Practice of International Relations*, Prentice-Hall, Englewood Cliffs, New Jersey, 1974, p. 189.
[12] Nicolson, *op. cit.*, n. 10, pp. 3–4.
[13] Organski, A.F.K., *World Politics*, Alfred A. Knopf, New York, 1960, p. 341.
[14] Russet and Starr, *op. cit.*, n. 1, p. 138.
[15] Morgenthau, Hans. J., *Politics among Nations:* Kalyani Publishers, New Delhi, 1985, pp. 563–564.
[16] Poullada, Leon B., "Diplomacy: The Missing Link in the Study of International Politics", *in* David S. Mclellan, William C. Olson, Fred A. Sondermann (Eds.), *The Theory and Practice of International Relations*, Prentice-Hall, New Jersey, 1974, p. 194.
[17] White, Brian, "Diplomacy" *in* John Baylis and Steve Smith (Eds.), *The Globalization of World Politics*, Oxford University Press, London, 1997, p. 259.

[18] Holsti, K.J., *International Politics: A Framework for Analysis*, Prentice-Hall of India, New Delhi, 1995, p. 138.

[19] Palmer, Norman D. and Howard C. Perkins, *International Relations: The World Community in Transition,* A.I.T.B.S. Publishers, New Delhi, 1967, p. 87.

[20] Mclellan, *op. cit.*, n. 11, pp. 189–193.

[21] Nicolson, *op. cit.*, n. 10, pp. 36–39.

[22] Frankel, Joseph, *International Relations in a Changing World,* Oxford University Press, London, 1979, p. 125.

[23] Palmer and Perkins, *op. cit.*, n. 19, p. 106.

[24] White, Brian, *op. cit.*, n. 17, p. 250.

[25] *ibid.*, 251.

[26] Mclellan, *op. cit.*, n. 11, p. 207.

[27] Holsti, *op. cit.*, n. 18, pp. 152–153.

[28] Couloumbis, Theodore A. and James H. Wolfe, *Introduction to International Relations: Power and Justice*, Prentice-Hall of India, New Delhi, 1981, pp. 182–183.

[29] Holsti, *op. cit.*, n. 18, pp. 158–159.

[30] Frankel, Joseph, *op. cit.*, n. 22, pp. 131–132.

[31] Palmer and Perkins, *op. cit.*, n. 19, p. 116.

[32] *ibid.*, 115–117.

[33] Morgenthau, *op. cit.*, n. 15, p. 353.

[34] Holsti, *op. cit.*, n. 18, p. 163.

[35] Garnett, John, "The Role of Military Power", *in* Richard Little and Michael Smith (Eds.), *Perspectives on World Politics*, Routledge, London, p. 69.

[36] *ibid.*

[37] Carr, E.H., *The Twenty Years' Crisis:1919–1939,* The Macmillan Press, London, 1981, pp. 109–111.

[38] Goldstein, Joshua S., *International Relations*, Pearson Education, New Delhi, 2006, pp. 261–263.

[39] Holsti, *op. cit.*, n. 18, pp. 214–224.

[40] Waltz, Kenneth N., "International Structure, National Force and the Balance of Power", *in* David S. Mclellan, William C. Olson, Fred A. Sondermann (Eds.), *The Theory and Practice of International Relations*, Prentice-Hall, Englewood Cliffs, New Jersey, 1974, pp. 297–303.

[41] Garnett, John, *op. cit., n. 35, p. 80.*

6

शीत युद्ध और शीत युद्ध के बाद की दुनिया का विकास (Cold War and Evolution of Post-Cold War World)

अंतर्वस्तु (Contents)

परिचय (*Introduction*)

द्वितीय विश्व युद्ध की समाप्ति के तुरंत बाद दुनिया दो पूर्व सहयोगियों, संयुक्त राज्य अमेरिका और तत्कालीन सोवियत संघ के बीच वैश्विक नेतृत्व के लिए एक अलग तरह के संघर्ष में फंस गई थी। द्वितीय विश्व युद्ध के तुरंत बाद दोनों राष्ट्र महाशक्तियों के रूप में उभरे। ग्रेट ब्रिटेन पस्त हो चुका था और अब वैश्विक शक्ति की स्थिति पर कायम रहने में सक्षम नहीं था। जर्मनी का विभाजन हो गया और जापान परमाणु बमों से तबाह हो गया, जिससे ये दोनों राष्ट्र महान शक्तियों के रूप में उभरने में असफल रहे। इससे अंतर्राष्ट्रीय परिदृश्य में निर्णायक भूमिका निभाने के लिए केवल संयुक्त राज्य अमेरिका और सोवियत संघ बचे। हालाँकि, दोनों के बीच संबंध कई कारणों से तनावपूर्ण हो गया और *शीत युद्ध* (Cold War) का रूप धारण कर लिया, जो *गर्म युद्ध* (Hot War) से कम था। इसके परिणामस्वरूप दुनिया दो प्रतिद्वंद्वी गुटों में विभाजित हो गई और कई सैन्य गठबंधनों और प्रति-गठबंधनों का निर्माण हुआ। हालाँकि उनके संबंधों में एक अस्थायी सामान्यीकरण था, जिसे *तनावशैथिल्य* (Détente) के रूप में माना जाता था, लेकिन वह भी अल्पकालिक था और जल्द

ही तनाव और तनावपूर्ण संबंधों के एक और दौर में बदल गया, जिसे अक्सर ***नया शीत युद्ध*** कहा जाता है। अंततः, 1990 में पूर्व सोवियत संघ के विघटन के साथ शीत युद्ध समाप्त हो गया।

अर्थ (Meaning)

शीत युद्ध शब्द को स्तंभकार वाल्टर लिपमैन (Walter Lippmann) ने लोकप्रिय बनाया और यह 1947 तक आम उपयोग में आ गया। इसने एक विशेष अर्थ प्राप्त कर लिया, जो दर्शाता है कि पूर्व और पश्चिम के बीच संबंध, हालांकि खराब और युद्ध जैसे और तनावपूर्ण थे, लेकिन गर्म युद्ध के बिंदु तक नहीं पहुंचे थे। यह राजनीतिक, आर्थिक मोर्चों और यहां तक कि वैचारिक आधार पर तीव्र प्रतिस्पर्धा का प्रतीक था, लेकिन कभी भी दोनों गुटों के बीच गर्म युद्ध या वास्तविक सशस्त्र संघर्ष का स्तर नहीं अपनाया। कैल्वोकोरेसी (Calvocoressi)[1] का मानना है कि शीत युद्ध अन्य युद्धों की तरह एक प्रकरण नहीं था, जिसमें शुरुआत और अंत, विजयी और परजित थे।

शीत युद्ध की उत्पत्ति (Origin of Cold War)

शीत युद्ध की उत्पत्ति और विकास का पता लगाना एक कठिन कार्य है। यंग और केंट (Young and Kent)[2] बताते हैं कि प्रारंभिक शीत युद्ध की प्रकृति और उत्पत्ति के संबंध में असंख्य बहस (debates) हुई थीं, जिनका 1989 तक इतिहासकारों और सामाजिक वैज्ञानिकों द्वारा अंतर्राष्ट्रीय प्रणाली की प्रकृति की व्याख्या करने के तरीकों पर एक निश्चित प्रभाव पड़ा था। शीत युद्ध की उत्पत्ति अभी भी लंबे समय से चले आ रहे ऐतिहासिक विवाद का विषय बनी हुई है।

रूढ़िवादी सिद्धांत मानते हैं कि कथित सोवियत आक्रामकता या सोवियत विस्तारवाद के परिणामस्वरूप अमेरिकी प्रतिक्रियाएँ हुईं। उनका मानना है कि संक्षेप में शीत युद्ध वैश्विक प्रभाव की लड़ाई बन गया क्योंकि स्टालिन और सोवियत प्रणाली ने सहयोग को असंभव बना दिया था। उनके लिए, अंतर्राष्ट्रीय शांति और सुरक्षा और उदार लोकतांत्रिक मूल्यों के अस्तित्व की खातिर स्टालिन और सोवियत साम्यवाद (Stalin and Soviet Communism) को पश्चिमी पूंजीवादी राज्यों का सामना करना पड़ा। अधिक विशिष्ट रूप से कहें तो, कथित रूप से विस्तारवादी सोवियत संघ ने संयुक्त राज्य अमेरिका और पश्चिमी यूरोप की 'राष्ट्रीय सुरक्षा' को खतरे में डाल दिया था जिसके लिए आर्थिक और सैन्य प्रतिक्रिया की आवश्यकता थी। इसे कमोबेश महाशक्ति प्रतिद्वंद्विता की *यथार्थवादी* या *नव-यथार्थवादी धारणा* (realist or neo-realist perception) के रूप में देखा जा सकता है। इस धारणा में, शक्ति और सुरक्षा के साथ-साथ पूंजीवादी और साम्यवादी राज्यों की कार्यप्रणाली और उनकी संबंधित बाहरी आवश्यकताएं विचारधारा या आंतरिक संरचना के बजाय अधिक महत्वपूर्ण हैं।

रूढ़िवादी (orthodox) दृष्टिकोण को 1960 के दशक में संशोधनवादी इतिहासकारों द्वारा चुनौती दी गई थी, जिन्होंने अंतर्राष्ट्रीय राज्य प्रणाली और अधिक शक्ति और प्रभाव हासिल करने के संघर्ष पर कम ध्यान केंद्रित किया था और 1940 के दशक में अंतर्राष्ट्रीय पूंजीवाद, विशेष रूप से संयुक्त राज्य अमेरिका की कथित आवश्यकताओं पर अधिक ध्यान केंद्रित किया था। संशोधनवादी (Revisionist) व्याख्या ने संयुक्त राज्य अमेरिका की विदेश नीति आवश्यकताओं पर जोर दिया, जिसे उन्होंने पूंजीवाद की विस्तारवादी आवश्यकताओं को पूरा करने के लिए डिज़ाइन किया था। इसलिए, सोवियत ने उन क्षेत्रों में पूंजीवाद के विस्तार का विरोध करने के रूप में सुरक्षा की मांग की जो सोवियत साम्यवाद के अस्तित्व को

खतरे में डाल सकते थे। इस प्रकार, संशोधनवादियों के लिए, शीत युद्ध का दोष आक्रामक अमेरिकी नीतियों पर है, जिसका जवाब सोवियत को देना था। इस धारणा के अनुसार, इसलिए, सोवियत विस्तारवाद ने संयुक्त राज्य अमेरिका के लिए असुरक्षा पैदा करने के बजाय, पूंजीवाद के विस्तार के लिए अमेरिकी प्रतिबद्धता ने एक प्रकार की सोवियत असुरक्षा पैदा की।

संशोधनवादियों के बाद के लेखकों ने भू-राजनीति, सांस्कृतिक लक्षण और मनोविज्ञान पर अभिजात्य धारणाओं, नौकरशाही राजनीति, सुरक्षा आवश्यकताओं, गलतफहमियों और गलत धारणाओं जैसे कारकों पर अधिक ध्यान केंद्रित करने की मांग की है, जिनमें से कोई भी परस्पर अनन्य नहीं है। भू-राजनीतिक रूप से, 1917 से पहले यूरेशिया और पश्चिमी गोलार्ध में दो भूमि-आधारित साम्राज्यों के विकास का अनिवार्य रूप से मतलब था कि ये दो शोषणकारी भूमि-आधारित प्रणालियाँ संघर्ष में आएँगी।[2]

शीत युद्ध की उत्पत्ति पर अलग-अलग दृष्टिकोण जो भी हों, यह कहा जा सकता है कि वैचारिक टकराव, द्वितीय विश्व युद्ध के बाद की जटिलताओं और संयुक्त राज्य अमेरिका और सोवियत संघ के महत्वपूर्ण हितों की असंगति के कारण शीत युद्ध छिड़ गया।

शीत युद्ध के कारण (Causes of Cold War)

दोनों महाशक्तियों के बीच विरोध का पहला और प्रमुख कारण जर्मन सेना को विभाजित करने के लिए दूसरे मोर्चे का खुलना था। सोवियत संघ जून 1941 से दूसरा मोर्चा खोलने का दबाव बना रहा था लेकिन अंततः सर्वोच्च कमांडर जनरल ड्वाइट आइजनहावर (Dwight Eisenhower) (जो बाद में अमेरिकी राष्ट्रपति बने) ने जून 1944 में दूसरा मोर्चा खोला। दूसरा मोर्चा खोलने में देरी ने सोवियत संघ के मन में संदेह पैदा कर दिया जिसके परिणामस्वरूप दोनों के बीच विरोध पैदा हो गया।

द्वितीय विश्व युद्ध की समाप्ति के तुरंत बाद, दोनों युद्धकालीन सहयोगी पोलिश (Polish) और जर्मन प्रश्नों पर विभाजित हो गए। पोलैंड के मामले में, हालांकि जुलाई 1945 के पॉट्सडैम सम्मेलन (Potsdam Conference) में, ओडर-नीस लाइन (Oder–Neisse line) को पोलैंड और जर्मनी के बीच वास्तविक *(de facto)* रेखा माना गया था, जिसका अंतिम भाग्य जर्मनी के साथ शांति संधि के माध्यम से तय किया जाएगा, फिर भी पौलैंड के भविष्य का लोकतंत्र या शासन अनिर्णीत रहा। सोवियत ने यह मानते हुए कि पूर्वी यूरोप उनके प्रभाव क्षेत्र में है, कम्युनिस्टों के प्रभुत्व वाली पोलिश सरकार स्थापित की। अमेरिकी राष्ट्रपति हैरी एस. ट्रूमैन ((Harry S. Truman)) ने पद संभालने के बाद, ब्रिटिश प्रधान मंत्री चर्चिल के समर्थन से मांग की कि पोलिश सरकार की संरचना को कम्युनिस्टों और तथाकथित *लंदन पोल्स* (London Pols) या अंग्रेजों द्वारा समर्थित लंदन प्रवासी सरकार (London government-in-exile) के बीच समान रूप से विभाजित किया जाना चाहिए। सोवियत संघ को ऋण-पट्टा सहायता वाशिंगटन द्वारा निलंबित कर दी गई लेकिन स्टालिन (Stalin) ने उनकी माँग को सर्मथन देने से इनकार कर दिया और उभरती हुई पोलिश सरकार दृढ़ता से सोवियत संघ की ओर उन्मुख रही।

जर्मन प्रश्न महाशक्ति संबंधों में एक और बाधा साबित हुआ, जो जुलाई 1945 के पॉट्सडैम सम्मेलन में सामने आया। युद्ध के बाद जर्मनी से क्षतिपूर्ति के सवाल पर तीखी बहसें हुईं। सोवियत संघ ने इस बात पर जोर दिया कि जर्मनी से 20 अरब डॉलर के सामान और संपत्ति को जब्त (ceased) कर दिया जाना चाहिए, जिसमें से 50 प्रतिशत सोवियत संघ को दिया जाना चाहिए और बाकी को संयुक्त राज्य अमेरिका और ब्रिटेन के बीच युद्ध क्षतिपूर्ति के रूप में साझा किया जाना चाहिए। लेकिन संयुक्त राज्य अमेरिका और ब्रिटेन द्वारा संदेह का एक तत्व बरकरार रखा गया था। पश्चिमी शक्तियों ने अपने कब्जे वाले क्षेत्रों में मुआवजे के स्तर

को तय करने के अपने अधिकार पर जोर दिया और, 1946 के वसंत तक, उन्होंने पश्चिम जर्मनी में अपने कब्जे वाले क्षेत्रों से सोवियत संघ को मुआवजे के भुगतान को निलंबित कर दिया।[3]

द्वितीय विश्व युद्ध के बाद, ईरान, तुर्की और ग्रीस में सोवियत गतिविधियों ने पश्चिम में संदेह को जन्म दिया। प्रारंभ में इन कारकों ने कभी सहयोगी रहीं दो महाशक्तियों के बीच संबंधों में कड़वाहट पैदा कर दी और धीरे-धीरे शीत युद्ध का रूप धारण कर लिया। जैसे-जैसे वर्ष बीतते गए, अलग-अलग गलतफहमियों, गलत धारणाओं, एक-दूसरे के प्रभाव क्षेत्र के लिए खतरों, हथियारों की होड़ में वृद्धि और एक-दूसरे के महत्वपूर्ण हितों के लिए कथित खतरों के कारण दोनों के बीच शीत युद्ध तेज हो गया। इसलिए, शीत युद्ध का रंगमंच दुनिया के एक हिस्से से दूसरे हिस्से में स्थानांतरित हो गया और विभिन्न चरणों में खुद को प्रकट किया, जिसने दुनिया को वस्तुतः दो विरोधी गुटों में विभाजित कर दिया। मॉस्को में अमेरिकी दूतावास के तत्कालीन राजनयिक जॉर्ज एफ. केनन (George F. Kennan) द्वारा भेजे गए सोवियत आचरण के स्रोतों का आकलन करने वाले 'लंबे टेलीग्राम' से दोनों के बीच की दुश्मनी स्पष्ट हो गई। केनन (Kennan) ने निष्कर्ष निकाला "हमारे यहां एक राजनीतिक ताकत है जो कट्टरता से प्रतिबद्ध है और यह आवश्यक है कि यदि सोवियत सत्ता सुरक्षित रखनी है तो अमेरिका के साथ ऐसी कोई स्थायी कार्यप्रणाली नही हो सकती जिससे हमारे समाज का आन्तरिक सौहार्द्र भंग हो, पारंपरिक जीवन पद्धति नष्ट हो तथा हमारे राज्य की अंतर्राष्ट्रीय सत्ता भंग हो"। इस प्रकार, केनन (Kennan) ने जो तर्क दिया वह यह था कि "इन परिस्थितियों में यह स्पष्ट है कि सोवियत संघ के प्रति किसी भी संयुक्त राज्य की नीति का मुख्य तत्व रूसी विस्तारवादी प्रवृत्तियों का दीर्घकालिक, धैर्यपूर्ण लेकिन दृढ़ और सतर्क नियंत्रण होना चाहिए"। *फॉरेन अफेयर्स* (Foreign Affairs) में छद्म नाम 'एक्स' (X) के तहत एक लेख में प्रकाशित होने के तुरंत बाद उनके विचार बहुत लोकप्रिय हो गए। इसे प्रसिद्ध "एक्स आर्टिकल" (X article) के नाम से जाना जाने लगा।[4]

जल्द ही, ग्रीस और तुर्की में स्थितियों ने ऐसा मोड़ ले लिया कि राष्ट्रपति ट्रूमैन (President Truman) ने केनन (Kennan) के आकलन को युद्ध के बाद के वर्षों में अमेरिकी विदेश नीति का आधार बना दिया। ग्रीस और तुर्की में हिंसा को अमेरिकियों ने कम्युनिस्टों द्वारा प्रेरित और उकसाया हुआ माना और इस प्रकार, ट्रूमैन ने मार्च 1947 में घोषणा की, "मेरा मानना है कि यह संयुक्त राज्य अमेरिका की नीति होनी चाहिए कि वह उन स्वतंत्र लोगों का समर्थन करे जो सशस्त्र अल्पसंख्यकों द्वारा या बाहरी दबावों द्वारा अधीनता के इस प्रयास का विरोध कर रहे हैं।" अंततः इसे **ट्रूमैन सिद्धांत (Truman Doctrine)** के रूप में पहचाना जाने लगा। इस प्रकार, **रोकथाम की नीति** (the policy of containment) का जन्म हुआ जिसका उद्देश्य सोवियत संघ को घेरकर और सैन्य हमले की धमकी से डराकर सोवियत प्रभाव के विस्तार को रोकना था। इसलिए, 1940 के दशक के अंत तक, दुनिया ने दो विरोधी गुटों के गठन की शुरुआत देखी और इसे 5 जून 1947 की **मार्शल योजना** (Marshall Plan) द्वारा सुदृढ़ किया गया। इससे पहले 5 मार्च 1946 को, चर्चिल के फुल्टन (Churchill's Fulton) भाषण ने शीत युद्ध की शुरुआत का संकेत दिया था क्योंकि उन्होंने अपने भाषण में वर्णन किया था कि बाल्टिक में स्टेटिन (Stettin) से एड्रियाटिक से ट्राइस्टे (Baltic to Trieste) तक पूरे यूरोप में एक लोहे का परदा खींचा गया था।[5] केवल ट्रूमैन सिद्धांत (Truman Doctrine) और मार्शल योजना ने उनके तर्क की पुष्टि की और अमेरिकी विदेश नीति में एक उभरता हुआ नया प्रतिमान स्थापित किया।

शीत युद्ध के चरण (Phases of Cold War)

1946–1949

शीत युद्ध का पहला चरण पूर्वी यूरोप में सोवियत प्रभाव के धीरे-धीरे मजबूत होने और ईरान, तुर्की और ग्रीस में पश्चिमी शक्तियों के प्रभाव के भू-रणनीतिक क्षेत्र में इसके प्रवेश के साथ शुरू हुआ था। ग्रीस, तुर्की और ईरान की स्थितियों ने संयुक्त राज्य अमेरिका को अलगाववाद की अपनी पूर्ववर्ती नीति के विरुद्ध **हस्तक्षेपवादी विदेश नीति** (interventionist foreign policy) अपनाने के लिए उकसाया।[6]

ईरान में संकट तब शुरू हुआ, खासकर जब रूसी सैनिक 1942 के मित्र देशों के समझौते के अनुसार पीछे नही हटे। इसके अलावा, यह आरोप लगाया गया कि सोवियत के कब्जे वाले ईरान में, सोवियत ने स्थानीय स्वतंत्रता आंदोलनों को प्रोत्साहित किया और यहां तक कि उत्तरी ईरान में विद्रोह को उकसाया और उसे एक संधि पर हस्ताक्षर करने के लिए मजबूर किया जो रूस को ईरानी तेल तक पहुंच प्रदान करेगी। सोवियत विस्तार के खतरे को टालने के लिए, संयुक्त राज्य अमेरिका ने संयुक्त राष्ट्र सुरक्षा परिषद में दबाव डाला। संयुक्त राष्ट्र के हस्तक्षेप से अंततः सोवियत पीछे हट गया, लेकिन क्षति पहले ही हो चुकी थी। ईरान के लिए निर्धारित अमेरिकी समर्थन इस विश्वास पर आधारित था कि आगे सोवियत विस्तार को किसी भी कीमत पर रोका जाना चाहिए।

तुर्की में, सोवियत ने बोस्पोरस जलडमरूमध्य (Bosporus Strait) के अंतर्राष्ट्रीयकरण की मांग की, जो 1936 से तुर्की के नियंत्रण में था। द्वितीय विश्व युद्ध के दौरान, चर्चिल ने सोवियत दावे का समर्थन किया, लेकिन जब महाशक्तियों के बीच विभाजन स्पष्ट हो गया, तो उन्होंने मौलिक रूप से अपनी स्थिति बदल दी। ईरान में सोवियत गतिविधियों के बाद, मित्र राष्ट्रों को अपने प्रभाव क्षेत्र का विस्तार करने के लिए सोवियत संघ की ओर से संभावित प्रयास की आशंका हुई, और इसलिए, सोवियत विस्तार का विरोध करने के लिए इस प्रकार के दृष्टिकोण को अपनाया।

ग्रीस में, *गुरिल्ला युद्ध* (guerilla warfare) के परिणामस्वरूप गृहयुद्ध हुआ, जिसका नेतृत्व कम्युनिस्टों ने किया और ग्रीक सरकार पर हमले शुरू कर पश्चिमी शक्तियों के लिए खतरा पैदा कर दिया। हालाँकि, क्षेत्र का पारंपरिक मध्यस्थ ब्रिटेन स्थिति को नियंत्रित करने में विफल रहा। इसलिए, कम्युनिस्ट गुरिल्ला हमलों के बढ़ते खतरे का मुकाबला करने के लिए संयुक्त राज्य अमेरिका को बुलाया गया। राष्ट्रपति ट्रूमैन ने अमेरिकी कांग्रेस में पारित कानून को मंजूरी देकर जवाब दिया, जिसने राष्ट्रपति को ग्रीस में सहायता और सैन्य सलाहकार भेजने की अनुमति दी। इसके बाद, ट्रूमैन ने स्थिति से निपटने के लिए सैन्य बल भेजे। इसी संदर्भ में **ट्रूमैन सिद्धांत** (Truman Doctrine) का जन्म हुआ जिसने बाहरी ताकतों का विरोध करने का आह्वान किया जो स्पष्ट रूप से अंतर्राष्ट्रीय साम्यवाद के खिलाफ निर्देशित था और, निहितार्थ से, यह सोवियत संघ की ओर इशारा करता था।

इसके तुरंत बाद 5 जून 1947 की मार्शल योजना लागू की गई। ग्रीस और तुर्की की स्थितियों ने पश्चिमी यूरोप को सोवियत प्रभाव से बचाना अपरिहार्य बना दिया। लगभग इसी समय, कम्युनिस्ट यूरोप में, विशेषकर बेल्जियम, ग्रीस, इटली और हंगरी जैसे देशों में समर्थन जुटाने में सफल रहे। बेल्जियम, डेनमार्क, नॉर्वे, नीदरलैंड और स्वीडन में कम्युनिस्ट औसतन 10 प्रतिशत वोट जुटाने में सफल रहे। इसके अलावा, घटती यूरोपीय राष्ट्रीय अर्थव्यवस्थाओं के कारण इन देशों में अस्थिरता पैदा हुई। इसलिए, साम्यवादी तोड़फोड़ को विफल करने और राष्ट्रीय अर्थव्यवस्थाओं में सुधार करके यूरोपीय देशों की स्थिरता बहाल करने के लिए *मार्शल योजना* (Marshall Plan) की घोषणा की गई थी। मार्शल योजना में यूरोप को बड़ी मात्रा में धन

के हस्तांतरण की परिकल्पना इस धारणा पर की गई थी कि केवल एक बड़े पैमाने पर मौद्रिक निवेश से यूरोप युद्ध की तबाही से उबर सकेगा और अपनी भौतिक स्थिति और राजनीतिक माहौल को स्थिर कर सकेगा। मुख्य सोच यह थी कि एक स्थिर यूरोप स्वदेशी और बहिर्जात कम्युनिस्टों का विरोध करने में सक्षम होगा।

मार्शल योजना के प्रति सोवियत प्रतिक्रिया जुलाई 1947 की *मोलोटोव योजना* (Molotov Plan) थी जिसमें सोवियत संघ को पूर्वी यूरोपीय देशों से जोड़ने वाले द्विपक्षीय समझौतों की एक श्रृंखला शामिल थी। यह मार्शल योजना की आर्थिक प्रतिक्रिया थी। इसकी राजनीतिक प्रतिक्रिया स्वरूप मॉस्को ने विदेशी कम्युनिस्ट पार्टियों को नियंत्रित करने के लिए संस्थागत साधन प्रदान करने के लिए कम्युनिस्ट सूचना ब्यूरो (Communist Information Bureau—COMINFORM, September 1947) की स्थापना थी।

मार्शल योजना के क्रियान्वयन और कम्युनिस्ट सूचना ब्यूरो के निर्माण के एक साल बाद, सोवियत हंगरी, रोमानिया, बुल्गारिया और पोलैंड में सभी अवांछनीय गैर-कम्युनिस्ट तत्वों का दमन करने में सफल रहे। चेकोस्लोवाकिया में फरवरी, 1948 के अंत में *प्राग तख्तापलट* (Prague Coup) हुआ और क्लेमेंट गॉटवाल्ड (Clement Gottwald) के तहत एक कम्युनिस्ट सरकार की स्थापना हुई। चेकोस्लोवाकिया के पतन ने पश्चिमी यूरोपीय मन में सोवियत संघ से संभावित सैन्य खतरे की आशंका पैदा कर दी। 17 मार्च 1948 को यूरोपीय लोगों ने जल्दबाजी में ब्रुसेल्स संधि (Pact of Brussels) पर हस्ताक्षर किये। यह एक पारस्परिक रक्षा संधि थी, जिसने हस्ताक्षरकर्ताओं को जर्मनी या यूरोप में किसी तीसरे पक्ष द्वारा हमले की स्थिति में किसी भी सदस्य राज्य को सैन्य समर्थन देने का निर्देश दिया था। निस्संदेह, इसका तात्पर्य सोवियत संघ से आने वाले खतरे से था।

इस ब्रुसेल्स संधि (Brussels Pact) के विरोध में, मार्च 1948 में सोवियत प्रतिनिधि *मित्र देशों* की *नियंत्रण परिषद* (Allied Control Council) से हट गए, जो अधिकृत जर्मनी का शासी निकाय था। लेकिन अब जर्मनी पर शीत युद्ध का तनाव शुरू हो गया। जून 1948 की शुरुआत में पश्चिम जर्मनी के निर्माण और उसके फ्रांसीसी, अमेरिकी और ब्रिटिश क्षेत्रों में एक अलग मुद्रा, डॉयचे मार्क (Deutsche mark) की शुरूआत के साथ, उसी वर्ष **बर्लिन नाकाबंदी** (Berlin Blockade) के रूप में एक सशक्त सोवियत प्रतिक्रिया हुई। 324 दिनों तक जारी सोवियत नाकाबंदी को हराने के लिए संयुक्त राज्य अमेरिका को प्रतिदिन 13,000 टन भोजन की आपूर्ति हवाई मार्ग से करनी पड़ी।[7] अंततः, नाकाबंदी हटा ली गई लेकिन इससे दोनों महाशक्तियों के बीच प्रतिद्वंद्विता और संदेह बढ़ गया। बर्लिन नाकाबंदी के कारण यूरोप का सैन्यीकरण भी हुआ, जिसके परिणामस्वरूप सोवियत विस्तारवादी डिजाइनों का मुकाबला करने के लिए एक सैन्य गठबंधन—*उत्तरी अटलांटिक संधि संगठन (नाटो)* (North Atlantic Treaty Organization—NATO) का गठन 4 अप्रैल 1949 को हुआ।

1949–1953

1940 के दशक के अंत में, शीत युद्ध का रंगमंच एशिया में स्थानांतरित हो गया। लगभग इसी समय चीन महाशक्ति संबंधों में एक महत्वपूर्ण कारक बन गया। कोरियाई युद्ध ने महाशक्तियों को भी इस क्षेत्र में खींच लिया।

माओ-त्से-तुंग (Mao-Tse-Tung) के नेतृत्व में चीनी कम्युनिस्टों द्वारा पीपुल्स रिपब्लिक ऑफ चाइना के गठन और जनरल चियांग काई-शेक (Chiang Kai-shek) के तहत चीनी राष्ट्रवादियों (कुओमितांग— Kuomintang) की हार को पश्चिमी शक्तियों द्वारा बड़ी आशंका के साथ देखा गया था। उन्होंने चीन के उदय को एक '*आरोही अखंड कम्युनिस्ट गुट*' (ascendant monolithic communist bloc) के हिस्से के रूप में देखा। अत: साम्यवाद के वैश्विक विस्तार की दृष्टि ने अमेरिकी विदेश नीति को गहराई से प्रभावित किया।

1950 के कोरियाई युद्ध ने दोनों महाशक्तियों को सीधे तौर पर तो नहीं लेकिन टकराव में अवश्य ला दिया और दोनों के बीच संबंधों में कड़वाहट पैदा कर दी। उत्तर कोरियाई कम्युनिस्ट पार्टी के नेता, *किम द्वितीय सुंग* (Kim II Sung) के नेतृत्व में उत्तर कोरिया, प्रायद्वीप को एकजुट करना चाहता था जिसे दक्षिण कोरिया कोरियाई गणराज्य के रूप में घोषित करने के लिए आगे बढ़ा था। इसलिए, एक बड़े टकराव के लिए मंच तैयार हो गया। 38वीं समानांतर के साथ, झड़पें हुईं और उस बहाने उत्तर कोरिया ने 25 जून 1950 को दक्षिण कोरिया पर आक्रमण कर दिया। उत्तर कोरियाई सेनाओं द्वारा दक्षिण कोरिया को बुरी तरह से हराया गया और इसकी राजधानी सियोल पर उत्तर कोरियाई सेना ने कब्ज़ा कर लिया। 38वीं समानांतर के दूसरी ओर, उत्तर कोरिया को पर्याप्त सोवियत समर्थन ने एशिया में और विस्तार करने के लिए एक और कम्युनिस्ट प्रयास ने अमेरिका की आशंकाओं को और बढ़ा दिया। इसलिए, संयुक्त राज्य अमेरिका दक्षिण कोरिया की मदद के लिए आया और उसने जापान से जवाबी हमला शुरू कर दिया। मामला तब और ख़राब हो गया जब कोरियाई युद्ध में चीन का हस्तक्षेप हुआ।

इसके साथ ही, *संयुक्त* राज्य अमेरिका संयुक्त राष्ट्र सुरक्षा परिषद (United Nations Security Council) में एक प्रस्ताव लाने में सफल रहा और उत्तर कोरिया को आक्रामक घोषित कर दिया, और संयुक्त राष्ट्र सैनिकों की मदद से उत्तर कोरिया के खिलाफ पूर्ण आक्रमण शुरू कर दिया। संयुक्त राज्य अमेरिका ने सुरक्षा परिषद में सोवियत प्रतिनिधित्व की लंबी अनुपस्थिति का फायदा उठाया, सुरक्षा परिषद को दरकिनार कर दिया और 1950 में यूनाइटिंग फॉर पीस रेजोल्यूशन (यूपीआर) (Uniting for Peace Resolution—UPR) पारित कर दिया। यूपीआर के आधार पर, यह सोवियत प्रतिनिधित्व की अनुपस्थिति में भी कार्रवाई कर सकता था। हालाँकि, जुलाई 1953 में स्टालिन की मृत्यु के बाद हस्ताक्षरित युद्धविराम के साथ, शत्रुता समाप्त हो गई लेकिन दोनों महाशक्तियों के बीच संबंधों को बहुत नुकसान हुआ।

इसके अलावा, अगस्त 1949 में पहले सोवियत परमाणु परीक्षण ने अमेरिकी परमाणु एकाधिकार को भी समाप्त कर दिया और पश्चिमी यूरोपीय राज्यों के मन में एक प्रकार का भय पैदा कर दिया। उन्हें अब संयुक्त राज्य अमेरिका और पश्चिमी सैन्य ताकत पर भी भरोसा नहीं था और उन्हें सोवियत संघ से परमाणु हमले का डर सता रहा था।

1953–1959

कोरियाई संकट के बाद, भारत-चीन महाशक्तियों के बीच शीत युद्ध तनाव का रंगमंच बन गया। फ्रांसीसी औपनिवेशिक प्रशासन और कम्युनिस्ट राष्ट्रीय मुक्ति आंदोलन के बीच बढ़ते तनाव के कारण, वियत मिन्ह (Viet Minh) को संयुक्त राज्य अमेरिका द्वारा संदेह की दृष्टि से देखा जाने लगा। जनवरी 1950 तक, सोवियत और चीन के नए शासन ने वियत मिन्ह को राजनयिक मान्यता दे दी थी। 1954 तक, वियत मिन्ह ने उत्तरी वियतनाम के बड़े भूभाग पर नियंत्रण कर लिया और देश के दक्षिणी हिस्से में भी अपनी उपस्थिति दर्ज कराई। इसके अलावा, पश्चिमी शक्तियों को बहुत झटका और भय लगा क्योंकि, साम्यवादी प्रभाव वियतनाम से लाओस और कंबोडिया के निकटवर्ती क्षेत्रों तक फैल गया।

संयुक्त राज्य अमेरिका ने आर्थिक और सैन्य रूप से फ्रांसीसियों का समर्थन करने की कोशिश की और राष्ट्रपति आइजनहावर (President Eisenhower) ने अपने प्रसिद्ध **डोमिनो सिद्धांत** (Domino theory) में वियतनाम की स्थिति के बारे में अपनी आशंकाओं को विस्तार से बताया। उन्होंने कहा,

"आपके पास डोमिनोज़ (dominoes) की एक पंक्ति है, आप पहले वाले को गिरा देते हैं, और आखिरी वाले का क्या होगा, यह निश्चित है कि वह बहुत जल्दी खत्म हो जाएगा। तो आपके पास एक विघटन की शुरुआत है जिसका सबसे गहरा प्रभाव होगा।[8] यह **डोमिनो सिद्धांत** (Domino theory) या, दूसरे शब्दों में, एक के बाद एक दक्षिण-पूर्व एशियाई राज्यों को "खत्म" करने के कारण, संयुक्त राज्य अमेरिका को इंडो-चीन युद्ध में ले जाया गया, जिसे संयुक्त राज्य अमेरिका में **वियतनाम युद्ध** (Vietnam War) के रूप में जाना जाता है और इस युद्ध में संयुक्त राज्य अमेरिका की सबसे बड़ी पराजय को दुनिया भर में जाना जाता है।

अंततः 1954 में जिनेवा में बुलाए गए *इंडो-चीन सम्मेलन* (Indo-China Conference) में वियतनाम को 17वीं समानांतर रेखाओं के साथ विभाजित कर दिया गया और *लाओटियन और कंबोडियाई* (Laotian and Cambodian) स्वतंत्रता को भी मान्यता दी गई।

शीत युद्ध की प्रतिद्वंद्विता का एक और फ्लैश पॉइंट *पीपुल्स रिपब्लिक ऑफ चाइना* (Peoples Republic of China) और *फॉर्मोसा द्वीप* (island of Formosa) के साथ इसका तनावपूर्ण संबंध था, जिसे ताइवान के नाम से जाना जाता है, जिसे संयुक्त राज्य अमेरिका के सक्रिय समर्थन के साथ चियांग काई-शेक (Chiang Kai-shek) के तहत राष्ट्रवादियों ने कब्जा कर लिया था। लेकिन 1954 में बीजिंग ने घोषणा की कि वह ताइवान को आज़ाद करने जा रहा है। अमेरिकी चेतावनी के बावजूद, कि ताइवान के खिलाफ किसी भी कार्रवाई पर अमेरिका की ओर से दृढ़ प्रतिक्रिया होगी, *पीपुल्स लिबरेशन आर्मी ने क्वेमोय* (Quemoy) *और निकटवर्ती ताचेन द्वीपों* (Tachen islands) *पर गोलाबारी शुरू कर दी*। अमेरिकी कांग्रेस ने फॉर्मोसा प्रस्ताव पारित किया जिसके तहत उसने फॉर्मोसा की रक्षा करने का वचन दिया। बहुत तनावपूर्ण स्थितियों के बाद चीनियों ने राष्ट्रवादियों के साथ बातचीत और समझौते की इच्छा व्यक्त की। पहला ताइवान संकट समाप्त हो गया, लेकिन इसके तुरंत बाद अमेरिका द्वारा बड़े पैमाने पर ताइवान की राष्ट्रवादी सेना को फिर से सुसज्जित करने से चीनी मन में बढ़ते खतरे प्रति संदेह पैदा हो गया। इसके बाद अमेरिकी परमाणु हमले की स्थिति में चीनी कम्युनिस्टों को सोवियत परमाणु निवारक की विश्वसनीयता का आश्वासन देने के लिए ख्रुश्चेव (Khrushchev) की बीजिंग यात्रा हुई। इस यात्रा से संयुक्त राज्य अमेरिका में बहुत बेचैनी और विरोध पैदा हुआ। इसके साथ ही माओ और चियांग काई-शेक (Mao and Chiang Kai-shek) के बीच बढ़ते शत्रुतापूर्ण संबंध भी थे, जिसके कारण अंततः अगस्त 1958 में चीनी कम्युनिस्ट सैनिकों द्वारा क्वेमोय (Quemoy) और मात्सु (Matsu) पर गोलाबारी हुई। अंततः, आइजनहावर (Eisenhower) ने ताइवान जलडमरूमध्य में सातवां बेड़ा भेजा और ताइवान में तैनात अमेरिकी सैनिकों को मजबूत किया, और उनके दृढ़ रुख को महसूस करते हुए चीन ने अक्टूबर में हमला बंद कर दिया। लेकिन इस घटना ने एक ओर चीन-सोवियत संबंधों को तोड़ दिया क्योंकि चीनी कम्युनिस्टों को सोवियत समर्थन की अविश्वसनीयता का एहसास हुआ और दूसरी ओर महाशक्तियों के बीच तनाव बढ़ गया।

1950 के दशक के मध्य में मध्य पूर्व तनाव का केंद्र बन गया। स्वेज़ संकट (Suez crisis) ने मध्य पूर्व में महाशक्तियों के बीच शत्रुता की एक और लड़ाई के लिए मंच तैयार किया। 26 जुलाई 1956 को एंग्लो-फ्रेंच स्वेज़ नहर कंपनी (Anglo-French Suez Canal Company) के राष्ट्रीयकरण के बाद, ग्रेट ब्रिटेन, फ्रांस और इज़राइल ने मिस्र के खिलाफ एक ठोस हमला शुरू करने का फैसला किया क्योंकि उनके व्यापार और सुरक्षा हित अचानक खतरे में पड़ गए थे। सोवियत संघ और मिस्र के बीच हुए समझौते के बाद इस क्षेत्र में बड़े पैमाने पर सोवियत हथियारों की आमद के कारण इजराइल विशेष रूप से मिस्र के खिलाफ मुखर था। पश्चिमी शक्तियों को सोवियत-मिस्र गठबंधन की भी आशंका थी। फ्रांसीसी और ब्रिटिश

का मकसद नासिर की अरब राष्ट्रवादी सरकार (Arab Nationalist Government of Nasser) को उखाड़ फेंकना था क्योंकि उनके **अखिल अरबवाद** (pan-Arabism) ने इस क्षेत्र में फ्रांसीसी और ब्रिटिश से संबंधित विदेशी उपनिवेशों में बहुत परेशानी पैदा की थी और स्वेज संकट ने उन्हें अपने औपनिवेशिक साम्राज्य को विघटन से बचाने का एक बहाना दिया था।

राष्ट्रपति आइजनहावर (President Eisenhower) ने, मास्को द्वारा ब्रिटेन और फ्रांस के खिलाफ परमाणु खतरे और मिस्र का समर्थन करने के लिए सोवियत स्वयंसेवकों को भेजने के निर्णय के सामने, जनवरी 1957 में तथाकथित **आइजनहावर सिद्धांत** (Eisenhower Doctrine) की घोषणा की। कांग्रेस को एक संदेश में, उन्होंने कहा कि अमेरिकी सैनिकों का इस्तेमाल क्षेत्र के देशों को उन देशों से बचाने के लिए किया जाएगा जो "अंतर्राष्ट्रीय साम्यवाद द्वारा नियंत्रित" हैं। आइजनहावर सिद्धांत (Eisenhower Doctrine) का मध्य पूर्व के संबंध में वही उद्देश्य था जो ट्रूमैन सिद्धांत (Truman Doctrine) का ग्रीस और तुर्की के संबंध में था, यानी, **साम्यवाद पर नियंत्रण** (containment of communism)[9], जो स्वचालित रूप से महाशक्तियों की प्रतिद्वंद्विता से जुड़ गया।

1956 के हंगरी विद्रोह में सोवियत हस्तक्षेप ने भी महाशक्तियों के बीच संबंधों को कड़वा कर दिया। वारसॉ संधि (WARSAW Pact) से हटने और देश की तटस्थता स्थापित करने के हंगरी के प्रधान मंत्री, इमरे नेगी (Imre Nagy) के फैसले के बाद, 4 नवंबर 1956 को, लाल सेना ने हंगरी को पश्चिमी ब्लॉक में शामिल होने और पूर्वी ब्लॉक को कमजोर करने से रोकने के लिए हस्तक्षेप किया। राज्य सचिव, जॉन फोस्टर डलेस (John Foster Dulles) ने रोल बैक, यानी साम्यवाद को "वापस लेना" की आक्रामक बयानबाजी को अपनाया और सोवियत हस्तक्षेप के खिलाफ हंगरी के विद्रोह को प्रोत्साहित करने के लिए *रेडियो फ्री यूरोप* (Radio Free Europe) जैसे सभी साधनों का इस्तेमाल किया। लेकिन उनकी बयानबाजी खोखली साबित हुई क्योंकि हजारों हंगेरियन लोगों की जान चली गई।

साथ ही, ख्रुश्चेव (Khrushchev) के बर्लिन अल्टीमेटम (Berlin ultimatum) के बाद बर्लिन संकट फिर से उभर आया। उन्होंने पश्चिम से मांग की कि वे एक संघीय जर्मन राज्य के गठन के लिए *पॉट्सडैम समझौते* (Potsdam Accord) की तर्ज पर एक शांति संधि पर सहमत हों और दोनों जर्मनी को दो गुटों से बाहर कर दें और बर्लिन को एक स्वतंत्र शहर के विशेषाधिकार प्रदान करें। इसलिए, महाशक्तियों के बीच गंभीर तनाव पैदा हो गया। आख़िरकार, 1959 के कैंप डेविड समझौते ने तनाव कम कर दिया।

इन घटनाक्रमों में कोरियाई युद्ध के बाद अमेरिका द्वारा अपने प्रभाव क्षेत्र को मजबूत करने का प्रयास भी शामिल था। अमेरिका ने विभिन्न क्षेत्रों में कई संधियाँ कीं और प्रतिबद्धता व्यक्त की। कोरियाई युद्ध से पहले, अमेरिका केवल पश्चिमी गोलार्ध के बाहर, नाटो के साथ सैन्य संधि से बंधा हुआ था। कोरियाई युद्ध के बाद अमेरिका ने 1 सितंबर 1951 को ऑस्ट्रेलिया, न्यूजीलैंड (ANZUS) के बीच सुरक्षा संधि, 8 सितंबर 1951 को जापानी शांति संधि, 8 सितंबर 1954 को दक्षिण पूर्व एशियाई संधि संगठन (SEATO) और मध्य पूर्व रक्षा संधि पर 24 फरवरी 1955 को हस्ताक्षर किए। 1955 में यूनाइटेड किंगडम, तुर्की, पाकिस्तान, ईरान और इराक के सदस्यों के साथ *बगदाद संधि* (Baghdad Pact) पर हस्ताक्षर किए गए थे। 1953 में, अमेरिका ने दक्षिण कोरिया की सुरक्षा की गारंटी देते हुए दक्षिण कोरिया के साथ एक रक्षा समझौता भी किया। ताइवान के साथ भी, क्यूमोय द्वीप पर बमबारी के बाद, आइजनहावर प्रशासन ने चीनी कम्युनिस्ट आक्रामकता की स्थिति में ताइवान की सुरक्षा सुनिश्चित करने के लिए एक पारस्परिक रक्षा संधि में प्रवेश किया। राज्य सचिव के रूप में, डलेस (Dulles) ने प्रशासन के पहले 90 दिनों की रिपोर्ट में घोषणा की कि "सुदूर पूर्व को उच्च प्राथमिकता मिली है"। इसके अलावा, यह स्पष्ट कर दिया गया है कि हमारा मानना

है कि सुदूर पूर्व में जापान, कोरिया और फॉर्मोसा से लेकर इंडो-चीन और मलाया तक हमारे मित्र एक संयुक्त शत्रु मोर्चे का सामना कर रहे हैं, जिसका मुकाबला एक समान रवैये और अलग-अलग देशों की आज़ादी की कड़ियों के बीच की अधिक सहयोग से करना होगा"।[10] सोवियत संघ भी पीछे नहीं था और उसने भी अपने प्रभाव क्षेत्र को एक सैन्य गठबंधन, **वारसॉ संधि (WARSAW Pact)** के रूप में संगठित किया जो 14 मई 1955 को संपन्न हुआ। इसलिए, संधियों और जवाबी संधियों ने शीत युद्ध के तनाव को बढ़ा दिया।

1959–1962

कैंप डेविड (Camp David) के बाद मई 1960 में पेरिस में चार शक्तियों की शिखर बैठक बुलाने का निर्णय लिया गया। लेकिन यू-2 (U-2) घटना, जहां सोवियत ने खुफिया डेटा इकट्ठा करने के लिए फोटोग्राफिक उपकरणों से लदे एक अमेरिकी U-2 'जासूसी विमान' को मार गिराया, जो इस प्रयास के लिए एक झटका था। घटना के बाद शुरू हुई कूटनीतिक लड़ाई ने यह अपरिहार्य बना दिया कि सोवियत फिर से बर्लिन समस्या को उठाएगा। निस्संदेह, 1961 में बर्लिन समस्या फिर से सामने आई और 13 अगस्त 1961 को 25 मील लंबी बर्लिन की दीवार के निर्माण के साथ मामला और भी बदतर हो गया, जिसने पूर्व को पश्चिम से अलग कर दिया और बर्लिन की दीवार के निर्माण के साथ, 'आयरन कर्टेन' (Iron Curtain) हकीकत बन गया।

क्यूबा में, फिदेल कास्त्रो (Fidel Castro) के खिलाफ जवाबी क्रांति में विफल बे ऑफ पिग्स (Bay of Pigs) ने एक कम्युनिस्ट आधार के अस्तित्व का संकेत दिया, जहां से सोवियत संयुक्त राज्य अमेरिका को धमकी दे सकते थे और अन्य पश्चिमी देशों के लिए भी सुरक्षा खतरे पैदा कर सकते थे। इस आशंका के साथ, 1962 के पतन में, एक U-2 टोही विमान ने क्यूबा में सोवियत संघ द्वारा निर्माणाधीन मिसाइल-प्रक्षेपण स्थलों की तस्वीरें खींचीं। दोनों महाशक्तियाँ आमने-सामने थीं और दुनिया एक विशाल परमाणु युद्ध देखने के कगार पर थी। अंततः, विवेक की जीत हुई और कैरेबियन में पारंपरिक श्रेष्ठता, विशेष रूप से संयुक्त राज्य अमेरिका की नौसैनिक श्रेष्ठता ने ख्रुश्चेव (Khrushchev) को पीछे हटने के लिए मजबूर किया। राज्य सचिव, डीन रस्क के शब्दों में, "हम एक-दूसरे से आँख मिला रहे थे, और दूसरे व्यक्ति ने बस पलकें झपकाईं"। क्यूबा मिसाइल संकट के बाद की अवधि संयम की अवधि थी और दोनों महाशक्तियों ने अपने बीच तनाव कम करने में रुचि ली। शीतयुद्ध के इतिहास में इस काल को डेटेंटे (Détente) के नाम से जाना जाता है।

अस्थायी तनावशैथिल्य—डेटेंटे (Towards Temporary Thaw—Détente)

डेटेंटे—अर्थ (Détente—Meaning)

क्यूबा मिसाइल संकट दोनों महाशक्तियों के लिए आंखें खोलने वाला और उनके लिए एक *उत्प्रेरक सीखने* (catalytic learning) का अनुभव भी था। इस अनुभव ने उन्हें अमेरिकी और सोवियत सैन्य क्षमताओं की बढ़ती समानता के साथ पारस्परिक विनाश के आसन्न खतरे के बारे में अवगत कराया जिससे सह-अस्तित्व या गैर-अस्तित्व ही एकमात्र विकल्प प्रतीत होता है। इसलिए, दोनों महाशक्तियों के बीच तनाव कम करना आवश्यक हो गया। 1963 में, अमेरिकी विश्वविद्यालय में, राष्ट्रपति जॉन एफ कैनेडी (President John F. Kennedy) ने तनाव कम करने और युद्ध के जोखिम को कम करने की आवश्यकता बताई।

"आज, यदि फिर से पूर्ण युद्ध छिड़ जाए—चाहे कुछ भी हो—हमारे दोनों देश प्राथमिक लक्ष्य बन जाएंगे। यह एक विडंबनापूर्ण लेकिन सटीक तथ्य है कि दो सबसे मजबूत शक्तियां विनाश के सबसे अधिक

खतरे में हैं। हम दोनों एक शातिर और खतरनाक चक्र में फंस गए हैं, जिसमें एक तरफ का संदेह दूसरी तरफ संदेह पैदा करता है और हम नए हथियार जवाबी हथियार पैदा करते हैं।

संक्षेप में, संयुक्त राज्य अमेरिका और उसके सहयोगी, और सोवियत संघ और उसके सहयोगी, दोनों ही न्यायसंगत और वास्तविक शांति और हथियारों की होड़ को रोकने में पारस्परिक रूप से गहरी रुचि रखते हैं...

तो आइए हम अपने मतभेदों के प्रति अंधे न रहें, बल्कि हम अपने सामान्य हितों और उन तरीकों पर भी ध्यान दें जिनके द्वारा उन मतभेदों को हल किया जा सकता है। और यदि हम अभी अपने मतभेदों को ख़त्म नहीं कर सकते, तो कम से कम हम दुनिया को विविधता के लिए सुरक्षित बनाने में मदद कर सकते हैं।"[11]

यद्यपि कैनेडी (Kennedy) के विचारों ने सोवियत संघ के प्रति अमेरिकी नीति में बदलाव का संकेत दिया, लेकिन डेटेंटे (détente) के मुख्य वास्तुकार रिचर्ड निक्सन (Richard Nixon) और उनके राष्ट्रीय सुरक्षा सलाहकार, हेनरी किसिंजर (Henry Kissinger) थे। किसिंजर (Kissinger) के शब्दों में, डेटेंटे ने "*सहयोग और संयम में एक निहित स्वार्थ*" (*a vested interest in cooperation and restraint*), "एक ऐसा वातावरण बनाने की मांग की जिसमें प्रतिस्पर्धी अपने मतभेदों को विनियमित और नियंत्रित कर सकें और अंततः प्रतिस्पर्धा से सहयोग की ओर बढ़ सकें"।

बाद में, राष्ट्रपति जिमी कार्टर (President Jimmy Carter) ने डेटेंटे को दो देशों के बीच तनाव को कम करने और नए साधनों के विकास के रूप में परिभाषित किया जिसके द्वारा दोनों देश शांति से एक साथ रह सकते थे। सोवियत ने डेटेंटे को विभिन्न राजनीतिक और सामाजिक प्रणालियों के बीच एक शांतिपूर्ण सह-अस्तित्व के रूप में देखा, परमाणु युद्ध को रोकने और शांतिपूर्ण तरीकों और पारस्परिक रूप से लाभप्रद सहयोग के माध्यम से विवादों को हल करने की आवश्यकता के रूप में देखा।

डेटेंटे जैसी अस्पष्ट अवधारणाओं का सटीक अर्थ देना बहुत मुश्किल है। फिर भी, डेटेंटे की अवधि के दौरान जो पहल और गंभीर विकास हुए "वैचारिक विरोधियों के बीच निरंतर सहयोग से बहुत दूर थे, लेकिन उन्होंने टकराव की मुद्रा से प्रस्थान का संकेत दिया जो पहले सोवियत-अमेरिकी संबंधों का प्रतीक था। हालाँकि, लाभ और प्रभाव के लिए निरंतर प्रतिस्पर्धा के पैटर्न के बीच, सहयोगात्मक व्यवहार रुक-रुक कर और क्षणभंगुर था।''[12]

डेटेंटे के कारण (Causes of Détente)

जैसे ही डेटेंटे अमेरिकी-सोवियत संबंधों के केंद्र में आया, स्वाभाविक रूप से यह सवाल उठा कि दोनों महाशक्तियों ने अचानक डेटेंटे या तनाव में अस्थायी छूट की मांग क्यों की। यहां ध्यान देने वाली बात यह है कि क्यूबा मिसाइल संकट से पहले भी तनाव कम करने की कोशिशें की गई थी। पॉट्सडैम शिखर (Potsdam Summit) सम्मेलन के बाद, दोनों महाशक्तियाँ 1955 में जिनेवा में मिलीं। हालाँकि ऐसी कोई अभूतपूर्व उपलब्धि नहीं हुई थी, फिर भी यह बैठक पूर्व और पश्चिम के बीच बदले हुए माहौल की अभिव्यक्ति थी, जिसे 'जिनेवा की भावना' (Spirit of Geneva) के रूप में जाना जाता था। राष्ट्रपति आइजनहावर (President Eisenhower) और बुल्गानिन (Bulganin) ने आश्वासनों का आदान-प्रदान किया कि परमाणु युद्ध का कोई तर्कसंगत उद्देश्य नहीं था और दोनों शक्तियां इस तरह के युद्ध को शुरू करने में रुचि नहीं रखती थीं। जिनेवा शिखर सम्मेलन के बाद, मॉस्को 1956 में ओलंपिक शीतकालीन खेलों में शामिल हो गया, हथियार नियंत्रण पर बातचीत भी आगे बढ़ी, हालांकि कोई अंतिम समझौता नहीं हुआ। मार्च 1953 में स्टालिन (Stalin) की मृत्यु से भी सोवियत नीति में परिवर्तन आया। फिर भी सोवियत संघ द्वारा हंगेरियन क्रांति के दमन, स्वेज संकट और जर्मन समस्या के कारण इस भावना को आगे नहीं बढ़ाया

जा सका। लेकिन 1962 के क्यूबा मिसाइल संकट की तीव्रता को देखते हुए, जिसने शीत युद्ध को लगभग गर्म युद्ध में बदल दिया, दोनों महाशक्तियों ने एक-दूसरे के प्रति अपनी रणनीतियों पर पुनर्विचार किया।

डेटेंटे के कई कारण देखे जा सकते हैं। डेटेंट की ओर ले जाने वाले कुछ प्रमुख कारक निम्नलिखित हैं:

महाशक्तियों द्वारा रणनीतिक समानता की प्राप्ति (Attainment of Strategic parity by the Superpowers): शक्ति संतुलन में बदलाव ने दोनों महाशक्तियों की नीतियों में अलगाव के मार्ग की ओर बदलाव का संकेत दिया। संयुक्त राज्य अमेरिका ने *लाल सेना* (Red Army) को रोकने के लिए लंबे समय तक अपने सामरिक वायु कमान (एसएसी) (Strategic Air Command—SAC) का उपयोग किया, जिसे बाद में नौसेना की परमाणु पनडुब्बियों द्वारा प्रतिस्थापित किया गया। अमेरिकी बमवर्षकों और मिसाइलों ने सोवियतों को उनके शहरों को नष्ट करने की निहित धमकी से रोक दिया। लेकिन संयुक्त राज्य अमेरिका द्वारा प्राप्त इस रणनीतिक श्रेष्ठता को जल्द ही सोवियत संघ द्वारा चुनौती दी गई। अमेरिकी-सोवियत संतुलन अब तक असममित था: संयुक्त राज्य अमेरिका ने रणनीतिक श्रेष्ठता और अंतरमहाद्वीपीय पहुंच का फायदा उठाया, और सोवियत संघ ने पारंपरिक श्रेष्ठता और क्षेत्रीय पहुंच का लाभ लिया। लेकिन सोवियत ने 1964 के बाद शुरू हुए अपने विशाल निर्माण से संयुक्त राज्य अमेरिका के साथ-साथ पश्चिमी यूरोप को नष्ट करने की अपनी अंतर-महाद्वीपीय क्षमता हासिल कर ली। सोवियत अंतरमहाद्वीपीय मिसाइलों की संख्या अमेरिकी भूमि-आधारित मिसाइलों की संख्या से अधिक हो गई थी। जैसा कि नॉर्थएज और ग्रीव (Northedge and Grieve)[13] ने देखा, "थर्मोन्यूक्लियर युद्ध का डर, जो दोनों पक्षों को नष्ट कर सकता है, और दो महाशक्तियों के बीच उस तरह के टकराव से बचने का दृढ़ संकल्प, जिससे थर्मोन्यूक्लियर युद्ध टल सकता है"।

अमेरिकी मजबूरियाँ (American Compulsions): पहला और सबसे महत्वपूर्ण कारक, जिसने संयुक्त राज्य अमेरिका को डेटेंटे के रास्ते पर चलने के लिए मजबूर किया, वह बढ़ती जनमत थी जो "वैश्विक पुलिसकर्मी" ("global policeman) के रूप में अमेरिका की भूमिका के बारे में बहुत आलोचनात्मक थी। संयुक्त राज्य अमेरिका के भीतर की मनोदशा उसकी विदेश नीति के बोझ के कारण उत्पन्न उसकी थकावट को दर्शाती थी। निक्सन और फोर्ड (Nixon and Ford) के लिए, डेटेंटे तब तक आवश्यक था जब तक कि राष्ट्र "अपनी घबराहट को ठीक नहीं कर लेता" और एक बार फिर अग्रणी भूमिका नहीं निभा पाता। इसलिए, सोवियत विस्तार के खिलाफ अमेरिकी हितों की रक्षा के लिए डेटेंटे की आवश्यकता थी। वियतनाम पराजय ने संयुक्त राज्य अमेरिका को कठिन स्थिति में डाल दिया था। वियतनाम युद्ध में भारी भागीदारी के कारण भारी मात्रा में अमेरिकी संसाधनों का प्रयोग करना पड़ा। अमेरिकियों ने जितना अधिक संघर्ष किया, उत्तरी वियतनाम और वियतनाम कांग्रेस का मनोबल उतना ही ऊंचा हुआ। यहां तक कि संयुक्त राज्य अमेरिका द्वारा की गई व्यापक बमबारी भी उत्तरी वियतनाम की ओर से युद्ध को बढ़ने से नहीं रोक सकी। लेकिन युद्ध में अमेरिका की भागीदारी और बड़े पैमाने पर बमबारी की कई हलकों से आलोचना हुई, जिनमें स्वयं अमेरिकी भी शामिल थे। सच्चाई यह थी कि बड़े पैमाने पर किए गए प्रयास के परिणामस्वरूप कोई भी प्रत्यक्ष सफलता नहीं मिली, विशेषकर 1968 में *उत्तरी वियतनाम और वियतनाम कांग्रेस के टेट आक्रमण* के बाद। इसलिए, संयुक्त राज्य अमेरिका वियतनाम युद्ध को सम्मानजनक तरीके से समाप्त करना चाहता था और उसने सोचा कि सोवियत सहायता आवश्यक थी क्योंकि सोवियत भी युद्ध में सक्रिय रूप से शामिल थे और उत्तरी वियतनाम को आर्थिक और सैन्य सहायता प्रदान करते थे। वियतनाम से अलगाव निक्सन और किसिंजर (Nixon and Kissinger) के लिए डेटेंटे की तलाश के लिए मुख्य प्रेरणा बन गया।

सोवियत मजबूरियाँ (Soviet Compulsions): क्रेमलिन में नीति निर्माताओं के रवैये में बदलाव भी मॉस्को के लिए डेटेंटे की तलाश का एक कारक बन गया। मैलेनकोव (Malenkov), जो स्टालिन (Stalin) की मृत्यु के बाद रूसी प्रधान मंत्री बने, ने डेटेंटे की ओर अपना अभियान शुरू किया, लेकिन यह ख्रुश्चेव (Khrushchev) और बाद में ब्रेझनेव-कोसिगिन (Brezhnev–Kosygin) काल में अधिक स्पष्ट हो गया। उन्होंने शांतिपूर्ण सह-अस्तित्व की नीति अपनाई। इसके अलावा, सोवियत संघ की ओर से आर्थिक मजबूरियाँ भी थीं। असंतुलित विकास ने मजदूरी-वस्तुओं और अन्य उपभोक्ता टिकाऊ वस्तुओं की कमी पैदा कर दी, जिसके परिणामस्वरूप बेरोजगारी बढ़ गई। जैसा कि नॉर्थएज और ग्रीव (Northedge and Grieve) ने कहा, "फिर से सोवियत संघ में बढ़ते जीवन स्तर ने शायद उस देश को अमेरिकियों की तरह एक मजबूत स्थिति प्रदान की;" शीत युद्ध में हथियार नियंत्रण समझौतों के माध्यम से बड़े पैमाने पर हथियारों के खर्च को कम करने में, पश्चिमी शक्तियों के साथ समझौतों के माध्यम से अपनी पिछड़ी हुई प्रौद्योगिकी को बढ़ाने में, अपने कौशल और उपकरणों को रूसी उद्योग के लिए उपलब्ध कराने में, और शायद सबसे ऊपर, पूर्वी यूरोप में यथास्थिति को स्थिर रखने में जब इसे चेकोस्लोवाकिया के डबचेक (Dubchek of Czechoslovakia) के उदारीकरण कार्यक्रम से खतरा था"।[14]

चीन कारक (The China Factor): चीन के एक अन्य प्रमुख शक्ति के रूप में उभरने से न केवल दो महाशक्तियों के बीच तनाव कम हुआ बल्कि चीन-अमेरिकी मेल-मिलाप की भी शुरुआत हुई। कम्युनिस्ट चीन के उदय ने सोवियत संघ के लिए सीधी चुनौती पेश की क्योंकि चीन दक्षिण-पूर्व एशिया और यहां तक कि पूर्वी यूरोप में अल्बानिया और रुमानिया जैसे मुक्ति आंदोलनों के लिए सहायता और प्रोत्साहन का वैकल्पिक स्रोत बन गया। इसके अलावा, 1964 में चीन ने अपना पहला परमाणु बम विस्फोट किया। जो स्पष्ट हुआ वह बढ़ती चीन-सोवियत दरार थी, जो 1969 में उस्सुरी नदी (Ussuri River) में स्थित द्वीपों की संख्या को लेकर सीमा विवाद पर खुले संघर्ष में बदल गई।

शीत युद्ध की द्विध्रुवीय दुनिया त्रिध्रुवीय होती जा रही थी। सोवियत संघ के साथ चीन के बिगड़ते संबंधों के कारण संयुक्त राज्य अमेरिका को चीन-सोवियत विभाजन का लाभ उठाना पड़ा। निक्सन और किसिंजर (Nixon and Kissinger) ने अच्छा चीन कार्ड खेला। संयुक्त राज्य अमेरिका ने 1971 की शुरुआत में माओ (Mao) के शासन को चीन की असली सरकार के रूप में मान्यता देने की पहल की। संयुक्त राज्य अमेरिका ने एक अमेरिकी टेबल-टेनिस टीम को भी चीन भेजा, जिसे पिंग-पोंग कूटनीति (ping-pong diplomacy) कहा गया, जिसे चीनियों ने अच्छी तरह से स्वीकार किया। जुलाई 1971 में, किसिंजर (Kissinger) की चीन की गुप्त यात्रा, उसके बाद निक्सन (Nixon) का दौरा, केवल छह महीने बाद, निश्चित रूप से सोवियत संघ के खिलाफ चीन के साथ खेलने के अमेरिकी इरादे को दर्शाता है। इसलिए, अमेरिका ने '*गाजर*' और '*छड़ी*' (carrot and stick) की नीति का उपयोग करके दोनों दिग्गज कम्युनिस्टों के साथ, और अधिक सटीक रूप से, सोवियत संघ के साथ अच्छे संबंध बनाए।

ब्रांट का ओस्टपोलिटिक (Brandt's Ostpolitik): जर्मन चांसलर, विली ब्रांट (Willy Brandt) का *ओस्टपोलिटिक* (Ostpolitik) दो महाशक्तियों के बीच तनाव को कम करने के लिए काफी हद तक जिम्मेदार था। बॉन (Bonn) ने शुरू में पूर्वी यूरोप के देशों के साथ संबंध बढ़ाने की कोशिश की लेकिन 1968 में चेकोस्लोवाकिया पर सोवियत आक्रमण से उसे झटका लगा। बॉन को एहसास हुआ कि मॉस्को के समर्थन के बिना यह हासिल नहीं किया जा सकता। इसलिए, मास्को के साथ संबंधों में सुधार प्राथमिकता बन गई। 12 अगस्त 1970 को सोवियत संघ ने पश्चिमी जर्मनी के साथ अनाक्रमण संधि की। सोवियत संघ के साथ इस समझौते ने पोलैंड और पूर्वी जर्मनी के साथ इसी तरह के समझौतों की नींव रखी। यहां तक कि

ब्रांट (Brandt) ने ओडर-नीस लाइन (Oder–Neisse line) को पोलिश सीमा (Polish frontier) के रूप में स्वीकार कर लिया और इसे *ओस्टपोलिटिक* (Ostpolitik) की भावना का प्रचार करने के लिए डिज़ाइन किया गया था। इससे न केवल पश्चिम जर्मनी और सोवियत संघ के बीच बल्कि पूर्वी और पश्चिमी गुटों के बीच भी संबंध सामान्य हो गए। इस प्रकार, पूर्व और पश्चिम के बीच शिखर सम्मेलन आम हो गये।

लिंकेज सिद्धांत (Linkage Theory): डेटेंटे के मुख्य वास्तुकार, रिचर्ड निक्सन (Richard Nixon) और हेनरी किसिंजर (Henry Kissinger) ने **लिंकेज रणनीति** (linkage strategy) के आधार पर तनाव को कम करने की परिकल्पना की थी। इसका उद्देश्य शांतिपूर्ण महाशक्ति संबंधों को पारस्परिक रूप से पुरस्कृत आदान-प्रदान (जैसे व्यापार रियायतें) की निरंतरता पर निर्भर बनाकर दोनों प्रतिद्वंद्वियों को एक आम भाग्य में बांधना था, जिससे संघर्ष और युद्ध के प्रोत्साहन कम हो जाएं।

डेटेंटे के निहितार्थ (Implications of Détente)

मामले की जड़ यह है कि नीति में बदलाव के परिणामस्वरूप सोवियत और अमेरिकियों के बीच संबंध 'सामान्य' हो गए। डेटेंटे को कई प्रमुख यात्राओं, सांस्कृतिक आदान-प्रदान, व्यापार समझौतों, संयुक्त तकनीकी उद्यमों और, जाहिर तौर पर धमकियों, चेतावनियों और टकरावों के स्थान पर हथियारों की कमी के प्रयासों द्वारा चिह्नित किया गया था।

डेटेंटे में निम्नलिखित प्रकार कई विकास हुए:

1. *क्यूबा मिसाइल संकट* (Cuban Missile Crisis) के तुरंत बाद, 1963 में व्हाइट हाउस और क्रेमलिन को जोड़ने वाली एक "*हॉटलाइन*" (hotline) स्थापित की गई।
2. *आंशिक परीक्षण प्रतिबंध संधि* (Partial Test Ban Treaty) पर 1963 में हस्ताक्षर किए गए, बाह्य अंतरिक्ष संधि (Outer Space Treaty) पर 1967 में हस्ताक्षर किए गए, और *परमाणु अप्रसार संधि (एनपीटी)* (Nuclear Non-Proliferation Treaty—NPT) पर 1968 में हस्ताक्षर किए गए। सी-बेड संधि (Sea-Bed Pact) ने 1971 में दुनिया के महासागरों के तल पर परमाणु उपकरणों के परीक्षण पर प्रतिबंध लगा दिया, और एक साल बाद, *जैविक युद्ध संधि* (Biological Warfare Treaty) का उद्देश्य युद्ध के उद्देश्य के लिए जैविक एजेंटों के उपयोग को रोकना था।
3. 1972 में निक्सन (Nixon) की मास्को यात्रा सामरिक शस्त्र सीमा वार्ता (साल्ट) (Strategic Arms Limitation Talks—SALT) पर हस्ताक्षर के साथ समाप्त हुई। वार्ता में दो समझौते हुए: पहला 1972 में, जिसे साल्ट I (SALT I) के नाम से जाना जाता है, और दूसरा 1979 में, जिसे साल्ट II (SALT II) कहा जाता है। हालाँकि, कांग्रेस के कड़े विरोध के कारण साल्ट II (SALT II) समझौते को संयुक्त राज्य अमेरिका द्वारा कभी भी अनुमोदित नहीं किया गया था।
4. व्यापार, कृषि, समुद्र विज्ञान, आर्थिक और संस्कृति से संबंधित कई समझौते हुए। 1973 में ब्रेझनेव (Brezhnev) ने वाशिंगटन का दौरा किया। नवनिर्वाचित अमेरिकी राष्ट्रपति गेराल्ड फोर्ड (Gerald Ford) ने भी रूस का दौरा किया और व्लादिवोस्तोक (Vladivostok) में हथियारों के नियंत्रण और कटौती के दिशानिर्देशों पर अमेरिकी-सोवियत समझौता हुआ।
5. अगस्त 1975 में यूरोप हेलसिंकी (Helsinki) में यूरोप में सुरक्षा और सहयोग पर सम्मेलन (सीएससीई) (Conference on Security and Cooperation in Europe—

CSCE) के साथ प्रतीकात्मक रूप से डेटेंटे चरम सीमा पर पहुंच गया। इसमें यूरोप और उत्तरी अमेरिका के 34 देशों ने भाग लिया और दोनों गुटों के राज्यों के बीच संबंधों के संबंध में कुछ सहमत सिद्धांत तैयार किए। हालाँकि कुछ भी ठोस हासिल नहीं हुआ, फिर भी इसने तनाव कम करने में योगदान दिया।

6. जुलाई 1975 में संयुक्त राज्य अमेरिका और सोवियत संघ के *अपोलो-सोयुज संयुक्त* (Apollo–Soyuz joint mission) मिशन के साथ डेटेंटे की भावना को आगे बढ़ाया गया।
7. डेटेंटे ने संयुक्त राज्य अमेरिका को चीन के साथ अपने रिश्ते सुधारने का भी मौका दिया।

कुछ अनिश्चितताएँ और डेटेंटे का अंत (Certain Uncertainties and End of Détente)

डेटेंटे के सावधानीपूर्वक पालन-पोषण के बावजूद, इसकी भावना लंबे समय तक जीवित नहीं रही और कई परेशानियाँ पैदा हो गईं। चेकोस्लोवाकिया ने 1967 में सुधारवादी नेता अलेक्जेंडर दुबेहेक (Alexander Dubèhèk) के नेतृत्व में *प्राग स्प्रिंग* (Prague Spring) या मानवीय चेहरे वाले समाजवाद का अनुभव किया, जिन्होंने वारसॉ संधि (the WARSAW Pact) से हटने का भी फैसला किया। ब्रेझनेव (Brezhnev) ने आशंका जताई कि दुबेहेक (Dubèhèk) के सुधारों का उद्देश्य सोवियत प्रभाव क्षेत्र के भीतर एक राष्ट्रवादी प्रति-क्रांति को बढ़ावा देना था और दुबेहेक (Dubèhèk) के कदम ने पश्चिम के प्रति उसके दलबदल का संकेत दिया। जल्द ही, ब्रेझनेव ने वह घोषणा की जिसे **ब्रेझनेव सिद्धांत (Brezhnev Doctrine)** के रूप में जाना जाता है, जिसमें बिना किसी अनिश्चित शब्दों के यह निर्धारित किया गया कि एक साम्यवादी राज्य अपने अधिकारों के भीतर ही पूर्वी यूरोपीय राज्य के आंतरिक मामलों में हस्तक्षेप करता है यदि ऐसी कार्रवाई पूंजीवादी सामाजिक व्यवस्था की पुन: शुरूआत को रोकती है। इसी सिद्धांत की तर्ज पर काम करते हुए ब्रेझनेव (Brezhnev) ने **प्राग स्प्रिंग (Prague Spring)** को कुचलने के लिए कदम उठाए। यह पूर्व-पश्चिम संबंधों में एक परेशानी बन गया।[15]

1965–66 के भारत-पाक युद्ध और 1971 में बांग्लादेश की मुक्ति के युद्ध ने महाशक्तियों की प्रतिद्वंद्विता को बढ़ावा दिया। फिर मध्य पूर्व संकट था जिसने 1973 में शांति के माहौल को भी ख़राब कर दिया। छह दिवसीय युद्ध के बाद, इज़राइल ने शर्म अल-शेख (Sharm El-Sheikh), सिनाई पर कब्जा कर लिया और जॉर्डन के सैनिकों को यरूशलेम से खदेड़ दिया और *गोलान की पहाड़ियों* (Golan Heights) में सीरियाई सेना को तबाह कर दिया। यह हार *अखिल अरब राष्ट्रीय* (pan-Arab national) गौरव के लिए एक बड़ा अपमान थी। अरब देशों ने इज़रायल को मान्यता देने से इंकार करना जारी रखा जिसके परिणामस्वरूप रुक-रुक कर छापे और झड़पें हुईं। लेकिन मामला फिर से चरम पर पहुंच गया जब नासिर (Nasser) के उत्तराधिकारी अनवर सादात (Anwar Sadat) ने संयुक्त मिस्र-सीरियाई सेना के साथ, 6 अक्टूबर 1973 को यहूदी प्रायश्चित दिवस **(योम किप्पुर) (Yom Kippur)** पर इज़राइल के खिलाफ एक आश्चर्यजनक हमला किया। प्रारंभिक झटके के बाद इजरायली संयुक्त सेना की प्रगति को रोकने में सक्षम थे। इस स्तर पर अरब देशों ने इजराइल की सहायता करने वाले किसी भी देश पर तेल प्रतिबंध लगा दिया। संयुक्त राज्य अमेरिका इज़राइल को हथियारों का सबसे बड़ा आपूर्तिकर्ता था और तेल प्रतिबंध ने अमेरिका और उसके सहयोगियों को असुविधा में डाल दिया। इसके साथ संयुक्त राष्ट्र के समक्ष प्रस्तुत अमेरिकी-सोवियत योजना का इज़रायल द्वारा गैर-अनुपालन भी जोड़ा गया, जिससे उसे सोवियत क्रोध का सामना करना पड़ा। ब्रेझनेव (Brezhnev) ने इजरायल को युद्धविराम का अनुपालन कराने के

लिए आवश्यक कदम उठाने की धमकी दी। क्षेत्र में महाशक्तियों की प्रतिस्पर्धा ने इज़रायल-अरब युद्ध की तीव्रता को बढ़ा दिया। हालाँकि योम **किप्पुर युद्ध (Kippur war)** इजरायल की जीत के साथ समाप्त हो गया और अंततः 1978 में कैंप डेविड में इजरायल-अरब मेल-मिलाप हो गया, लेकिन डेटेंटे की भावना को भारी झटका लगा।[16]

डेटेंटे पर अंतिम झटका 1979 में अफगानिस्तान पर सोवियत आक्रमण के साथ आया और यह **नए शीत युद्ध** की शुरुआत का प्रतीक था।

डेटेंटे का अंत और नए शीत युद्ध की शुरुआत (End of Détente and Beginning of New Cold War)

नये शीत युद्ध के कारण (Causes of New Cold War)

अफगानिस्तान पर सोवियत आक्रमण को तत्कालीन अमेरिकी राष्ट्रपति, जिमी कार्टर ने "अफगानिस्तान में सोवियत आक्रमण—जब तक रोका नहीं गया—शीत युद्ध शुरू होने के बाद से पूरी दुनिया के लिए सबसे गंभीर रणनीतिक चुनौती" के रूप में माना था। उन्होंने प्रसिद्ध **कार्टर सिद्धांत (Carter Doctrine)** की घोषणा करके जवाबी कार्रवाई की, जिसने फारस की खाड़ी (Persian Gulf) में अपने हितों की रक्षा के लिए सैन्य बल का उपयोग करने की अमेरिका की इच्छा की घोषणा की। उन्होंने घोषणा की कि "फारस की खाड़ी क्षेत्र पर नियंत्रण पाने के लिए किसी भी बाहरी ताकत के किसी भी प्रयास को संयुक्त राज्य अमेरिका के महत्वपूर्ण हितों पर हमला माना जाएगा। इसे सैन्य बल सहित किसी भी आवश्यक साधन के उपयोग से खदेड़ दिया जाएगा।"[17] 1979 में ईरान के शाह के तख्तापलट ने विचाराधीन *त्वरित तैनाती बल* (Rapid Deployment Force) की अमेरिकी योजना को प्रोत्साहन दिया। हिंद महासागर और फारस की खाड़ी क्षेत्रों में अमेरिकी हितों की रक्षा के लिए संयुक्त राज्य अमेरिका ने केन्या, सोमालिया और ओमान में ठिकानों को सुरक्षित करने की कोशिश की। इसके साथ ही, उन्होंने 1980 के मास्को ओलंपिक का विश्वव्यापी बहिष्कार आयोजित करने का प्रयास किया और सोवियत संघ को अमेरिकी अनाज निर्यात को निलंबित कर दिया।

इसके अलावा अमेरिकी सीनेट द्वारा साल्ट II (SALT II) का अनुमोदन न करने से भी महाशक्तियों के बीच तनाव बढ़ गया। सोवियत संघ निकारागुआ, ग्रेनाडा और अल साल्वाडोर (Nicaragua, Grenada and El Salvador) में अमेरिकी भागीदारी को लेकर असंतुष्ट था। दूसरी ओर, अमेरिकी अंगोला और मध्य पूर्व में सोवियत गतिविधियों के प्रति आलोचनात्मक थे।

इस महत्वपूर्ण मोड़ पर रोनाल्ड रीगन (of Ronald Reagan) के संयुक्त राज्य अमेरिका के राष्ट्रपति पद पर आसीन होने से एक **नए शीत युद्ध (New Cold War)** की शुरुआत हुई। अक्टूबर 1982 में ब्रेझनेव ने स्वीकार किया कि "रूस ने संयुक्त राज्य अमेरिका के साथ डेटेंटे को मृत घोषित कर दिया है"।

राष्ट्रपति रोनाल्ड रीगन (President Ronald Reagan) और उनके रूसी समकक्ष, पहले एंड्रोपोव (Andropov) और फिर चेर्नेंको (Chernenko), जल्द ही टकरावपूर्ण बयानबाजी में उलझ गए। रीगन (Reagan) ने घोषणा की कि सोवियत संघ "जो भी अशांति चल रही है उसका आधार है" और सोवियत संघ को "आधुनिक दुनिया में बुराई का केंद्र" माना। ग्रेनेडा और लीबिया में परमाणु हथियारों के इस्तेमाल और सैन्य हस्तक्षेप तथा मध्य अमेरिका में अमेरिकी गतिविधियों, विशेष रूप से निकारागुआ में *कॉन्ट्रा* (contras) के समर्थन के संबंध में अमेरिकी बयानों ने महाशक्तियों के बीच तनाव बढ़ा दिया।

हथियारों की दौड़ फिर से शुरू हो गई और हथियार नियंत्रण वार्ता टूट गई। सोवियत संघ ने लॉस एंजिल्स में 1984 के ओलंपिक खेलों का बहिष्कार किया। ऐसी 'गर्म' परिस्थितियों में, रीगन ने अपने प्रसिद्ध सिद्धांत की घोषणा की, जिसे आम तौर पर रीगन सिद्धांत (Reagan Doctrine) के रूप में जाना जाता है। उन्होंने अफगानिस्तान, अंगोला और निकारागुआ में सोवियत समर्थित सरकारों को उखाड़ फेंकने के लिए कम्युनिस्ट विरोधी विद्रोहियों को अमेरिकी समर्थन देने का वादा किया।

राष्ट्रपति रीगन (President Reagan) ने युद्धों को अंतरिक्ष तक ले जाने की कसम खाई। उनकी रणनीतिक रक्षा पहल (एसडीआई) (Strategic Defence Initiative—SDI), जिसे **स्टार वार्स (Star Wars)** कहा गया, का महाशक्तियों के संबंधों पर गंभीर परिणाम हुआ। एसडीआई एक अनुसंधान कार्यक्रम था जिसे बैलिस्टिक मिसाइलों के खिलाफ अंतरिक्ष-आधारित सुरक्षा के अवसरों का पता लगाने के लिए डिज़ाइन किया गया था। सोवियत संघ ने इसका स्वागत नहीं किया और उन्होंने धमकियों को गंभीरता से लिया और इससे संबंधों में गिरावट आई। अंततः, एसडीआई अमल में नहीं आया और बाद में रीगन के उत्तराधिकारियों द्वारा इसे छोड़ दिया गया। फिर भी, महाशक्तियों की चालों और जवाबी चालों के कारण स्थितियाँ विस्फोटक और अधिक जटिल हो गईं।

हालाँकि स्थिति चिंताजनक हो गई थी लेकिन मुख्य रूप से 1985 में सोवियत संघ के राष्ट्रपति के रूप में मिखाइल गोर्बाचेव (Mikhail Gorbachev) के पद ग्रहण करने के साथ इसमें कोई विस्फोट नहीं हुआ। विदेश नीति में उनकी नई सोच और उनके घरेलू सुधारों (ग्लासनोस्ट और पेरेस्त्रोइका) (glasnost and perestroika) ने पूर्व-पश्चिम संबंधों में एक नई शुरुआत की। इसलिए, दोनों महाशक्तियों के बीच फिर से तनाव कम हो गया, **जिसे नई डेटेंटे (New Détente)** के नाम से जाना जाता है और अंततः **शीत युद्ध का अंत (end of Cold War)** हुआ।

शीत युद्ध का अंत: नई डेटेंटे (End of Cold War: The New Détente)

सोवियत संघ के राष्ट्रपति के रूप में गोर्बाचेव के आने से पूर्व-पश्चिम संबंधों में एक नई शुरुआत हुई। राष्ट्रपति पद पर उनके आगमन ने परमाणु और पारंपरिक बलों पर समझौतों का मार्ग प्रशस्त किया। 19–21 नवंबर 1985 का *जिनेवा शिखर* (Geneva Summit) सम्मेलन अफगानिस्तान संकट के फैलने के बाद आयोजित पहला *सोवियत-अमेरिकी शिखर* (Soviet–American summit) सम्मेलन था। यहां, संयुक्त राज्य अमेरिका और सोवियत संघ दोनों ने अपने बीच किसी भी प्रकार के युद्ध—परमाणु या पारंपरिक—को रोकने की आवश्यकता पर ध्यान केंद्रित किया। 11–12 अक्टूबर 1986 का रेक्जाविक शिखर (Reykjavik Summit) सम्मेलन दूसरा शिखर सम्मेलन था जहां राष्ट्रपति रीगन (President Reagan) और राष्ट्रपति गोर्बाचेव (President Gorbachev) ने अंतर्राष्ट्रीय राजनीति की विभिन्न प्रमुख समस्याओं और आपसी हित के अन्य मुद्दों पर चर्चा करने के लिए मुलाकात की। इसके बाद 7–10 दिसंबर 1987 का ऐतिहासिक वाशिंगटन शिखर सम्मेलन (Washington Summit) हुआ। 1987 में, गोर्बाचेव ने संयुक्त राज्य अमेरिका की यात्रा की और क्रूज़ और पर्सिंग II मिसाइलों सहित मध्यवर्ती दूरी की परमाणु मिसाइलों पर प्रतिबंध लगाने वाली *इंटरमीडिएट रेंज न्यूक्लियर फोर्सेज (आईएनएफ) संधि* (Intermediate Range Nuclear Forces (INF) Treaty) पर हस्ताक्षर किए। मई 1988 के मॉस्को शिखर सम्मेलन में गोर्बाचेव (Gorbachev) और रीगन (Reagan) की मुलाकात हुई और 1989 के माल्टा शिखर सम्मेलन (Malta Summit) ने अमेरिका और यूएसएसआर संबंधों के साथ-

साथ अंतर्राष्ट्रीय राजनीति में एक नई शुरुआत की। गोर्बाचेव (Gorbachev) और नए अमेरिकी राष्ट्रपति जॉर्ज बुश (सीनियर) (George Bush (Sr.)) के बीच कई शिखर बैठकें हुईं, जो हथियार नियंत्रण, व्यापार और जर्मन पुनर्मिलन के सवाल पर कई समझौतों का प्रतीक थीं। 1990 के खाड़ी संकट के संबंध में *हेलसिंकी शिखर सम्मेलन* भी हुआ था, लेकिन सबसे महत्वपूर्ण सफलता 1991 के मास्को शिखर सम्मेलन और *सामरिक शस्त्र न्यूनीकरण संधि* (Strategic Arms Reduction Treaty—START) पर हस्ताक्षर में मिली। जुलाई 1991 में, राष्ट्रपति बुश (President Bush) और राष्ट्रपति गोर्बाचेव (President Gorbachev) ने अपने रणनीतिक शस्त्रागार में ज्यादा कटौती के लिए सामरिक शस्त्र न्यूनीकरण संधि (START) पर हस्ताक्षर किए।[18] *यूरोप में पारंपरिक बल* (सीएफई) (Conventional Forces in Europe—CFE) संधि ने भी यूरोप में सोवियत उपस्थिति को कम कर दिया। सोवियत संघ क्यूबा, अफगानिस्तान और पूर्वी यूरोप को अपनी सहायता और समर्थन वापस लेने पर भी सहमत हुआ। इन सभी घटनाक्रमों ने शीत युद्ध के अंत की शुरुआत का संकेत दिया।

1991 और 1992 की शुरुआत में, राष्ट्रपति बुश ने बड़े पैमाने पर एकतरफा परमाणु हथियारों में कटौती की घोषणा की और इसकी बराबरी रूस ने पूर्व सोवियत परमाणु शस्त्रागार में पर्याप्त कमी करके की। उन्होंने नब्बे के दशक की शुरुआत में शीत युद्ध की समाप्ति की घोषणा की थी, लेकिन 1 फरवरी 1992 को, रूस के दौरे पर आए राष्ट्रपति बुश (Bush) और रूसी राष्ट्रपति बोरिस येल्तसिन (Boris Yeltsin) ने संयुक्त राज्य अमेरिका और रूसी संघ के बीच शीत युद्ध की समाप्ति और संबंधों के एक नए युग की शुरुआत की औपचारिक घोषणा की। फरवरी 1992 में कैंप डेविड (Camp David) में गहन वार्ता के बाद, दोनों नेताओं ने एक घोषणा पत्र पर हस्ताक्षर किए, जिसमें आर्थिक और राजनीतिक स्वतंत्रता के प्रति विश्वास और प्रतिबद्धता पर आधारित नए संबंधों को उजागर करने की मांग की गई थी। जून 1992 में, येल्तसिन और बुश (Yeltsin and Bush) ने "वाशिंगटन चार्टर" और दोनों के बीच आर्थिक, वैज्ञानिक और सैन्य सहयोग से संबंधित छह अन्य दस्तावेजों पर हस्ताक्षर किए।[19] इसलिए, दशकों की शत्रुता और संदेह समाप्त हो गए और शीत युद्ध के बाद अमेरिका और रूसी संघ के बीच संबंधों में विकास और शीत युद्ध के बाद के युग में अंतर्राष्ट्रीय प्रणाली में बदलाव का मार्ग प्रशस्त हुआ।

शीत युद्ध का अंत (End of Cold War)

गोर्बाचेव (Gorbachev) की *नई सोच* उनके **ग्लासनोस्ट (glasnost**—खुलेपन) और **पेरेस्त्रोइका (perestroika**—राजनीतिक और आर्थिक पुनर्गठन) में परिलक्षित हुई और ऐसी ताकतें सामने आईं जो अंततः सोवियत संघ के विनाश का कारण बनीं। आंतरिक रूप से ऐसे कई कारण थे जिनके कारण साम्यवाद का पतन हुआ। रिचर्ड क्रॉकट (Richard Crockatt) ने कुछ दीर्घकालिक और अल्पकालिक कारणों की ओर इशारा किया जिनमें अर्थव्यवस्था में संरचनात्मक कमजोरियां, *अनम्य योजना प्रणाली* (inflexible planning system), आधुनिकीकरण में असमर्थता शामिल हैं; आर्थिक स्थिरता; खराब फसल और अंत में गोर्बाचेव (Gorbachev) के **ग्लासनोस्ट** और **पेरेस्त्रोइका** ने भी सोवियत संघ के विघटन में योगदान दिया। आखिरी ने सोवियत संघ के अस्तित्व को भारी नुकसान पहुँचाया क्योंकि इसने कम्युनिस्ट पार्टी की भूमिका को कमज़ोर कर दिया और मीडिया पर नियंत्रण भी ढीला कर दिया जिससे जनता की राय गोर्बाचेव के नियंत्रण से बाहर हो गई। 1989 के चुनावों के बाद, कई कम्युनिस्ट उम्मीदवार हार गए और "स्वतंत्र बहस का बवंडर आया जिसने हर प्रमुख कम्युनिस्ट वर्जना को बिखेर दिया"।[20] यह स्वतंत्रता की मांग और अलगाववादी आंदोलनों से जुड़ा था जिसके कारण अंततः सोवियत संघ का पतन हुआ। वास्तव में,

गोर्बाचेव ने सोवियत संघ को रातोंरात बदलने के कार्य को कम करके आंका। इससे नीतिगत त्रुटियां हुईं और **पेरेस्त्रोइका** (perestroika) और **डेमोक्राट्ज़त्सिया** (demokratzatsiya) के सफल कार्यान्वयन की नींव पर निर्मित समाजवाद को पुनर्जीवित करने के उनके कार्यक्रम को विफलता प्राप्त हुई।[21]

बाह्य रूप से, जैसे ही गोर्बाचेव अपने पूर्वी यूरोपीय सहयोगियों के आंतरिक मामलों में अहस्तक्षेप को चिह्नित करने वाले ब्रेझनेव सिद्धांत को लागू करने के लिए अनिच्छुक हो गए, पोलैंड, हंगरी, चेकोस्लोवाकिया और पूर्वी जर्मनी में राजनीतिक परिवर्तनों ने गति पकड़ ली। 1989 के अंत तक बुल्गेरियाई और रोमानियाई कम्युनिस्ट सरकारें ध्वस्त हो गईं। नवंबर 1989 में चरमोत्कर्ष तब हुआ जब हजारों आम नागरिकों ने बर्लिन की दीवार तोड़ दी और सुरक्षा गार्ड केवल दर्शक बनकर खड़े रहे। बर्लिन की दीवार का ढहना शीत युद्ध के प्रभावी अंत का प्रतीक था। अंततः, दिसंबर 1991 को सोवियत सोशलिस्ट रिपब्लिक संघ (यूएसएसआर) (Union of Soviet Socialist Republics—USSR) का अस्तित्व समाप्त हो गया और स्वतंत्र राज्यों के राष्ट्रमंडल (सीआईएस) (Commonwealth of Independent States—CIS) का उदय हुआ। एक बार जब सोवियत संघ का अस्तित्व समाप्त हो गया, तो पूंजीवादी शिविरों में बहुत खुशी हुई और फ्रांसिस फुकुयामा (Francis Fukuyama) जैसे विद्वान *द एंड ऑफ हिस्ट्री एंड द लास्ट मैन (The End of History and the Last Man)*, एक थीसिस लेकर आए, जहां उन्होंने अन्य सभी विचारधाराओं पर उदारवाद की जीत और उदार पूँजीवाद के वैश्वीकरण का जश्न मनाया। दूसरी थीसिस जो बहुत लोकप्रिय हुई वह *सैमुअल हंटिंगटन की क्लैश ऑफ़ सिविलाइज़ेशन* (Samuel Huntington's *Clash of Civilization*) थी। यहां, उन्होंने शीत युद्ध के बाद की दुनिया के निहितार्थों को बरकरार रखा, जिसमें संस्कृति, जातीयता और धर्म सहित 'पहचान' की राजनीति के मुद्दों के आसपास घातक संघर्षों में वृद्धि देखी जाएगी। यह बदला हुआ परिदृश्य विश्व समुदाय को अंतर्राष्ट्रीय संबंधों के लिए एक नया एजेंडा निर्धारित करने के लिए प्रेरित करेगा।

शीत युद्ध के बाद के युग में अंतर्राष्ट्रीय प्रणाली (International System in the Post-Cold War Era)

विश्व इतिहास में शीत युद्ध एक महत्वपूर्ण घटना थी, लेकिन 1990 के दशक की शुरुआत में यह स्वीकार कर लिया गया कि 'शीत युद्ध' समाप्त हो गया है। *ज्वाइंट चीफ्स ऑफ स्टाफ* (Joint Chiefs of Staff) के पूर्व अध्यक्ष जनरल कॉलिन पॉवेल (General Colin Powell) ने टिप्पणी की, "हमने 40 साल के अपने कट्टर दुश्मन को अपनी आंखों के सामने समाप्त होते देखा है"। लेकिन मामले की सच्चाई यह है कि शीत युद्ध की समाप्ति ने अमेरिका के लिए जीत का संकेत दिया होगा जैसा कि राष्ट्रपति बुश (सीनियर) (President Bush's (Sr.)) के बहुचर्चित प्रचार से स्पष्ट है कि "हम जीत गए हैं" लेकिन, साथ ही, अंतर्राष्ट्रीय संबंधों की संरचना और पैटर्न में एक मौलिक बदलाव दुनिया ने देखा।

शीत युद्ध के अंत में पूर्वी यूरोप में सोवियत गुट का विघटन, पूर्वी यूरोप में साम्यवाद का पतन, जर्मनी के एकीकरण के साथ सोवियत संघ का विघटन हुआ, इन सभी ने यूरोप के मानचित्र को फिर से चित्रित किया।

शीत युद्ध की समाप्ति और सोवियत संघ के विघटन के साथ, वारसॉ संधि (WARSAW pact) का भी अंत हो गया। शीत युद्ध के दिनों के गठबंधन और प्रति-गठबंधन ने वर्तमान में एक विशिष्ट विशेषता ग्रहण कर ली है, संयुक्त राज्य अमेरिका द्वारा बनाए गए गठबंधन अभी भी जारी हैं, उदाहरण के लिए, नाटो और यूरोप की राजनीति से संबंधित इसकी गतिविधियाँ। इस दिशा में एक उदाहरण कोसोवो पर नाटो

बमबारी है। 2008 में जॉर्जिया और रूस के बीच हुए लघु युद्ध के दौरान नाटो की गतिविधियों में तेजी आना भी यही संकेत देता है।

शीत युद्ध के बाद का परिदृश्य बहुध्रुवीयता की वापसी की विशेषता बन गया है जहां बड़ी शक्तियों और छोटी शक्तियों की उपस्थिति है। कुछ विद्वान यह भी मानते हैं कि एकमात्र जीवित महाशक्ति, संयुक्त राज्य अमेरिका की उपस्थिति से दुनिया एकध्रुवीय हो गई है। दूसरी ओर, ऐसे अन्य विद्वान भी हैं जो बहुध्रुवीयता का दावा करते हैं और संयुक्त राज्य अमेरिका, यूरोप, जापान, चीन और वर्तमान सोवियत संघ के चारों ओर घूमने वाली पांच-तरफा शक्ति संतुलन प्रणाली के उद्भव का अनुमान लगाते हैं।[22]

यद्यपि शीत युद्ध के बाद के परिदृश्य में सैन्य शक्ति विश्व राजनीति की प्रमुख विशेषता नहीं है, फिर भी बड़े और शक्तिशाली राज्यों के हितों की पूर्ति करने वाली सबसे विश्वसनीय तकनीक बनी हुई है। यह शीत युद्ध की समाप्ति के तुरंत बाद कुवैत पर इराक के आक्रमण और संयुक्त राष्ट्र के तत्वावधान में अमेरिकी नेतृत्व वाली गठबंधन शक्तियों द्वारा की गई कार्रवाई के बाद स्पष्ट हो गया। 9/11 के बाद अमेरिका द्वारा शुरू में अफगानिस्तान के खिलाफ और उसके बाद इराक के खिलाफ चलाया जा रहा आतंक के खिलाफ युद्ध दर्शाता है कि सैन्य शक्ति का उपयोग अभी भी महत्वपूर्ण है और इसका उपयोग सत्ताधारी महाशक्ति और उसके सहयोगियों द्वारा अपने हितों के लिए किया जाना आज का नियम है। इन शक्तियों द्वारा संयुक्त राष्ट्र को न केवल दरकिनार कर दिया गया है बल्कि, इन मौजूदा मामलों में, राज्यों द्वारा अपने दम पर केवल आत्मरक्षा के सिद्धांत (principle of pre-emptive self defence by the states on their own) के आधार पर एकतरफा कार्रवाई की जाती है।

संयुक्त राष्ट्र का एकमात्र महाशक्ति, संयुक्त राज्य अमेरिका द्वारा अपहरण कर लिया गया है और इसका उपयोग संयुक्त राज्य अमेरिका और पश्चिम द्वारा अपने स्वयं के हित की सेवा करने और छोटे और कमजोर राज्यों पर अपना प्रभुत्व मजबूत करने के लिए किया जाता है। नई अंतर्राष्ट्रीय आर्थिक व्यवस्था या कानून के शासन और उत्तर और दक्षिण के बीच अधिक साझेदारी पर आधारित एक अंतर्राष्ट्रीय प्रणाली स्थापित करने का रास्ता अभी काफी लंबा है।

शीत युद्ध के बाद के परिदृश्य में तीसरी दुनिया की स्थिति अपरिवर्तित रही है। यद्यपि महाशक्ति संबंध शीत युद्ध के संदर्भ में तैयार किए गए थे, सोवियत संघ के पतन के साथ, संयुक्त राज्य अमेरिका और औद्योगिक उत्तर ने हस्तक्षेप और प्रभुत्व की अपनी पुरानी नीति जारी रखी। शीत युद्ध के बाद के वर्तमान परिदृश्य में इसे और अधिक प्रासंगिक बनाने के लिए केवल उन्होंने ही इसमें संशोधन किया है।

तीसरी दुनिया, विशेषकर मध्य पूर्व, अभी भी पश्चिम, विशेषकर संयुक्त राज्य अमेरिका के लिए महत्वपूर्ण रुचि का क्षेत्र बना हुआ है। शीत युद्ध के बाद मार्च 1990 में अमेरिकी कांग्रेस को भेजी गई पहली राष्ट्रीय सुरक्षा रणनीति रिपोर्ट में माना गया कि सैन्य शक्ति को तीसरी दुनिया, मुख्य रूप से मध्य पूर्व को लक्षित करना चाहिए, जहां "हमारे हितों के लिए खतरा है" जिनके लिए आवश्यक बल "क्रेमलिन के दरवाजे पर नही रख जा सकता"।[23] इसलिए, मुख्य चिंता दक्षिण के देशों पर नियंत्रण की बनी रही।

दक्षिण का प्रभुत्व अब बल प्रयोग से नहीं बल्कि आर्थिक हथियारों के प्रयोग से सुनिश्चित किया जाता है। आईएमएफ और विश्व बैंक और डब्ल्यूटीओ (ट्रायड) (IMF and the World Bank and WTO—the Triad) जैसी अंतर्राष्ट्रीय वित्तीय व्यवस्थाएं, संरचनात्मक समायोजन की अपनी नीतियों के साथ, पूरे विकासशील दक्षिण में अपने प्रभुत्व का जाल फैला रही हैं। अन्य तंत्र में बहुराष्ट्रीय निगम (multinational corporations—MNCs) शामिल हैं, जिनके माध्यम से विकसित पश्चिम तीसरी दुनिया की सरकारों के कार्यों को केवल पुलिस कार्यों तक सीमित करने की कोशिश करता है, जबकि

बहुराष्ट्रीय कंपनियां और परराष्ट्रीय निगम (टीएनसी) (TNC) अपने संसाधनों तक मुफ्त पहुंच प्राप्त करते हैं, और अपने निर्णय लेने, विकास के पैटर्न, नई तकनीक और वैश्विक निवेश को नियंत्रित करते हैं। कुल मिलाकर, *संपूर्ण निर्भरता सिंड्रोम* और *नव-उपनिवेशवाद* (entire dependency syndrome and neo-colonialism) शीत युद्ध के बाद के परिदृश्य में भी जारी रहा।

शीत युद्ध के बाद के संदर्भ में, *गुटनिरपेक्ष आंदोलन* (Non-Aligned Movement—NAM) की प्रासंगिकता पर सवाल उठाया गया है। *गुटनिरपेक्ष आंदोलन* की उत्पत्ति महाशक्ति प्रतिद्वंद्विता की पृष्ठभूमि में हुई थी, लेकिन एक बार जब यह खत्म हो गई, तो विद्वान गुटनिरपेक्ष आंदोलन की प्रासंगिकता पर सवाल उठाते हैं। फिर भी, शीत युद्ध के बाद के परिदृश्य में, गुटनिरपेक्ष देश, शीत युद्ध के बाद की दुनिया में प्रासंगिक एजेंडा के एक सेट को प्राप्त करने के लिए इस मंच का उपयोग करना जारी रखे हुए हैं। इसमें अन्य बातों के अलावा, विदेशी संबंधों में स्वतंत्रता, सतत विकास, पर्यावरण की सुरक्षा, राजनीतिक, आर्थिक और सांस्कृतिक क्षेत्रों में अंतर्राष्ट्रीय सहयोग, व्यापार संबंधों में समानता, संयुक्त राष्ट्र का लोकतंत्रीकरण और गुटनिरपेक्ष आंदोलन के अंतर्राष्ट्रीय शांति और सुरक्षा के दीर्घकालिक लक्ष्य निरस्त्रीकरण और हथियार नियंत्रण, और मानव अधिकारों की सुरक्षा शामिल हैं।

शीत युद्ध के बाद की दुनिया में क्षेत्रीय एकीकरण और यूरोपीय संघ, सार्क, आसियान, ओपेक, नाफ्टा, एपीईसी, ओएएस, एयू (European Union, SAARC, ASEAN, OPEC, NAFTA, APEC, OAS, AU) और कई अन्य क्षेत्रीय व्यवस्थाओं का विकास देखा जा रहा है।

शीत युद्ध के बाद, पूर्व यूगोस्लाविया, चेकोस्लोवाकिया, अंगोला, साइप्रस, सोमालिया, इथियोपिया, रवांडा, बुरुंडी, रूस, जॉर्जिया और अन्य जगहों पर जातीय और पहचान आंदोलनों के साथ अंतर्राष्ट्रीय संबंध अधिक जटिल हो गए हैं, कट्टरपंथी ताकतों का उदय धीरे-धीरे दुनिया भर में फैल रहा है और अक्सर अंतर्राष्ट्रीय शांति और सुरक्षा को ख़तरे में डालने वाले अंतर्राष्ट्रीय आतंकवाद का चरित्र ग्रहण कर लेता है।

अंतिम लेकिन महत्वपूर्ण बात यह है कि शीत युद्ध के बाद के परिदृश्य में हथियारों का निर्माण बंद नहीं हुआ और दुनिया भर में परमाणु हथियारों और सामूहिक विनाश के हथियारों (डब्ल्यूएमडी) (weapons of mass destructions—WMDs) का प्रसार हुआ है। ये खतरे तब कई गुना बढ़ जाते हैं जब आतंकवादी संगठनों की परमाणु हथियारों तक पहुंच होने की संभावना होती है, खासकर "विफल राज्यों" में जहां गुणवत्तापूर्ण शासन की कमी है और सरकार राजनीति के साथ-साथ परमाणु प्रतिष्ठानों को नियंत्रित करने में कमजोर है।

अभ्यास (Exercises)

1. अंतर्राष्ट्रीय राजनीति में शीत युद्ध की उत्पत्ति के कारणों का परीक्षण करें।
2. 1990 के दशक में शीत युद्ध के अंत तक के चरणों की चर्चा करें।
3. डेटेंटे से आप क्या समझते हैं? संयुक्त राज्य अमेरिका और सोवियत संघ के बीच तनाव के क्या कारण थे?
4. दो महाशक्तियों के बीच संबंधों में विभिन्न विकासों के विशेष संदर्भ में डेटेंटे के महत्व को उजागर करें।
5. डेटेंटे के अवसान और नए शीत युद्ध के उद्भव के क्या कारण थे?
6. परीक्षण करें कि शीत युद्ध का अंत कैसे हुआ।
7. शीत युद्ध के बाद के युग में अंतर्राष्ट्रीय प्रणाली की विशेषताओं पर चर्चा करें।

संदर्भ (References)

[1] Calvocoressi, Peter, *World Politics: 1945–2000,* Pearson Education, New Delhi, 2005, p. 3.

[2] Young, John W. and John Kent, *International Relations Since 1945: A Global History,* Oxford University Press, London, 2004, pp. 19–27.

[3] Heller, Henry, *The Cold War and the New Imperialism: A Global History, 1945–2005,* Cornerstone Publications, Kharagpur, India, 2006, pp. 29–30.

[4] Kegley, Charles W., Jr. and Eugene R. Wittkopf, *World Politics—Trends and Transformation,* St. Martin's Press, New York, 1997, pp. 85–86.

[5] Young and Kent, *op. cit.*, n. 2, p. 49.

[6] Wenger, Andreas and Dorn Zimmermann, *International Relations: From Cold War to the Globalized World*, Viva Books, New Delhi, 2006, p. 20.

[7] Young and Kent, *op. cit.*, n. 2, pp. 92–93.

[8] *ibid.*, p. 46.

[9] Lundestad, Geir, *East, West, North South: Major Developments in International Politics since 1945*, Oxford University Press, London, 1999, p. 71.

[10] *ibid.*, p. 61.

[11] Kegley and Wittkopf, *op. cit.*, n. 4, pp. 88–89.

[12] *ibid.*

[13] Northedge, F.S. and M.J. Grieve, *A Hundred Years of International Relations,* Gerald Duckworth and Co., London, 1971, p. 268

[14] *ibid.*, pp. 269–270.

[15] Zimmermann, *op. cit.*, n. 6, p. 119.

[16] *ibid.*, pp. 148–150.

[17] Lundestad, Geir, *op. cit.*, n. 9, p. 124.

[18] Scott, Leon, "International History: 1945–1990", *in* John Baylis and Steve Smith (Eds.), *The Globalization of World Politics,* Oxford University Press, London, 1997, pp. 83–84.

[19] Malhotra, Vinay Kumar, International Relations, Anmol Publications, New Delhi, 2004, pp. 253–256.

[20] Crockatt, Richard, *in* John Baylis and Steve Smith (Eds.), *The Globalization of World Politics,* Oxford University Press, London, 1997, pp. 93–94.

[21] Garthoff, Raymond L., "Why did the Cold War Arise, and Why did it End?" *in* Michael J. Hogan (Ed.), *The End of the Cold War : Its Meaning and Implications,* Cambridge University Press, Cambridge, 1992, p. 131.

[22] Alperovitz, Gar and Kai Bird, "The Fading of the Cold War–and the Demystification of Twentieth Century Issues," *in* Michael J. Hogan (Ed.), *The End of the Cold War: Its Meaning and Implications,* Cambridge University Press, Cambridge, 1992, pp. 207–208.

[23] Chomsky, Noam, "A View from Below", *in* Michael J. Hogan (Ed.), *The End of the Cold War: Its Meaning and Implications,* Cambridge University Press, Cambridge, 1992, pp. 137–138.

7

तीसरी दुनिया
(The Third World)

अंतर्वस्तु (Contents)

परिचय (*Introduction*)

द्वितीय विश्व युद्ध के बाद, अंतर्राष्ट्रीय संबंधों ने न केवल दुनिया को दो प्रतिद्वंद्वी शिविरों में विभाजित कर दिया, प्रत्येक का नेतृत्व दो पूर्व सहयोगियों, सोवियत संघ और संयुक्त राज्य अमेरिका ने किया, बल्कि राज्यों के एक नए समूह, तीसरी दुनिया (तृतीय विश्व) के देशों का भी उदय हुआ। वे अधिकतर 'दक्षिण', एशिया, अफ्रीका और लैटिन अमेरिका से संबंधित देश थे। वृद्धि और विकास के आर्थिक मानदंडों पर अधिक इन देशों को उनके वैचारिक रुझान के बजाय तीसरी दुनिया या विकासशील देश माना जाता था। तीसरी दुनिया के इन देशों ने औपचारिक औपनिवेशिक शक्तियों द्वारा शोषण का एक इतिहास साझा किया और औपनिवेशिक शक्तियों से मुक्ति पाने के लिए संघर्ष किया एवं स्वतंत्रता के बाद आर्थिक अविकसितता की आम समस्या को भी साझा किया। इस प्रकार, उनमें से प्रत्येक आर्थिक वृद्धि और विकास के लिए प्रयास करता रहा। इस कठिन कार्य में, वे अपनी आर्थिक स्वतंत्रता को बरकरार रखना चाहते हैं और इसलिए, खुद को सत्ता गुट की प्रतिद्वंद्विता से बाहर रखने की कोशिश करते रहे और गुटनिरपेक्ष आंदोलन या संयुक्त राष्ट्र महासभा जैसे मंचों के माध्यम से अपनी एकजुटता बनाने और यहां तक कि एक न्यायसंगत और समान अंतर्राष्ट्रीय राजनीतिक और आर्थिक व्यवस्था के लिए भी लड़ते हैं।

तीसरी दुनिया का विउपनिवेशीकरण और उद्भव (Decolonization and Emergence of the Third World)

द्वितीय विश्व युद्ध की समाप्ति पर अंतर्राष्ट्रीय परिदृश्य में पूर्ण परिवर्तन देखा गया। दुनिया ने न केवल संयुक्त राज्य अमेरिका के नेतृत्व वाले पूंजीवादी विश्व और सोवियत संघ के नेतृत्व वाले साम्यवादी गुट के बीच संघर्ष

देखा, बल्कि तीसरी दुनिया में भी बड़े उथल-पुथल हुए। यूरोपीय साम्राज्यवादी शक्तियों से राजनीतिक और आर्थिक स्वतंत्रता पाने के लिए औपनिवेशिक आकाओं से मुक्ति के लिए निरंतर संघर्ष चल रहा था।

अठारहवीं शताब्दी के अंत तक, स्वतंत्रता के लिए तीसरी दुनिया का संघर्ष कई देशों में प्रकट हो गया। इतिहास में ऐसे आंदोलनों के कई उदाहरण हैं, जैसे बोलीविया और पेरू में टुपैक अमारू विद्रोह (Tupac Amaru revolt), उत्तरी अमेरिका में पोंटियाक विद्रोह (Pontiac rebellion), और स्पेनिश, ब्रिटिश और फ्रांसीसी औपनिवेशिक शक्तियों के खिलाफ हैती में महान दास विद्रोह (Great Slave Revolt)। अन्य उदाहरणों में, *भारतीय सिपाही विद्रोह* (Indian Sepoy Mutiny), वियतनाम में सम्राट बचाओ आंदोलन (Save the Emperor Movement), चीन में बॉक्सर विद्रोह (Boxer Rebellion) और अन्य उन्नीसवीं और बीसवीं शताब्दी की शुरुआत में बढ़ते यूरोपीय घुसपैठ के प्रति बढ़ते प्रतिरोध को दर्शाते हैं। 1914 और 1945 के बीच राष्ट्रवादी आंदोलन और परिपक्व हो गए क्योंकि प्रमुखों या शाही राजकुमारों जैसे परंपरावादी नेताओं का स्थान राष्ट्रवादी नेताओं ने ले लिया जो पश्चिमी शिक्षा और विचारधारा से लैस थे। इस प्रकार, जो उपनिवेश कभी औपनिवेशिक स्वामियों की बेशकीमती संपत्ति हुआ करते थे, वे अब गोरे लोगों का वास्तविक बोझ बन गए ।

हालाँकि, तीसरी दुनिया में स्वतंत्रता के लिए ऐसे संघर्षों को सैद्धांतिक रूप से सोवियत संघ और संयुक्त राज्य अमेरिका दोनों से समर्थन प्राप्त हुआ। सोवियत परिप्रेक्ष्य ने राष्ट्रीय स्वतंत्रता के लिए इस तरह के संघर्ष को प्रगतिशील माना और साम्राज्यवाद और एकाधिकार पूंजीवाद के संचालन के क्षेत्र को सीमित कर दिया। इस प्रकार, सोवियत संघ द्वारा तीसरी दुनिया में राष्ट्रीय मुक्ति आंदोलनों के लिए समर्थन बढ़ रहा था। संयुक्त राज्य अमेरिका ने, सिद्धांत रूप में, लोकतंत्र और आत्मनिर्णय के अधिकार के नाम पर उपनिवेशवाद का विरोध किया। लेकिन असली इरादा बाज़ार प्रेरित था। उपनिवेश व्यापारिक गुटों का हिस्सा थे, जिससे अमेरिकी व्यापार और निवेश की प्रगति में बाधा उत्पन्न हुई। इसलिए, 1945 के बाद, अमेरिका की स्थिति उनके यूरोपीय सहयोगियों की चल रही कमजोरी, साम्यवाद की रोकथाम और अमेरिकी हितों के लिए खतरों से निपटने की रणनीतियों से नरम हो गई थी।

युद्ध के बाद एशिया और मध्य पूर्व में उपनिवेशवाद से मुक्ति की शुरूआत हुई और फिर यह दुनिया के अन्य हिस्सों में फैल गई। 1940 के दशक के अंत में कई देशों का उदय हुआ। इनमें फिलीपींस (1946), भारत और पाकिस्तान (1947), उत्तर और दक्षिण कोरिया (1948), म्यांमार (1948), सीलोन (1948), इंडोनेशिया (1949) शामिल हैं। 1950 के दशक में इंडो-चीन (वियतनाम, लाओस और कंबोडिया) फ्रांसीसी उपनिवेशवादियों से स्वतंत्र हो गए। 1946 में सीरिया से फ्रांसीसियों के निष्कासन के साथ मध्य पूर्व ने स्वतंत्रता के लिए संघर्ष का अनुभव किया। 1950 के दशक में उत्तरी अफ्रीका में लीबिया (1951), सूडान (1956) और मोरक्को और ट्यूनीशिया के फ्रांसीसी उपनिवेशों (1956) जैसी राजनीतिक स्वतंत्रता की लहर देखी गई। 1952 में राजशाही को उखाड़ फेंकने और 1953 में गणतंत्र की घोषणा होने तक मिस्र ब्रिटिश संरक्षित राज्य बना रहा। 1958 की राष्ट्रवादी क्रांति में राजा फैसल द्वितीय (King Faisal II) को सत्ता से बेदखल करने के बाद ही इराक ब्रिटिश आकाओं से खुद को मुक्त कर सका। उप-सहारा अफ्रीका में, घाना को 1957 में और गिनी को 1958 में स्वतंत्रता मिली। 1960 के दशक के अंत तक, अफ्रीका के लगभग सभी उपनिवेश अपनी राजनीतिक स्वतंत्रता स्थापित करने में सफल रहे।[1]

विउपनिवेशीकरण के कारण (Causes for Decolonization)

1. ***शाही शक्तियों का दिवालियापन (Bankruptcy of the Imperial Powers):*** प्रथम विश्व युद्ध ने शाही शक्तियों को पहले ही समाप्त कर दिया था और दूसरे विश्व युद्ध ने, जो तेजी से लड़ा गया, उन्हें

दिवालिया बना दिया। सैन्य, मानव और भौतिक संसाधनों के मामले में हुए भारी नुकसान ने उन्हें आर्थिक और राजनीतिक रूप से थका दिया। इसके अलावा, उपनिवेशों में उनके प्रभुत्व के बढ़ते प्रतिरोध ने भी उन्हें थका दिया और एशिया, अफ्रीका और लैटिन अमेरिका में उपनिवेशों को बनाए रखना उनके लिए लगभग असंभव हो गया। उन्हें घर वापस अपने सामाजिक-आर्थिक पुनर्निर्माण पर ध्यान केंद्रित करना था, जिसका अर्थ था कि उन्हें उपनिवेशों से हटना पड़ा।

2. ***संयुक्त राज्य अमेरिका और विउपनिवेशीकरण (United States and Decolonization):*** जैसा कि पहले ही बताया गया है, संयुक्त राज्य अमेरिका ने सैद्धांतिक रूप से इन उपनिवेशों में साम्यवाद के प्रसार को रोकने के लिए विउपनिवेशीकरण प्रयासों का समर्थन किया। इसने आत्मनिर्णय के सिद्धांतों और लोकतांत्रिक सरकारों की स्थापना के प्रयासों का समर्थन किया जिसने औपनिवेशिक शक्तियों के खिलाफ संघर्ष को और अधिक गति दी।

3. ***साम्यवाद का उदय (Rise of Communism):*** सोवियत संघ के नेतृत्व में कम्युनिस्ट आंदोलन ने उपनिवेशों में मुक्ति के लिए संघर्ष कर रहे लोगों को निर्विवाद समर्थन दिया। 1917 की रूसी क्रांति की सफलता के परिणामस्वरूप *ज़ारिस्ट निरंकुशता* (Tsarist autocracy) को उखाड़ फेंका गया और एक मजबूत समाजवादी राज्य के रूप में यूएसएसआर के उदय ने एशिया और अफ्रीका में उपनिवेशवाद विरोधी आंदोलनों को प्रेरणा दी। जो धारणा प्रबल थी वह यह थी कि साम्राज्यवादी शोषक थे और इसलिए, उन्हें बाहर कर दिया जाना चाहिए। इससे राष्ट्रवादियों की उपनिवेशवाद के विरुद्ध लड़ने की भावना को नए जोश के साथ बढ़ावा मिला।

4. ***राष्ट्रवाद और राष्ट्रवादी संघर्ष का उदय और आत्मनिर्णय का सिद्धांत (Rise of Nationalism and Nationalist Struggle and the Principle of Self-Determination):*** जबकि यूरोपीय राष्ट्रवाद की जड़ें यूरोपीय पुनर्जागरण में पाई जा सकती हैं, तीसरी दुनिया के राष्ट्रवाद के उद्भव का पता औपनिवेशिक शक्तियों के खिलाफ तीसरी दुनिया के लोगों के संघर्ष से लगाया जा सकता है। आत्मनिर्णय के सिद्धांत से प्रेरित होकर, विभिन्न राष्ट्रवादी संघर्षों ने अपने औपनिवेशिक आकाओं पर बड़े पैमाने पर हमले शुरू किए। द्वितीय विश्व युद्ध के बाद संघर्ष अपने चरम पर पहुंच गया, अंततः औपनिवेशिक शक्तियों की वापसी और उनकी स्वतंत्रता में परिणति हुई।

5. ***संयुक्त राष्ट्र की भूमिका (Role of the United Nations):*** संयुक्त राष्ट्र चार्टर में गैर-स्वशासित क्षेत्रों के संबंध में घोषणा ने उन क्षेत्रों के प्रशासन के संबंध में सदस्यों पर एक दायित्व लगाया, जिनके लोग अभी तक पूर्ण स्वशासन तक नहीं पहुंच पाए थे। चार्टर के अनुच्छेद 73 में निहित घोषणा में कहा गया है, "संयुक्त राष्ट्र के सदस्यों को उन क्षेत्रों के प्रशासन की ज़िम्मेदारी लेनी है जिनके लोगों ने अभी तक पूर्ण स्वशासन प्राप्त नहीं किया है, वे इस सिद्धांत को पहचानते हैं कि निवासियों के इस क्षेत्र के हित सर्वोपरि हैं, और एक पवित्र ट्रस्ट के रूप में, वर्तमान चार्टर द्वारा स्थापित अंतर्राष्ट्रीय शांति और सुरक्षा की प्रणाली के भीतर, उन क्षेत्रों के प्रशासन को बढ़ावा देने के दायित्व को स्वीकार करते हैं, जिनके लोग अभी तक आत्म-सम्मान और स्वशासन की पूर्ण सीमा तक नहीं पहुंचे हैं।

अनुच्छेद 74 में कहा गया है कि "संयुक्त राष्ट्र के सदस्य इस बात से सहमत हैं कि जिन क्षेत्रों, जो महानगरीय क्षेत्रों से कम न हों, के संबंध में उनकी नीति लागू होती है वह सामान्य सिदधांत जैसे अच्छे पड़ोसी और अंतरार्ष्ट्रीय सहयोग एवं शेष विश्व के सामाजिक, आर्थिक और व्यावसायिक हितों के आधार पर होनी चाहिए।[2] ऐसा इसलिए किया जाएगा:

(क) संबंधित लोगों की संस्कृति, उनकी राजनीतिक, आर्थिक, सामाजिक और शैक्षणिक उन्नति, उनके उचित उपचार और दुर्व्यवहार के खिलाफ उनकी सुरक्षा उचित सम्मान के साथ सुनिश्चित करना।

(ख) प्रत्येक क्षेत्र और उसके लोगों की विशेष परिस्थितियों और उनकी उन्नति अलग-अलग चरणों के अनुसार, लोगों की राजनीतिक आकांक्षाओं को ध्यान में रखते हुए, और उनके स्वतंत्र राजनीतिक संस्थानों के प्रगतिशील विकास में उनकी सहायता करने के लिए स्वशासन का विकास करना।

(ग) अतिरिक्त अंतर्राष्ट्रीय शांति और सुरक्षा देना।

(घ) इस अनुच्छेद में निर्धारित सामाजिक, आर्थिक और वैज्ञानिक उद्देश्यों की व्यावहारिक उपलब्धि की दृष्टि से विकास के रचनात्मक उपायों को बढ़ावा देना, अनुसंधान को प्रोत्साहित करना और एक दूसरे के साथ सहयोग करना और, जब और जहां उचित हो, विशेष अंतर्राष्ट्रीय निकायों के साथ सहयोग करना।

(ङ) सुरक्षा और संवैधानिक विचारों के लिए आवश्यक सीमा के अधीन, उन क्षेत्रों में आर्थिक, सामाजिक और शैक्षिक स्थितियों से संबंधित तकनीकी प्रकृति की सांख्यिकीय और अन्य जानकारी, जिनके लिए वे क्रमशः जिम्मेदार हैं, सूचना उद्देश्यों के लिए महासचिव को नियमित रूप से प्रेषित करें, उन क्षेत्रों के अलावा जिन पर अध्याय XII और XIII लागू होते हैं।

संयुक्त राष्ट्र चार्टर के इन प्रावधानों ने उपनिवेशवाद मुक्ति के आंदोलन को गति दी। स्व-शासित क्षेत्र का दर्जा देने के संबंध में औपनिवेशिक और गैर-औपनिवेशिक शक्तियों के बीच लंबी बहस और तनाव थे और, अक्सर, औपनिवेशिक शक्तियों ने जानबूझकर स्वतंत्रता के प्रश्न को संयुक्त राष्ट्र के बाहर रखा, जैसा कि इस मामले में फ्रांस द्वारा इंडो-चीन, मोरक्को और अल्जीरिया के बारे मे किया गया था। लेकिन फिर भी यह निर्विवाद है कि संयुक्त राष्ट्र ने लीबिया, इरिट्रिया और सोमालीलैंड जैसे कुछ अफ्रीकी ट्रस्ट क्षेत्रों में औपनिवेशिक शासन को समाप्त करने में महत्वपूर्ण भूमिका निभाई।

6. *तीसरी दुनिया के देशों की भूमिका (Role of Third World Countries):* संयुक्त राष्ट्र के बाहर, तीसरी दुनिया के देशों द्वारा शुरू किए गए *गुटनिरपेक्ष आंदोलन* (Non-Aligned Movement —NAM) ने भी मुक्ति के लिए लड़ रहे लोगों को सहायता प्रदान करने में महत्वपूर्ण भूमिका निभाई, और औपनिवेशिक डिजाइनों के खिलाफ मुखर था। 1960 तक, उपनिवेश-मुक्त देशों की संख्या भी बढ़ गई और ये देश अब महासभा में संख्यात्मक रूप से श्रेष्ठता का आनंद लेने लगे, इतना कि उन्होंने महासभा का उपयोग करने और उपनिवेश-मुक्त करने की प्रक्रिया को तेज़ करने और उन क्षेत्रों की औपनिवेशिक प्रभुत्व से मुक्ति सुनिश्चित करने की पूरी कोशिश की। इसके लिए, 14 दिसंबर 1960 को, 90-0 के बहुमत वोट और औपनिवेशिक शक्तियों द्वारा नौ अनुपस्थितियों के साथ, एक प्रस्ताव पारित किया गया, जो एक घोषणा के रूप में था। इसे औपनिवेशिक देशों और लोगों को स्वतंत्रता प्रदान करने की घोषणा के रूप में जाना जाने लगा। घोषणा में उपनिवेशवाद को उसके सभी रूपों और अभिव्यक्तियों में शीघ्र और बिना शर्त समाप्त करने की आवश्यकता की घोषणा की गई और अंत में यह घोषणा की गई कि:

(क) लोगों को विदेशी अधीनता, प्रभुत्व और शोषण के अधीन करना मौलिक मानवाधिकारों का उल्लंघन है, संयुक्त राष्ट्र के चार्टर के विपरीत है और विश्व शांति और सहयोग को बढ़ावा देने में बाधा है।

(ख) सभी लोगों को आत्मनिर्णय का अधिकार है; उस अधिकार के आधार पर वे स्वतंत्र रूप से अपनी राजनीतिक स्थिति निर्धारित कर सकते हैं और अपना आर्थिक, सामाजिक और सांस्कृतिक विकास कर सकते हैं।

(ग) राजनीतिक, आर्थिक, सामाजिक या शैक्षिक तैयारियों की अपर्याप्तता को कभी भी स्वतंत्रता में देरी के बहाने के रूप में काम नहीं करना चाहिए।

(घ) आश्रित लोगों के खिलाफ निर्देशित सभी सशस्त्र कार्रवाइयां या सभी प्रकार के दमनकारी उपाय बंद कर दिए जाएंगे ताकि वे शांतिपूर्ण और स्वतंत्र रूप से पूर्ण स्वतंत्रता के अपने अधिकार का प्रयोग कर सकें, और उनके राष्ट्रीय क्षेत्र की अखंडता का सम्मान किया जाएगा।

(ङ) ट्रस्ट और गैर-स्वशासी क्षेत्रों या अन्य सभी क्षेत्रों में, जिन्होंने अभी तक स्वतंत्रता प्राप्त नहीं की है, उन क्षेत्रों के लोगों को बिना किसी शर्त या आरक्षण के, उनके अनुसार सभी शक्तियां हस्तांतरित करने के लिए तत्काल कदम उठाए जाएंगे, जो उन्हें पूर्ण स्वतंत्रता और स्वतंत्रता का आनंद लेने में सक्षम बनाने के लिए, जाति, पंथ या रंग के किसी भी भेदभाव के बिना स्वतंत्र रूप से उनकी इच्छानुसार होगा।

(च) किसी देश की राष्ट्रीय एकता और क्षेत्रीय अखंडता को आंशिक या पूर्ण रूप से बाधित करने का कोई भी प्रयास संयुक्त राष्ट्र के चार्टर के उद्देश्यों और सिद्धांतों के साथ असंगत है।

(छ) सभी राज्य सभी लोगों के संप्रभु अधिकारों और उनकी क्षेत्रीय अखंडता के लिए समानता, सभी राज्यों के आंतरिक मामलों में हस्तक्षेप न करने और सम्मान के आधार पर संयुक्त राष्ट्र के चार्टर, मानव अधिकारों की सार्वभौमिक घोषणा और वर्तमान घोषणा के प्रावधानों का ईमानदारी से और सख्ती से पालन करेंगे।[3]

इन सभी कारकों ने तीसरी दुनिया में विउपनिवेशीकरण (decolonization) की गति को बढ़ा दिया। नव स्वतंत्र देशों की संख्या में वृद्धि ने अंतर्राष्ट्रीय संबंधों की संरचना को बदल दिया। एक बार स्वतंत्र होने के बाद, इन देशों ने उपनिवेशवाद और तीसरी दुनिया के अन्य साथी देशों के नस्लीय भेदभाव के खिलाफ संघर्ष का समर्थन करना शुरू कर दिया। वे एक शक्तिशाली शक्ति बन गए और शीत युद्ध के दिनों के किसी भी शक्ति गुट के साथ किसी भी प्रकार के सैन्य गठबंधन या संरेखण का विरोध किया और गुट निरपेक्ष आंदोलन के रूप में एक मजबूत स्थिति स्थापित की। वे, अपने विशाल संख्यात्मक बहुमत के कारण, जल्द ही संयुक्त राष्ट्र में एक शक्तिशाली आवाज के रूप में उभरे और तीसरी दुनिया के देशों से आर्थिक संबंधों के असमान पैटर्न को बदलने और एक *नई अंतर्राष्ट्रीय आर्थिक व्यवस्था (एनआईईओ)* (New International Economic Order—NIEO) और साथ ही एक *नई विश्व सूचना और संचार आदेश* (एनडब्लयूआईसीओ)(New World Information and Communication Order—NWICO) लाने की जोरदार मांग उठी।

तीसरी दुनिया की अवधारणा (Concept of the Third World)

नामकरण के आधार पर, "*तीसरी दुनिया*", निश्चित रूप से समीक्षा की मांग करता है, विशेष रूप से आम बोलचाल में इस शब्द के उपयोग की समीक्षा। हालाँकि इस शब्द के अर्थ पर कोई सटीक सहमति नहीं है, फिर भी तीसरी दुनिया का गठन क्या होता है या क्यों कुछ देशों को तीसरी दुनिया के रूप में वर्गीकृत किया जाता है, यह अंतर्राष्ट्रीय संबंध के शिक्षाविदों और विद्वानों के लिए चिंतन का विषय है। यह सच है कि एशिया, अफ्रीका और लैटिन अमेरिका के तेजी से विउपनिवेशीकरण से स्वतंत्र राज्यों की संख्या में भारी वृद्धि हुई है, लेकिन साथ ही, उन्हें अंतर्राष्ट्रीय पदानुक्रम के निचले स्तर पर रखा गया है। आमतौर पर, दक्षिणी गोलार्ध से संबंधित देशों को अविकसितता और गरीबी की विशेषता वाली तीसरी दुनिया के रूप में वर्गीकृत किया गया था।

तीसरी दुनिया के अंतर्गत आने वाले देशों को वर्गीकृत करने के लिए वर्षों से शब्दों की एक विस्तृत श्रृंखला का उपयोग किया गया है, और अधिकांश समय, उपयोग की जाने वाली शब्दावली तटस्थ नहीं है। एरिक टूसेंट (Eric Toussaint)[4] तीसरी दुनिया से संबंधित देशों को नामित करने के लिए इस्तेमाल किए जाने वाले विभिन्न शब्दों की ओर ध्यान आकर्षित करते हैं। अधिकांश मामलों में वर्गीकरण का सूचकांक आर्थिक होता है। 'अविकसित' इस्तेमाल किया जाने वाला सबसे पुराना शब्द है और अब यह अप्रचलित हो गया है क्योंकि यह अपमानजनक प्रतीत होता है और विकसित देशों का संदर्भ देता है। विकासशील देश, विकसित देश, गरीब देश, दक्षिण के देश, परिधीय देश, उभरते देश या संक्रमणकालीन देश कुछ लोकप्रिय शब्द हैं जिनका उपयोग वर्तमान में तीसरी दुनिया के देशों को संदर्भित करने के लिए किया जाता है। अल्जीरियाई लेखक और *द व्रीच्ड ऑफ द अर्थ* (*The Wretched of the Earth*) के लेखक फ्रांत्ज़ फैनन (Frantz Fanon)* ने "तीसरी दुनिया" शब्द का इस्तेमाल उस समय किया था जब अफ्रीका, एशिया और लैटिन अमेरिका के पूर्व उपनिवेश नए स्वतंत्र राज्यों के रूप में उभर रहे थे। फैनन (Fanon) के लिए, ये पूर्व उपनिवेश, स्वतंत्रता के लिए संघर्ष कर रहे थे, साम्राज्यवादी शक्तियों के शोषण और नव-उपनिवेशवाद के खिलाफ लड़ रहे थे, और तीसरी दुनिया का गठन किया जो पूंजीवादी और समाजवादी दुनिया के बीच स्थित थी।

यदि कोई तीसरी दुनिया शब्द की उत्पत्ति पर गौर करने की कोशिश करेगा, तो पता चलेगा कि फ्रांसीसी विद्वान अल्फ्रेड सॉवी (Alfred Sauvy) ने इस शब्द का आविष्कार किया था और शीत युद्ध के दौरान यह शब्द बहुत लोकप्रिय हो गया था। इसका उपयोग उन देशों के संदर्भ में किया गया था जो किसी भी गुट के साथ गुटनिरपेक्षता की स्थिति अपना रहे थे। सॉवी ने कहा, "हम आसानी से दो विरोधी दुनियाओं, उनके संभावित युद्ध, उनके सह-अस्तित्व आदि के बारे में बात करते हैं, अक्सर यह भूल जाते हैं कि एक तीसरी दुनिया भी मौजूद है, जो सबसे महत्वपूर्ण है, और वास्तव में कालानुक्रमिक (chronological) दृष्टि से पहला है। यह उन लोगों का समूह है जिन्हें हम संयुक्त राष्ट्र की शैली में अविकसित देश कहते हैं। (...) अविकसित देश, तीसरी दुनिया, एक नए चरण में प्रवेश कर चुके हैं (...)। क्योंकि आख़िरकार यह तीसरी दुनिया जिसे नज़रअंदाज़ किया गया, उसका शोषण किया गया, उसे तीसरे राज्य के रूप में हीन दृष्टि से देखा जाता है, वह कुछ और भी बनना चाहता है।"

यह शब्द जल्द ही 1955 के बांडुंग सम्मेलन (Bandung Conference of 1955) में शामिल हुआ, जो तीसरी दुनिया के देशों का पहला मंच था जिसने गुटनिरपेक्ष आंदोलन की नींव रखी थी। शीत युद्ध के सुनहरे दिनों के दौरान, यह शब्द उन देशों को निर्दिष्ट करता था जो न तो पश्चिमी शक्तियों (पहली दुनिया) के साथ गठबंधन करते थे, न ही साम्यवादी गुट (दूसरी दुनिया) के साथ। इस दृष्टिकोण से, तीसरी दुनिया कमोबेश एक प्रकार की 'तीसरी ताकत' का प्रतिनिधित्व करती है।

जैसा कि कैल्वोकोरेसी (Calvocoressi)[5] ने बताया, "यह एक तीसरी दुनिया थी क्योंकि इसने दो दुनियाओं में विभाजित दुनिया की धारणा को खारिज कर दिया था जिसमें केवल संयुक्त राज्य अमेरिका और यूएसएसआर की गिनती थी और बाकी सभी को एक या दूसरे के लिए घोषणा करनी थी। यह महाशक्तियों की परमाणु हथियारों की शक्ति और उसमें वृद्धि से डरता था। इसने उनके इरादों पर अविश्वास किया, उनकी श्रेष्ठ संपत्ति से ईर्ष्या की और उनके आग्रह को खारिज कर दिया कि, एक मामले में लोकतांत्रिक पूंजीवाद में और दूसरे में साम्यवाद में, उन्होंने जीवन का एक ऐसा तरीका खोजा है जिसकी दूसरों को नकल करने के अलावा और कुछ नहीं चाहिए। इसलिए, ये देश न तो मास्को के कठोर साम्यवाद के पक्ष में थे और न ही

* Frantz Fanon, *The Wretched of the Earth*, translation, Constance Farrington, (1963 translation of the 1961 book), Grove Weidenfeld, New York, 1963.

वाशिंगटन की साम्यवाद से नफरत के पक्ष में थे और किसी भी शक्ति गुट के साथ गुटनिरपेक्षता में विश्वास करते थे।

माओ (Mao) द्वारा प्रतिपादित चीनी अवधारणा तीसरी दुनिया को एक अलग दृष्टिकोण से देखती थी। माओ के लिए, "संयुक्त राज्य अमेरिका और सोवियत संघ प्रथम विश्व का निर्माण करते हैं। जापान, यूरोप और कनाडा मध्य भाग, जो द्वितीय विश्व से संबंधित हैं। हम तीसरी दुनिया हैं। तीसरी दुनिया में बहुत बड़ी आबादी है। जापान को छोड़कर, एशिया तीसरी दुनिया का हिस्सा है। संपूर्ण अफ्रीका और लैटिन अमेरिका तीसरी दुनिया के भाग हैं।'' विद्वानों का मानना है कि चीनी स्तरीकरण शक्ति पर आधारित था और तीसरी दुनिया के इस सिद्धांत (theory of Third World) को प्रतिपादित करने का एक छिपा हुआ उद्देश्य था। चीन स्वयं को तीसरी दुनिया का नेता घोषित करना चाहता था।

फिर भी, अक्सर 'तीसरी दुनिया' शब्द का उपयोग अविकसित, कम विकसित और विकासशील देशों को संदर्भित करने के लिए किया जाता है और, जाहिर है, संदर्भ बिंदु विकसित देश हैं। तीसरी दुनिया के देशों का लक्ष्य विकसित देशों के साथ "पकड़ना" है। आर्थिक रूप से बोलते हुए, प्रथम विश्व को औद्योगिक और मुक्त बाजार अर्थव्यवस्था वाले देशों के रूप में परिभाषित किया गया था। द्वितीय विश्व के देश समाजवादी और केन्द्रीकृत योजनाबद्ध अर्थव्यवस्था वाले थे। तीसरी दुनिया के देश अफ्रीका, एशिया और लैटिन अमेरिका के तीन महाद्वीपों के देशों से मिलकर सबसे बड़ा समूह बनाते हैं।

इरविंग होरोविट्ज़ (Irving Horowitz)* ने भी अपने विकास की *तीन दुनियाओं में विकास* (*Three Worlds of Development*) के संदर्भ में तीसरी दुनिया को परिभाषित किया। पश्चिमी यूरोप, अमेरिका और जापान से बनी प्रथम दुनिया की विशेषता प्रतिस्पर्धी पूंजीवाद थी। द्वितीय विश्व, जो कि सोवियत गुट का था, की विशेषता सोवियत और चीनी दोनों मॉडलों का समाजवाद था। तीसरी दुनिया उन नव स्वतंत्र देशों से बनी थी, जिन्हें अफ्रीका, एशिया और लैटिन अमेरिका के तीन महाद्वीपों से संबंधित विकास की समस्याओं का सामना करना पड़ा था।[6]

केगली और विटकोफ (Kegley and Wittkopf) [7] के अनुसार, "तीसरी दुनिया में दुनिया के गरीब, आर्थिक रूप से कम विकसित देश शामिल हैं। वे इतने अधिक हैं कि यह कहना आसान है कि कौन नहीं है। अविकसित देशों में जापान, ऑस्ट्रेलिया और न्यूजीलैंड को छोड़कर पूरे एशिया और ओशिनिया, दक्षिण अफ्रीका को छोड़कर पूरे अफ्रीका और कनाडा और संयुक्त राज्य अमेरिका को छोड़कर पूरे पश्चिमी गोलार्ध शामिल हैं। कुछ सूत्रों में विकासशील अर्थव्यवस्थाओं की श्रेणी में कुछ यूरोपीय राष्ट्र भी शामिल हैं", जैसे पुर्तगाल, स्पेन, ग्रीस, तुर्की, (तत्कालीन) यूगोस्लाविया और रुमानिया।

किसी भी तरह से कोई तीसरी दुनिया को देखने की कोशिश करता है, यह पता चलता है कि तीसरी दुनिया एक भू-राजनीतिक अवधारणा है जो एक भौगोलिक क्षेत्र में शामिल होने पर आधारित है जिसमें दक्षिणी गोलार्ध शामिल है जो सामान्य औपनिवेशिक अतीत को साझा करता है और अविकसितता की समान परिस्थितियों में रखा गया है। सोवियत संघ के विघटन और समाजवादी मॉडल और समाजवादी गुट के तेजी से कमजोर पड़ने के परिणामस्वरूप दूसरी दुनिया धीरे-धीरे लुप्त हो गई और दूसरी दुनिया का पहली दुनिया में विलय होने की प्रवृत्ति बढ़ रही है। इसलिए आजकल तीसरी दुनिया शब्द से अधिक जो प्रचलन में है वह *विकासशील विश्व* या *विकासशील देश* जैसे शब्द हैं।

---

* Irving Horowitz, *Three Worlds of Development*, Oxford University Press, New York, 1966.

तीसरी दुनिया की विशेषताएं (Features of the Third World)

औपनिवेशिक अतीत (Colonial Past): तीसरी दुनिया के देशों का यूरोपीय उपनिवेशवाद के अधीन होने का एक साझा इतिहास है। यूरोपीय शक्तियों ने अफ्रीका, एशिया और लैटिन अमेरिका के लोगों पर अपना प्रभुत्व थोप दिया क्योंकि उन्होंने अपने लिए उपनिवेश बनाए। उन्होंने अपनी अर्थव्यवस्थाओं को पोषित करने के लिए वस्तुतः इन उपनिवेशों को 'कच्चे माल के उपांग' ('raw material appendage) में बदल दिया। यूरोपीय देशों की समृद्धि इन उपनिवेशों के अल्पविकास और शोषण की कीमत पर थी। औपनिवेशिक शासन के विरुद्ध निराशा और असंतोष ने इन सभी उपनिवेशों में राष्ट्रवादी संघर्षों को जन्म दिया, जिसने अंततः यूरोपीय औपनिवेशिक शक्तियों को उन्हें स्वतंत्रता देने के लिए मजबूर किया। इस औपनिवेशिक विरासत ने तीसरी दुनिया के देशों को उत्साहपूर्वक अपनी स्वतंत्रता की रक्षा करने और अपने संसाधनों और ऊर्जा को विकास की दिशा में बढ़ाने के लिए प्रेरित किया।

गरीबी और अविकसितता (Poverty and Underdevelopment): दक्षिण में गरीबी और अविकसितता बनी हुई है। उत्तरदायित्व न केवल उत्तर पर है बल्कि दक्षिण की आंतरिक संरचना पर भी है। यदि दक्षिण का अप्रतिबद्ध नेतृत्व, इसके सीमित संसाधनों का गलत आवंटन, विशाल जनसंख्या वृद्धि और सुस्त आर्थिक विकास गरीबी में योगदान करते हैं, तो उत्तर की व्यापार और सहायता की रणनीति, डब्ल्यूटीओ और आईएमएफ के संरचनात्मक समायोजन कार्यक्रम, विश्व मूल्य में उतार-चढ़ाव, वैश्विक शेयर बाजारों में वित्तीय अस्थिरता, वैश्विक वित्तीय संकट (2008), उत्तर के संरक्षणवादी शासन और बहुराष्ट्रीय कंपनियों की भूमिका ने भी तीसरी दुनिया के देशों की अविकसितता को बढ़ा दिया है। विश्व बैंक ने 140 'विफल राज्यों' की एक सूची तैयार की है जो या तो विकासशील देश हैं या पूर्व समाजवादी देश हैं, लेकिन उनके पास विशाल प्राकृतिक संसाधन हैं। इसने उत्तर को फिर से इन विकासशील देशों में हस्तक्षेप करने और विफल राज्यों को बचाने और लोकतंत्र फैलाने के प्रयासों के रूप में अपनी गतिविधियों को उचित ठहराने का एक और मौका दिया है ताकि वे अंतर्राष्ट्रीय आतंकवादियों के की गतिविधियों का अड्डा न बनें।

ऋण संकट (Debt Crisis): 1980 के दशक में तीसरी दुनिया का एक बड़ा ऋण संकट था जिससे विकासशील देशों को फिर से उभरना मुश्किल हो गया था। विकासशील देशों को तब तक और अधिक उधार लेने के लिए प्रोत्साहित किया गया जब तक कि वे पूरी तरह ऋण जाल में नहीं फँस गए। 1979 एक निर्णायक मोड़ था, जैसा कि हम अध्याय 14 में चर्चा करेंगे, जब विकास और कल्याण को बढ़ावा देने के लिए बाहरी ऋण लेने का सैद्धांतिक पुण्य चक्र, जिसके परिणामस्वरूप स्व-स्थायी विकास होगा, तीसरी दुनिया के देशों के लिए स्थायी ऋण के *एक दुष्चक्र* (vicious circle) में बदल गया जहां से ऋणदाताओं के पास भारी पूंजी प्रवाह होता था।

निर्भरता और नव-उपनिवेशवाद (Dependence and Neo-Colonialism): द्वितीय विश्व युद्ध के बाद औपनिवेशिक साम्राज्य के पतन ने यूरोपीय शक्तियों के औपनिवेशिक वर्चस्व को समाप्त कर दिया था। हालाँकि, इसने राजनीतिक स्वतंत्रता तो सुनिश्चित की, लेकिन आर्थिक स्वतंत्रता नहीं। पूर्व औपनिवेशिक देशों के अल्पविकास ने उन्हें वित्त, सहायता, प्रौद्योगिकी हस्तांतरण और अनुसंधान और विकास के लिए फिर से अपने पूर्व औपनिवेशिक आकाओं पर निर्भर बना दिया। इसलिए, पूर्व औपनिवेशिक स्वामियों ने अपने उद्देश्यों की पूर्ति के लिए इस निर्भरता का उपयोग करने के साधन तैयार किए। उपनिवेश उनके उत्पादों के लिए कच्चे माल और बाज़ार के महत्वपूर्ण स्रोत थे, इसलिए औपनिवेशिक शक्तियों ने उन पर अपना प्रभुत्व स्थापित करने के लिए नए तरीकों की तलाश की। औपनिवेशिक प्रभुत्व के इस नए रूप को *नव-उपनिवेशवाद*

(neo-colonialism) कहा जाता है। यह अवधारणा, वर्तमान में, संयुक्त राज्य अमेरिका के साथ तीसरी दुनिया के संबंध, जो एक औपचारिक उपनिवेशवादी नहीं था, और उत्तर-दक्षिण संबंधों को शामिल करती है।

एक संयुक्त शक्ति—असमान अंतर्राष्ट्रीय व्यवस्था का प्रतिरोध (A United Force—Resistance to Inequitable International Order): तीसरी दुनिया के देशों की आम समस्याओं ने उन्हें एक न्यायसंगत अंतर्राष्ट्रीय राजनीतिक और आर्थिक व्यवस्था के लिए लड़ने के लिए एक संयुक्त मोर्चा बनाने के लिए प्रेरित किया। उन्होंने 1960 के दशक से अंतर्राष्ट्रीय संबंधों की संरचना को बदल दिया था। उन्होंने 1970 के दशक से संयुक्त राष्ट्र में एक नई अंतर्राष्ट्रीय आर्थिक व्यवस्था के लिए सामूहिक रूप से सौदेबाजी की थी। उन्होंने *न्यू इंटरनेशनल इकोनॉमिक आर्डर* (NIEO) के साथ-साथ *न्यू इंटरनेशनल इंफॉर्मेशन एंड कम्युनिकेशन ऑर्डर* (New International Information and Communication Order—NIICO) की भी मांग की है। उन्होंने न केवल अपनी राजनीतिक स्वतंत्रता की रक्षा के लिए बल्कि शीत युद्ध के दिनों से महाशक्ति प्रतिद्वंद्विता से खुद को बचाने के लिए गुटनिरपेक्ष आंदोलन (NAM) भी विकसित किया था। गुटनिरपेक्ष आंदोलन ने उन्हें एक मंच भी दिया जहां वे न्यू इंटरनेशनल इकोनॉमिक आर्डर के लिए लड़ सकते थे और नव-उपनिवेशवाद के खिलाफ धर्मयुद्ध कर सकते थे और उत्तर-दक्षिण संवाद शुरू कर सकते थे। उन्होंने ग्रुप ऑफ 77 (Group of 77) के निर्माण के साथ एक साझा मोर्चा भी बनाया है। तीसरी दुनिया ने विश्व जनमत को संगठित करने और मौजूदा अंतर्राष्ट्रीय व्यवस्था के विकल्प की संभावनाएं तलाशने में सराहनीय भूमिका निभाई है।

अभ्यास (Exercises)

1. तीसरी दुनिया की अवधारणा पर चर्चा करें। तीसरी दुनिया की विशेषताओं का संक्षेप में विश्लेषण करें।
2. उपनिवेशवाद समाप्ति और तीसरी दुनिया के उद्भव के कारणों की जाँच करें।

संदर्भ (References)

[1] Heller, Henry, *The Cold War and the New Imperialism: A Global History, 1945–2005,* Cornerstone Publications, Kharagpur, India, 2006, pp. 75–79.
[2] The United Nations Charter.
[3] Declaration on the Granting of Independence to Colonial Countries and Peoples.
[4] Toussaint, Eric, *The World Bank: A Never Ending Coup d'état,* The Hidden Agenda of Washington Consensus, Vikas Adyayan Kendra, Mumbai, 2007, p. xxvii.
[5] Calvocoressi, Peter, *World Politics: 1945–2000,* Pearson Education, New Delhi, 2005, p. 184.
[6] Melkote, Rama S. and A. Narasimha Rao, *International Relations*, Sterling Publishers, New Delhi, 1983, p. 130.
[7] Kegley, Charles W., Jr. and Eugene R. Wittkopf, *World Politics—Trends and Transformation,* St. Martin's Press, New York, 1997, p. 101.

8

गुटनिरपेक्ष आंदोलन
(Non-Aligned Movement)

अंतर्वस्तु (Contents)

परिचय (Introduction)

गुटनिरपेक्ष आंदोलन (Non-Aligned Movement—NAM) विकासशील दुनिया से संबंधित है और यह विकासशील दुनिया के छोटे और मध्यम आकार के राज्यों का गठबंधन है, जिनमें ज्यादातर पूर्व उपनिवेश हैं। 1961 में 25 देशों की भागीदारी के साथ *बेलग्रेड सम्मेलन* (Belgrade Conference) से अपनी जड़ें जमाते हुए, गुटनिरपेक्ष आंदोलन पिछले कुछ वर्षों में कई सम्मेलनों के माध्यम से विकसित हुआ और अब 100 से अधिक देश इसके सदस्य हैं। गुटनिरपेक्ष देशों ने एक लचीली संगठनात्मक संरचना तैयार की और वे कुछ विशिष्ट मुद्दों पर समर्थन जुटाने और अपने उद्देश्यों को बढ़ावा देने के लिए समय-समय पर दुनिया के विभिन्न क्षेत्रों में मिलते रहे हैं। गुटनिरपेक्ष आंदोलन अंतर्राष्ट्रीय संबंधों में एक प्रमुख आंदोलन रहा है, जिसका मुख्य लक्ष्य मौजूदा वैश्विक संरचना को बदलना और अधिक न्यायपूर्ण, समान और शांतिपूर्ण विश्व व्यवस्था बनाना है। संक्षेप में, यह एक साम्राज्यवाद-विरोधी आंदोलन है।[1]

गुटनिरपेक्ष आंदोलन की उत्पत्ति (Non-Aligned Movement: Genesis)

द्वितीय विश्व युद्ध के बाद तेजी से विउपनिवेशीकरण (decolonization) की प्रक्रिया ने अफ्रीका, एशिया और कैरेबियन में कई राज्यों को अस्तित्व में ला दिया, जो ज्यादातर छोटे या मध्यम आकार के थे और

अविकसित और राजनीतिक रूप से कमजोर थे। उन्हें राष्ट्र-निर्माण के साथ-साथ अपने समाज के भीतर आंतरिक असहमत ताकतों से निपटने के दोहरे कार्यों का सामना करना पड़ा। इसके साथ-साथ उनके सामने अविकसितता से निपटने और विकास की दिशा में काम करने का कठिन कार्य भी था। ये वे देश हैं जिनकी सरकारें गुटनिरपेक्ष आंदोलन की छत्रछाया में एक साथ आईं।

द्वितीय विश्व युद्ध के बाद शीत युद्ध का प्रकोप भी देखा गया, जिसके परिणामस्वरूप दो प्रमुख शक्तियों, संयुक्त राज्य अमेरिका और सोवियत संघ की शत्रुता हुई। शीत युद्ध तब और भड़क गया जब संयुक्त राज्य अमेरिका ने दुनिया भर में साम्यवाद को रोकने की नीति अपनाई, क्योंकि यूएसएसआर राष्ट्रीय मुक्ति आंदोलनों को समर्थन देकर भी ऐसा ही कर रहा था। अंतिम परिणाम सैन्य समझौते और जवाबी समझौते, हथियारों की होड़ में वृद्धि, दुनिया का धीरे-धीरे अलग-अलग गुटों में ध्रुवीकरण और परमाणु युद्ध का खतरा था, जिसके परिणामस्वरूप मानव जाति का पूर्ण विनाश हो सकता था। नव स्वतंत्र राज्य जो विकास की अपनी समस्याओं से निपटना चाहते थे और समान प्रकार के शोषणकारी औपनिवेशिक अतीत को साझा करते थे, वे किसी भी खेमे में नहीं रहना चाहते थे और तटस्थता-गुटनिरपेक्षता की स्थिति की कल्पना करते थे। गुटनिरपेक्ष आंदोलन की उत्पत्ति जवाहरलाल नेहरू (भारत), मार्शल टीटो (Marshal Tito)(यूगोस्लाविया), कुस्नो सुकर्णो (Kusno Sukarno) (इंडोनेशिया), क्वामे नक्रूमा (Kwame Nkrumah) (घाना) और गमाल अब्देल नासिर (Gamal Abdel Nasser) (मिस्र) के नेतृत्व में हुई। उन्होंने एशिया, अफ्रीका, यूरोप, अरब विश्व और लैटिन अमेरिका और कैरेबियन राज्यों का एक मजबूत गठबंधन बनाया।

विकासशील देशों द्वारा गुटनिरपेक्षता की नीति को अपनाने के पीछे का तर्क कई उद्देश्यों को दर्शाता है, जो एक राज्य से दूसरे राज्य में भिन्न होता है। उदाहरण के लिए, भारत के मामले में, उनकी विदेश नीति के उद्देश्य शांति, उपनिवेशवाद से मुक्ति, नस्लीय समानता और गुटनिरपेक्षता के स्तंभों पर आधारित थे, जो औपनिवेशिक शासन के उनके अनुभवों और ब्रिटिश उपनिवेशवाद के खिलाफ उसके स्वतंत्रता संग्राम पर बहुत हद तक आधारित थे। द्वितीय विश्व युद्ध की समाप्ति के तुरंत बाद उभरा शीत युद्ध और महाशक्तियों की अपने प्रभाव क्षेत्र को बनाए रखने की रणनीतियों के परिणामस्वरूप ऑस्ट्रेलिया, न्यूजीलैंड, संयुक्त राज्य अमेरिका सुरक्षा संधि (Australia, New Zealand, United States Security Treaty, ANZUS, 1 September, 1951) जैसे सैन्य समझौते हुए। *केंद्रीय संधि संगठन सेंटो* (Central Treaty Organization—CENTO, 1958–1979, dissolved in 1979) जिसे बगदाद संधि (Baghdad Pact 1955) भी कहते हैं, और दक्षिण पूर्व एशिया संधि संगठन (Southeast Asia Treaty Organization), या मनीला संधि (Manila Pact (SEATO, 8 Sept, 1954, dissolved in 1977)) जिसके तरफ भारत के पड़ोसी देश पाकिस्तान के आकर्षित होने के कारण भारत को गुटनिरपेक्षता की नीति अपनाने के लिए प्रेरित होना पड़ा। नेहरू ने यह स्पष्ट कर दिया कि भारत एक खेमे का होगा—शांति, सद्भावना और सहयोग का। गुटनिरपेक्षता की नीति का एक अनिवार्य पहलू, नेहरू के शब्दों में, "स्वतंत्रता का विस्तार और स्वतंत्र देशों द्वारा उपनिवेशीकरण का प्रतिस्थापन और राष्ट्रों के बीच बड़े पैमाने पर सहयोग" है।[2]

गुटनिरपेक्षता की नीति के लिए अरब नेताओं की पसंद मुख्य रूप से उनके क्षेत्र में महान शक्तियों के बीच संघर्ष को रोकने या किसी भी कीमत पर उन्हें हस्तक्षेप का बहाना न देने की उनकी इच्छा से उत्पन्न हुई थी। स्वेज़ संकट (Suez Crisis) आंखें खोलने वाला था और अरबों को अपने क्षेत्र में अन्य कुख्यात स्व-सेवा घुसपैठ (infamous selfserving intrusions) की संभावनाओं का एहसास हुआ। इस

उद्देश्य के लिए, उन्होंने एक गुटनिरपेक्ष मार्ग अपनाया और अरब एकजुटता पर जोर दिया और अरब दुनिया के केंद्र में ज़ायोनी [इनक्यूबस] (Zionist [incubus]) की संभावित आक्रामकता को रोकने के लिए सैन्य ताकत बढ़ाई।[3]

अफ्रीकी राज्यों ने नव-स्वतंत्र राज्यों की संप्रभुता को बनाए रखने के प्रयास में गुटनिरपेक्षता की भावना को आत्मसात किया। उन्होंने विदेशी शक्तियों को अफ्रीका से बाहर रखने, आपसी (अपनी) समस्याओं को स्वयं हल करने, अफ्रीकी राष्ट्रीय मुक्ति आंदोलनों को सहायता देने और श्वेत नस्लवाद के ख़िलाफ़ लड़ने के एक सामान्य उद्देश्य की दिशा में काम किया। गुटनिरपेक्ष समूह में शामिल होने के अफ्रीकी राज्यों के निर्णय को मूलतः एक साम्राज्यवाद-विरोधी संकेत माना जा सकता है।

गुटनिरपेक्ष आंदोलन में शामिल होने का क्यूबा का निर्णय उसके व्यावहारिक विचारों में से एक था। ग्वांतानामो (Guantanamo) में अमेरिकी सैन्य अड्डा उन कारणों में से एक था जिसने क्यूबा को एक ऐसे आंदोलन में शामिल होने के लिए प्रेरित किया जो विदेशी सैन्य अड्डों का विरोध करता था। इसके अलावा, 1960 के दशक में लैटिन अमेरिका में अलग-थलग होने के कारण, क्यूबा को कहीं न कहीं शामिल होने की अनिवार्य आवश्यकता महसूस हुई और गुटनिरपेक्षता एक अच्छा विकल्प प्रतीत हुआ जो संभवतः उसकी संप्रभु स्वतंत्रता के क्षरण के खिलाफ एक राजनीतिक बीमा सुरक्षित करेगा, जिसे अन्यथा एक या दूसरे प्रमुख शक्तियों से निकटता के माध्यम से बनाए रखना असंभव है।[4]

हालाँकि, एक अवधारणा के रूप में गुटनिरपेक्षता ने अक्सर भ्रम पैदा किया है और साथ ही विभिन्न क्षेत्रों से इसकी आलोचना भी हुई है। इसे ग़लती से कुछ हद तक तटस्थता के समान माना जाता है जिसे कुछ विशिष्ट संधि दायित्वों और अधिकारों द्वारा परिभाषित गैर-जुझारू स्थिति के रूप में कई शताब्दियों तक कानूनी मान्यता प्राप्त है। नेहरू ने यह कहकर दोनों अवधारणाओं के बीच भ्रम को दूर करने का प्रयास किया कि "नीति के रूप में तटस्थता का युद्ध के समय को छोड़कर कोई मतलब नहीं है", जबकि भारत ने "एक दूसरे के खिलाफ गठबंधन किए गए समूहों की सत्ता की राजनीति से दूर रहना पसंद किया, जिसके कारण पहले दो विश्व युद्ध हुआ और जो फिर से और भी बड़े पैमाने पर आपदाओं का कारण बन सकता है"।[5]

व्यवहार में, गुटनिरपेक्षता का अर्थ सैन्य गठबंधनों में शामिल न होने या शीत या गर्म युद्ध के दौरान तटस्थता बनाए रखने से कहीं अधिक हो गया है। इसका मुख्य उद्देश्य शत्रु गुटों से दूर रहकर उनके बीच संघर्ष के जोखिमों को कम करना और विश्व में शांति के क्षेत्र को व्यापक बनाना है। लेकिन तटस्थता की तरह, जिसने कभी-कभी तटस्थ राष्ट्रों को नष्ट कर दिया है और अधिकांश समय युद्ध शुरू होने के बाद इसका उल्लंघन किया गया है, गुटनिरपेक्षता में भी इसी तरह का संभावित खतरा है। इसलिए, गुटनिरपेक्ष राज्यों ने "सभी देशों के साथ शांति, वाणिज्य और ईमानदार मित्रता और किसी के साथ गठबंधन में न उलझने की नीति अपनाई"।

फिर भी, गुटनिरपेक्षता में नकारात्मक अर्थ उन लोगों के लिए निरंतर चिड़चिड़ाहट का स्रोत रहा है जो सुरक्षा बनाए रखने के लिए सैन्य गुटों के गठन के औचित्य में विश्वास करते थे। जॉन फोस्टर डलेस ने एक बार गुटनिरपेक्षता को "अनैतिक" घोषित किया था, और स्टालिन को भी इसके उद्देश्य पर संदेह था।

1961 में बेलग्रेड में पहले गुटनिरपेक्ष आंदोलन के शिखर सम्मेलन में नेहरू ने कहा, "हम खुद को गुटनिरपेक्ष देश कहते हैं। 'गुटनिरपेक्ष' शब्द की अलग-अलग व्याख्या की जा सकती है, लेकिन मूल रूप से इसे दुनिया के महान शक्ति गुटों के साथ गुटनिरपेक्ष होने के अर्थ में गढ़ा और उपयोग किया गया था... गुटनिरपेक्ष का एक नकारात्मक अर्थ है। लेकिन अगर हम इसे सकारात्मक अर्थ देते हैं, तो इसका मतलब है कि ऐसे राष्ट्र जो युद्ध के उद्देश्यों, सैन्य गुटों, सैन्य गठबंधनों और इसी तरह के अन्य उद्देश्यों के लिए एकजुट होने पर आपत्ति करते हैं। हम इस तरह के दृष्टिकोण से दूर रहते हैं और शांति के पक्ष में अपना पक्ष रखना

चाहते हैं"।[6] कृष्ण मेनन (Krishna Menon) ने एक बार एक पत्रकार के आग्रहपूर्ण प्रश्न का उत्तर देते हुए कहा था, "हां, एक अर्थ में गुटनिरपेक्षता एक बदसूरत शब्द है; यह एक नकारात्मक शब्द है लेकिन जब आप इसे हमारे तरीके से इस्तेमाल करते हैं तो यह सकारात्मक हो जाता है।" प्रोफेसर जे. बंद्योपाध्याय (Professor J. Bandyopadhyaya) का तर्क है कि नकारात्मक नामकरण भारत की सांस्कृतिक विरासत की छाप रखता है, जो नकारात्मक शब्दावली में कई सकारात्मक मूल्यों को व्यक्त करता है।

गुटनिरपेक्षता के वास्तुकार नेहरू ने एक बार कहा था, "मैंने गुटनिरपेक्षता की उत्पत्ति नहीं की है; यह स्वतंत्रता के लिए भारत की परिस्थितियों में और आज विश्व की परिस्थितियों में अंतर्निहित नीति है।[7] उन्होंने भारतीय राष्ट्रीय असेंबली में यह भी स्वीकार किया कि "हमारी गुटनिरपेक्षता का स्वाभाविक परिणाम यह हुआ है कि कोई भी बड़ा गुट हमें अनुकूल दृष्टि से नहीं देखता है। वे सोचते हैं कि हम भरोसेमंद नहीं हैं, क्योंकि हमें इस तरह या उस तरह से वोट करने के लिए मजबूर नहीं किया जा सकता है।'' कृष्ण मेनन (Krishna Menon) ने भी कहा था कि "गुटनिरपेक्षता कमोबेश ऐतिहासिक परिस्थितियों का अवशेष है,... हम उपनिवेशवाद के साथ पश्चिम के साथ नहीं जुड़ सकते हैं, और सोवियत गुट में शामिल होने का कोई सवाल ही नहीं है"।[8]

इंडोनेशिया में 18–24 अप्रैल 1955 का बांडुंग सम्मेलन (Bandung Conference) एक अफ्रीकी-एशियाई सम्मेलन था और इसने गुटनिरपेक्ष आंदोलन की शुरुआत को चिह्नित किया, हालांकि इसे औपचारिक रूप से 1961 में बेलग्रेड सम्मेलन में शुरू किया गया था। जैसा कि प्रो. वी.पी. दत्त (Prof. V.P. Dutt) ने देखा कि गुटनिरपेक्ष देश "अपने आंतरिक विरोधाभासों, अपनी अलग-अलग ज़रूरतों, अपनी सैन्य ताकत और ताकत की कमी और अपने आर्थिक पिछड़ेपन के बावजूद, किसी न किसी तरह की ताकत बन गए हैं और अंतर्राष्ट्रीय मामले के स्तर पर कम से कम एक महत्वपूर्ण कारक बन गए हैं"।[9]

गुटनिरपेक्ष आंदोलन (NAM) के प्रमुख उद्देश्य (Major Objectives of NAM)

विश्व राजनीति में एक स्वतंत्र रास्ता बनाने के लिए 25 गुटनिरपेक्ष देशों के नेताओं ने 1961 में बेलग्रेड सम्मेलन (Belgrade Conference) में मुलाकात की, जो उन्हें प्रमुख शक्तियों के बीच संघर्ष में मोहरा बनने से बचाएगा। उनकी साझा चिंताएँ मूलभूत सिद्धांत बन गईं जिन पर गुटनिरपेक्ष देशों ने अपने निर्णय और गतिविधियाँ आधारित कीं। उनकी निम्नांकित के प्रति प्रतिबद्धता है:

- शांति और निरस्त्रीकरण, विशेषकर प्रमुख शक्तियों के बीच तनाव में कमी।
- स्वतंत्रता, जिसमें सभी औपनिवेशिक लोगों के आत्मनिर्णय का अधिकार और सभी जातियों के बीच समानता का अधिकार शामिल है।
- आर्थिक समानता, मौजूदा अंतर्राष्ट्रीय आर्थिक व्यवस्था के पुनर्गठन पर जोर देने के साथ, विशेष रूप से अमीर और गरीब देशों के बीच बढ़ती और लगातार असमानता के संबंध में।
- सांस्कृतिक समानता, विश्व सूचना और संचार व्यवस्था के पुनर्गठन और सांस्कृतिक साम्राज्यवाद और सूचना प्रणालियों के पश्चिमी एकाधिकार का विरोध करने पर देना।
- संयुक्त राष्ट्र प्रणाली के लिए मजबूत समर्थन के माध्यम से सार्वभौमिकता और बहुपक्षवाद।[10]

ये सिद्धांत शुरुआत से ही आंदोलन के अंतर्निहित दिशानिर्देश रहे हैं, और 1979 में हवाना (Havana) में छठे शिखर सम्मेलन (Sixth Summit in Havana) तक इन्हें औपचारिक रूप से लागू करने का कोई

प्रयास नहीं किया गया था। इस बिंदु पर यह ध्यान दिया जाना चाहिए कि यद्यपि गुटनिरपेक्ष देश इन बुनियादी सिद्धांतों के प्रति प्रतिबद्धता साझा करते हैं, आंदोलन के भीतर वैचारिक मतभेद हैं क्योंकि आंदोलन विभिन्न इतिहास, भाषाओं, धर्मों और संस्कृतियों और राजनीतिक, सामाजिक और आर्थिक व्यवस्था के विविधता का प्रतिनिधित्व करने वाले राज्यों का एक जटिल समूह है। ये मतभेद कभी-कभी आंदोलन के बिषय को प्रभावित करते हैं, लेकिन यह कहा जा सकता है कि ऐसी प्रवृत्तियों के बावजूद आंदोलन एक ही प्राथमिक सरोकार(concern) को दर्शाता है—ऐसी नीतियों में संलग्न होना जो वैश्विक प्रणाली में संरचनात्मक असमानता को कम करती हैं।

आंदोलन का विकास—बांडुंग से बाकू तक (Growth of the Movement—From Bandung to Baku)

वैश्विक घटनाओं के संदर्भ में एक शिखर सम्मेलन से दूसरे शिखर सम्मेलन तक विभिन्न प्रमुख बैठकों के माध्यम से गुटनिरपेक्ष आंदोलन के विकास का पता लगाया जा सकता है। गुटनिरपेक्ष आंदोलन के अब तक आयोजित विभिन्न शिखर सम्मेलन इस प्रकार हैं:

स्थान	*वर्ष*
बांडुंग (इंडोनेशिया)	1955
बेलग्रेड (यूगोस्लाविया)	1961
काहिरा (मिस्र)	1964
लुसाका (जाम्बिया)	1970
अल्जीयर्स (अल्जीरिया)	1973
कोलंबो (श्रीलंका)	1976
हवाना (क्यूबा)	1979
नई दिल्ली (भारत)	1983
हरारे (जिम्बाब्वे)	1986
बेलग्रेड (यूगोस्लाविया)	1989
जकार्ता (इंडोनेशिया)	1992
कार्टाजेना (कोलंबिया)	1995
डरबन (दक्षिण अफ्रीका)	1998
कुआलालंपुर (मलेशिया)	2003
हवाना (क्यूबा)	2006
शर्म अल-शेख (मिस्र)	2009
तेहरान (ईरान)	2012
पोरलामर (वेनेजुएला)	2016
बाकू (अज़रबैजान)	2019

शुभारंभ: बांडुंग सम्मेलन (1955) (Prelude: The Bandung Conference (1955))

18–24 अप्रैल 1955 का बांडुंग सम्मेलन (Bandung Conference) गुटनिरपेक्षता पर सामूहिक विचार को ठोस रूप देने की प्रक्रिया में एक मील का पत्थर था। यह एक अफ्रीकी-एशियाई सम्मेलन था जिसमें 29 राज्यों के नेता भाग ले रहे थे जो अधिकतर पूर्व उपनिवेश थे। अंतर्राष्ट्रीय संबंधों में संयुक्त नीतियां बनाने के उद्देश्य से आम मुद्दों पर चर्चा करने के लिए कई अरब राज्य भी सम्मेलन में शामिल हुए। सोवियत संघ और पांच सोवियत मध्य एशियाई गणराज्यों के प्रेसीडियम द्वारा सद्भावना के संदेश भेजे गए थे, लेकिन अमेरिकी सरकार को संदेह था और उसने गुप्त रूप से बैठक के परिणाम को नियंत्रित करने की कोशिश की। नेहरू, सुकर्णो और नासिर (Nehru, Sukarno and Nasser) ने तीसरी दुनिया के अन्य नेताओं के साथ अग्रणी भूमिकाएँ निभाईं, प्रमुख शक्तियों के दबाव का विरोध करने, अपनी स्वतंत्रता बनाए रखने और उपनिवेशवाद और नव-उपनिवेशवाद के साथ-साथ पश्चिमी प्रभुत्व का विरोध करने की अपनी सामान्य समस्याओं को साझा किया। सम्मेलन ने संयुक्त राष्ट्र चार्टर के अनुसार आर्थिक और सांस्कृतिक सहयोग, मानवाधिकार और आत्मनिर्णय पर एक अंतिम विज्ञप्ति जारी की जिसमें निम्नांकित बात पर प्रकाश डाला गया:

1. आश्रित लोगों और उपनिवेशवाद की समस्याएँ,
2. मौलिक मानवाधिकारों के सम्मान के सिद्धांतों के आधार पर एक नई विश्व व्यवस्था को बढ़ावा देने के तरीके,
3. सभी राष्ट्रों की संप्रभुता और क्षेत्रीय अखंडता,
4. सभी जातियों की समानता और सभी छोटे-बड़े राष्ट्रों की समानता की मान्यता,
5. दूसरे देशों के आंतरिक मामलों में हस्तक्षेप से बचना,
6. आक्रामकता या बल प्रयोग के कृत्यों या धमकियों से बचना, और
7. आपसी हितों और सहयोग को बढ़ावा देना।

सम्मेलन ने प्रतिभागियों को 'बांडुंग की भावना' (the spirit of Bandung) के रूप में मान्यता दी—उत्पीड़ित लोगों के बीच उद्देश्य की समानता और कार्रवाई की एकता की मान्यता—उनकी सामान्य समस्याओं का समाधान करने और मौजूदा विश्व व्यवस्था को बदलने में सक्रिय भूमिका निभाने के लिए प्रेरित किया। अंतिम सिफ़ारिश यह थी कि एक और सम्मेलन आयोजित किया जाना चाहिए।

पहला गुटनिरपेक्ष आंदोलन शिखर सम्मेलन, बेलग्रेड (यूगोस्लाविया), 1–6 सितंबर 1961 (First NAM Summit, Belgrade (Yugoslavia), 1–6 September 1961)

बांडुंग की भावना को 1961 के बेलग्रेड शिखर सम्मेलन (Belgrade Summit) में आगे बढ़ाया गया। यदि बांडुंग प्रस्तावना थी, तो बेलग्रेड सम्मेलन ने अंतर्राष्ट्रीय संबंधों के इतिहास में गुटनिरपेक्ष आंदोलन की आधिकारिक शुरुआत को चिह्नित किया। इसमें 25 प्रतिभागी राज्यों और तीन पर्यवेक्षक राज्यों ने भाग लिया, सभी लैटिन अमेरिका से, 19 मुक्ति आंदोलनों के पर्यवेक्षक, सभी अफ्रीका से, यूरोप, एशिया और लैटिन अमेरिका के 11 श्रमिक और समाजवादी दलों के प्रतिनिधियों और कई अन्य संगठनों ने भाग लिया।

बेलग्रेड शिखर सम्मेलन का समय बहुत महत्वपूर्ण था क्योंकि यह फ्रांस में *गेरबोइस ब्लू* (Gerboise Bleue) द्वारा परमाणु परीक्षण (1960–1961) के कारण हुआ था, जिससे बर्लिन, लाओस, क्यूबा और

कांगो (Berlin, Laos, Cuba and the Congo) पर पूर्व-पश्चिम तनाव बढ़ गया था। बेलग्रेड घोषणा में, गुटनिरपेक्ष देशों ने एक शांतिपूर्ण विश्व की स्थापना के लिए मानवता में अपना विश्वास व्यक्त किया। उन्होंने सैन्य गुटों के अस्तित्व का कड़ा विरोध किया, जो "आवश्यक रूप से अंतर्राष्ट्रीय संबंधों में समय-समय पर तनाव को भड़काते हैं" और परमाणु आपदा की संभावना से बचने के लिए शांतिपूर्ण सह-अस्तित्व की मांग की। उन्होंने इस विचार को बरकरार रखा कि शांतिपूर्ण सह-अस्तित्व लोगों के आत्मनिर्णय, स्वतंत्रता और अपनी पसंद के विकास के अधिकार पर आधारित था। गुटनिरपेक्ष आंदोलन ने औपनिवेशिक देशों और लोगों को स्वतंत्रता देने पर संयुक्त राष्ट्र की घोषणा का समर्थन किया और मुक्ति आंदोलनों के खिलाफ सशस्त्र कार्रवाई और अन्य दमन को तत्काल रोकने की मांग की। सम्मेलन ने दक्षिण अफ्रीका में रंगभेद, ट्यूनीशिया और कांगो में विदेशी हस्तक्षेप की निंदा की, संयुक्त राष्ट्र चार्टर और प्रस्तावों के अनुसार फिलिस्तीन के अरब लोगों के सभी अधिकारों की बहाली और क्यूबा के विकास का अपना रास्ता चुनने के अधिकार का सम्मान करने की मांग की। संक्षेप में, बेलग्रेड घोषणा (Belgrade Declaration) में 27 अलग-अलग आइटम सूचीबद्ध हैं, 14 उपनिवेशवाद-विरोधी, आत्मनिर्णय और अहस्तक्षेप से संबंधित हैं, 6 निरस्त्रीकरण से संबंधित हैं और 3 आर्थिक विकास से संबंधित हैं।

बेलग्रेड घोषणा के अलावा, नेहरू के सुझाव पर, युद्ध के खतरे और शांति की अपील पर एक अलग वक्तव्य को मंजूरी दी गई। इसका उद्देश्य संयुक्त राज्य अमेरिका और यूएसएसआर (USSR)को परमाणु युग में युद्ध के लिए अपनी तैयारी को निलंबित करने के लिए संदेश भेजना था, जिसके परिणामस्वरूप सम्पूर्ण विनाश हो सकता था और निरस्त्रीकरण पर बातचीत शुरू की जा सकती थी।

दूसरा गुटनिरपेक्ष आंदोलन शिखर सम्मेलन, काहिरा (मिस्र), 5–10 अक्टूबर 1964 (Second NAM Summit, Cairo (Egypt), 5–10 October 1964)

बेलग्रेड में होने वाले दूसरे गुटनिरपेक्ष आंदोलन शिखर सम्मेलन में 25 की तुलना में 47 राज्यों ने भाग लिया। 22 नये सदस्यों में से 20 अफ्रीकी राज्य थे। पर्यवेक्षक राज्यों की संख्या तीन से बढ़कर दस हो गई है, जिनमें से अधिकांश लैटिन अमेरिका और कैरेबियन से आए हैं। इसकी बढ़ी हुई सदस्यता और व्यापक अंतर्राष्ट्रीय प्रतिनिधित्व से यह आंदोलन मजबूत हुआ।

इस समय अंतर्राष्ट्रीय परिदृश्य शीत युद्ध की के शिथिलन और राष्ट्रीय मुक्ति संघर्षों में वृद्धि से चिह्नित था। इसके अलावा, 23 मार्च और 15 जून 1964 के बीच, व्यापार और विकास पर पहला संयुक्त राष्ट्र सम्मेलन (अंकटाड) (First UN Conference on Trade and Development—UNCTAD) जिनेवा में हुआ और 77 के समूह का जन्म हुआ, जिसमें मुख्य रूप से गुटनिरपेक्ष आंदोलन के देश शामिल थे।

काहिरा घोषणा (Cairo Declaration) उपनिवेशवाद विरोधी और साम्राज्यवाद विरोधी थी। इसने पूर्व-पश्चिम संबंधों में सुधार का भी स्वागत किया। निरस्त्रीकरण (disarmament) के प्रश्न पर भी समान ध्यान दिया गया और आंशिक परीक्षण प्रतिबंध संधि की सराहना की गई, और परमाणु हथियारों पर पूर्ण प्रतिबंध लगाने की दलील दी गई। जहां भी संभव हो, परमाणु निरस्त्रीकरण क्षेत्र स्थापित करने की भी सिफारिश की गई। सम्मेलन ने नस्लीय भेदभाव का भी विरोध किया और घोषणापत्र में दक्षिण अफ्रीका में रंगभेद की नीति की कड़ी निंदा की गई और दक्षिण अफ्रीका गणराज्य के खिलाफ प्रतिबंध लगाने का आह्वान किया गया। इसने राष्ट्रवादी आंदोलनों को औपनिवेशिक लोगों के 'प्रामाणिक प्रतिनिधियों' (authentic representatives) के रूप में भी मान्यता दी और पुष्टि की कि औपनिवेशिक शासन, विदेशी कब्जे या

नस्लवादी शासन के तहत, अपनी पूर्ण स्वतंत्रता को सुरक्षित करने के लिए वैध रूप से हथियारों का सहारा ले सकते हैं। सम्मेलन ने सदस्य राज्यों से स्वतंत्रता संग्राम में लगे लोगों को आवश्यक सामग्री—वित्तीय और सैन्य—प्रदान करने का आह्वान किया। गुटनिरपेक्ष देशों ने जोर देकर कहा कि राजनीतिक स्वतंत्रता और आत्मनिर्णय शांति के लिए प्राथमिक शर्तें हैं और कांगो, साइप्रस, क्यूबा और इन्डो-चीन में बाहरी हस्तक्षेप के कारण होने वाले तनाव की ओर ध्यान आकर्षित किया, जहां लोग विकास की समस्याओं से जूझ रहे थे। इसलिए, सम्मेलन ने दावा किया कि विश्व शांति केवल साम्राज्यवाद, उपनिवेशवाद और नव-उपनिवेशवाद के उन्मूलन के साथ ही स्थापित की जा सकती है। आर्थिक मामलों पर, गुटनिरपेक्ष देशों ने कहा कि "गरीबी का बने रहना विश्व शांति और समृद्धि के लिए खतरा है"। उनका मानना था कि लोगों और राष्ट्रों को अपने आर्थिक विकास के लिए अपने राष्ट्रीय धन और संसाधनों को नियंत्रित करने का अधिकार होना चाहिए और निष्कर्ष निकाला कि तीसरी दुनिया के देशों में विकास को बढ़ावा देने के लिए "एक नई और न्यायपूर्ण आर्थिक व्यवस्था" (a new and just economic order) स्थापित की जानी चाहिए। घोषणापत्र में अंतर्राष्ट्रीय और क्षेत्रीय स्तर पर सांस्कृतिक, वैज्ञानिक और शैक्षिक सहयोग का भी आह्वान किया गया। काहिरा में की गई कई सिफ़ारिशें, विशेष रूप से राष्ट्रीय मुक्ति संघर्षों के संबंध में, बाद में संयुक्त राष्ट्र में बड़े पैमाने पर गुटनिरपेक्ष देशों के अथक प्रयासों के माध्यम से अपनाई गईं।

तीसरा गुटनिरपेक्ष आंदोलन शिखर सम्मेलन, लुसाका (ज़ाम्बिया), 8–10 सितंबर 1970 (Third NAM Summit, Lusaka (Zambia), 8–10 September 1970)

तीसरा गुटनिरपेक्ष आंदोलन शिखर सम्मेलन छह साल के अंतराल के बाद मुख्यतः मार्शल टीटो के आग्रह पर आयोजित किया गया था। बीच के काल में विश्व की कुछ घटनाएँ बहुत दिलचस्प रहीं। अक्टूबर 1964 में काहिरा शिखर सम्मेलन के तुरंत बाद चीन के पहले परमाणु बम का विस्फोट, ख्रुश्चेव (Khrushchev) को उनके कार्यालय से हटाना, 1965 में पाकिस्तान के साथ भारत का युद्ध, इसके बाद दोनों पड़ोसियों के बीच संबंधों का सामान्य होना, मुख्य रूप से सोवियत संघ द्वारा निभाई गई मध्यस्थ भूमिका के कारण न कि गुटनिरपेक्ष देशों द्वारा और सुकर्णो, नक्रूमा और बेन बेला, मध्य-पूर्व और वियतनाम के खिलाफ तख्तापलट के कारण इंडोनेशिया, घाना और अल्जीयर्स द्वारा अपनाई गई गुटनिरपेक्षता की विशिष्ट नीतियों का अंत, गुटनिरपेक्ष आंदोलन के विषयवस्तु को प्रभावित करने वाली प्रमुख घटनाएँ थीं। हालाँकि, प्रमुख शक्तियों के बीच तनाव कम होने के बाद उनके बीच तनाव कम हो गया था। लेकिन 1968 में चेकोस्लोवाकिया में सोवियत हस्तक्षेप ने यूगोस्लाविया के खतरे की धारणा को पुनर्जीवित कर दिया और टीटो को जुलाई 1969 में बेलग्रेड में एक परामर्शदात्री बैठक बुलाने के लिए प्रेरित किया गया। इस बैठक में गुटनिरपेक्ष देशों ने अंतर्राष्ट्रीय स्तर पर और संयुक्त राष्ट्र के भीतर अधिक सक्रिय दृष्टिकोण अपनाने का निर्णय लिया। इसके बाद 13 से 17 अप्रैल 1970 तक दार-ए-सलाम में एक तैयारी बैठक हुई। इस बैठक में संयुक्त राष्ट्र के 25वें सत्र से पहले लुसाका में गुटनिरपेक्ष आंदोलन का तीसरा शिखर सम्मेलन आयोजित करने पर सहमति बनी।

इस प्रकार, तीसरा शिखर सम्मेलन 8–10 सितंबर 1970 को लुसाका में आयोजित किया गया। तिरपन (53) सदस्य देशों, दस पर्यवेक्षक देशों और दो अतिथि देशों, ऑस्ट्रिया और फ़िनलैंड, ने राज्य या सरकार के प्रमुखों के तीसरे सम्मेलन में भाग लिया। संयुक्त राष्ट्र और *अफ़्रीकी एकता संगठन (ओएयू)* (Organization of African Unity—OAU) के प्रतिनिधि भी पर्यवेक्षक के रूप में उपस्थित थे। लुसाका सम्मेलन ने सदस्यों से आंदोलन के मूल लक्ष्यों और उद्देश्यों के लिए खुद को फिर से समर्पित करने का

आह्वान किया। विकास के पहले संयुक्त राष्ट्र दशक के दौरान प्रगति की कमी को देखते हुए, इस सम्मेलन की प्रमुख चिंताएँ शांति, उपनिवेशवाद की समाप्ति, गैर-हस्तक्षेप और संयुक्त राष्ट्र के साथ-साथ आर्थिक विकास के लिए समर्थन थीं। इसलिए, शिखर सम्मेलन ने एक नई विश्व व्यवस्था बनाने के लिए अधिक कार्रवाई और विस्तृत कार्यक्रमों की आवश्यकता को पहचाना।

अंतिम घोषणा में दो अलग-अलग घोषणाएँ शामिल थीं, एक राजनीतिक और दूसरी आर्थिक, साथ ही कई अन्य संकल्प भी। "शांति, स्वतंत्रता, विकास, सहयोग और अंतर्राष्ट्रीय संबंधों का लोकतंत्रीकरण" पर राजनीतिक घोषणा न केवल आंदोलन के उद्देश्य की पुनः पुष्टि थी बल्कि इसने आंदोलन के आंतरिक मामलों में हस्तक्षेप के विरोध को विभिन्न राज्यों, विशेष रूप से मध्य-पूर्व और इन्डो-चीन में चल रहे युद्धों, दक्षिण अफ्रीका में अफ्रीकी लोगों के निरंतर उत्पीड़न और नस्लवाद, रंगभेद, उपनिवेशवाद और साम्राज्यवाद के लिए हथियारों की होड़ के संबंध में भी दोहराया। आंदोलन ने अंतर्राष्ट्रीय संबंधों के लोकतंत्रीकरण, विकासशील देशों के बीच सहयोग और विकसित और विकासशील देशों के बीच अंतर को कम करने की भी मांग की।

"गुटनिरपेक्षता और आर्थिक प्रगति" पर अपनी घोषणा में, गुटनिरपेक्ष देशों ने पहली बार निष्कर्ष निकाला कि "वर्तमान विश्व आर्थिक व्यवस्था में संरचनात्मक कमजोरी" गरीबी और आर्थिक निर्भरता के लिए जिम्मेदार थी, और खुद को राष्ट्रीय सामाजिक-आर्थिक प्रगति और आपसी सहयोग की "आत्मा की भावना" के प्रति वचनबद्ध किया। उन्होंने वैश्विक आर्थिक प्रणाली के पुनर्गठन का समर्थन करने के लिए संयुक्त राष्ट्र प्रणाली को मजबूत करने के लिए अपना दृढ़ संकल्प व्यक्त किया।

लुसाका में, गुटनिरपेक्ष देशों ने उन चिंताओं पर संकल्प अपनाने की प्रथा शुरू की, जिन्हें वे महत्वपूर्ण मानते थे और समर्थन की आवश्यकता थी। इसलिए, इन्डो-चीन, मध्य-पूर्व, साइप्रस, ज़िम्बाब्वे, नामीबिया और अंगोला, मोज़ाम्बिक और गिनी-बिसाऊ के पुर्तगाली उपनिवेशों में विदेशी हस्तक्षेप, कब्जे और युद्धों की निंदा करने वाले अलग-अलग प्रस्ताव थे। निरस्त्रीकरण पर अपने प्रस्ताव में, गुटनिरपेक्ष देशों ने विश्व निरस्त्रीकरण की अपनी पिछली मांग को दोहराया और संयुक्त राष्ट्र द्वारा 1970 के दशक को "निरस्त्रीकरण दशक" (Disarmament Decade) के रूप में नामित करने का स्वागत किया।

नेहरू और नासिर (Nehru and Nasser) की मृत्यु और टीटो की बढ़ती उम्र के साथ, लुसाका सम्मेलन ने नए नेतृत्व के विकास की आवश्यकता को पहचाना। इसने लुसाका में स्थापित स्थायी समिति को अगले शिखर सम्मेलन तक विशिष्ट जिम्मेदारियों के साथ अध्यक्ष के रूप में नामित जाम्बिया के राष्ट्रपति केनेथ कौंडा (Kenneth Kaunda) को जारी रखने का भी निर्णय लिया।

चौथा गुटनिरपेक्ष आंदोलन शिखर सम्मेलन, अल्जीयर्स (अल्जीरिया), 5–9 सितंबर 1973 (Fourth NAM Summit, Algiers (Algeria), 5–9 September 1973)

अल्जीयर्स सम्मेलन गुटनिरपेक्ष आंदोलन के लिए एक ऐतिहासिक क्षण था क्योंकि यह संयुक्त राष्ट्र के बाहर उस समय की सबसे बड़ी अंतर्राष्ट्रीय सभा थी। 75 गुटनिरपेक्ष देशों ने भाग लिया, जो पिछले शिखर सम्मेलन की तुलना में 22 की वृद्धि थी, जो संयुक्त राष्ट्र की लगभग दो-तिहाई सदस्यता और द्वितीय विश्व युद्ध के बाद 90 प्रतिशत से अधिक नव स्वतंत्र देशों के बराबर थी। आठ पर्यवेक्षक राज्य थे, सभी लैटिन अमेरिका और कैरेबियन से, और तीन अतिथि राज्य थे, सभी यूरोप से। इसके अलावा, 15 राष्ट्रीय मुक्ति आंदोलनों और राजनीतिक दलों ने पर्यवेक्षकों के रूप में शिखर सम्मेलन में भाग लिया और प्रस्तुतियाँ दीं। लेकिन उल्लेखनीय

घटना संयुक्त राष्ट्र के महासचिव कर्ट वाल्डहाइम (Kurt Waldheim) का संबोधन था, जिसने आंदोलन के बढ़ते महत्व का संकेत दिया।

वर्तमान अंतर्राष्ट्रीय स्थिति ने शिखर सम्मेलन की कार्यवाही को प्रभावित किया। प्रमुख शक्तियों के बीच टकराव से तनाव की ओर बदलाव का गुटनिरपेक्ष देशों ने स्वागत किया, लेकिन मध्य-पूर्व में तनावपूर्ण स्थितियों, दक्षिण अफ्रीका में जारी रंगभेद, चीन-सोवियत विभाजन और सोवियत 'साम्राज्यवाद' के चीनी आरोपों इन्डो-चीन की स्थिति, लैटिन अमेरिका के मुक्ति संघर्षों को संयुक्त राज्य अमेरिका द्वारा कुचला जाना, चिली में अलेंदे (Allende) सरकार का विरोध, और लैटिन अमेरिका में क्यूबा के राजनीतिक और आर्थिक अलगाव को सुनिश्चित करने के लिए संयुक्त राज्य अमेरिका द्वारा निरंतर निगरानी पर चिंता व्यक्त की गई।

राजनीतिक घोषणापत्र ने वैश्विक सुरक्षा के राजनीतिक और आर्थिक आयामों को जोड़ने के लिए गुटनिरपेक्ष नेताओं के दृष्टिकोण को प्रतिबिंबित किया। वास्तविक स्वतंत्रता को व्यापक रूप से परिभाषित किया गया था और सांस्कृतिक और सामाजिक पहलुओं के साथ-साथ आर्थिक और राजनीतिक चिंताओं को शामिल करके इसे संपूर्ण बनाया गया था। साथ ही, आंदोलन का साम्राज्यवाद-विरोधी और उपनिवेशवाद-विरोधी स्वर भी जारी रहा। राष्ट्रीय मुक्ति संघर्षों पर बड़े पैमाने पर हमले पर चिंता व्यक्त की गई और आंदोलन ने इन संघर्षों के लिए अपने ऐतिहासिक समर्थन की पुष्टि की और राष्ट्रीय मुक्ति के लिए संघर्ष पर एक अलग घोषणा को अपनाया। अल्जीयर्स शिखर सम्मेलन (Algiers Summit) इस मायने में उल्लेखनीय था कि गुटनिरपेक्ष आंदोलन के सदस्यों ने एक आर्थिक घोषणा और कार्रवाई कार्यक्रम को अपनाया, जो एक नई अंतर्राष्ट्रीय आर्थिक व्यवस्था (New International Economic Order—NIEO) की स्थापना की मांग करने वाला एक कट्टरपंथी बयान था।

आंदोलन को संस्थागत बनाने के लिए, 15 सदस्यीय समन्वय ब्यूरो के रूप में स्थायी समिति को बनाए रखने की दिशा में एक महत्वपूर्ण कदम उठाया गया था, जिसे पांचवें शिखर सम्मेलन और अन्य गुटनिरपेक्ष सभाओं के लिए तैयारी करनी थी और गुटनिरपेक्ष गतिविधियों का समन्वय भी करना था, विशेष रूप से संयुक्त राष्ट्र और जी-77 में संरेखित गतिविधियाँ, और आर्थिक सहयोग के लिए कार्य कार्यक्रम के कार्यान्वयन में सहायता करना।

इज़राइल के पश्चिमी समर्थकों के खिलाफ अरब देशों के तेल प्रतिबंध ने ओपेक (OPEC) द्वारा तेल की कीमत में वृद्धि की थी और कई गुटनिरपेक्ष देशों को गंभीर कठिनाई में डाल दिया था और अरब देशों के खिलाफ एक तरह का असंतोष पैदा हो गया था जिसे ठीक होने में काफी समय लगा।

पाँचवाँ गुटनिरपेक्ष आंदोलन शिखर सम्मेलन, कोलंबो (श्रीलंका), 16–19 अगस्त 1976 (Fifth NAM Summit, Colombo (Sri Lanka), 16–19 August 1976)

एशिया में आयोजित होने वाले पहले शिखर सम्मेलनों में से एक कोलंबो, श्रीलंका में था। आंदोलन की नई प्रमुख श्रीलंका की प्रधान मंत्री श्रीमती भंडारनायके थीं। इसमें 86 राज्यों ने भाग लिया—पिछले शिखर सम्मेलन से 11 राज्यों की वृद्धि—जिसमें 75 राज्यों ने भाग लिया था। कई पर्यवेक्षक राज्य और अतिथि राज्य भी उपस्थित थे। स्वतंत्रता प्राप्त करने में राष्ट्रीय मुक्ति आंदोलनों की सफलता के कारण शिखर सम्मेलन में भाग लेने वाले मुक्ति आंदोलनों के प्रमुखों की संख्या अल्जीयर्स में 15 से घटकर कोलंबो में पांच हो गई। पुर्तगाली साम्राज्य ढह गया था और पांच नए अफ्रीकी राज्य इस आंदोलन में शामिल हो गए थे।

सम्मेलन ने मध्य-पूर्व, साइप्रस, दक्षिणी अफ्रीका और कोरिया से संबंधित विशिष्ट समस्याओं की पहचान की। दो प्रमुख शक्तियों के बीच तनाव के माहौल के बावजूद, अन्य बिषय डिएगो गार्सिया का सैन्यीकरण और बेरोकटोक हथियारों की होड़ थीं। लेकिन दक्षिणी अफ्रीका वास्तव में चिंता का एक महत्वपूर्ण क्षेत्र था क्योंकि यह एक ऐसा क्षेत्र था जो अभी भी औपनिवेशिक प्रभुत्व के अधीन था। विशेष रूप से, जिम्बाब्वे और नामीबिया के लिए स्वतंत्रता और दक्षिण अफ्रीका के लिए बहुमत का शासन परेशान करने वाले कारक थे, और गुटनिरपेक्ष देशों ने दक्षिण अफ्रीका के साथ पश्चिमी शक्ति के सहयोग की निंदा की। इस प्रकार, गुटनिरपेक्ष राज्यों ने राष्ट्रीय संप्रभुता और आत्मनिर्णय के अधिकार के लिए, विशेष रूप से दक्षिणी अफ्रीका में संघर्षों के लिए, अपने विश्वास और समर्थन की पुष्टि की। गुटनिरपेक्ष देश संयुक्त राष्ट्र की सुरक्षा परिषद में पांच स्थायी सदस्यों द्वारा वीटो के उपयोग के बारे में बेहद आलोचनात्मक थे जो सत्ता के दुरुपयोग के समान था।

राजनीतिक घोषणा में शांति, निरस्त्रीकरण, अंतर्राष्ट्रीय सहयोग, संयुक्त राष्ट्र में विश्वास, गुटनिरपेक्ष सिद्धांतों की पुष्टि, शांति, विकास और निरस्त्रीकरण की समस्याओं को हल करने के लिए राजनीतिक और आर्थिक दोनों पहलुओं को जोड़ने वाले '*एकीकृत दृष्टिकोण*' (integrated approach) को अपनाना और दूसरे देशों के आंतरिक मामलों में बढ़े हस्तक्षेप की निंदा की गई थी। कोलंबो शिखर सम्मेलन ने आपसी अंतरनिर्भरता और अंतर्राष्ट्रीय संबंधों के लोकतंत्रीकरण के पक्ष में शक्ति गुटों, शक्ति संतुलन और प्रभाव क्षेत्रों पर आधारित वैश्विक प्रणाली की गुटनिरपेक्ष आंदोलन की अस्वीकृति को दोहराया।

अमीर और गरीब राज्यों के बीच असमानता पर आर्थिक मामलों को तनाव और संघर्ष के कारण के रूप में देखा गया। एकमात्र संभावित समाधान नई अंतर्राष्ट्रीय आर्थिक व्यवस्था की स्थापना थी, जिसे अंकटाड (UNCTAD) द्वारा कार्रवाई के एक कार्यक्रम के माध्यम से महसूस किया जा सकता था। आर्थिक घोषणा और कार्रवाई कार्यक्रम गुटनिरपेक्ष देशों के दृष्टिकोण के प्रतिबिंब थे।

कोलंबो शिखर सम्मेलन (Colombo Summit) में समन्वय ब्यूरो की संरचना और जनादेश पर एक प्रमुख प्रस्ताव को अपनाए जाने के साथ गुटनिरपेक्ष आंदोलन के संस्थागतकरण की शुरुआत देखी गई। एक अन्य महत्वपूर्ण मील का पत्थर गुटनिरपेक्ष देशों के प्रेस एजेंसियों के पूल की स्थापना (Press Agencies Pool of Non-Aligned Countries) और सूचना और जन मीडिया के क्षेत्र में सहयोग को बढ़ावा देने के उद्देश्य से इसकी एक सदस्यीय समन्वय समिति का गठन था।

हालाँकि, इस शिखर सम्मेलन के दौरान आंदोलन के बीच आंतरिक तनाव भी दिखाई देने लगा। आसियान देश अपनाई गई आर्थिक और राजनीतिक घोषणाओं और दक्षिण-पूर्व एशिया में मुक्ति आंदोलनों को दिए जा रहे समर्थन से असहज थे, और उन्होंने आंदोलन में, विशेष रूप से सिंगापुर और मलेशिया की अमेरिकी लॉबी की भूमिका के बारे में अपनी चिंता व्यक्त की। पश्चिम के साथ मिस्र के मेल-मिलाप ने भी अरब देशों में चिंता बढ़ा दी।

छठा गुटनिरपेक्ष आंदोलन शिखर सम्मेलन, हवाना (क्यूबा), 3–9 सितंबर 1979 (Sixth NAM Summit, Havana (Cuba), 3–9 September 1979)

1979 का हवाना शिखर (Havana Summit) सम्मेलन छठे शिखर सम्मेलन के स्थान के बारे में काफी अटकलों के बाद आयोजित किया गया था। शिखर सम्मेलन में गुटनिरपेक्ष आंदोलन के 95 सदस्यीय देशों में से दो को छोड़कर सभी ने भाग लिया। ग्रेनाडा और निकारागुआ की नई सरकारों ने भी आंदोलन के पूर्ण सदस्य के रूप में पहली बार शिखर सम्मेलन में भाग लिया। इसमें लैटिन अमेरिकी देशों की भारी उपस्थिति

थी। हालाँकि क्यूबा को शेष लैटिन अमेरिका और कैरेबियन से अलग करना संयुक्त राज्य अमेरिका की लंबे समय से चली आ रही नीति रही है, फिर भी इस क्षेत्र से 22 प्रतिनिधिमंडल हवाना शिखर सम्मेलन में आए।

जहां तक मुद्दों का सवाल है, वे पिछले शिखर सम्मेलनों के समान ही थे। वे नव-उपनिवेशवाद और क्षेत्र की प्रमुख शक्तियों के हस्तक्षेप के बिना, बाहरी संबंधों की अपनी पसंद सहित सामाजिक, आर्थिक और राजनीतिक विकास का अपना रास्ता चुनने के लोगों के अधिकार के खिलाफ संघर्ष थे।

हालाँकि, इस शिखर सम्मेलन में कई परेशानियाँ थीं। गुटनिरपेक्ष राज्यों की स्थिति पर विवाद गुटनिरपेक्षता के एकमात्र जीवित संस्थापक और *समान दूरी के सिद्धांत* (theory of equidistance) के 'पुराने संरक्षक' (old guard) के प्रतिनिधि मार्शल टीटो और 'युवा तुर्क' (young Turk) कास्त्रो, जिन्होंने समाजवादी गुट एक 'प्राकृतिक सहयोगी' के रूप में सिद्धांत को आगे बढ़ाया, के बीच विवाद छिड़ गया। *पोल पॉट सरकार या हेंग समरीन सरकार द्वारा आंदोलन* (Movement by the Pol Pot Government or the Heng Samrin Government) में प्रतिनिधित्व के संबंध में कंपूचियन प्रतिनिधित्व का प्रश्न, और कैंप डेविड (Camp David) समझौतों के लिए मिस्र को निष्कासित करने का प्रयास, और मिस्र-इजरायल अलग शांति संधि (Egyptian–Israeli Separate Peace Treaty) को अरब प्रकरण के विश्वासघात के रूप में देखा जाता है—इन सभी के कारण ऐसा लग रहा था कि आंदोलन के भीतर विभाजन अपरिहार्य हो गया है।

फिर भी, अंतिम राजनीतिक घोषणा में क्यूबा द्वारा मांगी गई प्राकृतिक सहयोगी थीसिस (natural ally thesis) का कोई विशेष उल्लेख नहीं किया गया, लेकिन गुटनिरपेक्ष सिद्धांतों के उल्लंघन और कई गुटनिरपेक्ष राज्यों के खिलाफ आक्रामकता के लिए पश्चिमी देशों का हवाला दिया गया। अन्यथा, राष्ट्रीय मुक्ति के लिए शांति और निरस्त्रीकरण का समर्थन, नस्लवाद का विरोध और संयुक्त राष्ट्र को मजबूत करना मुख्य चिंताएँ बनी रहीं।

सातवां गुटनिरपेक्ष आंदोलन शिखर सम्मेलन, नई दिल्ली (भारत), 7–12 मार्च 1983 (Seventh NAM Summit, New Delhi (India), 7–12 March 1983)

नई दिल्ली शिखर सम्मेलन में 99 सदस्य देशों ने भाग लिया। बीस देशों को पर्यवेक्षकों के रूप में और 19 देशों और संगठनों को अतिथि के रूप में आमंत्रित किया गया था। शिखर सम्मेलन ने राजनीतिक, आर्थिक और अन्य घोषणाओं को अपनाया जिसमें दक्षिण-दक्षिण सहयोग को लागू करके गुटनिरपेक्ष देशों और अन्य विकासशील देशों के बीच सामूहिक आत्मनिर्भरता की आवश्यकता को दोहराया गया।

राजनीतिक घोषणा में परमाणु हथियारों के उपयोग पर तत्काल रोक लगाने और एक व्यापक संधि, प्रभावी अंतर्राष्ट्रीय नियंत्रण के तहत परमाणु निरस्त्रीकरण, दुनिया के विभिन्न हिस्सों में परमाणु मुक्त क्षेत्र, भारतीय महासागर में बड़ी शक्तियों द्वारा सैन्य उपस्थिति में कमी और डिएगो गार्सिया (Diego Garcia) की मॉरीशस में वापसी का आह्वान शामिल था। अफगानिस्तान और कंपूचिया से विदेशी सैनिकों की वापसी के साथ-साथ फिलिस्तीन, नामीबिया और दक्षिण अफ्रीका के लोगों के समर्थन का आह्वान किया गया।

आर्थिक घोषणा में नई अंतर्राष्ट्रीय आर्थिक व्यवस्था लाने, गुटनिरपेक्ष आंदोलन के सदस्य देशों और अन्य विकासशील देशों के लिए खाद्य सुरक्षा प्रणाली की शीघ्र स्थापना के लिए गुटनिरपेक्ष देशों की स्थिति की पुष्टि की गई, और राजनीतिक दबाव के साधन के रूप में भोजन के उपयोग की भी निंदा की गई। इसके अलावा, इसने विश्व व्यापार को बढ़ावा देने के उद्देश्य से प्रतिबंधात्मक, सशर्त, चयनात्मक और भेदभावपूर्ण उपायों को खत्म करने की पुरानी मांग दोहराई।

आठवां गुटनिरपेक्ष आंदोलन शिखर सम्मेलन, हरारे (जिम्बाब्वे), 1–7 सितंबर 1986 (Eighth NAM Summit, Harare (Zimbabwe), 1–7 September 1986)

आठवां गुटनिरपेक्ष आंदोलन शिखर सम्मेलन जिम्बाब्वे की राजधानी हरारे में आयोजित किया गया था और इसमें पाकिस्तान सहित 101 देशों ने भाग लिया था। अन्य मुद्दों के अलावा, नस्लवादी प्रिटोरिया सरकार के खिलाफ दंडात्मक उपाय उल्लेखनीय थे। शिखर सम्मेलन ने सर्वसम्मति से दक्षिण अफ्रीका में श्वेत सरकार के खिलाफ लागू होने वाले कई दंडात्मक उपायों को अपनाया। इनमें दक्षिण अफ्रीका में प्रौद्योगिकी के हस्तांतरण पर रोक, तेल के निर्यात, बिक्री या परिवहन को रोकना, हवाई संपर्क को तोड़ना और दक्षिण अफ्रीका में मुफ्त प्रवेश विशेषाधिकार को समाप्त करना शामिल था। जिन अन्य मुद्दों पर चर्चा की गई उनमें ईरान-इराक युद्ध, अफगान संकट, कंपूचिया संकट, फिलिस्तीन समस्या, लीबिया में अमेरिकी आक्रामकता, निरस्त्रीकरण, विकासशील देशों का ऋण बोझ और दक्षिण-दक्षिण सहयोग को मजबूत करना शामिल थे।

नौवां गुटनिरपेक्ष आंदोलन शिखर सम्मेलन, बेलग्रेड (यूगोस्लाविया), 4–7 सितंबर 1989 (Ninth NAM Summit, Belgrade (Yugoslavia), 4–7 September 1989)

शिखर सम्मेलन में 102 सदस्य देशों ने भाग लिया। शिखर सम्मेलन ने आंदोलन के सिद्धांतों को बरकरार रखते हुए, विशेष रूप से सामूहिक विनाश के हथियारों (weapons of mass destruction— WMDs) से संबंधित पूर्ण निरस्त्रीकरण का आह्वान किया। इसने शासन को अलग-थलग करने के उद्देश्य से दक्षिण अफ्रीका के खिलाफ दबाव बढ़ाने और प्रतिबंधों को कड़ा करने का भी आह्वान किया। शिखर सम्मेलन में अफगानिस्तान, कंपूचिया, लैटिन अमेरिका के लोकतंत्रीकरण, फिलिस्तीन के लोगों के अधिकारों की बहाली और नामीबिया की स्वतंत्रता की स्थापना से संबंधित समस्याओं के शीघ्र समाधान का भी आग्रह किया गया। आर्थिक मोर्चे पर, शिखर सम्मेलन ने अमीर उत्तर और गरीब दक्षिण के बीच बढ़ती असमानता, दक्षिण के बढ़ते कर्ज के बोझ पर प्रकाश डाला और दक्षिण के देशों की सामूहिक आत्मनिर्भरता का आह्वान किया।

दसवां गुटनिरपेक्ष आंदोलन शिखर सम्मेलन, जकार्ता (इंडोनेशिया), 1–7 सितंबर 1992 (Tenth NAM Summit, Jakarta (Indonesia), 1–7 September 1992)

यह शिखर सम्मेलन शीत युद्ध के विघटन और सोवियत संघ के विघटन की पृष्ठभूमि में आयोजित किया गया था। इसमें 108 सदस्य देशों ने भाग लिया। हालाँकि दक्षिण अफ्रीका, सोमालिया, फ़िलिस्तीन और मध्य पूर्व के महत्वपूर्ण मुद्दों पर चर्चाएँ हुईं, यूगोस्लाविया की जातीय समस्या बहस के केंद्र में रही। यूगोस्लाव मुद्दे पर मतभेदों के बावजूद, स्थानीय सर्बों द्वारा जारी जातीय सफाए की नीति और बाहरी सैनिकों के स्थान पर बोस्निया-हर्जेगोविना में संयुक्त राष्ट्र शांति सेना की तैनाती पर आम सहमति थी। साथ ही, गुटनिरपेक्ष आंदोलन के एजेंडे पर भी चर्चा हुई, उदाहरण के लिए, संयुक्त राष्ट्र का लोकतंत्रीकरण, उत्तर-दक्षिण संवाद और दक्षिण-दक्षिण सहयोग स्थापित करना। शिखर सम्मेलन में नामीबिया की स्वतंत्रता को अंतिम रूप देने के लिए एक विशेष संयुक्त राष्ट्र महासभा सत्र बुलाने की भी मांग की गई।

ग्यारहवां गुटनिरपेक्ष आंदोलन शिखर सम्मेलन, कार्टाजेना (कोलंबिया), 18–20 अक्टूबर 1995 (Eleventh NAM Summit, Cartagena (Colombia), 18–20 October 1995)

सदस्य देशों ने गुटनिरपेक्ष आंदोलन की भावना में अपना विश्वास दोहराते हुए, इसके चार्टर में निहित सिद्धांतों

के आधार पर संयुक्त राष्ट्र के पुनर्गठन, पुनरुद्धार और लोकतंत्रीकरण को बढ़ावा देने के साथ-साथ अंतर्राष्ट्रीय वित्तीय प्रणाली के पुनर्गठन के लिए, ब्रेटन वुड्स (Bretton Woods) संस्थाओं सहित, सभी राज्यों की संप्रभु समानता के सिद्धांत के आधार पर एकीकृत प्रयास का आह्वान किया। उन्होंने परमाणु निरस्त्रीकरण और विभिन्न प्रकार के हथियारों के उन्मूलन सहित सामान्य और पूर्ण निरस्त्रीकरण प्राप्त करने की प्रतिज्ञा भी ली।

राष्ट्राध्यक्षों या शासनाध्यक्षों ने इस बात पर भी जोर दिया कि संरचनात्मक समायोजन की उच्च सामाजिक लागत ने विकासशील देशों को बुरी तरह प्रभावित किया है। यह विकसित देश ही हैं जिन्होंने विश्व अर्थव्यवस्था की मौजूदा संरचना से सबसे अधिक लाभ प्राप्त किया है। इसलिए, उन्हें यह अस्वीकार्य लगा कि अमीर और शक्तिशाली राष्ट्रों को आंदोलन का गठन करने वाले देशों से लाभ प्राप्त करने के लिए खुले व्यापार पर एकतरफा शर्तें स्थापित करना जारी रखना चाहिए। विकासशील देशों की अर्थव्यवस्थाओं को खोलने के लिए दबाव डालते हुए विकसित देशों ने अपने देश में विकासशील देशों के उत्पादों पर प्रतिबंध और टैरिफ बाधाएँ लगा दीं। इस प्रकार, आंदोलन ने विकसित देशों के नये संरक्षणवाद पर गंभीर चिंता व्यक्त की।

बारहवाँ गुटनिरपेक्ष आंदोलन शिखर सम्मेलन, डरबन (दक्षिण अफ्रीका), 2–3 सितंबर 1998 (Twelfth NAM Summit, Durban (South Africa), 2–3 September 1998)

अपने लोगों को प्रभावित करने वाले महत्वपूर्ण वैश्विक मुद्दों को संबोधित करने के लिए गुटनिरपेक्ष देशों ने 2 से 3 सितंबर 1998 को डरबन, दक्षिण अफ्रीका में मुलाकात की, ताकि एक नई प्रणाली के लिए अनुकूल शांति, सुरक्षा और विकास को बढ़ावा देने के लिए कार्यों के एक सेट पर सहमति व्यक्त की जा सके। जो अंतर्राष्ट्रीय संबंध न्याय, समानता और लोकतंत्र के सिद्धांतों पर आधारित हों।

इस शिखर सम्मेलन में कई मुद्दों पर चर्चा हुई। अंतर्राष्ट्रीय स्थिति और गुटनिरपेक्ष आंदोलन की भूमिका की समीक्षा करते हुए, सदस्य देशों ने शांति के एजेंडे, संयुक्त राष्ट्र को मजबूत करने और लोकतंत्रीकरण, निरस्त्रीकरण, आतंकवाद और कई अन्य मुद्दों पर चर्चा की। उन्होंने परमाणु निरस्त्रीकरण की दिशा में प्रगति की धीमी गति पर अपनी चिंता व्यक्त की, जो उनके प्राथमिक निरस्त्रीकरण उद्देश्य का गठन करता है। उन्होंने व्यापक परीक्षण प्रतिबंध संधि के सार्वभौमिक पालन के महत्व पर भी जोर दिया, जिसमें सभी परमाणु हथियार संपन्न देशों द्वारा इसका पालन करना और विखंडनीय सामग्रियों के निरस्त्रीकरण पर सम्मेलन में बातचीत शुरू करना शामिल है, जिससे अन्य बातों के अलावा, परमाणु निरस्त्रीकरण की प्रक्रिया में तेजी आ सके। उन्होंने गुटनिरपेक्ष देशों के खिलाफ लागू किए गए एकतरफा, जबरदस्ती या भेदभावपूर्ण उपायों के खिलाफ भी अपनी स्थिति दोहराई। उन्होंने सभी लंबित मुद्दों पर शांतिपूर्ण समाधान सुनिश्चित करने और विश्वास और सुरक्षा-निर्माण उपायों और आपसी विश्वास को बढ़ावा देने के लिए द्विपक्षीय बातचीत की आवश्यकता पर बल दिया।

तेरहवाँ गुटनिरपेक्ष आंदोलन शिखर सम्मेलन, कुआलालंपुर (मलेशिया), 20–25 फरवरी 2003 (Thirteenth NAM Summit, Kuala Lumpur (Malaysia), 20–25 February 2003)

इसमें 116 सदस्यों और पर्यवेक्षकों, अतिथि देशों और अतिथि संगठनों ने भाग लिया। गुटनिरपेक्ष आंदोलन को अधिक प्रासंगिक और प्रभावी बनाने का संकल्प लिया गया। इसके साथ ही आतंकवाद और निरस्त्रीकरण जैसे अंतर्राष्ट्रीय मुद्दों पर भी आम सहमति बनी।

गुटनिरपेक्ष आंदोलन का चौदहवां मंत्रिस्तरीय सम्मेलन, डरबन (दक्षिण अफ्रीका) (मध्यावधि समीक्षा), 17–19 अगस्त 2004 (Fourteenth Ministerial Conference of NAM, Durban (South Africa) (Mid-term Review), 17–19 August 2004)

आंदोलन के सदस्य देशों के साथ, शिखर सम्मेलन में अफ्रीकी संघ, एफ्रो-एशियाई पीपुल्स सॉलिडेरिटी ऑर्गनाइजेशन (Afro-Asian Peoples Solidarity Organization—AAPSO), अरब राज्यों की लीग, संयुक्त राष्ट्र के सहायक महासचिव, चीन, कोस्टा रिका, क्रोएशिया, कजाकिस्तान, मैक्सिको, यूक्रेन, पैराग्वे, सर्बिया और मोंटेनेग्रो के पर्यवेक्षकों ने भाग लिया। इसमें 19 अतिथि देश और 13 अतिथि संगठन भी थे।

मंत्रियों ने अंतर्राष्ट्रीय स्थिति की समीक्षा पर तेरहवें कुआलालंपुर शिखर सम्मेलन के अंतिम दस्तावेज़ में व्यक्त पदों की पुष्टि की, और विश्व मामलों पर अपने निर्णयों के प्रभाव को बढ़ाने के लिए आंदोलन की क्षमता को और मजबूत करने और ठोस तौर-तरीके विकसित करने के लिए हर संभव प्रयास करने हेतु अपने नेताओं के दृढ़ संकल्प को दोहराया। उन्होंने 1955 में बांडुंग सम्मेलन में व्यक्त किए गए आंदोलन के महान आदर्शों और सिद्धांतों के साथ-साथ संयुक्त राष्ट्र चार्टर में निर्धारित सिद्धांतों को संरक्षित करने के अपने दृढ़ संकल्प की भी पुष्टि की, ताकि एक अग्रणी शक्ति के रूप में इक्कीसवीं सदी में आंदोलन की भूमिका को मजबूत किया जा सके। मंत्रियों ने निरस्त्रीकरण और अंतर्राष्ट्रीय सुरक्षा पर आंदोलन की लंबे समय से चली आ रही सैद्धांतिक स्थिति की पुष्टि की और दोहराया, जिसमें डरबन में बारहवें शिखर सम्मेलन, कुआलालंपुर में तेरहवें शिखर सम्मेलन और कार्टाजेना में चौदहवें मंत्रिस्तरीय सम्मेलन में लिए गए निर्णय शामिल हैं। उन्होंने निरस्त्रीकरण, विमुद्रीकरण, पुनर्एकीकरण और पुनर्वास (डीडीआरआर) (Disarmament, Demobilization, Reintegration and Rehabilitation—DDRR) की अवधारणा को अपनाने का भी समर्थन किया। इसे संयुक्त राष्ट्र के शांति अभियानों के दौरान *संघर्ष-पश्चात शांति निर्माण (पीसीपीबी)* (post-conflict peacebuilding—PCPB) गतिविधियों के साथ लागू किया जाना था, जो अनुरोध पर और संबंधित राज्य की सहमति से, संघर्ष-पश्चात पुनर्निर्माण को बढ़ावा देगा।

चौदहवाँ गुटनिरपेक्ष आंदोलन शिखर सम्मेलन, हवाना (क्यूबा), 15–16 सितंबर 2006 (Fourteenth NAM Summit, Havana (Cuba), 15–16 September 2006)

वर्ष 1979 में छठे गुटनिरपेक्ष आंदोलन शिखर सम्मेलन के बाद हवाना (क्यूबा) में आयोजित यह दूसरा गुटनिरपेक्ष आंदोलन शिखर सम्मेलन था। इस शिखर सम्मेलन में एक बार फिर क्यूबा ने अमेरिका विरोधी दृष्टिकोण देने की कोशिश की, लेकिन इसे नियंत्रित किया गया और चर्चा केवल कुछ राज्यों के एकतरफा और आधिपत्यवादी दृष्टिकोण पर केंद्रित रही। आतंकवाद चर्चा का केंद्र बिंदु बन गया। भारत द्वारा अनुभव किए गए सीमा पार आतंकवाद, पूर्व तालिबान सहित आतंकवादी समूहों की कार्यप्रणाली, जो अफगानिस्तान के कुछ हिस्सों में फिर से संगठित हो रहे थे, कुछ राज्यों द्वारा आतंकवादियों को समर्थन, सुरक्षा और आश्रय प्रदान करने जैसे मुद्दों पर चिंता व्यक्त की गई थी। आतंकवाद की निंदा के बाद अंतर्राष्ट्रीय समुदाय द्वारा आतंकवाद से लड़ने का आह्वान किया गया। चर्चा किए गए अन्य मुद्दे थे: बिना किसी भेदभाव के शांतिपूर्ण उद्देश्यों के लिए परमाणु ऊर्जा के अनुसंधान, उत्पादन और विकास में शामिल होने के विकासशील देशों के अपरिहार्य अधिकार और उत्तर-दक्षिण वार्ता और परियोजना और विकासशील देशों के हित की सुरक्षा की दृष्टि से विश्व व्यापार संगठन (WTO) वार्ता में विकासशील देशों के बीच बेहतर सहयोग।

पंद्रहवाँ गुटनिरपेक्ष आंदोलन शिखर सम्मेलन, शर्म अल-शेख (मिस्र), 11–16 जुलाई 2009 (Fifteenth NAM Summit, Sharm el-Sheikh (Egypt), 11–16 July 2009)

यह शिखर सम्मेलन ऐसे समय में आयोजित किया गया जब दुनिया वैश्विक मंदी के दौर से गुजर रही थी जो 2008 के मध्य में शुरू हुई थी। इसके साथ ही, दुनिया बढ़ते आतंकवादी हमलों और अंतर्राष्ट्रीय शांति और सुरक्षा के लिए खतरों का भी अनुभव कर रही थी। इसलिए, पंद्रहवें गुटनिरपेक्ष आंदोलन शिखर सम्मेलन का ध्यान एक ओर, दुनिया को आगे की आर्थिक मंदी से बचाने के लिए एक "नई विश्व व्यवस्था" बनाने पर और दूसरी ओर, आतंकवाद से निपटने के तरीकों और साधनों पर ध्यान केंद्रित करने पर रहा। गुटनिरपेक्ष आंदोलन के सदस्यों ने वैश्विक मंदी के मद्देनजर सामने आई खामियों को दूर करने के लिए अंतर्राष्ट्रीय आर्थिक और वित्तीय प्रणालियों में मूलभूत सुधार के लिए काम करने की इच्छा व्यक्त की। इसके अलावा, गुटनिरपेक्ष आंदोलन के 118 सदस्यों ने संयुक्त राष्ट्र चार्टर, अंतर्राष्ट्रीय कानून और प्रासंगिक सम्मेलनों के सिद्धांतों के अनुसार आतंकवाद से लड़ने में गुटनिरपेक्ष आंदोलन की एकजुटता को मजबूत करने की शपथ ली। सदस्यों ने अंतर्राष्ट्रीय वित्तीय संस्थानों सहित अंतर्राष्ट्रीय निर्णय लेने और मानदंड निर्धारण में विकासशील देशों की आवाज और भागीदारी को बढ़ाने की अपनी प्रतिबद्धता को भी बरकरार रखा। उन्होंने संयुक्त राष्ट्र सुरक्षा परिषद के "शीघ्र" सुधार और विस्तार के लिए भी आग्रह दिखाया। पंद्रहवें गुटनिरपेक्ष आंदोलन शिखर सम्मेलन की भावना को शर्म अल-शेख शिखर सम्मेलन घोषणा में अभिव्यक्ति मिली।

सोलहवाँ गुटनिरपेक्ष आंदोलन शिखर सम्मेलन, तेहरान (ईरान), 26–31 अगस्त 2012 (Sixteenth NAM Summit, Tehran (Iran), 26–31 August 2012)

सोलहवाँ गुटनिरपेक्ष आंदोलन शिखर सम्मेलन 26–31 अगस्त 2012 को तेहरान, ईरान में आयोजित किया गया था। सोलहवें गुटनिरपेक्ष आंदोलन शिखर सम्मेलन का विषय *संयुक्त वैश्विक शासन के माध्यम से स्थायी शांति* (Lasting Peace Through Joint Global Governance) था। *मिस्र के राष्ट्रपति मोहम्मद मोर्सी* (Mohammad Morsi) *ने नेताओं की बैठक के उद्घाटन समारोह के दौरान आधिकारिक तौर पर गुटनिरपेक्ष आंदोलन की अध्यक्षता ईरानी राष्ट्रपति महमूद अहमदीनेजाद (Mahmoud Ahmadinejad) को सौंप दी।* ईरान ने 2015 में वेनेजुएला में हुए सत्रहवें शिखर सम्मेलन तक तीन साल के लिए गुटनिरपेक्ष आंदोलन की अध्यक्षता संभाली। तेहरान घोषणा (Tehran Declaration) को अपनाया गया जिसमें अंतर्राष्ट्रीय स्थिति की समीक्षा की गई और बांडुंग (Bandung, 1955) और बेलग्रेड (Belgrade, 1961) में व्यक्त गुटनिरपेक्ष आंदोलन के सिद्धांतों में विश्वास की पुष्टि की गई। घोषणा में, गुटनिरपेक्ष आंदोलन के सदस्यों ने न्याय और सभी देशों की समान भागीदारी के आधार पर संयुक्त वैश्विक शासन की एक निष्पक्ष, समावेशी, पारदर्शी और प्रभावी प्रणाली बनाने और वैश्विक सुरक्षा खतरों, पर्यावरणीय खतरों, जलवायु परिवर्तन, प्रवासन, संक्रामक बीमारियाँ और अत्यधिक गरीबी से उत्पन्न वर्तमान चुनौतियों और जोखिमों का समाधान करने की घोषणा की। सोलहवें गुटनिरपेक्ष आंदोलन शिखर सम्मेलन ने तेहरान कार्य योजना (Tehran Plan of Action, 2012–2015) को भी अपनाया, जो वैश्विक मुद्दों, संयुक्त राष्ट्र चार्टर और अंतर्राष्ट्रीय कानून पर विश्वास की पुष्टि, संयुक्त राष्ट्र और बहुपक्षीय प्रक्रियाओं के माध्यम से बहुपक्षवाद को बढ़ावा देने, विवादों के शांतिपूर्ण समाधान और बिना धमकी या बिना बल के उपयोग से शांति की संस्कृति, सभ्यताओं, धर्मों और संस्कृतियों के बीच संवाद, और सांस्कृतिक विविधता, आत्मनिर्णय और उपनिवेशवाद से मुक्ति का अधिकार, संयुक्त राष्ट्र में सुधार और आतंकवाद पर केंद्रित थी। गुटनिरपेक्ष आंदोलन ने ***फिलिस्तीन राजनीतिक कैदियों पर एक घोषणा*** (Declaration on

Palestine Political Prisoners) भी अपनाई जिसमें गुटनिरपेक्ष सदस्यों ने पूर्वी यरुशलम सहित अधिकृत फिलिस्तीनी क्षेत्र में फिलिस्तीनी राजनीतिक कैदियों की बिगड़ती स्थिति के बारे में गंभीर चिंता व्यक्त की। ***फ़िलिस्तीन पर एक एकजुटता घोषणा*** (A Solidarity Declaration on Palestine) को भी अपनाया गया जिसमें उन्होंने खेद व्यक्त किया कि इज़राइल की अवरोधक नीतियों ने फ़िलिस्तीन पर गुटनिरपेक्ष आंदोलन की समिति के लिए 5 अगस्त 2012 को रामल्लाह, फ़िलिस्तीन में असाधारण मंत्रिस्तरीय बैठक बुलाना असंभव बना दिया। अंतिम दस्तावेज़ में वैश्विक मुद्दों, अधिकृत सीरिया गोलान, लीबिया, सोमालिया, सूडान और अन्य जैसे अफ्रीकी देशों, अफगानिस्तान, इराक और कुवैत और अन्य जैसे एशिया के कुछ देशों, लैटिन अमेरिकी और कैरेबियन देशों से जुड़े क्षेत्रीय और उप-क्षेत्रीय राजनीतिक मुद्दों पर चर्चा की विस्तृत रिपोर्ट शामिल है। अंतिम दस्तावेज़ में विकास, सामाजिक और मानवाधिकार मुद्दों पर रिपोर्ट भी शामिल हैं।

सत्रहवाँ गुटनिरपेक्ष आंदोलन शिखर सम्मेलन, पोरलामर (वेनेजुएला), 13–18 सितंबर, 2016 (Seventeenth NAM Summit, Porlamar (Venezuela), 13–18 September, 2016)

सत्रहवें गुटनिरपेक्ष आंदोलन शिखर सम्मेलन का विषय "शांति, संप्रभुता और विकास के लिए एकजुटता" (Peace, Sovereignty and Solidarity for Development) था। सदस्य देशों ने बांडुंग (Bandung) (1955) और बेलग्रेड (Belgrade) (1961) शिखर सम्मेलन में निहित गुटनिरपेक्ष आंदोलन के मार्गदर्शक सिद्धांतों में अपना विश्वास दोहराया। इसके अलावा, उन्होंने संयुक्त राष्ट्र के चार्टर के उद्देश्यों और सिद्धांतों में अपने विश्वास की पुष्टि की। शिखर सम्मेलन के अंत में अपनाई गई घोषणा में दक्षिण-दक्षिण सहयोग, शरणार्थी और प्रवासी, नई विश्व सूचना और संचार व्यवस्था, ब्रेटन वुड्स (आईएमएफ और विश्व बैंक—IMF and World Bank) का लोकतंत्रीकरण, सतत विकास (सतत विकास के लिए 2030 एजेंडा— 2030 Agenda for Sustainable Development), संयुक्त राष्ट्र में सुधार, निरस्त्रीकरण और अंतर्राष्ट्रीय सुरक्षा, जलवायु परिवर्तन, युवा, महिलाएं, शांति और सुरक्षा, मानवाधिकार आदि जैसे गुटनिरपेक्ष आंदोलन के सदस्य राज्यों की चिंताओं के मुद्दों को प्रतिबिंबित किया गया।

अठारहवाँ गुटनिरपेक्ष आंदोलन शिखर सम्मेलन, बाकू (अज़रबैजान), 25–26 अक्टूबर, 2019 (Eighteenth NAM Summit, Baku (Azerbaijan), 25–26 October, 2019)

अठारहवाँ गुटनिरपेक्ष आंदोलन शिखर सम्मेलन "समसामयिक विश्व की चुनौतियों के लिए ठोस और पर्याप्त प्रतिक्रिया सुनिश्चित करने के लिए बांडुंग सिद्धांतों को कायम रखना" विषय के तहत आयोजित किया गया था। **बाकू घोषणा (Baku Declaration)** में गुटनिरपेक्ष आंदोलन की प्रभावशीलता बढ़ाने का संकल्प लिया गया। उठाए गए मुद्दे वैश्विक शासन की प्रभावी और पारदर्शी प्रणाली के निर्माण, बहुपक्षवाद के लिए समर्थन, संयुक्त राष्ट्र की भूमिका को बढ़ावा देने, आतंकवाद से निपटने के प्रयासों, सतत विकास के लिए एजेंडा 2030 के पूर्ण कार्यान्वयन, जलवायु परिवर्तन, दक्षिण-दक्षिण सहयोग और गुटनिरपेक्ष देशों से जुड़े अन्य मुद्दे से संबंधित थे।

मई 2011 में अज़रबैजान गुटनिरपेक्ष आंदोलन का पूर्ण सदस्य बन गया। यह गुटनिरपेक्ष आंदोलन का वर्तमान अध्यक्ष है और इसका अगला (उन्नीसवाँ) शिखर सम्मेलन 2024 में कंपाला (यूगांडा) में होना प्रस्तावित है।

संरचना और संगठन (Structure and Organization)

गुटनिरपेक्ष आंदोलन के संस्थापकों और उनके उत्तराधिकारियों ने स्वीकार किया कि यदि संविधान या आंतरिक सचिवालय जैसी औपचारिक संरचनाएं स्थापित की गईं तो आंदोलन को संभावित कठिनाइयों का सामना करना पड़ सकता है। उन्होंने यह भी महसूस किया कि आंदोलन, विभिन्न विचारधाराओं और उद्देश्यों वाले राज्यों से बना एक बहुसांस्कृतिक अंतर्राष्ट्रीय संगठन होने के नाते, एक तर्कसंगत प्रशासनिक संरचना बनाना मुश्किल होगा और अगर बनाया भी जाए तो सभी द्वारा स्वीकार किया जाना मुश्किल होगा। एक सामाजिक आंदोलन के रूप में, यह अपने सदस्यों से उस विशेष समय में प्रासंगिक विशिष्ट मुद्दों पर प्रतिक्रिया देने का आह्वान करता है। इसलिए, अपने उद्देश्य को सर्वोत्तम रूप से पूरा करने के लिए, गुटनिरपेक्ष आंदोलन के सदस्यों ने प्रशासनिक शैली का एक अनूठा रूप बनाया है। गुटनिरपेक्ष प्रशासन गैर-पदानुक्रमित (non-hierarchical), आवतर्नशीत (Rotational) और समावेशी (Inclusive) है, जो आकार और महत्व की परवाह किए बिना सभी सदस्य-राज्यों को वैश्विक निर्णय लेने और विश्व राजनीति में भाग लेने का अवसर प्रदान करता है। गुटनिरपेक्ष आंदोलन की संरचना को चित्र 8.1 में दर्शाया गया है।

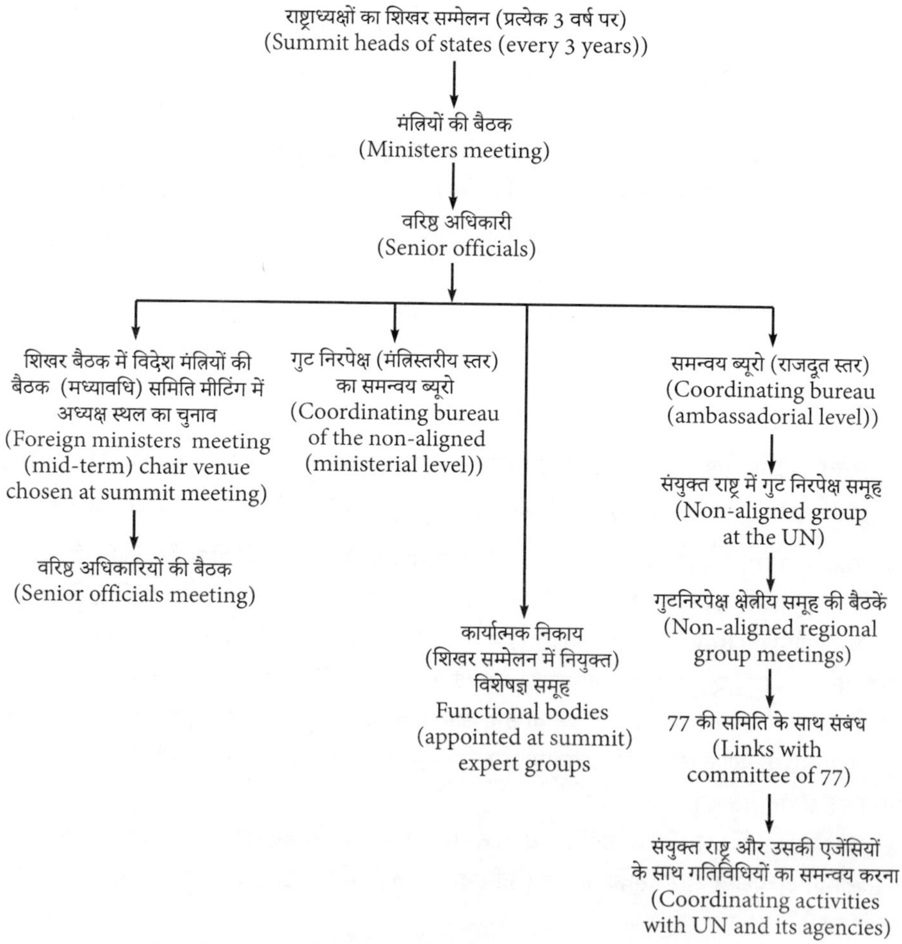

चित्र 8.1 गुटनिरपेक्ष आंदोलन की संरचना (Structure of NAM)।

Source: Adapted from A.W. Singham and Shirley Hune, Non-alignment in an Age of Alignments]

गुटनिरपेक्ष देश समय-समय पर विभिन्न क्षेत्रों में मिलते हैं और चर्चा करते हैं, मुद्दों को साझा करते हैं, नीतियां और कार्य योजना बनाते हैं। शिखर सम्मेलन अत्यंत महत्वपूर्ण हैं क्योंकि इन सम्मेलनों में गुटनिरपेक्ष देशों के राष्ट्राध्यक्ष या सरकार वर्तमान अंतर्राष्ट्रीय परिदृश्य का विश्लेषण करने के लिए मिलते हैं। इन शिखर सम्मेलनों के दौरान, आंदोलन औपचारिक रूप से अपनी अध्यक्षता बदलता है, और यह आम तौर पर हर तीन साल में होता है। अध्यक्ष शिखर सम्मेलन के मेजबान देश के राज्य का प्रमुख होता है और शिखर सम्मेलन के बीच कार्यालय को नियंत्रित करता है, जिसे आंदोलन के सिद्धांतों और गतिविधियों को बढ़ावा देने के लिए कुछ जिम्मेदारियां भी सौंपी जाती हैं। घूमने वाली कुर्सी (rotating chair) के निर्माण की परिकल्पना, कुर्सी संभालने वाले देश को उचित प्रशासनिक संरचना के साथ प्रशासनिक जिम्मेदारियां सौंपने के उद्देश्य से की गई थी। इसलिए, जब कोई देश इसकी अध्यक्षता ग्रहण करता है, तो वह विशेष रूप से गुटनिरपेक्ष आंदोलन के मुद्दों और चिंताओं से निपटने के लिए विदेश मंत्रालय का एक संपूर्ण अनुभाग बनाता या नामित करता है। प्रत्येक शिखर सम्मेलन में, अगले गुटनिरपेक्ष आंदोलन शिखर सम्मेलन के लिए स्थान का भी चयन किया जाता है। गुटनिरपेक्ष आंदोलन का निर्णय लेने के लिए आम सहमति की पद्धति का उपयोग करता है। हालाँकि आम सहमति तक पहुँचने में कई बार कठिनाइयाँ आई हैं, लेकिन गुटनिरपेक्ष आंदोलन ने पिछले कुछ वर्षों में विश्व राजनीति में कई कठिन समस्याओं पर आम सहमति हासिल की है। यह कहा जा सकता है कि आम सहमति, कुछ हद तक, कुछ बुनियादी सिद्धांतों के प्रति साझा प्रतिबद्धता और किसी निर्णय पर पहुंचने से पहले चर्चा के कई स्तरों के उपयोग से हासिल की गई है।[11]

संगठन में सदस्यता के मानदंड भी मूल आवश्यकताओं से बदल गए हैं। जैसे-जैसे संगठन परिपक्व हुआ है और अंतर्राष्ट्रीय राजनीतिक परिस्थितियाँ बदली हैं, वैसे-वैसे आवश्यकताएँ भी बदली हैं। संयुक्त राष्ट्र के उद्देश्यों और सिद्धांतों के साथ गुटनिरपेक्ष आंदोलन की आवश्यकताओं को एकीकृत करने का एक स्पष्ट प्रयास है। मूल रूप से, सदस्यता के मानदंड के लिए निम्नलिखित की आवश्यकता थी:

1. देश को राज्यों के सहअस्तित्व, विभिन्न राजनीतिक और सामाजिक व्यवस्थाओं और गुटनिरपेक्षता पर आधारित एक स्वतंत्र नीति अपनानी चाहिए, या ऐसी नीति के पक्ष में रुझान दिखाना चाहिए।
2. संबंधित देश को राष्ट्रीय स्वतंत्रता के लिए आंदोलनों का लगातार समर्थन करना चाहिए।
3. देश को महान शक्ति संघर्षों के संदर्भ में संपन्न बहुपक्षीय सैन्य गठबंधन का सदस्य नहीं होना चाहिए।
4. यदि किसी देश का किसी महान शक्ति के साथ द्विपक्षीय सैन्य समझौता है, या वह क्षेत्रीय रक्षा समझौते का सदस्य है, तो समझौता (Agreement) या संधि (Pact) बड़े शक्ति संघर्षों के संदर्भ में जानबूझकर संपन्न नहीं होना चाहिए।
5. यदि इसने विदेशी शक्ति को सैन्य अड्डे दे दिए हैं, तो बड़े शक्ति संघर्षों के संदर्भ में यह रियायत नहीं दी जानी चाहिए थी।

गुटनिरपेक्ष आंदोलन की सदस्यता के इच्छुक देश के लिए अब नवीनतम आवश्यकताएँ इस प्रकार हैं:

(क) मौलिक मानवाधिकारों और संयुक्त राष्ट्र के चार्टर के उद्देश्यों और सिद्धांतों के लिए सम्मान।

(ख) सभी देशों की संप्रभुता और क्षेत्रीय अखंडता का सम्मान।

(ग) सभी जातियों की समानता और बड़े और छोटे सभी राष्ट्रों की समानता को मान्यता देना।

(घ) किसी दूसरे देश के आंतरिक मामलों में हस्तक्षेप या दखलंदाजी से परहेज किया करना।

(ङ) संयुक्त राष्ट्र के चार्टर के अनुरूप, प्रत्येक राष्ट्र के अकेले या सामूहिक रूप से अपनी रक्षा करने के अधिकार का सम्मान करना।

(च) किसी भी देश की क्षेत्रीय अखंडता या राजनीतिक स्वतंत्रता के खिलाफ आक्रामकता के कृत्यों या धमकियों या बल के प्रयोग से बचना।

(छ) संयुक्त राष्ट्र के चार्टर के अनुरूप शांतिपूर्ण तरीकों से सभी अंतर्राष्ट्रीय विवादों का निपटारा करना।

(ज) आपसी हितों और सहयोग को बढ़ावा देना।

(झ) न्याय और अंतर्राष्ट्रीय दायित्वों का सम्मान करना।

गुटनिरपेक्ष आंदोलन का योगदान (Contribution of NAM)

गुटनिरपेक्ष आंदोलन, जिसका जन्म दो महाशक्तियों के बीच शीत युद्ध के तनाव की पृष्ठभूमि में हुआ था, ने राष्ट्रों के बीच शांति, सुरक्षा, निरस्त्रीकरण, स्वतंत्रता, विकास और सहयोग के लिए काम किया। संक्षेप में, यह कहा जा सकता है कि गुटनिरपेक्ष आंदोलन के योगदान का सबसे अच्छा मूल्यांकन छह डीज (Ds)—डिकोलोनाइजेशन (Decolonization), डेटेंटे (Détente), निरस्त्रीकरण (Disarmament), विकास (Development), लोकतंत्रीकरण (Democratization) और प्रसार (Dissemination) के संदर्भ में किया जा सकता है।

अपनी शुरुआत से, आंदोलन मुख्य रूप से शांति और निरस्त्रीकरण और राज्यों के बीच शांतिपूर्ण सह-अस्तित्व की आवश्यकता पर केंद्रित था। अल्जीरिया, अंगोला, ट्यूनीशिया, दक्षिण अफ्रीका और क्यूबा में भी औपनिवेशिक शासन के खिलाफ स्वतंत्रता संग्राम को मजबूत समर्थन मिला। उपनिवेशीकरण की प्रक्रिया को मोजाम्बिक और अन्य पुर्तगाली उपनिवेशों, फ्रेंच सोमालीलैंड, दक्षिणी रोडेशिया, अदन और ओमान में भी समर्थन और संज्ञान मिला। आंदोलन ने दक्षिण अफ्रीका में रंगभेद की तीखी आलोचना की और यहाँ तक कि दक्षिण अफ्रीका के साथ राजनयिक संबंध तोड़ने की हद तक भी चला गया।

आर्थिक मोर्चे पर, गुटनिरपेक्ष आंदोलन ने बढ़ते नव-उपनिवेशवाद की ओर ध्यान आकर्षित किया, और लुसाका शिखर सम्मेलन में कहा गया कि "शास्त्रीय उपनिवेशवाद नव-उपनिवेशवाद की आड़ में खुद को कायम रखने की कोशिश कर रहा है—यह एक कम स्पष्ट, लेकिन विकासशील देशों पर आर्थिक और राजनीतिक प्रभुत्व के किसी भी तरह से कम खतरनाक साधन नहीं है"। इसलिए, गुटनिरपेक्ष आंदोलन ने समानता और न्याय पर आधारित एक नई अंतर्राष्ट्रीय आर्थिक व्यवस्था के साथ असमान वैश्विक आर्थिक संरचना में संशोधन की मांग की है।

जहां तक गुटनिरपेक्ष आंदोलन के संस्थागतकरण का सवाल है, कोलंबो शिखर सम्मेलन में समन्वय ब्यूरो की संरचना और जनादेश के साथ एक प्रमुख प्रस्ताव अपनाया गया था। सूचना और जनसंचार माध्यमों के क्षेत्र में सहयोग को बढ़ावा देने और एक *नई विश्व सूचना और संचार व्यवस्था (एनडब्ल्यूआईसीओ)* (New World Information and Communication Order—NWICO) की स्थापना करने के उद्देश्य से गुटनिरपेक्ष देशों के प्रेस एजेंसियों के पूल की स्थापना एक और महत्वपूर्ण कदम था, जिसे नई अंतर्राष्ट्रीय सूचना व्यवस्था देने के रूप में भी जाना जाता है। गुटनिरपेक्ष आंदोलन ने विकासशील देशों के बीच सामूहिक आत्मनिर्भरता की आवश्यकता पर भी प्रकाश डाला, जो उनके विकास को बढ़ाएगा और *नई अंतर्राष्ट्रीय आर्थिक व्यवस्था (एनआईईओ)* (New International Economic Order—NIEO) की स्थापना में मदद करेगा। दूसरे शब्दों में, इसने दक्षिण-दक्षिण सहयोग की मांग की।

ईरान-इराक युद्ध और कंपूचिया, अफगानिस्तान, लेबनान, मध्य अमेरिका, दक्षिण अफ्रीका, नामीबिया और अन्य समस्याओं जैसे कई अंतर्राष्ट्रीय और क्षेत्रीय मुद्दों पर सदस्य देशों के बीच मतभेदों के बावजूद, विउपनिवेशीकरण, अंतर्राष्ट्रीय संबंधों के विकास, प्रसार और लोकतंत्रीकरण के क्षेत्र में गुटनिरपेक्ष आंदोलन उपलब्धियों से इंनकार नहीं किया जा सकता है। गुटनिरपेक्ष आंदोलन की अध्यक्ष श्रीमती इंदिरा गांधी (Mrs. Indira Gandhi), भारतीय प्रधान मंत्री ने सातवें शिखर सम्मेलन (7–12 मार्च 1983) के अपने समापन भाषण में कहा, "हमारे समय के दो प्रमुख मुद्दों, निरस्त्रीकरण और विकास का नाटकीय समाधान नहीं हो सकता है।" "हमने केवल आधार शिविर स्थापित किया है और अपने लक्ष्यों और आदर्शों की प्राप्ति के लिए हमें एक लंबी चढ़ाई करनी है।"[12]

1992 में जकार्ता में दसवें गुटनिरपेक्ष आंदोलन शिखर सम्मेलन, 1995 (Eleventh at Cartagena in 1995) में कार्टाजेना में ग्यारहवें शिखर सम्मेलन में समसामयिक वैश्विक मुद्दों पर एक व्यापक विश्व-दृष्टिकोण के माध्यम से गुटनिरपेक्ष राज्यों के नए परिदृश्य जैसे, शीत युद्ध और सामाजिक-आर्थिक और राजनीतिक मोर्चों की नई चुनौतियों के लिए विस्तृत मंच के निर्माण में आत्मनिरीक्षण का आह्वान किया गया। डरबन में बारहवें शिखर सम्मेलन (Twelfth Summit at Durban) ने माना कि गुटनिरपेक्ष देश एक नए युग की दहलीज पर खड़े हैं —"एक ऐसा युग जो महान अवसर प्रदान करता है साथ ही विकासशील दुनिया के लिए विशेष खतरा पैदा करता है"। समकालीन अंतर्राष्ट्रीय संबंधों में सकारात्मक योगदान देने के लिए आंदोलन को नई सहस्राब्दी की शक्ति, दक्षिण में रहने वाले लोगों की आवाज़ के रूप में उभरना चाहिए और उन महान सिद्धांतों की दिशा में काम करना चाहिए जिनके लिए आंदोलन की स्थापना की गई थी—अंतर्राष्ट्रीय शांति और सुरक्षा। जैसा कि डॉ. जी.एन. श्रीवास्तव (Dr. G.N. Srivastava) ने कहा, "यह महसूस करना होगा कि दुनिया एक-दूसरे पर इतनी निर्भर है जितनी पहले कभी नहीं थी। उत्तर-दक्षिण सहयोग हासिल करने के लिए दक्षिण-दक्षिण सहयोग महत्वपूर्ण है और गुटनिरपेक्ष आंदोलन की आकांक्षा के अनुसार सहिष्णुता और वास्तविक सहअस्तित्व पर आधारित दुनिया सुनिश्चित करने के लिए उत्तर-दक्षिण सहयोग आवश्यक है।[13] नई विश्व व्यवस्था की शुरुआत करने के लिए, गुटनिरपेक्ष आंदोलन की एक निश्चित भूमिका है और समय की मांग है कि गुटनिरपेक्ष आंदोलन के सदस्य देशों को एकजुट होकर कार्य करना चाहिए और आंदोलन की मुखर भूमिका को पुनर्जीवित करना चाहिए तथा दक्षिण और दक्षिण के बीच एक मजबूत एकजुटता बनानी चाहिए जो अंततः उत्तर-दक्षिण के सहयोग की ओर अग्रसर हो।

समकालीन अंतर्राष्ट्रीय संबंधों में गुटनिरपेक्ष आंदोलन की प्रासंगिकता (Relevance of NAM in Contemporary International Relations)

प्रश्न जो दी गई परिस्थितियों में प्रासगिक है कि, जब संयुक्त राज्य अमेरिका और तत्कालीन सोवियत संघ के नेतृत्व वाले दो वैचारिक रूप से संचालित शक्ति गुटों के बीच प्रतिद्वंद्विता 1990 के आसपास समाप्त हो गई है, जिसके बाद सोवियत संघ का विघटन हुआ और दुनिया एकध्रुवीय हो गई तो क्या वर्तमान परिप्रेक्ष्य में गुटनिरपेक्षता की आवश्यकता एवं प्रासंगिकता है। यूगोस्लाविया के विदेश मंत्री मिलोस मिनिक (Milos Minic) ने शीत युद्ध की समाप्ति के बाद महाशक्ति गुटों के बीच शत्रुता की समाप्ति और कई मामलों में, बातचीत और समायोजन द्वारा प्रतिस्थापित की जाने वाली ऐसी स्थिति के लिए अपना अवलोकन व्यक्त किया है। अंतर्राष्ट्रीय संबंधों में इस प्रकार की नई स्थिति के उद्भव के लिए संयुक्त राष्ट्र को पुनर्जीवित करके बड़े पैमाने पर बातचीत और समझ के माध्यम से और अधिक सफलतापूर्वक अंतर्राष्ट्रीय समस्याओं का समाधान

करने की आवश्यकता है। ऐसी बदली हुई परिस्थितियों में गुटनिरपेक्ष आंदोलन ऐतिहासिक और व्यावहारिक रूप से वही भूमिका नहीं निभा सकता।[14]

शीत युद्ध की समाप्ति ने "परमाणु बम" (nuclear bomb) को "सामाजिक बम" (social bomb) से बदल दिया है, गरीबी, अविकसितता, हिंसा और आतंकवाद प्राथमिकता सूची में शीर्ष पर हैं और दक्षिण की सुरक्षा समस्या से जुड़ गए हैं जिसका कोई सैन्य समाधान नहीं हो सकता है। दुनिया की आबादी का 20 प्रतिशत सबसे अमीर लोगों के पास लगभग 83 प्रतिशत संपत्ति है और सबसे गरीब 20 प्रतिशत लोगों के पास केवल 1.4 प्रतिशत संपत्ति है।[15] इस तरह की प्रतिकूल आर्थिक वैश्विक संरचना विकासशील देशों पर नकारात्मक प्रभाव डाल रही है, और अपने सदस्य देशों को अपनी आबादी की पीड़ाओं को कम करने में मदद करने के लिए एक नई विश्व व्यवस्था की दिशा में काम करने में गुटनिरपेक्ष आंदोलन की एक निश्चित भूमिका है।

कोलंबिया शिखर सम्मेलन (Colombia Summit) में भारत का दावा इस बात पर प्रकाश डालता है कि गुटनिरपेक्ष आंदोलन की संस्कृति और तर्क पुराने नहीं हैं, लेकिन "शीत युद्ध इतना बाध्यकारी था कि कई लोग गुटनिरपेक्ष आंदोलन की उत्पत्ति के औचित्य को भूल गए और इसे भारी गुटों के बीच केवल कलाबाजी की एक कवायद के रूप में समझा। शांति, प्रभुत्व के विरुद्ध संघर्ष, राष्ट्रों के बीच सहयोग और विश्व व्यवस्था की स्थापना के स्थायी सिद्धांत कमोबेश पीछे चले गए"।[16] लेकिन शांति, सहयोग, एक नई और न्यायपूर्ण विश्व व्यवस्था के लिए प्रयास की संस्कृति तब तक जारी रहेगी जब तक दुनिया एक असमान अंतर्राष्ट्रीय प्रणाली पर आधारित है।

भारतीय प्रधान मंत्री आई.के. गुजराल (I.K. Gujral) ने पश्चिम के नए साम्राज्यवाद के फिर से उभरने पर प्रकाश डालते हुए गुटनिरपेक्ष देशों के विदेश मंत्रियों की बारहवीं बैठक के समक्ष गुटनिरपेक्ष आंदोलन के कायाकल्प के लिए कुछ प्रस्ताव रखे। उन्होंने जोर देकर कहा कि गुटनिरपेक्ष आंदोलन को आतंकवाद, गृहयुद्ध, जातीयता, मानवाधिकार, लोकतांत्रिक आदर्शों के प्रति सम्मान, गरीबी, अविकसितता और संयुक्त राष्ट्र के लोकतंत्रीकरण जैसे ज्वलंत मुद्दों को संबोधित करने के साथ-साथ वैश्वीकरण और बाजार के कट्टरवाद की निंदा को सर्वोच्च प्राथमिकता देनी चाहिए। उन्होंने दोहराया कि गुटनिरपेक्ष आंदोलन को अधिक न्यायसंगत विश्व व्यवस्था के लिए प्रयास करना चाहिए और विकासशील देशों के विचारों को अंतर्राष्ट्रीय मंचों पर पेश करने में महत्वपूर्ण भूमिका निभानी चाहिए। लेकिन यह निराशाजनक है कि गुटनिरपेक्ष आंदोलन ने दक्षिण-दक्षिण सहयोग को बढ़ावा देने या मानव अधिकारों और सामाजिक न्याय, पर्यावरणीय गिरावट, दवाओं और हथियारों की तस्करी, अंतर्राष्ट्रीय आतंकवाद के अलावा अन्य समस्याओं के संबंध में केवल चिंता व्यक्त करने के अलावा सकारात्मक कार्य योजना अपनाने में कोई उल्लेखनीय सफलता नहीं हासिल की है। इसलिए, गुटनिरपेक्ष आंदोलन को इस तरह के पहचान संकट से निपटना चाहिए और एक बार फिर अपनी प्रासंगिकता और प्रभावकारिता स्थापित करनी चाहिए, क्योंकि यह एक अंतर्राष्ट्रीय मंच है जो छोटे, गरीब और अविकसित देशों को अपनी आवाज उठाने का अवसर प्रदान करता है।[17]

समय की मांग है कि सभी सदस्य देशों द्वारा गुटनिरपेक्ष आंदोलन की सौदेबाजी क्षमता को मजबूत करने का प्रयास किया जाए, जो आंशिक रूप से आंदोलन में विश्वास की पुष्टि करके और इसके सदस्य राज्यों के बीच एक बार फिर से मजबूत बंधन बनाकर और आंशिक रूप से विकसित देशों के साथ सामूहिक सौदेबाजी के लिए संस्थागत तंत्र का निर्माण करके इस दिशा में कुछ प्रयास किया जा सकता है। बाद का प्रस्ताव दक्षिण आयोग के अध्यक्ष, तंजानिया के पूर्व राष्ट्रपति स्वर्गीय जूलियस न्येरेरे (late Julius Nyerere) द्वारा किया गया था। 1990 में प्रकाशित एक रिपोर्ट में, उन्होंने पुष्टि की कि तीसरी दुनिया के देश विकसित देशों

के सुसंगठित समूहों या अंतर्राष्ट्रीय निगमों के साथ अपने व्यवहार में बेहद कमजोर सौदेबाजी की स्थिति में हैं, और तीसरी दुनिया के देश उत्तर के साथ चर्चा के लिए अक्सर तैयार नहीं होते हैं जो अक्सर बैठक का एजेंडा तय करता है। रिपोर्ट में सिफारिश की गई है, अन्य बातों के अलावा, "आयोग का दृढ़ विचार है कि विकासशील देशों को दक्षिण के लिए एक अच्छी तरह से कर्मचारियों वाला सचिवालय स्थापित करना चाहिए जो विश्लेषण, बातचीत और अनुवर्ती कार्रवाई तथा उनके सामूहिक कार्य के लिए तकनीकी आधार और निरंतर संस्थागत समर्थन प्रदान करे"।[18] गुटनिरपेक्ष आंदोलन को इस दिशा में काम करना चाहिए और अपने निर्णयों के कार्यान्वयन, समन्वय और अनुवर्ती कार्रवाई के लिए एक सचिवालय की स्थापना करनी चाहिए। एक पुनर्जीवित गुटनिरपेक्ष आंदोलन समय की मांग है। गुटनिरपेक्ष देशों को निम्नलिखित दृष्टिकोण के साथ आगे आना चाहिए:

- संयुक्त राष्ट्र में सुधार और मजबूती
- दक्षिण-दक्षिण सहयोग को प्रोत्साहित करना
- एक समतापूर्ण विश्व व्यवस्था के लिए प्रयास करना
- आवश्यक सुधारों के माध्यम से आंदोलन को मजबूत बनाना
- अपने सदस्यों द्वारा आंदोलन के सिद्धांतों और उद्देश्यों का पालन करना और एक सामान्य सौदेबाजी मंच का निर्माण करना।

अभ्यास (Exercises)

1. गुटनिरपेक्ष आंदोलन की उत्पत्ति और विकास का पता लगाएं। इसके उद्देश्य क्या हैं?
2. गुटनिरपेक्ष आंदोलन के विकास पर चर्चा करें। क्या गुटनिरपेक्ष आंदोलन ने अपनी प्रासंगिकता खो दी है?
3. गुटनिरपेक्ष आंदोलन के विकास, महत्व और योगदान पर एक नोट लिखें। क्या यह समकालीन विश्व में प्रासंगिक है?

संदर्भ (References)

[1] Singham, A.W. and Shirley Hune, *Non-alignment in an Age of Alignments*, Lawrence Hill and Co., Westport, USA and Zed Books Ltd., London, 1986, p. 1.

[2] Jaipal, Rikhi, *Non-alignment: Origins, Growth and Potential for Worlds Peace*, Allied Publishers, New Delhi, 1983, p. 10.

[3] *ibid.*, p. 52.

[4] *ibid.*, pp. 55–56.

[5] *ibid.*, pp. 1–2.

[6] Jain, Narendra P., "A New Approach to International Relation", *in* D.R. Goyal (Ed.), *Non-Alignment: Concept and Concerns*, Ajanta Publications, New Delhi, 1986, pp. 3–4.

[7] Jaipal, Rikhi, *op. cit.*, n. 3, p. 10.

[8] *ibid.*

[9] Jain, N.P., *op. cit.*, n. 6, p. 5.

[10] Singham and Hune, *op. cit.*, n. 1, pp. 14–15.

[11] *ibid.*, pp. 33–42.
[12] Misra, K.P., "Non-Alignment: Concept and Concerns", *in* D.R. Goyal (Ed.), *Non-Alignment: Concept and concerns*, Ajanta Publications, New Delhi, 1986, p. 36.
[13] Josh, Harcharan Singh, "NAM and the New World Order", *in* Pramila Srivastava (Ed.), *Non-Aligned Movement: Extending frontiers*, Kanishka Publishers, New Delhi, 2001, pp. 82–83.
[14] Misra, K.P., "Aspects of Non-Alignment", *in* Pramila Srivastava (Ed.), *Non-Aligned Movement: Extending Frontiers*, Kanishka Publishers, New Delhi, 2001, pp. 17–18.
[15] Vidyasekera, E.A., "Non-Aligned Movement and the Challenge of Sustainable Development, *in* Pramila Srivastava (Ed.), *Non-Aligned Movement: Extending Frontiers*, Kanishka Publishers, New Delhi, 2001, p. 56.
[16] Misra, K.P., *op. cit.*, n. 14, p. 19.
[17] Singh, K. Natwar, "The Importance and Relevance of Non-Alignment," *in* Pramila Srivastava (Ed.), *Non-Aligned Movement: Extending Frontiers*, Kanishka Publishers, New Delhi, 2001, p. 29.
[18] Amate, C.O.C., "The Non-Aligned Movement Today", *in* Pramila Srivastava (Ed.), *Non-Aligned Movement: Extending Frontiers*, Kanishka Publishers, New Delhi, 2001, p. 47.

9

नव-उपनिवेशवाद (Neo-Colonialism)

अंतर्वस्तु (Contents)

परिचय (*Introduction*)

द्वितीय विश्व युद्ध के बाद, अंतर्राष्ट्रीय व्यवस्था में उन शक्तियों द्वारा दुनिया के कमजोर, अविकसित और नए स्वतंत्र राज्यों पर एक प्रकार की अधीनता का अनुभव किया गया, जिन्होंने इन राज्यों पर अपने उपनिवेश के हिस्सों के रूप में अपना प्रभुत्व बनाए रखा था। यद्यपि पारंपरिक या शास्त्रीय उपनिवेशवाद (traditional or classical colonialism) पूर्व उपनिवेशों द्वारा अपनी स्वतंत्रता का दावा करने और खुद को संप्रभु राज्यों के रूप में स्थापित करने के साथ समाप्त हो गया, फिर भी उनके आर्थिक पिछड़ेपन ने उन्हें अपने पूर्व औपनिवेशिक स्वामियों पर बहुत अधिक निर्भर बना दिया। यह एक ऐसी स्थिति है जब पूर्व औपनिवेशिक शक्तियां इन नव स्वतंत्र राज्यों के संसाधनों का शोषण करती हैं और राजनीतिक, आर्थिक, सामाजिक, सैन्य और तकनीकी ताकतों का उपयोग करके उन पर अपना प्रभुत्व थोपती हैं—एक ऐसी स्थिति, जिसे नव-उपनिवेशवाद या नवसाम्राज्यवाद के रूप में पहचाना जाने लगा। लेकिन नव-उपनिवेशवाद के बारे में विस्तार से जाने से पहले साम्राज्यवाद पर एक सिंहावलोकन करना सबसे प्रभावी होगा।

साम्राज्यवाद: एक सिंहावलोकन (Imperialism: An Overview)

विश्व के बड़े हिस्से पर कब्ज़ा करना अंतर्राष्ट्रीय संबंधों के इतिहास में एक महत्वपूर्ण घटना है। रियलपोलिटिक

(Realpolitik) में राज्यों का क्षेत्राधिकार प्राप्त करने और अन्य राज्यों के क्षेत्रों और लोगों पर प्रभुत्व स्थापित करने का प्रकरण शामिल है। इसका अंतिम उद्देश्य राष्ट्रीय प्रतिष्ठा का विस्तार और अभिवर्द्धन तथा अपनी शक्ति को स्थापित करना है। इससे उपनिवेशों का अधिग्रहण, आर्थिक निर्भरता और अधीन राज्यों की स्थापना हुई है। जब ऐसी प्रथाएं किसी राज्य की विदेश नीति के उद्देश्य का अभिन्न अंग बन जाती हैं, तो अक्सर यह कहा जाता है कि राज्य साम्राज्यवाद में संलग्न है।

हालाँकि साम्राज्यवाद और उपनिवेशवाद को लंबे समय से राष्ट्रीय नीति के उपकरणों के रूप में नियोजित किया गया है, लेकिन साम्राज्यवाद के बारे में कोई सर्वसम्मत परिभाषा नहीं है। कुछ विद्वान साम्राज्यवाद को "एक ऐसी नीति के रूप में परिभाषित करने का प्रयास करते हैं जिसका उद्देश्य साम्राज्य बनाना, संगठित करना और बनाए रखना है;" अर्थात्, विभिन्न कमोबेश विशिष्ट राष्ट्रीय इकाइयों से बना एक विशाल आकार का राज्य जो एक ही केंद्रीकृत इच्छा के अधीन हो"। चार्ल्स ए बियर्ड (Charles A. Beard)* के अनुसार, "साम्राज्यवाद ... आमतौर पर अन्य जातियों या लोगों के कब्जे वाले क्षेत्रों, संरक्षित क्षेत्रों और/या प्रभाव क्षेत्रों को हासिल करने और औद्योगिक, व्यापार और निवेश के अवसरों को बढ़ावा देने के लिए सरकार और कूटनीति के इंजनों का उपयोग है"। पार्कर टी. मून (Parker T. Moon)† साम्राज्यवाद को "पूरी तरह से भिन्न यूरोपीय देशों द्वारा गैर-यूरोपीय मूल जातियों पर प्रभुत्व" के रूप में परिभाषित करते हैं।

जोसेफ शुम्पेटर (Joseph Schumpeter)‡, एक प्रतिष्ठित ऑस्ट्रियाई अर्थशास्त्री, साम्राज्यवाद को एक "अतिवादी शक्ति, शुरुआत में प्राचीन, पतनशील और तर्कवाद के युग में आत्म-जागरूक, फिर भी अपने प्रतिद्वंद्वी, नवोदित पूंजीवाद पर प्रभुत्व रखने के लिए पर्याप्त शक्तिशाली" मानते थे।

चार्ल्स होजेस (Charles Hodges)§ ने साम्राज्यवाद की बहुत अधिक ठोस परिभाषा पेश की, "एक राष्ट्र की विदेशी राजनीतिक, आर्थिक या सांस्कृतिक शक्ति का प्रत्यक्ष या अप्रत्यक्ष रूप से दूसरे लोगों के आंतरिक जीवन में प्रक्षेपण ... इसमें एक व्यक्ति द्वारा दूसरे व्यक्ति पर नियंत्रण—खुला या गुप्त, प्रत्यक्ष या अप्रत्यक्ष—थोपना शामिल है" और यह "विश्व शक्ति के दृष्टिकोण से अधिक उन्नत लोगों के हित में पिछड़े लोगों की नियति को प्रभावित करना है"।[1]

'उपनिवेशवाद' (colonialism) और 'साम्राज्यवाद' (imperialism) शब्द एक दूसरे के स्थान पर उपयोग किए जाते हैं, हालांकि उनका मतलब दो अलग-अलग चीजें हैं। आमतौर पर, 'कॉलोनी' (colony) एक बड़ी इकाई से अलग होकर दूर स्थान पर बसे लोगों को कहा जाता है। 'इम्पेरियम' (Imperium) एक मजबूत लोगों द्वारा एक व्यक्ति पर आदेश या प्रभुत्व स्थापित करने का प्रयास है। इसलिए, 'साम्राज्यवाद' (imperialism) का तात्पर्य दमन और प्रभुत्व है।[2]

पामर और पर्किन्स (Palmer and Perkins)[3] बताते हैं कि हॉब्सन (Hobson) जैसे कुछ विद्वानों ने अपने प्रसिद्ध काम, *इंपीरियलिज्म: ए स्टडी* (*Imperialism: A Study*) में, उपनिवेशवाद का सार "राष्ट्रीयता का एक प्राकृतिक अतिप्रवाह" बताया है, जिसमें उपनिवेशवादियों के समूहों को विदेश भेजा जाता है, और आमतौर पर अधिक पिछड़े, अपनी इच्छा से भूमि पर जाकर बसते हैं और भूमि पर कब्ज़ा करते हैं", इसके बाद उनकी सभ्यता और राजनीतिक संस्थाओं का स्थानांतरण होता है और गृह देश के

---

* Charles A. Beard, *American Foreign Policy in the Making, 1932–1940*: A Study in Responsibilities, Yale University Press, New Haven, 1946.

† Parker T. Moon, *Imperialism and World Politics*, The Macmillan Company, New York, 1926.

‡ Joseph A. Schumpeter, "*Imperialism and Social Classes*", 1951 (essay).

§ Charles Hodges, *The Background of International Relations*, Wiley and Sons, New York, 1932.

क्षेत्र को बरकरार रखा जाता है। दूसरी ओर, साम्राज्यवाद को "कुछ अधिक संगठित, अधिक सैन्य, अधिक आत्म-सचेत रूप से आक्रामक" माना जाता है। इस अंतर को टेलिओलॉजिकल (teleological) शब्दों में और उद्देश्यों और लक्ष्यों के संदर्भ में समझा जा सकता है। जब विदेशी क्षेत्रों पर शासन मुख्य रूप से केंद्रीय मातृभूमि के आर्थिक, राजनीतिक या सैन्य लाभ के लिए चाही जाती है, तो कार्रवाई साम्राज्यवादी विशेषता मानी जाती है, हालांकि इसे हमेशा ऐसा नहीं माना जा सकता है। जहां औपनिवेशिक क्षेत्र के भीतर शासन किया जाता है, मुख्य रूप से क्षेत्र पर नियंत्रण बनाए रखने के लिए, इसे उपनिवेशवाद के साथ पहचाना जाता है।

दोनों के बीच जो भी अंतर हो, साम्राज्यवाद और उपनिवेशवाद दोनों एक क्षेत्र और उसके लोगों पर दूसरे क्षेत्र और उसकी सरकार द्वारा प्रभुत्व और अधीनता के संबंध से संबंधित हैं। उपनिवेशवाद और साम्राज्यवाद के बारे में सबसे महत्वपूर्ण बात यह नहीं है कि उन्हें सटीक रूप से परिभाषित किया जा सकता है या उन्हें हमेशा एक-दूसरे से अलग नहीं किया जा सकता है, बल्कि दोनों एक तरह के संबंध को व्यक्त करते हैं और इस प्रकार परस्पर उपयोग किए जाते हैं और विभेद अक्सर संरक्षित नहीं किया जाता है।[4] आधुनिक समय में, ब्रिटिश, फ्रांसीसी, डच, पुर्तगाली और स्पेनिश साम्राज्यों के उदय के साथ उपनिवेशवाद ने कमोबेश साम्राज्यवाद के समान ही अर्थ प्राप्त कर लिया।

पिछले 400 वर्षों या उससे अधिक समय में, यूरोपीय देशों ने गैर-यूरोपीय दुनिया के दो-तिहाई हिस्से को अपने अधीन कर लिया था। स्पेन और पुर्तगाल शुरुआती उपनिवेशवादी थे, लेकिन 1600 ईस्वी के बाद से हॉलैंड, इंग्लैंड और फ्रांस द्वारा उनकी सर्वोच्चता को चुनौती दी गई, जो उपनिवेशों के लिए संघर्ष की दौड़ में शामिल हो गए। उपनिवेशीकरण का चरम 1775 में पहुँच गया जब संपूर्ण अमेरिकी, एशियाई और अफ्रीकी महाद्वीप यूरोपीय प्रभुत्व के अधीन हो गए। दूसरा चरम लगभग 1900 ई. में पहुंचा जब पृथ्वी की लगभग आधी सतह और इसकी एक तिहाई आबादी पर औपनिवेशिक कब्ज़ा था। उस समय तक इंग्लैंड के पास सबसे अधिक औपनिवेशिक संपत्ति थी; दूसरे स्थान पर फ्रांस और तीसरे स्थान पर जर्मनी रहा।

उपनिवेशवाद का यह अनुभव इतिहास में कोई असामान्य विशेषता नहीं थी, क्योंकि उपनिवेशवाद की जड़ें प्राचीन विश्व से चली आ रही हैं। महान औपनिवेशिक साम्राज्य फोनीशियन, यूनानियों, रोमनों और कार्थोजिनियों (Phoenicians, the Greeks, the Romans and the Carthaginians) द्वारा बनाए गए थे। भारतीयों और चीनियों, अरबों और तुर्कों सभी के पास उपनिवेश थे। लेकिन वे तथ्य जो आधुनिक उपनिवेशवाद को उपनिवेशवाद के शुरुआती रूपों से अलग करते हैं, इस प्रकार हैं:

- आधुनिक उपनिवेशवाद मूलतः एक यूरोपीय घटना थी।
- सभी उपनिवेश मातृभूमि से बहुत दूर रहे हैं।
- उपनिवेशों में संस्कृति और नस्ल दोनों में उनके विजेताओं से भिन्न आबादी निवास करती थी।

उन्नीसवीं सदी में यूरोप में औद्योगिक क्रांति के कारण आधुनिक उपनिवेशवाद को बढ़ावा मिला जिसने यूरोपीय राज्यों को अपने उत्पादों के लिए नए बाजारों की खोज करने के लिए प्रेरित किया। सबसे अच्छे अवसर तीसरी दुनिया के देश थे। इसलिए, तीसरी दुनिया के देशों को अपने अधीन करना यूरोपीय राज्यों का प्राथमिक उद्देश्य बन गया और इसके कारण अक्सर अंतर-साम्राज्यवादी युद्ध हुए जैसे भारत में एंग्लो-फ्रेंच प्रतिद्वंद्विता, मोरक्को पर फ्रांस-जर्मनी संघर्ष, सूडान पर एंग्लो-फ्रेंच प्रतिद्वंद्विता, कांगो पर फ्रांस-जर्मनी संघर्ष, इत्यादि। फिर भी, औपनिवेशिक रिश्तों का एक पैटर्न, जो वर्चस्व और अधीनता का था, तब बनाया गया था जब यूरोपीय राष्ट्रों ने विभिन्न लोगों द्वारा बसाई गई भौगोलिक रूप से बाहरी राजनीतिक इकाइयों पर अपना प्रभुत्व स्थापित किया और बनाए रखा।

साम्राज्यवादी नीतियों के पीछे प्राथमिक उद्देश्य राज्य के राजनीतिक उद्देश्यों से उत्पन्न होते हैं, जिनका उद्देश्य राष्ट्रीय शक्ति बढ़ाना हो सकता है। स्पेन, ब्रिटेन और फ्रांस ने उपनिवेश स्थापित किए क्योंकि इससे उनकी शक्ति और प्रतिष्ठा में वृद्धि हुई। राष्ट्रीय रक्षा के लिए भी साम्राज्यवादी नीति अपनाई जा सकती है, जैसा कि संयुक्त राज्य अमेरिका द्वारा कैरेबियन में ठिकानों के अधिग्रहण, वर्जिन द्वीपों की खरीद और समय-समय पर मध्य अमेरिका में प्रभाव के अभ्यास में परिलक्षित होता है, जिसे संयुक्त राज्य अमेरिका द्वारा पनामा नहर (Panama Canal) और अमेरिकी महाद्वीप की सुरक्षा का हित महत्वपूर्ण रूप से निर्धारित किया गया है। हालाँकि, अधिकांश मामलों में साम्राज्यवादी नीतियाँ आर्थिक हितों से प्रेरित रही हैं। कभी-कभी परोपकारिता को एक प्रेरक कारक के रूप में जोर दिया गया है और ज्यादातर मामलों में अंग्रेजी उपनिवेशवाद को कुछ लोगों द्वारा "गोरे आदमी का बोझ उठाना" (shouldering the white man's burden) के रूप में उचित ठहराया गया था। फ्रांस ने भी एक प्रकार के सभ्यता मिशन के रूप में अपने उपनिवेशीकरण कदमों को उचित ठहराया। कभी-कभी मिशनरी उत्साह ने उपनिवेशवाद के लिए एक कारक के रूप में काम किया। धार्मिक मिशनरियाँ अफ्रीका, भारत और चीन में सक्रिय थीं। इंग्लैंड में, प्रोटेस्टेंट मिशनरी समाज (Protestant missionary societies) ब्रिटिश साम्राज्यवाद के लिए मुखर प्रेरणा थे। हालाँकि आधुनिक साम्राज्यवाद के अधिकांश विकास के पीछे मजबूत आर्थिक ताकतों ने काम किया है, लेकिन अगर अन्य कारकों को नजरअंदाज कर दिया जाए तो यह अतार्किक होगा। "कोई सरल व्याख्या, कोई हठधर्मी सिद्धांत पर्याप्त नहीं होगा"[5] क्योंकि साम्राज्यवाद, अपनी सभी अभिव्यक्तियों में, जटिल ताकतों की परस्पर क्रिया का परिणाम है, जिसमें मनोवैज्ञानिक, समाजशास्त्रीय, धार्मिक, राजनीतिक, सैन्य, बौद्धिक और व्यक्तिगत शासन प्रमुख हैं।

प्रोफ़ेसर जोसेफ शुम्पेटर (Professor Joseph Schumpeter) ने सुझाव दिया कि साम्राज्यवाद "किसी राज्य की ओर से असीमित जबरन विस्तार का उद्देश्यहीन स्वभाव है"। उन्होंने आगे कहा, "यह कभी भी पूंजीवाद के 'आंतरिक तर्क' से विकसित नहीं हुआ होगा", लेकिन इसे "न केवल ऐतिहासिक रूप से, बल्कि समाजशास्त्रीय रूप से भी, निरंकुश राज्य की विरासत के रूप में माना जाना चाहिए"।[6]

मार्क्स (Marx) द्वारा राज्यों के विस्तार के आग्रह की एक व्यवस्थित आर्थिक व्याख्या दी गई थी। जब "पूंजी एक स्थान पर एक विशाल द्रव्यमान में बढ़ती है क्योंकि दूसरे स्थान पर इसे कई लोगों द्वारा खो दिया जाता है" एकाधिकार पूंजीवाद का एक चरण पहुंच जाता है। प्रत्येक पूंजीपति उत्पादन लागत को कम करके, विशेष रूप से मजदूरी बचाकर मुनाफा बढ़ाने की कोशिश करता है, और उत्पाद की बड़ी बिक्री जीतने के लिए प्रतिस्पर्धा करता है, जिसके परिणामस्वरूप कच्चे माल और नए बाजारों की खोज होती है, और इसलिए बाहरी विस्तार होता है। हॉब्सन ने इस विस्तार को "साम्राज्यवाद की आर्थिक मूल जड़" बताया। लेनिन (Lenin)[7] ने अपने *मौलिक कार्य साम्राज्यवाद: पूंजीवाद* (*Imperialism: The Highest Stage of Capitalism*) में, साम्राज्यवाद को पूंजीवादी विकास के एक चरण के रूप में देखा, न कि केवल कई विदेश नीति विकल्पों में से एक संभावित सेट के रूप में। उनके अनुसार, एकाधिकारवादी पूंजीवादी चरण पांच बुनियादी विशेषताएं प्रदर्शित करता है। वे इस प्रकार हैं:

1. उत्पादन और पूंजी का संकेंद्रण राष्ट्रीय और बहुराष्ट्रीय एकाधिकार के निर्माण की ओर ले जाता है—जैसा कि उदार अर्थशास्त्र में नहीं, बल्कि उनके बाजारों पर वास्तविक शक्ति के रूप में होता है—जबकि "मुक्त प्रतिस्पर्धा" स्थानीय और विशिष्ट बाजारों का क्षेत्र बनी हुई है:

मुक्त प्रतिस्पर्धा (free competition) पूंजीवाद और आम तौर पर वस्तु उत्पादन की मूल विशेषता है; एकाधिकार (monopoly) मुक्त प्रतिस्पर्धा के बिल्कुल विपरीत है, लेकिन हमने अपनी आंखों के सामने मुक्त प्रतिस्पर्धा पूंजीवाद को एकाधिकार में तब्दील होते देखा है, जिसने बड़े पैमाने के उद्योग का निर्माण किया और छोटे उद्योग को लुप्त कर दिया, बड़े उद्योग के स्थान पर और अधिक बड़े पैमाने के उद्योग को स्थापित किया। उत्पादन का संकेंद्रण और पूंजी इस हद तक पहुँच गयी जहां से एकाधिकार बढ़ गया है और बढ़ रहा है, उदाहरण के तौर पर कार्टेल, सिंडिकेट और ट्रस्ट, (cartels, syndicates and trusts) और उनके साथ विलय, एक दर्जन या उससे अधिक बैंकों जो हजारों लाखों की पूंजी का प्रचालन करती है। साथ ही, एकाधिकार, जो मुक्त प्रतिस्पर्धा से विकसित हुए हैं, मुक्त प्रतिस्पर्धा पूंजीवाद को खत्म नहीं करते हैं, बल्कि इसके ऊपर और इसके साथ-साथ मौजूद होते हैं, और इस तरह कई तीव्र, गहन विरोधों और संघर्षों को जन्म देते हैं। पूंजीवाद से उच्च व्यवस्था में संक्रमण को एकाधिकार कहते हैं। (अध्याय 7)

2. औद्योगिक पूंजी के साथ बैंकिंग पूंजी का संलयन और इस वित्तीय पूंजी के आधार पर एक वित्तीय कुलीनतंत्र का निर्माण।
3. वित्तीय पूंजी निर्यात वस्तुओं के निर्यात का स्थान ले लेता है (हालाँकि वे उत्पादन में जारी रहते हैं)।
4. अंतर्राष्ट्रीय कार्टेल के माध्यम से बहुराष्ट्रीय उद्यमों द्वारा विश्व का आर्थिक विभाजन।
5. महान शक्तियों द्वारा दुनिया का राजनीतिक विभाजन, जिसमें उनके उपनिवेशों को वित्तीय पूंजी का निर्यात संसाधनों और निरंतर निवेश के लिए उनके शोषण की अनुमति देता है।

हालाँकि लेनिन ने साम्राज्यवाद का कोई मूर्खतापूर्ण सिद्धांत (foolproof theory) प्रदान नहीं किया, फिर भी उन्होंने दुनिया में असमानताओं के कारणों का विश्लेषण करने के लिए सिद्धांत निर्धारित किया था जिसे बाद में मार्क्सवादी जैसे आंद्रे गुंडर फ्रैंक (Andre Gunder Frank), जोहान गाल्टुंग (Johan Galtung), इमैनुएल वालरस्टीन (Immanuel Wallerstein) और अन्य के द्वारा पूर्ण नामों से विकसित किया गया (अध्याय 2 में चर्चा की गई है) जिन्होंने मार्क्सवादी शब्दावली का उपयोग करते हुए अपने स्वयं के संस्करण में दुनिया के विकासशील और विकसित हिस्सों के बीच संबंधों के पैटर्न को समझने की कोशिश की है।

उन्नीसवीं सदी के अंत तक लगभग पूरा विश्व औपनिवेशिक शासन के अधीन था। विद्वानों ने बताया है कि खोज का युग (पंद्रहवीं और सोलहवीं शताब्दी), जहाज निर्माण और नेविगेशन से प्रेरित, व्यापारिकता का राजनीतिक-आर्थिक सिद्धांत था, जिसमें माना गया था कि प्रतिस्पर्धी राज्यों की दुनिया में राष्ट्रीय ताकत और सुरक्षा एक अनुकूल संतुलन पर निर्भर थी। व्यापार और राजकोष में सोने का संचय, एकाधिकार पूंजीवाद का उदय, इन सभी ने तीसरी दुनिया के देशों को साम्राज्यवादी शोषण के अधीन ला दिया। जैसे-जैसे इतिहास आगे बढ़ा, उपनिवेशवाद और साम्राज्यवाद ने राष्ट्रीय मुक्ति और लोकतंत्र के आग्रह के रूप में अपने स्वयं के विरोधाभास पैदा किए। द्वितीय विश्व युद्ध के अंत तक, उपनिवेशवाद से मुक्ति की प्रक्रिया शुरू हो गई थी और औपनिवेशिक प्रभुत्व के तहत लगभग सभी राज्य इस प्रभुत्व के बंधन से छुटकारा पाने में सक्षम थे। इसने, औपचारिक रूप से उपनिवेशवाद को समाप्त कर दिया, लेकिन पूर्व उपनिवेश जारी रहे और अभी भी पूर्व औपनिवेशिक शक्तियों का प्रभुत्व और शोषण जारी है। इस प्रकार, निर्भरता और शोषण की राजनीतिक अर्थव्यवस्था जारी है। जैसा कि ऑर्गेन्स्की (Organski)[8] की टिप्पणी है कि शास्त्रीय उपनिवेशवाद (classical colonialism) की स्वाभाविक मृत्यु हो सकती है लेकिन इसके स्थान पर उपनिवेशवाद के

नए रूप उभर रहे हैं। राष्ट्र, जिन्होंने नाममात्र की राजनीतिक स्वतंत्रता हासिल कर ली है, आवश्यक रूप से स्वतंत्र नहीं हैं और वे राज्य जो पहले कभी उपनिवेश नहीं रहे, वे भी उपनिवेशवाद की नई ताकतों से बच नहीं सकते हैं जिन्हें आमतौर पर नव-उपनिवेशवाद के रूप में जाना जाता है।

नव-उपनिवेशवादः अवधारणा (Neo-Colonialism: Concept)

'नव-उपनिवेशवाद' शब्द को उपनिवेशवाद से मुक्ति के मद्देनजर लोकप्रिय बनाया गया, मुख्यतः अफ्रीका के नव स्वतंत्र राज्यों और पैन-अफ्रीकी आंदोलन (Pan-African Movement) के विद्वानों और नेताओं की गतिविधियों के माध्यम से। इनमें से कई नेता 1955 के बांडुंग (Bandung) सम्मेलन में अन्य उत्तर-औपनिवेशिक राज्यों के नेताओं के साथ आए, जिससे गुटनिरपेक्ष आंदोलन का गठन हुआ। 1950 के दशक के अंत और 1960 के दशक की शुरुआत में ऑल-अफ्रीकन पीपुल्स कॉन्फ्रेंस (एएपीसी) (All-African Peoples' Conference— AAPC) की बैठकों ने नव-उपनिवेशवाद की आलोचना को प्रचारित किया। वर्ष 1960 के ट्यूनिस सम्मेलन (Tunis conference) और 1961 के काहिरा सम्मेलन (Cairo Conference) ने नव-उपनिवेशवाद के रूप में लेबल किए गए अपने विरोध को निर्दिष्ट किया। नव-उपनिवेशवाद पर उनके चार पेज के प्रस्ताव को सामूहिक रूप से नव-उपनिवेशवाद की परिभाषा और इसकी मुख्य विशेषताओं का विवरण प्रस्तुत करने के लिए एक मील का पत्थर के रूप में उद्धृत किया गया है। पूरे शीत युद्ध के दौरान, गुटनिरपेक्ष आंदोलन के साथ-साथ एशिया, अफ्रीका और लैटिन अमेरिका के लोगों के साथ एकजुटता संगठन जैसे संगठनों ने नव-उपनिवेशवाद को इन स्वतंत्र राज्यों के प्राथमिक सामूहिक दुश्मन के रूप में परिभाषित किया।

नव-उपनिवेशवाद को "उभरते देशों में राजनीतिक स्वतंत्रता की औपचारिक मान्यता के बावजूद औपनिवेशिक प्रणाली का अस्तित्व" के रूप में वर्णित किया गया है, जो राजनीतिक, आर्थिक, सामाजिक, सैन्य और तकनीकी ताकतों के अप्रत्यक्ष और सूक्ष्म रूप के वर्चस्व का शिकार बन गया।[9]

नव-उपनिवेशवाद के तंत्र को पूर्व औपनिवेशिक शक्तियों द्वारा पूर्व उपनिवेशों की आर्थिक निर्भरता को जारी रखने के हित की पूर्ति के लिए डिज़ाइन किया गया है। यह औपनिवेशिक शक्तियों द्वारा सीधे नियंत्रित पूंजी निवेश, ऋण, सहायता, असमान विनिमय और वित्त के माध्यम से औपनिवेशिक आर्थिक ब्लॉकों में आश्रित देशों के एकीकरण द्वारा सुनिश्चित किया जाता है।

उपनिवेशवाद और नव-उपनिवेशवाद के बीच अंतर (Difference between Colonialism and Neo-Colonialism)

क्वामे नक्रूमा (Kwame Nkrumah), जो 1957 में नव स्वतंत्र घाना के नेता बने, ने 1965 में अपनी पुस्तक *नव-उपनिवेशवादः साम्राज्यवाद का अंतिम चरण* (*Neo-Colonialism: The Last Stage of Imperialism*) में अपने विचार को उजागर किया। उन्होंने कहा, "नव-उपनिवेशवाद का सार यह है कि जो राज्य इसके अधीन है, वह सिद्धांत रूप में स्वतंत्र है और उसके पास अंतर्राष्ट्रीय संप्रभुता के सभी बाहरी गुण मौजूद हैं। वास्तव में, इसकी आर्थिक व्यवस्था और इस प्रकार इसकी राजनीतिक नीति बाहर से निर्देशित होती है। नव-उपनिवेशवाद भी साम्राज्यवाद का सबसे ख़राब रूप है। जो लोग इसको कार्यान्वित करते हैं, उनके लिए इसका अर्थ है जिम्मेदारी के बिना शक्ति और जो लोग इससे पीड़ित हैं, उनके लिए इसका अर्थ है बिना निवारण के शोषण।" [10]

इसलिए, क्वामे नक्रूमा (Kwame Nkrumah) के लिए, आज का नव-उपनिवेशवाद अपने अंतिम और शायद सबसे खतरनाक चरण में साम्राज्यवाद का प्रतिनिधित्व करता है। अतीत में, किसी देश को औपनिवेशिक क्षेत्र में परिवर्तित करना संभव था। आज, अंतर्राष्ट्रीय कानूनों और विश्व जनमत की उपस्थिति के कारण यह प्रक्रिया संभव नहीं रह गई है। एक बार जब कोई क्षेत्र नाममात्र के लिए स्वतंत्र हो जाता है, तो इस प्रक्रिया को उलटना संभव नहीं रह जाता है, जैसा कि पिछली सदी में था। मौजूदा कालोनियां काफी समय तक बनी रहीं लेकिन कोई नई कालोनियां नहीं बनाई गईं। इसलिए, साम्राज्यवाद के मुख्य साधन के रूप में उपनिवेशवाद के स्थान पर आज जो अस्तित्व में है वह नव-उपनिवेशवाद है।

नव-उपनिवेशवाद की निंदा कुछ राष्ट्रीय स्वतंत्रता आंदोलनों में भी लोकप्रिय हो गई, जब वे अभी भी उपनिवेशवाद-विरोधी सशस्त्र संघर्ष कर रहे थे और स्वतंत्रता प्राप्त करने के बाद, उन्होंने पारंपरिक उपनिवेशवाद और नव-उपनिवेशवाद दोनों को खारिज कर दिया। गुटनिरपेक्ष देश उपनिवेशवाद और नव-उपनिवेशवाद के खिलाफ अपने संघर्ष में अग्रणी थे और एक नई अंतर्राष्ट्रीय आर्थिक व्यवस्था की स्थापना चाहते थे।

बीसवीं सदी के उत्तरार्ध में, पश्चिमी देशों, विशेष रूप से संयुक्त राज्य अमेरिका पर अक्सर नव-उपनिवेशवाद को बढ़ावा देने का आरोप लगाया गया था। उन पर विकासशील देशों के मामलों में शामिल होने का आरोप लगाया गया। पूर्व उपनिवेशित देशों में कई छद्म युद्धों को इस अवधि के दौरान वित्त पोषित किया गया था। क्यूबा, सोवियत गुट, नासिर के अधीन मिस्र, साथ ही नव स्वतंत्र अफ्रीकी राज्यों की कुछ सरकारों ने संयुक्त राज्य अमेरिका पर उन शासनों का समर्थन करने का आरोप लगाया, जिनके बारे में उन्हें लगा कि वे उनके लोगों की इच्छा का प्रतिनिधित्व नहीं करते हैं, और गुप्त और प्रत्यक्ष दोनों तरीकों से, उन सरकारों को गिरा दिया जिसने संयुक्त राज्य अमेरिका को अस्वीकार कर दिया।

वर्ष 1961 में काहिरा में आयोजित तीसरे अफ्रीकी पीपुल्स सम्मेलन (African People's Conference) में नव-उपनिवेशवाद की अभिव्यक्तियों का एक व्यापक सारांश तैयार किया गया। सम्मेलन ने नव-उपनिवेशवाद को उभरते देशों में राजनीतिक स्वतंत्रता की औपचारिक मान्यता के बावजूद औपनिवेशिक व्यवस्था का अस्तित्व माना, जो राजनीतिक, आर्थिक, सामाजिक, सैन्य या तकनीकी [बलों] के अप्रत्यक्ष और सूक्ष्म रूप से वर्चस्व का शिकार बन गया।

काहिरा सम्मेलन (Cairo Conference) में नव-उपनिवेशवाद की अभिव्यक्तियाँ, जिन पर प्रकाश डाला गया और निंदा की गई, वे इस प्रकार हैं:

1. कठपुतली सरकारें, जिनका प्रतिनिधित्व कठपुतली करते हैं और कुछ प्रमुखों, प्रतिक्रियावादी तत्वों, जनविरोधी राजनेताओं, बड़े बुर्जुआ-धोखेबाजों या भ्रष्ट नागरिक या सैन्य पदाधिकारियों पर आधारित होती हैं।
2. स्वतंत्रता से पहले या बाद में, किसी शाही शक्ति (imperial power) द्वारा उस शाही शक्ति से जुड़े संघ या समुदायों में राज्य का पुनः समूहीकरण।
3. कटंगा, मॉरीशियाना, बुगांडा (Katanga, Mauritiana, Buganda) और अन्य के मामले में, कृत्रिम संस्थाओं के निर्माण द्वारा राज्यों के जानबूझकर राजनीतिक विखंडन के रूप में बाल्कनीकरण।
4. स्वतंत्रता से पहले औपनिवेशिक शक्तियों की आर्थिक मजबूती, और राष्ट्रीय संप्रभुता की औपचारिक मान्यता के बाद आर्थिक निर्भरता की निरंतरता।
5. औपनिवेशिक आर्थिक गुटों में एकीकरण जो अफ्रीकी अर्थव्यवस्था के अविकसित चरित्र को बनाए रखता है।

6. स्वतंत्रता के बाद पूंजी निवेश, ऋण और मौद्रिक सहायता या असमान रियायतों के तकनीकी विशेषज्ञों के माध्यम से एक विदेशी शक्ति द्वारा आर्थिक घुसपैठ, विशेष रूप से वे जो लंबी अवधि के लिए विस्तारित हैं।
7. प्रत्यक्ष मौद्रिक निर्भरता उन उभरते स्वतंत्र राज्यों की तरह है जिनका वित्त औपनिवेशिक शक्तियों के हाथों में रहता है और सीधे उनके द्वारा नियंत्रित होता है।
8. सैन्य अड्डों को कभी-कभी वैज्ञानिक अनुसंधान स्टेशनों या प्रशिक्षण स्कूलों के रूप में पेश किया जाता है, जिसे या तो स्वतंत्रता से पहले या स्वतंत्रता की शर्त के रूप में पेश किया जाता है।[11]

वर्तमान समय का नव-उपनिवेशवाद पूर्व उपनिवेशों पर नियंत्रण के पुराने स्वरूप को प्रतिस्थापित करता है और इसे बनाए रखने के लिए नए और सूक्ष्म तरीकों का उपयोग करता है। नव-उपनिवेशवाद के तंत्र राजनीतिक युक्ति, आर्थिक उपकरण, संधियाँ और समझौते, हथियार व्यापार, प्रौद्योगिकी हस्तांतरण, सैन्य तंत्र और सांस्कृतिक तंत्र हो सकते हैं।

नव-उपनिवेशवाद के तंत्र (Mechanisms of Neo-Colonialism)

राजनीतिक उपकरण (Political Devices)

उपनिवेशवाद के पुराने स्वरूप के राजनीतिक नियंत्रण के औपचारिक या अनौपचारिक तरीकों को विभिन्न रूपों में राजनीतिक नियंत्रण स्थापित करके प्रतिस्थापित किया जाता है। वे जहां भी संभव हो, पुराने आर्थिक और राजनीतिक संबंधों को पोषित करने से लेकर ब्रिटिश राष्ट्रमंडल और फ्रांसीसी समुदाय के भीतर बने रिश्ते, बंद मुद्रा, तरजीही व्यापार प्रणाली, सैन्य गठबंधन और राजनीतिक-सैन्य समझौते तक हो सकते हैं। राजनीतिक नियंत्रण के अन्य रूपों में आर्थिक, राजनीतिक और सांस्कृतिक मिशन, श्रमिक संघ प्रतिनिधिमंडल, संयुक्त सैन्य प्रशिक्षण कार्यक्रम, सैन्य अनुदान और आर्थिक 'सहायता' के रूप में स्थानीय शासक वर्गों को रिश्वत शामिल हैं। जब ये विफल हो जाते हैं, तो बल की पुरानी नीतियों को वापस लाया जाता है, उदाहरण के लिए, संयुक्त राज्य अमेरिका ने 1954 में ग्वाटेमाला में आर्बेंज़ सरकार और उसके बाद की उपलब्धियों के खिलाफ प्रति-क्रांति को उकसाया। संयुक्त राज्य अमेरिका ने यूनाइटेड फ्रूट कंपनी की सहायक कंपनी के लिए 'आर्बेंज़ गुज़मैन*' (Arbenz Guzman) सरकार (ग्वाटेमाला की) द्वारा जब्त की गई संपत्ति की वापसी के लिए एक समझौता किया। 1954 के बाद, कैस्टिलो अरमास (Castillo Armas) शासन को यूनाइटेड फ्रूट, बॉन्ड और शेयर (United Fruit, Bond and Share) और अन्य एकाधिकार के साथ अनुबंध के माध्यम से कार्यालय में बनाए रखा गया था। इसलिए, कठपुतली सरकारें नव-उपनिवेशवाद को ताकत के साथ मजबूत करने के महत्वपूर्ण तंत्र के रूप में काम करती हैं।[12]

विदेशी सहायता (Foreign Aid)

विदेशी सहायता विकासशील देशों को उनके विकास में तेजी लाने या उनकी बुनियादी मानवीय जरूरतों को पूरा करने में मदद करने के लिए दी जाने वाली सहायता है। दी गई विदेशी सहायता अलग-अलग रूप लेती है और सभी अलग-अलग उद्देश्यों की पूर्ति करती है। कुछ मानवतावादी हैं, कुछ राजनीतिक हैं, और फिर

* Jacobo Arbenz Guzman was the centre-left President of Guatemala from 1951 to 1954 when he was ousted in a coupd'état by CIA and was replaced by a military junta headed by colonel Carlos Castillo Armas.

भी अन्य दानदाताओं के लिए लाभ पैदा करने का प्रयास करते हैं। अक्सर, सहायता का उपयोग दाता राज्यों या अंतर्राष्ट्रीय एजेंसियों की विदेश नीति के हथियार के रूप में किया जाता है और हमेशा इसके साथ जुड़ी कुछ शर्तों के साथ जारी किया जाता है। लेकिन सच्चाई यह है कि तीसरी दुनिया के देश कर्ज के बोझ तले दबे हुए हैं, जिससे वे विकसित देशों पर अधिकाधिक निर्भर होते जा रहे हैं। वे ऋण अदायगी की समस्या से पीड़ित हैं, जिसके कारण उनके द्वारा उत्पादित अधिशेष की लगातार बर्बादी हो रही है। वे ऋण चुकौती में असफल हो सकते हैं या पुनः ऋण प्राप्त करने के लिए बातचीत का प्रयास कर सकते हैं। किसी भी तरह से, तीसरी दुनिया के देश हारे हुए हैं और 1980 के दशक में भारी कर्ज के बोझ के परिणामस्वरूप, तीसरी दुनिया का ऋण संकट उभरा, खासकर लैटिन अमेरिका में। अफ्रीका आज हर साल आईएमएफ और विश्व बैंक को ऋण भुगतान के रूप में उनसे प्राप्त ऋण की तुलना में अधिक धन का भुगतान करता है, जिससे अक्सर उन देशों के निवासियों को वास्तविक आवश्यकताओं से वंचित होना पड़ता है।

ऋण या दी गई सहायता से जुड़ी शर्तें दाता देशों की असली मंशा को उजागर करती हैं। भारत सहित तीसरी दुनिया के देशों को दिया गया अमेरिकी पीएल 480 (PL 480) या "फूड फॉर पीस" (Food for Peace), सहायता के नाम पर उनके कृषि अधिशेष को डंप करने की एक अमेरिकी योजना के अलावा और कुछ नहीं था। इसने अमेरिकी कृषि के लिए भविष्य के वाणिज्यिक बाजारों के अवसर भी खोले। खाद्य सहायता का उद्देश्य स्थानीय उत्पादन को हतोत्साहित करना भी था, जिससे आत्मनिर्भरता में बाधा उत्पन्न हुई और अंततः विदेशी देशों पर खाद्य आपूर्ति की निरंतर निर्भरता बनी रही।

आईएमएफ और विश्व बैंक जैसी अंतर्राष्ट्रीय एजेंसियों के माध्यम से सहायता भी कम प्रेरित नहीं है। आम तौर पर *आईएमएफ निधियों को ऋण देने का समझौता* (IMF conditionality agreement) इस शर्त पर आधारित होता है कि कुछ सरकारी नीतियों को अपनाया जाता है, जिसे आईएमएफ सशर्तता समझौते के रूप में जाना जाता है। इसका मतलब है "संरचनात्मक समायोजन कार्यक्रम" (structural adjustment programme) के एक भाग के रूप में प्राप्तकर्ता देश द्वारा सहमत इन शर्तों का कार्यान्वयन। समायोजन में मुख्य रूप से निजीकरण कार्यक्रम शामिल हैं, जिसके बारे में उनका कहना है कि इसके परिणामस्वरूप स्वास्थ्य, शिक्षा में गिरावट, बुनियादी ढांचे को विकसित करने में असमर्थता और सामान्य तौर पर जीवन स्तर में गिरावट आती है। निस्संदेह, इन शर्तों के कार्यान्वयन से औसत नागरिकों को कठिनाइयों का सामना करना पड़ता है और कोई भी अच्छा परिणाम देने में विफल रहता है, और कभी-कभी देश के भीतर राजनीतिक अशांति भी हो सकती है जिसके परिणामस्वरूप सरकार गिर सकती है। घाना के मामले की तरह, जहाँ स्थानीय पोल्ट्री उद्योग ध्वस्त हो गया, जिससे 400,000 छोटे किसान गरीब हो गए क्योंकि बाजार यूरोपीय संघ और संयुक्त राज्य अमेरिका से सस्ते सब्सिडी वाले फ्रोजेन मुर्गियों से भर गया था। इस डंपिंग को रोकने के लिए टैरिफ बढ़ाने के घाना के प्रयास को आईएमएफ और डब्ल्यूटीओ ने अवरुद्ध कर दिया था क्योंकि संरचनात्मक समायोजन की सशर्तता को जारी रखना पड़ा था। उप-सहारा देश आईएमएफ और डब्ल्यूटीओ की संरचनात्मक समायोजन की शर्तों से पीड़ित हैं क्योंकि उन्हें औद्योगिकीकृत उत्तर से आयात करने के लिए अपनी अर्थव्यवस्थाएं खोलने के लिए मजबूर होना पड़ा है।[13]

हालाँकि इन एजेंसियों से मिलने वाली सहायता तीसरी दुनिया के देशों के विकास को बढ़ावा देने में मदद करती है, फिर भी, चूँकि इन अंतर्राष्ट्रीय वित्तीय एजेंसियों में प्रमुख योगदान संयुक्त राज्य अमेरिका और पश्चिमी देशों से आता है, इसलिए इन एजेंसियों के निर्णय लेने में उनकी भूमिका अधिक होती है। वे दी जाने वाली सहायता की मात्रा और संलग्न की जाने वाली शर्तों का निर्णय करते हैं जिसके परिणामस्वरूप, काफी हद तक गरीब देशों के आर्थिक विकास की दर और आर्थिक नीतियां अमीर उत्तर (rich North) द्वारा

निर्धारित होती हैं। ऐसा कहा जाता है कि "ऐसी अंतर्राष्ट्रीय सहायता के लाभ लंबे समय में मामूली रहे हैं; और इस तरह की सहायता पर केवल तीसरी दुनिया के देशों की निर्भरता को कायम रखा है।"[14]

बहुराष्ट्रीय निगम (Multinational Corporations—MNCs)

बहुराष्ट्रीय निगम अंतर्राष्ट्रीय संबंधों में महत्वपूर्ण और शक्तिशाली गैर-राज्यीय कर्ता बनते जा रहे हैं। कुछ औद्योगिक बहुराष्ट्रीय कंपनियों की वार्षिक बिक्री दसियों अरब डॉलर की है और आईबीएम, यूनिलीवर, कोका कोला (IBM, Unilever, Coca Cola) और अन्य अंतर्राष्ट्रीय कंपनियाँ संप्रभु राज्यों की तुलना में अधिक शक्तिशाली हो गई हैं। चाहे बहुराष्ट्रीय कंपनियाँ राष्ट्रीय सरकारों के एजेंट के रूप में काम करती हों या राष्ट्रीय सरकारें बहुराष्ट्रीय कंपनियों के एजेंट के रूप में काम करती हों, सच्चाई यह है कि दोनों एक-दूसरे के हितों की रक्षा करते हैं और राज्य के हस्तक्षेप, चाहे सैन्य हो या आर्थिक, का परिणाम तब होता है जब तीसरी दुनिया के देशों में उनके हित खतरे में पड़ जाते हैं। उदाहरण के लिए, 1956 में राष्ट्रपति नासिर (President Nasser) द्वारा स्वेज़ नहर कंपनी (Suez Canal Company) के राष्ट्रीयकरण ने मिस्र पर एक बड़े एंग्लो-फ्रेंच आक्रमण को आमंत्रित किया। लैटिन अमेरिका, अफ्रीका और एशिया में बहुराष्ट्रीय कंपनियाँ सरकार के नीति-निर्माण पर एक शक्तिशाली प्रभाव डालती हैं।

नव-उपनिवेशवाद के आलोचकों का कहना है कि बहुराष्ट्रीय निगमों द्वारा निवेश विकासशील देशों में कुछ को समृद्ध करता है, और नव-उपनिवेशों में रहने वाली आबादी के लिए मानवीय, पर्यावरणीय और पारिस्थितिक विनाश का कारण बनता है। इसके परिणामस्वरूप अस्थिर विकास और सतत अविकसितता होती है; एक निर्भरता की स्थिति जो उन देशों को सस्ते श्रम और कच्चे माल के भंडार के रूप में प्रस्तुत करती है, जबकि उनकी अपनी अर्थव्यवस्थाओं को विकसित करने के लिए उन्नत उत्पादन तकनीकों तक उनकी पहुंच को प्रतिबंधित करती है और इस प्रकार, उनके विकास और आत्मनिर्भरता की गति को विफल कर देती है।

बहुराष्ट्रीय कंपनियाँ स्वदेशी प्रौद्योगिकी के उपयोग को भी रोकती हैं। ऐसा कहा जाता है कि उन्नत देशों में जनशक्ति को उच्च स्तर का प्रशिक्षण दिया जाता है, जिसे कम विकसित देशों द्वारा कायम नहीं रखा जा सकता, जिससे गरीब देशों से प्रतिभा पलायन होता है। इस प्रकार, विकसित देशों पर उनकी निर्भरता बढ़ती रहती है।

संधियाँ और समझौते (Treaties and Agreements)

ग्लोबल नॉर्थ औपचारिक संधियों और समझौतों के माध्यम से दक्षिण के विकासशील देशों पर अपना नियंत्रण सुनिश्चित करने की कोशिश करता है जो ज्यादातर नव-औपनिवेशिक शक्तियों के हितों की पूर्ति के लिए डिज़ाइन किए गए हैं। ये भारत-अमेरिका परमाणु समझौते (Indo–US Nuke Deal) जैसी द्विपक्षीय संधियाँ हो सकती हैं, जिन्हें कुछ लोगों के लिए सावधानी से देखना होगा या परमाणु अप्रसार संधि या व्यापक परीक्षण प्रतिबंध संधि जैसी बहुपक्षीय संधियाँ हो सकती हैं। परमाणु अप्रसार संधि और व्यापक परीक्षण प्रतिबंध संधि दोनों को विकासशील देशों ने भेदभावपूर्ण माना और उन्होंने क्षैतिज विस्तार को समाप्त नहीं किया बल्कि परमाणु क्लब के ऊर्ध्वाधर विस्तार को रोकने की कोशिश की। विकसित देशों और गरीब राज्यों के बीच आर्थिक समझौतों और संधियों का उद्देश्य गरीब देशों के नव-औपनिवेशिक शोषण को आगे बढ़ाना है। इसलिए, संधियाँ और समझौते विकासशील देशों पर नियंत्रण बढ़ाने के लिए भी तंत्र हैं जो ज्यादातर पूर्व उपनिवेश हैं।

शस्त्र व्यापार (Arms Trade)

सैन्य-औद्योगिक परिसर किसी राज्य की सैन्य आवश्यकता को पूरा करने के लिए मिलकर काम करने वाली सरकारी एजेंसियों, औद्योगिक निगमों और अनुसंधान संस्थानों का एक जटिल नेटवर्क है। संयुक्त राज्य अमेरिका और सोवियत संघ दोनों के पास विशाल सैन्य-औद्योगिक परिसर है। अपनी सैन्य आवश्यकताओं को पूरा करने के अलावा, अक्सर संयुक्त राज्य अमेरिका और सोवियत संघ जैसे विकसित देश विकासशील देशों को हथियार बेचने में लगे रहते हैं। इससे दोहरा उद्देश्य पूरा होता है. एक तो यह कि उन्हें पुराने और अधिशेष सैन्य उपकरणों से छुटकारा मिल जाता है, और दूसरा यह कि अर्जित धन को सैन्य-औद्योगिक परिसर के अस्तित्व के लिए उसमें लगा दिया जाता है। ब्रिटेन और फ्रांस जैसे अन्य पश्चिमी देश भी तीसरी दुनिया के देशों को हथियारों के प्रमुख आपूर्तिकर्ता बन गए हैं। हथियारों का व्यापार बहुमूल्य विदेशी मुद्रा को लोगों और राज्य के वास्तविक विकास से हटाकर बेकार उद्देश्यों की ओर ले जाता है जैसे कि अन्य राज्यों के साथ संघर्ष और युद्ध में शामिल होना, या केवल हथियारों की वृद्धि में संलग्न होना, जिसके परिणामस्वरूप प्रतिद्वंद्वी राज्य के साथ अस्वास्थ्यकर हथियारों की होड़ होती है, और इस प्रकार विकास के मार्ग में बाधा उत्पन्न होती है और उनकी निर्भरता की घटना की प्रक्रिया जारी रहती है।

प्रौद्योगिकी का हस्तांतरण (Transfer of Technology)

प्रौद्योगिकी का हस्तांतरण तीसरी दुनिया के देशों की ओर से विदेशी स्रोतों से प्रौद्योगिकी, ज्ञान, कौशल, तरीके, डिजाइन और विशेष उपकरण प्राप्त करने का एक प्रयास है। हालाँकि, इससे गरीब विकासशील देशों का बोझ ही बढ़ता है। अंकटाड (व्यापार और विकास पर संयुक्त राष्ट्र सम्मेलन) (UNCTAD—United Nations Conference on Trade and Development) के एक अध्ययन से पता चलता है कि प्रौद्योगिकी हस्तांतरण के अनुबंधों में कच्चे माल और मध्यवर्ती इनपुट की खरीद और यहां तक कि आयात भी शामिल है जिसके परिणामस्वरूप ऐसे हस्तांतरण की लागत में वृद्धि होती है और इकाई लागत भी बढ़ जाती है। यह विकासशील देशों की अर्थव्यवस्थाओं के स्वस्थ विकास को रोकता है।

सांस्कृतिक उपकरण (Cultural Device)

नव-उपनिवेशवाद सिद्धांत का एक प्रकार *सांस्कृतिक उपनिवेशवाद* (cultural colonialism) की स्थापना का सुझाव देता है, मीडिया, भाषा, शिक्षा और धर्म जैसे सांस्कृतिक साधनों के माध्यम से और अंततः आर्थिक कारणों से धनी देश अन्य देशों के मूल्यों और धारणाओं को नियंत्रित करने कोशिश करते हैं। इसके लिए, वे तीसरी दुनिया के देशों के लोगों पर एक प्रकार का सांस्कृतिक वर्चस्व थोपने के लिए सूचना और प्रौद्योगिकी, जनसंचार माध्यमों, विशेष रूप से कई चैनलों वाले टेलीविजन, फिल्मों, इंटरनेट और अन्य उपकरणों में नवीनतम नवाचारों का उपयोग करते हैं।

समग्र अंतर्राष्ट्रीय परिदृश्य दुनिया में अमीर और गरीब राज्यों के बीच बड़े विभाजन का प्रमाण देता है, जिसमें गरीब देशों की अर्थव्यवस्थाओं और संसाधनों, चाहे वे प्राकृतिक हों या मानवीय, का दोहन करके सबसे अधिक लाभ उठाते हैं। नतीजा यह होता है कि गरीब देश गरीब ही रह जाते हैं और अमीर देश और अमीर हो जाते हैं। विश्व बैंक ने 140 'विफल' राज्यों की एक सूची तैयार की है जो या तो विकासशील देश हैं या पूर्व समाजवादी देश हैं, लेकिन उनके पास विशाल प्राकृतिक संसाधन हैं। ऐसी स्थिति के मद्देनजर, नव-उपनिवेशवाद उपनिवेशवाद के अपने पुराने चरित्र को ग्रहण कर रहा है, लेकिन एक नए परिधान में।

उपनिवेशवाद की इस नई अभिव्यक्ति को अमेरिकी और अन्य पश्चिमी शिक्षाविदों द्वारा ***उत्तर-आधुनिक साम्राज्यवाद*** (Post-modern Imperialism) कहा जाता है। इसका उद्देश्य 'असफल' राज्यों को बचाने के लिए एक "नया शाही आदेश" (New Imperial Order) बनाना है। संयुक्त राज्य अमेरिका अब अंतर्राष्ट्रीय शासन का एक ऐसा रूप स्थापित करने में अधिक रुचि रखता है जिसे नव-ट्रस्टीशिप या उत्तर-आधुनिक साम्राज्यवाद (neo-trusteeship or post-modern Imperialism) के रूप में वर्णित किया जा सकता है, और ऐसे उत्तर-आधुनिक साम्राज्यवाद के संकेत पहले से ही बोस्निया, कोसोवो, पूर्वी तिमोर, सिएरा लियोन, अफगानिस्तान और इराक में देखे जा रहे हैं। ऐसी सोच के पीछे तर्क यह है कि, ढह चुके और बुरी तरह से शासित राज्य सीमित प्रशासनिक क्षमता के साथ ज्यादा सुधार नहीं कर पाएंगे और आंतरिक सुरक्षा बनाए रखने में विफल रहेंगे। इसलिए, अंतर्राष्ट्रीय खतरों को कम करने के लिए, बाहरी तत्वों द्वारा समर्थित वैकल्पिक संस्थागत व्यवस्था पर काम किया जाना चाहिए। इसमें वास्तविक ट्रस्टीशिप और साझा संप्रभुता शामिल हो सकती है।[15]

आर्थिक विकास को बनाए रखने में उनकी सरकारों की अक्षमता के संदर्भ में 'विफल' राज्यों के भौतिक नियंत्रण को उचित ठहराने के लिए एक नया आयाम जोड़ा गया है। औचित्य यह है कि अक्षम सरकारें अंतर्राष्ट्रीय आतंकवाद को बढ़ावा देती हैं, और इस खतरे को खत्म करने के लिए 'विफल' राज्यों से नियंत्रण हटाना होगा। विक्टोरियन युग (Victorian era) की तरह, "अंधेरे महाद्वीप" (dark continent) को सभ्य बनाने के लिए "श्वेत व्यक्ति के बोझ" (white man's burden) के संदर्भ में उपनिवेशवाद का औचित्य अब विफल राज्यों को बचाने और लोकतंत्र का प्रसार करना है।[16]

नई अंतर्राष्ट्रीय आर्थिक व्यवस्था की मांग (Demand for New International Economic Order—NIEO)

अंतर्राष्ट्रीय आर्थिक संरचना की निराशाजनक तस्वीर ने विकासशील देशों में असंतोष पैदा कर दिया था। दक्षिण के ये देश 1970 के दशक से ही एक नई अंतर्राष्ट्रीय आर्थिक व्यवस्था के लिए दबाव बना रहे थे, जहाँ विकासशील दुनिया को अपनी बात कहने का अधिकार हो। इन देशों ने अपनी मांग रखने और मौजूदा अंतर्राष्ट्रीय आर्थिक संबंधों के संरचनात्मक समायोजन के माध्यम से उन्हें साकार करने के लिए जी-77 समूह, अंकटाड, गुटनिरपेक्ष सम्मेलन और संयुक्त राष्ट्र की महासभा का उपयोग किया है।

हालाँकि, 1960 के दशक की शुरुआत तक, कई विकासशील देश अपनी विकास संभावनाओं से निराश हो गए और बेहतर सौदे की मांग करने लगे। गुटनिरपेक्ष आंदोलन जैसे संगठनों में रैली करते हुए, और *व्यापार और विकास पर संयुक्त राष्ट्र सम्मेलन* (यूएनसीटीएडी) (United Nations Conference on Trade and Development—UNCTAD) आयोजित करते हुए, उन्होंने व्यापार की उचित शर्तों और विकास के वित्तपोषण के लिए अधिक उदार शर्तों के लिए तर्क दिया। उत्तर ने अपने अच्छे इरादों की पवित्र घोषणाओं के साथ—लेकिन कठोर आग्रह के साथ—जवाब दिया कि किसी भी आर्थिक परिवर्तन के लिए उचित मंच ब्रेटन वुड्स संस्थान (Bretton Woods institutions) बने रहेंगे जहां उनके पास शक्ति का संतुलन है।

1973 में पेट्रोलियम की कीमतों में उल्लेखनीय वृद्धि करने में ओपेक (OPEC) के तेल उत्पादक देशों की सफलता ने एक नई अंतर्राष्ट्रीय आर्थिक व्यवस्था के आह्वान के समर्थन में विकासशील देशों को एक साथ लाने के लिए एक उत्प्रेरक के रूप में काम किया, जिसमें उनके हितों का बेहतर प्रतिनिधित्व किया

जाएगा। इस कॉल में उन कई प्रस्तावों को एकीकृत किया गया जिन पर पहले अंकटाड और अन्य विश्व मंचों पर चर्चा की गई थी।

सितंबर 1973 में अल्जीयर्स (Algiers) में आयोजित गुटनिरपेक्ष राष्ट्रों के शिखर सम्मेलन में आर्थिक व्यवस्था में बदलाव के लिए विशिष्ट प्रस्ताव आगे लाए गये। इसके बाद, अप्रैल 1974 में संयुक्त राष्ट्र महासभा का छठा विशेष सत्र जल्दबाजी में बुलाया गया। इस सत्र में, बिना वोट के, "नई अंतर्राष्ट्रीय व्यवस्था की घोषणा और कार्रवाई का कार्यक्रम" शीर्षक वाला एक घोषणापत्र अपनाया गया। दिसंबर 1974 में, महासभा ने राज्यों के आर्थिक अधिकारों और कर्तव्यों के चार्टर (Charter of Economic Rights and Duties of States) को मंजूरी दी।

संयुक्त राष्ट्र महासभा ने 1974 में आयोजित अपने छठे विशेष सत्र में एक *नई अंतर्राष्ट्रीय आर्थिक व्यवस्था* (एनआईईओ) (New International Economic Order—NIEO)) स्थापित करने के अपने दृढ़ संकल्प की घोषणा की। इसने घोषणा की कि "हम, संयुक्त राष्ट्र के सदस्य...समानता, संप्रभु समानता, अन्योन्याश्रय, सामान्य हित और सभी राज्यों के बीच सहयोग पर आधारित एक नई अंतर्राष्ट्रीय आर्थिक व्यवस्था की स्थापना के लिए तत्काल काम करने के लिए अपने एकजुट दृढ़ संकल्प की घोषणा करते हैं, भले ही उनकी स्थिति कुछ भी हो।" आर्थिक और सामाजिक प्रणालियाँ, जो असमानताओं को दूर करेंगी और मौजूदा अन्यायों का निवारण करेंगी, विकसित और विकासशील देशों के बीच बढ़ती खाई को खत्म करना संभव बनाएंगी और वर्तमान और भविष्य की पीढ़ियों के लिए आर्थिक और सामाजिक विकास और शांति और न्याय को सुनिश्चित करेंगी।[17]

एक अन्य प्रस्ताव में, महासभा ने उसी सत्र में नई अंतर्राष्ट्रीय आर्थिक व्यवस्था की स्थापना के लिए एक कार्यक्रम अपनाया। नई अंतर्राष्ट्रीय आर्थिक व्यवस्था अनिवार्य रूप से एक 18 खंड वाला दस्तावेज़ है जो अंतर्राष्ट्रीय प्रणाली में कुछ बदलावों की मांग करता है, जो कम विकसित देशों को गरीबी के कभी न खत्म होने वाले चक्र से बाहर निकलने का अवसर प्रदान करेगा। इसकी कुछ मुख्य धाराएँ इस प्रकार थीं:

1. व्यापार और विकास से संबंधित कच्चे माल और प्राथमिक वस्तुओं की मूलभूत समस्याएं
2. अंतर्राष्ट्रीय मौद्रिक प्रणाली और विकासशील देशों के विकास का वित्तपोषण
3. औद्योगीकरण
4. प्रौद्योगिकी का हस्तांतरण
5. अंतर्राष्ट्रीय निगमों की गतिविधियों पर विनियमन और नियंत्रण
6. राज्यों के आर्थिक अधिकारों और कर्तव्यों का चार्टर
7. विकासशील देशों के बीच सहयोग को बढ़ावा देना
8. प्राकृतिक संसाधनों पर राज्यों की स्थायी संप्रभुता के कार्यान्वयन में सहायता
9. अंतर्राष्ट्रीय आर्थिक सहयोग के क्षेत्र में संयुक्त राष्ट्र प्रणाली की भूमिका को मजबूत करना
10. सर्वाधिक गंभीर रूप से प्रभावित विकासशील देशों के लिए विशेष कार्यक्रम।

आर्थिक अधिकारों और कर्तव्यों का चार्टर, जैसा कि कार्रवाई कार्यक्रम में उल्लिखित है, 1974 में अपने उनतीसवें सत्र में संयुक्त राष्ट्र महासभा द्वारा अपनाया गया था। यह चार्टर अन्य बातों के अलावा राज्यों की उनके प्राकृतिक संसाधनों पर पूर्ण संप्रभुता; बहुराष्ट्रीय कंपनियों पर नियंत्रण; विदेशी निवेश का राष्ट्रीयकरण; सामान्य प्राकृतिक संसाधनों का बंटवारा; व्यापार की न्यायसंगत शर्तें; कम विकसित देशों (एलडीसी) (less developed countries—LDCs) को प्रौद्योगिकी हस्तांतरित करने के लिए

विकसित देशों (डीसी) (developed countries—DCs) का कर्तव्य, डीसी द्वारा कम विकसित देशों और अन्य को सामान्यीकृत, गैर-पारस्परिक और गैर-भेदभावपूर्ण टैरिफ प्राथमिकताओं का विस्तार प्रदान करता है।

चार्टर के अनुच्छेद 8 में स्पष्ट रूप से अधिक तर्कसंगत और न्यायसंगत अंतर्राष्ट्रीय आर्थिक संबंधों को सुविधाजनक बनाने और सभी देशों, विशेष रूप से विकासशील देशों की जरूरतों और हितों के अनुरूप संतुलित विश्व अर्थव्यवस्था के संदर्भ में संरचनात्मक परिवर्तनों को प्रोत्साहित करने के लिए राज्यों के बीच सहयोग की आवश्यकता बताई गई है।

अपने पच्चीसवें सत्र में, संयुक्त राष्ट्र महासभा ने पहले ही 1 जनवरी 1971 से 31 दिसंबर 1981 तक की अवधि को दूसरे संयुक्त राष्ट्र विकास दशक के रूप में घोषित कर दिया था। एनआईईओ की स्थापना से संबंधित यूएनजीए प्रस्ताव, जिसे इसके छठे विशेष सत्र में अपनाया गया, ने विशेष रूप से एनआईईओ की प्राप्ति के लिए अंतर्राष्ट्रीय विकास रणनीति की सिफारिश की। अंतर्राष्ट्रीय विकास रणनीति का लक्ष्य इस दूसरे संयुक्त राष्ट्र विकास दशक के दौरान कम विकसित देशों के सकल घरेलू उत्पाद में 6 प्रतिशत की औसत वार्षिक वृद्धि दर रखना है।

नई अंतर्राष्ट्रीय आर्थिक व्यवस्था की स्थापना के लिए डिज़ाइन किए गए कार्यक्रम में सबसे महत्वपूर्ण प्रावधान कम से कम दस प्रमुख वस्तुओं के प्रबंधन और मूल्य निर्धारण से संबंधित हैं: कोको, कॉफी, चाय, चीनी, कठोर फाइबर, जूट, कपास, रबर, तांबा और टिन, और सात अन्य वस्तुएं। थोड़ी कम प्राथमिकता के साथ: केले, गेहूं, चावल, मांस, ऊन, लौह अयस्क और बॉक्साइट। विशेष रूप से, कमोडिटी कार्यक्रम के उद्देश्य थे: (क) अत्यधिक कीमत और आपूर्ति में उतार-चढ़ाव में कमी; और (ख) कमोडिटी की कीमतों की स्थापना और रखरखाव, जो वास्तविक रूप से उपभोक्ताओं के लिए न्यायसंगत और उत्पादकों के लिए लाभकारी हैं।

इन लक्ष्यों को प्राप्त करने के लिए, निम्नलिखित एकीकृत उपाय प्रस्तावित किए गए:

1. अंतर्राष्ट्रीय बफर स्टॉक (buffer stocks) की स्थापना
2. इन शेयरों को वित्तपोषित करने के लिए एक सामान्य कोष का निर्माण
3. बहुपक्षीय व्यापार प्रतिबद्धताओं पर हस्ताक्षर
4. निर्यात आय को स्थिर करने के लिए बेहतर प्रतिपूरक (combensatory) वित्तपोषण की व्यवस्था।

इन उद्देश्यों की प्राप्ति आवश्यक रूप से अंतर्राष्ट्रीय विकास रणनीति में देखे गए लक्ष्यों को प्राप्त करने के लिए आवश्यक संसाधनों को खोजने पर निर्भर करती है। संसाधनों को खोजने की ज़िम्मेदारी कम विकसित देशों की थी, जिन्हें "आंतरिक और बाह्य दोनों, अपने घरेलू वित्तीय संसाधनों की पूरी श्रृंखला को जुटाने के लिए जोरदार उपाय अपनाना जारी रखने" के लिए कहा गया था। विकसित देशों को एक सीमांत जिम्मेदारी भी सौंपी गई थी और प्रत्येक विकसित देश से अपेक्षा की गई थी कि वह वर्ष 1972 तक कम विकसित देशों को वास्तविक संवितरण के संदर्भ में बाजार मूल्य पर अपने जीएनपी (GNP) के 1 प्रतिशत की न्यूनतम राशि का वित्तीय संसाधन हस्तांतरण प्रदान करेगा, उन देशों की विशेष स्थिति को ध्यान में रखते हुए, जो पूंजी के आयातक थे। अन्य जिम्मेदारियों के अलावा, विकसित देशों को यथासंभव दीर्घकालिक और निरंतर आधार पर सहायता का प्रवाह बढ़ाने और जहां भी आवश्यक हो, ऋणों के पुनर्निर्धारण और पुनर्वित्त की व्यवस्था करने के लिए कहा गया था। कम विकसित देशों को "विदेशी निजी पूंजी को आमंत्रित

करने, प्रोत्साहित करने और प्रभावी उपयोग करने के लिए उचित उपाय अपनाने" के लिए कहा गया था, जबकि विकसित देशों को "विकासशील देशों में निजी पूंजी के प्रवाह को प्रोत्साहित करने के लिए और उपाय अपनाने पर विचार करने" के लिए कहा गया था।

कम विकसित देशों द्वारा दशकों की सम्मेलन कूटनीति के बाद अंतर्राष्ट्रीय विकास रणनीति, नई अंतर्राष्ट्रीय आर्थिक व्यवस्था और आर्थिक अधिकारों के चार्टर को अपनाना विकासशील राज्यों की शानदार उपलब्धियां प्रतीत हो सकती हैं, लेकिन लक्ष्य अधूरा रह गया है। संयुक्त राष्ट्र के ये दोनों दस्तावेज़ दक्षिण में कम आय के लिए उपनिवेशवाद और नव-उपनिवेशवाद के तहत पिछले शोषण को दोषी मानते हैं।

मई 1976 में नैरोबी में चौथे अंकटाड (UNCTAD IV) सम्मेलन में, एक नई अंतर्राष्ट्रीय आर्थिक व्यवस्था की स्थापना के प्रस्तावों को कुछ मामलों में थोड़ा संशोधित किया गया था, लेकिन जब उन्हें संकल्प के रूप में अपनाया गया तो उनका सार अपरिवर्तित रहा केवल संयुक्त राज्य अमेरिका और संघीय गणराज्य जर्मनी ने उनके ख़िलाफ़ मतदान किया। सबसे महत्वपूर्ण बात यह है कि सम्मेलन ने वस्तुओं के लिए एकीकृत कार्यक्रम से जुड़े सबसे विवादास्पद प्रस्तावों में से एक के अध्ययन और कार्यान्वयन के लिए एक समय सारणी तैयार की, जिसने उन्हें एक ब्यूरोक्रेटिक प्रक्रिया दी और यह संदेह उठाया कि वाकई इन्हें क्रियान्वित किया जाएगा। जैसे-जैसे चीजें सामने आईं, नई अंतर्राष्ट्रीय आर्थिक व्यवस्था कभी भी दक्षिण के लिए एक रैली की आवाज से ज्यादा कुछ नहीं बन पाया। वह वास्तविकता में कभी सामने नहीं आया।

नई अंतर्राष्ट्रीय आर्थिक व्यवस्था के प्रस्ताव की नियति (Fate of New International Economic Order Propasal)

यदि संयुक्त राष्ट्र महासभा द्वारा अपनाए गए प्रस्ताव संयुक्त राष्ट्र में कम विकसित देशों के बहुमत को दर्शाते हैं, तो प्रो. जयंतनुजा बंद्योपाध्याय के रूप में उनका कार्यान्वयन न होना[18] कुल अंतर्राष्ट्रीय संबंधों के परिदृश्य पर विकसित देशों के कुलीनतंत्र और नव-साम्राज्यवादी नियंत्रण को दर्शाता है। यहाँ तक कि संयुक्त राष्ट्र के चार्टर ने भी सुरक्षा परिषद में पाँच सदस्यों को स्थायी सीटें प्रदान करके और उनमें वीटो शक्ति निवेश करके द्वितीय विश्व युद्ध के बाद अस्तित्व में आई अंतर्राष्ट्रीय प्रणाली की नव-साम्राज्यवादी संरचना को औपचारिक मंजूरी दे दी। संयुक्त राष्ट्र ने एक तरह से अंतर्राष्ट्रीय कुलीनतंत्र को पुनर्जीवित किया, जिसने यूरोपीय साम्राज्यवाद के चरण के दौरान दुनिया पर शासन किया। मोर्गेंथाऊ (Morgenthau) का दावा है कि यह पांच स्थायी सदस्यों का गठन करने वाला एक नया पवित्र गठबंधन है। इसलिए, यह विचार करना बहुत आशावादी है कि अंतर्राष्ट्रीय आर्थिक संबंधों में संशोधन लाने के कम विकसित देशों के प्रयास फलदायी होंगे।

वासिली लियोन्टीफ़ (Wassily Leontief) के नेतृत्व में संयुक्त राष्ट्र के एक अध्ययन से पता चला कि विकसित देशों और कम विकसित देशों के बीच आर्थिक अंतर वर्ष 2000 तक भी अपरिवर्तित रहा। यदि कोई परिवर्तन हुआ भी तो वह मामूली था। वर्तमान समय की निराशाजनक तस्वीर अपरिवर्तित बनी हुई है और जैसा कि पहले चर्चा की गई है, शोषणकारी अंतर्राष्ट्रीय आर्थिक संबंधों की निरंतरता ने अधिक से अधिक विफल राज्यों का निर्माण किया है। कोई भी प्रमुख विकसित देश अब तक इतना दयालु नहीं हुआ है कि आधिकारिक विकास सहायता के रूप में कम विकसित देशों को जीएनपी का एक प्रतिशत का एक तिहाई भी हस्तांतरित कर सके। न तो किसी प्रकार के अंतर्राष्ट्रीय मौद्रिक सुधार और न ही कम विकसित देशों की बाहरी ऋण समस्या का समाधान किया गया है। यहां तक कि बहुराष्ट्रीय कंपनियों की गतिविधियों का भी विस्तार हुआ है और वे परिष्कृत प्रौद्योगिकी की आपूर्ति के बजाय सस्ते श्रम और प्राकृतिक संसाधनों

के शोषण और तकनीकी अप्रचलन के हस्तांतरण से अपना लाभ उठाते हैं। यहां तक कि विकसित देशों ने भी भेदभावपूर्ण परमाणु अप्रसार व्यवस्था स्थापित करके परमाणु प्रौद्योगिकी के हस्तांतरण को रोकने की कोशिश की है। साथ ही विकसित देशों ने कम विकसित देशों की तुलना में अपने हथियारों की बिक्री में वृद्धि की है और निश्चित रूप से हस्तांतरित प्रौद्योगिकी सैन्य रूप से अप्रचलित है। सैन्य रूप से अप्रचलन का यह स्थानांतरण केवल विकसित देशों के महंगे सैन्य-औद्योगिक परिसर को बनाए रखने में मदद करता है। इस प्रकार, नई अंतर्राष्ट्रीय आर्थिक व्यवस्था की स्थापना के लिए विकसित देशों और कम विकसित देशों के बीच उत्तर-दक्षिण संवाद, "खोखले मजाक से थोड़ा अधिक" (little more than hollow mockery) साबित हुआ है।

कम विकसित देशों ने आरोप लगाया है कि नई अंतर्राष्ट्रीय आर्थिक व्यवस्था को साकार करने में विफलता प्रतिबद्धता की कमी और उनकी 'राजनीतिक इच्छाशक्ति' की कमी के कारण है। गुटनिरपेक्ष राज्यों के 1979 के हवाना शिखर सम्मेलन में, जिसमें भारी संख्या में कम विकसित देश शामिल थे, ने कहा कि नई अंतर्राष्ट्रीय आर्थिक व्यवस्था और राज्यों के आर्थिक अधिकारों और कर्तव्यों के चार्टर को अपनाने के पांच साल बाद भी, अंतर्राष्ट्रीय स्तर पर कोई संरचनात्मक परिवर्तन नहीं हुआ है। आर्थिक परिदृश्य और इसमें "विश्व आर्थिक संकट के प्रभाव से तीव्र और त्वरित रूप से व्यापक गिरावट जारी है"। इसने "अधिकांश विकसित देशों की हठधर्मिता और उपर्युक्त प्रस्तावों को लागू करने के लिए गंभीर बातचीत में शामिल होने से इनकार करने को भी ध्यान में रखा, जिसने नई अंतर्राष्ट्रीय आर्थिक व्यवस्था के मूल उद्देश्यों में शामिल आर्थिक संबंधों के मौलिक पुनर्गठन को रोक दिया है"।[19]

विद्वान यह भी बताते हैं कि नई अंतर्राष्ट्रीय आर्थिक व्यवस्था को साकार करने में कम विकसित देशों की विफलता मुख्य रूप से विश्व राजनीति में आंशिक रूप से दक्षिण की शक्ति की कमी के कारण है क्योंकि दक्षिण के भीतर असमानताओं ने सदस्य राज्यों के बीच भिन्न हितों को जन्म दिया है। यह भी स्पष्ट हो गया कि कई प्रस्तावित कमोडिटी योजनाएं केवल स्थिर कीमतों का ही प्रस्ताव नहीं थीं, बल्कि ऊंची कीमतों की भी थीं। इस प्रकार, इन कार्यक्रमों को लागू करने की वित्तीय लागत उन्नत देशों द्वारा दी जाने वाली धनराशि से कहीं अधिक थी। 1980 के दशक में, कच्चे माल के निर्यातकों के लिए व्यापार की शर्तें और भी खराब हो गईं, और अंतर्राष्ट्रीय मंचों पर नई अंतर्राष्ट्रीय आर्थिक व्यवस्था की वकालत करने वाले कई देशों की ऋण समस्याएं सभी सीमाओं को पार कर गईं।

भूतपूर्व पश्चिम जर्मन चांसलर, विली ब्रांट (Willy Brandt) की अध्यक्षता में, अंतर्राष्ट्रीय विकास मुद्दों पर स्वतंत्र आयोग ने 1980 के दशक की शुरुआत में वैश्विक अर्थव्यवस्था के सामने आने वाली समस्याओं की जांच की। ब्रांट (Brandt) के पूर्व विश्व नेताओं और अन्य प्रमुख हस्तियों के पैनल ने पाया कि विकासशील देश आर्थिक रूप से विकसित देशों पर निर्भर थे, जो व्यापार, धन और वित्त के लिए अंतर्राष्ट्रीय नियमों और संस्थानों पर हावी थे। इस आर्थिक विभाजन के परिणामस्वरूप न केवल गरीब देशों में बल्कि दुनिया भर में राजनीतिक अस्थिरता पैदा हुई। ब्रांट (Brandt) के अनुसार "एक नए दशक की शुरुआत में, सहस्राब्दी से केवल बीस वर्ष कम, हमें दीर्घकालिक समस्याओं को देखने के लिए खुद को दिन-प्रतिदिन के झगड़ों (या बातचीत) से ऊपर उठाने का प्रयास करना चाहिए। हम एक ऐसी दुनिया देखते हैं जिसमें कई विशाल क्षेत्रों में गरीबी और भूख अभी भी व्याप्त है; जिसमें संसाधनों को उनके नवीनीकरण पर विचार किए बिना बर्बाद कर दिया जाता है; जिसमें पहले से कहीं अधिक हथियार बनाये और बेचे जाते हैं; और जहां हमारे ग्रह को कई बार नष्ट करने की विनाशकारी क्षमता जमा हो गई है" (*North–South)*। नॉर्थ–साउथ (*North–South*, 1980) और *कॉमन क्राइसिस* (*Common Crisis*, 1983) में, ब्रांट

कमीशन (Brandt Commission) ने वर्तमान असमान अंतर्राष्ट्रीय आर्थिक व्यवस्था को बदलने के लिए साहसिक सिफ़ारिशों का एक सेट बनाया। ब्रांट रिपोर्ट ने वैश्विक अर्थव्यवस्था के पूर्ण पैमाने पर पुनर्गठन के साथ-साथ विकास की समस्याओं के लिए एक नए दृष्टिकोण का आह्वान किया, जिसमें विकासशील देशों में गरीबी को समाप्त करने के लिए एक आपातकालीन कार्यक्रम भी शामिल है।

ब्रांट आयोग (Brandt Commission) की सिफ़ारिशों पर 22–23 अक्टूबर 1981 को कैनकन, मैक्सिको में एक शिखर सम्मेलन आयोजित किया गया था। कैनकन शिखर सम्मेलन (Cancun Summit) वैश्विक वार्ता की संरचना के मुद्दे पर केंद्रित था। हालाँकि, संयुक्त राज्य अमेरिका की अपनी आपत्तियाँ थीं और वह वैश्विक वार्ताओं में आईएमएफ और विश्व बैंक से लेकर संयुक्त राष्ट्र की सर्वोच्चता से समझौता नहीं करना चाहता था, क्योंकि इन विशेष एजेंसियों में संयुक्त राष्ट्र जनरल ऐसेम्बली (UNGA) की तुलना में विकसित देश प्रमुख निर्णय निर्माता थे। हालाँकि ऐसा माना जाता था कि कैनकन की भावना नई अंतर्राष्ट्रीय आर्थिक व्यवस्था को बढ़ावा दे रही है लेकिन वास्तव में 1984 तक, उत्तर-दक्षिण वार्ता आगे नहीं बढ़ सकी और यह रुकी रही।

अंतर्राष्ट्रीय समुदाय ने नई अंतर्राष्ट्रीय आर्थिक व्यवस्था के प्रस्तावों पर किसी भी सार्थक तरीके से प्रतिक्रिया नहीं दी यद्यपि ब्रांट रिपोर्ट को व्यापक रूप से पढ़ा गया और चर्चा की गई कि विकसित देशों ने केवल अपने हितों पर अधिक ध्यान केंद्रित किया और नई अंतर्राष्ट्रीय आर्थिक व्यवस्था की प्राप्ति में कोई योगदान नहीं दिया। जैसा कि संयुक्त राष्ट्र विकास कार्यक्रम, विश्व बैंक, अंतर्राष्ट्रीय मुद्रा कोष और अन्य एजेंसियों द्वारा प्रलेखित किया गया है, ब्रांट रिपोर्ट में उल्लिखित आर्थिक असमानताएँ 1980 के दशक के बाद से काफी बढ़ गई हैं।

नई अंतर्राष्ट्रीय आर्थिक व्यवस्था की आवश्यकता को संबोधित करने में विफलता दुनिया में हर किसी के लिए एक खोया हुआ अवसर है। किसी को भी पारस्परिक लाभ और सहयोग के लाभों को नज़रअंदाज़ नहीं करना चाहिए। जैसा कि ब्रांट रिपोर्ट हमें याद दिलाती है, दक्षिण में समृद्धि उत्तर में समृद्धि का कारण बन सकती है; लेकिन दक्षिण में आर्थिक संकट उत्तर में भी कहर बरपा सकता है। एकमात्र विकल्प दक्षिण को एकजुट करना और दक्षिण-दक्षिण सहयोग की दिशा में काम करना है। 1989 में विकासशील देशों के एक नए समूह, जी-15 का उद्भव और उनके बाद के शिखर सम्मेलन एक मजबूत दक्षिण-दक्षिण सहयोग बनाने के लिए काम कर रहे हैं। गुटनिरपेक्ष आंदोलन (NAM), कॉमनवेल्थ हेड्स आफ गवर्नमेंट माटिंग (CHOGM), ग्रुप 77 (G77) और संयुक्त राष्ट्र के बाहर के अन्य अंतर्राष्ट्रीय मंचों को भी विकासशील देशों की एक नई विश्व व्यवस्था की वकालत करने के लिए संगठित किया गया है, लेकिन कोई खास प्रभाव नहीं पड़ा। अंतर्राष्ट्रीय विकास रणनीति को अपनाना, नई अंतर्राष्ट्रीय आर्थिक व्यवस्था पर घोषणा और राज्यों के आर्थिक अधिकारों और कर्तव्यों का चार्टर विकासशील देशों की दशक भर की कूटनीति और अथक प्रयासों का परिणाम है, लेकिन व्यवहार में, जैसा कि प्रो. जयंतनुजा बंद्योपाध्याय (Prof. Jayantanuja Bandyopadhyaya)[20] बताते हैं, "संयुक्त राष्ट्र महासभा द्वारा इस मांग की स्वीकृति संसाधनों के विश्व वितरण में अधिक हिस्सेदारी के लिए कम विकसित देशों के आग्रह की नाममात्र मान्यता से अधिक कुछ भी साबित नहीं हुई है। यदि महासभा के संकल्प संयुक्त राष्ट्र में कम विकसित देशों के बहुमत को दर्शाते हैं, तो विकसित देशों द्वारा उनका कार्यान्वयन न करना समकालीन अंतर्राष्ट्रीय संबंधों की ठोस संरचना पर विकसित देशों के कुलीनतंत्र और नव-साम्राज्यवादी नियंत्रण को दर्शाता है।

अभ्यास (Exercises)

1. नव-उपनिवेशवाद से आप क्या समझते हैं? यह उपनिवेशवाद और साम्राज्यवाद से किस प्रकार भिन्न है? द्वितीय विश्व युद्ध के बाद के युग में नव-उपनिवेशवाद के विकास का पता लगाएँ।
2. नव-उपनिवेशवाद के तंत्र के विशेष संदर्भों के साथ नव-उपनिवेशवाद की अवधारणा की जांच करें।
3. नई अंतर्राष्ट्रीय आर्थिक व्यवस्था की मांग पर चर्चा करें। क्या यह विकासशील देशों द्वारा हासिल किया गया है? तर्क दीजिए।
4. न्यू इंटरनेशनल इकोनॉमिक ऑर्डर (NIEO) के रूप में विकासशील देशों द्वारा क्या माँगें रखी गईं? न्यू इंटरनेशनल इकोनॉमिक ऑर्डर प्रस्ताव का क्या हश्र हुआ है?

संदर्भ (References)

[1] As Quoted in Norman D. Palmer and Howard C. Perkins, *International Relations—The World Community in Transition,* A.I.T.B.S. Publishers, New Delhi, 1997, pp. 159–160.

[2] Melkote, Rama S. and A. Narasimha Rao, *International Relations*, Sterling Publishers, New Delhi, 1983, p. 63.

[3] Palmer and Perkins, *op. cit.*, n. 1, pp. 160–161.

[4] *ibid.*

[5] Padelford, Norman, J. and George A. Lincoln, *International Politics: Foundations of International Relations,* The Macmillan and Co., New York, 1954, pp. 227–239.

[6] Connor, James O', "The Meaning of Economic Imperialism" *in* Richard Little and Michael Smith (Eds.), *Perspectives on World Politics*, Routledge, London, 1991, p. 277.

[7] Lenin, V.I., *Imperialism: The Highest Stage of Capitalism*" Leftword, New Delhi, 2000, pp. 113–123.

[8] Organski, A.F.K., *World Politics*, Alfred A. Knopf, New York, 1960, p. 246.

[9] Melkote and Rao, *op. cit.*, n. 2, p. 138.

[10] http://www.marxists.org/subject/africa/nkrumah/neo-colonialism/index.htm.

[11] Connor, James O', *op. cit.*, n. 6, pp. 283–284.

[12] *ibid.*, p. 288.

[13] Basu, Dipak, "Colonisation in a New Garb", *The Statesman*, Friday 30 September, 2005, Kolkata.

[14] Melkote and Rao, *op. cit.*, n. 2, p. 141.

[15] Easterly, William, *The White Man's Burden: Why the West's Efforts to Aid the Rest Have Done So Much Ill and So Little Good*, Oxford University Press, London, 2006, pp. 238.

[16] Basu, Dipak, *op. cit.*, n. 12.

[17] Bandyopadhyaya, Jayantanuja, *North Over South: A Non-Western Perspective of International Relations,*" South Asian Publishers, New Delhi, 1984, pp. 107–110 (see also http://web.nps.navy.mil/~relooney/routledge_15b.htm).

[18] *ibid.*, p. 10.

[19] *ibid.*, pp. 107–115.

[20] Bandyopadhyaya, Jayantanuja, *op. cit.*, n. 17, p. 110.

10

क्षेत्रीय व्यवस्थाएँ और अंतर्राष्ट्रीय संबंधों में उनकी भूमिका
(Regional Arrangements and their Role in International Relations)

अंतर्वस्तु (Contents)

परिचय (Introduction)

द्वितीय विश्व युद्ध की समाप्ति के बाद से अंतर्राष्ट्रीय परिदृश्य में राज्यों के बीच न केवल स्वयं राज्यों की, बल्कि व्यक्तिगत नागरिकों की भी भलाई, शांति और सुरक्षा सुनिश्चित करने के लिए एक निश्चित आग्रह देखा गया। लेकिन राज्यों को यह एहसास हुआ कि ऐसा प्रयास तभी सफल हो सकता है जब उस प्रयास को उसी क्षेत्र से संबंधित अन्य राज्यों के सहयोग से पूरक किया जाए। यह एहसास 1940 के दशक के अंत से क्षेत्रवाद

का आधार बन गया। इसलिए, क्षेत्रवाद की जड़ें राष्ट्रीय नीति-निर्माताओं की इस धारणा में निहित हैं कि किसी विशेष क्षेत्र में स्थित राज्यों द्वारा साझा किए गए कुछ सामान्य हित हैं और इन हितों को "निकट और निरंतर सहयोग द्वारा सबसे कुशलतापूर्वक और प्रभावी ढंग से एक क्षेत्रीय ढांचे के भीतर बढ़ावा दिया जा सकता है"।[1] हितों की विविधता के आधार पर, नाटो (NATO), आसियान (ASEAN), यूरोपीय संघ (European Union), ओपेक, (OPEC) अरब लीग (Arab League) और कई अन्य जैसे कई क्षेत्रीय संगठन उभरे। क्षेत्रवाद अब अंतर्राष्ट्रीय संबंधों में एक प्रभावशाली शक्ति बन गया है।

अंतर्राष्ट्रीय संबंधों में क्षेत्रवाद और एकीकरण (Regionalism and Integration in International Relations)

क्षेत्रवाद का संबंध निश्चित रूप से एक क्षेत्र विशेष से होता है। किसी क्षेत्र को परिभाषित करने के लिए विद्वानों की ओर से अथक प्रयास किये गये हैं। प्रो. पामर और पर्किन्स (Prof. Palmer and Perkins)[2] ने इस बात पर जोर देने की कोशिश की कि अंतर्राष्ट्रीय संबंधों में "एक क्षेत्र अनिवार्य रूप से तीन या अधिक राज्यों के क्षेत्रों को शामिल करने वाला क्षेत्र होता है। ये राज्य समान हितों के साथ-साथ भूगोल के बंधनों से एक साथ बंधे हैं। वे आवश्यक रूप से सन्निहित नहीं हैं, या एक ही महाद्वीप में भी नहीं हैं।" क्षेत्र शब्द का क्या अर्थ है यह निर्धारित करने के लिए कोई सख्त नियम नहीं हैं। क्षेत्र अक्सर नस्ल, संस्थानों और राजनीतिक हितों के समान बंधन साझा करने वाले देशों द्वारा गठित होते हैं। जब ये राज्य एक साथ आते हैं और विशिष्ट उद्देश्यों को प्राप्त करने के लिए क्षेत्रीय स्तर पर एक संगठनात्मक संघ बनाते हैं, तो क्षेत्रीय व्यवस्था का जन्म होता है। महत्वपूर्ण बात यह है कि, अक्सर, ऐसे क्षेत्रीय संगठनों में शामिल होने वाले राज्यों को एक ही भौगोलिक क्षेत्र या क्षेत्र से संबंधित होना जरूरी नहीं है। वह कारक, जो इस तरह के बंधन को मजबूत करता है, "सामान्य हितों" के रूप में माना जाता है।

वर्ष 1945 के सैन फ्रांसिस्को सम्मेलन (San Francisco Conference) में, मिस्र के प्रतिनिधिमंडल ने संयुक्त राष्ट्र चार्टर के मसौदा पाठ में एक संशोधन पेश किया, जहां उन्होंने 'क्षेत्रीय व्यवस्था' (regional arrangements') शब्द को परिभाषा के अनुसार सीमित कर दिया, "किसी दिए गए भौगोलिक क्षेत्र में कई देशों के समूह के स्थायी प्रकृति के संगठन" जो, अपनी निकटता, रुचि के समुदाय या सांस्कृतिक, भाषाई, ऐतिहासिक, या आध्यात्मिक समानता के कारण, अपने क्षेत्रों में शांति और सुरक्षा बनाए रखने के लिए उनके बीच उत्पन्न होने वाले किसी भी विवाद के शांतिपूर्ण समाधान के लिए खुद को संयुक्त रूप से जिम्मेदार बनाते हैं, साथ ही उनके राष्ट्रीय हितों की सुरक्षा और उनके आर्थिक और सांस्कृतिक संबंधों के विकास के प्रति प्रतिबद्ध है"।[3] डॉ. ई.एन. वान क्लेफेंस (Dr. E.N. Van Kleffens) के अनुसार, "...क्षेत्रीय व्यवस्था या संधि एक निश्चित क्षेत्र के भीतर संप्रभु राज्यों का एक स्वैच्छिक संघ है या एक संयुक्त उद्देश्य के लिए उस क्षेत्र में सामान्य हित रखते हैं, जो उस क्षेत्र के संबंध में आक्रामक प्रकृति का नहीं होना चाहिए"।[4]

आज मौजूद कुछ प्रमुख क्षेत्रीय व्यवस्थाओं के बारे में चर्चा करने से पहले, क्षेत्रवाद और क्षेत्रीय एकीकरण से संबंधित सिद्धांत पर नज़र डालना सार्थक होगा।

प्रकार्यवाद (Functionalism)

सुरक्षा और संघर्ष अध्ययन के साथ अंतर्राष्ट्रीय संबंधों के विषय की एकमात्र चिंताओं के विपरीत, प्रर्कायवाद एक ऑपरेटिव दर्शन के रूप में उभरा, जिसने एक शांतिपूर्ण, एकीकृत और सहकारी दुनिया के क्रमिक विकास की कल्पना की। प्रकार्यवाद के सबसे शुरुआती और प्रभावशाली प्रतिपादक डेविड मित्रानी (David

Mitrany) थे। उनका प्रसिद्ध कार्य *ए वर्किंग पीस सिस्टम* (*A Working Peace System*) अंतर्राष्ट्रीय व्यवस्था में शांति निर्माण के उनके दृष्टिकोण को स्पष्ट रूप से प्रस्तुत करता है। अन्य प्रस्तावक लियोनार्ड वूल्फ (Leonard Woolf), नॉर्मन एंजेल (Norman Angell), रॉबर्ट सेसिल (Robert Cecil) और जी.डी.एच. कोल (G.D.H Cole) थे। प्रकार्यवादियों का लक्ष्य विश्व संघीय संरचना बनाना नहीं है, बल्कि वे अंतर्राष्ट्रीय संगठनों के माध्यम से "टुकड़ों में शांति" (peace by pieces) का निर्माण करना चाहते हैं, जो इसके पूर्ण समर्पण के बजाय 'संप्रभुता को साझा करने' पर जोर देते हैं। यह राज्यों के बीच सहकारी संबंध बनाने के लिए एक 'नीचे से ऊपर' (bottom up) दृष्टिकोण है।

इस धारणा से शुरुआत करते हुए कि युद्ध असभ्य रूप से संगठित अंतर्राष्ट्रीय प्रणाली के उत्पाद हैं, जो संदेह, अराजकता, संप्रभुता और राष्ट्रीय विशिष्टतावाद पर आधारित है, जो परिणामतः युद्ध को अंतर्राष्ट्रीय विवादों को निपटाने का एक स्वीकृत साधन मानता है, प्रकार्यवादियों का मानना है कि सरकारें अपने राष्ट्रीय हितों का समर्पण कर देंगीं और आसानी से नष्ट नहीं होंगीं वे ऐसा नहीं करेंगी। इसलिए, वे आदर्शवादी लक्ष्यों को प्राप्त करने का एक यथार्थवादी साधन बताते हैं। वे क्षेत्रीय या वैश्विक एकता के लिए एक क्रमिक दृष्टिकोण का प्रस्ताव करते हैं, जिसका उद्देश्य अलग-थलग करना होगा और अंत में, अंतर्राष्ट्रीय प्रणाली, राष्ट्र-राज्यों की जिद्दी संस्थागत संरचनाओं को अप्रचलित कर देगी।

प्रकार्यवादी राजनीतिक आवश्यकताओं के बजाय सामाजिक-आर्थिक और कल्याणकारी आवश्यकताओं पर जोर देते हैं। प्रकार्यवाद आर्थिक, तकनीकी, वैज्ञानिक, सामाजिक और सांस्कृतिक जैसे क्षेत्रों को शामिल करते हुए टुकड़ों में अराजनीतिक सहकारी संगठनों के विकास को निर्धारित करती है। इन्हें **प्रकार्य क्षेत्र** (functional sectors) माना जाता है। ऐसी धारणा के पीछे काम करने वाली मूल गणना यह है कि "सदस्य राज्यों की राष्ट्रीय संप्रभुता को खतरे में डालने वाली भव्य राजनीतिक संस्थाओं को विकसित करने के बजाय संकीर्ण-प्रकार्य संगठनों (ऊर्जा उत्पादन और वितरण, परिवहन और संचार नियंत्रण, स्वास्थ्य सुरक्षा और सुधार, श्रम मानकों और विनिमय और सीमा शुल्क संघ जैसे क्षेत्रों में) को स्थापित करना आसान है "[5]। ग्रूम (Groom)[6] के अनुसार ऐसे संस्थान, "उनकी आवश्यकताओं के अनुसार अंतर्राष्ट्रीय, उप-राष्ट्रीय और अंतर्राष्ट्रीय" होंगे। मित्रानी (Mitrany) ने महसूस किया कि यह क्रॉस-कटिंग संबंधों की वृद्धि से राज्य प्रणाली की शत्रुता को कुछ हद तक बेअसर कर देगा, और विभिन्न उद्देश्यों के लिए एक साथ काम करने वाले विभिन्न लोगों के साथ एक अंतर्राष्ट्रीय समुदाय का विकास उभरेगा।

ऐसे प्रकार्यात्मक संगठनों के परिणाम, जिनका राष्ट्रीय सरकारों द्वारा कम विरोध किया जाता है क्योंकि वे गैर-राजनीतिक मुद्दों के इर्द-गिर्द घूमते हैं और अधिकांश समय भाग लेने वाले राज्यों के लिए पारस्परिक रूप से लाभकारी होते हैं, का 'स्पिलओवर' (spillover) प्रभाव होता है। इसका मतलब है "यदि कोई अंतर्राष्ट्रीय सहकारी उद्यम कोयला और इस्पात उत्पादन के क्षेत्र में पारस्परिक लाभ के लिए काम करता है, तो यह भाग लेने वाली सरकारों के लिए परिवहन, प्रदूषण नियंत्रण जैसे संबंधित प्रकार्यात्मक क्षेत्रों में सहकारी उद्यमों में प्रवेश करने की इच्छा बढ़ाता है और अतिरिक्त प्रशासनिक आवश्यकताएं पैदा करता है और अंततः राजनीतिक एकीकरण करता है"।[7]

इस तरह के 'स्पिलओवर' (spillover) प्रभाव को 'सीखने की प्रक्रिया' (learning process) द्वारा मजबूत किया जाएगा और अंततः अंतर्राष्ट्रीय प्रणाली की मूल इकाई—राज्यों को प्रभावित करेगा, धारणा यह है कि, लोगों और उनके हितों को राष्ट्रीय स्तर पर जोड़ने वाले प्रकार्यात्मक संगठनों की एक बड़ी विविधता के संचय के साथ सीमाएँ, राष्ट्रीय दृष्टिकोण और संस्थानों दोनों में परिवर्तन होगा। अंततः, पारराष्ट्रीय और राष्ट्रोपरि दृष्टिकोण और संस्थाएं राष्ट्र-राज्यों को बेकार बना देंगी। लोग स्वेच्छा से अपनी

निष्ठा और वफ़ादारी को अलग-अलग राज्यों से अंतर्राष्ट्रीय इकाइयों में स्थानांतरित कर देंगे, जिससे एक नए 'प्रकार्यात्मक' समाज का उदय होगा, जिसका मुख्य ध्यान 'क्षेत्र' के बजाय 'प्रकार्यात्मक' पर होगा। इसलिए, मित्रानी (Mitrany) के प्रकार्यात्मकता के दृष्टिकोण के बाद, अंतर्राष्ट्रीय संबंधों और एजेंसियों के नेटवर्क का विस्तार राजनीतिक विभाजन को मिटा देगा और सभी राष्ट्र-राज्यों के हितों और जीवन को एकीकृत करेगा। इसलिए, मित्रानी (Mitrany)[8] के अनुसार, "पृथक राष्ट्रीय घरों" (detached national houses) के बजाय "फ्लैटों का एक ठोस अंतर्राष्ट्रीय ब्लॉक" (one solid international block of flats) होगा।

हालाँकि, प्रकार्यवाद आलोचनाओं से रहित नहीं था। अंतर्राष्ट्रीय सहयोग पर लिखने वाले टेलर का तर्क है कि प्रकार्यवाद "एक व्यवस्थित वर्णनात्मक विश्लेषण नहीं है और न ही ऐसा करने का इरादा कभी था"। प्रकार्यवादियों को टुकड़े-टुकड़े सामाजिक इंजीनियरों के रूप में माना जाता है, न कि ब्लूप्रिंट के वास्तुकार या वाहक के रूप में। क्लाउड (Claude)[9] एकीकरण लाने की प्रक्रिया में लगने वाले समय के बारे में आलोचनात्मक हैं। उनका कहना है कि "प्रकार्यात्मकता जल्दबाजी में नहीं है, और दुनिया को आशा प्रदान करने का इसका दावा इस धारणा पर आधारित है कि समस्याओं के समाधान निकालने के लिए एक लंबी अवधि आवश्यक और उपलब्ध दोनों है"। कई विद्वान इस तथ्य को स्वीकार करने में विफल रहते हैं कि सहयोग सामाजिक और आर्थिक क्षेत्रों में मौजूद है; दूसरे शब्दों में, गैर-राजनीतिक क्षेत्र। हालाँकि, उच्च राजनीति और निम्न राजनीति के बीच इस तरह का अलगाव शायद ही स्वीकार्य हो। राजनीतिक मुद्दे अंतर्राष्ट्रीय व्यवस्था की संरचनाओं की सामाजिक या आर्थिक गतिविधियों को आकार देते प्रतीत होते हैं। जैसा कि केगली और विटकोफ (Kegley and Wittkopf)[10] बताते हैं कि "वास्तविकता यह है कि तकनीकी सहयोग अक्सर अन्य तरीकों की तुलना में राजनीतिक विचारों से अधिक गंभीर रूप से प्रभावित होता है। संगठन की राजनीतिक प्रकृति के कारण संयुक्त राज्य अमेरिका के अंतर्राष्ट्रीय श्रम संगठन (आईएलओ) (International Labour Organization—ILO) से हटने और उसके बाद इसमें पुनः प्रवेश ने राजनीति की प्रधानता को नाटकीय बना दिया। दरअसल, प्रकार्यवाद यह सहज धारणा बनाता है कि तकनीकी (कार्यात्मक) उपक्रमों और राजनीतिक मामलों को अलग किया जा सकता है। वे नहीं कर सकते"।

ऐसी आलोचनाओं के बावजूद, इस बात से इनकार नहीं किया जा सकता है कि प्रकार्यात्मकता शायद यूरोप में एकीकृत प्रक्रिया और संयुक्त राष्ट्र जैसे अंतर्राष्ट्रीय संगठनों के साथ-साथ इसकी विशेष एजेंसियों के कामकाज के पीछे प्रेरणा थी।

नव-प्रकार्यावाद (Neo-Functionalism)

प्रकार्यवाद और पश्चिमी यूरोप के अनुभव से संकेत लेते हुए, अंतर्राष्ट्रीय संबंधों के सिद्धांतकारों ने 'एकीकरण' शब्द का इस्तेमाल अलग-अलग राष्ट्रीय इकाइयों के बीच राजनीतिक एकीकरण की 'प्रक्रिया' या अंतिम उत्पाद को दर्शाने के लिए किया है। अर्न्स्ट बी. हस (Ernst B. Hass) की *बियॉन्ड द नेशन-स्टेट: फंक्शनलिज्म एंड इंटरनेशनल ऑर्गनाइजेशन और द यूनाइटिंग ऑफ यूरोप: पॉलिटिकल, सोशल एंड इकोनॉमिक फोर्सेज*, 1950–1957 (*Beyond the Nation-State: Functionalism and International Organization and The Uniting of Europe: Political, Social, and Economic Forces, 1950–1957*) के सबसे प्रसिद्ध कार्यों के प्रकाशन के साथ-साथ नव-प्रकार्यवाद

की आलोचना के रूप में उभरा, और कार्ल ड्यूश (Karl Deutsch)* और उनके सहयोगियों के *राजनीतिक समुदाय और उत्तरी अटलांटिक क्षेत्र और फ्रांस, जर्मनी और पश्चिमी गठबंधन: यूरोपीय एकीकरण और विश्व राजनीति पर अभिजात्य दृष्टिकोण का एक अध्ययन* (*Political Community and the North Atlantic Area and France, Germany and the Western Alliance: A Study of Elite Attitudes on European Integration and World Politic*:), ने क्षेत्रीय एकीकरण के अध्ययन को प्रोत्साहन दिया। इससे एकीकरण पर साहित्य के एक समूह का भी विकास हुआ, जिसने यूरोप और दुनिया के अन्य हिस्सों, विशेषकर उत्तरी अटलांटिक क्षेत्र में एकीकरण की प्रक्रिया को समझाने की कोशिश की।

कार्ल डॉयचे (Karl Deutsch)* के अनुसार, "एकीकरण... इकाइयों के बीच एक संबंध है जिसमें वे परस्पर अन्योन्याश्रित होते हैं और संयुक्त रूप से सिस्टम गुण उत्पन्न करते हैं जिनकी उनमें अलग से कमी होती है"। उन्होंने तर्क दिया कि लेनदेन प्रवाह में वृद्धि और संचार के चैनलों के गुणन से समुदायों के बीच एकीकरण को बढ़ावा मिलेगा। पारस्परिक रूप से पुरस्कृत लेन-देन से लोगों के बीच बेहतर समझ पैदा होगी (और अंततः शांति होगी)। उन्होंने तर्क दिया, "राजनीतिक एकीकरण राजनीतिक व्यवहार के संबंध में राजनीतिक कर्ता या राजनीतिक इकाइयों जैसे व्यक्तियों, समूहों, नगर पालिकाओं, क्षेत्रों या देशों का एकीकरण है"। इन एकीकृत प्रयासों के लिए, उन्होंने कुछ शर्तों पर जोर दिया जैसे लेनदेन प्रवाह में वृद्धि, पारस्परिक प्रतिक्रिया, साझा मूल्य, व्यक्तियों की अपेक्षाकृत उच्च भौगोलिक और सामाजिक गतिशीलता।

लेन-देनवादी दृष्टिकोण (transactionalist view) संप्रभुता के पूर्ण समर्पण या राज्यों के विश्व संघ में पूर्ण विलय के मामले का समर्थन नहीं करता है। लेन-देनवादी केवल क्षेत्रीय, महाद्वीपीय और अंतर-महाद्वीपीय संगठनों के रूप में एकीकरण की इच्छा रखते हैं ताकि इकाइयाँ आपसी लेनदेन के नेटवर्क द्वारा स्थापित अपनी परस्पर निर्भरता को बनाए रखें। इस प्रकार, डॉयचे (Deutsch) और अन्य लेन-देनवादी यह नहीं मानते हैं कि एकीकरण का अंतिम चरण आवश्यक रूप से एक एकात्मक सुपरनैशनल राज्य है। डॉयचे (Karl Deutsch) "एकीकृत सुरक्षा समुदाय" और "बहुलवादी सुरक्षा समुदाय" के बीच अंतर करते हैं। पूर्व में, एक आम सरकार होती है जो दो या दो से अधिक स्वतंत्र इकाइयों के एक बड़ी इकाई में विलय की अध्यक्षता करती है, और बाद में एक शांतिपूर्ण परिवर्तन होता है जो कुछ मामलों में गारंटीकृत और संस्थागत होता है, लेकिन जिसमें व्यक्तिगत राज्य अपनी कानूनी स्वतंत्रता बरकरार रखते हैं।

लेकिन लेन-देनवादियों के साथ समस्या यह है कि वे यह समझाने में विफल रहते हैं कि क्या सामुदायिक गठन या एकीकरण लेन-देन प्रवाह में वृद्धि का परिणाम है या उससे पहले है, और उनकी मूल धारणा यह भी है कि एकीकरण में वृद्धि परस्पर निर्भरता की ओर ले जाती है।[11]

मित्रानी (Mitrany) ने तर्क दिया कि स्वास्थ्य, परिवहन, शैक्षिक और सांस्कृतिक गतिविधियों, व्यापार और अन्य प्रकार की गतिविधियों जैसी बुनियादी प्रकार्यात्मक आवश्यकताओं के आसपास आयोजित सहयोग को बढ़ावा देने के माध्यम से अंतर्राष्ट्रीय शांति स्थापित की जा सकती है। उनका विचार था कि जितनी आवश्यकता होगी उतने अंतर्राष्ट्रीय संगठन होंगे और इन्हें क्षेत्रीय आधार के बजाय सार्वभौमिक आधार पर संगठित किया जाएगा। मित्रानी के विपरीत, हास (Haas)† को एक प्रक्रिया के रूप में क्षेत्रीय एकीकरण के अध्ययन में अधिक रुचि थी "जिसके तहत कई अलग-अलग राजनीतिक

---

* Karl W. Deutsch, The Analysis of International Relations, Prentice-Hall of India, New Delhi, 1989, p. 212.

† E.B. Haas, "The Uniting of Europe: Political, Social and Economic Forces", Stanford University Press, Stanford, 1958.

सेटिंग्स में राजनीतिक कर्ताओं को अपनी वफादारी और राजनीतिक गतिविधियों को एक नए केंद्र की ओर स्थानांतरित करने के लिए राजी किया जाता है, जिनकी संस्थाएं पहते से मौजूद राष्ट्रीय राज्य पर अधिकार क्षेत्र रखती हैं या मांग करती हैं।" अर्थात्, उन्हें आश्चर्य हुआ कि क्या राज्यों के समूह (एक क्षेत्र में) के बीच एक सुपरनैशनल संगठन की स्थापना और जिन मुद्दों के इर्द-गिर्द एकीकरण की प्रक्रिया निर्धारित की जाएगी, वे राजनीतिक के बजाय मुख्य रूप से आर्थिक प्रकृति के थे। हास (Hass) के लिए, एकीकरण बड़ी राजनीतिक इकाइयों के स्वैच्छिक निर्माण की प्रवृत्ति थी जहां प्रत्येक भाग लेने वाली इकाइयों और समूहों के साथ संबंधों में बल प्रयोग से बचता है। एकीकरण प्रक्रिया में प्राथमिक कर्ता 'एकीकरणवादी-तकनीकी विशेषज्ञ' (integrationist-technocrats) और विभिन्न हित समूह होंगे जो अपनी सरकारों को विभिन्न 'अभिसरण उद्देश्यों' (convergent aims) के लिए एक क्षेत्रीय आर्थिक एकीकरण संगठन स्थापित करने के लिए राजी करेंगे। एकीकरण की उपलब्धि तब एक संचयी और विस्तृत प्रक्रिया के परिणामस्वरूप होगी जिसके माध्यम से संगठन के कार्यों में धीरे-धीरे वृद्धि होगी, और यह निर्णय लेने की गतिविधियों के लगातार बढ़ते क्षेत्र पर अधिकार का प्रयोग करेगा। हास (Haas) के अनुसार, आवश्यक धारणा यह है कि राजनीति से प्रेरित आम बाजार से आर्थिक संघ और अंततः राजनीतिक संघ तक की प्रगति स्वचालित होगी।[12]

केग्ले और विटकोफ के अनुसार (Kegley and Wittkopf)[13], नव-प्रकार्यात्मकवाद विवादास्पद मुद्दे वाले क्षेत्रों से बचकर नहीं, बल्कि राजनीतिक रूप से विवादास्पद क्षेत्रों में सहयोग पर जोर देकर, एक सुपरनैशनल समुदाय के अपने अंतिम लक्ष्य तक पहुंचने का प्रस्ताव करता है। यह संभावित संघ के सभी सदस्यों के लिए समान लाभों को प्रदर्शित करके सहयोग के रास्ते में आने वाली राजनीतिक बाधाओं को दूर करने का प्रस्ताव करता है।

श्मिटर और हास (Schmitter and Haas) जैसे नव-प्रकार्यवादियों ने तुलनात्मक विश्लेषण के लिए नव-प्रकार्यात्मक-एलिस्ट प्रतिमान (neo-functionalist paradigm) विकसित किया था। उन्होंने इसके लिए नौ वेरिएबल्स की पहचान की थी। इन नौ में से चार पृष्ठभूमि की स्थितियों से संबंधित थीं, दो आर्थिक संघ के समय की स्थितियों से संबंधित थीं, और तीन प्रक्रिया की ही स्थितियाँ थीं। कर्ता के उद्देश्यों के राजनीतिकरण की एक स्वचालित और क्रमिक प्रक्रिया के माध्यम से, जो शुरू में तकनीकी या गैर-विवादास्पद था, उन्होंने भविष्यवाणी की, एक संगठन जिसने अपनी श्रेणियों में उच्च अंक प्राप्त किए, वह "राजनीतिक संघ की कुछ प्रजातियों में तब्दील हो जाएगा, भले ही कुछ सदस्य इस संभावना के बारे में उत्साहित होने से दूर हों जब इस पर विशुद्ध रूप से राजनीतिक दृष्टि से तर्क दिया जाता है।[14]

नव-प्रकार्यवाद के संबंध में इतने उत्साह के बावजूद, एकीकरण की डिग्री के तुलनात्मक विश्लेषण के लिए नव-प्रकार्यावादी दृष्टिकोण की उपयोगिता के बारे में कई सवाल उठाए गए हैं। लेकिन यह नहीं कहा जा सकता कि विश्लेषण के लिए संपूर्ण नव-प्रकार्यात्मक ढांचा निरर्थक है क्योंकि इसमें उल्लेखनीय विद्वानों का क्षेत्रीय कार्य शामिल है। यूरोप में परिवर्तन की प्रक्रिया को समझाने और इसके यूरो-केंद्रित पूर्वाग्रह के नव-प्रकार्यात्मक सिद्धांत को मुक्त करने के लिए मूल धारणाओं को बाद में हास (Hass), नी (Nye) और लिंडबर्ग (Lindberg) द्वारा संशोधित किया गया था। नी (Nye)[15] ने सुझाव दिया कि संशोधन को पूरा करने के लिए निम्नलिखित संशोधन करने होंगे:

1. आश्रित वैरिबल, स्वचालित राजनीतिकरण, बदल जाता है
2. अधिक राजनीतिक कर्ता जोड़े गए हैं
3. कम विकसित क्षेत्रों में एकीकरण प्रक्रियाओं पर किए गए तुलनात्मक कार्य के आलोक में एकीकरण के लिए शर्तों की सूची को दोबारा तैयार किया गया है

4. अर्ध-तकनीकी कार्यों से स्पिलओवर के माध्यम से राजनीतिक संघ तक एकल मार्ग का विचार हटा दिया गया है और अन्य संभावित प्रक्रिया, ताकतों और रास्तों को शामिल किया गया है।

हास (Haas) ने अपने *द ऑब्सोलसेंस ऑफ रीजनल इंटीग्रेशन थ्योरी* (1975) (*The Obsolescence of Regional Integration Theory*, 1975) में टिप्पणी की है कि क्षेत्रीय एकीकरण का अध्ययन परस्पर निर्भरता और व्यवस्था परिवर्तन के अध्ययन के अंतर्गत अधिक समाहित होता जा रहा है। उन्होंने कहा कि परस्पर निर्भरता और सिस्टम परिवर्तन जैसे विषय क्षेत्रीय एकीकरण के विविध पहलुओं के समावेश से लाभ उठा सकते हैं। "लेकिन वे एकीकरण से दायरे और अंश में पर्याप्त रूप से भिन्न हैं, जिससे पता चलता है कि इसके बारे में सिद्धांत बनाना अब एक विशिष्ट और आत्म-जागरूक खोज के रूप में लाभदायक नहीं है"। ऐसा इसलिए हुआ क्योंकि एकीकरण और अन्योन्याश्रितता के बीच का अंतर मिट गया है।

हालाँकि, वैश्वीकरण के सामने और शीत युद्ध की समाप्ति के साथ, उन्नत पूंजीवादी अर्थव्यवस्थाओं के बीच प्रतिस्पर्धा और सहयोग के नए रूपों का उदय, उत्पादन और व्यापार की बढ़ती परस्पर निर्भरता, तेजी से विकास और अंतर्राष्ट्रीय वित्त के बदलते पैटर्न के कारण वृद्धि हुई है। राजनीतिक मंच पर नहीं बल्कि आर्थिक क्षेत्र में क्षेत्रवाद और क्षेत्रीय एकीकरण में दिलचस्पी फिर से बढ़ी है। क्षेत्रवाद को अब एक आकस्मिक योजना के रूप में और "वैश्विक और राष्ट्रीय के बीच एक मध्यस्थ के रूप में और वस्तुओं और सेवाओं में वैश्विक प्रतिस्पर्धा के प्रभाव को कम करने के लिए एक बाजार रणनीति के रूप में माना जाता है"।[16] इसका परिणाम क्षेत्रीय संघों के नए रूपों को अपनाने की प्रकृति में देखा जाता है जिसमें अन्य राज्यों और बड़े-क्षेत्रों के साथ संबंधों के नए सेटों की एक जटिल प्रक्रिया का विकास शामिल है। इसलिए, वैश्वीकरण की दुनिया में क्षेत्रों ने अब राज्यों के जीवन में एक पसंदीदा स्थान पर अधिकार कर लिया है और उन्हें आम तौर पर स्थानीय और वैश्विक के चौराहे पर माना जाता है। इसलिए, वर्तमान संदर्भ में, क्षेत्रवाद को कई लोग "बड़े पैमाने पर राज्यों और समाजों के अंदर स्थित कर्ताओं द्वारा रणनीतिक गणनाओं के एक सेट का परिणाम मानते हैं जो वैश्विक परिवर्तन के जवाब में खुद को स्थापित करने के तरीके के रूप में एकीकरण पर जोर देते हैं"।[17]

प्रमुख क्षेत्रीय संगठन (Prominent Regional Organizations)

कुछ प्रमुख क्षेत्रीय संगठन आगे दिए गए हैं।

यूरोपीय संघ (ईयू) (European Union—EU)

उत्पत्ति (Origin): यूरोपीय संघ एक भू-राजनीतिक इकाई है जो यूरोपीय महाद्वीप के एक बड़े हिस्से को कवर करती है। इसकी स्थापना कई संधियों पर हुई है और इसके सदस्यों की संख्या शुरूआती छह सदस्य-राज्यों से बढ़कर 27 हो गई है।

द्वितीय विश्व युद्ध के बाद जिसने यूरोपीय देशों को तबाह कर दिया था, उन्होंने एकीकरण के मार्ग पर आगे बढ़ने की इच्छा व्यक्त की। युद्ध ने उन्हें पूरी तरह से दिवालिया बना दिया था और उनकी अर्थव्यवस्थाओं और मानव संसाधनों पर गहरा असर डाला था। अब तक विश्व राजनीति में प्रमुख स्थान का आनंद ले रहे यूरोपीय देशों, उदाहरण के लिए, ग्रेट ब्रिटेन, फ्रांस और जर्मनी ने अपनी स्थिति खो दी और जल्द ही विश्व पर दो महाशक्तियों—संयुक्त राज्य अमेरिका और सोवियत संघ का प्रभुत्व हो गया। इस अवधि के बाद अत्यधिक महाशक्ति प्रतिद्वंद्विता हुई, जिसे **शीत युद्ध** (Cold War) के रूप में जाना जाता है। चूँकि यूरोप हमेशा से राजनीति का केंद्र रहा है, द्वितीय विश्व युद्ध और शीत युद्ध के फैलने के बाद भी यह महाशक्ति

राजनीति का केंद्र बिंदु बना रहा। शीत युद्ध के खिंचाव और दबाव के बावजूद, यूरोपीय देशों में एक एकीकृत यूरोप की ओर बढ़ने की इच्छा थी, जो नाजी जर्मनी द्वारा प्रचारित आक्रामक राष्ट्रवाद के खिलाफ एक कवच के रूप में काम करेगा और युद्ध की भयावहता में होने वाले भविष्य के नरसंहार को रोकेगा।

एकीकरण की दिशा में पहला कदम 16 अप्रैल 1948 को पेरिस में हस्ताक्षरित यूरोपीय आर्थिक सहयोग कन्वेंशन द्वारा बनाई गई एक क्षेत्रीय व्यवस्था के रूप में आया। इस संधि से जो क्षेत्रीय व्यवस्था उभरी उसे *यूरोपीय आर्थिक सहयोग संगठन* (ओईईसी) (Organization for European Economic Cooperation—OEEC) कहा गया। संगठन का मुख्य कार्य मार्शल योजना सहायता (Marshall Plan aid) प्राप्त करने वाले देशों की समन्वय एजेंसी के रूप में कार्य करना था और यह इतना उपयोगी साबित हुआ कि दिसंबर 1951 में मार्शल योजना आधिकारिक तौर पर समाप्त होने के बाद भी इसका अस्तित्व बना रहा। मार्शल योजना पश्चिमी यूरोप के देशों के पुनर्निर्माण और मजबूत आधार तैयार करने तथा द्वितीय विश्व युद्ध के बाद साम्यवाद को खदेड़ने के लिए संयुक्त राज्य अमेरिका की प्राथमिक योजना थी। यूरोपीय आर्थिक सहयोग संगठन के भीतर ही 1950 में सदस्य देशों के बीच व्यापार और आर्थिक लेनदेन को सुविधाजनक बनाने के लिए यूरोपीय भुगतान संघ ((EPU) बनाया गया था। यूरोपीय एकीकरण को अगला बढ़ावा 1946 में विंस्टन चर्चिल (Winston Churchill) के "संयुक्त राज्य यूरोप" (United States of Europe) के आह्वान के साथ मिला। उनके भाषण का अंतिम परिणाम 1949 में पहले *पैन-यूरोपीय संगठन* (pan-European organization) के रूप में यूरोप परिषद की स्थापना थी। हालाँकि यूरोप की परिषद केवल यूरोपीय सहयोग का एक सीमित रूप थी, फिर भी, इसने भविष्य के एकीकरण के लिए एक प्रोत्साहन के रूप में कार्य किया।

9 मई 1950 को, फ्रांसीसी विदेश मंत्री, रॉबर्ट शूमन (Robert Schuman) ने एक सामान्य उच्च प्राधिकरण के तहत फ्रांस और पश्चिम जर्मनी के कोयला और इस्पात उद्योगों को एकीकृत करने के लिए एक समुदाय (community) का प्रस्ताव रखा। प्रस्तावित समुदाय का लक्ष्य यह था कि फ्रांस, इटली, पश्चिम जर्मनी और बेनेलक्स देश (Benelux countries) "युद्ध को न केवल अकल्पनीय बल्कि भौतिक रूप से असंभव बनाने" और यूरोप में स्थायी शांति का निर्माण करने के लिए रणनीतिक संसाधनों को साझा कर सकें। इस तरह के एकीकरण का उद्देश्य शूमन घोषणा (Schuman Declaration) में स्पष्ट किया गया था जिसमें कहा गया था, "कोयला और इस्पात उत्पादन की पूलिंग को यूरोप के संघ में पहले कदम के रूप में आर्थिक विकास के लिए सामान्य नींव की स्थापना के लिए तुरंत प्रदान करना चाहिए, इससे उन क्षेत्रों की नियति बदल जाएगी जो लंबे समय से युद्ध के हथियारों के निर्माण के लिए समर्पित रहे हैं, जिसके वे सबसे अधिक शिकार रहे हैं।"[18]

इस प्रस्ताव के साकार होने से पेरिस की संधि (Treaty of Paris, 1951) द्वारा *यूरोपीय कोयला और इस्पात समुदाय* (ईसीएससी) (European Coal and Steel Community—ECSC) का गठन हुआ और, 18 अप्रैल 1951 को, छह सदस्य देशों के नेताओं ने एक यूरोपीय घोषणा पर हस्ताक्षर किए जिसमें कहा गया कि इस संधि ने एक संगठित यूरोप की सच्ची नींव रखी है।

इसके परिणामस्वरूप ईसीएससी ने एक सामान्य, एकल इस्पात और कोयला बाजार की शुरुआत की, जिसमें बाजार की कीमतें आयात/निर्यात शुल्क या सब्सिडी के बिना स्वतंत्र रूप से निर्धारित की गईं, और यूरोपीय कोयला और इस्पात समुदाय की सफलता से एकीकरण के कदम और आगे बढ़े। नेताओं ने मेसिना सम्मेलन (Messina Conference) में मुलाकात की और स्पाक समिति (Spaak Committee) की स्थापना की जिसने स्पाक रिपोर्ट तैयार की। रिपोर्ट को वेनिस सम्मेलन (Venice Conference, 29 and

30 May 1956) में स्वीकार कर लिया गया। अंत में, रिपोर्ट के आधार पर, आर्थिक एकता पर ध्यान केंद्रित करते हुए कॉमन मार्केट और यूरेटॉम (Common Market and Euratom) पर अंतर-सरकारी सम्मेलन आयोजित किया गया। इसके परिणामस्वरूप 1957 में रोम की संधि (Treaties of Rome) पर हस्ताक्षर किए गए जिससे सदस्यों के बीच *यूरोपीय आर्थिक समुदाय (ईईसी)* (European Economic Community—EEC) और यूरोपीय परमाणु ऊर्जा समुदाय (यूरेटॉम) (European Atomic Energy Community—Euratom) की स्थापना हुई। 1 जनवरी 1958 से उन्होंने आधिकारिक तौर पर कार्य करना शुरू कर दिया।

यूरोपीय एकीकरण की प्रक्रिया में एक और मील का पत्थर 8 अप्रैल, 1965 की विलय संधि (Merger Treaty) थी, जो 1 जुलाई 1967 को लागू हुई। संधि ने ईसीएससी (ECAC), ईईसी (EEC)और यूरेटॉम (Euratom) के लिए एक एकल कार्यकारी की स्थापना की, जिसमें ब्रुसेल्स स्थित परिषद और आयोग शामिल थे। यूरोपीय समुदाय ने तीन संगठनों की संस्थाओं के एक साथ आने का संकेत दिया। अन्य महत्वपूर्ण विकास भी हुए। उदाहरण के लिए, 1969 में सीमा शुल्क संघ की स्थापना हुई और 1978 में, *यूरोपीय मुद्रा इकाई (ईसीयू)* (European Currency Unit—ECU) की शुरुआत की गई।[19] 1979 में यूरोपीय संसद के लिए पहला प्रत्यक्ष, लोकतांत्रिक चुनाव हुआ।

1985 में, शेंगेन समझौते (Schengen Agreement) ने अधिकांश सदस्य देशों के बीच पासपोर्ट नियंत्रण के बिना बड़े पैमाने पर खुली सीमाएँ बनाईं। 1986 में, यूरोपीय समुदाय द्वारा यूरोपीय ध्वज का उपयोग किया जाने लगा। एकीकरण की दिशा में दूसरा मील का पत्थर 1986 के एकल यूरोपीय अधिनियम (एसईए) (Single European Act—SEA) पर हस्ताक्षर के साथ पहुंचा, जिसने 1 जनवरी 1993 को पूर्ण आंतरिक बाजार स्थापित करने की तारीख तय की। इस अधिनियम के माध्यम से, सदस्य राज्यों के बीच सभी व्यापार प्रतिबंधों को हटाने के उद्देश्य से वास्तव में एकल यूरोपीय बाजार के निर्माण की प्रक्रिया शुरू हुई।

1 नवंबर 1993 को मास्ट्रिच संधि (Maastricht Treaty) लागू होने पर यूरोपीय संघ की औपचारिक स्थापना हुई। मास्ट्रिच की संधि, जिसने यूरोपीय संघ की स्थापना की, ने यूरोपीय संघ की नीतियों को तीन मुख्य क्षेत्रों में विभाजित किया जिन्हें **स्तंभ** (pillars) कहा जाता है।

तीन स्तंभ (The Three Pillars)

1. पहला या "सामुदायिक" स्तंभ आर्थिक, सामाजिक और पर्यावरणीय नीतियों से बना है।
2. दूसरा या "सामान्य विदेश और सुरक्षा नीति" (सीएफएसपी) स्तंभ विदेश नीति और सैन्य मामलों से बना है।
3. अपराध के खिलाफ लड़ाई में सहयोग देने वाला तीसरा या "आपराधिक मामलों में पुलिस और न्यायिक सहयोग" (पीजेसीसी) (Police and Judicial Co-operation in Criminal Matters— PJCC) स्तंभ है। इस स्तंभ का मूल नाम "न्याय एवं गृह मामले" (Justice and Home Affairs) था।

2002 में, 12 सदस्य देशों में यूरो नोटों और सिक्कों ने राष्ट्रीय मुद्राओं का स्थान ले लिया।

यूरोपियन कम्यूनिटी (EC) की सदस्यता में वृद्धि के साथ यूरोपीय एकीकरण की प्रक्रिया को भी बढ़ावा मिला है। 1973 में समुदायों का विस्तार हुआ और इसमें डेनमार्क, आयरलैंड गणराज्य और यूनाइटेड किंगडम शामिल हो गए। नॉर्वे ने उसी समय इसमें शामिल होने के लिए बातचीत की थी लेकिन एक जनमत

संग्रह ने इसकी सदस्यता को खारिज कर दिया और इसलिए यह बाहर रहा। 1980 के दशक में ग्रीस, स्पेन और पुर्तगाल इसमें शामिल हुए। 1995 में, ऑस्ट्रिया, स्वीडन और फ़िनलैंड नव स्थापित यूरोपीय संघ में शामिल हुए। तब से, यूरोज़ोन (Eurozone) में 16 देश शामिल हो गए हैं, स्लोवाकिया 1 जनवरी, 2009 को यूरोज़ोन में शामिल हो गया। 2004 में, यूरोपीय संघ ने अपना अब तक का सबसे बड़ा विस्तार देखा जब माल्टा, साइप्रस, स्लोवेनिया, एस्टोनिया, लातविया, लिथुआनिया, पोलैंड, चेक गणराज्य, स्लोवाकिया और हंगरी यूरोपीय संघ में शामिल हुए। 1 जनवरी 2007 को, रोमानिया और बुल्गारिया यूरोपीय संघ के सबसे नए सदस्य बने और स्लोवेनिया ने यूरो को अपनाया।

यूरोपीय संविधान पर 28 अक्टूबर 2004 को हस्ताक्षर किए गए थे। संधि का अनुसमर्थन मुख्य रूप से संसदीय अनुमोदन द्वारा किया गया था लेकिन कुछ राज्यों ने 2005 के दौरान जनमत संग्रह कराया। फ्रांसीसी और डच मतदाताओं ने इसे अस्वीकार कर दिया। इसके बाद, दिसंबर 2007 में, यूरोपीय नेताओं ने लिस्बन संधि पर हस्ताक्षर किए, जिसे 2008 के अंत से पहले अनुमोदित किया जाना था ताकि यह 1 जनवरी 2009 को लागू हो सके। इसका उद्देश्य पहले के असफल यूरोपीय संविधान को प्रतिस्थापित करना था। हालाँकि, जून 2008 में आयरिश मतदाताओं द्वारा इसे अस्वीकार किए जाने के कारण लिस्बन संधि (Lisbon Treaty) का भविष्य भी अस्पष्ट है।

यूरोपीय एकीकरण के चरण (Stages of European Integration)

1949— उत्तरी अटलांटिक संधि संगठन (नाटो) (The North Atlantic Treaty Organization—NATO) पर हस्ताक्षर।

1950— शुमान योजना (Schuman Plan) प्रस्तावित।

1951— 6 संस्थापक सदस्यों (बेल्जियम, जर्मनी संघीय गणराज्य, फ्रांस, इटली, लक्ज़मबर्ग और नीदरलैंड) के साथ यूरोपीय कोयला और इस्पात समुदाय की स्थापना हुई।

1952— डेनमार्क, फिनलैंड, आइसलैंड, नॉर्वे और स्वीडन के बीच सहयोग बढ़ाने के लिए नॉर्डिक काउंसिल (Nordic Council) का गठन किया गया।

1954— पश्चिमी यूरोपीय संघ (ड़ब्लयूईयू) (Western European Union—WEU) की स्थापना के लिए पेरिस संधि हुई।

1958— रोम की संधियों ने यूरोपीय आर्थिक समुदाय (ईईसी) (European Economic Community—EEC) और यूरोपीय परमाणु ऊर्जा समुदाय (यूरेटॉम) की स्थापना की।

1960— यूरोपीय मुक्त व्यापार संघ की स्थापना की गई।

1973— ब्रिटेन, डेनमार्क और आयरलैंड यूरोपीय आर्थिक समुदाय में शामिल हुए।

1974— यूरोपीय परिषद बनाई गई। यूरोपीय क्षेत्रीय विकास कोष (ईआरडीएफ) (European Regional Development Fund—ERDF) की स्थापना की गई है।

1975— यूरोपीय समुदाय (ईसी) (European Communities—EC) और अफ्रीकी-कैरिबियन-प्रशांत (एसीपी) (African-Caribbean-Pacific—ACP) समूह के बीच लोमे कन्वेंशन पर हस्ताक्षर किए गए।

1978— यूरोपीय मौद्रिक प्रणाली (ईएमएस) (European Monetary System—EMS) प्रस्तावित।

1979— यूरोपीय मौद्रिक प्रणाली ने अपना परिचालन शुरू किया।

1981— ग्रीस यूरोपीय समुदाय का सदस्य बना।

1986— स्पेन और पुर्तगाल यूरोपीय समुदाय में शामिल हुए।

1989— बर्लिन की दीवार का गिरना।

1990— पूर्वी और पश्चिमी जर्मनी फिर से एक हुए। पुनर्निर्माण और विकास के लिए यूरोपीय बैंक की स्थापना यूरोपीय समुदाय के प्रमुख योगदान के साथ पूर्व कम्युनिस्ट देशों में आर्थिक सुधारों और संक्रमण का समर्थन करने के लिए की गई है। सीमा नियंत्रण हटाने के लिए शेंगेन समझौते (Schengen Agreement) पर हस्ताक्षर किए गए हैं।

1991— स्वीडन ने यूरोपीय समुदाय में शामिल होने के लिए आवेदन किया।

1992— 7 फरवरी 1992 को मास्ट्रिच में यूरोपीय संघ (European Union) की संधि पर हस्ताक्षर किये गये। फिनलैंड और स्विट्जरलैंड प्रस्तावित यूरोपीय संघ में शामिल होने के लिए आवेदन किया हैं।

1993— मास्ट्रिच संधि 1 नवंबर 1993 को लागू हुई। यूरोपीय संघ अस्तित्व में आया।

1995— ऑस्ट्रिया, फ़िनलैंड और स्वीडन यूरोपीय संघ में शामिल हुए। यूरोपीय मुद्रा का नाम 'यूरो' रखा गया।[20]

1999— एम्स्टर्डम की संधि (Treaty of Amsterdam) लागू हुई। सामान्य विदेश एवं सुरक्षा नीति (सीएफएसपी) (Common Foreign and Security Policy—CFSP) की ओर एक कदम।

2000— नीस की संधि (Treaty of Nice) हुई।

2004— 19 जून 2004 को ब्रुसेल्स (Brussels) में यूरोपीय संघ का संविधान अपनाया गया (लेकिन कभी लागू नहीं हुआ)। माल्टा, साइप्रस, स्लोवेनिया, एस्टोनिया, लातविया, लिथुआनिया, पोलैंड, चेक गणराज्य, स्लोवाकिया और हंगरी यूरोपीय संघ में शामिल हो गए।

2007— रोमानिया और बुल्गारिया यूरोपीय संघ में शामिल हुए। स्लोवेनिया ने यूरो को अपनाया।

यूरोपीय संघ की संस्थाएँ (The Institutions of European Union)

1. *यूरोपीय समुदायों का आयोग (Commission of the European Communities:):* यह यूरोपीय संघ की कार्यकारी शाखा का गठन करता है। यह प्रत्येक राज्य से एक नियुक्त व्यक्ति से बनी एक संस्था है और वर्तमान में इसमें 27 आयुक्त हैं। इस निकाय को कानून के लिए प्रस्ताव शुरू करना है, "संधि के संरक्षक" के रूप में कार्य करना है, और यूरोपीय संघ की नीतियों और अंतर्राष्ट्रीय व्यापार संबंधों का प्रबंधक और निष्पादक बनना है। लेकिन अपने सभी कार्यों को वितरित करने में, आयोग को राष्ट्रीय हितों से स्वतंत्र होने के लिए डिज़ाइन किया गया है। इस निकाय पर यूरोपीय संघ के दिन-प्रतिदिन के कामकाज से निपटने की भी जिम्मेदारी है।

आयोग का नेतृत्व एक अध्यक्ष द्वारा किया जाता है जिसे परिषद द्वारा नामित किया जाता है, व्यवहार में यूरोपीय परिषद द्वारा, और यूरोपीय संसद द्वारा अनुमोदित किया जाता है। शेष आयुक्तों को अध्यक्ष के परामर्श से सदस्य राज्यों द्वारा प्रस्तावित किया जाता है, और फिर आयोग के कार्यभार संभालने से पहले समग्र रूप से यूरोपीय संसद द्वारा अनुमोदित किया जाना होता है। जोस मैनुअल बैरोसो (President José Manuel Barroso) और उनका आयोग 2004 में और फिर 2009 अध्यक्ष में चुने गए और उनका कार्यकाल अक्टूबर 2014 तक के लिए था।

2. *यूरोपीय संघ की परिषद (Council of the European Union):* यूरोपीय संघ की यह परिषद यूरोपीय संघ (ईयू) (European Union—EU) की प्रमुख निर्णय लेने वाली संस्था है। इसे अक्सर अनौपचारिक रूप से मंत्रिपरिषद या केवल परिषद कहा जाता है। यह दो विधायी कक्षों में से अधिक शक्तिशाली है, दूसरा यूरोपीय संसद है।

परिषद 27 राष्ट्रीय मंत्रियों (प्रति राज्य एक और कार्यालय अध्यक्ष) से बनी है। हालाँकि, सटीक सदस्यता चर्चा किए जा रहे विषय पर निर्भर करती है। यूरोपीय संघ का कानून विशिष्ट नीति क्षेत्रों तक सीमित है; हालाँकि, यह राष्ट्रीय कानून का उल्लंघन करता है। चूंकि यूरोपीय संघ सुपरनैशनल और अंतरसरकारी मंचों पर काम करता है, इसलिए कुछ क्षेत्रों में परिषद संसद से ज्यादा ताकतवर है, उसे निकाय से सहमति प्राप्त करने के लिए केवल परामर्श करना होता है। हालाँकि, कई क्षेत्रों में, यूरोपीय संघ सह-निर्णय प्रक्रिया की विधायी प्रक्रिया का उपयोग करता है, जिसमें दोनों निकाय शक्ति में समान हैं। इसकी अध्यक्षता हर छह महीने में राज्यों के बीच घूमती रहती है, लेकिन अब हर तीन प्रेसीडेंसी "ट्रिपल-शेयर्ड प्रेसीडेंसी (triple-shared presidency)" जैसे सामान्य कार्यक्रम पर सहयोग करती हैं।

3. *यूरोपीय संसद (European Parliament —EP):* यह यूरोपीय संघ की एकमात्र सीधे निर्वाचित संसदीय संस्था है। यह यूरोपीय संघ के संस्थानों की द्विसदनीय विधायी शाखा है और इसे दुनिया की सबसे शक्तिशाली विधायिकाओं में से एक के रूप में वर्णित किया गया है। संसद और परिषद यूरोपीय संघ के भीतर सर्वोच्च विधायी निकाय हैं। हालाँकि, उनकी शक्तियाँ सदस्य राज्यों द्वारा यूरोपीय समुदाय को प्रदान की गई दक्षताओं (compelencies) तक ही सीमित हैं। इसलिए, संस्था का राज्यों द्वारा रखे गए नीति क्षेत्रों और यूरोपीय संघ के तीन स्तंभों में से दो के भीतर बहुत कम नियंत्रण है। यूरोपीय संसद के पास पर्यवेक्षी, बजटीय और कुछ विधायी शक्तियां हैं जिन्हें एकल यूरोपीय अधिनियम (Single European Act), यूरोपीय संघ की संधि (Treaty of European Union)(मास्ट्रिच संधि— Maastricht Treaty) और एम्स्टर्डम की संधि (Treaty of Amsterdam) द्वारा बढ़ाया गया था।

यूरोपीय संसद के दो बैठक स्थल हैं: एक स्ट्रासबर्ग, फ्रांस में लुईस वाइस बिल्डिंग (Louise Weiss) में, जो प्रति वर्ष बारह चार दिवसीय पूर्ण सत्रों के लिए कार्य करता है और आधिकारिक स्थान है, और दूसरा, बेल्जियम में ब्रुसेल्स के एस्पेस लियोपोल्ड कॉम्प्लेक्स (Espace Léopold complex) में हैं, जो दोनों में से बड़ा है और समिति की बैठकों, राजनीतिक समूहों और पूरक पूर्ण सत्रों के लिए कार्य करता है। यूरोपीय संसद का सचिवालय लक्ज़मबर्ग (Luxembourg) में स्थित है।

संसद 785 एमईपी (यूरोपीय संसद के सदस्य) (MEPs—Members of the European Parliament) से बनी है, जो दुनिया के दूसरे सबसे बड़े लोकतांत्रिक मतदाताओं और दुनिया के सबसे बड़े अंतर्राष्ट्रीय लोकतांत्रिक मतदाताओं (2004 में 342 मिलियन पात्र मतदाता) की सेवा करते हैं। यह 1979 से सार्वभौमिक मताधिकार द्वारा हर पांच साल में सीधे चुनी जाती है।

4. *यूरोपीय समुदायों का न्यायालय (Court of Justice of the European Communities):* यूरोपीय न्यायालय (ईसीजे) (European Court of Justice—ECJ) यूरोपीय संघ का सर्वोच्च न्यायालय है। यूरोपीय संघ के सभी सदस्य देशों में इसके समान अनुप्रयोग को सुनिश्चित करने के लिए यूरोपीय संघ के कानून के मामलों पर इसका अंतिम अधिकार है। इसका कार्य यह सुनिश्चित करना है कि संघ के कानून की समान रूप से व्याख्या और प्रभावी ढंग से लागू किया जाए और सदस्य राज्यों, यूरोपीय संघ संस्थानों, व्यवसायों और व्यक्तियों से जुड़े विवादों में इसका अधिकार क्षेत्र हो।

यूरोपीय न्यायालय की स्थापना 1952 में हुई थी और यह लक्ज़मबर्ग में स्थित है। इसमें प्रत्येक सदस्य देश से एक न्यायाधीश शामिल होता है। वर्तमान में न्यायाधीशों की संख्या 27 है, लेकिन उनमें से केवल

13 ही 'ग्रैंड चैंबर' (Grand Chamber) में किसी एक समय में किसी मामले की सुनवाई कर सकते हैं। न्यायालय का नेतृत्व अध्यक्ष द्वारा किया जाता है। एकल यूरोपीय अधिनियम के तहत, न्यायालय को निचली अदालत, प्रथम दृष्टया न्यायालय (Court of First Instance), द्वारा सहायता प्रदान की जाती है, जिसके पास प्राकृतिक या कानूनी व्यक्तियों द्वारा लाए गए प्रत्यक्ष कार्यों पर अधिकार क्षेत्र है, और सिविल सेवा न्यायाधिकरण है जो यूरोपीय संघ के संस्थानों के कर्मचारियों द्वारा लाए गए मामलों की सुनवाई करता है।

5. लेखा परीक्षकों का न्यायालय (Court of Auditors) : अपने नाम के बावजूद, यूरोपीय लेखा परीक्षक न्यायालय के पास कोई न्यायिक शक्तियाँ नहीं हैं। न्यायालय प्रत्येक वित्तीय वर्ष के लिए परिषद और संसद को एक ऑडिट रिपोर्ट प्रदान करता है। संसद इसका उपयोग यह तय करने के लिए करती है कि बजट को संभालने के लिए आयोग को मंजूरी दी जाए या नहीं। न्यायालय वित्तीय कानून और धोखाधड़ी विरोधी कार्रवाइयों पर भी राय और प्रस्ताव देता है।

इसमें हर छह साल में परिषद द्वारा नियुक्त प्रत्येक राज्य से एक सदस्य शामिल होता है। हर तीन साल में उनमें से एक को न्यायालय का अध्यक्ष चुना जाता है।

6. यूरोपीय आर्थिक एवं सामाजिक समिति (ईईएससी) (European Economic and Social Committee—EESC): इसकी स्थापना 1957 में हुई थी। यह नियोक्ताओं, कर्मचारियों और विभिन्न उद्योगों और कार्य क्षेत्रों के प्रतिनिधियों से बनी एक परामर्शदात्री सभा है। समिति आर्थिक और सामाजिक नीतियों (मुख्यतः श्रमिकों और नियोक्ताओं के बीच संबंध) पर सलाह देती है। इसमें 344 सदस्य हैं, जिन्हें परिषद द्वारा चार साल के लिए नियुक्त किया जाता है। यूरोपीय आर्थिक एवं सामाजिक समिति के सदस्यों को समान संख्या के तीन समूहों में विभाजित किया गया है: नियोक्ता कर्मचारी और विभिन्न अन्य बदलते हितों जैसे कि किसान, उपभोक्ता समूह, पेशेवर संघ, आदि का एक तीसरा समूह। सदस्यों की नियुक्ति संबंधित सदस्य राज्यों की सरकारों द्वारा किए गए नामांकन के बाद परिषद द्वारा की जाती है। हालाँकि, एक बार नियुक्त होने के बाद, सदस्य अपनी सरकारों से पूरी तरह स्वतंत्र होते हैं। यूरोपीय आर्थिक एवं सामाजिक समिति क्षेत्र की समिति के साथ ब्रुसेल्स में डेलर्स बिल्डिंग को अपनी सीट के रूप में साझा करता है।

अन्य प्रमुख यूरोपीय संघ संस्थानों में क्षेत्र समिति, यूरोपीय सेंट्रल बैंक, यूरोपीय निवेश बैंक और यूरोपीय निवेश कोष शामिल हैं।

यूरोपीय संघ के समक्ष वर्तमान चुनौतियाँ 'वैधता अंतर' (legitimacy gap), 'चौड़ाई' (widening) और 'गहराई' (deepening) और आम विदेशी सुरक्षा नीति (Common Foreign Security Policy—CFSP) का भविष्य हैं। जैसा कि विद्वानों ने बताया है, "यूरोपीय संघ के लिए मुख्य चुनौती लोकतंत्र का सच्चा संसदीय आधार बनाने की वर्तमान असंभवता है"। हालाँकि यूरोपीय संसद मौजूद है, लेकिन इसे मुख्य नीति-निर्धारक संस्थानों में सबसे कमज़ोर माना जाता है। मास्ट्रिच संधि (Maastricht Treaty) में विधायी प्रक्रिया में यूरोपीय संसद को अधिक अधिकार देने के लिए परिषद के साथ सह-निर्णय की प्रक्रिया की शुरूआत देखी गई, लेकिन सह-निर्णय की यह स्थिति सभी नीति क्षेत्रों तक विस्तारित नहीं है। इसलिए, यूरोपीय संघ में तथाकथित लोकतांत्रिक कमी है। यूरोपीय संघ के विस्तार के परिणामस्वरूप, सदस्य देशों के बीच शक्तियों का वितरण सुनिश्चित करने के लिए यूरोपीय संघ के मानदंडों में सुधार की मांग बढ़ रही है। इसके अलावा, आर्थिक एकीकरण की प्रक्रिया के माध्यम से यूरोपीय एकीकरण को गहरा किया गया है। हालाँकि, नीति क्षेत्रों में सहायकता (subsidiarity) और आनुपातिकता (proportionality) के सिद्धांत अभी भी लागू हैं जो अमूर्त हैं और उनके बीच का अंतर अक्सर धुंधला होता है। आम विदेशी सुरक्षा नीति यूरोपीय संघ के सामने एक और महत्वपूर्ण चुनौती है। ऐसा कहा जाता है, "यदि कोई संरचना

और कार्यप्रणाली में गहराई से उतरता है, तो यह [आम विदेशी सुरक्षा नीति] न तो सामान्य है, न ही विदेशी है, न ही सुरक्षा से संबंधित है, और न ही इसे नीति कहा जा सकता है। फिर भी, अधिकांश पर्यवेक्षक और नीति-निर्माता एक जादुई फॉर्मूले की तरह संक्षिप्त नाम सीएफएसपी (CFSP) का उपयोग करते हैं: यह नाम का आह्वान करने के लिए पर्याप्त है और यूरोपीय संघ विश्व मामलों में—यदि एक महाशक्ति नहीं तो एक प्रमुख कर्ता बन जाता है। विरोधाभास यह है कि इस मंत्र का प्रभाव यूरोप के बाहर अंदर से भी अधिक मजबूत है।[21]

यूरोपीय संघ द्वारा देखे गए अन्य प्रकार के खतरों में अंतर्राष्ट्रीय आतंकवाद, सामूहिक विनाश के हथियार (weapons of mass destruction—WMDs), विफल राज्य, मध्य एशिया में संघर्ष-प्रवण क्षेत्र में यूरोपीय संघ के विस्तार के कारण क्षेत्रीय संघर्ष और संगठित अपराध शामिल हैं (यूरोजोन संकट देखें पृष्ठ 517)।

अफ्रीकी संघ (African Union—AU)

अफ्रीकी एकता संगठन (Organization of African Unity—OAU) या ऑर्गेनाइज़ेशन डी ल'यूनिटे अफ्रीकीन (Organization de l'Unité Africaine—OUA) की स्थापना 25 मई 1963 को हुई थी। इसे 9 जुलाई 2002 को इसके अंतिम अध्यक्ष, दक्षिण अफ्रीकी राष्ट्रपति थाबो मबेकी द्वारा भंग कर दिया गया था, और वैश्वीकरण द्वारा उत्पन्न चुनौतियों के संदर्भ में अफ्रीकी एकता और एकीकरण के प्रयासों को बढ़ावा देने और तेज करने के लिए सिर्ते घोषणा (Sirte Declaration) द्वारा इसे अफ्रीकी संघ द्वारा प्रतिस्थापित किया गया था। अफ्रीकी संघ में 53 अफ्रीकी राज्य शामिल हैं। हालाँकि, 4 सदस्य देशों, गिनी (2008), मेडागास्कर (2009), इरिट्रिया (2009) और कोटे डी आइवर (Côte d'Ivoire) (2010) को निलंबित कर दिया गया है।

जब अफ्रीकी एकता संगठन का गठन हुआ, तो इसके दो प्राथमिक उद्देश्य थे:

- अफ्रीकी राज्यों की एकता और एकजुटता को बढ़ावा देना और अफ्रीकी महाद्वीप के लिए एक सामूहिक आवाज के रूप में कार्य करना। अफ्रीका के दीर्घकालिक आर्थिक और राजनीतिक भविष्य को सुरक्षित करने के लिए यह महत्वपूर्ण था। वर्षों के उपनिवेशवाद ने इसे सामाजिक, राजनीतिक और आर्थिक रूप से कमजोर कर दिया था।
- ऑर्गेनाइज़ेशन डी ल'यूनिटे अफ्रीकीन (OAU) सभी प्रकार के उपनिवेशवाद के उन्मूलन के लिए भी समर्पित था, क्योंकि, जब इसकी स्थापना हुई थी, तब भी ऐसे कई राज्य थे जिन्होंने अभी तक अपनी स्वतंत्रता हासिल नहीं की थी या अल्पसंख्यक शासित थे। दक्षिण अफ्रीका और अंगोला ऐसे दो देश थे। अफ्रीकी एकता संगठन ने महाद्वीप को उपनिवेशवाद से छुटकारा दिलाने के दो तरीके प्रस्तावित किए। सबसे पहले, यह स्वतंत्र देशों के हितों की रक्षा करेगा और अभी भी उपनिवेशित देशों के हितों को आगे बढ़ाने में मदद करेगा। दूसरा, यह विश्व मामलों के मामले में तटस्थ रहेगा और अपने सदस्यों को एक बार फिर बाहरी शक्तियों द्वारा नियंत्रित होने से रोकेगा।

अफ्रीकी संघ का गठन भी कुछ उद्देश्यों और सिद्धांतों को ध्यान में रखकर किया गया है। ये अफ्रीकी संघ के उद्देश्यों में परिलक्षित होते हैं।

अफ्रीकी संघ के उद्देश्य कई प्रकार के हैं जैसे:

1. अफ्रीकी देशों और अफ्रीका के लोगों के बीच अधिक एकता और एकजुटता हासिल करना।

2. अपने सदस्य देशों की संप्रभुता, क्षेत्रीय अखंडता और स्वतंत्रता की रक्षा करना।
3. महाद्वीप के राजनीतिक और सामाजिक-आर्थिक एकीकरण में तेजी लाना।
4. महाद्वीप और उसके लोगों के हित के मुद्दों पर अफ्रीकी साझा पदों को बढ़ावा देना और उनका बचाव करना।
5. संयुक्त राष्ट्र के चार्टर और मानवाधिकारों की सार्वभौम घोषणा को ध्यान में रखते हुए अंतर्राष्ट्रीय सहयोग को प्रोत्साहित करना।
6. महाद्वीप की शांति, सुरक्षा और स्थिरता को बढ़ावा देना।
7. लोकतांत्रिक सिद्धांतों और संस्थानों, लोकप्रिय भागीदारी और सुशासन को बढ़ावा देना।
8. मानव और लोगों के अधिकारों पर अफ्रीकी चार्टर और अन्य प्रासंगिक मानवाधिकार उपकरणों के अनुसार मानव और लोगों के अधिकारों को बढ़ावा देना और उनकी रक्षा करना।
9. आवश्यक स्थितियाँ स्थापित करना जो महाद्वीप को वैश्विक अर्थव्यवस्था और अंतर्राष्ट्रीय वार्ता में अपनी उचित भूमिका निभाने में सक्षम बनाती है।
10. आर्थिक, सामाजिक और सांस्कृतिक स्तरों के साथ-साथ अफ्रीकी अर्थव्यवस्थाओं के एकीकरण पर सतत विकास को बढ़ावा देना।
11. अफ्रीकी लोगों के जीवन स्तर को ऊपर उठाने के लिए मानव गतिविधि के सभी क्षेत्रों में सहयोग को बढ़ावा देना।
12. संघ के उद्देश्यों की क्रमिक प्राप्ति के लिए मौजूदा और भविष्य के क्षेत्रीय आर्थिक समुदायों के बीच नीतियों का समन्वय और सामंजस्य बनाना।
13. सभी क्षेत्रों, विशेषकर विज्ञान और प्रौद्योगिकी में अनुसंधान को बढ़ावा देकर महाद्वीप के विकास को आगे बढ़ाना।
14. रोकथाम योग्य बीमारियों के उन्मूलन और महाद्वीप पर अच्छे स्वास्थ्य को बढ़ावा देने के लिए प्रासंगिक अंतर्राष्ट्रीय भागीदारों के साथ काम करना।

अफ्रीकी संघ के अंग (The Organs of the AU)

विधनासभा (The Assembly): यह राष्ट्राध्यक्षों और सरकार के प्रमुखों या उनके विधिवत मान्यता प्राप्त प्रतिनिधियों से बनी है। राष्ट्राध्यक्षों और शासनाध्यक्षों की सभा अफ्रीकी संघ का सर्वोच्च अंग है। विधानसभा की बैठक वर्ष में एक बार होती है। निर्णय या तो सर्वसम्मति के आधार पर या दो-तिहाई बहुमत से लिये जाते हैं।

कार्यकारी परिषद (The Executive Council): यह सदस्य राज्यों की सरकारों द्वारा नामित मंत्रियों या अधिकारियों से बनी है। कार्यकारी परिषद विधानसभा के प्रति जवाबदेह है।

आयोग (The Commission): यह निकाय अध्यक्ष, उपाध्यक्ष, दस आयुक्तों और स्टाफ सदस्यों से बना है। प्रत्येक आयुक्त एक पोर्टफोलियो के लिए जिम्मेदार होता है।

स्थायी प्रतिनिधि समिति (The Permanent Representatives' Committee): यह संघ से मान्यता प्राप्त सदस्य राज्यों के स्थायी प्रतिनिधियों से बनी है। स्थायी प्रतिनिधि समिति को कार्यकारी परिषद के कार्य को तैयार करने की जिम्मेदारी सौंपी गई है।

शांति और सुरक्षा परिषद (Peace and Security Council—PSC): जुलाई 2001 के लुसाका शिखर सम्मेलन (Summit of Lusaka) के एएचजी (AHG)/दिसंबर 160 (xxxvii) के आधार पर, अफ्रीकी संघ के भीतर एक शांति और सुरक्षा परिषद के निर्माण का निर्णय लिया गया। प्रोटोकॉल ने शांति और सुरक्षा परिषद को अफ्रीका के राज्यों के बीच या उनके भीतर उत्पन्न होने वाले संघर्ष और संकट की स्थिति का जवाब देने के लिए एक सामूहिक सुरक्षा और प्रारंभिक चेतावनी व्यवस्था के रूप में तैयार किया है।

पैन-अफ्रीकी संसद (Pan-African Parliament—PAP): पैन-अफ्रीकी संसद महाद्वीप के शासन, विकास और आर्थिक एकीकरण में अफ्रीकी लोगों की पूर्ण भागीदारी सुनिश्चित करने के लिए बनाई गई एक संस्था है। पैन-अफ्रीकी संसद की संरचना, शक्तियों, कार्यों और संगठन से संबंधित प्रोटोकॉल पर सदस्य राज्यों द्वारा हस्ताक्षर किए गए हैं । पीएपी (PAP) 53 सदस्य देशों के 265 निर्वाचित प्रतिनिधियों से बना है।

आर्थिक, सामाजिक और सांस्कृतिक परिषद (Economic, Social and Cultural Council—ECOSOCC): आर्थिक, सामाजिक और सांस्कृतिक परिषद संघ के सदस्य राज्यों के विभिन्न सामाजिक और व्यावसायिक समूहों से बना एक सलाहकार अंग है।

न्यायालय (The Court of Justice): संघ का एक न्यायालय स्थापित किया जाएगा और न्यायालय की शक्तियों और कार्यों को परिभाषित करने वाले क़ानून की समीक्षा की जा रही है।

अफ्रीकी संघ की विशिष्ट तकनीकी समितियाँ (The Specialized Technical Committees of AU): निम्नलिखित विशेष तकनीकी समितियाँ क्षेत्रीय मुद्दों को संबोधित करने के लिए हैं और मंत्री स्तर पर हैं:

- ग्रामीण अर्थव्यवस्था और कृषि मामलों पर समिति
- मौद्रिक और वित्तीय मामलों की समिति
- व्यापार, सीमा शुल्क और आप्रवासन मामलों पर समिति
- उद्योग, विज्ञान और प्रौद्योगिकी, ऊर्जा, प्राकृतिक संसाधन और पर्यावरण संबंधी समिति
- परिवहन, संचार और पर्यटन समिति
- स्वास्थ्य, श्रम और सामाजिक मामलों की समिति
- शिक्षा, संस्कृति और मानव संसाधन समिति।

वित्तीय संस्थान (The Financial Institutions): अफ्रीकी संघ के कुछ वित्तीय संस्थान निम्नलिखित हैं:

- अफ्रीकी सेंट्रल बैंक (African Central Bank)
- अफ्रीकी मुद्रा कोष (African Monetary Fund)
- अफ्रीकी निवेश बैंक (African Investment Bank)

अफ्रीकी एकजुटता हासिल करने के लिए अफ्रीकी संघ को एक लंबा सफर तय करना होगा। इसके पूर्ववर्ती, अफ्रीकी एकता संगठन ने कई कठिन रास्ते तय किए थे और इसकी उपलब्धियों और विफलताओं का अपना हिस्सा था। अफ्रीकी एकता संगठन ने अफ्रीका में उपनिवेशवाद और अल्पसंख्यक शासन को खत्म करने में महत्वपूर्ण भूमिका निभाई। इसने स्वतंत्रता या बहुमत शासन के लिए लड़ने वाले उपनिवेशित देशों को हथियार, प्रशिक्षण और सैन्य अड्डे दिए। रंगभेद से लड़ने वाले अफ्रीकी राष्ट्रीय कांग्रेस (African

National Congress—ANC) और प्रशांत प्रत्यायन सहयोग (Pacific Accreditation Cooperation—PAC), और दक्षिणी रोडेशिया की स्वतंत्रता के लिए लड़ने वाले जिम्बाब्वे अफ्रीकी नेशनल यूनियन (Zimbabwe African National Union— ZANU) और जिम्बाब्वे अफ्रीकी पीपुल्स यूनियन (Zimbabwe African People's Union— ZAPU) जैसे समूहों को अफ्रीकी एकता संगठन द्वारा संघर्ष में सहायता प्रदान की गई थी। अफ्रीकी एकता संगठन द्वारा की गई कई अन्य सराहनीय पहलें थीं, जैसे लागोस प्लान ऑफ एक्शन (Lagos Plan of Action —LPA) और लागोस का अंतिम अधिनियम (1980) (Final Act of Lagos), जिसमें अफ्रीकी देशों के बीच आत्मनिर्भर विकास और सहयोग के लिए कार्यक्रम और रणनीतियां शामिल थीं। मानव और लोगों के अधिकारों पर अफ्रीकी चार्टर (नैरोबी 1981) (The African Charter on Human and People's Rights, Nairobi 1981) भी था, और ग्रैंड बे घोषणा और मानव अधिकारों पर कार्य योजना महाद्वीप में मानव और लोगों के अधिकारों (Grand Bay Declaration and Plan of Action on Human Rights) को बढ़ावा देने के लिए अफ्रीकी एकता संगठन द्वारा अपनाए गए दो उपकरण हैं। 1985 में अपनाया गया अफ्रीका का आर्थिक सुधार के लिए प्राथमिकता कार्यक्रम (Africa's Priority Programme for Economic Recovery—APPER) एक आपातकालीन कार्यक्रम था जिसे 1980 के दशक के विकास संकट को संबोधित करने के लिए डिज़ाइन किया गया था, जो कि लंबे समय तक सूखे और अकाल के मद्देनजर था जिसने महाद्वीप को अपनी चपेट में ले लिया था और जिसका अफ्रीका की बाहरी ऋणग्रस्तता का गंभीर प्रभाव पड़ा था। अफ्रीका के विकास के लिए नई साझेदारी (New Partnership for Africa's Development—NEPAD) को लुसाका शिखर सम्मेलन (Lusaka Summit) (2001) में अफ्रीकी संघ के एक कार्यक्रम के रूप में अपनाया गया था।

ऐसे प्रशंसनीय प्रयासों के बावजूद, अफ्रीकी एकता संगठन को अक्सर सदस्य देशों के बीच मतभेदों, नागरिक संघर्ष, जातीय संघर्ष, पूर्व उपनिवेशवादियों पर निर्भरता, अपने निर्णय को लागू करने में असमर्थता, नीति के कारण अफ्रीकी एकता को बढ़ावा देने में कड़ी चुनौतियों का सामना करना पड़ता है। अहस्तक्षेप, इसे मानव अधिकारों के उल्लंघन और अन्य मामलों में लगभग अप्रभावी बना देता है। अफ्रीकी एकता संगठन (OAU) को अक्सर कम शक्ति वाली नौकरशाही 'बातचीत की दुकान' के रूप में देखा जाता था और इस प्रकार, अफ्रीकी संघ के पास खुद को अंतर्राष्ट्रीय समुदाय की नजर में एक अधिक विश्वसनीय क्षेत्रीय संगठन बनाने का कठिन काम है।

पेट्रोलियम निर्यातक देशों का संगठन (ओपेक) (Organization of the Petroleum Exporting Countries—OPEC)

पेट्रोलियम निर्यातक देशों का संगठन (Organization of the Petroleum Exporting Countries—OPEC) एक स्थायी अंतरसरकारी संगठन है। यह क्षेत्रीय निकाय 10–14 सितंबर 1960 के दौरान बगदाद सम्मेलन में ईरान, इराक, कुवैत, सऊदी अरब और वेनेजुएला द्वारा बनाया गया था। बाद में, कई अन्य देश ओपेक में शामिल हुए: वे कतर (1961) और इंडोनेशिया (1962) (जिसकी जनवरी 2009 से सदस्यता निलंबित कर दी गई थी); सोशलिस्ट पीपुल्स लीबियाई अरब जमहिरिया (Socialist Peoples Libyan Arab Jamahiriya) (1962); संयुक्त अरब अमीरात (1967); अल्जीरिया (1969); नाइजीरिया (1971); इक्काडोर (1973) (जिसकी सदस्यता दिसंबर 1992-अक्टूबर 2007 तक सदस्यता निलंबित कर दी गई थी); अंगोला (2007); और गैबॉन (1975–1994) थे।

ओपेक क़ानून (OPEC statutes) के अनुसार, इसका एक प्रमुख लक्ष्य व्यक्तिगत और सामूहिक रूप से संगठन के हितों की सुरक्षा के लिए सर्वोत्तम साधनों का निर्धारण करना है। पेट्रोलियम निर्यातक देशों का संगठन हानिकारक और अनावश्यक उतार-चढ़ाव को खत्म करने, उत्पादक देशों के हितों को हर समय उचित सम्मान देने और स्थिर आय सुनिश्चित करने की आवश्यकता को ध्यान में रखते हुए अंतर्राष्ट्रीय तेल बाजारों में कीमतों के स्थिरीकरण को सुनिश्चित करने के तरीकों और साधनों का भी अनुसरण करता है। उत्पादक देश; उपभोग करने वाले देशों को पेट्रोलियम की कुशल, आर्थिक और नियमित आपूर्ति, और पेट्रोलियम उद्योग में निवेश करने वालों को उनकी पूंजी पर उचित रिटर्न सुनिश्चित करता है।

इसलिए, पेट्रोलियम निर्यातक देशों का संगठन का महत्वपूर्ण उद्देश्य पेट्रोलियम उत्पादकों के लिए उचित और स्थिर कीमतें सुरक्षित करने के लिए सदस्य देशों के बीच पेट्रोलियम नीतियों का समन्वय और एकीकरण करना है; उपभोग करने वाले देशों को पेट्रोलियम की कुशल, आर्थिक और नियमित आपूर्ति; और उद्योग में निवेश करने वालों को पूंजी पर उचित रिटर्न है। यह नीति यह सुनिश्चित करने के लिए भी बनाई गई है कि तेल उपभोक्ताओं को तेल की स्थिर आपूर्ति मिलती रहे।

पेट्रोलियम निर्यातक देशों का संगठन क़ानून का अनुच्छेद 2 संगठन के सिद्धांतों का प्रतीक है। वे इस प्रकार हैं:

- संगठन का मुख्य उद्देश्य सदस्य देशों की पेट्रोलियम नीतियों का समन्वय और एकीकरण और व्यक्तिगत और सामूहिक रूप से उनके हितों की रक्षा के लिए सर्वोत्तम साधनों का निर्धारण करना होगा।
- संगठन हानिकारक और अनावश्यक उतार-चढ़ाव को खत्म करने की दृष्टि से अंतर्राष्ट्रीय तेल बाजारों में कीमतों के स्थिरीकरण को सुनिश्चित करने के तरीके और साधन तैयार करेगा।
- उत्पादक राष्ट्रों के हितों और उत्पादक देशों के लिए एक स्थिर आय सुनिश्चित करने की आवश्यकता को हर समय उचित सम्मान दिया जाएगा; उपभोग करने वाले देशों को पेट्रोलियम की कुशल, आर्थिक और नियमित आपूर्ति; और पेट्रोलियम उद्योग में निवेश करने वालों को उनकी पूंजी पर उचित रिटर्न मिलेगा।

पेट्रोलियम निर्यातक देशों के संगठन (ओपेक) का प्रबंधन (The OPEC Management)

ओपेक सम्मेलन (OPEC Conference) एक उच्च स्तरीय निकाय है और नीचे इसके गवर्नर बोर्ड है। बोर्ड ऑफ गवर्नर्स के नीचे ओपेक सचिवालय है जो एक स्थायी अंतर-सरकारी निकाय है। सचिवालय, जो 1965 से वियना में स्थित है, सदस्य देशों को अनुसंधान और प्रशासनिक सहायता प्रदान करता है। सचिवालय बड़े पैमाने पर विश्व भर में समाचार और सूचना भी प्रसारित करता है। सचिवालय की आधिकारिक भाषा अंग्रेजी है।

सचिवालय के निम्नलिखित विभाग हैं:

- महासचिव का कार्यालय
- अनुसंधान प्रभाग
- डेटा सेवा विभाग
- पेट्रोलियम बाजार विश्लेषण विभाग

- ऊर्जा अध्ययन विभाग
- जनसंपर्क एवं सूचना विभाग
- प्रशासन एवं मानव संसाधन विभाग

महासचिव संगठन का कानूनी रूप से अधिकृत प्रतिनिधि और सचिवालय का मुख्य कार्यकारी होता है। इस अधिकार के तहत वह बोर्ड ऑफ गवर्नर्स के निर्देशों के अनुसार संगठन के मामलों का प्रबंधन करता है। सम्मेलन तीन वर्ष की अवधि के लिए महासचिव की नियुक्ति करता है, जिसका कार्यकाल उसी अवधि के लिए एक बार नवीनीकृत किया जा सकता है। यह नियुक्ति सदस्य देशों द्वारा नामांकन पर और नामांकित व्यक्तियों की योग्यता के तुलनात्मक अध्ययन (ओपेक क़ानून के अनुच्छेद 28) ((Article 28 of the OPEC Statute) के बाद होती है। सर्वसम्मत निर्णय के अभाव में, महासचिव को आवश्यक योग्यताओं पर प्रतिकूल प्रभाव डाले बिना, दो साल की अवधि के लिए रोटेशन के आधार पर नियुक्त किया जाता है।

महासचिव को उनके कर्तव्यों के निर्वहन में अनुसंधान प्रभाग, प्रशासन और मानव संसाधन विभाग, जनसंपर्क और सूचना विभाग और उनके अपने कार्यालय द्वारा सहायता प्रदान की जाती है। वरिष्ठ कानूनी परामर्शदाता महासचिव को कानूनी सलाह प्रदान करता है, सचिवालय के कानूनी और संविदात्मक मामलों की निगरानी करता है, और संगठन और सदस्य देशों के लिए चिंता के कानूनी मुद्दों का मूल्यांकन करता है, और उचित कार्रवाई की सिफारिश करता है।

महासचिव का कार्यालय उन्हें कार्यकारी सहायता प्रदान करता है, विशेष रूप से प्रोटोकॉल के मामलों में सरकारों, संगठनों और प्रतिनिधिमंडलों के साथ संपर्क स्थापित करने और बनाए रखने में, बैठकों की तैयारी और समन्वय में, और महासचिव (Secretary General) द्वारा सौंपे गए किसी भी अन्य कर्तव्यों को पूरा करने में।

यह क्षेत्रीय संगठन 1970 के दशक के दौरान अरब-इजरायल संघर्ष की पृष्ठभूमि में प्रमुखता में आया और तेल कूटनीति की शुरुआत हुई। 1973 के योम किप्पुर युद्ध (Yom Kippur War, 1973) के परिणामस्वरूप पश्चिम के विरुद्ध एक मजबूत अरब जनमत तैयार हुआ। इसने ओपेक (OPEC) को इज़राइल का समर्थन करने वाले सभी राज्यों के खिलाफ प्रतिबंध लगाने के लिए प्रेरित किया। ईरानी राष्ट्रवाद के उदय और 1946 और 1970 के दशक की शुरुआत में इज़राइल के साथ झड़पों की श्रृंखला ने अरब नेताओं को पश्चिम को सबक सिखाने के लिए एक हथियार के रूप में तेल का उपयोग करने के लिए प्रेरित किया। जब संयुक्त राज्य अमेरिका और पश्चिमी यूरोपीय राज्यों ने इज़राइल को भारी मात्रा में हथियारों की आपूर्ति शुरू कर दी, जिससे उन्हें मिस्र और सीरियाई सेनाओं का सामना करने में मदद मिली, तो अरब दुनिया क्रोधित हो गई और उन्होंने संयुक्त राज्य अमेरिका और पश्चिमी यूरोप के खिलाफ 1973 में तेल प्रतिबंध लगा दिया। ओपेक को एक हथियार के रूप में तेल की क्षमता और महत्व का एहसास हुआ और उसके बाद, प्रति बैरल तेल की कीमत बढ़ा दी गई। अंततः, ओपेक के सबसे अमीर सदस्य सऊदी अरब के दबाव के कारण दीर्घकालिक मूल्य स्तर सामान्य हो गया। इस संकट से पश्चिम ने सबक सीखा था।

इसी समय से ओपेक (OPEC) अंतर्राष्ट्रीय स्तर पर प्रमुखता से उभरा और इसने विश्व बाजारों में कच्चे तेल के मूल्य निर्धारण में प्रमुख भूमिका हासिल कर ली। ऐसी परिस्थितियों में, ओपेक संप्रभुओं और राष्ट्राध्यक्षों का पहला शिखर सम्मेलन मार्च 1975 में अल्जीयर्स में आयोजित किया गया था। 1979 में ईरानी क्रांति के कारण एक और तेल संकट पैदा हुआ और ओपेक (OPEC) के कठोर नियमों ने तेल बाजार को बुरी तरह प्रभावित किया।

ईरान-इराक युद्ध के बाद, 1980 के दशक की शुरुआत में तेल की कीमतों में एक बार फिर वृद्धि देखी गई, लेकिन जल्द ही कीमतों में नाटकीय गिरावट आई, जिसकी परिणति 1986 में पतन के रूप में हुई और तीसरे तेल-मूल्य-मूल्य संकट की शुरुआत हुई। 1986 में तेल की कीमतों में 46 प्रतिशत की गिरावट के साथ छह साल की गिरावट का सामना करना पड़ा। इससे ओपेक एकता को भी नुकसान पहुंचा क्योंकि पश्चिमी देशों ने ओपेक द्वारा प्रेरित भविष्य के मूल्य-झटके के संभावित प्रभाव को कम करने के लिए विकल्पों की खोज की। इसमें ओपेक देशों की 'तेल राजनीति' से निपटने के लिए मध्य एशियाई क्षेत्र जैसे ओपेक के बाहर तेल उत्पादन बढ़ाने के उपाय शामिल थे।

1990 के दशक में, ओपेक को दुनिया के लिए राहत मिली जब इराक के खिलाफ तेल निर्यात प्रतिबंधों के कारण एक बड़ा तेल संकट टल गया। ओपेक सदस्यों द्वारा उत्पादन में बढ़ोतरी से घबराए बाजारों में कीमतों में अचानक और भारी वृद्धि की भरपाई हो गई। ओपेक और कुछ प्रमुख गैर-ओपेक उत्पादकों की सामूहिक कार्रवाई से एक बार फिर सुधार आया जब 1998 में दक्षिण-पूर्व एशिया में आर्थिक मंदी के मद्देनजर गिरावट आई थी। 2008 की वैश्विक मंदी के साथ-साथ तेल की गिरती कीमतों ने फिर से ओपेक देशों को संकट से निपटने के लिए ठोस प्रयास करने का आह्वान किया था।

एशिया प्रशांत महासागरीय आर्थिक सहयोग (एपेक) (Asia Pacific Economic Cooperation—APEC)

एशिया प्रशांत आर्थिक सहयोग (Asia Pacific Economic Cooperation—APEC) एशिया-प्रशांत समुदाय को बढ़ावा देने के लिए एक क्षेत्रीय संगठन है। इसकी स्थापना 1989 में एशिया-प्रशांत क्षेत्र की आर्थिक वृद्धि और समृद्धि को और बढ़ाने के लिए की गई थी, जिसका उद्देश्य इसके आर्थिक विकास, सहयोग, व्यापार और निवेश को सुविधाजनक बनाना था।

एशिया प्रशांत आर्थिक सहयोग में वर्तमान में 21 सदस्य ऑस्ट्रेलिया, ब्रुनेई दारुस्सलाम, कनाडा, चिली, पीपुल्स रिपब्लिक ऑफ चाइना, हांगकांग, इंडोनेशिया, जापान, कोरिया गणराज्य, मलेशिया, मैक्सिको, न्यूजीलैंड, पापुआ न्यू गिनी, पेरू, फिलीपींस गणराज्य, रूसी संघ, सिंगापुर, चीनी ताइपे, थाईलैंड, संयुक्त राज्य अमेरिका और वियतनाम हैं। एशिया प्रशांत आर्थिक सहयोग देशों में नाफ्टा (NAFTA), आसियान (ASEAN) और अंजुस (ANZUS) देश शामिल हैं जिन्हें 'सदस्य अर्थव्यवस्थाएँ' के रूप में जाना जाता है।

एशिया प्रशांत आर्थिक सहयोग गैर-बाध्यकारी प्रतिबद्धताओं, खुले संवाद और सभी प्रतिभागियों के विचारों के समान सम्मान के आधार पर संचालित होता है। डब्ल्यूटीओ (WTO) या अन्य बहुपक्षीय व्यापार निकायों के विपरीत, एपेक (APEC) के पास अपने प्रतिभागियों के लिए आवश्यक कोई संधि दायित्व नहीं है। एशिया प्रशांत आर्थिक सहयोग के भीतर लिए गए निर्णय सर्वसम्मति से लिए जाते हैं, और प्रतिबद्धताएँ स्वैच्छिक आधार पर ली जाती हैं।

उद्देश्य और लक्ष्य (Purposes and Goals)

एशिया प्रशांत आर्थिक सहयोग पूरे एशिया-प्रशांत क्षेत्र में टैरिफ और अन्य व्यापार बाधाओं को कम करने की दृष्टि (vision) से काम करता है। इसकी दृष्टि (vision), औद्योगिक अर्थव्यवस्थाओं के लिए 2010 तक और विकासशील अर्थव्यवस्थाओं के लिए 2020 तक एशिया-प्रशांत में मुक्त और खुले व्यापार और निवेश के "बोगोर लक्ष्य (Bogor Goals)" के रूप में संदर्भित की जाती है। इन लक्ष्यों को नेताओं द्वारा

1994 में बोगोर, इंडोनेशिया में हुई बैठक में अपनाया गया था। 1995 में, लुसाका शिखर सम्मेलन में, स्वैच्छिकवाद और लचीलेपन और सर्वसम्मति दृष्टिकोण के सिद्धांतों पर एक एक्शन एजेंडा विकसित किया गया था। एशिया प्रशांत आर्थिक सहयोग नीति संरेखण और आर्थिक और तकनीकी सहयोग के माध्यम से क्षेत्र में सीमाओं के पार वस्तुओं, सेवाओं और लोगों की सुरक्षित और कुशल आवाजाही के लिए एक वातावरण बनाने के लिए भी काम करता है। वर्ष 2010 तक एपेक (APEC) नेताओं को व्यापार लागत में 5 प्रतिशत की अतिरिक्त कमी प्राप्त करने की आशा थी। इस उद्देश्य से, एक नई व्यापार सुविधा कार्य योजना का मसौदा तैयार किया गया है जो पारदर्शिता पहल पर अधिक जोर देता है। विश्व बैंक द्वारा अपने व्यापार लागत और सुविधा परियोजना के हिस्से के रूप में प्रकाशित 2008 के एक संक्षिप्त शोध के अनुसार, यदि एपेक (APEC) को अपने बोगोर लक्ष्य लक्ष्यों को पूरा करना है तो क्षेत्र की व्यापार प्रणाली में पारदर्शिता बढ़ाना महत्वपूर्ण होगा।

अमेरिकी राज्यों का संगठन (ओएएस)
(Organization of American States—OAS)

अमेरिकी राज्यों का संगठन (ओएएस) (Organization of American States—OAS) दुनिया का सबसे पुराना क्षेत्रीय संगठन है, जिसमें अमेरिका के 35 स्वतंत्र राज्य—उत्तरी, मध्य और दक्षिण अमेरिका-और कैरेबियन शामिल हैं, जिसका मुख्यालय वाशिंगटन, डीसी में है। क्यूबा की सदस्यता को 1962 से निलंबित कर दिया गया है। इसलिए, केवल 34 देश ही सक्रिय रूप से भाग लेते हैं। स्थायी पर्यवेक्षक भी हैं। 2008 तक, यूरोपीय संघ सहित 61 स्थायी पर्यवेक्षक देश हैं।

अमेरिका में घनिष्ठ गोलार्ध संघ की धारणा सबसे पहले साइमन बोलिवर (Simón Bolívar) द्वारा सामने रखी गई थी, जिन्होंने 1826 में पनामा की कांग्रेस (Congress of Panama) में एक आम सेना, आपसी रक्षा समझौते और एक सुपरनैशनल संसदीय सभा के साथ अमेरिकी गणराज्यों की एक लीग के निर्माण का प्रस्ताव रखा था। क्षेत्रीय एकजुटता और सहयोग का यह विचार 1889–1890 में अमेरिकी राज्यों के पहले अंतर्राष्ट्रीय सम्मेलन में फिर से उठाया गया था। वाशिंगटन डीसी में अठारह देशों की बैठक में अमेरिकी गणराज्यों के अंतर्राष्ट्रीय संघ की स्थापना का संकल्प लिया गया, जिसकी सेवा एक स्थायी सचिवालय द्वारा की जाएगी, जिसे **अमेरिकी गणराज्यों का वाणिज्यिक ब्यूरो** (Commercial Bureau of the American Republics) कहा जाता है। ये विकास वर्तमान अमेरिकी राज्यों का संगठन (OAS) और इसके सामान्य सचिवालय के प्रणेता थे। तब से कई अन्य पहलों ने अमेरिकी एकता को बढ़ावा देने की कोशिश की। अंततः, 1948 में बोगोटा में आयोजित अमेरिकी राज्यों के नौवें अंतर्राष्ट्रीय सम्मेलन में और अमेरिकी विदेश मंत्री जॉर्ज मार्शल के नेतृत्व में, सदस्यों द्वारा अमेरिका में साम्यवाद से लड़ने की प्रतिज्ञा ली गई। साम्यवाद को नियंत्रित करने के इस परिप्रेक्ष्य ने अंततः ओएएस (OAS) को जन्म दिया जैसा कि यह आज है। अमेरिकी राज्यों का संगठन के चार्टर पर 30 अप्रैल 1948 को 21 अमेरिकी देशों ने हस्ताक्षर किये थे, जो दिसंबर 1951 से लागू हुआ। इस बैठक में मनुष्य के अधिकारों और कर्तव्यों की अमेरिकी घोषणा, दुनिया का पहला सामान्य मानवाधिकार दस्तावेज, भी अपनाया गया।

चार्टर का अनुच्छेद 1 अमेरिकी राज्यों का संगठन बनाने में सदस्य देशों के लक्ष्य का प्रतीक है। यह अपने प्राथमिक लक्ष्य "शांति और न्याय की व्यवस्था हासिल करना, उनकी एकजुटता को बढ़ावा देना, उनके सहयोग को मजबूत करना और उनकी संप्रभुता, उनकी क्षेत्रीय अखंडता और उनकी स्वतंत्रता की रक्षा करना" को कायम रखता है।

अनुच्छेद 2 संगठन के आठ उद्देश्यों को कायम रखता है। ये उद्देश्य इस प्रकार हैं:

1. महाद्वीप की शांति और सुरक्षा को मजबूत करें।
2. गैर-हस्तक्षेप के सिद्धांत का उचित सम्मान करते हुए प्रतिनिधि लोकतंत्र को बढ़ावा और समेकित करें।
3. कठिनाइयों के संभावित कारणों को रोकना और सदस्य देशों के बीच उत्पन्न होने वाले विवादों का शांतिपूर्ण समाधान सुनिश्चित करें।
4. आक्रामकता की स्थिति में, उन राज्यों की ओर से संयुक्त कार्रवाई का प्रावधान करें।
5. उनके बीच उत्पन्न होने वाली राजनीतिक, न्यायिक और आर्थिक समस्याओं का समाधान खोजें।
6. सहयोगात्मक कार्रवाई द्वारा उनके आर्थिक, सामाजिक और सांस्कृतिक विकास को बढ़ावा दें।
7. अत्यधिक गरीबी को मिटाना, जो गोलार्ध के लोगों के पूर्ण लोकतांत्रिक विकास में बाधा है।
8. पारंपरिक हथियारों की प्रभावी सीमा तय करना जिससे सदस्य देशों के आर्थिक और सामाजिक विकास के लिए संसाधनों की सबसे बड़ी मात्रा का उपयोग करना संभव हो सके।

ओएएस (OAS) लोकतांत्रिक मूल्यों को बढ़ाने, सामान्य हितों की रक्षा करने और क्षेत्र और दुनिया के सामने आने वाले प्रमुख मुद्दों पर बहस करने के लिए सदस्य देशों के बीच सहयोग को मजबूत करने का प्रयास करता है। ओएएस (OAS) लोकतंत्र को मजबूत करने, मानवाधिकारों को बढ़ावा देने और गरीबी, आतंकवाद, अवैध ड्रग्स और भ्रष्टाचार जैसी साझा समस्याओं का सामना करने के लिए क्षेत्र का प्रमुख बहुपक्षीय मंच है। यह अमेरिका के शिखर सम्मेलन के माध्यम से गोलार्ध के नेताओं द्वारा स्थापित जनादेश को पूरा करने में अग्रणी भूमिका निभाता है।

दक्षिण एशियाई क्षेत्रीय सहयोग संगठन (सार्क)
(South Asian Association for Regional Cooperation—SAARC)

दक्षिण एशियाई क्षेत्रीय सहयोग संगठन (South Asian Association for Regional Cooperation—SAARC) की स्थापना तब हुई जब इसके चार्टर को औपचारिक रूप से 8 दिसंबर 1985 को बांग्लादेश, भूटान, भारत, मालदीव, नेपाल, पाकिस्तान और श्रीलंका के राष्ट्राध्यक्षों या सरकारों द्वारा अपने पहले सार्क (SAARC) शिखर सम्मेलन 7-8 दिसंबर 1985 को ढाका में अपनाया गया था। 13 नवंबर, 2005 को भारत के आदेश पर अफगानिस्तान को क्षेत्रीय समूह में जोड़ा गया और 3 अप्रैल, 2007 को वह इसका सदस्य बन गया। अफगानिस्तान के शामिल होने से अब सदस्य देशों की कुल संख्या आठ हो गई है। ऑस्ट्रेलिया, चीन, यूरोपीय संघ, ईरान, जापान मॉरीशस, म्यांमार (बर्मा), दक्षिण कोरिया और संयुक्त राज्य अमेरिका पर्यवेक्षक के रूप में भाग लेते हैं।

दक्षिण एशियाई पड़ोसियों ने 1980 के दशक में मुख्य रूप से बांग्लादेश के राष्ट्रपति जिया-उर रहमान की पहल के तहत क्षेत्रीय सहयोग की दिशा में पहल करना शुरू किया। 1970 और 1980 के बीच, उन्होंने दक्षिण एशियाई पड़ोसियों के बीच सहयोग के विचार को मूर्त रूप देने के लिए नेपाल, पाकिस्तान, भारत और श्रीलंका का दौरा किया। इसके पश्चात कोलंबो, काठमांडू, इस्लामाबाद और ढाका में विदेश सचिव स्तर की कई बैठकें हुईं। इसके बाद अगस्त 1983 में नई दिल्ली में विदेश मंत्रियों की पहली बैठक हुई। इसी बैठक में विदेश मंत्रियों ने दक्षिण एशियाई क्षेत्रीय सहयोग संगठन पर घोषणा को अपनाया। उन्होंने नौ सहमत क्षेत्रों

अर्थात् कृषि; ग्रामीण विकास; दूरसंचार; मौसम विज्ञान; स्वास्थ्य और जनसंख्या गतिविधियाँ; परिवहन; डाक सेवाएं; विज्ञान और प्रौद्योगिकी; और खेल, कला और संस्कृति में एकीकृत कार्यवाई योजना (Integrated Programme of Action—IPA) भी लॉन्च किया।

एसोसिएशन की स्थापना के समय, कई तकनीकी समितियों वाले आईपीए (IPA) को सहयोग के मुख्य क्षेत्र के रूप में पहचाना गया था। लेकिन पिछले कुछ वर्षों में बदली हुई परिस्थितियों को देखते हुए, तकनीकी समितियों के माध्यम से अपनाए जाने वाले पुनर्गठित क्षेत्रीय एकीकृत कार्यक्रम के तहत वर्तमान समय में सहयोग के निम्नलिखित क्षेत्र शामिल हैं:

1. कृषि एवं ग्रामीण विकास
2. स्वास्थ्य और जनसंख्या गतिविधियाँ
3. महिलाएं, युवा और बच्चे
4. पर्यावरण एवं वानिकी
5. विज्ञान और प्रौद्योगिकी और मौसम विज्ञान
6. मानव संसाधन विकास
7. परिवहन।

सूचना और संचार प्रौद्योगिकी, जैव प्रौद्योगिकी, बौद्धिक संपदा अधिकार, पर्यटन और ऊर्जा के क्षेत्रों में सहयोग को मजबूत करने के लिए उच्च स्तरीय कार्य समूह भी स्थापित किए गए हैं।

एसोसिएशन के उद्देश्य (Objectives of the Association)

चार्टर में परिभाषित एसोसिएशन के उद्देश्य इस प्रकार हैं:

1. दक्षिण एशिया के लोगों के कल्याण को बढ़ावा देना और उनके जीवन की गुणवत्ता में सुधार करना।
2. क्षेत्र में आर्थिक विकास, सामाजिक प्रगति और सांस्कृतिक विकास में तेजी लाना और सभी व्यक्तियों को सम्मानपूर्वक जीने और उनकी पूरी क्षमता का एहसास करने का अवसर प्रदान करना।
3. दक्षिण एशिया के देशों के बीच सामूहिक आत्मनिर्भरता को बढ़ावा देना और मजबूत करना।
4. आपसी विश्वास, समझ और एक-दूसरे की समस्याओं की सराहना में योगदान देना।
5. आर्थिक, सामाजिक, सांस्कृतिक, तकनीकी और वैज्ञानिक क्षेत्रों में सक्रिय सहयोग और पारस्परिक सहायता को बढ़ावा देना।
6. अन्य विकासशील देशों के साथ सहयोग को मजबूत करना।
7. आम हित के मामलों पर अंतर्राष्ट्रीय मंचों पर आपसी सहयोग को मजबूत करना।
8. समान लक्ष्य और उद्देश्यों वाले अंतर्राष्ट्रीय और क्षेत्रीय संगठनों के साथ सहयोग करना।

सिद्धांत (Principles)

चार्टर में निहित सिद्धांत इस प्रकार हैं:

1. एसोसिएशन के ढांचे के भीतर सहयोग संप्रभु समानता, क्षेत्रीय अखंडता, राजनीतिक स्वतंत्रता,

अन्य राज्यों के आंतरिक मामलों में हस्तक्षेप न करने और पारस्परिक लाभ के सिद्धांतों के सम्मान पर आधारित है।

2. ऐसा सहयोग पूरक (complement) के लिए है न कि द्विपक्षीय या बहुपक्षीय सहयोग को प्रतिस्थापित करने के लिए।
3. ऐसा सहयोग सदस्य देशों के द्विपक्षीय और बहुपक्षीय दायित्वों के अनुरूप होना चाहिए।

सामान्य प्रावधान (General Provisions)

- सार्क में सभी स्तरों पर निर्णय सर्वसम्मति से लिए जाते हैं।
- द्विपक्षीय और विवादास्पद मुद्दों को एसोसिएशन के विचार-विमर्श से बाहर रखा गया है।

सार्क शिखर सम्मेलनों की सूची (List of SAARC Summits)

सार्क शिखर सम्मेलनों की सूची नाचे विस्तार से दी गई है।

पहला शिखर सम्मेलन: ढाका 7–8 दिसंबर 1985 (First Summit: Dhaka, 7–8 December 1985)

पहले शिखर सम्मेलन में सात दक्षिण एशियाई देशों: बांग्लादेश, भूटान, भारत, मालदीव, नेपाल, पाकिस्तान और श्रीलंका के राष्ट्राध्यक्षों और/या सरकारों के प्रमुखों ने भाग लिया। ढाका शिखर सम्मेलन की घोषणा (Declaration of the Dhaka Summit) में संगठन के उद्देश्यों और सिद्धांतों का उल्लेख किया गया। राष्ट्राध्यक्षों और/या सरकारों के प्रमुख इस बात पर सहमत हुए कि संगठन के मार्गदर्शक सिद्धांत संप्रभुता, समानता, क्षेत्रीय अखंडता, राजनीतिक स्वतंत्रता, दूसरों के आंतरिक मामलों में हस्तक्षेप न करने और पारस्परिक लाभ के सिद्धांतों के सम्मान पर आधारित होंगे।

सार्क घोषणा (SAARC Declaration) में परिकल्पना की गई है कि राज्यों और/या सरकारों के प्रमुखों की सालाना बैठक होगी और नीतियां बनाने, सहयोग की प्रगति की समीक्षा करने, अतिरिक्त तंत्र स्थापित करने और सामान्य हित के मामलों पर निर्णय लेने के लिए सदस्य राज्यों के विदेश मंत्रियों की मंत्रिपरिषद का गठन किया जाएगा। घोषणा में सार्क सचिवालय की स्थापना के अलावा परियोजनाओं के कार्यान्वयन के लिए सदस्य देशों के प्रतिनिधियों वाली एक तकनीकी समिति की स्थापना की भी कल्पना की गई।

दूसरा शिखर सम्मेलन: बैंगलोर, 16–17 नवंबर 1986 (Second Summit: Bangalore, 16–17 November 1986)

दूसरा शिखर सम्मेलन महत्वपूर्ण था क्योंकि सार्क कार्यक्रमों के कार्यान्वयन, समन्वय और निगरानी के लिए एक स्थायी सचिवालय की स्थापना के माध्यम से सार्क को संस्थागत बनाया गया था। सचिवालय ने 16 जनवरी 1987 से कार्य करना प्रारंभ किया। शिखर सम्मेलन में निम्नलिखित पाँच अतिरिक्त क्षेत्रों में सहयोग बढ़ाने पर भी सहमति हुई:

(i) रेडियो और टेलीविजन को कवर करने वाले दक्षिण एशियाई प्रसारण कार्यक्रम शुरू करना;
(ii) पर्यटन को बढ़ावा देना;

(iii) छात्रों और शिक्षाविदों के लिए सुविधाओं के प्रावधान;
(iv) युवाओं के आदर्शवाद का उपयोग करना; और
(v) संयुक्त रूप से आतंकवाद का मुकाबला करना।

तीसरा शिखर सम्मेलन: काठमांडू, 2–4 नवंबर 1987
(Third Summit: Kathmandu, 2–4 November 1987)

काठमांडू घोषणा ने क्षेत्रीय सहयोग के भविष्य के कार्यक्रम पर नए सिरे से जोर देने और दिशा प्रदान की माँग की। राष्ट्राध्यक्षों और शासनाध्यक्षों ने इस बात पर जोर दिया कि सार्क का मूल लक्ष्य दक्षिण एशिया के लोगों के कल्याण को बढ़ावा देना है। उन्होंने संयुक्त राष्ट्र चार्टर, गुटनिरपेक्ष आंदोलन के सिद्धांतों और उद्देश्यों के प्रति प्रतिबद्धता, उत्तर-दक्षिण वार्ता की बहाली में अपना विश्वास व्यक्त किया और अंकटाड VII में हाल के निर्णयों के आलोक में अल्प विकसित देशों के पक्ष में विशेष उपायों की आवश्यकता को पहचाना। इस सम्मेलन एक बड़ी सफलता आतंकवाद के दमन पर सार्क क्षेत्रीय सम्मेलन और सार्क सदस्य देशों के विदेश मंत्रियों द्वारा दक्षिण एशियाई खाद्य रिजर्व (Food Reserve) की स्थापना के समझौते पर हस्ताक्षर करना था।

चौथा शिखर सम्मेलन: इस्लामाबाद, 29–31 दिसंबर 1988
(Fourth Summit: Islamabad, 29–31 December 1988)

इस्लामाबाद में आयोजित चौथे शिखर सम्मेलन में, राज्यों और सरकारों के प्रमुखों ने नशीली दवाओं के उत्पादन, तस्करी और दुरुपयोग की बढ़ती घटनाओं पर अपनी चिंता व्यक्त की। इसलिए, क्षेत्र में नशीली दवाओं से संबंधित समस्याओं पर ध्यान केंद्रित करने के लिए वर्ष 1989 को "नशीली दवाओं के दुरुपयोग के खिलाफ सार्क वर्ष" (SAARC Year Against Drug Abuse) के रूप में घोषित किया गया। शिखर सम्मेलन ने अगस्त 1988 में दक्षिण एशियाई खाद्य सुरक्षा रिजर्व और सार्क कृषि सूचना केंद्र (SAARC Agriculture Information Centre— SAIC) की स्थापना का स्वागत किया। इसने 1990 को "सार्क बालिका वर्ष" (SAARC Year of the Girl Child) घोषित करने का निर्णय लिया। इसके अलावा, यह "सार्क 2000—एक बुनियादी आवश्यकता परिप्रेक्ष्य" लॉन्च करने पर भी सहमत हुआ, जिसमें भोजन, कपड़े और आश्रय जैसे हित के मुख्य क्षेत्रों में सदी के अंत तक विशिष्ट लक्ष्यों को पूरा करने के लिए एक क्षेत्रीय योजना का आह्वान किया गया था।

पांचवां शिखर सम्मेलन: माले, 21–23 नवंबर 1990
(Fifth Summit: Male, 21–23 November 1990)

राज्यों और सरकारों के प्रमुखों ने सार्क के सिद्धांतों और उद्देश्यों के प्रति अपने विश्वास और अपनी प्रतिबद्धता की पुष्टि की। उन्होंने नॉरकोटिक ड्रग्स (Narcotic Drugs) और मन:प्रभावी (Psychotropic) पदार्थों पर सार्क कन्वेंशन पर हस्ताक्षर करने का स्वागत किया। 1991 को आश्रय वर्ष, 1992 को सार्क पर्यावरण वर्ष और 1993 को विकलांग व्यक्तियों के सार्क वर्ष के रूप में मनाने का निर्णय लिया गया। इसके अलावा, 1990 के दशक को बालिकाओं के सार्क दशक के रूप में मनाने का निर्णय लिया गया। शिखर सम्मेलन ने

विशेष सार्क यात्रा दस्तावेज़ (Special SAARC Travel Document) लॉन्च करने का भी निर्णय लिया, जो इसके धारकों को क्षेत्र के भीतर यात्रा के लिए वीजा से छूट देगा।

छठा शिखर सम्मेलन: कोलंबो, 21 दिसंबर 1991 (Sixth Summit: Colombo, 21 December 1991)

छठा शिखर सम्मेलन नवंबर 1991 के लिए निर्धारित किया गया था, लेकिन भूटान के राजा की अनुपस्थिति में शिखर सम्मेलन आयोजित करने के लिए सदस्य देशों के सर्वसम्मत निर्णय पर पहुंचने में विफलता के कारण इसे आयोजित नहीं किया जा सका, जो आंतरिक सुरक्षा समस्याओं के कारण शिखर सम्मेलन में भाग लेने में असमर्थ थे। अंततः, 21 दिसंबर 1991 को सातों राष्ट्राध्यक्षों और शासनाध्यक्षों ने कोलंबो में एक दिन की बैठक की। इसकी बड़ी सफलता आर्थिक सहयोग समिति की सिफारिश पर अंतर-सरकारी समूह (Inter-Governmental Group—IGG) की स्थापना पर राज्यों और सरकारों के प्रमुखों की मंजूरी थी, जिसे एक संस्थागत ढांचे पर सहमति बनानी थी और जिसके तहत विशिष्ट उपाय किए जाने थे। जिससे सार्क सदस्य देशों के बीच व्यापार उदारीकरण को आगे बढ़ाया जा सके। 1997 तक सार्क अधिमान व्यापार समझौता (SAARC Preferential Trade Arrangement—SAPTA) स्थापित करने के श्रीलंकाई प्रस्ताव की जांच करने की भी उम्मीद थी।

सातवां शिखर सम्मेलन: ढाका, 10–11 अप्रैल 1993 (Seventh Summit: Dhaka, 10–11 April 1993)

भारत में बाबरी मस्जिद विध्वंस के बाद बांग्लादेश में अशांत स्थिति के कारण सातवें शिखर सम्मेलन को दो बार स्थगित किया गया था। अंततः, यह अप्रैल 1993 में आयोजित किया गया। शिखर सम्मेलन ने एक घोषणा को अपनाया जहां राज्यों और सरकारों के प्रमुखों ने यथाशीघ्र व्यापार को उदार बनाने की आवश्यकता की पुष्टि की। उन्होंने साप्टा (SAPTA) पर समझौते की रूपरेखा को अंतिम रूप दिए जाने का स्वागत किया। शिखर सम्मेलन ने दक्षिण एशिया में गरीबी उन्मूलन, व्यापार निर्माण और सेवाओं, पर्यावरण प्रदूषण, जनसंख्या वृद्धि, बेघर बाल श्रम के लिए आश्रय, युवा अशांति और बेरोजगारी, विकलांग व्यक्तियों, महिला विकास, विज्ञान और प्रौद्योगिकी, आतंकवाद, मादक पदार्थों की तस्करी, छोटे राज्यों की सुरक्षा, लोगों से लोगों का संपर्क, और अन्य पर एक एकीकृत कार्रवाई कार्यक्रम (Integrated Programme of Action—IPA) का भी समर्थन किया।

आठवां शिखर सम्मेलन: नई दिल्ली, 2–4 मई 1995 Eighth Summit: New Delhi, 2–4 May 1995

नई दिल्ली में आयोजित आठवें शिखर सम्मेलन में राष्ट्राध्यक्षों और शासनाध्यक्षों ने सार्क के पहले दशक की उपलब्धियों पर संतोष व्यक्त किया और पहले दशक के पूरा होने पर व्यक्तिगत सदस्य देशों और सामूहिक रूप से जश्न मनाने का संकल्प लिया। उन्होंने "दूसरे दशक के लिए सार्क-विज़न" विषय पर परिषद का एक स्मारक सत्र बुलाने के मंत्रिपरिषद के प्रस्ताव का समर्थन किया। इसके अलावा, वे अंतर-क्षेत्रीय व्यापार को बढ़ावा देने के लिए दक्षिण एशियाई मुक्त व्यापार क्षेत्र (South Asian Free Trade Area—SAFTA) के संचालन और इसकी स्थापना पर भी सहमत हुए। इसके अलावा, उन्होंने डब्ल्यूटीओ

(WTO) की स्थापना का स्वागत किया और आशा व्यक्त की कि इससे विशेष रूप से विकासशील देशों के अंतर्राष्ट्रीय व्यापार का विस्तार करने में मदद मिलेगी।

नौवां शिखर सम्मेलन: माले, 12–14 मई 1997 (Ninth Summit: Male, 12–14 May 1997)

माले में आयोजित नौवें शिखर सम्मेलन में, राष्ट्राध्यक्षों और शासनाध्यक्षों ने 7 दिसंबर 1995 को साप्टा (SAARC Preferencial Trade Arrangement—SAPTA) पर समझौते के लागू होने का स्वागत किया। उन्होंने वर्ष 2001 तक मुक्त व्यापार क्षेत्र प्राप्त करने के महत्व को भी पहचाना। इसके अलावा, उन्होंने गरीबी से लड़ने, आतंकवाद और मादक पदार्थों की तस्करी से लड़ने और महिला विकास, बाल श्रम, युवा अशांति और बेरोजगारी, विकलांग व्यक्तियों, बेघरों के लिए आश्रय, बढ़ती साक्षरता और पर्यावरण प्रदूषण और प्रबंधन जैसे क्षेत्रों में जागरूकता और सहयोग पैदा करने की भी कसम खाई।

दसवां शिखर सम्मेलन: कोलंबो, 29–31 जुलाई 1998 (Tenth Summit: Colombo, 29–31 July 1998)

कोलंबो में आयोजित दसवें शिखर सम्मेलन में, राष्ट्राध्यक्षों और शासनाध्यक्षों ने सार्क के उद्देश्यों और सिद्धांतों के प्रति प्रतिबद्धता में अपना विश्वास दोहराया और शांति, स्थिरता और मैत्री को बढ़ावा देने के लिए राजनीतिक सहयोग बढ़ाने का आह्वान किया और बदले हुए आर्थिक, तकनीकी और सामाजिक जानकारी से युक्त अंतर्राष्ट्रीय वातावरण में सार्क के संचालन पर चर्चा की। उन्होंने सार्क आर्थिक सहयोग में तेजी लाने का भी आह्वान किया और साफ्टा (SAFTA) के लक्ष्य की ओर तेजी से बढ़ने के लिए संरचनात्मक बाधाओं को दूर करने के उपाय अपनाने का निर्णय लिया।

ग्यारहवाँ शिखर सम्मेलन: काठमांडू, 4–6 जनवरी 2002 (Eleventh Summit: Kathmandu, 4–6 January 2002)

42 महीने के लंबे अंतराल के बाद ग्यारहवां सार्क शिखर सम्मेलन काठमांडू में आयोजित किया गया। शिखर सम्मेलन में कश्मीर में नियंत्रण रेखा (Line of Control— LOC) पर दोनों पड़ोसियों के बढ़ते सैन्य जमावड़े के कारण भारत और पाकिस्तान के बीच की दुश्मनी को दूर करने का प्रयास किया गया। शिखर सम्मेलन में क्षेत्र के विकास के लिए आपसी सहयोग को बढ़ावा देने के उद्देश्य की प्राप्ति की दिशा में आगे बढ़ने का संकल्प लिया गया। आर्थिक सहयोग के संबंध में, राष्ट्राध्यक्षों और शासनाध्यक्षों ने साफ्टा (SAFTA) की दिशा में तेजी से आगे बढ़ने की आवश्यकता को पहचाना और उन्होंने मंत्रिपरिषद को 2002 के अंत तक मसौदा संधि ढांचे (Draft Treaty Framework) के टेक्स्ट को अंतिम रूप देने का निर्देश दिया। काठमांडू घोषणा (Kathmandu Declaration) में सभी डब्ल्यूटीओ (WTO) मुद्दों पर दक्षिण एशियाई राज्यों के बीच गहन समन्वय का आह्वान किया गया। उन्होंने पांचवें डब्ल्यूटीओ मंत्रिस्तरीय सम्मेलन में क्षेत्र के सामान्य हित को आगे बढ़ाने के लिए आवश्यक तैयारी शुरू करने के लिए जिनेवा में सार्क मिशनों के बीच समन्वय तेज करने की आवश्यकता पर बल दिया। शिखर सम्मेलन में चर्चा में गरीबी उन्मूलन, महिलाओं और बच्चों, अंतर्राष्ट्रीय राजनीतिक और आर्थिक माहौल जैसी अन्य सामान्य चिंताओं के साथ-साथ आतंकवाद भी केंद्र में रहा। राष्ट्राध्यक्षों और शासनाध्यक्षों ने भी 28 सितंबर 2001 के संयुक्त राष्ट्र

सुरक्षा परिषद के प्रस्ताव 1373 के लिए अपना समर्थन दोहराया और सभी प्रकार के आतंकवाद से लड़ने का संकल्प लिया। उन्होंने आतंकवाद के दमन पर सार्क क्षेत्रीय सम्मेलन के प्रति अपनी प्रतिबद्धता की पुष्टि की।

बारहवां सार्क शिखर सम्मेलन: इस्लामाबाद, 2–6 जनवरी 2004 (Twelfth SAARC Summit: Islamabad, 2–6 January 2004)

राष्ट्राध्यक्षों और शासनाध्यक्षों ने सदस्यों के बीच आर्थिक और व्यापार सहयोग में तेजी लाने और साप्टा (SAPTA) की प्राप्ति और साफ्टा (SAFTA) के उद्भव की दिशा में प्रगति सुनिश्चित करने का संकल्प लिया। साफ्टा (SAFTA) के पहले स्तर को 2006 तक पूरा करने और 31 दिसंबर 2015 तक इसके पूर्ण संचालन पर सहमति व्यक्त की गई। एक मध्यस्थता समिति या विवाद निपटान निकाय स्थापित करने का भी निर्णय लिया गया। कुल मिलाकर सार्क को आसियान की तरह एक शक्तिशाली संगठन के रूप में विकसित करने का आग्रह था।

तेरहवां शिखर सम्मेलन: ढाका, 12–13 नवंबर 2005 (Thirteenth Summit: Dhaka, 12–13 November 2005)

ढाका में आयोजित तेरहवें शिखर सम्मेलन में तीन समझौते हुए:

- दोहरे कराधान से बचने और कर मामलों में पारस्परिक प्रशासनिक सहायता पर सीमित बहुपक्षीय समझौता।
- सीमा शुल्क संबंधी मामलों में पारस्परिक प्रशासनिक सहायता।
- सार्क मध्यस्थता परिषद की स्थापना।

राज्यों और शासनाध्यक्षों ने वर्ष 2006–2015 को सार्क गरीबी उन्मूलन दशक के रूप में घोषित करने और गरीबी उन्मूलन कोष स्थापित करने, चीन और जापान को पर्यवेक्षक का दर्जा देने, वर्ष 2007 को ग्रीन साउथ एशिया वर्ष के रूप में मनाने, वर्ष 2007 तक अफगानिस्तान को सार्क के आठवें सदस्य के रूप में शामिल करना और आतंकवाद के दमन पर सार्क कन्वेंशन के अतिरिक्त प्रोटोकॉल की पुष्टि करने पर भी सहमति व्यक्त की। बड़ी सफलता तब मिली जब राष्ट्राध्यक्षों और शासनाध्यक्षों ने 1 जनवरी 2006 से साफ्टा शुरू करने पर सहमति व्यक्त की। इसके अलावा, सार्क विदेश मंत्रियों द्वारा संयुक्त राज्य अमेरिका, दक्षिण कोरिया और यूरोपीय संघ को सार्क पर्यवेक्षक का दर्जा देने पर सहमति व्यक्त की गई।

चौदहवाँ शिखर सम्मेलन: नई दिल्ली, 3–4 अप्रैल 2007 (Fourteenth Summit: New Delhi, 3–4 April 2007)

यह शिखर सम्मेलन उल्लेखनीय था क्योंकि द्विपक्षीय मुद्दों को शिखर सम्मेलन की कार्यवाही के एजेंडे में जगह नहीं मिली। राष्ट्राध्यक्षों और शासनाध्यक्षों के बीच एक दक्षिण एशियाई विश्वविद्यालय और एक खाद्य बैंक स्थापित करने पर सहमति बनी। दक्षिण एशियाई विकास कोष भी 300 मिलियन डॉलर के प्रारंभिक कोष के साथ संचालित किया गया था। शिखर सम्मेलन में व्यापार और आर्थिक सहयोग की दिशा में काम करने और प्रक्रिया में तेजी लाने और दक्षिण एशियाई सीमा शुल्क संघ के लिए भविष्य की योजना तैयार करने का प्रयास करने का संकल्प लिया गया। इसमें अन्य सामान्य चिंताओं के साथ-साथ आतंकवाद से निपटने

पर भी सहमति व्यक्त की गई। भारतीय प्रधान मंत्री डॉ. मनमोहन सिंह ने सहयोग के चार प्राथमिकता वाले क्षेत्रों को रेखांकित किया: जल, ऊर्जा, भोजन और पर्यावरण। शिखर सम्मेलन में क्षेत्रीय संगठन द्वारा उच्च स्तर की परिपक्वता देखी गई।

पंद्रहवाँ शिखर सम्मेलन: कोलंबो, 1–3 अगस्त 2008 (Fifteenth Summit: Colombo, 1–3 August 2008)

पंद्रहवाँ सार्क शिखर सम्मेलन 1–3 अगस्त 2008 के दौरान हुआ। राष्ट्राध्यक्षों या शासनाध्यक्षों ने सार्क चार्टर में निहित सिद्धांतों और उद्देश्यों के प्रति अपनी प्रतिबद्धता की पुष्टि की। मालदीव द्वारा सोलहवें सार्क शिखर सम्मेलन की मेजबानी की पेशकश का सराहना के साथ स्वागत किया गया। राष्ट्राध्यक्षों या शासनाध्यक्षों ने संबंधित क्षेत्रों की जलविद्युत क्षमता, ग्रिड कनेक्टिविटी और गैस पाइपलाइन विकसित करने की तत्काल आवश्यकता पर जोर दिया।

उन्होंने मंत्रिपरिषद के उनतीसवें सत्र द्वारा जलवायु परिवर्तन पर संयुक्त राष्ट्र फ्रेमवर्क कन्वेंशन (United Nations Framework Convention on Climate Change—UNFCCC) के लिए जलवायु परिवर्तन पर सार्क घोषणा को अपनाने पर भी संतोष व्यक्त किया। राष्ट्राध्यक्षों और शासनाध्यक्षों ने सूचना और संचार प्रौद्योगिकी में और भी ज्यादा एवं करीबी क्षेत्रीय सहयोग की आवश्यकता पर जोर दिया। राष्ट्राध्यक्षों और शासनाध्यक्षों ने साफ्टा (SAFTA) को उभरने में लागू करने की अपनी मूल भावना और प्रतिबद्धता पर जोर दिया, जिससे सार्क (SAARC) एशिया को दुनिया की एक शक्ति के रूप में उभरने में योगदान दे सके। क्षेत्र में प्रभावी व्यापार उदारीकरण में बाधा डालने वाली प्रमुख बाधाओं को संबोधित करने की आवश्यकता को स्वीकार करते हुए, जिसमें वस्तुओं की संवेदनशील सूची और गैर-व्यापार बाधाएं (Non-Trade Barriers—NTBs) शामिल हैं, उन्होंने आतंकवाद के खिलाफ कानूनी व्यवस्था को मजबूत करने की अपनी प्रतिबद्धता दोहराई, जिसमें कार्यान्वयन का संकल्प भी शामिल है। आतंकवाद से लड़ने से संबंधित अंतर्राष्ट्रीय परिपाटी (conventions) को लागू करने का संकल्प लिया, जिसके सदस्य देश पक्षकार हैं, तथा साथ ही अतिरिक्त प्रोटोकॉल तैयार किया गया जो आतंकवाद के दमन पर सार्क क्षेत्रीय सम्मेलन का पूरक है।

शिखर सम्मेलन में, चर्चा का एक प्रमुख बिंदु वैश्विक खाद्य संकट था, जिसके द्वारा उन्होंने खाद्य उपलब्धता और पोषण सुरक्षा सुनिश्चित करने के लिए अंतर्राष्ट्रीय समुदाय के साथ अधिक सहयोग बनाने की आवश्यकता को स्वीकार किया।[22]

सोलहवाँ शिखर सम्मेलन: थिम्पू, 28–29 अप्रैल 2010 (Sixteenth Summit: Thimpu, 28–29 April 2010)

सोलहवां सार्क शिखर सम्मेलन 2009 में आयोजित किया जाना था और इसकी मेजबानी मालदीव को करनी थी, लेकिन वैश्विक मंदी के कारण मालदीव इस शिखर सम्मेलन की मेजबानी करने से पीछे हट गया। इस अवसर का लाभ भूटान ने उठाया और उसने 28–29 अप्रैल, 2010 तक 16वें सार्क शिखर सम्मेलन की मेजबानी की।

16वें शिखर सम्मेलन का विषय था "हरित और खुशहाल दक्षिण एशिया की ओर"(Towards a green and happy South Asia)। रजत जयंती वर्ष के उपलक्ष्य में, 16वें सार्क शिखर सम्मेलन ने

36-सूत्रीय थिम्पू रजत जयंती घोषणा (Thimpu Silver Jubilee Declaration) को अपनाया जो क्षेत्रीय संघ को प्रभावी बनाने की प्रतिज्ञा को कायम रखता है। शिखर सम्मेलन ने "जलवायु परिवर्तन पर थिम्पू वक्तव्य" (Thimpu Statement on Climate Change) की भी घोषणा की।

इस शिखर सम्मेलन में उल्लेखनीय घटनाक्रम सेवाओं में व्यापार पर सार्क समझौते और पर्यावरण पर सार्क सम्मेलन पर हस्ताक्षर करना है। नेताओं ने भविष्य के विकास पर बहस, चर्चा और विचारों के आदान-प्रदान के लिए दक्षिण एशिया फोरम के गठन के माध्यम से क्षेत्रीय सहयोग को मजबूत करने के क्षेत्र में भी बातचीत की। अन्य मुद्दे थे: जन-केंद्रित विकास और सकल राष्ट्रीय खुशी की अवधारणा, गरीबी उन्मूलन और सार्क विकास लक्ष्यों (SAARC Development Goals—SDGs) की प्राप्ति, शिक्षा, कनेक्टिविटी, खाद्य सुरक्षा, ऊर्जा सुरक्षा, आतंकवाद, वैश्विक जलवायु परिवर्तन, महिलाएं और युवा, सार्क के दसवें महासचिव के रूप में एक महिला महासचिव का नामांकन और क्षेत्रीय सहयोग का मार्गदर्शन करने के लिए सार्क युवा कार्य योजना का विकास। शिखर सम्मेलन ने क्षेत्रीय और उप-क्षेत्रीय कार्यक्रमों और परियोजनाओं के वित्तपोषण के लिए सार्क विकास कोष (SAARC Development Fund—SDF) की महत्वपूर्ण भूमिका को रेखांकित किया।

हालाँकि, दक्षिण एशिया मुक्त व्यापार समझौता साफ्टा (SAFTA) पर कोई प्रगति नहीं हुई, लेकिन नेताओं ने साफ्टा (SAFTA) को अक्षरश: लागू करने की अपनी प्रतिबद्धता को बरकरार रखने की बात दोहराई। दक्षिण एशिया के नेताओं द्वारा भी अफगान समस्या का कोई क्षेत्रीय समाधान निकालने का कोई प्रयास नहीं किया गया।

सत्रहवाँ शिखर सम्मेलन: अड्डू, मालदीव, 10–11 नवंबर 2011 (Seventeenth Summit: Addu, Maldives, 10–11 November 2011)

सत्रहवाँ शिखर सम्मेलन 10–11 नवंबर 2011 को मालदीव के अड्डू (Addu) शहर में आयोजित किया गया था। बैठक का उद्घाटन सार्क के निवर्तमान अध्यक्ष, भूटान की शाही सरकार के प्रधान मंत्री, ल्योंचेन जिग्मी योएज़र थिनले (Lyonchhen Jigmi Yoezer Thinley) द्वारा किया गया।

सत्रहवें सार्क शिखर सम्मेलन का विषय **पुलों का निर्माण** (Building Bridges) है। विषय महत्वपूर्ण है क्योंकि इसे असमान आर्थिक विकास और आय वितरण, पुरुषों और महिलाओं की समानता को पहचानने और सम्मान करने में अंतराल, इरादे और कार्यान्वयन के बीच की खाई को पाटने के प्रयास के रूप में देखा जा सकता है। इस शिखर सम्मेलन को एक समतापूर्ण सार्क क्षेत्र की स्थापना के लिए सार्क देशों के बीच पुलों के निर्माण को बढ़ावा देने के प्रयास के रूप में देखा गया।

इस शिखर सम्मेलन में, चार समझौतों पर हस्ताक्षर किए गए जो प्राकृतिक आपदाओं पर त्वरित प्रतिक्रिया पर सार्क समझौता, अनुरूपता मूल्यांकन की मान्यता पर बहुपक्षीय व्यवस्था पर सार्क समझौता, क्षेत्रीय मानकों के कार्यान्वयन पर सार्क समझौता और सार्क बीज बैंक समझौता है। इसके अलावा, 11 नवंबर 2011 को अड्डू शिखर सम्मेलन (Addu Summit) में बिल्डिंग ब्रिजेज थीम पर **अड्डू घोषणा** (Addu Declaration) जारी की गई थी। सदस्य देशों ने शांति, विश्वास निर्माण, स्वतंत्रता, मानवीय गरिमा, लिंग आधारित हिंसा, लोकतंत्र, आपसी सम्मान, सुशासन और मानवाधिकारों के प्रति अपनी प्रतिबद्धता दोहराई। उन्होंने आतंकवाद के सभी रूपों पर अपनी चिंता व्यक्त की: तस्करी, समुद्री डकैती, पर्यावरणीय गिरावट और जलवायु परिवर्तन के खतरे।

इसके अलावा, सदस्य देशों ने क्षेत्रीय सहयोग को मजबूत करने और बढ़ाने के लिए सार्क के संस्थागत तंत्र को मजबूत करने का संकल्प लिया।

अठारहवाँ शिखर सम्मेलन: काठमांडू, नेपाल, 26–27 नवंबर 2014 (Eighteenth Summit: Kathmandu, Nepal, 26–27 November 2014)

अठारहवें सार्क शिखर सम्मेलन की मेजबानी नेपाल ने की थी। यह 26–27 नवंबर 2014 के दौरान काठमांडू में आयोजित किया गया था। हालाँकि, शिखर सम्मेलन भारत और पाकिस्तान के बीच सीमा पार से गोलीबारी, आतंकवाद और उनके संबंधों में राजनयिक गिरावट को लेकर खराब संबंधों की पृष्ठभूमि में शुरू हुआ। हालाँकि सार्क देशों ने सार्क को मजबूत और पुनर्जीवित करने की आवश्यकता महसूस की। भारत और पाकिस्तान के बीच ठंडेपन के बावजूद, सार्क काठमांडू घोषणापत्र **शांति और समृद्धि के लिए गहन एकीकरण** की थीम को कायम रखता है। घोषणापत्र में आपसी विश्वास, मित्रता, समझ, सहयोग और साझेदारी को बढ़ावा देकर शांति और समृद्धि के लिए क्षेत्रीय एकीकरण को मजबूत करने पर जोर दिया गया। देशों ने कनेक्टिविटी, ऊर्जा, गरीबी उन्मूलन, कृषि, खाद्य और सुरक्षा, 2015 के बाद के विकास लक्ष्य, नीली अर्थव्यवस्था (blue economy), स्वास्थ्य शिक्षा, संस्कृति, पर्यटन, पर्यावरण, प्रवासन, विज्ञान प्रौद्योगिकी, दूरसंचार, युवा, महिला और बच्चे, सामाजिक सुरक्षा, प्रवासन, मीडिया, शासन, आतंकवाद और अंतर्राष्ट्रीय अपराधों का मुकाबला के क्षेत्र में सहयोग करने का वादा किया। उन्होंने दक्षिण एशियाई आर्थिक संघ (South Asian Economic Union—SAEU) और साफ्टा (SAFTA) के निर्माण और व्यापार को सुविधाजनक बनाने की दिशा में प्रयासों के साथ-साथ सार्क प्रक्रिया की प्रगति के महत्व को भी रेखांकित किया।

पर्यवेक्षक ऑस्ट्रेलिया, पीपुल्स रिपब्लिक ऑफ चाइना, इस्लामिक रिपब्लिक ऑफ ईरान, जापान, कोरिया गणराज्य, मॉरीशस, म्यांमार संघ, संयुक्त राज्य अमेरिका और यूरोपीय संघ से थे।

नेता उन्नीसवें शिखर सम्मेलन की मेजबानी करने के पाकिस्तान के प्रस्ताव पर भी सहमत हुए।

हालाँकि, उरी हमलों के कारण सार्क का **उन्नीसवाँ शिखर सम्मेलन** आयोजित नहीं किया जा सका। भारत, अफगानिस्तान, भूटान, बांग्लादेश, श्रीलंका और मालदीव उरी आतंकी हमलों के विरोध में शिखर सम्मेलन में हिस्सा लेने से इंकार कर दिया।

सार्क का बीसवां शिखर सम्मेलन इस्लामाबाद में आयोजित किया जाना था किन्तु भारत और पाकिस्तान के बीच तनाव होने के कारण यह स्थगित हो गया। भारत का मानना है कि सार्क शिखर सम्मेलन के के लिए माहौल तब उचित नहीं है जब तक पाक समर्थित सीमापार आतंक के मुद्धे का समाधान नहीं हो जाता।

मूल्यांकन (Evaluation)

सार्क की सफलता की बैलेंस शीट आतंकवाद के दमन पर सार्क क्षेत्रीय सम्मेलन, नारकोटिक ड्रग्स (Narcotic Drugs) और साइकोट्रोपिक पदार्थों (Psychotropic Substances) पर सार्क कन्वेंशन के साथ-साथ महिलाओं, बच्चों, युवाओं और बूढ़े और विकलांग से संबंधित मुद्दों पर इसकी चिंता कई सम्मेलनों को अपनाने तक सीमित है। साफ्टा (SAFTA) और साप्टा (SAPTA) की स्थापना के लिए समझौतों के रूप में भी सफलताएँ मिली हैं, लेकिन परिचालन स्तर पर उनकी सफलता अभी देखी जानी बाकी है। सफलता प्राप्त करने की राह में सबसे बड़ी बाधा सदस्य देशों, विशेषकर भारत और पाकिस्तान के बीच

राजनीतिक मतभेद हैं, जो सार्क सत्र के दौरान परिलक्षित होते हैं। सार्क की एक और अंतर्निहित कमजोरी यह है कि, यह राजनीतिक मुद्दों को अपने दायरे से पूरी तरह बाहर रखता है। सार्क का संचालन सिद्धांत यह है कि द्विपक्षीय और विवादास्पद मुद्दों को संघ के विचार-विमर्श से बाहर रखा जाना चाहिए। लेकिन यदि उच्च राजनीति क्षेत्र में तनाव है तो निम्न राजनीति को नुकसान होना निश्चित है। इसके अलावा, दक्षिण एशियाई क्षेत्र के भीतर विकासात्मक पैटर्न में भारी असमानता है। भारत, अपने विशाल आकार और आर्थिक विकास के कारण, अक्सर दक्षिण एशियाई क्षेत्र का 'बड़ा भाई (Big Brother)' माना जाता है, जिससे सदस्य देश हमेशा असहज रहते हैं।

दक्षिण-पूर्वी एशियाई देशों का संगठन (आसियान) (Association of South-East Asian Nations—ASEAN)

दक्षिण पूर्व एशियाई देशों का संगठन (Association of South East Asian Nations—ASEAN) इंडोनेशिया, मलेशिया, फिलीपींस, सिंगापुर और थाईलैंड की सरकारों द्वारा बैंकॉक घोषणा (Bangkok Declaration) के माध्यम से गठित एक क्षेत्रीय संगठन है, जिस पर 8 अगस्त 1967 को आसियान देशों के विदेश मंत्री द्वारा हस्ताक्षर किए गए थे। तब से सदस्यता का विस्तार हुआ है और अब यह 10 हो गई है। ब्रुनेई दारुस्सलाम (Brunei Darussalam) 8 जनवरी 1984 को, वियतनाम 28 जुलाई 1995 को, लाओस और म्यांमार 23 जुलाई 1997 को और कंबोडिया 30 अप्रैल 1999 को इसमें शामिल हुए।

वार्ता भागीदार ऑस्ट्रेलिया, कनाडा, यूरोपीय संघ, जापान, न्यूजीलैंड और संयुक्त राज्य अमेरिका हैं। तब से चार और देश आसियान वार्ता प्रणाली में शामिल हो गए हैं: चीन (1996), भारत (1996), कोरिया गणराज्य (1991) और रूस (1996)। संयुक्त राष्ट्र विकास कार्यक्रम (1997) एकमात्र वार्ता भागीदार है जो एक संप्रभु राज्य नहीं है।

उद्देश्य (Objectives)

आसियान घोषणा (ASEAN Declaration) के अनुसार एसोसिएशन के लक्ष्य और उद्देश्य इस प्रकार हैं:

1. क्षेत्र में आर्थिक विकास, सामाजिक प्रगति और सांस्कृतिक विकास में तेजी लाना।
2. क्षेत्र के देशों के बीच संबंधों में न्याय और कानून के शासन के प्रति सम्मान और संयुक्त राष्ट्र चार्टर के सिद्धांतों का पालन करके क्षेत्रीय शांति और स्थिरता को बढ़ावा देना।

मौलिक सिद्धांत (Fundamental Principles)

आसियान के सदस्य देशों ने एक दूसरे के साथ अपने संबंधों में निम्नलिखित मूलभूत सिद्धांतों को अपनाया है, जैसा कि 1976 में हस्ताक्षरित दक्षिण पूर्व एशिया में मित्रता और सहयोग की संधि (Treaty of Amity and Cooperation—TAC) में निहित है:

- सभी देशों की स्वतंत्रता, संप्रभुता, समानता, क्षेत्रीय अखंडता और राष्ट्रीय पहचान के लिए पारस्परिक सम्मान।

- प्रत्येक राज्य को अपने राष्ट्रीय अस्तित्व को बाहरी हस्तक्षेप, तोड़फोड़ या जबरदस्ती से मुक्त होकर जीने का अधिकार।
- एक दूसरे के आंतरिक मामलों में हस्तक्षेप न करना।
- मतभेदों या विवादों का शांतिपूर्ण ढंग से निपटारा करना।
- धमकी या बल प्रयोग का त्याग।
- आपस में प्रभावी सहयोग।

संरचना और तंत्र (Structures and Mechanisms)

आसियान का सर्वोच्च निर्णय लेने वाला अंग आसियान राष्ट्राध्यक्षों और शासनाध्यक्षों की बैठक है। आसियान शिखर सम्मेलन हर साल आयोजित किया जाता है। आसियान मंत्रिस्तरीय बैठक (विदेश मंत्री) प्रतिवर्ष आयोजित की जाती है। अन्य संरचनाओं में शामिल हैं: आसियान आर्थिक मंत्रियों की बैठक, आसियान वित्त मंत्रियों की बैठक, और क्षेत्रीय मंत्रियों की बैठक। संयुक्त मंत्रिस्तरीय बैठक (Joint Ministerial Meeting—JMM) भी होती है। आसियान में एक सचिवालय और एक महासचिव भी होता है।

कृषि और वानिकी, अर्थशास्त्र (व्यापार), ऊर्जा, पर्यावरण, वित्त, स्वास्थ्य, सूचना, निवेश, श्रम, कानून, क्षेत्रीय हेज (haze) और युवा जैसे विभिन्न क्षेत्रों में मंत्रिस्तरीय बैठकें नियमित रूप से आयोजित की जाती हैं। इन मंत्रिस्तरीय निकायों की सहायता वरिष्ठ अधिकारियों की समितियाँ, तकनीकी कार्य समूह और कार्य बल करते हैं।

आसियान के बाहरी संबंधों के संचालन करने के लिए, इसने विभिन्न शहरों बीजिंग, ब्रुसेल्स, जिनेवा, इस्लामाबाद, लंदन, मॉस्को, नई दिल्ली, न्यूयॉर्क और वाशिंगटन डीसी सहित अन्य की सहायता में राजनयिक मिशनों के प्रमुखों से बनी समितियों की स्थापना की है।

आसियान के महासचिव की नियुक्ति योग्यता के आधार पर की जाती है और उन्हें मंत्री पद का दर्जा दिया जाता है। उनका कार्यकाल पांच वर्ष का है; और उसे आसियान गतिविधियों को आरंभ करने, सलाह देने, समन्वय करने और कार्यान्वित करने का आदेश दिया गया है। आसियान सचिवालय के पेशेवर कर्मचारियों के सदस्यों को खुली भर्ती और क्षेत्र-व्यापी प्रतिस्पर्धा के सिद्धांत पर नियुक्त किया जाता है।

आसियान में कई विशिष्ट निकाय और व्यवस्थाएँ भी हैं, जो विभिन्न मंचों के माध्यम से अंतर-सरकारी सहयोग को बढ़ावा देते हैं, जैसे:

- आसियान कृषि विकास योजना केंद्र (ASEAN Agricultural Development Planning Centre)
- आसियान-ईसी प्रबंधन केंद्र (ASEAN-EC Management Centre)
- आसियान ऊर्जा केंद्र (ASEAN Centre for Energy)
- आसियान भूकंप सूचना केंद्र (ASEAN Earthquake Information)
- आसियान विशिष्ट मौसम विज्ञान केंद्र (ASEAN Specialized Meteorological Centre)
- आसियान इमारती लकड़ी प्रौद्योगिकी केंद्र (ASEAN Timber Technology Centre)
- आसियान पर्यटन सूचना केंद्र (ASEAN Tourism Information Centre)
- आसियान विश्वविद्यालय नेटवर्क (ASEAN University Network)।

इसके अलावा, आसियान संबंधित प्रयोजनों और उद्देश्यों के साथ पेशेवर और व्यावसायिक संगठनों के साथ बातचीत और परामर्श को बढ़ावा देता है, जैसे कि आसियान चैंबर्स ऑफ कॉमर्स एंड इंडस्ट्री (ASEAN Chambers of Commerce and Industry), आसियान बिजनेस फोरम (ASEAN Business Forum), आसियान बौद्धिक संपदा एसोसिएशन (ASEAN Intellectual Property Association) और आसियान इंस्टीट्यूट फॉर स्ट्रैटेजिक एंड इंटरनेशनल स्टडीज (ASEAN Institutes for Strategic and International Studies)। इसके अलावा, 58 गैर-सरकारी संगठन (non-governmental organizations—NGOs) हैं, जो औपचारिक रूप से आसियान के साथ जुड़े हुए हैं।

आसियान प्लस थ्री बैठक (ASEAN Plus Three Meeting)

आसियान प्लस थ्री (ASEAN Plus Three) चीन, जापान और दक्षिण कोरिया के बीच आयोजित एक बैठक है, जो मुख्य रूप से प्रत्येक आसियान शिखर सम्मेलन के दौरान आयोजित की जाती है।

एशिया-यूरोप बैठक (Asia-Europe Meeting)

एशिया-यूरोप बैठक (Asia–Europe Meeting—ASEM) एक अनौपचारिक संवाद प्रक्रिया है जो 1996 में यूरोप और एशिया के देशों, विशेष रूप से यूरोपीय संघ और आसियान के सदस्यों के बीच सहयोग को मजबूत करने के इरादे से शुरू की गई थी।

आसियान-रूस शिखर सम्मेलन (ASEAN–Russia Summit)

आसियान-रूस शिखर सम्मेलन सदस्य देशों के नेताओं और रूस के राष्ट्रपति के बीच एक वार्षिक बैठक है।

पूर्वी एशिया शिखर सम्मेलन (East Asia Summit—EAS)

पूर्वी एशिया शिखर सम्मेलन का विचार आसियान प्लस थ्री (ASEAN plus Three) बैठकों के संबंध में चर्चा से उत्पन्न हुआ। यह वास्तव में 2005 में वास्तविकता बन गया और यह एक ऐसा मंच बन गया जहां 18 देशों के नेता क्षेत्रीय शांति, सुरक्षा और आर्थिक समृद्धि के उद्देश्यों के साथ भाग लेते हैं। इसके सदस्य देशों में दस आसियान सदस्य देश, ऑस्ट्रेलिया, चीन, भारत, जापान, न्यूजीलैंड, कोरिया गणराज्य, रूसी संघ और संयुक्त राज्य अमेरिका शामिल हैं।

उपलब्धियाँ (Achievements)

सार्क के विपरीत, आसियान आर्थिक और राजनीतिक क्षेत्रों में बड़ी सफलताएं हासिल करने में सक्षम रहा है, जिसके परिणामस्वरूप या तो प्रमुख राजनीतिक और आर्थिक समझौते हुए हैं या ऐसे समझौतों तक पहुंचने की प्रतिज्ञा हुई है, जिसका प्रमुख उद्देश्य क्षेत्रीय शांति और स्थिरता को लागू करना और अन्य देशों, क्षेत्रों और संगठनों के साथ अपने संबंध बनाए रखना है।

आसियान द्वारा किए गए कुछ प्रमुख राजनीतिक समझौते इस प्रकार हैं:

1. *शांति, स्वतंत्रता और तटस्थता क्षेत्र (Zone of Peace, Freedom and Neutrality—ZOPFAN):* 27 नवंबर 1971 को, तत्कालीन पांच आसियान सदस्यों के विदेश मंत्रियों ने कुआलालंपुर में मुलाकात की और शांति, स्वतंत्रता और तटस्थता क्षेत्र (ZOPFAN) घोषणा पर हस्ताक्षर किए। यह सभी आसियान सदस्यों को "बाहरी शक्तियों के किसी भी प्रकार के हस्तक्षेप से मुक्त, शांति, स्वतंत्रता और तटस्थता के क्षेत्र के रूप में दक्षिण पूर्व एशिया की मान्यता और सम्मान को सुरक्षित करने के लिए प्रयास करने" और "इसके सहयोग के क्षेत्र इसको व्यापक बनाने के लिए ठोस प्रयास करने जो उनकी ताकत, एकजुटता और घनिष्ठ संबंधों में योगदान देंने" के लिए प्रतिबद्ध शांति, स्वतंत्रता और तटस्थता क्षेत्र (ZOPFAN) "हर राज्य के अधिकार को मान्यता देता है, चाहे वह बड़ा हो या छोटा, वह अपने आंतरिक मामलों में बाहरी हस्तक्षेप से मुक्त होकर अपने राष्ट्रीय अस्तित्व का नेतृत्व कर सकता है क्योंकि यह हस्तक्षेप उसकी स्वतंत्रता अन्योन्याक्षम और अखंडता पर प्रतिकूल प्रभाव डालेगा"।

2. आसियान सुरक्षा समुदाय (*Asean Security Community—ASC*) राजनीतिक और सुरक्षा सहयोग बनाने के लिए, आसियान नेता आसियान सुरक्षा समुदाय (ASEAN Security Community—ASC) की स्थापना करने पर सहमत हुए हैं, जिसका उद्देश्य यह सुनिश्चित करना है कि क्षेत्र के देश एक-दूसरे के साथ और दुनिया के साथ न्यायसंगत, लोकतांत्रिक और सौहार्दपूर्ण वातावरण में शांति से रहें। समुदाय के सदस्य अंतर-क्षेत्रीय मतभेदों के निपटारे में विशेष रूप से शांतिपूर्ण प्रक्रियाओं पर भरोसा करने की प्रतिज्ञा करेंगे और अपनी सुरक्षा को मौलिक रूप से एक-दूसरे से जुड़े हुए और भौगोलिक स्थिति, सामान्य दृष्टि और उद्देश्यों से बँधे रहेंगे। इसके निम्नलिखित घटक हैं: राजनीतिक विकास; मानदंडों को आकार देना और साझा करना; संघर्ष की रोकथाम; युद्ध वियोजन; संघर्ष के बाद शांति निर्माण; और कार्यान्वयन तंत्र।

3. आसियान समझौते की घोषणा, बाली, 24 फरवरी 1976 (*Declaration of ASEAN Concord, Bali, 24 February 1976*): इस घोषणापत्र ने राजनीतिक सहयोग के विस्तार की दिशा में काम करने की आसियान देशों की प्रतिज्ञा को बरकरार रखा। इसके लिए घोषणापत्र में क्षेत्रीय स्थिरता के सिद्धांतों और राजनीतिक सहयोग के लिए कार्रवाई के कार्यक्रम को अपनाया गया, जैसे दक्षिण पूर्व एशिया में मित्रता और सहयोग की संधि (Treaty of Amity and Cooperation—TAC) पर हस्ताक्षर करना और अंतर्क्षेत्रीय विवादों को "जितनी जल्दी हो सके शांतिपूर्ण तरीकों से सुलझाना"।

4. *दक्षिण पूर्व एशिया में मैत्री और सहयोग की संधि बाली, 24 फरवरी 1976 (Treaty of Amity and Cooperation in South East Asia: Bali, 24 February 1976):* यह यह संधि निम्नलिखित सिद्धांतों को स्थापित करती है: एक दूसरे की संप्रभुता के लिए पारस्परिक सम्मान; आंतरिक मामलों में हस्तक्षेप न करना; अंतर-क्षेत्रीय विवादों का शांतिपूर्ण समाधान; और प्रभावी सहयोग। यह संधि विवादों के शांतिपूर्ण समाधान के लिए एक आचार संहिता भी प्रदान करती है, और यह विवाद-निपटाने वाले तंत्र के रूप में पार्टियों के मंत्रिस्तरीय प्रतिनिधियों से बनी एक उच्च परिषद की स्थापना को अनिवार्य मानती है।

5. *दक्षिण चीन सागर पर आसियान घोषणा, मनीला, 22 जुलाई 1992 (ASEAN Declaration on the South China Sea, Manila, 22 July 1992):* यह घोषणा दक्षिण चीन सागर में शांति और स्थिरता का माहौल बनाने के लिए अपनाई गई थी। इस घोषणा में "सभी संबंधित पक्षों से सभी विवादों के अंतिम समाधान के लिए सकारात्मक माहौल बनाने के लिए संयम बरतने का" आग्रह किया गया।

6. *1994 में आसियान क्षेत्रीय मंच (ASEAN Regional Forum (ARF) in 1994):* एशिया-प्रशांत क्षेत्र में सुरक्षा परस्पर निर्भरता की मान्यता में, आसियान ने 1994 में आसियान क्षेत्रीय मंच की स्थापना की। आसियान क्षेत्रीय मंच के एजेंडे का लक्ष्य तीन व्यापक चरणों में विकसित होना है, अर्थात् विश्वास-निर्माण को बढ़ावा देना, निवारक कूटनीति का विकास और संघर्षों के दृष्टिकोण का विस्तार। आसियान क्षेत्रीय मंच में वर्तमान प्रतिभागियों में 10 सदस्य देश, वार्ता भागीदार और डेमोक्रेटिक पीपुल्स रिपब्लिक ऑफ कोरिया (उत्तर कोरिया), कोरिया गणराज्य (दक्षिण कोरिया) और मंगोलिया शामिल हैं। आसियान क्षेत्रीय मंच (ARF) क्षेत्र में प्रमुख क्षेत्रीय सुरक्षा मुद्दों पर चर्चा करता है, जिसमें प्रमुख शक्तियों के बीच संबंध, अप्रसार, आतंकवाद-विरोधी, अंतर्राष्ट्रीय अपराध, दक्षिण चीन सागर और कोरियाई प्रायद्वीप सहित अन्य मुद्दे शामिल हैं।

7. *दक्षिण पूर्व एशिया परमाणु हथियार-मुक्त क्षेत्र पर संधि (Treaty on the South East Asia Nuclear Weapon-Free Zone: (SEANWFZ), Bangkok, 15 December 1997):* सभी दस दक्षिण पूर्व आसियान देशों के नेताओं ने दक्षिण पूर्व एशिया परमाणु हथियार-मुक्त क्षेत्र पर संधि पर हस्ताक्षर किए। शांति, स्वतंत्रता और तटस्थता क्षेत्र (ZOPFAN) के एक प्रमुख घटक के रूप में, यह संधि सामान्य और पूर्ण परमाणु निरस्त्रीकरण और अंतर्राष्ट्रीय शांति और सुरक्षा को बढ़ावा देने में योगदान करने के लिए आसियान के दृढ़ संकल्प को व्यक्त करती है। इसका उद्देश्य क्षेत्र को पर्यावरण प्रदूषण और रेडियोधर्मी कचरे और अन्य विषाक्त पदार्थों से उत्पन्न खतरों से बचाना भी है। दक्षिण पूर्व एशिया परमाणु हथियार-मुक्त क्षेत्र पर संधि 27 मार्च 1997 को लागू हुई। आसियान अब पांच परमाणु हथियार संपन्न देशों के साथ उस प्रोटोकॉल में शामिल होने की शर्तों पर बातचीत कर रहा है जो संधि के तहत उनकी प्रतिबद्धताओं को निर्धारित करता है।

8. *आसियान विजन 2020, कुआलालंपुर, 15 दिसंबर 1997 (ASEAN Vision 2020, Kuala Lumpur, 15 December 1997):* आसियान की 30वीं वर्षगांठ पर आसियान के सदस्य देशों द्वारा आसियान विजन 2020 को अपनाया गया था। सभी दक्षिण पूर्व एशियाई देशों के एक समूह के रूप में आसियान की साझा दृष्टिकोण पर सहमत हुए, जो प्रगतिशील दिशा में था, और तय किया कि सभी देश एक साझेदार के रूप में शांति, स्थिरता और समृद्धि तथा गतिशील विकास के लिये कार्य करेंगे।

9. *आसियान कॉनकॉर्ड II की घोषणा, बाली, 7 अक्टूबर 2003 (Declaration of ASEAN Concord II, Bali, 7 October 2003):* इस घोषणा ने आसियान सदस्य देशों के तीन स्तंभों वाले आसियान समुदाय की स्थापना के संकल्प को बरकरार रखा: आसियान सुरक्षा समुदाय, आसियान आर्थिक समुदाय और आसियान सामाजिक-सांस्कृतिक समुदाय।

आर्थिक क्षेत्र में, 1992 में शुरू किया गया *आसियान मुक्त व्यापार क्षेत्र (आफ्टा)* (ASEAN Free Trade Area—AFTA)) अब अस्तित्व में है। इसका उद्देश्य एकल उत्पादन इकाई के रूप में क्षेत्र के प्रतिस्पर्धात्मक लाभ को बढ़ावा देना है। सदस्य देशों के बीच टैरिफ और गैर-टैरिफ बाधाओं के उन्मूलन से अधिक आर्थिक दक्षता, उत्पादकता और प्रतिस्पर्धात्मकता को बढ़ावा मिलने की उम्मीद है। अंततः 2015 तक आसियान आर्थिक समुदाय के आसियान विजन 2020 तक पहुंचने के लिए आर्थिक समझौतों की एक श्रृंखला का पालन किया गया। इसमे से कुछ प्रमुख समझौते इस प्रकार हैं:

- आसियान मुक्त व्यापार क्षेत्र के लिए सामान्य प्रभावी तरजीही टैरिफ योजना (Common Effective Preferential Tariff Scheme) पर समझौता, सिंगापुर, 28 जनवरी 1992।

- आसियान आर्थिक सहयोग बढ़ाने पर *रूपरेखा समझौते* (Framework Agreements), सिंगापुर, 28 जनवरी 1992।
- आसियान तरजीही व्यापार व्यवस्था पर समझौते में संशोधन के लिए प्रोटोकॉल, बैंकॉक, 15 दिसंबर 1995।
- आसियान आर्थिक सहयोग बढ़ाने पर फ्रेमवर्क समझौता (Framework Agreements) में वियतनाम के समाजवादी गणराज्य के प्रवेश के लिए प्रोटोकॉल, बैंकॉक, 15 दिसंबर 1995।
- आसियान मुक्त व्यापार क्षेत्र, बैंकॉक के लिए सामान्य प्रभावी तरजीही टैरिफ योजना पर समझौते में संशोधन करने के लिए प्रोटोकॉल, 15 दिसंबर 1995।
- आसियान मुक्त व्यापार क्षेत्र के लिए सामान्य प्रभावी तरजीही टैरिफ योजना पर समझौते में वियतनाम के समाजवादी गणराज्य के प्रवेश के लिए प्रोटोकॉल, बैंकॉक, 15 दिसंबर 1995।
- आसियान आर्थिक सहयोग बढ़ाने पर फ्रेमवर्क समझौतों में संशोधन के लिए प्रोटोकॉल, बैंकॉक, 15 दिसंबर 1995।
- पारगमन में माल की सुविधा पर आसियान फ्रेमवर्क समझौता (ASEAN Framework Agreement), हानोई (Hanoi), 16 दिसंबर 1998।
- अधिसूचना प्रक्रियाओं पर प्रोटोकॉल, मकाती, फिलीपींस, (Protocol on Notification Procedures, Makati, Philippines) 8 अक्टूबर 1998।
- संवेदनशील और अत्यधिक संवेदनशील उत्पादों के लिए विशेष व्यवस्था पर प्रोटोकॉल, सिंगापुर, 30 सितंबर 1999।
- सीईपीटी (CEPT) योजना अस्थायी बहिष्करण सूची के कार्यान्वयन के संबंध में प्रोटोकॉल, सिंगापुर, 22–25 नवंबर 2000।
- आयात शुल्क के उन्मूलन के लिए आसियान मुक्त व्यापार क्षेत्र (एएफटीए) (ASEAN Free Trade Area—AFTA) के लिए सामान्य प्रभावी तरजीही टैरिफ (सीईपीटी) (Common Effective Preferential Tariff—CEPT) योजना पर समझौते में संशोधन करने के लिए प्रोटोकॉल, 31 जनवरी 2003।
- आसियान कॉनकॉर्ड II (ASEAN Concord II) की घोषणा, बाली, 7 अक्टूबर 2003। इस घोषणा में आसियान आर्थिक समुदाय (AFC) की स्थापना की परिकल्पना की गई थी। इस घोषणा का उद्देश्य एक स्थिर समृद्ध और प्रतिस्पर्धी आसियान आर्थिक क्षेत्र का निर्माण करके आसियान विज़न 2020 को साकार करना है। यह आर्थिक एकीकरण को मजबूत करने की दृष्टि से सदस्य देशों के हितों के अभिसरण पर आधारित होगा। अंतिम उद्देश्य नए तंत्रों का उपयोग करके और आसियान मुक्त व्यापार क्षेत्रों, सेवाओं पर आसियान फ्रेमवर्क समझौते और आसियान निवेश क्षेत्र जैसे मौजूदा तंत्रों का उपयोग करके एकल बाजार और उत्पादन आधार के रूप में आसियान की स्थापना करना है।
- संवेदनशील और अत्यधिक संवेदनशील उत्पादों पर विशेष व्यवस्था पर प्रोटोकॉल में संशोधन करने वाला पहला प्रोटोकॉल, 3 सितंबर 2004।
- चावल और चीनी पर विशेष ध्यान देने हेतु प्रोटोकॉल, 23 अगस्त 2007।
- आसियान व्यापार माल समझौता, चा-आम (Cha-am), थाईलैंड, 26 फरवरी 2009।
- आसियान माल व्यापार समझौते के अनुबंध, चा-आम, थाईलैंड, 26 फरवरी 2009।

ये सभी आसियान आर्थिक समुदाय के निर्माण की दिशा में कदम हैं जो आसियान विजन 2020 में उल्लिखित आर्थिक एकीकरण उपायों का अंतिम लक्ष्य है।

फिलीपींस के सेबू में बारहवें आसियान शिखर सम्मेलन में आसियान समुदाय की स्थापना की दिशा में एक सकारात्मक कदम उठाया गया। नेताओं ने **2015 तक आसियान समुदाय की स्थापना में तेजी लाने पर सेबू घोषणा पर हस्ताक्षर किए (Cebu Declaration on the Acceleration of the Establishment of an ASEAN Community, by 2015)**। जैसा कि नेताओं ने आसियान समुदाय की कल्पना की है, इसमें तीन स्तंभ शामिल होंगे। पहला आसियान राजनीतिक-सुरक्षा समुदाय, दूसरा आसियान आर्थिक समुदाय और तीसरा आसियान सामाजिक-सांस्कृतिक समुदाय। आसियान चार्टर को नवंबर 2007 में सिंगापुर में 13वें आसियान शिखर सम्मेलन में अपनाया गया था और यह दिसंबर 2008 में लागू हुआ। इसका उद्देश्य चार्टर के माध्यम से आसियान के कानूनी और संस्थागत ढांचे को स्थापित करना है।

हाल के मुद्दे और चिंताएँ (Recent Issues and Concerns)

शांति और सुरक्षा को प्रभावित करने वाले मुख्य मुद्दों में दक्षिण चीन सागर में क्षेत्रीय और न्यायिक विवाद, पूर्वी तिमोर के लिए आत्मनिर्णय, उत्तर पूर्व एशिया और दक्षिण एशिया में परमाणु प्रसार, सामूहिक विनाश के हथियार और वैश्वीकरण का प्रभाव शामिल हैं। इक्कीसवीं सदी के मोड़ पर, मुद्दे अधिक पर्यावरणीय संभावनाओं को शामिल करने के लिए स्थानांतरित हो गए। आसियान सदस्य देश पर्यावरण संबंधी मुद्दों को लेकर चिंतित हो गए। इसने उन्हें दक्षिण पूर्व एशिया में धुंध प्रदूषण को नियंत्रित करने के प्रयास के रूप में 2002 में ट्रांसबाउंडरी धुंध प्रदूषण (Transboundary Haze Pollution) पर आसियान समझौते पर हस्ताक्षर करने के लिए प्रेरित किया, जो लंबे समय से क्षेत्र के पर्यावरण को परेशान कर रहा है। दुर्भाग्य से, 2005 मलेशियाई धुंध और 2006 दक्षिण पूर्व एशियाई धुंध के प्रकोप के कारण यह प्रयास असफल साबित हुआ। पूर्वी एशियाई ऊर्जा सुरक्षा पर सेबू घोषणा (Cebu Declaration), 2005 में आसियान-वन्यजीव प्रवर्तन नेटवर्क, और स्वच्छ विकास और जलवायु पर एशिया-प्रशांत साझेदारी अन्य महत्वपूर्ण पर्यावरण संबंधी संधियाँ हैं।

हालाँकि, राजनीतिक सहयोग के क्षेत्र में, जुंटा के नेतृत्व वाले म्यांमार में मानवाधिकारों और लोकतंत्र के मुद्दों को संबोधित करने के लिए आसियान के दोहरे दृष्टिकोण के कारण इसे झटका लगा। यांगून (Yangon) में शांतिपूर्ण प्रदर्शनकारियों पर सैन्य कार्रवाई पर वैश्विक आक्रोश के बावजूद, आसियान ने म्यांमार को सदस्य के रूप में निलंबित करने से इनकार कर दिया है और शासन के खिलाफ आर्थिक प्रतिबंधों के प्रस्तावों को भी खारिज कर दिया है। इससे चिंता पैदा हो गई है, क्योंकि यूरोपीय संघ, एक संभावित व्यापार भागीदार, ने इन राजनीतिक कारणों से क्षेत्रीय स्तर पर मुक्त व्यापार वार्ता करने से इनकार कर दिया है। सेबू (Cebu) में बारहवें आसियान शिखर सम्मेलन के दौरान, कई कार्यकर्ता समूहों ने वैश्वीकरण विरोधी और अरोयो (फिलीपींस के राज्य और सरकार के प्रमुख) विरोधी रैलियों का आयोजन किया। कार्यकर्ताओं के अनुसार, आर्थिक एकीकरण का एजेंडा फिलीपींस में उद्योगों पर नकारात्मक प्रभाव डालेगा और हजारों फिलिपिनियो (Philippines) को अपनी नौकरियां खोनी पड़ेंगी।[23] इसलिए, एकीकरण और सहयोग को आगे बढ़ाने के मौजूदा मुद्दों और एजेंडे पर अत्यधिक सावधानी से काम करना होगा।

अभ्यास (Exercises)

1. अंतर्राष्ट्रीय संबंधों में क्षेत्रवाद और एकीकरण की अवधारणाओं पर चर्चा करें।
2. यूरोपीय कोयला और इस्पात समुदाय (European Coal and Steel Community—ECSC) के गठन से लेकर यूरोपीय संघ (EU) तक की यात्रा का मानचित्रण करके यूरोपीय एकीकरण की उत्पत्ति का वर्णन करें।
3. यूरोपीय संघ (EU) की संस्थाओं पर संक्षेप में चर्चा करें।
4. अफ्रीकी संघ (AU) पर एक नोट लिखें।
5. अंतर्राष्ट्रीय राजनीति में ओपेक (OPEC) की भूमिका पर संक्षेप में चर्चा करें।
6. विश्व राजनीति में एक क्षेत्रीय संगठन के रूप में एशिया प्रशांत आर्थिक सहयोग (APEC) की भूमिका पर टिप्पणी करें।
7. अमेरिकी राज्यों के संगठन (OAS) पर एक नोट लिखें।
8. एक क्षेत्रीय संगठन के रूप में दक्षिण एशियाई क्षेत्रीय सहयोग संगठन (SAARC) की भूमिका पर टिप्पणी करें।
9. सार्क (SAARC) के उद्देश्यों की जांच करें और समय के साथ इसके विकास का पता लगाएं।
10. आसियान की संरचना, उद्देश्यों, संरचनाओं और तंत्र पर एक नोट लिखें।
11. एक प्रमुख क्षेत्रीय संगठन के रूप में आसियान की उपलब्धियों के विशेष संदर्भ में उसकी भूमिका का मूल्यांकन करें।

संदर्भ (References)

[1] Bhattacharya, Purusottam, "Globalization and New Regionalism: The EU Experience," *in* Anindyo J. Majumdar and Shibashis Chatterjee (Eds.), *Understanding Global Politics,* Lancer Books, New Delhi, 2004, p. 175.

[2] Palmer, Norman D. and Howard C. Perkins, *International Relations—The World Community in Transition,* A.I.T.B.S. Publishers & Distributors, New Delhi, 1997, p. 559.

[3] *ibid.*

[4] *ibid.*

[5] Couloumbis, Theodore A. and James H. Wolfe, *Introduction to International Relations: Power and Justice*, Prentice-Hall of India, New Delhi, 1981, p. 305.

[6] Groom, A.J.R., *Approaches to Conflict and Cooperation in International Relations: Lessons from Theory for Practice,* The Ford Foundation Lectures in International Relations Studies, M.S. University, Baroda, 1991, p. 66.

[7] Couloumbis and Wolfe, *op. cit.*, n. 5, p. 305.

[8] Mitrany, David, *A Working Peace System*, Quadrangle, Chicago, 1966.

[9] Claude, Inis L., *Sword into Plowshares,* Random House, New York, 1971, p. 289.

[10] Kegley, Charles W., Jr. and Eugene R. Wittkopf, *World Politics—Trends and Transformation,* St. Martin's Press, New York, 1981, p. 454.

[11] Banerji, Arun Kumar (Ed.), *Integration, Disintegration and World Order: Some Perspectives on the Process of Change,* Allied Publishers in collaboration with School

of International Relations and Strategic Studies, Jadavpur University, Calcutta, 1995, p. 5.

[12] *ibid.*, pp. 5–6.

[13] Kegley and Wittkopf, *op. cit.*, n. 10, p. 455.

[14] Nye, J.S., *Peace in Parts: Integration and Conflict in Regional Organization,* Little Brown and Company, Boston, 1971, p. 56.

[15] *ibid.*, pp. 56–58.

[16] Bhattacharya, Purusottam, *op. cit.*, n. 1, p. 176.

[17] *ibid.*, p. 179.

[18] http://en.wikipedia.org/wiki/Schuman_declaration

[19] Fink, Marcel and Jain Paterson, "The European Union: Its Past, Present and Future", West Bengal Political Science Review, Vol. V, Nos. 1 and 2, January–December, 2002, pp. 36–37.

[20] Butler, Fiona, "Regionalism and Intergration", *in* John Baylis and Steve Smith (Eds.), *The Globalization of World Politics,* Oxford University Press, London, 1997, pp. 426–427.

[21] Fink and Paterson, *op. cit.*, n. 19, p. 63.

[22] http://www.saarc-sec.org/data/summit15/summit15declaration.htm.

[23] http://www.aseansec.org/1814.htm, and http://www.aseansec.org/64.htm.

11

संयुक्त राष्ट्र और अंतर्राष्ट्रीय संबंध (The United Nations and International Relations)

अंतर्वस्तु (Contents)

परिचय (*Introduction*)

प्रथम विश्व युद्ध के विनाशकारी अनुभव ने दुनिया को स्तब्ध और भयभीत कर दिया तथा इसलिए, विश्व समुदाय द्वारा युद्ध की भयावहता को रोकने और अंतर्राष्ट्रीय शांति और सुरक्षा की खोज के प्रयास किए गए। राष्ट्र संघ (League of Nations) विश्व समुदाय द्वारा किसी अंतर्राष्ट्रीय संगठन के माध्यम से विश्व शांति स्थापित करने का पहला प्रयास था। हालाँकि, अंतर-युद्ध (inter-War) काल के दौरान प्रचलित राजनीतिक स्थिति और शक्ति समीकरणों ने लीग को ठीक से काम करने से रोक दिया और द्वितीय विश्व युद्ध के फैलने के साथ इसका अस्तित्व समाप्त हो गया। हालाँकि, अंतर्राष्ट्रीय शांति और सुरक्षा का आदर्शवाद लीग की विफलता के साथ समाप्त नहीं हुआ और, द्वितीय विश्व युद्ध के फैलने के साथ, अंतर्राष्ट्रीय शांति और

सुरक्षा के संरक्षक के रूप में एक अंतर्राष्ट्रीय संगठन की स्थापना के लिए नए सिरे से चिंता पैदा हुई। इससे अंततः संयुक्त राष्ट्र की स्थापना हुई।

संयुक्त राष्ट्र की स्थापना (Birth of the United Nations)

बड़े पैमाने पर युद्ध को रोकने के लिए राष्ट्र संघ के संस्थापकों का आदर्शवाद बिखर गया क्योंकि दुनिया फिर से एक और बड़े युद्ध—द्वितीय विश्व युद्ध में फंस गई थी। लीग युद्ध को रोकने में विफल रही और युद्ध के फैलने के साथ ही इसका भाग्य तय हो गया। हालाँकि, भविष्य की पीढ़ियों को युद्ध के संकट से बचाने के लिए एक अंतर्राष्ट्रीय संगठन स्थापित करने के लिए अंतर्राष्ट्रीय समुदाय की ओर से नए सिरे से प्रयास किया गया। राष्ट्रपति फ्रैंकलिन डी रूजवेल्ट (Franklin D. Roosevelt) के कार्यकाल में संयुक्त राज्य अमेरिका एक वैश्विक शांति स्थापना एजेंसी सथापित करने के पक्ष में था और रूजवेल्ट (Roosevelt) ने ही "संयुक्त राष्ट्र" नाम दिया था। युद्ध के दौरान, ऐसे अंतर्राष्ट्रीय संगठन की चाहत के कारण 14 अगस्त 1941 को ऐतिहासिक अटलांटिक चार्टर (Atlantic Charter) पर हस्ताक्षर किए गए।

12 जून 1941 की अंतर-संबद्ध घोषणा (Inter-Allied Declaration) ने "युद्ध और शांति दोनों में, अन्य स्वतंत्र लोगों के साथ मिलकर काम करने" के वादे को बरकरार रखा। इसके बाद, 14 अगस्त 1941 को संयुक्त राज्य अमेरिका के राष्ट्रपति फ्रैंकलिन डी रूजवेल्ट (Franklin Roosevelt) और यूनाइटेड किंगडम के प्रधान मंत्री विंस्टन चर्चिल (Winston Churchill) ने जहाज *एचएमएस प्रिंस ऑफ वेल्स* (HMS Prince of Wales) पर अपनी बैठक के दौरान अटलांटिक चार्टर पर हस्ताक्षर किए। यह संयुक्त राष्ट्र की ऐतिहासिक शुरुआत थी।

संयुक्त राष्ट्र के गठन की दिशा में अगला कदम 1 जनवरी 1942 को संयुक्त राष्ट्र द्वारा घोषणापत्र जारी करना था। छब्बीस सहयोगी देशों ने वाशिंगटन डीसी में "संयुक्त राष्ट्र द्वारा घोषणा" (Declaration by United Nations) पर हस्ताक्षर किए। इस दस्तावेज़ में 'संयुक्त राष्ट्र' शब्द का पहला आधिकारिक उपयोग शामिल था। 30 अक्टूबर 1943 को मॉस्को घोषणा में इस पहल को और बढ़ावा दिया गया, जिसमें "अंतर्राष्ट्रीय शांति और सुरक्षा बनाए रखने के लिए बड़े और छोटे सभी शांतिप्रिय राज्यों की संप्रभु समानता के सिद्धांत पर आधारित एक सामान्य अंतर्राष्ट्रीय संगठन" की कल्पना की गई थी।[1] इस प्रयास ने गति पकड़ी और 1 दिसंबर 1943 को *तेहरान घोषणा* (Tehran Declaration) को अपनाया गया, जिसने शांति स्थापना के लिए एक अंतर्राष्ट्रीय संगठन की योजना तैयार की। इन दोनों घोषणाओं के सिद्धांतों की 21 सितंबर और 7 अक्टूबर 1944 के बीच आयोजित डम्बर्टन ओक्स सम्मेलन (Dumbarton Oaks Conference) में पुनः पुष्टि की गई, जहाँ अंतर्राष्ट्रीय निकाय का खाका (blueprint) तैयार किया गया था। संयुक्त राष्ट्र के ढांचे की संरचनाओं और कार्यों से संबंधित प्रमुख निर्णय कई आपत्तियों, समायोजनों और मांगों के बीच लिए गए। 11 फरवरी 1945 के याल्टा सम्मेलन (Yalta Conference) में, रूजवेल्ट, चर्चिल और स्टालिन (Roosevelt, Churchill and Stalin) ने "शांति और सुरक्षा बनाए रखने के लिए एक सामान्य अंतर्राष्ट्रीय संगठन" स्थापित करने के अपने संकल्प की घोषणा की। अंततः, संयुक्त राष्ट्र चार्टर तैयार करने के लिए सबसे बड़ा सम्मेलन 25 अप्रैल से 26 जून 1945 तक सैन फ्रांसिस्को (San Francisco) में आयोजित किया गया और इसमें 50 आमंत्रित देशों के 280 प्रतिनिधियों ने भाग लिया। डंबर्टन ओक्स (Dumbarton Oaks) प्रस्तावों की सघन जांच और समीक्षा के बाद और महत्वपूर्ण बदलावों के साथ, अंततः 26 जून 1945 को चार्टर पर हस्ताक्षर के साथ सैन फ्रांसिस्को सम्मेलन समाप्त

हो गया। सुरक्षा परिषद के पांच स्थायी सदस्यों (पी-5) और अधिकांश हस्ताक्षरकर्ताओं द्वारा चार्टर के अनुसमर्थन के बाद, चार्टर 24 अक्टूबर 1945 से लागू हुआ। इसलिए, 24 अक्टूबर को संयुक्त राष्ट्र दिवस के रूप में घोषित किया गया है। यह विश्व संगठन की शुरुआत थी और पहली महासभा 10 जनवरी 1946 को सेंट्रल हॉल, वेस्टमिंस्टर में 51 देशों के प्रतिनिधियों के साथ हुई थी। सुरक्षा परिषद की पहली बैठक 17 जनवरी 1946 को लंदन में हुई। 1 फरवरी 1946 को नॉर्वे के ट्रिगवे ली (Trygve Lie of Norway) पहले महासचिव बने।

संयुक्त राष्ट्र के उद्देश्य एवं सिद्धांत (Purposes and Principles of the UN)

संयुक्त राष्ट्र का चार्टर एक प्रस्तावना (Preamble) से शुरू होता है जो इस अंतर्राष्ट्रीय संगठन के प्रयोजनों (purposes) या उद्देश्यों (objectives) को रेखांकित करता है। प्रस्तावना में शांति, न्याय, सत्य और भाईचारे के आदर्शों पर आधारित विश्व की कल्पना निहित है। इसे इस प्रकार पढ़ा जाता है:

हम संयुक्त राष्ट्र के लोगों ने निश्चय किया है कि आने वाली पीढ़ियों को युद्ध के संकट से बचाना है जो हमारे जीवनकाल में दो बार मानव जाति के लिए अत्यंत दुःख ला चुका है तथा इसके अतिरिक्त वो मानव के मौलिक मानवाधिकारों, उनकी मर्यादा और मूल अधिकारों, पुरुषों एवं महिलाओं के समान अधिकारों एवं छोटे राष्ट्रों के समान अधिकारों में विश्वास की पुनः पुष्टि करने के लिए कार्यबद्ध हैं और ऐसी स्थितियाँ स्थापित करना है जिसके तहत संधियों और अंतर्राष्ट्रीय कानून के अन्य स्रोतों से उत्पन्न दायित्वों के लिए न्याय और सम्मान बनाए रखा जा सके, और सामाजिक प्रगति तथा व्यापक स्वतंत्रता के साथ बेहतर जीवन के मापकों को बढ़ावा दिया जा सके।

प्रस्तावना (Preamble) प्रथम विश्व युद्ध के विनाशकारी और घबराहट पैदा करने वाले अनुभवों की गवाही देती है और साथ ही साथ भावी पीढ़ियों को युद्ध के संकट से बचाने के लिए संस्थापक सदस्यों की ओर से आग्रह भी करती है। इसलिए, यह मानव अधिकारों के सम्मान, सभी राज्यों की संप्रभु समानता की स्वीकृति और दुनिया के लोगों के लिए बेहतर आर्थिक और सामाजिक जीवन स्थितियों को सुनिश्चित करने पर आधारित स्थायी शांति स्थापित करने की आशा रखता है। इसे ध्यान में रखते हुए, *चार्टर की प्रस्तावना* (Preamble to the Charter) में उन उद्देश्यों को साकार करने के लिए प्रतिज्ञाओं (pledgeo) का एक सेट दिया गया है जिनके निम्नलिखित उद्देश्य हैं:

- सहिष्णुता (tolerance) का पालन करें और अच्छे पड़ोसियों के रूप में एक दूसरे के साथ शांति से रहें।
- अंतर्राष्ट्रीय शांति और सुरक्षा बनाए रखने के लिए एकजुट हों।
- सिद्धांतों की स्वीकृति और संस्थागत तरीकों द्वारा यह सुनिश्चित करें कि सामान्य हित को छोड़कर, सशस्त्र बल का उपयोग नहीं किया जाएगा।
- सभी लोगों की आर्थिक और सामाजिक उन्नति को बढ़ावा देने के लिए अंतर्राष्ट्रीय मशीनरी को नियोजित करें।[2]

प्रस्तावना में इतने ऊंचे आदर्शों के बावजूद यह आलोचनाओं से परे नहीं है। विद्वानों को "हम संयुक्त राष्ट्र के लोग" (We the peoples of the United Nations) अभिव्यक्ति भ्रामक लगती है। यह न तो दुनिया के लोगों का प्रतिनिधित्व करता है और न ही उन्होंने अंतर्राष्ट्रीय संगठन बनाया है। अपने-अपने राज्यों का प्रतिनिधित्व करने वाली सरकारों ने अंतर्राष्ट्रीय संधि संपन्न की और सैन फ्रांसिस्को सम्मेलन में इन

सरकारों का प्रतिनिधित्व किया गया, न कि "लोगों" का। फिर भी, इसमें शायद ही संदेह किया जा सकता है कि विश्व समुदाय की ओर से एक अंतर्राष्ट्रीय संगठन स्थापित करने की वास्तविक इच्छा थी जो विश्व शांति और सुरक्षा सुनिश्चित करेगी।

संयुक्त राष्ट्र के उद्देश्य अनुच्छेद 1 (Article 1) के तहत चार्टर में सन्निहित हैं कि संयुक्त राष्ट्र निरंतर प्रयास करेगा कि:

- अंतर्राष्ट्रीय शांति और सुरक्षा बनाए रखें, वे कारक जो शांति के लिए खतरा हैं, उनकी रोकथाम एवं निवारण के लिए सामूहिक तौर पर प्रभावी कदम उठाएं। आक्रामकता या अन्य उल्लंघन जैसे कृत्य जो शान्ति भंग कर सकते हैं उनका न्यायिक सिद्धांतों तथा अंतर्राष्ट्रीय कानून के अनुरूप निवारण कर सकें।
- लोगों के समान अधिकारों और आत्मनिर्णय के सिद्धांत के सम्मान के आधार पर राष्ट्रों के बीच मैत्रीपूर्ण संबंध विकसित करना और सार्वभौमिक शांति को मजबूत करने के लिए अन्य उचित उपाय करना।
- आर्थिक, सामाजिक, सांस्कृतिक तथा मानवीय परोपकारी (humanitarian) प्रकृति की अंतर्राष्ट्रीय समस्याओं को समाधन करने और जाति, लिंग, भाषा या धर्म के भेदभाव के बिना सभी एवं मानवाधिकारों और मौलिक स्वतंत्रता के लिए सम्मान को बढ़ावा देने और प्रोत्साहित करने में अंतर्राष्ट्रीय स्तर पर सहयोग करना।
- इन सामान्य लक्ष्यों की प्राप्ति में राष्ट्रों में सामंजस्य स्थापित करने के लिए केंद्र के रूप में कार्य करना।[3]

हालाँकि संयुक्त राष्ट्र के उद्देश्य फिर से काफी नए हैं, लेकिन अनुच्छेद 1(1) [Article 1(1)] का मूल उद्देश्य चार्टर के अनुच्छेद 2(7) [Article 2(7)] से विफल हो जाता है, जो संयुक्त राष्ट्र को राज्यों के घरेलू अधिकार क्षेत्र के तहत आने वाले संघर्ष के मामलों में हस्तक्षेप करने से रोकता है। यह संयुक्त राष्ट्र को शांति के खतरों को रोकने या हटाने से रोकता है, जो एक आंतरिक मामला हो सकता है लेकिन अंतर्राष्ट्रीय स्तर पर शांति के लिए खतरा बनने की क्षमता रखता है।

अनुच्छेद 2 (Article 2), जो अनुच्छेद 1 (Article 1) में बताए गए उद्देश्यों के अनुसरण में, उनकी प्राप्ति के लिए कुछ सिद्धांत निर्धारित करता है। ये सिद्धांत इस प्रकार हैं:

1. यह संगठन अपने सभी सदस्यों की संप्रभु समानता के सिद्धांत पर आधारित है।
2. सभी सदस्यों को, सदस्यता से प्राप्त होने वाले अधिकारों और लाभों को सुनिश्चित करने के लिए, वर्तमान चार्टर के अनुसार उनके द्वारा ग्रहण किए गए दायित्वों को अच्छे विश्वास से पूरा करना होगा।
3. सभी सदस्य अपने अंतर्राष्ट्रीय विवादों को शांतिपूर्ण तरीकों से इस तरह सुलझाएंगे कि अंतर्राष्ट्रीय शांति, सुरक्षा और न्याय खतरे में न पड़े।
4. सभी सदस्यों को अपने अंतर्राष्ट्रीय संबंधों में किसी भी राज्य की क्षेत्रीय अखंडता या राजनीतिक स्वतंत्रता के खिलाफ या संयुक्त राष्ट्र के उद्देश्यों के साथ असंगत किसी भी अन्य तरीके से धमकी या बल प्रयोग से बचना चाहिए।
5. सभी सदस्य संयुक्त राष्ट्र को वर्तमान चार्टर के अनुसार की जाने वाली किसी भी कार्रवाई में हर सहायता देंगे, और ऐसे किसी भी राज्य को सहायता देने से बचेंगे जिसके खिलाफ संयुक्त राष्ट्र निवारक या प्रवर्तन (preventive or enforcement) कार्रवाई कर रहा है।

6. संगठन यह सुनिश्चित करेगा कि जो राज्य संयुक्त राष्ट्र के सदस्य नहीं हैं वे इन सिद्धांतों के अनुसार कार्य करें जहाँ तक अंतर्राष्ट्रीय शांति और सुरक्षा बनाए रखने के लिए आवश्यक हो।
7. वर्तमान चार्टर में शामिल कुछ भी संयुक्त राष्ट्र को उन मामलों में हस्तक्षेप करने के लिए अधिकृत नहीं करेगा जो अनिवार्य रूप से किसी भी राज्य के घरेलू अधिकार क्षेत्र के भीतर हैं या सदस्यों को वर्तमान चार्टर के तहत ऐसे मामलों को प्रस्तुत करने की आवश्यकता होगी जिनका निवारण चाहिए; लेकिन यह सिद्धांत अध्याय Vll के तहत प्रवर्तन उपायों के आवेदन पर प्रतिकूल प्रभाव नहीं डालेगा।[4]

इन सिद्धांतों के साथ समस्या यह है कि, जहां तक सदस्य देशों के प्रतिनिधित्व का सवाल है, उन्हें महासभा में समान दर्जा दिया गया है, लेकिन सुरक्षा परिषद की संरचना स्थायी पाँच (P-5) सदस्य और वीटो की व्यवस्था के कारण संप्रभु समानता के सिद्धांत के बहुत विपरीत है। निकोलस[5] बताते हैं कि "सुरक्षा परिषद में वीटो अभी भी महान शक्तियों की रक्षा करता है लेकिन उनके और अन्य सदस्यों न केवल महासभा के बल्कि सुरक्षा परिषद के बीच भी असमानता को बढ़ाता है"। इसके अलावा, चार्टर में संशोधन की प्रक्रिया भी पी-5 को निर्णायक भूमिका प्रदान करती है। अंतर्राष्ट्रीय संस्था के कामकाज पर अनुच्छेद 2(7) (Article 2(7)) द्वारा निर्धारित सीमाओं ने भी इसके दायरे को सीमित कर दिया है। हालाँकि, महासभा द्वारा यह हल किया गया था कि कोई मुद्दा घरेलू चिंता का नहीं रह जाता है यदि वह अंतर्राष्ट्रीय दायित्वों के कारण अंतर्राष्ट्रीय शांति और सुरक्षा को खतरे में डालता है। इसलिए, संयुक्त राष्ट्र का कामकाज संरचनात्मक समस्याओं से ग्रस्त है जो उद्देश्यों और सिद्धांतों को प्राप्त करना कठिन बना देता है।

चार्टर का अनुच्छेद 55 (Article 55) सामाजिक-आर्थिक आयाम के सिद्धांतों का प्रतीक है, जो राज्यों के बीच मैत्रीपूर्ण संबंध विकसित करने के लिए आवश्यक हैं। इसमें कहा गया है कि समान अधिकारों और लोगों के आत्मनिर्णय के सिद्धांत के सम्मान के आधार पर राष्ट्रों के बीच शांतिपूर्ण और मैत्रीपूर्ण संबंधों के लिए आवश्यक स्थिरता और कल्याण की स्थितियों के निर्माण की दृष्टि से, संयुक्त राष्ट्र को बढ़ावा देना होगा:

- उच्च जीवन स्तर, पूर्ण रोजगार, और आर्थिक और सामाजिक प्रगति और विकास की स्थितियाँ।
- अंतर्राष्ट्रीय आर्थिक, सामाजिक, स्वास्थ्य और संबंधित समस्याओं का समाधान; और अंतर्राष्ट्रीय सांस्कृतिक और शैक्षिक सहयोग।
- जाति, लिंग, भाषा या धर्म के भेदभाव के बिना सभी के मानवाधिकारों और मौलिक स्वतंत्रता के लिए सार्वभौमिक सम्मान और पालन।

इस प्रकार, संयुक्त राष्ट्र चार्टर में ऐसे प्रावधान शामिल हैं जो महान और उदात्त हैं लेकिन उनका कार्यान्वयन ज्यादातर संयुक्त राष्ट्र की कुलीनतंत्रीय और आधिपत्यवादी संरचना द्वारा सीमित है जैसा कि सुरक्षा परिषद की संरचना और पी-5 (P-5) की प्रधानता में परिलक्षित होता है।

सदस्यता (Membership)

अध्याय II (अनुच्छेद 3, 4, 5 और 6) (Articles 3, 4, 5 and 6) संयुक्त राष्ट्र की सदस्यता के अधिग्रहण और निरसन से संबंधित सिद्धांत का प्रतीक है। अनुच्छेद 3 (Article 3) में कहा गया है कि संयुक्त राष्ट्र के मूल सदस्य वे राज्य हैं, "जिन्होंने सैन फ्रांसिस्को में अंतर्राष्ट्रीय संगठन पर संयुक्त राष्ट्र सम्मेलन में भाग लिया है, या पहले 1 जनवरी 1942 को संयुक्त राष्ट्र द्वारा घोषणा पर हस्ताक्षर किए हैं, वर्तमान चार्टर पर हस्ताक्षर करते हैं और इसकी पुष्टि करते हैं जो उनकी संबंधित संवैधानिक प्रक्रिया के अनुसार है"।

अनुच्छेद 4 (Article 4) में कहा गया है कि संयुक्त राष्ट्र की सदस्यता "अन्य सभी शांतिप्रिय राज्यों के लिए खुली है जो वर्तमान चार्टर में निहित दायित्वों को स्वीकार करते हैं और, संगठन के निर्णय में, इन दायित्वों को पूरा करने में सक्षम और इच्छुक हैं" और ऐसे किसी भी राज्य का संयुक्त राष्ट्र की सदस्यता में प्रवेश सुरक्षा परिषद की सिफारिश पर महासभा के निर्णय से प्रभावी होगा।

अनुच्छेद 5 (Article 5) में उन सदस्यों के अधिकारों और विशेषाधिकारों के प्रयोग को निलंबित करने के प्रावधान शामिल हैं, जिनके खिलाफ सुरक्षा परिषद की सिफारिश पर महासभा द्वारा निवारक या प्रवर्तन कार्रवाई की गई है। इन अधिकारों और विशेषाधिकारों का प्रयोग सुरक्षा परिषद द्वारा बहाल किया जा सकता है।

अनुच्छेद 6 (Article 6) आगे कहता है कि संयुक्त राष्ट्र के किसी भी सदस्य द्वारा वर्तमान चार्टर में निहित सिद्धांतों का लगातार उल्लंघन करने पर सुरक्षा परिषद की सिफारिश पर महासभा द्वारा संगठन से निष्कासित किया जा सकता है।[6]

वर्तमान में संयुक्त राष्ट्र के 193 सदस्य देश हैं।

संयुक्त राष्ट्र के अंग (Organs of the United Nations)

अनुच्छेद 7(1) Article 7(1) संयुक्त राष्ट्र के प्रमुख अंगों की रूपरेखा बताता है। वे निम्नलिखित हैं:

- महासभा (General Assembly)
- सुरक्षा परिषद (Security Council)
- आर्थिक एवं सामाजिक परिषद (Economic and Social Council)
- ट्रस्टीशिप काउंसिल (Trusteeship Council)
- अंतर्राष्ट्रीय न्यायालय (International Court of Justice)
- सचिवालय (Secretariat)

अनुच्छेद 7(2) में ऐसे सहायक अंग शामिल हैं, जिन्हें आवश्यक पाया जा सकता है, वर्तमान चार्टर के अनुसार स्थापित किया जा सकता है।

महासभा (THE GENERAL ASSEMBLY)

संयुक्त राष्ट्र चार्टर के अध्याय IV में महासभा की संरचना, शक्तियों और कार्यों से संबंधित प्रावधान शामिल हैं। संयुक्त राष्ट्र के चार्टर के तहत 1945 में स्थापित, महासभा संयुक्त राष्ट्र के मुख्य विचार-विमर्श, नीति-निर्माण और प्रतिनिधि अंग के रूप में एक केंद्रीय स्थान रखती है। संयुक्त राष्ट्र के सभी 193 सदस्यों को शामिल करते हुए, यह चार्टर द्वारा कवर किए गए अंतर्राष्ट्रीय मुद्दों के पूर्ण स्पेक्ट्रम की बहुपक्षीय चर्चा के लिए एक मंच प्रदान करता है। यह मानक-निर्धारण और अंतर्राष्ट्रीय कानून के संहिताकरण की प्रक्रिया में भी महत्वपूर्ण भूमिका निभाता है। महासभा प्रत्येक वर्ष सितंबर से दिसंबर तक और उसके बाद आवश्यकतानुसार नियमित सत्रों में गहनता से बैठक करती है।

संघटन (Composition)

महासभा की संरचना के संबंध में, अनुच्छेद 9 में कहा गया है कि महासभा में संयुक्त राष्ट्र के सभी सदस्य शामिल होंगे और प्रत्येक सदस्य, बड़े या छोटे, के पास महासभा में पांच से अधिक प्रतिनिधि नहीं होंगे।

यह सैन फ्रांसिस्को सम्मेलन में था कि जिसमें लीग महासभा की तरह तीन के स्थान पर पांच सीटों की सीमा विकसित की गई थी।

सत्र (Sessions)

महासभा की बैठक वार्षिक सत्र में होती है, जो आमतौर पर प्रत्येक वर्ष सितंबर के तीसरे मंगलवार को शुरू होती है। सत्र लगभग तीन माह तक चलते हैं। प्रत्येक सत्र में महासभा एक अध्यक्ष (President) और 21 उपाध्यक्षों (Vice-Presidents) (अफ्रीकी राज्यों से 6 प्रतिनिधि, एशियाई राज्यों से 5 प्रतिनिधि, पूर्वी यूरोपीय राज्य से 1 प्रतिनिधि, लैटिन अमेरिकी राज्यों से 3 प्रतिनिधि, पश्चिमी यूरोपीय या अन्य राज्यों से 2 प्रतिनिधि), सुरक्षा परिषद के पी-5 (P-5) से 5 प्रतिनिधि, इस शर्त के अधीन कि महासभा के अध्यक्ष के चुनाव से उपाध्यक्षों की संख्या में एक की कमी हो जाएगी), और समितियों के अध्यक्ष का चुनाव करती है। महासभा का पहला सत्र लीग के छब्बीसवें जन्मदिन पर 10 जनवरी 1946 को *वेस्टमिंस्टर के सेंट्रल हॉल* (Central Hall of Westminster) में आयोजित किया गया था।

महासभा के सत्रों का एजेंडा अंतर्राष्ट्रीय शांति और सुरक्षा, आर्थिक विकास और सतत विकास, अफ्रीका का विकास, मानवाधिकार, मानवीय और आपदा राहत सहायता, न्याय और अंतर्राष्ट्रीय कानून, निरस्त्रीकरण, ड्रग्स, अपराध, अंतर्राष्ट्रीय आतंकवाद, संगठनात्मक और प्रशासनिक मामले जैसे मुद्दों के इर्द-गिर्द घूमता है।

नियमित सत्रों के अलावा, महासभा विशेष सत्रों में भी मिल सकती है जो "सुरक्षा परिषद या संयुक्त राष्ट्र के अधिकांश सदस्यों के अनुरोध पर महासचिव द्वारा बुलाई जाएगी"। [अध्याय IV, अनुच्छेद 20] ([Chapter IV, Article 20])

कोई भी सदस्य राज्य महासचिव से विशेष सत्र बुलाने का अनुरोध भी कर सकता है। ऐसा अनुरोध प्राप्त होने पर, महासचिव तुरंत संयुक्त राष्ट्र के अन्य सदस्यों को अनुरोध के बारे में सूचित करता है और यह सुनिश्चित करता है कि बहस के लिए विशेष मामले पर महासभा में आम सहमति हो। यदि महासचिव को सूचित की जाने वाली तारीख से तीस दिनों के भीतर यह पाया जाता है कि अधिकांश सदस्य अनुरोध से सहमत हैं, तो महासभा का एक विशेष सत्र बुलाया जा सकता है।

अपनी स्थापना के बाद से महासभा के कई विशेष सत्र आयोजित किए गए हैं। पहला सत्र (1947) और दूसरा सत्र (1948) फ़िलिस्तीन पर था, उसके बाद तीसरा सत्र (1961) ट्यूनीशिया पर था; इसके बाद कई सत्र बुलाए गए हैं। हाल ही में कुछ सत्र आयोजित किए गए जैसे नाजी कंसंट्रेशन शिविरों की मुक्ति की साठवीं वर्षगांठ के उपलक्ष्य में सत्र (2005), बच्चों के लिए विश्व शिखर सम्मेलन पर सत्र (World Summit for Children, 2002), ह्यूमन इम्युनोडेफिशिएंसी वायरस/एक्वायर्ड इम्युनोडेफिशिएंसी सिंड्रोम (एचआईवी/एड्स) (immunodeficiency virus/acquired immunodeficiency syndrome (HIV/AIDS)) के सभी पहलुओं की समस्या पर सत्र (2001), मानव बस्तियों पर संयुक्त राष्ट्र सम्मेलन (पर्यावास II) के परिणाम के कार्यान्वयन पर सत्र (2001)।

महासभा आपातकालीन विशेष सत्र के लिए भी बैठक कर सकती है। 3 नवंबर 1950 को महासभा द्वारा अपनाए गए **संकल्प 377A(V)** (resolution 377A(V)), "शांति के लिए एकजुट होना" के तहत, 24 घंटे क भीतर एक "आपातकालीन विशेष सत्र" बुलाया जा सकता है।

पूर्वी यरुशलम और कब्जे वाले फिलिस्तीनी क्षेत्र के बाकी हिस्सों में अवैध इजरायली कार्रवाइयों, नामीबिया के सवाल, अफगानिस्तान की स्थिति और अंतर्राष्ट्रीय शांति और सुरक्षा के लिए इसके निहितार्थ (1980), कांगो का सवाल और दूसरे पर कई आपातकालीन सत्र आयोजित किए गए हैं।

महासभा के सहायक अंग (Subsidiary Organs of the General Assembly)

अपने कार्यों के उचित वितरण के लिए, महासभा अपनी छह मुख्य समितियों के बीच अपने काम से संबंधित वस्तुओं को आवंटित करती है जो उन पर चर्चा करती है, जहां भी संभव हो, राज्यों के विभिन्न दृष्टिकोणों में सामंजस्य स्थापित करने की कोशिश करती है, और फिर मसौदा के प्रस्तावों और निर्णयों को महासभा की पूर्ण बैठक में विचार के लिए प्रस्तुत करती है।

मुख्य समितियाँ इस प्रकार हैं:

- पहली समिति (निरस्त्रीकरण और अंतर्राष्ट्रीय सुरक्षा समिति) निरस्त्रीकरण और संबंधित अंतर्राष्ट्रीय सुरक्षा से संबंधित प्रश्नों से है।
- दूसरी समिति (आर्थिक एवं वित्तीय समिति) का संबंध आर्थिक प्रश्नों से है।
- तीसरी समिति (सामाजिक, मानवीय और सांस्कृतिक समिति) सामाजिक और मानवीय मुद्दों से संबंधित है।
- चौथी समिति (विशेष राजनीतिक और उपनिवेशीकरण समिति) विभिन्न प्रकार के राजनीतिक विषयों से निपटती है जो पहली समिति द्वारा नहीं निपटाए जाते हैं, साथ ही उपनिवेशवाद से मुक्ति के मामलों से भी निपटते हैं।
- पांचवीं समिति (प्रशासनिक और बजटीय समिति) संयुक्त राष्ट्र के प्रशासन और बजट से संबंधित है।
- छठी समिति (कानूनी समिति) अंतर्राष्ट्रीय कानूनी मामलों से निपटती है।

महासभा की अन्य समितियाँ क्रेडेंशियल्स समिति, सामान्य समिति हैं जो महासभा के अध्यक्ष और 21 उपाध्यक्षों के साथ-साथ छह मुख्य समितियों के अध्यक्षों से बनी होती है। यह समिति एजेंडा को अपनाने, वस्तुओं के आवंटन और कार्य के संगठन के संबंध में महासभा को सिफारिशें करती है। महासभा में कई अनौपचारिक क्षेत्रीय समूह विकसित हुए हैं, जो सभा के प्रक्रियात्मक कार्य को सुविधाजनक बनाते हैं जैसे अफ्रीकी राज्यों, एशियाई राज्यों, पूर्वी यूरोपीय राज्यों, लैटिन अमेरिकी और कैरेबियाई राज्यों और पश्चिमी यूरोपीय और अन्य राज्यों के समूह। [7]

अनुच्छेद 22 महासभा को अपने कार्यों के निष्पादन के लिए आवश्यक समझे जाने वाले सहायक अंगों की स्थापना करने का काम सौंपता है।

आयोग (Commissions)

महासभा द्वारा कई आयोग स्थापित किए गए हैं जैसे निरस्त्रीकरण आयोग, अंतर्राष्ट्रीय सिविल सेवा आयोग, अंतर्राष्ट्रीय कानून आयोग, अंतर्राष्ट्रीय व्यापार कानून पर संयुक्त राष्ट्र आयोग (United Nations Commission on International Trade Law—UNCITRAL), फिलिस्तीन के लिए संयुक्त राष्ट्र सुलह आयोग और संयुक्त राष्ट्र शांति स्थापना आयोग [जीए संकल्प 60/180 और संयुक्त राष्ट्र सुरक्षा परिषद संकल्प 1645 (2005) और 1646 (2005) द्वारा स्थापित] [established by GA Resolution 60/180 and UN Securiy Council Resolutions 1645 (2005) and 1646 (2005)]।

सलाहकार आयोग (Advisory Commission)

निकट पूर्व में फिलिस्तीन शरणार्थियों के लिए संयुक्त राष्ट्र राहत और कार्य एजेंसी पर एक सलाहकार आयोग भी है [जीए संकल्प 302 (IV), 1949 (GA Resolution 302 (IV), 1949) द्वारा स्थापित]।

कार्य समूह (Working Groups)

महासभा के कार्य समूह निम्नतिखित हैं:

- संयुक्त राष्ट्र की वित्तीय स्थिति पर उच्च स्तरीय ओपन-एंडेड कार्य समूह [जीए संकल्प 49/143, 1994 द्वारा स्थापित] [established by GA Resolution 49/143, 1994]।
- महिलाओं की उन्नति के लिए अंतर्राष्ट्रीय अनुसंधान और प्रशिक्षण संस्थान के भविष्य के संचालन पर कार्य समूह [जीए संकल्प 56/125, 2001 द्वारा स्थापित] [established by GA Resolution 56/125, 2001]।
- निकट पूर्व में फिलिस्तीन शरणार्थियों के लिए संयुक्त राष्ट्र राहत और कार्य एजेंसी (UNRWA) के वित्त पर कार्य समूह [जीए संकल्प 2656 (XXV), 1970 द्वारा स्थापित] [established
- by GA Resolution 2656 (XXV), 1970]।

खुला तदर्थ कार्य समूह (Open-Ended *ad hoc* Working Groups)

आर्थिक और सामाजिक क्षेत्रों में प्रमुख संयुक्त राष्ट्र सम्मेलनों और शिखर सम्मेलनों के एकीकृत और समन्वित कार्यान्वयन और अनुवर्ती कार्रवाई पर महासभा का एक खुला तदर्थ कार्य समूह भी है [जीए संकल्प 57/270, 2002 द्वारा स्थापित] [established by GA Resolution 57/270, 2002]।

परिषदें (Councils)

महासभा के प्रस्तावों द्वारा स्थापित परिषदें हैं:

- मानवाधिकार परिषद [जीए संकल्प 60/251, 1948 द्वारा स्थापित] [established by GA Resolution 60/251, 1948]।
- संयुक्त राष्ट्र विश्वविद्यालय की परिषद [जीए संकल्प 3081 (XXVIII), 1973 द्वारा स्थापित] [established by GA Resolution 3081 (XXVIII), 1973]।

शासी परिषदें (Governing Councils)

महासभा की शासी परिषदें हैं:

- संयुक्त राष्ट्र पर्यावरण कार्यक्रम की गवर्निंग काउंसिल [जीए संकल्प 2997 (XXVII) द्वारा स्थापित] [established by GA Resolution 2997 (XXVII)]।
- संयुक्त राष्ट्र मानव बस्ती कार्यक्रम, यूएन-हैबिटेट की गवर्निंग काउंसिल [जीए संकल्प 56/206, 2001 द्वारा स्थापित] [established by GA Resolution 56/206, 2001]।

पैनल (Panel)

संयुक्त राष्ट्र, विशिष्ट एजेंसियों और अंतर्राष्ट्रीय परमाणु ऊर्जा एजेंसी के बाहरी लेखा परीक्षकों का एक पैनल भी है [जीए संकल्प 347 (IV) और 1438 (XIV) द्वारा स्थापित] [established by GA Resolution 347 (IV) and 1438 (XIV)]।

कार्य एवं शक्तियाँ (Functions and Powers)

विचार-विमर्श कार्य (Deliberative Functions): यह कहने की आवश्यकता नहीं है कि महासभा, जिसमें संयुक्त राष्ट्र के सभी सदस्य शामिल हैं, संगठन का केंद्रीय अंग है लेकिन विश्व शांति और सुरक्षा बनाए रखने की प्राथमिक जिम्मेदारी सुरक्षा परिषद पर छोड़ दी गई है। ऐसे मामलों में महासभा की भूमिका सलाह देने तक ही सीमित है। सैन फ्रांसिस्को सम्मेलन ने शांति और सुरक्षा से संबंधित मामलों पर महासभा के कामकाज की सीमाएँ निर्धारित कीं। इसलिए, अनुच्छेद 10 (Article 10) के तहत, महासभा वर्तमान चार्टर के दायरे में या वर्तमान चार्टर में प्रदान किए गए किसी भी अंग की शक्तियों और कार्यों से संबंधित किसी भी प्रश्न या किसी भी मामले पर चर्चा कर सकती है, और अनुच्छेद 12 (Article 12) में दिए गए प्रावधानों को छोड़कर, ऐसे किसी भी प्रश्न या मामले पर संयुक्त राष्ट्र के सदस्यों या सुरक्षा परिषद या दोनों को सिफारिशें कर सकती है। अनुच्छेद 12 (Article 12) के तहत, यह ध्यान देने योग्य है कि जब सुरक्षा परिषद किसी भी विवाद या परिस्थिति में वर्तमान चार्टर के तहत उसे सौंपे गए कार्यों का निवार्ह कर रही हो, महासभा उस विवाद या परिस्थिति के संबंध में कोई सिफारिश नहीं कर सकती जब तक कि सुरक्षा परिषद् द्वारा ऐसा अनुरोध न किया गया हो। हालाँकि, महासचिव, सुरक्षा परिषद की सहमति से, सुरक्षा परिषद द्वारा निपटाए जा रहे अंतर्राष्ट्रीय शांति और सुरक्षा के रखरखाव से संबंधित किसी भी मामले को प्रत्येक सत्र में महासभा को सूचित कर सकता है, यदि महासभा सत्र नहीं चल रहा हो और सुरक्षा परिषद ऐसे मामलों के निवारण पर चर्चा बंद कर देती है तब महासचिव को महासभा या संयुक्त राष्ट्र के सदस्यों को तुरंत सूचित करना होगा।

अंतर्राष्ट्रीय शांति और सुरक्षा के रखरखाव से संबंधित कार्य (Functions Relating to Maintenance of International Peace and Security): अनुच्छेद 11 के तहत, महासभा अंतर्राष्ट्रीय शांति और सुरक्षा के रखरखाव में सहयोग के सामान्य सिद्धांतों पर विचार कर सकती है, जिसमें निरस्त्रीकरण और हथियारों के विनियमन को नियंत्रित करने वाले सिद्धांत शामिल हैं, और इस संबंध में ऐसे सिद्धांतों को सदस्यों के लिए, या सुरक्षा परिषद के लिए, या दोनों के लिए सिफारिशें कर सकती हैं। इन कार्यों को शिक्षण कार्य भी कहा जाता है। इस अधिकार के तहत कार्य करते हुए, महासभा ने विभिन्न प्रस्तावों को अपनाया है, उदाहरण के लिए, 1949 में 'शांति की अनिवार्यता', "राज्यों के शांतिपूर्ण सह-अस्तित्व के संबंध में घोषणा" (Declaration Concerning the Peaceful Coexistence of States), और 1946 में परमाणु ऊर्जा आयोग (Atomic Energy Commission), 1952 में निरस्त्रीकरण आयोग (Disarmament Commission) की भी स्थापना और 1955 में परमाणु विकिरण के प्रभावों पर वैज्ञानिक समिति (Scientific Committee on the Effects of Atomic Radiation)।[8]

इसके अलावा, महासभा संयुक्त राष्ट्र के किसी भी सदस्य, या सुरक्षा परिषद, या किसी ऐसे राज्य द्वारा, जो संयुक्त राष्ट्र का सदस्य नहीं है, उसके समक्ष लाए गए अंतर्राष्ट्रीय शांति और सुरक्षा के रखरखाव से संबंधित किसी भी प्रश्न पर चर्चा कर सकती है। अनुच्छेद 35 (Article 35), अनुच्छेद 2

(paragraph 2) के साथ, और, अनुच्छेद 12 में दिए गए प्रावधानों को छोड़कर, और ऐसे किसी भी प्रश्न के संबंध में संबंधित राज्य या राज्यों, या सुरक्षा परिषद या दोनों को सिफारिशें कर सकता है। ऐसा कोई भी प्रश्न जिस पर कार्रवाई आवश्यक हो उसे चर्चा से पहले या बाद में महासभा द्वारा सुरक्षा परिषद को भेजा जाएगा। महासभा सुरक्षा परिषद का ध्यान उन स्थितियों की ओर भी आकर्षित कर सकती है जो अंतर्राष्ट्रीय शांति और सुरक्षा को खतरे में डाल सकती हैं।

अनुच्छेद 14 (Article 14) के तहत, अनुच्छेद 12 (Article 12) के प्रावधानों के अधीन, महासभा किसी भी स्थिति के शांतिपूर्ण समायोजन के लिए उपायों की सिफारिश कर सकती है, भले ही वह किसी भी स्थिति में हो, जिसके कारण राष्ट्रों के बीच सामान्य कल्याण या मैत्रीपूर्ण संबंधों के ख़राब होने की संभावना हो, जिसमें संयुक्त राष्ट्र के उद्देश्यों और सिद्धांतों को निर्धारित करने वाले वर्तमान चार्टर के प्रावधानों के उल्लंघन से उत्पन स्थिति भी शामिल है।

1950 के दशक में, कोरियाई संकट के दौरान, महासभा के महत्व में वृद्धि देखी गई। शीत युद्ध की पृष्ठभूमि में और संयुक्त राज्य अमेरिका और यूएसएसआर (USSR) के बीच लगातार खींचतान के परिणामस्वरूप वीटो का प्रयोग हुआ और बाद में सोवियत संघ की लगातार अनुपस्थिति के कारण सुरक्षा परिषद में गतिरोध आ गया। यह तब था जब ऐतिहासिक "यूनाइटिंग फॉर पीस रेजोल्यूशन (यूपीआर) (Uniting for Peace Resolution—UPR)", 1950 को अपनाया गया था, जिसके आधार पर "शांति के लिए खतरों, शांति के उल्लंघन और आक्रामक कृत्यों के संबंध में कार्रवाई", जो पूरी तरह से सुरक्षा परिषद की जिम्मेदारी है महासभा द्वारा निष्पादित की जाएगी। यह निर्णय लिया गया कि "यदि सुरक्षा परिषद, स्थायी सदस्यों की एकमत की कमी के कारण, किसी भी मामले में अंतर्राष्ट्रीय शांति और सुरक्षा बनाए रखने के लिए अपनी प्राथमिक जिम्मेदारी का पालन करने में विफल रहती है, जहां शांति के लिए खतरा प्रतीत होता है, शांति का उल्लंघन होता है या आक्रामकता के कार्य के मामले में, महासभा सामूहिक उपायों के लिए सदस्यों को उचित सिफारिशें करने की दृष्टि से तुरंत मामले पर विचार करेगी, जिसमें शांति भंग करने या आक्रामकता के कार्य के मामले में अंतर्राष्ट्रीय शांति और सुरक्षा को बनाए रखने या बहाल करने के लिए आवश्यक होने पर सशस्त्र बल का उपयोग शामिल है। यदि उस समय सत्र में नहीं है, तो महासभा अनुरोध के चौबीस घंटे के भीतर आपातकालीन विशेष सत्र में बैठक कर सकती है। सुरक्षा परिषद द्वारा किन्हीं सात सदस्यों के वोट पर या संयुक्त राष्ट्र के सदस्यों के बहुमत द्वारा अनुरोध किए जाने पर ऐसा आपातकालीन विशेष सत्र बुलाया जाएगा"।[9]

यूनाइटिंग फॉर पीस रेजोल्यूशन के तहत, महासभा ने कई अंतर्राष्ट्रीय संकटों में काम किया है, जैसे कोरिया, स्वेज़ और हंगेरियन संकट, साथ ही जॉर्डन और लेबनान संकट। यह याद रखना चाहिए कि महासभा केवल पचास के दशक में यूपीआर (UPR) के तहत अपने चरम पर पहुंची थी, और साठ के दशक के बाद से यह फिर से सुरक्षा परिषद थी जिसने शांति के मुद्दों के संबंध में अपनी जिम्मेदारियों को फिर से शुरू किया।

हालाँकि महासभा को अपनी क्षमता के भीतर अंतर्राष्ट्रीय मुद्दों पर राज्यों को केवल गैर-बाध्यकारी सिफारिशें (non-binding recommendations) करने का अधिकार है, फिर भी, इसने राजनीतिक, आर्थिक, मानवीय, सामाजिक और कानूनी कार्रवाई शुरू की है, जिसने दुनिया भर में लाखों लोगों के जीवन को प्रभावित किया है। वर्ष 2000 में अपनाई गई *ऐतिहासिक सहस्राब्दी घोषणा* (Landmark Millennium Declaration) और 2005 विश्व शिखर सम्मेलन परिणामी दस्तावेज़ (World Summit Outcome Document), विकास और गरीबी उन्मूलन के साथ-साथ शांति, सुरक्षा और निरस्त्रीकरण प्राप्त करने के लिए विशिष्ट लक्ष्यों; जैसे मानवाधिकारों की रक्षा करना और कानून के शासन

को बढ़ावा देना; हमारे साझा पर्यावरण की रक्षा करना अफ्रीका की विशेष ज़रूरतों को पूरा करना; और संयुक्त राष्ट्र को मजबूत करना तक पहुंचने के लिए संयुक्त राष्ट्र के सदस्य देशों की प्रतिबद्धता को दर्शाते हैं।

अंतर्राष्ट्रीय कानून के संहिताकरण से संबंधित कार्य (Functions Relating to Codification of International Law): अंतर्राष्ट्रीय कानून के संहिताकरण से संबंधित कार्यों को 'अर्ध-विधायी कार्य' का एक हिस्सा माना जा सकता है या, जैसा कि निकोलस (Nicholas)[10] कहते हैं, ऐसे कार्यों के रूप में जो "एक राष्ट्रीय विधायिका की कानून बनाने की गतिविधियों के सबसे करीब है"। चार्टर के अनुच्छेद 13 के अनुसार, महासभा (क) राजनीतिक क्षेत्र में अंतर्राष्ट्रीय सहयोग को बढ़ावा देने और अंतर्राष्ट्रीय कानून और इसके संहिताकरण और (ख) आर्थिक, सामाजिक, सांस्कृतिक, शैक्षिक और स्वास्थ्य क्षेत्र के प्रगतिशील विकास को प्रोत्साहित करने के उद्देश्य से अध्ययन शुरू करेगी और सिफारिशें करेगी। महासभा जाति, लिंग, भाषा या धर्म के भेदभाव के बिना सभी के लिए मानवाधिकारों और मौलिक स्वतंत्रता की प्राप्ति में सहायता करती है।

अपने अर्ध-विधायी कार्यों के निष्पादन के लिए, महासभा ने 1948 में अंतर्राष्ट्रीय कानून आयोग (International Law Commission) की स्थापना की, जिसका प्राथमिक कार्य महासभा में प्रस्तुत करने के लिए मसौदा कोड का अध्ययन करना और घोषणाएँ तैयार करना था। इन सिफ़ारिशों के आधार पर, महासभा ने नूर्नबर्ग मुकदमे के चार्टर (Charter of the Nuremberg Trial) और उस मुकदमे के निर्णयों में सन्निहित अंतर्राष्ट्रीय कानून के सिद्धांतों की पुष्टि की। महासभा द्वारा इस तरह की पुष्टि के अन्य उदाहरण भी हैं। विधि आयोग के मार्गदर्शन के बिना भी, महासभा सम्मेलनों या घोषणाओं को तैयार कर सकती है और अपना सकती है, जो राज्यों द्वारा व्यवहार संहिता का प्रतीक हैं।

महासभा ने मानव अधिकारों से संबंधित कई सम्मेलनों को भी अपनाया है जैसे मानव अधिकारों की सार्वभौम घोषणा (Universal Declaration of Human Rights— UDHR), नागरिक और राजनीतिक अधिकारों पर अंतर्राष्ट्रीय अनुबंध (1966) (आईसीसीपीआर), (International Covenant on Civil and Political Rights,1966—ICCPR)) आर्थिक, सामाजिक और सांस्कृतिक अधिकारों पर अंतर्राष्ट्रीय अनुबंध (आईसीईएसआर) (International Covenant on Economic, Social and Cultural Rights—ICESR), नस्लीय भेदभाव (Racial Discrimination) के सभी रूपों के उन्मूलन पर कन्वेंशन (1965), अत्याचार और अन्य क्रूर, अमानवीय या अपमानजनक सज़ा के व्यवहार के खिलाफ कन्वेंशन (1984) (सीएटी—CAT) और अन्य।

पर्यवेक्षी कार्य (Supervisory Functions): महासभा अनुच्छेद 15 के तहत कुछ पर्यवेक्षी कार्य भी करती है। यह सुरक्षा परिषद से वार्षिक और विशेष रिपोर्ट प्राप्त करता है और उन पर विचार करता है। इन रिपोर्टों में उन उपायों का विवरण शामिल होगा जो सुरक्षा परिषद ने अंतर्राष्ट्रीय शांति और सुरक्षा बनाए रखने के लिए तय किए हैं या उठाए हैं।

महासभा संयुक्त राष्ट्र के अन्य अंगों से भी रिपोर्ट प्राप्त करती है और उन पर विचार करती है। अनुच्छेद 85 (Article 85) के तहत, आर्थिक और सामाजिक परिषद और ट्रस्टीशिप परिषद को महासभा की प्रत्यक्ष निगरानी में रखा गया है। सभी विशिष्ट एजेंसियों को अपनी वार्षिक रिपोर्ट भी महासभा को प्रस्तुत करनी चाहिए।

अनुच्छेद 16 (Article 16) के तहत महासभा को अंतर्राष्ट्रीय ट्रस्टीशिप प्रणाली के संबंध में ऐसे कार्य करने के लिए सौंपा गया है जैसा कि उसे अध्याय XII और XIII के तहत सौंपा गया है, जिसमें रणनीतिक के रूप में नामित नहीं किए गए क्षेत्रों के लिए ट्रस्टीशिप समझौतों का अनुमोदन भी शामिल है।

बजटीय कार्य (Budgetary Functions:) बजटीय कार्य महासभा की एक महत्वपूर्ण वित्तीय गतिविधि बनाते हैं। अनुच्छेद 17 (Article 17) के तहत महासभा संयुक्त राष्ट्र के बजट पर विचार करती है और उसे मंजूरी देती है। संगठन का खर्च महासभा द्वारा यथाविभाजित सदस्यों द्वारा वहन किया जाता है।

महासभा अनुच्छेद 57 (Article 57) में निर्दिष्ट विशेष एजेंसियों के साथ किसी भी वित्तीय और बजटीय व्यवस्था पर भी विचार करती है और उसे मंजूरी देती है, और संबंधित एजेंसियों को सिफारिशें करने की दृष्टि से ऐसी विशेष एजेंसियों के प्रशासनिक बजट की भी जांच करती है।

चार्टर में संशोधन (Amendment of the Charter): वर्तमान चार्टर में संशोधन से संबंधित अनुच्छेद 108 (Article 108) के तहत, महासभा, वह मंच है जहां सभी सदस्य राज्यों का प्रतिनिधित्व किया जाता है, को एक महत्वपूर्ण स्थान सौंपा गया है। सभी संशोधन तब लागू हो सकते हैं जब संयुक्त राष्ट्र के सभी सदस्यों ने इसे महासभा के सदस्यों के दो-तिहाई बहुमत से अपनाया हो और संयुक्त राष्ट्र के दो-तिहाई सदस्यों द्वारा अपनी-अपनी संवैधानिक प्रक्रियाओं के अनुसार राष्ट्र, जिसमें सुरक्षा परिषद के सभी स्थायी सदस्य भी शामिल हैं ने इसकी पुष्टि की हो।

वैकल्पिक कार्य (Elective Functions): महासभा महासचिव, अंतर्राष्ट्रीय न्यायालय के न्यायाधीशों का चुनाव करती है, और सुरक्षा परिषद की सिफारिशों के आधार पर नए सदस्यों को स्वीकार करती है। यह सुरक्षा परिषद के गैर-स्थायी सदस्यों, आर्थिक और सामाजिक परिषद के सदस्यों और ट्रस्टीशिप परिषद के कई सदस्यों को चुनने के लिए विशेष शक्तियों का भी प्रयोग करता है।

महासभा में मतदान (Voting in General Assembly)

अनुच्छेद 18 (Article 18) में महासभा में मतदान से संबंधित प्रावधान हैं। ये प्रावधान इस प्रकार हैं:

1. महासभा के प्रत्येक सदस्य का एक वोट होगा।
2. महत्वपूर्ण प्रश्नों पर महासभा के निर्णय उपस्थित और मतदान करने वाले सदस्यों के दो-तिहाई बहुमत से किये जायेंगे। इन प्रश्नों में शामिल होंगे: अंतर्राष्ट्रीय शांति और सुरक्षा बनाए रखने के संबंध में सिफारिशें; सुरक्षा परिषद के अस्थायी सदस्यों का चुनाव; आर्थिक एवं सामाजिक परिषद के सदस्यों का चुनाव; अनुच्छेद 86 (Article 86) के अनुच्छेद 1 (सी) (paragraph 1(c)) के अनुसार ट्रस्टीशिप परिषद के सदस्यों का चुनाव, संयुक्त राष्ट्र में नए सदस्यों का प्रवेश; सदस्यता के अधिकारों और विशेषाधिकारों का निलंबन; सदस्यों का निष्कासन; ट्रस्टीशिप प्रणाली के संचालन से संबंधित प्रश्न; और बजटीय प्रश्न।
3. दो-तिहाई बहुमत से तय किए जाने वाले प्रश्नों की अतिरिक्त श्रेणियों के निर्धारण सहित अन्य प्रश्नों पर निर्णय उपस्थित और मतदान करने वाले सदस्यों के बहुमत द्वारा किए जाएंगे।

अनुच्छेद 19 (Article 19) में प्रावधान हैं; जो किसी सदस्य को महासभा में मतदान के अधिकार का प्रयोग करने से रोकता है। इसमें कहा गया है कि "संयुक्त राष्ट्र का एक सदस्य जिसके पास संगठन के लिए अपने वित्तीय योगदान का भुगतान बकाया है, उसे महासभा में कोई वोट नहीं दिया जाएगा यदि उसके बकाया की राशि उसके द्वारा देय योगदान की राशि के बराबर या पिछले दो पूर्ण वर्ष में देय योगदान की राशि से अधिक है। फिर भी, महासभा ऐसे सदस्य को वोट देने की अनुमति दे सकती है यदि वह संतुष्ट है कि भुगतान करने में विफलता सदस्य के नियंत्रण से परे स्थितियों के कारण है।

हाल के वर्षों में, औपचारिक वोट से निर्णय लेने के बजाय मुद्दों पर आम सहमति हासिल करने के प्रयास किए गए हैं। अध्यक्ष, प्रतिनिधिमंडलों के साथ परामर्श करने और एक समझौते पर पहुंचने के बाद, यह प्रस्ताव कर सकते हैं कि किसी प्रस्ताव को बिना वोट के अपनाया जाए।

मूल्यांकन (Evaluation)

महासभा संयुक्त राष्ट्र का अब तक का सबसे महत्वपूर्ण अंग है। यह सभी सदस्य देशों को शामिल करने वाला सबसे बड़ा अंग है और इसे **दुनिया की नगर-बैठक** (townmeeting of the world) के रूप में जाना जाता है। सुरक्षा परिषद की सीमित सदस्यता की प्रकृति को देखते हुए, महासभा विकासशील देशों का मंच बन जाती है और सामूहिक सौदेबाजी के लिए एक मंच प्रदान करती है। शांति के लिए एकजुट होने के प्रस्ताव के पारित होने के साथ महासभा की शक्ति अपने चरम पर पहुंच गई और उसने इस प्रस्ताव का उपयोग करके शांति स्थापना के लिए कई चुनौतियों का सामना किया। लेकिन साठ के दशक के बाद से, सुरक्षा परिषद द्वारा शांति स्थापना और अंतर्राष्ट्रीय सुरक्षा के मामलों से संबंधित कार्यों को फिर से शुरू करने के साथ, महासभा की भूमिका में गिरावट आई है। लेकिन इससे महासभा एक अप्रभावी अंग नहीं बन गई है, और यह अभी भी दुनिया की संसद और विचार-विमर्श और चर्चा का मंच बनी हुई है। सभा के पर्यवेक्षी कार्य अभी भी जारी हैं और राष्ट्रों के बीच शांतिपूर्ण सहयोग को बढ़ावा देकर एक शांतिपूर्ण सुरक्षित दुनिया की दिशा में काम करने का प्रयास अभी भी इसका मुख्य उद्देश्य बना हुआ है। इसके अलावा, संयुक्त राष्ट्र को और अधिक प्रभावी बनाने के लिए, महासभा वह मंच है जो संयुक्त राष्ट्र के प्रस्तावित सुधार के लिए विचार और चर्चा करता है और इसके काम की समीक्षा करता है।

सुरक्षा परिषद (The Security Council)

संघटन (Composition)

चार्टर के अध्याय V, विशेष रूप से अनुच्छेद 23 (Article 23) में परिषद की सदस्यता से संबंधित प्रावधान शामिल हैं। यह निर्दिष्ट करता है कि सुरक्षा परिषद में संयुक्त राष्ट्र के पंद्रह सदस्य शामिल होंगे। चीन गणराज्य, फ्रांस, सोवियत समाजवादी गणराज्य संघ (रूस), ग्रेट ब्रिटेन और उत्तरी आयरलैंड का यूनाइटेड किंगडम और संयुक्त राज्य अमेरिका सुरक्षा परिषद के स्थायी सदस्य होंगे। संयुक्त राष्ट्र के गठन के तुरंत बाद अमेरिकी वीटो के कारण पीपुल्स रिपब्लिक ऑफ चाइना का चार्टर में प्रवेश नहीं हो सका। उस समय, राष्ट्रवादी चीन (ताइवान) चीन राज्य का प्रतिनिधित्व करता था। हालाँकि, 1971 में संयुक्त राष्ट्र द्वारा बीजिंग सरकार (Beijing Government) की मान्यता के साथ, अंततः ताइवान को विस्थापित करते हुए पीपुल्स रिपब्लिक ऑफ चाइना को परिषद में शामिल किया गया।

दस गैर-स्थायी सदस्यों को महासभा द्वारा दो साल के लिए चुना जाता है और वे तत्काल पुन: चुनाव के लिए पात्र नहीं होते हैं। अस्थायी सदस्यों का चयन भौगोलिक वितरण के आधार पर किया जाता है। उन्हें एशियाई, अफ्रीकी, लैटिन अमेरिकी और कैरेबियन, पूर्वी यूरोपीय और पश्चिमी यूरोपीय राज्यों से चुना जाता है। 1965 में लागू चार्टर के एक संशोधन द्वारा गैर-स्थायी सदस्यों की संख्या छह से बढ़ाकर दस कर दी गई। सबसे पहले, अंतर्राष्ट्रीय शांति और सुरक्षा को बनाए रखने और संगठन के अन्य उद्देश्यों और समान भौगोलिक वितरण के लिए संयुक्त राष्ट्र के सदस्यों के योगदान को विशेष रूप से सम्मान दिया जाता है। सुरक्षा परिषद के प्रत्येक सदस्य का एक प्रतिनिधि होगा।

हालाँकि, यह बताया गया है कि परिषद की संरचना अलोकतांत्रिक है और संप्रभु समानता के सिद्धांत पर आधारित नहीं है। केवल अस्थायी सदस्यों की संख्या बढ़ाई गई, स्थायी नहीं की गई। इसके अलावा, परिषद को महासभा की तुलना में अंतर्राष्ट्रीय शांति और सुरक्षा के महत्वपूर्ण मामलों से संबंधित व्यापक शक्तियां दी गई हैं।

सत्र (Sessions)

अनुच्छेद 28 (Article 28) संस्थापक सदस्यों की इसे निरंतर कार्यशील बनाने की इच्छा को दर्शाता है। इसमें कहा गया है कि सुरक्षा परिषद इस प्रकार संगठित होगी कि वह निरंतर कार्य कर सके। सुरक्षा परिषद के प्रत्येक सदस्य को, इस उद्देश्य के लिए, संगठन की सीट पर हर समय प्रतिनिधित्व करना होगा।

यह, यह भी निर्देश देता है कि सुरक्षा परिषद समय-समय पर बैठकें आयोजित करेगी, जिसमें इसके प्रत्येक सदस्य का प्रतिनिधित्व, यदि वह चाहे तो, सरकार के किसी सदस्य या किसी अन्य विशेष रूप से नामित प्रतिनिधि द्वारा किया जा सकता है। सुरक्षा परिषद संगठन की सीट के अलावा ऐसे स्थानों पर बैठकें आयोजित कर सकती है जिससे उसके निर्णय से उसके कार्य संपादन में सबसे अच्छी सुविधा हो।

सुरक्षा परिषद की प्रक्रिया के अनंतिम नियमों के नियम 2, 3 और 4, जिन्हें परिषद ने अपनी पहली बैठक में अपनाया और उसके बाद कई बार संशोधित किया, परिषद के सत्र आयोजित करने की प्रक्रिया को निर्दिष्ट करते हैं।

सुरक्षा परिषद के किसी भी सदस्य के अनुरोध पर अध्यक्ष सुरक्षा परिषद की बैठक बुलाएंगे और यदि कोई विवाद या स्थिति अनुच्छेद 35 (Article 35) के तहत या चार्टर के अनुच्छेद II (3) (Article II(3)) के तहत सुरक्षा परिषद के ध्यान में लाया जाता है, यदि महासभा अनुच्छेद 11(2) (Article 11(2)) के तहत सिफारिशें करती है या कोई प्रश्न सुरक्षा परिषद को भेजती है या यदि महासचिव अनुच्छेद 99 (Article 99) के तहत कोई मामला सुरक्षा परिषद के ध्यान में लाता है। इसके अलावा, चार्टर के अनुच्छेद 28(2) (Article 28 (2)) के तहत सुरक्षा परिषद की आवधिक बैठकें वर्ष में दो बार आयोजित की जाएंगी जैसा कि सुरक्षा परिषद निर्णय ले सकती है।

सुरक्षा परिषद की प्रत्येक बैठक के लिए अनंतिम एजेंडा महासचिव द्वारा तैयार किया जाएगा और सुरक्षा परिषद के अध्यक्ष द्वारा अनुमोदित किया जाएगा।

सुरक्षा परिषद की अध्यक्षता सुरक्षा परिषद के सदस्यों द्वारा उनके नाम के अंग्रेजी वर्णमाला क्रम के अनुसार बारी-बारी से की जाती है, और प्रत्येक अध्यक्ष एक कैलेंडर माह के लिए पद पर रहता है।

सुरक्षा परिषद में मतदान (Voting in the Security Council)

वर्तमान चार्टर के अनुच्छेद 27 (Article 27) में सुरक्षा परिषद की मतदान प्रक्रिया से संबंधित प्रावधान में निहित हैं। इस मतदान प्रक्रिया में 'वीटो' प्रणाली की उपस्थिति सबसे विशिष्ट तत्व है। इसमें प्रक्रियात्मक मामलों (procedural matters) पर निर्णय पर पहुंचने के लिए नौ सदस्यों के सकारात्मक वोट और अन्य सभी मामलों के लिए स्थायी सदस्यों के सहमति वाले वोटों सहित नौ सदस्यों के सकारात्मक वोट की आवश्यकता होती है। सुरक्षा परिषद के प्रत्येक सदस्य का एक वोट होगा।

प्रक्रियात्मक मामलों पर निर्णय 15 सदस्यों में से कम से कम नौ के सकारात्मक वोट द्वारा किए जाते हैं। ठोस मामलों पर निर्णय के लिए नौ वोटों की आवश्यकता होती है, जिसमें सभी पांच स्थायी सदस्यों के

सहमति वाले वोट शामिल होते हैं। यह *महान शक्ति सर्वसम्मति* (great Power unanimity) का नियम है, जिसे अक्सर "वीटो" शक्ति (veto power) के रूप में जाना जाता है। पी-5 की विशिष्ट "वीटो" (veto) शक्ति संयुक्त राष्ट्र सुरक्षा परिषद की असमान संरचना को दर्शाती है और साथ ही संयुक्त राष्ट्र को सुरक्षा परिषद के पी-5 द्वारा अस्वीकृत कार्रवाई करने से रोकती है।

एक सदस्य राज्य जिसके विरुद्ध सुरक्षा परिषद द्वारा निवारक या प्रवर्तन कार्रवाई की गई है, उसे सुरक्षा परिषद की सिफारिश पर महासभा द्वारा सदस्यता के अधिकारों और विशेषाधिकारों के प्रयोग से निलंबित किया जा सकता है। एक सदस्य राज्य, जिसने लगातार चार्टर के सिद्धांतों का उल्लंघन किया है, को परिषद की सिफारिश पर महासभा द्वारा संयुक्त राष्ट्र से निष्कासित किया जा सकता है।

एक राज्य, जो संयुक्त राष्ट्र का सदस्य है, लेकिन सुरक्षा परिषद का नहीं है, बिना वोट के, इसकी चर्चाओं में भाग ले सकता है, जब परिषद मानती है कि उस देश के हित प्रभावित हो रहे हैं अनुच्छेद 31 (Article 31)। संयुक्त राष्ट्र के सदस्यों और गैर-सदस्यों दोनों को, यदि परिषद द्वारा किसी विवाद में पक्षकार माना जाता है, तो उन्हें परिषद की चर्चाओं में बिना वोट के भाग लेने के लिए आमंत्रित किया जाता है, और परिषद गैर-सदस्य राज्य की भागीदारी के लिए शर्तें निर्धारित करती है (अनुच्छेद 32) (Article 32)।

चार्टर के तहत, संयुक्त राष्ट्र के सभी सदस्य सुरक्षा परिषद के निर्णयों को स्वीकार करने और उन्हें लागू करने के लिए सहमत होते हैं। जबकि संयुक्त राष्ट्र के अन्य अंग सरकारों को सिफारिशें कर सकते हैं, अकेले परिषद के पास निर्णय लेने की शक्ति है और चार्टर के तहत सदस्य राज्य इन निर्णयों को पूरा करने के लिए बाध्य हैं।

सुरक्षा परिषद की सहायक संस्थाएँ (Subsidiary Bodies of the Security Council)

सुरक्षा परिषद ने अपने कार्यों के निष्पादन के लिए आवश्यक समझे जाने पर सहायक अंगों की स्थापना की है।

वर्तमान में तीन **स्थायी समितियाँ** (Standing Committees) हैं, और प्रत्येक में सभी सुरक्षा परिषद सदस्य देशों के प्रतिनिधि शामिल हैं। तीन स्थायी समितियाँ इस प्रकार हैं:

1. विशेषज्ञों की सुरक्षा परिषद समिति (Security Council Committee of Experts)
2. नए सदस्यों के प्रवेश पर सुरक्षा परिषद समिति (Security Council Committee on Admission of New Members)
3. मुख्यालय से दूर परिषद की बैठकों पर सुरक्षा परिषद समिति (Security Council Committee on Council Meetings away from the Headquarters)

ऐसी **तदर्थ समितियाँ** (Ad-Hoc Committees) भी हैं जो आवश्यकता पड़ने पर सुरक्षा परिषद द्वारा स्थापित की जाती हैं। इनमें परिषद के सभी सदस्य शामिल होते हैं जो बंद सत्र में मिलते हैं। सुरक्षा परिषद के प्रस्ताव 692 (1991) (Security Council resolution 692 (1991) द्वारा स्थापित संयुक्त राष्ट्र मुआवजा आयोग की गवर्निंग काउंसिल जैसी तदर्थ समितियाँ, और आतंकवाद-निरोध के संबंध में प्रस्ताव 1373 (2001) (Resolution 1373 (2001)) के अनुसार गठित समिति—सभी सुरक्षा परिषद द्वारा स्थापित की गई थीं।

सुरक्षा परिषद ने कई **प्रतिबंध समितियाँ** (Sanctions Committee) भी गठित कीं। अपनाए गए प्रस्तावों के अनुसरण में स्थापित कुछ सुरक्षा परिषद प्रतिबंध समितियाँ सोमालिया (1992), रवांडा (1994), अल कायदा और तालिबान और संबंधित व्यक्तियों और संस्थाओं (1999), कांगो लोकतांत्रिक गणराज्य (2004) और सूडान (2006) से संबंधित हैं।

सुरक्षा परिषद के कई **कार्य समूह** (Working Groups) भी हैं जैसे:

1. शांतिरक्षा अभियानों पर सुरक्षा परिषद कार्य समूह
2. अफ्रीका में संघर्ष की रोकथाम और समाधान पर सुरक्षा परिषद तदर्थ कार्य समूह
3. संकल्प 1566 (2004) (Resolution 1566 (2004)) के अनुसार सुरक्षा परिषद कार्य समूह की स्थापना की गई
4. बच्चों और सशस्त्र संघर्ष पर सुरक्षा परिषद कार्य समूह
5. प्रतिबंधों के सामान्य मुद्दों पर सुरक्षा परिषद अनौपचारिक कार्य समूह
6. दस्तावेज़ीकरण और अन्य प्रक्रियात्मक प्रश्नों पर सुरक्षा परिषद अनौपचारिक कार्य समूह

शांति निर्माण आयोग (पीबीसी)(Peacebuilding Commission—PBC), 1540 समिति और संयुक्त राष्ट्र निगरानी सत्यापन और निरीक्षण आयोग (यूएनएमओवीआईसी) (United Nations Monitoring Verification and Inspection Commission—UNMOVIC) भी हैं। सुरक्षा परिषद के प्रस्तावों द्वारा अंतर्राष्ट्रीय न्यायाधिकरणों का भी गठन किया गया है, जैसे कि पूर्व यूगोस्लाविया के लिए अंतर्राष्ट्रीय आपराधिक न्यायाधिकरण (आईसीटीवाई) (International Criminal Tribunals for the Former Yugoslavia—ICTY), और रवांडा और रवांडा के नागरिकों के क्षेत्र में 1 जनवरी से 31 दिसंबर 1994 के बीच पड़ोसी राज्यों के क्षेत्र में किए गए नरसंहार और ऐसे अन्य अंतर्राष्ट्रीय मानवीय कानून के गंभीर उल्लंघन के लिए जिम्मेदार व्यक्तियों के अभियोजन के लिए।

निम्नलिखित **आतंकवाद विरोधी निकायों** का भी गठन किया गया है जैसे:

- आतंकवाद विरोधी समिति (Counter-Terrorism Committee)
- अल-कायदा और तालिबान प्रतिबंध समिति (Al-Qaida and Taliban Sanctions Committee)
- 1540 समिति (सामूहिक विनाश के हथियारों का अप्रसार)[11]

कार्य एवं शक्तियाँ (Functions and Powers)

अंतर्राष्ट्रीय शांति और सुरक्षा से संबंधित कार्य (Functions Relating to International Peace and Security): अनुच्छेद 24 (Article 24) संयुक्त राष्ट्र के सिद्धांतों और उद्देश्यों के अनुसार अंतर्राष्ट्रीय शांति और सुरक्षा बनाए रखने की प्रमुख जिम्मेदारी सौंपता है। इस अनुच्छेद के तहत, सुरक्षा परिषद अपने विचार के लिए वार्षिक और, जब आवश्यक हो, विशेष रिपोर्ट महासभा को प्रस्तुत करेगी।

विवादों के शांतिपूर्ण निपटान से संबंधित अध्याय VI के तहत, अनुच्छेद 33 (Article 33) में कहा गया है कि किसी भी विवाद के पक्ष, जिसके जारी रहने से अंतर्राष्ट्रीय शांति और सुरक्षा के रखरखाव को खतरा होने की संभावना है, सबसे पहले, बातचीत, पूछताछ, मध्यस्थता, सुलह, न्यायिक समाधान, और क्षेत्रीय एजेंसियों या व्यवस्थाओं या अपनी पसंद के अन्य शांतिपूर्ण तरीकों का सहारा लेना के माध्यम से

समाधान की तलाश करेंगे और सुरक्षा परिषद, जब आवश्यक समझे, तो पार्टियों को अपने विवादों को ऐसे तरीकों से निपटाने के लिए कहेगी।

अनुच्छेद 34 (Article 34) सुरक्षा परिषद को किसी भी विवाद, या किसी भी स्थिति की जांच करने की जिम्मेदारी देता है, जो अंतर्राष्ट्रीय संघर्ष का कारण बन सकता है या विवाद को जन्म दे सकता है, ताकि यह निर्धारित किया जा सके कि विवाद या स्थिति की निरंतरता अंतर्राष्ट्रीय शांति और सुरक्षा के रखरखाव को खतरे में डालने की संभावना है या नहीं।

अनुच्छेद 35 (Article 35) के अनुसार, संयुक्त राष्ट्र का कोई भी सदस्य किसी भी विवाद, या अनुच्छेद 34 में निर्दिष्ट प्रकृति की किसी भी स्थिति को सुरक्षा परिषद या महासभा के ध्यान में ला सकता है। यहां तक कि एक राज्य जो संयुक्त राष्ट्र का सदस्य नहीं है, वह किसी भी विवाद को सुरक्षा परिषद या महासभा के ध्यान में ला सकता है, जिसमें वह एक पक्ष है, और यदि वह विवाद के प्रयोजनों के लिए पहले से ही दायित्वों को स्वीकार कर लेता है जिसका वर्तमान चार्टर में शांतिपूर्ण समाधान का प्रावधान किया गया है। यह अनुच्छेद इसके तहत ध्यान में लाए गए मामलों के संबंध में महासभा की कार्यवाही पर प्रतिबंध भी लगाता है। ये चार्टर के अनुच्छेद 11 और 12 (Articles 11 and 12) के प्रावधानों के अधीन होंगे।

अनुच्छेद 36 (Article 36) सुरक्षा परिषद को अनुच्छेद 33 (Article 33) में निर्दिष्ट प्रकृति के विवाद या समान प्रकृति की स्थिति के किसी भी चरण में, उचित प्रक्रियाओं या समायोजन के तरीकों की सिफारिश करने का अधिकार देता है। इसके अलावा, सुरक्षा परिषद को विवाद के निपटारे के लिए किसी भी प्रक्रिया पर विचार करना होगा, जिसे पार्टियों द्वारा पहले ही अपनाया जा चुका है। इस अनुच्छेद के तहत सिफारिशें करते समय, सुरक्षा परिषद को यह भी ध्यान में रखना चाहिए कि कानूनी विवादों को, एक सामान्य नियम के रूप में, पार्टियों द्वारा न्यायालय के क़ानून के प्रावधानों के अनुसार अंतर्राष्ट्रीय न्यायालय में भेजा जाना चाहिए।

यदि अनुच्छेद 33 (Article 33) में निर्दिष्ट प्रकृति के विवाद के पक्ष उस अनुच्छेद में बताए गए तरीकों से इसे निपटाने में विफल रहते हैं, तो वे इसे अनुच्छेद 37 (Article 37) के तहत सुरक्षा परिषद को संदर्भित करेंगे और, यदि सुरक्षा परिषद यह समझती है कि विवाद के कारण वास्तव में अंतर्राष्ट्रीय शांति और सुरक्षा के रखरखाव को खतरे में पड़ने की संभावना है, तो यह तय करेगा कि अनुच्छेद 36 (Article 36) के तहत कार्रवाई की जाए या निपटान की ऐसी शर्तों की सिफारिश की जाए जो वह उचित समझे।

अनुच्छेद 38 (Article 38) में कहा गया है कि अनुच्छेद 33–37 (Article 33–37) के प्रावधानों पर प्रतिकूल प्रभाव डाले बिना, सुरक्षा परिषद, यदि किसी विवाद के सभी पक्ष अनुरोध करते हैं, तो विवाद के शांतिपूर्ण समाधान की दृष्टि से पार्टियों को सिफारिशें कर सकती है।

शांति के लिए खतरों, शांति के उल्लंघन और आक्रामक कृत्यों के संबंध में कार्रवाई के संबंध में अध्याय VII के अनुच्छेद 39 (Article 39) के तहत सुरक्षा परिषद शांति के लिए किसी भी खतरे, शांति के उल्लंघन या आक्रामक कृत्य के अस्तित्व का निर्धारण करेगी और सिफारिशें करेगी या तय करेगी कि अंतर्राष्ट्रीय शांति और सुरक्षा को बनाए रखने या बहाल करने के लिए अनुच्छेद 41 और 42 (Articles 41 and 42) के अनुसार क्या उपाय किए जाएंगे।

अनुच्छेद 40 (Article 40) के तहत, स्थिति को बिगड़ने से रोकने के लिए, सुरक्षा परिषद, सिफारिशें करने या अनुच्छेद 39 (Article 39) में दिए गए उपायों पर निर्णय लेने से पहले, संबंधित पक्षों से ऐसे अनंतिम उपायों का पालन करने के लिए कह सकती है, जिन्हें वह आवश्यक या वांछित समझती है। ऐसे

अनंतिम उपाय संबंधित पक्षों के अधिकारों, दावों या स्थिति पर प्रतिकूल प्रभाव डाले बिना होंगे। सुरक्षा परिषद ऐसे अनंतिम उपायों का पालन करने में विफलता का विधिवत हिसाब लेगी।

अनुच्छेद 41 और 42 (Articles 41 and 42) में प्रवर्तन उपायों से जुड़े खंड शामिल हैं, जिन्हें सुरक्षा परिषद आवश्यक या वांछनीय समझे जाने पर अपना सकती है।

अनुच्छेद 41 (Articles 41) के तहत, सुरक्षा परिषद यह तय कर सकती है कि उसके निर्णयों को प्रभावी बनाने के लिए सशस्त्र बल के उपयोग को छोड़कर कौन से उपाय किए जाएं, और यह संयुक्त राष्ट्र के सदस्यों से ऐसे उपायों को लागू करने के लिए कह सकती है। इनमें आर्थिक संबंधों और रेल, समुद्र, वायु, डाक, टेलीग्राफिक, रेडियो और संचार के अन्य साधनों का पूर्ण या आंशिक रुकावट और राजनयिक संबंधों का विच्छेद शामिल हो सकता है। यदि ये कार्रवाइयां अपर्याप्त साबित होती हैं, तो अनुच्छेद 42 (Articles 42) के तहत सुरक्षा परिषद इस पर विचार कर सकती है कि वह वायु, समुद्री या थल सेना द्वारा ऐसी कार्रवाई कर सकती है, जो अंतर्राष्ट्रीय शांति और सुरक्षा को बनाए रखने या बहाल करने के लिए आवश्यक हो सकती है। इस तरह की कार्रवाई में संयुक्त राष्ट्र के सदस्यों की वायु, समुद्री या थल सेना द्वारा प्रदर्शन, नाकाबंदी और अन्य ऑपरेशन शामिल हो सकते हैं। अनुच्छेद 43 (Articles 43) के अनुपालन में, संयुक्त राष्ट्र के सभी सदस्यों को, अंतर्राष्ट्रीय शांति और सुरक्षा के रखरखाव में योगदान देने के लिए, सुरक्षा परिषद को उसके आह्वान पर और एक विशेष समझौते या समझौतों के अनुसार अंतर्राष्ट्रीय शांति और सुरक्षा बनाए रखने के उद्देश्य से सशस्त्र हथियार, आवश्यक बल, सहायता और सुविधाएं, जिनमें मार्ग के अधिकार भी शामिल हैं उपलब्ध कराने का कार्य करना चाहिए। अनुच्छेद 46 (Articles 46) में प्रावधान है कि सशस्त्र बल के अनुप्रयोग की योजना सुरक्षा परिषद द्वारा सैन्य कर्मचारी समिति की सहायता से बनाई जाएगी, जिसे सुरक्षा परिषद की सैन्य आवश्यकताओं से संबंधित सभी प्रश्नों पर सुरक्षा परिषद को सलाह देने और सहायता करने के लिए अनुच्छेद 47 (Articles 47) के तहत अंतर्राष्ट्रीय शांति और सुरक्षा के रखरखाव के लिए, इसके निपटान में तैनात बलों के उपयोग और कमान, हथियारों के विनियमन और संभावित निरस्त्रीकरण के लिए स्थापित किया जाएगा।

सुरक्षा परिषद के अधीन **सैन्य स्टाफ समिति** (Military Staff Committee) में सुरक्षा परिषद के स्थायी सदस्यों के स्टाफ प्रमुख या उनके प्रतिनिधि शामिल होंगे। संयुक्त राष्ट्र का कोई भी सदस्य जो समिति में स्थायी रूप से प्रतिनिधित्व नहीं करता है, उसे समिति द्वारा अपने साथ शामिल होने के लिए आमंत्रित किया जाएगा, जब समिति की जिम्मेदारियों के कुशल निर्वहन के लिए अपने काम में उस सदस्य की भागीदारी की आवश्यकता होगी। सैन्य कर्मचारी समिति सुरक्षा परिषद के निपटान में रखे गए किसी भी सशस्त्र बल की रणनीतिक दिशा के लिए जिम्मेदार होगी। ऐसे बलों की कमान से संबंधित प्रश्नों पर तत्पश्चात काम किया जाएगा। समिति, सुरक्षा परिषद की अनुमति से और उपयुक्त क्षेत्रीय एजेंसियों से परामर्श के बाद, क्षेत्रीय उप-समितियाँ स्थापित कर सकती है।

शांति और सुरक्षा से संबंधित सुरक्षा परिषद के इन कार्यों में अपवाद मौजूद हैं। अनुच्छेद 51 (Article 51) के अनुसार, यदि संयुक्त राष्ट्र के किसी सदस्य के खिलाफ सशस्त्र हमला होता है, तो वर्तमान चार्टर में कुछ भी व्यक्तिगत या सामूहिक आत्मरक्षा के अंतर्निहित अधिकार को ख़राब नहीं करेगा, जब तक कि सुरक्षा परिषद अंतर्राष्ट्रीय शांति और सुरक्षा बनाए रखने के लिए आवश्यक उपाय नहीं करती। आत्मरक्षा के इस अधिकार के प्रयोग में सदस्यों द्वारा उठाए गए कदमों की सूचना तुरंत सुरक्षा परिषद को दी जाएगी और किसी भी तरह से वर्तमान चार्टर के तहत अंतर्राष्ट्रीय शांति और सुरक्षा को बनाए रखने या

बहाल करने के लिए आवश्यक समझी जाने वाली कार्रवाई के सुरक्षा परिषद के अधिकार और जिम्मेदारी को प्रभावित नहीं किया जाएगा। अनुच्छेद 53 (Article 53) के तहत एक और अपवाद प्रदान किया गया है, जो निर्दिष्ट करता है कि सुरक्षा परिषद, जहां उपयुक्त हो, अपने अधिकार के तहत प्रवर्तन कार्रवाई के लिए ऐसी क्षेत्रीय व्यवस्थाओं या एजेंसियों का उपयोग करेगी। लेकिन किसी भी दुश्मन राज्य के खिलाफ उपायों के अपवाद के साथ, सुरक्षा परिषद की सहमति के बिना क्षेत्रीय व्यवस्थाओं के तहत या क्षेत्रीय एजेंसियों द्वारा कोई प्रवर्तन कार्रवाई नहीं की जाएगी (जैसा कि इस अनुच्छेद के पैराग्राफ 2 (paragraph 2 of this Article) में परिभाषित किया गया है)।

जब शांति के लिए खतरे से संबंधित कोई शिकायत उसके सामने लाई जाती है, तो परिषद की पहली कार्रवाई आमतौर पर पार्टियों को शांतिपूर्ण तरीकों से समझौते तक पहुंचने की कोशिश करने की सिफारिश करना होता है। कुछ मामलों में, परिषद स्वयं जांच और मध्यस्थता करती है। यह विशेष प्रतिनिधियों को नियुक्त कर सकता है या महासचिव से ऐसा करने या अपने उचित कार्यालयों का उपयोग करने का अनुरोध कर सकता है। यह शांतिपूर्ण समाधान के लिए सिद्धांत निर्धारित कर सकता है।

जब कोई विवाद पूर्ण पैमाने पर संघर्ष की ओर ले जाता है, तो परिषद की पहली चिंता इसे जल्द से जल्द समाप्त करना है। कई अवसरों पर, परिषद ने युद्धविराम निर्देश जारी किए हैं जो व्यापक शत्रुता को रोकने में सहायक रहे हैं। यह अशांत क्षेत्रों में तनाव कम करने, विरोधी ताकतों को अलग रखने और शांत स्थितियां बनाने में मदद करने के लिए संयुक्त राष्ट्र शांति सेना भी भेजता है जिसमें शांतिपूर्ण समाधान की तलाश की जा सकती है। परिषद दृढ़ उपायों, आर्थिक प्रतिबंधों (जैसे व्यापार प्रतिबंध), या सामूहिक सैन्य कार्रवाई पर निर्णय ले सकती है।

अन्य कार्य (Other Functions)

अन्य कार्यों में, सुरक्षा परिषद:

1. महासभा द्वारा नियुक्त किए जाने से पहले महासचिव के नाम की सिफारिश करने की शक्ति रखती है।
2. अंतर्राष्ट्रीय न्यायालय के न्यायाधीशों के चुनाव की शक्ति को महासभा के साथ साझा करती है।
3. अनुच्छेद 26 (Article 26) द्वारा हथियार नियंत्रण और निरस्त्रीकरण के लिए आवश्यक उपाय करने के लिए अधिकृत किया गया है।
4. अनुच्छेद 108 (Article 108) द्वारा चार्टर में संशोधन के संबंध में शक्तियां निहित की गई हैं जिसमें कहा गया है कि संशोधन प्रस्ताव को पांच स्थायी सदस्यों द्वारा अनुमोदित किया जाना चाहिए।
5. संयुक्त राष्ट्र में नए सदस्यों को प्रवेश देने और संयुक्त राष्ट्र के सिद्धांतों के उल्लंघन के लिए सदस्यों के निष्कासन को मंजूरी देने का इसे अधिकार है।

मूल्यांकन (Evaluation)

हालांकि सदस्यता में सीमित और स्थायी सदस्यों के पास व्यापक शक्तियां होने के बावजूद, सुरक्षा परिषद संयुक्त राष्ट्र के सभी अंगों में सबसे शक्तिशाली है। यह एकमात्र अंग है जिसके पास बाध्यकारी निर्णय लेने और अंतर्राष्ट्रीय शांति और सुरक्षा बहाल करने के लिए सामूहिक कार्रवाई करने का अधिकार है। हालाँकि, *वीटो शक्ति* (veto power) सभी प्रावधानों में सबसे अधिक पंगु बनाने वाली है और इसने पिछले कुछ

वर्षों में, विशेष रूप से शीत युद्ध के वर्षों के दौरान, कई गतिरोधों को जन्म दिया है। महाशक्ति प्रतिद्वंद्विता से उत्पन्न कोरियाई मुद्दे पर ऐसे ही एक गतिरोध ने महासभा को यूनाइटिंग फॉर पीस रेजोल्यूशन (यूपीआर) (Uniting for Peace Resolution—UPR) को अपनाने के लिए प्रेरित किया था ताकि जब भी सुरक्षा परिषद निष्क्रिय हो तो कार्रवाई की जा सके। यूपीआर (1950) के तहत कार्य करते हुए, महासभा ने सुरक्षा परिषद की शक्ति पर कब्ज़ा कर लिया और कोरिया (1950–1953) और कांगो (1960–1964) में कार्रवाई की, और वस्तुतः सुरक्षा परिषद को दरकिनार कर दिया।

हालाँकि, 60 के दशक के उत्तरार्ध से, जब सुरक्षा परिषद ने फिर से अपनी शक्तियों और कार्यों को फिर से शुरू किया, तो इसने कांगो (CONGO) (ONUC) संकट, क्यूबा मिसाइल संकट (Cuban Missile Crisis, 1962), साइप्रस प्रश्न (Cyprus Question, 1964), रोड्सियन एम्बार्गो मुद्दा (Rhodesian Embargo Issue, 1968), अरब-इजरायल युद्ध (Arab–Israeli War, 1967 and 1973), भारत-पाक युद्ध (Indo–Pak War, 1971), दक्षिण अफ्रीका और कंबोडिया मुद्दे (South Africa and Cambodia issues) और बाद के ऑपरेशन को उपयुक्त रूप से संभाला। हालाँकि, शीत युद्ध के बाद और सोवियत संघ के विघटन ने सुरक्षा परिषद को संयुक्त राज्य अमेरिका के हाथों में एक मोहरा मात्र बना दिया है जो आज एकमात्र महाशक्ति है। उदाहरण के लिए, 1991 और 2003 के खाड़ी संकट दुनिया में एकमात्र महाशक्ति के स्पष्ट दावे को दर्शाते हैं। सुरक्षा परिषद द्वारा की जाने वाली कार्रवाई अब बिग-फाइव, विशेषकर अमेरिका के विचार पर अधिक निर्भर करती है, और बहुत कुछ स्थायी-5 (permanent-5) के शक्ति संबंध और गैर-स्थायी सदस्यों के साथ उनके संबंधों पर निर्भर करता है। इसलिए, सुरक्षा परिषद अपना सर्वश्रेष्ठ देने में विफल रही है। इस अंग के विस्तार और लोकतंत्रीकरण की मांग है और भारत, ब्राजील, जर्मनी और जापान जैसी कुछ उभरती शक्तियां, साथ ही कुछ अन्य दावेदार सुरक्षा परिषद के स्थायी सदस्य बनने की इच्छा रखते हैं।[12] फिर भी, अंतर्राष्ट्रीय शांति और सुरक्षा बनाए रखने में सुरक्षा परिषद के महत्व को कम करके नहीं आंका जा सकता।

संयुक्त राष्ट्र सचिवालय और महासचिव (The UN Secretariat and the Secretary-General)

प्रधान सचिव (Secretary-General)

डंबर्टन ओक्स में, इस विशेष पद को प्रमुख महत्व दिया गया था और महासचिव को "संयुक्त राष्ट्र का मुख्य प्रशासनिक अधिकारी" के रूप में वर्णित किया गया था। उन्हें *लीग वाचा* (league covenant) की तुलना में चार्टर द्वारा अधिक शक्ति प्रदान की गई थी, जिसने महासचिव की शक्तियों को इस बिंदु तक सीमित कर दिया था कि "वह महासभा और परिषद की सभी बैठकों में ऐसी क्षमता में कार्य करेंगे"। लेकिन सैन फ्रांसिस्को में *तैयारी आयोग* (Preparatory Commission) आगे बढ़ कर कार्यकारी भूमिका को "काफी विशेषाधिकार, जो पहले किसी अंतर्राष्ट्रीय संगठन के प्रमुख को दी गई किसी भी शक्ति से परे है" के रूप में उजागर करके महासचिव के महत्व को स्थापित किया।

नियुक्ति (Appointment)

चार्टर के अध्याय XV में महासचिव और उसके सचिवालय की शक्तियों और कार्यों से संबंधित प्रावधान शामिल हैं। अनुच्छेद 97 (Article 97) में कहा गया है कि सचिवालय में एक महासचिव और ऐसे

कर्मचारी शामिल होंगे जिनकी संगठन को आवश्यकता हो सकती है। महासचिव की नियुक्ति सुरक्षा परिषद की सिफारिश पर महासभा द्वारा की जाएगी। वह संगठन का मुख्य प्रशासनिक अधिकारी होगा। कार्यालय का कार्यकाल चार्टर द्वारा निर्दिष्ट नहीं किया गया है, लेकिन एक महासभा के प्रस्ताव ने पुनर्नियुक्ति के प्रावधान के साथ कार्यकाल को पांच साल के लिए निर्धारित किया है।

कार्य एवं शक्तियाँ (Functions and Powers)

अपने आप में एक राजनयिक, वकील, सिविल सेवक और सीईओ (CEO) की भूमिकाओं को जोड़ते हुए, महासचिव संयुक्त राष्ट्र के आदर्शों का प्रतीक है और दुनिया के लोगों, विशेष रूप से गरीबों और कमजोर लोगों के हितों के लिए एक प्रवक्ता है। वर्तमान महासचिव, और इस पद के नौवें आसीन व्यक्ति, पुर्तगाल के श्री एंटोनियो गुटेरेस हैं, जिन्होंने 1 जनवरी 2017 को पदभार ग्रहण किया।

संयुक्त राष्ट्र के मुख्य प्रशासनिक अधिकारी होने के नाते, वह संयुक्त राष्ट्र के समग्र प्रशासन में महत्वपूर्ण भूमिका निभाते हैं। संयुक्त राष्ट्र के सदस्यों और संयुक्त राष्ट्र के अंगों के बीच संचार का मुख्य माध्यम होने से लेकर संयुक्त राष्ट्र निकायों के समन्वयक होने तक, इसके सभी पहलुओं में संयुक्त राष्ट्र की गतिविधियों की दिशा निर्धारित करने में उनकी एक निश्चित भूमिका होती है।

अनुच्छेद 98 (Article 98) महासचिव को महासभा, सुरक्षा परिषद, आर्थिक और सामाजिक परिषद और ट्रस्टीशिप परिषद की सभी बैठकों में अपनी क्षमता में कार्य करने के लिए अधिकृत करता है। यह उसे ऐसे अन्य कार्य करने के लिए भी अधिकृत करता है जो इन अंगों द्वारा उसे सौंपे गए हैं। संयुक्त राष्ट्र के सुचारू कामकाज को सुनिश्चित करने के लिए उन्हें यह कार्यकारी कार्य सौंपा गया है।

महासचिव संयुक्त राष्ट्र के दैनिक कामकाज के लिए जिम्मेदार होता है। इसमें संयुक्त राष्ट्र निकायों के सत्रों में उपस्थिति, विश्व नेताओं, सरकारी अधिकारियों और अन्य लोगों के साथ परामर्श, और विश्वव्यापी यात्रा शामिल है जिसका उद्देश्य उन्हें सदस्य राज्यों और उनके लोगों के साथ संपर्क में रखना है, और उन्हें विभिन्न मुद्दों के बारे में अंतर्राष्ट्रीय चिंता को शीर्ष संगठन के एजेंडे के रूप में सूचित करना भी है। इसके अलावा, महासचिव को संगठन के काम पर महासभा को एक वार्षिक रिपोर्ट प्रस्तुत करनी होती है जो संगठन की सभी गतिविधियों का एक विस्तृत रिकॉर्ड होता है। रिपोर्ट में संयुक्त राष्ट्र के बेहतर कामकाज के लिए कुछ महत्वपूर्ण प्रस्ताव भी शामिल हैं, जैसे बुट्रोस बुट्रोस-घाली (Boutros Boutros-Ghali) द्वारा तैयार शांति के लिए एजेंडा, संयुक्त राष्ट्र के सुधार के प्रस्ताव और कोफी अन्नान (Kofi Annan) द्वारा चार्टर में संशोधन। इसलिए, महासचिव को महासभा के लिए व्यापक संभव सिफारिशें करने का काम सौंपा गया है, लेकिन उन्होंने महासभा की प्रक्रिया के नियमों के अनुसार, महासभा के मसौदा एजेंडे में एक आइटम रखने का अधिकार भी हासिल कर लिया है और, 1947 से, "किसी भी समय महासभा द्वारा विचाराधीन किसी भी प्रश्न के संबंध में महासभा को मौखिक या लिखित बयान देने का अधिकार भी हासिल कर लिया है।"

महासचिव समन्वय पर प्रशासनिक समिति (एसीसी) (Administrative Committee on Coordination—ACC) के अध्यक्ष भी हैं, जो सभी संयुक्त राष्ट्र निधियों, कार्यक्रमों और विशेष एजेंसियों के कार्यकारी प्रमुखों को समग्र और प्रबंधन मुद्दों जिसका संयुक्त राष्ट्र प्रणाली को सामना करना पड़ रहा है की पूरी श्रृंखला में समन्वय और सहयोग के लिए वर्ष में दो बार एक साथ लाता है।

वित्तीय मामलों में, महासचिव महासभा द्वारा अनुमोदन के लिए वार्षिक बजट तैयार करने का महत्वपूर्ण कार्य करता है और यह निर्धारित करता है कि संयुक्त राष्ट्र के विभिन्न अंगों के लिए धन किस दिशा में आवंटित

किया जाएगा। वह सदस्य देशों से योगदान एकत्र करने के लिए भी जिम्मेदार है और संयुक्त राष्ट्र के अंगों और विशेष एजेंसियों के खर्च को भी नियंत्रित करता है।

अनुच्छेद 101 (Article 101) के तहत, महासचिव, सचिवालय का प्रमुख होने के नाते, महासभा द्वारा स्थापित नियमों के तहत कर्मचारियों की नियुक्ति करता है। इसके साथ ही दक्षता, सक्षमता और सत्यनिष्ठा के उच्चतम मानकों को सुरक्षित करना उनकी प्रमुख जिम्मेदारी है। इन प्रशासनिक कार्यों के अलावा, उन्हें अनुच्छेद 99 (Article 99) के तहत एक महत्वपूर्ण राजनीतिक कार्य भी सौंपा गया है, जिसमें कहा गया है कि महासचिव किसी भी मामले को सुरक्षा परिषद के ध्यान में ला सकते हैं, जो उनकी राय में, अंतर्राष्ट्रीय शांति और सुरक्षा के रखरखाव के लिए खतरा हो सकता है। महासचिव इस कार्य को किस प्रकार निष्पादित करेगा, यह पदधारी के विवेक पर छोड़ दिया गया है। उन्हें पूरी दुनिया के लिए अंतरात्मा के संरक्षक के रूप में कार्य करना चाहिए, क्योंकि अनुच्छेद 35 (Article 35) के तहत, उन्हें सदस्य राज्य या महासभा के समकक्ष दर्जा प्रदान किया गया है। याद रखने योग्य सबसे महत्वपूर्ण बात यह है कि, अनुच्छेद 100 (Article 100) के तहत, महासचिव को राजनीतिक रूप से तटस्थ होना पड़ता है।

महासचिव सदस्य और गैर-सदस्य देशों और अन्य अंतर्राष्ट्रीय निकायों के साथ सभी वार्ताओं और बातचीत में संयुक्त राष्ट्र का प्रतिनिधित्व करता है। तैयारी समिति की रिपोर्ट में कहा गया है कि "किसी भी अन्य व्यक्ति की तुलना में महासचिव समग्र रूप से संयुक्त राष्ट्र के लिए खड़े होंगे। दुनिया की नज़र में, अपने स्वयं के कर्मचारियों की नज़र में, उसे चार्टर के सिद्धांतों और आदर्शों को अपनाना होगा।[13]

महासचिव द्वारा निभाई जाने वाली सबसे महत्वपूर्ण भूमिकाओं में से एक अपने 'अच्छे कार्यालयों' का उपयोग करना है—अंतर्राष्ट्रीय विवादों को उत्पन्न होने, बढ़ने या फैलने से रोकने के लिए सार्वजनिक और निजी तौर पर अपनी स्वतंत्रता, निष्पक्षता और अखंडता पर आधारित कदम उठाए जाते हैं। प्रत्येक महासचिव कार्यालय में अपने विशेष समय के संदर्भ में अपनी भूमिका भी परिभाषित करता है।

आज तक संयुक्त राष्ट्र के महासचिव हैं:

- ट्रिग्वे ली (नॉर्वे) (Trygve Lie, Norway), फरवरी 1946 से नवंबर 1952 में अपने इस्तीफे तक।
- डैग हैमरस्कजॉल्ड (स्वीडन) (Dag Hammarskjöld, Sweden), अप्रैल 1953 से सितंबर 1961 में नोडोला, उत्तरी रोडेशिया (अब जाम्बिया) (Northern Rhodesia, now Zambia) के पास एक विमान दुर्घटना में उनकी मृत्यु तक।
- यू थांट (बर्मा, अब म्यांमार) (U Thant, Burma, now Myanmar), नवंबर 1961 से, कार्यवाहक महासचिव के रूप में नियुक्त किया गया और औपचारिक रूप से नवंबर 1962 से दिसंबर 1971 तक नियुक्त किया गया।
- कर्ट वाल्डहेम (ऑस्ट्रिया) (Kurt Waldheim, Austria), जनवरी 1972 से दिसंबर 1981 तक।
- जेवियर पेरेज़ डी कुएलर (पेरू) (Javier Pèrez de Cuèllar, Peru), जनवरी 1982 से दिसंबर 1991 तक।
- बुट्रोस बुट्रोस-घाली (मिस्र) (Boutros Boutros-Ghali, Egypt), जनवरी 1992 से दिसंबर 1996 तक।
- कोफी अन्नान (घाना) (Kofi Annan, Ghana), 1997 से दिसंबर 2006 तक।

- बान की मून, कोरिया गणराज्य (दक्षिण कोरिया) (Ban Ki-moon of the Republic of Korea, South Korea) जिन्होंने 1 जनवरी 2007 को पदभार ग्रहण किया।
- एंटोनियो गुटेरेस (पुर्तगाल) (António Guterres, Portugal) संयुक्त राष्ट्र के नौवें महासचिव हैं। उन्होंने 1 जनवरी, 2017 को पदभार ग्रहण किया।

सचिवालय (Secretariat)

चार्टर की भावना में अपने कर्तव्यों के निर्वहन में, महासचिव को एक स्टाफ द्वारा सहायता प्रदान की जाती है, जिनसे दक्षता, योग्यता और अखंडता के उच्चतम मानकों का प्रदर्शन करने की उम्मीद की जाती है। वह अनुच्छेद 101[1] के तहत महासभा द्वारा स्थापित नियमों के अनुसार आवश्यक नियुक्तियाँ करता है। अनुच्छेद 101[2] के तहत, उचित कर्मचारियों को आर्थिक और सामाजिक परिषद, ट्रस्टीशिप परिषद और, आवश्यकतानुसार, संयुक्त राष्ट्र के अन्य अंगों को स्थायी रूप से सौंपा जाएगा। ये सभी कर्मचारी सचिवालय का हिस्सा हैं। दक्षता, योग्यता और अखंडता के उच्चतम मानकों को सुरक्षित करने के लिए कर्मचारियों के रोजगार और सेवा की शर्तों के निर्धारण में मुख्य ध्यान रखा गया है। यथासंभव व्यापक भौगोलिक आधार पर कर्मचारियों की भर्ती के महत्व पर उचित ध्यान दिया जाएगा।

सचिवालय के कर्मचारियों में भाषाविद्, अर्थशास्त्री, संपादक, सामाजिक वैज्ञानिक, कानूनी विशेषज्ञ, संयुक्त राष्ट्र गतिविधियों के विभिन्न क्षेत्रों के विशेषज्ञ, पुस्तकालयाध्यक्ष, पत्रकार, सांख्यिकीविद्, प्रसारक, कार्मिक अधिकारी, प्रशासक, सुरक्षा अधिकारी के अलावा लिपिक और अन्य कर्मचारी शामिल हैं।

अनुच्छेद 100 (Article 100) सचिवालय के अंतर्राष्ट्रीय स्तर को कायम रखता है। सैन फ्रांसिस्को सम्मेलन (San Francisco Conference) (जिसका उल्लेख पहले ही किया जा चुका है) के दौरान, अंतर्राष्ट्रीय सिविल सेवा की अंतर्राष्ट्रीय वफादारी की अवधारणा को कमजोर करने वाले राष्ट्रीय दबावों को दूर करने के लिए, एक स्वतंत्र और अंतर्राष्ट्रीय स्तर पर जिम्मेदार सचिवालय के गठन का प्रस्ताव रखा गया था। इसलिए, अनुच्छेद 100 (Article 100) [1] के तहत चार्टर में स्पष्ट रूप से कहा गया है कि "अपने कर्तव्यों के निवर्हन में महासचिव और कर्मचारी किसी भी सरकार या संगठन के बाहर किसी अन्य प्राधिकारी से निर्देश नहीं मांगेंगे या प्राप्त नहीं करेंगे। वे ऐसी किसी भी कार्रवाई से बचेंगे जो केवल संगठन के प्रति जिम्मेदार अंतर्राष्ट्रीय अधिकारियों के रूप में उनकी स्थिति को प्रभावित कर सकती है। इसमें एक दलील भी शामिल है कि संयुक्त राष्ट्र के प्रत्येक सदस्य को महासचिव और कर्मचारियों की जिम्मेदारियों के विशेष रूप से अंतर्राष्ट्रीय चरित्र का सम्मान करना चाहिए, और उनकी जिम्मेदारियों के निर्वहन में उन्हें प्रभावित करने की कोशिश नहीं करनी चाहिए।

सचिवालय के कर्तव्य (Duties of the Secretariat)

निकोलस (Nicholas)[5] सचिवालय के प्रमुख कार्यों की ओर इशारा करते हैं। *पहला* कार्य एक संसदीय क्लर्क की भूमिका के समान है और इसका दायरा और भी व्यापक है क्योंकि संयुक्त राष्ट्र को व्यापक स्तर की सेवाओं की आवश्यकता होती है। इस कार्य में ड्राफ्ट की व्याख्या, अनुवाद और तैयारी, कार्यवाही का रिकॉर्ड रखना, दस्तावेज़ीकरण और पुस्तकालय सुविधाओं के साथ-साथ महासभा, सुरक्षा परिषद, आर्थिक और सामाजिक परिषद (Economic and Social Council—ECOSOC) और उनकी उप-समितियों को कानूनी और प्रक्रियात्मक सलाह देना शामिल है।

दूसरा कार्य (*second function*) वह है जिसे आम तौर पर सचिवालय का "सूचना कार्य" कहा जाता है। सूचना का संग्रह, आदेश देना और केंद्रों को जानकारी प्रदान करना, जिनकी उन्हें आवश्यकता है, सचिवालय द्वारा प्रदान की जाने वाली सबसे बड़ी सेवाओं में से एक है। यह प्रतिनिधियों, समितियों और आयोगों को अपने कार्यों के उचित निर्वहन के लिए तकनीकी और अन्य डेटा की पूरी श्रृंखला तक पहुंच प्राप्त करने में सक्षम बनाता है। दूसरे शब्दों में, यह सूचना के भंडार के रूप में कार्य करता है।

तीसरा कार्य (third function), सचिवालय द्वारा प्रदान की गई तकनीकी सहायता उसके द्वारा निष्पादित कार्यकारी कार्यों का एक हिस्सा है। इसकी शुरुआत बिंदु-4 कार्यक्रम से हुई और यह विस्तारित तकनीकी सहायता कार्यक्रम में बदल गया।

चौथे कार्य (*fourth function*) में आंशिक रूप से सुरक्षा और आंशिक रूप से परिवहन, रखरखाव और संचार और क्षेत्र में संयुक्त राष्ट्र आयोगों की समग्र सुरक्षा से संबंधित प्रशासनिक कार्य शामिल हैं।

पाँचवाँ कार्य (*fifth function*), जिसमें अंतर्राष्ट्रीय नौकरशाही का समग्र पर्यवेक्षण शामिल है, सचिवालय द्वारा किया जाता है और भर्ती, कार्यों के आवंटन से लेकर अपने कर्मचारियों के दक्षता मूल्यांकन तक होता है।

अंततः सचिवालय कुछ राजनयिक और राजनीतिक कार्य करता है। संयुक्त राष्ट्र के अधिकारियों को कभी-कभी विश्व जनमत और राष्ट्रीय भावनाओं और राष्ट्रीय ताकतों के दबाव पर विचार करते हुए कार्रवाई के वैकल्पिक तरीकों के बारे में सोचना पड़ता है जब वे संकट की स्थितियों में राजी और बातचीत करते हैं।[14]

मूल्यांकन (Evaluation)

महासचिव का कार्यालय काफी महत्वपूर्ण है। संयुक्त राष्ट्र प्रणाली के कामकाज में महासचिव की भूमिका महत्वपूर्ण है। विभिन्न महासचिवों द्वारा निभाई गई भूमिका के विश्लेषण से पता चलेगा कि कभी-कभी कार्यालय की प्रतिष्ठा में वृद्धि हुई है जबकि कभी-कभी प्रमुख शक्तियों द्वारा कार्यालय को दरकिनार कर दिया गया है।

संयुक्त राष्ट्र के प्रथम महासचिव ट्रिग्वे ली (नॉर्वे) (Trygve Lie, Norway) एक गतिशील और ऊर्जावान व्यक्ति थे और अंतर्राष्ट्रीय शांति और सुरक्षा के रखरखाव में संयुक्त राष्ट्र की अधिक सक्रिय भूमिका सुनिश्चित करना चाहते थे। उन्होंने ऐसे समय में स्पैनिश और ईरानी प्रश्नों पर अनुच्छेद 99 (Article 99) के तहत अपने अधिकारों का उपयोग करके कार्य किया जब बड़ी शक्तियां आमने-सामने थीं।[15] हालाँकि, एक पूर्व राजनेता के रूप में उनकी पृष्ठभूमि को देखते हुए, उन्होंने कई विषयों पर मजबूत विचार रखे और उन्हें छिपाने का कोई प्रयास नहीं किया। इसलिए, कोरियाई युद्ध के मामले में उनके कार्यों ने उन्हें कुछ हलकों से प्रशंसा और सोवियत संघ से क्रोध दोनों का सामना करना पड़ा। जून 1950 में उत्तर कोरिया के हमले के मद्देनजर दक्षिण कोरिया की रक्षा के लिए सुरक्षा परिषद के निर्णय के प्रति उनके समर्थन के कारण सोवियत संघ और उसके सहयोगियों ने आरोप लगाया कि महासचिव संयुक्त राज्य अमेरिका की ओर से कार्य कर रहे थे और इसके मित्र कम्युनिस्ट राज्यों के ख़िलाफ़ थे, और उन्होंने फरवरी 1951 में अगले कार्यकाल के लिए उनके नामांकन पर वीटो कर दिया। हालाँकि बाद में वीटो रद्द कर दिया गया और उन्होंने दोबारा चुनाव के बिना अपना पद जारी रखा, अंततः 'कम्युनिस्ट समर्थक' अमेरिकियों को सचिवालय में काम करने की अनुमति देने के लिए उन्हें संयुक्त राज्य अमेरिका की भी आलोचना का सामना करना पड़ा। ली (Lie) ने अंततः 1952 के अंत में अपना विस्तारित कार्यकाल समाप्त होने से पहले ही इस्तीफा दे दिया।[16]

दूसरे महासचिव **डैग हैमरस्कजॉल्ड (स्वीडन)** (Dag Hammarskjöld, Sweden) अपने दृष्टिकोण में अधिक सतर्क थे। उन्होंने कई स्थितियों में सुलह और अच्छे कार्यालयों के माध्यम से "निवारक कूटनीति" के रूप में जाना जाने वाला कार्य शुरू किया। उन्होंने अपने अच्छे कार्यालयों और चीनी प्रधान मंत्री झोउ एन-लाई (Zhou En-lai, 1898–1976) के साथ व्यक्तिगत संपर्क का उपयोग करके अपने सुलह प्रयासों में अपनी योग्यता साबित की और 1955 में चीन में कैद किए गए अमेरिकी वायुसैनिकों की रिहाई सुनिश्चित की। उन्होंने स्वेज संकट और लेबनान संकट में सराहनीय भूमिका निभाई और इसके बाद 1958 में लेबनान में एक पर्यवेक्षक बल का संगठन किया। 1960 में, कांगो संकट के दौरान, डैग (Dag) ने चार्टर के अनुच्छेद 99 (Article 99) के तहत महासचिव की शक्तियों का इस्तेमाल किया और सुरक्षा परिषद की बैठक बुलाने और ओएनयूसी (ONUC) के निर्माण का अनुरोध किया और कांगो से बेल्जियम के सैनिकों की वापसी की सिफारिश की। इस प्रस्ताव को सुरक्षा परिषद ने स्वीकार कर लिया और उन्हें आवश्यकता महसूस होने पर सैन्य सहायता प्रदान करने के लिए अधिकृत किया गया। हालाँकि, महासचिव की बढ़ती भूमिका सोवियत संघ को पसंद नहीं थी और वे **ट्रोइका योजना** (Troika Plan) के नाम से एक प्रस्ताव लेकर आए, जिसके तहत एक महासचिव के बजाय तीन महासचिव होंगे—एक पश्चिम से, एक कम्युनिस्ट से, और एक तटस्थ देश से। हालाँकि, कांगो संकट को हल करने के लिए त्सोम्बे (कटंगा के राष्ट्रपति) (Tsombe, President of Katanga) की निजी यात्रा के लिए जाते समय डैग हैमरस्कजॉल्ड (Dag Hammarskjöld) की एक विमान दुर्घटना में मृत्यु हो गई।

यू थांट (बर्मा, अब म्यांमार) (**U Thant**, Burma, now Myanmar) डैग (Dag) के बाद तीसरे महासचिव बने। उन्होंने डैग (Dag) जैसी ही भूमिका निभाई और निवारक कूटनीति (preventive diplomacy) की अवधारणा का विस्तार करने का प्रयास किया। उन्होंने क्यूबा मिसाइल संकट (Cuban Missile Crisis) के दौरान महत्वपूर्ण भूमिका निभाई। उन्होंने कांगो और साइप्रस संकट (Congo and Cyprus crises) में भी प्रभावी भूमिका निभाई। हालाँकि, अमेरिकी हठधर्मिता के कारण उनका वियतनाम उद्यम सफल नहीं हो सका और मिस्र के नासिर के अनुरोध पर छह दिवसीय युद्ध से ठीक पहले सिनाई से संयुक्त राष्ट्र शांति सेना को हटाने के लिए उन्हें आलोचनाओं का सामना करना पड़ा।[17] फिर भी, उनके नेतृत्व में महासचिव के पद को प्रतिष्ठा मिली और उन्होंने संयुक्त राष्ट्र के उद्देश्यों और सिद्धांतों को आगे बढ़ाने के लिए ईमानदारी से कार्य करने का प्रयास किया।

चौथे महासचिव **कर्ट वाल्डहाइम** (ऑस्ट्रिया) (Kurt Waldheim, Austria) ने कई संकट स्थितियों में महान कूटनीतिक भूमिका निभाई। उन्होंने साइप्रस में ग्रीक और तुर्की समुदायों (Greek and Turkish communities in Cyprus) के बीच वार्ता की अध्यक्षता की, निपटान की संभावनाओं को बढ़ावा देने के लिए मध्य पूर्व का बड़े पैमाने पर दौरा किया, और संयुक्त राष्ट्र को आपदा राहत, अंतर्राष्ट्रीय पर्यावरण की रक्षा, एक विश्व विश्वविद्यालय चलाने और गहरे समुद्र तल प्रशासन जैसी व्यावहारिक गतिविधियों को शुरू करने में मदद की। [18]

पांचवें महासचिव **जेवियर पेरेज़ डी कुएलर** (पेरू) (Javier Pèrez de Cuèllar, Peru) ने कार्यालय की कार्यविधि को अच्छी तरह से समझा क्योंकि उन्होंने संयुक्त राष्ट्र के अवर महासचिव के रूप में काम किया था। उन्होंने नामीबिया, अल साल्वाडोर और कंबोडिया में कुछ महत्वपूर्ण शांति अभियान चलाए। शीत युद्ध के ख़त्म होने से भी उन्हें अपने कर्तव्यों को उचित तरीके से पूरा करने में मदद मिली। उन्होंने सुरक्षा परिषद के पी-5 (P-5) सदस्यों के बीच शांत कूटनीति की अवधारणा पेश की ताकि परिषद को बकाया मुद्दों पर सहमत कार्रवाई के लिए तैयार किया जा सके। इस प्रकार, पेरेज़ डी कुएलर नामीबिया, अंगोला,

मोज़ाम्बिक, निकारागुआ, अल साल्वाडोर और कंबोडिया में प्रतिस्पर्धी दलों के बीच शांति समझौते करने में सक्षम थे, और चुनावों की निगरानी करने, सैन्य इकाइयों को निरस्त्र करने और मानवाधिकारों के उल्लंघन की जांच करने के लिए संयुक्त राष्ट्र शांति सेना को तैनात करने में सक्षम थे। लेकिन 1991 के खाड़ी संकट के दौरान, महासचिव का पद कमजोर हो गया क्योंकि अमेरिकी नेतृत्व वाली सेनाओं ने अपने जनादेश का उल्लंघन किया और कई मामलों में संयुक्त राज्य अमेरिका ने उन्हें पूरी तरह से सूचित नहीं किया।

छठे महासचिव **बुट्रोस बुट्रोस-घाली** (मिस्र) (Boutros Boutros-Ghali, Egypt) ने दुनिया भर में सोमालिया, बोस्निया और हेब्रोन सहित कई संकट स्थितियों में महत्वपूर्ण भूमिका निभाई। लेकिन अपनी बौद्धिक उत्कृष्टता का उपयोग करते हुए उन्होंने जो सबसे महत्वपूर्ण योगदान दिया, वह 52 पेज का "शांति के लिए एजेंडा" (Agenda for Peace) था, जिसमें संयुक्त राष्ट्र को अधिक सक्रिय और कार्यशील बनाने के लिए कई सुधारों का प्रस्ताव दिया गया था।

सातवें महासचिव **कोफ़ी अन्नान** (घाना) (Kofi Annan, Ghana) ने शीत युद्ध के बाद के युग में संकटों का सामना करने के लिए संयुक्त राष्ट्र को और अधिक सक्रिय बनाने का प्रयास किया। इराक और अफगानिस्तान के खिलाफ आतंक पर अमेरिकी युद्ध ने संयुक्त राष्ट्र और विशेष रूप से महासचिव के लिए एक कठिन स्थिति पैदा कर दी। हालाँकि, युद्ध के बाद के पुनर्निर्माण कार्यक्रम से उन्होंने प्रशंसा अर्जित की। लेकिन उन पर भोजन के बदले तेल कार्यक्रम (Oil for Food Programme) से संबंधित मामले में भ्रष्टाचार का आरोप लगाया गया जिससे उनके कार्यालय की छवि खराब हुई।

कोरिया गणराज्य के **बान की-मून** (Ban Ki-Moon) ने 1 जनवरी 2007 को आठवें महासचिव के रूप में पदभार संभाला। दक्षिण ओसेशिया (South Ossetia) को लेकर रूस और जॉर्जिया के बीच खींचतान और वहां बढ़ती हिंसा में उन्हें चिंताजनक स्थिति का सामना करना पड़ा। संयुक्त राष्ट्र को पुनर्जीवित करने की मजबूत मांग और संकट की स्थिति में संयुक्त राष्ट्र की अधिक सकारात्मक कार्रवाइयों ने उन्हें एक कठिन स्थिति में डाल दिया था, जहां उनके हर कदम को शीत युद्ध के बाद के अंतर्राष्ट्रीय परिदृश्य, एकमात्र उपस्थिति महाशक्ति, और विकासशील देशों के साथ-साथ शेष विश्व समुदाय की मांगों को ध्यान में रखना था। बान की-मून को संयुक्त राष्ट्र के महासचिव के रूप में दूसरे पांच साल के कार्यकाल के लिए सर्वसम्मति से वोट दिया गया था। दूसरा कार्यकाल 1 जनवरी 2012 से शुरू हुआ और 31 दिसंबर 2016 तक जारी रहा। यह निर्णय सुरक्षा परिषद के सदस्यों की एक सिफारिश के बाद लिया गया, जिसने बान को फिर से नियुक्त होने और दूसरे कार्यकाल के लिए नियुक्त होने वाला आठवां व्यक्ति बना दिया।

एंटोनियो गुटेरेस (António Guterres) ने 1 जनवरी 2017 को महासचिव का पद संभाला। वह एक पुर्तगाली राजनीतिज्ञ और राजनयिक रहे हैं और कई वर्षों (2005–2015) तक शरणार्थियों के लिए संयुक्त राष्ट्र के उच्चायुक्त में सेवारत रहे हैं। उन्होंने शांति की अपील की और जलवायु परिवर्तन, आतंकवाद और असमानता से लड़ने के साथ-साथ 72 साल पुराने संगठन की भूमिका पर पुनर्विचार करने का संदेश दिया। यह देखना होगा कि वह संयुक्त राष्ट्र की प्रतिष्ठा और प्रभावशीलता को बढ़ाने के लिए अपनी विशेषज्ञता और अनुभव का उपयोग कैसे करते हैं।

इसलिए, यह बिल्कुल स्पष्ट हो जाता है कि महासचिव के कार्यालय की प्रभावशीलता इस पद पर आसीन व्यक्ति के व्यक्तित्व, वर्तमान अंतर्राष्ट्रीय परिदृश्य और निश्चित रूप से, प्रमुख अंतर्राष्ट्रीय खिलाड़ियों के बीच राजनीतिक समीकरण और उसके साथ महासचिव के संबंधों पर निर्भर करती है।[19]

आर्थिक और सामाजिक परिषद (The Economic and Social Council)

संघटन (Composition)

अध्याय X, अनुच्छेद 61 (Article 61) आर्थिक और सामाजिक परिषद (ECOSOC) की संरचना के लिए दिशानिर्देश निर्दिष्ट करता है। इसमें कहा गया है कि परिषद में महासभा द्वारा चुने गए संयुक्त राष्ट्र के 54 सदस्य शामिल होंगे। पैराग्राफ 3 (paragraph 3) के प्रावधानों के अधीन, परिषद के 18 सदस्य प्रत्येक वर्ष तीन साल की अवधि के लिए चुने जाएंगे। एक सेवानिवृत्त सदस्य तत्काल पुनः चुनाव के लिए पात्र होगा। आर्थिक और सामाजिक परिषद 18 सदस्यों से बना और बाद में यह संख्या बढ़कर 27 हो गई और वर्तमान में यह 54 है। आर्थिक एवं सामाजिक परिषद के प्रत्येक सदस्य का एक प्रतिनिधि होगा।

अनुच्छेद 68 (Article 68) के अनुसार, आर्थिक और सामाजिक परिषद आर्थिक और सामाजिक क्षेत्रों में और मानवाधिकारों को बढ़ावा देने के लिए आयोगों और ऐसे अन्य आयोगों की स्थापना करेगा जो इसके कार्यों के प्रदर्शन के लिए आवश्यक हो सकते हैं। अनुच्छेद 69 (Article 69) आर्थिक और सामाजिक परिषद को संयुक्त राष्ट्र के किसी भी सदस्य को उस सदस्य के लिए विशेष चिंता के किसी भी मामले पर अपने विचार-विमर्श में वोट के बिना भाग लेने के लिए आमंत्रित करने की शक्ति भी प्रदान करता है। अनुच्छेद 70 (Article 70) के अनुसार आर्थिक और सामाजिक परिषद विशेष एजेंसियों के प्रतिनिधियों के लिए, वोट के बिना, अपने विचार-विमर्श में तथा इसके द्वारा स्थापित आयोगों में भाग लेने की व्यवस्था कर सकती है, और अपने प्रतिनिधियों के लिए विशेष एजेंसियों के विचार-विमर्श में भाग ले सकती है।

मतदान (Voting)

अनुच्छेद 67 (Article 67) में कहा गया है कि आर्थिक और सामाजिक परिषद के प्रत्येक सदस्य के पास एक वोट होगा। परिषद के निर्णय उपस्थित और मतदान करने वाले सदस्यों के बहुमत द्वारा किए जाएंगे।

अनुच्छेद 72 (Article 72) में कहा गया है कि आर्थिक और सामाजिक परिषद अपने अध्यक्ष के चयन की विधिक प्रक्रिया के अपने नियम अपनाएगी। परिषद अपने नियमों के आवश्यकतानुसार बैठक करेगी, जिसमें इसके अधिकांश सदस्यों के अनुरोध पर बैठकें बुलाने का प्रावधान शामिल होगा।

कार्य एवं शक्तियाँ (Functions and Powers)

अनुच्छेद 62 (Article 62) में कहा गया है कि आर्थिक और सामाजिक परिषद:

1. अंतर्राष्ट्रीय आर्थिक, सामाजिक, सांस्कृतिक, शैक्षिक, स्वास्थ्य और संबंधित मामलों के संबंध में अध्ययन और रिपोर्ट बनाए या शुरू करे और ऐसे किसी भी मामले के संबंध में महासभा से लेकर संयुक्त राष्ट्र के सदस्यों और संबंधित विशेष एजेंसियों को सिफारिशें करे।
2. सभी के लिए मानवाधिकारों और मौलिक स्वतंत्रता के प्रति सम्मान और पालन को बढ़ावा देने के उद्देश्य से सिफारिशें करे।
3. इसकी क्षमता के अंतर्गत आने वाले मामलों के संबंध में, महासभा को प्रस्तुत करने के लिए मसौदा तैयार करे।
4. संयुक्त राष्ट्र द्वारा निर्धारित नियमों के अनुसार, इसकी क्षमता के अंतर्गत आने वाले मामलों पर अंतर्राष्ट्रीय सम्मेलन बुलाए।

अनुच्छेद 63 (Article 63) के तहत, परिषद् अनुच्छेद 57 (Article 57) में निर्दिष्ट किसी भी एजेंसी के साथ उन शर्तों को परिभाषित करते हुए समझौता कर सकती है, जिन पर संबंधित एजेंसी को संयुक्त राष्ट्र के साथ संबंध में लाया जाएगा। ऐसे समझौते महासभा द्वारा अनुमोदन के अधीन होंगे। यह ऐसी एजेंसियों के साथ परामर्श और सिफारिशों के माध्यम से और महासभा और संयुक्त राष्ट्र के सदस्यों को सिफारिशों के माध्यम से विशेष एजेंसियों की गतिविधियों का समन्वय भी कर सकती है।

अनुच्छेद 64 (Article 64) के अनुसार परिषद् विशिष्ट एजेंसियों से नियमित रिपोर्ट प्राप्त करने के लिए उचित कदम उठा सकती है। यह संयुक्त राष्ट्र के सदस्यों और विशेष एजेंसियों के साथ अपनी सिफारिशों को प्रभावी बनाने के लिए उठाए गए कदमों पर रिपोर्ट प्राप्त करने और महासभा द्वारा इसकी क्षमता के भीतर आने वाले मामलों पर सिफारिशों पर रिपोर्ट प्राप्त करने की व्यवस्था कर सकती है। वह इन रिपोर्टों पर अपनी टिप्पणियों से महासभा को भी अवगत करा सकती है।

अनुच्छेद 65 (Article 65) निर्दिष्ट करता है कि परिषद् सुरक्षा परिषद् को जानकारी प्रस्तुत कर सकती है और उसके अनुरोध पर सुरक्षा परिषद् की सहायता करेगी।

अनुच्छेद 66 (Article 66) यह भी निर्दिष्ट करता है कि परिषद् महासभा की सिफारिशों को लागू करने के संबंध में अपनी क्षमता के भीतर आने वाले ऐसे कार्य करेगी। यह महासभा की मंजूरी से, संयुक्त राष्ट्र के सदस्यों के अनुरोध पर और विशेष एजेंसियों के अनुरोध पर सेवाएं भी दे सकता है। यह ऐसे अन्य कार्य भी करेगा जो वर्तमान चार्टर में कहीं और निर्दिष्ट हैं या जो महासभा द्वारा इसे सौंपे जा सकते हैं।

अनुच्छेद 71 (Article 71) के तहत परिषद् गैर-सरकारी संगठनों के साथ परामर्श के लिए उपयुक्त व्यवस्था कर सकती है, जो उसकी क्षमता के भीतर के मामलों से संबंधित हैं। ऐसी व्यवस्थाएँ संबंधित संयुक्त राष्ट्र के सदस्य के परामर्श के बाद अंतर्राष्ट्रीय संगठनों और, जहाँ उपयुक्त हो, राष्ट्रीय संगठनों के साथ की जा सकती हैं।

परिषद् को कुछ नये कार्य भी सौंपे गये हैं। 2005 के विश्व शिखर सम्मेलन में, राज्यों और सरकारों के प्रमुखों ने परिषद् को अंतर्राष्ट्रीय स्तर पर सहमत विकास लक्ष्य (JADGs) जो प्रमुख सम्मेलनों और शिखर सम्मेलनों में तय किये जाते हैं तथा एक द्विवार्षिक विकास सहयोग मंच (डीसीएफ) (Development Cooperation Forum—DFC) विभिन्न विकास भागीदारों की गतिविधियों की सुसंगतता और प्रभावशीलता को बढ़ाने के लिए जिम्मेदार है उनकी लक्ष्य प्राप्ति में प्रगति का आकलन करने के लिए वार्षिक मंत्रिस्तरीय समीक्षा (एएमआर—AMR) को लागू करने का समादेश दिया।

परिषद् कई आयोगों, समितियों और अन्य सहायक निकायों के माध्यम से काम करती है। परिषद् के *कार्यात्मक आयोग* (Functional Commissions) निम्नलिखित हैं:

1. सांख्यिकी आयोग (Statistical Commission)
2. जनसंख्या और विकास पर आयोग (Commission on Populations and Development)
3. सामाजिक विकास आयोग (Commission for Social Development)
4. महिलाओं की स्थिति पर आयोग (Commission on the Status of Women)
5. स्वापक औषधियों पर आयोग (Commission on Narcotic Drugs)
6. अपराध रोकथाम और आपराधिक न्याय आयोग (Commission on Crime Prevention and Criminal Justices)

7. विकास के लिए विज्ञान और प्रौद्योगिकी आयोग (Commission on Science and Technology for Development)
8. सतत विकास पर आयोग (Commission on Sustainable Development)

परिषद् के पाँच *क्षेत्रीय आयोग* (Regional Commissions) हैं, जैसे:

1. अफ्रीका के लिए आर्थिक आयोग (ईसीए) (Economic Commission for Africa—ECA)
2. एशिया और प्रशांत के लिए आर्थिक और सामाजिक आयोग (ईएससीएपी) (Economic and Social Commission for Asia and the Pacific—ESCAP)
3. यूरोप के लिए आर्थिक आयोग (ईसीई) (Economic Commission for Europe—ECE)
4. लैटिन अमेरिका और कैरेबियन के लिए आर्थिक आयोग (ईसीएलएसी) (Economic Commission for Latin America and the Caribbean—ECLAC)
5. पश्चिमी एशिया के लिए आर्थिक और सामाजिक आयोग (ईएससीडब्लयूए) (Economic and Social Commission for Western Asia—ESCWA)

परिषद् की स्थायी समितियाँ इस प्रकार हैं:

1. कार्यक्रम एवं समन्वय समिति (Committee for Programme and Coordination)
2. गैर-सरकारी संगठनों पर समिति (Committee on Non-Governmental Organizations)
3. अंतर-सरकारी एजेंसियों के साथ बातचीत पर समिति (Committee on Negotiations with Inter-Governmental Agencies)
4. प्राकृतिक संसाधनों के लिए समिति (Committee for Natural Resources)
5. अंतर्राष्ट्रीय निगमों के लिए समिति (Committee for Transnational Corporations)
6. मानव बस्ती पर समिति (Committee on Human Settlement)।

कुछ तदर्थ निकाय (ad-hoc bodies) भी हैं जैसे ऊर्जा और सतत विकास पर विशेषज्ञों का तदर्थ ओपन-एंडेड अंतर-सरकारी समूह (Ad hoc Open-ended Inter-Governmental Group of Experts) और सूचना विज्ञान पर तदर्थ ओपन-एंडेड कार्य समूह (Sustainable Development and Ad Hoc Open-ended Working Group)।

कुछ विशेषज्ञ निकाय हैं जो सरकारी विशेषज्ञों से बने हैं जैसे खतरनाक वस्तुओं के परिवहन और रसायनों के वर्गीकरण और लेबलिंग की विश्व स्तर पर सामंजस्यपूर्ण प्रणाली पर विशेषज्ञों की समिति और भौगोलिक नामों पर संयुक्त राष्ट्र के विशेषज्ञों का समूह।

इसके अलावा, ऐसे विशेषज्ञ निकाय भी हैं जो अपनी व्यक्तिगत क्षमता से सेवारत सदस्यों से बने होते हैं, जैसे लोक प्रशासन पर विशेषज्ञों की समिति, आर्थिक, सामाजिक और सांस्कृतिक अधिकारों पर समिति, और अन्य।

परिषद् के अन्य संबंधित निकायों में अंतर्राष्ट्रीय नारकोटिक्स नियंत्रण बोर्ड और महिलाओं की उन्नति के लिए अंतर्राष्ट्रीय अनुसंधान और प्रशिक्षण संस्थान के न्यासी बोर्ड शामिल हैं।

मूल्यांकन (Evaluation)

हालाँकि आर्थिक और सामाजिक परिषद संयुक्त राष्ट्र के लोगों की आकांक्षाओं को पूरा करने के लिए बनाई गई थी, लेकिन कई मामलों में यह देखा गया है कि परिषद बहुत अधिक कमजोर हो गई है और चर्चा और सिफारिश तक ही सीमित है। अन्य अंगों की तरह परिषद भी बड़ी सत्ता की राजनीति से मुक्त नहीं है। इसलिए वह दुनिया भर में लोगों तक समान नहीं पहुंचा पाई है। इसलिए समय-समय पर सुधार के सुझाव आते रहे हैं। 1969 में, सर रॉबर्ट जैक्सन (Sir Robert Jackson) द्वारा एक प्रशंसनीय सुधार का प्रयास किया गया और उन्होंने एक मजबूत केंद्रीय समन्वय संगठन के निर्माण और यूएनडीपी (UNDP) के पुनर्गठन की सिफारिश की। 1974 में, एक और प्रयास किया गया जब महासभा के विशेष सत्र के दौरान एक प्रस्ताव अपनाया गया जहां सदस्य राज्यों ने महासचिव से संयुक्त राष्ट्र में संरचनात्मक परिवर्तनों का प्रस्ताव देने के लिए उच्च स्तरीय विशेषज्ञों के एक समूह को नियुक्त करने के लिए कहा ताकि इसे अंतर्राष्ट्रीय आर्थिक सहयोग के मामलों से निपटने में सक्षम बनाया जा सके। महासचिव द्वारा जल्द ही उच्च-स्तरीय विशेषज्ञों का समूह गठित किया गया और इसने कई साहसिक सिफारिशें कीं, जैसे महासभा की तुलना में परिषद की जिम्मेदारियों को स्पष्ट करना और संचालन के क्षेत्र में परिषद के लिए नई जिम्मेदारियां सौंपना। हाल के प्रस्ताव पूर्व महासचिव कोफ़ी अन्नान (Kofi Annan) की ओर से *इन लार्जर फ़्रीडम* (In Larger Freedom) नामक रिपोर्ट में आए थे। उन्होंने परिषद द्वारा सहमत विकास लक्ष्यों, विशेष रूप से सहस्राब्दी विकास लक्ष्यों (एमडीजी) (Millennium Development Goals—MDG) की दिशा में प्रगति के वार्षिक मंत्रिस्तरीय मूल्यांकन की व्यवस्था करने जैसे कई प्रस्ताव दिए।

परिषद को एक उच्च स्तरीय विकास सहयोग मंच के रूप में भी काम करना चाहिए। इसके अलावा, परिषद को शांति निर्माण आयोग और विभिन्न अन्य लोगों के साथ काम करके संघर्ष के बाद के प्रबंधन में अपने काम को संस्थागत बनाना चाहिए। आर्थिक और सामाजिक परिषद की प्रभावकारिता बढ़ाने के लिए प्रस्तावों के रूप में नहीं बल्कि ठोस उपायों के रूप में बहुत अधिक आत्मनिरीक्षण और सुधार की आवश्यकता है।

ट्रस्टीशिप परिषद (The Trusteeship Council)

चार्टर के अध्याय XII में अंतर्राष्ट्रीय ट्रस्टीशिप प्रणाली से संबंधित प्रावधानों की गणना की गई है और अध्याय XIII में ट्रस्टीशिप परिषद की संरचना और कार्यों से संबंधित प्रावधान शामिल हैं।

अनुच्छेद 76 (Article 76) में **ट्रस्टीशिप प्रणाली** के निम्नलिखित मूल उद्देश्य शामिल हैं:

- भविष्य में अंतर्राष्ट्रीय शांति और सुरक्षा।
- ट्रस्ट क्षेत्रों के निवासियों की राजनीतिक, आर्थिक, सामाजिक और शैक्षिक उन्नति को बढ़ावा देना, और स्वशासन या स्वतंत्रता की दिशा में उनके प्रगतिशील विकास को बढ़ावा देना, जो प्रत्येक क्षेत्र और उससे संबंधित लोगों के लिए लोगों की विशेष परिस्थितियों और स्वतंत्र रूप से व्यक्त की गई इच्छाओं के लिए उपयुक्त हो सकता है और जैसा कि प्रत्येक ट्रस्टीशिप समझौते की शर्तों द्वारा प्रदान किया जा सकता है।
- जाति, लिंग, भाषा या धर्म के भेदभाव के बिना सभी के लिए मानवाधिकारों और मौलिक स्वतंत्रता के लिए सम्मान को प्रोत्साहित करना और दुनिया के लोगों की परस्पर निर्भरता की मान्यता को प्रोत्साहित करना।

- संयुक्त राष्ट्र के सभी सदस्यों और उनके नागरिकों के लिए सामाजिक, आर्थिक और वाणिज्यिक मामलों में समान व्यवहार सुनिश्चित करें, और न्याय प्रशासन में भी उपरोक्त उद्देश्यों की प्राप्ति पर प्रतिकूल प्रभाव डाले बिना और अनुच्छेद 80 (Article 80) के प्रावधानों के अधीन रहते हुए उनके लिए समान व्यवहार सुनिश्चित करें।

अनुच्छेद 77 (Article 77) ट्रस्टीशिप प्रणाली की प्रयोज्यता को निर्दिष्ट करता है। इसके अनुसारः

1. ट्रस्टीशिप प्रणाली ऐसे क्षेत्रों पर निम्नलिखित श्रेणियों में लागू होगी जिन्हें ट्रस्टीशिप समझौतों के माध्यम से वहां रखा जा सकता है:
   (क) क्षेत्र अब शासनादेश के तहत हैं
   (ख) वे क्षेत्र जो द्वितीय विश्व युद्ध के परिणामस्वरूप दुश्मन राज्यों से अलग हो सकते हैं
   (ग) क्षेत्रों को उनके प्रशासन के लिए जिम्मेदार राज्यों द्वारा स्वेच्छा से इस प्रणाली के तहत रखा गया है।

इसके अलावा, यह बाद के समझौते का विषय होगा कि उपरोक्त श्रेणियों में किन क्षेत्रों को ट्रस्टीशिप प्रणाली के तहत और किन शर्तों पर लाया जाएगा।

अनुच्छेद 78 (Article 78) में कहा गया है कि ट्रस्टीशिप प्रणाली उन क्षेत्रों पर लागू नहीं होगी जो संयुक्त राष्ट्र के सदस्य बन गए हैं, जिनके बीच संबंध संप्रभु समानता के सिद्धांत के सम्मान पर आधारित होंगे।

अनुच्छेद 83 (Article 83) ट्रस्टीशिप प्रणाली के कार्यों से संबंधित मामलों को निर्दिष्ट करता है। इसमें कहा गया है कि रणनीतिक क्षेत्रों से संबंधित संयुक्त राष्ट्र के सभी कार्य, जिसमें ट्रस्टीशिप समझौतों की शर्तों की मंजूरी और उनमें परिवर्तन या संशोधन शामिल है, सुरक्षा परिषद द्वारा किया जाएगा। इसके अलावा, सुरक्षा परिषद, ट्रस्टीशिप समझौतों के प्रावधानों के अधीन और सुरक्षा विचारों पर प्रतिकूल प्रभाव डाले बिना, राजनीतिक, आर्थिक, सामाजिक और रणनीतिक क्षेत्रों में शैक्षिक मामले से संबंधित ट्रस्टीशिप प्रणाली के तहत संयुक्त राष्ट्र के उन कार्यों को करने के लिए ट्रस्टीशिप काउंसिल की सहायता का लाभ उठाएगी।

अनुच्छेद 85 (Article 85) में कहा गया है कि सभी क्षेत्रों के लिए ट्रस्टीशिप समझौतों के संबंध में संयुक्त राष्ट्र के कार्य, जिन्हें रणनीतिक के रूप में नामित नहीं किया गया है, जिसमें ट्रस्टीशिप समझौतों की शर्तों की मंजूरी और उनके परिवर्तन या संशोधन शामिल हैं, महासभा द्वारा किया जाएगा। इसके अलावा, ट्रस्टीशिप काउंसिल, महासभा के अधिकार के तहत काम करते हुए, इन कार्यों को पूरा करने में महासभा की सहायता करेगी।

अध्याय XIII में **ट्रस्टीशिप काउंसिल** (Trusteeship Council) के गठन से संबंधित प्रावधान शामिल हैं।

संघटन (Composition)

अनुच्छेद 86 (Article 86) में कहा गया है कि ट्रस्टीशिप काउंसिल में संयुक्त राष्ट्र के निम्नलिखित सदस्य शामिल होंगे:

(क) वे सदस्य जो ट्रस्ट क्षेत्रों का प्रशासन करते हैं।

(ख) वे सदस्य जिनका नाम अनुच्छेद 23 (Article 23) में उल्लिखित है और वे ट्रस्ट क्षेत्रों का प्रशासन नहीं कर रहे हैं।

(ग) महासभा द्वारा तीन साल के कार्यकाल के लिए चुने गए कई अन्य सदस्य यह सुनिश्चित करने के लिए आवश्यक हो सकते हैं कि ट्रस्टीशिप काउंसिल के सदस्यों की कुल संख्या संयुक्त राष्ट्र के उन सदस्यों के बीच समान रूप से विभाजित है जो ट्रस्ट क्षेत्रों का प्रशासन करते हैं और जो नहीं करते है।

इसमें यह भी कहा गया है कि ट्रस्टीशिप काउंसिल का प्रत्येक सदस्य परिषद में प्रतिनिधित्व करने के लिए एक विशेष रूप से योग्य व्यक्ति को नामित करेगा।

कार्य एवं शक्तियाँ (Functions and Powers)

अनुच्छेद 87 के तहत, महासभा और, इसके अधिकार के तहत, ट्रस्टीशिप काउंसिल, अपने कार्यों को पूरा करने के दौरान निम्नलिखित कार्य कर सकती है:

1. प्रशासन प्राधिकारी द्वारा प्रस्तुत रिपोर्टों पर विचार करना।
2. याचिकाएँ स्वीकार करना और प्रशासन प्राधिकारी के परामर्श से उनकी जाँच करना।
3. प्रशासन प्राधिकारी के साथ सहमत समय पर संबंधित ट्रस्ट क्षेत्रों में आवधिक दौरे की व्यवस्था करना।
4. ये और अन्य कार्रवाइयां ट्रस्टीशिप समझौते की शर्तों के अनुरूप करना।

मतदान (Voting)

अनुच्छेद 89 (Article 86) में कहा गया है कि ट्रस्टीशिप काउंसिल के प्रत्येक सदस्य के पास एक वोट होगा और ट्रस्टीशिप काउंसिल के निर्णय उपस्थित और मतदान करने वाले सदस्यों के बहुमत द्वारा किए जाएंगे।

ट्रस्टीशिप काउंसिल की प्रक्रिया के संबंध में, अनुच्छेद 90 (Article 90) में कहा गया है कि ट्रस्टीशिप काउंसिल प्रक्रिया के अपने नियमों को अपनाएगी, जिसमें उसके अध्यक्ष का चयन करने की विधि भी शामिल है और ट्रस्टीशिप काउंसिल अपने नियमों और आवश्यकतानुसार बैठक करेगी, जिसमें शामिल अपने अधिकांश सदस्यों के अनुरोध पर बैठकें बुलाने के प्रावधान होंगे। अनुच्छेद 91 (Article 91) में कहा गया है कि ट्रस्टीशिप काउंसिल, जब उपयुक्त हो, उन मामलों के संबंध में आर्थिक और सामाजिक परिषद और विशेष एजेंसियों की सहायता का लाभ उठाएगी, जिनसे वे संबंधित हैं।

मूल्यांकन (Evaluation)

यह ध्यान दिया जाना चाहिए कि अधिकांश ट्रस्ट क्षेत्रों को स्वतंत्रता मिल गई है और ट्रस्ट क्षेत्रों के प्रशासन का बोझ काफी हद तक कम हो गया है। 1975 तक, 11 ट्रस्ट क्षेत्रों में से 10 को स्वतंत्रता मिल गई थी और 1975 के बाद, प्रशांत द्वीप समूह में केवल एक ट्रस्ट क्षेत्र बचा था, जिसका ट्रस्टी संयुक्त राज्य अमेरिका था। आख़िरकार, जब 1994 में इस ट्रस्ट क्षेत्र को भी आज़ादी मिल गई, तो परिषद बिना किसी काम के रह गई। इसके साथ परिषद की साथ संरचना भी बदल गई, जिसमें अब सुरक्षा परिषद के केवल पांच स्थायी सदस्य शामिल हैं। चार्टर के अनुच्छेद 108 (Article 108) (चार्टर का संशोधन) के अनुसार, इस अंग को खत्म करने के लिए विभिन्न कोनों से प्रस्ताव आए हैं।

अंतर्राष्ट्रीय न्यायालय (The International Court of Justice)

अंतर्राष्ट्रीय न्यायालय (International Court of Justice—ICJ) संयुक्त राष्ट्र संगठन (United Nations Organization—UNO) का प्रमुख न्यायिक अंग है। इसकी स्थापना जून 1945 में संयुक्त राष्ट्र के चार्टर द्वारा की गई थी और इसने अप्रैल 1946 में अपना काम शुरू किया। न्यायालय की सीट हेग (नीदरलैंड) में द पीस पैलेस में (The Peace Palace in The Hague) है।

न्यायालय की भूमिका अंतर्राष्ट्रीय कानून के अनुसार, राज्यों द्वारा प्रस्तुत कानूनी विवादों को निपटाने और अधिकृत संयुक्त राष्ट्र अंगों और विशेष एजेंसियों द्वारा संदर्भित कानूनी प्रश्नों पर सलाहकारी राय देने की है।

चार्टर का अध्याय XIV अंतर्राष्ट्रीय न्यायालय की संरचना और कार्यों से संबंधित प्रावधानों का प्रतीक है। अनुच्छेद 92 (Article 92) निर्दिष्ट करता है कि आईसीजे (ICJ) संलग्न क़ानून के अनुसार कार्य करेगा, जो स्थायी अंतर्राष्ट्रीय न्याय न्यायालय (पीसीआईजे) (Permanent Court of International Justice—PCIJ) के क़ानून पर आधारित है और वर्तमान चार्टर का एक अभिन्न अंग है।

सदस्यता (Membership)

अनुच्छेद 93 (Article 93) में कहा गया है कि संयुक्त राष्ट्र के सभी सदस्य अंतर्राष्ट्रीय न्यायालय के क़ानून के वास्तविक पक्षकार हैं। इसमें यह भी कहा गया है कि एक राज्य, जो संयुक्त राष्ट्र का सदस्य नहीं है, सुरक्षा परिषद की सिफारिश पर महासभा द्वारा प्रत्येक मामले में निर्धारित की जाने वाली शर्तों पर अंतर्राष्ट्रीय न्यायालय के क़ानून का एक पक्ष बन सकता है।

अनुच्छेद 95 (Article 95) के तहत, वर्तमान चार्टर में कुछ भी संयुक्त राष्ट्र के सदस्यों को पहले से मौजूद या भविष्य में संपन्न होने वाले समझौतों के आधार पर अपने मतभेदों का समाधान अन्य न्यायाधिकरणों को सौंपने से नहीं रोकेगा।

संघटन (Composition)

अंतर्राष्ट्रीय न्यायलय (ICJ) संयुक्त राष्ट्र महासभा (UNGA) और सुरक्षा परिषद के समवर्ती वोट द्वारा नौ साल की अवधि के लिए चुने गए पंद्रह न्यायाधीशों से बना है। ये अंग एक साथ लेकिन अलग-अलग मतदान करते हैं और निर्वाचित होने के लिए, एक उम्मीदवार को दोनों निकायों से अधिकतम वोट प्राप्त करने होते हैं।

न्यायाधीशों को उच्च नैतिक चरित्र वाले व्यक्तियों में से चुना जाना चाहिए, जिनके पास उच्चतम न्यायिक कार्यालयों में नियुक्ति के लिए अपने संबंधित देशों में आवश्यक योग्यताएं हों, या अंतर्राष्ट्रीय कानून में मान्यता प्राप्त क्षमता के न्यायविद हों।

एक बार निर्वाचित होने के बाद, न्यायालय का सदस्य अपने देश की सरकार या अन्य राज्य के प्रति किसी प्रकार की निष्ठा के बिना एक प्रतिनिधि के रूप में कार्य करता है। न्यायालय के सदस्य स्वतंत्र न्यायाधीश हैं, उन्हें अपना कर्तव्य निभाने से पहले खुली अदालत में एक महत्वपूर्ण घोषणा करनी होती है कि वे अपनी शक्तियों का प्रयोग निष्पक्ष और कर्तव्यनिष्ठा से करेंगे। इस स्वतंत्रता को सुरक्षित रखने के लिए, कोई भी सदन का सदस्य अपने पद से हटाया नहीं जा सकता, जब तक दूसरे सदस्य एकमत रूप से सहमत न हों कि वे अब आवश्यक मानदंडों को पूरा नहीं करते हैं।

न्यायालय का एक सदस्य, जब न्यायालय के कार्य में संलग्न होता है, तो उसे राजनयिक मिशन के प्रमुख के समान विशेषाधिकार और उन्मुक्तियाँ प्राप्त होती हैं। न्यायालय के प्रत्येक सदस्य को राष्ट्रपति के लिए विशेष अनुपूरक भत्ते के साथ वार्षिक वेतन मिलता है और, उन्हें कार्यालय में नौ साल की अवधि की सेवा के बाद, न्यायालय छोड़ने पर वार्षिक पेंशन प्राप्त होती है।

न्यायालय हर तीन साल में गुप्त मतदान द्वारा अपने अध्यक्ष और उपाध्यक्ष का चुनाव करता है। अध्यक्ष न्यायालय की सभी बैठकों की अध्यक्षता करता है और वह एक बजटीय और प्रशासनिक समिति और न्यायालय के सदस्यों से बनी विभिन्न अन्य समितियों की सहायता से इसके काम का निर्देशन करता है और इसके प्रशासन की निगरानी करता है। विचार-विमर्श के दौरान, वोट समान रूप से विभाजित होने की स्थिति में अध्यक्ष के पास निर्णायक वोट होता है।

उपाध्यक्ष, अध्यक्ष की अनुपस्थिति में, उनके कर्तव्यों का पालन करने में असमर्थता की स्थिति में, या अध्यक्ष पद रिक्त होने की स्थिति में उनका स्थान लेता है। इस प्रयोजन के लिए उसे दैनिक भत्ता मिलता है। उपाध्यक्ष की अनुपस्थिति में यह भूमिका एक वरिष्ठ न्यायाधीश को सौंप दी जाती है।

क्षेत्राधिकार (Jurisdiction)

क़ानून न्यायालय को तीन प्रकार के क्षेत्राधिकार प्रदान करता है:

- स्वैच्छिक (Voluntary)
- अनिवार्य (Compulsory)
- सलाहकारी (Advisory)

न्यायालय आमतौर पर उन मामलों पर विचार करता है जिनमें राज्यों के बीच कानूनी विवाद शामिल होते हैं, जो उनके द्वारा समाधान के लिए प्रस्तुत किए जाते हैं और संयुक्त राष्ट्र के अंगों और इसकी विशेष एजेंसियों द्वारा आईसीजे को संदर्भित कानूनी प्रश्नों पर सलाहकार राय के लिए भी अनुरोध किया जाता है।

स्वैच्छिक क्षेत्राधिकार (Voluntary Jurisdiction)

न्यायालय ने कई अवसरों पर किसी भी विवाद में पक्षों की सहमति पर क्षेत्राधिकार माना है और पीसीआईजे (PCIJ) और आईसीजे (ICJ) दोनों ने ऐसे क्षेत्राधिकार की सीमाओं को स्वीकार किया है। अधिकार क्षेत्र को उस सीमा तक बढ़ाया जाएगा जो विवादों के राज्य पक्षकारों को स्वीकार्य होगा। जो राज्य आईसीजे का उपयोग कर सकते हैं वे तीन श्रेणियों में आते हैं:

1. चार्टर पर हस्ताक्षर करने वाले सभी राज्य स्वचालित रूप से क़ानून के पक्षकार हैं।
2. जो राज्य संयुक्त राष्ट्र के सदस्य नहीं हैं, वे सुरक्षा परिषद की सिफारिश पर महासभा द्वारा निर्धारित शर्तों के अनुसार न्यायालय के निर्णय का लाभ उठा सकते हैं। उदाहरण के लिए, 1948 में स्विट्जरलैंड और 1950 में लिकटेंस्टीन (Liechtenstein) को इस तरह से न्यायालय तक पहुंच प्राप्त थी।
3. राज्य, जो न्यायालय के क़ानून के पक्षकार नहीं हैं, सुरक्षा परिषद द्वारा निर्धारित शर्तों पर न्यायालय का सहारा ले सकते हैं। *कोर्फू चैनल मामले* (Corfu Channel Case, 1948–1949) की तरह, अल्बानिया न्यायालय के समक्ष उपस्थित हुआ, जो उस समय संयुक्त राष्ट्र का सदस्य नहीं था।[20]

इसलिए, न्यायालय का क्षेत्राधिकार केवल उन्हीं मामलों तक विस्तारित होता है, जिन्हें पक्षकार संदर्भित करते हैं। यद्यपि संयुक्त राष्ट्र चार्टर विवादों के शांतिपूर्ण समाधान के लिए प्रयास करता है, लेकिन यह सदस्यों के लिए विवादों के सभी मामलों में न्यायालय की सहायता लेना अनिवार्य नहीं बनाता है। इस प्रकार, न्यायालय का क्षेत्राधिकार किसी विवाद के पक्षकारों की सहमति से प्राप्त होता है, जिसे न्यायालय कभी भी खत्म करने या आगे बढ़ने की कोशिश नहीं करता है।

अनिवार्य क्षेत्राधिकार (Compulsory Jurisdiction)

इस क्षेत्राधिकार के प्रयोग में, क़ानून के अनुच्छेद 36 (Article 36) (पैरा 1) में कहा गया है कि न्यायालय के क्षेत्राधिकार में वे सभी मामले शामिल हैं जिन्हें पक्षकार संदर्भित करते हैं। ऐसे मामले आम तौर पर एक समझौते द्वारा रजिस्ट्री (Registry) को अधिसूचना द्वारा न्यायालय के समक्ष आते हैं, जिसे एक विशेष समझौते (special agreement) के रूप में जाना जाता है और पार्टियों द्वारा विशेष रूप से इस उद्देश्य के लिए संपन्न किया जाता है।

जो राज्य वर्तमान क़ानून के पक्षकार हैं, वे किसी भी समय यह घोषणा कर सकते हैं कि वे समान दायित्व स्वीकार करने वाले किसी भी अन्य राज्य के संबंध में, सभी विवादों के संबंध में न्यायालय के अधिकार क्षेत्र को अनिवार्य, स्वतः तथ्यात्मक और विशेष समझौते के बिना मान्यता देते हैं: (क) एक संधि की व्याख्या; (ख) अंतर्राष्ट्रीय कानून का कोई भी प्रश्न; (ग) किसी भी तथ्य का अस्तित्व, जो स्थापित होने पर अंतर्राष्ट्रीय दायित्व का उल्लंघन होगा; (घ) अंतर्राष्ट्रीय दायित्व के उल्लंघन के लिए किए जाने वाले मुआवजे की प्रकृति या सीमा।

क़ानून के अनुच्छेद 36 (पैरा 6) (Article 36, para 6) में प्रावधान है कि, किसी विवाद की स्थिति में कि क्या न्यायालय का क्षेत्राधिकार है, मामले का निपटारा न्यायालय के निर्णय द्वारा किया जाएगा। इस अनुच्छेद का 'वैकल्पिक खंड' भी है जिसके तहत अनिवार्य क्षेत्राधिकार की शर्तें सदस्य राज्यों द्वारा स्वैच्छिक घोषणा के माध्यम से कुछ क्षेत्रों में अनुमति देने और अन्य मामलों में न्यायालय के ऐसे क्षेत्राधिकार के प्रयोग को सीमित करने के माध्यम से न्यायालय से संबंधित हो सकती हैं।[21]

सलाहकारी क्षेत्राधिकार (Advisory Jurisdiction)

अंतर्राष्ट्रीय न्यायलय के सलाहकारी क्षेत्राधिकार का प्रयोग तब किया जाता है जब संयुक्त राष्ट्र महासभा और सुरक्षा परिषद "किसी भी कानूनी प्रश्न" (any legal question) पर सलाहकारी राय का अनुरोध कर सकते हैं। संयुक्त राष्ट्र के अन्य अंग और विशेष एजेंसियां जिन्हें सलाहकारी राय लेने के लिए अधिकृत किया गया है, वे केवल "उनकी गतिविधियों के दायरे में उत्पन्न होने वाले कानूनी प्रश्नों" के संबंध में ऐसा कर सकती हैं।

सलाहकारी राय के लिए अनुरोध प्राप्त होने पर, न्यायालय कार्यवाही रोक देता है। पार्टियों द्वारा प्रस्तुतिकरण लिखित या मौखिक रूप (याचना) में हो सकता है। हालाँकि, आईसीजे (ICJ) द्वारा राय का अनुरोध करने वाले संगठन के अलावा अन्य अंतर्राष्ट्रीय संगठनों को सलाहकारी कार्यवाही में भाग लेने की अनुमति देना दुर्लभ है। गैर-सरकारी अंतर्राष्ट्रीय संगठनों के संबंध में, जानकारी प्रस्तुत करने के लिए अंतर्राष्ट्रीय न्यायलय द्वारा अधिकृत एकमात्र संगठन ने अंततः ऐसा नहीं किया (दक्षिण पश्चिम अफ्रीका की अंतर्राष्ट्रीय स्थिति)। कोर्ट ने निजी पक्षों के ऐसे सभी अनुरोधों को खारिज कर दिया है।

ऐसी राय का सार यह है कि वे सलाहकारी हैं, यानी, न्यायालय के निर्णयों के विपरीत, उनका कोई बाध्यकारी प्रभाव नहीं होता है। अनुरोध करने वाला अंग, एजेंसी या संगठन किसी भी माध्यम से अपनी राय देने के लिए स्वतंत्र है; अथवा यदि वह चाहे तो अपनी राय ही न दे। हालाँकि, कुछ उपकरण या नियम पहले से ही यह प्रावधान कर सकते हैं कि न्यायालय की एक सलाहकारी राय बाध्यकारी होगी।

हालाँकि न्यायालय की सलाहकारी राय का कोई बाध्यकारी प्रभाव नहीं होता है, फिर भी न्यायालय की सलाहकारी राय बहुत कानूनी महत्व और नैतिक अधिकार रखती है। वे अक्सर निवारक कूटनीति का एक साधन होते हैं और उनमें शांति स्थापना के गुण होते हैं। सलाहकारी राय भी, अपने तरीके से, अंतर्राष्ट्रीय कानून की व्याख्या और विकास में योगदान करती है और इस तरह राज्यों के बीच शांतिपूर्ण संबंधों को मजबूत करती है।

क़ानून के अनुच्छेद 38 (Article 38) के अनुसार, न्यायालय अपने समक्ष प्रस्तुत विवादों का निर्णय करते समय प्रतिस्पर्धी राज्यों द्वारा मान्यता प्राप्त नियमों की स्थापना करने वाले अंतर्राष्ट्रीय सम्मेलनों, कानून द्वारा स्वीकृत सामान्य अभ्यास के साक्ष्य के रूप में अंतर्राष्ट्रीय रीति-रिवाज, राष्ट्रों द्वारा मान्यता प्राप्त न्यायिक निर्णय और विभिन्न राष्ट्रों के सबसे उच्च योग्य प्रचारकों की शिक्षाएँ, कानून के शासन को निर्धारित करने के सहायक साधन के रूप में कानून के सामान्य सिद्धांतों को लागू करता है। न्यायालय *ex aequo et bono* (जो उचित और अच्छा है, यानी सख्त कानून के बजाय व्यावहारिक निष्पक्षता के आधार पर) पर निर्णय ले सकता है, लेकिन केवल तभी जब संबंधित पक्ष सहमत हों।

अंतर्राष्ट्रीय न्यायलय के सभी महत्वपूर्ण निर्णय उपस्थित न्यायाधीशों के बहुमत द्वारा लिए जाते हैं। यदि वोट समान रूप से विभाजित होते हैं, तो अध्यक्ष को अपना वोट देने का अधिकार है। अनुच्छेद 94 (Article 94) में कहा गया है कि संयुक्त राष्ट्र का प्रत्येक सदस्य किसी भी मामले में आईसीजे के फैसले का पालन करने का वचन देता है, जिसमें वह एक पक्ष है और, यदि किसी मामले का कोई भी पक्ष आईसीजे द्वारा दिए गए फैसले के तहत अपने दायित्वों को पूरा करने में विफल रहता है तो दूसरा पक्ष सुरक्षा परिषद का सहारा ले सकता है, जो यदि आवश्यक समझे तो निर्णय को प्रभावी बनाने के लिए सिफारिशें कर सकता है या उठाए जाने वाले उपायों पर निर्णय ले सकता है।

अनुच्छेद 96 (Article 96) इस बात पर ज़ोर देता है कि महासभा या सुरक्षा परिषद किसी भी कानूनी प्रश्न पर सलाह देने के लिए आईसीजे (ICJ) से अनुरोध कर सकती है। यहां तक कि संयुक्त राष्ट्र के अन्य अंग और विशेष एजेंसियां, जो किसी भी समय महासभा द्वारा अधिकृत हो सकती हैं, वे भी अपनी गतिविधियों के दायरे में उत्पन्न होने वाले कानूनी प्रश्नों पर न्यायालय से सलाहकारी राय का अनुरोध कर सकती हैं।[22]

मूल्यांकन (Evaluation)

अंतर्राष्ट्रीय न्यायलय (ICJ) ने विवादास्पद मुद्दों पर अपनी कानूनी राय देकर बहुत बड़ा योगदान दिया है। इसने कई मामलों में अपने फैसले दिए हैं जिससे न्यायशास्त्र पर एक समृद्ध चर्चा हुई है। इसके ऐतिहासिक निर्णयों में अन्य बातों के अलावा, द *कोर्फू चैनल केस* (The Corfu Channel Case, 1949), *भारत के खिलाफ एन्क्लेव पर पुर्तगाल के अधिकार का मामला* (Portugal's Right of Passage Case over Enclaves against India, 1960) और *अल साल्वाडोर और होंडुरास* (Case between El Salvador and Honduras) के बीच का मामला शामिल है। संयुक्त राज्य अमेरिका के खिलाफ निकारागुआ मामले (1984–1986) में न्यायालय ने संयुक्त राज्य अमेरिका की इच्छानुसार मामले को

अपनी सूची से हटाने की अनुमति नहीं दी और संयुक्त राज्य अमेरिका को निकारागुआ के खिलाफ हमले करने से परहेज करने के निर्देश जारी किए। कोर्ट ने कई मामलों में अपनी सलाह भी दी थी। लेकिन अंतर्राष्ट्रीय न्यायलय के साथ समस्या इसका सीमित परिचालन क्षेत्र है, साथ ही शक्तिशाली राज्यों के बीच सत्ता की राजनीति भी है। शीत युद्ध के दौरान यह विशेष रूप से स्पष्ट हो गया। वर्तमान परिस्थितियों में भी, सोवियत संघ और यूरोप के पूर्व कम्युनिस्ट राज्य अंतर्राष्ट्रीय न्यायलय के समक्ष अपना मामला प्रस्तुत करने से इनकार करते हैं। जब 2007 में जॉर्जिया और रूस के बीच एक मिनी-युद्ध शुरू हुआ, तो जॉर्जिया ने नस्लीय भेदभाव के सभी रूपों के उन्मूलन पर कन्वेंशन (जॉर्जिया बनाम रूस) के उल्लंघन के आधार पर रूस के खिलाफ मामला लाया था। रूस आईसीजे (ICJ) को मामले से निपटने से रोकने के लिए सभी तरीकों का इस्तेमाल कर रहा था।

एक धारणा यह भी है कि कानूनी समाधान हमेशा स्वीकार्य नहीं हो सकते। इस प्रकार, न्यायालय की गतिविधियाँ काफी हद तक विफल हो जाती हैं। जो कहा जा सकता है वह यह है कि, कई कमजोरियों के बावजूद, आईसीजे (ICJ) ने अपने सामने आए विवादों को सुलझाने में महत्वपूर्ण भूमिका निभाई है और अंतर्राष्ट्रीय न्यायशास्त्र के स्थिर विकास में योगदान दिया है।

संयुक्त राष्ट्र चार्टर का संशोधन (Revision of the UN Charter)

संयुक्त राष्ट्र चार्टर के अध्याय XVIII में चार्टर में संशोधन के प्रावधान शामिल हैं। चार्टर के अनुच्छेद 108 (Article 108) में कहा गया है कि वर्तमान चार्टर में संशोधन संयुक्त राष्ट्र के सभी सदस्यों के लिए तब लागू होंगे जब उन्हें महासभा के दो-तिहाई सदस्यों के वोट द्वारा अपनाया गया हो और संयुक्त राष्ट्र के दो-तिहाई सदस्यों द्वारा, जिसमें सुरक्षा परिषद के सभी स्थायी सदस्य भी शामिल हैं, उनकी संबंधित संवैधानिक प्रक्रियाओं के अनुसार पुष्टि की गई हो।

अनुच्छेद 109 (Article 109) में कहा गया है कि:

1. वर्तमान चार्टर की समीक्षा के उद्देश्य से संयुक्त राष्ट्र के सदस्यों का एक सामान्य सम्मेलन महासभा के सदस्यों के दो-तिहाई वोट और किन्हीं नौ सदस्यों के वोट द्वारा तय की जाने वाली तारीख और स्थान पर आयोजित किया जा सकता है। सुरक्षा परिषद के सम्मेलन में संयुक्त राष्ट्र के प्रत्येक सदस्य का एक वोट होगा।
2. सम्मेलन के दो-तिहाई वोट द्वारा अनुशंसित वर्तमान चार्टर में कोई भी परिवर्तन तब प्रभावी होगा जब सुरक्षा परिषद के सभी स्थायी सदस्यों सहित संयुक्त राष्ट्र के दो-तिहाई सदस्यों द्वारा उनकी संबंधित संवैधानिक प्रक्रियाओं के अनुसार अनुसमर्थन किया जाएगा।
3. यदि संयुक्त राष्ट्र चार्टर के लागू होने के बाद महासभा के दसवें वार्षिक सत्र से पहले ऐसा सामान्य सम्मेलन आयोजित नहीं किया गया है, तो ऐसे सम्मेलन को बुलाने का प्रस्ताव महासभा के उस सत्र के एजेंडा में रखा जाएगा, और यदि महासभा के सदस्यों के बहुमत से और सुरक्षा परिषद के किन्हीं सात सदस्यों के मत से निर्णय लिया जाए तो सम्मेलन आयोजित किया जाएगा।

चार्टर में उल्लिखित इन औपचारिक प्रक्रियाओं के अलावा, कई अनौपचारिक और औपचारिक परिवर्तन सामने लाए गए हैं, जैसे कि 1965 में जब अस्थायी सदस्यों की संख्या बढ़ाई गई, जिससे सुरक्षा परिषद की मूल सदस्यता 11 से बढ़कर 15 हो गई। इसी प्रकार, आर्थिक एवं सामाजिक परिषद की संरचना को भी 1965 में 18 से बढ़ाकर 27 कर दिया गया। सैन्य कर्मचारी समिति के गठन के संबंध में अनुच्छेद

43, 45, 47 (Articles 43, 45, 47) के मामले में पाठ्य प्रावधानों को लागू न करने से परिवर्तन लाया जा सकता है। इसके अलावा, बदलावों को संस्थागत अनुकूलन द्वारा प्रभावित किया जा सकता है जैसा कि 1950 के कोरियाई संकट के दौरान हुआ था जब 1950 के शांति प्रस्ताव के तहत सुरक्षा परिषद से महासभा में की और ताकत का बदलाव हुआ था। अंततः, नये रीति-रिवाजों, प्रयोगों और व्याख्याओं के बढ़ने से भी परिवर्तन हो सकता है। उपनिवेशवाद और रंगभेद के सवालों से निपटने के लिए महासभा के ठोस प्रयास के कारण अक्सर फ्रांस, बेल्जियम, नीदरलैंड, दक्षिण अफ्रीका और पुर्तगाल जैसी औपनिवेशिक शक्तियों की गंभीर आपत्तियों के कारण घरेलू क्षेत्राधिकार खंड (अनुच्छेद 2 पैरा 7) की एक गैर-प्रतिबंधात्मक व्याख्या हुई। 1948 के कोर्फू चैनल केस (The Corfu Channel Case of 1948), 1963 के संयुक्त राष्ट्र के कुछ व्यय मामले (Certain Expenses of the UN Case of 1963), 1971 के दक्षिण पश्चिम अफ्रीका मामले (South West Africa Case of 1971) और 1949 के संयुक्त राष्ट्र की सेवा में लगी चोटों के मुआवजे के मामले (Case of Reparation for Injuries Suffered in the Service of the UN of 1949) जैसे मामलों में न्यायिक घोषणाओं का भी सयुक्त राष्ट्र प्रणाली में परिवर्तन पर बहुत प्रभाव पड़ा। संयुक्त राष्ट्र प्रणाली के परिवर्तन में संधियों, समझौतों और सम्मेलनों ने भी आवश्यक योगदान दिया है।[23]

संयुक्त राष्ट्र का सुधार (Reform of the UN)

संयुक्त राष्ट्र, वर्तमान शताब्दी में कड़ी चुनौतियों का सामना कर रहा है, जिसके अधिकार पर अक्सर सवाल उठाए जा रहे हैं और इसके अस्तित्व पर भारी दबाव डाला जा रहा है, इसमें बदलाव की और पुनर्नवीनीकरण की जरूरत है। एक पुनर्जीवित संयुक्त राष्ट्र समय की मांग है। सुरक्षा परिषद की असमान प्रतिनिधि संरचना, शीत युद्ध के दौरान सुरक्षा परिषद की निष्क्रियता का इतिहास, सुरक्षा परिषद के पी-5 (P-5) सदस्यों के बीच झगड़ा, वीटो कारक और इसके अलावा, इसी क्रम में संयुक्त राज्य अमेरिका द्वारा शीत युद्ध के दौरान सुरक्षा परिषद के अपहरण ने संयुक्त राष्ट्र की प्रतिष्ठा और महत्व को कम कर दिया है। कोसोवो मुद्दे पर सर्बिया में अमेरिकी कार्रवाई, उसके बाद कोसोवो में नाटो की बमबारी, संयुक्त राष्ट्र को दरकिनार करते हुए इराक और अफगानिस्तान पर अमेरिकी आक्रमण—इन सभी ने इस विश्व संगठन की विश्वसनीयता को घातक झटका दिया है। यहां तक कि 1979 में अफगानिस्तान पर सोवियत कब्जे और चेचन्या और जॉर्जिया में बमबारी ने भी संयुक्त राष्ट्र प्रणाली की अप्रभाविता साबित की है। इसके अलावा, भोजन के बदले तेल कार्यक्रम में भ्रष्टाचार के आरोप ने इस विश्व निकाय की छवि को धूमिल किया। पॉल वोल्कर (Paul Volcker) के नेतृत्व में एक स्वतंत्र जांच समिति, जिसने इस घोटाले का खुलासा किया, ने संयुक्त राष्ट्र को मजबूत करने के उपाय सुझाए। शांति मिशनों में यौन शोषण के भी आरोप थे और "संयुक्त राष्ट्र शांति अभियानों में भविष्य में यौन शोषण और दुर्व्यवहार को खत्म करने के लिए एक व्यापक रणनीति" शीर्षक वाली ज़ीद रिपोर्ट (Zeid Report) ने उपचारात्मक उपायों के लिए सिफारिशें कीं। विश्व संगठन में सुधार समय की मांग है। इस विश्व निकाय को पुनर्जीवित करने के लिए कई प्रयास किए गए हैं और कुछ उपाय भी लागू किए गए हैं लेकिन संगठन को कुछ वास्तविक संरचनात्मक समायोजन शुरू करने से पहले मीलों चलना होगा जो इसे प्रभावी ढंग से चलाने में सक्षम बनाएगा।

संयुक्त राष्ट्र पर अटलांटिक काउंसिल वर्किंग ग्रुप (Atlantic Council Working Group) (1977) ने संयुक्त राष्ट्र के कामकाज को पुनर्जीवित करने के लिए कई सुधार रणनीतियों का प्रस्ताव रखा। इनमें से कुछ रणनीतियाँ इस प्रकार थीं:

- विवादों के शांतिपूर्ण समाधान की मशीनरी को मजबूत करना।
- महासचिव को अंतर्राष्ट्रीय कूटनीति में अपने पूर्ण अधिकार का उपयोग करने की अनुमति दी जाएगी।
- व्यापार, कमोडिटी मूल्य निर्धारण और स्टॉक, मौद्रिक प्रबंधन संघर्ष रोकथाम, शांति स्थापना और इसी तरह के क्षेत्रों में आम समस्याओं के अंतर्राष्ट्रीय प्रबंधन के लिए अंतर्राष्ट्रीय निकायों और एजेंसियों का विकास।
- संयुक्त राष्ट्र और गैर-सरकारी संगठनों के बीच संबंधों का प्रभावी विकास।

यहां तक कि पूर्व महासचिव, बुट्रोस बुट्रोस-घाली (Boutros Boutros-Ghali) ने *शांति के लिए एक एजेंडा* (Agenda for Peace) प्रस्तुत किया जिसमें उन्होंने विश्व शांति बनाए रखने के लिए संयुक्त राष्ट्र की क्षमता में समस्याओं को पहचाना, उदाहरण के लिए, विशेष रूप से टोही, योजना और शांति अभियानों के स्टार्ट-अप के लिए धन की कमी। शांति अभियान कर्मियों की भर्ती और प्रशिक्षण की समस्याओं ने संयुक्त राष्ट्र की अपनी सेनाओं को शीघ्रता से तैनात करने की क्षमता पर गंभीर बाधाएं पैदा कीं, जो शांति प्रक्रियाओं के प्रभावी प्रबंधन में महत्वपूर्ण हो सकती हैं। बुट्रोस बुट्रोस-घाली (Boutros Boutros-Ghali) ने सामान्य तौर पर सुरक्षा परिषद और संयुक्त राष्ट्र की विश्वसनीयता को हो रही लगातार क्षति पर भी प्रकाश डाला जब परिषद ने ऐसे निर्णय लिए जिन्हें पर्याप्त संसाधन उपलब्ध नहीं होने के कारण लागू नहीं किया जा सका; उन्होंने आग्रह किया कि भविष्य में नए अभियानों को अधिकृत करने से पहले आवश्यक सैनिकों और उपकरणों की उपलब्धता स्थापित की जाए।

हालाँकि शुरुआत में एजेंडा को संयुक्त राष्ट्र के सदस्य देशों द्वारा उत्साहपूर्वक स्वीकार किया गया था, लेकिन यह उत्साह कम हो गया और इसकी कई सिफारिशें लागू नहीं की गईं। यह कई लोगों द्वारा देखा गया है कि यदि एजेंडा के लिए समर्थन कायम रखा गया होता, तो आने वाली कुछ आपदाओं, जैसे कि सोमालिया, बोस्निया और रवांडा में, को संभवतः रोका जा सकता था। इस प्रकार, कई समस्याओं को पर्याप्त रूप से संबोधित नहीं किया गया है जो आज विश्व शांति बनाए रखने की संयुक्त राष्ट्र की क्षमता में बाधा बनी हुई है। ब्राहिमी रिपोर्ट में आलोचनाएँ (Criticisms in Brahimi Report) इन विफलताओं की पुष्टि करती हैं, उदाहरण के लिए, पर्याप्त संसाधन उपलब्ध कराए बिना परिषद द्वारा शासनादेशों को अधिकृत करने से उत्पन्न होने वाली समस्याओं को दोहराया गया है।

एक प्रतिष्ठित समूह के रूप में, संयुक्त राष्ट्र शांति संचालन पर पैनल को महासचिव, कोफ़ी अन्नान (Kofi Annan) द्वारा उन प्रक्रियाओं और परिवर्तनों की रूपरेखा तैयार करने के लिए कहा गया था जो संयुक्त राष्ट्र को सदस्य देशों के सामने आने वाली शांति स्थापना की चुनौतियों का सामना करने के लिए और इक्कीसवीं सदी में संयुक्त राष्ट्र को बेहतर ढंग से तैयार करने में सक्षम और समर्थ बनाएगा। इस पैनल ने अपनी रिपोर्ट प्रस्तुत की, जिसे लोकप्रिय रूप से ब्राहिमी रिपोर्ट (Brahimi Report) के नाम से जाना जाता है, और शांति स्थापना से संबंधित मामलों के लिए व्यावहारिक और व्यावहारिक समाधान मांगे गए।

ब्राहिमी रिपोर्ट निम्नलिखित विषय पर केंद्रित है:

- मौजूदा व्यवस्था में कमियां
- परिवर्तन के लिए स्पष्ट एवं यथार्थवादी सिफ़ारिशें
- राजनीतिक और रणनीतिक मुद्दे
- परिचालन और संगठनात्मक मुद्दे।

इसमें शांति अभियानों और संघर्षों के लिए नई रणनीतियां विकसित करने, सिद्धांत और जनादेश की नई रणनीतियां, रणनीतिक विश्लेषण और खुफिया की नई प्रणाली, 'तेज और प्रभावी तैनाती क्षमता' तैयार करने, यूएनएचक्यू (UNHQ) क्षमता बढ़ाने, एकीकृत मिशन टास्क फोर्स का निर्माण और विकास करने का भी आह्वान किया गया। शांति अभियानों में उपयोगकर्ता-स्तरीय आईटी (IT) रणनीति और नीति के लिए एक मजबूत जिम्मेदारी केंद्र, और शांति संचालन एक्स्ट्रानेट (Peace Operations Extranet) का निर्माण।

सुरक्षा परिषद की सदस्यता में न्यायसंगत प्रतिनिधित्व के सवाल पर, इसे लोकतांत्रिक बनाने के उद्देश्य से सुरक्षा परिषद के विस्तार और सुरक्षा परिषद से संबंधित अन्य मामले के लिए 1994 में जीए संकल्प 48/26 (GA Resolution 48/26) द्वारा महासभा का एक ओपन-एंडेड वर्किंग ग्रुप (ओईडब्ल्यूजी) (Open-Ended Working Group—OEWG) स्थापित किया गया था। इसमें संयुक्त राष्ट्र के विस्तार के मुद्दों और कार्य पद्धतियों से संबंधित कई नवीन विचारों और रचनात्मक प्रस्तावों पर विचार किया गया। 1997 में, परिषद की सदस्यता का विस्तार करने के लिए सुधार की एक और पहल हुई, लेकिन यह विफल रही। इस सुधार में नये स्थायी सदस्य के रूप में एक तथाकथित 'त्वरित सुधार' (Quick fix) शामिल था जिसमें जर्मनी और जापान को शामिल करने का प्रस्ताव था, लेकिन इसमें बड़ी सफलता नहीं मिली। 'रेजाली फॉर्मूला'* (Rezali formula) में पांच नए स्थायी सदस्यों को शामिल करने का भी प्रस्ताव है—दो विकसित से, तीन विकासशील से (एशिया, अफ्रीका और लैटिन अमेरिका और कैरेबियन से एक-एक), और चार नए गैर-स्थायी सदस्य। लेकिन सत्ता की राजनीति ने ऐसे नवीन उपायों की शुरूआत को रोक दिया है और इसलिए, सुरक्षा परिषद की पुरानी गैर-समतापूर्ण संरचना जारी है।

जनवरी 1997 में, पूर्व महासचिव, कोफी अन्नान ने संयुक्त राष्ट्र के सुधारों की एक नीति की शुरुआत की। उन्होंने अपने सुधार प्रस्तावनाओं को निम्नलिखित रिपोर्टों में प्रस्तुत किया: "संयुक्त राष्ट्र की पुनर्नवीकरण: सुधार के लिए एक कार्यक्रम" जो 14 जुलाई 1997 को तैयार किया गया था; "संयुक्त राष्ट्र को मजबूत बनाना: और सुधार के लिए एक एजेंडा" जिसकी तिथि 9 सितंबर 2002 की थी; "बड़ी आज़ादी में: सभी के लिए विकास, सुरक्षा और मानव अधिकार की दिशा में" 2005 में; और "संयुक्त राष्ट्र में निवेश: एक और प्रगल्भ संगठन के लिए विश्वभर में" 2006 को जारी किया गया।

कोफी अन्नान (Kofi Annan) ने अपनी *इन लार्जर फ्रीडम: टुवर्ड्स डेवलपमेंट, सिक्योरिटी एंड ह्यूमन राइट्स फॉर ऑल* (In Larger Freedom: Towards Development, Security and Human Rights for All) में प्रस्ताव दिया कि महासभा को अपने एजेंडे को सुव्यवस्थित करने और विचार-विमर्श प्रक्रिया को तेज करने के लिए साहसिक कदम उठाने चाहिए। इसे आज के प्रमुख ठोस मुद्दों पर ध्यान केंद्रित करना चाहिए, और नागरिक समाज के साथ पूर्ण और व्यवस्थित रूप से जुड़ने के लिए तंत्र स्थापित करना चाहिए। सुरक्षा परिषद को मोटे तौर पर आज की दुनिया में सत्ता की वास्तविकताओं का प्रतिनिधि होना चाहिए। महासचिव उच्च-स्तरीय पैनल की रिपोर्ट में निर्धारित सुधार के सिद्धांतों का समर्थन करते हैं, और सदस्य राज्यों से उस रिपोर्ट में प्रस्तुत दो विकल्पों, मॉडल A† और B‡, या किसी अन्य व्यवहार्य

* Another reform initiative was taken during the 51st session of the UNGA. Rezali Ismail, (Malayasia) the elected President of the 51st session of the UNGA (1996–1997) proposed a plan for expansion of UN Security Council.

† Model A proposes creation of 6 new permanent members, plus 3 new non-permanent members for a total of 24 seats in the Security Council.

‡ Model B proposes creation of 8 new seats in a new class of members who would serve for 4 years, subject to renewal, plus one non-permanent seat, also for a total of 24.

प्रस्तावों पर आकार और संतुलन के संदर्भ में जो किसी भी मॉडल के आधार पर उभरा है विचार करने का आग्रह करते हैं। सदस्य देशों को सितंबर 2005 में शिखर सम्मेलन (मिलेनियम + 5 शिखर सम्मेलन) से पहले इस महत्वपूर्ण मुद्दे पर निर्णय लेने के लिए सहमत होना चाहिए। जहां तक आर्थिक और सामाजिक परिषद का सवाल है, उन्होंने कहा कि परिषद में सुधार किया जाना चाहिए ताकि यह संयुक्त राष्ट्र के विकास एजेंडे में प्रगति का प्रभावी ढंग से आकलन कर सके, संपूर्ण संयुक्त राष्ट्र प्रणाली में आर्थिक और सामाजिक क्षेत्र में अंतर-सरकारी निकाय और उच्च स्तरीय विकास सहयोग मंच के रूप में कार्य कर सके और विभिन्न प्रयासों को दिशा प्रदान कर सके। सचिवालय के संबंध में, महासचिव रिपोर्ट में उल्लिखित प्राथमिकताओं से मेल खाने के लिए सचिवालय की संरचना को फिर से व्यवस्थित करने के लिए कदम उठाएंगे, और एक कैबिनेट-शैली निर्णय लेने की व्यवस्था बनाएंगे। वह सदस्य देशों से अनुरोध करता है कि वे उसे वर्तमान जरूरतों को पूरा करने के लिए कर्मचारियों को ताज़ा और पुन: व्यवस्थित करने, बजट और मानव संसाधन नियमों की व्यापक समीक्षा में सहयोग करने और एक कमीशन बनाने के लिए एक बार के कर्मचारियों की खरीद-फरोख्त के लिए अधिकार और संसाधन दें। आंतरिक निरीक्षण सेवाओं के कार्यालय की स्वतंत्रता और अधिकार को मजबूत करने के लिए इसकी व्यापक समीक्षा की गई।[24]

पूर्व महासचिव के कुछ प्रस्ताव, जिन्हें स्वीकार कर लिया गया, वे थे:

1. एक उप महासचिव के पद का सृजन, और एक वरिष्ठ प्रबंधन समूह और एक रणनीतिक योजना इकाई की स्थापना।
2. नैरोबी और अदीस अबाबा कार्यालयों के अधिकार को कम करते हुए वियना में संयुक्त राष्ट्र कार्यालय को मजबूत करना।
3. मुख्य कार्यकारी बोर्ड द्वारा प्रशासनिक समन्वय समिति का प्रतिस्थापन।
4. कई विभागों का एक में विलय, नए विभागों का निर्माण, और या तो निवासी समन्वयक के कार्यालय में संयुक्त राष्ट्र सूचना केंद्रों का एकीकरण या क्षेत्रीय सूचना केंद्रों में उनका एकीकरण।
5. शून्य-विकास बजट (zero-growth budget) का अनुप्रयोग, एक स्टाफ कॉलेज के निर्माण के साथ-साथ कार्मिक पदों की कटौती से दमन, प्रशासनिक व्यय में 33 प्रतिशत की कमी, और ऐसी बचत को विकास खाते में स्थानांतरित करना, और दस्तावेज़ीकरण में 30 प्रतिशत की कमी।
6. संयुक्त राष्ट्र सदन की स्थापना, संयुक्त राष्ट्र प्रणाली के निवासी समन्वयक का पद सृजित करके और दुनिया की विभिन्न चुनौतियों से निपटने में नागरिक समाज (civil society) के घटकों के साथ सहयोग बढ़ाकर क्षेत्र में संयुक्त राष्ट्र विकास गतिविधियों के संबंध में सुधारों को अपनाना।[25]

पूर्व महासचिव, बान की-मून (Ban Ki-moon) के लिए संयुक्त राष्ट्र का सुधार सर्वोच्च प्राथमिकता थी, जिससे इक्कीसवीं सदी में दुनिया के लोगों के लिए इसकी प्रासंगिकता और प्रभावशीलता में वृद्धि हुई। उनका मानना था कि चूंकि संगठन दुनिया के हर हिस्से में कई गंभीर वैश्विक मुद्दों पर काम कर रहा है, इसलिए एक नवीनीकृत, पुनर्जीवित और अधिक संवेदनशील संयुक्त राष्ट्र की पहले से कहीं अधिक आवश्यकता है।

जनवरी 2008 में, महासचिव बान की-मून ने उन व्यापक मोर्चों की रूपरेखा तैयार की जिन पर संयुक्त राष्ट्र को आगे बढ़ने की जरूरत थी अगर उसे इक्कीसवीं सदी में सदस्य देशों और उनके लोगों के सामने आने वाली चुनौतियों का सामना करना था। दुनिया पर्यावरण, सार्वजनिक स्वास्थ्य और मानव सुरक्षा जैसे खतरों और चुनौतियों का सामना कर रही है जिनकी कोई सीमा नहीं हैं। लेकिन अपनी प्रकृति से, ये चुनौतियाँ

राज्यों और अन्य संस्थाओं और कर्ताओं, जैसे कि आम नागरिक और निजी क्षेत्र द्वारा सामूहिक कार्रवाई की संभावनाओं का भी विस्तार करती हैं, जिससे संयुक्त राष्ट्र को सार्वजनिक भलाई के कामों को आगे बढ़ाने के लिए ठोस कार्रवाई पर ध्यान केंद्रित करने में मदद मिलती है। बान की-मून (Ban Ki-moon) ने सदस्य देशों के परामर्श से यह सुनिश्चित करने का भी प्रयास किया कि एक कुशल, प्रासंगिक और जवाबदेह संयुक्त राष्ट्र तैयार हो सके जो वर्तमान और भविष्य की चुनौतियों का सामना करने के लिए तैयार हो दूसरे शब्दों में, उनका उद्देश्य एक मजबूत संयुक्त राष्ट्र का निर्माण करना था जो दुनिया को बेहतर बना सके।

एक बयान में उन्होंने कहा: 'हर दिन हमें एक मजबूत संयुक्त राष्ट्र की आवश्यकता की याद दिलाई जाती है, क्योंकि हम मानवीय संकट, मानवाधिकार उल्लंघन, सशस्त्र संघर्ष और महत्वपूर्ण स्वास्थ्य और पर्यावरण संबंधी चिंताओं सहित नई चुनौतियों की बढ़ती श्रृंखला का सामना कर रहे हैं। शायद ही कभी संयुक्त राष्ट्र को इतने सारे लोगों के लिए इतना कुछ करने के लिए कहा गया हो। मैं इक्कीसवीं सदी में मजबूती से स्थापित एक मजबूत संयुक्त राष्ट्र में नई जान फूंकने और नए आत्मविश्वास का संचार करने के लिए प्रतिबद्ध हूं, जो प्रभावी, कुशल, सुसंगत और जवाबदेह है।'

संयुक्त राष्ट्र और शांति स्थापना (United Nations and Peacekeeping)

'संयुक्त राष्ट्र शांतिरक्षा' संगठन द्वारा संघर्ष से जूझ रहे देशों की मदद करने और स्थायी शांति के लिए स्थितियां बनाने के तरीके के रूप में विकसित एक अनूठा और गतिशील साधन है। पहला संयुक्त राष्ट्र शांति रक्षा मिशन 1948 में स्थापित किया गया जब सुरक्षा परिषद ने इज़राइल और उसके अरब पड़ोसियों के बीच युद्धविराम समझौते की निगरानी के लिए मध्य पूर्व में संयुक्त राष्ट्र सैन्य पर्यवेक्षकों की तैनाती को अधिकृत किया था। तब से अब तक दुनिया भर में 70 से अधिक संयुक्त राष्ट्र शांति अभियान चलाए गए हैं। वर्तमान में शांति स्थापना संचालन विभाग के निर्देशन और समर्थन के तहत दुनिया भर में 14 शांति स्थापना अभियान (Peace Keeping Operations) चलाये जा रहे हैं।

'शांतिरक्षा' शब्द संयुक्त राष्ट्र चार्टर में नहीं पाया जाता है और इसकी एक सरल परिभाषा खोजना मुश्किल है। संयुक्त राष्ट्र के दूसरे महासचिव डैग हैमरस्कजॉल्ड (Dag Hammarskjöld) ने इसे चार्टर के "अध्याय छह और आधे" से संबंधित बताया, इसे विवादों को शांतिपूर्ण तरीके से हल करने के पारंपरिक तरीकों, जैसे अध्याय VI के तहत बातचीत और मध्यस्थता और अधिक सशक्त कार्रवाई के बीच रखा। जैसा कि अध्याय VII के अंतर्गत प्राधिकृत है।

शांति स्थापना क्षेत्र में संयुक्त राष्ट्र की उपस्थिति अब तक संबंधित सभी पक्षों की सहमति से होती है, जिसमें आम तौर पर संयुक्त राष्ट्र के सैन्य और/या पुलिस कर्मियों और अक्सर नागरिकों को भी शामिल किया जाता है। यह एक ऐसी तकनीक है जो संघर्ष की रोकथाम और शांति स्थापित करने दोनों की संभावनाओं का विस्तार करती है।

संयुक्त राष्ट्र के सभी सदस्य यूएनपीके (UNPK) संचालन का खर्च साझा करते हैं। महासभा यूएनपीके (UNPK) पर लागू मूल्यांकन के एक विशेष पैमाने के आधार पर खर्चों को पूरा करने के लिए खर्च का बंटवारा करती है। जिस पैमाने को अक्सर ध्यान में रखा जाता है, वह सदस्य राज्य की सापेक्ष आर्थिक संपत्ति है। सुरक्षा परिषद के स्थायी सदस्यों को अंतर्राष्ट्रीय शांति और सुरक्षा बनाए रखने के लिए उनकी विशेष जिम्मेदारी के कारण बड़ा हिस्सा देना पड़ता है। जनवरी, 2008 तक, शीर्ष 10 योगदानकर्ता संयुक्त राज्य अमेरिका, जापान, जर्मनी, यूनाइटेड किंगडम, फ्रांस, इटली, चीन, कनाडा, स्पेन और कोरिया गणराज्य (दक्षिण कोरिया) रहे हैं।

शीत युद्ध की समाप्ति के साथ, संयुक्त राष्ट्र शांति स्थापना के लिए रणनीतिक संदर्भ नाटकीय रूप से बदल गया, जिससे संयुक्त राष्ट्र को अपने क्षेत्रीय अभियानों को सख्ती से सैन्य कार्यों से जुड़े 'पारंपरिक' मिशनों से स्थानांतरित करने और विस्तारित करने के लिए, व्यापक कार्यान्वयन सुनिश्चित करने के लिए डिज़ाइन किए गए जटिल 'बहुआयामी' (multidimensional) उद्यमों में स्थानांतरित करने के लिए प्रेरित किया गया जिससे शांति समझौते और स्थायी शांति की नींव रखने में सहायता मिल सके। आज के शांतिरक्षक विभिन्न प्रकार के जटिल कार्य करते हैं, जिसमें शासन की स्थायी संस्थाओं के निर्माण में मदद करना, मानवाधिकारों की निगरानी, सुरक्षा क्षेत्र में सुधार, पूर्व लड़ाकों के निरस्त्रीकरण, सैन्यविघटन और पुनर्गठन तक शामिल हैं।

लेकिन शांति स्थापना की प्रकृति समय के साथ बदलती रही है, खासकर शीत युद्ध की समाप्ति के बाद। पहले, इस तरह के संयुक्त राष्ट्र शांति अभियानों को युद्धविराम लागू होने पर सशस्त्र बलों के बीच शांति बनाए रखने के लिए युद्धरत पक्षों की सहमति से कई देशों के निहत्थे या हल्के हथियारों से लैस सैन्य कर्मियों को तैनात करके राज्यों से जुड़े संघर्षों को हल करने और शांति समझौतों के कार्यान्वयन की निगरानी करने के साधन के रूप में देखा जाता था। लेकिन शीत युद्ध की समाप्ति के बाद से, शांति स्थापना अधिक जटिल हो गई है और अब शांति समझौतों, (निरस्त्रीकरण, सैन्य विघटन, पुनर्गठन और पुनर्वासन—डीडीआरआर) (Disarmament, Demobilization, Reintegration and Rehabilitation— DDRR) को लागू करने में विद्रोहियों की सहायता करने से परे पुनर्वास, विश्वास-निर्माण के उपाय, सत्ता-साझाकरण व्यवस्था, चुनावी समर्थन, कानून के शासन को मजबूत करना और आर्थिक और सामाजिक विकास जैसे व्यापक कार्य करने के लिए ऑपरेशन में पुलिस अधिकारियों और नागरिक कर्मियों जैसे गैर-सैन्य तत्वों को शामिल किया जाता है।

नई चुनौतियों और राजनीतिक वास्तविकताओं का सामना करने के लिए संयुक्त राष्ट्र शांति सेना वैचारिक और परिचालन दोनों रूप से विकसित हो रही है। तेजी से जटिल शांति अभियानों की बढ़ती मांग का सामना करते हुए, पिछले कुछ वर्षों में संयुक्त राष्ट्र को इतना अधिक तनाव और चुनौती मिली है जितनी पहले कभी नहीं थी। संगठन ने क्षेत्रीय संचालन को प्रबंधित करने और बनाए रखने की अपनी क्षमता को मजबूत करने के लिए सख्ती से काम किया है और इस प्रकार, अंतर्राष्ट्रीय शांति और सुरक्षा बनाए रखने के लिए संयुक्त राष्ट्र सबसे महत्वपूर्ण कार्य में योगदान देता है।

संयुक्त राष्ट्र शांतिरक्षा संचालन विभाग (UN Department of Peacekeeping Operations)

संयुक्त राष्ट्र के चार्टर में निहित उद्देश्यों और सिद्धांतों के अनुसार, अंतर्राष्ट्रीय शांति और सुरक्षा बनाए रखने के प्रयासों में सदस्य राज्यों और महासचिव की सहायता के लिए शांति स्थापना संचालन विभाग (डीपीकेओ) (Department of Peacekeeping Operations—DPKO) की स्थापना की गई है। डीपीकेओ संयुक्त राष्ट्र शांति स्थापना अभियानों की योजना, तैयारी, प्रबंधन और निर्देशन करता है ताकि वे सुरक्षा परिषद और महासभा के समग्र अधिकार और महासचिव में निहित आदेश के तहत अपने जनादेश को प्रभावी ढंग से पूरा कर सकें।

शांति स्थापना संचालन विभाग संयुक्त राष्ट्र शांति स्थापना अभियानों को राजनीतिक और कार्यकारी दिशा-निर्देश प्रदान करता है, और सुरक्षा परिषद के आदेशों के कार्यान्वयन में सुरक्षा परिषद, सेना और वित्तीय योगदानकर्ताओं और संघर्ष के पक्षों के साथ संपर्क बनाए रखता है। यह विभाग शांति अभियानों के संदर्भ में संयुक्त राष्ट्र और सरकारी और असरकारी संस्थाओं के प्रयासों को एकीकृत करने के लिए काम

करता है। शांति स्थापना अभियानों में कई घटक शामिल हो सकते हैं, जिसमें एक सैन्य घटक भी शामिल है, जो सशस्त्र हो भी सकता है और नहीं भी, और विभिन्न नागरिक घटक जिनमें विषयों की एक विस्तृत श्रृंखला शामिल है। मुख्य चिंताएँ मानवीय पीड़ा को कम करना, और आत्मनिर्भर शांति के लिए स्थितियाँ बनाना और संस्थानों का निर्माण करना है। उनके अधिदेश के आधार पर, शांति स्थापना मिशनों को निम्नलिखित की आवश्यकता हो सकती है:

- विवाद उत्पन्न होने या उसे सीमाओं के पार फैलने से रोकथाम के लिए तैनाती।
- युद्धविराम के बाद विवाद की स्थितियों को स्थिर करना, पार्टियों के लिए एक स्थायी शांति समझौते तक पहुंचने के लिए माहौल बनाना।
- व्यापक शांति समझौतों को लागू करने में सहायता करना।
- लोकतांत्रिक सिद्धांतों, सुशासन और आर्थिक विकास के आधार पर स्थिर सरकार में परिवर्तन के माध्यम से राज्यों या क्षेत्रों का नेतृत्व करना।

संयुक्त राष्ट्र शांतिरक्षा अभियानों की सूची (1948–2008)
(List of UN Peacekeeping Operations, 1948–2008)

UNTSO	संयुक्त राष्ट्र युद्धविराम पर्यवेक्षण संगठन (मई 1948 से वर्तमान तक) United Nations Truce Supervision Organization (from May 1948 till present))
UNMOGIP	भारत और पाकिस्तान में संयुक्त राष्ट्र सैन्य पर्यवेक्षक समूह (जनवरी 1949 से वर्तमान तक) United Nations Military Observer Group in India and Pakistan (from January 1949 till present)
UNEF I	प्रथम संयुक्त राष्ट्र आपातकालीन बल (नवंबर 1956 से जून 1967 तक) First United Nations Emergency Force (from November 1956 to June 1967)
UNOGIL	लेबनान में संयुक्त राष्ट्र अवलोकन समूह (जून 1958 से दिसंबर 1958 तक) United Nations Observation Group in Lebanon (from June 1958 to December 1958)
ONUC	कांगो में संयुक्त राष्ट्र ऑपरेशन (जुलाई 1960 से जून 1964 तक) United Nations Operation in the Congo (from July 1960 to June 1964)
UNSF	यूएनएसएफ पश्चिमी न्यू गिनी में संयुक्त राष्ट्र सुरक्षा बल (अक्टूबर 1962 से अप्रैल 1963 तक) United Nations Security Force in West New Guinea (from October 1962 to April 1963)
UNYOM	संयुक्त राष्ट्र यमन अवलोकन मिशन (जुलाई 1963 से सितंबर 1964 तक) United Nations Yemen Observation Mission (from July 1963 to September 1964)

UNFICYP	साइप्रस में संयुक्त राष्ट्र शांति सेना (मार्च 1964 से वर्तमान तक) United Nations Peacekeeping Force in Cyprus (from March 1964 till present)
DOMREP	डोमिनियन गणराज्य में एसजी के प्रतिनिधि का मिशन (मई 1965 से अक्टूबर 1966 तक) Mission of the Representative of the SG in the Dominian Republic (from May 1965 to October 1966)
UNIPOM	संयुक्त राष्ट्र भारत-पाकिस्तान अवलोकन मिशन (सितंबर 1965 से मार्च 1966 तक) United Nations India–Pakistan Observation Mission (from September 1965 to March 1966)
UNAMET	पूर्वी तिमोर में संयुक्त राष्ट्र मिशन (1999) United Nations Mission in East Timor (1999)
UNEF II	द्वितीय संयुक्त राष्ट्र आपातकालीन बल (अक्टूबर 1973 से जुलाई 1979 तक) Second United Nations Emergency Force (from October 1973 to July 1979)
UNDOF	संयुक्त राष्ट्र विघटन बल (जून 1974 से वर्तमान तक) United Nations Disengagement Force (from June 1974 till present)
UNIFIL	लेबनान में संयुक्त राष्ट्र अंतरिम बल (मार्च 1978 से वर्तमान तक) United Nations Interim Force in Lebanon (from March 1978 till present)
UNGOMAP	अफगानिस्तान और पाकिस्तान में संयुक्त राष्ट्र गुड ऑफिस मिशन (मई 1988 से मार्च 1990 तक) United Nations Good Offices Mission in Afghanistan and Pakistan (from May 1988 to March 1990)
UNIIMOG	संयुक्त राष्ट्र ईरान-इराक सैन्य पर्यवेक्षक समूह (अगस्त 1988 से फरवरी 1991 तक) United Nations Iran–Iraq Military Observer Group (from August 1988 to February 1991)
UNAVEM I	संयुक्त राष्ट्र अंगोला सत्यापन मिशन I (जनवरी 1989 से जून 1991 तक) United Nations Angola Verification Mission I (from January 1989 to June 1991)
UNTAG	संयुक्त राष्ट्र संक्रमण सहायता समूह (अप्रैल 1989 से मार्च 1990 तक) United Nations Transition Assistance Group (from April 1989 to March 1990)
ONUCA	मध्य अमेरिका में संयुक्त राष्ट्र पर्यवेक्षक समूह (नवंबर 1989 से जनवरी 1992 तक) United Nations Observer Group in Central America (from November 1989 to January 1992)

UNIKOM	संयुक्त राष्ट्र इराक-कुवैत अवलोकन मिशन (अप्रैल 1991 से अक्टूबर 2003 तक) United Nations Iraq–Kuwait Observation Mission (from April 1991 to October 2003)
MINURSO	पश्चिमी सहारा में जनमत संग्रह के लिए संयुक्त राष्ट्र मिशन (अप्रैल 1991 से अब तक) United Nations Mission for the Referendum in Western Sahara (from April 1991 till present)
UNAVEM II	संयुक्त राष्ट्र अंगोला सत्यापन मिशन II (जून 1991 से फरवरी 1995 तक) United Nations Angola Verification Mission II (from June 1991 to February 1995)
ONUSAL	अल साल्वाडोर में संयुक्त राष्ट्र पर्यवेक्षक मिशन (जुलाई 1991 से अप्रैल 1995 तक) United Nations Observer Mission in El Salvador (from July 1991 to April 1995)
UNAMIC	कंबोडिया में संयुक्त राष्ट्र अग्रिम मिशन (अक्टूबर 1991 से मार्च 1992 तक) United Nations Advance Mission in Cambodia (from October 1991 to March 1992)
UNPROFOR	संयुक्त राष्ट्र सुरक्षा बल (फरवरी 1992 से मार्च 1995 तक) United Nations Protection Force (from February 1992 to March 1995)
UNTAC	कंबोडिया में संयुक्त राष्ट्र संक्रमणकालीन प्राधिकरण (मार्च 1992 से सितंबर 1993 तक) United Nations Transitional Authority in Cambodia (from March 1992 to September 1993)
UNOSOM I	सोमालिया में संयुक्त राष्ट्र ऑपरेशन I (अप्रैल 1992 से मार्च 1993 तक) United Nations Operation in Somalia I (from April 1992 to March 1993)
ONUMOZ	मोज़ाम्बिक में संयुक्त राष्ट्र ऑपरेशन (दिसंबर 1992 से दिसंबर 1994 तक) United Nations Operation in Mozambique (from December 1992 to December 1994)
UNOSOM II	सोमालिया में संयुक्त राष्ट्र ऑपरेशन II (मार्च 1993 से मार्च 1995 तक) United Nations Operation II in Somalia (from March 1993 to March 1995)
UNOMUR	संयुक्त राष्ट्र पर्यवेक्षक मिशन युगांडा-रवांडा (जून 1993 से सितंबर 1994 तक) United Nations Observer Mission Uganda–Rwanda (from June 1993 to September 1994)
UNOMIG	जॉर्जिया में संयुक्त राष्ट्र पर्यवेक्षक मिशन (अगस्त 1993 से वर्तमान तक) United Nations Observer Mission in Georgia (from August 1993 till present)

UNOMIL	लाइबेरिया में संयुक्त राष्ट्र पर्यवेक्षक मिशन (सितंबर 1993 से सितंबर 1997 तक) United Nations Observer Mission in Liberia (from September 1993 to September 1997)
UNMIH	हैती में संयुक्त राष्ट्र मिशन (सितंबर 1993 से जून 1996 तक) United Nations Mission in Haiti (from September 1993 to June 1996)
UNAMIR	रवांडा के लिए संयुक्त राष्ट्र सहायता मिशन (अक्टूबर 1993 से मार्च 1996 तक) United Nations Assistance Mission for Rwanda (from October 1993 to March 1996)
UNASOG	संयुक्त राष्ट्र औज़ौ स्ट्रिप ऑब्जर्वर ग्रुप (मई 1994 से जून 1994 तक) United Nations Aouzou Strip Observer Group (from May 1994 to June 1994)
UNMOT	ताजिकिस्तान में संयुक्त राष्ट्र पर्यवेक्षक मिशन (दिसंबर 1994 से मई 2000 तक) United Nations Mission of Observers in Tajikistan (from December 1994 to May 2000)
UNAVEM III	संयुक्त राष्ट्र अंगोला सत्यापन मिशन III (फरवरी 1995 से जून 1997 तक) United Nations Angola Verification Mission III (from February 1995 to June 1997)
UNCRO	क्रोएशिया में संयुक्त राष्ट्र विश्वास बहाली अभियान (मई 1995 से जनवरी 1996 तक) United Nations Confidence Restoration Operation in Croatia (from May 1995 to January 1996)
UNPREDEP	संयुक्त राष्ट्र निवारक तैनाती बल (मार्च 1995 से फरवरी 1999 तक) United Nations Preventive Deployment Force (from March 1995 to February 1999)
UNMIBH	बोस्निया और हर्जेगोविना में संयुक्त राष्ट्र मिशन (दिसंबर 1995 से दिसंबर 2002 तक) United Nations Mission in Bosnia and Herzegovina (from December 1995 to December 2002)
MICAH	हैती में संयुक्त राष्ट्र महासभा अंतर्राष्ट्रीय नागरिक सहायता मिशन (2000–2001) United Nations General Assembly International Civilian Support Mission in Haiti (2000–2001)
UNTAES	पूर्वी स्लावोनिया, बारांजा और पश्चिमी सिरमियम के लिए संयुक्त राष्ट्र संक्रमणकालीन प्रशासन (जनवरी 1996 से जनवरी 1998 तक) United Nations Transitional Administration for Eastern Slavonia, Baranja and Western Sirmium (from January 1996 to January 1998)

UNMOP	प्रेवलका में संयुक्त राष्ट्र पर्यवेक्षकों का मिशन (जनवरी 1996 से दिसंबर 2002 तक) United Nations Mission of Observers in Prevlaka (from January 1996 to December 2002)
UNSMIH	हैती में संयुक्त राष्ट्र सहायता मिशन (जुलाई 1996 से जुलाई 1997 तक) United Nations Support Mission in Haiti (from July 1996 to July 1997)
MINUGUA	ग्वाटेमाला में संयुक्त राष्ट्र सत्यापन मिशन (जनवरी 1997 से मई 1997 तक) United Nations Verification Mission in Guatemala (from January 1997 to May 1997)
MONUA	अंगोला में संयुक्त राष्ट्र पर्यवेक्षक मिशन (जून 1997 से फरवरी 1999 तक) United Nations Observer Mission in Angola (from June 1997 to February 1999)
UNTMIH	हैती में संयुक्त राष्ट्र संक्रमण मिशन (अगस्त 1997 से नवंबर 1997 तक) United Nations Transition Mission in Haiti (from August 1997 to November 1997)
MIPONUH	हैती में संयुक्त राष्ट्र नागरिक पुलिस मिशन (दिसंबर 1997 से मार्च 2000 तक) United Nations Civilian Police Mission in Haiti (from December 1997 to March 2000)
UNPSG	संयुक्त राष्ट्र नागरिक पुलिस सहायता समूह (जनवरी 1998 से अक्टूबर 1998 तक) United Nations Civilian Police Support Group (from January 1998 to October 1998)
MINURCA	मध्य अफ्रीकी गणराज्य में संयुक्त राष्ट्र मिशन (अप्रैल 1998 से फरवरी 2000 तक) United Nations Mission in the Central African Republic (from April 1998 to February 2000)
UNOMSIL	सिएरा लियोन में संयुक्त राष्ट्र पर्यवेक्षक मिशन (जुलाई 1998 से अक्टूबर 1999 तक) United Nations Observer Mission in Sierra Leone (from July 1998 to October 1999)
UNMIK	कोसोवो में संयुक्त राष्ट्र अंतरिम प्रशासन मिशन (जून 1999 से वर्तमान तक) UN Interim Administration Mission in Kosovo (from June 1999 till present)
UNAMSIL	सिएरा लियोन में संयुक्त राष्ट्र मिशन (अक्टूबर 1999 से दिसंबर 2005 तक) United Nations Mission in Sierra Leone (from October 1999 to December 2005)

UNTAET	पूर्वी तिमोर में संयुक्त राष्ट्र संक्रमणकालीन प्रशासन (अक्टूबर 1999 से मई 2002 तक) United Nations Transitional Administration in East Timor (from October 1999 to May 2002)
MONUC	कांगो लोकतांत्रिक गणराज्य में संयुक्त राष्ट्र संगठन मिशन (नवंबर 1999 से अब तक) UN Organization Mission in the Democratic Republic of the Congo (from November 1999 till present)
UNMEE	इथियोपिया और इरिट्रिया में संयुक्त राष्ट्र मिशन जुलाई 200 से अब तक United Nations Mission in Ethiopia and Eritrea (from July 2000 to present)
UNMISET	पूर्वी तिमोर में संयुक्त राष्ट्र सहायता मिशन (मई 2002 से मई 2005 तक) United Nations Mission of Support in East Timor (from May 2002 to May 2005)
UNMIL	लाइबेरिया में संयुक्त राष्ट्र मिशन (सितंबर 2003 से वर्तमान तक) United Nations Mission in Liberia (from September 2003 till present)
UNOCI	कोटे डी आइवर में संयुक्त राष्ट्र ऑपरेशन (अप्रैल 2004 से वर्तमान तक) United Nations Operation in Côte d'Ivoire (from April 2004 till present)
MINUSTAH	हैती में संयुक्त राष्ट्र स्थिरीकरण मिशन (जून 2004 से वर्तमान तक) United Nations Stabilization Mission in Haiti (from June 2004 till present)
ONUB	बुरुंडी में संयुक्त राष्ट्र ऑपरेशन (जून 2004 से दिसंबर 2006 तक) United Nations Operation in Burundi (from June 2004 to December 2006)
UNMIS	सूडान में संयुक्त राष्ट्र मिशन (मार्च 2005 से वर्तमान तक) United Nations Mission in the Sudan (from March 2005 till present)
UNMIT	तिमोर-लेस्ते में संयुक्त राष्ट्र एकीकृत मिशन (अगस्त 2006 से वर्तमान तक) United Nations Integrated Mission in Timor–Leste (from August 2006 till present)
UNAMID	दारफुर में अफ्रीकी संघ/संयुक्त राष्ट्र हाइब्रिड ऑपरेशन (जुलाई 2007 से वर्तमान तक) African Union/United Nations Hybrid operation in Darfur (from July 2007 till present)

MINURCAT	मध्य अफ्रीकी गणराज्य और चाड में संयुक्त राष्ट्र मिशन (सितंबर 2007 से वर्तमान तक) United Nations Mission in the Central African Republic and Chad (from September 2007 till present)

दी गई उपरोक्त सूची में से UNTSO, UNMOGIP, UNFICYP, UNDOF, UNIFIL, MINURSO, UNOMIG, UNMIK, MONUC, UNMEE, UNAMA, UNMIL, UNOCI, MINUSTAH, UNMIS, UNMIT और UNAMID अभी भी जारी हैं।

(*Source:* http://www.un.org/Depts/dpko/list/list.pdf)

मूल्यांकन (Evaluation)

संयुक्त राष्ट्र शांतिरक्षा अभियानों को अंतर्राष्ट्रीय स्तर पर काफी मान्यता मिली, जब 1988 में शांतिरक्षकों को नोबेल शांति पुरस्कार से सम्मानित किया गया। हालाँकि, जैसा कि पहले चर्चा की गई है, शांति स्थापना की प्रकृति समय के साथ बदल गई है, खासकर शीत युद्ध की समाप्ति के बाद। पिछले कुछ वर्षों में, संयुक्त राष्ट्र शांति सेना विभिन्न प्रकार के संघर्षों और बदलते राजनीतिक परिदृश्य की मांगों को पूरा करने के लिए विकसित हुई है।

शांति स्थापना अभियानों की सफलताओं और असफलताओं का अपना हिस्सा रहा है। अल साल्वाडोर और मोज़ाम्बिक में, शांति स्थापना ने आत्मनिर्भर शांति प्राप्त करने के तरीके सुनिश्चित किए। सिएरा लियोन, पूर्वी तिमोर और लाइबेरिया में सफल ऑपरेशन हुए हैं। लेकिन संयुक्त राष्ट्र शांति सेना का सोमालिया में प्रदर्शन ख़राब और विफल रहा, जहाँ शांति सैनिकों को बिना युद्धविराम सुनिश्चत युद्धरत पक्षों की सहमति के बिना भेजा गया था। विफलताओं की अन्य कहानियों में 1994 में रवांडा में नरसंहार और 1995 में बोस्निया और हर्जेगोविना में सेरेब्रेनिका का नरसंहार शामिल है।

इसके अलावा, शांति स्थापना गतिविधियों पर भी खर्च बढ़ रहा है। नए और विस्तारित मिशनों के लिए अतिरिक्त आवश्यकताओं के साथ लागत आसमान छू गई। इसके अलावा, संयुक्त राष्ट्र शांति सैनिकों द्वारा यौन शोषण और क्षेत्र और मुख्यालय में संयुक्त राष्ट्र के अधिकारियों द्वारा खरीद में कथित भ्रष्टाचार के आरोप हैं। इन विफलताओं ने आत्मनिरीक्षण और शांति अभियानों में सुधार की मांग की।

ब्राहिमी रिपोर्ट (Brahimi Report) ने "शांतिरक्षा सिद्धांत को अपनाने का सुझाव दिया है जो यह निर्धारित करता है कि एक बार तैनात होने के बाद, संयुक्त राष्ट्र के शांतिरक्षकों को पेशेवर और सफलतापूर्वक अपने जनादेश को पूरा करने में सक्षम होना चाहिए, और खुद को, अन्य मिशन घटकों और मिशन के जनादेश की दृढ़ता के साथ नियमों का पालन करने, उन लोगों के खिलाफ हैं जो शांति समझौते के प्रति अपनी प्रतिबद्धताओं से पीछे हटते हैं या अन्यथा हिंसा द्वारा इसे कमजोर करना चाहते हैं रक्षा करने में सक्षम होना चाहिए।[26] दूसरे शब्दों में, सुरक्षा परिषद द्वारा तैयार किया गया स्पष्ट, विश्वसनीय और प्राप्य जनादेश इस सिद्धांत का एक महत्वपूर्ण हिस्सा है।

1992 में, महासचिव, बुट्रोस बुट्रोस-घाली (Boutros Boutros-Ghali) ने शांति के लिए अपने एजेंडा (An Agenda for Peace) में, निवारक कूटनीति, शांति निर्माण और शांति स्थापना की योजनाएँ प्रस्तुत कीं। उन्होंने निवारक कूटनीति (preventive diplomacy) की अवधारणा को पेश करके शांति स्थापना में एक नया आयाम पेश करने का प्रयास किया। शब्द, 'निवारक कूटनीति', 'शांति निर्माण' और

'शांति स्थापना', घनिष्ठ रूप से संबंधित हैं और जैसा कि इस रिपोर्ट में उपयोग किया गया है, उन्हें निम्नानुसार परिभाषित किया गया है: निवारक कूटनीति पार्टियों के बीच विवादों को रोकने के लिए की जाने वाली कार्रवाई है, मौजूदा विवादों को संघर्ष में परिवर्तित होने से रोकना और उनके घटित होने पर उनके प्रसार को सीमित करना। शांति स्थापना और शांति निर्माण, अनिवार्य रूप से ऐसे शांतिपूर्ण तरीकों के माध्यम से, जो संयुक्त राष्ट्र के चार्टर के अध्याय VI में बताए गए हैं, शत्रुतापूर्ण पक्षों को समझौते पर लाने की कार्रवाइयां हैं। रिपोर्ट में राष्ट्रों और लोगों के बीच हिंसा की पुनरावृत्ति को रोकने के लिए संघर्ष के बाद शांति निर्माण को मजबूत करने के लिए इन कार्रवाइयों पर अधिक ध्यान केंद्रित किया गया है।

पूर्व महासचिव, कोफी अन्नान ने संयुक्त राष्ट्र की उन संस्थाओं से संबंधित कुछ सुधारों का भी सुझाव दिया जो शांति और सुरक्षा की तलाश और प्रचार में लगे हुए हैं। 2004 में अपनी रिपोर्ट में उनके द्वारा नियुक्त उच्च-स्तरीय पैनल ने आयोग का समर्थन करने के लिए एक शांति निर्माण आयोग (पीबीसी) (Peacebuilding Commission—PBC) और एक शांति निर्माण सहायता कार्यालय (पीबीएसओ) (Peacebuilding Support Office—PBSO) के निर्माण की सिफारिश की। उन्होंने अपनी *इन लार्जर फ्रीडम: टुवर्ड्स डेवलपमेंट, सिक्योरिटी एंड ह्यूमन राइट्स फॉर ऑल* (In Larger Freedom: Towards Development, Security and Human Rights for All) में सुझाव दिया कि सदस्य देशों को "मध्यस्थता, प्रतिबंध और शांति स्थापना, शांति सेना के सदस्यों द्वारा नाबालिगों और अन्य कमजोर लोगों का यौन शोषण रोकने की शून्य सहनशीलता नीति सहित महासचिव द्वारा अधिनियमित नीति साधनों को नियोजित करने के लिए सामूहिक क्षमता को मजबूत करने हेतु कदम उठाने चाहिए"।

किसी भी सिफ़ारिश या प्रस्ताव पर कोई सकारात्मक कार्रवाई किए बिना बहुत कुछ कहा गया है। सबसे पहली और सबसे महत्वपूर्ण चीज़ जो की जानी है वह है संयुक्त राष्ट्र में पूर्ण सुधार ताकि यह नई ऊर्जा और जोश के साथ पुनर्जीवित हो सके और अंतर्राष्ट्रीय शांति और सुरक्षा के संरक्षक की जिम्मेदारी ले सके।

अभ्यास (Exercises)

1. संयुक्त राष्ट्र के उद्देश्यों एवं सिद्धांतों पर एक टिप्पणी लिखिए।
2. महासभा की संरचना, शक्तियों और कार्यों पर चर्चा करें।
3. सुरक्षा परिषद की संरचना एवं कार्यों पर चर्चा करें। क्या आपको लगता है कि सुरक्षा परिषद में सुधार की बहुत आवश्यकता है?
4. संयुक्त राष्ट्र के महासचिव की भूमिका का विश्लेषण करें।
5. संयुक्त राष्ट्र के महासचिव की शक्तियों और कार्यों का परीक्षण करें। प्रथम महासचिव ट्रिगवे ली के समय से उनकी भूमिका कैसे विकसित हुई है?
6. आर्थिक और सामाजिक परिषद (ECOSOC) की संरचना, शक्तियों और कार्यों पर चर्चा करें।
7. अंतर्राष्ट्रीय न्यायालय की संरचना और अधिकार क्षेत्र का परीक्षण करें।
8. संयुक्त राष्ट्र चार्टर के संशोधन की प्रक्रिया पर एक नोट लिखें।
9. संयुक्त राष्ट्र में सुधार के विभिन्न प्रयासों पर प्रकाश डालिए।
10. क्या आपको लगता है कि संयुक्त राष्ट्र में सुधार की आवश्यकता है? चर्चा करें।
11. संयुक्त राष्ट्र द्वारा अपने जन्म के बाद से किए गए विभिन्न शांति प्रयासों पर चर्चा करें।

संदर्भ (References)

[1] Chakrabarti, Radharaman, *UNO: A Study in Essential,* K.P. Bagchi & Co, Kolkata, 1998, p. 29.

[2] The Charter of the United Nations.

[3] *ibid.*

[4] *ibid.*

[5] Nicholas, H.G., *The United Nations As A Political Institution,* Oxford University Press, London, 1971, p. 36.

[6] The Charter of the United Nations.

[7] Ping, Jean and Denis Dange Rawka, "Reform of the General Assembly", *in* Ajit M. Banerjee and Murari R. Sharma (Eds.), *Reinventing the United Nations,* Prentice-Hall of India, New Delhi, 2007, p. 77.

[8] Nicholas, *op. cit.*, n. 5, p. 114.

[9] Uniting For Peace Resolution, 1950.

[10] Nicholas, *op. cit.*, n. 5.

[11] *Basic Facts About the United Nations, Sales No.E.98.I.20., Press Release GA/9784 (10 Oct. 2000), and the Office of the Director of Security Council Affairs Division, Department of Political Affairs.*

[12] Chakrabarti, *op. cit.*, n. 1, pp. 50–51.

[13] Nicholas, *op. cit.*, n. 15, p. 170.

[14] *ibid.*, pp. 162–167.

[15] Chakrabarti, *op. cit.*, n. 1, pp. 67–68.

[16] Luard, Evan, *The United Nations: How it Works and What it Does,* Macmillan Press, London, 1979, p. 97.

[17] Chakrabarti, *op. cit.*, n. 1, p. 69.

[18] Luard, *op. cit.*, n. 16, p. 101.

[19] UN News Centre http://www.un.org/aboutun/charter/index.html.

[20] Chakrabarti, *op. cit.*, n. 1, p. 59.

[21] *ibid.*

[22] *ibid.*

[23] Chakrabarti, *op. cit.*, n. 1, pp. 159–160.

[24] http://www.un.org/largerfreedom.

[25] Ping, Jean and Denis Dange Rawaka, *op. cit.*, n. 7, pp. 81–82 (for more check **http://www.un.org/reform/index.shtml**).

[26] Chowdhury, Iftekhar Ahmed, "Keeping and Building Peace: An Evolving UN function," *in* Ajit M. Banerjee and Murari R. Sharma (Eds.), *Reinventing the United Nations, Prentice-Hall of India, New Delhi, 2007, p. 58.*

12

निरस्त्रीकरण एवं शस्त्र नियंत्रण (Disarmament and Arms Control)

अंतर्वस्तु (Contents)

परिचय (*Introduction*)

प्रत्येक राज्य की प्रत्येक कार्रवाई के पीछे राष्ट्रीय अस्तित्व ही मुख्य उद्देश्य है। इसलिए राष्ट्रीय सुरक्षा प्रत्येक राज्य की 'राष्ट्रीय हित' की सूची में सबसे ऊपर है। सैन्य तैयारी और हथियार उत्पादन के बिना राष्ट्रीय सुरक्षा की कल्पना नहीं की जा सकती। लेकिन एक की सैन्य तैयारी स्वचालित रूप से दूसरे के सक्रिय सैन्य निर्माण में परिणत होती है। इसके परिणामस्वरूप हथियारों की होड़ शुरू हो जाती है और सभी राज्य बड़े पैमाने पर हथियारों के निर्माण में लग जाते हैं। हालाँकि, यह न केवल अंतर्राष्ट्रीय शांति और सुरक्षा को अस्थिर करता है बल्कि युद्ध को अपरिहार्य भी बनाता है। विशेष रूप से, परमाणु हथियारों का कब्ज़ा, सामूहिक विनाश के हथियारों (डब्ल्यूएमडी) (Weapons of Mass Destruction—WMDs) और रासायनिक और जैविक हथियारों का विशाल भंडार मामले को बदतर बना देता है और मानवता और विश्व शांति के अस्तित्व को खतरे में डालता है। इसलिए, निरस्त्रीकरण और हथियार नियंत्रण के माध्यम से युद्ध की संभावनाओं को कम करने और अंतर्राष्ट्रीय शांति और सुरक्षा की संभावनाओं को बढ़ाने के प्रयास किए जाने की आवश्यकता है।

अर्थ और अवधारणा (Meaning and Concept)

'निरस्त्रीकरण' और 'हथियार नियंत्रण' दोनों शब्द पर्यायवाची प्रतीत हो सकते हैं लेकिन दोनों के बीच अंतर की एक सूक्ष्म रेखा है। **निरस्त्रीकरण** का अर्थ युद्धों को टालकर अंतर्राष्ट्रीय शांति और सुरक्षा को बनाए रखने के लिए हथियारों को ख़त्म करना या कम करना है। मोर्गेंथाऊ (Morgenthau)[1] के अनुसार,

"निरस्त्रीकरण शस्त्रागार की दौड़ को समाप्त करने के उद्देश्य से कुछ या सभी हथियारों की कमी या उन्मूलन है"। चार्ल्स पी. श्लीचर (Charles P. Schleicher) जैसे निरस्त्रीकरण और हथियार नियंत्रण के विशेषज्ञों के अनुसार निरस्त्रीकरण का अर्थ "शारीरिक हिंसा के लिए प्रयोग किए जाने वाले भौतिक और मानवीय साधनों को कम करना या समाप्त करना है"। अंतर्राष्ट्रीय राजनीति के एक जानकार वी.वी. डाइक (V.V. Dyke)* के अनुसार, "सशस्त्र शक्ति से संबंधित किसी भी विनियमन या परिसीमन को निरस्त्रीकरण का एक उपाय माना जाता है"।

कूलम्बिस और वोल्फ (Couloumbis and Wolfe)[2] ने निरस्त्रीकरण और हथियार नियंत्रण के बीच अंतर दिखाते हुए कहा: "अपने पूर्ण अर्थ में निरस्त्रीकरण के लिए हथियारों के वैश्विक विनाश और सभी सशस्त्र बलों के विस्थापना की आवश्यकता होती है"। उनके लिए निरस्त्रीकरण काफी समावेशी है और इसका मतलब सभी सैन्य शस्त्रागारों और प्रतिष्ठानों को गैरकानूनी घोषित करने से लेकर युद्ध के 'मानवीकरण' के हित में विशेष हथियारों पर प्रतिबंध लगाना और यहां तक कि युद्ध के आकस्मिक प्रकोप को रोकने के लिए डिज़ाइन किए गए विशिष्ट समझौतों के कार्यान्वयन तक कुछ भी हो सकता है।

हालाँकि पूर्ण निरस्त्रीकरण हासिल करना मुश्किल हो सकता है और कुछ अर्थों में अप्राप्य है, **हथियार नियंत्रण** की अवधारणा घर कर गई है और इसने लोकप्रियता हासिल कर ली है। कूलम्बिस और वोल्फ (Couloumbis and Wolfe)[3] बताते हैं कि, चूंकि पूर्ण निरस्त्रीकरण की संभावना इतनी कम हो जाती है, इसके समर्थकों को अक्सर यूटोपियन या प्रचारक माना जाता है और अंतर्राष्ट्रीय संबंधों के साहित्य में हथियार नियंत्रण अधिक प्रासंगिक हो जाता है।

शस्त्र नियंत्रण एक सामान्य शब्द है और इसमें आम तौर पर दो श्रेणियां शामिल होती हैं: शस्त्र कटौती और शस्त्र परिसीमन (arms limitation)। हथियारों में कमी का मतलब आंशिक निरस्त्रीकरण है और इसका तात्पर्य इसमें शामिल राष्ट्र-राज्यों के लिए हथियारों के स्तर के पारस्परिक रूप से सहमत सेट से है। हथियार कटौती का फॉर्मूला या तो दुनिया भर के सभी राज्यों पर या क्षेत्रीय आधार पर कुछ राज्यों पर लागू हो सकता है। दूसरी ओर, शस्त्र परिसीमन, युद्ध के प्रभाव को सीमित करने और युद्ध के आकस्मिक प्रकोप को रोकने के लिए डिज़ाइन किए गए विभिन्न प्रकार के अंतर्राष्ट्रीय समझौतों का प्रतीक है। शस्त्र नियंत्रण सीमाओं के तहत अनंत उपाय हो सकते हैं जैसे मध्य हवा में परमाणु मिसाइलों को विस्फोटित करने के लिए डिज़ाइन किए गए असफल–सुरक्षित उपकरणों की स्थापना करना, यदि उन्हें गलती से छोड़ दिया जाता है; संकट के दौरान प्रमुख निर्णयकों को लगातार संपर्क में रखने के लिए हॉट लाइन का इस्तेमाल, विशिष्ट प्रकार के परमाणु परीक्षणों पर रोक और हथियारों की बिक्री तथा परमाणु प्रौद्योगिकी के हस्तांतरण को प्रतिबंधित करने के लिए दो या दो से अधिक देशों के बीच समझौते होना।[4]

श्लीचर (Schleicher) के अनुसार, हथियार नियंत्रण का उपयोग "हथियार के संबंध में किसी भी प्रकार के सहयोग को शामिल करने के लिए किया जाता है जो हथियारों की दौड़ को कम कर सकता है, युद्ध की संभावना को कम कर सकता है, या इसके दायरे और हिंसा को सीमित कर सकता है"।[5]

केगली और विटकोफ (Kegley and Wittkopf)[6] के विचारों में, हथियार नियंत्रण का अर्थ है "राज्यों के बीच सहकारी समझौते जो हथियारों के स्तर को विनियमित करने के लिए या तो उनकी वृद्धि को सीमित करके या उनके उपयोग के तरीके पर प्रतिबंध लगाकर डिज़ाइन किए गए हैं। शस्त्र नियंत्रण निरस्त्रीकरण की तुलना में कम महत्वाकांक्षी है, क्योंकि इसका उद्देश्य हथियारों को खत्म करना नहीं बल्कि उनके उपयोग को विनियमित करना या उनके विकास की गति को नियंत्रित करना है"।

* Vernon Van Dyke, *International Politics*, Appleton-Century-Crofts, New York, 1957.

प्रथम विश्व युद्ध के बाद से मानवता को बचाने के लिए विश्व नेताओं द्वारा निरस्त्रीकरण और हथियार नियंत्रण की दिशा में प्रयास किए गए हैं। अमेरिकी राष्ट्रपति वुडरो विल्सन (President Woodrow Wilson) ने अपने **चौदह सूत्री** (Fourteen Points) लेख में हथियारों और गोला-बारूद के उन्मूलन की आवश्यकता को बरकरार रखा। उन्होंने यह भी कहा कि आयुध को "घरेलू सुरक्षा के अनुरूप न्यूनतम बिंदु" तक कम किया जाना चाहिए। यहां तक कि प्रथम विश्व युद्ध के अंत में संपन्न वर्सेलीज की संधि (1919) (Treaty of Versailles, 1919) में भी निर्दिष्ट किया गया था कि: "शांति बनाए रखने के लिए राष्ट्रीय सुरक्षा के अनुरूप राष्ट्रीय हथियारों को न्यूनतम बिंदु तक कम करना और अंतर्राष्ट्रीय दायित्वों की सामान्य कार्रवाई द्वारा प्रवर्तन की आवश्यकता होती है"। राष्ट्र संघ के तहत भी हथियारों के निर्माण पर अंकुश लगाने के प्रयास किये गये। 1921 में एक अस्थायी मिश्रित आयोग (Temporary Mixed Commission) की स्थापना की गई और उसके बाद 1925 में निरस्त्रीकरण के मुद्दे पर एक प्रारंभिक आयोग (Preparatory Commission) की स्थापना की गई, लेकिन ये आयोग अपना लक्ष्य हासिल करने में विफल रहे।

हालाँकि, 1925 में निरस्त्रीकरण की दिशा में एक ऐतिहासिक प्रगति देखी गई, अर्थात्, युद्ध में दम घोंटने वाली, जहरीली या अन्य गैसों और युद्ध के जीवाणुविज्ञानी तरीकों (Bacteriological Methods) के उपयोग पर प्रतिबंध के लिए जिनेवा प्रोटोकॉल। प्रोटोकॉल के पक्षकारों ने युद्ध में दम घोंटने वाली, जहरीली या अन्य गैसों और सभी समान तरल पदार्थों, सामग्रियों या उपकरणों के उपयोग की निंदा की, और इस बात पर सहमति व्यक्त की कि इस निषेध को अंतर्राष्ट्रीय कानून के एक भाग के रूप में सार्वभौमिक रूप से स्वीकार किया जाना चाहिए, जो अंतरात्मा और राष्ट्रों के व्यवहार दोनों को बाध्य करता है।

द्वितीय विश्व युद्ध में मानवता द्वारा अनुभव की गई तबाही के बाद निरस्त्रीकरण और हथियार नियंत्रण के बारे में गंभीर विचार शुरू हुए। संयुक्त राष्ट्र चार्टर में हथियारों के विनियमन की आवश्यकता पर जोर दिया गया और उसके बाद निरस्त्रीकरण और हथियारों पर नियंत्रण के लिए कई कदम उठाए गए हैं।

द्वितीय विश्व युद्ध के बाद से निरस्त्रीकरण और हथियार नियंत्रण के क्षेत्र में हुए कुछ प्रमुख उपायों पर अब चर्चा की गई है।

1. *चार शक्तियों की घोषणा, 1945 (The Four Power Declaration, 1945):* संयुक्त राज्य अमेरिका, ग्रेट ब्रिटेन, तत्कालीन सोवियत संघ और चीन ने 3 अक्टूबर 1945 को सामान्य सुरक्षा पर एक घोषणा पर हस्ताक्षर किए जिसके द्वारा इन चार शक्तियों ने हथियारों के विनियमन पर युद्धोत्तर काल में एक व्यावहारिक समझौता करने की घोषणा की।

2. *परमाणु ऊर्जा आयोग (Atomic Energy Commission):* संयुक्त राष्ट्र परमाणु ऊर्जा आयोग (United Nations Atomic Energy Commission—UNAEC) की स्थापना 24 जनवरी 1946 को संयुक्त राष्ट्र महासभा के पहले प्रस्ताव द्वारा "परमाणु ऊर्जा की खोज से उत्पन्न समस्याओं से निपटने के लिए" की गई थी।

आयोग में सुरक्षा परिषद में प्रतिनिधित्व करने वाले प्रत्येक राज्य से एक प्रतिनिधि शामिल था। आयोग से अपेक्षा की गई थी कि वह निरस्त्रीकरण की समस्याओं के सभी चरणों की जांच करेगा और समय-समय पर सिफारिशें करेगा और इसके लिए निम्नलिखित विशिष्ट प्रस्ताव देगा:

(क) शांतिपूर्ण उद्देश्यों के लिए सभी देशों के बीच बुनियादी वैज्ञानिक सूचनाओं के आदान-प्रदान का विस्तार करना।

(ख) केवल शांतिपूर्ण उद्देश्यों के लिए इसके उपयोग को सुनिश्चित करने के लिए आवश्यक सीमा तक परमाणु ऊर्जा पर नियंत्रण।
(ग) परमाणु हथियारों और सामूहिक विनाश के लिए प्रयुक्त अन्य सभी राष्ट्रीय हथियारों का उन्मूलन।
(घ) निरीक्षण और अन्य माध्यमों से प्रभावी सुरक्षा उपाय द्वारा अनुपालन करने वाले राज्यों को उल्लंघन और चोरी के खतरों से बचाना।

आयोग को अपनी रिपोर्ट और सिफ़ारिशें सुरक्षा परिषद को सौंपनी थी। इसने 14 जून 1946 को अपनी पहली बैठक आयोजित करके काम करना शुरू किया लेकिन बाद में संयुक्त राज्य अमेरिका और यूएसएसआर (USSR) के बीच शत्रुता शुरू होने के कारण यह अपना कार्य करने में विफल रहा। जून 1946 में यूएनएईसी (UNAEC) की पहली बैठक में अमेरिका द्वारा (बर्नार्ड बरूच (Bernard Baruch) द्वारा तैयार) रखी गई 'बरूच योजना' (Baruch Plan) पर सोवियत संघ ने हस्ताक्षर करने से इनकार कर दिया, जिसका जवाब अमेरिका ने बड़े पैमाने पर परमाणु हथियार परीक्षण और विकास कार्यक्रमों के साथ दिया। इसलिए, निरस्त्रीकरण प्रयासों को एक घातक झटका लगा और परमाणु ऊर्जा आयोग को अंततः महासभा संकल्प संख्या 502 (VI) द्वारा भंग कर दिया गया।[7]

3. *पारंपरिक हथियारों पर आयोग (Commission on Conventional Armaments):* परंपरागत हथियारों पर संयुक्त राष्ट्र आयोग की स्थापना दिसंबर 1946 के महासभा संकल्प के अनुसरण में 15 फरवरी 1947 को सुरक्षा परिषद द्वारा औपचारिक रूप से की गई थी। आयोग की स्थापना दुनिया भर में गैर-परमाणु हथियारों के आकार को कम करने के तरीके खोजने के लक्ष्य के साथ की गई थी। यह उम्मीद की गई थी कि सुरक्षा परिषद में हथियारों और सशस्त्र बलों के सामान्य विनियमन और कटौती के लिए तीन महीने के भीतर प्रस्ताव तैयार और प्रस्तुत किया जाएगा। अंततः, आयोग ने 12 अगस्त 1948 को एक प्रस्ताव अपनाया जहाँ उसने निम्नलिखित उपायों की सिफारिश की:

(क) सभी राज्यों के हथियारों के विनियमन और कटौती के लिए एक प्रणाली स्थापित करना, शुरू में जिनके पास पर्याप्त सैन्य संसाधन थे।
(ख) आगे विनियमन और कटौती को प्रोत्साहित करने के लिए हथियारों की कमी और विनियमन के लिए उपाय करना।
(ग) परमाणु ऊर्जा के अंतर्राष्ट्रीय नियंत्रण की उपयुक्त प्रणाली की स्थापना और जापान और जर्मनी के साथ शांति समझौते का निष्कर्ष।
(घ) दुनिया के मानव और आर्थिक संसाधनों और हथियारों और सशस्त्र बलों के रखरखाव के लिए कम से कम विचलन को संभव बनाने के लिए हथियारों का विनियमन और कमी, जो अंतर्राष्ट्रीय शांति और सुरक्षा के रखरखाव के लिए अपरिहार्य हैं।
(ङ) उल्लंघन के मामले में सुरक्षा उपायों की पर्याप्त विधि और प्रभावी कार्रवाई का प्रावधान।

हालाँकि, संयुक्त राष्ट्र सुरक्षा परिषद के पाँच स्थायी सदस्य इस लक्ष्य को कैसे प्राप्त करें, इस पर सहमत नहीं हो सके और इसलिए, आयोग की पहली रिपोर्ट में कोई महत्वपूर्ण सिफारिशें नहीं की गईं। जब प्रस्ताव अंततः चर्चा के लिए आया, तो सोवियत संघ ने इसका विरोध किया और उसने निरस्त्रीकरण के लिए अपना प्रस्ताव प्रस्तुत किया। सोवियत प्रस्ताव में सुरक्षा परिषद के स्थायी सदस्यों द्वारा एक तिहाई सैन्य शक्ति की सीमा तक निरस्त्रीकरण की बात कही गई थी जिसे सुरक्षा परिषद के सदस्यों ने स्वीकार नहीं किया। इस

प्रकार इस निःशस्त्रीकरण प्रयास से भी अधिक सफलता नहीं मिली। इसके अलावा, 1950 में, सोवियत संघ ने आयोग में 'कुओमितांग समूह' (Kuomintang group) के प्रतिनिधियों के साथ बैठने से इनकार कर दिया। इस वजह से आयोग की चर्चा का प्रभावी अंत हो गया। 1952 में इसे औपचारिक रूप से भंग कर दिया गया। महासभा संकल्प 502 (VI) (General Assembly Resolution 502 (VI)) में निहित एक सिफारिश के बाद 30 जनवरी 1952 को सुरक्षा परिषद द्वारा पारंपरिक हथियारों पर आयोग को अंततः भंग कर दिया गया।

4. ***निरस्त्रीकरण आयोग (Disarmament Commission):*** जनवरी 1952 के अपने संकल्प 502 (VI) (resolution 502 (VI)) द्वारा, महासभा ने निरस्त्रीकरण प्रश्नों पर एक सामान्य जनादेश के साथ सुरक्षा परिषद के तहत संयुक्त राष्ट्र निरस्त्रीकरण आयोग बनाया।

5. ***शांति के लिए परमाणु (Atoms for Peace):*** 8 दिसंबर 1953 को राष्ट्रपति आइजनहावर (President Eisenhower) का भाषण अपने आप में एक निरस्त्रीकरण योजना को ही सामने नहीं रखता था, बल्कि विश्व समुदाय के लिए परमाणु ऊर्जा के लाभों को खोलने की एक पहल की तरह था। हालाँकि, भाषण में हथियार नियंत्रण और सुरक्षा विचारों के प्रस्ताव शामिल थे। अंततः, इसने 1956 में न्यूयॉर्क में संयुक्त राष्ट्र मुख्यालय में अंतर्राष्ट्रीय परमाणु ऊर्जा एजेंसी (आईएईए) (International Atomic Energy Agency— IAEA) के क़ानून पर सम्मेलन के आयोजन को प्रोत्साहन दिया। आईएईए (IAEA) क़ानून पर इस सम्मेलन के बाद, एजेंसी का औपचारिक उद्घाटन 29 जुलाई 1957 को किया गया। आइजनहावर (Eisenhower) के भाषण का छिपा हुआ एजेंडा विखंडनीय परमाणु सामग्रियों के उत्पादन में कटौती करना था, जिसका उद्देश्य संयुक्त राज्य अमेरिका की बराबरी के लिए विखंडनीय सामग्रियों की खरीद और परमाणु हथियारों के उत्पादन की सोवियत क्षमता पर अंकुश लगाना था। इसलिए, भाषण का मुख्य विचार शांतिपूर्ण उद्देश्यों के लिए उपयोग करने के लिए यूएसएसआर (USSR) और यूएसए (USA) द्वारा आईएईए (IAEA) को महत्वपूर्ण मात्रा में विखंडनीय सामग्रियों को स्थानांतरित करना था।[8]

1960 से प्रमुख शस्त्र नियंत्रण समझौते (Major Arms Control Agreement Since 1960)

1. ***आंशिक परीक्षण प्रतिबंध संधि, पीटीबीटी (Partial Test Ban Treaty, PTBT):*** आंशिक परीक्षण प्रतिबंध संधि पर 8 अगस्त 1963 को मास्को में हस्ताक्षर किए गए थे और यह 10 अक्टूबर 1963 को लागू हुआ। संधि की मूल विशेषताएं इस प्रकार हैं:

(क) अनुच्छेद I (Article I) के तहत, संधि के प्रत्येक पक्ष ने अपने अधिकार क्षेत्र या नियंत्रण के तहत किसी भी स्थान पर किसी भी परमाणु हथियार परीक्षण विस्फोट, या किसी अन्य परमाणु विस्फोट को प्रतिबंधित करने, रोकने और न करने की जिम्मेदारी ली: (i) वातावरण में; बाह्य अंतरिक्ष सहित, इसकी सीमा से परे; या पानी के नीचे, प्रादेशिक जल या उच्च समुद्र सहित; या (ii) किसी अन्य वातावरण में यदि इस तरह के विस्फोट के कारण रेडियोधर्मी मलबा उस राज्य की क्षेत्रीय सीमा के बाहर चला जाता है जिसके अधिकार क्षेत्र या नियंत्रण के तहत ऐसा विस्फोट किया जाता है।

(ख) संधि के प्रत्येक पक्ष ने किसी भी परमाणु हथियार परीक्षण विस्फोट या किसी भी अन्य परमाणु विस्फोट को अंजाम देने, प्रोत्साहित करने या किसी भी तरह से भाग लेने से बचने की जिम्मेदारी ली, जो इस अनुच्छेद में वर्णित वातावरणों का, या पैराग्राफ 1 (paragraph 1) में उल्लिखित प्रभाव के संदर्भ में आता है।

हालाँकि यह संधि निरस्त्रीकरण की दिशा में एक महत्वपूर्ण कदम थी क्योंकि इसका उद्देश्य वायुमंडल में परमाणु परीक्षणों से रेडियोधर्मी गिरावट के खतरों को कम करना था; यह आंशिक था क्योंकि इसने भूमिगत परमाणु परीक्षण पर रोक नहीं लगाई थी। सोवियत संघ और संयुक्त राज्य अमेरिका दोनों ने भूमिगत रूप से बड़ी संख्या में परीक्षण किए। फ्रांस और चीन ने संधि पर हस्ताक्षर करने से इनकार कर दिया और वायुमंडल में अपने परमाणु परीक्षण जारी रखे।

2. *बाह्य अंतरिक्ष संधि, 1967 (Outer Space Treaty, 1967):* बाह्य अंतरिक्ष संधि 27 जनवरी 1967 को हस्ताक्षर के लिए प्रस्तुत गई और 10 अक्टूबर 1967 से लागू हुई।

संधि के अनुच्छेद IV (Article IV) में कहा गया है कि संधि के पक्षकारों (राज्यों) को परमाणु हथियार या सामूहिक विनाश के किसी अन्य प्रकार के हथियार ले जाने वाली किसी भी वस्तु को पृथ्वी के चारों ओर कक्षा में नहीं रखने, आकाशीय पिंडों पर ऐसे हथियार स्थापित करने या ऐसे हथियार तैनात नहीं करने का वचन देना चाहिए। किसी अन्य तरीके से बाह्य अंतरिक्ष में चंद्रमा और अन्य खगोलीय पिंडों का उपयोग संधि के सभी पक्षों द्वारा विशेष रूप से शांतिपूर्ण उद्देश्यों के लिए किया जाएगा। सैन्य अड्डों, प्रतिष्ठानों और किलेबंदी की स्थापना, किसी भी प्रकार के हथियारों का परीक्षण और आकाशीय पिंडों पर सैन्य युद्धाभ्यास का संचालन निषिद्ध होगा। वैज्ञानिक अनुसंधान या किसी अन्य शांतिपूर्ण उद्देश्यों के लिए सैन्य कर्मियों का उपयोग निषिद्ध नहीं होगा। चंद्रमा और अन्य खगोलीय पिंडों की शांतिपूर्ण खोज के लिए आवश्यक किसी भी उपकरण या सुविधा का उपयोग भी प्रतिबंधित नहीं किया जाएगा। अनुच्छेद XII (Article XII) के तहत, चंद्रमा और अन्य खगोलीय पिंडों पर सभी स्टेशन, प्रतिष्ठान, उपकरण और अंतरिक्ष वाहन पारस्परिक आधार पर संधि के अन्य पक्षों के प्रतिनिधियों के लिए खुले रहेंगे।

3. *परमाणु अप्रसार संधि (एनपीटी), 1968 (Nuclear Non-Proliferation Treaty (NPT), 1968):* परमाणु अप्रसार संधि पर 1 जुलाई 1968 को लंदन, मॉस्को और वाशिंगटन में एक साथ हस्ताक्षर किए गए और 5 मार्च 1970 को लागू हुआ। इस संधि का उद्देश्य वैश्विक स्तर पर परमाणु हथियारों के प्रसार को सीमित करना है। अब तक लगभग 189 देश इस संधि के पक्षकार हैं। इनमें से पांच सदस्यों के पास परमाणु हथियार हैं. वे संयुक्त राज्य अमेरिका, यूनाइटेड किंगडम, फ्रांस, रूस और पीपुल्स रिपब्लिक ऑफ चाइना हैं। भारत, इज़राइल, पाकिस्तान और उत्तर कोरिया इस संधि पर हस्ताक्षरकर्ता नहीं हैं। भारत और पाकिस्तान दोनों के पास परमाणु बम हैं और उन्होंने खुलेआम इसका परीक्षण भी किया है। इज़राइल ने अपनी परमाणु नीति के संबंध में जानबूझकर अस्पष्टता की नीति अपनाई है। उत्तर कोरिया ने संधि को स्वीकार किया, इसका उल्लंघन किया और बाद में खुद को वापस ले लिया।

संधि में एक प्रस्तावना और ग्यारह लेख शामिल हैं और इसे तीन स्तंभों के रूप में माना जाता है: अप्रसार, निरस्त्रीकरण, और शांतिपूर्वक परमाणु प्रौद्योगिकी का उपयोग करने का अधिकार।

(क) *अप्रसार:* अनुच्छेद I (Article I) के तहत, पांच परमाणु हथियार राज्य (एनडब्ल्यूएस) (Nuclear Weapon States—NWS) "परमाणु हथियार या अन्य परमाणु विस्फोटक उपकरणों" को स्थानांतरित नहीं करने और गैर-परमाणु हथियार राज्य (एनएनडब्ल्यूएस) (Non-Nuclear Weapon State—NNWS) को परमाणु हथियार हासिल करने के

"किसी भी तरह से सहायता, प्रोत्साहन या प्रेरित नहीं करने" के लिए सहमत हैं। अनुच्छेद II (Article II) में शामिल है कि एनपीटी (NPT) के एनएनडब्ल्यूएस (NNWS) पक्ष परमाणु हथियारों को "प्राप्त करने," "निर्माण" या "उपर्जित करने" या "परमाणु हथियारों के निर्माण में कोई सहायता नहीं मांगने या प्राप्त करने" के लिए सहमत हैं। अनुच्छेद III (Article III) में कहा गया है कि एनएनडब्ल्यूएस (NNWS) पार्टियां यह सत्यापित करने के लिए आईएईए (IAEA) द्वारा सुरक्षा उपायों को स्वीकार करने के लिए भी सहमत हैं कि वे परमाणु ऊर्जा को शांतिपूर्ण उपयोग के बजाय परमाणु हथियारों या अन्य परमाणु विस्फोटक उपकरणों में नहीं बदल रहे हैं।

(ख) *निरस्त्रीकरण:* अनुच्छेद VI (Article VI) एनपीटी (NPT) के सभी राज्य दलों, दोनों परमाणु-हथियार वाले राज्यों और गैर-परमाणु-हथियार वाले राज्यों से "परमाणु हथियारों की दौड़ को जल्द से जल्द समाप्त करने से संबंधित प्रभावी उपायों और परमाणु निरस्त्रीकरण और सख्त और प्रभावी अंतर्राष्ट्रीय नियंत्रण के तहत सामान्य और पूर्ण निरस्त्रीकरण पर एक संधि पर अच्छे विश्वास के साथ बातचीत को आगे बढ़ाने के लिए" आग्रह करता है।

(ग) *परमाणु ऊर्जा का शांतिपूर्ण उपयोग:* एनपीटी उन देशों में नागरिक परमाणु ऊर्जा कार्यक्रमों के विकास के लिए एनपीटी हस्ताक्षरकर्ता देशों को परमाणु प्रौद्योगिकी और सामग्री के हस्तांतरण की अनुमति देता है और उस पर सहमत होता है, जब तक कि वे यह प्रदर्शित कर सकें कि उनके परमाणु कार्यक्रम का प्रयोग परमाणु हथियारों के विकास के लिए नहीं किया जा रहा है। संधि शांतिपूर्ण उद्देश्यों के लिए परमाणु ऊर्जा का उपयोग करने के लिए संप्रभु राज्यों के अपरिहार्य अधिकार को मान्यता देती है, लेकिन एनपीटी पार्टियों के लिए इस अधिकार को "अनुच्छेद I और II (Articles I and II) के अनुरूप" प्रयोग करने से प्रतिबंधित करती है।

संधि की भाषा को लेकर विशेष रूप से अपनी परमाणु क्षमताओं को विकसित करने में रुचि रखने वाले देशों की ओर से कड़ी आलोचनाएँ हुई हैं। भारत, पाकिस्तान, ब्राज़ील, अर्जेंटीना उन कई देशों में से हैं जिन्होंने संधि पर हस्ताक्षर करने से इनकार कर दिया क्योंकि उन्हें लगा कि संधि भेदभावपूर्ण है। संधि, जहां एक ओर ऊर्ध्वाधर विस्तार को सीमित करने का लक्ष्य रख रही थी, वहीं दूसरी ओर, क्षैतिज विस्तार पर चुप थी। दूसरे शब्दों में, यह परमाणु क्लब से संबंधित राज्यों की परमाणु क्षमताओं के नियंत्रण के बारे में चुप था। इस संधि को परमाणु राज्यों पर गैर-परमाणु राज्यों की परमाणु निर्भरता को बनाए रखने के उद्देश्य के रूप में देखा गया और इसलिए, उनके बीच अंतर बढ़ गया। एनपीटी (NPT) कोई भी सकारात्मक निरस्त्रीकरण और हथियार नियंत्रण लाने में विफल रहा।

4. *सी-बेड संधि, 1971 (Sea-Bed Treaty, 1971):* 11 फरवरी 1971 को, यूके (UK), संयुक्त राज्य अमेरिका और यूएसएसआर (USSR) ने संधि पर हस्ताक्षर किए और यह 18 मई 1972 को लागू हुई।

इस संधि के प्रावधानों के अनुसार जिन देशों ने इस पर हस्ताक्षर किए हैं वे सहमत हैं कि कोई भी परमाणु हथियार या अन्य बहुत विनाशकारी हथियार, या इन हथियारों के भंडारण, परीक्षण या उपयोग के लिए बनाई गई किसी भी संरचना और उपकरण को समुद्र तल पर या समुद्र तल के नीचे एक निश्चित सीमा क्षेत्र से अधिक इस्तेमाल नहीं कर सकता है।

संधि में यह सुनिश्चित भी किया गया हैं कि संधि के उद्देश्य का अनुपालन करने के लिए हर देश इन नियमों का पालन करें। इसमें कहा गया है कि इस संधि में शामिल देश यह जांच कर सकते हैं कि दूसरे देश

समुद्र के नीचे क्या गतिविधियाँ कर रहे हैं, जब तक कि उनकी जांच से दूसरे देशों की गतिविधियां बाधित न हों। इससे यह सुनिश्चित किया जाता है कि हर कोई नियमों का पालन कर रहा है और संधि के लक्ष्यों को प्राप्त कर रहा है।

5. *जैविक हथियार कन्वेंशन, 1972 (Biological Weapons Convention, 1972)*: बैक्टीरियोलॉजिकल (जैविक) और विषैले हथियारों के विकास, उत्पादन और भंडारण पर प्रतिबंध और उनके विनाश पर कन्वेंशन 10 अप्रैल 1972 को हस्ताक्षर के लिए प्रस्तुत गया और 26 मार्च 1975 को लागू हुआ। इसका उद्देश्य सामूहिक विनाश के सभी प्रकार के हथियारों के निषेध और उन्मूलन सहित सामान्य और पूर्ण निरस्त्रीकरण की दिशा में प्रभावी प्रगति हासिल करना था।

अनुच्छेद I (Article I) के तहत, इस कन्वेंशन के राज्य दलों ने किसी भी परिस्थिति में विकास, उत्पादन, भंडारण या अन्यथा अधिग्रहण या बनाए रखने का कार्य किया है: (क) माइक्रोबियल या अन्य जैविक एजेंट, या विषाक्त पदार्थ, उनकी उत्पत्ति या उत्पादन की विधि, प्रकार और में ऐसी मात्राएँ जिनका रोगनिरोधी, सुरक्षात्मक या अन्य शांतिपूर्ण उद्देश्यों के लिए कोई औचित्य नहीं है; (ख) शत्रुतापूर्ण उद्देश्यों या सशस्त्र संघर्ष में ऐसे एजेंटों या विषाक्त पदार्थों का उपयोग करने के लिए डिज़ाइन किए गए हथियार, उपकरण या वितरण के साधन।

अनुच्छेद II (Article II) इस बात पर जोर देता है कि इस कन्वेंशन के राज्य पक्षों को, सभी एजेंटों, विषाक्त पदार्थों, हथियारों, उपकरणों को जल्द से जल्द, लेकिन कन्वेंशन के लागू होने के नौ महीने के भीतर कन्वेंशन के अनुच्छेद I (Article I) में निर्दिष्ट वितरण के साधन, जो उसके कब्जे में हैं या उसके अधिकार क्षेत्र या नियंत्रण में हैं को नष्ट करने या शांतिपूर्ण उद्देश्यों की ओर मोड़ने का कार्य करना चाहिए। इस अनुच्छेद के प्रावधानों को लागू करने में, आबादी और पर्यावरण की सुरक्षा के लिए सभी आवश्यक सुरक्षा सावधानियां बरती जाएंगी।

अनुच्छेद III (Article III) में कहा गया है कि इस कन्वेंशन के प्रत्येक राज्य पक्ष किसी भी प्राप्तकर्ता राज्य को प्रत्यक्ष या अप्रत्यक्ष रूप से स्थानांतरण नहीं करने का वचन देते हैं, और किसी भी राज्य, राज्यों के समूह या अंतर्राष्ट्रीय संगठनों को निर्माण या अन्यथा अधिग्रहण के लिए किसी भी तरह से सहायता, प्रोत्साहन या कन्वेंशन के अनुच्छेद I में निर्दिष्ट कोई भी एजेंट, विषाक्त पदार्थ, हथियार, उपकरण या डिलीवरी के साधन के लिए प्रेरित नहीं करते हैं।

6. *सामरिक हथियार सीमा वार्ता* (साल्ट I) *(Strategic Arms Limitation Talks (SALT I))*: ये दो महाशक्तियों द्वारा शीत युद्ध के तनाव को कम करने और हथियार सीमा के साधन विकसित करके शांति की भावना को बढ़ाने के लिए किए गए प्रयासों को संदर्भित करता है। साल्ट I (SALT I) ने मौजूदा स्तरों पर रणनीतिक बैलिस्टिक मिसाइल लांचरों की संख्या को सीमित कर दिया, और पुराने अंतरमहाद्वीपीय बैलिस्टिक मिसाइल (Intercontinental Ballistic Missile—ICBM) और एसएलबीएम (SLBM) लांचरों की समान संख्या को नष्ट करने के बाद ही सबमेरीन बैलिस्टिक मिसाइल (SLBM) लांचरों को शामिल करने का प्रावधान किया।

लंबे गतिरोध के बाद, साल्ट I (SALT I) का पहला परिणाम मई 1971 में आया जब एंटी-बैलिस्टिक मिसाइल (ABM) लांच सिस्टम पर एक समझौता हुआ। समझौते में शामिल मुख्य बिंदु हैं: (क) एंटी-बैलिस्टिक मिसाइल संधि और (ख) सामरिक आक्रामक हथियारों की सीमा के संबंध में कुछ उपायों पर संयुक्त राज्य अमेरिका और सोवियत समाजवादी गणराज्य संघ (अब रूस) के बीच अंतरिम समझौता।

संधि के अनुसार दोनों देशों को एंटी-बैलिस्टिक मिसाइल (एबीएम) (anti-ballistic missile—ABM) प्रणाली द्वारा संरक्षित साइटों की संख्या दो-दो तक सीमित करने की आवश्यकता थी। सोवियत संघ ने 1966 में मॉस्को के आसपास ऐसी प्रणाली तैनात की थी और संयुक्त राज्य अमेरिका ने 1967 में 12 आईसीबीएम साइटों (ICBM sites) की सुरक्षा के लिए एक एबीएम कार्यक्रम की घोषणा की थी। अंतरिम समझौते में भूमि आधारित आईसीबीएम (ICBM)और एसएलबीएम (SLBM) दोनों शामिल थे। यूएसएसआर (USSR) को 1618 आईसीबीएम रखने की अनुमति दी गई थी जबकि 1 जुलाई 1971 को उनकी वास्तविक ताकत के आधार पर यूएसए (USA) के लिए संख्या 1054 तय की गई थी।

7. ***थ्रेशोल्ड टेस्ट प्रतिबंध संधि, 1974 (Threshold Test Ban Treaty, 1974):*** भूमिगत परमाणु हथियार परीक्षणों की सीमा पर संधि, जिसे **थ्रेशोल्ड टेस्ट प्रतिबंध संधि** (या टीटीबीटी) (**Threshold Test Ban Treaty** (or TTBT)) के रूप में भी जाना जाता है, पर जुलाई 1974 में यूएसए (USA) और यूएसएसआर (USSR) द्वारा हस्ताक्षर किए गए थे। इसने 150 किलोटन (150,000 टन टीएनटी के बराबर) से अधिक क्षमता वाले उपकरणों के परमाणु परीक्षणों पर रोक लगाकर एक परमाणु 'सीमा' स्थापित की।

टीटीबीटी (TTBT) सैन्य रूप से महत्वपूर्ण था क्योंकि इसने 150 किलोटन से अधिक के नए या मौजूदा परमाणु हथियारों के परीक्षण की संभावना को प्रतिबंधित कर दिया था। संधि ने आपसी संयम लागू किया और इस तरह नए परमाणु हथियारों और बमों की विस्फोटक शक्ति की डिग्री को कम करने की मांग की, जो अन्यथा हथियार प्रणालियों के परीक्षण के लिए किया जा सकता था।

8. ***पर्यावरण संशोधन तकनीकों के सैन्य या अन्य शत्रुतापूर्ण उपयोग के निषेध पर कन्वेंशन, 1977 (Convention on Prohibition of Military or Other Hostile Use of Environment Modification Techniques, 1977):*** यह कन्वेंशन 18 मई 1977 को जिनेवा में हस्ताक्षर के लिए प्रस्तुत गया और 5 अक्टूबर 1978 को लागू हुआ।

अनुच्छेद I (Article I) में ऐसे प्रावधान शामिल हैं जिनके तहत कन्वेंशन के प्रत्येक राज्य पक्ष ने किसी अन्य राज्य पक्ष को विनाश, क्षति या चोट के साधन के रूप में व्यापक, लंबे समय तक चलने वाले या गंभीर प्रभाव वाले पर्यावरण संशोधन तकनीकों के सैन्य या किसी अन्य शत्रुतापूर्ण उपयोग में शामिल नहीं होने का वचन दिया है। संधि में यह भी आवश्यक है कि प्रत्येक राज्य पार्टी को इस लेख के प्रावधानों के विपरीत गतिविधियों में शामिल होने के लिए किसी भी राज्य, राज्यों के समूह या अंतर्राष्ट्रीय संगठन को सहायता, प्रोत्साहन या प्रेरित करने से बचना चाहिए।

अनुच्छेद III (Article III) के तहत, इस कन्वेंशन के राज्य दलों ने शांतिपूर्ण उद्देश्यों के लिए पर्यावरण संशोधन तकनीकों के उपयोग पर वैज्ञानिक और तकनीकी जानकारी के पूर्ण संभव आदान-प्रदान को सुविधाजनक बनाने और इसमें भाग लेने के अधिकार रखने की जिम्मेदारी ली है। संधि के प्रावधानों ने पर्यावरण के संरक्षण, सुधार और शांतिपूर्ण उपयोग के लिए अंतर्राष्ट्रीय आर्थिक और वैज्ञानिक सहयोग के लिए राज्यों के दलों और अन्य राज्यों या अंतर्राष्ट्रीय संगठनों के बीच सहयोग को भी बरकरार रखा, जिसमें दुनिया के विकासशील क्षेत्रों की जरूरतों पर उचित विचार किया गया।

9. ***सामरिक हथियार सीमा वार्ता (साल्ट II) (Strategic Arms Limitation Talks):*** यह संयुक्त राज्य अमेरिका और सोवियत संघ के बीच 1972 से 1979 तक वार्ता का दूसरा दौर था और साल्ट I (SALT I) वार्ता के दौरान हुई प्रगति को जारी रखने का संकेत दिया, जिसका उद्देश्य सामरिक परमाणु हथियार निर्माण को कम करना था। यह संधि पाँच वर्ष तक लागू रहनी थी। इसमें दोनों पक्षों के सभी श्रेणियों

के डिलीवरी वाहनों, जैसे कि आईसीबीएम लॉन्चर, लंबी दूरी के बमवर्षक और एसएलबीएम (SLBM), की रणनीतिक ताकतों में 2,250 तक वास्तविक कटौती के बारे में बात की गई थी। मल्टीपल इंडिपेंडेंटली टारगेटेबल रीएंट्री व्हीकल्स (एमआईआरवी) (Multiple Independently Targetable Re-entry Vehicles—MIRVs) पर भी सीमा लगाई गई थी और नए रणनीतिक हथियारों की गति को धीमा करने के प्रावधान शामिल किए गए थे।

संधि पर हस्ताक्षर करने के छह महीने बाद, अफगानिस्तान में सोवियत सैनिकों की तैनाती और अमेरिकी सीनेट द्वारा संधि को औपचारिक रूप से अनुमोदित करने से इनकार करने के बाद, इसका एक दुर्भाग्यपूर्ण अंत हुआ। नए शीत युद्ध के फैलने से दोनों राज्यों के बीच संबंधों में कड़वाहट आ गई और निरस्त्रीकरण मिशनों को भारी झटका लगा।

10. *आईएनएफ संधि, 1987 (The INF Treaty, 1987):* यह **इंटरमीडिएट-रेंज परमाणु बल संधि** (Intermediate-Range Nuclear Forces Treaty) है जो संयुक्त राज्य अमेरिका और सोवियत संघ के बीच वाशिंगटन, डीसी में अमेरिकी राष्ट्रपति रोनाल्ड रीगन (Ronald Reagan) और सोवियत संघ कम्युनिस्ट पार्टी के महासचिव मिखाइल गोर्बाचेव (Mikhail Gorbachev) द्वारा 8 दिसंबर 1987 को हस्ताक्षरित एक समझौता था। 27 मई 1988 को संयुक्त राज्य अमेरिका की सीनेट द्वारा इसकी पुष्टि की गई और यह उसी वर्ष 1 जून को लागू हुआ। *इस संधि को पहले औपचारिक रूप से संयुक्त राज्य अमेरिका और सोवियत सोशलिस्ट रिपब्लिक संघ के बीच उनकी मध्यवर्ती-रेंज और कम दूरी की मिसाइलों के उन्मूलन पर संधि का नाम दिया गया था।*

संधि पर हस्ताक्षर के लिए प्रस्तुत करने से पहले, दोनों महाशक्तियों के बीच बातचीत और खींचतान का दौर चला। अंततः, जनवरी 1985 में, संयुक्त राज्य अमेरिका के राज्य सचिव जॉर्ज शुल्ट्ज़ (George Shultz) और सोवियत विदेश मंत्री आंद्रेई ग्रोमीको (Andrei Gromyko) आईएनएफ (INF), सामरिक शस्त्र न्यूनीकरण संधि (Strategic Arms Reduction Treaty—START), रक्षा और अंतरिक्ष मुद्दों पर एक नया द्विपक्षीय मंच जिसे परमाणु और अंतरिक्ष वार्ता (एनएसटी) (Nuclear and Space Talks—NST)) कहा जाता है पर अलग-अलग लेकिन समानांतर वार्ता करने पर सहमत हुए। इसके बाद मार्च 1985 में तीनों क्षेत्रों को शामिल करते हुए औपचारिक वार्ता शुरू हुई।

1985 में जिनेवा में राष्ट्रपति रीगन (Reagan) और महासचिव गोर्बाचेव (Gorbachev) के बीच वार्ता के बाद, जहां उन्होंने एक संयुक्त बयान जारी कर 1986 में "मध्यवर्ती दूरी के परमाणु बलों पर अंतरिम समझौते" (interim accord on intermediate-range nuclear forces) और रेक्जाविक, आइसलैंड (Reykjavik, Iceland) का आह्वान किया, दोनों पक्षों ने अंततः आईएनएफ संधि (INF Treaty) की बाधाओं को दूर कर दिया। 23 जुलाई 1987 को, गोर्बाचेव (Gorbachev) ने "डबल ग्लोबल ज़ीरो" (double global zero) की सोवियत स्वीकृति की घोषणा की, यानी, दुनिया भर में नाटो और यूएसएसआर के तहत आईएनएफ का पूर्ण उन्मूलन। अंततः, 8 दिसंबर 1987 को वाशिंगटन, डीसी में संधि पर हस्ताक्षर किए गए।

आईएनएफ संधि (INF Treaty) के प्रावधानों का उद्देश्य 500 से 5500 किलोमीटर के बीच की दूरी वाली जमीन से लॉन्च की जाने वाली बैलिस्टिक और क्रूज मिसाइलों को खत्म करना था। इस संधि में अमेरिका की ओर से पर्सिंग II (Pershing II) और जीएलसीएम (GLCMs) और यूएसएसआर की ओर से एसएस-4, एस एस-5, एस एस-12, एस एस-20, एसएस-23 (SS-4, SS-5, SS-12, SS-20, SS-23) और एसएससी-एक्स-4 (SSC-X-4) को ख़त्म करने का आह्वान किया गया।

विद्वान संधि की विलक्षणता, अर्थात् इसकी सत्यापन प्रक्रियाओं की ओर इशारा करते हैं। संधि का सत्यापन ऑन-साइट निरीक्षण और राष्ट्रीय तकनीकी साधनों के माध्यम से सुनिश्चित किया गया था और इसे 13 वर्षों तक जारी रखा जाना था। ऑन-साइट निरीक्षण में बेसलाइन डेटा निरीक्षण, क्लोज-आउट सुविधा निरीक्षण और मिसाइल सिस्टम उन्मूलन निरीक्षण शामिल हैं। संधि ने प्रत्येक पक्ष के क्षेत्र में पूर्व मिसाइल उत्पादन सुविधाओं पर निरंतर पोर्टल (continuous portal) और परिधि निगरानी गतिविधियों (perimeter monitoring activities) की स्थापना की। मॉस्को को संयुक्त राज्य अमेरिका और पश्चिमी यूरोप में 240 निरीक्षण करने का अधिकार दिया गया। संयुक्त राज्य अमेरिका को पूर्व यूएसएसआर, पूर्व जीडीआर और चेकोस्लोवाकिया में लगभग 400 निरीक्षण करने का अधिकार प्राप्त हुआ। संयुक्त राज्य अमेरिका को अधिक निरीक्षण कोटा दिया गया क्योंकि यूएसएसआर के पास बड़ी संख्या में मिसाइलें थीं। संयुक्त राज्य अमेरिका में बत्तीस सुविधाएं और यूएसएसआर में 117 सुविधाएं एक-दूसरे के निरीक्षण के लिए खोली गईं'।[9]

11. *पारंपरिक शस्त्र कटौती संधि, 1990 (Conventional Arms Cut Treaty, 1990):* इस संधि पर 19 नवंबर 1990 को पेरिस में यूरोपीय देशों, संयुक्त राज्य अमेरिका और तत्कालीन यूएसएसआर द्वारा हस्ताक्षर किए गए थे और यह 9 नवंबर 1992 को लागू हुई।

इस संधि के अंतर्गत, प्रत्येक देश को इस संधि में निर्दिष्ट की गई अनुमतियों के साथ यह कर्तव्य है, जिसमें पांच प्रकार के पारंपरिक सशस्त्र बलों से संबंधित अनुमतियां शामिल हैं: युद्ध टैंक, कवच युद्ध यान, आर्टिलरी, युद्ध विमान और हेलीकॉप्टर। यह कार्रवाई संधि के लागू क्षेत्र के भीतर की जानी चाहिए, जैसा कि संधि के अनुच्छेद II में परिभाषित किया गया है। अनुच्छेद II अपने "लागू क्षेत्र" शब्द की परिभाषा देता है, जिसमें शामिल हैं राज्य पक्षों के यूरोप में स्थित सभी भूमि क्षेत्र, अटलांटिक महासागर से उराल पर्वत तक, और संयुक्त सोवियत समाजवादी गणराज्य के लिए, यह लागू क्षेत्र उराल नदी और कैस्पियन सागर के पश्चिम में स्थित सभी क्षेत्रों को शामिल करता है।

प्रत्येक देश को अपने युद्धक टैंकों, बख्तरबंद लड़ाकू वाहनों, तोपखाने, लड़ाकू विमानों और हमलावर हेलीकाप्टरों को सीमित करने और आवश्यकतानुसार कम करने की आवश्यकता थी, ताकि इस संधि के लागू होने के 40 महीने बाद और उसके बाद, कुल संख्या: (क) 20,000 युद्ध टैंक, जिनमें से 16,500 से अधिक सक्रिय इकाइयों में नहीं होंगे; (ख) 30,000 बख्तरबंद लड़ाकू वाहन, जिनमें से 27,300 से अधिक सक्रिय इकाइयों में नहीं होंगे। 30,000 बख्तरबंद लड़ाकू वाहनों में से, 18,000 से अधिक बख्तरबंद पैदल सेना से लड़ने वाले वाहन और भारी आयुध लड़ाकू वाहन नहीं होंगे; बख्तरबंद पैदल सेना से लड़ने वाले वाहनों और भारी आयुध लड़ाकू वाहनों में से 1,500 से अधिक भारी आयुध लड़ाकू वाहन नहीं होंगे; (ग) तोपखाने की 20,000 टुकडी, जिनमें से 17,000 से अधिक सक्रिय इकाइयों में नहीं होंगे; (घ) 6,800 लड़ाकू विमान; और (ङ) 2,000 हमलावर हेलीकॉप्टर से अधिक न हो।

12. *स्टार्ट I, 1991 (START I, 1991):* सामरिक हथियार न्यूनीकरण संधि संयुक्त राज्य अमेरिका और सोवियत सोशलिस्ट रिपब्लिक (USSR) संघ के बीच सामरिक आक्रामक हथियारों की कमी और सीमा पर एक संधि है। संधि ने दोनों हस्ताक्षरकर्ताओं को 6,000 से अधिक परमाणु हथियार, कुल 1,600 आईसीबीएम, पनडुब्बी से लॉन्च की जाने वाली बैलिस्टिक मिसाइलों और बमवर्षकों को तैनात करने से रोक दिया। स्टार्ट I (START I) इतिहास की सबसे अधिक बातचीत वाली और सबसे बड़ी और जटिल हथियार नियंत्रण संधि थी। इसे संयुक्त राज्य अमेरिका के राष्ट्रपति रीगन द्वारा प्रस्तावित किया गया था। दूसरी स्टार्ट (START) संधि पर बातचीत शुरू होने के बाद इसका नाम स्टार्ट I (START I) रखा गया, और दूसरी संधि स्टार्ट II (START II) बन गई।

हालाँकि, संधि की शर्तों के संबंध में संयुक्त राज्य अमेरिका और सोवियत संघ के बीच मतभेदों के कारण स्टार्ट (START) वार्ता में कई बार देरी हुई। राष्ट्रपति रीगन द्वारा 1983 में रणनीतिक रक्षा पहल कार्यक्रम की शुरूआत या उनके स्टार वॉर को सोवियत संघ द्वारा एक खतरा माना गया था, और सोवियत आगे की बातचीत से हट गया। इन वार्ताओं में विफलता के परिणामस्वरूप 1980 के दशक के दौरान भारी परमाणु हथियारों की होड़ हुई और अंततः 1991 में समाप्त हुई। संधि पर अंततः सोवियत संघ के पतन से पांच महीने पहले 31 जुलाई 1991 को हस्ताक्षर किए गए थे। यूएसएसआर के पतन और रूस, बेलारूस, कजाकिस्तान और यूक्रेन के नए स्वतंत्र राज्यों पर संधि की शर्तों को लागू करने वाले अनुबंध की प्रतीक्षा के कारण इसके लागू होने में देरी हुई। बाद के तीन अपने परमाणु हथियारों को निपटान के लिए रूस ले जाने पर सहमत हुए। यह संधि संयुक्त राज्य अमेरिका और रूस, बेलारूस, कजाकिस्तान और यूक्रेन के बीच प्रभावी रहती है।

13. *स्टार्ट II, 1993 (START II, 1993):* 3 जनवरी 1993 को संयुक्त राज्य अमेरिका के राष्ट्रपति, जॉर्ज बुश (George Bush) और रूसी राष्ट्रपति, बोरिस येल्तसिन (Boris Yeltsin) द्वारा सामरिक शस्त्र न्यूनीकरण संधि (START) पर हस्ताक्षर किए गए, जिसने आईसीबीएम (ICBM) पर एमआईआरवी (MIRV) के उपयोग पर प्रतिबंध लगा दिया।

हालाँकि, रूसी ड्यूमा द्वारा अनुसमर्थन न किए जाने और संयुक्त राज्य अमेरिका द्वारा इराक पर आक्रमण के बाद संधि पर हस्ताक्षर कई बार स्थगित किया गया था। संधि को अंततः **रणनीतिक आक्रामक न्यूनीकरण संधि** (एसओआरटी) (Strategic Offensive Reductions Treaty—SORT) द्वारा आधिकारिक तौर पर नजरअंदाज कर दिया गया था, जिस पर राष्ट्रपति जॉर्ज डब्ल्यू बुश (George W. Bush) और व्लादिमीर पुतिन (Vladimir Putin) ने नवंबर 2001 में अपनी शिखर बैठक में सहमति व्यक्त की थी। 24 मई 2002 को मॉस्को शिखर सम्मेलन में इस पर हस्ताक्षर किए गए थे। दोनों पक्ष 2012 तक परिचालन में तैनात रणनीतिक परमाणु हथियारों की मौजूदा संख्या को घटाकर 1,700–2,200 करने पर सहमत हुए।

14. *रासायनिक हथियार समझौता, 1993 (Chemical Weapons Agreement, 1993):* इस समझौते पर 13 जनवरी 1993 को पेरिस में हस्ताक्षर किए गए और यह 29 अप्रैल 1997 को लागू हुआ।

अनुच्छेद I (Article I) इस संधि का सामान्य दायित्व प्रदान करता है। इसमें कहा गया है कि इस कन्वेंशन के प्रत्येक राज्य पक्ष कभी भी, किसी भी परिस्थिति में यह नहीं करेंगे:

(क) रासायनिक हथियारों का विकास, उत्पादन, अन्यथा अधिग्रहण, भंडारण या रखरखाव, या रासायनिक हथियारों को प्रत्यक्ष या अप्रत्यक्ष रूप से किसी को हस्तांतरित करना।

(ख) रासायनिक हथियारों का प्रयोग करना।

(ग) रासायनिक हथियारों का उपयोग करने के लिए किसी भी सैन्य तैयारी में संलग्न होना।

(घ) इस कन्वेंशन के तहत राज्य पार्टी के लिए निषिद्ध किसी भी गतिविधि में शामिल होने के लिए किसी को भी किसी भी तरह से सहायता करना, प्रोत्साहित करना या प्रेरित करना।

अनुच्छेद I (Article I) में यह भी प्रावधान है कि प्रत्येक राज्य पक्ष को इस कन्वेंशन के प्रावधानों के अनुसार अपने स्वामित्व वाले या उसके अधिकार क्षेत्र या नियंत्रण के तहत किसी भी स्थान पर स्थित रासायनिक हथियारों को नष्ट करने का कार्य करना चाहिए। साथ ही, इसमें यह प्रावधान भी शामिल है कि प्रत्येक राज्य पक्ष को इस कन्वेंशन के प्रावधानों के अनुसार, किसी अन्य राज्य पक्ष के क्षेत्र में छोड़े गए सभी रासायनिक हथियारों को नष्ट करने का दायित्व लेना चाहिए, किसी भी रासायनिक हथियार उत्पादन

सुविधाओं को नष्ट करना चाहिए जो उसके पास है या जो इस कन्वेंशन के प्रावधानों के अनुसार इसके अधिकार क्षेत्र या नियंत्रण के तहत किसी भी स्थान पर स्थित हैं और प्रत्येक राज्य स्वयं को युद्ध की एक विधि के रूप में दंगा नियंत्रण एजेंटों का उपयोग करने से भी खुद को रोकता है।

15. *एनपीटी का अनिश्चितकालीन विस्तार, 1995 (Indefinite Extension of NPT, 1995):* 11 मई 1995 को, एनपीटी की समीक्षा के लिए आयोजित एक वैश्विक सम्मेलन में, संधि के राज्य पक्ष आम सहमति से और औपचारिक असहमति के बिना सहमत हुए कि संधि स्थायी और बिना शर्त लागू रहेगी। हालाँकि, एनपीटी के विस्तार ने पाँच परमाणु शक्तियों द्वारा परमाणु हथियारों के अधिकार को वैध बना दिया। भारत, पाकिस्तान और इज़राइल ने फिर भी संधि को भेदभावपूर्ण बताते हुए खारिज कर दिया।

16. *व्यापक परीक्षण प्रतिबंध संधि (सीटीबीटी), 1996 (Comprehensive Test Ban Treaty (CTBT), 1996):* यह संधि 24 सितंबर 1996 को न्यूयॉर्क में हस्ताक्षर के लिए प्रस्तुत गई थी और यह अभी तक लागू नहीं हुई है। यह सैन्य या नागरिक उद्देश्यों के लिए सभी वातावरणों में सभी परमाणु विस्फोटों पर प्रतिबंध लगाता है। इस संधि के तहत सामान्य दायित्व अनुच्छेद I (Article I) में निहित हैं जिसमें कहा गया है कि संधि के प्रत्येक राज्य पक्ष को यह सुनिश्चित करना होगा कि वह कोई परमाणु हथियार परीक्षण विस्फोट या कोई अन्य परमाणु विस्फोट नहीं करेगा, और इसके अधिकार क्षेत्र या नियंत्रण के तहत किसी भी स्थान पर ऐसे किसी भी परमाणु परीक्षण विस्फोट को प्रतिबंधित करने और रोकने के लिए कदम उठाएगा। राज्य पार्टियों को किसी भी परमाणु हथियार या किसी अन्य परमाणु विस्फोट को अंजाम देने, प्रोत्साहित करने या किसी भी तरह से भाग लेने से बचना चाहिए।

आठ तत्कालीन परमाणु-सक्षम राज्यों में से पांच सहित इकहत्तर राज्यों ने संधि पर हस्ताक्षर किए। वर्तमान में, CTBT पर 180 राज्यों द्वारा हस्ताक्षर किए गए हैं और 145 राज्यों द्वारा इसकी पुष्टि की गई है। भारत, पाकिस्तान और डेमोक्रेटिक पीपुल्स रिपब्लिक ऑफ कोरिया (उत्तर कोरिया) ने हस्ताक्षर नहीं किए। दरअसल, भारत और पाकिस्तान ने 1998 में एक के बाद एक परमाणु परीक्षण किए, जबकि उत्तर कोरिया 2003 में एनपीटी से हट गया और 2006 में एक परमाणु उपकरण का परीक्षण किया।

17. *बारूदी सुरंग प्रतिबंध संधि, 1997 (Landmines Ban Treaty, 1997):* इस संधि पर औपचारिक रूप से दिसंबर 1997 में ओटावा में हस्ताक्षर किए गए और यह 1 मार्च 1999 को लागू हुई।

इस संधि के तहत सामान्य दायित्वों में यह शामिल है कि प्रत्येक राज्य पार्टी कभी भी, किसी भी परिस्थिति में यह कार्य नहीं करेगी:

(क) कार्मिक-विरोधी (anti-personnel) खानों का प्रयोग करना।

(ख) प्रत्यक्ष या अप्रत्यक्ष रूप से कार्मिक-विरोधी खदानों का विकास, उत्पादन, अन्यथा अधिग्रहण, भंडारण, रखरखाव या किसी को हस्तांतरित करना।

(ग) इस कन्वेंशन के तहत राज्य पार्टी के लिए निषिद्ध किसी भी गतिविधि में शामिल होने के लिए किसी को भी किसी भी तरह से सहायता, प्रोत्साहित या प्रेरित करना। प्रत्येक राज्य पक्ष को इस कन्वेंशन के प्रावधानों के अनुसार सभी कार्मिक-विरोधी खानों को नष्ट करने या सुनिश्चित करने का कार्य भी करना चाहिए।

दुर्भाग्य से, चीन, भारत और रूस जैसे दुनिया के प्रमुख बारूदी सुरंग उत्पादक और उपयोगकर्ता देश इस संधि पर हस्ताक्षर नहों किए हैं। संयुक्त राज्य अमेरिका ने संधि के मसौदे को अस्वीकार कर दिया और जापान ने 'अधिक लचीलापन' चाहा।

निरस्त्रीकरण और संयुक्त राष्ट्रः निरस्त्रीकरण के माध्यम से शांति और सुरक्षा को मजबूत करना (Disarmament and the United Nations: Strengthening Peace and Security through Disarmament)

संयुक्त राष्ट्र की स्थापना इस विश्वास पर की गई थी कि सभी लोगों के लिए शांति और सुरक्षा केवल निरस्त्रीकरण के माध्यम से ही संभव होगी। संयुक्त राष्ट्र चार्टर का अनुच्छेद 26 (Article 26) "दुनिया के मानव और आर्थिक संसाधनों के हथियारों के कम से कम उपयोग के साथ अंतर्राष्ट्रीय शांति और सुरक्षा की स्थापना और रखरखाव" का आह्वान करता है। संयुक्त राष्ट्र चार्टर निरस्त्रीकरण और हथियार नियंत्रण के लिए आवश्यक प्रतिबद्धताओं का भी प्रावधान करता है। संयुक्त राष्ट्र चार्टर के अनुच्छेद 11 (Article 11) में घोषणा की गई है कि "महासभा अंतर्राष्ट्रीय शांति और सुरक्षा के रखरखाव के लिए सहयोग के सामान्य सिद्धांतों पर विचार कर सकती है। इनमें निरस्त्रीकरण को नियंत्रित करने वाले सिद्धांत और हथियारों का विनियमन शामिल हो सकते हैं"। अनुच्छेद 26 (Article 26) निरस्त्रीकरण से संबंधित मामलों पर सुरक्षा परिषद के कार्यों की रूपरेखा बताता है। इसमें कहा गया है कि अंतर्राष्ट्रीय शांति और सुरक्षा की स्थापना को बढ़ावा देने के लिए, "सुरक्षा परिषद हथियारों के विनियमन के लिए एक प्रणाली की स्थापना के लिए संयुक्त राष्ट्र के सदस्यों को प्रस्तुत की जाने वाली योजनाओं को तैयार करने के लिए जिम्मेदार होगी"। अनुच्छेद 47 (Article 47) में सुरक्षा परिषद को "अंतर्राष्ट्रीय शांति और सुरक्षा बनाए रखने के लिए सुरक्षा परिषद की आवश्यकताओं, उसके निपटान में रखे गए बलों के रोजगार और कमान से संबंधित सभी प्रश्नों पर, हथियारों का विनियमन, और संभावित निरस्त्रीकरण के बारे में सलाह देने और सहायता करने के लिए एक सैन्य कर्मचारी समिति (Military Staff Committee) के निर्माण के प्रावधान शामिल हैं"।

संयुक्त राष्ट्र ने 1946 में अपने पहले प्रस्ताव "परमाणु ऊर्जा की खोज से उत्पन्न समस्याओं से निपटने के लिए एक आयोग की स्थापना" के बाद से परमाणु निरस्त्रीकरण के लिए काम किया है। संयुक्त राष्ट्र तीन प्रकार के परमाणु निरस्त्रीकरण के लिए कार्य करता है:

- *सामान्य निरस्त्रीकरण (General disarmament):* राष्ट्रों को न्यूनतम आवश्यक पुलिस बल रखने की अनुमति देता है।
- *मात्रात्मक और गुणात्मक निरस्त्रीकरण (Quantitative and qualitative disarmament):* इसमें केवल कुछ प्रकार के हथियारों की समग्र कमी और उन्मूलन शामिल है।
- *पूर्ण निरस्त्रीकरण (Total disarmament):* हथियारों का पूर्ण उन्मूलन।

यूएनजीए (UNGA) ने प्रभावी निरस्त्रीकरण और हथियार नियंत्रण की दिशा में काम करने के लिए कई प्रस्तावों को अपनाया है और कई अंतर्राष्ट्रीय शासन प्रणाली स्थापित किए हैं। इन संस्थानों में शामिल हैं:

1. महासभा प्रथम समिति (General Assembly First Committee)
2. 1540 समिति (2004 में सुरक्षा परिषद संकल्प द्वारा स्थापित) (The 1540 Committee (set up by Security Council Resolution in 2004))
3. संयुक्त राष्ट्र निरस्त्रीकरण आयोग (UN Disarmament Commission)
4. निरस्त्रीकरण पर सम्मेलन (Conference on Disarmament)
5. महासचिव का सलाहकार बोर्ड (Secretary-General's Advisory Board)

6. यूएनआइडीआईआर—संयुक्त राष्ट्र निरस्त्रीकरण अनुसंधान संस्थान (UNIDIR—United Nations Institute for Disarmament Research)

संयुक्त राष्ट्र भी अपने निरस्त्रीकरण मामलों के कार्यालय (यूएनओडीए) (UNODA) के माध्यम से निरस्त्रीकरण के लक्ष्य तक पहुंचने का प्रयास करता है। कार्यालय परमाणु निरस्त्रीकरण और अप्रसार के लक्ष्य को बढ़ावा देता है और सामूहिक विनाश के अन्य हथियारों, रासायनिक और जैविक हथियारों के संबंध में निरस्त्रीकरण की प्रक्रिया को मजबूत करता है। यह पारंपरिक हथियारों, विशेषकर बारूदी सुरंगों और छोटे हथियारों के क्षेत्र में निरस्त्रीकरण प्रयासों को भी बढ़ावा देता है। यूएनओडीए (UNODA) महासभा और इसकी पहली समिति, निरस्त्रीकरण आयोग, निरस्त्रीकरण सम्मेलन और अन्य निकायों के काम के माध्यम से निरस्त्रीकरण के क्षेत्र में मानदंड-निर्धारण के लिए ठोस और संगठनात्मक समर्थन प्रदान करता है।

निरस्त्रीकरण की समस्याएँ (Problems of Disarmament)

संयुक्त राष्ट्र की स्थापना इस विश्वास पर की गई थी कि सभी लोगों के लिए शांति और सुरक्षा केवल निरस्त्रीकरण के माध्यम से ही संभव होगी। हालाँकि, निरस्त्रीकरण प्रयासों का ट्रैक रिकॉर्ड सराहनीय नहीं है। मोर्गेंथाऊ (Morgenthau)[10] बताते हैं कि किसी विशेष निरस्त्रीकरण प्रयास की सफलता या विफलता इस पर निर्भर करती है:

- विभिन्न राष्ट्रों के हथियारों के बीच अनुपात।
- वह मानक जिसके अनुसार अनुपात के अंतर्गत विभिन्न प्रकार और मात्रा में आयुधों का आवंटन किया जाना है।
- हथियारों की इच्छित कटौती के मद्देनजर वास्तविक प्रभाव क्या है।
- अंतर्राष्ट्रीय व्यवस्था और शांति के मुद्दों पर निरस्त्रीकरण का असर।

निरस्त्रीकरण में प्राथमिक बाधाएँ इन समस्याओं से उत्पन्न होती हैं, विशेषकर शक्ति के अनुपात से संबंधित। चूंकि हथियारों के बीच कोई निश्चित अनुपात नहीं है, इसलिए विभिन्न देशों को आवंटित किए जाने वाले विभिन्न प्रकार और मात्रा के हथियारों के आवंटन के मानकों के प्रश्न अनसुलझे रहते हैं। इसके अलावा, राज्यों के बीच आपसी अविश्वास का अस्तित्व निरस्त्रीकरण प्रयासों को विफल करता है। राष्ट्रीय हित और सुरक्षा भी राज्यों को निरस्त्रीकरण और हथियार नियंत्रण के मुद्दों पर सतर्क बनाती है। राजनीतिक प्रतिद्वंद्विता और विवाद भी हथियारों की होड़ को बढ़ावा देते हैं और निरस्त्रीकरण प्रतिबद्धताएँ टूटती हैं। सैन्य अनुसंधान एवं विकास और तकनीकी नवाचारों में प्रगति राज्यों को हथियार और परमाणु हथियार खरीदने के लिए प्रेरित करती है जो परमाणु हथियारों के प्रसार और आगामी परमाणु हथियारों की दौड़ को जन्म देती है, जैसा कि अमेरिका और यूएसएसआर के बीच शीत युद्ध के दौरान स्पष्ट था या जैसा कि दो दक्षिण एशियाई पड़ोसी, भारत और पाकिस्तान के बीच देखा गया था। इसके अलावा, सैन्य औद्योगिक परिसर (एमआईसी) (Military Industrial Complex—MIC) हथियारों के उत्पादन में कमी को छोड़कर किसी भी प्रकार की नीति को भी रोकता है। एमआईसी संयुक्त राज्य अमेरिका, फ्रांस, ब्रिटेन और रूस में एक आकर्षक उद्योग है। हथियारों का निर्माण और बिक्री सबसे लाभदायक व्यवसाय है, और जब तक एमआईसी पर लगाम नहीं लगाई जाएगी, निरस्त्रीकरण उपाय अपने परिणाम तक नहीं पहुंचेंगे।

यद्यपि राज्य परमाणु युद्ध या सम्पूर्ण विनाश आयुध (डब्लयूएमडी) (Weapon of Mass Destruction—WMD) से विनाश या अनियमित हथियारों की होड़ से अंतर्राष्ट्रीय या क्षेत्रीय अस्थिरता

के खतरों से पीड़ित हैं, वे निरस्त्रीकरण और हथियार नियंत्रण की दिशा में अपने प्रयासों को आगे बढ़ा सकते हैं, फिर भी एक बड़ी सफलता अभी भी एक सपना है। तब तक निरस्त्रीकरण और हथियार नियंत्रण के उपाय छोटे और काफी धीमे बने रहेंगे।

अभ्यास (Exercises)

1. निरस्त्रीकरण से आप क्या समझते हैं? द्वितीय विश्व युद्ध के बाद से निरस्त्रीकरण और हथियार नियंत्रण के क्षेत्र में प्रमुख विकास पर टिप्पणी करें।
2. किन्हीं तीन पर संक्षेप में लिखें: पीटीबीटी, एनपीटी, आईएनएफ, सीटीबीटी (PTBT, NPT, INF, CTBT)।
3. संयुक्त राज्य अमेरिका और रूस द्वारा अपने शस्त्रागार भंडार को कम करने के लिए किए गए निरस्त्रीकरण प्रयासों पर चर्चा करें। साल्ट, साल्ट II, आईएनएफ, साल्ट I, साल्ट II, सार्ट (SALT I, SALT II, INF, START I, START II, SORT)।
4. किन्हीं चार पर टिप्पणी लिखें: बाह्य अंतरिक्ष संधि (1967), समुद्र तल संधि (1971), जैविक हथियार सम्मेलन (1972), पर्यावरण संशोधन तकनीकों के सैन्य या अन्य शत्रुतापूर्ण उपयोग के निषेध पर सम्मेलन (1977), रासायनिक हथियार समझौता (1993)।
5. क्षेत्र निरस्त्रीकरण (United Nations) में संयुक्त राष्ट्र की भूमिका पर चर्चा करें।

संदर्भ (References)

[1] Morgenthau, Hans J., *Politics Among Nations: The Struggle for Power and Peace*, Kalyani Publishers, New Delhi, 1985, p. 419.

[2] Couloumbis, Theodre A. and James H. Wolfe, *Introduction to International Relations—Power and Justice*, Prentice-Hall of India, New Delhi, 1986, p. 233.

[3] *ibid.*, p. 234.

[4] *ibid.*

[5] Quoted in Vinay Kumar Malhotra, *International Relations*, Anmol Publications, New Delhi, 2006, p. 354.

[6] Kegley, Charles W., Jr. and Eugene R. Wittkopf, *World Politics—Trends and Transformation*, St. Martin's Press, New York, 1990, p. 404.

[7] http://www.undemocracy.com/A-RES-1(I).pdf.

[8] Howlett, Darryl, Nuclear Proliferation, *in* John Baylis and Steve Smith (Eds.), *The Globalization of World Politics,* Oxford University Press, London, 1997, p. 351.

[9] Banerjee, Jyotirmoy, *Strategic Studies*, Allied Publishers, New Delhi, 1998, pp. 143–144.

[10] Morgenthau, *op. cit.*, n. 1, p. 424.

13

वैश्वीकरण (Globalization)

अंतर्वस्तु (Contents)

परिचय (*Introduction*)

वर्तमान अंतर्राष्ट्रीय परिदृश्य में वैश्वीकरण को एक केंद्रीय अवधारणा के रूप में परिभाषित करना कठिन है। फिर भी विद्वानों ने अवधारणा की बुनियादी समझ प्रदान करने का प्रयास किया है। यह अवधारणा दुनिया भर में सामाजिक, राजनीतिक और आर्थिक विकास के हर पहलू को छूते हुए परिवर्तन की प्रक्रिया से अटूट रूप से जुड़ी हुई है। इसे एक ऐसी प्रक्रिया के रूप में देखा जा सकता है जिसके द्वारा विश्व की जनसंख्या तेजी से एक ही समाज में बंध जाती है। सामाजिक मोर्चे पर वैश्वीकरण लोगों के बीच घनिष्ठ संपर्क और संस्कृति और मूल्यों के समरूपीकरण और दुनिया को एक 'वैश्विक गांव' (global village) में तब्दील करने का प्रतीक है। राजनीतिक रूप से, यह वैश्विक शासन और साझा राजनीतिक मूल्यों के जटिल नेटवर्क को संदर्भित करता है जिसके परिणामस्वरूप वैश्विक राजनीतिक संस्कृति के एकरूपीकरण की प्रवृत्ति का विकास होता है। आर्थिक रूप से, यह उदारीकरण की प्रवृत्ति, निजीकरण, विनियमन के रूप में प्रकट होता है जिससे मुक्त बाजार व्यवस्था बनती है। बड़े स्तर पर, वैश्वीकरण ने राज्यों के प्रमुख प्रतिनिधियों और प्रमुख कर्ताओं के समक्ष अंतर्राष्ट्रीय संबंधों से संबंधित मूल चुनौतियाँ खड़ी कर दी हैं।

वैश्वीकरण की अवधारणा (Concept of Globalization)

ब्रिटिश समाजशास्त्री एंथोनी गिडेन (Anthony Gidden, 1990) जैसे विद्वान वैश्वीकरण की कल्पना करते हैं, "विश्वव्यापी सामाजिक संबंधों की गहनता जो दूर के इलाकों को इस तरह से जोड़ती है कि स्थानीय घटनाएं कई मील दूर होने वाली घटनाओं से आकार लेती हैं या इसके विपरीत (vice versa)"।

रॉबर्ट कॉक्स (Robert Cox) एक अमेरिकी राजनीति वैज्ञानिक (1994) एक अलग दृष्टिकोण से वैश्वीकरण की कल्पना करते हैं। उनके लिए, "वैश्वीकरण की प्रवृत्ति की विशेषताओं में उत्पादन का अंतर्राष्ट्रीयकरण, श्रम का नया अंतर्राष्ट्रीय विभाजन, दक्षिण से उत्तर की ओर नए प्रवासी प्रवाह, नया प्रतिस्पर्धी माहौल जो इन प्रक्रियाओं को तेज करता है, और राज्य का अंतर्राष्ट्रीयकरण शामिल है...राज्यों को वैश्वीकरण की दुनिया की एजेंसियाँ बनाना" कुछ अन्य लोगों के लिए, "दुनिया एक वैश्विक शॉपिंग मॉल बनती जा रही है जिसमें विचार और उत्पाद एक ही समय में उपलब्ध हैं"। शोल्टे के अनुसार (Scholte), वैश्वीकरण उन प्रक्रियाओं को संदर्भित करता है जिनके द्वारा सामाजिक संबंध अपेक्षाकृत दूरीहीन और सीमाहीन गुणों को प्राप्त करते हैं ताकि मानव जीवन तेजी से दुनिया में एक ही स्थान के रूप में कार्य करने लगे।[1]

प्रख्यात शिक्षाविद और प्रशासक दीपक नैय्यर (Deepak Nayyar)* के अनुसार, वैश्वीकरण को अधिक सटीक रूप से "बढ़ते आर्थिक खुलेपन, बढ़ती आर्थिक स्वतंत्रता और विश्व अर्थव्यवस्था के देशों के बीच गहन आर्थिक एकीकरण से जुड़ी एक प्रक्रिया" के रूप में परिभाषित किया जा सकता है।

एक ब्रिटिश राजनीति वैज्ञानिक और अंतर्राष्ट्रीय संबंधों और अन्य के क्षेत्र में एक उल्लेखनीय व्यक्ति डेविड हेल्ड (David Held) के अनुसार, वैश्वीकरण के विचार में प्रतिबिंबित दुनिया की समझ वह है जो "तेजी से आर्थिक और तकनीकी ताकतों द्वारा एक साझा सामाजिक परिवेश में ढल रही है और दुनिया के एक क्षेत्र में विकास का दुनिया के दूसरी तरफ व्यक्तियों और समुदायों के जीवन की संभावनाओं पर गहरा प्रभाव पड़ सकता है"। हेल्ड (Held) और उनके साथी विद्वान वैश्वीकरण को "समसामयिक सामाजिक जीवन के सभी पहलुओं में विश्वव्यापी अंतर्संबंध को व्यापक बनाने, गहरा करने और तेज करने" के रूप में देखते हैं।[2]

मुख्य बिंदु यह है कि वैश्वीकरण की ताकतों के तहत, सामाजिक जीवन का बड़ा हिस्सा वैश्विक प्रक्रियाओं द्वारा निर्धारित होता है जिसमें ऐसा लगता है जैसे राष्ट्रीय संस्कृतियां, राष्ट्रीय अर्थव्यवस्थाएं और राष्ट्रीय सीमाएं एक सार्वभौमिक छतरी के नीचे तेजी से एकीकृत हो रही हैं। 'वैश्वीकरण' शब्द में विस्तारित अंतर्राष्ट्रीय व्यापार, दूरसंचार, मौद्रिक समन्वय, बहुराष्ट्रीय निगम, नए प्रकार और पैमाने के सांस्कृतिक आदान-प्रदान, प्रवासन और शरणार्थी प्रवाह, और दुनिया के अमीर और गरीब देशों के बीच संबंध सहित विभिन्न पहलू शामिल हैं।[3]

वैश्वीकरण की विशेषताएं (Features of Globalization)

वैश्वीकरण को उदारीकरण, निजीकरण, मुक्त व्यापार, टैरिफ बाधाओं के विनियमन, राष्ट्रीय अर्थव्यवस्थाओं के अंतर्राष्ट्रीयकरण, पूंजी, सूचना और प्रौद्योगिकी के वैश्विक आंदोलन, आर्थिक और राजनीतिक संगठनों की बढ़ी हुई गतिविधियों और वैश्वीकृत सामाजिक आंदोलनों में तेजी से वृद्धि द्वारा चिह्नित किया गया है। सबसे महत्वपूर्ण बात यह है कि वैश्वीकरण का अर्थ 'क्षेत्रीयकरण' हो गया है, और लोगों के रहने और बातचीत करने के तरीके के लिए भूगोल कम प्रासंगिक होता जा रहा है। वैश्वीकरण की विशेषता व्यापार, पूंजी और सूचना के प्रवाह के साथ-साथ सीमाओं के पार व्यक्तियों की गतिशीलता में वृद्धि है।

इसलिए, वैश्वीकरण का अर्थ है:

1. राष्ट्रीय अर्थव्यवस्थाओं को विदेशी पूंजी, प्रत्यक्ष विदेशी निवेश और विदेशी प्रौद्योगिकियों के लिए खोलना।

---

* Deepak Nayyar (ed.), *Governing Globalization: Issues and Institutions*, Oxford University Press, Oxford, 2002.

2. राष्ट्रीय अर्थव्यवस्थाओं को वैश्विक अर्थव्यवस्था के साथ एकीकृत करने का प्रयास।
3. मुक्त व्यापार, जिसका अर्थ है व्यापार का मुक्त प्रवाह और टैरिफ और व्यापार बाधाओं को हटाना, मोस्ट फेवर्ड नेशन (एमएफएन) (Most Favoured Nation—MFN) का दर्जा देने सहित सुरक्षात्मक व्यवस्था।
4. निजीकरण उदारीकरण की कुंजी है जिसका अर्थ है उत्पादन और वितरण के साधनों के स्वामित्व पर राज्य का कम से कम नियंत्रण।
5. बहुराष्ट्रीय निगमों और विश्व व्यापार संगठन (डब्ल्यूटीओ) (World Trade Organization—WTO), अंतर्राष्ट्रीय मुद्रा कोष (आईएमएफ) (International Monetary Fund—IMF), विश्व बैंक और अन्य जैसे अंतर्राष्ट्रीय संस्थानों के रूप में वैश्वीकरण के एजेंटों का प्रसार बढ़ा।
6. सूचना और तकनीकी क्रांति, संचार के तरीकों में आमूल-चूल परिवर्तन ला रही है, जिसके परिणामस्वरूप दुनिया भर में पूंजी, सामान, सूचना और लोगों का तेजी से आवागमन हुआ है।
7. विक्षेत्रीकरण (Deterritorialization) भूगोल को अप्रासंगिक बना रहा है। वैश्विक स्टॉक और बांड व्यापार और अंतर्राष्ट्रीय वित्तीय और विनिमय दर लेनदेन के निर्धारण ने भूगोल को वास्तव में अतीत की बात बना दिया है।
8. वैश्वीकृत सामाजिक आंदोलनों के परिणामस्वरूप वैश्विक नागरिक सक्रियता (global civic activism) आई है और इसमें मानवाधिकारों, महिलाओं के मुद्दों, ग्रीनपीस और अन्य पर्यावरण आंदोलनों से लेकर एचआईवी/एड्स (HIV/AIDS) तक के आंदोलन शामिल हैं।
9. वैश्विक शासन अंतर्राष्ट्रीय और क्षेत्रीय संगठनों, संयुक्त राष्ट्र, आईएमएफ (IMF), विश्व बैंक, डब्ल्यूटीओ (WTO) और आसियान, यूरोपीय संघ और अन्य जैसी कई क्षेत्रीय व्यवस्थाओं जैसी सुपरस्टेट एजेंसियों के माध्यम से होता है।

वैश्वीकरण के प्रभाव (Effects of Globalization)

वैश्वीकरण के प्रभावों पर चर्चा करना कठिन है क्योंकि कुछ लोग वैश्वीकरण को उदार आर्थिक सिद्धांतों की परिणति के रूप में देखते हैं, जबकि कुछ अन्य इसके बारे में संशय में हैं। पूर्व परिप्रेक्ष्य (former perspective) मानता है कि एक वैश्विक बाज़ार ने समृद्धि और विकास लाया है, सभी के लिए नहीं, बल्कि वैश्विक बाज़ार के साथ सकारात्मक रूप से एकीकृत लोगों के लिए। वे राज्य प्राधिकरण को कमजोर करने के बारे में बात करते हैं और आईएमएफ, विश्व बैंक और यूरोपीय संघ जैसे सुपरनैशनल संस्थानों के महत्व और बहुराष्ट्रीय कंपनियों जैसे अंतर्राष्ट्रीय कर्ताओं की प्रधानता पर भी प्रकाश डालते हैं। दूसरी ओर, संशयवादी अमीर और गरीब देशों के बीच बढ़ती खाई को मानते हैं और उनका यह तर्क कि उत्तर-दक्षिण विभाजन जैसे भौगोलिक भेद एकल वैश्विक बाजार के पक्ष में गायब हो रहे हैं, शायद ही तर्कसंगत है।[4] दुनिया ने वैश्वीकरण के तंत्र, विशेषकर आईएमएफ (IMF) और विश्व बैंक जैसे तंत्र तथा उदारीकरण और निजीकरण के मंत्र के खिलाफ कई विरोध प्रदर्शन और आंदोलनों को देखा है। वैश्वीकरण के खिलाफ आंदोलन ने सिएटल (Seattle) में एक ठोस अभिव्यक्ति ली जहां 1999 में वार्षिक डब्ल्यूटीओ (WTO) बैठक के दौरान हजारों लोग वैश्वीकरण के खिलाफ अपना असंतोष दिखाने के लिए एकत्र हुए। यह एक महत्वपूर्ण शुरुआत थी, क्योंकि सिएटल बैठक के बाद, दुनिया भर में अलग-अलग समय पर आंदोलनों की

श्रृंखला हुई। 2001 में जेनोआ (Genoa) में बड़े पैमाने पर एक और महत्वपूर्ण विरोध प्रदर्शन आयोजित किया गया था। सिएटल से जेनोआ तक वैश्वीकरण के खिलाफ संघर्ष का एक लंबा इतिहास है, जो अभी तक ख़त्म नहीं हुआ है और अभी भी जारी है। जून 2010 में जी-20 (G-20) शिखर सम्मेलन के दौरान दुनिया ने एक बार फिर कनाडा के टोरंटो में जी-20 (G-20) विरोधी हिंसक विरोध प्रदर्शन देखा। पुलिस वाहनों को आग लगा दी गई और दुकानों और बैंकों की खिड़कियों को प्रदर्शनकारियों ने पत्थरों से पीटा और क्षतिग्रस्त कर दिया।

प्रोफेसर भगवती[5] ने अपनी पुस्तक ***इन डिफेंस ऑफ ग्लोबलाइजेशन*** (In Defense of Globalization) में बताया है कि वैश्वीकरण के आलोचकों के दो समूह हैं। वह इन दो समूहों में से एक को कट्टर प्रदर्शनकारियों के रूप में पहचानते हैं जिनके अंदर वैश्वीकरण के प्रति गहरी नापसंदगी है। हालाँकि वे अलग-अलग बौद्धिक और वैचारिक पृष्ठभूमि से आते हैं और एक ही तरह की भावनाएँ साझा नहीं करते हैं, फिर भी वैश्वीकरण के प्रति उनके असंतोष में कुछ समानता है। प्रो. जगदीश भगवती (Prof. Jagdish Bhagwati) के अनुसार यह असंतोष एक त्रयी (trilogy) है। वैश्वीकरण के विरुद्ध असंतोष की त्रयी निम्नलिखित है:

- पूंजीवाद विरोधी (Anti-capitalism)
- वैश्वीकरण विरोधी (Anti-globalization)
- निगम विरोधी मानसिकता (Anti-corporation mindset)

आलोचकों का दूसरा समूह, जिनका असंतोष मुख्यधारा की असहमति और विमर्श के मापदंडों के भीतर है, अपने असंतोष को इस तर्क में बदलने में लगे हुए हैं कि आर्थिक वैश्वीकरण आज कई सामाजिक बुराइयों का कारण है, जैसे विकासशील देशों में गरीबी और दुनिया भर में पर्यावरण की गिरावट। उन्होंने इस दावे का खंडन किया कि वैश्वीकरण कई सामाजिक बुराइयों का मूल कारण है और अपनी पुस्तक के कई अध्यायों में उन्होंने दर्शाया है कि, वास्तव में, विभिन्न सामाजिक कारण जिनका हम सभी समर्थन करते हैं, जैसे कि लैंगिक समानता की उन्नति और गरीबी में कमी, उन्नत हैं और वैश्वीकरण के कारण पीछे नहीं हटे हैं।[6] इसलिए, उन्होंने प्रमुख महिला समूह द्वारा वैश्वीकरण के प्रभाव पर व्यक्त की गई आशंकाओं पर दिए गए तर्कों को खारिज कर दिया, जिसमें निम्नलिखित आशंकायें शामिल थीं जैसे—वैश्विक देखभाल श्रृंखलाओं से जुड़े हितों पर वैश्वीकरण, अवैतनिक गृहकार्य, अंतर-पारिवारिक निर्णय लेने और डब्ल्यूटीओ (WTO) के फैसलों से जुड़े अपने एजेंडे और हितों पर वैश्वीकरण के प्रभाव के बारे में अपनी आशंका व्यक्त करना, आईएमएफ और विश्व बैंक की शर्तें जो संरचनात्मक समायोजन कार्यक्रमों का हिस्सा हैं और महिलाओं पर उनके प्रभाव, पर्यटन से प्रेरित वेश्यावृत्ति और महिलाओं की तस्करी। प्रोफेसर भगवती ने निष्कर्ष निकाला कि महिलाओं पर वैश्वीकरण के नकारात्मक प्रभावों के बारे में कई महिला समूहों ने जो व्यापक आलोचनाएँ की हैं, वे ठोस नहीं हैं।[7] वह इस दावे को भी खारिज करते हैं कि वैश्वीकरण और लोकतंत्र एक दूसरे के विरोधी हैं। उनके लिए, "यह वास्तव में बढ़ती जागरूकता है कि वैश्वीकरण रिश्तों का एक जाल बनाता है जो ऐसी जटिलताएं पेश करता है, और इसलिए राष्ट्र-राज्यों की नीति विकल्पों में विवेक और ठहराव ने उन आरोपों को जन्म दिया है कि वैश्वीकरण और लोकतंत्र में मतभेद हैं। लेकिन इस सवाल का जवाब इतनी आसानी से नहीं मिलता है कि वैश्वीकरण से लोकतंत्र बढ़ता है या कम होता है।[8] उनके लिए, विश्व समुदाय का यह प्रयास होना चाहिए कि वे उन तरीकों पर विचार करें जिनसे वे वैश्वीकरण के सामाजिक प्रभावों को सुदृढ़ कर सकें।

हालांकि, स्टिग्लिट्ज़ (Stiglitz)[9] ने अपने *वैश्वीकरण और इसके असंतोष* (Globalization and Its Discontent) में यह राय व्यक्त की है कि अंतर्राष्ट्रीय व्यापार को खोलने से कई देशों को तीव्र गति से विकास करने में मदद मिली है, हालांकि इससे स्थानीय उद्यमों को भारी नुकसान हुआ होगा। इसी तरह, विदेशी सहायता, अपनी कमियों के बावजूद, कई लोगों को लाभ पहुंचाने में सफल रही है। वैश्वीकरण ने विकासशील देशों में लाखों लोगों के लिए उनकी पहुंच से कहीं अधिक ज्ञान तक पहुंच का रास्ता खोल दिया है। इसलिए, वैश्वीकरण इतना भी बुरा नहीं है। हालाँकि, स्टिग्लिट्ज़ (Stiglitz) का मानना है कि वैश्वीकरण के समर्थकों ने इसका असंतुलित रूप आगे बढ़ाया है। उनके लिए वैश्वीकरण, जो आमतौर पर अमेरिकी शैली से जुड़ा है, प्रगति है, और विकासशील देशों को इसे स्वीकार करना होगा यदि वे विकास करना चाहते हैं और प्रभावी ढंग से गरीबी से लड़ना चाहते हैं। लेकिन सच तो यह है कि वैश्वीकरण की ताकतों को अपनाने के बावजूद दुनिया के गरीब और विकासशील देशों की स्थिति में कोई खास सुधार नहीं हुआ है और दुनिया अमीर और गरीब के बीच बंटी हुई है।

विश्व विकास रिपोर्ट, विश्व आर्थिक संकेतक और वैश्विक आर्थिक संभावनाएं और विकासशील देश 2000 के वार्षिक प्रकाशनों का विश्लेषण करते समय स्टिग्लिट्ज़ (Stiglitz) काफी आलोचनात्मक हैं और दिखाते हैं कि विकसित पश्चिम (Developed West) अपने स्वयं के प्रतिबंधात्मक शासन को बनाए रखते हुए गरीब देशों को व्यापार बाधाओं को हटाने के लिए मजबूर करने में, और गरीब देशों को निर्यात आय से वंचित करने में सफल रहा है। यहां तक कि विकसित देशों ने कपड़ा से लेकर चीनी तक कई वस्तुओं पर अपना कोटा बरकरार रखा और गरीब देशों पर अपनी सब्सिडी खत्म करने का दबाव बनाते हुए कृषि पर सब्सिडी देना जारी रखा। पश्चिमी बैंकों को एशिया और अफ्रीका में पूंजी बाजार नियंत्रण में ढील से लाभ हुआ, जबकि इन क्षेत्रों को तब नुकसान हुआ जब सट्टा गर्म धन (hot money) का प्रवाह उलट गया।[10] निस्संदेह, इन अर्थव्यवस्थाओं को नुकसान उठाना पड़ा जैसा कि 2008 के वैश्विक आर्थिक संकट के दौरान देखा जा सकता है। इसलिए, वैश्वीकरण न तो गरीबी कम करने में सफल हुआ है और न ही वित्तीय बाजार में स्थिरता ला सका है। 1997 और 1998 में एशिया और लैटिन अमेरिका में आर्थिक संकट और 2008 के वैश्विक संकट ने साबित कर दिया है कि एक उभरते बाजार की मुद्रा का पतन दूसरों को नीचे खींच लेगा। वैश्वीकरण के लाभ इसके द्वारा उत्पन्न सामाजिक, राजनीतिक, आर्थिक, सांस्कृतिक और पर्यावरणीय समस्याओं के संदर्भ में चुकाई गई कीमत की तुलना में बहुत कम प्रतीत होते हैं।

आर्थिक वैश्वीकरण के परिणामस्वरूप राष्ट्रीय अर्थव्यवस्थाओं का वैश्विक अर्थव्यवस्था में एकीकरण होता है, जिससे घरेलू अर्थव्यवस्थाओं पर कार्य करने वाली वैश्विक ताकतें राष्ट्रीय सरकारों के नियंत्रण से बाहर हो जाती हैं। फिर भी, वैश्वीकरण कुछ सकारात्मक लाभ भी लाने में सक्षम है। *विश्व बैंक की रिपोर्ट: वैश्वीकरण, विकास और गरीबी: एक समावेशी विश्व अर्थव्यवस्था का निर्माण* में कहा गया है कि दुनिया के 24 विकासशील देश 1990 के दशक के अंत तक दो दशकों में अपनी अर्थव्यवस्था को विश्व अर्थव्यवस्था में एकीकृत करने में कामयाब रहे हैं और अब आय में उच्च वृद्धि , लंबी जीवन प्रत्याशा, और बेहतर स्कूली शिक्षा, जैसा कि चीन, भारत, हंगरी और मैक्सिको के मामले में सफलता हासिल कर ली है। वैश्वीकरण ने घरेलू अर्थव्यवस्था में पूंजी के आसान प्रवाह, वाणिज्यिक उधार, सहयोग, प्रौद्योगिकी हस्तांतरण, सेवा-आधारित ज्ञान आदि को भी सक्षम बनाया है। लेकिन पूंजी और सेवाओं के वैश्विक आंदोलन, बहुराष्ट्रीय कंपनियों और वैश्विक स्टॉक और बॉन्डिंग ने ऐसी व्यवस्था को जन्म दिया है जहां राज्य की संप्रभुता सीमित हो जाती है। इसके अलावा, पश्चिम के विकसित देशों द्वारा नियंत्रित विश्व संगठन, जैसे डब्ल्यूटीओ (WTO)

या विश्व बैंक और सहायता मांगने वाली सुस्त अर्थव्यवस्थाओं की घरेलू अर्थव्यवस्थाओं में संरचनात्मक समायोजन के उनके कार्यक्रम स्पष्ट रूप से राज्य की संप्रभुता को कम करते हैं।[11]

> "वैश्वीकरण अक्सर गरीबी कम करने के लिए एक बहुत शक्तिशाली शक्ति रहा है, लेकिन बहुत से देशों और लोगों को इससे वंचित रखा गया है। इस बहिष्कार के महत्वपूर्ण कारण गैर-एकीकृत देशों में कमजोर शासन और नीतियां, टैरिफ और अन्य बाधाएं हैं जिनका गरीब देशों और गरीब लोगों को अमीर देश के बाजारों तक पहुंचने में सामना करना पड़ता है, और विकास सहायता में गिरावट है।
>
> वैश्वीकरण के बारे में कुछ चिंताएँ उचित हैं, लेकिन वैश्वीकरण को उलटने की असहनीय कीमत चुकानी पड़ेगी, जिससे लाखों गरीब लोगों के लिए समृद्धि की संभावनाएँ नष्ट हो जाएँगी। हम उन लोगों से सहमत नहीं हैं जो राष्ट्रवाद और संरक्षणवाद की दुनिया में पीछे हट जाएंगे। यह रास्ता अधिक गरीबी की ओर ले जाता है और यह विकासशील देशों में लोगों की भलाई के लिए मौलिक रूप से प्रतिकूल है। इसके बजाय, हमें वैश्वीकरण को दुनिया के गरीब लोगों के लिए उन्मुख करना चाहिए।
>
> **—निकोलस स्टर्न, पूर्व वरिष्ठ उपाध्यक्ष और मुख्य अर्थशास्त्री, विश्व बैंक**
>
> **Nicholas Stern, Former Senior Vice President and Chief Economist, The World Bank** [12]

वैश्वीकरण के सांस्कृतिक आयाम ने एक गंभीर समस्या खड़ी कर दी है जिसे कभी-कभी *सांस्कृतिक साम्राज्यवाद* (cultural imperialism) के रूप में पहचाना जाता है। वैश्वीकरण की प्रमुख संस्कृति अमेरिकी संस्कृति है, जो अब स्वदेशी समाजों में गहराई से फैलती दिख रही है और ऐसी स्थानीय स्वदेशी संस्कृतियों के अस्तित्व को खतरे में डाल रही है। मैकडॉनल्ड्स, माइक्रोसॉफ्ट और मैडोना (McDonald's, Microsoft and Madona) (कुछ के नाम) या माइकल जैक्सन (Michael Jackson) दुनिया के सबसे सुदूर कोने तक पहुँचते दिख रहे हैं। ऐसा लगता है कि हॉलीवुड (Hollywood) का पूरी दुनिया पर बोलबाला है। यह सच है कि जब संस्कृतियाँ संपर्क में आती हैं तो कुछ मिश्रण होता है, लेकिन तथ्य यह है कि अमेरिकी संस्कृति ही प्रमुख संस्कृति है। इसलिए यह लोक गीत नहीं हैं जो अब युवाओं को आकर्षित करते हैं, बल्कि यह अमेरिकी पॉप और इंडी-पॉप (American pop and Indi-pop) और अमेरिकी पॉप का भारतीय संस्करण है जो भारत जैसे देश में लोकप्रिय प्रतीत होता है। इसलिए, यह वास्तव में 'अमेरिकीकरण' (Americanization) के रूप में वैश्विक संस्कृति है जो लुप्त हो रही स्वदेशी संस्कृति के बारे में भय और आशंकाओं को रेखांकित करती है।

वैश्वीकरण के राजनीतिक आयाम के परिणामस्वरूप एक *सार्वभौमिक राजनीतिक संस्कृति* (universal political culture) का निर्माण हुआ है। यह संस्कृति लोकतंत्र और लोकतांत्रिक संस्थाओं की वकालत करती है। वैश्वीकरण के उत्साही लोगों ने बड़े जोश के साथ लोकतंत्र का समर्थन किया था और वैश्वीकरण और लोकतंत्रीकरण को एक ही सिक्के के दो पहलू माना था। साम्यवाद के पतन और पूंजीवाद की अनुमानित जीत के साथ, उदारवादियों ने सोचा कि परिवर्तन की यह हवा दुनिया भर में लोकतंत्र की शुरुआत करने में मदद करेगी और कुछ मामलों में उन्होंने उन देशों को लोकतंत्र निर्यात करने का भी सुझाव दिया जो सत्तावादी शासन के अधीन हैं। परंतु वास्तव में देखा गया है कि अधिकांश मामलों में लोकतांत्रिक राज्य भी वैश्विक प्रवाह को नियंत्रित करने में असमर्थ होते हैं। वे, ज्यादातर मामलों में, वैश्विक पूंजी, सूचना प्रवाह या पर्यावरण से संबंधित मुद्दों पर जनता की राय सुरक्षित नहीं कर सकते हैं। दरअसल, लोकतंत्रीकरण का पूरा विचार बाजार लोकतंत्र से संबंधित है। बाज़ार लोकप्रिय भागीदारी के लिए बड़ा अवसर प्रदान करता है। धन

और भौतिकवाद की सर्वाधिक मांग है। मानवीय गरिमा और समान अवसर के लिए पारंपरिक लोकतांत्रिक चिंताओं का स्थान प्रबंधकीय दक्षता और उत्पाद की गुणवत्ता के जुनून ने ले लिया है।

वैश्वीकरण के परिणामस्वरूप आतंकवादियों, सीमा पार अपराधियों, नशीली दवाओं के तस्करों और यहां तक कि सीमा पार हथियारों के हस्तांतरण जैसे अंतर्राष्ट्रीय एजेंटों की गतिविधियों में भी वृद्धि हुई है। प्रौद्योगिकी और सूचना क्रांति में अभूतपूर्व प्रगति ने उनके काम को आसान बना दिया है। 26/11 के मुंबई आतंकवादी हमले में आतंकवादियों द्वारा सैटेलाइट फोन सहित उच्च तकनीक उपकरणों के उपयोग का खुलासा हुआ। इसलिए, वैश्वीकरण ने मानवीय असुरक्षा को सबसे आगे ला दिया है। यह खासकर शहरवासियों के मन में घर कर गया है और सुरक्षा एजेंसियों को हर समय सतर्क रखता है।

प्रोफेसर भगवती का सुझाव है कि वैश्वीकरण के सौम्य प्रभावों को सुनिश्चित करने के लिए इसे बुद्धिमानी से विनियमित किया जाना चाहिए। स्टिग्लिट्ज़ (Stiglitz)[13] इस बात पर जोर देते हैं कि वैश्वीकरण का एक मानवीय चेहरा होना चाहिए। उन्होंने अंतर्राष्ट्रीय सार्वजनिक संस्थानों में सुधारों की आवश्यकता, डब्ल्यूटीओ (WTO), आईएमएफ (IMF) और विश्व बैंक जैसे अंतर्राष्ट्रीय मौद्रिक संस्थानों की शासन प्रणाली और विकास सहायता और अन्य सुधारों जैसे कुछ सुधारों को रेखांकित करते हुए कहा कि ये वैश्वीकरण को निष्पक्ष बनाएंगे और विशेषकर गरीबों के जीवन स्तर को ऊपर उठाने में अधिक प्रभावी है। समय की मांग सिर्फ संस्थागत बदलाव नहीं है, बल्कि वैश्वीकरण के बारे में मानसिकता को बदलना भी है। उन्होंने यह कहते हुए निष्कर्ष निकाला: "अगर हमें उन लोगों की वैध चिंताओं को संबोधित करना है जिन्होंने वैश्वीकरण के प्रति असंतोष व्यक्त किया है, अगर हमें वैश्वीकरण को उन अरबों लोगों के लिए काम करना है जिनके लिए यह नहीं है, अगर हमें वैश्वीकरण को मानव-मात्र के लिए सफल बनाना है, तो आवाज उठानी होगी। हम हाथ पर हाथ धरे बैठे नहीं रह सकते, हमें ऐसा नहीं करना चाहिए।"

वैश्वीकरण और राज्य की संप्रभुता (Globalization and the Sovereignty of the State)

राज्य व्यवस्था का वेस्टफेलियन मॉडल (Westphalian model) वैश्वीकरण के खतरों के अंतर्गत आ गया है। हालाँकि राज्य, अभी भी जीवित हैं, कुछ मामलों में अपनी शक्ति और अधिकार का प्रयोग करते हैं, लेकिन वेस्टफेलियन मॉडल (Westphalian model) का मूल, यानी संप्रभुता की अवधारणा, तेजी से वैश्वीकरण की दुनिया में गहन रूप से कमजोर हो गई है। संप्रभुता की अवधारणा एक विशिष्ट संदर्भ, एक विशिष्ट क्षेत्र से संबंधित है जहां सरकारें पूर्ण अधिकार का प्रयोग करती हैं। लेकिन वैश्वीकरण की ताकतों ने क्षेत्रीय सीमाओं को बेकार कर दिया है। दूसरे शब्दों में, दुनिया का विक्षेत्रीयकरण हो गया है।

वैश्वीकरण की दुनिया में राज्य को उन ताकतों के साथ मिलकर काम करना होगा जो उसके नियंत्रण में नहीं हैं, जैसे कि वैश्विक शासन एजेंसियों द्वारा निगरानी, राष्ट्रवाद, वैश्विक पारिस्थितिक समस्याएं, उपग्रह संचार, इलेक्ट्रॉनिक धन हस्तांतरण, बहुराष्ट्रीय कंपनियां, प्रवासन, सूचना प्रवाह, प्रौद्योगिकी स्थानांतरण और, सबसे महत्वपूर्ण, परमाणु हथियार और सामूहिक विनाश के हथियार। विद्वानों का कहना है कि पूर्ण संप्रभुता की अवधारणा राज्यों के बीच अपेक्षाकृत निम्न स्तर की परस्पर निर्भरता की स्थितियों में विकसित हुई थी। हालाँकि, सीमा पार पूंजी, श्रम, प्रौद्योगिकी और सूचना के बड़े प्रवाह के साथ परस्पर निर्भरता का जटिल स्तर अब संप्रभुता के बदलते पैटर्न के भीतर उभरा है और तेजी से वैश्वीकरण की दुनिया में इसके अर्थ और शर्तें लगातार बदल रही हैं।

अधिराज्य वैश्विक शासन प्रणाली (suprastate global governance system) ने राज्य की संप्रभुता को भी सीमित कर दिया है। व्यापक आर्थिक नीति, संघर्ष प्रबंधन से लेकर मानवाधिकार और पर्यावरण आंदोलनों तक कई क्षेत्रों में अब राज्य की तुलना में संयुक्त राष्ट्र, आईएमएफ (IMF), डब्ल्यूटीओ (WTO), विश्व बैंक और विभिन्न क्षेत्रीय व्यवस्थाओं जैसी सुपरस्टेट एजेंसियों को महत्वपूर्ण भूमिकाएँ निभानी हैं।

वैश्विक सामाजिक आंदोलन (global social movements) भी अब राज्यों की संप्रभुता को कमजोर करने के लिए आ गए हैं। विभिन्न सामाजिक, राजनीतिक, आर्थिक मुद्दों या यहां तक कि पारिस्थितिक मुद्दों पर ये आंदोलन वैश्वीकरण के लाभों का फायदा उठाते हैं, यानी तेज यात्रा और संचार, इंटरनेट, दूरसंचार में विकास, वैश्विक कानूनों के बारे में जागरूकता ट्रांसबॉर्डर सामाजिक आंदोलनों को संचालित करने में मदद करते हैं जो संप्रभु राज्यों की सत्ता में व्याप्त हैं। ये सामाजिक आन्दोलन कुछ हद तक राज्यों की नीतियों में परिवर्तन लाने में सफल होते हैं।

बहुराष्ट्रीय कंपनियों के संचालन और उनके मेजबान देशों की घरेलू नीतियों में उनके हस्तक्षेप ने वास्तव में राज्यों की संप्रभुता को कमजोर कर दिया है। कुछ औद्योगिक बहुराष्ट्रीय कंपनियों की वार्षिक बिक्री दसियों अरब डॉलर की होती है। कोई आश्चर्य नहीं, आईबीएम (IBM), जीई (GE), माइक्रोसॉफ्ट (Microsoft), वॉल-मार्ट (Wall-Mart) और अन्य जैसी बहुराष्ट्रीय कंपनियाँ कई संप्रभु राज्यों की तुलना में अधिक शक्तिशाली हो गई हैं।

परमाणु हथियारों ने राज्य की सुरक्षा की पूरी धारणा को बदल दिया है। राज्य अब अजेय नहीं हैं। वे लंबी दूरी की क्रूज़ मिसाइलों, अंतरमहाद्वीपीय बैलिस्टिक मिसाइलों (आईसीबीएम) (intercontinental ballistic missiles—ICBMs), कम दूरी की बैलिस्टिक मिसाइलों (एसआरबीएम) (short-range ballistic missiles—SRBMs), कई स्वतंत्र रूप से लक्षित रीएंट्री वाहनों (एमआईआरवी) (multiple independently targetable reentry vehicles—MIRVs), और कई अन्य सामूहिक विनाश के बेहतर नए हथियारों की नवीनतम तकनीकी खोजों के कमजोर शिकार बन गए हैं, जिसने क्षेत्रीयता की अवधारणा को पूरी तरह से निष्क्रिय बना दिया है।

ऐसा लग सकता है कि ऐसी परिस्थितियों में, वैश्वीकरण ने वास्तव में राज्य की संप्रभुता को समाप्त कर दिया है। लेकिन यह तर्क शायद ही तर्कसंगत हो। अनुभव बताते हैं कि राज्य सबसे शक्तिशाली कर्ता बने हुए हैं और अशांति के समय में, जैसे कि वर्तमान वैश्विक आर्थिक संकट, राज्यों ने फिर से अपने अधिकार की पुष्टि की है क्योंकि अंततः यह सरकारें ही हैं जो अपने देशों में संबंधित वित्तीय संस्थानों के लिए बेलआउट पैकेज (bailout packages) प्रदान कर रही हैं। यह स्पष्ट हो जाता है कि वैश्वीकरण के दबाव में आज राज्यों को पहले के समय से भिन्न भूमिकाएँ निभानी पड़ रही हैं, लेकिन किसी भी तरह से राज्य कम महत्वपूर्ण नहीं हुए हैं।

अभ्यास (Exercises)

1. विश्व राजनीति पर इसकी विशेषताओं और प्रभावों का विशेष उल्लेख करते हुए वैश्वीकरण की अवधारणा पर चर्चा करें।
2. राज्य की संप्रभुता पर वैश्वीकरण के प्रभावों का आलोचनात्मक विश्लेषण करें। क्या वैश्वीकरण का मतलब राज्य की क्षेत्रीयता का अंत है?

संदर्भ (References)

[1] Scholte, John Aart, "The Globalization of World Politics," *in* John Baylis and Steve Smith (Eds.), *The Globalization of World Politics,* Oxford University Press, London, 1997, pp. 14–15.

[2] Lawson, Stephanie, *International Relations,* Polity Press, UK, Cambridge, 2003, First Indian Reprint, 2004, p. 118.

[3] Goldstein, Joshua S., *International Relations,* Pearson Education, New Delhi, 2006, p. 330.

[4] *ibid.*, p. 331.

[5] Bhagwati, Jagdish, *In Defense of Globalization* ,Oxford University Press, Oxford India Paperbacks, OUP, New Delhi, 2007, p. 4.

[6] *ibid.*

[7] *ibid.*, p. 91.

[8] *ibid.*, p. 92.

[9] Stiglitz, Joseph, *Globalization and Its Discontent*, Penguin Books India, New Delhi, 2003, pp. 1–22.

[10] *ibid.*

[11] World Bank Report *Globalization, Growth and Poverty: Building an Inclusive World Economy,* World Bank Washington, DC published in May, 2001. http://econ.worldbank.org/external/defaultmain?menuPK=477838& pagePK=64168092&piPK=64168088&theSitePK=477826.

[12] *ibid.*

[13] Stiglitz, Joseph, *op. cit.* n. 9, pp. 215–252.

14

विकास और अंतर्राष्ट्रीय संबंध (Development and International Relations)

अंतर्वस्तु (Contents)

परिचय (*Introduction*)

विकास लंबे समय से सामाजिक विज्ञान विषय-वस्तु में चर्चा का एक केंद्रीय विषय रहा है, लेकिन जो उल्लेखनीय है 'वह विकास शब्द के अर्थ का विस्तार' है। अमीर और गरीब देशों के बीच आर्थिक असमानता, गरीब विकासशील देशों के विकास के रास्ते में आने वाली बाधाएं और उनके अविकसित होने के पीछे के कारणों ने विभिन्न विधाओं से जुड़े विद्वानों में विकास के सवालों की जांच करने के लिए जबरदस्त उत्साह पैदा किया है। क्या विकास को, सख्ती से कहें तो, आर्थिक विकास से जुड़ी किसी चीज़ के रूप में देखा जाना चाहिए या यह इससे परे कुछ है, जिसने विकास पर असंख्य दृष्टिकोण पैदा किए हैं। विकास पर उदारवादी और वैकल्पिक विचार के साथ-साथ अविकसितता क्या है, इस पर मार्क्सवादी अवधारणा भी मौजूद है। अब मानव विकास सूचकांक (एचडीआई) (Human Development Index—HDI), 1990 के साथ-साथ संयुक्त राष्ट्र, विकास कार्यक्रम (यूएनडीपी) (United Nations, Development Programme—UNDP) द्वारा प्रदान की गई विकास की वर्तमान परिभाषा भी मौजूद है। पर्यावरण और विकास पर संयुक्त राष्ट्र सम्मेलन (यूएनसीईडी) (United Nations Conference on Environment and Development—UNCED) और जिसे रियो शिखर सम्मेलन (Rio Summit) या पृथ्वी शिखर सम्मेलन (Earth Summit) 1992 भी कहा जाता है, ने विकास की अवधारणा को एक नई दिशा दी, और दुनिया भर में भविष्य के सतत विकास का मार्गदर्शन करने के उद्देश्य से 27 सिद्धांत प्रस्तुत किए।

विकास की अवधारणा (Concept of Development)

द्वितीय विश्व युद्ध की समाप्ति के बाद से, विकास की प्रमुख अवधारणा मुक्त बाजार अंतर्राष्ट्रीय अर्थव्यवस्था के संदर्भ में आर्थिक विकास की अवधारणा के समान थी। यह माना जाता था कि केवल आर्थिक विकास ही गरीबी का रामबाण इलाज है। इसलिए, प्रति व्यक्ति सकल घरेलू उत्पाद (Gross Domestic Product), औद्योगीकरण और कृषि के संदर्भ में आर्थिक विकास की माप को विकास के पैमाने पर देशों को वर्गीकृत करने के मानदंड के रूप में स्वीकार किया जाने लगा। इसी तरह, विश्व बैंक की रिपोर्ट में देशों को निम्न-आय, निम्न-मध्यम-आय, उच्च-मध्यम-आय या उच्च-आय वाले देशों के रूप में वर्गीकृत किया गया है।

आर्थिक विकास के पर्याय के रूप में विकास की इस धारणा ने द्वितीय विश्व युद्ध के बाद मजबूती से जड़ें जमा लीं। युद्ध के बाद के वर्षों में, विकसित दुनिया, विशेषकर यूरोप की युद्धग्रस्त अर्थव्यवस्था का पुनर्निर्माण प्राथमिकता बन गया। हालाँकि, पुनर्निर्माण प्रक्रिया का मार्ग शीत युद्ध की गणनाओं द्वारा निर्देशित था और इसमें 1947 की मार्शल योजना (Marshall Plan) के माध्यम से द्विपक्षीय सहायता के रूप में संयुक्त राज्य अमेरिका से यूरोप में धन का भारी हस्तांतरण देखा गया था। संयुक्त राज्य अमेरिका के 33वें राष्ट्रपति हैरी एस. ट्रूमैन (Harry S. Truman) ने विकास की अवधारणा को अर्थ दिया और इसे राज्य की नीति के लक्ष्य के रूप में भी अपनाया। यह आम तौर पर स्वीकार किया जाता है कि 10 जनवरी 1949 को शुरू किए गए *ट्रूमैन के 'प्वाइंट फोर प्रोग्राम'* (Truman's Point Four Program) ने 'विकास' शब्द को इस अर्थ में एक विशेष अर्थ प्रदान किया कि विकास को आर्थिक विकास (युद्धग्रस्त यूरोप में) से जोड़ा गया था, जो बदले में उदार अंतर्राष्ट्रीय आर्थिक व्यवस्था का विकास और साम्यवाद पर नियंत्रण से जुड़ा था। इसलिए, युद्ध के बाद की अंतर्राष्ट्रीय व्यवस्था संयुक्त राष्ट्र और उसके सहयोगियों, जैसे कि अंतर्राष्ट्रीय मुद्रा कोष (आईएमएफ) (International Monetary Fund—IMF), विश्व बैंक और जीएटीटी (World Bank and GATT) के माध्यम से एक स्थिर अंतर्राष्ट्रीय व्यवस्था बनाने के पश्चिम के प्रयास को प्रदर्शित करती है। इन सहयोगियों को एक उदार अंतर्राष्ट्रीय आर्थिक व्यवस्था के संस्थागत आधार प्रदान करने वाले थे। इसके साथ ही, लगभग इसी समय, विउपनिवेशवाद से मुक्ति की लहर चली और राजनीतिक परिदृश्य पर अनेक देशों का उदय हुआ। उन्हें 'तीसरी दुनिया' के देशों के रूप में वर्णित किया गया और अब ध्यान उन पर केंद्रित हो गया। अंतर्राष्ट्रीय संगठनों और एजेंसियों के साथ-साथ संयुक्त राज्य अमेरिका और पश्चिम ने अब विकासशील देशों की जरूरतों पर ध्यान केंद्रित करने की कोशिश की। चूँकि अंतर्राष्ट्रीय माहौल पहले से ही शीत युद्ध से प्रभावित था, इसलिए 'तीसरी दुनिया' पर जीत हासिल करने के लिए पश्चिमी गुट और पूर्वी गुट के बीच खींचतान शुरू हो गई। सभी ने अपने-अपने विकास मॉडल को सर्वश्रेष्ठ बताया। संयुक्त राज्य अमेरिका का मानना था कि मुक्त-बाज़ार प्रणाली में हमेशा असीमित आर्थिक विकास की संभावना होती है। अर्थव्यवस्थाएं 'उतार-चढ़ाव' बिंदु पर पहुंच जाएंगी और उसके बाद धन निचले पायदान पर मौजूद लोगों तक पहुंच जाएगा। अंतर्निहित धारणा 'पश्चिमी' मॉडल (Western model) और ज्ञान की श्रेष्ठता से युक्त थी। इस प्रक्रिया में 'विशेषज्ञ ज्ञान' पर निर्भरता, आम तौर पर पश्चिमी और बाहरी, बड़ी परियोजनाओं में बड़े पूंजी निवेश, उन्नत प्रौद्योगिकी और निजी क्षेत्र का विस्तार शामिल था। दूसरी ओर, यूएसएसआर (USSR) ने विकास के अपने पैटर्न को प्रगति के मॉडल साधन के रूप में पेश किया जिसमें उन्होंने राज्य द्वारा समाजवादी क्षेत्र में केंद्रीय योजना को बाजार-संचालित पूंजीवादी व्यवस्था आर्थिक विकास के विपरीत आर्थिक विकास की शुरुआत करने की पसंदीदा विधि के रूप में बरकरार रखा। लेकिन ये दोनों मॉडल औद्योगीकरण और प्रति व्यक्ति सकल घरेलू उत्पाद (जीडीपी)(GDP) की आर्थिक वृद्धि पर बहुत अधिक निर्भर थे। लेकिन युद्ध के बाद की अंतर्राष्ट्रीय आर्थिक व्यवस्था के आकलन ने तीसरी दुनिया

की अर्थव्यवस्थाओं की एक स्याह तस्वीर पेश की। एक ओर, विकासशील देश ऋण जाल के दुष्चक्र में फंस गए थे और खुद को इससे मुक्त नहीं कर पा रहे थे और दूसरी ओर, वे आईएमएफ (IMF) और विश्व बैंक के संरचनात्मक समायोजन कार्यक्रमों से इतनी बुरी तरह पीड़ित थे कि वे न तो वे विकास की सकारात्मक दर दर्ज कर सके और न ही अपने लोगों की भलाई सुनिश्चित कर सके। एक अनुमान से पता चलता है कि 1970 से 1982 तक, विकासशील देशों को अधिक उधार लेने के लिए प्रोत्साहित किया गया क्योंकि वास्तविक ब्याज दरें बेहद कम थीं। इसके अलावा, जिस निर्यात राजस्व से वे अपने ऋण की प्रतिपूर्ति कर रहे थे, वह कच्चे माल की कीमत में वृद्धि के कारण बढ़ गया। हालाँकि, 1979 के अंत तक, संयुक्त राज्य अमेरिका द्वारा दुनिया पर एकतरफा रूप से थोपी गई ब्याज दरों में अचानक वृद्धि के परिणामस्वरूप चुकाई जाने वाली रकम में वृद्धि हुई। कच्चे तेल की कीमत में गिरावट के बाद सामानों की कीमतों में गिरावट से मामले और भी बदतर हो गए। इससे मेक्सिको जैसे तेल उत्पादक देशों के लिए कर्ज चुकाना मुश्किल हो गया। कई लैटिन अमेरिकी, एशियाई और उप-सहारा देशों को अत्यधिक ऋण संकट का सामना करना पड़ा।[1]

इसलिए, यह सोचा गया कि युद्धोपरांत अंतर्राष्ट्रीय आर्थिक व्यवस्था के पुनर्मूल्यांकन की आवश्यकता थी। जो सामने आया वह स्पष्ट रूप से युद्ध के बाद की अंतर्राष्ट्रीय आर्थिक व्यवस्था का एक महत्वपूर्ण वैकल्पिक मूल्यांकन और विकास का एक महत्वपूर्ण वैकल्पिक दृष्टिकोण था। पहली और सबसे महत्वपूर्ण चीज़ जिस पर ध्यान केंद्रित किया गया था वह आर्थिक विकास का सांख्यिकीय माप था, और प्रति व्यक्ति सकल घरेलू उत्पाद विकासशील देशों में विकास प्रक्रिया की सच्ची कहानी को विशेष रूप से तीसरी दुनिया के किसी विशेष देश में जीवन की गुणवत्ता को उजागर नहीं करता था। विकास रूढ़िवाद के आलोचकों ने वैश्विक समाज के भीतर और व्यक्तिगत राज्य के भीतर *लाभ के वितरण के पैटर्न (the pattern of distribution of gains)* पर अधिक जोर दिया। आर्थिक उदारवाद ने अमीर और गरीब देशों के बीच एक बड़ा विभाजन पैदा कर दिया है और विकासशील राज्यों की विकसित देशों पर निर्भरता बढ़ गई है।

महान विभाजन ने मार्क्सवादी (Marxist) और नव-मार्क्सवादी (neo-Marxist tradition) परंपरा के पुनरुत्थान को जन्म दिया, जिसे निर्भरता स्कूल (dependency school) के रूप में पहचाना गया, जिसने इस बात पर प्रकाश डाला कि परिधि (periphery) में रखे गए तीसरी दुनिया के देशों का अल्प-विकास केन्द्र में रखे गए पश्चिमी देशों के विकास और धन की वृद्धि का परिणाम था। इस प्रकार से आंद्रे गुंडर फ्रैंक (1967) और अन्य जैसे निर्भरता विद्वानों ने इस बात पर इस प्रकार से प्रकाश डाला है:

- अल्प विकास एक ऐतिहासिक प्रक्रिया है। यह आवश्यक रूप से तीसरी दुनिया की अंतर्निहित स्थिति नहीं है।
- प्रभुत्वशाली और आश्रित देश मिलकर एक पूंजीवादी व्यवस्था बनाते हैं।
- अल्प विकास विश्व व्यवस्था के कामकाज का एक अंतर्निहित परिणाम है। परिधि को उसके अधिशेष से लूट लिया गया है; इससे केन्द्र का विकास होता है और परिधि का अल्प विकास होता है।

उन्होंने इस बात पर भी प्रकाश डाला कि बहुराष्ट्रीय कंपनियाँ किस प्रकार परिधि के अल्प विकास को बढ़ाती हैं। इसके अलावा, इन विद्वानों ने इस बात पर जोर दिया कि बहुराष्ट्रीय कंपनियाँ:

- स्थानीय जरूरतों को ध्यान में रखे बिना, एक सार्वभौमिक उपभोग (universal consumption) पैटर्न लागू करती हैं।
- बड़े श्रम संसाधनों वाले क्षेत्रों में पूंजी-गहन (capital-intensive) तकनीकों का उपयोग करती हैं।

- राष्ट्रीय पूंजी से प्रतिस्पर्धा करना, या स्थानीय पूंजी के साथ संयुक्त उद्यम करना।
- पूंजी हस्तांतरित करने के लिए विभिन्न तरीकों का उपयोग करती हैं।
- स्थानीय पूंजीपति वर्ग के साथ अपने संबंधों के माध्यम से (दूसरों के बीच) राष्ट्रीय, राजनीतिक और आर्थिक मामलों में खुद को शामिल करती हैं।

फ्रैंक (Frank) के विचारों को इमैनुएल वालरस्टीन (Immanuel Wallerstein) जैसे विश्व सिस्टम सिद्धांतकारों (World Systems theorists) द्वारा और भी पुष्ट किया गया। फ्रैंक (Frank) की तरह, वालरस्टीन (Wallerstein) ने भी देखा कि पूंजीवादी विश्व अर्थव्यवस्था सोलहवीं शताब्दी यानी औपनिवेशिक युग की शुरुआत से से ही अस्तित्व में थी। वे देश जो पहले अलग-थलग थे और स्वावलंबी थे, तेजी से विश्व अर्थव्यवस्था में शामिल होने लगे। इसके परिणामस्वरूप अंततः एक औद्योगिकीकृत कोर (industrialized core), अविकसित परिधि (perifery) और नव औद्योगिकीकृत देशों की (एनआईसी) (Newly Industrialized Countries—NIC) अर्ध-परिधि का निर्माण हुआ। कोर (core) और परिधि देशों के बीच का संबंध निर्भरता का है। कोर देश परिधि पर आश्रित होता है। अर्ध-परिधीय (Semi-peripheral) देश कोर देश से परिष्कृत और उन्नत प्रौद्योगिकी का आयात करते हैं और बदले में अर्ध-निर्मित वस्तुओं को कोर देश में निर्यात करते हैं। परिधि से कच्चे माल का आयात और औद्योगिक अंतिम उत्पादों का निर्यात भी होता है।[2] अत: ऐसी शोषणकारी अंतर्राष्ट्रीय आर्थिक व्यवस्था के प्रति लोंगों की जागरूकता बढ़ी है।

व्यावहारिक मोर्चे पर, यह न्यू इंटरनेशनल इकोनॉमिक ऑर्डर (एनआईईओ) (New International Economic Order—NIEO) की मांग में परिलक्षित हुआ। सितंबर 1973 में अल्जीयर्स में आयोजित गुटनिरपेक्ष राष्ट्रों के शिखर सम्मेलन में आर्थिक व्यवस्था में बदलाव के लिए विशिष्ट प्रस्ताव रखे गए। इसके बाद, अप्रैल 1974 में संयुक्त राष्ट्र महासभा का छठा विशेष सत्र जल्दबाजी में बुलाया गया जहां इसने एक नई अंतर्राष्ट्रीय आर्थिक व्यवस्था स्थापित करने के अपने दृढ़ संकल्प की घोषणा की। लेकिन यह बेहद असफल रहा। सत्र ने बिना वोट के, "*नई अंतर्राष्ट्रीय व्यवस्था की घोषणा और कार्रवाई का कार्यक्रम*" शीर्षक वाला एक घोषणापत्र अपनाया। दिसंबर 1974 में, महासभा ने राज्यों के आर्थिक अधिकारों और कर्तव्यों के चार्टर को मंजूरी दी। हालाँकि, सभी घोषणाओं और चार्टर के अनुमोदन के बाद भी, शोषणकारी और असमान अंतर्राष्ट्रीय आर्थिक व्यवस्था जारी है।

ऐसी विफलता के परिणामस्वरूप, यह महसूस किया गया कि 'ट्रिकल डाउन' ('trickle down) की पारंपरिक या रूढ़िवादी अवधारणा पर्याप्त विकास लाने में विफल रही, और अंतर्राष्ट्रीय आर्थिक व्यवस्था में असमानताएँ जारी रहीं। कुछ विकासशील देशों में प्रति व्यक्ति सकल घरेलू उत्पाद के संदर्भ में वृद्धि दर में वृद्धि देखी गई, लेकिन यह उनके समाज में बड़े पैमाने पर, यानी अधिकांश आबादी की भलाई के संदर्भ में परिलक्षित नहीं हुआ। दक्षिण आयोग (South Commission) ने कहा, "जैसे-जैसे अर्थव्यवस्था बढ़ी और अधिक औद्योगिकीकरण हुआ, असमानताएं बढ़ती गईं... तेजी से, दक्षिण के समृद्ध और शक्तिशाली देश उत्तर के विकसित देशों की जीवनशैली और उपभोग पैटर्न का आनंद लेने में सक्षम हो गए। लेकिन आबादी के बड़े हिस्से ने अपने जीवन स्तर में कोई महत्वपूर्ण सुधार नहीं महसूस किया, जबकि कुछ लोगों की बढ़ती समृद्धि को देखने में सक्षम रहे"।[3]

इसके अलावा, 1980 के दशक में उप-सहारा अफ्रीका की दुर्दशा को 'खोए हुए दशक' (lost decade) के रूप में पहचाना गया, जिसमें अधिकांश विकासशील देशों में प्रति व्यक्ति सकल घरेलू उत्पाद में गिरावट, कठोर संरचनात्मक समायोजन नीतियों, बढ़ते ऋण बोझ, व्यापार की शर्तों में गिरावट शामिल थी।

वस्तुओं के लिए अनिश्चित बाज़ार, विकसित देशों द्वारा अपनाई गई संरक्षणवादी नीतियां, और विकसित देशों से विकासशील दुनिया में अपर्याप्त तकनीकी और वित्तीय हस्तांतरण ने विकास को अलग-अलग दृष्टिकोण से सोचने की प्रेरणा प्रदान की।

इस प्रकार, 1987 में संयुक्त राष्ट्र बाल कोष (यूनिसेफ) (United Nations Children's Fund—UNICEF) की एक रिपोर्ट आई जिसका शीर्षक था एक '*मानवीय चेहरे के साथ समायोजन*' (*Adjustment with A Human Face*), जिसने संरचनात्मक समायोजन नीतियों की सामाजिक लागत पर प्रकाश डाला। इस रिपोर्ट में सामाजिक लागतों को ध्यान में रखते हुए संरचनात्मक समायोजनों को फिर से डिज़ाइन करने का भी तर्क दिया गया है।

विकास को परिभाषित करने के संयुक्त राष्ट्र विकास कार्यक्रम (यूएनडीपी)(United Nations Development Programme—UNDP) के प्रयास से 1990 में एक सफलता मिली। मानव विकास पर पहली रिपोर्ट इसे परिभाषित करने का प्रयास करती है "लोगों की पसंद की सीमा को बढ़ाने की एक प्रक्रिया के रूप में, शिक्षा, स्वास्थ्य देखभाल, आय और रोजगार के लिए उनके अवसरों को बढ़ाना और एक अच्छे भौतिक वातावरण से लेकर आर्थिक और राजनीतिक स्वतंत्रता तक मानव विकल्पों की पूरी श्रृंखला को कवर करना।" रिपोर्ट में आगे कहा गया है, "यह रिपोर्ट लोगों के बारे में है और कैसे विकास उनकी पसंद को बढ़ाता है। यह जीएनपी (GNP) वृद्धि से कहीं अधिक, आय और धन से अधिक तथा वस्तुओं के उत्पादन और पूंजी संचय से कहीं अधिक के बारे में है। किसी व्यक्ति की आय तक पहुंच उसकी पसंद में से एक हो सकती है, लेकिन यह मानव व्यवहार का कुल योग नहीं है।'' इसने मानव विकास को "लोगों की पसंद बढ़ाने की एक प्रक्रिया" के रूप में देखा। इन व्यापक विकल्पों में से सबसे महत्वपूर्ण हैं लंबा और स्वस्थ जीवन जीना, शिक्षित होना और सभ्य जीवन स्तर के लिए आवश्यक संसाधनों तक पहुंच प्राप्त करना। अतिरिक्त विकल्पों में राजनीतिक स्वतंत्रता, गारंटीशुदा मानवाधिकार और व्यक्तिगत स्वाभिमान शामिल हैं।'' 1990 की रिपोर्ट ने मानव विकास सूचकांक (एचडीआई) (Human Development Index—HDI) पेश किया और मानव जीवन के लिए आवश्यक तीन आवश्यक तत्वों: जीवन प्रत्याशा, ज्ञान और सभ्य जीवन स्तर की पहचान की। बाद की मानव विकास रिपोर्टों से विकास की अवधारणा का विस्तार हुआ है।

मानव विकास रिपोर्ट 1995 में लैंगिक समानता के बारे में बात की गई थी और इसमें कहा गया था, "यदि मानव विकास को बढ़ावा नहीं दिया गया तो यह ख़तरे में है"। इसके अलावा, 1997 की मानव विकास रिपोर्ट में गरीबी उन्मूलन को मानव विकास का प्रमुख उद्देश्य माना गया। इसने न केवल गरीबी को आय, बुनियादी जरूरतों और क्षमता के दृष्टिकोण से देखा, बल्कि अस्वस्थता के मानदंडों को भी रेखांकित किया, जो क्षमता-निर्माण और कल्याण के आकलन के लिए अपरिहार्य है। इसमें विकलांग होना, भूमि, पशुधन आदि की कमी, अपने मृतकों को दफनाने में असमर्थ होना, "गरीब लोगों" के पास सामाजिक समर्थन की कमी, अपमानजनक निम्न दर्जे के काम को स्वीकार करना आदि जैसे मानदंड शामिल थे। इस रिपोर्ट का एक अन्य पहलू क्रमशः विकसित और विकासशील देशों के लिए मानव गरीबी सूचकांक (एचपीआई-1) (Human Poverty Index—HPI-1) और (एचपीआई-2) (Human Poverty Index—HPI–2) तैयार करना था। मानव विकास सूचकांक द्वारा निर्धारित मानव जीवन के तीन तत्वों पर विचार करते हुए एचपीआई (HPI) ने निम्न से संबंधित अभाव के रूप में इन तीन तत्वों के अभाव पर प्रकाश डाला:

1. उत्तरजीविता—अपेक्षाकृत कम उम्र में मृत्यु के प्रति संवेदनशीलता।
2. ज्ञान—पढ़ने और संचार की दुनिया से बाहर रखना है।
3. सभ्य जीवन

वर्ष 2003 की मानव विकास रिपोर्ट गरीबी और भूख से निपटने के लिए अंतर्राष्ट्रीय समुदाय की प्रतिज्ञा का प्रतिबिंब थी। इसने "सहस्राब्दी विकास लक्ष्य (Millennium Development Goals): मानव गरीबी को समाप्त करने के लिए राष्ट्रों के बीच एक समझौता" निर्धारित किया। राष्ट्राध्यक्षों द्वारा की गई घोषणा ने उन्हें "अपर्याप्त आय, व्यापक भूख, लैंगिक असमानता, पर्यावरणीय गिरावट और शिक्षा का अभाव, स्वास्थ्य देखभाल और स्वच्छ पानी की कमी पर कार्यावई करने के लिए बाध्यकारी बना दिया"। इनमें ऋण कम करने और गरीब देशों को सहायता, व्यापार और प्रौद्योगिकी हस्तांतरण बढ़ाने के लिए विकसित देशों की ओर से की गई कार्रवाइयां भी शामिल थीं। सहस्राब्दी विकास घोषणा द्वारा उल्लिखित कुछ लक्ष्य इस प्रकार थे:

- अत्यधिक गरीबी और भुखमरी का उन्मूलन
- सार्वभौमिक प्राथमिक शिक्षा प्राप्त करना
- लैंगिक समानता और महिलाओं के सशक्तिकरण को बढ़ावा देना
- बाल मृत्यु दर में कमी
- मातृ स्वास्थ्य में सुधार
- एचआईवी/एड्स (HIV/AIDS), मलेरिया और अन्य बीमारियों से लड़ना
- पर्यावरणीय स्थिरता सुनिश्चित करना
- वैश्विक साझेदारी का विकास

इसलिए, विकास की अवधारणा में आमूल-चूल परिवर्तन हुआ, इतना कि युद्ध के बाद की अंतर्राष्ट्रीय आर्थिक व्यवस्था के आलोचनात्मक मूल्यांकन से विकास का एक महत्वपूर्ण वैकल्पिक दृष्टिकोण तैयार हुआ। इस दृष्टिकोण में कहा गया कि विकास की प्रक्रिया निम्नलिखित तरह की होनी चाहिए:

- आवश्यकता-उन्मुख (need-oriented) (भौतिक और अभौतिक);
- अंतर्जात (endogenous) (किसी समाज के भीतर से आने वाला);
- आत्मनिर्भर (self-reliant) (मानव, प्राकृतिक और सांस्कृतिक संसाधनों के संदर्भ में);
- पारिस्थितिक रूप से सुदृढ़ (ecologically sound); और
- संरचनात्मक परिवर्तनों (structural transformations) (अर्थव्यवस्था, समाज और शक्ति संबंधों के) पर आधारित।

जून 1992 में रियो में पर्यावरण और विकास पर संयुक्त राष्ट्र सम्मेलन (यूएनसीईडी) (UN Conference on Environment and Development—UNCED) से पहले गैर सरकारी संगठनों द्वारा समर्थित विकास की इस दृष्टिकोण और दो साल की तैयारी प्रक्रिया ने स्वदेशी लोगों, महिलाओं और बच्चों जैसे आवाजहीन समूहों को अपनी बात व्यक्त करने का मौका दिया। 1995 में सामाजिक विकास के लिए संयुक्त राष्ट्र विश्व शिखर सम्मेलन के समानांतर, कोपेनहेगन (Copenhagen) में एक वैकल्पिक एनजीओ (NGO) मंच के आयोजन से इसे और बढ़ावा मिला। कोपेनहेगन शिखर सम्मेलन (Copenhagen Summit) में एनजीओ फोरम द्वारा प्रस्तुत *वैकल्पिक घोषणा* (Alternative Declaration) में सामुदायिक भागीदारी और सशक्तिकरण के सिद्धांतों पर प्रकाश डाला गया। समानता, भागीदारी, आत्मनिर्भरता, महिलाओं और युवाओं की भूमिका और स्थिरता को भी महत्व दिया गया। शिखर सम्मेलन की घोषणा में आर्थिक उदारवाद की निंदा की गई और धन के संकेंद्रण के कारणों के रूप में व्यापार उदारीकरण और निजीकरण की पहचान की गई। इसने ऋण को तत्काल रद्द करने, व्यापार की शर्तों में सुधार,

आईएमएफ (IMF) और विश्व बैंक की पारदर्शिता और जवाबदेही और बहुराष्ट्रीय कंपनियों की गतिविधियों के विनियमन की भी मांग की।[4]

इसलिए, मुख्यधारा की बहस अब सतत विकास के आसपास केंद्रित है। विकास की अवधारणा अब न केवल व्यापक हो गई है, बल्कि पर्यावरण और स्थिरता से भी जुड़ी हुई है। यह हमें सतत विकास की विस्तृत चर्चा में शामिल करता है।

सतत विकास (Sustainable Development)

सतत विकास का विचार वर्ष 1972 में कुछ विद्वानों की सोच में अंतर्निहित था, जो 'क्लब ऑफ रोम' (Club of Rome) के नाम से लोकप्रिय है। उनका तर्क था कि यदि असीमित विकास का क्रम जारी रहा तो संपोषणीयता (sustainability) की समस्याएँ उत्पन्न होंगी।

उसी वर्ष, मानव पर्यावरण पर संयुक्त राष्ट्र सम्मेलन (जिसे **स्टॉकहोम सम्मेलन** (Stockholm Conference) भी कहा जाता है) 5–16 जून 1972 के दौरान स्टॉकहोम स्वीडन (Stockholm Sweden) में संयुक्त राष्ट्र के तत्वावधान में आयोजित किया गया था। जिसमें तत्कालीन असीमित विकास के पैटर्न के बारे में गंभीर चिंताएँ थीं क्योंकि दुनिया संसाधनों की कमी और पारिस्थितिक संकट के साथ-साथ आर्थिक और जनसंख्या वृद्धि की वर्तमान दरों का समर्थन करने और बनाए रखने में असमर्थ हो रही थी। यह अंतर्राष्ट्रीय पर्यावरण मुद्दों पर संयुक्त राष्ट्र का पहला प्रमुख सम्मेलन था, और अंतर्राष्ट्रीय पर्यावरण राजनीति के विकास में एक महत्वपूर्ण मोड़ था। वैश्विक पर्यावरण की स्थिति पर चर्चा करने के लिए सम्मेलन को स्वीडिश प्रधान मंत्री ओलोफ़ पाल्मे (Olof Palme) और संयुक्त राष्ट्र महासचिव, कर्ट वाल्डहेम (Kurt Waldheim) द्वारा उद्घाटन और संबोधित किया गया। इसे वैश्विक पर्यावरणीय समस्याओं के बारे में आधुनिक राजनीतिक और सार्वजनिक जागरूकता की शुरुआत के रूप में पहचाना जाता है। इसमें 113 देशों, 19 अंतर-सरकारी एजेंसियों और 400 से अधिक अंतर-सरकारी और असरकारी संगठनों के प्रतिनिधियों ने भाग लिया।

हालाँकि, सतत विकास सोच में मील के पत्थर स्पष्ट रूप से विश्व संरक्षण रणनीति (World Conservation Strategy, 1980), हमारा साझा भविष्य (Our Common Future, 1987), और पृथ्वी की देखभाल (Caring for the Earth, 1991) हैं।[5]

विश्व संरक्षण रणनीति (डब्ल्यूसीएस) (World Conservation Strategy—WCS) 1970 के दशक में अंतर्राष्ट्रीय प्रकृति और प्राकृतिक संसाधनों के संरक्षण संघ (आईयूसीएन) (International Union for the Conservation of Nature—ICUN), विश्व वन्यजीव कोष (डब्ल्यूडब्ल्यूएफ) (World Wildlife Fund—WWF) और संयुक्त राष्ट्र पर्यावरण कार्यक्रम (यूएनईपी) (United Nations Environment Programme—UNEP) द्वारा तैयार की गई थी और 1980 में प्रकाशित हुई थी। यह संरक्षण के बारे में सोच में बदलाव का प्रतिनिधित्व करता है क्योंकि इसमें रोकथाम के बजाय वन्यजीव प्रजातियों और उनके आवासों के नुकसान के संरक्षण पर प्रकाश डाला गया है। इसने इस बात को कायम रखा कि संरक्षण और विकास दोनों ही एक स्थायी समाज की कुंजी हैं। विश्व संरक्षण रणनीति ने संरक्षण के लिए तीन उद्देश्यों की पहचान की। पहले दो थे—*आवश्यक पारिस्थितिक प्रक्रियाओं का रखरखाव* (maintenance of essential ecological processes) और *आनुवंशिक विविधता का संरक्षण* (preservation of genetic diversity)। उपरोक्त दोनों से तीसरे सिद्धांत का प्रादुर्भाव हुआ। यह संसाधनों का सतत उपयोग (*sustainable utilization of resources*) था।

सतत विकास की अवधारणा की दिशा में और अधिक ठोस विकास ब्रंटलैंड आयोग (Brundtland Commission) की रिपोर्ट के प्रकाशन के साथ आया। ब्रंटलैंड आयोग रिपोर्ट1983, जिसे आधिकारिक तौर पर पर्यावरण और विकास पर विश्व आयोग (World Commission on Environment and Development) के रूप में जाना जाता है, पर्यावरण और विकास पर संयुक्त राष्ट्र विश्व आयोग (United Nations World Commission) के तत्वावधान में टिकाऊ विकास की अवधारणा को स्पष्ट करते हुए तैयार की गई थी। आयोग को "मानव पर्यावरण और प्राकृतिक संसाधनों की बढ़ती गिरावट और आर्थिक और सामाजिक विकास के लिए उस गिरावट के परिणामों के बारे में" बढ़ती चिंता को संबोधित करने के लिए बनाया गया था और यह महसूस किया गया था कि सतत विकास के लिए नीतियां स्थापित करना सभी देशों के सामान्य हित में था। हमारा साझा भविष्य (Our Common Future) नामक रिपोर्ट 1987 में प्रकाशित हुई थी। रिपोर्ट में मानव पर्यावरण पर संयुक्त राष्ट्र सम्मेलन—**स्टॉकहोम सम्मेलन** (Stockholm Conference)—की भावना को पुनः प्राप्त करने का प्रयास किया गया, जिसमें औपचारिक राजनीतिक विकास क्षेत्र में पर्यावरण संबंधी चिंताओं को पेश किया था।

आयोग की रिपोर्ट के अनुसार, "सतत विकास वह विकास है जो भविष्य की पीढ़ियों की अपनी जरूरतों को पूरा करने की क्षमता से समझौता किए बिना वर्तमान की जरूरतों को पूरा करता है, सभी के लिए बेहतर जीवन स्तर, बेहतर संरक्षित और प्रबंधित पारिस्थितिकी तंत्र और एक सुरक्षित, अधिक समृद्ध भविष्य"।

ब्रंटलैंड रिपोर्ट में प्रस्तावित पर्यावरण और विकास नीतियों के महत्वपूर्ण उद्देश्य हैं:

- विकास को पुनर्जीवित करना
- विकास की गुणवत्ता बदलना
- नौकरियों, खाद्य ऊर्जा, पानी और स्वच्छता के लिए आवश्यक जरूरतों को पूरा करना
- जनसंख्या का स्थायी स्तर सुनिश्चित करना
- संसाधन आधार का संरक्षण और संवर्द्धन
- प्रौद्योगिकी का पुनः अभिविन्यास करना और जोखिम का प्रबंधन करना
- निर्णय लेने में पर्यावरण और अर्थशास्त्र का विलय।[6]

पृथ्वी की देखभाल (Caring for the Earth) की योजना 1991 में इंटरनेशनल यूनियन फॉर कंजर्वेशन ऑफ नेचर एंड नेचुरल रिसोर्सेज (आईयूसीएन) (International Union for the Conservation of Nature and Natural Resources— IUCN) द्वारा तैयार की गई थी और इसने सतत विकास के नौ सिद्धांतों की पहचान की थी। पृथ्वी की देखभाल से संबंधित प्राथमिक आवश्यकताएँ इस प्रकार हैं:

- सामुदायिक जीवन का सम्मान और देखभाल करें
- मानव जीवन की गुणवत्ता में सुधार लायें
- पृथ्वी की जीवन शक्ति और विविधता का संरक्षण करें
- अनवीकरणीय संसाधनों की कमी को कम करें
- पृथ्वी की वहन क्षमता (निष्कर्षण संसाधनों के पुनर्जनन की दर) के भीतर रखें
- व्यक्तिगत दृष्टिकोण और व्यवहार बदलें
- समुदायों को अपने पर्यावरण की देखभाल करने में सक्षम बनायें
- एक वैश्विक गठबंधन बनाएं।[7]

हमारा साझा भविष्य (Our Common Future)* के प्रकाशन और *पर्यावरण एवं विकास पर विश्व आयोग* (World Commission on Environment and Development) के काम ने 1992 के पृथ्वी शिखर सम्मेलन (Earth Summit) के आयोजन और एजेंडा 21 (Agenda 21), रियो घोषणा को अपनाने और सतत विकास पर आयोग की स्थापना के लिए आधार तैयार किया।

पर्यावरण और विकास पर संयुक्त राष्ट्र सम्मेलन (यूएनसीईडी) (United Nations Conference on Environment and Development—UNCED)(यूएनसीईडी को रियो शिखर सम्मेलन या पृथ्वी शिखर सम्मेलन भी कहा जाता है) 3 जून से 14 जून 1992 तक आयोजित किया गया था। इस शिखर सम्मेलन की मुख्य उपलब्धि **एजेंडा 21: भविष्य के लिए हरित पथ** (Agenda 21: Green Paths to the Future) या **1992 की रियो घोषणा** (Rio Declaration of 1992) थी। रियो घोषणा में दुनिया भर में भविष्य के सतत विकास का मार्गदर्शन करने के उद्देश्य से 27 सिद्धांत शामिल थे। रियो घोषणा में शामिल कुछ सिद्धांतों को तीसरी पीढ़ी के अधिकार के रूप में माना जा सकता है।

रियो घोषणा के सिद्धांत (Principles of Rio Declaration)

सिद्धांत 1 (PRINCIPLE 1)

सतत विकास की चिंताओं के केंद्र में मनुष्य हैं। वे प्रकृति के साथ सामंजस्य बिठाकर स्वस्थ और उत्पादक जीवन के हकदार हैं।

सिद्धांत 2 (PRINCIPLE 2)

संयुक्त राष्ट्र के चार्टर और अंतर्राष्ट्रीय कानून के सिद्धांतों के अनुसार, राज्यों को अपनी पर्यावरण और विकासात्मक नीतियों के अनुसार अपने स्वयं के संसाधनों का दोहन करने का संप्रभु अधिकार है, और यह सुनिश्चित करने की जिम्मेदारी है कि उनके अधिकार क्षेत्र या नियंत्रण के भीतर ऐसी गतिविधियां न हों जो राष्ट्रीय अधिकार क्षेत्र की सीमा से परे अन्य राज्यों या क्षेत्रों के पर्यावरण को नुकसान पहुंचाएं।

सिद्धांत 3 (PRINCIPLE 3)

विकास के अधिकार को पूरा किया जाना चाहिए ताकि वर्तमान और भविष्य की पीढ़ियों की विकासात्मक और पर्यावरणीय आवश्यकताओं को समान रूप से पूरा किया जा सके।

सिद्धांत 4 (PRINCIPLE 4)

सतत विकास प्राप्त करने के लिए, पर्यावरण संरक्षण विकास प्रक्रिया का एक अभिन्न अंग होगा और इसे इससे अलग नहीं माना जा सकता है।

सिद्धांत 5 (PRINCIPLE 5)

सभी राज्यों और सभी लोगों को सतत विकास के लिए एक अपरिहार्य आवश्यकता के रूप में गरीबी उन्मूलन के आवश्यक कार्य में सहयोग करना चाहिए, ताकि जीवन स्तर में असमानताओं को कम किया जा सके और दुनिया के अधिकांश लोगों की जरूरतों को बेहतर ढंग से पूरा किया जा सके।

सिद्धांत 6 (PRINCIPLE 6)

विकासशील देशों, विशेष रूप से सबसे कम विकसित और पर्यावरण की दृष्टि से सबसे कमजोर देशों की विशेष स्थिति और जरूरतों को विशेष प्राथमिकता दी जाएगी। पर्यावरण और विकास के क्षेत्र में अंतर्राष्ट्रीय कार्रवाइयों को सभी देशों के हितों और जरूरतों को भी संबोधित करना चाहिए।

---

* "Our Common Future", United Nations World Commission on Environment and Development; 1987.

सिद्धांत 7 (PRINCIPLE 7)

राज्य पृथ्वी के पारिस्थितिकी तंत्र के स्वास्थ्य और अखंडता के संरक्षण, सुरक्षा और बहाली के लिए वैश्विक साझेदारी की भावना से सहयोग करेंगे। वैश्विक पर्यावरणीय क्षरण में विभिन्न योगदानों को देखते हुए, राज्यों की सामान्य लेकिन अलग-अलग जिम्मेदारियाँ हैं। विकसित देशों को अपने समाज के वैश्विक पर्यावरण और उनके पास मौजूद प्रौद्योगिकियों और वित्तीय संसाधनों पर पड़ने वाले दबाव को देखते हुए सतत विकास की अंतर्राष्ट्रीय खोज में अपनी जिम्मेदारी स्वीकार करना चाहिए।

सिद्धांत 8 (PRINCIPLE 8)

सभी लोगों के लिए सतत विकास और जीवन की उच्च गुणवत्ता प्राप्त करने के लिए, राज्यों को उत्पादन और उपभोग के अस्थिर पैटर्न को कम करना और समाप्त करना चाहिए और उचित जनसांख्यिकीय नीतियों को बढ़ावा देना चाहिए।

सिद्धांत 9 (PRINCIPLE 9)

राज्यों को वैज्ञानिक और तकनीकी ज्ञान के आदान-प्रदान के माध्यम से वैज्ञानिक समझ में सुधार करके और नई और नवीन प्रौद्योगिकियों सहित प्रौद्योगिकियों के विकास, अनुकूलन, प्रसार और हस्तांतरण को बढ़ाकर सतत विकास के लिए अंतर्जात (endogenous) निर्माण क्षमता को मजबूत करने में सहयोग करना चाहिए।

सिद्धांत 10 (PRINCIPLE 10)

प्रासंगिक स्तर पर सभी संबंधित नागरिकों की भागीदारी से पर्यावरणीय मुद्दों को सबसे अच्छे तरीके से संभाला जाता है। राष्ट्रीय स्तर पर, प्रत्येक व्यक्ति को सार्वजनिक प्राधिकरणों द्वारा रखी गई पर्यावरण से संबंधित जानकारी तक उचित पहुंच होगी, जिसमें उनके समुदायों में खतरनाक सामग्रियों और गतिविधियों की जानकारी और निर्णय लेने की प्रक्रियाओं में भाग लेने का अवसर शामिल है। राज्य सूचना को व्यापक रूप से उपलब्ध कराकर जन जागरूकता और भागीदारी को सुविधाजनक और प्रोत्साहित करेंगे। निवारण और उपाय सहित न्यायिक और प्रशासनिक कार्यवाही तक प्रभावी पहुंच प्रदान की जाएगी।

सिद्धांत 11 (PRINCIPLE 11)

राज्य प्रभावी पर्यावरण कानून बनाएंगे। पर्यावरण मानकों, प्रबंधन उद्देश्यों और प्राथमिकताओं को उस पर्यावरणीय और विकासात्मक संदर्भ को प्रतिबिंबित करना चाहिए जिस पर वे लागू होते हैं। कुछ देशों द्वारा लागू मानक अनुपयुक्त हो सकते हैं और अन्य देशों, विशेषकर विकासशील देशों के लिए आर्थिक और सामाजिक रूप से अनुपयुक्त हो सकते हैं।

सिद्धांत 12 (PRINCIPLE 12)

राज्यों को एक सहायक और खुली अंतर्राष्ट्रीय आर्थिक प्रणाली को बढ़ावा देने के लिए सहयोग करना चाहिए जिससे सभी देशों में आर्थिक वृद्धि और सतत विकास हो सके, और पर्यावरणीय गिरावट की समस्याओं का बेहतर समाधान हो सके। पर्यावरणीय उद्देश्यों के लिए व्यापार नीति उपायों को मनमाने या अनुचित भेदभाव या अंतर्राष्ट्रीय व्यापार पर प्रच्छन्न प्रतिबंध का साधन नहीं बनाया जाना चाहिए। आयातक देश के अधिकार क्षेत्र के बाहर पर्यावरणीय चुनौतियों से निपटने के लिए एकतरफा कार्रवाई से बचना चाहिए। सीमा पार या वैश्विक पर्यावरणीय समस्याओं को संबोधित करने वाले पर्यावरणीय उपाय, जहां तक संभव हो, अंतर्राष्ट्रीय सहमति पर आधारित होने चाहिए।

सिद्धांत 13 (PRINCIPLE 13)

राज्य प्रदूषण और अन्य पर्यावरणीय क्षति के पीड़ितों के लिए दायित्व और मुआवजे के संबंध में राष्ट्रीय कानून विकसित करेंगे। राज्यों को अपने अधिकार क्षेत्र के भीतर या अपने अधिकार क्षेत्र से बाहर के क्षेत्रों में गतिविधियों के कारण होने वाली पर्यावरणीय क्षति के प्रतिकूल प्रभावों के लिए दायित्व और मुआवजे के संबंध में आगे के अंतर्राष्ट्रीय कानून को विकसित करने के लिए शीघ्रकारी और अधिक दृढ़ तरीके से सहयोग करना चाहिए।

सिद्धांत 14 (PRINCIPLE 14)

राज्यों को किसी भी ऐसी गतिविधियों और पदार्थों के अन्य राज्यों में स्थानांतरण को हतोत्साहित करने या रोकने के लिए प्रभावी ढंग से सहयोग करना चाहिए जो गंभीर पर्यावरणीय गिरावट का कारण बनते हैं या मानव स्वास्थ्य के लिए हानिकारक पाए जाते हैं।

सिद्धांत 15 (PRINCIPLE 15)

पर्यावरण की रक्षा के लिए राज्यों द्वारा अपनी क्षमताओं के अनुसार एहतियाती दृष्टिकोण व्यापक रूप से लागू किया जाएगा। जब गंभीर या अपरिवर्तनीय क्षति का खतरा हो जिसे सुधारा ना जा सके, तब पूर्ण वैज्ञानिक निश्चितता की कमी के बावजूत पर्यावरणीय की रक्षा के लिए जो भी लागत-कुशल (cost-effective) उपाय हों किए जाने चाहिए।

सिद्धांत 16 (PRINCIPLE 16)

राष्ट्रीय अधिकारियों को पर्यावरणीय लागतों के आंतरिककरण और आर्थिक उपकरणों के उपयोग को बढ़ावा देने का प्रयास करना चाहिए, इस दृष्टिकोण को ध्यान में रखते हुए कि प्रदूषक को, सिद्धांत रूप में, सार्वजनिक हित को ध्यान में रखते हुए और अंतर्राष्ट्रीय व्यापार और निवेश को विकृत किए बिना, प्रदूषण की लागत वहन करनी चाहिए।

सिद्धांत 17 (PRINCIPLE 17)

एक राष्ट्रीय साधन के रूप में, पर्यावरणीय प्रभाव मूल्यांकन उन प्रस्तावित गतिविधियों के लिए किया जाएगा जिनका पर्यावरण पर महत्वपूर्ण प्रतिकूल प्रभाव पड़ने की संभावना है और जो एक सक्षम राष्ट्रीय प्राधिकरण के निर्णय के अधीन हैं।

सिद्धांत 18 (PRINCIPLE 18)

राज्य किसी भी प्राकृतिक आपदा या अन्य आपात स्थिति के बारे में अन्य राज्यों को तुरंत सूचित करेंगे, जो उन राज्यों के पर्यावरण पर अचानक हानिकारक प्रभाव उत्पन्न करने की संभावना है। इतने पीड़ित राज्यों की मदद के लिए अंतर्राष्ट्रीय समुदाय द्वारा हर संभव प्रयास किया जाएगा।

सिद्धांत 19 (PRINCIPLE 19)

राज्य उन गतिविधियों पर संभावित रूप से प्रभावित राज्यों को पूर्व और समय पर अधिसूचना और प्रासंगिक जानकारी प्रदान करेंगे जिनका महत्वपूर्ण प्रतिकूल पर्यावरणीय प्रभाव सीमा पार हो सकता है और प्रारंभिक चरण में और अच्छे विश्वास के साथ उन राज्यों के साथ परामर्श करेंगे।

सिद्धांत 20 (PRINCIPLE 20)

पर्यावरण प्रबंधन एवं विकास में महिलाओं की महत्वपूर्ण भूमिका है। इसलिए, सतत विकास हासिल करने के लिए उनकी पूर्ण भागीदारी आवश्यक है।

सिद्धांत 21 (PRINCIPLE 21)

सतत विकास हासिल करने, सभी के लिए बेहतर भविष्य सुनिश्चित करने और वैश्विक साझेदारी बनाने के लिए दुनिया के युवाओं की रचनात्मकता, आदर्शों और साहस को प्रोत्साहित किया जाना चाहिए।

सिद्धांत 22 (PRINCIPLE 22)

स्वदेशी लोगों और उनके समुदायों तथा अन्य स्थानीय समुदायों की अपने ज्ञान और पारंपरिक प्रथाओं के कारण पर्यावरण प्रबंधन और विकास में महत्वपूर्ण भूमिका है। राज्यों को उनकी संस्कृति और हितों को पहचानना चाहिए और उनका उचित समर्थन करना चाहिए और सतत विकास की उपलब्धि में उनकी प्रभावी भागीदारी को सक्षम करना चाहिए।

सिद्धांत 23 (PRINCIPLE 23)

उत्पीड़न, वर्चस्व और कब्जे से प्रभावित लोगों के पर्यावरण और प्राकृतिक संसाधनों की रक्षा की जाएगी।

सिद्धांत 24 (PRINCIPLE 24)

युद्ध स्वाभाविक रूप से सतत विकास के लिए विनाशकारी है। इसलिए, राज्यों को सशस्त्र संघर्ष के समय में पर्यावरण की सुरक्षा प्रदान करने वाले अंतर्राष्ट्रीय कानून का सम्मान करना चाहिए और आवश्यकतानुसार इसके आगे के विकास में सहयोग करना चाहिए।

सिद्धांत 25 (PRINCIPLE 25)

शांति, विकास और पर्यावरण संरक्षण एक दूसरे पर निर्भर और अविभाज्य हैं।

सिद्धांत 26 (PRINCIPLE 26)

राज्य अपने सभी पर्यावरणीय विवादों को संयुक्त राष्ट्र के चार्टर के अनुसार शांतिपूर्वक और उचित तरीकों से हल करेंगे।

सिद्धांत 27 (PRINCIPLE 27)

राज्य और लोग इस घोषणा में सन्निहित सिद्धांतों की पूर्ति और सतत विकास के क्षेत्र में अंतर्राष्ट्रीय कानून के आगे के विकास में सद्भावना और साझेदारी की भावना से सहयोग करेंगे।[8]

आगे चलकर एक और शिखर सम्मेलन, '*सामाजिक विकास के लिए संयुक्त राष्ट्र विश्व शिखर सम्मेलन*' (United Nations World Summit for Social Development), गरीबी में कमी, सामाजिक विघटन और रोजगार के मुद्दों पर चर्चा करने के लिए 1995 में कोपेनहेगन में आयोजित किया गया था। लेकिन उत्तर और दक्षिण के देशों के बीच मतभेद के कारण कोई इसमें सफलता नहीं मिल पाई। ऋण, संरचनात्मक व्यवस्था, बहुराष्ट्रीय कंपनियों के विनियमन और ब्रेटन वुड्स संस्थानों (Bretton Woods Institutions) में सुधार जैसे मुद्दों पर असहमति थी। इसलिए, अंतर-सरकारी *शिखर सम्मेलन घोषणा और कार्रवाई कार्यक्रम* (Summit Declaration and Programme of Action) में इन मुद्दों का केवल संक्षिप्त संदर्भ शामिल था।

इस प्रकार, यह स्पष्ट है कि विकास के बारे में मुख्यधारा की सोच में काफी बदलाव आया है। आर्थिक विकास से सतत विकास की ओर भी उत्साहजनक बदलाव आया है। हालाँकि, इससे रूढ़िवादी विकास प्रतिमान द्वारा प्राप्त प्रमुख स्थिति में कोई बदलाव नहीं आया है। विकास के वैकल्पिक मॉडल के मुख्य मूल्यों को अधिक विश्वसनीय और स्वीकार्य बनाने के लिए एक लंबा और सतत संघर्ष शुरू करना होगा। इसलिए, कुछ विद्वानों की राय है कि सतत विकास की दीर्घकालिक विश्वसनीयता सुनिश्चित करने के लिए उसके समर्थकों को निम्नांकित मुद्दों पर ध्यान केंद्रित करना होगा:

- आर्थिक विकास पर ध्यान केंद्रित करने के प्रलोभन को अस्वीकार करें।
- 'नव-शास्त्रीय अर्थशास्त्र की आंतरिक विसंगतियों और अपर्याप्तताओं' को पहचानें और आर्थिक विश्लेषणों को पुनर्निर्देशित करें।
- गरीबी और पर्यावरणीय गिरावट के संरचनात्मक, तकनीकी और सांस्कृतिक कारणों को स्वीकार करें।
- इस बात को समझें कि सतत विकास के कई आयाम हैं।
- "पता लगाएं कि संसाधन मांग के कौन से पैटर्न और स्तर पारिस्थितिक या सामाजिक स्थिरता के विभिन्न रूपों या स्तरों और समानता और न्याय की विभिन्न धारणाओं के साथ संगत होंगे"।[9]

फिर भी, विकास के वैकल्पिक दृष्टिकोण ने विकास के रूढ़िवादी दृष्टिकोण में गंभीर परिवर्तन और संशोधन किए हैं और भविष्य में, यह एक स्पष्ट अवधारणा का प्रतिनिधित्व करने में सक्षम हो सकता है और विकास प्रक्रिया के भीतर एक मजबूत स्थिति प्राप्त कर सकता है।

रियो + 20-सतत विकास पर संयुक्त राष्ट्र सम्मेलन, 13–22 जून 2012 (Rio + 20-United Nations Conference on Sustainable Development, 13–22 June 2012)

पर्यावरण और विकास पर संयुक्त राष्ट्र सम्मेलन (यूएनसीईडी)(United Nations Conference on Environment and Development—UNCED)(यूएनसीईडी और इसे रियो शिखर सम्मेलन या पृथ्वी शिखर सम्मेलन भी कहा जाता है) 3–14 जून 1992 के दौरान आयोजित किया गया था। इस शिखर सम्मेलन की मुख्य उपलब्धि एजेंडा 21: भविष्य के लिए हरित पथ या 1992 की रियो घोषणा थी। *रियो घोषणा में दुनिया भर में भविष्य के सतत विकास का मार्गदर्शन करने के उद्देश्य से 27 सिद्धांत शामिल थे।* रियो घोषणा में शामिल कुछ सिद्धांतों को तीसरी पीढ़ी के अधिकार के रूप में माना जा सकता है। [अध्याय 14, पृष्ठ 329-332 देखें]

रियो + 20 (Rio + 20), 1992 के रियो पृथ्वी शिखर सम्मेलन/पर्यावरण और विकास पर संयुक्त राष्ट्र सम्मेलन (यूएनसीईडी) (United Nations Conference on Environment and Development—UNCED) और जोहान्सबर्ग में 2002 में सतत विकास पर विश्व शिखर सम्मेलन (डब्लूएसएसडी) (World Summit on Sustainable Development—WSSD) की 10वीं वर्षगांठ का 20-वर्षीय अनुवर्ती था। इसकी मेजबानी 13–22 जून 2012 तक ब्राजील द्वारा रियो डी जनेरियो (Rio de Janeiro) में की गई थी।

रियो+20 शिखर सम्मेलन (Rio + 20 Summit) दो विषयों पर केंद्रित था: सतत विकास और गरीबी उन्मूलन के संदर्भ में एक हरित अर्थव्यवस्था और सतत विकास के लिए संस्थागत ढांचा। सम्मेलन में नौकरियों, ऊर्जा, शहरों, भोजन, पानी, महासागरों और आपदाओं जैसे महत्वपूर्ण मुद्दों और उनसे निपटने की तैयारियों पर ध्यान केंद्रित किया गया।

रियो+20 (Rio + 20) का परिणाम दस्तावेज़ वह भविष्य है जो हम सभी हितधारकों के लिए और उनके साथ चाहते हैं, जो बहु-हितधारक साझेदारी अनुबंध को फिर से परिभाषित करता है (*The Future We Want By, For and With All Stakeholders Redefining the Multi-Stakeholder Partnership Contract*)। हम जो भविष्य चाहते हैं वह सतत विकास लक्ष्यों को स्थापित करने की प्रक्रिया पर जोर देता है; सतत विकास हासिल करने के लिए हरित अर्थव्यवस्था को एक उपकरण के रूप में कैसे इस्तेमाल किया जा सकता है, इसका विवरण देना; संयुक्त राष्ट्र पर्यावरण कार्यक्रम (यूएनईपी) (UN Environment Programme—UNEP) को मजबूत करना; कॉर्पोरेट स्थिरता रिपोर्टिंग उपायों को बढ़ावा देना; किसी देश की भलाई का आकलन करने के लिए सकल घरेलू उत्पाद से आगे जाने के लिए कदम उठाना; सतत विकास वित्तपोषण के लिए एक रणनीति विकसित करना; और, टिकाऊ खपत और उत्पादन से निपटने के लिए एक रूपरेखा अपनाना। इसके साथ ही, दस्तावेज़ लैंगिक समानता स्थापित करने के महत्व पर भी ज़ोर देता है; सतत विकास पर स्वैच्छिक प्रतिबद्धताओं के महत्व को पहचानना; और अन्य बिंदुओं के बीच नागरिक समाज को शामिल करने और विज्ञान को नीति में शामिल करने की आवश्यकता पर बल देता है।

रियो +20 (Rio + 20) ने सभी स्तरों पर हितधारकों को शामिल करने की अवधारणा पर जोर दिया, जिससे उन निर्णयों में लाभ होगा जो तदर्थ होने के बजाय भागीदारीपूर्ण होंगे। सरकार और हितधारकों के बीच साझेदारी पृथ्वी पर पर्यावरण और जीवन की व्यवहार्यता, समानता और स्थिरता सुनिश्चित करेगी। रियो +20 सम्मेलन में भाग लेने वाले देशों द्वारा उस तरीके पर पुनर्विचार और पुनर्परिभाषित करने का एक

अभ्यास था जिसमें सभी हितधारक सरकारी प्रक्रियाओं के सभी स्तरों पर शामिल हो सकते हैं, और निर्णयों को आकार दे सकते हैं।

रियो +20 का अनुवर्ती सतत विकास के लिए 2030 एजेंडा है। इसकी विशिष्टता ही इसकी सार्वभौमिकता है। इसका मतलब यह है कि यह विकास के विभिन्न स्तरों वाले सभी देशों पर लागू होता है। यह वैश्विक साझेदारी के आधार पर साझा जिम्मेदारियों और पारस्परिक जवाबदेही पर केंद्रित है। 2030 एजेंडा में 17 सतत विकास लक्ष्य (एसडीजी) (Sustainable Development goals—SDGs) और 169 लक्ष्य शामिल थे। राज्यों और सरकारों के प्रमुखों ने सतत विकास पर संयुक्त राष्ट्र शिखर सम्मेलन में 25 सितंबर, 2015 को *सतत विकास के लिए ट्रांसफॉर्मिंग आवर वर्ल्ड: 2030 एजेंडा* (Transforming Our World: The 2030 Agenda for Sustainable Development) को अपनाया। वर्ष 2019 में, सतत विकास की दिशा में काम करने और 2030 तक लक्ष्यों को प्राप्त करने के लिए एक दशक की कार्रवाई का आह्वान किया गया था।

सतत विकास लक्ष्य में गरीबी उन्मूलन, भुखमरी, अच्छा स्वास्थ्य सुनिश्चित करना, कल्याण, शिक्षा, स्वच्छ पानी और स्वच्छता, सस्ती और स्वच्छ ऊर्जा, अच्छा कार्य और आर्थिक विकास, उद्योग, असमानता को कम करना, टिकाऊ शहर और समुदाय, जिम्मेदार उपभोग और उत्पादन, जलवायु कार्रवाई, पानी के नीचे जीवन, जमीन पर जीवन, शांति, न्याय और मजबूत संस्थाएं और लक्ष्यों के लिए साझेदारी शामिल हैं॥

लिंग और विकास: जीडीआई, जीआईआई और जीईएम (Gender and Development: GDI, GII and GEM)

सहस्राब्दी विकास लक्ष्य (एमडीजी) (Millennium Development Goals—MDGs) लैंगिक समानता और महिला सशक्तीकरण को बरकरार रखते हैं और इसे प्राप्त करने के लिए लक्ष्यों की पहचान की गई है। लैंगिक शिक्षा पर मिलेनियम प्रोजेक्ट टास्क फोर्स (Millennium Project Task Force) ने एक रूपरेखा विकसित की है जिसमें बताया गया है कि प्रत्येक सहस्राब्दी विकास लक्ष्य के लिए लैंगिक समानता इतनी महत्वपूर्ण क्यों है। टास्क फोर्स की तर्ज पर रूपरेखा तालिका 14.1 में प्रदान की गई है।

मानव विकास सूचकांक (एचडीआई) (Human Development Index—HDI) ने आर्थिक के अलावा अन्य कारकों या संकेतकों पर विचार करके विकास को एक नया आयाम दिया। एचडीआई घटकों में मानव विकास के बुनियादी आयाम-स्वास्थ्य, ज्ञान और जीवन स्तर शामिल हैं। हालाँकि, एचडीआई पुरुषों और महिलाओं के बीच विकास की असमानता को प्रकट नहीं करता है। इसलिए, एचडीआई के उन्हीं घटकों को ध्यान में रखते हुए, संयुक्त राष्ट्र विकास कार्यक्रम ने 1995 में अपनी रिपोर्ट में एक **लिंग विकास सूचकांक (जीडीआई)** (Gender Development Index—GDI) तैयार किया। जीडीआई एचडीआई की समान पद्धति का उपयोग करके महिलाओं और पुरुषों के लिए अलग-अलग गणना की गई एचडीआई का अनुपात है। यह लिंग अंतर का एक सीधा माप है जो महिला एचडीआई को पुरुष एचडीआई के प्रतिशत के रूप में दर्शाता है। लिंग अंतर से उनके पुरुष समकक्षों की तुलना में तीन संकेतक क्षेत्रों, यानी स्वास्थ्य, ज्ञान और जीवन स्तर में महिलाओं के अविकसित प्रतिशत का पता चलता है। लिंग विकास सूचकांक का एक आरेखीय विवरण चित्र 14.1 में दिया गया है।

तालिका 14.1 एमडीजी और लैंगिक समानता का दृष्टिकोण

एमडीजी	लैंगिक समानता का महत्व
लक्ष्य 1: अत्यधिक गरीबी और भुखमरी को मिटाना	महिलाओं के स्वास्थ्य और पोषण संबंधी मुद्दों को संबोधित करने और उन्हें बुनियादी सुविधाओं तक पहुंच प्रदान करने से आर्थिक गतिविधि, उत्पादकता और कल्याण में वृद्धि होगी।
लक्ष्य 2: सार्वभौमिक प्राथमिक शिक्षा प्रदान करना	महिलाओं की प्राथमिक शिक्षा को संबोधित करने से उन्हें प्रजनन क्षमता, सार्वजनिक डोमेन, बच्चों की शिक्षा, स्वास्थ्य और पोषण मूल्यों से संबंधित मुद्दों पर अधिक निर्णय लेने में मदद मिलेगी।
लक्ष्य 3: लैंगिक समानता को बढ़ावा देना और महिलाओं को सशक्त बनाना	लैंगिक समानता और सशक्तिकरण के लक्ष्य को संबोधित करने से लिंग संबंधी समस्याओं को हल करने और लैंगिक अंतर को पाटने में स्वचालित रूप से मदद मिलेगी।
लक्ष्य 4: बाल मृत्यु दर कम करना	महिला शिक्षा और सशक्तिकरण के लक्ष्यों को संबोधित करने से बाल मृत्यु दर को कम करने में मदद मिलेगी।
लक्ष्य 5: मातृ स्वास्थ्य में सुधार	महिलाओं की शिक्षा, स्वास्थ्य, पोषण के साथ-साथ सशक्तिकरण के लक्ष्यों को संबोधित करने से मातृ मृत्यु दर में कमी आएगी।
लक्ष्य 6: एचआईवी/एड्स, मलेरिया और अन्य बीमारियों से मुकाबला	आर्थिक स्वतंत्रता, सुरक्षित यौन संबंध के लिए बातचीत करने की क्षमता में वृद्धि, यौन संबंधों के बारे में जागरूकता बढ़ाने से एचआईवी/एड्स को रोकने में मदद मिलेगी। महामारी संबंधी बीमारियों के बारे में ऐसी ही जागरूकता बड़े पैमाने पर उनके प्रकोप को रोक सकती है।
लक्ष्य 7: पर्यावरणीय स्थिरता सुनिश्चित करना	लैंगिक-समान संपत्ति और संसाधन स्वामित्व नीतियां महिलाओं को स्थायी तरीके से उनका प्रबंधन करने में सक्षम बनाएंगी।
लक्ष्य 8: विकास के लिए वैश्विक साझेदारी विकसित करना	राजनीतिक क्षेत्र में अधिक लैंगिक समानता के साथ लिंग-संवेदी विकास के लिए वैश्विक साझेदारी विकसित करने से विकास सहयोग में अधिक निवेश को बढ़ावा मिलेगा।

[*Source:* Adapted from Grown et el., 2005][10]

लिंग विकास सूचकांक की गणना वर्तमान में 166 देशों के लिए की जाती है जिन्हें एचडीआई मूल्यों में लिंग समानता से पूर्ण विचलन के आधार पर पांच श्रेणियों में बांटा गया है: [1] बहुत उच्च मानव विकास, [2] उच्च मानव विकास, [3] मध्यम मानव विकास, [4] निम्न मानव विकास और [5] अन्य देश या क्षेत्र।

लिंग विकास सूचकांक के साथ-साथ, लैंगिक असमानता की गणना के लिए उपयोग किया जाने वाला एक अन्य उपाय लैंगिक असमानता सूचकांक (जीआईआई) (Gender Inequality Index—GII) है। जीआईआई को यूएनडीपी द्वारा 2010 में 20वीं वर्षगांठ संस्करण में मानव विकास रिपोर्ट में पेश किया गया था। यह मानव विकास के तीन महत्वपूर्ण पहलुओं में लैंगिक असमानता को मापता है—[1] प्रजनन स्वास्थ्य, मातृ मृत्यु अनुपात और किशोर जन्म दर द्वारा मापा जाता है, [2] सशक्तिकरण, महिलाओं द्वारा ग्रहीत संसदीय सीटों के अनुपात और वयस्क महिलाओं और वृद्ध पुरुषों कम से कम कुछ माध्यमिक शिक्षा के साथ 25 वर्ष और अधिक आयु के अनुपात द्वारा मापा जाता है। और [3] आर्थिक स्थिति को श्रम बाजार भागीदारी के रूप में व्यक्त किया जाता है और 15 वर्ष और उससे अधिक आयु की महिला और पुरुष आबादी की श्रम बल भागीदारी दर द्वारा मापा जाता है। लैंगिक असमानता सूचकांक मूल्य जितना अधिक

होगा, महिलाओं और पुरुषों के बीच असमानताएं उतनी ही अधिक होंगी, जिससे लिंग के आधार पर मानव विकास कम होगा। लैंगिक असमानता सूचकांक का एक आरेखीय विवरण चित्र 14.2 में दिया गया है।

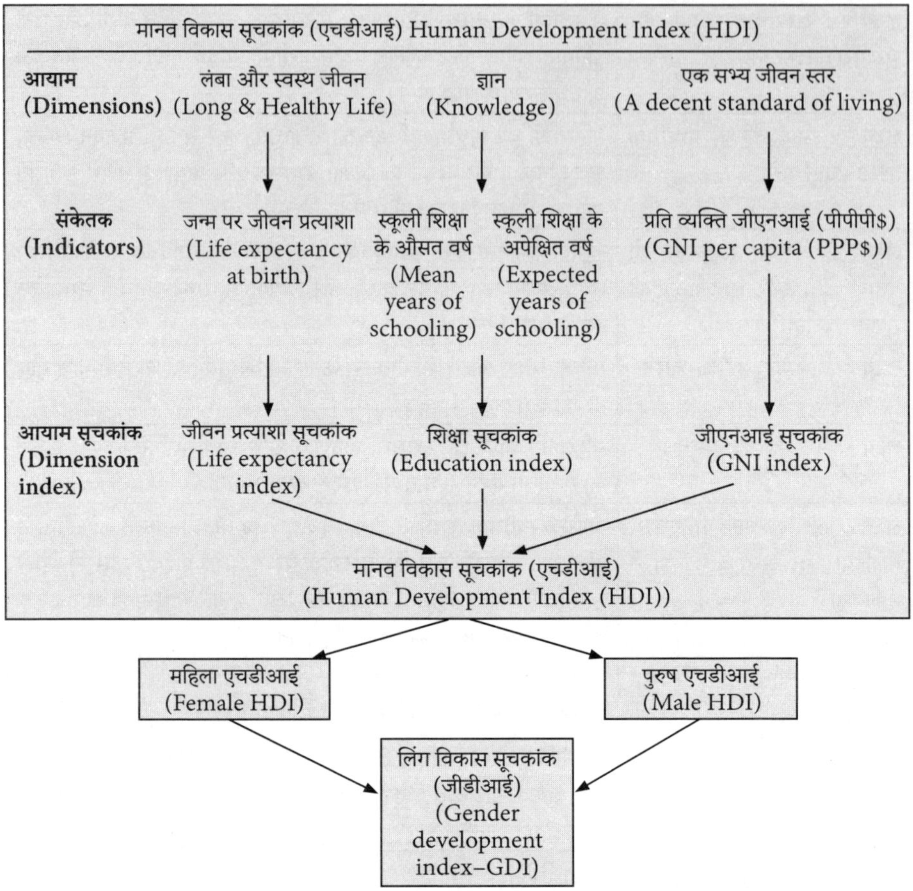

चित्र 14.1 लिंग विकास सूचकांक (जीडीआई) (Gender Development Index (GDI)।

[*Source:* Adapted from UNDP]

लिंग सशक्तिकरण माप (जीईएम) (Gender Empowerment Measure—GEM) भी 1995 की यूएनडीपी मानव विकास रिपोर्ट द्वारा पेश किया गया था। इसमें संकेतक के रूप में गैर-कृषि मजदूरी, लिंग के आधार पर संसदीय सीटों का प्रतिशत, महिलाओं द्वारा ग्रहीत तकनीकी पदों का प्रतिशत और विधायकों, वरिष्ठ अधिकारियों और प्रबंधकों के प्रतिशत जो महिलाएं हैं, के आधार पर अनुमानित अर्जित आय का उपयोग किया जाता है। लिंग सशक्तिकरण माप में जिन तीन आयामों पर विचार किया गया है वे हैं [1] राजनीतिक भागीदारी और निर्णय लेना, [2] आर्थिक भागीदारी और निर्णय लेना और आर्थिक संसाधनों पर स्वामित्व। सूचकांक 0 से 1 तक चलता है जिसमें 1 अधिकतम होता है, उच्च अंक हमेशा वांछनीय होता है।

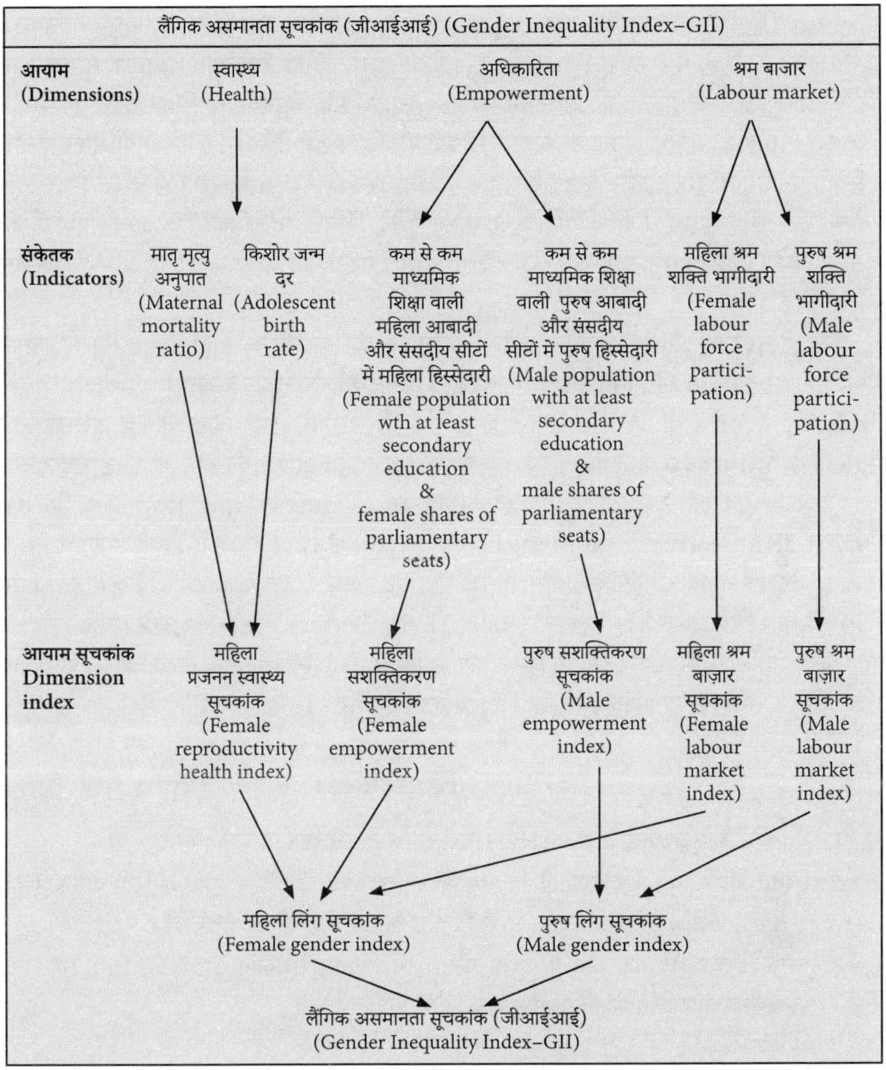

चित्र 14.2 लिंग असमानता सूचकांक (जीआईआई) (Gender Inequality Index—GII)। [*Source:* Adapted from UNDP]

यदि हम भारत के मामले और प्रत्येक श्रेणी में इसकी रैंकिंग या मूल्यों पर विचार करें तो हम भारत में लिंग अंतर का आकलन कर सकते हैं। मानव विकास रिपोर्ट 2015 के अनुसार एचडीआई के मामले में भारत 130वें स्थान पर है। लिंग विकास सूचकांक का मान 0.795 है और यह जीडीआई समूहों के समूह 5 के अंतर्गत आता है। लैंगिक असमानता सूचकांक का मान 0.563 था जो चित्र 14.2 में दिखाए गए संकेतकों और सूचकांकों में पुरुष और महिला के बीच बड़ी असमानता दर्शाता है। संसद में महिला भागीदारी का प्रतिशत 10.5% है।

वर्ष 2016 में एक उल्लेखनीय विकास हुआ। 8 मार्च, जिसे हर 'साल अंतर्राष्ट्रीय महिला' दिवस के रूप में मनाया जाता है, में 8 मार्च, 2016 को संयुक्त राष्ट्र द्वारा 'लैंगिक समानता' की दिशा में काम करने और उसे प्राप्त करने की प्रतिज्ञा को अपनाया गया। अंतर्राष्ट्रीय महिला दिवस के लिए 2016 की थीम थी प्लेनेट 50–50 वाई 2030: लैंगिक समानता के लिए आगे बढ़ें"। 24 मार्च 2016 को आयोजित महिलाओं की स्थिति पर संयुक्त राष्ट्र आयोग के 60वें सत्र ने एजेंडा 2030 (Agenda 2030) के लिंग-उत्तरदायी कार्यान्वयन के लिए सदस्य राज्यों की प्रतिबद्धता की पुष्टि की, जिसमें सतत विकास के अन्य लक्ष्यों के बीच सबसे महत्वपूर्ण 'लैंगिक समानता' (gender equality) पर प्रकाश डाला गया जिसे प्राप्त किया जाना अभी बाकी है।

जैसा कि हर साल अंतर्राष्ट्रीय महिला दिवस के लिए एक थीम घोषित करने की संयुक्त राष्ट्र की सामान्य प्रथा है, 2017 की थीम थी वीमेन इन द चेंजिंग वर्ल्ड ऑफ वर्कः प्लेनेट 50–50 (Women in the Changing World of Work: Planet 50-50 by 2030)। यह विषय वैश्विक श्रम शक्ति में महिलाओं के निराशाजनक प्रतिनिधित्व की ओर इशारा करता है। 2018 की थीम थी "टाइम इज नाऊः रूरल एंड अरबन एक्टिविस्ट्स ट्रान्सफार्मिंग वीमेन्स लाइव्स" ("Time is Now: Rural and Urban Activists Transforming Women's Lives")। इसमें यौन उत्पीड़न, स्त्री-हत्या, समान वेतन और महिलाओं के राजनीतिक प्रतिनिधित्व जैसे लैंगिक मुद्दों पर प्रकाश डाला गया। अंतर्राष्ट्रीय महिला दिवस 2019 की थीम 'बेहतरी के लिए संतुलन' (Balance for Better) थी। इसका उद्देश्य जीवन के सभी क्षेत्रों में लिंग संतुलित दुनिया की दिशा में काम करना था। थीम में अंतर्निहित महत्व सतत विकास प्राप्त करने के लिए लैंगिक समानता सुनिश्चित करने की आवश्यकता पर जोर है।

अभ्यास (Exercises)

1. विकास के उदारवादी और वैकल्पिक विचारों की अवधारणा पर चर्चा करें।
2. सतत विकास की अवधारणा के विकास की रूपरेखा प्रस्तुत करें। 1992 की रियो घोषणा (Rio Declaration) में प्रतिपादित सतत विकास के 27 सिद्धांतों पर चर्चा करें।
3. निम्नलिखित अवधारणाओं पर चर्चा करें: लिंग विकास सूचकांक (GDI), लिंग असमानता सूचकांक और लिंग सशक्तिकरण माप (GEM)।

संदर्भ (References)

[1] Toussaint, Eric, *The World Bank: A Never Ending Coup D'état, The Hidden Agenda of Washington Consensus*, Vikas Adhyan Kendra, Mumbai, 2007, pp. 158–159.
[2] Schuurman, Frans J., *Beyond the Impasse: New Direction in Development Theory*, Zed Books, London, 1993, pp. 1–9.
[3] Thomas, Caroline, "Poverty, Development, and Hunger" *in* John Baylis and Steve Smith (Eds.), *The Globalization of World Politics*, Oxford University Press, London, 1997, pp. 456–457.
[4] *ibid.*, p. 460.
[5] Schuurman, *op. cit.*, n. 2, p. 208.
[6] Schuurman, *op. cit.*, n. 2, p. 212.
[7] Schuurman, *op. cit.*, n. 2, p. 218.

[8] Annex 1 of Report of the United Nations Conference on Environment and Development (Rio de Janeiro, 3–14 June 1992).

[9] Schuurman, *op. cit.*, n. 2, p. 218.

[10] Grown, C., Rao Gupta, G. and Kes, A (2005) *Taking Action: Achieving Gender Equality and Empowering Women*, UN Millennium Project Task Force on Education and Gender Equality, London and Sterling, VA, Earthscan *http://www.unmillenniumproject.org/documents/Gender-complete.pdf*

15

मानवाधिकार (Human Rights)

अंतर्वस्तु (Contents)

परिचय (*Introduction*)

डेविड ह्यूम (David Hume) का विचार था कि "उन सभी जीवों में से जिनके साथ यह दुनिया आबाद है, मनुष्य की तुलना में ऐसा कोई भी नहीं है जिसके प्रति, पहली नज़र में, प्रकृति ने अधिक क्रूरता बरती हो, उसने उसे अनगिनत इच्छाओं और आवश्यकताओं से लाद दिया है, और इन आवश्यकताओं को पूरा करने के लिए बहुत कम साधन प्रदान किये हैं।"[1] इस अवलोकन से यह स्पष्ट है कि मनुष्य को न केवल समाज से, बल्कि अपनी इच्छाओं को पूरा करने के लिए अपने साथी मनुष्यों से भी सुरक्षा की आवश्यकता है, जो मनुष्य के लिए कुछ 'अधिकारों' को अनिवार्य रूप से आवश्यक बनाती है। इसलिए, इस आग्रह से मनुष्य के अधिकारों को देखने का एक बिल्कुल नया तरीका सामने आया, जिसे मानवाधिकार के रूप में पहचाना गया। ये वर्तमान में कई अंतर्राष्ट्रीय संधियों, घोषणाओं और चार्टरों के साथ-साथ दुनिया के राज्यों के कई संवैधानिक प्रावधानों में भी शामिल हैं।

मानवाधिकार का विकास (Evolution of Human Rights)

अधिकारों की अवधारणा कोई नई बात नहीं है और इसकी उत्पत्ति यूरोप, विशेष रूप से ग्रेट ब्रिटेन, फ्रांस और संयुक्त राज्य अमेरिका में उदार लोकतांत्रिक परंपरा की दार्शनिक नींव में देखी जा सकती है। मानव अधिकारों को थोरो (Thoreau)* के ग्रंथ *सिविल डिसओबीडिंएस* (*Civil Disobedience*) में, अंग्रेजी दार्शनिक जॉन स्टुअर्ट मिल (John Stuart Mill) के निबंध *ऑन लिबर्टी* (*On Liberty*, 1859) में और अमेरिकी राजनीतिक सिद्धांतकार थॉमस पेन (Thomas Paine) के निबंध *द राइट्स ऑफ मैन* (*The Rights of Man*, 1791) में दार्शनिक उपचार मिला। लेकिन उससे पहले सुधार और तर्क के

* Henry David Thoreau, *Civil Disobedience*, an essay published in 1849.

युग (पुनर्जागरण (Renaissance), प्यूरिटन क्रांति (*Puritan Revolution*) और सत्रहवीं शताब्दी की गौरवशाली क्रांति (Glorious Revolution) में, हॉब्स (Hobbes) के *लेविथान* (*Leviathan*) (1651) में, लॉक (Locke) के *टू ट्रीटाइजेज आन गवर्नमेंट* (*Two Treatises on Government*) (1689) में, और रूसो (Rousseau) ने अपने *कॉन्ट्रैक्ट सोशल* (*Contract Sociale*) (1762) में *वॉक्स पॉपुली* (*vox populi*) या *जनरल विल* (*General Will*) की अपनी धारणा के माध्यम से मनुष्य के अधिकारों के मुद्दे पर दार्शनिकों का योगदान भी देखा गया । इन दार्शनिकों द्वारा प्रतिपादित विचारों ने अंतर्राष्ट्रीय, राष्ट्रीय और क्षेत्रीय स्तरों पर मानवाधिकार दस्तावेजों, घोषणाओं, सम्मेलनों और संधियों के निर्माण को काफी हद तक प्रभावित किया।

मानव अधिकारों पर सबसे शुरुआती दस्तावेजों में से एक *मैग्ना कार्टा* (*Magna Carta*) था, जिसे 1215 में अंग्रेजी बैरन (English Barons) द्वारा किंग जॉन (King John) पर थोपा गया था। *मैग्ना कार्टा* (*Magna Carta*) में साथियों की जूरी द्वारा सुनवाई, सामंती जबरन श्रम की समाप्ति, मुआवजे के बिना संपत्ति की जब्ती नहीं, कानून के समक्ष सभी की समानता और मुक्त प्रवास का अधिकार जैसे सिद्धांत शामिल थे। इसने उन विधवाओं के लिए, जिनके पास संपत्ति थी, पुनर्विवाह न करने का अधिकार और उचित प्रक्रिया के सिद्धांतों की स्थापना की। इसमें रिश्वतखोरी और आधिकारिक कदाचार पर रोक लगाने वाले प्रावधान भी शामिल थे।[2]

लगभग एक सदी बाद, 1776 में, उत्तरी अमेरिका में अधिकांश ब्रिटिश उपनिवेश, जिन्होंने, "*द अमेरिकन डिक्लेरेशन ऑफ़ इंडिपेंडेंस*" (*The American Declaration of Independence*) दस्तावेज़ में ब्रिटिश साम्राज्य से अपनी स्वतंत्रता की घोषणा की, ने प्राकृतिक अधिकारों के संदर्भ में कहा, कि "हम इस सत्य को धारण करते है कि सभी मनुष्य समान बनाए गए हैं, कि उन्हें उनके निर्माता ने कुछ अपरिहार्य अधिकारों से संपन्न किया है, इनमें जीवन, स्वतंत्रता और खुशी की खोज शामिल है"। इसमें आगे कहा गया है, "इन अधिकारों को सुरक्षित करने के लिए मनुष्यों के बीच सरकारों की स्थापना की जाती है जो शासितों की सहमति से अपनी उचित शक्तियाँ प्राप्त करती हैं; कि जब भी सरकार का कोई भी रूप इन उद्देश्यों के लिए विनाशकारी हो जाता है, तो उसे बदलना या समाप्त करना लोगों का अधिकार है"।[3] यह लॉक (Locke) के प्रतिरोध के विचार का प्रतिबिंब था, जो यह विचार बताता है कि सरकार उनकी स्वामी नहीं है; यह लोगों द्वारा स्वेच्छा से बनाया गया है और उनके द्वारा अपना भला सुनिश्चित करने के लिए बनाए रखा गया है। व्यक्ति उन अधिकारों की ज़िम्मेदारी समाज पर छोड़ देते हैं जो कुछ कार्यों को करने के लिए आवश्यक हैं, लेकिन यदि सरकार लोगों के मनमाने अधिकारों, स्वतंत्रता या भाग्य पर आक्रमण करने का प्रयास करती है तो प्रतिरोध के अधिकार सहित अन्य सभी प्राकृतिक अधिकारों को अपने पास रख लेते हैं।[3a]

हालाँकि, अमेरिकी घोषणा में व्यक्तिगत अधिकारों की अपेक्षाकृत बहुत कम स्पष्ट गारंटी थी। मजबूत मांगों के तहत, अमेरिकी संविधान में पहले दस संशोधन, जिन्हें आम तौर पर अधिकारों का विधेयक कहा जाता है, कमियों को दूर करने के लिए किए गए थे। आगामी वर्षों में अपनाए गए अतिरिक्त संशोधनों ने नस्लीय अल्पसंख्यकों और महिलाओं के लिए समान अधिकारों की गारंटी दी। 1789 में अपनाया गया मनुष्य और नागरिक के अधिकारों की फ्रांसीसी घोषणा ब्रिटिश और अमेरिकी परंपराओं के अनुरूप थी। इस घोषणा के दूसरे अनुच्छेद में घोषणा की गई, "सभी राजनीतिक संघों का उद्देश्य मनुष्य के प्राकृतिक और अविभाज्य अधिकारों का संरक्षण है"। ये अधिकार स्वतंत्रता, संपत्ति, सुरक्षा और उत्पीड़न का प्रतिरोध हैं। इस घोषणा में मनुष्य के प्रमुख अधिकारों की घोषणा की गई, जिन्हें नागरिक और राजनीतिक अधिकारों

के रूप में पहचाना जाने लगा। मूल सिद्धांत यह है कि सभी मनुष्य स्वतंत्र पैदा होते हैं और स्वतंत्र रहते हैं तथा अपने अधिकारों में समान हैं; विशेष अधिकारों के मामले में, जैसे कानून के समक्ष समानता, कानून के अनुरूप होने के अलावा गिरफ्तार न किए जाने की स्वतंत्रता, विचार की स्वतंत्रता, अभिव्यक्ति की स्वतंत्रता, जिन्हें घोषणा में बरकरार रखा गया था।[4] मानवाधिकारों की इस उदार, लोकतांत्रिक परंपरा को बाद में दुनिया के अन्य देशों के संविधान और कानूनी प्रणालियों में अलग-अलग मात्रा में शामिल किया गया। लेकिन द्वितीय विश्व युद्ध के बाद विशिष्ट विकास हुए हैं जब संयुक्त राष्ट्र या अन्य क्षेत्रीय उपकरणों के माध्यम से मानव अधिकारों को संस्थागत बनाने और गारंटी देने के प्रयास किए गए।

संयुक्त राष्ट्र का गठन मानवाधिकारों के संस्थागतकरण में एक मील का पत्थर था। संयुक्त राष्ट्र चार्टर और मानव अधिकारों की सार्वभौम घोषणा मानव अधिकारों और गरिमा की सबसे स्पष्ट अभिव्यक्ति है। मानवाधिकार, जैसा कि प्रमुख अंतर्राष्ट्रीय दस्तावेजों में निहित है, व्यक्तियों के बुनियादी अधिकारों का प्रतीक है, जिसका वे मनुष्य के रूप में आनंद लेने के हकदार हैं। ये राज्यों को अपने नागरिकों की मौलिक स्वतंत्रता का सम्मान करने के लिए प्रेरित करने के लिए निर्धारित कुछ मानक हैं। संयुक्त राष्ट्र चार्टर और 1948 के मानव अधिकारों की सार्वभौम घोषणा (यूडीएचआर) (Universal Declaration of Human Rights—UDHR) के अलावा, मानव अधिकारों पर कई अन्य अंतर्राष्ट्रीय दस्तावेज़ जैसे आर्थिक, सामाजिक और सांस्कृतिक अधिकारों पर अंतर्राष्ट्रीय अनुबंध (आईसीईएसआर) (International Covenant on Economic, Social and Cultural Rights—ICESR) 1966, नागरिक और राजनीतिक अधिकारों पर अंतर्राष्ट्रीय अनुबंध अधिकार (आईसीसीपीआर) (International Covenant on Civil and Political Rights—ICCPR, 1966), अपराध और नरसंहार की रोकथाम और सजा पर कन्वेंशन (Prevention and Punishment of Crime and Genocide, 1948), राज्यविहीन व्यक्तियों की स्थिति से संबंधित कन्वेंशन (Convention relating to the Status of Stateless Persons, 1954), नस्लीय भेदभाव के उन्मूलन पर कन्वेंशन (Convention on the Elimination of Racial Discrimination, 1965), महिलाओं के खिलाफ भेदभाव के उन्मूलन कन्वेंशन (Convention on the Elimination of Discrimination Against Women, 1979), अत्याचार और अन्य क्रूर, अमानवीय या अपमानजनक सज़ा के व्यवहार के खिलाफ कन्वेंशन ,1984 (Convention Against Torture and Other Cruel, Inhuman or Degrading Treatment of Punishment, 1984), बाल अधिकारों पर कन्वेंशन (Convention on the Rights of Child, 1989) और अन्य को अपनाया गया है। मानव अधिकारों और मौलिक स्वतंत्रता से संबंधित कुछ क्षेत्रीय उपकरणों को भी अपनाया गया है, जैसे मानव अधिकारों और मौलिक स्वतंत्रता के संरक्षण के लिए यूरोपीय कन्वेंशन (European Convention of Protection of Human Rights and Fundamental Freedoms, 1950) और मानव अधिकारों पर अमेरिकी कन्वेंशन (American Convention on Human Rights, 1981)। ये व्यक्तियों के बुनियादी अधिकारों की विपुल और आकर्षक अभिव्यक्ति के अलावा और कुछ नहीं हैं, जिनकी गारंटी राज्यों द्वारा अपने नागरिकों को दी जानी चाहिए। ये मानव अधिकारों की पहली और दूसरी पीढ़ी का गठन करते हैं, जिसका मुख्य उद्देश्य संधियों और सम्मेलनों में राज्य दलों की ओर से कुछ प्रकार के कार्यों की मांग करना या उन्हें प्रतिबंधित करके पुरुषों के लिए आर्थिक, राजनीतिक और सामाजिक अधिकारों की मांग करना है। सार्वभौमिक मानव अधिकारों को अक्सर संधियों, प्रथागत अंतर्राष्ट्रीय कानून, सामान्य सिद्धांतों और अंतर्राष्ट्रीय कानून के अन्य स्रोतों के रूप में कानून द्वारा व्यक्त और गारंटी दी जाती है। अंतर्राष्ट्रीय मानवाधिकार कानून व्यक्तियों या

समूहों के मानवाधिकारों और मौलिक स्वतंत्रता को बढ़ावा देने और उनकी रक्षा करने के लिए, कुछ तरीकों से कार्य करने या कुछ कार्यों से परहेज करने के लिए सरकारों के दायित्वों को निर्धारित करता है।

पर्यावरण और सतत विकास से संबंधित अधिकारों की **तीसरी पीढ़ी** (third generation) चर्चा के लिए सामने आई है। इसे पर्यावरण, जलवायु परिवर्तन, ओजोन ह्रास, कार्बन उत्सर्जन और कई अन्य समस्याओं से संबंधित विश्व नेताओं और गैर सरकारी संगठनों के कई प्रयासों में अभिव्यक्ति मिली, जिसके कारण पृथ्वी का भविष्य अंधकारमय हो गया है। इनमें सबसे महत्वपूर्ण 1992 की रियो घोषणा थी जिसमें सतत विकास के 27 सिद्धांत अंतर्निहित थे।

अंतर्राष्ट्रीय मानवाधिकार संधियों के अनुसमर्थन के माध्यम से, सरकारें अपनी संधि के दायित्वों और कर्तव्यों के अनुरूप घरेलू उपाय और कानून बनाने का कार्य करती हैं। जब किसी देश की कार्यवाही मानवाधिकारों के हनन को संबोधित करने में विफल रहती है, उस स्थिति में व्यक्तिगत शिकायतों के लिए क्षेत्रीय और अंतर्राष्ट्रीय स्तर पर प्रक्रियाएं उपलब्ध होती हैं ताकि यह सुनिश्चित करने में मदद मिल सके कि स्थानीय स्तर पर अंतर्राष्ट्रीय मानवाधिकार मानकों का वास्तव में सम्मान, पालन और कार्यान्वयन किया जाता है। मानवाधिकारों की सार्वभौमिकता का सिद्धांत अंतर्राष्ट्रीय मानवाधिकार कानून की आधारशिला है। यह सिद्धांत, जैसा कि पहली बार 1948 में मानवाधिकारों की सार्वभौम घोषणा में जोर दिया गया था, कई अंतर्राष्ट्रीय मानवाधिकार सम्मेलनों, घोषणाओं और प्रस्तावों में दोहराया गया है। उदाहरण के लिए, 1993 में मानवाधिकारों पर वियना विश्व सम्मेलन (Vienna World Conference) में कहा गया कि सभी मानवाधिकारों और मौलिक स्वतंत्रताओं को बढ़ावा देना और उनकी रक्षा करना राज्यों का कर्तव्य है, भले ही उनकी राजनीतिक, आर्थिक और सांस्कृतिक प्रणालियाँ कुछ भी हों।

संयुक्त राष्ट्र और मानवाधिकार (The UN and Human Rights)

वर्ष 1945 के संयुक्त राष्ट्र चार्टर की प्रस्तावना में मानवाधिकारों को बढ़ावा देने से संबंधित कई प्रावधान शामिल हैं। यह उद्घोषणा करता है, "हम संयुक्त राष्ट्र के लोग, मौलिक मानव अधिकारों में, मानव व्यक्ति की गरिमा और मूल्य में, पुरुषों और महिलाओं और बड़े और छोटे राष्ट्रों के समान अधिकारों में विश्वास की पुष्टि करने... इन लक्ष्यों को पूरा करने के लिए हम प्रयासों को संयोजित के लिए दृढ़ संकल्पित हैं।" अन्य बातों के अलावा प्रस्तावना में निर्धारित उद्देश्य "सभी के लिए मानवाधिकारों और मौलिक स्वतंत्रता के लिए सम्मान को बढ़ावा देने में सहयोग करना" है। संयुक्त राष्ट्र के उद्देश्यों और सिद्धांतों को बताते हुए अनुच्छेद 1(3) (Article 1(3)) में "आर्थिक, सामाजिक, सांस्कृतिक या मानवीय चरित्र की अंतर्राष्ट्रीय समस्याओं को हल करने और मानवाधिकारों के लिए सम्मान को बढ़ावा देने और प्रोत्साहित करने में अंतर्राष्ट्रीय सहयोग प्राप्त करना, जाति, लिंग, भाषा या धर्म के भेदभाव के बिना सभी के लिए मौलिक स्वतंत्रता" की परिकल्पना की गई है। अनुच्छेद 55 (Article 55) अन्य बातों के साथ-साथ, "जाति, लिंग, भाषा या धर्म के भेदभाव के बिना सभी के लिए मानवाधिकारों और मौलिक स्वतंत्रता के लिए सार्वभौमिक सम्मान और पालन" को बढ़ावा देने का आह्वान करता है।[5] संयुक्त राष्ट्र चार्टर के अलावा, अंतर्राष्ट्रीय मानवाधिकार शासन के विकास में एक बड़ी सफलता तब हासिल हुई जब संयुक्त राष्ट्र महासभा ने 10 दिसंबर, 1948 को मानवाधिकारों की सार्वभौम घोषणा को अपनाया। तभी से 10 दिसंबर को विश्व मानवाधिकार दिवस के रूप में मनाया जाता है।

घोषणा की प्रस्तावना में कहा गया है कि "मानव परिवार के सभी सदस्यों की अंतर्निहित गरिमा और समान और अविभाज्य अधिकारों की मान्यता दुनिया में स्वतंत्रता, न्याय और शांति की नींव है, जबकि मानवाधिकारों की उपेक्षा और अवमानना के परिणामस्वरूप बर्बर कृत्यों ने मानव जाति की अंतरात्मा को

आहत किया है, और एक ऐसी दुनिया के आगमन को आम लोगों की सर्वोच्च आकांक्षा के रूप में घोषित किया गया है जिसमें मनुष्य भाषण और विश्वास की स्वतंत्रता और भय और अभाव से मुक्ति का आनंद लेंगे"। महासभा ने घोषणा की कि "मानवाधिकारों की यह सार्वभौमिक घोषणा (UNIVERSAL DECLARATION OF HUMAN RIGHTS) सभी लोगों और सभी राष्ट्रों के लिए उपलब्धि का एक सामान्य मानक है, अंत में प्रत्येक व्यक्ति और समाज का प्रत्येक अंग, इस घोषणा को लगातार ध्यान में रखते हुए, शिक्षण और शिक्षा द्वारा इन अधिकारों और स्वतंत्रताओं के प्रति सम्मान को बढ़ावा देना और राष्ट्रीय और अंतर्राष्ट्रीय प्रगतिशील उपायों द्वारा, सदस्य राज्यों के लोगों और उनके अधिकार क्षेत्र के तहत आने वाले क्षेत्रों के लोगों के बीच उनकी सार्वभौमिक और प्रभावी मान्यता और पालन को सुरक्षित करने का प्रयास करेगा"।[6]

प्रारंभ में, संयुक्त राष्ट्र मानवाधिकार कार्यक्रम संगठनात्मक रूप से 1940 के दशक में संयुक्त राष्ट्र मुख्यालय में एक छोटे प्रभाग के रूप में शुरू हुआ। बाद में यह प्रभाग जिनेवा (Geneva) चला गया और 1980 के दशक में इसे मानवाधिकार केंद्र के रूप में उन्नत किया गया। 1993 में मानवाधिकारों पर विश्व सम्मेलन (World Conference on Human Rights, 1993) में, अंतर्राष्ट्रीय समुदाय ने मजबूत संस्थागत समर्थन के साथ एक अधिक मजबूत मानवाधिकार अधिदेश स्थापित करने का निर्णय लिया। तदनुसार, संयुक्त राष्ट्र के सदस्य देशों ने 1993 में एक महासभा प्रस्ताव द्वारा मानवाधिकार उच्चायुक्त का कार्यालय (ओएचसीएचआर) (Office of the High Commissioner for Human Rights—OHCHR) बनाया।

संयुक्त राष्ट्र के सभी प्रमुख अंग मानवाधिकारों की सुरक्षा में शामिल हैं। अनुच्छेद 13 (Article 13) महासभा की जिम्मेदारी तय करता है: "महासभा निम्नलिखित उद्देश्यों के लिए अध्ययन शुरू करेगी और सिफारिशें करेगी: (क) राजनीतिक क्षेत्र में अंतर्राष्ट्रीय सहयोग को बढ़ावा देना और अंतर्राष्ट्रीय कानून और उसके संहिताकरण के प्रगतिशील विकास को प्रोत्साहित करना; (ख) आर्थिक, सामाजिक, सांस्कृतिक, शैक्षिक और स्वास्थ्य क्षेत्रों में अंतर्राष्ट्रीय सहयोग को बढ़ावा देना, और जाति, लिंग, भाषा या धर्म के भेदभाव के बिना सभी के लिए मानवाधिकारों और मौलिक स्वतंत्रता की प्राप्ति में सहायता करना"।

आर्थिक एवं सामाजिक परिषद को वे जिम्मेदारियाँ सौंपी गई हैं, जो सीधे तौर पर मानवाधिकारों की सुरक्षा एवं उत्थान से जुड़ी हैं। अनुच्छेद 62/1 और 62/2 (Articles 62/1 and 62/2) के तहत परिषद अंतर्राष्ट्रीय आर्थिक, सामाजिक, सांस्कृतिक, शैक्षिक, स्वास्थ्य और संबंधित मामलों के संबंध में अध्ययन और रिपोर्ट बना सकती है या शुरू कर सकती है और ऐसे किसी भी मामले के संबंध में महासभा और संयुक्त राष्ट्र के सदस्यों और संबंधित विशेष एजेंसियों को सिफारिशें कर सकती है। यह सभी के लिए मानवाधिकारों और मौलिक स्वतंत्रता के सम्मान और पालन को बढ़ावा देने के उद्देश्य से सिफारिशें भी कर सकता है। अनुच्छेद 68 (Article 68) के तहत, परिषद आर्थिक और सामाजिक क्षेत्रों में और मानवाधिकारों को बढ़ावा देने के लिए आयोगों और ऐसे अन्य आयोगों की स्थापना करेगी जो इसके कार्यों को संपन्न करने के लिए आवश्यक हो सकते हैं।

यहां तक कि आईएलओ (ILO), यूनिसेफ (UNICEF), यूनेस्को (UNESCO) और संयुक्त राष्ट्र शरणार्थी उच्चायुक्त (यूएनएचसीआर) (United Nations High Commissioner for Refugees—UNHCR) जैसे विशेष निकाय भी किसी न किसी रूप में मानवाधिकार संरक्षण में लगे हुए हैं।

संयुक्त राष्ट्र महासभा द्वारा 10 दिसंबर 1948 को मानवाधिकारों की सार्वभौम घोषणा को अपनाने के बाद से अंतर्राष्ट्रीय मानवाधिकार आंदोलन की ताकत में वृद्धि के साथ संयुक्त राष्ट्र मानवाधिकार गतिविधियों

में वृद्धि देखी गई है। मानव अधिकारों की सार्वभौम घोषणा, नागरिक और राजनीतिक अधिकारों पर अंतर्राष्ट्रीय संविदा और इसके दो वैकल्पिक प्रोटोकॉल और आर्थिक, सामाजिक और सांस्कृतिक अधिकारों पर अंतर्राष्ट्रीय संविदा के साथ मिलकर "मानव अधिकारों का अंतर्राष्ट्रीय विधेयक" (International Bill of Human Rights) बनाती है।

अंतर्राष्ट्रीय मानवाधिकार कानून के विकास के साथ-साथ, बदलती मानवाधिकार चुनौतियों का जवाब देने के लिए कई संयुक्त राष्ट्र मानवाधिकार निकाय स्थापित किए गए हैं। कुछ चार्टर-आधारित निकाय और आठ संधि-आधारित निकाय हैं जो दुनिया भर में मानवाधिकार स्थितियों की निगरानी की दिशा में काम करते हैं। ये संयुक्त राष्ट्र के तहत मानवाधिकार निगरानी तंत्र का गठन करते हैं। संयुक्त राष्ट्र के इन मानवाधिकार निगरानी तंत्रों का समर्थन और सहायता करने के लिए मानवाधिकार उच्चायुक्त का कार्यालय भी है।

चार्टर-आधारित निकायों (Charter-based bodies) में पूर्व मानवाधिकार आयोग, मानवाधिकार परिषद, सार्वभौमिक आवधिक समीक्षा और विशेष प्रक्रियाएं शामिल हैं। 1946–2006 के बीच, मानवाधिकार आयोग, जिसे संयुक्त राष्ट्र आर्थिक और सामाजिक परिषद द्वारा स्थापित किया गया था, मानवाधिकार संरक्षण की निगरानी के लिए जिम्मेदार था। सार्वभौम घोषणा (Universal Declaration), आईसीसीपीआर (ICCPR,), आईसीईएसआर (ICESR) सभी इस निकाय की सक्रिय मदद से तैयार किए गए थे। हालाँकि, 2006 में इस आयोग को मानवाधिकार परिषद द्वारा प्रतिस्थापित कर दिया गया।

मानवाधिकार परिषद का गठन संयुक्त राष्ट्र महासभा द्वारा 15 मार्च 2006 को संकल्प ए/आरईएस/60/251 (A/RES/60/251) को अपनाकर किया गया था, जिसने मानवाधिकार आयोग का स्थान लिया। इसकी पहली बैठक 19 जून 2006 को हुई। यह अंतरसरकारी निकाय, जिसकी बैठक साल में 10 सप्ताह जिनेवा में होती है, 47 निर्वाचित संयुक्त राष्ट्र सदस्य देशों से बना है, जो तीन साल की प्रारंभिक अवधि के लिए सेवा करते हैं, और उन्हें लगातार दो से अधिक कार्यकाल के लिए नहीं चुना जा सकता है। मानवाधिकार परिषद को दुर्व्यवहार, असमानता और भेदभाव को रोकने, सबसे कमजोर लोगों की रक्षा करने और अपराधियों को बेनकाब करने का अधिकार है।

मानवाधिकार परिषद ओएचसीएचआर (OHCHR) से अलग है क्योंकि दोनों के पास महासभा द्वारा दिए गए अलग-अलग जनादेश हैं। फिर भी, मानवाधिकार उच्चायुक्त कार्यालय मानवाधिकार परिषद की बैठकों के लिए पर्याप्त समर्थन और परिषद के विचार-विमर्श के लिए अनुवर्ती कार्रवाई प्रदान करता है।

यूनिवर्सल पीरियोडिक रिव्यू (Universal Periodic Review—UPR) एक ऐसी प्रक्रिया है जिसके द्वारा संयुक्त राष्ट्र के सभी सदस्य देशों के मानवाधिकार रिकॉर्ड की समीक्षा हर चार साल में एक बार की जाती है।

विशेष प्रक्रियाएं मानव अधिकार आयोग द्वारा स्थापित तंत्र का गठन करती हैं और 2006 में इसके निर्माण के बाद मानव अधिकार परिषद द्वारा विशिष्ट देश की स्थितियों या दुनिया के सभी हिस्सों में विषयगत मुद्दों को संबोधित करने के लिए मानी जाती हैं। विशेष प्रक्रियाएँ या तो एक व्यक्ति होती हैं—एक विशेष दूत या महासचिव का प्रतिनिधि, या एक स्वतंत्र विशेषज्ञ—या एक कार्य समूह।

विशेष प्रक्रियाओं के अधिदेश आम तौर पर अधिदेश धारकों को विशिष्ट देशों या क्षेत्रों में मानवाधिकार स्थितियों की जांच, निगरानी, सलाह देने और सार्वजनिक रूप से रिपोर्ट करने के लिए कहते हैं, जिन्हें **देश के अधिदेश** (country mandates) के रूप में जाना जाता है, या दुनिया भर में मानवाधिकारों के उल्लंघन की प्रमुख घटनाओं पर, जिन्हें **विषयगत अधिदेश** (thematic mandates) के रूप में जाना जाता

है। इसमें 30 विषयगत शासनादेश और 8 देशीय शासनादेश हैं। सभी अपने निष्कर्षों और सिफारिशों पर मानवाधिकार परिषद को रिपोर्ट करते हैं। वे कभी-कभी एकमात्र तंत्र होते हैं जो कुछ मानवाधिकार मुद्दों पर अंतर्राष्ट्रीय समुदाय को सचेत करेंगे।

नौ प्रमुख अंतर्राष्ट्रीय मानवाधिकार संधियाँ हैं, जिनमें से दो—विकलांग व्यक्तियों और जबरन गायब होने पर—अभी तक लागू नहीं हुई हैं। 1948 में मानवाधिकारों की सार्वभौम घोषणा को अपनाने के बाद से, सभी संयुक्त राष्ट्र सदस्य देशों ने कम से कम एक या अधिक प्रमुख अंतर्राष्ट्रीय मानवाधिकार संधि की पुष्टि की है।

आठ मानवाधिकार संधि-आधारित निकाय हैं जो स्वतंत्र विशेषज्ञों की समितियाँ हैं जो मुख्य अंतर्राष्ट्रीय मानवाधिकार संधियों के कार्यान्वयन की निगरानी करती हैं। वे उस संधि के प्रावधानों के अनुसार बनाए गए हैं जिनकी वे निगरानी करते हैं। मानवाधिकार उच्चायुक्त कार्यालय (OHCHR) संधि निकायों को उनके सचिवालयों के माध्यम से उनके कामकाज के तरीकों और रिपोर्टिंग आवश्यकताओं को सुसंगत बनाने में सहायता करता है।

आठ मानवाधिकार संधि-आधारित निकाय जो मुख्य अंतर्राष्ट्रीय मानवाधिकार संधियों के कार्यान्वयन की निगरानी करते हैं वे इस प्रकार हैं:

1. नागरिक और राजनीतिक अधिकारों पर अंतर्राष्ट्रीय अनुबंध (आईसीसीपीआर) (International Covenant on Civil and Political Rights—ICCPR))
2. आर्थिक, सामाजिक और सांस्कृतिक अधिकार समिति (सीईएससीआर) (Committee on Economic, Social and Cultural Rights—CESCR))
3. नस्लीय भेदभाव उन्मूलन समिति (सीईआरडी) (Committee on the Elimination of Racial Discrimination—CERD)
4. महिलाओं के विरुद्ध भेदभाव उन्मूलन समिति (सीईडीएडवल्यू) (Committee on the Elimination of Discrimination against Women —CEDAW)
5. अत्याचार के विरुद्ध समिति (सीएटी) और अत्याचार के विरुद्ध कन्वेंशन के लिए वैकल्पिक प्रोटोकॉल (ओपीसीएटी)—अत्याचार की रोकथाम पर उपसमिति (Committee Against Torture (CAT) and Optional Protocol to the Convention against Torture (OPCAT)—Subcommittee on Prevention of Torture)
6. बाल अधिकार समिति (सीआरसी) (Committee on the Rights of the Child—CRC))
7. प्रवासी श्रमिकों पर समिति (सीएमडब्ल्यू) (Committee on Migrant Workers—CMW)
8. विकलांग व्यक्तियों के अधिकारों पर समिति (सीआरपीडी) Committee on the Rights of Persons with Disabilities—CRPD)

मानवाधिकार उच्चायुक्त कार्यालय (ओएचसीएचआर) (The Office of the High Commissioner for Human Rights—OHCHR)

मानवाधिकार उच्चायुक्त संयुक्त राष्ट्र का प्रमुख मानवाधिकार अधिकारी है। उच्चायुक्त मानवाधिकार उच्चायुक्त कार्यालय का प्रमुख होता है और संयुक्त राष्ट्र मानवाधिकार प्रयासों को साकार करने की दिशा में

काम करता है। यह निकाय नेतृत्व प्रदान करता है, निष्पक्षता से काम करता है, व्यक्तियों को शिक्षित करता है और सशक्त बनाने के लिए कार्रवाई करता है, और मानवाधिकारों को बनाए रखने में राज्यों की सहायता करता है। मानवाधिकार उच्चायुक्त कार्यालय, जिसका मुख्यालय जिनेवा में है, संयुक्त राष्ट्र सचिवालय का एक हिस्सा है।

यह संयुक्त राष्ट्र मानवाधिकार तंत्र, जैसे मानवाधिकार परिषद, और अंतर्राष्ट्रीय मानवाधिकार संधियों के अनुपालन में राज्य दलों की निगरानी के लिए स्थापित मुख्य संधि-आधारित निकायों के काम का समर्थन करता है, विकास के अधिकार को बढ़ावा देता है, समन्वय करता है संयुक्त राष्ट्र मानवाधिकार शिक्षा और सार्वजनिक सूचना गतिविधियाँ, और संयुक्त राष्ट्र प्रणाली में मानवाधिकारों को मजबूत करता है। यह निकाय सार्वभौमिक रूप से मान्यता प्राप्त मानवाधिकार मानदंडों के कार्यान्वयन को सुनिश्चित करने के लिए काम करता है, जिसमें प्रमुख मानवाधिकार संधियों के सार्वभौमिक अनुसमर्थन और कार्यान्वयन और कानून के शासन के सम्मान को बढ़ावा देना शामिल है।

शासनादेश (Mandate)

मानवाधिकार उच्चायुक्त कार्यालय को संयुक्त राष्ट्र के चार्टर और अंतर्राष्ट्रीय मानवाधिकार कानूनों और संधियों में स्थापित सभी अधिकारों के सभी लोगों द्वारा आनंद और पूर्ण प्राप्ति को बढ़ावा देने और संरक्षित करने के लिए अनिवार्य किया गया है। मानवाधिकार उच्चायुक्त कार्यालय को अपने काम में महासभा द्वारा संकल्प 48/141 में दिए गए जनादेश, संयुक्त राष्ट्र के चार्टर, मानव अधिकारों की सार्वभौम घोषणा (Universal Declaration of Human Rights) और उसके बाद के मानव अधिकार उपकरणों, वियना घोषणा (Vienna Declaration) और कार्रवाई कार्यक्रम, 1993 विश्व मानवाधिकार पर सम्मेलन, और 2005 विश्व शिखर सम्मेलन परिणाम दस्तावेज़ (World Summit Outcome Document) द्वारा निर्देशित किया जाता है।

मानवाधिकार उच्चायुक्त कार्यालय जनादेश मानवाधिकारों के उल्लंघन को रोकने, सभी मानवाधिकारों के लिए सम्मान सुनिश्चित करने, मानवाधिकारों की रक्षा में अंतर्राष्ट्रीय सहयोग को बढ़ावा देने, संयुक्त राष्ट्र द्वारा संबंधित गतिविधियों का समन्वय करने और, मानवाधिकारों के क्षेत्र में संयुक्त राष्ट्र की गतिविधियों को मजबूत करने के व्यापक सिद्धांतों को कायम रखता है। मानवाधिकार उच्चायुक्त कार्यालय संयुक्त राष्ट्र एजेंसियों द्वारा किए गए सभी कार्यों में मानवाधिकार दृष्टिकोण को एकीकृत करने का भी प्रयास करता है।

मिशन वक्तव्य (Mission Statement)

मानवाधिकार उच्चायुक्त कार्यालय का मिशन सभी लोगों के मानवाधिकारों की सुरक्षा के लिए काम करना है; लोगों को उनके अधिकारों का एहसास करने के लिए सशक्त बनाने में मदद करना; और ऐसे अधिकारों को बनाए रखने के लिए जिम्मेदार लोगों को यह सुनिश्चित करने में सहायता करना कि उनका कार्यान्वयन हो।

अपने मिशन को पूरा करने के लिए मानवाधिकार उच्चायुक्त कार्यालय निम्नलिखित कार्य करता है:

- सबसे गंभीर मानवाधिकार उल्लंघनों, तीव्र और दीर्घकालिक दोनों, को संबोधित करने को प्राथमिकता देता है, विशेष रूप से वे जो जीवन को आसन्न खतरे में डालते हैं।
- उन लोगों पर ध्यान केंद्रित करता है जो कई मोर्चों पर जोखिम में हैं और कमजोर हैं।
- विकास के अधिकार सहित नागरिक, सांस्कृतिक, आर्थिक, राजनीतिक और सामाजिक अधिकारों की प्राप्ति पर समान ध्यान देता है।

- इसके माध्यम से दुनिया भर के व्यक्तियों को होने वाले वास्तविक लाभ के माध्यम से इसके कार्य के प्रभाव को मापता है।

संचालनात्मक रूप से, मानवाधिकार उच्चायुक्त कार्यालय सरकारों, विधायिकाओं, अदालतों, राष्ट्रीय संस्थानों, नागरिक समाज, क्षेत्रीय और अंतर्राष्ट्रीय संगठनों और संयुक्त राष्ट्र प्रणाली के साथ काम करता है। यह, अंतर्राष्ट्रीय मानदंडों के अनुसार मानवाधिकारों की सुरक्षा के लिए, विशेष रूप से राष्ट्रीय स्तर पर क्षमता विकसित करने और मजबूत करने के लिए कार्य करता है। यह मानवाधिकार चुनौतियों की पहचान करने, उजागर करने और प्रतिक्रियाओं को विकसित करने के लिए एक मंच के रूप में कार्य करता है, और मानवाधिकार अनुसंधान, शिक्षा, सार्वजनिक सूचना और उसके समर्थन को प्रोत्साहित करता है।

मानवाधिकार उच्चायुक्त कार्यालय की कार्य पद्धति तीन प्रमुख आयामों पर केंद्रित है: मानक-निर्धारण, निगरानी और कार्यक्रमों का कार्यान्वयन। यह विभिन्न संयुक्त राष्ट्र मानवाधिकार निकायों को विशेषज्ञता, और सचिवालय का यथेष्ट समर्थन प्रदान करता है। यह यह भी सुनिश्चित करने का प्रयास करता है कि अंतर्राष्ट्रीय मानवाधिकार मानकों को वास्तविक रूप में लागू किया जाए।

अभ्यास (Exercises)

1. अंतर्राष्ट्रीय संबंधों में मानवाधिकार की अवधारणा के विकास का परीक्षण करें।
2. संयुक्त राष्ट्र दुनिया के 'लोगों' के मानवाधिकारों की रक्षा और संरक्षण के महान मिशन में कैसे शामिल है?

संदर्भ (References)

[1] Laqueur, Walter and Rubin, Barry, *The Human Rights Reader,* A Meridian Book, New American Library, Times Mirror, New York, 1979, p. 3.

[2] *ibid.*, pp. 101–102. (See also http://www.hrweb.org/history.html.)

[3] Pandey, Veena Pani, *International Perspectives on Human Rights,* Mohit Publications, New Delhi, 1999, pp. 4–7.

[3a] Ghosh, Birendranath, *Glimpses of Political Thought: Western and Indian,* Mahila Mangal Prakashani, Kolkata, 2004, p. 63.

[4] Pandey, *op. cit.*, n. 3, pp. 4–7.

[5] United Nations Charter of 1945, http://www.un.org/en/documents/Charter.

[6] Universal Declaration of Human Rights, 1948 http://www.un.org/en/documents/udhr/.

[7] http://www.ohchr.org/EN/AboutUs/Pages/WhoWeAre.aspx and http://www.un.org/rights/.

16

आतंकवाद (Terrorism)

अंतर्वस्तु (Contents)

परिचय (*Introduction*)

दुनिया के सबसे शक्तिशाली राज्य की शक्ति और प्रतिष्ठा के प्रतीक, वर्ल्ड ट्रेड सेंटर (World Trade Center), न्यूयॉर्क के ट्विन टावरों पर 11 सितंबर, 2001 को हुआ हमला न केवल अमेरिकियों के लिए बल्कि दुनिया के अन्य हिस्सों में लोगों के लिए भी एक बड़ा झटका था। हमलों ने इस तथ्य का संकेत दिया कि राज्य अब अभेद्य नहीं हैं और यहां तक कि संयुक्त राज्य अमेरिका जैसी महाशक्ति भी आसानी से राज्यों द्वारा नहीं बल्कि अदृश्य कर्ताओं द्वारा किए गए हमलों का शिकार बन सकती है, जिनमें सबसे खतरनाक विश्व स्तर पर काम करने वाली आतंकवादी ताकतें हैं।

आतंकवाद: अंतर्राष्ट्रीय शांति और सुरक्षा के लिए खतरा (Terrorism: A Threat to International Peace and Security)

आतंकवाद और *आतंकवादी* शब्द आज की दुनिया में बहुत बार उपयोग किए जाते हैं लेकिन उनकी उत्पत्ति का पता फ्रांसीसी क्रांति से लगाया जा सकता है जब उनका उपयोग उस समय के विभिन्न व्यक्तियों/घटनाओं के लिए किया जाता था। एकेडेमी फ्रांसेज़ के डिक्शननेयर (Dictionnaire of the Académie Française) के 1798 के पूरक ने आतंकवाद का अर्थ प्रणाली, आतंक का शासन (système, régime de la terreur) बताया। ये शब्द 1793–1794 के बीच फ्रांसीसी क्रांति की उस अवधि को संदर्भित करते हैं, जिसे आतंक के शासनकाल के रूप में पहचाना जाता है। बाद में, इसने बहुत व्यापक अर्थ प्राप्त कर लिया और 'आतंकवाद' को परिभाषित करने और समझाने के लिए किए गए कुछ प्रयासों

में से एक 1930 के दशक में प्रकाशित एनसाइक्लोपीडिया ऑफ सोशल साइंसेज (Encyclopedia of Social Sciences) में हार्डमैन (Hardman) की प्रविष्टि थी। यहां उन्होंने आतंकवाद को उस पद्धति (या पद्धति के पीछे के सिद्धांत) के रूप में परिभाषित करने का प्रयास किया, जिसे एक संगठित समूह या पार्टी मुख्य रूप से हिंसा के व्यवस्थित उपयोग के माध्यम से अपने घोषित लक्ष्यों को प्राप्त करने की कोशिश करती है।[1] केंद्रीय बिंदु यह है कि आतंकवाद एक ऐसा कार्य है जो अपने लक्ष्यों को प्राप्त करने के लिए हिंसा का उपयोग करता है और हत्या, बमबारी, लोगों को बंधक बनाना और विमानों का अपहरण जैसी कुछ प्रकार की कार्रवाइयाँ करता है। सबसे बड़ी विशेषता आतंकवाद का वैश्वीकरण है। दुनिया के अधिकांश देश जैसे अफगानिस्तान, ब्राजील, म्यांमार, कनाडा, मिस्र, फ्रांस, जर्मनी, यूनाइटेड किंगडम, अमेरिका, भारत, इंडोनेशिया, इटली और अन्य आतंकवादी हमलों से पीड़ित हैं। अर्जेंटीना का एजेरसिटो रिवोल्यूशनरी डेल प्यूब्लो (पीपुल्स रिवोल्यूशनरी ग्रुप) (Ejercito Revolutionary del pueblo (People's Revolutionary Group)), कनाडा का फ्रंट डी लिबरेशन ड्यू क्यूबेक (क्यूबेक लिबरेशन फ्रंट) (Front de Liberation due Quebec (Quebec Liberation Front)), जर्मनी का बाडर मीनहॉफ ग्रुप (बाडर सॉलिडेरिटी ग्रुप) (Baader Meinhoff Group (Baader Solidarity Group)), जम्मू कश्मीर लिबरेशन फ्रंट, यूनाइटेड लिबरेशन फ्रंट भारत में असम (अन्य के अलावा), आयरलैंड की प्रोविजनल आयरिश रिपब्लिकन आर्मी (आईआरए) (Irish Republican Army—IRA), इटली की रेड ब्रिगेड, जापान की जापानी रेड आर्मी (Japanese Red Army), फिलिस्तीनी मुक्ति आंदोलन और अन्य अरब आतंकवादी समूह जैसे फिलिस्तीन का ब्लैक सितंबर संगठन (Black September Organisation), फिलीपींस के हुक्लालाहाप्स (Huklalahaps), उरुग्वे के तुपामारोस (Tupamaros) आदि दुनिया के कुछ आतंकवादी संगठन हैं जो शांति और सुरक्षा को बाधित कर रहे हैं। लेकिन 9/11 की त्रासदी के बाद से आतंक का नया केंद्र अल-कायदा (Al-Qaeda) है और उससे जुड़ा नाम ओसामा बिन लादेन का है। दूरसंचार, परिवहन और प्रौद्योगिकी में दुनिया भर में सुधार ने आतंकवादी संगठनों के बीच संबंधों को बढ़ाने में मदद की है, जो किसी न किसी तरह से वित्त, प्रशिक्षण या आम दुश्मन के माध्यम से एक-दूसरे से जुड़े हुए हैं, जो अंतर्राष्ट्रीय चरित्र धारण करके आतंकवादी कृत्यों को अंजाम दे रहे हैं। 20वीं सदी के अंतर्राष्ट्रीय आतंकवाद की शुरुआत 1970 के दशक में हुई, 30 मई, 1972 को इज़राइल में लोद हवाई अड्डे (Lod airport) पर हमले के साथ, जब फिलिस्तीन की मुक्ति के लिए पॉपुलर फ्रंट (पीएफएलपी) (Popular Front for the Liberation of Palestine—PFLP) द्वारा किए गए एक ऑपरेशन में तीन आतंकवादियों ने 27 लोगों की हत्या कर दी और 77 अन्य को घायल कर दिया। उल्लेखनीय बात यह है कि 1970 के दशक के बाद से आतंकवाद ने वैश्विक स्वरूप धारण कर लिया, यानी यह अंतर्राष्ट्रीय हो गया।

अंतर्राष्ट्रीय आतंकवाद को अक्सर *क्षेत्र के बिना, सेनाओं के बिना छेड़े गए युद्ध के रूप में वर्णित किया गया है... यह ऐसा युद्ध है जो क्षेत्रीय रूप से सीमित नहीं है, दुनिया भर में छिटपुट लड़ाइयाँ हो सकती हैं। यह तटस्थों के बिना और कुछ या बिना किसी नागरिक के युद्ध है।* अंतर्राष्ट्रीय आतंकवाद में अपने मूल देश के बाहर या जहां वे सक्रिय हैं, आतंकवादी संगठनों की श्रेणियां शामिल हैं। यह भी कहा जाता है कि इसमें "आतंकवाद की वे घटनाएं शामिल हैं जिनके स्पष्ट अंतर्राष्ट्रीय परिणाम हैं: ऐसी घटनाएं जिनमें आतंकवादी किसी विदेशी राज्य (राजनयिक, विदेशी निगम के अधिकारी) से अपने संबंधों के कारण लक्ष्य पर हमला करने, पीड़ितों या लक्ष्यों का चयन करने के लिए विदेश जाते हैं, अंतर्राष्ट्रीय उड़ानों पर हमला करते हैं या एयरलाइनों को दूसरे देश में उड़ान भरने के लिए मजबूर करते हैं।[2]

आतंकवाद के साथ कुछ प्रमुख मानदंडों की पहचान की गई है जैसे लक्ष्य, उद्देश्य, मकसद, अपराधी और अधिनियम की वैधता या वैधानिकता। आतंकवाद के कृत्यों की पहचान आमतौर पर इससे जुड़ी कुछ विशेषताओं से की जा सकती है। वे इस प्रकार हैं:

1. ***हिंसा का उपयोग (Use of Violence:):*** आतंकवादी कृत्य आमतौर पर हिंसा से जुड़े होते हैं, जिसका मुख्य उद्देश्य बड़े पैमाने पर लोगों के साथ-साथ शासक अभिजात वर्ग के मन में सदमा पैदा करना है। इसका उद्देश्य हिंसा, संगठित अपराध और संपत्ति के विनाश का उपयोग करके लक्षित लोगों तक अपना संदेश स्पष्ट रूप से भेजना है। राष्ट्रीय मनोबल को झटका देना और राष्ट्रीय सुरक्षा को झटका देना आतंकवादी का गुप्त उद्देश्य बन जाता है। 26/11 की मुंबई की दुर्भाग्यपूर्ण घटना जिसमें होटल 'ताज', ओबेरॉय ट्राइडेंट होटल और नरीमन हाउस की विरासत इमारत को नष्ट करना, साथ ही घेराबंदी की गई इमारतों के अंदर विदेशी नागरिकों के साथ-साथ भारतीयों की हत्या करना, इसका उद्देश्य भारत और भारतीयों को आतंक के हिंसक तरीकों के द्वारा भयभीत करना था।

2. ***मनोवैज्ञानिक प्रभाव और भय (Psychological Impact and Fear):*** हिंसा के प्रयोग के साथ-साथ आतंकवादियों का उद्देश्य लोगों के मन में असुरक्षा की भावना पैदा करके उनका मनोबल तोड़ना होता है। हमलों की गंभीरता से आतंकवादी लोगों के मन में बड़े पैमाने पर मनोवैज्ञानिक प्रभाव और डर पैदा करने की कोशिश करते हैं। इसका उद्देश्य आतंकी कृत्यों से बड़े पैमाने पर लोगों को आश्चर्यचकित और भयभीत करना है। आतंकवादी अपनी ताकत दिखाने के लिए और जिस देश या समाज का वे विरोध करते हैं उसकी नींव हिलाने के लिए राष्ट्रीय प्रतीकों पर भी हमला करते हैं। यह कभी-कभी किसी सरकार की वैधता को नकारात्मक रूप से प्रभावित कर सकता है, जबकि किसी आतंकवादी कृत्य के पीछे दिए गए आतंकवादी संगठन और विचारधारा की वैधता को बढ़ा सकता है। मुंबई की घेराबंदी और होटल ताज पर हमला इसी दिशा की ओर संकेत करते हैं। वर्ल्ड ट्रेड सेंटर पर हमला अमेरिकी राष्ट्रीय गौरव पर सीधा हमला था।

3. ***राजनीतिक लक्ष्य के लिए अपराध (Perpetration for a Political Goal):*** अक्सर आतंकवादी हमलों का लक्ष्य, राजनीतिक उद्देश्य की प्राप्ति होता है। आतंकवाद तब एक राजनीतिक रणनीति बन जाता है। आतंकवादी कृत्यों को अंजाम देने का उद्देश्य अक्सर सरकार को झटका देना होता है ताकि सरकार उसके दबाव में झुक जाये।

4. ***गैर-लड़ाकों को जानबूझकर निशाना बनाना (Deliberate Targeting of Non-Combatants):*** लक्ष्य का चुनाव भी महत्वपूर्ण हो जाता है। आमतौर पर, आतंकवादी 'नागरिकों' जैसे आसान लक्ष्यों को निशाना बनाते हैं। अधिकांश समय, आतंकवाद के पीड़ितों को इसलिए निशाना नहीं बनाया जाता क्योंकि वे खतरा हैं, बल्कि इसलिए क्योंकि उनकी पीड़ा आतंकवादियों का डर पैदा करना होता है जिसमें दुनिया को संदेश भेजना, विशिष्ट सरकार, विशिष्ट समुदाय को संदेश भेजना या राजनीतिक उद्देश्य को प्रत्यक्ष रूप से पूरा करना शामिल होता है।

5. ***छद्मभेष का उपयोग (Use of Disguise):*** आतंकवादी लगभग हमेशा गैर-लड़ाकू होने का दिखावा करते हैं, गैर-लड़ाकों के बीच छिपते हैं, गैर-लड़ाकों के बीच से लड़ते हैं। यह 26/11/2008 की मुंबई घेराबंदी के दौरान देखा गया था।

6. ***गैरकानूनीयता या अवैधयता (Unlawfulness or Illegitimacy):*** हालाँकि कुछ आधिकारिक परिभाषाएँ अवैधयता या गैरकानूनीयता के आधार पर आतंकवादी गतिविधियों को चिह्नित करने का प्रयास करती हैं, लेकिन इसमें एक अंतर्निहित कठिनाई है। जब कोई राज्य प्रायोजित आतंकवाद के मामलों पर विचार करता है तो आतंकवाद पर मानदंड का उपयोग समस्याग्रस्त हो जाता है।

अंतर्राष्ट्रीय आतंकवाद: एक सिंहावलोकन (International Terrorism: An Overview)

हालाँकि, आतंकवाद के इतिहास का पता पहली शताब्दी ई.पू. से लगाया जा सकता है, जब जूडिया (Judea) पर रोमन कब्जे के खिलाफ आतंकवादी अभियान शुरू करने के लिए दो यहूदी समूहों, ज़ीलोट्स (Zealots) और सिकारी (Sicarii) का गठन किया गया था। 666 ई. में, एक कट्टरपंथी मुस्लिम समूह, खारजाइट्स (Kharjites) ने उन मुस्लिम नेताओं की नियमित हत्याएं कीं, जिन्हें उन्होंने दोषी पाया था। 'हत्यारे' एक अन्य मुस्लिम आतंकवादी समूह था, जो बारहवीं और तेरहवीं शताब्दी के दौरान सक्रिय था। 'हशशिन' (Hashashin) मध्यकालीन इस्लाम का एक और ऐसा समूह था।[3]

उन्नीसवीं सदी का नार्डोन्या वोल्या (पीपुल्स विल) [Nardonaya Volya (the Peoples Will)] पहले आधुनिक प्रकार के आतंकवादी समूहों में से एक था और इसने सामाजिक विद्रोह जगाने के लिए जारशाही अधिकारियों की हत्याओं को निशाना बनाया। 1881 में ज़ार अलेक्जेंडर द्वितीय (Czar Alexander II) की हत्या और 1914 में आर्चड्यूक फ्रांज फर्डिनेंड (Archduke Franz Ferdinand) की हत्या उन्नीसवीं शताब्दी की कुछ उल्लेखनीय घटनाएं हैं जहां कुछ राजनीतिक समूहों, विशेषकर अराजकतावादियों और राष्ट्रवादियों द्वारा अपने लक्ष्यों को प्राप्त करने के लिए हिंसा का इस्तेमाल किया गया था।[4] 1920 के दशक में राजनीतिक दुश्मनों को डराने और जनता का ध्यान आकर्षित करने के लिए जर्मन नाजियों और इटेलियन फासीवादीयों (Italian Fascists) के बीच सक्रिय दक्षिणपंथी आतंकवाद देखा गया। हालाँकि, पूर्वी यूरोप में कुछ समूहों की कार्यप्रणाली, वर्तमान आतंकवादियों के विपरीत, लगभग आपराधिक गिरोहों की तरह थी। इसी तरह, हैती, अर्जेंटीना और मोज़ाम्बिक में कम्युनिस्ट विरोधी तानाशाही से जुड़े निकारागुआ के कंट्रास (contras of Nicaragua) दक्षिणपंथी 'मृत्यु-दस्ते' (death-squads) पर बहुत अधिक निर्भर थे। वे पूरे 1980 के दशक में सक्रिय थे लेकिन उनकी कार्यप्रणाली कमोबेश आपराधिक गिरोहों की तरह थी। लेकिन विडंबना यह है कि पश्चिमी देश, उनकी शीत युद्ध रणनीति के साथ ऐसे आतंकवाद गिरोहों के कार्यों को बर्दाश्त करते दिखे जिन्हें वो साम्यवाद से कम खतरनाक मानते थे। इसलिए, राष्ट्रपति रोनाल्ड रीगन (Ronald Reagan) और जॉर्ज डब्ल्यू बुश (सीनियर) (George W. Bush, Sr.) ने कंट्रास और अफगानिस्तान के मुजाहिदीन गुरिल्लाओं को 'स्वतंत्रता सेनानी' माना और वर्तमान में विरोधाभास यह है कि 9/11 की पृष्ठभूमि के खिलाफ, संयुक्त राज्य अमेरिका अफगानिस्तान और इराक में आतंक के खिलाफ युद्ध (War on Terror) लड़ रहा है। आधुनिक आतंकवाद के आकलन में व्यक्तिगत व्याख्या महत्वपूर्ण भूमिका निभाती है। एक के लिए आतंकवादी अक्सर दूसरे के लिए 'स्वतंत्रता सेनानी' होता है। कभी-कभी, अन्य शब्दों जैसे कि अलगाववादी, मुक्तिदाता, क्रांतिकारी, उग्रवादी, गुरिल्ला, विद्रोही, जिहादी या फ़ेदायीन या अन्य भाषाओं में कोई अन्य शब्द या तो स्वयं आतंकवादियों द्वारा या उनके समर्थकों, या संरक्षकों या पीड़ित राज्यों द्वारा का भी व्यंजनात्मक रूप से उपयोग किया जाता है।

यह ऐसी व्यक्तिगत व्याख्या के आधार पर है कि विकासशील दुनिया में द्वितीय विश्व युद्ध के बाद गुरिल्ला युद्ध या औपनिवेशिक शासन के खिलाफ आंदोलन आतंकवाद का प्रमुख रूप बन गया, जिसे दुनिया के इस हिस्से के राजनीतिक नेताओं द्वारा वैध आंदोलन करार दिया गया। इस तरह के तर्क का समर्थन करने के लिए ढेर सारे उदाहरण उपलब्ध हैं। इरगुन और स्टर्न गैंग (Irgun and Stern Gang) ने फिलिस्तीन में ब्रिटिश शासन के खिलाफ आतंकवाद का इस्तेमाल किया। 1950 के दशक के दौरान अल्जीरियाई क्रांतिकारियों ने व्यवस्थित रूप से फ्रांसीसी पुलिस अधिकारियों की हत्या की और उसी अवधि के दौरान केन्या में ब्रिटिश विरोधी 'माउ माउ' (Mau Mau) गतिविधियां इस सूची में शामिल होने वाली कुछ घटनाएं थीं।

दक्षिण अफ्रीका की अफ्रीकी राष्ट्रीय कांग्रेस (एएनसी) (African National Congress—ANC) भी गोरों की रंगभेद प्रणाली और नस्लीय अलगाव नीति के खिलाफ बमबारी और आतंकवाद के अन्य कृत्यों में लगी हुई थी।

इसके अलावा, 1980 के दशक में कई मुस्लिम देशों में इस्लामी कट्टरवाद का उदय हुआ, जो वैश्विक स्तर पर इस्लामी आतंकवाद का अग्रदूत बन गया, जिससे राष्ट्रों की सुरक्षा और संप्रभुता प्रभावित हुई। 1992 में, अल्जीरिया में इस्लामी विद्रोह देखा गया जब अल्जीरिया में स्वतंत्र सरकार के सैन्य अधिग्रहण ने विमान अपहरण में शामिल इस्लामीवादियों को अल्जीरिया में संसदीय जीत से वंचित कर दिया था। इजराइल के कब्जे वाले क्षेत्रों और मिस्र में स्थानीय सरकारों के खिलाफ इस्लामवादियों की ओर से हिंसा और जवाबी हिंसा की कार्रवाइयां शुरू हो गईं, जिससे स्पष्ट हो गया कि आतंकवादियों का लक्ष्य दुनिया के इस हिस्से में पश्चिमी शैली की धर्मनिरपेक्ष सरकारें थीं।[5] यह लोकतंत्र के पश्चिमी मॉडल के प्रति उनकी अस्वीकार्यता और असहिष्णुता को दर्शाता है। वैश्वीकरण और उदार लोकतांत्रिक आदर्शों के प्रसार की चुनौतियों का सामना करते हुए, यह असहिष्णुता और अधिक उग्र हो गई और 11 सितंबर 2001 को इसकी अंतिम अभिव्यक्ति हुई जब दो विमान डब्ल्यूटीसी ट्विन टावर्स (WTC Twin Towers)—अमेरिकी गौरव और विवेक का प्रतीक—में दुर्घटनाग्रस्त हो गए—एक और पेंटागन में दुर्घटनाग्रस्त हो गया और दूसरा केवल भाग्यवश व्हाइट हाउस पर आक्रमण से चूक गया। इसके बाद संयुक्त राज्य अमेरिका और उसके सहयोगियों की ओर से अफगानिस्तान और इराक में 'आतंकवाद पर युद्ध' शुरू हुआ। लेकिन तब से वैश्विक स्तर पर संयुक्त राज्य अमेरिका और उसके सहयोगियों पर आतंकवादी हमलों की एक श्रृंखला के रूप में इसका प्रतिकार हुआ है। इस प्रकार, आतंकवाद स्थानीय चरित्र से आगे निकल गया है और खतरनाक गति से खतरनाक अनुपात और अंतर्राष्ट्रीय चरित्र ग्रहण कर चुका है (ISIS के लिए पृष्ठ 515 देखें)।

राज्य प्रायोजित आतंकवाद (State-Sponsored Terrorism)

आतंकवाद का दूसरा रूप जो सामने आया है वह है राज्य समर्थित आतंकवाद। 1970 और 1980 के दशक के बीच यह बिल्कुल स्पष्ट हो गया कि राज्यों की बढ़ती संख्या ने शासन तंत्र के साधन के रूप में दूसरे राज्य में विद्रोहियों और आतंकवादियों को सहायता प्रदान करने के विचार का समर्थन किया। कम तीव्रता वाले संघर्ष के विशेषज्ञ शुल्ट्ज़ (Shultz)* का मानना है कि "यह खुले, अंतरराज्यीय सशस्त्र संघर्ष का सहारा लिए बिना किसी प्रतिद्वंद्वी पर हमला करने का एक अप्रत्यक्ष और संभावित रूप से कम लागत वाला साधन है"। यूएसएसआर और उसके पूर्वी यूरोपीय सहयोगी, पश्चिमी ब्लॉक के साथ-साथ ईरान, इराक, सीरिया और लीबिया जैसे कई मध्य पूर्वी देश कथित तौर पर आतंकवाद को सहायता और बढ़ावा दे रहे हैं। कथित तौर पर क्यूबा, उत्तर कोरिया और यमन भी आतंकवाद का समर्थन करते हैं। दक्षिण एशियाई संदर्भ में, पाकिस्तान पर भारत में अलगाववादी तत्वों को समर्थन और प्रशिक्षण देने का आरोप है और 26/11/2008 की मुंबई आतंकवादी घेराबंदी से पाकिस्तानी कनेक्शन का पता चला। बांग्लादेश भी उन आतंकवादी तत्वों के लिए एक सुरक्षित पनाहगाह के रूप में कार्य करता है जिनके पाकिस्तानी खुफिया और अंतर्राष्ट्रीय आतंकवादी संगठनों से भी संबंध हैं। वे भी भारतीय राज्य के लिए सुरक्षा खतरा पैदा करते हैं। इसलिए, राज्य-प्रायोजित आतंकवाद एक ऐसे राज्य की सुरक्षा और अस्तित्व के लिए एक वास्तविक चुनौती है, जिसके कई विरोधी हैं, और हर कोई विध्वंसक तरीकों से इस पर जीत हासिल करना चाहता है।

* Richard H. Shultz, "The Low-Intensity Conflict Environment of the 1990's" *Annals*, AAPSS, September, 1991.

साइबर आतंकवाद (Cyber-Terrorism)

प्रौद्योगिकी और दूरसंचार प्रणाली में सुधार धीरे-धीरे आतंकवाद का चेहरा बदल रहा है। आतंकवादियों के हमले केवल वास्तविक दुनिया तक ही सीमित नहीं हैं, उन्होंने आभासी दुनिया में भी अपनी पैठ बना ली है। लक्षित लोगों/समूह, व्यक्ति या किसी विशेष सरकार को नुकसान पहुँचाने, धमकाने या झटका देने के उद्देश्य से कंप्यूटर सिस्टम, नेटवर्क, इंटरनेट के कामकाज में व्यवधान से उत्पन्न होने वाले सुरक्षा जोखिम साइबर-आतंकवाद के समान हैं।

सामान्य से पेशेवर हैकर भी साइबर अपराध कर सकते हैं, लेकिन वह साइबर-आतंकवादी हमले से थोड़ा अलग हो सकता है। ये लोग या समूह केवल आर्थिक लाभ के लिए ऐसे कार्य कर सकते हैं, न कि आतंकवादी हमले करने के लिए। हालाँकि, विद्वानों और खुफिया अधिकारियों को साइबर अपराध और संदिग्ध आतंकवादी साइबर हमलों के बीच अंतर की रेखा खींचना मुश्किल लगता है। जो कहा जा सकता है वह यह है कि, बाद वाले का उद्देश्य उसी तरह से भय पैदा करना है जैसे एक पारंपरिक आतंकवादी हमला करता है या गंभीर आर्थिक, राजनीतिक या सुरक्षा क्षति पहुंचाने की कोशिश भी कर सकता है।

ई-मेल बम विस्फोट, वेबसाइटों को ख़राब करना, सरकारी गोपनीय डेटाबेस को हैक करना, कंप्यूटर सिस्टम को जाम करके या कंप्यूटर वायरस भेजकर बाधित करना और क्रेडिट कार्ड धोखाधड़ी साइबर आतंकवाद के सबसे आम प्रकार हैं। इसके अलावा, इंटरनेट, ई-मेल और तात्कालिक दूरसंचार प्रणालियाँ आतंकवादियों को जुड़े रहने, सूचना और आदेश देने, योजना बनाने और संचालन करने, धर्मांतरण करने, भर्ती करने, प्रशिक्षण देने और साजो-सामान और वित्तीय सहायता प्राप्त करने में मदद करती हैं। गंभीर बात यह है कि अधिक से अधिक आतंकवादी संगठन सहयोग कर रहे हैं और पेशेवर हैकरों और साइबर अपराधियों को काम पर रख रहे हैं ताकि वे इन कार्यों को अंजाम दे सकें और नार्को-आतंकवाद (narco-terrorism) का संचालन भी कर सकें।

इसलिए, आतंकवादी द्वारा साइबर स्पेस का उपयोग या तो बड़े पारंपरिक हमलों को बढ़ावा देने के लिए या योजना और संचालन करने के लिए संचार का उपयोग करना गोपनीयता, सुरक्षा और अखंडता के नुकसान के बराबर है।

प्रौद्योगिकी और बुनियादी ढांचे में महत्वपूर्ण निवेश के बावजूद, जब आतंकवाद से निपटने की बात आती है तो साइबर आतंकवाद सबसे बड़ी चुनौतियों में से एक का प्रतिनिधित्व करता है। हर दिन, इंटरनेट और अनगिनत अन्य कंप्यूटर सिस्टम पर हमला हो रहा है। इस प्रकार के आतंकवाद से निपटने के लिए एक वैश्विक रणनीति और नीति समय की मांग है।

नार्को आतंकवाद (Narco-Terrorism)

आतंकवादी गतिविधियाँ केवल किसी राज्य को शारीरिक या मनोवैज्ञानिक क्षति पहुँचाने या उसकी छवि धूमिल करने तक ही सीमित नहीं हैं। आतंकवाद का प्रभाव समाज में और भी गहरा हो जाता है जब यह राज्य के मूल आधार—जनसंख्या, विशेष रूप से युवा पीढ़ी को ड्रग्स, हेरोइन, कोकीन और इसी तरह की अन्य चीज़ों की लत पैदा करके नष्ट कर देता है। यह पूरी तरह से आतंकवादी संगठनों द्वारा अपनी योजना का समर्थन करने और अपने अभियानों को संचालित करने के लिए धन जुटाने के लिए किया जाता है। आतंकवादी संगठनों और अंतर्राष्ट्रीय आपराधिक गिरोहों या माफियाओं के बीच सांठगांठ के माध्यम से की जाने वाली अवैध मादक पदार्थों की तस्करी राष्ट्रीय और अंतर्राष्ट्रीय शांति और सुरक्षा के लिए खतरा है।

इससे पहले, नार्को-आतंकवाद की पहचान नशीली दवाओं के माफिया द्वारा मादक द्रव्य विरोधी एजेंसियों/बलों पर हमला करने के लिए इस्तेमाल की जाने वाली गतिविधियों या तरीकों के रूप में की जाती थी, जो मोटे तौर पर मादक द्रव्य विरोधी पुलिस बल के खिलाफ कार बम, हत्या और अपहरण जैसे आतंकवादी संगठनों की रणनीति का इस्तेमाल करते थे। इस संदर्भ में नार्को-आतंकवादियों का तात्पर्य कोलंबिया में मेडेलिन कार्टेल (Medellý´n cartel) के ड्रग लॉर्ड पाब्लो एस्कोबार (Pablo Escobar) और ड्रग कार्टेल, माफिया या अन्य आपराधिक संगठनों के अन्य सदस्यों जैसे व्यक्तियों से है। लेकिन वर्तमान विश्व परिदृश्य से पता चलता है कि अधिक से अधिक आतंकवादी संगठन राजस्व प्राप्त करने के उद्देश्य से नशीले पदार्थों की तस्करी का उपयोग कर रहे हैं और इसके लिए वे अंतर्राष्ट्रीय ड्रग कार्टेल, माफिया या अन्य आपराधिक संगठनों के साथ साझेदारी विकसित कर रहे हैं। अमेरिकी विदेश विभाग की अंतर्राष्ट्रीय नार्कोटिक्स नियंत्रण रणनीति रिपोर्ट दस्तावेज़ रिपोर्ट करती है कि पारंपरिक कोलंबियाई मादक पदार्थों की तस्करी और मनी लॉन्ड्रिंग संगठनों और हिजबुल्लाह से जुड़े मध्य पूर्वी मनी लॉन्ड्रर्स के बीच सीधा संबंध है। तालिबान ने अफगानिस्तान में अपने पुनरुत्थान को सुविधाजनक बनाने के लिए मादक पदार्थों की तस्करी से भी धन इकट्ठा किया।

नार्को-आतंकवाद के साथ-साथ, आतंकवादी संगठन अवैध हथियारों की तस्करी, जबरन वसूली, अपहरण, वेश्यावृत्ति और मानव तस्करी, क्रेडिट कार्ड धोखाधड़ी, सामाजिक सुरक्षा और आव्रजन धोखाधड़ी और पहचान की चोरी, कर धोखाधड़ी, जाली मुद्राएं, फार्मास्यूटिकल्स, सिगरेट, शराब, पाइरेटिंग वीडियो, कॉम्पैक्ट डिस्क, टेप और सॉफ्टवेयर और अवैध तेल व्यापार को अंजाम देने में सभी प्रकार के अंतर्राष्ट्रीय आपराधिक संगठनों से जुड़े हुए हैं। इसलिए, किसी राज्य की एकता और अखंडता को कई कोनों से चुनौती मिलती है, जिससे कानून और व्यवस्था बनाए रखने का कार्य एक समस्या बन जाता है। जब वेनेज़ुएला के राष्ट्रपति ह्यूगो चावेज़ जैसे राज्य के नेता ड्रग कार्टेल के पक्ष में हों, तो समस्या और भी गंभीर हो जाती है। उन्होंने 2005 में अमेरिकी नशीली दवाओं के उन्मूलन प्रयासों में सहयोग करना बंद कर दिया और अमेरिकी विरोधी नार्को-आतंकवादी समूहों को सुरक्षित आश्रय प्रदान किया, जो सीरिया, दक्षिणी लेबनान और ईरान से धन, हथियार और गुर्गों के हस्तांतरण की सुविधा प्रदान करता है।[6] भविष्य की पीढ़ियों को बचाने के लिए अंतर्राष्ट्रीय समुदाय को इन अंतर्राष्ट्रीय आपराधिक गतिविधियों से निपटने के लिए कमर कसनी चाहिए।

आतंकवाद का मुकाबला (Combating Terrorism)

9/11/2001 से पहले, जब आतंकवाद अपने चरम पर पहुंच गया था, कई अंतर्राष्ट्रीय सम्मेलन हुए हैं जिनका उद्देश्य किसी न किसी प्रकार की आतंकवादी गतिविधियों का मुकाबला करना था। उनमें से कुछ प्रमुख हैं विमान में सवार अपराधों और कुछ कृत्यों पर टोक्यो कन्वेंशन, 1963, विमान की गैरकानूनी जब्ती पर हेग कन्वेंशन, 1970, भाड़े के सैनिकों की भर्ती, उपयोग, वित्तपोषण और प्रशिक्षण के खिलाफ अंतर्राष्ट्रीय कन्वेंशन, 1989 और अन्य जिसे महासभा द्वारा अपनाया गया था।

संयुक्त राष्ट्र द्वारा अपनाए गए कुछ अन्य कन्वेंशन निम्नलिखित हैं:

- राजनयिक एजेंटों सहित अंतर्राष्ट्रीय स्तर पर संरक्षित व्यक्तियों के खिलाफ अपराधों की रोकथाम और सजा पर कन्वेंशन, 14 दिसंबर 1973 को संयुक्त राष्ट्र की महासभा द्वारा अपनाया गया।
- बंधक बनाने के विरुद्ध अंतर्राष्ट्रीय सम्मेलन, 17 दिसंबर 1979 को संयुक्त राष्ट्र की महासभा द्वारा अपनाया गया।

- आतंकवादी बम विस्फोटों के दमन के लिए अंतर्राष्ट्रीय सम्मेलन, 15 दिसंबर 1997 को संयुक्त राष्ट्र की महासभा द्वारा अपनाया गया।
- आतंकवाद के वित्तपोषण के दमन के लिए अंतर्राष्ट्रीय सम्मेलन, 9 दिसंबर 1999 को संयुक्त राष्ट्र की महासभा द्वारा अपनाया गया।
- परमाणु आतंकवाद के कृत्यों के दमन के लिए अंतर्राष्ट्रीय सम्मेलन न्यूयॉर्क, 13 अप्रैल 2005।

दुनिया भर में आतंकवाद की समस्या से निपटने के लिए संयुक्त राष्ट्र काफी सक्रिय रहा है। 1994 में, संयुक्त राष्ट्र महासभा (UNGA) ने "आतंकवाद के सभी कृत्यों, तरीकों और प्रथाओं को आपराधिक और अनुचित बताया, चाहे यह कहीं भी और किसी ने भी किया हो, जिसमें वे भी शामिल हैं जो राज्यों और लोगों के बीच मैत्रीपूर्ण संबंधों को खतरे में डालते हैं और राज्यों की क्षेत्रीय अखंडता और सुरक्षा को खतरे में डालते हैं", और इस उद्देश्य के लिए यह नोट किया गया कि राज्यों को "आतंकवादी गतिविधियों को भड़काने, सुविधा देने, वित्तपोषण करने, प्रोत्साहित करने या सहन करने से बचना चाहिए..."। संयुक्त राष्ट्र सहस्राब्दि शिखर सम्मेलन घोषणापत्र (UN Millennium Summit Declaration) में भी अंतर्राष्ट्रीय आतंकवाद को रोकने और ख़त्म करने की तात्कालिकता को बरकरार रखा गया। डब्ल्यूटीसी और पेंटागन (WTC and Pentagon) पर 9/11 के हमलों के बाद संयुक्त राष्ट्र के सदस्यों ने आतंकवाद से निपटने के लिए अंतर्राष्ट्रीय कानूनी ढांचा विकसित करना आवश्यक पाया। 11 सितंबर के हमलों ने आतंकवाद से निपटने के लिए और अधिक गंभीर उपायों की मांग की। 9/11 हमले के तुरंत बाद संयुक्त राष्ट्र सुरक्षा परिषद (यूएनएससी) (United Nations Security Council—UNSC) ने 28 सितंबर 2001 को संयुक्त राष्ट्र के अध्याय VII के तहत संकल्प 1373 पारित किया। इस प्रस्ताव ने सदस्य देशों पर आतंकवादी कृत्यों के वित्तपोषण को रोकने और दबाने के प्रयासों, उनके नागरिकों या उनके क्षेत्रों में किसी भी माध्यम से जानबूझकर धन के प्रावधान या संग्रह को अपराध घोषित करने, आतंकवादी कृत्यों को अंजाम देने वाले या उसमें भाग लेने वाले या उसे अंजाम देने में मदद करने वाले व्यक्तियों की वित्तीय संपत्ति और आर्थिक संसाधन बिना किसी देरी के जब्त करने सहित कई दायित्व सौंपे हैं।[7]

आतंकवाद से निपटने के लिए किए गए कुछ क्षेत्रीय उपाय इस प्रकार हैं:

- 22 अप्रैल 1998 को काहिरा (Cairo) में अरब राज्य लीग के जनरल सचिवालय में आयोजित एक बैठक में आतंकवाद के दमन पर अरब कन्वेंशन पर हस्ताक्षर किए गए।
- अंतर्राष्ट्रीय आतंकवाद का मुकाबला करने पर इस्लामिक सम्मेलन संगठन का सम्मेलन, 1 जुलाई 1999 को औगाडौगू (Ouagadougou) में अपनाया गया।
- आतंकवाद के दमन पर यूरोपीय सम्मेलन 27 जनवरी 1977 को स्ट्रासबर्ग में संपन्न हुआ।
- अंतर्राष्ट्रीय महत्व के व्यक्तियों और संबंधित जबरन वसूली के खिलाफ अपराध का रूप लेने वाले आतंकवाद के कृत्यों को रोकने और दंडित करने के लिए आर्गेनाइज़ेशन आफ अमेरिकन स्टेट्स(OAS) कन्वेंशन, 2 फरवरी 1971 को वाशिंगटन, डीसी में संपन्न हुआ।
- आतंकवाद की रोकथाम और मुकाबला पर आर्गेनाइज़ेशन आफ अफ्रीकन युनियन (OAU) कन्वेंशन, 14 जुलाई 1999 को अल्जीयर्स (Algiers) में अपनाया गया।
- आतंकवाद के दमन पर सार्क (SAARC) क्षेत्रीय सम्मेलन पर 4 नवंबर 1987 को काठमांडू में हस्ताक्षर किए गए।
- आतंकवाद से लड़ने में स्वतंत्र राज्यों के राष्ट्रमंडल के सदस्यों के बीच सहयोग पर संधि पर 4 जून 1999 को मिन्स्क (Minsk) में हस्ताक्षर किए गए।

आतंकवाद के खतरे से निपटने के कई प्रयासों के बावजूद, यह बढ़ रहा है। पूरी दुनिया में सावधानी का संदेश गूंज रहा है कि राज्यों को अब उन अदृश्य ताकतों का मुकाबला करना होगा जो एक राज्य के बराबर ताकत रखती हैं, अंतर्राष्ट्रीय स्तर पर काम कर रही हैं, तस्करी, नार्को-आतंकवाद जैसी गतिविधियों में शामिल हैं, रासायनिक और जैविक हथियारों और परमाणु आतंकवाद का जोखिम उठा रही हैं। जैसा कि राष्ट्रपति बुश ने कहा है, "यह एक अलग तरह का युद्ध है। हमारे दुश्मन बटालियनों में संगठित नहीं हैं, या सरकारों द्वारा नियंत्रित नहीं हैं। वे छायादार नेटवर्क (shadowy networks) में छुप जाते हैं और हमला करने के बाद पीछे हट जाते हैं।[8] दुनिया के लोगों को, अपने संकीर्ण हितों से निर्देशित न होकर, संयुक्त राष्ट्र के चार्टर में परिकल्पित सिद्धांतों के अनुसार कार्य करते हुए, एक साथ आना होगा और इन अदृश्य ताकतों के खिलाफ लड़ना होगा और आने वाली पीढ़ियों को दृश्य युद्ध के साथ-साथ अदृश्य युद्ध के संकट से भी बचाना होगा।

अभ्यास (Exercises)

1. आलोचनात्मक चर्चा करें कि आतंकवाद किस प्रकार अंतर्राष्ट्रीय समुदाय के लिए खतरा बन गया है।
2. अंतर्राष्ट्रीय आतंकवाद का एक सिंहावलोकन लिखें और अंतर्राष्ट्रीय आतंकवाद से निपटने के लिए विभिन्न तंत्रों पर भी चर्चा करें।
3. आप कैसे सोचते हैं कि आतंकवाद अंतर्राष्ट्रीय शांति और सुरक्षा के लिए खतरा बन गया है? स्पष्ट करें।

संदर्भ (References)

[1] Laqueur, Walter, *A History of Terrorism*, Transaction Publishers, New Brunswick, USA, 2002, pp. 6–7 and 135.

[2] Panna Kaji Amatya, *International Terrorism: Threat to Global Security, in* Verinder Grover (Ed.), *Encyclopedia of International Terrorism: History and Development,* Vol-1, Deep & Deep Publications, New Delhi, 2002, pp. 316–317.

[3] Magill, Frank N. (Ed.), *International Encyclopedia of Government and Politics*, Vol-2, Fitzroy Dearborn Publishers, Chicago, 1996, pp. 1350–1352.

[4] Krieger, Joel (Ed.), *The Oxford Companion to Politics of the World,* Oxford University Press, London, 2000, pp. 829–831.

[5] Rachel Ehrenfeld, "Defeating Narco-Terrorism", *Huffington Post*, 17.3.2009. http://www.acdemocracy.org/article/invent_index.php?id=683

[6] Magill, Frank N. (Ed.), *op. cit.*, n. 3, pp. 1350–1352.

[7] Sreenivasa Rao Pemmaraju, "An Indian Response to International Terrorism: A Comprehensive Convention on International Terrorism", *in* Omprakash Mishra and Sucheta Ghosh (Eds.), *Terrorism and Low Intensity Conflict in South Asian Region*, Manak Publications, New Delhi, 2003, pp. 190–193.

[8] "A different war against terror: Bush" *The Statesman*, 24 August, 2005.

17

अंतर्राष्ट्रीय कानून, अंतर्राष्ट्रीय नैतिकता और विश्व जनमत (International Law, International Morality and World Public Opinion)

अंतर्वस्तु (Contents)

परिचय (Introduction)

राष्ट्रीय हितों की रक्षा करना अंतर्राष्ट्रीय संबंधों में राज्यों का मुख्य उद्देश्य है और इसके लिए वे अन्य राज्यों की तुलना में राष्ट्रीय शक्ति हासिल करने का प्रयास करते हैं, ताकि उन पर नियंत्रण हासिल किया जा सके। लेकिन अंतर्राष्ट्रीय संबंधों को कर्ता के रूप में राज्यों की इच्छा पर नहीं छोड़ा गया है, और राज्यों के कार्यों की कुछ सीमाएँ हैं। ये सीमाएँ राष्ट्रीय शक्ति के प्रयोग पर प्रतिबंध के रूप में कार्य करती हैं। अंतर्राष्ट्रीय कानून, अंतर्राष्ट्रीय नैतिकता और विश्व जनमत राष्ट्रीय शक्ति पर निश्चित अवरोध के रूप में कार्य करते हैं। यहां तक कि एकमात्र जीवित महाशक्ति, संयुक्त राज्य अमेरिका, अंतर्राष्ट्रीय कानून, अंतर्राष्ट्रीय नैतिकता और विश्व जनमत से ऊपर नहीं है। वह अपने कार्यों को सही ठहराने के लिए इन तीनों में हेरफेर कर सकता है, लेकिन वह अंतर्राष्ट्रीय संबंधों में तीन प्रमुख अवरोधक कारकों को नजरअंदाज नहीं कर सकता है।

अंतर्राष्ट्रीय कानून (International Law)

वेस्टफेलियन (Westphalian) अर्थ में प्रमुख राजनीतिक इकाइयों के रूप में संप्रभु राज्यों के उद्भव से पहले भी, संप्रभु राजनीतिक इकाइयों को हमेशा नियमों और संस्थानों को अपनाकर अन्य राज्यों के साथ अपने संबंधों को विनियमित करने की आवश्यकता महसूस होती थी, जिससे वे युद्ध और हिंसा के मार्ग का तिरष्कार करके शांतिपूर्ण तरीके से अपने संबंधों का संचालन करने में सक्षम हो सकें।

अंतर्राष्ट्रीय कानून की आधुनिक प्रणाली मुख्य रूप से आधुनिक यूरोपीय राज्यों के रीति-रिवाजों, उपयोगों और प्रथाओं का एक उत्पाद है और सोलहवीं, सत्रहवीं और अठारहवीं शताब्दी के न्यायविदों के

लेखन से काफी प्रभावित है। समय के साथ ये रीति-रिवाज और प्रथाएँ विकसित हुईं और कुछ को संहिताबद्ध भी किया गया और धीरे-धीरे अंतर्राष्ट्रीय कानून का गठन किया गया। हालाँकि, हम ध्यान दे सकते हैं कि संधियाँ, युद्ध के उपयोग, राजनयिक कर्मियों के लिए छूट और अन्य प्रथागत कानून ईसाई धर्म के आगमन से पहले कई शताब्दियों तक प्राचीन भारत, चीन और मिस्र में प्रचलित थे।

ह्यूगो ग्रोटियस (Hugo Grotius, 1583–1645) को "अंतर्राष्ट्रीय कानून का जनक" (Father of International Law) माना जाता है। 1625 में प्रकाशित *उनके डी ज्यूर बेली एसी पेसिस (युद्ध और शांति के कानून पर)* [*De jure belli ac pacis* (*On the Law of War and Peace*)] ने अंतर्राष्ट्रीय कानून को संहिताबद्ध किया जो उस समय तक विकसित हो चुका था। बाद में, अंतर्राष्ट्रीय कानून को संहिताबद्ध करने के लिए न्यायविदों द्वारा विभिन्न प्रयास किए गए। 1863 में, फ्रांसिस लिबर (Francis Lieber, 1800–1872) ने फ्रेंको-प्रशिया युद्ध के दौरान उपयोग की जाने वाली *सरकारी सेनाओं के लिए एक कोड* (*A Code for the Government of Armies*) तैयार किया। 1868 में ब्लंटशली (Bluntschli, 1808–1872) ने संहिताकरण की दिशा में अधिक व्यापक प्रयास किया। 1872 में, डेविड डुडले फील्ड (David Dudley Field, 1805–1894) ने एक *अंतर्राष्ट्रीय संहिता की एक मसौदा रूपरेखा* (*Draft Outline of an International Code*) जारी की। एक इतालवी न्यायविद्, पास्क्वेले फियोर (Pasquale Fiore, 1837–1914) ने 1899 में अंतर्राष्ट्रीय कानून के विभिन्न क्षेत्रों को कवर करने वाला एक कोड प्रकाशित किया।[1]

इसके अलावा, न्यायविदों के व्यक्तिगत प्रयासों, कई संस्थानों ने भी अंतर्राष्ट्रीय कानून के संहिताकरण में पर्याप्त योगदान दिया। उनमें से प्रमुख हैं *इंस्टीट्यूट डी ड्रोइट इंटरनेशनल* (*Institut de Droit International*) (1873 में स्थापित) और *एसोसिएशन फॉर द रिफॉर्म एंड कोडिफिकेशन ऑफ द लॉ ऑफ नेशंस* (Association for the Reform and Codification of the Law of Nations), जिसने 1895 में अपना नाम बदलकर *इंटरनेशनल लॉ एसोसिएशन* (International Law Association) कर लिया। *अमेरिकन इंस्टीट्यूट ऑफ इंटरनेशनल लॉ* (American Institute of International Law) ने भी उल्लेखनीय योगदान दिया। राष्ट्र संघ के तत्वावधान में संहिताकरण के प्रयास भी किये गये। 1924 में, लीग असेंबली और काउंसिल ने कुछ अंतर्राष्ट्रीय कानूनों को संहिताबद्ध करने के लिए विशेषज्ञों की एक समिति की स्थापना की। राष्ट्रीयता, प्रादेशिकता और विदेशी व्यक्तियों और संपत्तियों को उनके क्षेत्र में होने वाले नुकसान के लिए राज्यों की जिम्मेदारी से संबंधित विषयों पर विचार करने के लिए हेग (Hague) में एक संहिताकरण सम्मेलन (Codification Conference) आयोजित किया गया। संयुक्त राष्ट्र ने 1927 में अंतर्राष्ट्रीय कानून आयोग (International Law Commission) बनाया जिसने राज्यों के अधिकारों और कर्तव्यों पर एक घोषणा तैयार की, और नूर्नबर्ग युद्ध अपराध न्यायाधिकरण (Nuremberg War Crimes Tribunal, 1946) और अन्य के तहत कुछ सिद्धांत तैयार किए। मानवाधिकार आयोग ने मानव अधिकारों की सार्वभौमिक घोषणा (Human Rights Commission drafted the Universal Declaration of Human Rights, 1948) और नागरिक और राजनीतिक अधिकारों पर अंतर्राष्ट्रीय अनुबंध (International Covenant on Civil and Political Rights, 1966), आर्थिक सामाजिक और सांस्कृतिक अधिकारों पर अंतर्राष्ट्रीय अनुबंध (International Covenant on Economic Social and Cultural Rights, 1966), और नरसंहार पर कन्वेंशन (Convention on Genocide, 1948) का मसौदा तैयार किया।

अंतर्राष्ट्रीय कानून को आम तौर पर सभ्य राष्ट्रों द्वारा स्वीकृत नियमों के एक निकाय के रूप में स्वीकार किया जाता है, जो उनके अधिकारों और दायित्वों और उन्हें लागू करने वाली प्रक्रियाओं को परिभाषित करता है।

अंतर्राष्ट्रीय कानून की परिभाषाएँ (Definitions of International Law)

ओपेनहेम (Oppenheim)[2] के अनुसार अंतर्राष्ट्रीय कानून "प्रथागत और पारंपरिक नियमों के समूह का नाम है, जिन्हें सभ्य राज्यों द्वारा एक-दूसरे के साथ संबंधों में कानूनी रूप से बाध्यकारी माना जाता है"। और यह "एकल राज्यों के बीच का कानून है, ऊपर का नहीं"।

स्टोवेल (Stowell)[3] ने अंतर्राष्ट्रीय कानून को "दुनिया भर में मानवीय संबंधों से संबंधित कुछ नियमों को शामिल करने के रूप में परिभाषित किया है, जो आम तौर पर मानव जाति द्वारा देखे जाते हैं और मुख्य रूप से स्वतंत्र समुदायों की सरकारों की एजेंसी के माध्यम से लागू होते हैं जिनमें मानवता विभाजित है"।

अंतर्राष्ट्रीय कानून के अध्ययन में, जेसप (Jessup)[4] के अनुसार, "पश्चिम में, विशेष रूप से संयुक्त राज्य अमेरिका में हालिया रुझान, कानून के कम तकनीकी दृष्टिकोण की ओर है। येल विश्वविद्यालय के मायरेस एस. मैकडॉगल (Myres S. McDougal) द्वारा निर्मित तेजी से प्रभावशाली स्कूल ऑफ इंटरनेशनल लॉ (School of International Law) कानून को निर्णय की एक प्रक्रिया के रूप में मानता है जिसमें सभी प्रासंगिक कारक न कि केवल तकनीकी मानदंड शामिल होते हैं। यह वस्तुतः कानून को नीति के साथ पहचानता है और कानून के अध्ययन को नीति विज्ञान कहता है"।

फेनविक (Fenwick)[5] अंतर्राष्ट्रीय कानून को मुख्य रूप से "राष्ट्रों के सामान्य समुदाय द्वारा उनके अधिकारों को परिभाषित करने और प्रक्रिया के साधनों को परिभाषित करने वाले नियमों का निकाय मानता है जिसके द्वारा उन अधिकारों की रक्षा की जा सकती है या उनके उल्लंघन का निवारण किया जा सकता है"।

स्टार्क (Starke) [6] के अनुसार "अंतर्राष्ट्रीय कानून को कानून के उस निकाय के रूप में परिभाषित किया जा सकता है जो आचरण के सिद्धांतों और नियमों के बड़े हिस्से के लिए बना है, जिसका पालन करने के लिए राज्य खुद को बाध्य महसूस करते हैं, और इसलिए, आमतौर पर एक दूसरे के साथ अपने संबंधों में पालन करते हैं"।

अंतर्राष्ट्रीय कानून के स्रोत (Sources of International Law)

अंतर्राष्ट्रीय कानून के भौतिक स्रोत पाँच प्रमुख श्रेणियों में आते हैं: अब इनका संक्षेप में वर्णन नाचे किया गया है।

1. रीति-*रिवाज़ (Custom):* लंबे समय से चल रहे रीति-रिवाजों और उपयोगों ने अंतर्राष्ट्रीय समुदाय द्वारा मान्यता प्राप्त कर कानूनी वैधता हासिल कर ली है। *पाक्वेटा हबाना* (Paqueta Habana, 175 US 677 1900) में, अमेरिकी सुप्रीम कोर्ट ने प्रथागत अंतर्राष्ट्रीय कानून की वैधता को बरकरार रखा। हालाँकि बड़ी संख्या में कानून बनाने वाली संधियों के समापन के कारण पारंपरिक प्रथागत कानूनों की प्रधानता में गिरावट आई है, उदाहरण के लिए, राजनयिक संबंधों, कांसुलर संबंधों और क्रमशः 18 अप्रैल 1961, 24 अप्रैल 1963 और 22 मई 1969 के वियना (Vienna) सम्मेलन संधियों के कानून के अनुसार, विद्वान अभी भी अंतर्राष्ट्रीय रीति-रिवाजों द्वारा निभाई गई महत्वपूर्ण भूमिका को स्वीकार करते हैं।

2. ***संधियाँ (Treaties):*** ग्रोटियस (Grotius) द्वारा अंतर्राष्ट्रीय कानून को संहिताबद्ध करने से पहले भी, मनुष्य के लिखित रिकॉर्ड के बाद से संधियाँ अंतर्राष्ट्रीय कानून के स्रोत के रूप में मौजूद थीं। संधियाँ उन राज्यों के लिए बाध्यकारी हैं जो उनके पक्षकार हैं और उनमें निहित शर्तों का सम्मान करने के लिए बाध्य हैं। एक संधि निम्नलिखित प्रकार की हो सकती है:

(क) कानून बनाना, राष्ट्र संघ की संविदा (Covenant of the League of Nations) और संयुक्त राष्ट्र के चार्टर (Charter of United nations) जैसे सार्वभौमिक या सामान्य अनुप्रयोगों के नियमों को निर्धारित करना; या

(ख) दो या केवल कुछ राज्यों के बीच किसी विशिष्ट मामले से संबंधित अनुबंध जिसमें ये राज्य विशेष रूप से शामिल हों।

3. ***न्यायिक या मध्यस्थ न्यायाधिकरणों के निर्णय (Decisions of Judicial or Arbitral Tribunals):*** अंतर्राष्ट्रीय न्यायालय और उसके पूर्ववर्ती, अंतर्राष्ट्रीय न्याय के स्थायी न्यायालय के अंतर्राष्ट्रीय न्यायिक निर्णय, अंतर्राष्ट्रीय कानून के महत्वपूर्ण स्रोत हैं। इन दोनों न्यायालयों की सलाहकारी राय ने अंतर्राष्ट्रीय न्यायशास्त्र के विकास में योगदान दिया। 1946 में नूर्नबर्ग (Nuremberg) में सैन्य न्यायाधिकरण (Military Tribunal) जैसे अंतर्राष्ट्रीय न्यायिक निकाय द्वारा दिए गए फैसले ने शांति और मानवता के खिलाफ अपराधों से संबंधित महत्वपूर्ण सिद्धांत निर्धारित किए। इस संबंध में नवीनतम निकाय अंतर्राष्ट्रीय आपराधिक न्यायालय (International Criminal Court—ICC) है। 1 जुलाई 2002 को रोम संविधि (Rome Statute) लागू होने पर अंतर्राष्ट्रीय आपराधिक न्यायालय वास्तविकता बन गया। प्रारंभ में, न्यायालय के पास नरसंहार, युद्ध अपराध और मानवता के खिलाफ अपराधों पर अधिकार क्षेत्र है। एक परिभाषा पर सहमति बन जाने और एक संशोधन द्वारा रोम संविधि में जोड़े जाने के बाद आक्रामकता का अपराध जोड़ा जाएगा। अंतर्राष्ट्रीय आपराधिक न्यायालय का उद्देश्य राष्ट्रीय कानूनी संरचनाओं का पूरक होना है, और यह केवल तभी कार्य करेगा जब राष्ट्रीय प्रणालियाँ या तो अनिच्छुक हों या वास्तव में आगे बढ़ने में असमर्थ हों। क्षेत्रीय अदालतों के अलावा, अंतर्राष्ट्रीय अदालतें भी अंतर्राष्ट्रीय कानून के विकास में महत्वपूर्ण भूमिका निभाती हैं। राज्य न्यायालयों के निर्णयों से अंतर्राष्ट्रीय कानून के नियमों का निर्माण भी होता है।

4. ***न्यायिक कार्य (Juristic Works):*** प्रतिष्ठित न्यायविदों के कार्य भी अंतर्राष्ट्रीय कानून के विकास में योगदान देते हैं। अंतर्राष्ट्रीय न्यायालय का अनुच्छेद 38 (Article 38) न्यायालय को न्यायिक निर्णयों और विभिन्न देशों के सबसे उच्च योग्य प्रचारकों की शिक्षाओं को कानून के नियमों के निर्धारण के लिए सहायक साधन के रूप में लागू करने का निर्देश देता है।

5. ***अंतर्राष्ट्रीय संस्थानों के अंगों के निर्णय या निर्धारण (Decisions or Determinations of the Organs of International Institutions):*** ये अंतर्राष्ट्रीय कानून के नियमों के निर्माण का कारण बन सकते हैं जब उनका व्यवहार में पालन किया गया हो, या बाध्यकारी निर्धारण के रूप में हों और कभी-कभी सामान्य निर्णय या अर्ध विधायी प्रभाव के निर्देश हो सकते हैं।

इसके वर्तमान क़ानून के अनुच्छेद 38, पैराग्राफ 1 (Article 38, paragraph 1) के तहत, जो अंतर्राष्ट्रीय न्याय के स्थायी न्यायालय के क़ानून के अनुच्छेद 38 (Article 38) में संबंधित प्रावधान के समान है, अंतर्राष्ट्रीय न्यायालय को निम्नलिखित को लागू करने का निर्देश दिया गया है:

(क) अंतर्राष्ट्रीय संधियाँ

(ख) अंतर्राष्ट्रीय रीति-रिवाज, एक सामान्य प्रथा के साक्ष्य के रूप में कानून के रूप में स्वीकार किए जाते हैं

(ग) सभ्य राष्ट्रों द्वारा मान्यता प्राप्त कानून के सामान्य सिद्धांत। "सामान्य सिद्धांत (General principles)" उन सिद्धांतों को संदर्भित करते हैं जिन्हें राष्ट्रीय क्षेत्र में सभी देशों द्वारा स्वीकार किया जाता है, जैसे प्रक्रिया के कुछ सिद्धांत (certain principles of procedure), सद्भावना का सिद्धांत (principle of good faith) और पूर्व न्यायिक सिद्धांत (principle of *res judicata*)।

(घ) विभिन्न देशों के सबसे उच्च योग्य प्रचारकों के न्यायिक निर्णय और शिक्षाएं कानून के नियमों के निर्धारण के सहायक साधन के रूप में प्रयोग की जाती हैं।

अंतर्राष्ट्रीय कानून का दायरा (Scope of International Law)

अंतर्राष्ट्रीय कानून का दायरा लगातार बढ़ रहा है और आम तौर पर निम्नलिखित कानूनों को शामिल करने पर विचार किया जाता है।

1. ***शांति के कानून (Laws of Peace):*** इनमें राज्य के अंतर्राष्ट्रीय कानून के विषयों के रूप में राज्यों से संबंधित कानून जैसे, राज्य के जन्म, राज्य की मान्यता और मृत्यु, उत्तराधिकार, क्षेत्रीय संप्रभुता, राज्यों के अधिकार और कर्तव्य, अधिकार क्षेत्र, समुद्र और समुद्री राजमार्गों के कानून, राज्य की जिम्मेदारी, राष्ट्रीयता, अंतर्राष्ट्रीय आर्थिक और मौद्रिक कानून, निरस्त्रीकरण, विकास और पर्यावरण शामिल हैं।

2. ***युद्ध के कानून (Laws of War):*** अंतर्राष्ट्रीय मानवतावादी कानून (आईएचएल) (International Humanitarian Law—IHL), जिसे अक्सर *सशस्त्र संघर्ष का कानून* कहा जाता है और पहले इसे युद्ध के कानून के रूप में जाना जाता था, सशस्त्र संघर्ष, यानी युद्ध की स्थितियों को नियंत्रित करने वाले कानून की एक विशेष शाखा है। अंतराष्ट्रीय मानवतावादी कानून सैन्य अभियानों के संचालन के विकल्पों और तरीकों को सीमित करके युद्ध के प्रभावों को कम करना चाहता है और युद्धरत लोगों को उन लोगों को भी छोड़ने के लिए बाध्य करता है जो शत्रुतापूर्ण कार्यों में भाग नहीं लेते हैं या आगे भी नहीं लेंगे। अंतराष्ट्रीय मानवतावादी को विभिन्न संहिताओं और सम्मेलनों के माध्यम से तैयार किया गया है जैसे कि *मैदान में सेनाओं में घायलों की स्थिति में सुधार के लिए कन्वेंशन* (Convention for the Amelioration of the Condition of the Wounded in Armies in the Field, 22 August 1864) जिसे पहली बार 1906 में संशोधित किया गया था, 1949 में अपनाए गए *कोर जिनेवा कन्वेंशन* (Four Geneva Conventions), *जिनेवा कन्वेंशन मैदान में सशस्त्र बलों में घायल और बीमारों की स्थिति में सुधार* (Geneva Convention for the Amelioration of the Condition of the Wounded and Sick in Armed Forces in the Field, 12 August 1949), *समुद्र में सशस्त्र बलों में घायल और बीमार और क्षतिग्रस्त जहाजों के सदस्यों की स्थिति में सुधार के लिए जिनेवा कन्वेंशन* (Geneva Convention for the Amelioration of the condition of the Wounded and Sick and Shipwrecked Members of Armed Forces at Sea, 12 August 1949), *युद्धबंदियों के साथ व्यवहार से संबंधित जिनेवा कन्वेंशन* (Geneva Convention Relative to the Treatment of Prisoners of War, 12 August 1949), *युद्ध के समय*

नागरिक व्यक्तियों की सुरक्षा से संबंधित जिनेवा कन्वेंशन (Geneva Convention Relative to the Protection of Civilian Persons in Time of War, 12 August 1949), और 12 अगस्त 1949 के *जिनेवा कन्वेंशन के अतिरिक्त प्रोटोकॉल* (Protocols Additional to the Geneva Conventions)।

1899 में हेग में पहला शांति सम्मेलन (First Peace Conference) हुआ जिसमें चार कन्वेंशन स्थापित किये गये और 1907 में दूसरे शांति सम्मेलन (Second Peace Conference) में 13 कन्वेंशन स्थापित किये गये। भूमि/स्थल पर *युद्ध के कानूनों और रीति-रिवाजों पर 1907 के कन्वेंशन* (1907 Conventions on the Laws and Customs of War on Land) *और संलग्न हेग विनियमों* (Hague Regulations) में कैदियों के उपचार पर प्रावधान शामिल थे।

3. ***तटस्थता के नियम (Laws of Neutrality):*** तटस्थता की स्थिति एक ओर तटस्थ राज्यों और दूसरी ओर युद्धरत राज्यों (belligerent) के अधिकारों और कर्तव्यों से संबंधित है। ऐसी परिस्थितियों में तटस्थ और युद्धरत दोनों राज्यों के कुछ कर्तव्य निम्नलिखित हैंः

(क) तटस्थों द्वारा युद्धरत पक्षों को प्रत्यक्ष या अप्रत्यक्ष रूप से किसी भी प्रकार की सहायता देने से परहेज करने और युद्धरत पक्षों द्वारा तटस्थों पर युद्ध जैसे कृत्यों की प्रतिबद्धता पर रोक लगाने के कर्तव्य।

(ख) अपने क्षेत्र के भीतर तटस्थ राज्यों द्वारा रोकथाम के कर्तव्य और युद्धकांक्षी जैसे उपाय, सैनिकों की भर्ती और इसी तरह की अन्य कार्यवाई करना और युद्धरत राज्यों का कर्तव्य, तटस्थ दूतों या तटस्थ नागरिकों के खिलाफ़ अत्याचार रोकने और दुश्मन द्वारा जब वह द्वेषी क्षेत्र में कब्ज़ा करता है तो तटस्थ संपत्ति की किसी भी क्षति के रोकने का कर्तव्य।

(ग) अपने नागरिकों के वाणिज्य के संबंध में तटस्थ राज्यों द्वारा युद्धरत राज्यों के कृत्यों में सहमति के कर्तव्य यदि तटस्थ राज्य के जहाज सैन्य उपकरण या हथियार ले जा रहे हैं जिनका युद्ध में उपयोग किया जा सकता है तो उन्हें कानून के तहत रोक देने का कर्तव्य। इसी प्रकार, युद्धरत राज्यों को भी तटस्थ राज्यों द्वारा अपने सशस्त्र बलों के ऐसे सदस्यों को तटस्थ क्षेत्र में शरण लेने या तटस्थ बंदरगाहों द्वारा शत्रुतापूर्ण युद्धपोतों को अस्थायी शरण देने की सहमति देनी चाहिए ताकि आवश्यक मरम्मत की जा सके।

क्या अंतर्राष्ट्रीय कानून एक उचित कानून है? (Is International Law a Proper Law?)

नेक व्यक्ति अंतर्राष्ट्रीय कानून को बिधि का लुप्त बिंदु मानते हैं। अंतर्राष्ट्रीय व्यवस्था की विशिष्ट विशेषता राज्यों की संप्रभुता और गैर-जवाबदेही है, जो अंतर्राष्ट्रीय कानून की प्रयोज्यता को कम प्रभावी बनाती है। हॉफमैन (Hoffman)[7] के तर्क के अनुसार "अंतर्राष्ट्रीय कानून, सियामीस जुड़वा (siamese twin) और दुश्मन या यूद्ध की तरह विश्व राजनीति को विशेष (*sui generic's*) बनाता है। राजनीतिक सद्भाव के समय में, अंतर्राष्ट्रीय कानून लागू होता है और, असंगति के समय में, युद्ध हावी हो जाता है।

एक सिद्धांत ने यह माना है कि अंतर्राष्ट्रीय कानून कोई सच्चा कानून नहीं है बल्कि केवल नैतिक बल का एक कोड है। इस विचारधारा के अग्रदूत अंग्रेज न्यायविद् जॉन ऑस्टिन (John Austin, 1790–1859) थे। उन्होंने न्यायशास्त्र पर अपने व्याख्यान (1863 में सारा टेलर ऑस्टिन (Sarah Taylor Austin)

द्वारा मरणोपरांत प्रकाशित) में कानून के ऑस्टिनियन सिद्धांत (Austinian theory) को प्रतिपादित किया। ऑस्टिन (Austinian) के अनुसार, कानून संप्रभु का आदेश है और अंतर्राष्ट्रीय कानून किसी संप्रभु प्राधिकारी द्वारा जारी नहीं किए जाते हैं जो राजनीतिक रूप से श्रेष्ठ है। इसलिए, दृश्यमान संप्रभु सत्ता के अभाव में नियम कानूनी नियम नहीं हो सकते, बल्कि केवल नैतिक वैधता के नियम हो सकते हैं। ऑस्टिन का तर्क है कि, अंतर्राष्ट्रीय कानून के मामले में, चूंकि विधायी शक्ति के साथ कोई दृश्य प्राधिकरण नहीं है और यहां तक कि राज्यों के समाज पर कोई निश्चित शक्ति भी नहीं है, इसलिए अंतर्राष्ट्रीय कानून सच्चा कानून नहीं है बल्कि आम तौर पर राष्ट्रों के बीच सकारात्मक अंतर्राष्ट्रीय नैतिकता या वर्तमान राय या भावनाएं हैं।

हालाँकि, कुछ विद्वान ऐसे भी हैं जो अंतर्राष्ट्रीय कानून को एक कानून मानते हैं। स्टार्क (Starke) अंतर्राष्ट्रीय कानून पर ऑस्टिनियन दृष्टिकोण (Austinian view) का खंडन करते हुए निम्नलिखित तर्क देते हैं:

1. ऑस्टिनियन (Austinian) कानून के सामान्य सिद्धांत का आधुनिक न्यायविदों ने खंडन किया है। उन्होंने दिखाया है कि पहले के समय में औपचारिक विधायी प्राधिकार के बिना कई समुदायों में कानून की एक प्रणाली होती थी, जिसका पालन किया जाता था और वास्तविक विधायी प्राधिकार वाले किसी भी राज्य के कानून की तरह इसका बाध्यकारी प्रभाव भी होता था।
2. वर्तमान में कानून-निर्माण संधियों और सम्मेलनों के परिणामस्वरूप 'अंतर्राष्ट्रीय कानून' का एक विशाल निकाय अस्तित्व में आ गया है और इसलिए, प्रथागत अंतर्राष्ट्रीय कानून का अनुपात उसी अनुपात में कम हो गया है। हालाँकि अंतर्राष्ट्रीय स्तर पर संप्रभु विधायी प्राधिकरण का अभाव है, अंतर्राष्ट्रीय सम्मेलनों के माध्यम से या अंतर्राष्ट्रीय संगठनों के माध्यम से अंतर्राष्ट्रीय कानून के इन नियमों को तैयार करने की प्रक्रिया तय की जाती है, यद्यपि यह किसी राज्य की किसी विधायी प्रक्रिया के समान या उतनी कुशल नहीं है।
3. अंतर्राष्ट्रीय व्यापार के संचालन के लिए जिम्मेदार आधिकारिक एजेंसियां, जैसे कि विभिन्न विदेशी कार्यालयों में पदों पर बैठे लोग, अंतर्राष्ट्रीय कानून को केवल एक नैतिक संहिता नहीं मानते हैं।

इसलिए, स्टार्क (Starke) का मानना है कि अंतर्राष्ट्रीय कानून उचित कानून है और न्यायशास्त्र का लुप्त बिंदु नहीं है। इसमें एक बाध्यकारी शक्ति है जो राष्ट्रीय शक्ति के प्रयोग को सीमित करती है, हालांकि इसकी प्रकृति राष्ट्रीय कानून की प्रकृति से भिन्न है क्योंकि यह राज्यों के बीच का कानून है और राज्यों के आचरण को नियंत्रित करता है।

अंतर्राष्ट्रीय कानून और राष्ट्रीय कानून के बीच संबंधों के संबंध में एक और बहस मौजूद है। किसकी दूसरे पर प्रधानता है? यदि राष्ट्रीय कानून को पहले उदाहरण में लिया जाए, तो कोई पाएगा कि यह संसद (उदाहरण के लिए यूके (UK), भारत) या कांग्रेस (उदाहरण के लिए यूएसए (USA)) या इसी तरह की अच्छी तरह से विकसित विधायी संस्थानों द्वारा उत्पन्न होता है। राष्ट्रीय कानून की तुलना में अंतर्राष्ट्रीय कानून में कोई संस्थागत विधायी स्रोत नहीं है। संयुक्त राष्ट्र महासभा (यूएनजीए) (United Nations General Assembly—UNGA) एक राज्य की विधायिका के समान हो सकती है और इसे एक वैश्विक विधायिका के रूप में माना जा सकता है, लेकिन संयुक्त राष्ट्र महासभा में लिए गए निर्णय संयुक्त राष्ट्र में प्रतिनिधित्व करने वाली अधिकांश सरकारों की आकांक्षाओं और इच्छाओं को दर्शाते हैं। इन संकल्पों में न तो कानूनी और न ही ठोस बाध्यकारी शक्ति है।

इसके अलावा, राष्ट्रीय कानूनों के कार्यान्वयन के लिए उचित एजेंट होते हैं जैसे किसी राज्य की सरकार की कार्यकारी शाखा। वैश्विक स्तर पर ऐसी संस्थाएं मौजूद नहीं हैं। यहाँ तक कि संयुक्त राष्ट्र को

भी अंतर्राष्ट्रीय कानून का निष्पादक नहीं माना जा सकता। राष्ट्रीय कानून के मामले में एक ऐसी प्रणाली भी है जो ऐसे कानूनों की व्याख्या करने और उन राष्ट्रीय अदालतों द्वारा विशिष्ट मामलों पर लागू करने में सक्षम बनाती है जिनके पास अपने विषयों पर सहमति की परवाह किए बिना अनिवार्य क्षेत्राधिकार है। दूसरी ओर, अंतर्राष्ट्रीय न्यायालय केवल उन्हीं मामलों की सुनवाई कर सकता है जो सहमति देने वाली सरकारों या अंतर्राष्ट्रीय संगठनों द्वारा उसे सौंपे गए हैं। इस पूरी व्यवस्था की सबसे बड़ी कमज़ोरी यह है कि न्यायालय के निर्णय को लागू करने के लिए कोई कार्यकारी प्राधिकारी नहीं है। न्यायालय के फैसले का पालन करना पूरी तरह से राज्यों पर निर्भर है।

अधिकांश मामलों में अंतर्राष्ट्रीय कानून को अपनाना या उसका पालन करना इस बात पर निर्भर करता है कि किसी राज्य द्वारा वैधानिक या न्यायिक निगमन के विशिष्ट राष्ट्रीय उपाय को कितनी दूर तक लागू किया गया है ताकि अंतर्राष्ट्रीय कानून राष्ट्रीय क्षेत्र के भीतर भी बाध्यकारी हो जाए। इसलिए, प्रधानता के प्रश्न के संबंध में, अक्सर यह माना जाता है कि राष्ट्रीय कानूनों को अंतर्राष्ट्रीय कानूनों पर प्रधानता प्राप्त है। भारत में, उदाहरण के लिए, भारतीय संविधान के भाग IV के तहत राज्य के नीति निर्देशक सिद्धांतों में, अनुच्छेद 51 में प्रावधान हैं कि राज्य निम्नलिखित प्रयास करेगा:

1. अंतर्राष्ट्रीय शांति और सुरक्षा को बढ़ावा देना।
2. राष्ट्रों के बीच न्यायसंगत और सम्मानजनक संबंध बनाए रखना।
3. संगठित लोगों के एक दूसरे के साथ व्यवहार में अंतर्राष्ट्रीय कानून और संधि दायित्वों के प्रति सम्मान को बढ़ावा देना।
4. अंतर्राष्ट्रीय विवादों को मध्यस्थता द्वारा निपटाने को प्रोत्साहित करना।

ब्रिटेन में, अंतर्राष्ट्रीय कानून के प्रथागत नियमों को देश के कानून का हिस्सा माना जाता है और ब्रिटिश राष्ट्रीय अदालतों द्वारा कुछ योग्यताओं के साथ लागू किया जाता है। नियम ब्रिटिश क़ानून के साथ असंगत नहीं होने चाहिए और एक बार जब ऐसे पारंपरिक नियमों का दायरा अंतिम अधिकार वाली ब्रिटिश अदालतों द्वारा तय कर लिया जाता है, तो उसके बाद सभी ब्रिटिश अदालतें उस निर्णय से बंधी होती हैं, भले ही बाद में अंतर्राष्ट्रीय कानून का एक भिन्न पारंपरिक नियम विकसित हो। जहां तक संधियों का सवाल है, संधियों पर बातचीत, हस्ताक्षर और अनुसमर्थन क्राउन की विशेषाधिकार शक्तियों और संसद के विधायी डोमेन से संबंधित मामले हैं।

अंतर्राष्ट्रीय कानून के प्रथागत नियमों से संबंधित अमेरिकी प्रथा ब्रिटिश प्रथा के समान है। ऐसे नियमों को देश के कानून के हिस्से के रूप में प्रशासित किया जाता है। संधियों के संबंध में, अमेरिकी प्रथा अमेरिकी संविधान के प्रावधानों पर आधारित है, जिसमें कहा गया है कि "सभी संधियाँ, या जो संयुक्त राज्य अमेरिका के प्राधिकरण के तहत की जाएंगी", "भूमि का सर्वोच्च कानून" होंगी (अनुच्छेद VI, पैरा) 2) (Article VI, para 2)।

हालाँकि, अंतर्राष्ट्रीय कानून के विशेषज्ञों द्वारा यह भी बताया गया है कि यदि अंतर्राष्ट्रीय कानून किसी राज्य के संविधान से अपनी वैधता प्राप्त करता है, तो जिस संविधान पर उसका अधिकार टिका हुआ है, वह गायब हो जाने पर यह लागू नहीं रहेगा। अंतर्राष्ट्रीय कानून के संचालन ने साबित कर दिया है कि यह संविधानों के परिवर्तन या उन्मूलन से स्वतंत्र है। 1831 के लंदन सम्मेलन (London Conference, 1831) ने इस बात को बरकरार रखा कि "आंतरिक संवैधानिक परिवर्तनों के बावजूद संधियाँ अपनी ताकत नहीं खोती हैं"। यहां तक कि अंतर्राष्ट्रीय समाज में नए राज्यों का प्रवेश भी नए राज्यों को उसकी सहमति के बिना अंतर्राष्ट्रीय

कानून से बांध देता है और ऐसी सहमति, भले ही व्यक्त की गई हो, वास्तविक कानूनी स्थिति की घोषणा मात्र है। पूर्ववर्ती सोवियत संघ के विघटन और नए राज्यों के उद्भव से सोवियत संघ की अन्य राज्यों के साथ संधि की बाध्यताएँ समाप्त नहीं हुईं और नए स्वतंत्र राज्य स्वयं को अंतर्राष्ट्रीय कानून से अछूता नहीं रख सके। सबसे बढ़कर, यह प्रत्येक राज्य का कर्तव्य है कि वह न केवल अपने कानूनों को बल्कि अपने संविधान को भी अंतर्राष्ट्रीय कानून के अनुरूप लाए ताकि अंतर्राष्ट्रीय शांति और सुरक्षा को संरक्षित किया जा सके।

वास्तव में, राज्य अंतर्राष्ट्रीय समुदाय के अन्य सदस्यों के साथ अपने संबंधों को अंतर्राष्ट्रीय कानून के आधार पर संचालित करते हैं और ज्यादातर मामलों में वे अंतर्राष्ट्रीय कानून का पालन करते हैं या उसे बनाए रखते हैं। शांति के दौरान और युद्ध के दौरान भी, राज्य अपने कार्यों को अंतर्राष्ट्रीय कानून की नजर में वैध ठहराने का प्रयास करते हैं। अंतर्राष्ट्रीय कानून की कमजोरियों के बावजूद, जब राष्ट्रीय कानूनों की तुलना की जाती है, तो यह नहीं कहा जा सकता है कि अंतर्राष्ट्रीय कानून एक कमजोर कानून है। यह राज्यों की संप्रभुता को कायम रखता है और राज्यों के अधिकारों और दायित्वों को परिभाषित करके उस संप्रभुता को संरक्षित करता है।

अंतर्राष्ट्रीय नैतिकता (International Morality)

अंतर्राष्ट्रीय नैतिकता को न केवल परिभाषित करना कठिन है, बल्कि इसमें अपनी राष्ट्रीय शक्ति की खोज में राज्यों के कार्यों पर इसकी प्रभावशीलता को समझने के लिए एक अथक प्रयास भी शामिल है। ऐसी चर्चा में, राजनेताओं और राजनयिकों के कार्यों पर नैतिकता के प्रभाव को या तो अधिक आंकने या उसके प्रभाव को कम आंकने की संभावना हमेशा बनी रहती है। यदि अंतर्राष्ट्रीय राजनीति को प्रकृति की हॉब्सियन (Hobbesian) अवस्था के रूप में माना जाता है, तो राजनेता और राजनयिक अपने सत्ता उद्देश्यों को पूरा करने के लिए सभी सीमाओं को पार कर जाएंगे। हालाँकि, वास्तव में, वे जितना कर सकते थे उससे कहीं कम करते हैं और ऐसा इसलिए होता है क्योंकि उनके कार्य कुछ नैतिक नियमों का उल्लंघन करते हैं या उनके द्वारा सीमित होते हैं। नैतिक नियमों का निरोधक कार्य "शांति के समय में मानव जीवन की पवित्रता की पुष्टि करने में सबसे स्पष्ट और सबसे प्रभावी है"। [8] यह अंतर्राष्ट्रीय नैतिकता है जिसमें राष्ट्रों के समुदाय द्वारा सहमत नैतिक सिद्धांत शामिल हैं। इनमें प्रथागत अंतर्राष्ट्रीय कानून के नियम, सामान्य सिद्धांत, सम्मेलन और संधियाँ शामिल हैं।

अंतर्राष्ट्रीय नैतिकता के पीछे के प्रतिबंध घरेलू जनमत और विश्व जनमत हैं। जबकि घरेलू जनमत विदेश नीति निर्णय निर्माताओं पर एक आंतरिक बाधा है, विश्व जनमत राजनेताओं और राजनयिकों के कार्यों पर बाहरी प्रतिबंध है। यह उनके अपने हितों के लिए है कि राज्य स्वयं को ऐसे प्रतिबंधों के अधीन रखते हैं। राज्य हमेशा अपनी छवि को लेकर चिंतित रहते हैं और किसी भी तरह से घरेलू या विश्व जनमत का अपमान करके अपनी 'सभ्य' छवि को खतरे में डालने का जोखिम नहीं उठा सकते। यहां तक कि, 1960 के दशक में वियतनाम युद्ध में अपनी भारी भागीदारी के कारण, संयुक्त राज्य अमेरिका जैसी महाशक्ति को अंततः बढ़ती प्रतिकूल घरेलू और विश्व जनमत के आगे झुकना पड़ा।

अंतर्राष्ट्रीय नैतिकता की भूमिका (Role of International Morality)

मोर्गेंथाऊ (Morgenthau) अंतर्राष्ट्रीय नैतिकता के महत्व पर प्रकाश डालते हैं। उनके अनुसार इसके तीन आयाम हैं:

1. ***शांति में मानव जीवन की सुरक्षा (Protection of Human Life in Peace):*** राष्ट्र संघ की संविदा में और संयुक्त राष्ट्र के चार्टर में राज्यों द्वारा बल के प्रयोग के संबंध में प्रावधान शामिल हैं। बल का प्रयोग या तो आत्मरक्षा के लिए या संयुक्त राष्ट्र संघ के सदस्यों द्वारा सामूहिक रूप से लिए गए निर्णय के अनुसरण में किया जा सकता है। दूसरे शब्दों में, संयुक्त राष्ट्र चार्टर (UN Charter) अंतर्राष्ट्रीय शांति और सुरक्षा का मूर्तरूप है (पहले यह अनुबंध (covenant) था)।

विभिन्न सम्मेलन और घोषणाएँ भी मानव जीवन और गरिमा की रक्षा करने का प्रयास करती हैं जैसे कि मानव अधिकारों की सार्वभौम घोषणा (Universal Declaration of Human Rights, 1948), नागरिक और राजनीतिक अधिकारों पर अंतर्राष्ट्रीय अनुबंध (International Covenant on Civil and Political Rights, 1966), आर्थिक सामाजिक और सांस्कृतिक अधिकारों पर अंतर्राष्ट्रीय अनुबंध (International Covenant on Economic Social and Cultural Rights, 1966), नरसंहार पर कन्वेंशन (Convention on Genocide, 1948)।

2. ***युद्ध में मानव जीवन की सुरक्षा (Protection of Human Life in War):*** युद्ध के समय विभिन्न सम्मेलनों और घोषणाओं द्वारा नैतिक सीमाएँ भी लगाई जाती हैं। युद्ध और शांति के कानून के अध्याय IV, पुस्तक III (Chapter IV, Book III) में, "सार्वजनिक युद्ध में दुश्मनों को मारने के अधिकार पर और व्यक्ति के खिलाफ अन्य हिंसा पर" शीर्षक के तहत, ग्रोटियस (Grotius) ने प्राचीन इतिहास में बिना किसी भेदभाव के दुश्मन व्यक्तियों के खिलाफ किए गए हिंसा के कृत्यों की एक सूची प्रस्तुत की। उन्होंने स्वयं इस आधार पर कुछ लोगों को उचित ठहराया कि युद्ध उचित उद्देश्य के लिए छेड़ा गया था। तब से युद्ध की पूरी अवधारणा बदल गई है और अब यह स्वीकार कर लिया गया है कि युद्ध पूरी आबादी के बीच नहीं, बल्कि केवल युद्धरत राज्यों की सेनाओं के बीच का मुकाबला है। इसलिए, लड़ाकों और गैर-लड़ाकों के बीच अंतर युद्ध को नियंत्रित करने वाले मौलिक कानूनी और नैतिक सिद्धांत बन गए। 1899 और 1907 के भूमि पर युद्ध के कानूनों और रीति-रिवाजों और 1906, 1929 और 1949 के कानूनों के स्थान पर 1864 के जिनेवा कन्वेंशन और उनके अतिरिक्त प्रोटोकॉल के संबंध में इन्हें हेग कन्वेंशन (Hague Conventions) में अभिव्यक्ति मिली। अंतर्राष्ट्रीय रेड क्रॉस सोसाइटी (आईसीआरसी) (International Red Cross Society—ICRC) को अंतर्राष्ट्रीय मानवतावादी कानून को बनाए रखने का दायित्व सौंपा गया है।

3. ***युद्ध की नैतिक निंदा (Moral Condemnation of War):*** राज्यों की ओर से यह अहसास बढ़ रहा है कि विदेश नीति के एक साधन के रूप में युद्ध का उपयोग कुछ नैतिक सीमाओं द्वारा प्रतिबंधित है। 1899 और 1907 के दो हेग सम्मेलन (Hague Conferences), राष्ट्र संघ (1919), 1928 का केलॉग-ब्रायंड समझौता (Kellog–Briand Pact)—सभी आक्रामक युद्ध को गैरकानूनी घोषित करते हैं, और संयुक्त राष्ट्र (1946) ने युद्ध से बचने को अपने अंतिम उद्देश्य के रूप में बरकरार रखा है। नई प्रौद्योगिकियों और परमाणु सामग्रियों के आगमन के कारण वर्तमान में युद्ध ने खतरनाक रूप धारण कर लिया है, जिसके परिणामस्वरूप परमाणु बम जैसे सामूहिक विनाश के हथियारों का उत्पादन शुरू हो गया है। इसलिए, राज्यों के बीच हथियारों की होड़ और युद्ध के प्रकोप को रोकने के लिए निरस्त्रीकरण और हथियार नियंत्रण की दिशा में भी प्रयास किए जा रहे हैं।

विश्व जनमत (World Public Opinion)

यह व्यापक रूप से स्वीकार किया जाता है कि विश्व जनमत किसी भी राज्य के विदेश नीति निर्णय निर्माताओं पर बाहरी प्रतिबंध के रूप में कार्य करता है। हालाँकि, किसी विशेष राज्य को ऐसे कार्य करने से रोकने की विश्व जनमत की प्रभावशीलता, जो अंतर्राष्ट्रीय कानून और नैतिकता का उल्लंघन कर सकती है, संदिग्ध है। विश्व जनमत के अस्तित्व को परिभाषित करना उतना ही कठिन और सिद्ध करना उससे भी अधिक कठिन है।

मोर्गेंथाऊ (Morgenthau) ने एक परिभाषा पेश की है जो आंशिक रूप से विश्व जनमत के तत्व और सीमा को कवर करती है। उनका कहना है, "विश्व जनमत स्पष्ट रूप से एक जनमत है जो राष्ट्रीय सीमाओं से परे है और जो कम से कम कुछ बुनियादी अंतर्राष्ट्रीय मुद्दों के संबंध में विभिन्न देशों के सदस्यों को एक आम सहमति में एकजुट करता है"। सवाल यह उठता है कि क्या ऐसी आम सहमति मौजूद है और यदि हां, तो क्या इसे विश्व जनमत माना जा सकता है? यह सच है कि मनुष्य में स्वतंत्रता, आत्म-अभिव्यक्ति, आत्म-विकास की इच्छा होती है, और इसलिए, राज्यों की विदेश नीति व्यवहार के कुछ बुनियादी पहलुओं के संबंध में एक निश्चित दृष्टिकोण, राय या अपेक्षाएं विकसित होती हैं। यह शायद ही तर्कसंगत है कि दुनिया में जबरदस्त मनोवैज्ञानिक एकता है और इस मनोवैज्ञानिक दृढ़ विश्वास पर, कुछ शर्तों के तहत सभी लोगों द्वारा समान नैतिक सिद्धांतों और राजनीतिक आकांक्षाओं को साझा किया जा सकता है। अक्सर ऐसा नहीं होता। यह दुनिया एक असमान दुनिया है जिसमें शक्ति का असमान वितरण और बड़ी आर्थिक असमानता है जो दुनिया को अमीर और गरीब, उत्तर और दक्षिण, विकसित दुनिया और तीसरी दुनिया, इत्यादि में विभाजित करती है। यहां तक कि एक ही नैतिक सिद्धांत अलग-अलग वातावरण में अलग-अलग अर्थ ग्रहण कर सकते हैं। उदारहण के लिए साम्राज्यवाद, जातिवाद, उपनिवेशवाद, नव-उपनिवेशवाद और निर्भरता की औपनिवेशिक शक्तियों और तीसरी दुनिया के लिए अलग-अलग व्याख्याएं हो सकती हैं विशेष मुद्दों, जिनमें से कुछ उल्लिखित किए गए हैं, के बारे में धारणाएं राज्यों के कुछ समूहों के बीच आम सहमति को जन्म दे सकती हैं जो ज्यादातर मामलों में हैं उनके सामान्य ऐतिहासिक अनुभवों और राज्यों के अन्य समूहों के विशेष कार्यों के खिलाफ उनके संघर्ष से प्रेरित, जो उनके लिए शोषणकारी और भेदभावपूर्ण हो सकता है। पहले, ऐसी आम धारणाओं ने दुनिया के एक निश्चित हिस्से को एकजुट किया था और गुटनिरपेक्ष आंदोलन जैसे शक्तिशाली आंदोलन को जन्म दिया था। हालाँकि, इस बात पर शायद ही सहमति हो सकती है कि यह आंदोलन विश्व जनमत बनाने में सक्षम था क्योंकि इसे पश्चिमी राज्यों द्वारा आलोचनात्मक रूप से देखा गया था।

व्यापक तकनीकी क्रांति और सूचना प्रौद्योगिकी के आगमन ने निस्संदेह व्यक्तियों के बीच की बाधाओं को दूर कर दिया है और उनके संपर्कों की संभावना बढ़ गई है, और इस प्रकार विश्व जनमत के निर्माण के लिए अधिक अवसर मिले हैं; लेकिन बहुत कम ही हम अंतर्राष्ट्रीय संबंधों में बुनियादी मुद्दों पर विश्व जनमत के अस्तित्व को महसूस कर पाते हैं। मोर्गेंथाऊ बताते हैं कि जो जानकारी और विचार प्रसारित किए जाते हैं वे उन अनुभवों के प्रतिबिंब हैं जिन्होंने विभिन्न राज्यों से संबंधित विभिन्न लोगों के दर्शन, नैतिकता और अवधारणाओं को ढाला है। यदि ये अनुभव और उनके बौद्धिक व्युत्पन्न पूरी मानवता में समान हैं, तो सूचना और विचारों का मुक्त प्रवाह वास्तव में अपने आप में एक विश्व जनमत का निर्माण करेगा; लेकिन ऐसा शायद ही हो। इस प्रकार, अमेरिकी धारणा रूसी से और भारतीय धारणा पाकिस्तानी से भिन्न होगी। इसलिए, उनकी राय का एक समुच्चय प्राप्त करना कठिन है, जो विश्व जनमत को जन्म देगा।

अतीत में कुछ सरकारों की विदेश नीति के खिलाफ जनमत जुटाने के प्रयास हुए हैं, जैसे 1930 के दशक में चीन के खिलाफ जापानी आक्रमण, 1935 से जर्मन विदेश नीतियां, 1935 में इथियोपिया के

खिलाफ इतालवी हमला और 1956 की हंगरी की क्रांति का रूसी दमन। हालाँकि, भले ही ये प्रयास विश्व जनमत उत्पन्न करने में सफल रहे, लेकिन इनका विरोधियों की नीतियों पर कोई निरोधक प्रभाव नहीं पड़ा। इसका ताजा उदाहरण इराक और अफगानिस्तान में "आतंकवाद के खिलाफ युद्ध" के नाम पर अमेरिकी कार्रवाई है, जिसमें विश्व जनमत की अनदेखी करने के साथ-साथ अपनी कार्रवाई को उचित बताना और आतंकवाद पर युद्ध' के नाम पर अपनी कार्रवाई का समर्थन करने के लिए विश्व स्तर पर आम सहमति बनाने की कोशिश करना है।

राष्ट्रवाद विश्व जनमत के गठन को भी रोकता है। मोर्गेंथाऊ (Morgenthau) ने कहा कि जीवन कि जीवन की मौलिक आकांक्षाओं, जैसे स्वतंत्रता और शक्ति के बीच जो मानव जाति को एकजुट करती है और जो विश्व समाज और सार्वभौमिक नैतिकता के लिए जड़ें प्रदान कर सकती है और व्यक्तियों द्वारा रखे गए राजनीतिक दर्शन, नैतिकता और व्यक्तियों द्वारा रखे गये उद्देश्यों में राष्ट्र का हस्तक्षेप होता है। इसलिए, इस राष्ट्र और राष्ट्रवाद की अवधारणा से प्राप्त बौद्धिक व्युत्पन्न दुनिया के मनुष्यों को विभाजित करते हैं। इसलिए, एक अमेरिकी के लिए, शीत युद्ध के दिनों में सोवियत सरकार की छवि एक धोखेबाज, अविश्वसनीय, आक्रामक, अविश्वसनीय राष्ट्र की थी जो एक दुष्ट साम्राज्य का प्रतिनिधित्व करता था और इसे "समाप्त" किया जाना चाहिए।

हालाँकि, विश्व जनमत के महत्व को पूरी तरह से नकारना बहुत निराशावादी होगा। विश्व जनमत को राष्ट्र संघ (1919) की नींव माना जाता था, जिसे 1928 के केलॉग-ब्रिएंड संधि (Kellog–Briand Pact), अंतर्राष्ट्रीय न्याय के स्थायी न्यायालय के निर्णयों और सामान्य रूप से अंतर्राष्ट्रीय कानून के लिए प्रवर्तन एजेंसी बनना था। वर्तमान स्थिति में, वैश्वीकरण और तकनीकी मोर्चे और सूचना प्रौद्योगिकी (आईटी) (Information Technology—IT) में भारी क्रांति के कारण, शांति, युद्ध, पर्यावरण, विकास, सतत विकास, निरस्त्रीकरण, समानता और न्याय, लोकतंत्र और अन्य मुद्दों से संबंधित आम समस्याओं ने व्यक्तियों को प्रेरित किया है। राष्ट्रीय बाधाओं को पार कर विभिन्न राज्यों के लोगों के बीच मनोवैज्ञानिक एकता स्थापित करें और इस प्रकार विश्व जनमत के विकास का मार्ग प्रशस्त करें। यह भी स्वीकार किया जाना चाहिए कि विश्व जनमत का राज्यों के कार्यों पर निरोधक प्रभाव पड़ता है। यहां तक कि एकमात्र जीवित महाशक्ति संयुक्त राज्य अमेरिका भी विश्व जनमत की अवहेलना नहीं कर सकता है और इसलिए यह अक्सर अंतर्राष्ट्रीय कानून, अंतर्राष्ट्रीय नैतिकता और विश्व जनमत को कायम रखने वाले के रूप में अपनी कार्रवाई को उचित ठहराने के कार्य में लगा रहता है। अधिकांश सरकारें अपनी प्रतिष्ठा को लेकर बहुत चिंतित रहती हैं और विदेश में अपनी नीति के प्रति दुनिया की आलोचना बर्दाश्त नहीं कर सकतीं। यह केवल कुछ संकट स्थितियों के तहत ही होता है कि राज्य राष्ट्रीय अनिवार्यताओं का सख्ती से पालन करते हुए प्रतिबद्धताओं को तोड़ने, मानदंडों का उल्लंघन करने के जोखिम पर भी अपने उद्देश्यों की रक्षा करने पर आमादा होते हैं। लेकिन सामान्य परिस्थितियों में, राजनेता और राजनयिक ऐसे नीतिगत विकल्प चुनते हैं जिन पर कम प्रतिकूल प्रतिक्रिया होने और विश्व जनमत पैदा होने की संभावना हो।

अभ्यास (Exercises)

1. अंतर्राष्ट्रीय कानून की अवधारणा को परिभाषित करें। क्या यह उचित कानून है?
2. अंतर्राष्ट्रीय कानून के स्रोत क्या हैं?
3. अंतर्राष्ट्रीय कानून की प्रकृति और दायरे पर चर्चा करें।

4. अंतर्राष्ट्रीय नैतिकता से आप क्या समझते हैं? अंतर्राष्ट्रीय संबंधों में अंतर्राष्ट्रीय नैतिकता की भूमिका का परीक्षण करें।
5. अंतर्राष्ट्रीय संबंधों में राज्यों के कार्यों को नियंत्रित करने में विश्व जनमत की भूमिका पर टिप्पणी करें।

संदर्भ (References)

[1] Sharma, Urmila and S.K. Sharma, *International Relations*, Atlantic Publishers, New Delhi, 2000, p. 31.

[2] Oppenheim, L., *International Law,* Longmans, Green & Co., New York, 1905, p. 2.

[3] Stowell, Ellery C., *International Law*, Holt, New York, 1931, p. 10.

[4] Jessup, Phillip C., *Transnational Law,* Yale University Press, New Haven, 1956.

[5] Fenwick, Charles G., *International Law*, Century, New York, 1924, p. 34.

[6] Starke, J.G., *Introduction to International Law*, Aditya Books, New Delhi, 1994, p. 3.

[7] Hoffman, Stanley, "International Systems and International Law," *in* Richard Falk and Saul H. Mendlovitz (Eds.), *The Strategy of World Order, International Law,* Vol. 2, World Law Fund, 1966, p. 134, cited in Theodore A. Couloumbis and James H. Wolfe, *Introduction to International Relations: Power and Justice*, Prentice-Hall of India, New Delhi, 1981, p. 257.

[8] Morgenthau, Hans. J., *Politics Among Nations: The Struggle for Power and Peace*, Kalyani Publishers, New Delhi, 1985, p. 249.

18

भारतीय विदेश नीति (Indian Foreign Policy)

अंतर्वस्तु (Contents)

परिचय (*Introduction*)

1947 में अपनी आजादी के बाद से भारत ने एक लंबा सफर तय किया है और धीरे-धीरे एक 'उभरती शक्ति' (emerging power) का दर्जा हासिल कर रहा है। एक उपमहाद्वीपीय, बहुभाषी इकाई के रूप में उनके अद्वितीय चरित्र से उत्पन्न होने वाली कई चुनौतियों के बावजूद, उनकी क्षमता में गंभीर रूप से बाधा उत्पन्न होने के बावजूद, भारत आवश्यकता पड़ने पर संयम बरतते हुए परमाणु और सैन्य क्षमताओं के मामले में अपनी शक्ति प्रदर्शित करने में कामयाब रहा है।

भारत की विदेश नीति पिछले कुछ वर्षों में देश की भू-रणनीतिक स्थिति, आर्थिक परिस्थितियों, राजनीतिक परंपरा, सामाजिक ताने-बाने, राष्ट्रीय चरित्र, राष्ट्रीय मनोबल और नेताओं के व्यक्तित्व गुणों के प्रभाव में विकसित हुई है। यदि ये भारतीय विदेश नीति को आकार देने वाले आंतरिक कारक हैं, तो अंतर्राष्ट्रीय राजनीतिक वातावरण, प्रमुख शक्तियों और पड़ोसी देशों की विदेश नीतियां भारतीय विदेश नीति के बाहरी निर्धारकों में शामिल हैं। यहां यह ध्यान दिया जाना चाहिए कि भारतीय विदेश नीति कभी भी स्थिर नहीं रही है और बदलते घरेलू और अंतर्राष्ट्रीय परिदृश्य के कारण इसमें बदलाव आया है।

मूल उद्देश्य (Basic Objectives)

यह निश्चित रूप से कहा जा सकता है कि कुछ बुनियादी उद्देश्य, जो भारतीय विदेश नीति के मुख्य सिद्धांतों को स्थापित करते हैं, समय के साथ अपरिवर्तित रहे हैं और भारतीय विदेश नीति के स्तंभों का निर्माण करते हैं। ये बुनियादी सिद्धांत निम्नलिखित हैं।

1. ***गुटनिरपेक्षता (Non-Alignment):*** गुटनिरपेक्ष नीति के मुख्य वास्तुकार भारत के पहले प्रधान मंत्री पंडित जवाहरलाल नेहरू थे। उनकी मुख्य चिंता वर्षों के संघर्ष के बाद अर्जित स्वतंत्रता को मजबूत करना और भारत की शांति और आर्थिक विकास सुनिश्चित करना था। इसलिए, नेहरू की प्रबल इच्छा भारत को 'उलझन वाले गठबंधनों' (entangling alliances) से दूर रखने का एक प्रयास बन गई। हालाँकि, गुटनिरपेक्षता के निर्माण को तत्काल प्रोत्साहन दो महाशक्तियों, संयुक्त राज्य अमेरिका और सोवियत संघ के बीच शीत युद्ध द्वारा प्रदान किया गया था, जिसने दुनिया को दो शत्रुतापूर्ण शिविरों में विभाजित कर दिया था। इसके अलावा, अमेरिका ने अपनी 'रोकथाम' (containment) नीति के हिस्से के रूप में कई एशियाई देशों को बगदाद संधि (Baghdad Pact, 1955–1958), सीटो (SEATO, 1954) और सेंटो (CENTO) (1958–1979) जैसे विभिन्न सैन्य गठबंधनों में शामिल करने का प्रयास किया, और जिसके लिए भारत का पड़ोसी देश पाकिस्तान भी इसमें खींचा जा रहा था, जिससे नेहरू के लिए गुटनिरपेक्षता एक बेहतर विकल्प बन गया।

नेहरू ने विकास सुनिश्चित करने और गरीबी, भूख और मृत्यु जैसी सामाजिक बुराइयों से लड़ने के उद्देश्य से भारत को दो शक्ति गुटों से दूर रखने का दावा किया। भारत ने एक-दूसरे के खिलाफ गठबंधन करने वाले समूहों की सत्ता की राजनीति से भी दूर रहना पसंद किया, जिसके कारण अतीत में दो विश्व युद्ध हुए थे, और जो भविष्य में और भी बड़े पैमाने पर आपदाओं का कारण बन सकता है। नेहरू का मानना था कि "गठबंधन में शामिल होना अपनी स्वतंत्रता खोना है क्योंकि आपातकाल के समय प्राप्तकर्ता देश को हथियारों की आपूर्ति करने वाले देश से आदेश लेना होगा। इससे भी समस्यात्मक संभावना यह है कि एशियाई देशों के पश्चिमी देशों के साथ गठबंधन में प्रवेश करने से पश्चिम को एशियाई समस्याओं को हल करने का अवसर मिलेगा जिसमें एशिया शामिल नहीं होगा।[1]

2. ***उपनिवेशवाद विरोधी और साम्राज्यवाद विरोधी (Anti-Colonialism and Anti-Imperialism):*** भारत की उपनिवेशवाद विरोधी और साम्राज्यवाद विरोधी राजनीति की जड़ें ब्रिटिश साम्राज्यवाद के उनके अपने अनुभव में निहित हैं। भारतीय स्वतंत्रता आंदोलन के दौरान स्वदेशी आंदोलन, असहयोग आंदोलन, सविनय अवज्ञा आंदोलन और भारत छोड़ो आंदोलन जैसे जन संघर्षों के माध्यम से एकत्रित हुई साम्राज्यवाद विरोधी भावना को स्वतंत्रता के बाद भारत द्वारा अपनाई गई विदेश नीति में अभिव्यक्ति मिली।

इसलिए, स्वतंत्रता के बाद, भारत ने एशिया, अफ्रीका और लैटिन अमेरिका में राष्ट्रीय मुक्ति आंदोलनों के साथ एकजुटता व्यक्त की। भारत ने औपनिवेशिक शासन के अधीन लोगों के हितों के लिए लड़ने के लिए गुटनिरपेक्ष आंदोलन (NAM) मंच और संयुक्त राष्ट्र (UN) मंच का भी उपयोग किया। भारत ने इंडोनेशिया, लीबिया, ट्यूनीशिया, अल्जीरिया, मोरक्को की आजादी और सबसे महत्वपूर्ण नामीबिया और दक्षिण अफ्रीका के उपनिवेशवाद को खत्म करने के लिए लड़ रहे लोगों की मदद की। उन्होंने पूर्वी पाकिस्तान के लोगों को पश्चिमी पाकिस्तान की गुलामी से मुक्ति दिलाने में अपना समर्थन देकर स्वतंत्र बांग्लादेश के विकास में भी महत्वपूर्ण भूमिका निभाई। भारत ने उपनिवेशवाद के विरुद्ध अपना संघर्ष कभी

बंद नहीं किया क्योंकि तेजी से पारंपरिक उपनिवेशवाद का स्थान नव-उपनिवेशवाद ले रहा था। भारत ने अंतर्राष्ट्रीय समानता और न्याय की दृष्टि से एक नई अंतर्राष्ट्रीय आर्थिक व्यवस्था (एनआईईओ) (New International Economic Order—NIEO) स्थापित करने के लिए तीसरी दुनिया के संघर्ष में भी महत्वपूर्ण भूमिका निभाना जारी रखा।

3. *नस्लवाद-विरोध (Anti-Racialism):* साम्राज्यवाद की तरह, नस्लवाद का भी भारत के ऐतिहासिक अनुभवों से पता लगाया जा सकता है। भारत में ब्रिटिश नस्लवादी नीति (racialist policy) "सभी सेवाओं में व्याप्त हो गई और उन्नीसवीं सदी में पूर्व में ब्रिटिश शासन की विशिष्ट विशेषता बन गई"।[2] इसलिए, स्वतंत्रता के बाद नस्लवाद विरोध भारतीय विदेश नीति के प्रमुख सिद्धांतों में से एक बन गया। 1947 तक, साम्राज्यवाद-विरोध और नस्लवाद-विरोध भारतीय राष्ट्रीय मानस की स्पष्ट अनिवार्यता बन गए और नेहरू ने केवल एक गहरी भारतीय भावना व्यक्त की जब 1946 में भारत की अंतरिम सरकार के प्रधान मंत्री के रूप में, उन्होंने कहा कि साम्राज्यवाद-विरोध और नस्लवाद-विरोध वे "हमारी विदेश नीति के केंद्रबिंदु" थे।

आजादी के तुरंत बाद, भारत ने दक्षिण अफ्रीका सरकार द्वारा अपनाई गई रंगभेद और नस्लीय भेदभाव की नीति की निंदा करने में अग्रणी भूमिका निभानी शुरू कर दी। भारत ने प्रिटोरिया सरकार (Pretoria Government) को रंगभेद की अपनी नीति को छोड़ने के लिए मजबूर करने के लिए अंतर्राष्ट्रीय समुदाय को एकजुट करने की मांग की। 1952 में, भारत ने 12 अन्य अफ्रीकी-एशियाई राज्यों के साथ, संयुक्त राष्ट्र में रंगभेद का मुद्दा उठाया और इस प्रथा के बारे में अपनी गंभीर चिंताएँ व्यक्त कीं क्योंकि यह संयुक्त राष्ट्र चार्टर और मानवाधिकारों की सार्वभौम घोषणा के खुले उल्लंघन के समान था और अंतर्राष्ट्रीय शांति के लिए एक ख़तरा था। भारत ने संयुक्त राज्य अमेरिका में 'अश्वेत' आबादी और रोडेशिया (जिम्बाब्वे) की अफ्रीकी आबादी का मुद्दा भी उठाया। उन्होंने नस्लवाद और रंगभेद के खिलाफ लोगों के संघर्ष का समर्थन करने के लिए गुटनिरपेक्ष आंदोलन (NAM) मंच का भी इस्तेमाल किया था। भारत अभी भी अपनी नस्ल-विरोधी नीति की प्रासंगिकता में विश्वास करता है, और इसलिए, मानवता के खिलाफ इस तरह की प्रथा के खिलाफ लड़ना जारी रखे हुए है।

4. *पंचशील या शांतिपूर्ण सहअस्तित्व (Panchsheel or Peaceful Coexistence):* भारतीय विदेश नीति का प्रमुख सिद्धांत *पंचशील* या शांतिपूर्ण सहअस्तित्व है। यह 1954 में बीजिंग और नई दिल्ली ने संयुक्त रूप से उनके बीच द्विपक्षीय संबंधों को निर्देशित करने के लिए *शांतिपूर्ण सह-अस्तित्व के पांच सिद्धांतों* (भारत में **पंचशील** के रूप में जाना जाता है) (*Five Principles of Peaceful Coexistence* (known as **Panchsheel** in India)) का प्रस्ताव रखा था। शांतिपूर्ण सह-अस्तित्व के पांच सिद्धांत, जिन्हें सामूहिक रूप से *पंचशील* के नाम से जाना जाता है, 29 अप्रैल 1954 को संपन्न तिब्बत पर भारत-चीन समझौते पर बातचीत के दौरान चीनी प्रधान मंत्री झोउ एनलाई (Zhou Enlai) और भारतीय प्रधान मंत्री जवाहरलाल नेहरू (Jawaharlal Nehru) द्वारा प्रतिपादित किए गए थे। लेकिन पाँच सिद्धांत भारत के लिए कोई नई बात नहीं थे और प्राचीन ग्रंथों में पाए जा सकते हैं। नैतिक, आध्यात्मिक, धार्मिक और सांस्कृतिक शिक्षाएं सदियों से अपने लोगों के बीच आपसी सम्मान, सहिष्णुता, शांतिपूर्ण सह-अस्तित्व और एक-दूसरे की अखंडता और स्वतंत्रता के प्रति सम्मान की भावना पैदा कर रही हैं।[3]

पंचशील के ये पांच सिद्धांत हैं:

1. एक-दूसरे की क्षेत्रीय अखंडता और संप्रभुता के लिए परस्पर सम्मान
2. परस्पर अनाक्रामकता

3. एक-दूसरे के आंतरिक मामलों में परस्पर हस्तक्षेप न करना
4. समानता और पारस्परिक लाभ
5. शांतिपूर्ण सह-अस्तित्व।

पंचशील औपनिवेशिक और साम्राज्यवादी शक्तियों द्वारा दुनिया पर प्रभुत्व के खिलाफ समानता और स्वतंत्रता के लिए एशियाई और अफ्रीकी आंदोलनों के पीछे प्रेरक शक्ति बन गया और संयुक्त राष्ट्र (UN) द्वारा भी इसका समर्थन किया गया। हालाँकि पंचशील के पाँच सिद्धांत संयुक्त राष्ट्र चार्टर में सर्वोत्कृष्ट रूप से परिलक्षित होते हैं, जिसे पंचशील से एक दशक पहले तैयार किया गया था, तत्कालीन संयुक्त राष्ट्र महासचिव डैग हैमरस्कजॉल्ड (Dag Hammarskjold) ने उन्हें "संयुक्त राष्ट्र के उद्देश्यों और दायित्वों की पुन: पुष्टि" के रूप में वर्णित किया था। पंचशील को तब व्यापक स्वीकार्यता मिली जब 11 दिसंबर 1957 को यूगोस्लाविया, स्वीडन और भारत द्वारा संयुक्त राष्ट्र में पेश किया गया प्रस्ताव संयुक्त राष्ट्र महासभा में सर्वसम्मति से अपनाया गया।

हालाँकि 1962 का चीन-भारत संकट चीनी विश्वासघात के रूप में आया था, फिर भी भारत अपने पड़ोसियों के साथ-साथ अंतर्राष्ट्रीय समुदाय के अन्य सदस्यों के साथ अपने संबंधों में इन सिद्धांतों पर विश्वास रखता है। अपने पड़ोसियों के साथ भारत के संबंधों को बेहतर बनाने के अपने प्रयास में, प्रधान मंत्री आई.के. गुजराल ने उन सिद्धांतों की पुनः पुष्टि की और उन्हें एक नया आयाम दिया। इसे गुजराल सिद्धांत (Gujral Doctrine) के नाम से जाना गया। इस सिद्धांत के तहत, पारस्परिकता की अपेक्षा किए बिना व्यापार और यात्रा के संबंध में पड़ोसी देशों को एकतरफा रियायतें दी गईं।

5. ***निरस्त्रीकरण (Disarmament):*** भारत की एक अन्य महत्वपूर्ण विदेश नीति का पक्ष निरस्त्रीकरण और हथियार नियंत्रण है। भारत स्वयं परमाणु अप्रसार संधि (एनपीटी, 1968) (Non-Proliferation Treaty—NPT, 1968) और व्यापक परीक्षण प्रतिबंध संधि (सीटीबीटी, 1996) (Comprehensive Test Ban Treaty—CTBT, 1996) का हस्ताक्षरकर्ता नहीं है क्योंकि इन अंतर्राष्ट्रीय व्यवस्थाओं को भेदभावपूर्ण माना जाता है और ये परमाणु संपन्न 'हैं' और 'नहीं हैं' का निर्माण करती हैं। यह भारत की पहल के तहत था कि 1985 में नई दिल्ली में आयोजित छह-राष्ट्र शिखर सम्मेलन में व्यापक प्रस्ताव आगे बढ़ाए गए थे। लेकिन विडंबना यह है कि भारत और पाकिस्तान हथियारों की होड़ में उलझ गए हैं और दोनों ने 1998 में परमाणु परीक्षण किए। विशेषज्ञों का मानना है कि हथियारों की यह होड़ दक्षिण एशियाई क्षेत्र की शांति और सुरक्षा को अस्थिर कर सकती है। खतरा कई गुना बढ़ जाता है क्योंकि पाकिस्तान, भारत का खतरनाक पड़ोसी, उत्तर कोरिया, लीबिया और ईरान से परमाणु अनुसंधान एवं विकास के गुप्त हस्तांतरण में शामिल है, जो न केवल भारत के लिए बल्कि पूरे दक्षिण एशियाई क्षेत्र के लिए खतरा है। इसके अलावा, पाकिस्तान एक ऐसा देश है जो राजनीतिक उथल-पुथल, आर्थिक अस्थिरता का सामना कर रहा है और धीरे-धीरे पाकिस्तान में तालिबान की बढ़ती घुसपैठ और उनकी बढ़ती गतिविधियों के कारण आतंकवादियों के लिए एक सुरक्षित पनाहगाह बनता जा रहा है, इस बात की पूरी संभावना है कि परमाणु हथियार गलत हाथों में पड़ सकते हैं, जो कि दुःस्वप्न (nightmare) होगा जो सच हो रहा है। दूसरी ओर, भारतीय लोकतंत्र को भीतर से कड़ी चुनौतियों का सामना करना पड़ता है, लेकिन राज्य व्यवस्था अभी भी इतनी मजबूत है कि वह संयम और उल्लेखनीय अप्रसार प्रमाण-पत्र वाले परमाणु सिद्धांत को अपना सकती है। 1998 के परमाणु परीक्षणों के बाद भारत को आलोचनाओं का सामना करना पड़ा, लेकिन उसने संयम दिखाया और पाकिस्तान के विपरीत नो-फर्स्ट-यूज़ (एनएफयू) (No-First-Use—NFU) की मुद्रा अपनाई, जो परमाणु हथियारों के फर्स्ट-यूज़ (एफयू) (First-Use—FU) का प्रस्ताव करता है। इसके अलावा, भारत

ने हमेशा परमाणु ऊर्जा के शांतिपूर्ण उपयोग का समर्थन किया है। यहां तक कि 2008 के भारत-अमेरिका परमाणु समझौते में भी नागरिक उद्देश्यों के लिए परमाणु ऊर्जा के उपयोग के प्रावधान शामिल थे।

6. *संयुक्त राष्ट्र में आस्था (Faith in the United Nations):* भारत ने हमेशा संयुक्त राष्ट्र में गहरी आस्था जताई है और हमेशा इसके बुनियादी सिद्धांतों और उद्देश्यों को बरकरार रखा है। इसने संयुक्त राष्ट्र के तत्वावधान में कई शांति स्थापना गतिविधियों में भी भाग लिया है। भारत ने 1956 से गाजा पट्टी में संयुक्त राष्ट्र के अभियानों में एक पैदल सेना बटालियन का योगदान दिया। भारतीय सेना और वायु सेना की एक और बड़ी टुकड़ी को 1961 में कांगो शांति मिशन के लिए भेजा गया था। भारतीय सैन्य कर्मियों के छोटे समूह कोरिया (1953), इंडो-चीन (1954), लेबनान (1958), अंगोला (1988) और ईरान-इराक सीमा पर संयुक्त राष्ट्र की निगरानी और शांति स्थापना अभियान में शामिल रहे हैं। सैनिकों को 1994 में रवांडा, 1993–1994 में सोमालिया और कई अन्य संयुक्त राष्ट्र शांति मिशनों में भी भेजा गया था।

इसके साथ ही, भारत ने संयुक्त राष्ट्र को अधिक प्रतिनिधिक और लोकतांत्रिक बनाने के लिए इसमें समग्र सुधार की जोरदार वकालत की है। भारत संयुक्त राष्ट्र सुरक्षा परिषद में स्थायी सीट के लिए भी प्रयासरत है। जुलाई 2009 में जी-8 शिखर सम्मेलन (G–8 Summit) से ठीक पहले, प्रधान मंत्री डॉ. गनमोहन सिंह ने संयुक्त राष्ट्र में सुधार का आह्वान किया और भारत को संयुक्त राष्ट्र सुरक्षा परिषद के स्थायी सदस्य के रूप में शामिल करने की भी वकालत की।

7. *राष्ट्रमंडल के साथ संबंध (Ties with Commonwealth):* भारत राष्ट्रमंडल के साथ अपने संबंधों को आगे बढ़ा रहा है। हालाँकि, शुरू में राष्ट्रमंडल में भारत की सदस्यता को उसकी संप्रभुता से समझौता मानने के बारे में आशंकाएँ थीं, फिर भी भारत अपने रिपब्लिकन संविधान के साथ राष्ट्रमंडल के साथ अच्छे संबंध बनाए हुए है जो वास्तव में भारत को राष्ट्रमंडल के सदस्यों के साथ आर्थिक और अन्य संबंध विकसित करने में मदद करता है।

8. *आतंकवाद के विरुद्ध लड़ाई (Fight against Terror):* अंतर्राष्ट्रीय आतंकवाद अंतर्राष्ट्रीय शांति और सुरक्षा के लिए एक बढ़ता खतरा है। भारत ने स्वयं पिछले कई वर्षों में आतंकवादी हमलों का दंश झेला है। भारत ने आतंकवाद के मुद्दे पर हमेशा अपनी चिंता व्यक्त की है। अमेरिका पर 9/11 के हमले के बाद, आतंकवाद एक वैश्विक चिंता का बिषय बन गया और आतंकवाद से निपटने के लिए कई प्रयास किए गए। भारत ने आतंकवाद से लड़ने के लिए अंतर्राष्ट्रीय समुदाय को एकजुट करने के लिए संयुक्त राष्ट्र, गुटनिरपेक्ष आंदोलन (NAM) और सार्क प्लेटफार्मों का उपयोग किया है। भारत और अन्य दक्षिण एशियाई राज्यों ने 4 नवंबर 1987 को काठमांडू में आतंकवाद के दमन पर सार्क क्षेत्रीय सम्मेलन पर हस्ताक्षर किए। भारत विश्व समुदाय के साथ मिलकर आतंकवाद के खिलाफ अपनी लड़ाई जारी रखे हुए है।

भारत की विदेश नीति का विकास: 1947–वर्तमान (Evolution of India's Foreign Policy: 1947–Present)

जवाहरलाल नेहरू के अधीन विदेश नीति: प्रारंभिक वर्ष (Foreign Policy under Jawaharlal Nehru: The Formative Years)

पंडित जवाहरलाल नेहरू (1947–1964) न केवल भारत के पहले प्रधान मंत्री थे बल्कि भारतीय विदेश नीति के मुख्य वास्तुकार भी थे; लगभग बीस वर्षों तक उन्होंने विश्व मामलों में देश की भागीदारी का

मार्गदर्शन किया। उनकी मृत्यु के बाद भी, उनकी विरासत शीत युद्ध की समाप्ति और द्विध्रुवीय राजनीति की समाप्ति तक जारी रही। यह इस तथ्य के कारण अधिक था कि भारतीय विदेश नीति के माहौल में ज्यादा बदलाव नहीं आया—1990 तक द्विध्रुवीयता जारी रही, पाकिस्तान के साथ लगातार कड़वे रिश्ते और चीन कारक (China factor) भारतीय विदेश नीति के विषय के निरंतर निर्धारक बने रहे।

इसके अलावा, नेहरू के विचार कायम रहे क्योंकि उनके उत्तराधिकारी ऐसे व्यक्ति बने जो या तो विदेश नीति में अकुशल थे [लाल बहादुर शास्त्री (Lal Bahadur Shastri, 1964–1966)] या जो नेहरूवादी सिद्धांतों के प्रति प्रतिबद्ध थे [इंदिरा गांधी (Indira Gandhi, 1966–1977) और (1980–1989) और राजीव गांधी (Rajiv Gandhi, 1984–1989)] जो क्रमशः उनकी बेटी और नाती भी थे। हालाँकि दोनों ने भारतीय विदेश नीति में बदलाव लाये थे, फिर भी उन्होंने नेहरूवादी सिद्धांतों (Nehruvian principles) के प्रति अपनी प्रतिबद्धता व्यक्त की। इसके अलावा, राष्ट्रीय कांग्रेस द्वारा भारतीय राजनीति पर लंबे समय तक एकल पार्टी के वर्चस्व ने भारतीय राजनेताओं और नौकरशाहों की पीढ़ियों को नेहरूवाद के प्रति प्रतिबद्ध बनाया।[4]

नेहरू के मार्गदर्शन में, भारतीय विदेश नीति भारत की भू-रणनीतिक वास्तविकताओं का अपरिहार्य परिणाम थी। नेहरू का विश्वदृष्टिकोण उनके इस विश्वास पर आधारित था कि दुनिया जरूरी नहीं कि भारत जैसे सुभेद्य और कमजोर राज्य के लिए अनुकूल हो, और राष्ट्रीय हितों के अनुरूप किसी भी राज्य की विदेश नीति को आकार देना चाहिए। इस तरह, नेहरूवादी अंतर्राष्ट्रीयवाद (Nehruvian Internationalism) यथार्थवादी था लेकिन इसका अर्थशास्त्रिक पक्ष भी था क्योंकि उनका मानना था कि राज्य "अराजकता के संकट से उभर सकता है यदि वह शांति और सहयोग का वातावरण स्थापित करता है। उन्हें ऐसा करना ही होगा क्योंकि सत्ता की राजनीति त्रुटिपूर्ण है और इसका अंत विनाश में होगा।" इसलिए, कई उदाहरणों में, नेहरू स्वयं लगातार आदर्शवाद और राष्ट्रीय अहंवाद या यथार्थवाद के बीच झूलते रहे और, ऐसे न्यूनतावादी यथार्थवाद के तहत, नेहरू ने ऐसी नीतियां अपनाईं जो राष्ट्रीय हित को आगे बढ़ाने के साथ-साथ आदर्शवाद या उदार अंतर्राष्ट्रीयवाद का एक अच्छा उपाय भी शामिल करती थीं।

इसलिए, नेहरू के अधीन भारत ने गुटनिरपेक्षता की नीति अपनाई क्योंकि वह संयुक्त राज्य अमेरिका के नेतृत्व वाले पश्चिमी पूंजीवादी गुट या सोवियत संघ के नेतृत्व वाले समाजवादी गुट से दूर रहकर अपने राष्ट्रीय हित को संरक्षित करने की इच्छुक थी। नेहरू ने 4 दिसंबर 1947 को संविधान सभा में कहा: "हम चाहे जो भी नीति बनाएं, किसी देश के विदेशी मामलों के संचालन की कला यह पता लगाने में निहित है कि देश के लिए सबसे अधिक फायदेमंद क्या है। हम अंतर्राष्ट्रीय सद्भावना के बारे में बात कर सकते हैं और उसका अनुसरण कर सकते हैं। लेकिन अंतिम विश्लेषण में सरकार देश की भलाई के लिए काम करती है और कोई भी सरकार ऐसा कुछ भी करने की हिम्मत नहीं करती, जो अल्प या दीर्घावधि में स्पष्ट रूप से देश के लिए नुकसानदायक हो।"[5]

भारत के सामने दूसरी बड़ी चुनौती आर्थिक विकास की थी। स्वतंत्रता के बाद, भारत को गरीबी उन्मूलन की गंभीर समस्या का सामना करना पड़ा और इसके लिए उसने महसूस किया कि भारत के आर्थिक और औद्योगिक विकास को आगे बढ़ाने के लिए दोनों गुटों पर निर्भरता आवश्यक थी। नेहरू उस आर्थिक ताकत को पहचानने में काफी यथार्थवादी थे जो देश की स्थिरता और सामाजिक एकजुटता के लिए केंद्रीय थी। आर्थिक विकास से सशक्त भारत के निर्माण में मदद मिल सकती थी। इसलिए, मार्च 1947 में, उन्होंने संविधान सभा में कहा, "अगर हम कुछ और देशों की तरह एशिया या यूरोप के एक छोटे देश होते तो इससे कोई खास फर्क नहीं पड़ता, लेकिन हमारे बढ़ते महत्व और भविष्य में हमारे प्रभाव के कारण हमारा हर कदम

टिप्पणी का विषय बन सकता है और कई देशों को हमारी उच्च प्रतिष्ठा इतनी पसंद नहीं आती है। यह हमारे दृष्टिकोण या स्वयं को किसी समूह से जोड़ने का सवाल नहीं है, यह केवल एक तथ्य है कि हम संभावित रूप से एक महत्वपूर्ण राष्ट्र और एक बड़ी शक्ति हैं और संभवतः कुछ लोगों को हमारे और अधिक सशक्तिकरण का विचार पसंद नहीं आता"।

इसके साथ ही, नेहरू ने अकेलेपन को खारिज कर दिया और उन्होंने स्पष्ट रूप से कहा कि "हम उन देशों के साथ अपने पुराने संबंध बनाए रखते हैं क्योंकि कोई भी राष्ट्र अकेले में नहीं रह सकता... जुनून और पूर्वाग्रह से ग्रस्त कुछ लोगों ने एंग्लो-अमेरिकन ब्लॉक के साथ हमारे संबंधों को अस्वीकार कर दिया है, यह किसी ऐसे संबध को तोड़ने के लिए पर्याप्त कारण नहीं होगा जो हमारे लिए फायदेमंद हो"। इस प्रकार, कड़ी आलोचनाओं के बावजूद, नेहरू ने राष्ट्रमंडल की सदस्यता हासिल की। उनका विचार था कि इसने अंतर्राष्ट्रीय मामलों में देश की स्वतंत्रता से समझौता नहीं किया, बल्कि इसने उस समय की शासक शक्तियों के खिलाफ एक ढाल के रूप में काम किया।

नेहरू एशिया और अफ्रीका में सैन्य गुटों के निर्माण के ख़िलाफ़ थे और वे उनके निर्माण को नव-उपनिवेशवाद की अभिव्यक्ति के रूप में देखते थे। उन्होंने नस्लवाद से भी घृणा की और 24 जनवरी 1954 को भारतीय राष्ट्रीय कांग्रेस सत्र के अध्यक्षीय भाषण में नेहरू ने कहा कि तीसरी दुनिया के देशों के सामने उपनिवेशवाद और नस्लवाद जैसे मुद्दे हैं। नेहरू के नेतृत्व में भारत ने साम्राज्यवाद और उपनिवेशवाद के खिलाफ संघर्ष के साथ-साथ दुनिया के संघर्षरत राष्ट्र की एकता के प्रति प्रतिबद्धता भी दिखाई। भारत ने औपनिवेशिक शासन के तहत सभी देशों की आजादी और दुनिया भर में साम्राज्यवाद विरोधी संघर्ष के साथ एकजुटता का आह्वान किया और महासभा, गुटनिरपेक्ष आंदोलन के सम्मेलनों जैसे विभिन्न अंतर्राष्ट्रीय मंचों पर मुखर रहे और एक नई अंतर्राष्ट्रीय आर्थिक व्यवस्था के लिए तीसरी दुनिया के देशों के साथ एकजुट होकर बात की।

भारत के पड़ोसियों के प्रति नेहरू की नीति के संबंध में यह कहा जा सकता है कि नेपाल, भूटान और श्रीलंका के साथ भारत के द्विपक्षीय संबंध कुल मिलाकर सौहार्दपूर्ण रहे। भारत-नेपाल संबंधों में कुछ परेशानियां थीं, जो 1960 में नेपाल में शाही तख्तापलट पर नेहरू की प्रतिक्रिया और उत्तरी श्रीलंका में तमिल बागान श्रमिकों को नागरिकता देने के कारण भारत-श्रीलंका संबंधों में भी पैदा हुई थीं।[6]

लाल बहादुर शास्त्री से इंदिरा गांधी तक—एकीकरण का चरण (Lal Bahadur Shastri to Indira Gandhi—The Consolidation Phase)

लाल बहादुर शास्त्री (1965–1966) (Lal Bahadur Shastri, 1965–1966)

जवाहरलाल नेहरू की मृत्यु के बाद, लाल बहादुर शास्त्री बहुत ही संक्षिप्त अवधि के लिए भारत के प्रधान मंत्री बने। उन्होंने सितंबर 1965 में हुए पहले वास्तविक भारत-पाक युद्ध के मद्देनजर ***जय जवान, जय किसान*** के नारे को मूर्त रूप दिया। उनके नेतृत्व में भारत ने पाकिस्तान को करारा जवाब दिया और भारतीय सेना लाहौर के लगभग बाहरी इलाके तक पहुंच गई। अंततः संयुक्त राष्ट्र सुरक्षा परिषद के तत्वाधान में युद्धविराम की घोषणा की गई। सोवियत संघ ने भारत और पाकिस्तान के बीच शांति वार्ता लाने की पहल की और शास्त्री ने ताशकंद (अब उज्बेकिस्तान की राजधानी) में पाकिस्तान के राष्ट्रपति फील्ड मार्शल अयूब खान (Field Marshall Ayub Khan) से मुलाकात की और 10 जनवरी 1966 को ताशकंद घोषणा पर हस्ताक्षर किए गए। इसके अंतर्गत निम्नलिखित प्राविधान शामिल किए गए थे:

1. भारत और पाकिस्तान के बीच सामान्य और शांतिपूर्ण संबंधों की बहाली।
2. शांतिपूर्ण तरीकों से अपने विवादों को निपटाने के लिए संयुक्त राष्ट्र चार्टर के तहत अपने दायित्वों की पुनः पुष्टि।
3. अपने संबंधों को एक-दूसरे के आंतरिक मामलों में हस्तक्षेप न करने के सिद्धांत पर आधारित करने का समझौता।
4. दोनों के सीधे सरोकार वाले मामलों पर चर्चा करने के लिए उच्चतम स्तर के साथ-साथ अन्य स्तरों पर भी बैठकें।

लाल बहादुर शास्त्री ने अपने अन्य पड़ोसियों जैसे नेपाल, म्यांमार और श्रीलंका के साथ भारत के संबंधों को बेहतर बनाने की भी पहल की। श्रीलंका के साथ, शास्त्री ने अक्टूबर 1964 में सिरिमावो भंडारनायके (Sirimavo Bandaranaike) के साथ एक समझौते पर हस्ताक्षर किए। इस समझौते के तहत, श्रीलंका में 775,000 भारतीय तमिल निवासियों में से 300,000 को श्रीलंकाई नागरिकता प्रदान की जानी थी और 325,000 को 15 वर्षों की अवधि के भीतर भारत वापस भेजा जाना था। शेष 150,000 तमिलों के भविष्य की स्थिति बाद में तय की जानी थी।

उन्होंने दोनों महाशक्तियों के साथ अच्छे संबंध बनाने का भी प्रयास किया और उनसे सैन्य और आर्थिक सहायता प्राप्त करने में सफल रहे। केवल भारत और पाकिस्तान के बीच 1965 के युद्ध ने वाशिंगटन और लंदन को भारत और पाकिस्तान दोनों को सैन्य सहायता और बिक्री कार्यक्रम निलंबित करने का अवसर प्रदान किया।

शास्त्री की सबसे बड़ी उपलब्धि 1965 का भारत-पाक युद्ध था, जिसने आंशिक रूप से सेना के मनोबल को बढ़ाने में मदद की, जो 1962 में चीन के साथ सीमा युद्ध से टूट गया था। दुर्भाग्यवश, ताशकंद समझौते पर हस्ताक्षर करने के तुरंत बाद शास्त्री जी का दिल का दौरा पड़ने से निधन हो गया। जनवरी 1966 में इंदिरा गांधी स्वतंत्र भारत की पहली महिला प्रधान मंत्री बनीं।

इंदिरा गांधी (1966–1977 और 1980–1984)
(Indira Gandhi (1966–1977 and 1980–1984)

जब इंदिरा गांधी सत्ता में आईं, तो भारत 1966–1969 के दौरान कठिन समय से जूझ रहा था। समस्याएँ चीन के साथ सीमा युद्ध के बाद उत्पन्न हुई थीं और ये दो साल के गंभीर सूखे के साथ-साथ देश के अन्य हिस्सों में बाढ़ के कारण बढ़ीं, जिसका देश की अर्थव्यवस्था पर गंभीर प्रभाव पड़ा और अंतर्राष्ट्रीय संबंधों में और गुटनिरपेक्षता की उसकी नीति पर भारत की पहल करने की दृढ़ता और क्षमता पर भी असर पड़ा।

इंदिरा गांधी ने सत्ता संभालने के तुरंत बाद गुटनिरपेक्षता के सिद्धांतों के प्रति अपनी एकजुटता और नैतिक समर्थन व्यक्त किया। टीटो और नासिर (Tito and Nasser) ने उनके साथ एक बैठक की व्यवस्था की और उन्होंने जुलाई 1966 में यूनाइटेड अरब रिपब्लिक (UAR) और यूगोस्लाविया का दौरा किया। यूनाइटेड अरब रिपब्लिक, यूगोस्लाविया और भारत के नेताओं का तीसरा त्रिपक्षीय सम्मेलन अक्टूबर 1966 में नई दिल्ली में आयोजित किया गया था। इन बैठकों की कार्यवाही और संयुक्त विज्ञप्ति में साम्राज्यवाद और नव-उपनिवेशवाद के विभिन्न रूपों को लागू करने और आर्थिक दबाव के साधन के रूप में वित्तीय सहायता के बाद स्वतंत्र देशों के आंतरिक मामलों में व्यापक हस्तक्षेप से विश्व शांति के लिए उत्पन्न खतरे पर

श्रीमती गांधी और अन्य की चिंता प्रतिबिंबित हुई। गांधी, टीटो और नासिर तीनों ने भी वियतनामी लोगों की पीड़ा के प्रति गहरी चिंता व्यक्त की और उत्तरी वियतनाम पर बमबारी बंद करने की मांग की। यह श्रीमती गांधी द्वारा उठाया गया एक साहसी रुख था क्योंकि आर्थिक संकट ने भारत को संयुक्त राज्य अमेरिका पर बहुत अधिक निर्भर बना दिया था।

श्रीमती गांधी ने 28 मार्च से 1 अप्रैल 1966 तक संयुक्त राज्य अमेरिका का दौरा किया और आने वाले वर्षों में उर्वरकों की आपूर्ति, खनिज अन्वेषण और एक खाद्य समझौते के क्षेत्र में अमेरिकी सहायता पर एक के बाद एक समझौते हुए जिसमें वाशिंगटन ने खाद्यान्न 3.5 मिलियन टन, 856,000 गांठ कपास और अन्य वस्तुएं की आपूर्ति करने का वचन दिया। यह 30 सितंबर 1964 के पीएल-480 (PL–480) समझौते का पूरक था। पीएल-480 (PL–480) के तहत एक और खाद्य समझौता 20 फरवरी 1967 को लागू किया गया था। इसके बाद आगे खाद्य समझौते हुए और विकास परियोजनाओं के वित्तपोषण के लिए धनराशि पर भी आपसी सहमति बनी।[7] यहां ध्यान देने वाली बात यह थी कि, अमेरिकी प्रशासन, सार्वजनिक रूप से यह धारणा दे रहा था कि वह मदद करने के लिए हर संभव प्रयास कर रहा है, लेकिन वास्तव में वह अपनी विदेश नीति के संबंध में, विशेष रूप से मास्को से उसके मैत्रीपूर्ण संबंधों के संबंध में, भारत की बांह मरोड़ने की कोशिश कर रहा था। इसके अलावा, बांग्लादेश संकट में भारत की भूमिका, निक्सन का पाकिस्तान के प्रति झुकाव और 1974 के पोखरण विस्फोट के कारण भारत-अमेरिका संबंधों को कई झटके लगे। फिर भी श्रीमती गांधी ने संयुक्त राज्य अमेरिका के साथ भारत के संबंध सुधारने के अपने प्रयास जारी रखे। अक्टूबर 1981 में कैनकन (ग्रीस) (Cancun, Greece) में एक विश्व शिखर सम्मेलन के दौरान वह पहली बार राष्ट्रपति रोनाल्ड रीगन (Ronald Reagan) से मिलीं। इसके बाद मतभेदों को कम करने और आपसी समझ को बढ़ाने के उद्देश्य से सितंबर 1982 में उनकी संयुक्त राज्य अमेरिका की यात्रा हुई। हालाँकि, पश्चिम एशिया, हिंद महासागर और दक्षिण-पूर्व एशिया पर बुनियादी मतभेद कायम रहे।

1969 और 1971 के बीच आर्थिक और राजनीतिक गति के पुनरुद्धार ने एक बार फिर भारत को अपनी विदेश नीति निर्णयों में अपनी मुखरता हासिल करने के साथ-साथ विकासशील दुनिया की चिंताओं को व्यक्त करने में मदद की। श्रीमती गांधी ने विदेशों में भारत की छवि किसी समूह या देश का अनुसरण करने वाले देश की छवि के रूप में नहीं, बल्कि अपने पैरों पर खड़े होने या खड़े होने की कोशिश कर रहे देश की छवि के रूप में पेश की।

1970 के दशक में भारत के सामने सबसे गंभीर और खतरनाक चुनौती बांग्लादेश संकट थी। उन्होंने इस संकट को सर्वोच्च प्राथमिकता दी क्योंकि भारत की सुरक्षा और स्थिरता खतरे में थी। शरणार्थियों की आमद भारत के लिए गंभीर चिंता का विषय बन गई। लेकिन श्रीमती गांधी के नेतृत्व में भारत ने संकट के हर चरण में सोच-समझकर कदम उठाया। प्रधान मंत्री और विदेश मंत्री के अलावा, प्रधान मंत्री के प्रधान निजी सचिव, श्री पी.एन. (Mr. P.N. Haksar) और विदेश सचिव श्री टी.एन. कौल (T.N. Kaul) द्वारा उच्च स्तरीय योजना का एक केंद्र बनाया गया था।

लगभग उसी समय, दुनिया के अन्य हिस्सों में भी एक साथ विकास देखा जा सकता था जहां निक्सन-किसिंजर (Nixon–Kissinger) जोड़ी चीन के साथ संबंधों को सुधारने के लिए उत्सुक थी, और चीन भी माओ-झोउ साझेदारी (Mao–Zhou partnership) के तहत अपने अलगाव को समाप्त करने के लिए दृढ़ था। इसलिए, रूस में संतुलन बनाने के लिए दोनों के बीच मेल-मिलाप विकसित हुआ। इन्हीं परिस्थितियों में भारत ने अगस्त 1971 में सोवियत संघ के साथ शांति मैत्री और सहयोग की भारत-सोवियत संधि पर हस्ताक्षर किए। इस संधि में प्रावधान था कि दोनों देश दोनों के हितों को प्रभावित करने वाली प्रमुख

अंतर्राष्ट्रीय समस्याओं पर एक-दूसरे के संपर्क में रहेंगे। वे उस सैन्य गठबंधन में प्रवेश या भाग नहीं लेने पर सहमत हुए, जो उनमें से किसी एक के खिलाफ निर्देशित है। संधि में यह शर्त लगाई गई कि यदि दोनों पक्षों में से किसी के खिलाफ आक्रमण होता है, तो वे तुरंत एक-दूसरे से परामर्श करेंगे कि आक्रमण का मुकाबला कैसे किया जाए। वे उनमें से किसी एक के साथ सशस्त्र संघर्ष में उभरे किसी तीसरे पक्ष को सहायता प्रदान करने से परहेज करेंगे। यह संधि उभरते बांग्लादेश संकट में भारत के खिलाफ किसी भी सैन्य कार्रवाई के वाशिंगटन और चीनी दोनों डिजाइनों के खिलाफ एक ढाल की तरह थी।

भारत ने बांग्लादेश के उद्भव में एक प्रमुख भूमिका निभाई, जो 16 दिसंबर 1971 को तत्कालीन पूर्वी बंगाल में पाकिस्तानी सैनिकों के भारतीय सेना के सामने आत्मसमर्पण करने के बाद एक स्वतंत्र राज्य बन गया। भारत ने बांग्लादेश राज्य को तत्काल मान्यता दे दी। अंततः, 1 जुलाई 1972 को आयोजित शिमला शिखर सम्मेलन के साथ भारत-पाक संबंध सामान्य हो गए, जिसमें उनके द्विपक्षीय संबंधों में कई जटिल मुद्दों को हल करने की मांग की गई। शिमला समझौते में प्रावधान था कि:

1. दोनों पक्ष द्विपक्षीय वार्ता के माध्यम से शांतिपूर्ण तरीकों से अपने मतभेदों को हल करेंगे, और शांतिपूर्ण सह-अस्तित्व, एक-दूसरे की क्षेत्रीय अखंडता, संप्रभुता के सम्मान और एक-दूसरे के आंतरिक मामलों में हस्तक्षेप न करने के लिए प्रतिबद्ध होंगे।
2. एक-दूसरे के खिलाफ शत्रुतापूर्ण प्रचार रोका जाएगा।
3. स्थायी शांति की स्थापना और संबंधों को सामान्य बनाने के भविष्य के तरीकों और साधनों पर चर्चा के लिए दोनों देशों के प्रमुखों के बीच बैठक बुलाई जाएगी।

श्रीमती गांधी भी नेपाल और श्रीलंका जैसे अन्य पड़ोसियों के साथ भारत के संबंधों को बेहतर बनाने की इच्छुक थीं। उन्होंने नेपाल के प्रति नरम नीति अपनाई और अक्टूबर 1966 में नेपाल का दौरा भी किया और भारत के छोटे पड़ोसी के लिए सबसे बड़ा सहायता पैकेज पेश किया। उन्होंने हमेशा भारत के दूसरे पड़ोसी श्रीलंका की सद्भावना जीतने की कोशिश की।

अपने दोनों कार्यकालों के दौरान श्रीमती गांधी ने चीन के साथ भारत के संबंध सुधारने का प्रयास किया था। वह 1980 में बेलग्रेड में तत्कालीन चीनी प्रधान मंत्री हुआ गुओफेंग (Hua Guofeng) और बाद में 1981 में कैनकन में प्रधान मंत्री झाउ ज़ियांग (Zhau Ziyang) से मिलीं। बीजिंग ने भी संबंधों की बेहतरी के लिए प्रयास किए और जून 1981 में अपने वरिष्ठ उप प्रधानमंत्रियों में से एक हुआंग हुआ (Huang Hua) को नई दिल्ली भेजा।

भारत को फिर से एक और दुविधा का सामना करना पड़ा जब सोवियत संघ ने अफगानिस्तान जैसे गुटनिरपेक्ष देश पर आक्रमण किया। यह भारत के लिए कठिन राह थी। अफगानिस्तान मुद्दे पर भारत की प्रतिक्रिया ने अमेरिकियों को निराश किया क्योंकि उन्हें लगा कि नई दिल्ली अफगानिस्तान में सोवियत सैनिकों की उपस्थिति पर कड़ी कार्रवाई करेगी। भारत अपनी नियंत्रण नीति के तहत पाकिस्तान को सबसे उन्नत और घातक हथियारों की अमेरिकी आपूर्ति के खिलाफ फिर से मुखर था। कैनकुन शिखर सम्मेलन (Cancun Summit) के दौरान ही राष्ट्रपति रोनाल्ड रीगन (Ronald Reagan) और श्रीमती गांधी के बीच एक अच्छा व्यक्तिगत समीकरण विकसित हुआ, जिसने नुकसान को सीमित करने में मदद की।

भारत ने 1983 में सातवें गुटनिरपेक्ष शिखर सम्मेलन की भी मेजबानी की और श्रीमती गांधी को अगले तीन वर्षों के लिए अध्यक्ष चुना गया। 1982 के एशियाई खेल श्रीमती गांधी की सरकार की एक और उपलब्धि थी। 1983 में राष्ट्रमंडल शासनाध्यक्षों की बैठक (Heads of Government Meeting—

CHOGM) नई दिल्ली में आयोजित की गई थी। इन घटनाओं से पता चला कि भारत अंतर्राष्ट्रीय क्षेत्र में एक प्रमुख स्थान प्राप्त कर रहा था।

जनता पार्टी (1977–1979): अच्छे पड़ोसी की नीति (The Janata Party (1977–1979): Good Neighbourly Policy)

जनता पार्टी 1977 से 1979 तक बहुत ही संक्षिप्त अवधि के लिए सत्ता में आई। नेहरू के समय के बाद मोरारजी देसाई के नेतृत्व में बनी यह पहली गैर-कांग्रेसी सरकार थी। यह उम्मीद की गई थी कि जनता सरकार के तहत भारत की विदेश नीति की स्थिति में भारी बदलाव होंगे। ऐसा विशेष रूप से इसलिए हुआ क्योंकि उन्होंने गुटनिरपेक्षता के सिद्धांत का उल्लंघन बताकर सोवियत संघ के साथ भारत की घनिष्ठता की तीखी आलोचना की। जनता पार्टी के सत्ता संभालने पर नेताओं ने वास्तविक गुटनिरपेक्षता और दोनों महाशक्तियों से दूरी बनाए रखने की बात की। लेकिन जल्द ही उनका मोहभंग हो गया क्योंकि जिमी कार्टर (Jimmy Carter) की सरकार ने तारापोर संयंत्र को संवर्धित यूरेनियम (enriched uranium) की खेप इस आधार पर देने से इनकार कर दिया कि भारत परमाणु अप्रसार संधि पर हस्ताक्षर करने के लिए प्रतिबद्ध नहीं था और "कश्मीर में मानवाधिकारों के उल्लंघन के प्रति असंवेदनशील" था। इसलिए, भारत-अमेरिका संबंधों में सुधार नहीं हुआ लेकिन जनता सरकार को सोवियत संघ के साथ 1971 में शुरू किए गए विशेष संबंधों की उपयोगिता का एहसास हुआ। इसने गुटनिरपेक्षता के झुकाव के साथ सामंजस्य स्थापित किया और सोवियत संघ के साथ अच्छे संबंध जारी रखे।

जहां तक पड़ोसियों के साथ भारत के संबंधों का सवाल है, उनमें जबरदस्त सुधार हुआ है। जनता सरकार ने पाकिस्तान के साथ सलाल समझौते (Salal Agreement) को संभव बनाया। गंगा जल बंटवारे पर भारत-बांग्लादेश समझौता भी संपन्न हुआ। नेपाल के साथ व्यापार और पारगमन पर दो अलग-अलग समझौतों पर हस्ताक्षर किए गए। तत्कालीन विदेश मंत्री अटल बिहारी वाजपेयी ने अपने दक्षिण एशियाई पड़ोसियों के साथ भारत के संबंधों को बेहतर बनाने के लिए हर संभव प्रयास किया, जिसे उन्होंने 'लाभकारी द्विपक्षीयवाद' (beneficial bilateralism) के रूप में प्रतिपादित किया। आलोचक अक्सर बताते हैं कि जनता सरकार के तहत विदेश नीति में जो बदलाव दिखाई दे रहे थे, वे न तो नए थे और न ही पिछली नीतियों से कोई उल्लेखनीय विचलन था। वे सिर्फ घरेलू और बाहरी सन्दर्भों में समय की ज़रूरतों के अनुसार समायोजन जारी रख रहे थे।

राजीव गांधी (1984–1989): वैश्वीकरण की होड़ (Rajiv Gandhi (1984–1989): The Globalization Spree)

अक्टूबर 1984 में श्रीमती गांधी की हत्या के बाद राजीव गांधी भारत के सबसे युवा प्रधान मंत्री बने। वह अनुभवहीन थे लेकिन "आधुनिक दृष्टिकोण वाले एक युवा, राजीव गांधी आधुनिक प्रबंधन के तरीकों में बहुत विश्वास रखने वाले एक टेक्नोप्रेमी थे"।

उनकी विदेश नीति उनके पूर्ववर्तियों से अलग नहीं थी। उनका विश्व दृष्टिकोण नेहरू और श्रीमती गांधी के दृष्टिकोण को प्रतिबिंबित करता था। राजीव गांधी परमाणु निरस्त्रीकरण, गुटनिरपेक्ष आंदोलन के सुदृढ़ीकरण, संयुक्त राष्ट्र में विश्वास की पुष्टि, नस्लवाद के खिलाफ संघर्ष का समर्थन करने के पक्ष में थे और अंतर्राष्ट्रीय आर्थिक असमानताओं को कम करने के लिए काम करने के इच्छुक थे।

28 जनवरी 1985 को नई दिल्ली में छह देशों की बैठक हुई जिसमें स्वीडन, मैक्सिको, ग्रीस, तंजानिया, अर्जेंटीना और भारत ने भाग लिया जिसकी अध्यक्षता राजीव गांधी ने की। उन्होंने पांच परमाणु शक्तियों (अमेरिका, रूस, फ्रांस, ब्रिटेन और चीन) से परमाणु निरस्त्रीकरण की दिशा में "पहले विश्वसनीय और आश्वस्त कदम" (first credible and reassuring step) के रूप में परमाणु उपकरणों के आगे उत्पादन और परीक्षण को रोकने और अपने भंडार को कम करने की अपील की। बैठक के अंत में छह देशों के नेताओं द्वारा जारी संयुक्त बयान में यह अपील दोहराई गई।

उनका सोवियत संघ, संयुक्त राज्य अमेरिका और चीन के साथ संबंध सुधारने का भी दृष्टिकोण था। इसके साथ ही उन्होंने पड़ोसियों, विशेषकर पाकिस्तान और श्रीलंका के साथ संबंधों की बेहतरी को प्राथमिकता दी। पड़ोसियों के साथ वह शांति, मित्रता और सहयोग, अहस्तक्षेप की भावना पर आधारित द्विपक्षीय विदेश नीति को आगे बढ़ाने पर आमादा थे और दक्षिण एशिया में आम क्षेत्रीय विकास की अवधारणा की दिशा में काम करने का भी इरादा रखते थे।

राजीव गांधी को संयुक्त राज्य अमेरिका और भारत के बीच संबंधों की जटिलताओं का एहसास हुआ। इस प्रकार, उन्होंने जून 1985 में संयुक्त राज्य अमेरिका का दौरा करने का प्रारंभिक अवसर लिया और राष्ट्रपति रोनाल्ड रीगन के साथ तालमेल स्थापित किया। हालाँकि, उन्होंने मौके का फायदा उठाया और तेजी से परमाणु हथियार बनाने वाले पाकिस्तान के छिपे खतरों की ओर इशारा किया। हालाँकि, प्रारंभिक मित्रता अक्टूबर 1985 में संयुक्त राष्ट्र की 40वीं वर्षगांठ के अवसर पर संयुक्त राज्य अमेरिका की यात्रा के दौरान समाप्त हो गई थी, क्योंकि भारत-सोवियत संबंधों को कमजोर करने की अमेरिकी इच्छा कभी भी पूरी नहीं हुई थी। ऐसी चिड़चिड़ाहट के बावजूद, भारत-अमेरिका संबंध निचले स्तर तक नहीं पहुंचे और राजनीतिक, आर्थिक, सांस्कृतिक और सामाजिक जैसे विभिन्न क्षेत्रों में काफी आदान-प्रदान हुआ।

राजीव गांधी ने सोवियत संघ के साथ भारत के संबंधों को विकसित करते हुए भी उनकी रक्षा करते समय सावधानी बरती। इस द्विपक्षीय संबंध ने दोनों पक्षों के हितों की पूर्ति की। इसने न केवल भारत को चीन, पाकिस्तान और पश्चिम से पाकिस्तान को समर्थन के रूप में आने वाली कई शत्रुतापूर्ण चुनौतियों से निपटने में सक्षम बनाया, बल्कि निरंतर प्रयासों के बावजूद सोवियत संघ को गुटनिरपेक्ष देशों के साथ अपने संबंधों का विस्तार करने में भी मदद की जिसे पश्चिम ने विश्व राजनीति से अलग-थलग कर दिया था। राजीव गांधी 21 से 26 मई 1985 तक अपनी पहली मास्को यात्रा पर गए जिसके परिणामस्वरूप रणनीतिक और आर्थिक क्षेत्रों में उपयोगी बातचीत हुई। नवंबर 1986 में सोवियत राष्ट्रपति मिखाइल गोर्बाचेव (Mikhail Gorbachev) की भारत की वापसी यात्रा (return visit) सोवियत संघ के साथ भारत के संबंधों में एक ऐतिहासिक घटना थी। भारत और सोवियत संघ के बीच आर्थिक एवं तकनीकी सहयोग के क्षेत्र में नये समझौते पर हस्ताक्षर किये गये।

राजीव गांधी भारत-चीन संबंधों को सामान्य बनाने में सफल रहे। दिसंबर 1989 में उनकी चीन यात्रा इस अर्थ में प्रतीकात्मक थी कि भारत ने सीमा विवाद के समाधान पर निर्भरता नहीं जताते हुए विभिन्न क्षेत्रों में आदान-प्रदान को व्यापक बनाने के चीनी दृष्टिकोण को स्वीकार कर लिया। राजीव गांधी की चीन यात्रा के बाद बहुत अधिक सहज संबंध विकसित हुए, जो मई 1998 के पोखरण विस्फोट के कारण थोड़े समय के लिए बाधित हो गया था। फिर भी, थोड़े समय के अंतराल के बाद दोनों के बीच तनावपूर्ण संबंधों के बाद स्थिति सामान्य हो गई और रिश्ते राजीव गांधी द्वारा निर्धारित रास्ते पर चलते रहे।

राजीव गांधी ने रिश्तों को सुधारने की कोशिश की और पाकिस्तान के साथ भारत के संबंधों को बढ़ावा देने के लिए विश्वास बहाली के कई कदम उठाए। एक विमान दुर्घटना में जनरल जिया-उल-हक (General

Zia-ul-Haq) की मृत्यु (17 अगस्त 1988) के बाद, बेनजीर भुट्टो (Benazir Bhutto) के नेतृत्व में पाकिस्तान में बहुत ही संक्षिप्त अवधि के लिए लोकतंत्र बहाल किया गया, जिसका भारत ने स्वागत किया। राजीव गांधी सार्क शिखर सम्मेलन (1988) में भाग लेने के लिए इस्लामाबाद भी गए और अपने पाकिस्तानी समकक्ष के साथ "रचनात्मक और सौहार्दपूर्ण वार्ता" की। लेकिन उनकी उम्मीदें जल्द ही झूठी साबित हुईं और वह अपनी परमाणु क्षमता विकसित करने के पाकिस्तान के प्रयासों, विशेष रूप से उत्तर कोरिया से मिसाइलों और मिसाइल प्रौद्योगिकी के आदान-प्रदान के लिए समझौते पर बातचीत करने के लिए बेनजीर भुट्टो की प्योंगयांग यात्रा से से आशंकित हो गए। इस प्रकार, राजीव गांधी ने परमाणु और सामान्य निरस्त्रीकरण की वकालत करके भारत की सुरक्षा सुनिश्चित करने का प्रयास किया।

जातीय संघर्ष के कारण श्रीलंका में उत्पन्न तनाव ने भारत की घरेलू राजनीति और उसकी सुरक्षा को भी प्रभावित किया जब बड़ी संख्या में तमिल श्रीलंका से भागकर भारत में आ गए। इससे भारत के लिए एक गंभीर शरणार्थी समस्या उत्पन्न हो गई। भारत और श्रीलंका के बीच तनाव पैदा हो गया, विशेषकर पीड़ित तमिलों के लिए हवाई आपूर्ति गिराने के कारण। 29 जुलाई 1987 को राजीव गांधी और राष्ट्रपति जयवर्धने के बीच समझौते पर हस्ताक्षर के साथ द्विपक्षीय संबंधों में सुधार शुरू हुआ। इसके बाद भारतीय शांति सेना (आईपीकेएफ) (Indian Peacekeeping Force's—IPKF) की कार्रवाई की विभिन्न हलकों से आलोचना हुई और इसे भारत की विदेश नीति की सबसे बड़ी भूल के रूप में देखा गया, फिर भी इसने श्रीलंका में शांति बहाल करने में मदद की थी।

भारतीय विदेश नीति की पारंपरिक चिंताओं के साथ-साथ राजीव गांधी को बदले हुए वैश्विक आर्थिक परिदृश्य का भी एहसास हुआ। इसलिए, वैश्वीकरण और उदारीकरण की होड़ के कारण आर्थिक मोर्चे पर, राजीव गांधी पुरानी आर्थिक रूढ़िवादिता और हठधर्मिता में बदलाव लाना चाहते थे। इस प्रकार, उन्होंने भारत की विकास रणनीति में नए आयाम पेश किए ताकि भारत वैश्विक बाजार ताकतों के प्रति अनुकूल प्रतिक्रिया दे सके। इसके बाद उदारीकरण (liberalization), अविनियमन (deregulation) और निजीकरण (privatization) की नीति अपनाई गई, जिसे तत्कालीन वित्त मंत्री डॉ. मनमोहन सिंह (Manmohan Singh) के सक्रिय प्रयास से प्रधान मंत्री नरसिम्हा राव (Narasimha Rao) ने आगे बढ़ाया।

वी.पी. सिंह (दिसंबर 1989–1990) (V.P. Singh (December 1989–1990))

जब 1989 में प्रधान मंत्री वी.पी. सिंह (V.P. Singh) के नेतृत्व में राष्ट्रीय मोर्चा सत्ता में आया तो विश्व परिदृश्य तेजी से बदल रहा था और भारतीय विदेश नीति की स्थिति को तदनुसार समायोजित करने की आवश्यकता थी। जबकि सद्दाम हुसैन (Saddam Hussein) के नेतृत्व में कुवैत पर इराक के आक्रमण के परिणामस्वरूप 1990 का पहला खाड़ी युद्ध अमेरिकी सशस्त्र श्रेष्ठता की शुरुआत थी, और सोवियत संघ के विघटन ने दुनिया में शक्ति संतुलन को बदल दिया था। पूर्वी यूरोप में साम्यवादी शासन के पतन और सोवियत संघ के विघटन ने विश्व व्यवस्था को काफी हद तक बदल दिया और शीत युद्ध के बाद एक नई व्यवस्था का उदय हुआ। भारत की विदेश नीति इन परिवर्तनों को ध्यान में रखते हुए तैयार की जानी थी।

ऐसी परिस्थिति में वी.पी. सिंह ने जुलाई 1990 में सोवियत संघ की यात्रा की। इस यात्रा के दौरान, उन्होंने और रूसी राष्ट्रपति गोर्बाचेव (Gorbachev) ने मित्रता और सहयोग के अपने पारंपरिक संबंधों को जारी रखने की पुष्टि की और समय की जरूरतों के अनुसार अपने आर्थिक और व्यापार संबंधों को भी फिर से समायोजित किया। इसके साथ ही, उनके शासन के अधीन भारत के संबंध अन्य महाशक्तियों के साथ भी

थे। संयुक्त राज्य अमेरिका में सुधार दिखना शुरू हुआ और विश्व बैंक (World Bank) और आईएमएफ (IMF) जैसी विश्व एजेंसियों से वित्तीय सहायता में वृद्धि हुई जिसने भारत को प्रथम खाड़ी युद्ध के कारण उत्पन्न आर्थिक संकट से निपटने में मदद की। चीन के साथ, राष्ट्रीय मोर्चा सरकार राजीव गांधी द्वारा निर्धारित विषय से विचलित नहीं हुई और सौहार्दपूर्ण संबंध बनाए रखने के प्रयास किए।

वी.पी. सिंह की राष्ट्रीय मोर्चा सरकार ने अपने पड़ोसियों, विशेषकर नेपाल, श्रीलंका और बांग्लादेश के साथ भारत के संबंधों को बेहतर बनाने का भी प्रयास किया। 1989 में व्यापार और पारगमन संधि (Trade and Transit Treaty) की समाप्ति के तुरंत बाद नेपाल के साथ कई परेशानियां विकसित हो गई थीं, जिसमें चीन से हथियारों की भूमि मार्ग के माध्यम से आयात के प्रयास भी शामिल थे। हालाँकि, अगस्त 1990 में तत्कालीन विदेश मंत्री आई.के. गुजराल (I.K.Gujral) की काठमांडू यात्रा से तनाव कम हुआ और रिश्ते में सुधार हुआ। आईपीकेएफ (IPKF) से बाहर निकलने के संबंध में, जिसने श्रीलंका और भारत के बीच तनाव पैदा कर दिया था, भारत ने वी.पी. सिंह ने 31 मार्च 1990 की निर्धारित समय सीमा से पहले ही सेना वापस ले ली। गुजराल की बांग्लादेश यात्रा और नदी जल बंटवारे पर बातचीत भी सार्थक रही।

वी.पी. सिंह 2 दिसंबर 1989 से 10 नवंबर 1990 तक पद पर रहे। बीजेपी द्वारा वी.पी. सिंह से समर्थन वापस लेने के कारण सरकार में विश्वास मत हारने के बाद उन्होंने इस्तीफा दे दिया। चन्द्रशेखर (Chandra Shekhar) ने 64 सांसदों के साथ जनता दल से अलग होकर समाजवादी जनता पार्टी बनाई। उन्हें कांग्रेस से बाहरी समर्थन मिला और वे भारत के 11वें प्रधानमंत्री बने। कांग्रेस द्वारा उनकी सरकार से समर्थन वापस लेने के बाद अंततः उन्होंने 6 मार्च 1991 को इस्तीफा दे दिया। जब चन्द्रशेखर प्रधानमन्त्री बने तो उस संक्षिप्त कार्यकाल में उन्होंने भारतीय विदेश नीति में कोई आमूल-चूल परिवर्तन नहीं किया।

नरसिम्हा राव (1991–1996): उदारीकरण का चरण (Narasimha Rao (1991–1996): The Phase of Liberalization)

1991 के आम चुनाव के बाद नरसिम्हा राव के प्रधान मंत्री के रूप में भारतीय राष्ट्रीय कांग्रेस नाममात्र बहुमत के साथ सत्ता में आई। जब राव ने पदभार संभाला, तो भारत को भुगतान संतुलन संकट के साथ एक ढहती अर्थव्यवस्था का सामना करना पड़ा, जिसके कारण भारत का विदेशी मुद्रा भंडार केवल दो सप्ताह के लिए बचा था। इसलिए, तत्कालीन वित्त मंत्री डॉ. मनमोहन सिंह ने घटती अर्थव्यवस्था को मदद करने और उत्पादन को बढ़ावा देने के लिए एक अधिक महत्वपूर्ण आर्थिक सुधार शुरू किया। इसलिए, भारत की पारंपरिक विदेश नीति के रुख से हटकर आर्थिक कूटनीति पर अधिक जोर दिया गया।

अब जब सोवियत संघ या यूएसएसआर (USSR) विघटित हो गया था और रूस, बेलारूस और यूक्रेन को मिलाकर स्वतंत्र राज्यों का एक नया राष्ट्रमंडल (सीआईएस) (Commonwealth of Independent States—CIS) उभरा था, तो राव सरकार को तत्कालीन सोवियत संघ के साथ मौजूद विभिन्न संबंधों पर फिर से बातचीत करने के लिए मजबूर होना पड़ा। भारत उस विशेषाधिकार प्राप्त स्थिति से भी फिसल गया, जो उसे यूएसएसआर के तहत प्राप्त थी। भारत के सबसे बड़े असंतोष का विषय था कि दक्षिण एशिया को एक परमाणु-मुक्त क्षेत्र घोषित करने वाले पाकिस्तान-प्रायोजित प्रस्ताव के पक्ष में मतदान किया। इसके अलावा, शांतिपूर्ण अन्वेषण के लिए भारत के अंतरिक्ष कार्यक्रम में सहायता के लिए मॉस्को द्वारा क्रायोजेनिक इंजनों की आपूर्ति भारी अमेरिकी दबाव के कारण बाधित हो गई, जिससे भारतीयों के मन में भी आशंकाएं पैदा हो गईं। हालाँकि, शुरुआती गलतफहमियों ने जल्द ही दोनों के बीच नए संबंधों को जन्म दिया। जनवरी 1993 में रूसी राष्ट्रपति बोरिस येल्तसिन (Boris Yeltsin) की भारत यात्रा से संबंधों

में काफी सुधार हुआ। इस यात्रा के दौरान न केवल रुपया-रूबल विनिमय दर का समाधान किया गया, बल्कि 1971 की भारत-रूसी शांति, मित्रता और सहयोग संधि के स्थान पर 20 वर्षों के लिए वैध 14-खंड वाली मित्रता और सहयोग की एक नई संधि (14-clause Treaty of Friendship and Cooperation) को प्रतिस्थापित किया गया। इस संधि में यह शर्त लगाई गई कि दोनों देश एक-दूसरे की क्षेत्रीय अखंडता का समर्थन करने और आंतरिक मामलों में हस्तक्षेप न करने की प्रतिज्ञा करते हुए ऐसी कोई भी कार्रवाई करने से बचेंगे जो एक-दूसरे के सुरक्षा हितों को प्रभावित कर सकती है।

इसके साथ ही, राव सरकार ने संयुक्त राज्य अमेरिका के साथ संबंध सुधारने की नीति अपनानी शुरू कर दी। कश्मीर, भारत के परमाणु और मिसाइल कार्यक्रम, पाकिस्तान की ओर अमेरिका का झुकाव, प्रेसलर संशोधन (Pressler amendment) को संशोधित करने के प्रयास और पाकिस्तान को सैन्य उपकरणों की आपूर्ति, परमाणु अप्रसार संधि (एनपीटी) (Non Proliferation Treaty—NPT) पर मतभेद और भारत–अमेरिका संबंधों में कई अड़चनें बनी रहीं। दक्षिण एशिया में मुक्त क्षेत्र ऐसी परेशानियों के बावजूद भारत–अमेरिका संबंधों में उल्लेखनीय सुधार हुआ और दोनों देशों ने मई 1992 में संयुक्त नौसेना अभ्यास किया। 1995 में, अमेरिकी रक्षा और वाणिज्य सचिवों की यात्रा के बाद कई समझौतों पर हस्ताक्षर किये गये। प्रधान मंत्री नरसिम्हा राव ने मई 1994 में संयुक्त राज्य अमेरिका की एक सप्ताह की आधिकारिक यात्रा की, जिससे संबंधों को मजबूत करने में मदद मिली और इसके बाद कई समझौता ज्ञापनों (एमओयू) (Memorandum of Understandings—MOUs) पर हस्ताक्षर किए गए।

इस अवधि के दौरान भारत ने इज़राइल के साथ पूर्ण राजनयिक संबंध स्थापित किये। भारत ने 29 जनवरी 1992 को इज़राइल के साथ पूर्ण राजनयिक संबंध स्थापित करने और तेल अवीव और नई दिल्ली में "जितनी जल्दी संभव हो" दूतावास खोलने के अपने निर्णय की घोषणा की। भारत ने अमेरिका प्रायोजित प्रस्ताव का भी समर्थन किया, जिसमें यहूदीवाद को नस्लवाद (Zionism with racism) के बराबर बताने वाले 1975 के संयुक्त राष्ट्र प्रस्ताव को अस्वीकार करने की मांग की गई थी।

चीन के साथ, नरसिम्हा राव के नेतृत्व में भारत ने अच्छे संबंध विकसित करने के अपने प्रयास जारी रखे। इसके बाद दोनों देशों की ओर से कई उच्च्य स्तरीय यात्राएं हुईं। चीन के प्रधान मंत्री ने 11 से 16 दिसंबर 1991 तक भारत का दौरा किया। चीन की यात्रा करने वाले पहले भारतीय राष्ट्रपति राष्ट्रपति आर वेंकटरमन (President R. Venkataraman) थे। उन्होंने 19 से 25 मई 1992 तक चीन की छह दिवसीय यात्रा की। 1993 में प्रधानमंत्री नरसिम्हा राव ने भी चीन का दौरा किया। इन सभी अवसरों पर सीमा समस्या को किनारे रखा गया और दोनों देशों के हितों के अन्य क्षेत्रों पर बातचीत की गई।

राव ने अपने पड़ोसियों के साथ, विशेषकर नेपाल के साथ, भारत के संबंधों को सुधारने का भी प्रयास किया, हालाँकि श्रीलंका के साथ भूटान राजा की अनुपस्थिति में सार्क शिखर सम्मेलन आयोजित करने को लेकर थोड़ी नाराजगी बनी रही। चीन और उत्तर कोरिया की सहायता से पाक की परमाणु क्षमता के विकास की तीव्र गति के बाद भारत-पाक संबंध तनावपूर्ण बने हुए हैं। इसके अलावा, 7 दिसंबर 1992 को बाबरी मस्जिद के विध्वंस ने दोनों के बीच संबंध और खराब कर दिए।

आई.के. गुजराल (1997–1998): गुजराल सिद्धांत
(I.K. Gujral (1997–1998): The Gujral Doctrine)

11वीं लोकसभा चुनाव के परिणामस्वरूप त्रिशंकु संसद बनी और दो साल तक राजनीतिक अस्थिरता रही, इस दौरान देश में तीन प्रधान मंत्री बने। सबसे पहले ए.बी.वाजपेयी (A.B. Vajpayee) ने 16 मई को

प्रधान मंत्री का पद संभाला और संसद में क्षेत्रीय दलों से समर्थन प्राप्त करने का प्रयास किया। वह असफल रहे और 13 दिन बाद इस्तीफा दे दिया। तत्कालीन जनता दल नेता देवेगौड़ा (Deve Gowda) ने 1 जून 1996 को संयुक्त मोर्चा गठबंधन सरकार बनाई। उनकी सरकार 18 महीने तक चली। आई.के. गुजराल, जो गौड़ा के मंत्रिमंडल में विदेश मंत्री थे, ने अप्रैल 1997 में प्रधान मंत्री के रूप में पदभार संभाला जब कांग्रेस नई संयुक्त मोर्चा सरकार को बाहर से समर्थन देने के लिए सहमत हो गई। लेकिन गुजराल एक अंतरिम व्यवस्था थे। 1998 में देश ने फिर से चुनावों का एक और दौर देखा।

संयुक्त मोर्चा सरकार, पहले देवेगौड़ा के अधीन और फिर आई.के. गुजराल के अधीन ने भारत की विदेश नीति की स्थिति में कोई महत्वपूर्ण बदलाव नहीं किया। दोनों को अच्छी विकास दर दर्ज करने वाली स्थिर अर्थव्यवस्था विरासत में मिली। विदेशी मुद्रा स्थिति में भी सुधार दिखा। सबसे उल्लेखनीय योगदान प्रधान मंत्री आई.के. गुजराल का था जिन्होंने दुनिया को एक अभिनव सिद्धांत (innovative doctrine) दिया। इसे *गुजराल सिद्धांत* (Gujral Doctrine) के रूप में पहचाना गया और इसे पारस्परिकता की अपेक्षा किए बिना अपने पड़ोसियों के साथ भारत के संबंधों को बेहतर बनाने की दृष्टि से तैयार किया गया था। भारत ने पारस्परिकता की अपेक्षा किए बिना व्यापार और यात्रा से संबंधित मामलों में पड़ोसी देशों को एकतरफा रियायतें दीं। उनके विचार का आधार यह था कि इस क्षेत्र का सबसे बड़ा देश होने के नाते भारत अपने मौलिक हितों की रक्षा करते हुए अधिक उदार हो सकता है।

इस प्रकार, बांग्लादेश के साथ संबंधों में काफी सुधार हुआ और सबसे बड़ी सफलता तत्कालीन पश्चिम बंगाल के मुख्यमंत्री, ज्योति बसु (Jyoti Basu) और बांग्लादेश के विदेश मंत्री, अब्दुस समद आज़ाद (Abdus Samad Azad) के बीच गंगा जल के बंटवारे पर 30-वर्षीय संधि पर हस्ताक्षर के रूप में मिली। राजीव गांधी की हत्या के बाद आई अस्थायी ठंड के बाद श्रीलंका के साथ संबंधों में भी सामान्य सुधार देखा गया। 1990 के दशक में नेपाल, बांग्लादेश और श्रीलंका में लोकतांत्रिक और मैत्रीपूर्ण सरकारों के उदय ने भारत और उसके पड़ोसियों के बीच अच्छे संबंधों की भावना पैदा करने में मदद की। पाकिस्तान के साथ, परमाणु क्षमता विकसित करने और आतंकवादियों को शरण प्रदान करने के प्रयासों के कारण कोई महत्वपूर्ण विकास की योजना नहीं बनाई गई थी।

संयुक्त राज्य अमेरिका, जर्मनी, फ्रांस, यूनाइटेड किंगडम, कनाडा और जापान जैसी प्रमुख वैश्विक शक्तियों के साथ भारत के उभरते संबंधों के संबंध में, संयुक्त मोर्चा सरकार ने व्यापार, प्रत्यक्ष विदेशी निवेश (Foreign Direct Investment—FDI)) और तकनीकी सहायता जैसे मुद्दों पर पारस्परिक रूप से लाभकारी सहयोग की मौजूदा नीति को जारी रखा। रूस के साथ कई समझौतों पर हस्ताक्षर के साथ रक्षा संबंध मजबूत हुए। संयुक्त राज्य अमेरिका के साथ भारत के संबंधों के संबंध में, सीटीबीटी (CTBT) पर मतभेदों और संधि पर हस्ताक्षर करने से भारत के इनकार के बावजूद इसमें काफी सुधार हुआ है। लेकिन संयुक्त मोर्चा सरकार के कार्यकाल में भी इस पर ध्यान नहीं दिए जाने के कारण एक विफलता प्राप्त हुई। भारत के निराशाजनक प्रदर्शन और उसकी कूटनीति की विफलता के लिए चौतरफा आलोचना हुई, जिसके कारण वह संयुक्त राष्ट्र सुरक्षा परिषद में अस्थायी एशियाई सीट की दौड़ में जापान से हार गया।

चीन के साथ, संयुक्त मोर्चा सरकार ने राजीव गांधी द्वारा निर्धारित मार्ग का पालन किया और महत्वपूर्ण विकास किया और नवंबर 1996 में चीनी राष्ट्रपति और कम्युनिस्ट पार्टी के महासचिव जियांग जेमिनिन (Jiang Zeminin) द्वारा एक उच्च स्तरीय यात्रा की गई।

इससे पहले कि गुजराल सरकार अपना प्रभाव महसूस कर पाती, वह तब गिर गई जब कांग्रेस ने अपना समर्थन वापस ले लिया जिसके परिणामस्वरूप नए चुनाव हुए, जिसके बाद फिर से राजनीतिक अस्थिरता का दौर आया।

ए.बी. वाजपेयी (1998–2004): पोखरण विस्फोट
(A.B. Vajpayee (1998–2004): The Pokhran Explosion)

12वीं लोकसभा का गठन 10 मार्च 1998 को हुआ था और भारतीय जनता पार्टी (भाजपा) के नेता अटल बिहारी वाजपेयी के नेतृत्व वाले गठबंधन ने नौ दिन बाद शपथ ली थी। इसका जीवनकाल 413 दिनों का था, जो अब तक का सबसे छोटा है। 17 अप्रैल, 1999 को 13 महीने पुरानी भारतीय जनता पार्टी के नेतृत्व वाली सरकार के एक वोट से बाहर होने के बाद व्यवहार्य विकल्प के अभाव में लोकसभा भंग कर दी गई। यह पांचवीं बार था जब लोकसभा अपना पूरा कार्यकाल पूरा करने से पहले भंग कर दी गई। 26 अप्रैल को भारत के तत्कालीन राष्ट्रपति स्वर्गीय के.आर. नारायणन (late K.R. Narayanan) ने लोकसभा भंग कर दी और शीघ्र चुनाव का आह्वान किया। वाजपेयी कार्यवाहक प्रधान मंत्री बने रहे। चूँकि आम चुनाव पहले 1996 और 1998 में हुए थे, 1999 के चुनाव 40 महीनों में तीसरे थे। 1999 के चुनाव में 32 दक्षिणपंथी मध्यमार्गी और क्षेत्रीय दलों के समूह राष्ट्रीय जनतांत्रिक गठबंधन (एनडीए) (National Democratic Alliance—NDA) ने अधिकांश सीटें जीतीं थीं और 13 अक्टूबर 1999 को ए.बी. वाजपेयी ने प्रधान मंत्री के रूप में शपथ ली।

वाजपेयी सरकार की विदेश नीति का मुख्य आकर्षण 11 मई 1998 को पोखरण विस्फोट और कारगिल युद्ध था। 1998 के परमाणु परीक्षणों, जिसका कोडनेम शक्ति 1-V (Shakti 1–V) था, के साथ भारत ने दुनिया को साबित कर दिया कि उसने परमाणु हथियारों को लघुरूपीकृत करने और अग्नि और पृथ्वी मिसाइलों पर हथियार लगाने की परमाणु क्षमता विकसित कर ली है। हालाँकि, इन परमाणु विस्फोटों की विश्व समुदाय, विशेषकर संयुक्त राज्य अमेरिका से आलोचना हुई, जिसने भारत पर प्रतिबंध लगाए। संयुक्त राज्य अमेरिका ने विश्व बैंक और आईएमएफ (IMF) और अन्य अंतर्राष्ट्रीय वित्तीय संस्थानों पर भी नई सहायता रोकने के लिए दबाव डाला। परमाणु शक्तियों ने खुद को परमाणु आपूर्तिकर्ता समूह (एनएसजी) (Nuclear Suppliers Group—NSG) में संगठित कर लिया, जो यह तय करता था कि शांतिपूर्ण उद्देश्यों के लिए भी परमाणु सामग्री कितनी और किसे आपूर्ति की जाएगी। इसलिए, संयुक्त राज्य अमेरिका ने भारत को ऐसे किसी भी उच्च तकनीक और वैज्ञानिक आदान-प्रदान से इनकार कर दिया। हालाँकि, पाकिस्तान में आतंकवादियों की बढ़ती गतिविधियों के कारण, भारत के प्रति अमेरिका का रुख बदलने लगा और मार्च 2000 में राष्ट्रपति क्लिंटन (President Clinton) ने भारत का दौरा किया। जब राष्ट्रपति बुश (President Bush) ने 2001 में पदभार संभाला, तो कई परेशानियों के बावजूद, उन्होंने भारत के साथ नए संबंधों के लिए रास्ते तलाशना बंद नहीं किया। हालाँकि, संयुक्त राज्य अमेरिका पर 9/11 के हमले और 2001 में 13 दिसंबर को भारतीय संसद पर हुए हमले के बाद ही भारत-अमेरिका संबंधों में एक नया मोड़ आया क्योंकि दोनों ने अंतर्राष्ट्रीय आतंकवाद के खिलाफ लड़ने की प्रतिज्ञा की।

रूस के साथ भारत के संबंध भी बेहतर हुए और इसके बाद उनके रक्षा संबंध भी जारी रहे। भारत और रूस के बीच 1998 में *दस वर्षीय रक्षा सहयोग कार्यक्रम* (ten-year defence cooperation programme) को अंतिम रूप दिया गया। भारत और रूस ने तमिलनाडु के कुडनकुलम (Koodankulam) में परमाणु ऊर्जा स्टेशन स्थापित करने के लिए 2.5 बिलियन डॉलर के समझौते पर भी हस्ताक्षर किए। इसके अलावा, अक्टूबर 2000 में पुतिन की भारत यात्रा से भारत-रूस संबंध मजबूत हुए। भारत और रूस ने दिसंबर 2000 में रूसी लाइसेंस के तहत भारत में 150 सुखोई एसयू-30 एमकेआई मल्टीरोल जेट (Sukhoi Su–30 MKI multirole jets) के उत्पादन के लिए प्रौद्योगिकी हस्तांतरण समझौते पर भी हस्ताक्षर किए।

चीन ने कई द्विपक्षीय मुद्दों पर चर्चा करने के लिए अप्रैल 1998 में पीपुल्स लिबरेशन आर्मी (पीएलए) (People's Liberation Army—PLA) के जनरल स्टाफ के प्रमुख जनरल फू क्वानयू (Fu Quanyou) के नेतृत्व में एक उच्चस्तरीय प्रतिनिधिमंडल भारत भेजा। लेकिन पोखरण विस्फोट के कारण और चीन को भारत की सुरक्षा के लिए संभावित खतरे के रूप में पहचानने के कारण भारत-चीन संबंधों को झटका लगा। इससे चीनी क्रोध का सामना करना पड़ा और अन्य प्रमुख शक्तियों के साथ-साथ चीन ने भी परमाणु परीक्षणों की निंदा की। हालाँकि, 1999 में तत्कालीन विदेश मंत्री, जसवन्त सिंह (Jaswant Singh) और 2000 में राष्ट्रपति के.आर. नारायणन (K.R. Narayanan) की चीन की यात्राओं के बाद धीरे-धीरे भारत-चीन संबंध सामान्य होने लगे।

संबंध सामान्य करने के प्रयास में, भारत ने पाकिस्तान के साथ अपना विचार व्यक्त किया। पाकिस्तान के साथ विश्वास-निर्माण के उपाय के एक भाग के रूप में वाजपेयी ने फरवरी 1999 में लाहौर-अमृतसर के लिए एक बस सेवा का उद्घाटन किया और फरवरी में पाकिस्तान के तत्कालीन प्रधान मंत्री नवाज शरीफ (Nawaz Sharif) से मिलने के लिए वह स्वयं उद्घाटन बस सेवा में सवार हुए। इसके बाद समझौता ज्ञापन (एमओयू) (Memorandum of Understanding—MOU) पर हस्ताक्षर किए गए, जिसमें आगे के परमाणु परीक्षण पर उनकी एकतरफा रोक की पुष्टि की गई और उनके विश्वास-निर्माण उपायों को बताया गया। लेकिन जनरल परवेज़ मुशर्रफ (General Pervez Musharraf) के नेतृत्व में मई–जून 1999 के दौरान पाकिस्तान के कारगिल दुस्साहस ने शांति प्रक्रिया को बाधित कर दिया। धीरे-धीरे, संबंधों में सुधार दिखा और इसके बाद जुलाई 2001 में आगरा में वार्ता के लिए जनरल मुशर्रफ की भारत यात्रा हुई। लेकिन वार्ता कोई उल्लेखनीय सफलता हासिल करने में विफल रही और बाद में भी भारत-पाक संबंधों में तनाव जारी रहा, क्योंकि कश्मीर को मुख्य मुद्दे के रूप में जोड़ने की पाकिस्तान की जिद, जिसे भारत ने हमेशा खारिज कर दिया है, और सीमा पार आतंकवाद पर भारत का रुख, जिसे पाकिस्तान हमेशा से खारिज करता रहा है। कंधार कांड से उन आतंकवादियों के साथ पाकिस्तानी संबंध का पता चला, जिन्हें पाकिस्तान ने या तो मदद दी थी या उन्हें शरण दी थी। इसलिए, पिछली सरकारों के प्रयासों की तरह, वाजपेयी सरकार भारत–पाक संबंधों को सानान्य बनाने में विफल रही।

वाजपेयी सरकार ने भारत के पड़ोसियों नेपाल, बांग्लादेश और श्रीलंका के साथ भी संबंध सुधारने की कोशिश की। नेपाल के साथ, भारत ने जनवरी 1999 में एक नई पारगमन संधि (Transit Treaty) पर हस्ताक्षर किए और जल विद्युत, बाढ़ नियंत्रण, आतंकवाद और प्रत्यर्पण से संबंधित मामलों पर काम किया। बांग्लादेश और भारत ने द्विपक्षीय संबंधों को आगे बढ़ाने के लिए अपनी प्रतिबद्धता व्यक्त की और जून 1999 में ढाका और कोलकाता के बीच एक बस सेवा शुरू की गई। श्रीलंका के साथ भारत ने 1998 में मुक्त व्यापार समझौते पर हस्ताक्षर किये।

डॉ. मनमोहन सिंह (2004–2009 और 2009–2014): परमाणु समझौता (Dr. Manmohan Singh (2004–2009 and 2009–2014): The Nuclear Deal)

प्रधानमंत्री अटल बिहारी वाजपेयी के नेतृत्व वाली भाजपा नीत एनडीए सरकार ने 2004 में अपने शासन के पांच साल पूरे किए और 2004 में 14वीं लोकसभा के लिए चुनाव हुए। कांग्रेस अपने सहयोगियों की मदद से 543 में से 335 से अधिक सदस्यों (बसपा, सपा, एमडीएमके और वाम मोर्चा जैसी पार्टियों के बाहरी समर्थन सहित) के बहुमत का प्रबंधन करने में सक्षम थी और चुनाव के बाद एक गठबंधन बनाया, जो आज *संयुक्त प्रगतिशील गठबंधन (यूपीए)* (United Progressive Alliance—UPA) के नाम से जाना

जाता है। डॉ. मनमोहन सिंह, जो पहले 1990 के दशक की शुरुआत में नरसिम्हा राव मंत्रिमंडल में वित्त मंत्री के रूप में कार्य कर चुके थे, प्रधान मंत्री बने।

मनमोहन सिंह की विदेश नीति में बदलाव के बजाय निरंतरता दिखी, सिवाय इसके कि उन्होंने संयुक्त राज्य अमेरिका, चीन और पाकिस्तान और भारत के पड़ोसियों के साथ संबंधों में सुधार की प्रक्रिया तेज कर दी। नेपाल के मामले में कुछ समस्याएँ थीं क्योंकि नेपाल माओवादी विद्रोह (maoist insurgency) और राजनीतिक अस्थिरता (political instability) से पीड़ित था।

सबसे उल्लेखनीय सफलता जो मनमोहन सिंह की सरकार हासिल करने में सफल रही वह संयुक्त राज्य अमेरिका के साथ परमाणु समझौता था। यह प्रक्रिया डॉ. सिंह के कार्यभार संभालने के साथ शुरू हुई और अक्टूबर 2008 में अपने चरम पर पहुँची जब दोनों देशों के बीच अंतिम परमाणु समझौते पर हस्ताक्षर किए गए। इससे पहले 18 जुलाई 2005 को भारत और संयुक्त राज्य अमेरिका ने वाशिंगटन डीसी में ऐतिहासिक नागरिक परमाणु समझौते पर हस्ताक्षर किए थे। इसके बाद 2 मार्च 2006 को, भारत और संयुक्त राज्य अमेरिका द्वारा एक पृथक्करण योजना शुरू की गई जिसमें सूचीबद्ध किया गया कि नई दिल्ली किन रिएक्टरों को सुरक्षा उपायों के तहत रखेगी। 18 दिसंबर 2006 को, अमेरिकी कांग्रेस द्वारा हाइड अधिनियम (Hyde Act) पारित किया गया जिसके कारण अमेरिकी परमाणु ऊर्जा अधिनियम में संशोधन हुआ। अगली सफलता 27 जुलाई 2007 में मिली जब भारत और संयुक्त राज्य अमेरिका ने दोनों देशों के बीच परमाणु व्यापार की शर्तों को रेखांकित करते हुए 123 समझौते पर हस्ताक्षर किए। 1 अगस्त 2008 को, अंतर्राष्ट्रीय परमाणु ऊर्जा एजेंसी (आईएफईए) (International Atomic Energy Agency—IAEA) ने भारत-विशिष्ट सुरक्षा समझौते को मंजूरी दे दी, जो नागरिक संयंत्रों के पर्यवेक्षण के स्तर को परिभाषित करता है। परमाणु आपूर्तिकर्ता समूह, एनएसजी (NSG) को छूट अंततः 6 सितंबर 2008 को भारत के साथ परमाणु व्यापार की अनुमति देने के लिए इसके 45 सदस्यों के बीच गहन बातचीत के बाद मिली। अंततः, भारत और संयुक्त राज्य अमेरिका ने 8 अक्टूबर 2008 को परमाणु समझौता किया। चूँकि अब परमाणु समझौता हो चुका है, भारत अपने परमाणु हथियार कार्यक्रम को जारी रखते हुए औपचारिक रूप से नागरिक परमाणु प्रौद्योगिकी में व्यापार शुरू कर सकता है, लेकिन भविष्य में परीक्षण करने पर गंभीर परिणामों की उम्मीद कर सकता है।[8] परमाणु समझौते पर हस्ताक्षर करने के अमेरिकी निर्णय के पीछे वास्तविक कारक एशिया में चीन को संतुलित करना था जो चीन को अलग-थलग किए बिना क्षेत्र में अपनी प्रधानता बनाए रखने में मदद करेगा। इसलिए, भारत अमेरिकी गेम प्लान की कुंजी था। रणनीतिक कारक के अलावा, वाशिंगटन का भारत के साथ अपने संबंधों को उन्नत करने का निर्णय खासकर आर्थिक दृष्टि से एक उभरती हुई शक्ति के रूप में भारत की छवि की बढ़ती स्वीकार्यता का भी परिणाम था।

रूस के साथ भी डॉ. सिंह (Dr. Singh) की सरकार ने संबंधों में मौजूद गड़बड़ियों को दूर करने का प्रयास किया। रूस और भारत के बीच संबंधों में कुछ परेशानियां स्पेयर पार्ट्स की कीमत और आपूर्ति और रूस द्वारा भारत को नवीनतम हथियारों की आपूर्ति पर बौद्धिक संपदा अधिकार (आईपीआर) (Intellectual Property Rights—IPRs) मुद्दे से संबंधित थीं। ये मुद्दे 3 दिसंबर 2004 को नई दिल्ली में रूसी राष्ट्रपति पुतिन और डॉ. सिंह (Putin and Dr. Singh) के बीच एक मैराथन शिखर सम्मेलन का विषय बने। इस दौरान कोई सकारात्मक परिणाम दिखाई नहीं दिया लेकिन दिसंबर 2005 में पुतिन-मनमोहन सिंह शिखर सम्मेलन (Putin–Manmohan Singh Summit) में मूल समस्याओं को हल करने की ओर प्रगति हुई।

चीन के साथ भारत के संबंधों में संतोषजन प्रगति हो रही थी और इस अवधि के दौरान संबंधों का मुख्य आकर्षण अप्रैल 2005 में चीनी प्रधान मंत्री वेन जियाबाओ (Wen Jiabao) की यात्रा और नवंबर 2006 में राष्ट्रपति हू जिंताओ (Hu Jintao) की यात्रा थी। फिर भी असंतोष अभी भी अनसुलझी सीमा समस्याओं और पाकिस्तान के प्रति चीनी नीतियों के मुद्दों पर केंद्रित है।

पाकिस्तान के साथ संबंधों के संबंध में, कई विश्वास-निर्माण उपायों, बस कूटनीति और शिखर बैठकों के बावजूद, कोई सुधार नहीं देखा गया और गतिरोध जारी रहा। राष्ट्रपति मुशर्रफ ने 17 अप्रैल 2005 को नई दिल्ली की अपनी दूसरी यात्रा के दौरान घोषणा की कि शांति प्रक्रिया अपरिवर्तनीय हो गई है और कश्मीर मुद्दे को हल करने की प्रतिज्ञा जैसे नए विश्वास-निर्माण, लाहौर-अमृतसर बस सेवा की संभावित बहाली और कराची तथा मुंबई में वाणिज्य दूतावासों की पुनः स्थापना के बावजूद वास्तविक रूप से कुछ भी ठोस प्रगति नहीं हो सकी। इसके बाद, भारत में आतंकवादी कृत्यों की बढ़ती संख्या और पाकिस्तान या पाकिस्तान में स्थित आतंकवादियों की कथित संलिप्तता के कारण शांति वार्ता के प्रयास गंभीर रूप से अवरुद्ध हो गए। डॉ. सिंह के नेतृत्व में भारत ने पाकिस्तान के परमाणु शस्त्रागार की सुरक्षा पर गंभीर चिंता व्यक्त की, क्योंकि परमाणु शस्त्रागार आतंकवादियों, विशेषकर तालिबान और अल-कायदा के हाथों में पड़ने की संभावना हमेशा बनी रहती है। इसलिए, जहां तक भारत-पाक संबंधों का सवाल है, गतिरोध जारी रहा।

अंतर्राष्ट्रीय परमाणु ऊर्जा एजेंसी (आईएईए) (International Atomic Energy Agency —IAEA) की आम सभा में ईरान के खिलाफ भारत का वोट उस प्रस्ताव के पक्ष में था जिसमें ईरान को चेतावनी दी गई थी कि यदि वह किसी भी मामले की जांच में आईएईए (IAEA) के साथ पूरा सहयोग नहीं करता है तो उसके यूरेनियम को इस हद तक संवर्धित करने के गुप्त प्रयास को जिससे परमाणु उपकरण विकसित करना संभव हो सके के मामले को संभावित प्रतिबंधों के लिए संयुक्त राष्ट्र सुरक्षा परिषद में भेजा जा सकता है। इससे मनमोहन सरकार के खिलाफ आलोचनाओं की बाढ़ आ गई थी क्योंकि भारत को ईरान से अफगानिस्तान और पाकिस्तान के रास्ते तेल पाइपलाइन कार्यक्रम को आगे बढ़ाना था। डॉ. सिंह के नेतृत्व में भारत ने दक्षिण पूर्व एशियाई देशों के संगठन (आसियान) (Association of South East Asian Nations—ASEAN) और यूरोपीय संघ (ईयू) (European Union—EU) के साथ संबंधों को बेहतर बनाने का भी प्रयास किया।

डॉ. मनमोहन सिंह का दूसरा कार्यकाल 15वीं लोकसभा चुनाव में कांग्रेस और उसके सहयोगियों की जीत के साथ शुरू हुआ। अब तक मुख्य आकर्षण भारत-पाक संबंध, भारत-अमेरिका परमाणु समझौता और जलवायु-परिवर्तन से संबंधित उत्सर्जन मुद्दे रहे हैं।

15वें गुटनिरपेक्ष (NAM) शिखर सम्मेलन (शर्म अल-शेख, 2009— Sharm el-Sheikh, 2009) के मौके पर डॉ. मनमोहन सिंह ने पाकिस्तानी प्रधान मंत्री यूसुफ रजा गिलानी (Yousuf Raza Gilani) से मुलाकात की और दोनों ने कई खामियों के बावजूद भारत-पाक संबंधों में सकारात्मक सुधार की दिशा में गंभीर प्रयास किया। मुंबई आतंकी हमलों में शामिल लोगों को सजा मिलने के बाद ही भारत ने पाकिस्तान के साथ बातचीत शुरू करने की शर्त रखी। भारत ने 'समग्र वार्ता' (composite dialogue) को आतंकवाद से अलग कर दिया। 26/11 के मुंबई आतंकवादी हमले के बाद दूसरी शीर्ष स्तरीय बैठक के बाद जारी संयुक्त बयान में कहा गया, "दोनों प्रधानमंत्रियों ने माना कि बातचीत ही आगे बढ़ने का एकमात्र रास्ता है। आतंकवाद पर कार्रवाई को समग्र वार्ता प्रक्रिया से नहीं जोड़ा जाना चाहिए और इन्हें कोष्ठक में नहीं रखा जाना चाहिए।''[8] संयुक्त बयान में कश्मीर का जिक्र नहीं था, जो हमेशा समग्र वार्ता प्रक्रिया के तहत होता है। प्रधान मंत्री मनमोहन सिंह ने "सभी लंबित मुद्दों सहित पाकिस्तान के साथ सभी मुद्दों पर चर्चा करने"

के लिए भारत की तत्परता व्यक्त की। मिस्र में भारत-पाकिस्तान के संयुक्त बयान पर लोकसभा में डॉ. सिंह के बयान का जवाब देते हुए, पाकिस्तानी प्रधान मंत्री गिलानी ने 'शांति की भावनाओं' को दोहराया और बैठक को एक ऐसी बैठक के रूप में व्यक्त किया जहां दोनों नेता इस बात पर सहमत हुए थे कि आतंकवाद एक साझा खतरा है और बातचीत रिश्तों को सकारात्मक दिशा में ले जाने का यही एकमात्र तरीका है। लेकिन विपक्ष ने पाकिस्तान के साथ "समग्र वार्ता"को अलग करने के लिए नई दिल्ली के रुख की आलोचना की।[9] हालाँकि, डॉ. सिंह ने दोहराया कि पाकिस्तान के साथ बातचीत प्रक्रिया को आतंकवाद के खिलाफ कार्रवाई से अलग करना भारत के रुख को कमजोर करना नहीं बल्कि उसे मजबूत करना है।

जहां तक भारत-अमेरिका संबंध का सवाल है, जुलाई 2009 में अमेरिकी विदेश मंत्री श्रीमती हिलेरी आर क्लिंटन (Mrs. Hillary R. Clinton) की यात्रा के बाद विपक्ष के बीच गंभीर आशंकाएं हैं। ओबामा प्रशासन (Obama administration) का संदेश परमाणु समझौते के कार्यान्वयन को अमेरिका से सैन्य आपूर्ति के लिए अंतिम उपयोग निगरानी समझौते से जोड़ना है जिसके परिणामस्वरूप अमेरिका के साथ एक रक्षा समझौते पर हस्ताक्षर होंगे। *एंड-यूज़-मॉनिटरिंग एग्रीमेंट* (ईयूएमए) (End-Use-Monitoring Agreement—EUMA) पर सहमति बनाने के भारत के रुख की विपक्ष ने कड़ी आलोचना की है। प्रधानमंत्री डॉ. सिंह ने ईयूएमए (EUMA) पर भारत के रुख को कमजोर करने के आरोपों के सामने अपनी सरकार के रुख का बचाव करने की कोशिश की है। उन्होंने कहा कि ईयूएमए (EUMA) के विषय में ऐसा कोई प्रावधान नहीं है जो भारत की संप्रभुता से समझौता करता हो और आयातित रक्षा उपकरणों पर संयुक्त राज्य अमेरिका द्वारा एकतरफा सत्यापन की मांग करता हो।

डॉ. सिंह की सरकार ने 13 अगस्त, 2009 को थाईलैंड में 41वीं आसियान आर्थिक मंत्रियों की बैठक की शुरुआत में आसियान के साथ आंशिक मुक्त व्यापार समझौते पर हस्ताक्षर किया है। इस समझौते के लागू होने से वार्षिक द्विपक्षीय व्यापार को बढ़ावा मिलेगा।

वर्ष 2010 की शुरुआत भारत-पाक संबंधों में कई मुद्दों पर प्रगति के साथ हुई, हालांकि हर मामले में यह बहुत उपयोगी नहीं रहा। पाकिस्तान के इस आरोप के बावजूद कि भारत ने समग्र वार्ता प्रक्रिया को तोड़ दिया है और उसे कूटनीतिक रूप से अलग-थलग करने की कोशिश की है, इनमें से प्रमुख घटनाएँ हैं— (i) विदेश सचिव स्तर की बातचीत—25 फरवरी, 2010; (ii) 16वें सार्क शिखर सम्मेलन, थिम्पू, अप्रैल 2010 में साइडलाइन बैठक; (iii) विदेश सचिव स्तरीय वार्ता, 24 जून 2010; और (iv) सार्क गृह मंत्रियों की बैठक, इस्लामाबाद, 25 जून 2010।

भारतीय विदेश सचिव निरुपमा राव (Nirupama Rao) और पाकिस्तानी विदेश सचिव सलमान बशीर (Salman Bashir) के बीच फरवरी विदेश सचिव स्तर की बातचीत (एफएसएलटी) (Foreign Secretary Level Talk—FSLT) पुणे के एक लोकप्रिय कैफे में बम विस्फोट की पृष्ठभूमि में हुई, 26/11 के बाद 14 महीने के अंतराल के बाद, जिसे बात चीत को पटरी से उतरने के प्रयास के रूप में देखा गया था। इसे 2008 के मुंबई आतंकवादी हमले के बाद पहली आधिकारिक वार्ता को संबंधो को सामान्य बनाने वाली घटना माना जा सकता है क्योंकि भारत ने जोर देकर कहा कि जब तक पाकिस्तान 26/11 के आंतकी हमले के अपराधियों के खिलाफ कार्रवाई नहीं करता तब तक उसके साथ बातचीत फिर से शुरू नहीं होगी। संवाद मुद्दों में आतंकवाद, कश्मीर, अफगानिस्तान और जल बंटवारा शामिल था। हालाँकि दोनों पक्षों ने बातचीत के उत्साहजनक होने का दावा किया, पाकिस्तान ने समग्र वार्ता की बहाली दोहराई जबकि भारत ने जोर देकर कहा कि उसे अधिक विश्वास और भरोसा कायम होने तक इंतजार करना होगा।

29 अप्रैल, 2010 को थिम्पू में 16वें सार्क शिखर सम्मेलन के मौके पर प्रधान मंत्री मनमोहन सिंह और पाकिस्तान के प्रधान मंत्री यूसुफ रजा गिलानी (Yousuf Raza Gilani) ने मुलाकात की और इस बात पर सहमति व्यक्त की कि दोनों देशों के विदेश सचिवों को फिर से मिलना चाहिए और भारत-पाक वार्ता फिर से शुरू होनी चाहिए, क्योंकि बिना किसी वार्ता के द्विपक्षीय मुद्दों को हल करने का कोई अन्य साधन नहीं था। अप्रैल 2010 में परमाणु सुरक्षा बैठक के मौके पर, दोनों देशों के बीच कोई बैठक नहीं हुई, लेकिन भारत ने स्पष्ट कर दिया कि वह बातचीत तभी फिर से शुरू करेगा जब पाकिस्तान लश्कर-ए-तैयबा (एलईटी) (Lashkar-e-Taiba—LeT) और 26/11 आतंकी हमले के अपराधियों के खिलाफ कार्रवाई करेगा।

25 मई, 2010 को यूपीए सरकार के दूसरे कार्यकाल के एक वर्ष पूरे होने पर, एक प्रेस वार्ता में सरकार के प्रदर्शन का 'रिपोर्ट कार्ड' पेश करते हुए, मनमोहन सिंह ने कहा कि भारत-पाक संबंध 'विश्वास की कमी' से पीड़ित थे और इस 'विश्वास की कमी' (trust deficit) को कम करना उनके संबंधों को बेहतर बनाने के लिए आवश्यक था।

24 जून, 2010 को एक और एफएसएलटी (FSLT) की योजना बनाई गई थी जिसका लक्ष्य इस 'विश्वास की कमी' को कम करना था और, जैसा कि भारत ने वकालत की थी, जम्मू और कश्मीर और अन्य मुद्दों पर "रचनात्मक समाधान" ढूंढना था ताकि पहले की गई समग्र वार्ता और बैक चैनल कूटनीति प्रगति को आगे बढ़ाया जा सके।

लेकिन जून 2010 में भारत-पाक वार्ता से पहले दोनों देश एक और बड़े विवाद में उलझ गए। दोनों जम्मू-कश्मीर में निर्माणाधीन किशनगंगा बिजली परियोजना (Kishenganga power project) पर अंतर्राष्ट्रीय मध्यस्थता अदालत में कानूनी लड़ाई लड़ने के लिए तैयार हो गए। पाकिस्तान 1960 सिंधु जल संधि (Indus Water Treaty) के तहत झेलम की सहायक नदी किशनगंगा पर 330 मेगावाट के जलविद्युत संयंत्र के निर्माण पर आपत्ति जता रहा है।

24 जून 2010 से ठीक पहले बेचैनी तब पैदा हुई जब पाकिस्तानी सैनिकों ने जम्मू-कश्मीर में नियंत्रण रेखा पर भारतीय चौकियों पर गोलीबारी की, जिसमें 2 नागरिकों की मौत हो गई और 2 जवान घायल हो गए। हालाँकि, भारत ने यह स्पष्ट कर दिया है कि वह सीमा पार आतंकवाद पर ध्यान केंद्रित करेगा और मुंबई हमले के बाद दोनों देशों के बीच विश्वास की कमी को कम करने के लिए कदम उठाने के लिए "खोजपूर्ण दृष्टिकोण" (an exploratory approach) अपनाएगा।

24 जून, 2010 एफएसएलटी (FSLT) इस्लामाबाद में हुआ। हालांकि कोई सफलता नहीं मिली, लेकिन दोनों देशों के बीच विश्वास की कमी को पाटने की दिशा में एक सकारात्मक कदम उठाया गया। वार्ता के दौरान, भारत ने लस्कर-ए-तैयबा (एलईटी) (Laskar-e-Taiyyaba—LeT) और जमात-उद-दावा (जेयूडी) (Jamaat-ud-Dawah—JuD) और हाफिज मुहम्मद सईद (Hafiz Muhammad Saeed) की गतिविधियों सहित "आतंकवाद की मुख्य चिंता" को उठाया। चर्चा का दूसरा मुद्दा अफगानिस्तान में भारतीय उपस्थिति के बारे में पाक की चिंता थी, और इसे अफगानिस्तान में विकास कार्यों से संबंधित बताकर भारतीय रुख को स्पष्ट किया गया था। हालाँकि, भारत ने यह स्पष्ट कर दिया कि भारतीय संपत्तियों पर हमलों को जारी रखने की अनुमति नहीं दी जा सकती क्योंकि इससे नई दिल्ली और इस्लामाबाद के बीच संबंध प्रभावित होंगे। एफएसएलटी ((FSLT)), हालांकि परिणाम के लिहाज से बहुत महत्वपूर्ण नहीं था, केवल "खोजपूर्ण" नहीं था क्योंकि दोनों पक्षों ने "एक-दूसरे की स्थिति को समझने" की कोशिश की थी।

सार्क गृह मंत्रियों की 25 जून 2010 के इस्लामाबाद सम्मेलन के दौरान भारतीय गृह मंत्री श्री पी. चिदम्बरम (Mr. P. Chidambaram) और उनके पाकिस्तानी समकक्ष श्री रहमान मलिक (Mr. Rahman Malik) के बीच एक बैठक हुई। वह तीन दशकों में पाकिस्तान जाने वाले पहले भारतीय मंत्री थे, जहां उनको रेड कार्पेट स्वागत और औपचारिक गार्ड ऑफ ऑनर दिया गया। उन्होंने जेयूडी (JuD) प्रमुख हाफिज सईद और 26/11 के आतंकवादियों के आकाओं समेत उन लोगों के खिलाफ कार्रवाई के लिए दबाव डाला, जिनके बारे में माना जाता है कि वे पाक सेना में थे। माना जा रहा है कि चिदंबरम ने पाक आकाओं के आवाज के नमूने मांगे हैं और जम्मू-कश्मीर में घुसपैठ जैसे मुद्दे भी उठाए हैं।

हालाँकि, इन दो बैठकों से जो मूड बना था, वह 16 जुलाई, 2010 को इस्लामाबाद में विदेश मंत्रियों की बैठक के दौरान एक राजनयिक प्रदर्शन के कारण अचानक खराब हो गया। भारतीय विदेश मंत्री एस.एम. कृष्णा (S.M. Krishna) और उनके पाक समकक्ष शाह महमूद कुरेशी (Shah Mahmood Qureshi) जल्द ही एक कूटनीतिक उलझन में फंस गए, जब पाक ने 26/11, सीमा पार आतंकवाद और घुसपैठ के महत्वपूर्ण क्षेत्रों में किसी भी तरह से शामिल होने से यह तर्क देकर इनकार कर दिया कि इससे न्यायिक प्रक्रिया में तेजी नहीं आ सकती। इसके अलावा, बलूचिस्तान और जम्मू-कश्मीर में घुसपैठ पर संयुक्त संवाददाता सम्मेलन के दौरान एक राजनयिक विवाद छिड़ गया। पाक विदेश मंत्री कुरेशी (Qureshi) द्वारा अपनाए गए एक और गैर-राजनयिक रुख ने पूरे माहौल को खराब कर दिया जब उन्होंने पाक पत्रकारों से बात की, जबकि श्री कृष्णा (Mr. Krishna) अभी भी इस्लामाबाद में थे, कि भारतीय प्रतिनिधिमंडल वार्ता के लिए "पूरी तरह से तैयार" नहीं था और जब विचार विमर्श चल रहा था तब उनके समकक्ष ने बार-बार दिल्ली से निर्देश मांगे थे। तब इस प्रकार, द्विपक्षीय वार्ता की भावना को बर्बाद करने वाले तीखे मतभेदों और गैर-राजनयिक इशारों के बीच राजनयिक बातचीत समाप्त हो गई। इसके अलावा, पाकिस्तान और अफगानिस्तान के बीच *वाघा भूमि निर्यात सौदा* (Wagah land export deal) भारत को पूरी तरह से बंद कर देता है, जहां वाघा के माध्यम से अफगानिस्तान में किसी भी भारतीय निर्यात की अनुमति नहीं होगी, लेकिन अफगानिस्तान के पास भारत को निर्यात करने का अवसर होगा। अमेरिकी विदेश मंत्री हिलेरी क्लिंटन (Hillary Clinton) की मौजूदगी में इस पर हस्ताक्षर किये गये। भारत दुविधा का सामना कर रहा, वह अफगानी सामानों के प्रवेश में बाधा नहीं डाल सकता क्योंकि इससे काबुल नाराज हो जाएगा और इसकी लगातार बढ़ती गरीबी और बढ़ जाएगी। लेकिन यह संधि पाकिस्तान को रणनीतिक बढ़त दिला सकती है। हालाँकि, अमेरिका भारत-पाक वार्ता जारी रखना चाहता था। भारत और पाकिस्तान के बीच कूटनीतिक टकराव के तुरंत बाद, अमेरिकी विदेश मंत्री हिलेरी क्लिंटन ने 19 जुलाई 2010 में यूएस-पाकिस्तान रणनीतिक वार्ता के लिए इस्लामाबाद की अपनी यात्रा के दौरान यह स्पष्ट कर दिया कि अमेरिका पाकिस्तान और भारत के बीच प्रक्रिया को जारी रखने में रुचि रखता है और चाहता है कि दोनों सौहार्दपूर्ण ढंग से अपने बकाया मुद्दों को सुलझा लें।

नवंबर 2009 में मनमोहन सिंह की चार दिवसीय अमेरिका यात्रा के साथ भारत-अमेरिका संबंधों में नए विकास हुए। इस यात्रा के बाद आतंकवाद-निरोध में सहयोग को मजबूत करने, मुंबई जैसे हमलों को रोकने के लिए काउंटर-इंटेलिजेंस, भारत-अमेरिका नागरिक परमाणु समझौते के कार्यान्वयन, अमेरिका-भारत वित्तीय और आर्थिक साझेदारी और वैश्विक आर्थिक सुधार, जी-20 और विश्व बैंक में वित्तीय संरचना को मजबूत और सुधार करने पर उच्च स्तरीय वार्ता हुई। भारत और अमेरिका बुनियादी ढांचे, सूचना विज्ञान और संचार प्रौद्योगिकी जैसे क्षेत्रों में व्यापार और निवेश का विस्तार करने पर भी सहमत हुए। मनमोहन सिंह ने भारत और अमेरिका के बीच मजबूत और निरंतर जुड़ाव के लिए भारत की इच्छा व्यक्त की। अमेरिकी

राष्ट्रपति बराक ओबामा ने भारत को एक "अपरिहार्य भागीदार" (indispensable partner) के रूप में सराहा, क्योंकि दोनों देश, दो वैश्विक नेता, सभी देशों के लिए सुरक्षा और समृद्धि का भविष्य बनाने का प्रयास करेंगे। इसके अलावा, उन्होंने भारत को आश्वासन दिया कि भारत-पाक वार्ता पर अमेरिका-चीन संयुक्त वक्तव्य का मतलब द्विपक्षीय जुड़ाव में 'तीसरी शक्ति' की भागीदारी नहीं है।

11 अप्रैल, 2010 को वाशिंगटन में परमाणु सुरक्षा शिखर सम्मेलन के दौरान, मनमोहन सिंह ने एक बार फिर राष्ट्रपति ओबामा से मुलाकात की और दोनों देशों की प्रमुख चिंताओं पर चर्चा की, जिसमें पाकिस्तान और अफगानिस्तान के प्रति अमेरिकी नीतियों के साथ-साथ अन्य द्विपक्षीय मामले भी शामिल थे। सिंह ने अमेरिका द्वारा पाकिस्तान को दी जाने वाली सैन्य सहायता की समाप्ति के बारे में भारत की चिंता से अवगत कराया और भारत के राष्ट्रीय हित के खिलाफ इसके उपयोग की आशंका व्यक्त की। चर्चा किए गए अन्य मुद्दों में अफगानिस्तान, नागरिक परमाणु दायित्व विधेयक (तब सरकार और विपक्ष के बीच राजनीतिक लड़ाई में फंस गया), और मुंबई आतंकवादी हमले के मुख्य साजिशकर्ता डेविड कोलमैन हेडली (David Coleman Headley) और लश्कर-ए-तैयबा की गतिविधियां शामिल थीं।

भारत-अमेरिका रणनीतिक वार्ता 3 जून 2010 को हुई जब विदेश मंत्री एस.एम. कृष्णा (S.M. Krishna) ने संयुक्त राज्य अमेरिका का दौरा किया। जिन मुद्दों पर चर्चा हुई उनमें अफगानिस्तान-पाक क्षेत्र की स्थिति और रक्षा, सुरक्षा, परमाणु ऊर्जा, जलवायु परिवर्तन, शिक्षा और कृषि जैसे व्यापक क्षेत्रों में सहयोग का विस्तार शामिल है। दोनों पक्षों ने संयुक्त राष्ट्र सुरक्षा परिषद सहित अंतर्राष्ट्रीय आर्थिक और सुरक्षा संरचना के आवश्यक सुधारों के संबंध में विचारों का आदान-प्रदान किया। भारत को "बढ़ती वैश्विक शक्ति" के रूप में मान्यता देते हुए, अमेरिकी विदेश मंत्री हिलेरी क्लिंटन ने घोषणा की कि संयुक्त राज्य अमेरिका निश्चित रूप से "संयुक्त राष्ट्र सुरक्षा परिषद में स्थायी सीट के लिए भारत की दावेदारी पर विचार करने के लिए" प्रतिबद्ध है। दोनों देशों ने पारस्परिक लाभ के लिए और वैश्विक शांति और स्थिरता, आर्थिक विकास और समृद्धि को बढ़ावा देने के लिए लोगों से लोगों के बीच संपर्क, व्यवसाय से व्यवसाय और सरकार से सरकार के बीच संबंधों को गहरा करने का भी वादा किया। राष्ट्रपति ओबामा ने भी नवंबर में भारत का दौरा करने का इरादा व्यक्त किया क्योंकि वह भारत को भविष्य की अमेरिकी रणनीति के लिए अपरिहार्य (indispensable) एक उभरती और जिम्मेदार वैश्विक शक्ति मानते थे।

अमेरिकी राष्ट्रपति ओबामा की 6–9 नवंबर, 2010 की भारत यात्रा एक ऐसे राष्ट्रपति की यात्रा थी जो बाद में सीनेट और प्रतिनिधि सभा के चुनावों में हार गए और जो यह दिखाना चाहते थे कि उनकी चार देशों भारत, इंडोनेशिया, दक्षिण कोरिया और जापान की यात्रा का उद्देश्य अमेरिकी कंपनियों के लिए नए बाजार खोलना और घरेलू स्तर पर नौकरियां पैदा करना था। उनकी यात्रा अंततः महत्त्वपूर्ण आश्वासन प्रदान करने वाली थी क्योंकि अमेरिका द्वारा चरणबद्ध तरीके से परमाणु आपूर्तिकर्ता समूह (NSG), एमटीसीआर (MTCR), ऑस्ट्रेलियाई समूह (एजी) (Australian Group—AG) और वासेनार व्यवस्था (डब्ल्यूए) (Wassenaar Arrangement—WA) जैसी बहुपक्षीय निर्यात नियंत्रण व्यवस्थाओं में भारत की सदस्यता का समर्थन कर रहा था और भारत की रक्षा और अंतरिक्ष से संबंधित संस्थाओं को अमेरिका की 'इकाई सूची' से हटाने का वादा भी कर रहा था। लेकिन पहले वाले को जल्दी नहीं किया जा सकता, क्योंकि भारत को योग्य बनाने के लिए इनके लिए सदस्यता मानदंडों में संशोधन करना होगा और बाद वाले में, जैसा कि यूएस फैक्ट शीट से पता चलता है कि इस तरह के बदलाव 2009 से ओबामा प्रशासन द्वारा शुरू किए गए हैं और इससे भारत के साथ निर्यात संबंध में मौलिक बदलाव आएंगे। यह देखना अभी बाकी है कि यह भारत-अमेरिका निर्यात संबंधों को कैसे प्रभावित करता है। राष्ट्रपति ओबामा द्वारा किया गया एक

और वादा संयुक्त राष्ट्र सुरक्षा परिषद में स्थायी सीट के लिए भारत की दावेदारी के लिए अमेरिकी समर्थन है। हालाँकि, भारतीय संसद को अपने संबोधन में, ओबामा ने स्पष्ट रूप से कहा कि इस सीट को हासिल करने के लिए, भारत को ईरान और म्यांमार जैसे प्रमुख वैश्विक मुद्दों पर वाशिंगटन की लाइन का पालन करना होगा, जिनके साथ भारत के अच्छे संबंध हैं। आतंकवाद और आतंकवादियों के लिए पाकिस्तानी सुरक्षित पनाहगाहों के संबंध में, भारत परेशान था क्योंकि अक्टूबर 2010 में अमेरिका ने पाकिस्तान को 2 अरब डॉलर के वार्षिक रक्षा सहायता पैकेज की घोषणा की थी। फिर, ओबामा ने अपने संबोधन में कहा कि भारत और अमेरिका दोनों की रुचि ऐसे अफगानिस्तान और पाकिस्तान में है जो स्थिर, समृद्ध और लोकतांत्रिक हो। दूसरे शब्दों में, उन्होंने भारत आने से ठीक पहले पाकिस्तान को दी गई सहायता को उचित ठहराने की कोशिश की। कश्मीर मुद्दे पर उन्होंने कहा कि अमेरिका कोई समाधान थोपने के पक्ष में नहीं है लेकिन जरूरत पड़ने पर हमेशा मदद के लिए हाथ बढ़ा सकता है। बेशक, पर्दे के पीछे, भारत पर जीत हासिल करने की कोशिश का एक और मकसद भारत को एक रणनीतिक सहयोगी के रूप में रखने की अमेरिका की मजबूरी से आता है, जो बढ़ते चीन को रोकने में मदद करेगा।

जैसा कि पहले चर्चा की गई थी, अमेरिकी राष्ट्रपति वित्तीय लाभ सुनिश्चित करने के लिए बहुत सारे वादे लेकर आए थे, जिससे गिरती अमेरिकी अर्थव्यवस्था को ठीक करने में मदद मिलेगी। भारत ने अमेरिकी निगमों के 200 सीईओ के एक अमेरिकी व्यापार प्रतिनिधिमंडल की मेजबानी की और किए गए सौदों से अमेरिका को निर्यात और नौकरी के लिहाज से लाभ होने की उम्मीद है। बीस सौदे हुए जिनकी कीमत 10 अरब डॉलर थी और इनसे अमेरिका में 53,000 नौकरियाँ पैदा हो सकती थीं। इसलिए, ओबामा ने अपनी यात्रा के दौरान भारत के लिए कई वादे करने के साथ-साथ अमेरिकी रणनीतिक और व्यावसायिक हितों को आगे बढ़ाने की कोशिश की है। यह तो वक्त ही बता सकता है कि ओबामा के दौरे से भारत को फायदा हुआ या अमेरिका को। ओबामा 1984 की भोपाल गैस आपदा में कॉर्पोरेट जवाबदेही के बारे में भी चुप थे, जबकि उन्होंने मेक्सिको की खाड़ी में तेल रिसाव में कॉर्पोरेट जवाबदेही पर जोर दिया है।

रूसी प्रधान मंत्री व्लादिमीर पुतिन (Vladimir Putin) की नई दिल्ली और भारतीय प्रधान मंत्री मनमोहन सिंह की मास्को यात्राओं के दौरान दोनों देशों के बीच कई समझौतों पर हस्ताक्षर किए जाने के साथ भारत-रूस संबंधों में वृद्धि देखी गई।

भारत और रूस ने विस्तारित नागरिक परमाणु समझौते और तीन सैन्य समझौतों के साथ अपने संबंधों को मजबूत किया। उन्होंने आतंकवाद के बढ़ते खतरे पर भी चिंता व्यक्त की। यह दिसंबर 2009 के दौरान भारतीय प्रधान मंत्री मनमोहन सिंह द्वारा मास्को की तीन दिवसीय यात्रा के दौरान किया गया था। डॉ. सिंह ने यह भी कहा कि तीसरे देशों के साथ भारत के संबंध कभी भी रूस के साथ "समय-परीक्षित संबंधों" (time-tested ties) की कीमत पर नहीं होंगे।

फिर, मार्च 2010 में रूसी प्रधान मंत्री पुतिन की नई दिल्ली यात्रा के दौरान, 19 समझौतों पर हस्ताक्षर किए गए। उनमें से कुछ प्रमुख हैं शांतिपूर्ण उद्देश्यों के लिए परमाणु ऊर्जा के उपयोग में सहयोग पर समझौता, रूसी डिजाइन वाले परमाणु ऊर्जा संयंत्रों के क्रमिक निर्माण के लिए रोड मैप पर समझौता (रूस कुडनकुलन में 6 और हरिपुर, पश्चिम बंगाल में 6 परमाणु संयंत्र बनाएगा), ओएनजीसी (ONGC) और रूस के गज़प्रॉम (Gazprom) के बीच सहयोग के प्रोटोकॉल पर समझौते पर हस्ताक्षर, गोर्शकोव विमान वाहक सौदे पर संशोधित समझौता, 15 अरब अमेरिकी डॉलर के अनुबंध के तहत रूस द्वारा भारत को मिग-29K विमान वाहक-आधारित लड़ाकू विमानों की बिक्री के लिए समझौता, उर्वरक के क्षेत्र में दो समझौते और हीरा क्षेत्र में पांच समझौते।

इसके अलावा, द्विपक्षीय मुद्दों पर, दोनों प्रधानमंत्रियों ने अफगानिस्तान और कुछ मध्य एशियाई गणराज्यों जैसी क्षेत्रीय स्थिति के संबंध में व्यापक बातचीत की। कुल मिलाकर, दोनों पक्षों ने अपने रिश्ते को मजबूत करने की इच्छा व्यक्त की।

दिसंबर 2010 में रूसी राष्ट्रपति दिमित्री मेदवेदेव (Dmitry Medvedev) ने भारत का दौरा किया। यात्रा का परिणाम 21–22 दिसंबर 2010 को उनकी यात्रा के दौरान 30 समझौतों पर हस्ताक्षर के रूप में परिलक्षित हुआ। रक्षा, ऊर्जा, परमाणु, अंतरिक्ष, विज्ञान और प्रौद्योगिकी, फार्मा, आईटी, जैव-प्रौद्योगिकी आदि जैसे प्रमुख क्षेत्रों में समझौतों पर हस्ताक्षर किए गए। रूसी राष्ट्रपति ने यूएनएससी (UNSC) की स्थायी सदस्यता के लिए भारत की दावेदारी के लिए मजबूत और स्पष्ट समर्थन भी दिखाया। उन्होंने संयुक्त प्रयासों के माध्यम से अफगानिस्तान में स्थिति को स्थिर करने की तीव्र इच्छा भी व्यक्त की। इसलिए, मेदवेदेव की भारत यात्रा से भारत-रूस संबंधों को एक और बढ़ावा मिला।

ब्रिटेन के सबसे युवा प्रधान मंत्री डेविड कैमरन (David Cameron) के नेतृत्व में ब्रिटेन में नए नेतृत्व के साथ भारत और ब्रिटेन ने भी अपने संबंधों पर नए सिरे से विचार किया। कैमरून (Cameron) जुलाई 2010 के अंत में भारत की दो दिवसीय यात्रा पर आए। दोनों प्रधानमंत्रियों के बीच प्रतिनिधिमंडल स्तर की बातचीत हुई और दोनों ने संयुक्त प्रेस कॉन्फ्रेंस को संबोधित किया। आतंकवाद को सबसे बड़े खतरे के रूप में देखा गया और कैमरन ने इस बात पर जोर दिया कि पाकिस्तानी धरती पर लस्कर-ए-तैयबा (LeT) जैसे आतंकवादी समूहों का अस्तित्व अस्वीकार्य है और इसे खत्म किया जाना चाहिए। संस्कृति के क्षेत्रों में सहयोग के लिए समझौता ज्ञापनों पर हस्ताक्षर किये गये। दोनों पक्ष द्विपक्षीय व्यापार को बढ़ावा देने में मदद के लिए एक नया भारत-यूके सीईओ फोरम (India-UK CEOs Forum) और निवेश में बाधाओं और संभावित समाधानों की पहचान करने के लिए भारत-यूके इंफ्रास्ट्रक्चर ग्रुप (India-UK Infrastructure Group) स्थापित करने पर सहमत हुए। शिक्षा क्षेत्रों में सहयोग के संबंध में भी बातचीत हुई और ब्रिटिश विश्वविद्यालयों के राज्य मंत्री डेविड विलेट्स ने भारतीय मानव संसाधन विकास मंत्री कपिल सिब्बल के साथ बैठक के दौरान प्रस्तावित इनोवेशन विश्वविद्यालयों में रुचि दिखाई। ब्रिटिश प्रधानमंत्री ने तत्कालीन भारतीय राष्ट्रपति प्रतिभा देवीसिंह पाटिल से भी मुलाकात की और व्यापार, आतंकवाद विरोधी और सांस्कृतिक संबंधों सहित कई द्विपक्षीय मुद्दों पर चर्चा की, लेकिन कोहिनूर हीरे की भारत में वापसी से इनकार कर दिया।

दिसंबर 2010 में राष्ट्रपति निकोलस सरकोजी (Nicolas Sarkozy) के देश के दौरे के साथ भारत-फ्रांस संबंधों में भी एक नया मोड़ आया। प्रधान मंत्री मनमोहन सिंह के साथ एक संयुक्त संवाददाता सम्मेलन में, सरकोजी ने आतंकवाद से निपटने के प्रयासों में भारत का समर्थन किया और आतंकवाद से निपटने पर असीमित फ्रांसीसी सहयोग की पेशकश की। भारत और फ्रांस ने महाराष्ट्र के जैतापुर में दो 1,650 मेगावाट के परमाणु रिएक्टरों के निर्माण के लिए पांच परमाणु समझौतों पर भी हस्ताक्षर किए, जिसमें एक प्रारंभिक कार्य समझौता और जैतापुर में दो यूरोपीय दबावयुक्त रिएक्टर (ईपीआर)(European Pressurized Reactors—EPRs) के कार्यान्वयन के लिए फ्रांसीसी परमाणु दिग्गज अरेवा और न्यूक्लियर पावर कॉरपोरेशन ऑफ इंडिया लिमिटेड (एनपीसीआईएल) (Nuclear Power Corporation of India Limited—NPCIL) के बीच एक सामान्य ढांचा समझौता शामिल है।

जर्मनी के साथ भारत ने पहली बार असैन्य परमाणु ऊर्जा में द्विपक्षीय सहयोग की संभावनाओं पर चर्चा की। इससे भारत-जर्मनी साझेदारी को बढ़ावा मिला है। जर्मनी ने भी एनएसजी (NSG) की सदस्यता

हासिल करने के भारत के प्रयास का समर्थन करने की इच्छा व्यक्त की। जर्मन निर्यात नियंत्रण कानूनों में ढील देने के बारे में भी चर्चा हुई, जिसके बारे में सोचा गया कि इससे द्विपक्षीय व्यापार की मात्रा बढ़ेगी।

क्षेत्रीय मोर्चे पर, भारत ने श्रीलंका, बांग्लादेश और भूटान जैसे पड़ोसियों के साथ अपने संबंधों को बेहतर बनाने की भी कोशिश की।

जहां तक भारत-श्रीलंका संबंधों का सवाल है, वहां भी महत्वपूर्ण विकास हुए हैं। 26 जनवरी, 2010 को श्रीलंका में राष्ट्रपति चुनाव के बाद, नवनिर्वाचित राष्ट्रपति महिंद्रा राजपक्षे (Mahindra Rajapakse) ने 7 मार्च, 2010 को कोलंबो में भारतीय विदेश सचिव निरुपमा राव से मुलाकात की। राष्ट्रपति सचिवालय से जारी एक आधिकारिक बयान में उत्तरी श्रीलंका में युद्धग्रस्त क्षेत्रों से तमिल आईडीपी (Tamil IDPs) (आंतरिक रूप से विस्थापित व्यक्तियों) के पुनर्वास में श्रीलंका की सहायता करने की भारत की इच्छा को बरकरार रखा गया। भारत ने उत्तर में रेलवे लाइन की बहाली में श्रीलंका की सहायता करने का इरादा भी जताया। चर्चा किए गए अन्य मुद्दों में दोनों देशों के मछुआरों की समस्याएं, त्रिंकोमाली में प्रस्तावित कोयला बिजली संचालित परियोजना, पर्यावरण संबंधी मुद्दे और आपसी चिंता के अन्य मुद्दे शामिल थे।

श्रीलंका के राष्ट्रपति राजपक्षे ने 9 जून, 2010 को भारत का दौरा किया और राष्ट्रपति और भारतीय प्रधान मंत्री मनमोहन सिंह के बीच एक व्यापक प्रतिनिधिमंडल स्तर की वार्ता हुई। मुख्य फोकस लंबे समय से चले आ रहे तमिल मुद्दे का समाधान था। अन्य मामलों में द्विपक्षीय और वैश्विक मुद्दे, आर्थिक संबंध, ऊर्जा सुरक्षा और विकास और आतंकवाद विरोधी क्षेत्रों में सहयोग बढ़ाना शामिल हैं। दोनों देशों के बिजली ग्रिडों को आपस में जोड़ने पर एक समझौता ज्ञापन (MoU), सजायाफ्ता व्यक्तियों के स्थानांतरण और आपराधिक मामलों में पारस्परिक कानूनी सहायता पर दो समझौता ज्ञापन, जिसका उद्देश्य आतंकवाद विरोधी सहयोग को बढ़ाना है, तलाईमन्नार-मधु रेल (Talaimannar-Madhu rail) लिंक बिछाने पर एक समझौता और विशेष परियोजनाओं और सामुदायिक शिक्षण केंद्र पर एसईडबल्लयू (SEWA) द्वारा समझौता ज्ञापन (MoU) पर हस्ताक्षर किए गए।

बांग्लादेश के साथ भारत ने सौहार्दपूर्ण संबंध बनाए रखे। बांग्लादेश की प्रधान मंत्री शेख हसीना ने जनवरी 2010 की शुरुआत में भारत का दौरा किया। भारत ने बांग्लादेश के बुनियादी ढांचे के उन्नयन के लिए एशियाई विकास बैंक की शर्तों पर एक अरब डॉलर की ऋण सुविधा प्रदान की। भारत अखौरा-अगरतला रेल लिंक के निर्माण पर भी सहमत हुआ, भारतीय पावर ग्रिड से प्रति दिन 250 मेगावाट बिजली प्रदान करेगा और मणिपुर में बराक पर 1500 मेगावाट के टिपाईमुख जलविद्युत बांध (Tipaimukh hydroelectric dam) के निर्माण की योजना को स्थगित कर दिया, जिस पर बांग्लादेश को आपत्ति है। इस बात पर भी सहमति हुई कि बांग्लादेश-मेघालय सीमा पर सीमावर्ती बाजार और मिजोरम सीमा पर भूमि सीमा शुल्क चौकियां स्थापित की जाएंगी। नतीजों के बारे में गंभीर चिंता के बावजूद, सैंतालीस वस्तुओं को नकारात्मक सूची से हटा दिया गया। बांग्लादेश ने भारत को आशुगंज अंतर्देशीय बंदरगाह तक पहुंच और भारत, नेपाल और भूटान को मोंगला और चटगांव में गहरे पानी के बंदरगाहों तक पहुंच का वादा किया। बांग्लादेश ने पुराने भूमि-सीमा रेल पारगमन बिंदुओं को पुनर्जीवित करने और अपनी धरती का इस्तेमाल भारत के खिलाफ होने से रोकने की इच्छा भी व्यक्त की। बांग्लादेश एक प्रत्यर्पण संधि, भूमि सीमा विवाद को हल करने के लिए एक संयुक्त सीमा समूह के गठन और समुद्री सीमा पर चर्चा के लिए बांग्लादेश की एक टीम पर बातचीत करने पर भी सहमत हुआ। शेख हसीना ने इस दौरे पर संतुष्टि जताई।

भूटान के साथ भारत वर्षों से चले आ रहे अच्छे संबंधों को कायम रखे हुए है। इससे पहले, दिसंबर 2009 में, भूटानी राजा जिग्मे खेसर नामग्याल वांगचुक (Jigme Khesar Namgyel Wangchuck)

ने भारत का दौरा किया और भारतीय प्रधान मंत्री मनमोहन सिंह के साथ व्यापक बातचीत की और दोनों पक्षों ने विभिन्न क्षेत्रों में कई समझौतों पर हस्ताक्षर किए। फिर 2010 में, भारतीय प्रधान मंत्री मनमोहन सिंह ने अप्रैल में काठमांडू में 16वें सार्क शिखर सम्मेलन के मौके पर भूटानी राजा के साथ द्विपक्षीय बैठक की। सार्क शिखर सम्मेलन में भाग लेने के लिए हिमालयी राज्य की तीन दिवसीय यात्रा के बाद भारत लौटने से पहले डॉ. सिंह ने भारत द्वारा वित्त पोषित अत्याधुनिक चिकित्सा संस्थान, दो जलविद्युत संयंत्र और एक आईटी (IT) परियोजना की आधारशिला भी रखी। भूटानी राजा ने फिर से कलकत्ता विश्वविद्यालय के 2010 के दीक्षांत समारोह की शोभा बढ़ाई और 5 अक्टूबर, 2010 को दीक्षांत समारोह को संबोधित किया।

भारत-चीन संबंधों में भी कुछ उतार-चढ़ाव देखने को मिले। भारतीय राष्ट्रपति प्रतिभा देवीसिंह पाटिल (Pratibha Devisingh Patil) 27 मई 2010 को चीन की छह दिवसीय यात्रा के लिए बीजिंग पहुंचीं और पर्पल लाइट पवेलियन में चीनी प्रधान मंत्री वेन जियाबाओ (Wen Jiabao) ने उनका स्वागत किया। एक दशक में चीन की यात्रा करने वाली पहली भारतीय राष्ट्राध्यक्ष के रूप में उनका रेड कार्पेट स्वागत किया गया। दोनों पक्षों ने व्यापार और वाणिज्य से संबंधित द्विपक्षीय मुद्दों पर चर्चा की। विशेष रूप से, सूत्रों ने कहा कि श्रीमती पाटिल ने यूएनएससी (UNSC) में स्थायी सीट के लिए भारत की दावेदारी के लिए चीन का समर्थन मांगा। इसके अलावा, श्रीमती पाटिल की चीन यात्रा के दौरान भारतीय विदेश सचिव निरुपमा राव और चीनी सहायक विदेश मंत्री हू झेंगये (Hu Zhengyue) द्वारा दो देशों के एयरलाइन कर्मचारियों की वीज़ा औपचारिकताओं को सुव्यवस्थित करने वाले एक समझौते पर हस्ताक्षर किए गए। दोनों के बीच सिविल सेवाओं और सार्वजनिक प्रशासन के क्षेत्र में सहयोग के लिए एक समझौता ज्ञापन (MoU) पर भी हस्ताक्षर किए गए।

प्रधानमंत्री मनमोहन सिंह ने आसियान शिखर सम्मेलन से इतर हनोई में अपने चीनी समकक्ष वेन जियाबाओ (Wen Jiabao) से मुलाकात की। कश्मीरियों को नत्थी चीनी वीजा का विवादास्पद मुद्दा और भारत-चीन आर्थिक संबंध वार्ता के मुख्य मुद्दे थे। भारत के उत्तरी क्षेत्र के कमांडर लेफ्टिनेंट-जनरल बी.एस. जयसवाल (Lt-Gen B.S. Jaiswal) को इस तरह का स्टेपल वीजा जारी करने के बीजिंग के फैसले के बाद जुलाई 2010 में चीन-भारत रक्षा आदान-प्रदान निलंबित होने के बाद यह पहला शीर्ष-स्तरीय संपर्क था। दोनों पक्ष "मुश्किल" समस्याओं का समाधान निकालने पर सहमत हुए, और दिसंबर 2010 में वेन जियाबाओ की भारत यात्रा सहयोग और सहयोग के तरीके खोजने का एक प्रयास होगा, क्योंकि दोनों देशों के लिए दुनिया में पर्याप्त जगह थी।

प्रधान मंत्री वेन जियाबाओ (Wen Jiabao) 15 दिसंबर, 2010 को तीन दिवसीय यात्रा पर भारत पहुंचे। उनके आगमन से पहले, भारत में चीनी दूत ने कहा कि दोनों देशों के बीच संबंध "नाज़ुक हैं और आसानी से क्षतिग्रस्त हो सकते हैं"। इस प्रकार, वेन की यात्रा को "नाज़ुक" भारत-चीन संबंधों को मजबूत करने के प्रयास के रूप में देखा जा सकता है। लेकिन चीनी प्रतिनिधिमंडल का ध्यान संयुक्त राष्ट्र सुरक्षा परिषद में स्थायी सीट के लिए भारत की उम्मीदवारी के लिए चीन के समर्थन या आतंकवादियों के पाकिस्तानी समर्थन के बजाय व्यापार और वाणिज्य के आर्थिक मुद्दों पर अधिक था। हालाँकि, स्टेपल्ड वीज़ा (stapled visa) का मुद्दा वेन द्वारा उठाया गया था और इस बात पर सहमति हुई कि भारतीय और चीनी अधिकारियों को मिलना चाहिए और इस मुद्दे को हल करना चाहिए। जो सकारात्मक बात हुई वह विश्वास निर्माण की दिशा में एक कदम के रूप में चीन और भारत के प्रधानमंत्रियों के बीच हॉटलाइन शुरू करना था। भारत और चीन ने मीडिया और सांस्कृतिक आदान-प्रदान, हरित प्रौद्योगिकियों, सतलज नदी पर जल विज्ञान डेटा साझा करने और उनके बैंकों के बीच सहयोग जैसे क्षेत्रों में छह समझौतों पर हस्ताक्षर किए।

वर्ष 2010 में कई अन्य देशों के साथ भारत ने रणनीतिक साझेदारी के लिए नए रोडमैप बनाने की कोशिश की। विदेश मंत्री एस.एम. कृष्णा, जून 2010 में कोरिया गणराज्य (आरओके) (Republic of Korea—RoK) की तीन दिवसीय आधिकारिक यात्रा पर गए और उन्होंने अपने कोरियाई समकक्ष यू म्युंग-ह्वान (Myung- Hwan) के साथ भारत-कोरिया गणराज्य संयुक्त आयोग की 6वीं बैठक की सह-अध्यक्षता की। इस यात्रा के दौरान भारत और कोरिया ने सियोल में आर्थिक और सांस्कृतिक संबंधों को बढ़ाने के लिए 3 समझौतों पर हस्ताक्षर किए और इसके अतिरिक्त परमाणु ऊर्जा, जिसे आमतौर पर परमाणु उर्जा समझौता कहा जाता है के शांतिपूर्ण उपयोग पर एक अंतर-सरकारी समझौते के समापन के लिए बातचीत शुरू करने पर भी सहमति व्यक्त की। दोनों देशों ने तीन समझौता ज्ञापनों पर भी हस्ताक्षर किए, जिनमें लघु और मध्यम उद्यमों के क्षेत्र में सहयोग करना, भारतीय सांस्कृति संबंध परिषद (ICCR) और कोरिया फाउंडेशन के बीच सहयोग करना तथा विश्व मामलों के लिए भारतीय परिषद (आईसीडब्ल्यूए) (Indian Council for World Affairs—ICWA) और कोरिया गणराज्य के विदेशी मामलों और राष्ट्रीय सुरक्षा संस्थान (आईएफएएनएस) (Institute for Foreign Affairs and National Security—IFANS) के बीच सहयोग करना शामिल है।

दक्षिण कोरिया के साथ, भारत ने असैन्य परमाणु संचालन पर एक समझौता किया, जिससे यह नौवां देश बन गया जिसके साथ भारत ने 2008 में एनएसजी (NSG) छूट प्राप्त करने के बाद परमाणु समझौते पर हस्ताक्षर किए। यह घोषणा प्रधानमंत्री मनमोहन सिंह द्वारा आसियान शिखर सम्मेलन से इतर हनोई में दक्षिण कोरियाई राष्ट्रपति ली म्युंगबक (Lee Myungbak) से मुलाकात के बाद की गई। दक्षिण कोरिया की 12 अरब डॉलर की पॉस्को परियोजना, जो भारत में सबसे बड़ी विदेशी निवेश परियोजना है, मंजूरी के कारण विलंबित हो गई है। कोरिया देरी को लेकर चिंतित है। इस प्रकार, बैठक की पूर्व संध्या पर भारतीय वाणिज्य मंत्री ने मंजूरी के मुद्दे को "बहुत रचनात्मक तरीके से" विचार करने का वादा किया।

सऊदी अरब के साथ, भारतीय प्रधान मंत्री मनमोहन सिंह दोनों देशों के द्विपक्षीय संबंधों में एक बड़ी प्रगति करने में सक्षम थे। डॉ. सिंह को शूरा परिषद (Shura Council) को संबोधित करने का अवसर मिला और उन्हें मानद उपाधि से सम्मानित किया गया। दोनों देशों ने भारत-सऊदी संबंधों को रणनीतिक रिश्ते बनाने पर सहमति जताई। रियाद घोषणा उस साझेदारी को रेखांकित करती है जिसकी दोनों देश आकांक्षा करते हैं।

भारत ने अपनी पूर्वोन्मुखी नीति (look-east policy) विकसित करने की होड़ में, अपने पूर्वी पड़ोसियों के साथ मौजूदा संबंधों को भी बढ़ावा दिया है। जहां तक भारत-म्यांमार संबंध का सवाल है, इसे तब बढ़ावा मिला जब जुलाई 2010 में म्यांमार के सैन्य शासक जनरल थान श्वे (Than Shwe) ने भारत का दौरा किया। भारतीय प्रधान मंत्री मनमोहन सिंह और जनरल थान श्वे ने आतंकवाद विरोधी गतिविधियों, आपराधिक मामलों में कानूनी सहायता और अन्य में सहयोग बढ़ाने के लिए पांच समझौतों पर हस्ताक्षर किए। आतंकवाद-निरोध, उन्नत ऊर्जा संबंधों, कई विकासात्मक परियोजनाओं में सहयोग सहित कई मुद्दों पर भी बातचीत हुई।

भारत ने मलेशिया के साथ अपने संबंधों में भी सकारात्मक रुख स्थापित किया। भारतीय प्रधान मंत्री मनमोहन सिंह ने हनोई में अपने आसियान-भारत और पूर्वी एशिया शिखर सम्मेलन से पहले 27 अक्टूबर 2010 को मलेशिया का दौरा किया। दोनों देशों ने माल, सेवाओं और निवेश की मुक्त आवाजाही सहित विभिन्न क्षेत्रों में व्यापार संबंधों और सहयोग में सुधार के लिए व्यापक आर्थिक सहयोग समझौते (सीईसीए) (Comprehensive Economic Cooperation Agreement—CECA) को बढ़ावा देने

की औपचारिक रूप से घोषणा की, जो 1 जुलाई, 2011 से लागू होना था। भारतीय प्रधान मंत्री मनमोहन सिंह और उनके मलेशियाई समकक्ष मोहम्मद नजीब तुन अब्दुल रजाक (Mohd Najib Tun Abdul Razak) के बीच व्यापक वार्ता के बाद पांच अन्य समझौतों पर हस्ताक्षर किए गए।

जापान के साथ भी भारत के संबंधों में सुधार देखा गया। प्रधानमंत्री मनमोहन सिंह अक्टूबर 2010 में दो दिवसीय जापान यात्रा पर गये। उन्होंने अपने जापानी समकक्ष श्री नाओतो कान (Mr. Naoto Kan) से मुलाकात की और नागरिक परमाणु ऊर्जा सहयोग, मुक्त व्यापार समझौते, अफगानिस्तान की स्थिति, जलवायु परिवर्तन से निपटने के तरीकों और संयुक्त राष्ट्र के सुधार सहित कई मुद्दों पर चर्चा की। विस्तारित प्रतिनिधिमंडल स्तर की वार्ता के बाद, दोनों नेताओं ने आधिकारिक तौर पर व्यापक आर्थिक साझेदारी समझौते (सीईपीए) (Comprehensive Economic Partnership Agreement—CEPA) का समर्थन किया। इसे एक ऐतिहासिक उपलब्धि के रूप में देखा गया, जिससे उम्मीद है कि नए आर्थिक अवसर खुलेंगे।

अंतर्राष्ट्रीय क्षेत्र में भारत ने भी काफी प्रगति की है। 11 अप्रैल, 2010 को वाशिंगटन में आयोजित परमाणु सुरक्षा शिखर सम्मेलन में, भारत ने गुप्त परमाणु प्रसार और अंतर्राष्ट्रीय आतंकवाद के दोहरे खतरों को उठाया था और इसकी प्रतिध्वनि 47 देशों के राष्ट्राध्यक्षों और सरकारों की सभा में व्यक्त विचारों से पाई जा सकती है।

एन-सुरक्षा शिखर सम्मेलन (N-Security Summit) में भाग लेने के बाद, डॉ. सिंह चतुर्थ ब्रिक (ब्राजील-रूस-भारत-चीन) (IV BRIC) शिखर सम्मेलन में भाग लेने के लिए ब्राजील के लिए रवाना हुए। इसके अलावा, डॉ. सिंह ने चीनी राष्ट्रपति हू जिंताओ (Hu Jintao) के साथ कई द्विपक्षीय मुद्दों, विशेषकर व्यापार और निवेश पर बातचीत की। चीनी राष्ट्रपति भारतीय राष्ट्रपति प्रतिभा पाटिल की चीन यात्रा का इंतजार कर रहे थे। भारतीय राष्ट्रपति प्रतिभा देवीसिंह पाटिल ने मई 2010 में चीन का दौरा किया।

अपने ब्रिक शिखर सम्मेलन (BRIC Summit) के बाद, डॉ. सिंह आईबीएसए—भारत-ब्राजील-दक्षिण अफ्रीका (IBSA—India-Brazil-South Africa) शिखर सम्मेलन में भी भाग लेने गए, जहां ईरान का विवादास्पद परमाणु कार्यक्रम और आसन्न संयुक्त राष्ट्र प्रतिबंध 'मुख्य एजेंडे' थे।

आसियान शिखर सम्मेलन के दौरान प्रधान मंत्री मनमोहन सिंह की हनोई यात्रा पर, उन्होंने छह साल की बातचीत के बाद अगस्त 2009 में बैंकॉक में हस्ताक्षरित भारत-आसियान माल व्यापार समझौते की सभी औपचारिकताओं के पूरा होने और 1 जनवरी 2010 से लागू होने के संबंध में बहुत उम्मीदें व्यक्त कीं। उन्होंने आसियान एकीकरण की पहल के समग्र पैकेज के हिस्से के रूप में कंबोडिया, वियतनाम और फिलीपींस के यात्रियों के लिए आगमन पर वीजा सुविधा के विस्तार की भी घोषणा की। उन्होंने आसियान एकता पर जोर दिया और इस बात पर जोर दिया कि आसियान "वह मूल है जिसके चारों ओर एशिया-प्रशांत क्षेत्र के आर्थिक एकीकरण की प्रक्रिया का निर्माण किया जाना चाहिए"।

कुल मिलाकर, वर्ष 2010 भारत के लिए काफी घटनापूर्ण वर्ष रहा है, जिसमें महत्वपूर्ण देशों के महत्वपूर्ण गणमान्य व्यक्तियों की कई यात्राएँ और परिणामी राजनयिक वार्ताएँ हुईं। सबसे उल्लेखनीय बात यह है कि 2010 में एक वर्ष में पी-5 (P-5) सदस्य देशों की यात्राएँ हुईं। भारत को संयुक्त राष्ट्र सुरक्षा परिषद के एक अस्थायी सदस्य के रूप में भी चुना गया है, जिसमें भारी संख्या में देशों ने एशियाई समूह से इसकी एकमात्र उम्मीदवारी का समर्थन किया है। 10 अक्टूबर, 2010 को न्यूयॉर्क में संयुक्त राष्ट्र मुख्यालय में 10 सीटों के लिए हुए मतदान में, भारत को मैदान में सभी देशों के बीच सबसे अधिक वोट—192 में

से 187—प्राप्त हुए। हालाँकि, सत्ता समीकरणों की पृष्ठभूमि को देखते हुए, कोई भी सुरक्षा परिषद की सदस्यता को लेकर तब तक खुश नहीं हो सकता, जब तक कि भारत को स्थायी सीट हासिल नहीं हो जाती।

भारत-पाकिस्तान संबंधों में कुछ झटके आए हैं, लेकिन भारत द्वारा विश्वास की कमी को कम करने के प्रयास पहले ही किए जा चुके हैं। भारत-अमेरिका संबंधों में भी सुधार देखा गया।

जहां तक भारतीय विदेश नीति का सवाल है, 2011 भी एक घटनापूर्ण वर्ष था। वर्ष की शुरुआत इंडोनेशिया के राष्ट्रपति सुसिलो बंबांग युधोयोनो (Susilo Bambang Yudhoyono) की यात्रा के साथ हुई, जो 26 जनवरी 2011 को गणतंत्र दिवस समारोह में मुख्य अतिथि थे। इसे भारत की पूर्वोन्मुख नीति को और बढ़ावा देने के रूप में देखा जा सकता है। इस यात्रा के बाद आतंकवाद से निपटने, प्रत्यर्पण, मनी लॉन्ड्रिंग पर अंकुश लगाने और अन्य में सहयोग के लिए कई समझौता ज्ञापनों (एमओयू) (Memoranda of Understanding—MoU) और समझौतों पर हस्ताक्षर किए गए।

भारत के विदेश मंत्री एस.एम. कृष्णा (S.M. Krishna) और अमेरिकी विदेश मंत्री हिलेरी रोडम क्लिंटन (Hillary Rodham Clinton) ने भारत-अमेरिका रणनीतिक वार्ता की दूसरी वार्षिक बैठक के लिए 19 जुलाई 2011 को नई दिल्ली में मुलाकात की। नेताओं ने जून 2010 में उद्घाटन रणनीतिक वार्ता (inaugural Strategic Dialogue) और नवंबर 2010 में राष्ट्रपति ओबामा की भारत यात्रा के बाद से दो देशों के साझा हितों—बहुलवाद, सहिष्णुता, खुलेपन और मौलिक स्वतंत्रता और मानवाधिकारों के सम्मान को आगे बढ़ाने में प्राप्त उपलब्धियों को मान्यता दी। उन्होंने अपने देशों के लाभ के लिए भारत-अमेरिका वैश्विक रणनीतिक साझेदारी को एशिया और विश्व में शांति, स्थिरता और समृद्धि के लिए व्यापक और मजबूत करने की प्रतिबद्धता जताई।

सुश्री क्लिंटन (Ms. Clinton) ने बातचीत के तीन प्रमुख क्षेत्रों पर प्रकाश डाला। ये बाजारों को और अधिक खोलने, समुद्री सुरक्षा में भारत को शामिल करने और विशेष रूप से नौसेना और नागरिक परमाणु सहयोग के लिए उपकरण बेचने के साथ-साथ कम टैरिफ बाधाएं हैं। 19 जुलाई 2011 को जारी भारत-अमेरिका रणनीतिक वार्ता संयुक्त वक्तव्य में संयुक्त राष्ट्र और शांति अभियानों, समुद्री सुरक्षा में द्विपक्षीय रक्षा सहयोग और प्रौद्योगिकी हस्तांतरण, संयुक्त अनुसंधान, विकास और रक्षा वस्तुओं के उत्पादन के माध्यम से आगे रक्षा सहयोग को मजबूत करने जैसे कई अन्य मुद्दों का भी संदर्भ दिया गया। सुश्री क्लिंटन ने तमिलनाडु का भी दौरा किया और मुख्यमंत्री जयललिता (Chief Minister Jayalalithaa) के साथ शिविरों में रहने वाले श्रीलंकाई तमिलों पर अपनी चिंता साझा की। मुख्यमंत्री जयललिता ने सुश्री क्लिंटन से एचआईबी वीजा का (HIB visas) कोटा 1,95,000 के मूल स्तर पर बहाल करने का भी अनुरोध किया।

डॉ. मनमोहन सिंह ने 12–16 अप्रैल 2011 तक चीन और कजाकिस्तान की पांच दिवसीय यात्रा की। उन्होंने ब्रिक्स शिखर सम्मेलन (BRICS Summit) में भाग लेने के लिए चीन का दौरा किया। इसके बाद, वह लंबे समय से लंबित तेल अन्वेषण अनुबंध को अंतिम रूप देने के लिए कजाकिस्तान के अस्ताना (Astana) पहुंचे, जिससे भारत को कैस्पियन तेल तक पहुंच प्राप्त करने का अवसर मिलेगा।

ब्रिक्स शिखर सम्मेलन से इतर डॉ. सिंह ने चीनी राष्ट्रपति हू जिंताओ (Hu Jintao) से मुलाकात की। दोनों पक्ष भारत-चीन संबंधों में प्रमुख अड़चनों को दूर करने की दिशा में काम करने और सीमा संबंधी मामलों पर समन्वय और परामर्श शुरू करने के साथ-साथ वरिष्ठ स्तर के रक्षा आदान-प्रदान को फिर से शुरू करने, निवेश और बाजार से संबंधित शिकायतों के निवारण के लिए आर्थिक बातचीत शुरू करने पर सहमत हुए।

अप्रैल 2011 में, डॉ. मनमोहन सिंह ने कजाकिस्तान के साथ रणनीतिक साझेदारी को मजबूत करने के लिए अस्ताना, कजाकिस्तान का दौरा किया। दोनों पक्षों ने सात समझौतों पर हस्ताक्षर किए, जिनमें

असैन्य परमाणु क्षेत्र में एक रूपरेखा समझौता और तेल क्षेत्र में हिस्सेदारी-साझाकरण समझौता शामिल है। कजाकिस्तान के राष्ट्रपति ने यह भी घोषणा की कि कजाकिस्तान भारत को 2,100 टन यूरेनियम की आपूर्ति करेगा। हाइड्रोकार्बन क्षेत्र में भारत और कजाकिस्तान द्वारा हस्ताक्षरित तीन समझौतों का पैकेज एक बड़ी सफलता थी। इनके तहत ओएनजीसी विदेश लिमिटेड (ONGC Videsh Limited) कैस्पियन सागर में सतपायेव तेल ब्लॉक (Satpayev oil block) में 25 प्रतिशत हिस्सेदारी का अधिग्रहण करेगी। दोनों पक्षों ने एक पारस्परिक कानूनी सहायता संधि पर भी हस्ताक्षर किए और आतंकवाद और मादक पदार्थों की तस्करी के खिलाफ बातचीत तेज करने पर सहमति व्यक्त की। इसे भारत की मध्य एशियाई नीति और पश्चिम एशिया और खाड़ी देशों के अलावा तेल और प्राकृतिक गैस आपूर्ति के वैकल्पिक स्रोत की खोज के लिए एक बड़े प्रोत्साहन के रूप में देखा जा सकता है।

जहां तक भारत-श्रीलंका संबंधों का सवाल है, मई 2011 में श्रीलंका के विदेश मंत्री की भारत यात्रा हुई थी। दोनों विदेश मंत्रियों के बीच प्रतिनिधिमंडल स्तर की वार्ता 16 मई 2011 को हुई। आम चिंता के क्षेत्रीय और अंतर्राष्ट्रीय मुद्दों से संबंधित मुद्दों पर मुख्य रूप से ध्यान केंद्रित किया गया। श्रीलंकाई विदेश मंत्री ने श्रीलंका सरकार और तमिल पार्टियों के प्रतिनिधियों के बीच चल रही बातचीत में शीघ्र और ठोस प्रगति सुनिश्चित करने के लिए अपने देश की प्रतिबद्धता व्यक्त की। 17 अगस्त 2011 को, इरकॉन और श्रीलंकाई रेलवे ने श्रीलंका के उत्तरी प्रांत में रेलवे नेटवर्क के लिए सिग्नलिंग और दूरसंचार प्रणाली की आपूर्ति और स्थापना के लिए एक समझौते पर हस्ताक्षर किए।

17 मई 2011 को उज़्बेक (Uzbek) राष्ट्रपति की यात्रा के बाद महत्वपूर्ण रणनीतिक मुद्दों के साथ-साथ दूरसंचार और आईटी (IT), फार्मास्यूटिकल्स, कपड़ा और चमड़ा, रसायन और उर्वरक और हाइड्रोकार्बन में कई व्यावसायिक अनुबंधों से संबंधित 34 समझौतों पर हस्ताक्षर किए गए। भारत गणराज्य और उज़्बेकिस्तान गणराज्य के बीच रणनीतिक साझेदारी पर संयुक्त वक्तव्य में भारत और उज़्बेकिस्तान के बीच एक रणनीतिक साझेदारी की घोषणा की गई, जिसमें भविष्य के सहयोग के दृष्टिकोण के साथ यात्रा के परिणामों का विवरण दिया गया।

मई 2011 में, प्रधान मंत्री मनमोहन सिंह ने दो अफ्रीकी देशों—इथियोपिया और तंजानिया का दौरा किया। वह 23 मई 2011 को अफ्रीका-भारत फोरम शिखर सम्मेलन में भाग लेने के लिए इथियोपिया पहुंचे। उन्होंने 24 मई 2011 को पूर्ण सत्र में विकास लक्ष्यों को प्राप्त करने के लिए अफ्रीका को ऋण देने की पेशकश की।

जापान और भारत ने 6 जून 2011 को सात समझौतों पर हस्ताक्षर किए, जिसके तहत बैंगलोर मेट्रो सहित विभिन्न राज्यों में विभिन्न बुनियादी ढांचा विकास परियोजनाओं के लिए आधिकारिक विकास सहायता (ओडीए) (Official Development Assistance—ODA) के रूप में ऋण प्रदान किया जाना था। दिसंबर 2011 में, जापान के प्रधान मंत्री ने भारत की तीन दिवसीय यात्रा की। जापान ने सुरक्षा पहलुओं को ध्यान में रखते हुए परमाणु क्षेत्र में सहयोग बढ़ाने की इच्छा व्यक्त की।

भारत-पाकिस्तान संबंधों के मोर्चे पर भारत के विदेश मंत्री एस.एम. कृष्णा और पाकिस्तान की विदेश मंत्री सुश्री हिना रब्बानी खार (Ms. Hina Rabbani Khar) ने 27 जुलाई 2011 को नई दिल्ली में मुलाकात की। बैठक में आतंकवाद-निरोध (मुंबई परीक्षण पर प्रगति सहित) और नारकोटिक्स नियंत्रण के मुद्दों पर द्विपक्षीय संबंधों की स्थिति; मानवीय मुद्दे; वाणिज्यिक और आर्थिक सहयोग; वुलर बैराज/तुलबुल नेविगेशन परियोजना; सर क्रीक; सियाचिन; सीबीएम सहित शांति और सुरक्षा; जम्मू और कश्मीर; और मैत्रीपूर्ण आदान-प्रदान को बढ़ावा देने की समीक्षा की गई। मंत्रियों ने भारत और पाकिस्तान के बीच विश्वास-

निर्माण उपायों सहित शांति और सुरक्षा को बढ़ावा देने को महत्व दिया और सितंबर 2011 में इस्लामाबाद में परमाणु और पारंपरिक सीबीएम (CBM) पर विशेषज्ञ समूहों की अलग बैठक बुलाने पर सहमति व्यक्त की। मंत्री स्तरीय वार्ता से पहले 26 जुलाई 2011 को भारत और पाकिस्तान के विदेश सचिवों के बीच एक बैठक हुई थी।

राष्ट्रपति प्रतिभा देवीसिंह पाटिल (Pratibha Devisingh Patil) ने जुलाई 2011 में सियोल का दौरा किया और उसके बाद मंगोलिया का भी दौरा किया। भारत और कोरिया गणराज्य ने परमाणु ऊर्जा के शांतिपूर्ण उपयोग में सहयोग के लिए एक समझौते पर हस्ताक्षर किये।

सितंबर 2011 में प्रधान मंत्री की बांग्लादेश यात्रा से भारत-बांग्लादेश संबंधों को भी बढ़ावा मिला। दोनों देशों ने आपराधिक मामलों में पारस्परिक कानूनी सहायता, सजायाफ्ता व्यक्तियों के स्थानांतरण और अंतर्राष्ट्रीय आतंकवाद, संगठित अपराध और अवैध मादक पदार्थों की तस्करी के खिलाफ लड़ाई जैसे मामलों पर चर्चा की। इस बैठक का मुख्य आकर्षण लंबे समय से चले आ रहे सीमा विवाद को सुलझाने के लिए एक नए भूमि सीमा समझौते पर हस्ताक्षर करना है। भारत और बांग्लादेश के बीच दीर्घकालिक संबंधों को रेखांकित करने वाले एक विज़न स्टेटमेंट पर हस्ताक्षर किए गए। हालाँकि, तीस्ता नदी के जल बंटवारे पर पश्चिम बंगाल की मुख्यमंत्री सुश्री ममता बनर्जी द्वारा उठाई गई आपत्ति के कारण कोई समझौता नहीं हो सका।

अक्टूबर 2011 में अफगानिस्तान के राष्ट्रपति हामिद करजई (Hamid Karzai) का भारत दौरा हुआ। अफगानिस्तान के राष्ट्रपति की यात्रा के दौरान हस्ताक्षरित दो समझौता ज्ञापन, हाइड्रोकार्बन के विकास के क्षेत्र में सहयोग पर समझौता ज्ञापन और खनिज संसाधन विकास के क्षेत्र में सहयोग पर समझौता ज्ञापन थे। इस यात्रा के दौरान 4 अक्टूबर 2011 को पहले रणनीतिक साझेदारी समझौते (एसपीए) (Strategic Partnership Agreement—SPA) पर हस्ताक्षर किए गए थे। इस समझौते का उद्देश्य अफगान राष्ट्रीय सुरक्षा बलों को प्रशिक्षण प्रदान करना था। इस यात्रा से पहले 16 जून 2011 को अफगानिस्तान के प्रथम उपराष्ट्रपति की भारत यात्रा हुई थी। इसके तुरंत बाद, हाई पीस काउंसिल के अध्यक्ष और अफगानिस्तान के पूर्व राष्ट्रपति प्रोफेसर बुरहानुद्दीन रब्बानी (Professor Burhanudin Rabbani) की एक और यात्रा हुई, जिन्होंने 14–15 जुलाई 2011 को भारत का दौरा किया। इस यात्रा के दौरान अफगानिस्तान में शांति प्रक्रिया पर विस्तृत चर्चा हुई। 3 जून 2011 को, भारत अपनी शुल्क-मुक्त टैरिफ वरीयता (डीएफटीपी) (Duty-Free Tariff Preference—DFTP) योजना के तहत अफगानिस्तान को शुल्क-मुक्त बाजार पहुंच प्रदान करने पर सहमत हुआ।

वियतनाम के राष्ट्रपति ने 12 अक्टूबर 2011 को भारत का दौरा किया। इस यात्रा के दौरान भारत और वियतनाम के बीच दक्षिण चीन सागर में तेल की खोज को बढ़ावा देने के साथ-साथ दोनों देशों के बीच प्रत्यर्पण, व्यापार, सुरक्षा और रणनीतिक संबंधों से संबंधित अन्य समझौतों पर एक समझौते पर हस्ताक्षर किए गए। भारत और वियतनाम के गृह मंत्रालयों के बीच द्विवार्षिक सुरक्षा वार्ता शुरू करने की इच्छा के साथ-साथ आपसी हित के मुद्दों पर व्यापक बातचीत के बाद छह समझौतों पर हस्ताक्षर किए गए।

प्रधानमंत्री मनमोहन सिंह ने अक्टूबर 2011 में अपनी म्यांमार यात्रा के दौरान राष्ट्रपति थीन सीन (Thein Sein) से मुलाकात की। दोनों रेलवे लिंक की व्यवहार्यता की जांच करने, म्यांमार में दो पनबिजली परियोजनाओं (hydel projects) के काम में तेजी लाने, उत्तर-पूर्व में मार्ग की समीक्षा करने और म्यांमार के माध्यम से भारत और थाईलैंड को जोड़ने वाली माई सॉट (Mae Sot) रोड पर भी सहमत हुए, जो आसियान और भारत के बीच एक सीधा लिंक होगा।

प्रधानमंत्री मनमोहन सिंह 17 नवंबर को इंडोनेशिया के बाली में नौवें आसियान-भारत शिखर सम्मेलन और छठे पूर्वी एशिया शिखर सम्मेलन में भाग लेने के लिए यात्रा पर थे। बाली की यात्रा के बाद 19–20 नवंबर 2011 तक सिंगापुर गणराज्य की आधिकारिक यात्रा हुई। प्रधान मंत्री मनमोहन सिंह ने 18 नवंबर 2011 को बाली में राष्ट्रपति ओबामा से मुलाकात की और दोनों ने इस बात पर चर्चा की कि कैसे दोनों देश न केवल द्विपक्षीय मुद्दों पर, बल्कि पूर्वी एशिया शिखर सम्मेलन जैसे बहुपक्षीय मंचों पर समुद्री सुरक्षा या अप्रसार, आपदा राहत और मानवीय सहायता पर सहयोग को मजबूत करना और कई मुद्दों पर एक साथ काम कर सकते हैं।

प्रधान मंत्री मनमोहन सिंह ने 10–11 नवंबर 2011 को सत्रहवें सार्क शिखर सम्मेलन में भाग लेने के लिए अड्डू (Addu) का दौरा किया। सार्क से इतर उन्होंने पाकिस्तान, भूटान, बांग्लादेश के प्रधानमंत्रियों और मालदीव तथा श्रीलंका के राष्ट्रपतियों से मुलाकात की।

भारत और नेपाल ने नेपाल में भारतीय निवेश को बेहतर बनाने और दोनों देशों में वाणिज्यिक हित वाले हितधारकों के लिए प्रक्रियाओं को आसान बनाने के लिए 27 नवंबर 2011 को एक संशोधित दोहरे कराधान बचाव समझौते (डीटीएए) (Double Taxation Avoidance Agreement—DTAA) पर हस्ताक्षर किए। इससे पहले अक्टूबर 2011 में नेपाली प्रधान मंत्री बाबूराम भट्टाराई (Baburam Bhattarai) की भारत यात्रा के दौरान, दोनों पक्षों ने लंबे समय से लंबित *द्विपक्षीय निवेश संवर्धन और संरक्षण समझौते (बीआईपीपीए)* (Bilateral Investment Promotion and Protection Agreement—BIPPA) को औपचारिक रूप दिया था। इस यात्रा का उद्देश्य दोनों देशों और दो लोगों के बीच विश्वास कायम करना था।

15–17 दिसंबर 2011 को प्रधान मंत्री मनमोहन सिंह की रूस यात्रा से भारत-रूस संबंधों में सकारात्मक मोड़ आया। भारत-रणनीतिक शिखर सम्मेलन आर्थिक संबंधों के साथ-साथ परमाणु, रक्षा, विज्ञान और अंतरिक्ष के क्षेत्र में सहयोग पर केंद्रित था। अन्य मुद्दों के अलावा *पूर्वी एशिया के लिए व्यापक आर्थिक साझेदारी (सीईपीईए)* (Comprehensive Economic Partnership for East Asia —CEPEA), तमिलनाडु में कुडनकुलम परमाणु संयंत्र के संबंध में बातचीत हुई। जहां तक अंतर्राष्ट्रीय मुद्दों का सवाल है, दोनों पक्षों ने सीरिया, ईरान, अफगानिस्तान, आतंकवाद और एशिया-प्रशांत क्षेत्र में सुरक्षा पर चिंता व्यक्त की। रूस ने यूएनएससी (UNSC) में स्थायी सदस्यता और शंघाई सहयोग संगठन में उसकी सदस्यता के लिए भारत की दावेदारी का भी समर्थन किया।

23 दिसंबर 2011 को थाईलैंड के विदेश मंत्री ने भारत का दौरा किया। द्विपक्षीय, क्षेत्रीय और अंतर्राष्ट्रीय मुद्दों पर व्यापक चर्चा हुई। दोनों नेताओं ने भारत और थाईलैंड के बीच मजबूत द्विपक्षीय संबंधों की पुष्टि की, और व्यापार, निवेश, सुरक्षा और रक्षा सहयोग, पर्यटन, शिक्षा, संस्कृति, विज्ञान और प्रौद्योगिकी, ऊर्जा, बुनियादी ढांचे और नागरिक उड्डयन वगैरह जैसे विविध क्षेत्रों में सहयोग को और मजबूत करने के तरीकों पर चर्चा की।

30 मई 2011 को जर्मन चांसलर डॉ. एंजेला मर्केल (Dr. Angela Merkel) का दौरा भी हुआ, जिसके बाद कई समझौता ज्ञापनों और समझौतों पर हस्ताक्षर किए गए। 27 जनवरी से 5 फरवरी 2011 तक नेपाल के राष्ट्रपति डॉ. राम बरन यादव (Dr. Ram Baran Yadav), 30 मार्च 2011 को बहरीन के विदेश मंत्री, 29 मार्च 2011 को सऊदी अरब की राष्ट्रीय सुरक्षा परिषद के महासचिव, संयुक्त आयोग की बैठक के लिए नाइजीरिया के विदेश मंत्री, 15–17 मार्च 2011, द्विपक्षीय सहयोग पर भारत-फिलीपींस संयुक्त आयोग की बैठक के लिए फिलीपींस के विदेश मंत्री की यात्रा, 15 मार्च 2011, ब्राजील और दक्षिण

अफ्रीका के विदेश मंत्री, 7–8 मार्च को 2011, 10 मार्च 2011 को मलेशिया के उप प्रधान मंत्री की यात्रा, 5 अप्रैल 2011 को थाईलैंड के प्रधान मंत्री की यात्रा और 19 अप्रैल 2011 को साइप्रस के विदेश मंत्री की भारत यात्रा भी हुई। मई 2011 के महीने में मिस्र और आइसलैंड के विदेश मंत्री का दौरा हुआ। स्लोवेनिया के प्रधान मंत्री जॉन की (John Key) ने 14 जून 2011 को भारत का दौरा किया। न्यूजीलैंड के प्रधान मंत्री ने जून 2011 में भारत की राजकीय यात्रा की। जुलाई 2011 में नीदरलैंड, लीबिया और पोलैंड के विदेश मंत्री और 01 अगस्त 2011 को सीरिया के विदेश मंत्री की यात्राओं की एक श्रृंखला भी देखी गई।

वर्ष 2012 की शुरुआत भारत और वियतनाम के बीच पूर्ण राजनयिक संबंधों की स्थापना की 40वीं वर्षगांठ (5 जनवरी) के स्मारक कार्यक्रम में भाग लेने के लिए राज्य मंत्री (विदेश मामले) की वियतनाम यात्रा के साथ हुई। इसके बाद राज्य मंत्री (विदेश मामले) की फिलिस्तीन और इज़राइल की एक और यात्रा (10 जनवरी) हुई। विदेश मंत्री एस.एम. कृष्णा ने 16–19 जनवरी 2012 को श्रीलंका का दौरा किया। दोनों पक्षों ने व्यापार, सेवा और निवेश, विकास सहयोग, विज्ञान और प्रौद्योगिकी, संस्कृति और शिक्षा सहित विभिन्न क्षेत्रों में प्रगति की समीक्षा की। कृषि के क्षेत्र में सहयोग पर आवास परियोजना के लिए समझौता ज्ञापन पर हस्ताक्षर किए गए, और भारतीय दूरसंचार नियामक प्राधिकरण और दूरसंचार नियामक आयोग के बीच भी एक समझौता ज्ञापन पर हस्ताक्षर किए गए।

विदेश मंत्री ने 8 फरवरी 2012 को चीन का दौरा किया। उन्होंने भारत-चीन संबंधों में लंबित मुद्दों की समीक्षा की और उन्हें हल करने की दिशा में काम करने पर सहमति व्यक्त की। संबंधों को द्विपक्षीय सहयोग से आगे ले जाने के लिए वे इस बात पर सहमत हुए कि ये परेशानियां अन्य क्षेत्रों में बढ़ते सहयोग पर प्रतिकूल प्रभाव नहीं डालती हैं। दोनों पक्षों ने इसे 2012 तक आगे बढ़ाने का वादा किया और इसे "**भारत-चीन मित्रता और सहयोग वर्ष**" के रूप में मनाने पर सहमति व्यक्त की।

विदेश मंत्री ने मार्च 2012 की शुरुआत में मिस्र और सिंगापुर का भी दौरा किया। भारत के प्रधान मंत्री डॉ. मनमोहन सिंह ने 25 मार्च 2012 को राष्ट्रपति ली म्युंग-बाक के निमंत्रण पर *कोरिया गणराज्य (आरओके)* (Republic of Korea—RoK) की आधिकारिक यात्रा की। *भारत-कोरिया गणराज्य संयुक्त वक्तव्य: मजबूत रणनीतिक साझेदारी* (India-Republic of Korea Joint Statement: Deepening the Strategic Partnership) को मजबूत करने से बहुआयामी द्विपक्षीय रिश्ते को बरकरार रखा गया, जिसने 2010 में कोरिया गणराज्य के राष्ट्रपति की भारत की ऐतिहासिक राजकीय यात्रा और जुलाई 2011 में राष्ट्रपति प्रतिभा देवीसिंह पाटिल की कोरिया गणराज्य की राजकीय यात्रा के दौरान रणनीतिक साझेदारी के स्तर पर पहुंचने के बाद से तेजी से अधिक मजबूती और जीवन शक्ति हासिल कर ली है। उन्होंने बढ़ते उच्च स्तरीय आदान-प्रदान, बढ़ते आर्थिक, व्यापार, सुरक्षा और सांस्कृतिक संबंधों के साथ-साथ लोगों के बीच आदान-प्रदान पर संतोष व्यक्त किया। दोनों नेताओं ने क्षेत्रीय, अंतर्राष्ट्रीय और बहुपक्षीय मुद्दों पर भी व्यापक चर्चा की। इस यात्रा के बाद एक समझौता और समझौता ज्ञापन पर हस्ताक्षर किए गए, (i) वीजा प्रक्रियाओं के सरलीकरण पर समझौता, (ii) केएनडीए (कोरिया राष्ट्रीय राजनयिक अकादमी) (KNDA—Korea National Diplomatic Academy) और एफएसआई (विदेशी सेवा संस्थान) (FSI—Foreign Service Institute) के बीच सहयोग पर समझौता ज्ञापन।

प्रधान मंत्री डॉ. मनमोहन सिंह ने परमाणु सुरक्षा शिखर सम्मेलन में भाग लेने के लिए 27 मार्च 2012 को सियोल का दौरा किया। उन्होंने राष्ट्रीय प्रगति रिपोर्ट प्रस्तुत की। उन्होंने कहा कि भारत-वाशिंगटन शिखर सम्मेलन विज्ञप्ति और कार्य योजना के कार्यान्वयन का समर्थन करता है। भारत ने एनएसएस (NSS)

प्रक्रिया में योगदान दिया, जिसमें 16–17 जनवरी 2012 को नई दिल्ली में शेरपाओं की बैठक की मेजबानी भी शामिल है।

भारतीय विदेश मंत्री ने भारत, रूस और चीन के विदेश मंत्रियों की ग्यारहवीं त्रिपक्षीय बैठक में भाग लेने के लिए 13 अप्रैल 2012 को रूस का दौरा किया। रूसी संघ, भारत गणराज्य और पीपुल्स रिपब्लिक ऑफ चाइना के विदेश मंत्रियों की ग्यारहवीं बैठक की संयुक्त विज्ञप्ति में रूस, भारत और चीन द्वारा त्रिपक्षीय प्रारूप में उनके रचनात्मक सहयोग को दिए गए महत्व को बरकरार रखा गया। उन्होंने इस बात पर जोर दिया कि यह सहयोग किसी अन्य देश के खिलाफ नहीं है, यह क्षेत्रीय शांति, सुरक्षा और स्थिरता को बढ़ावा देने के लिए अनुकूल है और इससे उनके लोगों को फायदा होगा। विदेश मंत्री ने भारत-रूस राजनयिक संबंधों की स्थापना की 65वीं वर्षगांठ के अवसर पर विभिन्न तरीकों से विकसित हुए बहुआयामी संबंधों के बारे में भी बात की।

प्रधानमंत्री ने 28 मई 2012 को म्यांमार का दौरा किया। भारतीय प्रधान मंत्री और म्यांमार संघ गणराज्य के राष्ट्रपति यू. थीन सेन (U. Thein Sein) ने एक प्रतिबंधित बैठक की, जिसके बाद आपसी हित के द्विपक्षीय, क्षेत्रीय और अंतर्राष्ट्रीय मुद्दों पर प्रतिनिधिमंडल स्तर की वार्ता हुई। वे सीमा क्षेत्र विकास, परिवहन, कनेक्टिविटी, कृषि, व्यापार और निवेश, मैत्रीपूर्ण आदान-प्रदान को बढ़ावा देने और मानव संसाधन विकास जैसे क्षेत्रों में सहयोग करने पर सहमत हुए। उन्होंने माना कि क्षेत्र में शांति और स्थिरता लोगों के विकास और कल्याण के लिए आवश्यक है। इस यात्रा के दौरान भारत और म्यांमार के बीच कई समझौता ज्ञापनों पर हस्ताक्षर किए गए। भारत के राष्ट्रपति ने 29 अप्रैल–7 मई 2012 तक सेशेल्स और दक्षिण अफ्रीका का दौरा किया।

जून और जुलाई 2012 के महीनों में, विदेश मंत्री ने कई देशों का दौरा किया जिनमें क्यूबा, अमेरिका, ताजिकिस्तान, जापान और कंबोडिया शामिल थे।

विदेश मंत्री ने 11–12 जुलाई 2012 को नोम पेन्ह (Phnom Penh), कंबोडिया में 10वीं आसियान-भारत मंत्रिस्तरीय बैठक, दूसरे पूर्वी एशिया शिखर सम्मेलन के विदेश मंत्रियों की बैठक और 19वीं आसियान क्षेत्रीय फोरम मंत्रिस्तरीय बैठक में भाग लिया। 10वीं आसियान-भारत मंत्रिस्तरीय बैठक में अपने वक्तव्य में उन्होंने आसियान के साथ साझेदारी के प्रति भारत की प्रतिबद्धता को बरकरार रखा। उन्होंने भारत के दृढ़ विश्वास को दोहराया कि यह साझेदारी 2015 तक, *आसियान एकीकरण पहल (आईएआई)* (Initiative for ASEAN Integration—IAI), आसियान प्लस कनेक्टिविटी पर मास्टर प्लान (एमपीएसी) (Master Plan on ASEAN Plus Connectivity—MPAC), दवा मुक्त आसियान की घोषणा के आसियान समुदाय के लक्ष्य को हासिल करने में मदद करेगी। 2015 और इस क्षेत्र में सामूहिक क्षमता निर्माण के लिए।

विदेश मंत्री एस.एम. कृष्णा ने 13 जून 2012 को वाशिंगटन डीसी में अमेरिकी विदेश मंत्री हिलेरी क्लिंटन के साथ तीसरी भारत-अमेरिका रणनीतिक वार्ता की सह-अध्यक्षता की। संयुक्त वक्तव्य में 2010 में उद्घाटन रणनीतिक वार्ता के बाद से द्विपक्षीय संबंधों के उल्लेखनीय विस्तार और विकास पर दोनों पक्षों की संतुष्टि शामिल थी। संयुक्त राज्य अमेरिका और भारत दोनों ने अमेरिका-भारत वैश्विक रणनीतिक साझेदारी को और व्यापक और गहरा करने के लिए प्रतिबद्धता जताई और भविष्य के लिए एक दृष्टिकोण तैयार किया, जो साझा समृद्धि, शांति और स्थिरता को बढ़ावा देने पर केंद्रित है। इस रणनीतिक वार्ता के मौके पर, वैश्विक मुद्दे फोरम (Global Issues Forum), एस एंड टी संयुक्त आयोग (S&T Joint Commission Meeting) की बैठक, आतंकवाद विरोधी संयुक्त कार्य समूह, उच्च शिक्षा वार्ता, साइबर परामर्श, सूचना और संचार, प्रौद्योगिकी कार्य समूह, महिला सशक्तिकरण संवाद, होमलैंड सुरक्षा परामर्श और अन्य

कार्यक्रम जैसे विभिन्न मुद्दों पर कई उप-संवाद हुए। इस बैठक से पहले, अमेरिकी रक्षा सचिव, लियोन पैनेटा ने 5–6 जून 2012 को भारत का दौरा किया।

15 जून 2012 में, प्रधान मंत्री मनमोहन सिंह ने जी-20 नेताओं के शिखर सम्मेलन में भाग लेने के लिए लॉस काबोस (Los Cabos), मैक्सिको का दौरा किया। उन्होंने 13–22 जून 2012 तक सतत विकास पर रियो+20-संयुक्त राष्ट्र सम्मेलन (Rio + 20-United Nations Conference) में भाग लेने के लिए रियो डी जनेरियो (Rio de Janeiro), ब्राजील का भी दौरा किया।

प्रधान मंत्री ने 21 जून 2012 को रियो+20 के मौके पर नेपाल के प्रधान मंत्री श्री बाबूराम भट्टाराई और श्रीलंका के राष्ट्रपति महिंदा राजपक्षे के साथ द्विपक्षीय बैठकें कीं। श्रीलंका के राष्ट्रपति महिंदा राजपक्षे के साथ प्रधानमंत्री ने पहले आमने-सामने चर्चा की और फिर प्रतिनिधिमंडल स्तर की बैठक की। जिन मुद्दों पर चर्चा की गई उनमें आर्थिक संबंध, सैमपुर पावर प्रोजेक्ट, सीलोन पावर बोर्ड और एनटीपीसी (NTPC) के बीच एक संयुक्त उद्यम और आंतरिक रूप से विस्थापित लोगों का पुनर्वास शामिल था। जहां तक नेपाल के प्रधान मंत्री के साथ प्रधान मंत्री की बैठक का सवाल है, मनमोहन सिंह को लगा कि चूंकि संविधान निर्माण की प्रक्रिया चल रही है, इसलिए जल्द ही निवेश माहौल में सुधार होगा। ऐसी उम्मीद थी कि निवेश अनुकूल होगा क्योंकि भारत और नेपाल ने 2011 में द्विपक्षीय निवेश संवर्धन समझौते और दोहरे कराधान बचाव समझौते पर हस्ताक्षर किए हैं, जिनकी पुष्टि भी हो चुकी है।

प्रधान मंत्री मनमोहन सिंह ने जून 2012 में रियो + 20 शिखर सम्मेलन के मौके पर रियो डी जनेरियो में चीनी प्रधान मंत्री वेन जियाबाओ (Wen Jiabao) के साथ भी बैठक की। दोनों ने करीबी राजनीतिक संवाद के साथ-साथ क्षेत्रीय स्तर के अधिकारियों के बीच संवाद जारी रखने पर सहमति जताई। उन्होंने सीमा प्रश्न का भी संदर्भ दिया और संयुक्त तंत्र के कामकाज को एक सकारात्मक कदम बताया। उन्होंने रक्षा और रणनीतिक वार्ता जारी रखने, द्विपक्षीय व्यापार को बढ़ावा देने, भारतीय व्यापार घाटे को संबोधित करने, निवेश प्रवाह, सीमा पार नदियों और शिक्षाविदों, मीडिया और नागरिक समाज के अन्य वर्गों के लिए अधिक गुंजाइश बनाने के साथ भारत और चीन के बीच एक दूसरे के साथ जुड़ने के लिए लोगों के बीच संपर्क बढ़ाने से संबंधित मुद्दों पर भी चर्चा की।

प्रधानमंत्रियों ने 26 अगस्त 2012 को 16वें गुटनिरपेक्ष आंदोलन (NAM) शिखर सम्मेलन में भाग लेने के लिए ईरान का दौरा किया। पश्चिम एशियाई और उत्तरी अफ्रीकी क्षेत्र में आमूल-चूल बदलावों पर प्रकाश डालते हुए, डॉ. सिंह ने लोकतांत्रिक और बहुलवादी व्यवस्था के लिए और लोकप्रिय आकांक्षाओं के लिए भारत के समर्थन को रेखांकित किया। उन्होंने सभी पक्षों से आग्रह किया कि वे सीरिया के नेतृत्व वाली समावेशी राजनीतिक प्रक्रिया के माध्यम से संकट को शांतिपूर्वक हल करने के लिए खुद को फिर से प्रतिबद्ध करें जो सभी सीरियाई नागरिकों की वैध आकांक्षाओं को पूरा कर सके। डॉ. सिंह ने फ़िलिस्तीनी प्रश्न के शीघ्र समाधान पर भी ज़ोर दिया। गुटनिरपेक्ष आंदोलन (NAM) के प्रति भारत की नीति के संबंध में, भारतीय थिंक-टैंक ने एक नीति की परिकल्पना की है जिसे उन्होंने **NAM 2.0: इक्कीसवीं सदी में भारत के लिए एक विदेश और रणनीतिक नीति** (NAM 2.0: A Foreign and Strategic Policy for India in the Twenty First Century) (जनवरी 2012) के रूप में पहचाना है। यह उस मूलभूत सिद्धांत पर वर्तमान समय में फिर से काम करने का एक प्रयास है जिसने आजादी के बाद से भारत की अंतर्राष्ट्रीय गतिविधियों को परिभाषित किया है। गुटनिरपेक्ष आंदोलन (NAM 2.0) निर्धारित करता है कि भारतीय विदेश नीति को व्यापक परिप्रेक्ष्य और दृष्टिकोण को ध्यान में रखते हुए परिभाषित किया जाना चाहिए, जिसे

भारत को अपनाना चाहिए क्योंकि यह वैश्विक परिस्थितियों में अपनी रणनीतिक स्वायत्तता को बढ़ाने के लिए काम करता है, जो आने वाले कुछ समय तक अस्थिर और अनिश्चित बने रहने की संभावना है।

नाम गुटनिरपेक्ष आंदोलन (NAM)) शिखर सम्मेलन के मौके पर, 26 अगस्त 2012 को तेहरान में ईरान इस्लामी गणराज्य, अफगानिस्तान इस्लामी गणराज्य के उप विदेश मंत्रियों और भारत गणराज्य के विदेश सचिव के बीच एक त्रिपक्षीय बैठक आयोजित की गई थी। बैठक का उद्देश्य तीनों देशों के बीच निवेश सहित व्यापार और पारगमन सहयोग का विस्तार करने के तरीके तलाशना था। एक *संयुक्त कार्य समूह (जेडब्ल्यूजी)* (Joint Working Group—JWG) का गठन, जिसमें तीन देशों के प्रतिनिधि शामिल होंगे, चर्चा को आगे बढ़ाने के लिए अगले तीन महीनों के भीतर चाहबहार (Chahbahar) में बैठक करने पर सहमत हुए।

पाकिस्तान की विदेश मंत्री हिना रब्बानी खार और भारत के विदेश मंत्री एस.एम. कृष्णा वार्ता प्रक्रिया में प्रगति की समीक्षा के लिए ने 8 सितंबर 2012 को इस्लामाबाद में मुलाकात की। मंत्री स्तरीय वार्ता से पहले 7 सितंबर 2012 को पाकिस्तान और भारत के विदेश सचिवों के बीच एक बैठक हुई थी। उन्होंने संवाद प्रक्रिया के ढांचे के भीतर कई मुद्दों पर ठोस चर्चा की और जुलाई 2011 में अपनी आखिरी समीक्षा बैठक के बाद से हासिल की गई प्रगति पर संतोष व्यक्त किया। उन्होंने रचनात्मक और परिणामोन्मुख जुड़ाव के माध्यम से सभी लंबित मुद्दों को शांतिपूर्ण ढंग से हल करने और पाकिस्तान और भारत के बीच मैत्रीपूर्ण, सहयोगात्मक और अच्छे पड़ोसी संबंध स्थापित करने के उद्देश्य से वार्ता प्रक्रिया को आगे बढ़ाने के महत्व को बरकरार रखा।

5–6 नवंबर 2012 के दौरान, विदेश मंत्री सलमान खुर्शीद ने 9वें एशिया-यूरोप बैठक (ASEM Summit) में भाग लेने के लिए लाओ पीडीआर (Lao PDR) का दौरा किया। प्रधान मंत्री डॉ. मनमोहन सिंह ने 19 नवंबर 2012 को 10वें भारत-आसियान शिखर सम्मेलन में भाग लेने के लिए कंबोडिया का दौरा किया। उन्होंने 20 नवंबर 2012 को नोम पेन्ह (Phnom Penh), कंबोडिया में 7वें पूर्वी एशिया शिखर सम्मेलन में भाग लिया। उन्होंने क्षेत्रीय व्यापक आर्थिक साझेदारी वार्ता के शुभारंभ का स्वागत किया और पूर्वी एशिया शिखर सम्मेलन विकास पहल पर नोम पेन्ह घोषणा (Phnom Penh Declaration) के लिए समर्थन भी बढ़ाया। प्रधान मंत्री डॉ. मनमोहन सिंह ने 7वें पूर्वी एशिया शिखर सम्मेलन के मौके पर जापान के प्रधान मंत्री श्री योशिहिको नोडा (Mr. Yoshihiko Noda) से मुलाकात की। डॉ. सिंह ने 19 नवंबर 2012 को नोम पेन्ह में चीनी प्रधान मंत्री वेन जियाबाओ (Wen Jiabao) से भी मुलाकात की और वैश्विक और द्विपक्षीय क्षेत्रों में विभिन्न सहकारी पहलों के साथ-साथ ब्रिक्स, जी 20, पूर्वी एशिया शिखर सम्मेलन और जलवायु परिवर्तन के मुद्दों जैसे अंतर्राष्ट्रीय स्तर पर बढ़ती बातचीत के बारे में बात की।

14–15 दिसंबर 2013 के दौरान विदेश मंत्री सलमान खुर्शीद ने म्यांमार का दौरा किया। इस यात्रा का उद्देश्य म्यांमार के साथ बहुआयामी संबंधों को मजबूत करना है।

वर्ष 2012 में भी कई विदेशी गणमान्य व्यक्तियों का भारत आगमन हुआ। 13 जनवरी 2012 को, यूरोपीय संघ के विदेश मामलों और सुरक्षा नीति के उच्च प्रतिनिधि बैरोनेस कैथरीन एश्टन (Baroness Catherine Ashton) ने भारत का दौरा किया। इस यात्रा के दौरान द्विपक्षीय, क्षेत्रीय से लेकर आपसी हित के अंतर्राष्ट्रीय मुद्दों तक यूरोपीय संघ-भारत संबंधों के संपूर्ण स्पेक्ट्रम को कवर करने वाले मुद्दों पर चर्चा हुई।

09 फरवरी 2012 को, यूरोपीय परिषद के अध्यक्ष, हरमन वान रोम्पुय (Herman Van Rompuy) और यूरोपीय आयोग के अध्यक्ष जोस मैनुअल दुराओ बैरोसो (José Manuel Durão

Barroso) ने 10 फरवरी 2012 को नई दिल्ली में आयोजित 12वें *भारत-ईयू शिखर सम्मेलन* (India-EU Summit) में भाग लेने के लिए भारत का दौरा किया। दोनों पक्षों ने अन्य बातों के साथ-साथ, अपने बहुमुखी द्विपक्षीय सहयोग को मजबूत करने, क्षेत्रीय मुद्दों पर प्रतिक्रियाओं का समन्वय करने और वर्तमान वित्तीय संकट सहित अंतर्राष्ट्रीय चुनौतियों से निपटने के लिए आपसी चिंता के द्विपक्षीय, क्षेत्रीय और बहुपक्षीय मुद्दों पर चर्चा की। इसके बाद यूरोपीय संघ और भारत के बीच एक समझौता ज्ञापन और एक समझौते पर हस्ताक्षर किए गए।

संयुक्त राष्ट्र महासभा के अध्यक्ष ने 14 फरवरी 2012 को भारत का दौरा किया। कई वैश्विक चुनौतियों पर चर्चा हुई जिनसे संयुक्त राष्ट्र इस समय जूझ रहा है। साथ ही भारत ने वर्तमान वैश्विक चुनौतियों का सामना करने में बहुपक्षवाद के सिद्धांत और संयुक्त राष्ट्र के नेतृत्व के प्रति अपनी प्रतिबद्धता दोहराई।

27 फरवरी 2012 को इटली के विदेश मंत्री का भारत दौरा हुआ। नवंबर 2011 में इटली में नई सरकार के गठन के बाद से यह इटली की पहली उच्च स्तरीय यात्रा थी।

भारत ने 26 से 29 मार्च 2012 तक चौथे ब्रिक्स शिखर सम्मेलन (BRICS Summit) 2012 की मेजबानी की। व्यापक विषय, "***वैश्विक स्थिरता, सुरक्षा और समृद्धि के लिए ब्रिक्स साझेदारी***" (BRICS Partnership for Global Stability, Security and Prosperity) पर चर्चा हुई। यह शिखर सम्मेलन प्रधानमंत्री डॉ. मनमोहन सिंह के नेतृत्व में आयोजित किया गया था। ब्राजील की राष्ट्रपति सुश्री डिल्मा रूसेफ (Ms. Dilma Rousseff), रूस के राष्ट्रपति श्री दिमित्री मेदवेदेव (Mr. Dmitry Medvedev), चीन के राष्ट्रपति श्री हू जिंताओ (Mr. Hu Jintao) और दक्षिण अफ्रीका के राष्ट्रपति श्री जैकब जुमा (Mr. Jacob Zuma) ने शिखर सम्मेलन में भाग लिया। एक महत्वाकांक्षी कार्य योजना तैयार की गई जिसे 29 मार्च को ब्रिक्स दिल्ली घोषणा के साथ अपनाया गया। भारत ने कहा कि ब्रिक्स देशों को वैश्विक विकास को आकार देने और अपने लोगों को ठोस लाभ पहुंचाने के लिए एक-दूसरे के साथ सहयोग करना चाहिए।

पाकिस्तान के राष्ट्रपति आसिफ़ अली ज़रदारी (Asif Ali Zardari) ने 08 अप्रैल 2012 को भारत का दौरा किया। राष्ट्रपति जरदारी अजमेर दरगाह के निजी दौरे पर थे। हालाँकि, प्रधान मंत्री डॉ. सिंह और राष्ट्रपति ज़रदारी ने चालीस मिनट तक मुलाकात की और विभिन्न द्विपक्षीय मुद्दों पर चर्चा की। दोनों पक्षों ने महसूस किया कि वार्ता प्रक्रिया लगातार आगे बढ़नी चाहिए, द्विपक्षीय समस्याग्रस्त मुद्दों को चरण दर चरण विचार करना चाहिए और व्यापार से संबंधित मुद्दों पर आगे बढ़ना चाहिए। नेताओं ने आतंकवाद की समस्या पर चर्चा की और डॉ. सिंह ने राष्ट्रपति जरदारी से कहा कि मुंबई हमले के अपराधियों को न्याय के कटघरे में लाना और पाकिस्तानी धरती से भारत के खिलाफ होने वाली गतिविधियों, खासकर हाफिज सईद (Hafiz Saeed) की गतिविधियों को रोकना जरूरी है। राष्ट्रपति जरदारी ने कहा कि इस मामले पर दोनों सरकारों के बीच आगे चर्चा की जरूरत है।

विदेश मंत्री एस.एम. कृष्णा के निमंत्रण पर भारत आए अफगानिस्तान के विदेश मंत्री ने 30 अप्रैल से 2 मई 2012 तक नई दिल्ली का दौरा किया। मंत्रियों ने भारत–अफगानिस्तान साझेदारी परिषद के उद्घाटन सत्र की सह-अध्यक्षता की, जिसे अक्टूबर 2011 में प्रधान मंत्री और अफगानिस्तान के राष्ट्रपति द्वारा हस्ताक्षरित रणनीतिक साझेदारी समझौते को लागू करने के लिए नियुक्त किया गया है। दोनों पक्षों ने राजनीतिक और सुरक्षा परामर्श पर संयुक्त कार्य समूह की पहली बैठक के सफल आयोजन को स्वीकार किया। इसके अलावा, उन्होंने निर्णय लिया कि व्यापार और आर्थिक सहयोग, क्षमता विकास और शिक्षा, और सामाजिक, सांस्कृतिक, नागरिक समाज और लोगों से लोगों के संपर्क पर तीन संयुक्त कार्य समूहों पर तेजी से काम किया जाएगा।

विदेश मंत्री के निमंत्रण पर, बांग्लादेश की विदेश मंत्री डॉ. दीपू मोनी (Dr. Dipu Moni) ने 7–8 मई 2012 के दौरान भारत की आधिकारिक यात्रा की। *भारत-बांग्लादेश संयुक्त सलाहकार आयोग (जेसीसी)* (India-Bangladesh Joint Consultative Commission—JCC) की पहली बैठक, जैसा कि भारत के प्रधान मंत्री की बांग्लादेश यात्रा के दौरान हस्ताक्षरित विकास के लिए सहयोग पर फ्रेमवर्क समझौते में परिकल्पना की गई थी, 7 मई 2012 को नई दिल्ली में आयोजित की गई थी। राजनीतिक और सुरक्षा सहयोग, व्यापार और कनेक्टिविटी, विकास सहयोग, जल संसाधन और बिजली में द्विपक्षीय सहयोग, उप-क्षेत्रीय सहयोग और लोगों से लोगों के बीच संपर्क जैसे मुद्दों पर चर्चा हुई।

अमेरिकी विदेश मंत्री सुश्री हिलेरी क्लिंटन ने 08 मई 2012 को भारत का दौरा किया। विदेश मंत्री एस.एम. कृष्णा ने भविष्य में भारत-अमेरिका संबंधों के प्रति आशावादी दृष्टिकोण पेश किया। हालाँकि, भारत ने पेशेवरों की गतिशीलता पर जारी कठिनाइयों, विशेष रूप से हमारी आईटी (IT) कंपनियों के लिए, और सेवा उद्योग में वैश्विक आपूर्ति श्रृंखला के संबंध में अमेरिका में संरक्षणवादी भावनाओं के बारे में अपनी चिंता व्यक्त की। इसके अलावा दोनों पक्षों ने नागरिक परमाणु ऊर्जा में वाणिज्यिक सहयोग को बढ़ावा देने के बारे में गहन चर्चा की। जहां तक अफगानिस्तान का सवाल है, भारत ने शासन, सुरक्षा और आर्थिक विकास के लिए अफगान क्षमता के निर्माण और सहायता, निवेश और क्षेत्रीय संबंधों के साथ अफगानिस्तान का समर्थन करने के लिए निरंतर अंतर्राष्ट्रीय प्रतिबद्धता की आवश्यकता पर बल दिया। भारत ने वार्ता और वार्ता के माध्यम से ईरानी परमाणु मुद्दे के शांतिपूर्ण समाधान के महत्व को भी रेखांकित किया। चीन के साथ संबंधों और भारत के तत्काल पड़ोस के देशों में विकास सहित एशिया प्रशांत और हिंद महासागर क्षेत्र पर भी चर्चा हुई। दोनों पक्षों ने अपने बांग्लादेशी समकक्ष के साथ हालिया बातचीत पर भी विचारों का आदान-प्रदान किया।

ईरान इस्लामी गणराज्य के विदेश मामलों के मंत्री डॉ. अली अकबर सालेही (Dr. Ali Akbar Salehi) ने ईरान के राष्ट्रपति के विशेष दूत के रूप में 31 मई से 1 जून 2012 तक भारत का दौरा किया और प्रधानमंत्री को अगस्त 2012 में तेहरान में 16वें गुटनिरपेक्ष आंदोलन शिखर सम्मेलन में भाग लेने के लिए निमंत्रण सौंपा। समान पड़ोस साझा करते हुए, भारत और ईरान दोनों मध्य एशिया और खाड़ी की स्थिरता में रुचि रखते हैं और आतंकवाद के बारे में भी समान चिंता रखते हैं। ईरान न केवल एक महत्वपूर्ण पड़ोसी है, बल्कि भारत के लिए एक महत्वपूर्ण व्यापार भागीदार और हमारी ऊर्जा आपूर्ति का एक प्रमुख स्रोत भी है। इसलिए, यह यात्रा महत्वपूर्ण थी और समय भी ध्यान देने योग्य है क्योंकि यह अमेरिकी विदेश मंत्री की यात्रा के तुरंत बाद हुई थी।

सिंगापुर के प्रधान मंत्री ली सीन लूंग (Lee Hsien Loong) ने प्रधान मंत्री डॉ. मनमोहन सिंह के निमंत्रण पर 10–12 जुलाई 2012 तक भारत की राजकीय यात्रा की। इसके दौरान व्यावसायिक शिक्षा और कौशल विकास के क्षेत्र में सहयोग की सुविधा, कौशल विकास और सशस्त्र बलों की निरंतरता के लिए अत्याधुनिक सुविधा प्रदान करने के लिए दिल्ली में ग्रीनफील्ड वर्ल्ड क्लास कौशल विकास केंद्र की स्थापना की सुविधा और सैन्य बलों के संयुक्त प्रशिक्षण और अभ्यास से संबंधित कई महत्वपूर्ण समझौता ज्ञापन पर हस्तान्तर किये गये।

27 जुलाई 2012 को, इंडोनेशिया के विदेश मंत्री डॉ. मार्टी नटालेगावा (Dr. Marty Natalegawa) ने एस.एम. कृष्णा के साथ भारत-इंडोनेशिया संयुक्त आयोग की चौथी बैठक की सह-अध्यक्षता करने के लिए भारत का दौरा किया। यात्रा के दौरान दो समझौतों पर हस्ताक्षर किये गये। वे हैं: दोहरे कराधान से बचाव और आय पर करों के संबंध में राजकोषीय चोरी की रोकथाम, और भारत गणराज्य और इंडोनेशिया

गणराज्य के बीच चौथी संयुक्त आयोग की बैठक की संक्षित कार्यवही के लिए सहमति (Agreed Minutes)।

लैटिन अमेरिकी और कैरेबियाई राज्यों का समुदाय (सीईएलएसी) (Community of Latin American and Caribbean States—CELAC) एक नवगठित क्षेत्रीय समूह है जिसमें लैटिन अमेरिका के 33 संप्रभु राज्य और कैरेबियन क्षेत्र (एलएसी) क्षेत्र शामिल हैं। पहली भारत-सीईएलएसी (CELAC) ट्रोइका (Troika) विदेश मंत्रिस्तरीय बैठक 7 अगस्त 2012 को नई दिल्ली में आयोजित की गई थी। इस प्रकार, इस अवसर पर पहली सीईएलएसी (CELAC) मंत्रिस्तरीय ट्रोइका बैठक के लिए चिली और वेनेजुएला के विदेश मंत्रियों और क्यूबा के उप विदेश मंत्री ने भारत का दौरा किया। वार्ताएं आपसी हित के क्षेत्रीय और बहुपक्षीय मुद्दों पर केंद्रित रहीं, जैसे भारत और सीईएलएसी (CELAC) के बीच बहुआयामी द्विपक्षीय सहयोग को मजबूत करना, क्षेत्रीय मुद्दों पर प्रतिक्रियाओं का समन्वय करना और संयुक्त राष्ट्र सुधार, अंतर्राष्ट्रीय वित्तीय संकट, जलवायु परिवर्तन और अंतर्राष्ट्रीय आतंकवाद सहित अंतर्राष्ट्रीय चुनौतियों का समाधान करना। विदेश मंत्रियों ने शिखर सम्मेलन स्तर सहित सभी स्तरों पर यात्राओं के आदान-प्रदान को बढ़ाने पर सहमति व्यक्त की, जिससे भारत और सीईएलएसी (CELAC) के बीच रणनीतिक साझेदारी को साकार किया जा सके।

7 अगस्त 2012 को बेल्जियम के उप प्रधान मंत्री और विदेश मंत्री का दौरा हुआ। ताजिकिस्तान के राष्ट्रपति इमोमाली रहमोन (Emomali Rahmon) 31 अगस्त 2012 को भारत की अपनी पांचवीं राजकीय यात्रा पर थे। ताजिकिस्तान मध्य एशियाई क्षेत्र में भारत का एक प्रमुख भागीदार है। मध्य एशियाई हाइड्रोकार्बन भंडार तक भारत की पहुंच हासिल करने के नजरिए से यह यात्रा महत्वपूर्ण है। भारत और ताजिकिस्तान दोनों का अफगानिस्तान में सुरक्षा परिवर्तन (security transition) के साथ-साथ आतंकवाद विरोधी सहयोग में साझा हित है।

सितंबर 2012 के महीने में काफी महत्वपूर्ण यात्राएँ हुईं। फिलिस्तीन के राष्ट्रपति, 9 सितंबर 2012, कनाडा के विदेश मंत्री, 11 सितंबर 2012, बुरुंडी के राष्ट्रपति, 17 सितंबर 2012 और श्रीलंका के राष्ट्रपति, 19–22 सितंबर 2012 ने यात्राएं कीं।

रूसी संघ के उपाध्यक्ष दिमित्री रोगोज़िन (Dmitry Rogozin) ने 13 अक्टूबर 2012 को भारत का दौरा किया। भारत और रूस ने विज्ञान और प्रौद्योगिकी के क्षेत्र में द्विपक्षीय सहयोग की समीक्षा की और दोनों देशों में भारत-रूस संयुक्त प्रौद्योगिकी केंद्रों के कार्यालयों के संचालन का स्वागत किया। दोनों देशों ने एक दूसरे के बीच सहयोग के विस्तार के लिए एक महत्वपूर्ण क्षेत्र के रूप में आईटी (IT) और हाइड्रोकार्बन क्षेत्र, विशेष रूप से ऊर्जा क्षेत्र में संपर्क मजबूत करने पर जोर दिया।

ऑस्ट्रेलियाई प्रधान मंत्री जूलिया गिलार्ड (Dmitry Rogozin) ने 15–17 अक्टूबर 2012 को भारत का दौरा किया। निम्नलिखित से संबंधित तीन समझौता ज्ञापनों (MoU) पर हस्ताक्षर किए गए:

1. नागरिक अंतरिक्ष विज्ञान, प्रौद्योगिकी और शिक्षा;
2. ऊनी और ऊनी उत्पादों का क्षेत्र;
3. छात्र गतिशीलता और कल्याण;
4. खनन और राष्ट्रीय कौशल विकास सहयोग।

दूसरा भारत-जापान 2 + 2 संवाद 22 अक्टूबर 2012 को टोक्यो में आयोजित किया गया था। भारतीय प्रतिनिधिमंडल का नेतृत्व विदेश सचिव रंजन मथाई (Ranjan Mathai) और रक्षा सचिव

शशिकांत शर्मा (Shashi Kant Sharma) ने किया। जापानी प्रतिनिधिमंडल का नेतृत्व उप विदेश मंत्री अकिताका सैकी (Akitaka Saiki) और प्रशासनिक उप रक्षा मंत्री हिरोनोरी कानाज़ावा (Hironori Kanazawa) ने किया। वरिष्ठ अधिकारी स्तर पर ये 2 + 2 परामर्श दिसंबर 2009 में दोनों देशों के बीच संपन्न सुरक्षा सहयोग को आगे बढ़ाने की कार्य योजना के क्रियान्वयन के लिए अनिवार्य हैं। ये परामर्श जून 2010 में नई दिल्ली में आयोजित 2 + 2 संवाद के अंतिम दौर में बनाए गए थे। प्रत्येक देश के सुरक्षा माहौल की पृष्ठभूमि में अपनी-अपनी रक्षा और सुरक्षा नीतियों पर एक-दूसरे को जानकारी देने के अलावा, द्विपक्षीय सुरक्षा और रक्षा सहयोग की समीक्षा की गई और ऐसे संबंधों को और आगे बढ़ाने के तरीकों पर चर्चा की गई। दोनों प्रतिनिधिमंडलों ने समुद्री, साइबर और बाहरी अंतरिक्ष सुरक्षा पर भी विचारों का आदान-प्रदान किया। वे नई भारत-जापान साइबर सुरक्षा वार्ता की शीघ्र बैठक पर सहमत हुए।

26 अक्टूबर 2012 को स्पेन के राजा की भारत की राजकीय यात्रा थी। इस यात्रा के दौरान निम्नलिखित से संबंधित पांच समझौतों/एमओयू (MoU) पर हस्ताक्षर किए गए:

1. दोहरे कराधान से बचाव और आय और पूंजी पर करों के संबंध में राजकोषीय चोरी की रोकथाम;
2. सड़क एवं सड़क परिवहन क्षेत्र;
3. रक्षा सहयोग;
4. दृश्य-श्रव्य सह-उत्पादन;
5. रेलवे क्षेत्र में तकनीकी सहयोग।

दक्षिण चीन सागर में बढ़ती चीनी गतिविधियाँ भारत, अमेरिका और जापान को समुद्री सुरक्षा और एशिया-प्रशांत आर्किटेक्चर को आकार देने में सहयोग के लिए पृष्ठभूमि प्रदान करती हैं। भारत ने 29 अक्टूबर 2012 को भारत-जापान-अमेरिका त्रिपक्षीय वार्ता के तीसरे दौर की मेजबानी की। त्रिपक्षीय वार्ता का उद्देश्य तीन प्रमुख विषयों—विकसित हो रही एशियाई सुरक्षा वास्तुकला, गैर-पारंपरिक सुरक्षा मुद्दे और इस प्रक्रिया के लिए संभावनाएं और चुनौतियां की चर्चा करना है।

बेगम खालिदा जिया (Begum Khaleda Zia) ने 28 अक्टूबर से 3 नवंबर 2012 तक भारत का दौरा किया। उन्होंने भारत के नए विदेश मंत्री सलमान खुर्शीद से मुलाकात की। उन्होंने अतीत की चिंता किए बिना भारत-बांग्लादेश संबंधों के भविष्य के दृष्टिकोण पर ध्यान केंद्रित किया।

भारत के विदेश मंत्री सलमान खुर्शीद (Salman Khurshid) ने 1 नवंबर को सेशेल्स (Seychelles) के विदेश मंत्री जीन पॉल एडम (Jean Paul Adam) से मुलाकात की।

भारत ने 02 नवंबर 2012 को आईओआर-एआरसी (IOR-ARC) के मंत्रिपरिषद की 12वीं बैठक की मेजबानी की। *गुड़गांव विज्ञप्ति* आईओआर-एआरसी 15 (*IORARC 15*)—*अगला दशक को अपनाया गया था जिसमें आईओआर-एआरसी सदस्य देशों के समुद्री क्षेत्र के भीतर मजबूत सहयोग का वादा किया गया था*। आईओआर-एआरसी बैठक के इतर भारत के विदेश मंत्री सलमान खुर्शीद ने ओमान के विदेश मंत्री यूसुफ अलावी (Yousuf Alawi), यमन के विदेश मंत्री अबू-बक्र अल-किरबी (Abu-Bakr Al-Qirbi), श्रीलंका के विदेश मंत्री प्रो. जी.एल. पेइरिस (G.L. Peiris) और कोमोरोस के विदेश मंत्री मोहम्मद बकरी बेन अब्दुल फतह (Mohamed Bakri Ben Abdoul Fatah) से मुलाकात की।

कनाडा के प्रधान मंत्री श्री स्टीफन हार्पर (Mr. Stephen Harper) ने 4–9 नवंबर 2012 तक भारत का दौरा किया। दोनों प्रधानमंत्रियों ने अपने संयुक्त वक्तव्य में रणनीतिक स्तर पर द्विपक्षीय जुड़ाव

को गहरा करने के साथ-साथ ऊर्जा, सुरक्षा, कृषि, खाद्य सुरक्षा, शिक्षा, विज्ञान और प्रौद्योगिकी, खनिज संसाधन, बुनियादी ढाँचा, रक्षा और इसी तरह जैसे आपसी हितों के क्षेत्रों की पहचान करके एक दूरदर्शी संबंध बनाने का संकल्प लिया। यह यात्रा महत्वपूर्ण थी क्योंकि यह भारत में कनाडा के उच्चायोग के उद्घाटन की 65वीं वर्षगांठ थी।

यूनाइटेड किंगडम के विदेश और राष्ट्रमंडल मामलों के राज्य सचिव विलियम हेग (William Hague) ने 7–9 नवंबर, 2012 तक भारत का दौरा किया। इस यात्रा के दौरान भारत और यूनाइटेड किंगडम ने साइबर सुरक्षा पर एक संयुक्त वक्तव्य जारी किया। वे द्वि-वार्षिक आधार पर 'साइबर संवाद' (Cyber Dialogue) आयोजित करने पर भी सहमत हुए।

दूसरी भारत-चीन रणनीतिक आर्थिक वार्ता 26 नवंबर 2012 को नई दिल्ली में हुई, जिसमें भारत और चीन के बीच बढ़ते आर्थिक हितों पर जोर दिया गया।

म्यांमार की नेशनल लीग ऑफ डेमोक्रेसी की अध्यक्ष आंग सान सू (Aung San Suu Kyi) की ने 13-18 नवंबर 2012 को भारत का दौरा किया। उन्होंने 14 नवंबर 2012 को पंडित जवाहरलाल नेहरू की जयंती मनाने के लिए नेहरू मेमोरियल व्याख्यान दिया। ।9–13 नवंबर तक इस्लामिक रिपब्लिक ऑफ अफगानिस्तान के राष्ट्रपति हामिद करजई (Hamid Karzai) भारत की राजकीय यात्रा पर थे। दोनों देश अपनी रणनीतिक साझेदारी को मजबूत करने के लिए तत्पर हैं और उन्होंने द्विपक्षीय, क्षेत्रीय और वैश्विक मुद्दों पर भी चर्चा की।

भारत ने 20–21 दिसंबर 2012 को नई दिल्ली में आसियान-भारत स्मारक शिखर सम्मेलन (ASEAN-India Commemorative Summit) की मेजबानी की। यह आसियान-भारत संवाद साझेदारी की 20वीं वर्षगांठ और आसियान-भारत शिखर सम्मेलन-स्तरीय साझेदारी की 10वीं वर्षगांठ थी। शिखर सम्मेलन का विषय ***शांति और साझा समृद्धि के लिए आसियान-भारत साझेदारी*** (*ASEAN-India Partnership for Peace and Shared Prosperity*) था। शिखर सम्मेलन में आसियान-भारत विजन स्टेटमेंट 2020 को अपनाया गया। आसियान-भारत संबंधों की जबरदस्त प्रगति को चिह्नित करने में इसे भारत के लिए एक बड़ी उपलब्धि के रूप में देखा जा सकता है।

रूसी राष्ट्रपति व्लादिमीर पुतिन (Vladimir Putin) 13वें भारत-रूस वार्षिक शिखर सम्मेलन में भाग लेने के लिए 24 दिसंबर 2012 को नई दिल्ली की आधिकारिक यात्रा पर थे। इस शिखर सम्मेलन के दौरान *आपसी लाभ और एक बेहतर दुनिया के लिए साझेदारी* (*Partnership for Mutual benefit and a Better World*) विषय के तहत एक संयुक्त बयान जारी किया गया। वर्ष 2012 नेपाल के राष्ट्रपति डॉ. राम बरन यादव (Dr. Ram Baran Yadav) की 24–29 दिसंबर 2012 की आधिकारिक यात्रा के साथ समाप्त हुआ।

भारत की विदेश नीति में परिपक्वता के संकेत दिख रहे हैं। यह अपनी लुक-ईस्ट नीति में सुधार, अपनी मध्य एशियाई नीति को बढ़ावा देने, लैटिन अमेरिकी और कैरेबियाई राज्यों के साथ जुड़ने और नई आर्थिक व्यवस्थाओं के साथ आर्थिक जुड़ाव में सुधार के साथ-साथ ऑस्ट्रेलिया मलेशिया, सिंगापुर, इंडोनेशिया, जापान, दक्षिण कोरिया और बांग्लादेश जैसे देशों के साथ द्विपक्षीय सीईसीए (CECA) और सीईपीए (CEPA) पर बातचीत करने के भारत के इरादे को प्रतिबिंबित कर रहा है। कुछ का उल्लेख करने के लिए भारत सरकार की विदेशी निवेश नीति के हिस्से के रूप में निवेशकों के पारस्परिक आधार पर निवेश को बढ़ावा देने और संरक्षित करने के लिए *द्विपक्षीय निवेश संवर्धन और संरक्षण समझौते (बीआईपीए/बीआईपीपीए)* (Bilateral Investment Promotion and Protection Agreement—

BIPAs/BIPPAs) में प्रवेश करने के लिए कई देशों के साथ बातचीत की गई है। भारत सरकार ने अब तक (जुलाई 2012 तक) 82 देशों के साथ बीआईपीए (BIPA) पर हस्ताक्षर किए हैं, जिनमें से 72 बीआईपीए पहले ही लागू हो चुके हैं और शेष समझौते लागू होने की प्रक्रिया में हैं। इसके साथ ही, भारत जापान और अमेरिका जैसे विभिन्न देशों के साथ विभिन्न सुरक्षा वार्ताओं में भी शामिल हो रहा है। हालाँकि, भारत को अपने पड़ोसियों, विशेषकर पाकिस्तान के साथ संबंधों को स्थिर करने का लक्ष्य रखना होगा। चीन के साथ, भारत को सतर्क रहना होगा, क्योंकि 2013 में चीनी नेतृत्व में बदलाव होगा जिसका अर्थ है चीन के प्रति भारत की नीति का पुन: उन्मुखीकरण। भारत-अमेरिका संबंधों को अब राष्ट्रपति ओबामा के दूसरे कार्यकाल में भारत के प्रति उनके रुख के अलावा चीन और भारत के बीच संतुलन के दृष्टिकोण से भी आंका जाना चाहिए। दूसरा महत्वपूर्ण कारक उनकी अफ-पाक (Af-Pak) नीति की दिशा होगी।

भारत और प्रमुख शक्तियाँ (India and the Major Powers)

भारत और संयुक्त राज्य अमेरिका (India and United States of America)

वर्तमान अंतर्राष्ट्रीय परिदृश्य में, एकमात्र जीवित महाशक्ति के रूप में संयुक्त राज्य अमेरिका की जबरदस्त उपस्थिति के साथ, भारतीय विदेश नीति के किसी भी छात्र के लिए शीत युद्ध के बाद के अंतर्राष्ट्रीय संबंधों में लगातार विकसित हो रहे भारत-अमेरिका संबंधों का विश्लेषण करना महत्वपूर्ण है।

आज़ादी के तुरंत बाद, शीत युद्ध की समाप्ति तक और उसके एक दशक बाद तक, भारत-अमेरिका संबंधों में कोई महत्वपूर्ण विकास नहीं हुआ। दोनों के बीच द्विपक्षीय संबंध ठीक से विकसित नहीं हो सके, क्योंकि शीत युद्ध की गणनाओं ने भारत-अमेरिका संबंधों को प्रभावित किया। प्रारंभ में, भारत के गुटनिरपेक्षता के रुख को अमेरिका में समर्थन नहीं मिला। जॉन फोस्टर डलेस (John Foster Dulles) ने गुटनिरपेक्षता को "अनैतिक" (immoral) बताया। बाद में, कुछ अन्य मुद्दे सामने आये जिससे दोनों के बीच द्विपक्षीय संबंधों के स्वाभाविक विकास में बाधा उत्पन्न हुई। कश्मीर एक ऐसा मुद्दा रहा है और अमेरिका 1948 और 1949 के संयुक्त राष्ट्र प्रस्ताव के अनुसार कश्मीर में जनमत संग्रह का पक्ष ले रहा है, जिससे भारत अमेरिका के प्रति सतर्क हो गया है। इसके अलावा, 1949 में भारत द्वारा साम्यवादी चीन को मान्यता देना, पाकिस्तान को बगदाद संधि (Baghdad Pact) (1955–1958), सीटो (SEATO) (1954) और सेंटो (CENTO) (1958–1979) जैसे सैन्य गठबंधनों में शामिल करना और बाद में साम्यवाद को "रोकने" के लिए पाकिस्तान को अमेरिकी हथियारों की आपूर्ति करना दोनों देशों के बीच तनाव का मुख्य मुद्दा बन गया। भारत-अमेरिका संबंधों में प्रमुख अड़चनें कोरियाई संकट (Korean crisis) और भारत द्वारा अमेरिका प्रायोजित "यूनाइटिंग फॉर पीस रेजोल्यूशन" (Uniting for Peace Resolution) का समर्थन करने से इनकार ने दोनों को दूर कर दिया। 1971 की भारत-रूस मैत्री संधि (Indo-Russian Treaty of Friendship) ने भारत-अमेरिका संबंधों को और अधिक खराब कर दिया। 1971 के बांग्लादेश मुक्ति संग्राम के दौरान फिर से संबंध निचले स्तर पर पहुंच गए। अमेरिका ने पाकिस्तान का समर्थन किया और यूएनएससी के माध्यम से संघर्ष विराम पर बातचीत करने की भी कोशिश की। हालाँकि, सोवियत ने इस पर वीटो कर दिया। भारत पर दबाव बनाने के लिए अमेरिका ने अपना 7वां बेड़ा भी बंगाल की खाड़ी में भेज दिया। सोवियत संघ भारत के बचाव में आया था और उन्होंने अमेरिकी दबाव का मुकाबला करने के लिए अपने बेड़े बंगाल की खाड़ी में भेजे थे। 1974 में भारत द्वारा पोखरण परमाणु विस्फोट ने भी दोनों देशों को दूर कर दिया। लेकिन विचार करने की एक बात यह है कि आर्थिक, संस्कृति और शिक्षा के क्षेत्र में

इतनी परेशानियों के बावजूद सहयोग जारी रहा। अमेरिका ने भोजन की कमी को पूरा करने के लिए तकनीकी सहायता भी प्रदान की और खाद्यान्न (पीएल-480) की आपूर्ति भी की (संदर्भ के लिए पृष्ठ 378 पर इंदिरा गांधी पर दिये अनुभाग के तहत भारतीय विदेश नीति देखें)। आर्थिक, वाणिज्यिक, वैज्ञानिक और तकनीकी, शैक्षिक और सांस्कृतिक क्षेत्रों में सहयोग को बढ़ावा देने की संभावनाओं का पता लगाने के लिए एक संयुक्त आयोग भी स्थापित किया गया था। 1979 में अफगानिस्तान पर सोवियत आक्रमण के कारण द्विपक्षीय संबंधों को झटका लगा। भारत ने अमेरिका के पीछे लामबंद होने और सोवियत संघ को हमलावर बताने से इनकार कर दिया (संर्दभ के लिए पृष्ठ 380 देखें)। भारत पाकिस्तान को अमेरिकी हथियारों की आपूर्ति को लेकर भी आलोचनात्मक था। रोनाल्ड रीगन (Ronald Reagan) के कार्यकाल के दौरान डिएगो गार्सिया को लेकर मतभेदों के कारण कड़वाहट बढ़ गई और भारत डिएगो गार्सिया (Diego Garcia) में अमेरिकी बेस को खत्म करना चाहता था। भारत ने हिंद महासागर को 'शांति क्षेत्र' (Zone of Peace) के रूप में स्थापित करने की मांग की। अमेरिका ने तारापुर परमाणु ऊर्जा स्टेशन को परमाणु ईंधन की आपूर्ति करने से इनकार कर दिया। अप्रसार संधि पर हस्ताक्षर करने से भारत के इनकार और भारत के खिलाफ सुपर 301* (Super 301) और मिसाइल प्रौद्योगिकी व्यवस्था को लागू करने की अमेरिकी मंशा ने कड़वाहट को और बढ़ा दिया।

केवल राजीव गांधी के कार्यकाल के दौरान ही थोड़ा सुधार देखा जा सका। उन्होंने जून 1985 में संयुक्त राज्य अमेरिका का दौरा किया और राष्ट्रपति रोनाल्ड रीगन के साथ तालमेल स्थापित किया। हालाँकि, उन्होंने मौके का फायदा उठाया और तेजी से परमाणु हथियार बना रहे पाकिस्तान के छिपे खतरों की ओर इशारा किया। नेशनल फ्रंट सरकार के दौरान, भारत-अमेरिका संबंधों में और सुधार हुआ और विश्व बैंक और आईएमएफ (IMF) जैसी विश्व एजेंसियों से वित्तीय सहायता में वृद्धि हुई जिससे भारत को प्रथम खाड़ी युद्ध के कारण उत्पन्न आर्थिक संकट से निपटने में मदद मिली। पहली बार अमेरिका भी कश्मीर में जनमत संग्रह और शिमला समझौते, 1972 की तर्ज पर संकट के समाधान के लिए अपनी जिद छोड़ने पर सहमत हुआ। 1990–1991 में, सोवियत संघ के पतन, शीत युद्ध की समाप्ति और भारत के आर्थिक उदारीकरण के बाद, दोनों देशों ने अपने द्विपक्षीय संबंधों पर नए सिरे से विचार किया। इसलिए, नरसिम्हा राव के कार्यकाल के दौरान, कई परेशानियों के बावजूद दोनों पक्षों ने अपने द्विपक्षीय संबंधों को आगे बढ़ाने की कोशिश की। मई 1992 में दो देशों ने संयुक्त नौसेना अभ्यास आयोजित किया। प्रधान मंत्री नरसिम्हा राव ने मई 1994 में अमेरिका की एक सप्ताह की आधिकारिक यात्रा की, जिससे संबंधों को मजबूत करने में मदद मिली और इसके बाद कई *समझौता ज्ञापनों (एमओयू)* (MoUs) पर हस्ताक्षर किए गए।

1995 में, अमेरिकी रक्षा और वाणिज्य सचिवों की यात्राओं के बाद कई समझौतों पर हस्ताक्षर किए गए। हालाँकि, अमेरिकी व्यापार कानून सुपर 301 ने अभी भी भारत के निर्यात को प्रभावित किया जो फिर से भारत-अमेरिका संबंधों में एक परेशान करने वाला कारक था जिसे 1994 में ही हटा दिया गया था। पाकिस्तान को 28 एफ-16 विमानों की बिक्री के संबंध में 1995 में प्रेसलर संशोधन के पारित होने से संबंधों में गिरावट देखी गई। फिर से तारापुर रिएक्टर को परमाणु ईंधन की आपूर्ति बाधित हुई, क्रायोजेनिक बिक्री प्रभावित हुई और सुपर 301 का मुद्दा फिर से उभर आया, जिससे दोनों के बीच असहजता पैदा हो गई।

1998 में, वाजपेयी सरकार के कार्यकाल के दौरान पोखरण द्वितीय विस्फोट (Pokhran II Explosion) और सीटीबीटी (CTBT) पर हस्ताक्षर करने से भारत के इनकार के साथ संबंधों में पूरी

* Super 301 Section 301 of the US Trade Act, 1974

तरह से प्रतिकूल मोड़ आ गया। हालाँकि, पाकिस्तान में आतंकवादियों की बढ़ती सक्रियता के कारण, भारत के प्रति अमेरिका का रुख बदलने लगा और राष्ट्रपति क्लिंटन ने मार्च 2000 में भारत का दौरा किया। 2001 में जब राष्ट्रपति बुश ने पदभार संभाला, तो कई परेशानियों के बावजूद उन्होंने भारत के साथ नए संबंधों के रास्ते तलाशना बंद नहीं किया। संयुक्त राज्य अमेरिका पर 9/11 के हमले और 13 दिसंबर को भारतीय संसद पर हुए हमले के बाद ही भारत-अमेरिका संबंधों में एक नया मोड़ आया क्योंकि दोनों ने अंतर्राष्ट्रीय आतंकवाद के खिलाफ लड़ने का संकल्प लिया।

भारत और अमेरिका दोनों किकलेइटर (Kickleighter) प्रस्तावों के अनुसार सैन्य सहयोग को बढ़ावा देने पर सहमत हुए। हालाँकि, अमेरिका के सुधारों, पाकिस्तान को F-16 की आपूर्ति, गैट (GATT) वार्ता, क्रायोजेनिक इंजन की बिक्री, तारापुर रिएक्टर के लिए परमाणु ईंधन की आपूर्ति से इनकार, भारत के कपड़ा निर्यात पर टैरिफ प्रतिबंध लगाने और अन्य मुद्दों पर मतभेद बने रहे। 1999–2000 में संबंधों में उल्लेखनीय प्रगति हुई। 1999 में, भारत और अमेरिका दोनों ने द्विपक्षीय प्रत्यर्पण संधि, आपराधिक मामलों में पारस्परिक कानूनी सहायता पर संधि और कई रक्षा सहयोग सौदों में प्रवेश किया। राष्ट्रपति क्लिंटन ने मार्च 2000 में भारत का दौरा किया और प्रधान मंत्री वाजपेयी ने सितंबर में अमेरिका का दौरा किया। 2001 में अमेरिका ने परमाणु प्रतिबंध हटाये। वर्ष 2002, एक बड़ा मील का पत्थर हासिल हुआ जब वाजपेयी और बुश की न्यूयॉर्क में मुलाकात हुई। उन्होंने उच्च प्रौद्योगिकी, अंतरिक्ष अनुसंधान, नागरिक परमाणु प्रौद्योगिकी, आर्थिक, रक्षा और विभिन्न वैश्विक मुद्दों को संबोधित करने जैसे सहयोग के क्षेत्रों की पहचान की। 2002 में, राष्ट्रीय सुरक्षा रणनीति पर सहमति हुई और जनवरी 2004 में राष्ट्रपति बुश ने भारत के साथ *'रणनीतिक साझेदारी में अगले कदम' (एनएसएसपी)* (Next Steps in Strategic Partnership—NSSP) की घोषणा की। इससे भारत को अमेरिका के '*रणनीतिक साझेदार*' (Strategic Partner) का दर्जा हासिल हो गया।

वर्ष 2008 इस मायने में महत्वपूर्ण है कि अमेरिका और अन्य देशों की सहायता से भारत *परमाणु आपूर्तिकर्ता समूह (एनएसजी)* (Nuclear Suppliers Group—NSG) से छूट पाने में कामयाब रहा। 123 समझौते को सुधारा गया। अंतिम परिणाम यह हुआ कि भारत और अमेरिका ने ऐतिहासिक परमाणु समझौता किया।

जुलाई 2009 में, अमेरिकी विदेश मंत्री हिलेरी क्लिंटन ने भारत-अमेरिका संबंधों को और बढ़ावा देने के लिए भारत का दौरा किया। नवंबर 2009 में मनमोहन सिंह की चार दिवसीय अमेरिका यात्रा के साथ भारत-अमेरिका संबंधों में नए विकास हुए। इस यात्रा के बाद आतंकवाद-निरोध, मुंबई जैसे हमलों को रोकने के लिए काउंटर-इंटेलिजेंस, भारत-अमेरिका असैन्य परमाणु समझौते के कार्यान्वयन जैसे विभिन्न वैश्विक और क्षेत्रीय मुद्दों पर सहयोग को मजबूत करने पर उच्च स्तरीय वार्ता हुई। अमेरिकी राष्ट्रपति बराक ओबामा ने भारत को एक "अपरिहार्य भागीदार" (indispensable partner) के रूप में सराहा, क्योंकि दोनों देश सभी देशों के लिए सुरक्षा और समृद्धि का भविष्य बनाने का प्रयास करेंगे। इस प्रकार, भारत और अमेरिका के बीच 'रणनीतिक साझेदारी' का एक नया चरण शुरू हुआ। नवंबर 2009 में ही, भारत और अमेरिका ने भारत-अमेरिका काउंटर टेररिज्म इनिशिएटिव (India-US Counter Terrorism Initiative) पर हस्ताक्षर किए, जिसका उद्देश्य आतंकवाद का मुकाबला करने के लिए सहयोग को मजबूत करना है।

भारत-अमेरिका रणनीतिक वार्ता 3 जून 2010 को हुई जब विदेश मंत्री एस.एम. कृष्णा ने संयुक्त राज्य अमेरिका का दौरा किया। भारत को "बढ़ती वैश्विक शक्ति" के रूप में मान्यता देते हुए, अमेरिकी विदेश मंत्री हिलेरी क्लिंटन ने घोषणा की कि संयुक्त राज्य अमेरिका निश्चित रूप से "यूएनएससी(UNSC) में स्थायी

सीट के लिए भारत की दावेदारी पर विचार करने के लिए" प्रतिबद्ध है। 6–9 नवंबर 2010 को अमेरिकी राष्ट्रपति ओबामा की भारत यात्रा ने दोनों देशों को और करीब ला दिया। राष्ट्रपति ओबामा ने चरणबद्ध तरीके से परमाणु आपूर्तिकर्ता समूह, एमटीसीआर (MTCR), *ऑस्ट्रेलियाई समूह (एजी)* (Australian Group—AG) और *वासेनार व्यवस्था (डब्ल्यूए)* (Wassenaar Arrangement—WA) जैसी बहुपक्षीय निर्यात नियंत्रण व्यवस्थाओं में भारत की सदस्यता और भारत की रक्षा और अंतरिक्ष संबंधी संस्थाओं को अमेरिका की 'इकाई सूची' (Entity List) से हटाने के लिए अमेरिकी समर्थन व्यक्त किया। (संदर्भ के लिए पृष्ठ 394 देखें)

भारत के विदेश मंत्री एस.एम. कृष्णा और अमेरिकी विदेश मंत्री हिलेरी रोडम क्लिंटन ने भारत-अमेरिका रणनीतिक वार्ता की दूसरी वार्षिक बैठक के लिए 19 जुलाई 2011 को नई दिल्ली में मुलाकात की। सुश्री क्लिंटन ने बातचीत के तीन प्रमुख क्षेत्रों पर प्रकाश डाला। वे इस प्रकार हैं—बाजारों को और अधिक खोलने के साथ-साथ टैरिफ बाधाओं को कम करना, समुद्री सुरक्षा में भारत को शामिल करना और विशेष रूप से नौसेना और नागरिक परमाणु सहयोग को उपकरण बेचना।

अमेरिकी विदेश मंत्री सुश्री हिलेरी क्लिंटन ने 08 मई 2012 को भारत का दौरा किया। विदेश मंत्री एस.एम. कृष्णा ने भविष्य में भारत-अमेरिका संबंधों के प्रति आशावादी दृष्टिकोण पेश किया। हालाँकि, भारत ने पेशेवरों की गतिशीलता (mobility of professionals) पर जारी कठिनाइयों, विशेष रूप से हमारी आईटी (IT) कंपनियों के लिए, और सेवा उद्योग में वैश्विक आपूर्ति श्रृंखला के संबंध में अमेरिका में संरक्षणवादी भावनाओं के बारे में अपनी चिंता व्यक्त की। विदेश मंत्री एस.एम. कृष्णा ने 13 जून 2012 को वाशिंगटन डीसी में अमेरिकी विदेश मंत्री हिलेरी क्लिंटन के साथ तीसरी भारत-अमेरिका रणनीतिक वार्ता की सह-अध्यक्षता की। संयुक्त वक्तव्य में 2010 में उद्घाटन रणनीतिक वार्ता (inaugural Strategic Dialogue) के बाद से द्विपक्षीय संबंधों के उल्लेखनीय विस्तार और विकास पर दोनों पक्षों की संतुष्टि शामिल थी।

जहां तक **भारत-अमेरिका आर्थिक संबंधों** का सवाल है, इसमें 2000 के बाद सुधार होना शुरू हुआ। वर्ष 2000 में दोनों देशों के बीच व्यापार साझेदारी की शुरुआत हुई। 21 मार्च 2000 को, भारत के प्रधान मंत्री और संयुक्त राज्य अमेरिका के राष्ट्रपति ने नई दिल्ली में ***भारत-अमेरिका संबंध: 21वीं सदी के लिए एक दृष्टिकोण*** विषय पर एक दस्तावेज़ जारी किया। जाहिर है, ऐसे उल्लेखनीय कदमों के बावजूद, विद्वान अमेरिका-चीन व्यापार की प्रगति की तुलना में प्रगति की धीमी दर की ओर इशारा करते हैं। 1991 में यह आंकड़ा 5.91 बिलियन अमेरिकी डॉलर, 2000 में 14.35 बिलियन अमेरिकी डॉलर, 2004 में 37.1 बिलियन अमेरिकी डॉलर, 2008 में 43.4 बिलियन अमेरिकी डॉलर और 2010 में यह आंकड़ा 48.75 बिलियन अमेरिकी डॉलर था। वर्ष 2010 में अमेरिका-चीन व्यापार 456.82 बिलियन अमेरिकी डॉलर का रहा है। भारत-अमेरिका व्यापार की प्रगति की इतनी धीमी गति के बावजूद भारत एफडीआई (FDI) के लिए आकर्षक गंतव्य और अमेरिकी निर्यात और बहुराष्ट्रीय कंपनियों के लिए बड़ा बाजार प्रतीत होता है। दूर संचार क्षेत्र दोनों देशों के बीच सहयोग का प्रमुख क्षेत्र है। हालाँकि, आउटसोर्सिंग एक गंभीर समस्या रही है और संयुक्त राज्य अमेरिका में घरेलू जनमत भारत, चीन और अन्य जगहों पर नौकरियों की आउटसोर्सिंग के खिलाफ है। अप्रैल 2010 में दोनों देशों ने व्यापक आर्थिक नीति, वित्तीय क्षेत्र और बुनियादी ढांचे के वित्तपोषण में द्विपक्षीय व्यापार को बढ़ावा देने के लिए भारत के वित्त मंत्रालय और ट्रेजरी विभाग के बीच एक नई आर्थिक और वित्तीय साझेदारी शुरू की। इससे पहले 2005 में, व्यापार और निवेश में वास्तविक और सार्थक सहयोग को बढ़ावा देने के लिए एक यूएस-भारत व्यापार नीति फोरम (US-India Trade

Policy Forum) की स्थापना की गई थी, जिसके बाद 2007 में एक *निजी क्षेत्र सलाहकार समूह (पीएसएजी)* (Private Sector Advisory Group—PSAG) की स्थापना की गई थी।

भारत-अमेरिका परमाणु समझौता सर्वविदित है और भारत के लिए यह एक अभूतपूर्व सफलता है। सबसे उल्लेखनीय सफलता जो मनमोहन सिंह की सरकार हासिल करने में सफल रही, वह थी संयुक्त राज्य अमेरिका के साथ परमाणु समझौता करना। यह प्रक्रिया डॉ. सिंह के कार्यभार संभालने के साथ शुरू हुई और अक्टूबर, 2008 में अपने चरम पर पहुँची जब दोनों देशों के बीच अंतिम परमाणु समझौते पर हस्ताक्षर किए गए। इससे पहले 18 जुलाई 2005 को भारत और अमेरिका ने वाशिंगटन डीसी में ऐतिहासिक नागरिक परमाणु समझौते पर हस्ताक्षर किए थे। इसके बाद 2 मार्च 2006 को, भारत और अमेरिका द्वारा एक पृथक्करण योजना शुरू की गई जिसमें सूचीबद्ध किया गया कि नई दिल्ली किन रिएक्टरों को सुरक्षा उपायों के तहत रखेगी। 18 दिसंबर 2006 को, अमेरिकी कांग्रेस द्वारा हाइड अधिनियम (Hyde Act) पारित किया गया जिसके कारण अमेरिकी परमाणु ऊर्जा अधिनियम में संशोधन हुआ। अगली सफलता 27 जुलाई 2007 को मिली जब भारत और अमेरिका ने दोनों देशों के बीच परमाणु व्यापार की शर्तों को रेखांकित करते हुए 123 समझौते पर हस्ताक्षर किए। 1 अगस्त 2008 को, अंतर्राष्ट्रीय परमाणु ऊर्जा एजेंसी (आईएईए) (IAEA) ने भारत-विशिष्ट सुरक्षा समझौते को मंजूरी दे दी, जो नागरिक संयंत्रों की निगरानी के स्तर को परिभाषित करता है। *परमाणु आपूर्तिकर्ता समूह (एनएसजी)* (Nuclear Suppliers Group—NSG) को छूट अंततः 6 सितंबर 2008 को भारत के साथ परमाणु व्यापार की अनुमति देने के लिए इसके 45 सदस्यों के बीच गहन बातचीत के बाद मिली। अंततः भारत और अमेरिका ने 8 अक्टूबर 2008 को परमाणु समझौता किया। चूँकि परमाणु समझौता हो गया है, भारत अब अपने परमाणु हथियार कार्यक्रम को जारी रखते हुए नागरिक परमाणु प्रौद्योगिकी में औपचारिक रूप से व्यापार शुरू कर सकता है, लेकिन भविष्य में परीक्षण करने पर गंभीर परिणामों की उम्मीद कर सकता है।

जहां तक अन्य क्षेत्रों में सहयोग का सवाल है, दोनों देश ऊर्जा सुरक्षा हासिल करने, स्वच्छ ऊर्जा के उपयोग और जलवायु परिवर्तन वार्ता पर काम करने की दिशा में काम करने का संकल्प लेते हैं। दोनों पक्ष स्वास्थ्य, विज्ञान और प्रौद्योगिकी के क्षेत्र में सार्थक सहयोग की आशा रखते हैं। संयुक्त राज्य अमेरिका और भारत एयरोस्पेस, आईटी और संचार, फार्मास्यूटिकल्स और जैव-प्रौद्योगिकी से संबंधित उच्च प्रौद्योगिकी क्षेत्र में भी सहयोग करते हैं। शिक्षा भी सहयोग का एक अन्य महत्वपूर्ण क्षेत्र है। 2009 में प्रधान मंत्री मनमोहन सिंह की वाशिंगटन यात्रा के दौरान दोनों देशों ने ***ओबामा-सिंह 21वीं सदी ज्ञान पहल (Obama-Singh 21st Century Knowledge Initiative)*** शुरू की, जिसका उद्देश्य अमेरिका और भारतीय विश्वविद्यालयों के बीच संबंध और संकाय विकास कार्यक्रम बढ़ाना था। संयुक्त राज्य अमेरिका भी संयुक्त राष्ट्र सुरक्षा परिषद में स्थायी सीट के लिए भारत की दावेदारी का मुखर समर्थक है।

हालाँकि, कुछ अस्पष्ट क्षेत्र अभी भी बने हुए हैं। अमेरिका के साथ *एंड-यूज़-मॉनिटरिंग एग्रीमेंट (ईयूएमए)* (End-Use-Monitoring Agreement—EUMA) पर समझौता करने पर भारत का रुख, जिसकी कई हलकों से गंभीर आलोचना हुई है। कुछ लोग ईयूएमए (EUMA) के प्रावधानों को भारत की संप्रभुता से समझौते के रूप में देखते हैं। सीआईटीबीटी (CITBT) फिर से एक बड़ी बाधा साबित हो सकती है। विश्व व्यापार संगठन के तहत दोहा दौर की वार्ता (Doha rounds of negotiations) और जारी गतिरोध विकासशील दुनिया को नुकसान पहुंचाने वाले मामलों, विशेष रूप से अमेरिका और अन्य विकसित देशों द्वारा कृषि पर सब्सिडी पर अमेरिका और भारत के दृष्टिकोण में अंतर को सामने लाता है। जलवायु परिवर्तन और ग्लोबल वार्मिंग के मुद्दों पर मतभेद मौजूद हैं, विशेष रूप से कार्बन उत्सर्जन स्तर और

भारत और चीन द्वारा लगाए जाने वाले आवश्यक कटौती के मामलों को लेकर। सबसे बढ़कर, अमेरिका की अफ़-पाक नीति (Af-Pak policy) भारत को अत्यधिक प्रभावित करती है। अमेरिका पाकिस्तान के प्रति नरम है और आतंकवाद के खिलाफ लड़ाई में पाकिस्तान अमेरिका का प्रमुख सहयोगी बनकर उभरा है। 26/11 के मुंबई हमले के बाद पाकिस्तान की आतंकवादियों को पनाह देने की नीति और भारत द्वारा दिए गए सबूतों पर भारत के हंगामे के बावजूद पाकिस्तान के प्रति अमेरिकी नीति में कोई बदलाव नहीं आया। पाकिस्तान को अमेरिका से उदारतापूर्वक सैन्य और आर्थिक सहायता मिलती रहती है। नवंबर 2010 में राष्ट्रपति ओबामा के भारत दौरे से ठीक पहले, अमेरिका ने अक्टूबर 2010 में पाकिस्तान को 2 अरब डॉलर के वार्षिक रक्षा सहायता पैकेज की घोषणा की। पाकिस्तान के उत्तर-पश्चिम में अफगान सीमा पर *संघीय प्रशासित जनजातीय क्षेत्रों (एफएटीए)* (Federally Administered Tribal Areas—FATA) में अमेरिकी ड्रोन हमले (2004 से शुरू) और मई 2011 में अमेरिकी नौसेना सील द्वारा ओसामा बिन लादेन की हत्या, पाकिस्तान में आतंकवादी गतिविधियों की गंभीरता को संदेह से परे साबित करती है। एक बार फिर हक्कानी ग्रुप को लेकर अमेरिका ने पाकिस्तान को उत्तरी वजीरिस्तान में सैन्य कार्रवाई की चेतावनी दी है। हालाँकि, अमेरिकी प्रशासन ने आईएसआई (ISI) और हक्कानी संबंधों का समर्थन करने से इनकार कर दिया। डेविड कोलमैन हेडली (David Colcman Headley) पर अमेरिकी रुख को लेकर अस्पष्टता भी भारत और अमेरिका के बीच एक परेशान करने वाला कारक है। शिकागो कोर्ट ने जनवरी 2013 में हेडली को 35 साल कैद की सजा सुनाई थी। भारत ने पहले भी उसके प्रत्यर्पण की गुहार लगाई है और अब भी हेडली को चाहता है लेकिन अमेरिका की ओर से इस पर अनुकूल प्रतिक्रिया नहीं दी गई है।

इसलिए, वर्तमान परिदृश्य में जो उभर कर सामने आता है वह यह है कि भारत को एशिया-प्रशांत में अपने रणनीतिक डिजाइन में अमेरिका के हाथों की कठपुतली नहीं बनना चाहिए। भारत को खुद को चीनियों से अलग करने की कोशिश नहीं करनी चाहिए और चीन को नियंत्रित करने के लिए संवेदनशीलता नहीं दिखानी चाहिए। फिर भारत को चीन की भारी उपस्थिति को संतुलित करने के लिए अमेरिका के साथ भी जुड़ना चाहिए। इस प्रकार, तीन शक्तियों की सहभागिता और समायोजन क्षेत्र में शांति और स्थिरता सुनिश्चित कर सकता है।

भारत और रूस (India and Russia)

भारत-रूस की मित्रता एक समय परीक्षित संबंध (time-tested relationship) है। भारत के लिए रूस जितना भरोसेमंद मित्र कोई नहीं रहा। निःसंदेह, सोवियत संघ के विघटन के तुरंत बाद और रक्षा सौदे से संबंधित कुछ मामलों में कुछ अड़चनें आई हैं, फिर भी दोनों ने वर्षों से मजबूत संबंध विकसित किए हैं। भारत की स्वतंत्रता के तुरंत बाद, राष्ट्रमंडल में भारत की सदस्यता, मलाया में कम्युनिस्ट क्रांति का विरोध, गुटनिरपेक्ष नीति को अपनाने और ग्रीस को समर्थन सहित अन्य अंतर्राष्ट्रीय मुद्दों पर कुछ मतभेद थे। सोवियत संघ भारत की विदेश नीति के पश्चिम समर्थक रुख को लेकर सशंकित था। हालाँकि, प्रारंभिक गलतफहमी जल्द ही स्टालिन (Stalin) की मृत्यु और ख्रुश्चेव (Khrushchev) के राष्ट्रपति पद संभालने के साथ गायब हो गई। 1950 के दशक में जब कम्युनिस्ट खतरे का मुकाबला करने के लिए संयुक्त राज्य अमेरिका द्वारा सैन्य समझौते किए जा रहे थे, तो भारत ने पाकिस्तान के विरोध में ऐसे समझौते/गठबंधन में शामिल होने से इनकार कर दिया और गुटनिरपेक्षता अपनाया। इस फैसले के कारण दोनों देश (भारत और अमेरिका) साथ आ गए। इसके बाद स्वेज संकट जैसे मामलों पर दोनों सहमत थे और हंगरी पर असहमत थे, फिर भी दोनों अपने द्विपक्षीय संबंधों में सौहार्दपूर्ण ढंग से आगे बढ़े। 1962 में, चीन-भारत युद्ध के दौरान, सोवियत

संघ ने पूरे दिल से भारत का समर्थन किया, भारत का पक्ष लिया और एम.आई.जी लड़ाकू विमानों (M.I.G Fighter Planes) के निर्माण जैसे रक्षा सहयोग के लिए प्रस्ताव भी दिए। 1965 के भारत-पाक युद्ध के दौरान, सोवियत संघ ने भारत और पाकिस्तान के बीच शांति की मध्यस्थता की और इस प्रकार ताशकंद घोषणा (1966) पर हस्ताक्षर किए गए।

वर्ष 1971 घटनापूर्ण था, और सोवियत संघ और भारत ने मित्रता और सहयोग की संधि पर हस्ताक्षर किये। संधि की प्रस्तावना "विभिन्न राजनीतिक और सामाजिक प्रणालियों वाले राज्यों के बीच शांतिपूर्ण सह-अस्तित्व और सहयोग के सिद्धांतों" में दोनों देशों के विश्वास की पुष्टि करती है। इस संधि का ध्यान देने योग्य बिंदु यह था कि यदि किसी भी पक्ष पर हमला हुआ तो पारस्परिक परामर्श होगा। दोनों ने एक-दूसरे के खिलाफ सैन्य गठबंधन करने से परहेज करने की भी प्रतिज्ञा की। दोनों ने आर्थिक, वैज्ञानिक और तकनीकी सहयोग बढ़ाने की भी प्रतिबद्धता जताई। इस प्रकार, हम पाते हैं कि सोवियत संघ ने भारत को भिलाई में लौह कारखाना और बोकारो में लौह एवं इस्पात कारखाना स्थापित करने में मदद की। प्रथम कृत्रिम उपग्रह आर्य भट्ट सोवियत संघ से भेजा गया था। जनता सरकार के कार्यकाल के दौरान, यह उम्मीद की गई थी कि भारत की विदेश नीति की स्थिति में भारी बदलाव होंगे। ऐसा विशेष रूप से इसलिए था क्योंकि उन्होंने गुटनिरपेक्षता के सिद्धांत का उल्लंघन बताकर सोवियत संघ के साथ भारत की घनिष्ठता की तीखी आलोचना की थी। हालाँकि, इसने गुटनिरपेक्षता में झुकाव के साथ खुद को समेट लिया और सोवियत संघ के साथ अच्छे संबंध जारी रखे।

इंदिरा गांधी के वापस आने से रिश्ते और मधुर हो गए जिन्हें राजीव गांधी ने और मजबूत किया। राजीव गांधी 21–26 मई 1985 को अपनी पहली मास्को यात्रा पर गए, जिसके परिणामस्वरूप रणनीतिक और आर्थिक क्षेत्रों में उपयोगी बातचीत हुई। नवंबर 1986 में सोवियत राष्ट्रपति मिखाइल गोर्बाचेव की भारत की वापसी यात्रा, सोवियत संघ के साथ भारत के संबंधों में एक ऐतिहासिक घटना थी। भारत और सोवियत संघ के बीच आर्थिक एवं तकनीकी सहयोग के क्षेत्र में नये समझौते पर हस्ताक्षर किये गये। इन सभी वर्षों के दौरान एक बात जो हो रही थी वह यह थी कि दोनों देशों के बीच द्विपक्षीय व्यापार में भारी वृद्धि हुई थी। वी.पी. के नेतृत्व में राष्ट्रीय मोर्चा सरकार और फिर चन्द्र शेखर सिंह ने भारत-रूस नीति में कोई नाटकीय बदलाव नहीं किया और मित्रता और सहयोग की वही पारंपरिक नीति जारी रखी।

दिसंबर 1991 में सोवियत संघ के विघटन के साथ ही समस्याएँ सामने आईं। भारत के प्रति रूस की नीति क्या होगी, इसके बारे में कोई स्पष्ट विचार नहीं था। येल्तसिन और उनके करीबी सहयोगी जैसे गेदर (Gaider) और कोसीरेव (Kosyrev) पश्चिम समर्थक थे। अत: भारत-रूस संबंधों को झटका लगा। इस बीच, शांति और मित्रता और सहयोग की ऐतिहासिक भारत-सोवियत संधि को अगले दो दशकों के लिए बढ़ा दिया गया। क्रायोजेनिक सौदे, हथियार हस्तांतरण, रुपया-रूबल विनिमय और कश्मीर मुद्दे सहित कई मुद्दे सामने आए। नरसिम्हा राव सरकार को तत्कालीन सोवियत संघ के साथ विभिन्न संबंधों पर फिर से बातचीत करनी पड़ी। भारत उस विशेषाधिकार प्राप्त स्थिति से भी फिसल गया, जो उसे तत्कालीन यूएसएसआर (USSR) के तहत प्राप्त थी। भारत के सबसे बड़े असंतोष के लिए, रूस ने दक्षिण एशिया को परमाणु मुक्त क्षेत्र घोषित करने वाले पाकिस्तान-प्रायोजित प्रस्ताव के पक्ष में मतदान किया। शांतिपूर्ण अन्वेषण के लिए भारत के अंतरिक्ष कार्यक्रम में सहायता के लिए मॉस्को द्वारा क्रायोजेनिक इंजनों की आपूर्ति, अंततः भारी अमेरिकी दबाव के कारण बाधित हो गई, जिससे भी भारतीय मन में आशंकाएं पैदा हुईं। हालाँकि, शुरुआती गलतफहमियों ने जल्द ही दोनों के बीच नए संबंधों को जन्म दिया। जनवरी 1993 में रूसी राष्ट्रपति बोरिस येल्तसिन की भारत यात्रा से संबंधों में काफी सुधार हुआ। इस यात्रा के दौरान न केवल रुपया-रूबल विनिमय दर का समाधान किया गया, बल्कि 1971 की भारत-रूस शांति, मित्रता और सहयोग संधि के स्थान पर

20 वर्षों के लिए वैध 14 खंड वाली मित्रता और सहयोग की एक नई संधि लागू की गई। इस संधि में यह शर्त लगाई गई कि दोनों देश एक-दूसरे की क्षेत्रीय अखंडता का समर्थन करने और आंतरिक मामलों में हस्तक्षेप न करने की प्रतिज्ञा करते हुए ऐसी कोई भी कार्रवाई करने से बचेंगे जो एक-दूसरे के सुरक्षा हितों को प्रभावित कर सकती है।

जून 1994 में प्रधान मंत्री नरसिम्हा राव की मास्को यात्रा से संबंधों में और सुधार हुआ। रूस ने पाकिस्तान को हथियारों की आपूर्ति से भी परहेज किया। प्रिमाकोव (Primakov) ने पहले 1996 में रूसी विदेश मंत्री के रूप में और फिर 1998 में प्रधान मंत्री के रूप में द्विपक्षीय संबंधों को बढ़ावा देने के लिए सभी प्रयास किए। मार्च 1997 में भारतीय प्रधान मंत्री एच.डी. देवेगौड़ा की मास्को की यात्रा के दौरान रूस कुडनकुलम (Kudankulam) में परमाणु ऊर्जा संयंत्र स्थापित करने में भारत की मदद करने पर सहमत हुआ। पहले देवेगौड़ा के नेतृत्व में और फिर आई.के. गुजराल के नेतृत्व में संयुक्त मोर्चा सरकार ने भारत की विदेश नीति में कोई महत्वपूर्ण बदलाव नहीं किया।

वाजपेयी के प्रधानमंत्रित्व काल के दौरान, वर्ष 2000 में एक सफलता मिली। उसी वर्ष पुतिन के रूस के राष्ट्रपति का पद संभालने के साथ संबंधों में एक नया मोड़ आया। पुतिन ने 2000 में नई दिल्ली का दौरा किया। रणनीतिक साझेदारी पर घोषणा पर 2000 में हस्ताक्षर किए गए थे। यह किसी राज्य/राज्यों के समूह के विरुद्ध निर्देशित नहीं था, और इसका उद्देश्य सैन्य-राजनीतिक गठबंधन बनाना नहीं था। इस घोषणा ने वार्षिक शिखर सम्मेलन स्तर की बैठकें आयोजित करने, अंतर्राष्ट्रीय और क्षेत्रीय मंचों पर घनिष्ठ सहयोग, धातु विज्ञान, ईंधन और ऊर्जा, सूचना प्रौद्योगिकी, संचार और परिवहन जैसे क्षेत्रों में सहयोग को मजबूत और विविध बनाने, रक्षा और सैन्य सहयोग को मजबूत करने, परमाणु ऊर्जा और बाहरी अंतरिक्ष के शांतिपूर्ण उपयोग में, अंतर्राष्ट्रीय आतंकवाद और संगठित अपराधों से निपटने में सहयोग करना के लिए रूपरेखा भी स्थापित की। उत्तर-दक्षिण गलियारे का विचार भी सितंबर 2000 में सामने आया था।*

फिर से वाजपेयी सरकार के कार्यकाल के दौरान, 2002 में पुतिन की नई दिल्ली यात्रा से संबंधों को बढ़ावा मिला। 'रणनीतिक साझेदारी को और मजबूत करने' पर दिल्ली घोषणा पत्र पर हस्ताक्षर किए गए। दोनों देश आतंकवाद से लड़ने के लिए एक संयुक्त समूह गठित करने पर सहमत हुए और वैज्ञानिक एवं सांस्कृतिक सहयोग को बढ़ावा देने पर जोर दिया।

यूपीए-I और यूपीए-II के दौरान भारत-रूस संबंधों में तेजी देखी गई और रूसी प्रधान मंत्री व्लादिमीर पुतिन की नई दिल्ली और भारतीय प्रधान मंत्री मनमोहन सिंह की मास्को यात्राओं के दौरान दोनों देशों के बीच कई समझौतों पर हस्ताक्षर किए गए। भारत और रूस ने विस्तारित नागरिक परमाणु समझौते और तीन सैन्य समझौतों के साथ अपने संबंधों को मजबूत किया। उन्होंने आतंकवाद के बढ़ते खतरे पर भी चिंता व्यक्त की। यह दिसंबर 2009 के दौरान भारतीय प्रधान मंत्री मनमोहन सिंह द्वारा मास्को की तीन दिवसीय यात्रा के दौरान किया गया था। डॉ. सिंह ने यह भी कहा कि तीसरी दुनिया के देशों के साथ भारत के संबंध कभी भी रूस के साथ "समय-परीक्षित संबंधों" (time-tested ties) की कीमत पर नहीं होंगे। मार्च 2010 के दौरान रूसी प्रधान मंत्री पुतिन की नई दिल्ली यात्रा के दौरान, 19 समझौतों पर हस्ताक्षर किए गए। उनमें से कुछ प्रमुख हैं शांतिपूर्ण उद्देश्यों के लिए परमाणु ऊर्जा के उपयोग में सहयोग पर समझौता, रूसी

* North-South Corridor-stretches from the ports of India across the Arabian Sea to the Southern Iranian port of Bandar Abbas and then goods transit Iran and the Caspian sea to the ports in the Russian sector of the Caspian Sea. From there, the corridor stretches along the Volga River to the port of Astra Khan before reaching Moscow and finally Europe.

डिजाइन वाले परमाणु ऊर्जा संयंत्रों के क्रमिक निर्माण के लिए रोड मैप पर समझौता (रूस कुडनकुलन में 6 और हरिपुर, पश्चिम बंगाल में 6 परमाणु संयंत्र बनाएगा), ओएनजीसी (ONGC) और रूस के गज़प्रोम (Gazprom) के बीच सहयोग के प्रोटोकॉल पर समझौते पर हस्ताक्षर, गोर्शकोव (Gorshkov) विमान वाहक सौदे पर संशोधित समझौता, 15 अरब अमेरिकी डॉलर के अनुबंध के तहत रूस द्वारा भारत को मिग-29K विमान वाहक-आधारित लड़ाकू विमानों की बिक्री के लिए समझौता, उर्वरकों के क्षेत्र में दो समझौते और हीरा क्षेत्र में पांच समझौते। दिसंबर 2010 में रूसी राष्ट्रपति दिमित्री मेदवेदेव (Dmitry Medvedev) ने भारत का दौरा किया। यात्रा का परिणाम 21-22 दिसंबर 2010 को उनकी यात्रा के दौरान 30 समझौतों पर हस्ताक्षर के रूप में परिलक्षित हुआ। रक्षा, ऊर्जा, परमाणु, अंतरिक्ष, विज्ञान और प्रौद्योगिकी, फार्मा, आईटी, जैव-प्रौद्योगिकी इत्यादि जैसे प्रमुख क्षेत्रों में समझौतों पर हस्ताक्षर किए गए। रूसी राष्ट्रपति ने संयुक्त राष्ट्र सुरक्षा परिषद की स्थायी सदस्यता के लिए भारत की दावेदारी के लिए भी मजबूत और स्पष्ट समर्थन दिखाया। उन्होंने संयुक्त प्रयासों के माध्यम से अफगानिस्तान में स्थिति को स्थिर करने की तीव्र इच्छा भी व्यक्त की। इसलिए, मेदवेदेव (Medvedev) की भारत यात्रा से भारत-रूस संबंधों को एक और बढ़ावा मिला।

15-17 दिसंबर 2011 को प्रधान मंत्री मनमोहन सिंह की रूस यात्रा से भारत-रूस संबंधों में सकारात्मक मोड़ आया। विदेश मंत्री ने भारत, रूस और चीन के विदेश मंत्रियों की ग्यारहवीं त्रिपक्षीय बैठक में भाग लेने के लिए 13 अप्रैल 2012 को रूस का दौरा किया। रूसी संघ के उपाध्यक्ष दिमित्री रोगोज़िन (Dmitry Rogozin) ने 13 अक्टूबर 2012 को भारत का दौरा किया।

भारत और रूस अंतर्राष्ट्रीय स्तर पर भी मजबूत संबंध बनाने में सफल रहे हैं। भारत-रूस-चीन त्रिपक्षीय वार्ता सकारात्मक विकास के संकेत दे रही है। 10वीं आईआरसी (IRC) मंत्रिस्तरीय बैठक नवंबर 2010 में वुहान (Wuhan) में आयोजित की गई थी। प्रारंभिक चीनी जिद के बावजूद रूस के ठोस समर्थन ने भारत को शंघाई सहयोग संगठन (एससीओ) (Shanghai Cooperation Organization—SCO) तक पहुंच प्रदान की। रूस एससीओ (SCO) में भारत की पूर्ण सदस्यता का समर्थन करता है। भारत की मध्य एशियाई नीति को प्रमुखता से बढ़ावा देने के लिए यह आवश्यक है। दोनों पूर्वी एशिया शिखर सम्मेलन (ईएएस) (East Asia Summit—EAS) में शामिल हैं जो दोनों को एशिया-प्रशांत क्षेत्र में रणनीतिक बातचीत करने और सुरक्षा सहयोग बढ़ाने की सुविधा देता है। रूस भी एपेक (APEC) में भारत के प्रवेश का समर्थन करता है। भारत यूरेशिया में सहयोग को बेहतर ढंग से बढ़ाने के लिए एशिया-यूरोप बैठक (एएसईएम) (Asia-Europe Meeting—ASEM) में रूस के प्रवेश का समर्थन करता है। ब्रिक्स (BRICS)* ने भारत और रूस दोनों को सहयोग बढ़ाने के लिए एक और संवाद मंच दिया है। दोनों संयुक्त राष्ट्र, जी 20, आसियान क्षेत्रीय सुरक्षा मंच (एआरएफ) (ASEAN Regional Forum on Security—ARF) और एशिया सहयोग संवाद (एसीडी) (Asia Cooperation Dialogue—ACD) जैसे विभिन्न अंतर्राष्ट्रीय संगठनों में बातचीत करते हैं और समान विचार साझा करते हैं। लीबिया पर नो-फ्लाई ज़ोन स्थापित करने के लिए प्रस्ताव 1973 पारित करने के लिए यूएनएससी (UNSC) में मतदान के मामले में, 10 अन्य सदस्यों में से रूस और भारत अनुपस्थित रहे। रूस ने सुरक्षा परिषद में स्थायी सीट के लिए भारत की दावेदारी का खुलकर समर्थन किया है।

---

* BRICS—an economic grouping comprising Brazil, Russia, India, China and South Africa. (see Chapter 20)

भारत और रूस के बीच रक्षा सहयोग काफी पुराना है और पिछले कुछ वर्षों में इसमें बढ़ोतरी हुई है। दोनों पक्षों के एजेंडे में पांचवीं पीढ़ी के लड़ाकू विमान, मल्टी-रोल ट्रांसपोर्ट एयरक्राफ्ट, टी-90 टैंक, अवाक्स, एसयू-30 एमकेआई अपग्रेड, विमान वाहक एडमिरल गोर्शकोव और मीडियम लिफ्ट हेलीकॉप्टर जैसी चल रही परियोजनाओं से संबंधित मुद्दे हैं। दोनों पक्ष परियोजनाओं में तेजी लाने के इच्छुक हैं। सैन्य तकनीकी सहयोग पर 10वां भारत-रूस अंतर-सरकारी आयोग 2010 में नई दिल्ली में आयोजित किया गया था, जिसने रक्षा सहयोग की सकारात्मक गतिशीलता की ओर इशारा किया था। *सैन्य तकनीकी सहयोग पर भारत-रूसी अंतर-सरकारी आयोग* (Indo-Russian Inter-Governmental Commission on Military Technical Cooperation—IRIGC–MTC) का कार्यकाल 2010 में समाप्त होने पर अगले दस वर्षों के लिए बढ़ा दिया गया था। हालाँकि, विमानवाहक पोत एडमिरल गोर्शकोव की डिलीवरी में देरी से द्विपक्षीय संबंधों में असहजता पैदा हो रही है। डिलीवरी को 2013 तक पीछे धकेल दिया गया, और 2012 में और देरी की रिपोर्ट सामने आई। इसकी कीमत भारत को 2004 में मूल अनुबंध में हस्ताक्षरित राशि से अधिक चुकानी पड़ रही है। भारत के रक्षा आपूर्ति विविधीकरण से कूटनीतिक स्तर पर भी नाराजगी है। भारत ने इजराइल, फ्रांस, ब्रिटेन और जर्मनी के साथ घनिष्ठ संबंध विकसित किए हैं, उनमें से कुछ प्रमुख देशों के साथ भारत रक्षा सौदों पर बातचीत कर रहा है। जनवरी 2012 में भारतीय वायु सेना द्वारा नवीनतम ऐतिहासिक खरीद में, डसॉल्ट राफेल ने रूसी एमआईजी -35, लॉकहीड मार्टिन के एफ -16 फाल्कन, बोइंग के एफ -18 हॉर्नेट, स्वीडिश साब ग्रिपेन और यूरोफाइटर टाइफून जैसे प्रमुख दावेदारों के बीच बोली जीती। यह सौदा दिखाता है कि भारत ने अपनी रक्षा खरीद में किस तरह विविधता लाई है और भविष्य की खरीद के लिए भी वैश्विक निविदाएं जारी करने की योजना बना रहा है।

हालाँकि भारत-रूस व्यापार मोर्चे पर चीज़ें सकारात्मक संकेत नहीं दे रही हैं। व्यापार में मंदी आ गई। यह 1997 में 1,339 मिलियन डॉलर से धीरे-धीरे बढ़कर 2000–2001 में 1,406 मिलियन डॉलर और 2004–2005 में 1,954 मिलियन डॉलर और 2006–2007 में 2878 डॉलर हो गई। 2006 में भारत-चीन व्यापार में 33.4 अरब डॉलर की बढ़ोतरी देखी गई, जबकि भारत-रूस व्यापार में महज 3.3 अरब डॉलर का आंकड़ा दिखा।

हालाँकि, दोनों पक्ष अभी भी विज्ञान और प्रौद्योगिकी, ऊर्जा और परमाणु क्षेत्रों में संबंध बनाना जारी रखे हुए हैं। दोनों पक्षों के बीच रूसी *ग्लोबल नेविगेशन सैटेलाइट सिस्टम (ग्लोनास)*(Russian Global Navigation Satellite System—GLONASS), संयुक्त चंद्र अन्वेषण (चंद्रयान-2), शैक्षिक उद्देश्यों के लिए युवा उपग्रह के संयुक्त विकास और प्रक्षेपण, प्रौद्योगिकी और जैव-प्रौद्योगिकी में संयुक्त सहयोगी उद्यम आदि में सहयोग जारी है। परमाणु सहयोग के क्षेत्र में तारापुर और कुडनकुलम उल्लेखनीय हैं। जहां तक ऊर्जा सहयोग का सवाल है, भारतीय और रूसी तेल कंपनियों ने रोसनेफ्ट-एस (Rosneft-S) से सखालिन-1 (Sakhalin-1) परियोजना में 20% हिस्सेदारी हासिल कर ली है। दोनों के पास इन क्षेत्रों में सहयोग की बड़ी संभावना है।

रूसी राष्ट्रपति व्लादिमीर पुतिन 13वें भारत-रूस वार्षिक शिखर सम्मेलन में भाग लेने के लिए 24 दिसंबर, 2012 को नई दिल्ली की आधिकारिक यात्रा पर थे। वार्षिक शिखर सम्मेलन का तंत्र अक्टूबर 2000 में *भारत और रूसी संघ के बीच रणनीतिक साझेदारी की घोषणा* (*Declaration of Strategic Partnership between India and the Russian Federation*) पर हस्ताक्षर के साथ शुरू हुआ था। शिखर सम्मेलन वार्षिक आधार पर आयोजित किए जाते हैं। इस शिखर सम्मेलन के दौरान *आपसी लाभ और एक बेहतर दुनिया के लिए साझेदारी* (*Partnership for Mutual benefit and a Better

World) विषय के तहत एक संयुक्त बयान जारी किया गया। दोनों पक्षों ने दोनों देशों के बीच रणनीतिक साझेदारी को गहरा करने पर जोर दिया। दोनों पक्षों ने व्यापार और निवेश, ऊर्जा, विज्ञान और प्रौद्योगिकी, संस्कृति और मानवीय आदान-प्रदान, शिक्षा, सैन्य-तकनीकी सहयोग, अंतरिक्ष, आतंकवाद, क्षेत्रीय और अंतर्राष्ट्रीय मुद्दों, निरस्त्रीकरण और अप्रसार प्रयासों के साथ-साथ सीरिया, अफगानिस्तान, ईरान के परमाणु कार्यक्रम, वैश्विक अर्थव्यवस्था की बहाली और पर्यावरण और सतत विकास से संबंधित मामले के क्षेत्र में संबंधों को बेहतर बनाने पर जोर दिया। भारत और रूस के बीच कई समझौतों/एमओयू पर भी हस्ताक्षर किये गये।

भारत-रूस संबंधों के उपरोक्त विश्लेषण से, कोई भी इस निष्कर्ष पर पहुंच सकता है कि द्विपक्षीय स्तर पर दोनों देशों की सहयोगात्मक भावना को चिड़चिड़ाहट कम करने में सक्षम नहीं रही है। वर्तमान में, एससीओ, जी-20 और ब्रिक्स जैसे विभिन्न अंतर्राष्ट्रीय मंचों पर उनका साथ अच्छा चल रहा है। इसलिए भारत और रूस दोनों को उस सहकारी भावना को पोषित करने के लिए ईमानदारी से प्रयास करना चाहिए जो उन्होंने वर्षों से विकसित की है।

भारत और चीन (India and China)

भारत और चीन, एशिया में नेतृत्व के लिए प्रतिस्पर्धा करने वाले दो बड़े पड़ोसियों ने पिछले कुछ वर्षों में प्रतिद्वंद्विता और जुड़ाव वाले द्विपक्षीय संबंधों को विकसित किया है। कई परेशानियों ने दोनों के रिश्ते को तोड़ दिया है। लंबे समय से लंबित सीमा विवाद, क्षेत्रीय दावे, चीनी घुसपैठ, तिब्बत और दलाई लामा, बढ़ता व्यापार घाटा, पाकिस्तान को सहायता, भारत के पड़ोसियों के साथ घनिष्ठ संबंध विकसित करना, चीन की *'स्ट्रिंग्स ऑफ पर्ल्स'* (Strings of Pearls) की रणनीति और भारत-अमेरिका परमाणु समझौता और दूसरों के बीच चीन-भारत संबंध की कुछ प्रमुख कमियां हैं।।

जहां तक सीमा विवाद का सवाल है, जो एक पेचीदा और परेशान करने वाला कारक है, दोनों द्वारा कुछ क्षेत्रों पर दावे और प्रतिदावे किए गए हैं। चीन ने अरुणाचल प्रदेश और चीन द्वारा मैकमोहन रेखा [*वास्तविक नियंत्रण रेखा (एलएसी)*] [Line of Actual Control—LAC)] की स्वीकृति के आसपास के विवाद केंद्रों पर अपना दावा पेश किया है। चीन एलएसी को मानने से इनकार करता है जबकि भारत मैकमोहन रेखा को स्थायी सीमा मानता है। अक्साई चिन (Aksai Chin) को लेकर भी कड़वाहट है और फिर विवाद जॉन अर्दाग-जॉनसन लाइन (John Ardagh-Johnson Line) और मेकार्टनी-मैकडोनाल्ड लाइन (Macartney-MacDonald Line) को एक द्वारा स्वीकार करने और दूसरे द्वारा अस्वीकार करने को लेकर है। पहला अक्साई चिन को भारतीय क्षेत्र के भीतर रखता है और दूसरा इसे भारतीय क्षेत्र से बाहर रखता है। इस तरह के भिन्न-भिन्न दृष्टिकोण संबंधों को समझौताहीन और जटिल बना रहे थे। 1963 में, भारतीय आपत्तियों के विरुद्ध, पाकिस्तान ने ट्रांस-काराकोरम ट्रैक्ट (Trans-Karakoram Tract) चीन को सौंप दिया क्योंकि यह क्षेत्र जम्मू और कश्मीर का हिस्सा होने का दावा करता है। दोनों के बीच विवादों के आठ क्षेत्र भी हैं। पश्चिमी क्षेत्र में—(1) ट्रिग हाइट्स और (2) डेमचोक; मध्य क्षेत्र में—(3) बाराहोती; पूर्वी क्षेत्र में (4) नमका चू, (5) सुमदोरोंग, (6) चैंट्ज़, (7) असाफिला, और (8) लोन्जू। पश्चिमी सेक्टर (लद्दाख), मध्य (उत्तराखंड और हिमाचल) और पूर्वी (सिक्किम और अरुणाचल) में चीनी घुसपैठ ने भी संबंधों को बिगाड़ दिया है। चीन ने सिक्किम में फिंगर एरिया (Finger Area)* पर भी दावा किया है।

* Finger Area is a territory which is located in the north of Gyangyong in Sikkim and strategically overlooks the important valley-Sora Funnel. This is the northernmost tip of Sikkim which appears like a protruding finger on the map.

तिब्बत एक जटिल मुद्दा रहा है क्योंकि चीन ने 1940 के दशक के अंत में तिब्बत को आज़ाद कराने के लिए अपना मिशन शुरू किया था और 1951 तक अपना कब्ज़ा पूरा कर लिया था। 1959 में तिब्बत में विद्रोह के बाद दलाई लामा भारत भाग गए और *धर्मशाला* में भारत में निर्वासित सरकार की स्थापना की। तब से, दलाई लामा का मुद्दा चीन-भारत संबंधों में एक तनावपूर्ण विषय रहा है। चीन तिब्बत में समस्याएँ पैदा करने के लिए दलाई लामा का हाथ होने का आरोप लगाता है। चीन तिब्बत को मुख्य भूमि चीन में एकीकृत करने के लिए सभी तरीकों का उपयोग करता है। इसने बीजिंग-ल्हासा सड़क की तरह सड़कें और रेल संपर्क बनाए हैं, और माउंट एवरेस्ट तक सड़क बनाने की योजना थी। तिब्बत पर चीनी कब्जे के साथ भारत ने चीन और अपने बीच एक बफर स्टेट खो दिया, और अब तिब्बत से जुड़े हर एक चीनी रक्षा डिजाइन से उसे घबराहट होती है, क्योंकि तिब्बत और चीन के बीच इन कनेक्टिविटी को भारतीय सीमा तक सैनिकों को स्थानांतरित करने के लिए अच्छी तरह से जुटाया जा सकता है।

बढ़ता व्यापार अंतर भारत के लिए चिंता का विषय है। 2006 में, नई दिल्ली में हुई *संयुक्त आर्थिक समूह (जेईजी)* (Joint Economic Group—JEG) ने भारत के निर्यात में विविधता लाने और भारतीय कंपनियों के लिए चीन तक बाजार पहुंच में सुधार करने की प्रतिबद्धता जताई। हालाँकि, 2009 में व्यापार घाटा 4 बिलियन अमेरिकी डॉलर से बढ़कर 14 बिलियन अमेरिकी डॉलर हो गया।

वैश्विक मंदी और भारतीय निर्यात पर असर के कारण 2009 में द्विपक्षीय व्यापार में 20% की गिरावट आई। हालाँकि, चीन पर एक बड़ा आरोप भारत में चीनी सामानों की 'डंपिंग' करना और इससे भारत के घरेलू बाजार को खराब करना है। सितंबर 2008 से भारत ने मेलामाइन सामग्री की उच्च मात्रा के कारण चीन से दूध और दूध उत्पादों पर प्रतिबंध बढ़ा दिया है। इसके अलावा, चीन ने मार्च 2009 में *एशियाई विकास बैंक (एडीबी)* (Asian Development Bank—ADB) से भारत के लिए 2.9 बिलियन अमेरिकी डॉलर के विकास कोष को भी अवरुद्ध करने की कोशिश की है, जिसमें से 60 मिलियन डॉलर की विकास परियोजना अरुणाचल प्रदेश के लिए थी। चीन ने जोर देकर कहा कि अरुणाचल प्रदेश को विकास परियोजना योजना से हटाया जाना चाहिए। इससे पहले चीन ने *परमाणु आपूर्तिकर्ता समूह (एनएसजी)* (Nuclear Suppliers Group—NSG) की उस छूट को भी रोकने का प्रयास किया था, जिसने भारत के लिए वैश्विक परमाणु व्यापार को मंजूरी दे दी थी।

चीन की पाकिस्तान से नजदीकी भारत के लिए चिंता का विषय है। चीन ने सैन्य और परमाणु दोनों क्षेत्रों में सहायता दी है जो भारत-चीन संबंधों में अशांति फैलाने वाले कारक हैं। परमाणु रिएक्टर (*ख़ुसाब न्यूक्लियर रिएक्टर*) के निर्माण में चीन-पाकिस्तानी सहयोग ने चीन और पाकिस्तान के बीच गुप्त लेनदेन के भारतीय आरोपों को संदेह से परे साबित कर दिया है। इसके अलावा, '*स्ट्रिंग्स ऑफ पर्ल्स*' (Strings of Pearls') का चीनी डिजाइन, जो भारत के आसपास के राज्यों के साथ संबंध बनाकर या विकसित करके भारत को घेरने और दक्षिण एशिया में भारत को अलग-थलग करने और इस क्षेत्र से परे उसकी गतिविधियों के विस्तार को सीमित करने और दक्षिण चीन सागर हिंद महासागर और अरब सागर में भारत की गतिविधियों की जांच करने की एक रणनीति है। चीन यह भी जानता है कि उसे चीन की ऊर्जा, सुरक्षा आपूर्ति सुनिश्चित करने के लिए दक्षिण-पूर्व एशिया, मध्य एशिया और फारस की खाड़ी में भारत के बढ़ते प्रभाव को सीमित करना होगा। चीन कूटनीति और आर्थिक पैकेजों का उपयोग करके विभिन्न देशों में आर्थिक और सैन्य नोड स्थापित करके इसे हासिल करना चाहता है। चीन ने म्यांमार, बांग्लादेश, नेपाल, श्रीलंका, मालदीव, मॉरीशस और सेशेल्स, थाईलैंड और कंबोडिया और सबसे ऊपर पाकिस्तान जैसे देशों

को निशाना बनाया है। 2005 में, चीनी प्रधान मंत्री वेन जियाबाओ (Wen Jiabao) ने अरब सागर के तट पर ग्वादर (Gwadar) में गहरे बंदरगाह का उद्घाटन किया, जिसका निर्माण स्पष्ट रूप से चीनी सहायता से किया गया था। श्रीलंका में चीन दक्षिणी श्रीलंका में हंबनटोटा बंदरगाह के निर्माण में सहायता कर रहा है। चीन द्वारा दक्षिण चीन सागर में हैनान द्वीप, मलक्का जलडमरूमध्य, बांग्लादेश में चटगांव में बंदरगाह विकास, म्यांमार में सिटवे, कोको, हियांग्यी, खौकफ्यू, मेरगुई और ज़ेडेटकी क्यून, थाईलैंड में लाम और चबांग और कंबोडिया में सिहानोकविले में रणनीतिक निवेश किए जा रहा है।

स्टेपल्ड वीज़ा (stapled visas) का मुद्दा भारत-चीन संबंधों में एक और हालिया परेशानी है। चीनी और भारतीय नौसेना के युद्धपोत 2004 से एक-दूसरे के बंदरगाहों का सद्भावना दौरा कर रहे हैं। दोनों देशों की सेनाओं ने 2008 में चीन में और 2009 में भारत में संयुक्त सैन्य अभ्यास भी किया था। जम्मू-कश्मीर में भारतीय सैनिकों की कमान संभाल रहे लेफ्टिनेंट जनरल बीएस जसवाल (Lt. Gen BS Jaswal) को स्टेपल वीजा* जारी करने के बाद जुलाई 2010 को इन नौसैनिक आदान-प्रदान को निलंबित कर दिया गया था। हालांकि, चीन में ब्रिक्स शिखर सम्मेलन से पहले बीजिंग ने चार कश्मीरियों को सामान्य वीजा जारी किया था। फिर भी अप्रैल 2011 में सान्या में ब्रिक्स शिखर सम्मेलन के दौरान मनमोहन सिंह और हू जिंताओ (Hu Jintao) के बीच मुलाकात के दौरान वे स्टेपल्ड वीजा के मुद्दे को हल नहीं कर सके। इससे पहले चीन ने भारतीय राज्य जम्मू-कश्मीर के नागरिकों को एक अलग कागज के टुकड़े पर वीज़ा जारी करना शुरू किया था, जो भारत की क्षेत्रीय अखंडता को चुनौती देता था।

वर्तमान अंतर्राष्ट्रीय परिदृश्य में चीन-भारत संबंधों को संयुक्त राज्य अमेरिका की उपस्थिति को ध्यान में रखकर देखा जाना चाहिए। अमेरिका के साथ भारत के परमाणु समझौते को चीन से संतुलन बनाने की रणनीति के रूप में देखा जा सकता है। इसलिए, दक्षिण एशिया में शक्ति संतुलन की स्थिति उभरी है जहां भारत के साथ अमेरिकी आर्थिक और रणनीतिक साझेदारी भारत को दक्षिण एशिया में मजबूत पकड़ बनाने में मदद कर सकती है।

भारत ने 1949 में पीपुल्स रिपब्लिक ऑफ चाइना के उद्भव को आधिकारिक मान्यता देने में तेजी दिखाई। दोनों के बीच राजनयिक संबंध 1 अप्रैल 1950 को स्थापित हुए। 1954 में, चीन और भारत के बीच एक ऐतिहासिक समझौता हुआ, जिसमें पारस्परिक अस्तित्व के *पंचशील* के पांच सिद्धांतों को मान्यता दी गई। भारत ने भी औपचारिक रूप से तिब्बत पर चीनी संप्रभुता को मान्यता दी। वर्ष 1954–56 तक दोस्ती *हिंदी-चीनी भाई-भाई* (Hindi-Chini Bhai Bhai) की भावना पनपी। चीनी प्रधान मंत्री झोउ एनलाई (Zhou Enlai) ने भारत और नेहरू ने भी चीन का दौरा किया। हालाँकि, इस भावना में जल्द ही गिरावट देखी गई जब चीनी मानचित्रों के प्रकाशनों में भारतीय क्षेत्र के बड़े हिस्से को चीनी संपत्ति के रूप में दिखाया गया। 1950 के दशक के अंत में, चीनियों ने सिंकियांग-तिब्बत सड़क का निर्माण शुरू किया, जिसके बाद बाराहोती और अक्साई चिन क्षेत्रों में कई चीनी घुसपैठें हुईं। 1958 में, चीनी सैनिकों ने नेफा (NEFA)/अरुणाचल के लोहित डिवीजन में घुसपैठ की। 1959 में, तिब्बती विद्रोह को चीनी दमन और दलाई लामा के भारत भाग जाने, जहाँ उन्हें राजनीतिक शरण दी गई थी, ने द्विपक्षीय संबंधों को बहुत नुकसान पहुँचाया। वर्ष 1962 एक घटनापूर्ण वर्ष था क्योंकि दोनों पड़ोसी आपस में भिड़ गये थे। भारत-चीन सीमा युद्ध ने संबंधों को और अधिक खराब कर दिया। भारत-चीन शत्रुता का लाभ उठाते हुए, पाकिस्तान ने चीन के साथ मैत्रीपूर्ण संबंध विकसित करने का अवसर का फायदा उठाया। हालाँकि, 1970

* **Stapled Visas** When the visas for a visiting country are issued on a separate paper rather than on the passport it is called stapled visa. After the immigration, officers would not stamp one's passport if one is carrying a stapled visa's.

के दशक की शुरुआत में रिश्ते आसान हो गए। माओ ने 1970 में मित्रता की पुनः स्थापना पर जोर दिया जिसे '*माओ स्माइल*' (Mao Smile) के नाम से जाना गया। 1971 में, एक भारतीय टेबल टेनिस टीम ने एफ्रो-एशियाई मैत्री टेबल टेनिस चैम्पियनशिप में भाग लिया। बांग्लादेश युद्ध और उसमें भारत की भूमिका के दौरान, हालाँकि चीन भारतीय पक्ष में नहीं था, फिर भी प्रतिक्रिया शत्रुतापूर्ण नहीं थी। रिश्ते में एक बार फिर झटका पोखरण-1 विस्फोट और सिक्किम के भारत में विलय से लगा। 1975 में, सामान्य स्थिति बहाल हुई और के.आर. नारायण को चीन में भारत का राजदूत नियुक्त किया गया। बाद में 1970 के दशक में आर्थिक संबंधों में सकारात्मक बदलाव आया। 1979 में, किसी उच्च स्तरीय गणमान्य व्यक्ति की चीन यात्रा के 30 वर्षों के बाद, वाजपेयी ने चीन का दौरा किया, लेकिन वियतनाम पर चीनी आक्रमण के कारण यात्रा बीच में ही समाप्त कर दी और वापस लौट आये। वर्ष 1980 में अफगानिस्तान, पाकिस्तान, वियतनाम, कंबोडिया और सीमा मुद्दों के प्रति चीनी नीतियों पर फिर से मतभेद देखा गया। सीमा वार्ता के संबंध में इस बात पर मतभेद पैदा हो गए कि क्या भारतीय मांग के अनुसार प्रत्येक क्षेत्र पर अलग-अलग चर्चा होगी या चीनी इरादों के अनुसार पैकेज डील होगी। 1986 में, सीमा वार्ता के बावजूद, चीन ने अरुणाचल प्रदेश में भारतीय क्षेत्र में घुसपैठ की।

हालाँकि, राजीव गांधी की चीन यात्रा से द्विपक्षीय संबंधों में सकारात्मक बदलाव आया। दिसंबर 1989 में उनकी चीन यात्रा इस अर्थ में प्रतीकात्मक थी कि भारत ने सीमा मुद्दे के समाधान पर इन विकासों को आकस्मिक बनाए बिना अन्य क्षेत्रों में आदान-प्रदान को व्यापक बनाने के चीनी दृष्टिकोण को स्वीकार कर लिया। राजीव गांधी की चीन यात्रा के बाद बहुत अधिक सहज संबंध विकसित हुए, जो मई 1998 के पोखरण विस्फोट के कारण थोड़े समय के लिए बाधित हो गए थे। फिर भी, थोड़े समय के अंतराल के बाद दोनों के बीच प्रतिकूल प्रतिक्रिया के बाद स्थिति सामान्य हो गई और रिश्ते राजीव गांधी द्वारा निर्धारित रास्ते पर चलते रहे। दोनों पक्ष सीमा विवाद से निपटने के लिए एक *संयुक्त कार्य समूह* (Joint Working Group—JWG) गठित करने के निर्णय पर पहुंचे। दिसंबर 1991 में, चीनी प्रधान मंत्री ली पेंग (Li Peng) ने भारत का दौरा किया, जो 31 वर्षों के अंतराल के बाद किसी चीनी प्रधान मंत्री की पहली यात्रा थी। दोनों पक्ष अंतिम समाधान होने तक एलएसी से लगे क्षेत्र में शांति बनाए रखने पर सहमत हुए। चीन की यात्रा करने वाले पहले भारतीय राष्ट्रपति राष्ट्रपति आर. वेंकटरमन थे। उन्होंने 19–25 मई 1992 तक चीन की छह दिवसीय यात्रा की। 1993 में प्रधानमंत्री नरसिम्हा राव ने भी चीन का दौरा किया। इन सभी अवसरों पर सीमा समस्या को किनारे रखा गया और दोनों देशों के हित के अन्य क्षेत्रों में बातचीत की गई।

1993 में, एक और बड़ी सफलता तब मिली जब पी.वी. नरसिम्हा राव ने चीन का दौरा किया, और दोनों ने चीन-भारत सीमा क्षेत्रों में *वास्तविक नियंत्रण रेखा पर शांति और शांति बनाए रखने पर एक समझौते (Agreement on Maintenance of Peace and Tranquility Along the Line of Actual Control in the China-India Border Areas)* पर हस्ताक्षर किए। इस समझौते का निहितार्थ यह था कि दोनों पक्ष हिमालयी सीमा पर एलएसी का सम्मान करेंगे और निर्दिष्ट क्षेत्रों में सैन्य युद्धाभ्यास नहीं करेंगे। संयुक्त कार्य समूह (JWG) के काम में सहायता के लिए राजनयिक और सैन्य अधिकारियों का भारत-चीन विशेषज्ञ समूह स्थापित करने पर भी सहमति हुई। चीन के साथ संयुक्त मोर्चा सरकार के कार्यकाल के दौरान, संयुक्त मोर्चा (United Front) सरकार ने राजीव गांधी द्वारा चार्टर्ड विषयक्रम का पालन किया और महत्वपूर्ण विकास किया और नवंबर 1996 में चीनी राष्ट्रपति और कम्युनिस्ट पार्टी के महासचिव जियांग जेमिन (Jiang Zeminin) द्वारा एक उच्च स्तरीय यात्रा की गई।

1995 में, भारत और चीन दोनों चार बंद सैन्य चौकियों को नष्ट करने, चार सीमा चौकी स्थापित करने, अपने सैन्य कर्मियों के बीच चार बैठक बिंदु स्थापित करने और पूर्वी क्षेत्र में सुमदोरोंग चू घाटी

(Sumdorong Chu Valley) के करीब से अपने सैनिकों को वापस बुलाने पर सहमत हुए। वर्ष 1996 में चीन के प्रथम राष्ट्रपति की भी यात्रा हुई। जियान जेमिन ने भारत का दौरा किया और दोनों पक्ष कई विश्वास बहाली उपाय करने पर सहमत हुए।

वर्ष 1998 में वाजपेयी के प्रधानमंत्री रहते भारत-चीन संबंधों में कुछ उतार-चढ़ाव आये। चीन ने कई द्विपक्षीय मुद्दों पर चर्चा करने के लिए अप्रैल 1998 में *पीपुल्स लिबरेशन आर्मी (पीएलए)* (People's Liberation Army—PLA) के चीफ ऑफ जनरल स्टाफ जनरल फू क्वानयू (General Fu Quanyou) के नेतृत्व में एक उच्चस्तरीय प्रतिनिधिमंडल भारत भेजा। लेकिन पोखरण विस्फोट के कारण और चीन को भारत की सुरक्षा के लिए आसन्न खतरे के रूप में इंगित करने के कारण भारत-चीन संबंधों को झटका लगा। इससे चीन को गुस्सा आया और उसने अन्य प्रमुख शक्तियों के साथ परमाणु परीक्षणों की निंदा की। हालाँकि, 1999 में तत्कालीन विदेश मंत्री, जसवन्त सिंह और 2000 में राष्ट्रपति के.आर. नारायण के दौरे के बाद धीरे-धीरे भारत-चीन संबंध सामान्य होने लगे। वर्ष 1999 में सीमा वार्ता हुई। वर्ष 2000 में दोनों देशों के बीच अपने राजनयिक संबंधों की 50वीं वर्षगांठ मनाई गई। वर्ष 2001 में ली पेंग ने (Li Peng) भारत का दौरा किया। वर्ष 2002 में, चीनी प्रधान मंत्री झू रोन्जी (Zhu Ronji) ने भारत का दौरा किया। पर्यटन, ब्रह्मपुत्र नदी के संबंध में जल विज्ञान संबंधी जानकारी साझा करने, बाहरी अंतरिक्ष के शांतिपूर्ण उपयोग, विज्ञान प्रौद्योगिकी में सहयोग और कर्मियों के आदान-प्रदान से संबंधित कई समझौतों और समझौता ज्ञापनों पर हस्ताक्षर किए गए। मार्च 2002 में, चाइना ईस्टर्न एयरलाइंस द्वारा सीधी सेवाएं शुरू करने और एयर इंडिया द्वारा दिसंबर 2003 से सेवाएं शुरू करने के साथ हवाई संपर्क स्थापित किया गया था। 2003 में, भारतीय प्रधान मंत्री वाजपेयी ने चीन की यात्रा की। ऐसा माना जाता है कि सिक्किम के माध्यम से सीमा व्यापार खोलने पर एक ज्ञापन पर हस्ताक्षर करने से चीन की यह मान्यता देने की प्रक्रिया शुरू हो जाएगी—पहले वास्तविक रूप से, लेकिन अंततः कानूनी रूप से—कि सिक्किम 1975 में भारत में शामिल होने के बाद से भारत का एक हिस्सा है। वाजपेयी की चीन यात्रा के बाद सिक्किम को भी चीनी वेबसाइट से हटा दिया गया। 2004 में, भारत और चीन ने सीमा व्यापार पर एक समझौते पर हस्ताक्षर किए, जिसका उद्देश्य नाथू ला (Nathu La) के माध्यम से एक सीमा व्यापार बिंदु खोलना था, जिसके बाद चीन द्वारा भारत के हिस्से के रूप में भारत की स्थिति को स्वीकार किया गया। नाथू ला के माध्यम से भारत के साथ सीमा व्यापार 2006 में खोला गया था। अन्य दो दर्रे पहले 2003 में खोले गए थे। वे हिमाचल प्रदेश में नामगया शिपकिला (Namgaya Shipkila) और उत्तराखंड में लिपुलेख (गंज) (Lipulekh (Gunji)) हैं।

अप्रैल 2005 में यूपीए-I के पहले कार्यकाल के दौरान, चीनी प्रधान मंत्री वेन जियाबाओ (Wen Jiabao) ने भारत का दौरा किया और नवंबर 2006 में राष्ट्रपति हू जिंताओ (Hu Jintao) ने भारत का दौरा किया। फिर भी अनसुलझी सीमा समस्याओं और चीनी तथा पाकिस्तानी मित्रता को लेकर कड़वाहट बनी रही। 2007 में, चीनी राष्ट्रपति ने भारत का दौरा किया और 13 समझौतों और समझौता ज्ञापनों पर हस्ताक्षर किए गए। 2008 में, प्रधान मंत्री मनमोहन सिंह ने चीन का दौरा किया और दोनों पक्षों ने शांति और समृद्धि के लिए भारत-चीन रणनीतिक और सहकारी साझेदारी को मजबूत करने की उत्सुकता व्यक्त की और पहले संयुक्त सैन्य प्रशिक्षण अभ्यास की सफलता को बरकरार रखा। 2009 में, चीन द्वारा अरुणाचल प्रदेश को अपने क्षेत्र के हिस्से के रूप में पुनः दावा करने के बावजूद 13वें दौर की सीमा वार्ता हुई। विवादित क्षेत्रों के अंतिम समाधान के लिए एक रूपरेखा खोजने पर ध्यान केंद्रित करने वाली सीमा वार्ता का 14वां दौर नवंबर 2010 में बीजिंग में आयोजित किया गया था। इस दौर की बातचीत में पहले की तरह कोई प्रगति नहीं हुई और सीमा से लगे क्षेत्रों पर कब्ज़ा करने या घुसपैठ करने के आपसी आरोप-प्रत्यारोप के कारण गतिरोध अभी भी जारी है।

वर्ष 2010 में दोनों देशों के बीच राजनयिक संबंधों की स्थापना की 60वीं वर्षगांठ का दौरान भारतीय राष्ट्रपति प्रतिभा देवीसिंह पाटिल 27 मई 2010 को चीन की छह दिवसीय यात्रा के लिए बीजिंग पहुंचीं । एक दशक में चीन की यात्रा करने वाली पहली भारतीय राष्ट्राध्यक्ष के रूप में चीनी प्रधान मंत्री वेन जियाबाओ (Wen Jiabao) ने उनका रेड कार्पेट स्वागत किया। दोनों पक्षों ने व्यापार और वाणिज्य से संबंधित द्विपक्षीय मुद्दों पर चर्चा की।

वर्ष 2011 में, प्रधान मंत्री मनमोहन सिंह ने सान्या, चीन में ब्रिक्स शिखर सम्मेलन में भाग लेने के लिए चीन का दौरा किया। अप्रैल 2011 में ब्रिक्स शिखर सम्मेलन के मौके पर डॉ. सिंह ने चीनी राष्ट्रपति हू जिंताओ (Hu Jintao) से मुलाकात की। विदेश मंत्री ने 8 फरवरी 2012 को चीन का दौरा किया। भारत-चीन संबंधों का उद्देश्य अपने द्विपक्षीय मामलों में मतभेदों को दूर करना था। उन्होंने भारत-चीन संबंधों में लंबित मुद्दों की समीक्षा की और उन्हें हल करने के लिए काम करने पर सहमति व्यक्त की। संबंधों को द्विपक्षीय सहयोग से आगे ले जाने के लिए वे इस बात पर सहमत हुए कि इससे अन्य क्षेत्रों में बढ़ते सहयोग पर प्रतिकूल प्रभाव नहीं पड़ेगा। दोनों पक्षों ने इसे 2012 तक आगे बढ़ाने का वादा किया और इसे **"भारत-चीन मित्रता और सहयोग का वर्ष"** (Year of India-China Friendship and Cooperation) के रूप में चिह्नित करने पर सहमति व्यक्त की। प्रधान मंत्री मनमोहन सिंह ने जून 2012 में रियो + 20 शिखर सम्मेलन के मौके पर रियो डी जनेरियो में चीनी प्रधान मंत्री वेन जियाबाओ के साथ भी बैठक की। उन्होंने कंबोडिया में आसियान शिखर सम्मेलन के मौके पर अपने चीनी समकक्ष से मुलाकात की, जहां दोनों नेताओं ने नवंबर में जटिल सीमा मुद्दे पर आगे बढ़ने के तरीकों पर चर्चा की। हालाँकि, इसके तुरंत बाद चीन द्वारा अपने नए ई-पासपोर्ट में चीन के मानचित्रों में अरुणाचल प्रदेश और अक्साई चिन को अपने क्षेत्र के हिस्से के रूप में दर्शाने पर फिर से एक नया विवाद खड़ा हो गया। ऐसी बेचैनी के बावजूद, 26 नवंबर 2012 को नई दिल्ली में दूसरी भारत-चीन रणनीतिक आर्थिक वार्ता हुई, जिसमें भारत और चीन के बीच बढ़ते आर्थिक जुड़ाव पर जोर दिया गया।

वर्ष 2008 में भारत के सबसे बड़े व्यापारिक भागीदार के रूप में चीन ने अमेरिका को पीछे छोड़ दिया। हालाँकि, व्यापार असंतुलन एक चिंताजनक कारक है। भारत का व्यापार घाटा 20 अरब डॉलर से अधिक है, जो 2009 के 15.87 अरब डॉलर के व्यापार घाटे से अधिक है। दोनों फिर से तेल भंडार तक पहुंच पाने के लिए अफ्रीकी और लैटिन अमेरिकी देशों में प्रतिस्पर्धा कर रहे हैं। ब्रह्मपुत्र नदी को मोड़ने की चीन की मंशा भी भारत के लिए एक बड़ा डर है। बहुत अनिच्छा और प्रारंभिक अस्वीकृति के साथ, चीन ने भारत को *शंघाई सहयोग संगठन (एससीओ)* (Shanghai Cooperation Organization—SCO) में एक पर्यवेक्षक के रूप में शामिल किया। यह फिर से अपने मध्य एशियाई हितों की रक्षा करने और हाइड्रोकार्बन भंडार के लिए मध्य एशियाई और कैस्पियन सागर क्षेत्र में बढ़ती अमेरिकी उपस्थिति को रोकने के लिए किया गया था। चीन खुले तौर पर यूएनएससी के स्थायी सदस्य के लिए भारत की दावेदारी का समर्थन नहीं करता है। हालाँकि, भारत और चीन दोनों ने ब्रिक्स बहुपक्षीय सम्मेलन में बातचीत शुरू कर दी है। वे रूस, चीन और भारत के त्रिपक्षीय शिखर सम्मेलन में भी भाग लेते हैं। दसवीं त्रिपक्षीय विदेश मंत्रियों की बैठक 2010 में वुहान में आयोजित की गई थी। ग्यारहवीं त्रिपक्षीय बैठक अप्रैल 2012 में आयोजित की गई थी। हालाँकि, भारत सीमा समस्याओं और अक्साई चिन, सिक्किम, अरुणाचल प्रदेश जैसे भारतीय क्षेत्रों पर चीन के सैन्य डिजाइन और तिब्बत में सड़क निर्माण और नेपाल में सबसे बड़े भूमि बंदरगाह के बारे में चिंतित है, जो ज़िगाज़ को नेपाल से रेल द्वारा जोड़ेगा। चीनी खतरे को दूर करने के लिए, भारत ने सीमा के 40 किमी के क्षेत्र में छह हवाई पट्टियों (उन्नत लैंडिंग ग्राउंड) को अपग्रेड करने, सीमा चौकियों को नया रूप देने, एयरफील्ड बुनियादी ढांचे के आधुनिकीकरण और अन्य उपायों की योजना बनाई है।

भारत और संयुक्त राज्य अमेरिका के बीच हस्ताक्षरित परमाणु समझौते को भारत के पड़ोसियों पर चीन के बढ़ते प्रभाव को संतुलित करने की भारत की रणनीति के रूप में देखा जा सकता है। भारत-जापान-दक्षिण कोरिया त्रिपक्षीय वार्ता भारत-जापान-अमेरिका त्रिपक्षीय वार्ता को सुदृढ़ करने का प्रयास करती है जो रणनीतिक और समुद्री सहयोग के विस्तार पर भी केंद्रित है। बीजिंग भारत-जापान-दक्षिण कोरिया त्रिपक्षीय समझौते के बारे में खुलकर सामने नहीं आया है, लेकिन वह क्षेत्र की तीन शक्तियों के एक साथ आने को लेकर असहज है, जिसे उभरते चीन को घेरने की कवायद करार दिया जा सकता है।

भारत और उसके पड़ोसी देश (India and her Neighbours)

भारत और पाकिस्तान (India and Pakistan)

1947 में ब्रिटिश भारत के विभाजन से दो देशों, भारत और पाकिस्तान का जन्म हुआ। दोनों अपने जन्म के बाद से ही कट्टर प्रतिद्वंद्वी रहे हैं। उनके रिश्ते में कई उतार-चढ़ाव देखे गए हैं। उनके संबंध में प्रमुख अड़चनें सीमाओं, नदी जल के वितरण/बंटवारे, क्षेत्रीय विवाद, अफगानिस्तान, सीमा पार आतंकवाद और सबसे ऊपर कश्मीर से संबंधित विवाद हैं। 1971 में बांग्लादेश की मुक्ति और उसमें भारत की भूमिका आज भी पाकिस्तानी मन को कचोटती है।

सियाचिन ग्लेशियर को लेकर दोनों देशों के बीच समस्या है। भारत का रुख यह है कि पाकिस्तान को सियाचिन पर ***वास्तविक ग्राउंड पोजिशन लाइन*** *(एजीपीएल)* (Actual Ground Position Line—AGPL) को स्वीकार करना चाहिए जहां उसके सैनिक 1984 से तैनात हैं। पाकिस्तान की मांग है कि भारत 1972 में अपने कब्जे वाली स्थिति में वापस आ जाए। सियाचिन समग्र वार्ता प्रक्रिया के आठ मुद्दों में से एक है। सर क्रीक (Sir Creek)* के संबंध में दोनों पक्ष अपने दावे आगे बढ़ा रहे हैं और अपरिभाषित सीमा मुद्दे को जटिल बना रही है। मछुआरे अक्सर पकड़े जाते हैं और जेल में डाल दिए जाते हैं। 1985 में बनी वुलर बैराज-तुलबुल परियोजना (Wullar Barrage-Tulbul Project) ने भी पाकिस्तानी गुस्से को आमंत्रित किया था। पाकिस्तान ने इसे सिंधु जल संधि (आईडब्ल्यूटी) (Indus Water Treaty—IWT), 1960 के उल्लंघन के रूप में देखा। हाल के वर्षों में कई दौर की विफल वार्ताओं के बाद दोनों पक्ष तकनीकी परामर्श और आईडब्ल्यूटी, 1960 के प्रावधानों के आधार पर शीघ्र और सौहार्दपूर्ण समाधान निकालने पर सहमत हुए हैं। बगलिहार जलविद्युत परियोजना (Baglihar Hydropower project) भारत द्वारा 1999 में शुरू की गई थी। इसी आधार पर पाकिस्तान ने भी इस पर आपत्ति जताई है। पाकिस्तान ने भारत पर सिधुं जल संधि (IWT), 1960 का उल्लंघन करने का आरोप लगाया है। जनवरी 2005 में सचिव स्तर की वार्ता हुई, लेकिन कोई खास नतीजा नहीं निकला। अंततः मामला विश्व बैंक को भेजा गया जिसने परियोजना का अध्ययन करने और परियोजना पर पाकिस्तान की आपत्तियों पर विचार करने के लिए प्रो. रेमंड लाफिट्टे को तटस्थ विशेषज्ञ (एनई) (Neutral Expert—NE) के रूप में नियुक्त किया। झेलम नदी पर भारत द्वारा बनाई जा रही किशनगंगा जलविद्युत परियोजना पर पाकिस्तान ने आपत्ति जताई है। सिंधु जल संधि, 1960 के उल्लंघन के समान तर्क और आरोप लगाए गए हैं। पाकिस्तान की ओर से भारत द्वारा नदी के जल प्रवाह में हेरफेर को लेकर भी आशंका जताई जा रही है। पाकिस्तान ने लेह में निमू बाजगो परियोजना (Nimoo Bazgo project) के निर्माण पर भी तालाब स्तर (pondage level) और स्लिट फ्लशिंग (slit flushing) के आधार पर आपत्ति जताई है।

---

* Sir Creek A 60 miles of long strip of watery marsh with patches of land situated in the Rann of Kutch. Sir Creek divides the Kutch region of Gujarat and the Sind province of Pakistan.

हालाँकि, भारत-पाक संबंधों में कड़वाहट लाने वाले दो प्रमुख कारक कश्मीर और आतंकवाद के मुद्दे रहे हैं। कश्मीर शुरू से ही एक विवादास्पद मुद्दा रहा है। आजादी के तुरंत बाद सितंबर 1947 में पश्तून हमलावरों को भेजकर और 1965 में भारत से कश्मीर छीनने में विफल रहने पर, पाकिस्तान ने भारत की शांति और सुरक्षा को भंग करने के लिए विध्वंसक तरीकों का विकल्प चुना। कश्मीर और पंजाब में छद्म युद्ध (proxy war) भारत के लिए हानिकारक था। बांग्लादेश मुक्ति संग्राम (Bangladesh Liberation War) के बाद 1971 में भारत-पाक युद्ध फिर से लड़ा गया। 1965 और 1971 के युद्ध के संदर्भ में भारत और पाकिस्तान के बीच दो महत्वपूर्ण समझौते हुए। पहला था 10 जनवरी 1966 का *ताशकंद घोषणा* (Tashkent Declaration) पत्र और दूसरा था 1972 का शिमला समझौता। हालाँकि, कश्मीर अभी भी दोनों के बीच एक कांटेदार मुद्दा है, और पाकिस्तान में प्रशिक्षण और शरण पाने वाले आतंकवादियों को पाक समर्थन के कारण संबंधों को काफी नुकसान हुआ है।

कश्मीर मुद्दे के साथ महत्वपूर्ण रूप से न केवल कश्मीर में आतंकवाद और पाकिस्तानी भागीदारी का मामला जुड़ा हुआ है, बल्कि इसका उद्देश्य संपूर्ण भारतीय शांति और सुरक्षा को अस्थिर करना है। मुंबई में 26/11 के आतंकवादी हमले, पुणे विस्फोट और भारत के विभिन्न हिस्सों में सिलसिलेवार विस्फोटों और उनके पाकिस्तानी कनेक्शन ने भारत-पाक संबंधों को निचले स्तर पर पहुंचा दिया है। डेविड हेडली प्रकरण और पाकिस्तान में लश्कर-ए-तैयबा जैसे आतंकवादी समूहों के आईएसआई कनेक्शन और संचालन भारत की सुरक्षा चिंताओं की गंभीरता की ओर इशारा करते हैं।

इसके साथ ही दोनों देशों के बीच सैन्य निर्माण और हथियारों की होड़ भी बढ़ गई, जिससे दक्षिण एशियाई क्षेत्र की स्थिरता को खतरा है। चिंताजनक बात यह है कि पाकिस्तान को शुरुआती दौर से ही अमेरिका से हथियार और वित्तीय सहायता मिली, जिसका उद्देश्य कम्युनिस्ट विस्तार को रोकना था। भारत के खिलाफ छद्म युद्ध को बढ़ावा देने के खिलाफ इन सहायताओं के विचलन की आशंकाएं भारत को हमेशा परेशान करती रही हैं। भारत के लिए एक और चिंताजनक कारक पाकिस्तान को *बगदाद संधि* (Baghdad Pact) (1955–58), सीटो (1954) और सेंटो (1958–79) जैसे अमेरिकी प्रायोजित सैन्य गठबंधनों में शामिल करना था। इसने गुटनिरपेक्ष रुख अपनाने की भारतीय मुद्रा को अनुकूलित किया था। (अध्याय 8 पृष्ठ 162 में गुटनिरपेक्षता अनुभाग पढें) 1962 के भारत-चीन युद्ध ने संबंधों को पटरी से उतार दिया और भारत और चीन के बीच दुश्मनी का फायदा उठाते हुए, पाकिस्तान ने चीन के साथ संबंधों को विकसित करना शुरू कर दिया।

ऐसे मतभेदों के बावजूद, दोनों पक्षों ने अपने द्विपक्षीय संबंधों में आगे बढ़ने के लिए संघर्ष किया है। वर्ष 1983 में उद्योग, संस्कृति, शिक्षा, पर्यटन, सूचना और वैज्ञानिक आदान-प्रदान जैसे विभिन्न क्षेत्रों में सहयोग बढ़ाने के लिए संयुक्त आयोग की स्थापना की गई थी। दोनों ने आपसी सहयोग के आधार पर शांतिपूर्ण संबंध विकसित करने की बात दोहराई। इस सकारात्मक विकास को पाकिस्तान द्वारा हार्पून मिसाइलों के अधिग्रहण और सिख आतंकवादियों को हथियारों और प्रशिक्षण की आपूर्ति के कारण झटका लगा। 1984 में इंदिरा गांधी की हत्या के बाद जब उनके बेटे राजीव गांधी प्रधानमंत्री बने तो उन्होंने पाकिस्तान के साथ रिश्ते सुधारने के लिए कदम उठाए। द्विपक्षीय सहयोग के विभिन्न पहलुओं पर गौर करने के लिए एक और संयुक्त आयोग की स्थापना की गई।

वर्ष 1985 में दोनों देशों ने एक-दूसरे के परमाणु प्रतिष्ठानों पर हमला न करने की प्रतिज्ञा की। हालाँकि, रिश्तों को फिर झटका लगा और राजीव गाँधी ने इस्लामाबाद की अपनी यात्रा स्थगित कर दी। 1987 में, दोनों पक्षों की भारी सैन्य आवाजाही और सियाचिन ग्लेशियर के अनिर्धारित क्षेत्र में झड़पों के साथ-साथ

पाकिस्तान द्वारा संयुक्त राज्य अमेरिका से अत्याधुनिक हथियारों के अधिग्रहण के कारण संबंध टूट गए। वर्ष 1988 में, पाकिस्तान में लोकतंत्र की बहाली और बेनज़ीर भुट्टो द्वारा प्रधान मंत्री का पद संभालने के साथ, रिश्ते फिर से सहज हो गए। राजीव गांधी ने इस्लामाबाद का दौरा किया और एक-दूसरे के परमाणु प्रतिष्ठानों पर हमला नहीं करने, कला, संस्कृति, पुरातत्व, शिक्षा, जन मीडिया और खेल जैसे क्षेत्रों में संबंधों को बढ़ावा देने और विकास करने, दोनों देशों के लिए एयरलाइंस परिचालन को सुविधाजनक बनाने के लिए और अंतर्राष्ट्रीय हवाई परिवहन से प्राप्त आय पर दोहरे कराधान से बचने के लिए तीन समझौतों पर हस्ताक्षर किए। भारत ने राष्ट्रमंडल में पाकिस्तान के प्रवेश की भी सुविधा प्रदान की, जहाँ से पाकिस्तान 1972 में हट गया था। रिश्ते फिर से तनावपूर्ण हो गए क्योंकि पाकिस्तान ने परमाणु क्षमता विकसित करने की कोशिश की। भुट्टो ने उत्तर कोरिया से मिसाइलों और मिसाइल प्रौद्योगिकी के आदान-प्रदान के समझौते पर बातचीत करने के लिए प्योंगयांग का दौरा किया। 1989 में, आर्थिक, चिकित्सा, कृषि और सांस्कृतिक क्षेत्रों में कई सहयोगी उपायों और यात्रा सुविधाओं को आसान बनाने के साथ-साथ दोनों पक्षों द्वारा समन्वित गश्त के निर्णय के साथ संबंधों में थोड़ा सुधार हुआ। वर्ष 1990 और 1991 में दोनों देशों के बीच कुछ और सुधार और उच्च स्तरीय बैठकें भी हुईं। हालाँकि, सितंबर में पुंछ सेक्टर के केमी (Kemi) इलाके में पाक सैनिकों और भारतीय सेना के बीच झड़पें हुईं और अक्टूबर 1991 में कारगिल में एक भारतीय चौकी पर पाक हमला हुआ। 1992 में, अयोध्या संकट, सियाचिन वार्ता की विफलता और यहां तक कि आज़ाद कश्मीर बल द्वारा सीमा पार करने के प्रयास के कारण तनाव उत्पन्न हुआ। 1994 में कराची में भारतीय वाणिज्य दूतावास बंद कर दिया गया।

पी.वी. नरसिम्हा राव (1991–1996) के प्रधानमंत्रित्व काल में चीन और उत्तर कोरिया की सहायता से पाक की परमाणु क्षमता के विकास की तीव्र गति के बाद भारत-पाक संबंध तनावपूर्ण बने रहे। इसके अलावा, 7 दिसंबर 1992 को बाबरी मस्जिद के विध्वंस ने दोनों के बीच संबंध खराब कर दिए।

1996 में, जब आई.के. गुजराल के नेतृत्व में संयुक्त मोर्चा सरकार सत्ता में आई, प्रधान मंत्री गुजराल ने भारत की विदेश नीति का एक नया आयाम पेश किया। उन्होंने एक अवधारणा पेश की जिसे ***गुजराल सिद्धांत*** (Gujral Doctrine) के रूप में पहचाना गया, और इसे पारस्परिकता की अपेक्षा किए बिना अपने पड़ोसी के साथ भारत के संबंधों को बेहतर बनाने की दृष्टि से तैयार किया गया था। भारत ने द्विपक्षीय वार्ता की प्रक्रिया शुरू करके संबंधों को सामान्य करने की कोशिश की, लेकिन भुट्टो के नेतृत्व में पाकिस्तान पीछे हट गया। नवाज़ शरीफ़ के प्रधानमंत्री पद संभालने के साथ ही भारत-पाक संबंधों में कुछ सुधार हुए। हालाँकि कोई खास सफलता नहीं मिली और कश्मीर सबसे विवादास्पद मुद्दा बना रहा, फिर भी दोनों पक्ष बातचीत प्रक्रिया को आगे बढ़ाने पर सहमत हुए।

ए.बी. वाजपेयी के प्रधानमंत्रित्व संभालने के साथ ही 11 मई 1998 को पोखरण विस्फोट के कारण दोनों के संबंधों पर असर पड़ा। पाकिस्तान ने 13 मई 1998 को चघई में परमाणु विस्फोटों का जवाब दिया। हालाँकि, भारत ने फिर से द्विपक्षीय संबंधों को बेहतर बनाने के प्रयास किये। पाकिस्तान के साथ विश्वास-निर्माण उपाय के एक भाग के रूप में, वाजपेयी ने फरवरी 1999 में एक बस सेवा का उद्घाटन किया, और उन्होंने स्वयं फरवरी में लाहौर में पाकिस्तान के तत्कालीन प्रधान मंत्री नवाज शरीफ से मिलने के लिए उद्घाटन बस सेवा ली। इसके बाद *समझौता ज्ञापन (एमओयू)* (Memorandum of Understanding—MoU) पर हस्ताक्षर किए गए, जिसमें आगे के परमाणु परीक्षण पर उनकी एकतरफा रोक की पुष्टि की गई और उनके विश्वास-निर्माण उपायों को बताया गया। लेकिन जनरल मुशर्रफ के नेतृत्व में मई-जून 1999 में पाकिस्तान के कारगिल दुस्साहस ने शांति प्रक्रिया को बाधित कर दिया। धीरे-धीरे, संबंधों में सुधार दिखा

और इसके बाद जुलाई 2001 में आगरा में बातचीत के लिए जनरल मुशर्रफ की भारत यात्रा हुई। लेकिन वार्ता कोई उल्लेखनीय सफलता हासिल करने में विफल रही और बाद में भी भारत-पाक संबंधों में गिरावट जारी रही क्योंकि पाकिस्तान द्वारा कश्मीर को मुख्य मुद्दे के रूप में जोड़ने की जिद को भारत ने हमेशा खारिज कर दिया और सीमा पार आतंकवाद को भारत द्वारा उजागर किया गया हालाँकि पाकिस्तान द्वारा खारिज कर दिया गया। कंधार प्रकरण (काठमांडू से कंधार जाने के बाद इंडियन एयरलाइंस के विमान आईसी 814 का अपहरण) से पाकिस्तान द्वारा सहायता प्राप्त या आश्रय प्राप्त आतंकवादियों के पाकिस्तानी कनेक्शन का पता चला। इसलिए, पिछली सरकारों के प्रयासों की तरह, वाजपेयी सरकार भारत-पाक संबंधों में सुधार लाने में विफल रही और गतिरोध जारी रहा।

17 अप्रैल 2005 को नई दिल्ली की अपनी दूसरी यात्रा के दौरान राष्ट्रपति मुशर्रफ ने घोषणा की कि शांति प्रक्रिया अपरिवर्तनीय हो गई है और फिर से नए विश्वास-निर्माण उपायों का एक और दौर शुरू हुआ, कश्मीर मुद्दे को हल करने की प्रतिज्ञा, लाहौर-अमृतसर बस सेवा की संभावित बहाली और कराची और मुंबई में वाणिज्य दूतावासों की पुनः स्थापना। हालाँकि, हकीकत में कुछ भी ठोस नहीं हो सका। उसके बाद किए गए शांति वार्ता के प्रयास भारत में आतंकवादी कृत्यों की बढ़ती संख्या और पाकिस्तान या पाकिस्तान में स्थित आतंकवादियों की कथित संलिप्तता के कारण गंभीर रूप से अवरुद्ध हो गए। डॉ. मनमोहन सिंह के प्रधानमंत्रित्व काल में भारत ने पाकिस्तान के परमाणु शस्त्रागार की सुरक्षा पर गंभीर चिंता व्यक्त की, क्योंकि परमाणु शस्त्रागार के आतंकवादियों के हाथों में पड़ने की संभावना हमेशा बनी रहती है। 26/11 के मुंबई आतंकी हमले और पाकिस्तानी कनेक्शन के खुलासे के बाद रिश्ते और भी पटरी से उतर गए।

हालाँकि, 15वें गुटनिरपेक्ष (NAM) शिखर सम्मेलन (शर्म अल-शेख, 2009) के मौके पर एक बार फिर डॉ. मनमोहन सिंह ने पाकिस्तानी प्रधान मंत्री यूसुफ रजा गिलानी (Yousuf Raza Gilani) से मुलाकात की और दोनों ने कई गड़बड़ियों के बावजूद भारत-पाक संबंधों में सकारात्मक सुधार की दिशा में गंभीर प्रयास करने का प्रयास किया। मुंबई आतंकी हमलों में शामिल लोगों को सजा मिलने के बाद ही भारत ने पाकिस्तान के साथ बातचीत की शर्त रखी। भारत ने 'समग्र वार्ता' को आतंकवाद से अलग कर दिया। 26/11 मुंबई आतंकवादी हमले के बाद दूसरी शीर्ष स्तरीय बैठक के बाद जारी संयुक्त बयान में कहा गया, "दोनों प्रधानमंत्रियों ने माना कि बातचीत ही आगे बढ़ने का एकमात्र रास्ता है। आतंकवाद पर कार्रवाई को समग्र वार्ता प्रक्रिया से नहीं जोड़ा जाना चाहिए और इन्हें कोष्ठक में नहीं रखा जाना चाहिए।" संयुक्त बयान में कश्मीर का जिक्र नहीं था, जो हमेशा समग्र वार्ता प्रक्रिया के तहत होता है। प्रधान मंत्री मनमोहन सिंह ने "सभी लंबित मुद्दों सहित पाकिस्तान के साथ सभी मुद्दों पर चर्चा करने" के लिए भारत की तत्परता व्यक्त की। मिस्र में भारत-पाकिस्तान के संयुक्त बयान पर लोकसभा में डॉ. सिंह के बयान का जवाब देते हुए, पाकिस्तानी प्रधान मंत्री गिलानी ने 'शांति की भावनाओं' को दोहराया और बैठक को एक ऐसी बैठक के रूप में व्यक्त किया जहां दोनों नेता इस बात पर सहमत हुए थे कि आतंकवाद एक साझा खतरा है और बातचीत जारी है। रिश्तों को सकारात्मक दिशा में ले जाने का यही एकमात्र तरीका है। लेकिन विपक्ष ने पाकिस्तान के साथ 'समग्र वार्ता' को अलग करने के लिए नई दिल्ली के रुख की आलोचना की। हालाँकि, डॉ. सिंह ने दोहराया कि पाकिस्तान के साथ बातचीत प्रक्रिया को आतंकवाद के खिलाफ कार्रवाई से अलग करना भारत के रुख को कमजोर करना नहीं, बल्कि उसे मजबूत करना है।

वर्ष 2010 की शुरुआत भारत-पाक संबंधों में कई विकासों के साथ हुई, हालांकि हर मामले में यह बहुत उपयोगी नहीं रहा। पाकिस्तान के इस आरोप के बावजूद कि भारत ने समग्र वार्ता प्रक्रिया को तोड़

दिया है और उसे कूटनीतिक रूप से अलग-थलग करने का प्रयास किया है, 25 फरवरी 2010 को *विदेश सचिव स्तर की वार्ता (एफएसएलटी)* (Foreign Secretary Level Talk—FSLT) हुई; अप्रैल 2010 को 16वें सार्क शिखर सम्मेलन, थिंपू में अतिरिक्त बैठक; 24 जून 2010 को विदेश सचिव स्तरीय वार्ता; और सार्क गृह मंत्रियों की बैठक, इस्लामाबाद, 25 जून 2010। हालाँकि 16 जुलाई 2010 को इस्लामाबाद में विदेश मंत्रियों की बैठक के दौरान भारत-पाक संबंधों को झटका लगा। भारतीय विदेश मंत्री कृष्णन और उनके पाक समकक्ष शाह महमूद कुरेशी जल्द ही एक कूटनीतिक उलझन में फंस गए जब पाक ने 26/11 के महत्वपूर्ण क्षेत्रों, सीमा पार आतंकवाद और घुसपैठ के साथ किसी भी महत्वपूर्ण तरीके से जुड़ने से इनकार कर दिया और तर्क दिया कि न्यायिक प्रक्रिया में तेजी नहीं लाई जा सकती। (विवरण के लिए पृष्ठ 391–393 देखें)।

28-29 मार्च 2011 को भारत के गृह सचिव जी.के. पिल्लई (G.K. Pillai) और पाकिस्तान के आंतरिक सचिव क्यू.जेड. चौधरी (Q.Z. Chaudhury) के बीच एक बैठक हुई। यह तनावपूर्ण द्विपक्षीय संबंधों को और आसान बनाने और बातचीत फिर से शुरू करने की दिशा में एक कदम था। इन वार्ताओं के बाद कैदियों पर भारत-पाकिस्तान न्यायिक समिति की एक बैठक हुई जिसमें अनजाने में सीमा पार करने वालों और राष्ट्रीयता के सत्यापन और कैदियों, विशेषकर महिलाओं और बच्चों के साथ मानवीय व्यवहार जैसे अन्य संबंधित मुद्दों पर चर्चा की गई। दोनों पक्षों ने कई मछुआरों और नागरिकों को रिहा कर दिया था जो दोनों देशों की जेलों में बंद थे।

भारत के विदेश मंत्री एस.एम. कृष्णा और पाकिस्तान की विदेश मंत्री सुश्री हिना रब्बानी खार ने 27 जुलाई 2011 को नई दिल्ली में मुलाकात की। मंत्री स्तरीय वार्ता से पहले 26 जुलाई 2011 को भारत और पाकिस्तान के विदेश सचिवों के बीच एक बैठक हुई थी। बैठक में आतंकवाद-निरोध (मुंबई ट्रायल पर प्रगति सहित) और नारकोटिक्स नियंत्रण; मानवीय मुद्दे; वाणिज्यिक और आर्थिक सहयोग; वुलर बैराज/तुलबुल नेविगेशन परियोजना; सर क्रीक; सियाचिन; सीबीएम सहित शांति और सुरक्षा; जम्मू और कश्मीर; और मैत्रीपूर्ण आदान-प्रदान को बढ़ावा देने के मुद्दों पर द्विपक्षीय संबंधों की स्थिति की समीक्षा की गई।

पाकिस्तान की विदेश मंत्री हिना रब्बानी खार और भारत के विदेश मंत्री एस.एम. वार्ता प्रक्रिया में प्रगति की समीक्षा के लिए एक बैठक के लिए कृष्णा ने 8 सितंबर 2012 को इस्लामाबाद में मुलाकात की। मंत्री स्तरीय वार्ता से पहले 7 सितंबर 2012 को पाकिस्तान और भारत के विदेश सचिवों के बीच एक बैठक हुई थी। उन्होंने संवाद प्रक्रिया के ढांचे के भीतर कई मुद्दों पर ठोस चर्चा की और जुलाई 2011 में अपनी आखिरी समीक्षा बैठक के बाद से हासिल की गई प्रगति पर संतोष व्यक्त किया। उन्होंने रचनात्मक और परिणामोन्मुख जुड़ाव के माध्यम से सभी लंबित मुद्दों को शांतिपूर्ण ढंग से हल करने और पाकिस्तान और भारत के बीच मैत्रीपूर्ण, सहयोगात्मक और अच्छे पड़ोसी संबंध स्थापित करने के उद्देश्य से वार्ता प्रक्रिया को आगे बढ़ाने के महत्व को बरकरार रखा। 8 सितंबर 2012 को दोनों देशों के बीच हुए समझौते की भावना को ध्यान में रखते हुए, परमाणु सीबीएम पर विशेषज्ञ स्तर की सातवें दौर की वार्ता 28 दिसंबर 2012 को आयोजित की गई। भारत और पाकिस्तान ने बैलिस्टिक मिसाइलों के उड़ान परीक्षणों पर पूर्व-अधिसूचना और परमाणु हथियारों से संबंधित दुर्घटनाओं के जोखिम को कम करने पर मौजूदा समझौतों जैसे परमाणु सीबीएम के कार्यान्वयन और मजबूती की समीक्षा की। हालाँकि, जनवरी 2013 की शुरुआत में, पाकिस्तानी सैनिकों द्वारा एलओसी पर दो भारतीय सैनिकों की कथित हत्या और घटना की जांच के लिए *भारत और पाकिस्तान के लिए संयुक्त राष्ट्र सैन्य पर्यवेक्षक समूह (यूएनएमओजीआईपी)* (UN Military Observer Group for India and Pakistan—UNMOGIP) को शामिल करने के पाकिस्तान के आग्रह ने भारत और पाकिस्तान के बीच द्विपक्षीय संबंधों को फिर से पटरी से उतार दिया है।

पाकिस्तान के साथ भारत के रिश्ते हमेशा मधुर नहीं रहते हैं। कश्मीर मुद्दा और सीमा पार आतंकवाद संबंधों को परेशान कर रहा है, खासकर भारत इस बात पर जोर दे रहा है कि भारत में आतंकवादी कृत्यों/हमलों में शामिल लोगों के खिलाफ कार्रवाई की जाए। भारत ने *"सर्वाधिक वांछित"* (most wanted) की एक सूची सौंपी है जिसमें हाफिज सईद (लश्कर के संस्थापक) और दाऊद इब्राहिम और 26/11 हमले, 1993 मुंबई सिलसिलेवार विस्फोट, आईसी-814 अपहरण, 2001 संसद पर हमले, पंजाब, जम्मू-कश्मीर और भारत के अन्य हिस्सों में अन्य आतंकवादी गतिविधियाँ में शामिल अन्य लोगों के नाम शामिल हैं। अमेरिकी नौसेना सील द्वारा संचालित **ऑपरेशन नेपच्यून स्पीयर** (Operation Neptune Spear), जिसने एबटाबाद में ओसामा बिन लादेन की हत्या को अंजाम दिया, निश्चित रूप से सीमा पार आतंकवाद के मुद्दे पर भारत के हंगामे की पुष्टि करता है और सुरक्षा खतरा अवास्तविक नहीं है। पाकिस्तान की चीन से निकटता और फारस की खाड़ी, पश्चिम एशिया और अफ्रीका के प्रवेश द्वार के रूप में पाकिस्तान की रणनीतिक स्थिति का पूरी तरह से उपयोग करने में चीन की रुचि निश्चित रूप से भारत के लिए एक बड़ी चिंता का विषय है। इसी इरादे से चीन ने पाकिस्तान को ग्वादर पोर्ट (Gwadar Port) विकसित करने में मदद की है। पाकिस्तान का परमाणु डिज़ाइन भारत की सुरक्षा के लिए एक निश्चित ख़तरा है। बीजिंग-प्योंगयांग-इस्लामाबाद-नेपीडॉ-तेहरान धुरी का उद्भव भारत की विदेश नीति की चिंता का विषय होना चाहिए। पाकिस्तान की आंतरिक स्थिति काफी अस्थिर है जो भारत के लिए चिंता का विषय है। नागरिक सरकार के नियंत्रण में कितनी राजनीतिक शक्ति है यह संदिग्ध है। यहाँ सेना निर्णायक भूमिका निभाती है। आईएसआई (ISI) पर आरोप है कि वह नेपाल और बांग्लादेश जैसे भारत के अन्य पड़ोसियों की धरती से काम कर रही है, और भारत की विद्रोही ताकतों के साथ संबंध स्थापित करने की भी कोशिश कर रही है, जो भारत की सुरक्षा में बाधा बन रही है। इसके अलावा, पाकिस्तान कॉफ़ी क्लब (Coffee Club)* का एक प्रमुख सदस्य है। फिर भी, आशा की किरण यह है कि दोनों अपना आर्थिक सहयोग बढ़ाने के इच्छुक हैं। पाकिस्तान ने भारत को एमएफएन (MFN) का दर्जा देने का आश्वासन दिया। यदि भारत तुर्की-अफगानिस्तान-पाकिस्तान-भारत (टीएपीआई) (Turkey-Afghanistan-Pakistan-India—TAPI) और ईरान-पाकिस्तान-भारत (आईपीआई) (Iran-Pakistan-India—IPI) पाइपलाइनों को साकार करना सुनिश्चित करना चाहता है तो उसे 'विश्वास की कमी' को कम करने के प्रयास करने होंगे। दोनों को विवादास्पद मुद्दों से परे सोचना चाहिए और आतंकवाद और शांति और सुरक्षा में बाधा डालने वाली अन्य विध्वंसक गतिविधियों का मुकाबला करके संबंधों को बेहतर बनाने और दक्षिण एशियाई क्षेत्र में शांति और सुरक्षा स्थापित करने का प्रयास करना चाहिए।

भारत और बांग्लादेश (India and Bangladesh)

26 मार्च 1971 को बांग्लादेश की वर्तमान स्थिति के उद्भव में भारत ने महत्वपूर्ण भूमिका निभाई थी। भारत ने पाकिस्तान से बांग्लादेश की मुक्ति की लड़ाई में बांग्लादेश की 'मुक्ति वाहिनी' को पूरा समर्थन दिया था।

---

* **Coffee Club** Countries that strongly oppose the G4 countries—Brazil, Germany, India, and Japan's bids for permanent seats in the United Nations Security Council have formed the ***Uniting for Consensus movement***, or the ***Coffee Club***. The most vocal countries of this group are Italy, South Korea, Mexico, Argentina and Pakistan. In East Asia, both China and South Korea heavily oppose Japan's bid. In Europe, Italy, Spain and the Netherlands all oppose a seat for Germany. In Latin America, Argentina, Colombia and Mexico are opposing a seat for Brazil. In Asia, Pakistan is opposing India's bid.

भारत और बांग्लादेश चार भारतीय राज्यों पश्चिम बंगाल, असम, मेघालय, त्रिपुरा और मिजोरम से लगती हुई लगभग 4096 किमी लंबी साझा सीमा साझा करते हैं। दोनों देश सांस्कृतिक समानताएं साझा करते हैं, विशेषकर पश्चिम बंगाल राज्य के साथ और उत्तर पूर्वी राज्यों के साथ जातीय संबंध भी साझा करते हैं।

हालाँकि, फरक्का बैराज, मूर द्वीप, सीमा-विवाद (तीन बिगहा कॉरिडोर सहित), सीमा बाड़ लगाना, अवैध प्रवासन, चकमा शरणार्थी, सीमा अपराध, मानव तस्करी, तस्करी, व्यापार और पारगमन मुद्दे और भूमि सीमा समझौता जैसे विभिन्न मुद्दों से भारत-बांग्लादेश संबंध में तनाव उत्पन्न होता है।

अपने जन्म के तुरंत बाद, बांग्लादेश ने सहयोग, मित्रता और शांति की 25 साल की संधि में प्रवेश किया। इसे लगभग 1971 में हस्ताक्षरित भारत-सोवियत शांति, मित्रता और सहयोग संधि की तर्ज पर बनाया गया था। दोनों देशों ने उपनिवेशवाद, नस्लवाद, साम्राज्यवाद के खिलाफ लड़ने और शांति और सुरक्षा को मजबूत करने की दिशा में काम करने का संकल्प लिया। दोनों देश आर्थिक, वैज्ञानिक, तकनीकी, व्यापार, परिवहन और संचार जैसे विभिन्न क्षेत्रों में सहयोग करने पर भी सहमत हुए। 1974 में दोनों देशों के बीच भूमि सीमा समझौते (एलबीए) (Land Boundary Agreement—LBA) पर हस्ताक्षर किये गये। हालाँकि, एलबीए को समग्रता से लागू नहीं किया गया है। भारत-बांग्लादेश रिश्ते में तीन मुद्दे अब भी परेशानी पैदा करते हैं। वे लथिलिला-दुमबारी (असम सेक्टर), दक्षिण बेरुबारी (पश्चिम बंगाल सेक्टर) और मुहुरी नदी/बेलोनिया सेक्टर (त्रिपुरा सेक्टर) के तीन क्षेत्रों में सीमा के 6.5 किमी के सीमांकन, प्रतिकूल संपत्तियों के आदान-प्रदान और एन्क्लेव के आदान-प्रदान की के मामले हैं। 2001 में, दोनों देशों ने विवादास्पद सीमा मुद्दों पर सिफारिशें करने के लिए *संयुक्त सीमा कार्य समूह* (जेएनडब्ल्यूजी) (Joint Boundary Working Group—JNWG) की स्थापना की।

1974 में भारत द्वारा किये गये परमाणु परीक्षण को बांग्लादेश ने प्रतिकूल दृष्टि से नहीं देखा। हालाँकि, बाद में फरक्का बैराज, मुजीब की नीतियों, न्यू मूर द्वीप विवाद और बांग्लादेश पर साम्राज्यवादी एजेंडा के रूप में भारत के खिलाफ चीनी और पाकिस्तानी प्रचार पर मतभेदों ने रिश्ते को खराब कर दिया। हालाँकि, 1980 के दशक की शुरुआत में बदलाव देखा गया। 1977 में एक अल्पकालिक समझौते पर हस्ताक्षर किये गये। इस समझौते में दोनों देशों द्वारा निकाले जाने वाले पानी की मात्रा निर्दिष्ट की गई थी। 1982 में दोनों देशों के बीच गंगा जल पर अंतरिम समझौता हुआ। इस समझौते के तहत 1977 का फरक्का समझौता समाप्त कर दिया गया। इसके बाद 1983, 1985 में गंगा जल बंटवारे के लिए समझौते पर हस्ताक्षर किये गये। हालाँकि, नेपाल को शामिल करने और गंगा के शुष्क मौसम के प्रवाह के लिए कार्य योजना और फरक्का की जल आपूर्ति बढ़ाने और पानी के बंटवारे को लेकर तनाव जारी रहा। 1996 में भारत-बांग्लादेश गंगा समझौते पर हस्ताक्षर किये गये। यह 30 साल की जल बंटवारा संधि थी, जिस पर नई दिल्ली में हस्ताक्षर किए गए थे। इस संधि की प्रत्येक पाँच वर्ष बाद समीक्षा की जाती है। इस बात पर सहमति हुई कि यदि जल स्तर तेजी से गिरता है तो दोनों पक्ष पानी की उपलब्ध मात्रा को 50:50 के आधार पर साझा करेंगे।

चकमा समस्या ने लंबे समय से भारत-बांग्लादेश संबंधों को परेशान कर रखा है। लंबे समय से भारत पर *शांतिबाहिनी* (पर्बत्य चटग्राम जन संघति समिति (पीसीजेएसएस)(Parbatya Chattagram Jana Sanghati Samiti—PCJSS) की सशस्त्र शाखा) का समर्थन करने के आरोप लगते रहे हैं। हालाँकि, चकमाओं और अवामी लीग के बीच शांति समझौते पर हस्ताक्षर होने और अंततः मनबेंद्र नारायण लार्मा की हत्या के साथ, आंदोलन फीका पड़ गया। 1997 में, बांग्लादेश भारत से 80,000 आदिवासी चकमा शरणार्थियों को वापस लाने पर सहमत हुआ। 1999 में, दोनों देशों ने कलकत्ता-ढाका बस सेवा शुरू की, जिसके बाद 2000 में 26 वर्षों के बाद माल ट्रेन लिंक को फिर से शुरू करने के लिए एक समझौते पर

हस्ताक्षर किए गए। 2003 में भारत ने बांग्लादेश को कुछ व्यापारिक लाभ दिये। भारत बांग्लादेश के कुछ उत्पादों को शुल्क मुक्त पहुंच देने पर सहमत हुआ। वर्ष 2003 में *मुक्त व्यापार समझौते (एफटीए)* (Free Trade Agreement—FTA) के बारे में व्यापक वार्ता की शुरुआत हुई। भारत के विदेश मंत्री नटवर सिंह ने अगस्त 2005 में बांग्लादेश का दौरा किया। इसके अलावा, भारत के प्रधान मंत्री ने सार्क शिखर सम्मेलन में भाग लेने के अवसर पर नवंबर 2005 में ढाका का दौरा किया और बांग्लादेश की प्रधान मंत्री बेगम खालिदा जिया से मुलाकात की। मार्च 2006 में बेगम खालिदा जिया ने भी भारत का दौरा किया। इस यात्रा के बाद दो समझौते हुए जो संशोधित व्यापार समझौते और नारकोटिक ड्रग्स और साइकोट्रॉपिक पदार्थों की अवैध तस्करी को रोकने के लिए भारत और बांग्लादेश के बीच आपसी सहयोग के समझौते के संबंध में थे। 2007 में तत्कालीन विदेश मंत्री प्रणब मुखर्जी ने बांग्लादेश का दौरा किया और बांग्लादेशी प्रधान मंत्री को 14वें सार्क शिखर सम्मेलन में भाग लेने के लिए निमंत्रण दिया, जो 3–4 अप्रैल 2007 को नई दिल्ली में आयोजित किया जाना था। *विदेश कार्यालय परामर्श (एफओसी)* (Foreign Office Consultations—FOC) जून 2007 में ढाका में आयोजित किया गया था। सीमा प्रबंधन को लेकर अगस्त 2007 में नई दिल्ली में आठवीं गृह सचिव स्तर की वार्ता हुई। द्विवार्षिक सीमा समन्वय सम्मेलन अक्टूबर 2007 में नई दिल्ली में आयोजित किया गया था। जुलाई 2006 में ढाका में आयोजित तीसरी संयुक्त सीमा कार्य समूह की बैठक के निर्णय के अनुसार, दोनों पक्षों के प्रतिनिधिमंडलों ने पहली बार मई 2007 में कुछ अंतःक्षेत्रों और अनिधिकृत कब्जे वाले क्षेत्रों का संयुक्त दौरा किया।

2008 में शेख हसीना ने चुनाव जीता और बांग्लादेश की नई प्रधानमंत्री बनीं। भारत ने बांग्लादेश तक अपना प्रभाव बढ़ाया। पूर्व विदेश मंत्री प्रणब मुखर्जी ने बांग्लादेश का दौरा किया और सुरक्षा मामलों, सीमा पार आतंकवाद, भारत-बांग्लादेश सीमाओं के शांतिपूर्ण प्रबंधन, भूमि सीमाओं के सीमांकन और भारतीय समुद्री सीमाओं जैसे आम चिंता के मुद्दों पर व्यापक चर्चा की। द्विपक्षीय व्यापार और द्विपक्षीय निवेश संवर्धन और संरक्षण पर दो समझौतों पर हस्ताक्षर किए गए। इसके बाद 7–10 सितंबर 2009 तक बांग्लादेश के विदेश मंत्री दीपू मोनी ने भारत का दौरा किया। इस यात्रा के बाद द्विपक्षीय मुद्दों और भारत के उत्तर-पूर्व में प्रस्तावित जल विद्युत बांध पर विवादास्पद मुद्दे पर चर्चा हुई। भारत और बांग्लादेश दोनों निम्नलिखित से संबंधित तीन समझौतों को समाप्त करने पर सहमत हुए—आपराधिक मामलों पर पारस्परिक कानूनी सहायता; सजायाफ्ता व्यक्तियों का स्थानांतरण; और अंतर्राष्ट्रीय आतंकवाद, संगठित अपराध और अवैध मादक पदार्थों की तस्करी का मुकाबला।

10–13 जनवरी 2010 के दौरान, बांग्लादेश की प्रधान मंत्री शेख हसीना ने भारत का दौरा किया। भारत ने बांग्लादेश के बुनियादी ढांचे के उन्नयन के लिए एशियाई विकास बैंक की शर्तों पर एक अरब डॉलर की ऋण सुविधा प्रदान की। भारत ने अखौरा-अगरतला रेल लिंक का निर्माण करने, भारतीय पावर ग्रिड से प्रति दिन 250 मेगावाट बिजली प्रदान करने और मणिपुर में बराक पर 1500 मेगावाट टिपाईमुख जलविद्युत बांध (Tipaimukh hydroelectric dam) के निर्माण की योजना को स्थगित करने पर भी सहमति व्यक्त की, जिस पर बांग्लादेश को आपत्ति है। इस बात पर भी सहमति हुई कि बांग्लादेश-मेघालय सीमा पर सीमावर्ती बाजार और मिजोरम सीमा पर भूमि सीमा शुल्क चौकियां स्थापित की जाएंगी। गिरावट के बारे में गंभीर चिंता के बावजूद, सैंतालीस वस्तुओं को नकारात्मक सूची से हटा दिया गया। बांग्लादेश ने भारत को आशुगंज अंतर्देशीय बंदरगाह तक पहुंच का वादा किया और साथ ही भारत, नेपाल और भूटान को मोंगला और चटगांव में गहरे पानी के बंदरगाहों तक पहुंच का वादा किया। बांग्लादेश ने पुराने भूमि-सीमा रेल पारगमन बिंदुओं को पुनर्जीवित करने और अपनी धरती का इस्तेमाल भारत के खिलाफ होने से रोकने

की इच्छा भी व्यक्त की। बांग्लादेश एक प्रत्यर्पण संधि, भूमि सीमा की समस्यों को हल करने के लिए एक संयुक्त सीमा समूह के गठन और समुद्री सीमा पर चर्चा के लिए बांग्लादेश की एक टीम पर बातचीत करने पर भी सहमत हुआ। शेख हसीना ने इस दौरे पर संतुष्टि जताई।

अगस्त 2010 में, वित्त मंत्री प्रणब मुखर्जी ने बांग्लादेश को 1 बिलियन अमेरिकी डॉलर के क्रेडिट समझौते पर हस्ताक्षर करने के लिए ढाका का दौरा किया। नवम्बर 2010 में बांग्लादेश के विदेशमंत्री दीपू मोनी (Dipu Moni) ने त्रिपुरा का दौरा किया और वहाँ पर छाटाखोला (Chottakhola) में स्थित "भारत-बांग्लादेश मैत्री उद्यान" (Bharat-Bangladesh Maitree Udyaan) का उद्घाटन किया। उनकी यात्रा के बाद दिसंबर 2010 में प्रधान मंत्री के सलाहकारों ने भारत का दौरा किया। उन्होंने द्विपक्षीय मुद्दों पर चर्चा की और प्रधान मंत्री शेख हसीना की यात्रा के दौरान जारी संयुक्त विज्ञप्ति की भावना का पालन किया। मई 2011 में, रवीन्द्रनाथ टैगोर की 150वीं जयंती मनाने के लिए भारत के उपराष्ट्रपति हामिद अंसारी के नेतृत्व में एक उच्च शक्ति प्राप्त भारतीय प्रतिनिधिमंडल ने बांग्लादेश का दौरा किया।

जुलाई 2011 में भारत के विदेश मंत्री एस.एम. कृष्णा ने बांग्लादेश का दौरा किया और बांग्लादेशी विदेश मंत्री दीपू मोनी के साथ चर्चा की। दोनों पक्षों ने शेख हसीना की यात्रा के दौरान संयुक्त विज्ञप्ति पर हस्ताक्षर के बाद से द्विपक्षीय संबंधों में हुई प्रगति की समीक्षा की।

प्रधान मंत्री डॉ. मनमोहन सिंह ने सितंबर 2011 में बांग्लादेश का दौरा किया। दोनों देशों ने आपराधिक मामलों में पारस्परिक कानूनी सहायता, सजायाफ्ता व्यक्तियों के स्थानांतरण और अंतर्राष्ट्रीय आतंकवाद, संगठित अपराध और अवैध मादक पदार्थों की तस्करी के खिलाफ लड़ाई जैसे मामलों पर चर्चा की। इस बैठक का मुख्य आकर्षण लंबे समय से चले आ रहे सीमा विवाद को सुलझाने के लिए एक नए भूमि सीमा समझौते पर हस्ताक्षर करना है। भारत और बांग्लादेश के बीच दीर्घकालिक संबंधों को रेखांकित करने वाले एक विज़न स्टेटमेंट पर हस्ताक्षर किए गए। हालाँकि, तीस्ता नदी के जल बंटवारे पर पश्चिम बंगाल की मुख्यमंत्री श्रीमती ममता बनर्जी द्वारा उठाई गई आपत्ति के कारण कोई समझौता नहीं हो सका।

विदेश मंत्री के निमंत्रण पर, बांग्लादेश की विदेश मंत्री डॉ. दीपू मोनी ने 7-8 मई 2012 के दौरान भारत की आधिकारिक यात्रा की। भारत-बांग्लादेश *संयुक्त सलाहकार आयोग (जेसीसी)* (Joint Consultative Commission—JCC) की पहली बैठक, जैसा कि भारत के प्रधान मंत्री की बांग्लादेश यात्रा के दौरान हस्ताक्षरित विकास के लिए सहयोग पर फ्रेमवर्क समझौते में परिकल्पना की गई थी, 7 मई 2012 को नई दिल्ली में आयोजित की गई थी। राजनीतिक और सुरक्षा सहयोग, व्यापार और कनेक्टिविटी, विकास सहयोग, जल संसाधन और बिजली में द्विपक्षीय सहयोग, उप-क्षेत्रीय सहयोग और लोगों से लोगों के बीच संपर्क जैसे मुद्दों पर चर्चा हुई।

बांग्लादेश में विपक्षी दल, *बांग्लादेश नेशनलिस्ट पार्टी (बीएनपी)* (Bangladesh Nationalist Party—BNP) की नेता बेगम खालिदा जिया 28 अक्टूबर से 3 नवंबर 2012 तक एक सप्ताह की भारत यात्रा पर थीं। उन्होंने भारत के नए विदेश मंत्री सलमान खुर्शीद से मुलाकात की। उन्होंने अतीत की चिंता किए बिना भारत-बांग्लादेश संबंधों के भविष्य के दृष्टिकोण पर ध्यान केंद्रित किया। उनकी पार्टी *बांग्लादेश नेशनलिस्ट पार्टी (बीएनपी)* (Bangladesh Nationalist Party—BNP) परंपरागत रूप से भारत विरोधी रुख अपनाती रही है। उन्होंने प्रधानमंत्री मनमोहन सिंह और विदेश मंत्री सलमान खुर्शीद से मुलाकात की। उन्होंने आश्वस्त किया कि बांग्लादेशी धरती का इस्तेमाल भारत विरोधी गतिविधियों के लिए नहीं किया जाएगा। उन्होंने तीस्ता समझौते पर हस्ताक्षर करने के लिए भी भारत पर दबाव डाला। हालाँकि, उनकी यात्रा को शेख हसीना की सरकार द्वारा बहुत सहजता से स्वीकार नहीं किया गया। भारत और बांग्लादेश के बीच

तीस्ता जल बंटवारे, भूमि सीमांकन और भूमि सीमा समझौतों से जुड़े कई बकाया समझौतों का उपयोग बेगम जिया 2013 में चुनाव के दौरान कर सकती हैं। भारत चुपचाप एक संतुलनकारी कार्य कर रहा है। भारत की पारंपरिक अवामी लीग समर्थक नीति को बीएनपी (BNP) तक पहुंचने के भारत के प्रयासों से संतुलित किया जा रहा है क्योंकि 2013 के चुनावों में बांग्लादेश में सरकार में बदलाव हो सकता है। इसलिए भारत ने बेगम ज़िया को आमंत्रित करके बातचीत के दरवाजे खुले रखे।

भारत-बांग्लादेश संबंधों में सीमा, जल बंटवारा, आतंकवाद और अन्य मुद्दों को लेकर समस्याएं बनी हुई हैं। फिर भी दोनों देशों ने क्षति नियंत्रण के लिए कदम उठाए हैं। एक संयुक्त सीमा कार्य समूह (जेबीडब्ल्यूजी) (Joint Boundary Working Group— JBWG) की स्थापना की गई है जिसका उद्देश्य भूमि सीमा से संबंधित बकाया मुद्दों का समाधान करना है। भारत ने 2007 में बांग्लादेश में आए चक्रवाती तूफान सिद्र (Sidr) के लिए भी सहायता की पेशकश की थी। 9 फरवरी 2009 को हस्ताक्षरित और 7 जुलाई 2011 को लागू किए गए द्विपक्षीय निवेश संवर्धन और संरक्षण समझौते (बीआईपीपीए) (Bilateral Investment Promotion and Protection Agreement—BIPPA) से दोनों के बीच निवेश प्रवाह में सुधार की उम्मीद है। दक्षिण एशियाई मुक्त व्यापार क्षेत्र (साफ्टा) (SAFTA), दक्षिण एशियाई वरीयता व्यापार समझौता (साप्टा) (SAPTA) और भारत एशिया प्रशांत व्यापर समझौता (आप्टा) (APTA) के तहत भारत द्वारा बांग्लादेश को पर्याप्त शुल्क रियायत भी दी गई है। भारत ने अप्रैल 2007 में नई दिल्ली में आयोजित 14वें सार्क शिखर सम्मेलन में पहले ही घोषणा कर दी है कि वह 1 जनवरी 2008 से संवेदनशील सूची में कुछ वस्तुओं को छोड़कर बांग्लादेश सहित सार्क एलडीसी (SAARC LDCs) से उत्पन्न होने वाले उत्पादों के लिए शून्य शुल्क बाजार पहुंच देगा। भारत ने बांग्लादेश को बड़ी ऋण सहायता भी दी है। व्यापार से संबंधित विभिन्न समझौता ज्ञापन, बिजली क्षेत्र में सहयोग बढ़ाना और बांग्लादेश को चावल और गेहूं के निर्यात पर प्रतिबंध से छूट देना द्विपक्षीय संबंधों में सकारात्मक प्रगति दर्शाता है। बांग्लादेश संयुक्त राष्ट्र सुरक्षा परिषद में स्थायी सदस्यता के लिए भारत की दावेदारी का भी समर्थन करता है।

हालाँकि, कुछ ऐसे मुद्दे हैं जो रिश्तों में खटास पैदा करते रहते हैं। बांग्लादेश से अवैध सीमा पार प्रवासन जो भारत के उत्तर-पूर्व में तनाव पैदा कर रहा है। सबसे महत्वपूर्ण बात यह है कि बांग्लादेश में कट्टरपंथी ताकतों का बढ़ना और उनका अंतर्राष्ट्रीय आतंकवादी संगठन से संबंध भारत के लिए गंभीर चिंता का विषय है। इसमें बांग्लादेश से संचालित होने वाले या भारत में सक्रिय लोगों को सहायता देने वाले भारत-विरोधी आतंकवादी संगठनों के साथ आईएसआई के संबंध भी शामिल हैं। 2007 में, दो प्रतिबंधित संगठनों, हरकत-उल-जिहाद-अल-इस्लामी, बांग्लादेश (हुजी-बी) (Harkat-ul-Jihad-al-Islami, Bangladesh—Huji-B) और जमातुल मुजाहिदीन बांग्लादेश (जेएमबी) (Jamaatul Mujahideen Bangladesh—JMB) के केवल कई सौ कथित सदस्यों को गिरफ्तार किया गया था। बांग्लादेश में अन्य समूहों के सक्रिय होने और कुछ के अंतर्राष्ट्रीय आतंकवादी संगठनों से संबंध होने की खबरें हैं। सबसे बढ़कर, बांग्लादेश के साथ चीनी संबंध फिर से भारत के लिए चिंता का विषय है। शेख हसीना ने मार्च 2010 में चीन का दौरा किया और दोनों देश एक-दूसरे की मदद करने पर सहमत हुए। बांग्लादेश चीन को पारगमन सुविधा प्रदान करने के लिए सहमत हो गया है, उसने चीन से म्यांमार से चीन के युन्नान प्रांत तक गुजरने वाले राजमार्ग के निर्माण और उसी पथ पर चलने वाले रेल नेटवर्क के निर्माण में सहायता करने का अनुरोध किया है। बांग्लादेश ने रक्षा सहयोग के साथ-साथ चटगांव बंदरगाह और सोनादिया द्वीप पर गहरे समुद्री बंदरगाह के विकास में भी सहायता मांगी है। 2008 में, बांग्लादेश ने चीन की सहायता से चटगांव

बंदरगाह के पास एक मिसाइल लॉन्च पैड का निर्माण किया। चीनी उपराष्ट्रपति शी जिनपिंग ने बांग्लादेश की वापसी यात्रा की। यहां तक कि बेगम खालिदा जिया ने भी अपनी भारत यात्रा से पहले 14 अक्टूबर 2012 को चीन का दौरा किया था। इस प्रकार, बांग्लादेश पर चीन के इस बढ़ते प्रभाव को भारत को अवश्य ध्यान में रखना चाहिए। भारत को बांग्लादेश के साथ द्विपक्षीय संबंधों को मजबूत करने की कोशिश करनी चाहिए क्योंकि वह आर्थिक संबंधों को मूर्त रूप देकर ऐसा करने की कोशिश कर रहा है। क्षेत्रीय विवाद, अवैध प्रवास, आतंकवाद और यहां तक कि जल बंटवारे की समस्या को हल करना काफी कठिन है, इसलिए भारत को बांग्लादेश के साथ रणनीतिक सहयोग बढ़ाना चाहिए।

भारत और श्रीलंका (India and Sri Lanka)

भारत का श्रीलंका के साथ अशोक के समय से बहुत पुराना संबंध है। अशोक ने अपने बेटे महेंद्र और बेटी संघमित्रा को द्वीप देश में बौद्ध धर्म के प्रचार के लिए भेजा था। वर्ष 2011 में भारत और श्रीलंका दोनों में बुद्ध के ज्ञान की 2600वीं वर्षगांठ मनाई गई।

हालाँकि, भारत-श्रीलंका संबंधों में प्रमुख चिड़चिड़ाहट भारतीय मूल के राज्यविहीन व्यक्तियों का मुद्दा, *लिबरेशन टाइगर्स ऑफ तमिल ईलम (एलटीटीई)* का मुद्दा, हिंद महासागर को शांति क्षेत्र के रूप में स्थापित करने की मांग, एनपीटी और सीटीबीटी, दक्षिण एशिया को परमाणु मुक्त क्षेत्र घोषित करना, दोनों देशों के बीच व्यापार असंतुलन का मुद्दा समेत अन्य मुद्दे शामिल हैं जिन पर मतभेद है। पिछले कुछ वर्षों में प्रमुख परेशान करने वाला कारक श्रीलंका में गृह युद्ध और श्रीलंकाई तमिलों का मामला रहा है।

1948 में द्वीप देश की आजादी के बाद से, श्रीलंका सिंहली और भारतीय मूल के तमिलों के बीच जातीय समस्याओं में उलझ गया है। शुरुआत से ही, तमिलों को बुनियादी अधिकारों से वंचित रखा गया है, और कोलंबो में लगातार सरकारों ने भूमि निपटान, नागरिकता अधिकार, आधिकारिक भाषाओं, रोजगार के अवसरों, समावेशी शिक्षा, राजनीतिक स्वतंत्रता और कई अन्य मौलिक अधिकारों से संबंधित तमिलों के विरूद्ध कई भेदभावपूर्ण नीतियां अपनाई हैं। 1956 के राजभाषा अधिनियम के साथ मामला चरम पर पहुंच गया। इस अधिनियम ने 'केवल सिंहली' भाषा नीति पेश की। इसके अलावा, संविदात्मक श्रम की औपनिवेशिक प्रणाली के उन्मूलन के बाद तमिल श्रमिकों को बड़े पैमाने पर मताधिकार से वंचित कर दिया गया, साथ ही साथ इन लोगों को नागरिकता से भी वंचित कर दिया गया। वे 'राज्यविहीन' लोग बन गये। 1950, 1970 और 1980 के दशक में तमिल अक्सर जातीय संघर्षों के शिकार हुए थे। विशेष रूप से सशस्त्र हमले और तमिल कैदियों की हत्या और 1983 के दौरान आम तौर पर तमिलों पर हमलों के बाद तमिल विद्रोह का उदय, कमोबेश श्रीलंका में गृहयुद्ध शुरू हो गया। एक अलग 'ईलम' (Eelam) की मांग जोर पकड़ने लगी। *ईलम रिवोल्यूशनरी ऑर्गनाइजेशन ऑफ स्टूडेंट्स (ईआरओएस)* (Eelam Revolutionary Organization of Students—EROS), *तमिल ईलम लिबरेशन ऑर्गनाइजेशन (टीईएलओ)* (Tamil Eelam Liberation Organization—TELO) और *लिबरेशन टाइगर्स ऑफ तमिल ईलम (एलटीटीई)* (Liberation Tigers of Tamil Eelam—LTTE) जैसे कई तमिल उग्रवादी संगठनों ने एक संयुक्त मोर्चा बनाया। उन्हें *पीपुल्स लिबरेशन ऑर्गनाइजेशन ऑफ तमिल ईलम (पीएलओटीई)* (People Liberation Organization of Tamil Eelam—PLOTE) से भी समर्थन मिला।

इसी परिप्रेक्ष्य में भारत-लंका संबंधों का आकलन करना होगा। श्रीलंका की एकता और अखंडता के प्रति भारत की प्रतिबद्धता को नेहरू-कोटलेवाला संधि, 1954 (नागरिकता की समस्या का समाधान) और

सिरिमावो-शास्त्री संधि, 1964 (5,25,000 राज्यविहीन लोगों को भारत वापस लाने और 3,00,000 तमिलों को श्रीलंका की नागरिकता का दर्जा देने के संबंध में) में बरकरार रखा गया था। हालाँकि, तमिल विद्रोह के बढ़ने और उसके बाद श्रीलंकाई सरकार द्वारा दमन के साथ, भारत को 1983 में स्थिति पर ध्यान देना पड़ा। बड़ी संख्या में तमिल श्रीलंका छोड़कर भारत आ गए और 1984-85 में शरणार्थी समस्या पैदा हो गई। ऐसी परिस्थितियों में, तमिलनाडु राज्य सरकार की ओर से भारत सरकार के हस्तक्षेप की पुरजोर मांग की गई थी। हालाँकि, भारत ने इस तरह के हस्तक्षेप का विरोध किया और राजनीतिक स्थिति का पता लगाने के लिए श्रीलंकाई सरकार पर दबाव डाला।

मई-जून 1987 के आसपास, श्रीलंका सरकार के सुरक्षा बलों द्वारा जाफना में तमिलों के बड़े पैमाने पर नरसंहार के मद्देनजर भारत ने प्रतिक्रिया दी। भारत ने पीड़ित तमिलों के लिए हवाई मार्ग से मानवीय सहायता गिराई। इससे भारत-श्रीलंका संबंधों में तनाव पैदा हो गया क्योंकि श्रीलंका ने इसे भारत द्वारा हस्तक्षेप के रूप में देखा। हालाँकि, 29 जुलाई 1987 को तत्कालीन भारतीय प्रधान मंत्री राजीव गांधी और श्रीलंकाई राष्ट्रपति जयवर्धने के बीच एक समझौते पर हस्ताक्षर के साथ चीजों में सुधार दिखना शुरू हो गया। समझौते के बाद रिश्ते आसान हुए। भारत ने समझौते के तहत दायित्वों को पूरा करने के लिए *भारतीय शांति सेना (आईपीकेएफ)* (Indian Peace-keeping Force IPKF) को भेजा। भारत ने तमिल उग्रवादियों को निःशस्त्र करने की जिम्मेदारी संभाली, लेकिन जल्द ही परेशानियाँ सामने आने लगीं। लिट्टे ने हथियार डालने से इनकार कर दिया और प्रांतीय चुनाव लड़ने को प्राथमिकता देने वाले अन्य तमिलों के खिलाफ हिंसा में संलग्न हो गया। आईपीकेएफ मानवाधिकार उल्लंघन जैसे कई विवादों में भी फंस गया और श्रीलंकाई धरती पर इसकी उपस्थिति का श्रीलंकाई लोगों द्वारा विरोध किया जाने लगा। यहां तक कि श्रीलंका के राष्ट्रपति प्रेमदासा भी चाहते थे कि भारत आईपीकेएफ को वापस बुला ले और विरोध स्वरूप श्रीलंका के विदेश मंत्री ने 1989 में आयोजित सार्क के विदेश मंत्रियों की बैठक में भाग नहीं लिया। अंततः 1990 में आईपीकेएफ को वापस बुला लिया गया। 1992 में, सार्क शिखर सम्मेलन के बाद राष्ट्रपति प्रेमदासा ने भारत की अनुपस्थिति का फायदा उठाते हुए भारत के खिलाफ अपनी कड़वी भावना को बाहर निकालने के लिए कोई जगह नहीं छोड़ी। यहां तक कि उन्होंने पाकिस्तान, बांग्लादेश और मालदीव के साथ अनौपचारिक बातचीत भी की, जहां उन्होंने भारत के खिलाफ खुली शत्रुता प्रदर्शित की।

हालाँकि, 1992 में रिश्ते फिर से सामान्य हो गए। जुलाई 1992 तक, भारत में 23,000 से अधिक तमिल शरणार्थियों को वापस भेज दिया गया। राष्ट्रपति प्रेमदासा ने अक्टूबर 1992 में भारत का दौरा किया। भारत ने जातीय समस्या के शीघ्र समाधान के ढांचे के भीतर सत्ता के प्रभावी हस्तांतरण के लिए समर्थन बढ़ाने की इच्छा व्यक्त की। राष्ट्रपति चंद्रिका कुमारतुंगा (Chandrika Kumartunga) ने 1995 में भारत का दौरा किया। उनकी यात्रा से दोनों देशों के बीच मैत्रीपूर्ण संबंध फिर से स्थापित करने में काफी मदद मिली। 1997 में, भारत के विदेश मंत्री आई.के. गुजराल ने कोलंबो का दौरा किया और बिना किसी पारस्परिकता की उम्मीद के व्यापार सहित विभिन्न मामलों में कुछ रियायतों की घोषणा की। दिसंबर 1998 में, *भारत-श्रीलंका मुक्त व्यापार समझौते (आईएसएफटीए)* (India-Sri Lanka Free Trade Agreement—ISFTA) पर हस्ताक्षर किए गए जो मार्च 2000 से लागू हुआ। इस समझौते के तहत दोनों पक्ष चरणबद्ध तरीके से टैरिफ बाधाओं को खत्म करने के लिए प्रतिबद्ध हैं। भारत ने नकारात्मक सूची में 429 वस्तुओं को छोड़कर अपने शुल्क को शून्य करने की अपनी प्रतिबद्धता बरकरार रखी है। 2003 में *व्यापक आर्थिक सहयोग समझौते (सीईसीए)* (Comprehensive Economic Cooperation Agreement—CECA) पर हस्ताक्षर के साथ दोनों देशों के आर्थिक संबंधों में सफलता मिली। सीईसीए के बाद एक रक्षा समझौता भी हुआ।

महिंदा राजपक्षे के पदभार संभालने के साथ ही भारत-श्रीलंका संबंधों में एक नया मोड़ आया। उन्होंने 2004 में भारत का दौरा किया। भारत श्रीलंका के उत्तर-पूर्वी प्रांत के पुनर्वास और पुनर्निर्माण में मदद करने पर सहमत हुआ। भारत ने बार-बार श्रीलंका को आश्वस्त किया कि जातीय समस्या का समाधान केवल बातचीत प्रक्रिया से ही किया जा सकता है, न कि 'सैन्य समाधान' से। भारत ने 2009 में मानवाधिकार परिषद में भी श्रीलंका का समर्थन किया था। 2009 में, लिट्टे नेता प्रभाकरण के मारे जाने के बाद चीजों ने फिर से एक अलग मोड़ ले लिया। उनकी मृत्यु के साथ हस्तांतरण की प्रक्रिया शुरू हुई और भारत ने श्रीलंका को विस्थापित लोगों के पुनर्वास के लिए सहायता का आश्वासन दिया।

26 जनवरी 2010 को श्रीलंका में राष्ट्रपति चुनाव के बाद, नवनिर्वाचित राष्ट्रपति महिंदा राजपक्षे ने 7 मार्च 2010 को कोलंबो में भारतीय विदेश सचिव निरुपमा राव से मुलाकात की। राष्ट्रपति सचिवालय से जारी एक आधिकारिक बयान में उत्तरी श्रीलंका में युद्धग्रस्त क्षेत्रों से तमिल आईडीपी (आंतरिक रूप से विस्थापित व्यक्तियों) (IDPs—Internally Displaced Persons) के पुनर्वास में श्रीलंका की सहायता करने की भारत की इच्छा को बरकरार रखा गया। भारत ने उत्तर में रेलवे लाइन की बहाली में श्रीलंका की सहायता करने का इरादा भी जताया। चर्चा के अन्य मुद्दों में दोनों देशों के मछुआरों की समस्याएं, त्रिंकोमाली में प्रस्तावित कोयला संचालित परियोजना, पर्यावरण संबंधी मुद्दे और आपसी चिंता के अन्य मुद्दे शामिल थे।

फिर जून 2010 में श्रीलंका के राष्ट्रपति महिंदा राजपक्षे ने भारत का दौरा किया। इस यात्रा के बाद इरकॉन द्वारा मदु-तलाईमन्नार रेलवे लाइन के पुनर्निर्माण के लिए अनुबंध, आपराधिक मामलों पर पारस्परिक कानूनी सहायता पर संधि और सजायाफ्ता कैदियों के हस्तांतरण पर समझौते जैसे कई समझौते हुए।

अक्टूबर 2010 में राष्ट्रपति राजपक्षे अपने विदेश मंत्री जी.एल. पेइरिस के साथ नई दिल्ली में राष्ट्रमंडल खेल के समापन समारोह में भाग लेने के लिए भारत आए। 26 नवंबर 2010 को श्रीलंका-भारत संयुक्त आयोग का सातवां सत्र कोलंबो में आयोजित किया गया, जिसकी सह-अध्यक्षता भारतीय विदेश मंत्री एस.एम. कृष्णा और श्रीलंका के विदेश मंत्री जी.एल. पेइरिस ने की।

जनवरी 2011 में, भारत के विदेश सचिव ने श्रीलंका का दौरा किया और भारत और श्रीलंका के बीच जल क्षेत्र में हुई हिंसक झड़पों के परिणामस्वरूप दो मछुआरों की मौत पर अपनी चिंता व्यक्त की। मई 2011 में, जी.एल. पेइरिस ने भारत का दौरा किया। दोनों पक्षों ने प्रगतिशील तरीके से संकट के समाधान और पुनर्वास के लिए अपनी प्रतिबद्धता बरकरार रखी। भारत ने श्रीलंकाई संविधान में 13वें संशोधन के आधार पर सत्ता के सार्थक हस्तांतरण पर ध्यान केंद्रित किया और पुनर्वास, पुनर्वास और पुनर्निर्माण के कार्य में हर संभव सहायता का आश्वासन भी दिया। दोनों पक्ष जून 2010 की संयुक्त घोषणा की भावना को ध्यान में रखते हुए, सैमपुर और त्रिंकोमाली में संयुक्त उद्यम थर्मल पावर परियोजनाओं से संबंधित समझौतों पर हस्ताक्षर करने की प्रक्रिया में तेजी लाने, पलाई-केकेएस रेलवे लाइन (Palai-KKS railway line) के पुनर्निर्माण, ऊर्जा क्षेत्र में सहयोग, *व्यापक आर्थिक भागीदारी समझौते (सीईपीए)* (Comprehensive Economic Partnership Agreement—CEPA) को अंतिम रूप देने के लिए चल रही बातचीत को जारी रखना और अन्य समझौतों को अंतिम रूप देने पर सहमत हुए। कुछ महत्वपूर्ण परियोजनाएँ जो भारतीय कंपनियों के सहयोग से श्रीलंका में शुरू की गई हैं, वे हैं एनटीपीसी (NTPC,) द्वारा त्रिंकोमाली में 500 मेगावाट का कोयला आधारित थर्मल पावर प्लांट, ओएनजीसी (ONGC) द्वारा मन्नार में तेल और गैस ब्लॉक की खोज और राइट्स-इरकॉन (RITES-IRCON) द्वारा कोलंबो-मटारा रेलवे का नवीनीकरण।

विदेश मंत्री एस.एम. कृष्णा ने 16–19 जनवरी 2012 तक श्रीलंका का दौरा किया। दोनों पक्षों ने व्यापार, सेवा और निवेश, विकास सहयोग, विज्ञान और प्रौद्योगिकी, संस्कृति और शिक्षा सहित विभिन्न क्षेत्रों में प्रगति की समीक्षा की। कृषि के क्षेत्र में सहयोग और आवास परियोजना के लिए समझौता ज्ञापन पर हस्ताक्षर किए गए, और भारतीय दूरसंचार नियामक प्राधिकरण और दूरसंचार नियामक आयोग के बीच भी एक समझौता ज्ञापन पर हस्ताक्षर किए गए। श्रीलंका के राष्ट्रपति ने 19–22 सितंबर 2012 के दौरान भारत का दौरा किया। हालाँकि, 19 अक्टूबर 2012 को, कैबिनेट ने श्रीलंका को चुपचाप एक संदेश भेजने का एक कठोर निर्णय लिया कि चीन को श्रीलंका में अपने प्रभाव का विस्तार करते नहीं देखेगा, खासकर श्रीलंका सरकार द्वारा कोलंबो बंदरगाह विस्तार परियोजना चीन को सौंपे जाने के बाद भारत चुप नहीं बैठेगा। जबकि कोलंबो बंदरगाह की आय का एक बड़ा स्रोत भारतीय बंदरगाहों से आने वाले ट्रांस-शिपमेंट कार्गो से आता है। केबिनेट ने निणर्य लिया कि भारत को 1958 के मर्चेंट शिपिंग अधिनियम (Marchant shipping Act of 1958) के अनुसार अपने समुद्र जल में संचालन के अधिकार देने की नीति (काबोटाज नीति) को सरल करने को कहा। इस परिवर्तन का प्रभाव निर्यात-आयात (EXIM) कंटेनरों के आईसीटीटी (ICTT), वल्लारपदम, कोचीन के अंतर्राष्ट्रीय ट्रांस-शिपमेंट टर्मिनल से होने वाले ट्रांस-शिपमेंट पर हुआ। इस समायोजन का उद्देश्य आईसीटीटी (ICTT), वल्लारपदम से भारतीय कार्गो के ट्रांस-शिपमेंट को प्रोत्साहित करना और श्रीलंका सहित पड़ोसी विदेशी बंदरगाहों पर निर्भरता को कम करना है।

भारत के अन्य पड़ोसियों की तरह श्रीलंका भी 'बड़े भाई' भारत के डर से ग्रस्त है। इस खतरे की धारणा पर काबू पाना न केवल मुश्किल है बल्कि दोनों ही निकटता की पीड़ा से बच नहीं सकते हैं जो उनके द्विपक्षीय संबंधों को प्रभावित करता है। श्रीलंका ने कई बार अपना स्वतंत्र रुख अपनाने की कोशिश की है। यह दक्षिण एशिया में परमाणु मुक्त क्षेत्र स्थापित करने के लिए मुखर रहा है और 1962 के भारत-चीन युद्ध, 1971 के भारत-पाक युद्ध और यहां तक कि 1974 के भारतीय शांतिपूर्ण परमाणु विस्फोट के दौरान दोहरी भूमिका निभाई है। फिर भी वर्तमान में, श्रीलंका सुरक्षा परिषद में स्थायी सदस्यता के लिए भारत की दावेदारी का समर्थन करता है। कुछ मुद्दे अभी भी कायम हैं और कभी-कभी तनाव पैदा करते हैं या भविष्य में दोनों के बीच कड़वाहट पैदा करने की क्षमता रखते हैं। इसमें से पहला कछातिवु द्वीप (Kachhativu island) है, जहां श्रीलंका एक सैन्य अड्डा स्थापित करना चाहता था जिसे 1974 के समझौते के अनुसार भारत को सौंप दिया गया था। 1974 और 1976 की संधि द्वारा इस पर श्रीलंका के अधिकार स्थापित किये गये। हालाँकि, श्रीलंकाई नौसैनिक गश्ती दल और भारतीय मछुआरों के बीच कुछ परेशान करने वाली घटनाएँ होती रहती हैं। इसके अलावा, 1978 के संविधान में 18वें संशोधन ने राष्ट्रपति पद पर दो कार्यकाल की सीमा को हटा दिया है। भारत को सतर्क रहना होगा क्योंकि चीन समर्थक राष्ट्रपति का लंबे समय तक शासन करना भारत के लिए काफी चिंताजनक होगा। चीन पहले ही श्रीलंका तक अपना प्रभाव बढ़ा चुका है। चीन श्रीलंका के हंबनटोटा बंदरगाह (Hambantota harbour) का विकास कर रहा है। श्रीलंका ने अपने उत्तरी प्रांत के लिए चीन से उपकरण खरीदने की भी घोषणा की है। श्रीलंका भी पाकिस्तान के साथ अपना सहयोग बढ़ा रहा है। नवंबर 2010 में राष्ट्रपति आसिफ अली जरदारी की श्रीलंका यात्रा से यह स्पष्ट हो गया। भारत के पास ऐसे घटनाक्रमों के बारे में चिंतित होने का हर बिंदु है। भारत को श्रीलंका के साथ अपने संबंधों पर नए सिरे से गौर करने और अधिक आर्थिक ताकत हासिल करने पर ध्यान केंद्रित करने की जरूरत है, और इस तरह अधिक सार्थक साझेदारी होगी जो अंततः राजनीतिक संबंधों को बेहतर बनाने में मदद करेगी और श्रीलंका में चीनी और पाकिस्तानी प्रभाव को बेअसर करने में मदद करेगी।

भारत और नेपाल (India and Nepal)

भारत-नेपाल संबंधों को नेपाल के राजनीतिक शासन के परिप्रेक्ष्य में देखा जाना चाहिए, जिसमें लंबे समय तक राजशाही रही और लोकतंत्र के साथ कुछ समय के प्रयोगों, माओवादी विद्रोह और सत्ता पर कब्ज़ा और अंततः राजशाही का उन्मूलन और एक गणतंत्र के रूप में नेपाल का उदय हुआ। इन दोनों देशों के बीच संबंधों का विश्लेषण दो प्रमुख शक्तियों के बीच स्थित नेपाल की भू-रणनीतिक स्थिति और चीनी खतरे और भारत के जवाबी उपायों के नजरिए से किया जाना चाहिए। भारत-नेपाल संबंध का मुख्य दिशानिर्देश 1950 की भारत-नेपाल शांति और मैत्री संधि रही है। संधि में प्रावधान है कि, "कोई भी सरकार किसी विदेशी हमलावर द्वारा दूसरे की सुरक्षा के लिए किसी भी खतरे को बर्दाश्त नहीं करेगी। ऐसे किसी भी खतरे से निपटने के लिए दोनों सरकारें एक-दूसरे से परामर्श करेंगी और प्रभावी जवाबी उपाय तैयार करेंगी।'' इसका मुख्य उद्देश्य चीन के साथ संबंध विकसित करने की नेपाल की कोशिश को रोकना था। इसलिए, भारत ने एक मजबूत नेपाल के उद्भव में मदद करने के लिए नेपाल को भारी आर्थिक, तकनीकी और अन्य प्रकार की सहायता दी। नेपाल अपने व्यापार और पारगमन के लिए भारत पर निर्भर है जिसकी छूट भी भारत ही देता है। भारत का एकमात्र उद्देश्य अपनी उत्तरी सीमा को सुरक्षित करना था। इसलिए, जब भारत स्वतंत्र हुआ तो उसने अपनी उत्तरी सीमा को सुरक्षित करने के लिए बफर राज्यों की एक श्रृंखला बनाने की कोशिश की। इस प्रकार, उन्होंने 1949 में भूटान के साथ एक संधि और 1950 में नेपाल और सिक्किम के साथ '*स्टैंडस्टिल समझौते*' (Standstill agreements) पर हस्ताक्षर किये। इसके अलावा, तिब्बत पर चीनी कब्जे के साथ भारत की रक्षा की बाहरी रेखा समाप्त कर दी गई। इस प्रकार, भारत नेपाल के साथ घनिष्ठ संबंध विकसित करने और नेपाल में आंतरिक स्थिरता सुनिश्चित करने के लिए बेताब हो गया।

एक मजबूत नेपाल बनाने के अपने प्रयास में, भारत ने नेपाल में राणा कुलीनतंत्र को समाप्त करने और राजशाही की बहाली और संसदीय लोकतंत्र की दिशा में धीरे-धीरे काम करने में केंद्रीय भूमिका निभाई थी। भारत के तत्वावधान में फरवरी, 1951 में राजा त्रिभुवन, नेपाली प्रधान मंत्री मोहन शमशेर जंग बहादुर राणा और तत्कालीन भारतीय प्रधान मंत्री जवाहरलाल नेहरू के बीच एक त्रिपक्षीय वार्ता हुई। राणा विरोधी आंदोलन के दौरान, भारत ने यह स्पष्ट कर दिया कि भारत का प्राथमिक उद्देश्य नेपाल को स्वतंत्र, प्रगतिशील और मजबूत बनाना है। इसके अलावा, 1960–1990 तक नेपाल में राजनीतिक दलों पर प्रतिबंध लगा दिया गया था, लेकिन नेपाली कांग्रेस, नेपाल की कम्युनिस्ट पार्टी और अन्य पार्टियाँ भारत से संचालित होती थीं। भारत हमेशा चाहता था कि एक मजबूत और लोकतांत्रिक नेपाल चीनी मंसूबों के खिलाफ एक सुरक्षा कवच के रूप में काम करे। बी.पी. कोइराला के प्रधानमंत्रित्व काल में 1958 में चुनाव के बाद, नेपाली कांग्रेस ने सरकार बनाई। हालाँकि, यह सरकार अल्पकालिक थी और दिसंबर 1960 में 'रॉयल तख्तापलट' (Royal Coup) द्वारा अचानक समाप्त कर दी गई। राजा महेंद्र ने राज्य का प्रत्यक्ष और पूर्ण नियंत्रण ग्रहण किया।

महेंद्र की पूर्ण राज्य सत्ता की धारणा के साथ, नेपाल ने धीरे-धीरे खुद को भारतीय दिशाओं से स्वतंत्र घोषित करने का प्रयास किया। उन्होंने 1950 की संधि के प्रावधानों के विपरीत चीन के साथ संबंध बनाने की कोशिश की। 1962 के भारत-चीन संघर्ष ने नेपाल और चीन को करीब ला दिया। चीन ने नेपाल पर हमला होने पर उसे सहायता देने की भी घोषणा की। उन्होंने नेपाल के साथ काठमांडू को चीनी सीमा से जोड़ने के लिए एक सड़क बनाने के समझौते पर भी हस्ताक्षर किए। इसके बाद, राजा महेंद्र के उत्तराधिकारी राजा बीरेंद्र ने नेपाल को 'शांति क्षेत्र' घोषित करने की मांग भी उठाई। भारत ने इसे 1950 की संधि के उल्लंघन

के रूप में देखा। नेपाल ने पाकिस्तान के साथ भी संबंध विकसित करने की कोशिश की जिसका पाकिस्तान ने भी जवाब दिया। यहां तक कि 1962 में दोनों के बीच एक व्यापार समझौते पर हस्ताक्षर किए गए, जिसके तहत पाकिस्तान ने चटगांव के माध्यम से नेपाल तक बंदरगाह सुविधाएं बढ़ा दीं। पाकिस्तान के साथ एक अन्य पारगमन समझौते पर भी हस्ताक्षर किए गए। हालाँकि, 1965 के भारत-पाकिस्तान युद्ध के दौरान, नेपाल ने तटस्थ रुख बनाए रखा और भारत और पाकिस्तान के बीच मैत्रीपूर्ण संबंधों की फिर से स्थापना पर जोर दिया। भारत ने भी इसी समय नेपाल के साथ रिश्ते सुधारने की कोशिश की। नेपाल को चीन और भारत दोनों के साथ अच्छे संबंध बनाए रखते हुए कड़ी मेहनत करनी पड़ी। 1970 के दशक को एक ऐसे दौर के रूप में देखा जा सकता है जब भारत-नेपाल संबंधों में सकारात्मक मोड़ आया। राजा बीरेंद्र ने निकटवर्ती सीमाओं वाले देशों के बीच शांति और सौहार्द पर जोर दिया। इस दौरान छोटी-मोटी परेशानियों को दूर रखा गया और दोनों ने आपसी और शांति से समस्याओं को सुलझाने की कोशिश की।

1983 में, भारत ने व्यापार संधि को अगले पांच वर्षों के लिए बढ़ा दिया, जिसने दोनों के सहयोग के साथ-साथ भारत द्वारा प्रदान की जा रही कई व्यापारिक सुविधाओं को रेखांकित किया। भारत ने प्रस्तावित मेगावाट करनाली पनबिजली परियोजना से उत्पन्न बिजली खरीदने के लिए भी प्रतिबद्धता जताई। हालाँकि, 1987 में, श्रीलंका के जाफना में तमिलों को खाद्य आपूर्ति और सहायता देने की भारत की कार्रवाई ने भारत और नेपाल के बीच तनाव पैदा कर दिया। जुलाई 1987 में भारत और श्रीलंका के बीच शांति समझौते पर हस्ताक्षर का नेपाल ने स्वागत किया। रोजगार की तलाश कर रहे विदेशियों, जिनमें भारत भी शामिल था, के लिए वर्क परमिट की शुरुआत से तनाव पैदा हो गया। इसे फिर से 1950 की संधि की शर्तों के उल्लंघन के रूप में देखा गया। फिर भी दोनों देशों के रिश्ते अच्छे चलते रहे। दोनों ने सहयोग बढ़ाने के लिए एक संयुक्त आयोग के गठन के समझौते पर हस्ताक्षर किये। 1989 में एक नई व्यापार और पारगमन संधि पर हस्ताक्षर करने को लेकर दोनों के बीच मतभेद के साथ तनाव फिर से सामने आया। संधि के ख़त्म होने से नेपाल बुरी तरह प्रभावित हुआ और वहाँ डीजल, पेट्रोल और आवश्यक वस्तुओं की भारी कमी हो गई। राष्ट्रीय मोर्चा सरकार के आने के साथ, चीजें फिर से सकारात्मक मोड़ लेने लगीं। जहां नेपाल ने दो अलग-अलग व्यापार और पारगमन संधियों पर जोर दिया, वहीं भारत ने एक एकल समेकित संधि पर जोर दिया। हालाँकि, दोनों पक्षों ने सौहार्दपूर्ण रुख अपनाया और व्यापार और पारगमन समझौते में 1 अप्रैल 1987 की यथास्थिति बहाल कर दी। इसके बाद भारत ने अपने भूमि सीमा शुल्क स्टेशनों को फिर से खोल दिया और पारगमन बिंदुओं को फिर से सक्रिय कर दिया। नेपाल भारतीय वस्तुओं के लिए टैरिफ प्राथमिकता बहाल करने पर भी सहमत हुआ। 1950 की संधि में व्यापार के औपचारिक प्रावधान शामिल थे जिन्हें 1961 और 1971 में संशोधित किया गया और पारगमन सुविधाओं के प्रावधान शामिल किए गए। 1978 में एक संधि के स्थान पर तीन अलग-अलग समझौतों पर हस्ताक्षर किये गये। इन संधियों को 1991 में महत्वपूर्ण रूप से संशोधित किया गया। दिसंबर 1991 में, दोनों देशों के प्रधानमंत्रियों के बीच नई दिल्ली में एक शिखर बैठक हुई जिसके बाद कई समझौतों पर हस्ताक्षर किए गए। भारत ने 1991 में नेपाल के साथ व्यापार और पारगमन पर दो संधियों पर भी हस्ताक्षर किए। 3 दिसंबर 1996 को पत्रों के आदान-प्रदान के माध्यम से व्यापार संधि को फिर से संशोधित और नवीनीकृत किया गया। पारगमन संधि, 1991 दिसंबर 1998 में नवीनीकरण के लिए आई और द्विपक्षीय वार्ता के बाद, 5 जनवरी 1999 को एक नवीनीकृत पारगमन संधि पर हस्ताक्षर किए गए। भारत-नेपाल व्यापार संधि के प्रोटोकॉल को फरवरी 2002 में कुछ संशोधनों के साथ नवीनीकृत किया गया था।

1992 में, द्विपक्षीय सहयोग बढ़ाने और भारतीय बाजार में नेपाली निर्यात को शुल्क मुक्त और कोटा मुक्त पहुंच प्रदान करने के बीच एक सहमति बनी। वे करनाली, पंचेश्वर, सप्त कोशी, बुरी गंडकी, कमला और बागमती परियोजनाओं के लिए परियोजना रिपोर्ट तैयार करने और बाढ़ पूर्वानुमान और चेतावनी प्रणाली स्थापित करने के लिए भी एक समझौते पर पहुंचे।

हालाँकि, 1994 में, नेपाल में पहली कम्युनिस्ट सरकार द्वारा राजनीतिक सत्ता संभालने को लेकर भारतीय विदेश नीति निर्माताओं के मन में संदेह मंडरा रहा था क्योंकि वे लंबे समय से 1950 की संधि की शर्तों का विरोध कर रहे थे। हालाँकि, अब तक संबंध सौहार्दपूर्ण बने रहे और कोल्हापुर महाकाली सेक्टर, रक्सौल सिरस्या ब्रॉड गेज रेल लिंक, ईस्ट-वेस्ट इलेक्ट्रिक रेलवे के संयुक्त सर्वेक्षण पुलों के निर्माण से संबंधित कई समझौतों और अन्य पर पर हस्ताक्षर किए गए। भारत ने कांडला और मुंबई में नेपाली वस्तुओं के लिए पारगमन सुविधाएं प्रदान करने पर भी सहमति व्यक्त की। फरवरी 1996 में, नेपाली प्रधान मंत्री शेर बहादुर देउबा ने भारत का दौरा किया और इसके परिणामस्वरूप महाकाली नदी के एकीकृत विकास संधि पर हस्ताक्षर किए गए। यह संधि पंचेश्वर विद्युत परियोजना के निर्माण के साथ-साथ महाकाली बेसिन के एकीकृत विकास पर थी। संयुक्त मोर्चा सरकार के आने और ***गुजराल सिद्धांत*** की शुरूआत के साथ संबंधों में और सुधार हुआ। भारत ने एकतरफा तौर पर नेपाल को नेपाल के नागरिक उड्डयन क्षेत्र के लिए अधिक पहुंच, नेपाली नागरिकों के लिए मुफ्त आवाजाही और नौकरियों तक पहुंच और प्रयोगात्मक आधार पर ***चिकन नेक*** (Chicken Neck) के माध्यम से बांग्लादेश तक गलियारे का प्रावधान दिया। वर्ष 1997 और 1998 में भी दोनों पड़ोसियों के बीच अच्छे संबंध देखे गए, जिसके बाद नागरिक उड्डयन क्षेत्र में समझौता ज्ञापन पर हस्ताक्षर किए गए, बांग्लादेश के लिए 61 किलोमीटर का वैकल्पिक पारगमन मार्ग प्रदान किया गया, प्रयोगात्मक आधार पर कक्कड़बिटा-फुलवारी-बैंगबैंड मार्ग खोला गया, महाकाली संधि के तहत सारदा बैराज, टनकपुर बैराज और दोधारा-चंदानी और टनकपुर महेंद्रगढ़ सड़क की समीक्षा और कार्यान्वयन लिए सचिव स्तर की बैठक आयोजित की गई। 1999 में, एक और संधि पर हस्ताक्षर किए गए जिसने कोलकाता बंदरगाह के माध्यम से नेपाल के कार्गो के पारगमन को सरल बना दिया। हालाँकि, दिसंबर 1999 में काठमांडू से आईसी 814 इंडियन एयरलाइंस के विमान के अपहरण से संबंधों को झटका लगा। इससे पहले भी भारत आईएसआई द्वारा भारत में विशेषकर उत्तर-पूर्व में उग्रवाद को प्रायोजित करने के लिए नेपाली धरती के इस्तेमाल की शिकायत करता रहा है। रिश्ते तब और तनावपूर्ण हो गए जब पाकिस्तानी दूतावास के एक कर्मचारी के पास नकली भारतीय मुद्रा पाई गई। हालाँकि 2000 में, नेपाली विदेश मंत्री ने भारत का दौरा किया और भारत को इंडियन एयरलाइंस की उड़ानें फिर से शुरू करने और यात्रा प्रतिबंध हटाने के लिए राजी किया।

जून 2001 में शाही हत्याएं, और राजा के रूप में ज्ञानेंद्र का प्रवेश और उसके बाद जी.पी. कोइराला का इस्तीफा और माओवादी गतिविधियों के तीव्र होने से नेपाल के भीतर स्थिति अशांत और अस्थिर हो गई। शेर बहादुर देउबा ने प्रधान मंत्री पद संभाला और माओवादियों के साथ शांति स्थापित करने की कोशिश की लेकिन असफल रहे। आपातकाल लागू कर दिया गया। वर्ष 2002 में, ज्ञानेंद्र ने देउबा को बर्खास्त कर दिया, संसद को भंग कर दिया और अनिश्चित काल के लिए चुनाव स्थगित कर दिया। उन्होंने लोकेंद्र बहादुर चंद को प्रधान मंत्री नियुक्त किया जिन्होंने 2003 में इस्तीफा दे दिया। इसके बाद सूर्य बहादुर थापा को प्रधानमंत्री नियुक्त किया गया जिन्होंने 2004 में इस्तीफा दे दिया। शेर बहादुर देउबा को फिर से प्रधानमंत्री नियुक्त किया गया। हालाँकि, माओवादी विद्रोह जारी रहने के बहाने, ज्ञानेंद्र ने आपातकाल की स्थिति घोषित कर दी, देउबा सरकार को बर्खास्त कर दिया और फरवरी 2005 में प्रशासन पर पूर्ण नियंत्रण ले लिया। भारत ने

'रॉयल तख्तापलट' की निंदा करते हुए इसे लोकतंत्र के लिए झटका बताया। भारतीय प्रधानमंत्री मनमोहन सिंह ने सार्क शिखर सम्मेलन के लिए ढाका की अपनी यात्रा रद्द कर दी। भारत, अमेरिका और ब्रिटेन ने नेपाल को हथियारों की आपूर्ति रोक दी जिससे नेपाली सरकार संकट में पड़ गई और उसे माओवादी विद्रोहियों से निपटने में कठिनाई का सामना करना पड़ा। अप्रैल 2005 में, अफ्रीकी-एशियाई शिखर सम्मेलन के दौरान राजा ज्ञानेंद्र और मनमोहन सिंह के बीच एक बैठक के बाद, भारत नेपाल को गैर-घातक सैन्य आपूर्ति प्रदान करने पर सहमत हुआ, यदि राजा लोकतंत्र की बहाली में मदद करते हैं। भारत के इस कड़े रुख को भांपते हुए चीन भी मैदान में कूद पड़ा और ज्ञानेंद्र ने त्वरित प्रतिक्रिया देते हुए चीन कार्ड खेलना शुरू कर दिया। चीन ने नेपाल को माओवादियों से लड़ने में मदद करने का वादा किया। नेपाल के सेनाध्यक्ष ने जून 2004 में बीजिंग का दौरा किया। ज्ञानेंद्र ने अफ्रीकी-एशियाई शिखर सम्मेलन के दौरान चीनी राष्ट्रपति हू जिंताओ से भी मुलाकात की, जिन्होंने काफी सकारात्मक प्रतिक्रिया व्यक्त की और चीन-नेपाल संबंधों में सुधार लाने पर जोर दिया, क्योंकि चीन नेपाल को दक्षिण-एशिया में प्रवेश बिंदु के रूप में देखता है।

वर्ष 2006 में, राजशाही विरोधी भावना मजबूत हो गई। जी.पी. कोइराला प्रधानमंत्री बने और संसद ने राजा की शक्ति कम कर दी और उनकी कानूनी छूट हटा दी गई और उन्हें कराधान के दायरे में लाया गया। उसी समय, एक व्यापक शांति समझौता हुआ जिससे नेपाल में 10 साल का माओवादी संघर्ष समाप्त हो गया। हालाँकि, माओवादियों का भविष्य अनिश्चित रहा। 2007 में, दोनों पक्षों की ओर से कुछ यात्राएँ हुईं। नेपाली विदेश मंत्री प्रधान ने 6-9 दिसंबर तक भारत का दौरा किया और सार्क मंत्रिपरिषद की बैठक में भाग लिया। भारतीय विदेश सचिव, शिवशंकर मेनन (Shivshankar Mennon) ने सितम्बर में नेपाल की यात्रा की। अक्टूबर 2007 में प्रधानमंत्री के विशेष दूत श्याम सरन ने नेपाल का दौरा किया। हालाँकि, इस समय नेपाल में भारत विरोधी भावनाएँ चरम पर थीं। भारत-नेपाल सीमा द्वार के पास बड़े पैमाने पर भारत विरोधी प्रदर्शन हुए और उन्होंने भारत की दमनकारी और भूमि विस्तारवादी नीतियों के खिलाफ आंदोलन किया।

वर्ष 2008 में नेपाल में राजनीतिक परिदृश्य में बदलाव आया। राजा को हटा दिया गया और नेपाल एक गणतंत्र बन गया। प्रचंड (Prachanda) प्रधानमंत्री बने और एक मधेसी रामबरन यादव नेपाल के पहले राष्ट्रपति बने। प्रचंड ने जल्द ही चीन से नजदीकियां बढ़ानी शुरू कर दीं। उन्होंने चीन का दौरा किया और दोनों पक्षों के बीच नेपाल में पनबिजली, कृषि, पर्यटन और बुनियादी ढांचे जैसे विभिन्न क्षेत्रों पर बड़ी संख्या में समझौते हुए। इसके तुरंत बाद प्रचंड ने भारत का दौरा किया, लेकिन कोई खास प्रभाव नहीं पड़ा और इसके बाद नवंबर 2008 में पूर्व विदेश मंत्री प्रणब मुखर्जी ने नेपाल का दौरा किया। हालाँकि, प्रचंड को 4 मई 2009 को इस्तीफा देना पड़ा क्योंकि सेना प्रमुख जनरल रूकमंगुद कटावल को बर्खास्त करने के उनके प्रयास का राष्ट्रपति राम बरन यादव ने विरोध किया था। इसके बाद माधव कुमार नेपाल, नेपाल के प्रधानमंत्री बने। रिश्ते सुधारने के लिए दोनों तरफ से कोशिशें हुई हैं। फरवरी 2009 में भारतीय विदेश सचिव ने नेपाल का दौरा किया। अगस्त 2009 में, दोनों पड़ोसियों के बीच बढ़ती खाई को पाटने के लिए नेपाली विदेश मंत्री सुजाता कोइराला भारत की आधिकारिक यात्रा पर थीं। उन्होंने बढ़ते चीनी प्रभाव को कम करने की कोशिश की थी और अधिक परियोजनाओं पर सहयोग के लिए भारत के साथ सहयोग बढ़ाने की आवश्यकता को रेखांकित किया था और जल संसाधनों के विकास, द्विपक्षीय व्यापार और पारगमन, सीमा पार अपराधों पर नियंत्रण, सीमा मुद्दों और बाढ़ की समस्याओं और बहुत सी चीज़ों पर भी सहयोग किया था। अप्रैल 2010 में थिम्पू में सार्क शिखर सम्मेलन के दौरान, प्रधान मंत्री मनमोहन सिंह और नेपाली प्रधान मंत्री माधव कुमार नेपाल ने मुलाकात की और बातचीत की। पर्यावरण और वन राज्य मंत्री जयराम रमेश ने जलवायु परिवर्तन

पर एक अंतर्राष्ट्रीय संगोष्ठी में भाग लेने के लिए अक्टूबर 2010 में नेपाल का दौरा किया। जनवरी 2011 में, भारत के विदेश सचिव ने नेपाल का दौरा किया और द्विपक्षीय सहयोग का विस्तार करने के लिए बातचीत की। नेपाल के राष्ट्रपति राम बरन यादव ने 27 जनवरी से 5 फरवरी 2011 तक भारत का दौरा किया। उनकी यात्रा का उद्देश्य द्विपक्षीय संबंधों को मजबूत करना था। अप्रैल 2011 में भारतीय विदेश मंत्री की नेपाल यात्रा हुईं और उससे पहले मार्च में भारत के 6 युवा सांसदों के एक समूह ने नेपाल का दौरा किया। इसलिए दोनों देश रिश्तों को दोबारा पटरी पर लाने की कोशिश कर रहे हैं। भारत और नेपाल ने नेपाल में भारतीय निवेश को बेहतर बनाने और दोनों देशों में वाणिज्यिक हित वाले हितधारकों के लिए प्रक्रियाओं को आसान बनाने के लिए 27 नवंबर 2011 को एक *संशोधित दोहरे कराधान बचाव समझौते (डीटीएए)* (Double Taxation Avoidance Agreement—DTAA) पर हस्ताक्षर किए। इससे पहले अक्टूबर 2011 में नेपाली प्रधान मंत्री बाबूराम भट्टाराई की भारत यात्रा के दौरान, दोनों पक्षों ने लंबे समय से लंबित द्विपक्षीय निवेश संवर्धन और संरक्षण समझौते (बीआईपीपीए) (Bilateral Investment Promotion and Protection Agreement—BIPPA) को औपचारिक रूप दिया था। इस यात्रा का उद्देश्य 'दोनों देशों और दो लोगों के बीच विश्वास कायम करना' था।

फिर भी जल बंटवारे, कालापानी मुद्दे सहित सीमा विवाद, जहां नेपाल ने इसके समाधान में चीनी मदद मांगी है, विद्रोहियों और नेपाली माओवादियों के साथ संबंध, लंबित प्रत्यर्पण संधि, नकली मुद्रा, भारत के व्यापारियों का उत्पीड़न, और सबसे बढ़कर डर के मुद्दों, नेपाल में बढ़ता चीनी प्रभाव जो भारत के सुरक्षा हितों को खतरे में डाल रहा है पर तनाव बना हुआ है। हालाँकि, भारत और नेपाल को अधिक विश्वास बहाली के उपाय करने चाहिए और द्विपक्षीय समस्याओं को सौहार्दपूर्ण ढंग से हल करना चाहिए।

भारत और भूटान (India and Bhutan)

ऐसा प्रतीत होता है कि भूटान अपने दो विशाल पड़ोसियों—भारत और चीन के बीच फंसा हुआ है। इसलिए, भूटान की इस भू-रणनीतिक स्थिति ने उसके दो 'बड़े' पड़ोसियों के साथ-साथ उसके लिए भी भू-राजनीतिक चिंताएँ बढ़ा दी हैं। भारत और चीन के बीच एक बफर राज्य होने के नाते भूटान अपने उत्तर और दक्षिण दोनों विशाल पड़ोसियों की विदेश नीति में महत्वपूर्ण भूमिका निभाता है। इसके अलावा, भारत और चीन दोनों क्रमशः एक-दूसरे के मुकाबले अपने राष्ट्रीय हितों को संरक्षित करने के लिए भूटान के प्रति सतर्क नीति अपनाते हैं। इसलिए, भारत-भूटान संबंधों में चीन एक स्थायी कारक है।

भारत का बड़ा और शक्तिशाली पड़ोसी चीन भारत सरकार के लिए लगातार चिंता का विषय बना हुआ है। ब्रिटिश काल से ही नेपाल और सिक्किम के साथ भूटान ने भारत और चीन के बीच बफर के रूप में काम किया था। हालाँकि, चीन ने लंबे समय से सभी तीन हिमालयी राज्यों और उत्तर और उत्तर-पूर्व में भारतीय क्षेत्र के कुछ हिस्सों पर दावा किया था। चीन ने दावा किया कि हिमालयी क्षेत्र "उसके प्राकृतिक क्षेत्र में" था। चीन ने भूटान के साथ अपने संबंध में एक सादृश्य भी प्रस्तुत किया जब उसने चीन, तिब्बत, नेपाल, सिक्किम और भूटान के संघ की तुलना पांच प्रमुख रंगों, पीले, लाल, नीले, काले और हरे के मिश्रण से की। चीन ने तिब्बत, नेपाल, सिक्किम और भूटान की स्थिति की तुलना मनुष्य के मुंह में साथ-साथ मौजूद दाढ़ के दांतों से की है। इसलिए, जब भारत स्वतंत्र हुआ, तो उसने अपनी उत्तरी सीमा को सुरक्षित करने के लिए बफर राज्यों की एक श्रृंखला बनाने की कोशिश की। इस प्रकार, उन्होंने 1949 में भूटान के साथ एक संधि की और 1950 में नेपाल और सिक्किम के साथ 'स्टैंडस्टिल समझौते' (Standstill agreements) पर हस्ताक्षर किये। भूटान को भी चीनी खतरे से खुद को बचाने की जरूरत है। इस प्रकार जरूरत दोनों ही देशों की तरफ से हमेशा बनी रही।

थिम्पू पर विजय प्राप्त करने के चीन के प्रयासों ने भारत को कुछ भी महत्वपूर्ण और जोखिम भरा कदम उठाने से रोक दिया है, जिससे कोई महत्वपूर्ण राजनयिक या आर्थिक हानी होने का खतरा है। 1984 से भूटान ने पीपुल्स रिपब्लिक ऑफ चाइना के साथ 15 दौर की सीमा वार्ता की है। हालाँकि वार्ता से भूटान के लिए सकारात्मक परिणाम नहीं निकले, फिर भी दोनों देशों ने 1998 में बीजिंग में 12वें दौर की वार्ता के दौरान "भूटान-चीन सीमा क्षेत्रों में शांति और शांति बनाए रखने" पर एक समझौते पर हस्ताक्षर किए। यह भारत के लिए चिंता का विषय है।

इसके अलावा, भारत विशेष रूप से उत्तर-पूर्व से भारत-विरोधी विद्रोहियों की उपस्थिति से चिंतित है, जिन पर आरोप है कि वे अपनी गतिविधियों के लिए भूटानी धरती का उपयोग कर रहे हैं। उत्तर-पूर्व उग्रवाद समस्या ने भारत को भूटान के प्रति संवेदनशील बना दिया है क्योंकि उसके सक्रिय सहयोग के बिना भारत उग्रवाद समस्या से निपटने में सक्षम नहीं होगा। वर्षों की हिचकिचाहट के बाद, वर्ष 2000 में भूटान नेशनल असेंबली ने अंततः भूटान से सक्रिय उल्फा और बोडो उग्रवादियों के खिलाफ सरकार द्वारा आतंकवाद से निपटने के लिए बल के उपयोग को मंजूरी दे दी। यह भारत के लिए स्वागत योग्य कदम था। यह बिल्कुल साबित हो गया जब 15 दिसंबर 2003 को रॉयल भूटान सेना ने अपने क्षेत्र से सक्रिय भारतीय विद्रोही समूहों के खिलाफ आक्रामक अभियान चलाया। इस कदम को केंद्र के साथ घनिष्ठ रूप से समन्वित किया गया था, और लक्ष्य दक्षिणी भूटान में आतंकवादी संगठनों के 30 शिविरों का सफाया करना था। रॉयल भूटानी सेना के पास 2,500 विद्रोहियों के खिलाफ लड़ने वाले सिर्फ 6,000 सैनिक हैं, जो "ऑपरेशन ऑल क्लियर" (Operation All Clear) के लिए बहुत अपर्याप्त लग सकते हैं।

गोरखलैंड समस्या ने भी भारत को भूटान के साथ अपने संबंधों के प्रति बहुत सतर्क कर दिया है। वर्ष 2007–2008 में गोरखालैंड मुद्दे की पुनरुत्थान, बिमल गुरुङ और गोरखा जनमुक्ति मोर्चा (Gorkha Janamukhti Morcha—GJM) द्वारा प्रेरित, जिन्होंने 'गोरखालैंड' की स्थापना की मांग की, जिसमें सिलीगुड़ी और दुआर्स के मैदानों के क्षेत्र शामिल थे, भारत सरकार को विचारशील दृष्टिकोण बनाने के लिए मजबूर किया है जब वह ल्होतशम्पा शरणार्थी संकट (Lhotshmapa* refugee crisis) को संबोधित करती है। सरकार इस संकट के प्रति न्यूट्रल दृष्टिकोण बनाए रखती है और इसे नेपाल और भूटान के बीच द्विपक्षीय मुद्दे के रूप में देखती है।

हालाँकि, भारत-भूटान संबंधों में चीन हमेशा एक निरंतर कारक रहा है। ब्रिटिश भारत सरकार भी चीनी इरादों को लेकर सतर्क थी और स्वतंत्र भारत सरकार भी। भूटान और स्वतंत्र भारत के बीच 1949 में हुई संधि ब्रिटिश विरासत की निरंतरता के अलावा और कुछ नहीं है और यह 2007 तक भारत-भूटान संबंधों का मार्गदर्शक सिद्धांत बनी रही जब संधि पर फिर से बातचीत हुई और इसके स्थान पर एक नई संधि सामने आई।

1949 की संधि के **अनुच्छेद 2** ने इसे बरकरार रखा:

"भारत सरकार भूटान के आंतरिक प्रशासन में कोई हस्तक्षेप नहीं करने का वचन देती है। अपनी ओर से भूटान सरकार अपने बाहरी संबंधों के संबंध में भारत सरकार की सलाह से निर्देशित होने के लिए सहमत है।''

---

* **Lhotshampas** The southern Bhutanese of Nepalese origin who have been evicted from Bhutan in the early 1990s. They have been staying in the UNHCR administered refugee camps in Nepal for over 20 years. Following Bhutan's stringent attitude of continuous refusal to take back the Lhotshampas, UNHCR have started the process of Third Country Resettlement of Bhutanese refugees in Nepal.

2007 की नई भारत-भूटान मैत्री संधि का **अनुच्छेद 2** अब इस प्रकार पढ़ा जाएगा:

"भूटान और भारत के बीच घनिष्ठ मित्रता और सहयोग के स्थायी संबंधों को ध्यान में रखते हुए, भूटान साम्राज्य की सरकार और भारत गणराज्य की सरकार अपने राष्ट्रीय हितों से संबंधित मुद्दों पर एक-दूसरे के साथ मिलकर सहयोग करेंगी। कोई भी सरकार राष्ट्रीय सुरक्षा और दूसरे के हित के लिए हानिकारक गतिविधियों के लिए अपने क्षेत्र का उपयोग करने की अनुमति नहीं देगी।

एक राष्ट्र के रूप में भूटान की परिपक्वता और लोकतंत्र में उसके परिवर्तन को स्वीकार करते हुए, विदेश नीति से संबंधित संधि की भाषा अब "सहयोग" के संदर्भ में बात करती है। नई संधि संक्षेप में भूटान की संप्रभुता पर जोर देती है और जब तक यह भारतीय हितों से समझौता नहीं करती, तब तक एक स्वतंत्र विदेश नीति अपनाने का अधिकार है।

हालाँकि संबंध घनिष्ठ और मैत्रीपूर्ण बने रहे, भूटानी सरकार ने भूटान की संप्रभुता को बढ़ाने के लिए 1949 की संधि के कुछ हिस्सों पर फिर से बातचीत करने की आवश्यकता व्यक्त की। 1962 के भारत-चीन सीमा युद्ध के बाद, भूटान को एक कठिन विकल्प का सामना करना पड़ रहा था। एक ओर, रॉयल सरकार को भारत की सहायता करने की क्षमता पर संदेह था, और दूसरी ओर, भूटान हिमालय क्षेत्र में चीनी डिजाइनों से आशंकित था। भूटान को भी भारत के साथ अपने गठबंधन से उत्पन्न होने वाले संभावित चीनी खतरे के प्रति अपनी संवेदनशीलता का एहसास हुआ। इसलिए, कुछ समय के लिए, भूटान की शाही सरकार ने भारत और चीन के साथ समान मित्रता के 'नेपाली मॉडल' का पालन करने की कोशिश की। लेकिन लंबे समय में, भूटान ने 'नेपाली मॉडल' को त्याग दिया क्योंकि तिब्बत में चीनी नीतियों के डर ने शाही सरकार को भारत के साथ घनिष्ठ संबंध बढ़ाने के लिए प्रभावित किया। भूटान और भारत के बीच औपचारिक द्विपक्षीय संबंध जनवरी 1968 में भूटान में भारत सरकार के एक विशेष अधिकारी की नियुक्ति के साथ स्थापित हुए। इंडिया हाउस (भूटान में भारत का दूतावास) का उद्घाटन 14 मई 1968 को हुआ और 1971 में स्थानीय प्रतिनिधियों का आदान-प्रदान हुआ।

1971 में संयुक्त राष्ट्र में शामिल होकर, बांग्लादेश को मान्यता देकर और 1972 में एक नए व्यापार समझौते पर हस्ताक्षर करके भूटान ने धीरे-धीरे विदेशी मामलों में एक स्वतंत्र रवैया अपनाना शुरू कर दिया, जिसने भूटान से तीसरे देशों में माल के लिए निर्यात शुल्क से छूट प्रदान की। भूटान ने 1979 में हवाना, क्यूबा में गुटनिरपेक्ष (NAM)) शिखर सम्मेलन में कंबोडिया के खमेर रूज को बैठने की अनुमति देने के मुद्दे पर भारत के बजाय चीन और कुछ दक्षिण-पूर्व एशियाई देशों के साथ सम्मेलन में मतदान करके अपना स्वतंत्र रुख अपनाया। भूटान ने 1985 में परमाणु अप्रसार संधि पर भी हस्ताक्षर किए, जिस पर भारत गैर-हस्ताक्षरकर्ता है। भूटान ने देश के बाहरी संपर्कों का विस्तार करने के लिए नई दिल्ली में भूटानी दूतावास को रॉयल भूटानी दूतावास (1978), बांग्लादेश के साथ राजनयिक संबंध खोलने (1979) और ड्रुक एयर सर्विस (1983) के उद्घाटन के लिए भी कदम उठाए। ये सभी कदम भूटान द्वारा भारत के प्रभाव से बाहर आने और अंतर्राष्ट्रीय स्तर पर खुद को स्थापित करने के प्रयासों के लिए जिम्मेदार हैं। हालाँकि, नेपाल के विपरीत, जहां भारत के साथ 1950 की संधि दशकों से बड़े राजनीतिक विवाद और राष्ट्रवादी आक्रोश का विषय रही है, भारत के साथ भूटान के संबंधों की प्रकृति संधि प्रावधानों पर चिंताओं और कुछ मामलों में भारत और भूटान के बीच मतभेदों से प्रभावित नहीं हुई है। .

इसके बाद, भूटान और भारत के बीच संबंध, जो अपने-अपने राष्ट्रीय हितों के संरक्षण की पारस्परिक आवश्यकता के कारण शुरू हुआ, एक लंबा सफर तय कर चुका है और मजबूत हो गया है। भारत ने 20 साल से अधिक लंबे लोटशम्पा शरणार्थी संकट के संबंध में तटस्थता की स्थिति बनाए रखी है, जिसके तहत

भूटानी शाही सरकार ने अपनी आबादी के एक बड़े हिस्से को, जो नेपाली मूल के हैं, दक्षिणी भूटान से बाहर निकाल दिया है। इसका कारण स्पष्ट रूप से भू-रणनीतिक, राजनीतिक और सुरक्षा संबंधी विचार हैं जिनकी चर्चा ऊपर की गई है। सबसे महत्वपूर्ण बात यह है कि भारत भूटान को नाराज़ करने से बचता है, जिसने 2003 से 2004 तक अपनी धरती से संचालित होने वाले भारत-विरोधी विद्रोहियों के खिलाफ अभियान चलाया था। इसके अलावा, जब तक चीन भारत के लिए संभावित खतरा बना रहेगा, भूटान भारतीय विदेश नीति में प्रमुखता से शामिल रहेगा।

कुल मिलाकर, भारत और भूटान के बीच संबंध शांति और सौहार्दपूर्ण रहे हैं। दोनों देशों के बीच व्यापार और वाणिज्य और प्रत्यर्पण के मामलों से संबंधित कई संधियाँ हुई हैं। वर्तमान संधियाँ हैं—1972 की भारत-भूटान व्यापार संधि, 1974 की चुखा जलविद्युत परियोजना समझौता, 1995 की भारत-भूटान व्यापार संधि, 1997 की भारत के साथ प्रत्यर्पण संधि। भूटान ने 1961 में अपनी योजनाबद्ध आर्थिक विकास वृद्धि शुरू की। पहली पंचवर्षीय योजना 1961 में शुरू की गई थी। तब से भारत ने भूटान की पंचवर्षीय योजनाओं के लिए उदार वित्तीय सहायता प्रदान की है। ताला हाइड्रो इलेक्ट्रिक प्रोजेक्ट, कुरिचू हाइड्रो इलेक्ट्रिक प्रोजेक्ट और डंगसम सीमेंट प्लांट तीन प्रमुख परियोजनाएं हैं जिन्हें सातवीं पंचवर्षीय योजना के दौरान शुरू किया गया था। संकोश बहुउद्देशीय और बुनाखा परियोजनाएँ, अस्पताल, पारो हवाई अड्डा विकास परियोजना, पुनाखा द्ज़ोंग और पसाखा-मोनिटर रोड का नवीनीकरण, भारत-भूटान माइक्रोवेव लिंक, खनिज संसाधनों की खोज का सर्वेक्षण और मानचित्रण अन्य महत्वपूर्ण परियोजनाएँ थीं। अगस्त 2003 में, क्राउन प्रिंस और वर्तमान राजा की भारत यात्रा के दौरान भारत-भूटान फाउंडेशन की स्थापना की गई थी। 2005 में, भारत-भूटान व्यापार और वाणिज्य समझौते को अगले दस वर्षों के लिए नवीनीकृत किया गया। 2005 में यूपीएससी और भूटान के रॉयल सिविल सर्विस कमीशन के बीच हवाई सेवा प्रबंधन और सहयोग के लिए भी समझौता ज्ञापन पर हस्ताक्षर किए गए।

जुलाई 2006 में भूटान के राजा की भारत यात्रा के दौरान कई महत्वपूर्ण समझौते हुए, जिसमें, जलविद्युत के क्षेत्र में सहयोग के लिए रूपरेखा तैयार करना, ताला जलविद्युत परियोजना पर अंतर-सरकारी समझौते का प्रोटोकॉल तैयार करना, प्रोजेक्ट से बिजली की खरीद के लिए वाणिज्यिक व्यवस्था पर करने की परियोजना तैयार करना और व्यापार, वाणिज्य और पारगमन के समझौते पर हस्ताक्षर किया जाना शामिल था। 2007 में, 1949 की 57 साल लंबी संधि पर फिर से बातचीत की गई और एक नई भारत-भूटान मैत्री संधि पर हस्ताक्षर किए गए। दोनों देशों के बीच अन्य समझौता ज्ञापनों में जलविद्युत, आईटी, स्वास्थ्य/चिकित्सा, नशीले पदार्थ, नागरिक उड्डयन, कृषि और पर्यावरण के क्षेत्रों में बारह समझौता ज्ञापन/समझौते शामिल हैं जिन पर दिसंबर 2009 में महामहिम जिग्मे खेसर नामग्याल वांगचुक की यात्रा के दौरान हस्ताक्षर किए गए थे। एक अन्य समझौता ज्ञापन नेहरू-वांगचुक छात्रवृत्ति पर है, जिस पर जून 2009 में विदेश मंत्री की भूटान यात्रा के दौरान हस्ताक्षर किए गए थे। मई 2008 में अपनी भूटान यात्रा के दौरान प्रधान मंत्री मनमोहन सिंह ने पश्चिम बंगाल के हासीमारा से सताली, भरना बारी और दलसिंगपारा होते हुए भूटान में तोरीबारी तक 17.5 किलोमीटर लंबी रेलवे लाइन के प्रस्तावित निर्माण की घोषणा की। 1958 में भारत के पहले प्रधान मंत्री जवाहरलाल नेहरू की हिमालयी राज्य की यात्रा की स्वर्ण जयंती को चिह्नित करने के लिए इसे ***स्वर्ण जयंती रेल लाइन*** (Golden Jubilee Rail Line) का नाम दिया गया था। रेल लिंक की परिकल्पना दक्षिण एशिया में प्रवेश करने के लिए रेलवे नेटवर्क बनाने की चीन की योजना का मुकाबला करने के लिए की गई थी। हालाँकि, यह परियोजना अब बंगाल में भूमि अधिग्रहण की समस्याओं के कारण अनिश्चितताओं का सामना कर रही है। इस दौरान प्रधानमंत्री डॉ. मनमोहन सिहं की अप्रैल 2010

की यात्रा के दौरान पुनात्सांगछू II और मंगदेछू *जलविद्युत परियोजनाओं (एचईपी)* (Hydro Electric Projects—HEPs) के कार्यान्वयन समझौतों पर भूटान के आर्थिक मामलों के मंत्री ल्योनपो खांडू वांगचुक और भारत के विदेश मंत्री एस.एम. कृष्णा द्वारा भारत और भूटान के प्रधानमंत्रियों की उपस्थिति में हस्ताक्षर किए गए। भूटान के राजा जिग्मे खेसर नामग्याल वांगचुक 26 जनवरी 2013 को 64वें गणतंत्र दिवस समारोह के मुख्य अतिथि थे।

2007 की नई संधि से भारत-भूटान संबंधों में गुणात्मक परिवर्तन आने की संभावना बहुत कम है। आवश्यकता को देखते हुए, दोनों ही तरीकों से, भारत और भूटान संभवतः समान सौहार्दपूर्ण संबंधों का पालन करेंगे। 1949 की संधि की तरह 2007 की अद्यतन संधि दोहराती है कि भारत और भूटान के बीच सतत शांति और मित्रता रहेगी।

भारत की पूर्वोन्मुखी नीति (India's Look-East Policy)

वह 1992 में ही भारत की पूर्वोन्मुखी नीति (एलईपी) (Look East Policy—LEP) शुरू की गई थी। यह अपने दक्षिण-पूर्वी पड़ोसियों तक पहुंचने और पूर्वी एशिया से जुड़ने के लिए भारत की विदेश नीति की मुद्रा थी। एलईपी का मुख्य उद्देश्य दक्षिण-पूर्व एशिया और पूर्वी एशिया के देशों के साथ राजनीतिक संपर्कों को नवीनीकृत करना, आर्थिक सहयोग बढ़ाना और सबसे महत्वपूर्ण रूप से दक्षिण-पूर्व एशिया और दक्षिण चीन सागर और उससे आगे के क्षेत्रों में बढ़ते चीनी प्रभाव को संतुलित करने के लिए रणनीतिक रक्षा सहयोग को सुरक्षित करना है।

इससे पहले, शीत युद्ध के वर्षों के दौरान, गुटनिरपेक्षता पर भारत के आग्रह ने भारत को अपनी गतिविधियों को दक्षिण एशिया तक सीमित करने से रोक दिया था। फिर, चीन के हाथों भारत की हार ने भारत को दक्षिण एशिया से आगे विस्तार करने के लिए खुद को रोकने के लिए मजबूर किया। इसके अलावा, भारत ने चीन का मुकाबला करने के लिए दक्षिण-पूर्व एशियाई देशों द्वारा परिकल्पित किए जा रहे व्यापक गठबंधन में प्रवेश करने से परहेज किया। इससे भारत भी उनसे दूर हो गया। बाद में, दक्षिण एशिया के प्रति भारत के जुनून ने भी इस क्षेत्र से आगे विस्तार करने की उसकी दृष्टि में बाधा उत्पन्न की। शीत युद्ध की समाप्ति के बाद, भारत के आर्थिक उदारीकरण के साथ, एलईपी लॉन्च करना भारत के लिए समय की आवश्यकता बन गई। बड़े देशों, विशेषकर विकसित देशों के साथ आर्थिक संबंधों पर बातचीत करने के बजाय निकटतम पड़ोसियों से आर्थिक सहयोग मांगना एक व्यवहार्य विकल्प था। इस उद्देश्य के साथ 1990 के दशक की शुरुआत में विदेश मंत्रालय में दक्षिण-पूर्व एशिया और पूर्वी एशियाई देशों के प्रति नीति विकसित करने की पहल शुरू हुई। अंततः, एलईपी को 1992 में लॉन्च किया गया।

तुरंत ही, इससे भारत को लाभ मिलना शुरू हो गया। आसियान के साथ भारत का संपर्क लाभदायक रहा। भारत को 1992 में सेक्टोरल डायलॉग पार्टनर बनाया गया और 23 जुलाई 1996 को पांचवें *आसियान क्षेत्रीय फोरम (एआरएफ)* (ASEAN Regional Forum—ARF) में पूर्ण डायलॉग पार्टनर बन गया। भारत 2002 में समिट लेवल पार्टनर (ए+1) बन गया। अक्टूबर 2003 में बाली, इंडोनेशिया में दूसरे भारत-आसियान शिखर सम्मेलन में, भारत और आसियान ने व्यापक ***आर्थिक सहयोग पर एक फ्रेमवर्क* (Framework Agreement on Comprehensive Economic Cooperation)** समझौते पर हस्ताक्षर किए, जिसका लक्ष्य 2011 तक वस्तुओं, सेवाओं और निवेश में *मुक्त व्यापार क्षेत्र (एफटीए)* (Free Trade Area—FTA) का निर्माण करना था। भारत दक्षिण-पूर्व एशिया में मित्रता और सहयोग की संधि में भी शामिल हुआ। दोनों ने अंतर्राष्ट्रीय आतंकवाद से निपटने के लिए सहयोग बढ़ाने के समझौते

पर भी हस्ताक्षर किए। तीसरे भारत-आसियान शिखर सम्मेलन में 2004 में वियनतियाने (Vientiane), लाओस (Laos) में शांति, प्रगति और साझा समृद्धि के लिए ऐतिहासिक साझेदारी समझौता हुआ। 2007 में, भारत और आसियान उत्पादों की एक सूची की स्वीकृति के साथ एफटीए के लिए विभिन्न तौर-तरीकों पर सहमत हुए, जो 2022 तक किसी भी टैरिफ कटौती के अधीन नहीं होंगे। इन उत्पादों के मामले में, कुल मूल्य कुल के 5 प्रतिशत से अधिक नहीं होना चाहिए। बाकी 95 प्रतिशत वस्तुओं पर 2022 तक शुल्क ख़त्म या कम कर करने का प्रविधान था। 2009 में, *बैंकॉक में व्यापक सहयोग समझौते (CECA)* (Comprehensive Cooperation Agreement—CECA) के हिस्से के रूप में भारत और आसियान के बीच माल में मुक्त व्यापार समझौते पर हस्ताक्षर किए गए इसका उद्देश्य दो आर्थिक ब्लॉकों के साथ-साथ क्षेत्रों का एकीकरण करना था।

आर्थिक सहयोग के क्षेत्र काफी व्यापक हैं जिनमें भोजन, ऊर्जा, सुरक्षा, बुनियादी ढाँचा, मानव संसाधन विकास, तेल और प्राकृतिक गैस, कृषि-रसायन, उर्वरक, स्वास्थ्य देखभाल, पर्यटन, फार्मास्यूटिकल्स और ऑटोमोबाइल शामिल हैं। दोनों विभिन्न क्षेत्रों में पूंजी निवेश के लिए एक-दूसरे के बाजार का फायदा उठा सकते हैं। आसियान देशों के समुदाय के क्रमिक उद्भव के साथ आसियान-भारत साझेदारी पूर्ण अभिव्यक्ति प्राप्त कर सकती है। यह 'भारत के लिए 'फायदे का केंद्र' होगा।

उप-क्षेत्रीय स्तर पर भारत ने *मेकांग-गंगा सहयोग (एमजीसी)* (Mekong-Ganga Cooperation—MGC), बिम्सटेक (BIMSTEC) और आईओआर-एआरसी (IOR-ARC) जैसी आर्थिक पहल या व्यवस्था के माध्यम से दक्षिण-पूर्व एशियाई देशों के साथ मजबूत संबंधों (एमजीसी) को और मजबूत किया है।

द्विपक्षीय स्तर पर, भारत कंबोडिया, इंडोनेशिया, लाओस पीडीआर, फिलीपींस, मलेशिया, थाईलैंड, वियतनाम और सिंगापुर के साथ आर्थिक और रक्षा क्षेत्रों में अपने संबंध विकसित कर रहा है। व्यक्तिगत आसियान देशों के साथ आर्थिक सहयोग को मजबूत करने में कुछ महत्वपूर्ण उपलब्धियाँ मलेशिया, सिंगापुर, दक्षिण कोरिया और इंडोनेशिया के साथ *व्यापक आर्थिक सहयोग समझौतों (सीईसीए)* (Comprehensive Economic Cooperation Agreements—CECAs) पर हस्ताक्षर या तो हो गया है या बातचीत चल रही हैं।

चीन आसियान देशों का सबसे बड़ा व्यापारिक भागीदार है। वर्ष 2007 तक आसियान के साथ चीनी व्यापार लगभग 202 बिलियन अमेरिकी डॉलर था। चीन ने 2006 में सबसे बड़े व्यापारिक भागीदार के रूप में संयुक्त राज्य अमेरिका का स्थान ले लिया। इसलिए, दक्षिण-पूर्व एशियाई देशों के साथ मजबूत आर्थिक संबंध बनाकर भारत को आर्थिक क्षेत्र में अपने लिए जगह बनाने की कोशिश करनी चाहिए। दक्षिण चीन सागर में बढ़ता चीनी प्रभाव भारत के लिए बढ़ती रणनीतिक चिंता का विषय है। जहां तक विश्व नौवहन गतिविधियों का सवाल है, दक्षिण चीन सागर के भू-रणनीतिक महत्व को नकारा नहीं जा सकता है। इसके अलावा इसमें तेल और गैस के विशाल भंडार हैं। फिर भी, यह विवाद के केंद्र में है क्योंकि चीन, फिलीपींस, वियतनाम, ताइवान, ब्रुनेई और मलेशिया सभी दक्षिण चीन सागर के कुछ हिस्सों पर परस्पर विरोधी दावे करते हैं। चीन दक्षिण चीन सागर के लगभग पूरे हिस्से पर अपना दावा करता है। चीन दक्षिण चीन सागर में भारत की गतिविधियों को प्रतिबंधित करने की भी कोशिश कर रहा है। नवंबर 2011 में, चीन ने भारत को चेतावनी दी जब उसने कहा कि वह "बाहरी ताकतों" और "विदेशी कंपनियों" को दक्षिण चीन सागर विवाद में शामिल होने या तटीय राज्यों के साथ तेल की खोज में शामिल होने की अनुमति नहीं देगा। चीन का मुकाबला करने के लिए अमेरिका ने भी दक्षिण चीन सागर में अपनी उपस्थिति बढ़ा दी है। ऐसी परिस्थितियों में भारत को सतर्क

रहना होगा और तर्कसंगत तरीके से चीनी खतरे को संतुलित करते हुए अपने आर्थिक और रणनीतिक हितों को पूरा करने के लिए आसियान देशों के साथ अधिक मजबूत संबंध बनाने होंगे।

पूर्वोन्मुखी नीति को और बढ़ावा देने के लिए, भारत जापान, कोरिया और ऑस्ट्रेलिया तक पहुंचने के लिए हर संभव प्रयास कर रहा है। 2006 में नए एशियाई युग में **जापान-भारत साझेदारी: जापान-भारत वैश्विक साझेदारी का रणनीतिक अभिविन्यास नामक संयुक्त वक्तव्य (Japan-India Partnership in the New Asian Era: Strategic Orientation of Japan-India Global Partnership)** के समापन के बाद भारत और जापान ने एक वैश्विक साझेदारी में प्रवेश किया है। दोनों ने अक्टूबर 2010 में एक *व्यापक आर्थिक साझेदारी समझौता (सीईपीए)* (Comprehensive Economic Partnership Agreement—CEPA) संपन्न किया और अपनी वैश्विक और रणनीतिक साझेदारी को और मजबूत किया। भारत-जापान 2+2 संवाद रक्षा सहयोग के लिए एक और मंच है जो एक हालिया पहल है। इसके अलावा, दोनों के बीच कई क्षेत्रीय मंचों जैसे आसियान क्षेत्रीय मंच (एआरएफ) (ASEEAN Regional Forum—ARF), एशिया में जहाजों के खिलाफ समुद्री डकैती और सशस्त्र डकैती से निपटने पर क्षेत्रीय सहयोग समझौता (रीसीएपीपी) (Regional Cooperation Agreement on Combating Piracy and Armed Robbery against Ships in Asia—ReCAPP) प्रक्रियाओं और सबसे महत्वपूर्ण पूर्वी *एशिया शिखर सम्मेलन (ईएएस)* (East Asia Summit—EAS) में बहुस्तरीय सहयोग है। दोनों ऊर्जा, सुरक्षा, युवा आदान-प्रदान और पूर्वी एशिया में व्यापक आर्थिक साझेदारी (सीईपीईए) विकसित करने के क्षेत्रों में सहयोग करने पर भी सहमत हुए हैं। *कोरिया गणराज्य (आरओके)* (Republic of Korea—RoK) के साथ भारत ने अपने संबंधों को विकसित करना शुरू कर दिया है। **दीर्घकालिक सहकारी साझेदारी** 2004 में संपन्न भारत-आरओके संबंधों का आधार है। ऑस्ट्रेलिया के साथ भारत घनिष्ठ आर्थिक और रणनीतिक सहयोग विकसित कर रहा है। भारत ऑस्ट्रेलिया के साथ सीईसीए (CECA) पर बातचीत कर रहा है। दोनों एआरएफ, ईएएस और एशिया-यूरोप बैठक के साथ बातचीत करते हैं। भारत अपनी एलईपी को दक्षिण-पूर्व एशिया से आगे पूर्वी एशिया तक विस्तारित करने की कल्पना करता है और धीरे-धीरे भारत इन देशों के साथ अपने संबंधों को मजबूत कर रहा है।

पूर्वोन्मुखी नीति (LEP) के सफल कार्यान्वयन में भारत की एक और रुचि भी है। भारत दक्षिण-पूर्व एशियाई पड़ोसियों के साथ आर्थिक संबंध विकसित करके अपने उत्तर-पूर्वी राज्यों के आर्थिक विकास को बढ़ावा देना चाहता है जो भारत की उत्तर-पूर्वी सीमा के करीब हैं। उत्तर-पूर्व जो म्यांमार की सीमा को छूता है उसे आसियान का प्रवेश द्वार माना जा सकता है। भारत उत्तर-पूर्व के माध्यम से अपने दक्षिण-पूर्वी पड़ोसियों के साथ कनेक्टिविटी बढ़ाने की कल्पना करता है। इस दृष्टिकोण को साकार करने के लिए, भारत ने पूर्वी समुद्री तट पर भारतीय बंदरगाहों को म्यांमार में सिटवे बंदरगाह से जोड़ने वाली कलादान मल्टी-मोडल ट्रांजिट ट्रांसपोर्ट (Kaladan Multi-Modal Transit Transport) सुविधा और म्यांमार में तमु-कालेवा-कलेम्यो रोड (Tamu-Kalewa-Kalemyo Road) के उन्नयन जैसी परियोजनाओं को शुरू किया। मणिपुर के मोरेह से म्यांमार के बागान होते हुए थाईलैंड के माई सॉट तक कनेक्टिविटी स्थापित करने के लिए बातचीत चल रही है। सड़क संपर्कों के उन्नयन के लिए भी परियोजनाएं शुरू की गई हैं। यह महत्वाकांक्षी परियोजना, अगर वास्तविकता में बदल जाती है, तो एलईपी की एक बड़ी उपलब्धि असम में जिरिभाम से म्यांमार के माध्यम से वियतनाम में हनोई तक एक सड़क लिंक होगी। आसियान देश भी भारत के उत्तर-पूर्व की विशाल संभावनाओं को विकसित करना चाहते हैं। लाओस उत्तर-पूर्व के पर्यटन और कृषि क्षेत्रों में भारी संभावनाएं देखता है। निवेश को और बढ़ावा देने और व्यापार की संभावनाओं का पता लगाने

के लिए थाई वाणिज्य मंत्री और थाई उप उद्योग मंत्रालय द्वारा 2007 और 2008 में उत्तर-पूर्वी राज्यों का दौरा किया गया। भारत ने इंडोनेशिया, सिंगापुर, फिलीपींस, वियतनाम, म्यांमार, कंबोडिया, जापान सहित 10 देशों के विदेशी पर्यटकों को *आगमन पर वीजा (वीओए)* (Visas on Arrival —VoA) जारी किया है।

आसियान और भारत के कुछ साझा हित हैं तस्करी जैसे सभी रूपों में अंतर्राष्ट्रीय आतंकवाद का मुकाबला करना; नशीली दवाओं की तस्करी, हिंद महासागर और समुद्री संसाधनों को सुरक्षित करना; तेल और गैस भंडार की खोज; चीन का प्रतिसंतुलन; समुद्री मार्गों की सुरक्षा; और समुद्री डकैती का मुकाबला करना उनमें से कुछ एक हैं। भारत को आसियान देशों और पूर्वी-एशियाई देशों के साथ अपने संबंधों को विकसित करना जारी रखना चाहिए, जिससे उसे निश्चित रूप से समृद्ध लाभ मिलेगा और चीन के मुकाबले एशियाई राजनीति में उसे मजबूत पकड़ मिलेगी।

प्रधान मंत्री नरेंद्र मोदी के शासनकाल में भारतीय विदेश नीति (2014–) (Indian Foreign Policy Under PM Narendra Modi (2014–))

अप्रैल-मई, 2014 के दौरान कई चरणों में हुए 16वें लोकसभा चुनावों में भारतीय जनता पार्टी के नेतृत्व वाले एनडीए (NDA) को भारी जीत मिली। श्री नरेंद्र मोदी भारत के नए प्रधान मंत्री बने, और उनके कार्यभार संभालने के साथ ही विदेश नीति के मोर्चे पर कई गतिविधियाँ हुईं क्योंकि प्रधान मंत्री ने पड़ोसी देशों के साथ-साथ दुनिया के महत्वपूर्ण देशों की कई यात्राएँ कीं।

प्रधानमंत्री मोदी द्वारा की गई पहली राजकीय यात्रा भूटान के राजा जिग्मे खेसर नामग्याल वांगचुक के निमंत्रण पर 15–16 जून 2014 को भारत के सबसे महत्वपूर्ण पड़ोसी भूटान की थी। उन्होंने क्षेत्रीय और बहुपक्षीय मंचों पर सहयोग के साथ-साथ द्विपक्षीय संबंधों और आर्थिक सहयोग पर बातचीत की। भारत ने नेहरू-वांगचुक छात्रवृत्ति को दोगुना करके प्रति वर्ष 20 मिलियन के रु./न्यू करने का वादा किया और साथ-साथ सभी 20 जिलों में भूटान के राष्ट्रीय पुस्तकालय में डिजिटल अनुभाग/ई. लाइब्रेरी स्थापित करने में भी सहायता की। दोनों पक्षों ने सुप्रीम कोर्ट भवन के पूरा होने और खोलोंगचू जलविद्युत परियोजना के शुरू होने पर संतोष व्यक्त किया। भारत के राष्ट्रपति ने 7–8 नवंबर 2104 को भूटान का भी दौरा किया। राष्ट्रपति ने भूटान के महामहिम राजा के साथ द्विपक्षीय और क्षेत्रीय मुद्दों सहित व्यापक चर्चा की। अन्य मुद्दों के अलावा, भारत सरकार ने भूटान के सामाजिक-आर्थिक विकास में सहयोग करने और भूटान की शाही सरकार की 11वीं पंचवर्षीय योजना (2013–2018) के सफल कार्यान्वयन के लिए सहयोग देने की अपनी प्रतिबद्धता दोहराई।

26–30 जून 2014 के दौरान, भारत के उपराष्ट्रपति श्री हामिद अंसारी चीन की आधिकारिक यात्रा पर गए। भारत में औद्योगिक पार्कों पर सहयोग, सार्वजनिक अधिकारियों के क्षमता निर्माण के क्षेत्र में संचार और प्रशिक्षण के सहयोग और चीन द्वारा भारत में बाढ़ के मौसम में यारलुंग ज़ंगबू/ब्रह्मपुत्र (Yarlung Zangbu/Brahmaputra) नदी की जल विज्ञान संबंधी जानकारी प्रदान करने के लिए कार्यान्वयन योजना के संबंध में समझौता ज्ञापन पर हस्ताक्षर किए गए। भारत के उपराष्ट्रपति ने अपनी यात्रा के दौरान पंचशील की 60वीं वर्षगांठ मनाने के अवसर पर अपनी शुभकामनाएं भी दीं।

प्रधानमंत्री मोदी ने 14–16 जुलाई 2014 तक छठे ब्रिक्स शिखर सम्मेलन (BRICS Summit) में भाग लेने के लिए ब्राजील का भी दौरा किया। ब्रिक्स शिखर सम्मेलन में यह उनकी पहली यात्रा थी।

उन्होंने शांति और स्थिरता के माहौल की बहाली का संकेत दिया जो एक तत्काल वैश्विक आवश्यकता है। इसके लिए उन्होंने सहयोग के नए रास्ते अपनाने का आह्वान किया। उन्होंने कहा कि ब्रिक्स देशों के एक समूह को मौजूदा समृद्धि या साझा पहचान के बजाय 'भविष्य की क्षमता' के पैरामीटर पर एक साथ लाता है। इसलिए, ब्रिक्स को गरीबी उन्मूलन के लिए 2015 के बाद के विकास एजेंडे को आकार देने, अंतर्राष्ट्रीय वित्तीय संस्थानों और संयुक्त राष्ट्र सुरक्षा परिषद में सुधार सहित संवृद्धि और विकास पर वैश्विक चर्चा में सक्रिय भूमिका निभानी चाहिए।

ब्राज़ील के साथ, भारत ने 16 जुलाई 2014 को आईआरएस (IRS) उपग्रहों से डेटा प्राप्त करने और संसाधित करने के लिए ब्राज़ीलियाई अर्थ स्टेशन के विस्तार में सहयोग स्थापित करने के लिए कार्यान्वयन व्यवस्था और कांसुलर और गतिशीलता मुद्दों पर एक परामर्श तंत्र की स्थापना हेतु समझौता ज्ञापन पर हस्ताक्षर किए।

प्रधान मंत्री श्री मोदी ने 3–4 अगस्त 2014 के दौरान नेपाल का भी दौरा किया। भारतीय प्रधानमंत्री ने नेपाल की संविधान सभा और विधायिका संसद को संबोधित किया और इस संबोधन से पहले प्रधानमंत्री ने संविधान सभा के अध्यक्ष आरटी. माननीय सुभाष चंद्र नेमबांगके (Rt. Hon'ble Subhas Chandra Nembang) साथ बैठक की। भारतीय प्रधान मंत्री ने नेपाल के प्रधान मंत्री श्री सुशील कोइराला के साथ बैठक की जिसके बाद प्रतिनिधिमंडल स्तर की वार्ता हुई। दोनों प्रधान मंत्री पंचेश्वर विकास प्राधिकरण के संदर्भ की शर्तों के संबंध में विनिमय पत्रों पर हस्ताक्षर के गवाह थे। दोनों पक्षों ने घेंघा नियंत्रण (Goitre Control) में सहयोग और दूरदर्शन और नेपाली टेलीविजन के बीच सहयोग पर समझौता ज्ञापन पर भी हस्ताक्षर किए। नेपाल ने भारत से आग्रह किया कि वह भारत के साथ व्यापार की तुलना में नेपाल को होने वाले व्यापार घाटे से निपटने में मदद करने के उपाय अपनाए।

दोनों देशों के बीच वैश्विक रणनीतिक साझेदारी को मजबूत करने के लिए 30 अगस्त से 3 सितंबर तक प्रधानमंत्री मोदी ने जापान का दौरा किया। 1 सितंबर 2014 को, प्रधानमंत्री मोदी ने जापानी प्रधानमंत्री शिंजो आबे के साथ जापान-भारत शिखर सम्मेलन आयोजित किया। कई महत्वपूर्ण समझौतों पर हस्ताक्षर किए गए, और दोनों पक्षों ने व्यापक सुरक्षा और रक्षा सहयोग को गहरा करने के साथ-साथ जापान-भारत 2 प्लस 2 संवाद (Japan–India 2 plus 2 dialogue) को मजबूत करने के साथ-साथ क्षेत्रीय सुरक्षा की मजबूती के लिए जापान, अमेरिका और भारत के त्रिपक्षीय विदेश मंत्रियों की बैठक की स्थापना के बारे में बात की। भारत में ढांचागत विकास में सहयोग और भारत में कारोबारी माहौल में सुधार के साथ-साथ आर्थिक सहयोग पर भी चर्चा हुई। स्मार्ट शहरों के बुनियादी ढांचे और निर्माण सहित परियोजनाओं के विकास के लिए भारत-जापान निवेश संवर्धन साझेदारी के तत्वावधान में 5 साल की अवधि के दौरान भारत *आधिकारिक विकास सहायता (ओडीए)* (Official Development Assistance—ODA) सहित $ 35 बिलियन का जापानी निवेश प्राप्त करने में सक्षम था। भारत के वाराणसी और जापान के क्योटो के बीच साझेदारी शहर व्यवस्था पर भी काम किया गया और भारत और जापान में औद्योगिक इलेक्ट्रॉनिक पार्क स्थापित करने के लिए सार्वजनिक-निजी भागीदारी पर भी समझौता किया गया। जापानी फंडिंग के साथ भारत की पहली बुलेट ट्रेन परियोजना का भी वादा जापान ने किया था। जापान भारत की छह अंतरिक्ष और रक्षा संबंधी संस्थाओं को अपनी विदेशी अंतिम उपयोगकर्ता सूची से हटाने पर भी सहमत हुआ और द्वितीय विश्व युद्ध के बाद पहली बार जापान भारत को सैन्य उपकरण बेचने और समुद्री क्षेत्र की सुरक्षा के लिए यूएस-2 उभयचर (US-2 amphibian) विमानों की बिक्री के लिए बातचीत में तेजी लाने पर सहमत हुआ। हालाँकि जापान-भारत शिखर सम्मेलन एक बड़ी सफलता थी, फिर भी दोनों देशों ने एक विशेष

रणनीतिक वैश्विक साझेदारी बनाने के अपने प्रयासों के बावजूद एक नागरिक परमाणु समझौता नहीं किया और जापान परमाणु समझौते के लिए बातचीत में तेजी लाने पर सहमत हुआ।

संयुक्त राज्य अमेरिका के राज्य सचिव ने 30 जुलाई–1 अगस्त, 2014 तक भारत का दौरा किया। विदेश मंत्री, श्रीमती सुषमा स्वराज और अमेरिकी विदेश मंत्री जॉन केरी ने 2009 में शुरू की गई 5वीं भारत-अमेरिका रणनीतिक वार्ता की सह-अध्यक्षता की। दोनों पक्षों ने संबंधित कानूनों के अनुपालन में आतंकवाद, डब्ल्यूएमडी (WMD) के प्रसार, परमाणु आतंकवाद, सीमा पार आतंकवाद, सीमा पार अपराध से लड़ने और आतंकवादी उद्देश्यों के लिए इंटरनेट के दुरुपयोग को संबोधित करने की अपनी प्रतिबद्धता दोहराई। उन्होंने भारत-अमेरिका असैन्य परमाणु समझौते के पूर्ण कार्यान्वयन के लिए अपनी प्रतिबद्धता की पुष्टि की। उन्होंने सितंबर 2013 तक एनपीसीआईएल (NPCIL) के साथ प्री-अर्ली वर्क्स समझौते को लागू करने के लिए वेस्टिंगहाउस को आगे बढ़ने की अनुमति का स्वागत किया साथ ही, दोनों राष्ट्रों ने संयुक्त राष्ट्र की जलवायु परिवर्तन फ्रेमवर्क कन्वेंशन के तहत डरबन प्लेटफॉर्म पर एड-हॉक कार्यसमिति के काम के 2015 में पेरिस में सफल परिणाम प्राप्त करने के लिए अपना समर्पण जताया।

भारतीय प्रधानमंत्री ने 26–30 सितंबर 2014 को अमेरिका का दौरा किया। उन्होंने 27 सितंबर 2014 को यूएनजीए के 69वें सत्र को संबोधित किया। उन्होंने 28 सितंबर 2014 को ग्लोबल सिटिजन्स फेस्टिवल, सेंट्रल पार्क, न्यूयॉर्क शहर में जनता को संबोधित किया। भारत-अमेरिका वार्ता में 21वीं सदी में भरोसेमंद साझेदारों के रूप में परिवर्तनकारी रिश्ते का दृष्टिकोण सामने आया, जो बाकी दुनिया के लिए एक मॉडल होगा। दोनों नेताओं ने 29 सितंबर 2014 को ***अमेरिका-भारत रणनीतिक साझेदारी के लिए विज़न स्टेटमेंट—चलें साथ-साथ: फॉरवर्ड टुगेदर वी गो*** की घोषणा की।

एक अन्य महत्वपूर्ण घटना 17–19 सितंबर 2014 तक चीन के राष्ट्रपति शी जिनपिंग की भारत की राजकीय यात्रा थी। दोनों पक्षों ने राजनीतिक संचार को मजबूत करने, रणनीतिक विश्वास को गहरा करने और सभी स्तरों पर राजनीतिक संवाद और परामर्श करने का निर्णय लिया। दोनों पक्षों ने 2015 को चीन में ***विज़िट इंडिया वर्ष*** (Visit India Year) और 2016 को भारत में ***विज़िट चाइना वर्ष*** (Visit China Year) के रूप में नामित करने का निर्णय लिया। अन्य बातों के अलावा, गुजरात और गुआंडोंग प्रांत के बीच प्रांतीय साझेदारी और मुंबई-शंघाई और अहमदाबाद-गुआंगज़ौ के बीच सिस्टर-सिटी संबंध स्थापित करने के समझौतों पर हस्ताक्षर किए गए। दोनों पक्षों ने माना कि जलवायु परिवर्तन, डब्ल्यूटीओ का दोहा विकास चक्र (Doha Development Round of WTO), ऊर्जा, खाद्य सुरक्षा, अंतर्राष्ट्रीय संस्थानों और वैश्विक शासन में सुधार जैसे कई पारस्परिक हित वाले क्षेत्र हैं। यह ब्रिक्स, जी-20 और अन्य मंचों पर उनके सहयोग और समन्वय में परिलक्षित होता है। नेताओं ने औद्योगिक निवेश, बुनियादी ढांचे के विकास, ऊर्जा संरक्षण और पर्यावरण संरक्षण, उच्च तकनीक उद्योग, स्वच्छ ऊर्जा और टिकाऊ शहरीकरण जैसे विभिन्न क्षेत्रों में आर्थिक सहयोग के लिए नए क्षेत्रों का पता लगाने के लिए *रणनीतिक आर्थिक वार्ता (एसईडी)* (Strategic Economic Dialogue—SED) की स्थापना की। दोनों पक्षों ने अपने संबंधों में प्रगति का मूल्यांकन करते हुए संबंध के समग्र परिप्रेक्ष्य पर विचार करने पर ध्यान केंद्रित किया।

प्रधानमंत्री मोदी के एजेंडे में ऑस्ट्रेलिया भी था। उन्होंने 14–18 नवंबर 2014 तक ऑस्ट्रेलिया का दौरा किया। उनकी यात्रा 4–5 सितंबर 2014 तक ऑस्ट्रेलिया के प्रधान मंत्री टोनी एबॉट की यात्रा के बाद हुई। नई दिल्ली में दोनों देशों ने परमाणु ऊर्जा के शांतिपूर्ण उपयोग में सहयोग, *तकनीकी व्यावसायिक शिक्षा और प्रशिक्षण (टीवीईटी)* (Technical Vocational Education and Training—TVET) में सहयोग पर समझौता ज्ञापन और खेल में सहयोग के साथ-साथ जल संसाधन प्रबंधन के क्षेत्र में सहयोग पर समझौता ज्ञापन के नवीनीकरण के संबंध में समझौतों पर हस्ताक्षर किए।

ऑस्ट्रेलिया में रहते हुए प्रधानमंत्री मोदी ने 15 नवंबर 2014 को ब्रिस्बेन में ब्रिक्स नेताओं की बैठक में भाग लिया। 16–18 नवंबर के दौरान दोनों देशों के बीच हुई द्विपक्षीय वार्ता में, दोनों पक्षों ने माना कि साझेदारी में विकास के लिए एक बड़ी गुंजाइश है और संसाधन, शिक्षा, कौशल, कृषि, बुनियादी ढाँचा, निवेश, वित्तीय सेवाएँ और स्वास्थ्य जैसे प्राथमिकता वाले क्षेत्रों में आर्थिक संबंधों की विशाल क्षमता को अनलॉक करने पर सहमति व्यक्त की। दोनों देशों ने आपसी हितों के क्षेत्रों पर द्विपक्षीय सहयोग और परामर्श को तेज करने के लिए सुरक्षा सहयोग के लिए एक रूपरेखा स्थापित करने का निर्णय लिया है जिसे एक कार्य योजना द्वारा कार्यान्वित किया जाएगा जिस पर काम भी किया गया था। सामाजिक सुरक्षा, सजायाफ्ता व्यक्तियों के स्थानांतरण और कला एवं संस्कृति तथा पर्यटन के क्षेत्र में सहयोग के साथ-साथ मादक पदार्थों की तस्करी से निपटने और पुलिस सहयोग विकसित करने से संबंधित समझौता ज्ञापनों पर हस्ताक्षर किए गए।

प्रधानमंत्री मोदी 18वें सार्क शिखर सम्मेलन में भाग लेने के लिए नवंबर में फिर से नेपाल गए। संशयवाद और संशयवाद की पृष्ठभूमि में, उन्होंने कहा कि सार्क देश धीरे-धीरे एक साथ आ रहे हैं और रेल, सड़क, बिजली और पारगमन के माध्यम से बंधन बनाने की कोशिश कर रहे हैं। उन्होंने कहा कि भारत अपनी जिम्मेदारी से अवगत है और उन्होंने सार्क दिवस, 2016 तक सार्क क्षेत्र के लिए भारत के उपग्रह उपहार की घोषणा की। हालाँकि, भारत ने चीन को सार्क से बाहर रखने का अपना रुख बरकरार रखा है। प्रधानमंत्री मोदी ने छोटे देशों के लिए बुनियादी ढांचे, स्वास्थ्य सुविधाओं और आकर्षक निर्यात सुविधाओं में क्षेत्रीय निवेश प्रदान करने की भारत के संकल्प की घोषणा की। ये सभी स्पष्ट रूप से भारत में चीन की बढ़ती पैठ का मुकाबला करने के लिए उठाए गए कदम थे। चीन पहले से ही सार्क सदस्यता के लिए पाकिस्तान, श्रीलंका और बांग्लादेश की पैरवी करा रहा है। यह पाकिस्तान ही था जिसने 18वें सार्क शिखर सम्मेलन में पर्यवेक्षक दर्जे से चीन की पूर्ण सदस्यता पर जोर देने का विचार रखा था। भारत-पाकिस्तान के द्विपक्षीय संबंधों में नरमी सार्क के माहौल पर भारी पड़ी। सार्क से इतर प्रधानमंत्री ने पाकिस्तान के प्रधानमंत्री नवाज शरीफ को छोड़कर सार्क के अन्य सभी सदस्यों के साथ द्विपक्षीय वार्ता की। पाकिस्तान ने तीन परियोजनाओं—एक बिजली ग्रिड और बिजली में व्यापार तथा सड़क और रेल कनेक्टिविटी को भी इस आधार पर अवरुद्ध कर दिया कि उसे अभी भी अपनी "आंतरिक प्रक्रियाओं" को पूरा करना बाकी है।

एक और ऐतिहासिक घटना 28 नवंबर 2014 को एआईआर एफएम गोल्ड पर ***भारत वैश्विक*** प्रसारण रही है जो जर्मनी के साथ भारत के संबंधों का प्रतीक है।

वर्ष 2014 के आखिरी महीने में 10–11 दिसंबर 2014 को रूसी संघ के राष्ट्रपति व्लादिमीर वी. पुतिन ने भारत की यात्रा की। दोनों नेताओं ने स्वीकार किया, "हमारी साझेदारी और एक-दूसरे के हितों के लिए हमेशा से मौजूद मजबूत संवेदनशीलता दोनों देशों के लिए ताकत का स्रोत होगी।" पुतिन 15वें वार्षिक भारत-रूस शिखर सम्मेलन में हिस्सा लेने आए थे। ***ए द्रुजना-दोस्ती: अगले दशक में भारतीय रूसी साझेदारी को मजबूत करने के लिए एक विजन*** (A Druzhna-Dosti: A Vision for Strengthening the Indian Russian Partnership over the next decade) की घोषणा 11 दिसंबर 2014 को एक संयुक्त बयान में की गई थी। नेताओं ने विश्वास व्यक्त किया कि एक मजबूत द्विपक्षीय रणनीतिक साझेदारी दोनों देशों के राष्ट्रीय हितों को आगे बढ़ाती है और अधिक स्थिर और सुरक्षित विश्व व्यवस्था में योगदान देती है। दोनों देशों ने ऊर्जा, प्रौद्योगिकी और नवाचार, विस्तारित आर्थिक जुड़ाव, वैश्विक व्यवस्था, विश्व शांति और लोगों से लोगों के बीच संबंधों के क्षेत्र में अपने सहयोग को आगे बढ़ाने का वादा किया। भारत हमेशा रूसी संबंधों के महत्व और भारतीय विदेश नीति में इसकी अद्वितीय स्थिति पर विचार करता है। दोनों पक्षों ने अपने द्विपक्षीय संबंधों को एक नए स्तर पर ले जाने के लिए विश्वास व्यक्त किया जहां लोगों की आकांक्षाएं पूरी की जाएंगी। दोनों पक्षों ने स्वीकार किया कि भारत-रूस संबंध

विश्वास पर आधारित समय की कसौटी पर खरे उतरे हैं और भविष्य में भी मजबूत होंगे। इस यात्रा के दौरान कई द्विपक्षीय समझौतों और वाणिज्यिक अनुबंधों पर हस्ताक्षर किए गए। उनमें से सबसे उल्लेखनीय थे परमाणु ऊर्जा के शांतिपूर्ण उपयोग में सहयोग को मजबूत करने के लिए रणनीतिक दृष्टिकोण, *न्यूक्लियर पावर कोऑपरेशन ऑफ इंडिया लिमिटेड (एनपीसीआईएल)* (Nuclear Power Cooperation of India Limited—NPCIL) और एटमस्ट्रॉयएक्सपोर्ट (ATOMSTROYEXPORT—ASE) के बीच कुडनकुलम परमाणु ऊर्जा परियोजना की इकाइयों 3 और 4 के लिए *सामान्य फ्रेमवर्क समझौते (जीएफए)* (General Framework Agreement—GFA) और यूनिट 3 और 4 कुडनकुलम परमाणु ऊर्जा संयंत्र के लिए एनपीसीआईएल (NPCIL) और एएसई (ASE) के बीच अनुबंध।

हालाँकि, 2014 में भारत-पाकिस्तान संबंध ख़राब स्थिति में पहुँच गए। आतंकवादी मुद्दे और मुंबई विस्फोट, आतंकवादियों के प्रत्यर्पण पर गतिरोध के साथ-साथ सीमा पार से गोलीबारी और एलओसी (LOC) के उल्लंघन के पारस्परिक आरोप थे। भारत ने अगस्त 2014 में पाकिस्तान के साथ प्रस्तावित वार्ता इस आधार पर रद्द कर दी कि नई दिल्ली स्थित पाकिस्तान के उच्चायुक्त ने शिखर सम्मेलन से पहले कश्मीरी अलगाववादी नेताओं को आमंत्रित किया था। दोनों के रिश्ते में ठंडापन 18वें सार्क शिखर सम्मेलन में भी दिखा. यहां तक कि आत्मघाती हमलावरों द्वारा पेशावर आर्मी स्कूल में नरसंहार कर सौ से अधिक स्कूली बच्चों की हत्या करने और 16 दिसंबर 2014 को हुए हमले की जिम्मेदारी तहरीक-ए-तालिबान द्वारा लेने के बाद भी, 18 दिसंबर 2014 को पाकिस्तान में आतंकवाद विरोधी अदालत ने लेफ्टिनेंट कमांडर जकीउर को जमानत दे दी। रहमान लखवी, मुंबई 2008 हमलों का मुख्य योजनाकार था। भारत की प्रतिक्रिया और अंतर्राष्ट्रीय दबाव के बाद, उन्हें रावलपिंडी की अडियाला जेल में *सार्वजनिक व्यवस्था रखरखाव (एमपीओ)* (Maintenance of Public Order—MPO) नियमों के तहत तीन और महीनों के लिए हिरासत में रखा गया। देखना होगा कि दोनों पक्ष रिश्ते सुधारने के लिए किस तरह पहल करते हैं. भारत-पाकिस्तान संबंध अफगानिस्तान में भी स्थायी शांति का एक अभिन्न अंग है।

बांग्लादेश के राष्ट्रपति श्री मोहम्मद अब्दुल हामिद (Mr. Md. Abdul Hamid) ने भारत के राष्ट्रपति श्री प्रणब मुखर्जी के निमंत्रण पर 18–23 दिसंबर 2014 तक भारत की आधिकारिक यात्रा की। इससे पहले पहला भारत-बांग्लादेश उच्चायुक्त शिखर सम्मेलन 14 नवंबर 2014 को आयोजित किया गया था। यह यात्रा दोनों देशों के बीच द्विपक्षीय संबंधों को मजबूत और विस्तारित करने वाली है।

क्षेत्रीय मोर्चे पर, "पूर्व की ओर देखो नीति" को आगे बढ़ाते हुए, भारत ने *एशिया-यूरोप बैठक (एएसईएम)* (Asia-Europe Meeting—ASEM) देशों के बीच नवाचारों (innovation) पर गोलमेज बैठकों की मेजबानी की और *वर्चुअल नॉलेज पोर्टल (वीकेपी)* (Virtual Knowledge Portal—VKP) का उद्घाटन किया और 24 × 7 संपर्क बिंदुओं (पीओसी) (Points of Contact—PoC) की बैठकें कीं। 4–5 दिसंबर 2014 को नई दिल्ली में पूर्वी *एशिया शिखर सम्मेलन (ईएएस)* (East Asia Summit—EAS) देशों की बैठक हुई। इसमें वीकेपी की व्यापक संरचना और कार्यप्रणाली की योजना के साथ भाग लेने वाले देशों के बीच आपदा जोखिम में कमी और आपदा बचाव प्रयासों के लिए नवीन प्रौद्योगिकियों पर ध्यान केंद्रित किया गया।

17 दिसंबर 2014 को विदेश राज्य मंत्री जनरल (डॉ.) वी.के. सिंह (सेवानिवृत्त) ने नई दिल्ली में अफ्रीकी मिशन प्रमुखों के साथ बातचीत की। भारत ने अफ्रीकी देशों सहित सभी विदेशी नागरिकों की सुरक्षा का आश्वासन दिया क्योंकि भारत में समावेशी और महानगरीय संस्कृति का एक लंबा इतिहास है और किसी भी रूप में नस्लवाद के प्रति शून्य सहिष्णुता है।

असैनिक परमाणु सहयोग पर भारत-अमेरिका संपर्क समूह की पहली बैठक 16–17 दिसंबर 2014 को आयोजित की गई थी। इस समूह का गठन प्रधानमंत्री मोदी की अमेरिका यात्रा के दौरान 30 सितंबर 2014 के संयुक्त वक्तव्य के अनुसार किया गया था। भारत की ओर से *न्यूक्लियर पावर कॉरपोरेशन ऑफ इंडिया (एनपीसीआईएल)* (Nuclear Power Corporation of India—NPCIL) और अमेरिका की ओर से वेस्टिंगहाउस (Westinghouse) और जीई-हिताची (GE-Hitachi) के बीच कार्यान्वयन मुद्दों, प्रशासनिक मुद्दों, दायित्व, तकनीकी मुद्दों और भारत में अमेरिकी डिजाइन वाले बिजली संयंत्रों की सुविधा के लिए लाइसेंसिंग के संबंध में चर्चा हुई।

प्रधान मंत्री की महत्वपूर्ण देशों की यात्रा के अलावा, विदेश मंत्री ने जून 2014 में ढाका, प्रधान मंत्री की नेपाल यात्रा से पहले जुलाई 2014 में नेपाल, अगस्त 2014 में ने पी ताव (Nay Pyi Taw), म्यांमार, वियतनाम और सिंगापुर, 2014 सितंबर में बहरीन, ताजिकिस्तान और अफगानिस्तान, अक्टूबर 2014 में यूनाइटेड किंगडम, यूएसए (प्रधानमंत्री की यात्रा से पहले), नवंबर 2014 में मॉरीशस, मालदीव, यूएई और नेपाल का दौरा किया।

साल 2015 की शुरुआत अमेरिकी राष्ट्रपति बराक ओबामा की हाई प्रोफाइल भारत यात्रा से हुई। वह 26 जनवरी, 2015 को गणतंत्र दिवस समारोह के मुख्य अतिथि थे। जलवायु परिवर्तन, पेस (*पार्टनरशिप टू एडवांस क्लीन एनर्जी*) (PACE—Partnership to Advance Clean Energy) के क्षेत्र में भारत-अमेरिका संबंधों को प्रगाढ़ करने, व्यापार निवेश को प्रोत्साहित करने के संकेत समेत अन्य मुद्दों पर उच्च स्तरीय बातचीत हुई।

वर्ष 2015 में भारत को रचनात्मक संबंधों में शामिल करने के साथ-साथ अंतर्राष्ट्रीय मंचों पर भारत की शक्ति को प्रदर्शित करने के लिए प्रधानमंत्री मोदी ने कई देशों की लगातार यात्राएं कीं। 2015 में प्रधान मंत्री द्वारा संयुक्त राज्य अमेरिका, ब्रिटेन, रूस, फ्रांस, चीन, जर्मनी, कुछ अन्य यूरोपीय देशों, कनाडा, जापान के साथ-साथ दक्षिण-पूर्व एशिया और दक्षिण एशिया के पड़ोसी देशों, हिंद महासागर के अंदर के देश जैसे मॉरीशस और सेशेल्स, मध्य एशियाई देश, ईरान, तुर्की जैसे कुछ देशों में लगभग 28 विदेशी यात्राएं की गईं। उनकी बहुपक्षीय व्यस्तताओं के बाद उफा (Ufa) में ब्रिक्स शिखर सम्मेलन, अंताल्या (Antalya) में जी-20, कुआलालंपुर में ईएएस शिखर सम्मेलन (EAS Summit), उफा (Ufa) में *शंघाई सहयोग संगठन (एससीओ)* (Shanghai Cooperation Organization—SCO) शिखर सम्मेलन और नई दिल्ली में भारत-अफ्रीका शिखर सम्मेलन का दौरा हुआ। सबसे आश्चर्यजनक क्षण तब आया जब 25 दिसंबर, 2015 को अचानक प्रधानमंत्री मोदी अपने समकक्ष नवाज शरीफ से मिलने पाकिस्तान गए। हालाँकि, पाकिस्तान ने इसका समान रूप से प्रत्योत्तर नहीं दिया, क्योंकि इस यात्रा के तुरंत बाद, भारत के पठानकोट एयरबेस पर आतंकवादी हमले हुए (2–5 जनवरी, 2016)। फिर भी यह कहा जा सकता है कि उनके नेतृत्व में भारत एक सक्रिय विदेश नीति का अनुसरण कर रहा है। ऐसा कहा जाता है कि यह पाँच स्तंभों पर आधारित है:

1. आर्थिक विकास और तकनीकी प्रगति,
2. इन उद्देश्यों की पूर्ति की दिशा में घरेलू और विदेशी नीतियों का अधिक उन्मुखीकरण,
3. आर्थिक और सैन्य दोनों ही प्रकार से राष्ट्रीय शक्ति के महत्व को पहचानना,
4. 'सॉफ्ट पावर' पर ध्यान केंद्रित करना जिसके बारे में कहा जा सकता है कि यह सांस्कृतिक कूटनीति का उपयोग करना और भारत प्रवासियों के साथ बातचीत करना, और
5. अन्य देशों के साथ संबंध बनाते समय बाधाओं को दूर करना।

यह कहा जा सकता है कि अब फोकस दक्षिण एशिया, दक्षिण-पूर्व एशिया (लुक-ईस्ट से एक्ट-ईस्ट तक), सुदूर-पूर्व, मध्य एशिया, हिंद महासागर के महत्व की फिर से खोज, सांस्कृतिक संबंधों को मजबूत करने, प्रवासी भारतीयों का दिल जीतने और जलवायु परिवर्तन, परमाणु ऊर्जा और आतंकवाद पर नए सिरे से ध्यान केंद्रित करने पर है।

अपनी 'एक्ट-ईस्ट पॉलिसी' के एक हिस्से के रूप में प्रधानमंत्री मोदी ने दिसंबर 2018 में बोगीबील पुल (Bogibeel bridge) के उद्घाटन के साथ रणनीतिक बढ़ावा दिया। यह ब्रह्मपुत्र नदी पर लगभग 4.9 किमी लंबा है और डिब्रूगढ़ को धेमाजी (असम और अरुणाचल प्रदेश) से जोड़ता है। बोगीबील पुल भारत का सबसे लंबा रेल-सह-सड़क पुल है। यह गेम चेंजर के रूप में कार्य कर सकता है क्योंकि इसने भारत-चीन सीमा को मजबूत कर दिया है। एक अन्य पुल असम और अरुणाचल प्रदेश को जोड़ने वाले ऊपरी असम के तिनसुकिया जिले में ढोला-सदिया (Dhola-Sadiya) बीम पुल है।

प्रधानमंत्री मोदी के पहले कार्यकाल के अन्य उच्च बिंदु सितंबर 2016 में उरी आतंकी हमले के बाद नियंत्रण रेखा के पार भारत द्वारा सर्जिकल स्ट्राइक रहे हैं। संयुक्त राष्ट्र में कश्मीर मुद्दे का अंतर्राष्ट्रीयकरण करने की पाकिस्तान की नाकाम कोशिश भी हुई। भारत अमेरिका, ब्रिटेन, फ्रांस, जर्मनी, जापान और दक्षिण कोरिया का समर्थन हासिल करने में सफल रहा। *इस्लामिक सहयोग संगठन (ओआईसी)* (Organisation of Islamic Cooperation—OIC)) ने भी उरी आतंकवादी हमले की निंदा की। इस्लामाबाद में होने वाला सार्क शिखर सम्मेलन सदस्य देशों के विरोध स्वरूप रद्द कर दिया गया।

फरवरी 2019 में जवानों पर पुलवामा आतंकी हमले के बाद, भारत ने पाकिस्तान के बालाकोट में सर्जिकल स्ट्राइक का एक और दौर चलाया। पुलवामा आतंकी हमले की दुनिया भर में निंदा हुई। अमेरिका ने पाकिस्तान से जांच में सहयोग करने और अपराधियों को दंडित करने का भी आग्रह किया। हालांकि, चीन ने हमले के मास्टरमाइंड मसूद अज़हर को वैश्विक आतंकवादी घोषित करने के संयुक्त राष्ट्र सुरक्षा परिषद के प्रस्ताव को लंबे समय तक रोके रखा। मई 2019 में ही चीन ने नाकाबंदी हटा ली और मसूद अज़हर को वैश्विक आतंकवादी घोषित कर दिया गया।

2019 का लोकसभा चुनाव एनडीए के लिए एक बड़ी जीत थी, जिसमें बीजेपी को अकेले 303 सीटें मिलीं और एनडीए को कुल 353 सीटें मिलीं। प्रधानमंत्री मोदी का दूसरा कार्यकाल पहले कार्यकाल से अलग नहीं था. यह अच्छी पड़ोसी नीति (पड़ोसी पहले), फास्ट ट्रैक कूटनीति, एक्ट-ईस्ट नीति, लिंक वेस्ट (खाड़ी देशों के साथ जुड़ाव), कनेक्ट सेंट्रल एशिया, ब्रिक्स, जी 20, संयुक्त राष्ट्र में बहुपक्षीय जुड़ाव के सिद्धांतों पर आधारित है।

अपने दूसरे कार्यकाल में प्रधानमंत्री मोदी की सरकार ने अगस्त 2019 में अनुच्छेद 370 को निरस्त कर दिया जिससे जम्मू-कश्मीर का विशेष दर्जा समाप्त हो गया। **जम्मू और कश्मीर पुनर्गठन अधिनियम, 2019** (Jammu and Kashmir Reorganisation Act, 2019) ने 31 अक्टूबर 2019 को जम्मू और कश्मीर को दो भारत-प्रशासित केंद्र शासित प्रदेशों में पुनर्गठित किया, एक को जम्मू और कश्मीर और दूसरे को लद्दाख कहा जाएगा। इससे जाहिर तौर पर भारत-पाकिस्तान संबंधों में और गिरावट आई। पाकिस्तान ने इस मुद्दे को संयुक्त राष्ट्र जैसे अंतर्राष्ट्रीय मंच पर उठाने की फिर कोशिश की लेकिन उसे ज्यादा सफलता नहीं मिली। आंतरिक मुद्दा होने के साथ-साथ द्विपक्षीय मुद्दा होने के कारण, अमेरिका और अन्य देशों ने इसे कम महत्व दिया। चीन, हालांकि लद्दाख पर सरकार के कदम से असंतुष्ट है, जिस पर वह अपना दावा करता है, लेकिन उसने पाकिस्तान का पक्ष नहीं लिया। ओआईसी (Organisation of Islamic Cooperation—OIC) ने किसी भी प्रकार की भारत विरोधी प्रतिक्रिया से परहेज किया। रूस अनुच्छेद 370 पर भारत के फैसले के पूरे समर्थन में था।

टेक्सास इंडिया फोरम (टीआईएफ) (Texas India Forum—TIF) द्वारा अमेरिका के ह्यूस्टन में प्रधानमंत्री मोदी के सम्मान में "हाउडी मोदी" (Howdy Modi) शीर्षक से एक सामुदायिक शिखर सम्मेलन का आयोजन किया गया। कार्यक्रम में अमेरिकी राष्ट्रपति डोनाल्ड ट्रंप भी शामिल हुए। यह ह्यूस्टन में भारतीय प्रवासियों तक पहुंचने जैसा था।

बहुपक्षवाद के एक हिस्से के रूप में प्रधानमंत्री मोदी जी 20 शिखर सम्मेलन में सक्रिय हैं। 2018 में, जी 20 के मौके पर उन्होंने सऊदी क्राउन प्रिंस मोहम्मद बिन सलमान से मुलाकात की और भारत की बढ़ती ऊर्जा मांगों को पूरा करने के लिए तेल और पेट्रोलियम उत्पादों की आपूर्ति का सऊदी प्रस्ताव प्राप्त किया। प्रधानमंत्री मोदी ने तिकड़ी (जेएआई) (Trio (JAI)) के रणनीतिक उद्देश्य के लिए इंडो-पैसिफिक क्षेत्रीय सहयोग बनाने के लिए अमेरिकी राष्ट्रपति डोनाल्ड ट्रम्प और जापानी प्रधान मंत्री शिंजो आबे से भी मुलाकात की। *रूस, भारत और चीन (आरआईसी)* (Russia, India and China—RIC) के बीच त्रिपक्षीय बैठक भी हुई।

2019 में जी 20 के इतर, प्रधानमंत्री मोदी ने बहुआयामी रणनीतिक साझेदारी को गहरा करने के उद्देश्य से इंडोनेशिया, ब्राजील, तुर्की, ऑस्ट्रेलिया, सिंगापुर और चिली के नेताओं के साथ छह द्विपक्षीय बैठकें कीं।

भारत ने 2019 बिम्सटेक (BIMSTEC) सम्मेलन (7–8 नवम्बर 2019) की मेजबानी की। यह बंदरगाहों का पहला बिम्सटेक सम्मेलन था। इसे भारत की एक्ट-ईस्ट नीति के साथ-साथ थाईलैंड और अन्य देशों की लुक-वेस्ट नीति को बढ़ावा देने के रूप में जाना जा सकता है। सार्क के कमजोर पड़ने से यह मंच भारत को बिम्सटेक देशों के साथ मजबूत संबंध के साथ चीन का मुकाबला करने के लिए अपने आउटरीच सहयोग को बढ़ाने में मदद कर सकता है।

दिसंबर 2019 में नागरिकता (संशोधन) अधिनियम, 2019 के हालिया पारित होने से 1955 के पहले के नागरिकता अधिनियम में संशोधन हुआ। इसमें हिंदू, सिख, बौद्ध, जैन, पारसी और ईसाई धार्मिक अल्पसंख्यकों के लिए नागरिकता प्राप्त करने का प्रावधान है जो तीन देशों, अर्थात् पाकिस्तान, बांग्लादेश और अफगानिस्तान से उत्पीड़न से भाग रहे हैं।

यह देखना होगा कि ये सक्रिय गतिविधियां भारत के लिए कितनी फायदेमंद हैं और यह भारत के लिए क्या लाभ ला सकती हैं।

अभ्यास (Exercises)

1. भारतीय विदेश नीति के मूल उद्देश्यों की चर्चा करें।
2. नेहरू से इंदिरा गांधी तक भारत की विदेश नीति के विकास का पता लगाएं।
3. इंदिरा गांधी के बाद के युग में भारतीय विदेश नीति में परिवर्तनों और बदलावों की जांच करें।
4. शीत युद्ध के बाद के युग में भारत की विदेश नीति का परीक्षण करें।
5. यूपीए-I और यूपीए-II के कार्यकाल और परमाणु समझौते के दौरान भारत-अमेरिका संबंधों के विकास का विश्लेषण करें।
6. भारत-अमेरिका संबंधों के विकास पर टिप्पणी करें।
7. क्या आपको लगता है कि भारत-रूस संबंध एक 'समय-परीक्षित' संबंध है? चर्चा करें।
8. सोवियत काल के बाद भारत-रूस संबंधों के विकास पर चर्चा करें।

9. प्रमुख परेशानियों पर प्रकाश डालते हुए भारत-चीन संबंधों पर चर्चा करें।
10. भारत और पाकिस्तान के बीच 'विश्वास की कमी' के प्रमुख परेशान करने वाले कारक पर चर्चा करें।
11. पिछले वर्षों में भारत-पाक संबंधों के विकास पर टिप्पणी करें।
12. भारत-बांग्लादेश संबंधों में प्रमुख अड़चनों को इंगित करें। भारत-बांग्लादेश संबंधों के विकास की प्रवृत्ति का विश्लेषण करें।
13. पिछले कुछ वर्षों में भारत-श्रीलंका संबंध कैसे विकसित हुए हैं?
14. भारत-नेपाल संबंधों के विकास पर चर्चा करें।
15. आपको क्या लगता है कि भारत-भूटान संबंधों में भूटान का महत्वपूर्ण स्थान क्यों है? इस संदर्भ में चर्चा करें कि दोनों ने वर्षों से अपने संबंधों को कैसे विकसित किया है?
16. भारत की पूर्वोन्मुखी (LEP) नीति पर टिप्पणी करें।

संदर्भ (References)

[1] Doctor, Adi H., *Essays on India's Foreign Policy*, National Publishing House, New Delhi, 1977, p. 36.

[2] Bandyopadhyaya, Jayantanuja, *The Making of India's Foreign Policy,* Allied Publishers, New Delhi, 1991, p. 74.

[3] Asopa, Sheel K., "Fifty Years of Panchsheel and India–China Relations," *in* Mahavir Singh (Ed.) *Panchsheel: Retrospect and Prospect*, Maulana Azad Institute of Asian Studies, Kolkata, Shipra Publications, New Delhi, 2005, pp. 89–90.

[4] Cohen, Stephen P., *Emerging Power India,* Oxford India Paperbacks, New Delhi, 2006, p. 38.

[5] Dutt, V.P., *India's Foreign Policy Since Independence,* National Book Trust, New Delhi, 2007, p. 5.

[6] Mishra, Pramod Kumar, "Responding to the Changing Global Milieu From Nehru to Vajpayee," *in* Nalini Kant Jha (Ed.), *India's Foreign Policy in a Changing World*, South Asian Publishers, New Delhi, 2000, p. 51.

[7] Dutt, V.P., *India's Foreign Policy,* Vikas Publishing House, New Delhi, 1987, p. 83.

[8] Chengappa, Raj, "The New Nuclear Future", India Today, 20 October, 2008, pp. 44–47.

[9] "PM, Gilani agreed: Talks must resume", *The Statesman,* 17 July, 2009.

विस्तृत जानकारी हेतु पुस्तक सूची (Suggested Reading)

Chakrabarti, Radharaman and Lahiri, Iman Kalyan (Eds.), *India's Constructive Engagement in Asia and Around,* Academic Excellence, Delhi, 2012.

Dubey, Muchkund, *India's Foreign Policy: Coping with the Changing World*, Pearson Education, Delhi, 2012.

Kothari, Rajkumar (Ed.), *Indian Foreign Policy in the New Millennium,* Academic Excellence, Delhi, 2010.

Kothari, Raj Kumar (Ed.), *Emerging India as a Global Partner: Growing Ties and Challenges,* Atlantic Publishers and Distributors, New Delhi, 2012.

19

पर्यावरण और अंतर्राष्ट्रीय संबंध
(Environment and International Relations)

अंतर्वस्तु (Contents)

परिचय (*Introduction*)

पर्यावरणीय समस्याओं के बारे में जागरूकता बढ़ाने और उनसे निपटने की दिशा में अधिक ठोस कार्रवाई के लिए काम करने के लिए पृथ्वी दिवस, 22 अप्रैल (Earth Day), और विश्व पर्यावरण दिवस, 5 जून (World Environment Day) हर साल दुनिया भर में मनाए जाते हैं। लेकिन सवाल यह है कि पर्यावरण की चुनौतियों के प्रति विश्व समुदाय कितना जागरूक है? जैसा कि सतत विकास अनुभाग के अंतर्गत अध्याय 4 में चर्चा की गई है, पर्यावरण लंबे समय से अंतर्राष्ट्रीय समुदाय की प्रमुख चिंता का विषय रहा है। वैश्वीकरण की शुरुआत, बाजार अर्थव्यवस्था के विकास और तकनीकी क्रांति के साथ, वैश्विक पर्यावरण, विशेष रूप से विकासशील देशों का पर्यावरण खतरे में पड़ गया है। इसलिए अब समय आ गया है कि अंतर्राष्ट्रीय संबंधों और पर्यावरण से इसके संबंध पर पुनर्विचार किया जाए। अंतर्राष्ट्रीय समुदाय द्वारा अपनी पर्यावरण संबंधी चिंताओं को उठाने के लिए जो उल्लेखनीय पहल की गई, वह संयुक्त राष्ट्र के तत्वावधान में पर्यावरण पर *स्टॉकहोम सम्मेलन (1972)* था। तब से, ग्लोबल वार्मिंग, जलवायु परिवर्तन, प्रदूषण (वायु, जल और ध्वनि) और सतत विकास जैसी पर्यावरणीय समस्याओं के बारे में राज्यों और विश्व की आबादी को जागरूक करने के लिए कई शिखर सम्मेलन और सम्मेलन आयोजित किए गए हैं और कई प्रस्ताव पारित किए गए हैं।

पर्यावरण से संबंधित वैश्विक पहल, सम्मेलन और शिखर सम्मेलन—1972 से अब तक (Global Initiatives, Conferences and Summits Relating to Environment Since 1972)

जैसा कि हमने अध्याय 14 में देखा है, विश्व पर्यावरण के संबंध में पूरी पहल वर्ष 1972 में '*क्लब ऑफ रोम*' (Club of Rome) के गठन के साथ शुरू हुई। उन्होंने तर्क दिया कि यदि जनसंख्या, भोजन और प्रदूषण में वर्तमान बढ़ती प्रवृत्ति जारी रहती है, तो सीमित संसाधन आपूर्ति को देखते हुए, ग्रह पर विकास की सीमा अगले 100 वर्षों के भीतर पहुंच जाएगी और संधारणीयता (sustainablity) की समस्याएं पैदा होंगी।

उसी वर्ष, मानव पर्यावरण पर संयुक्त राष्ट्र सम्मेलन (जिसे **स्टॉकहोम सम्मेलन** भी कहा जाता है) 5–16 जून 1972 के दौरान स्टॉकहोम, स्वीडन में आयोजित किया गया था। यह अंतर्राष्ट्रीय पर्यावरण मुद्दों पर संयुक्त राष्ट्र का पहला प्रमुख सम्मेलन था, और इसने अंतर्राष्ट्रीय पर्यावरण राजनीति के विकास में एक महत्वपूर्ण मोड़ चिह्नित किया। **मानव पर्यावरण पर संयुक्त राष्ट्र सम्मेलन की घोषणा**, या **स्टॉकहोम घोषणा**, को 16 जून 1972 को संयुक्त राष्ट्र द्वारा 21वीं पूर्ण बैठक में स्वस्थ पर्यावरण के अधिकार को मान्यता देने वाले अंतर्राष्ट्रीय पर्यावरण कानून में पहले दस्तावेज़ के रूप में अपनाया गया था।

पर्यावरण जागरूकता सोच में अन्य मील के पत्थर स्पष्ट रूप से विश्व संरक्षण रणनीति (World Conservation Strategy) (1980), हमारा साझा भविष्य (Our Common Future) (1987), और पृथ्वी की देखभाल (Caring for the Earth) (1991) थे (अध्याय 14 देखें)।

पर्यावरण जागरूकता जगाने वाली इन ऐतिहासिक घटनाओं के अलावा, अन्य उल्लेखनीय शिखर सम्मेलन और सम्मेलन इस प्रकार थे:

1. **संयुक्त राष्ट्र पर्यावरण कार्यक्रम (यूएनईपी)** ***1972 (United Nations Environment Programme—UNEP 1972):*** संयुक्त राष्ट्र पर्यावरण कार्यक्रम का गठन जून 1972 में मानव पर्यावरण पर संयुक्त राष्ट्र सम्मेलन के परिणामस्वरूप किया गया था। इसका मुख्य कार्य वैश्विक और क्षेत्रीय स्तर पर संयुक्त राष्ट्र पर्यावरण कार्यक्रमों का समन्वय करना है।

2. ***बुखारेस्ट जनसंख्या सम्मेलन, 1974 (Bucharest Population Conference, 1974):*** वर्ष 1974 को विश्व जनसंख्या वर्ष के रूप में नामित किया गया था और इस विषय की पृष्ठभूमि में, जनसंख्या पर पहला विश्व सम्मेलन संयुक्त राष्ट्र के तत्वावधान में रोमानिया के बुखारेस्ट में आयोजित किया गया था। सम्मेलन में 135 देशों ने भाग लिया। सम्मेलन ने जनसंख्या के मुद्दों और विकास के बीच संबंधों पर ध्यान केंद्रित किया और विश्व जनसंख्या कार्य योजना का प्रस्ताव रखा। इसके बाद जनसंख्या पर अंतर्राष्ट्रीय सम्मेलन हुआ, जो 1984 में मैक्सिको सिटी में आयोजित किया गया था।

3. ***कोकोयोक घोषणा, 1974 (Cocoyoc Declaration, 1974):*** कोकोयोक, मेक्सिको में एक संगोष्ठी 1974 में आयोजित की गई थी। इसकी अध्यक्षता दिवंगत बारबरा वार्ड (Barbara Ward) ने की थी। इस संगोष्ठी का आयोजन यूएनईपी और *संयुक्त राष्ट्र व्यापार एवं विकास आयोग (यूएनसीटीएडी) (United Nations Commission on Trade and Development (UNCTAD))* द्वारा किया गया था। इस संगोष्ठी की उल्लेखनीय विशेषता **कोकोयोक घोषणा** (Cocoyoc Declaration) को अपनाना था, जिसे सतत विकास की घोषणा के रूप में देखा गया था।

कोकोयोक घोषणा निम्नलिखित टिप्पणी के साथ समाप्त होती है:

> *आगे का मार्ग न तो निराशा और नाश की दृष्टि से गुजरता है, और न क्रमिक तकनीकी सुधारों की सरल आशावादिता से। यह 'बाहरी सीमाओं' के सावधानीपूर्वक और निष्पक्ष मूल्यांकन के माध्यम से, मौलिक मानवाधिकारों की 'आंतरिक सीमाओं' को प्राप्त करने के तरीकों के लिए सहकारी खोज के माध्यम से, उन अधिकारों को व्यक्त करने के लिए सामाजिक संरचनाओं के निर्माण के माध्यम से, और सभी धैर्यपूर्ण कार्यों के माध्यम से निहित है। इसमें विकास की ऐसी तकनीकें और शैलियाँ तैयार करना शामिल है जो हमारी ग्रहीय विरासत को बढ़ाएँ और संरक्षित करें।*[1]

4. ***रोम खाद्य सम्मेलन, 1974 (Rome Food Conference, 1974):*** यह संयुक्त *राष्ट्र खाद्य और कृषि संगठन* (एफएओ) (Food and Agriculture Organization—FAO) के तत्वावधान में 1974 में रोम में आयोजित पहला **विश्व खाद्य सम्मेलन** था। इसके फलस्वरूप विश्व खाद्य परिषद् और विश्व खाद्य कार्यक्रम का गठन किया गया। इसने अनुवर्ती विश्व खाद्य सम्मेलनों का भी नेतृत्व किया।

5. ***पर्यावास सम्मेलन, 1976 (Habitat Conference, 1976):*** संयुक्त राष्ट्र ने 31 मई से 11 जून 1976 तक वैंकूवर, कनाडा में मानव बस्तियों पर पर्यावास: संयुक्त राष्ट्र सम्मेलन आयोजित किया। इस सम्मेलन में विशेष रूप से विकासशील देशों में बढ़ते शहरीकरण के परिणामस्वरूप शहरों की दुर्दशा पर ध्यान केंद्रित किया गया और इसके परिणामस्वरूप संयुक्त राष्ट्र प्रणाली में एक नए पर्यावास कार्यक्रम की स्थापना हुई।

6. ***ग्रीन बेल्ट आंदोलन, 1977 (Green Belt Movement, 1977):*** प्रोफेसर वांगारी मथाई ने पर्यावरण संरक्षण, सामुदायिक विकास और क्षमता निर्माण पर ध्यान केंद्रित करके विकास के लिए समग्र दृष्टिकोण अपनाने के लिए केन्या की राष्ट्रीय महिला परिषद् के तत्वावधान में 1977 में इस संगठन की स्थापना की।

7. ***मरुस्थलीकरण सम्मेलन, 1977 (Desertification Conference, 1977):*** मरुस्थलीकरण पर यह सम्मेलन संयुक्त राष्ट्र के तत्वावधान में 29 अगस्त से 9 सितंबर, 1977 तक नैरोबी, केन्या में आयोजित किया गया था। यह पहला अंतर्राष्ट्रीय सम्मेलन था जहाँ वैश्विक स्तर पर मरुस्थलीकरण के मुद्दे पर चर्चा की गई। इस सम्मेलन का परिणाम मरुस्थलीकरण से निपटने के लिए कार्य योजना था।

8. ***जल सम्मेलन 1977 (Water Conference 1977):*** यह संयुक्त राष्ट्र जल सम्मेलन 14 से 25 मार्च, 1977 तक मार डेल प्लाटा (Mar del Plata), अर्जेंटीना में आयोजित किया गया था। इस सम्मेलन ने सार्वजनिक स्वास्थ्य और पर्यावरण नियोजन में पानी की केंद्रीय भूमिका को मान्यता दी। इस प्रकार मीठे पानी के मुद्दों पर चर्चा की गई और वह भी सतत विकास के संदर्भ में। इसने यह भी माना कि:

- वैश्विक जलवायु परिवर्तन उच्च तापमान और वर्षा में कमी के माध्यम से मीठे पानी के संसाधनों और जल विज्ञान चक्र को प्रभावित कर सकता है, जिससे पानी की आपूर्ति में कमी और पानी की मांग में वृद्धि हो सकती है;
- बाढ़ या सूखे जैसी चरम जलवायु में वृद्धि से जल संसाधनों पर और दबाव पड़ सकता है;
- समुद्र के स्तर में वृद्धि निचले देशों को खतरे में डाल देगी; और
- वायुमंडलीय प्रदूषक मीठे पानी के संसाधनों को प्रभावित कर सकते हैं।

सम्मेलन ने कई उपायों/तकनीकों की सिफारिश की जिन्हें अंतर्राष्ट्रीय समुदाय उपरोक्त के संभावित प्रतिकूल प्रभावों का आकलन करने के लिए विकसित और लागू कर सकता है।

9. *विश्व जलवायु सम्मेलन, जिनेवा, 1979 (World Climate Conference, Geneva, 1979):* विश्व जलवायु सम्मेलन वास्तव में वैश्विक जलवायु मुद्दों पर *विश्व मौसम विज्ञान संगठन* (डब्ल्यूएमओ) (World Meteorological Organization—WMO) द्वारा आयोजित अंतर्राष्ट्रीय बैठकों की एक श्रृंखला है। **पहला विश्व जलवायु सम्मेलन** 12–23 फरवरी 1979 को जिनेवा में आयोजित किया गया था और इसमें कार्बन डाइऑक्साइड के बढ़ते उत्सर्जन पर ध्यान केंद्रित किया गया था जिसके परिणामस्वरूप "ग्रीनहाउस" प्रभाव उत्पन हाता है। इस सम्मेलन का परिणाम 1988 में डब्ल्यूएमओ (WMO) और यूएनएपी (UNEP) द्वारा विश्व जलवायु कार्यक्रम (WCP), विश्व जलवायु अनुसंधान कार्यक्रम और *जलवायु परिवर्तन पर अंतर-सरकारी पैनल* (आईपीसीसी) (Intergovernmental Panel on Climate Change—IPCC) की स्थापना थी। **दूसरा विश्व जलवायु सम्मेलन** 29 अक्टूबर से 7 नवंबर 1990 तक जिनेवा में आयोजित किया गया था। इस सम्मेलन की उल्लेखनीय विशेषता जलवायु परिवर्तन के मुद्दों पर मतभेदों के बीच जलवायु परिवर्तन पर *संयुक्त राष्ट्र फ्रेमवर्क कन्वेंशन* (यूएनएफसीसी) (United Nations Framework Convention on Climate Change—UNFCC) की स्थापना थी। **तीसरा विश्व जलवायु सम्मेलन** 31 अगस्त से 4 सितंबर, 2009 तक जिनेवा में आयोजित किया गया था। निर्णय लेने के लिए जलवायु पूर्वानुमानों और सूचनाओं पर ध्यान केंद्रित किया गया जो बदलती परिस्थितियों से निपटने में मदद करते हैं।

10. *ब्रांट आयोग रिपोर्ट, 1980 (Brandt Commission Report, 1980):* ब्रांट आयोग अंतर्राष्ट्रीय विकास मुद्दों पर स्वतंत्र आयोग था और इसकी अध्यक्षता पूर्व पश्चिम जर्मन चांसलर, विली ब्रांट ने की थी। *नॉर्थ-साउथ: ए प्रोग्राम फॉर सर्वाइवल* (North-South: A Programme for Survival) नामक रिपोर्ट में उन्होंने विकासशील देशों को सहायता में वृद्धि की सिफारिश की और विकास प्रस्तावों के पर्यावरणीय प्रभाव आकलन का भी आह्वान किया।

11. *प्रकृति के लिए चार्टर, 1982 (Charter for Nature, 1982):* संयुक्त राष्ट्र महासभा ने 28 अक्टूबर, 1982 को आइयूसीएन (IUCN) द्वारा तैयार प्रकृति के लिए **विश्व चार्टर** को अपनाया। इसने "संरक्षण के पाँच सिद्धांतों की घोषणा की जिनके द्वारा प्रकृति को प्रभावित करने वाले सभी मानवीय आचरणों को निर्देशित और आंका जाना है।"

प्रकृति के लिए **विश्व चार्टर** के सामान्य सिद्धांत निम्नलिखित हैं:

(i) प्रकृति का सम्मान किया जाएगा और इसकी आवश्यक प्रक्रियाओं को ख़राब नहीं किया जाएगा।

(ii) पृथ्वी पर आनुवंशिक व्यवहार्यता से समझौता नहीं किया जाएगा; जंगली और पालतू सभी प्रकार के जीवन का जनसंख्या स्तर कम से कम उनके अस्तित्व के लिए पर्याप्त होना चाहिए, और इस उद्देश्य के लिए आवश्यक आवास की रक्षा की जानी चाहिए।

(iii) पृथ्वी के सभी क्षेत्र, भूमि और समुद्र दोनों, संरक्षण के इन सिद्धांतों के अधीन होंगे; अद्वितीय क्षेत्रों, सभी विभिन्न प्रकार के पारिस्थितिक तंत्रों के प्रतिनिधि नमूनों और दुर्लभ या लुप्तप्राय प्रजातियों के आवास को विशेष सुरक्षा दी जाएगी।

(iv) पारिस्थितिक तंत्र और जीव, साथ ही भूमि, समुद्री और वायुमंडलीय संसाधन जो मनुष्य द्वारा उपयोग किए जाते हैं, उन्हें इष्टतम सतत उत्पादकता प्राप्त करने और बनाए रखने के लिए

प्रबंधित किया जाएगा, लेकिन इस तरह से नहीं कि उन अन्य पारिस्थितिक तंत्रों की अखंडता या वे प्रजातियाँ जिनके साथ वे सह-अस्तित्व में हैं को खतरे में डाला जाए।

(v) प्रकृति को युद्ध या अन्य शत्रुतापूर्ण गतिविधियों के कारण होने वाले क्षरण से सुरक्षित रखा जाएगा।[2]

12. मॉन्ट्रियल प्रोटोकॉल, 1987 ***(Montreal Protocol, 1987)*:** ओजोन परत को नष्ट करने वाले पदार्थों पर यह **मॉन्ट्रियल प्रोटोकॉल ओजोन परत के संरक्षण के लिए** (Montreal Protocol on Substances that Deplete the Ozone Layer) वियना कन्वेंशन का एक प्रोटोकॉल था। इस प्रोटोकॉल का उद्देश्य ओजोन परत के क्षरण को कम करना था और इस पर यूएनईपी के तत्वावधान में मॉन्ट्रियल में बातचीत की गई थी। यह संधि 16 सितंबर, 1987 को हस्ताक्षर के लिए प्रस्तुत गई और 1 जनवरी, 1989 को लागू हुई। तब से, इसमें सात संशोधन हुए हैं, 1990 (लंदन), 1991 (नैरोबी), 1992 (कोपेनहेगन), 1993 (बैंकॉक), 1995 (वियना), 1997 (मॉन्ट्रियल), और 1999 (बीजिंग)।

13. *वैश्विक पर्यावरण सुविधा (जीईएफ) (Global Environment Facility, GEF)*: विश्व बैंक, यूएनडीपी (UNDP) और यूएनईपी (UNEP) ने इस अंतरसरकारी वित्तीय संगठन का निर्माण किया। जीईएफ (GEF) विकासशील देशों को जैव विविधता, जलवायु परिवर्तन, अंतर्राष्ट्रीय जल, भूमि क्षरण, ओजोन परत और लगातार कार्बनिक प्रदूषकों से संबंधित परियोजनाओं के लिए अनुदान प्रदान करता है।

14. *रियो सम्मेलन, 1992 (Rio Conference, 1992)*: पर्यावरण और विकास पर संयुक्त राष्ट्र सम्मेलन (यूएनसीईडी) (United Nations Conference on Environment and Development—UNCED), जिसे *रियो शिखर* सम्मेलन या *पृथ्वी शिखर* सम्मेलन भी कहा जाता है, 3 जून से 14 जून 1992 तक आयोजित किया गया था। इस शिखर सम्मेलन में हासिल की गई प्रमुख सफलता **एजेंडा 21: भविष्य के लिए हरित पथ** या **1992 की रियो घोषणा** थी। रियो घोषणा में दुनिया भर में भविष्य के सतत विकास का मार्गदर्शन करने के उद्देश्य से 27 सिद्धांत शामिल थे [विवरण के लिए अध्याय 14 देखें]। यूएनजीए ने संयुक्त राष्ट्र प्रणाली के कार्यक्रमों और प्रक्रियाओं में एजेंडा 21 के कार्यान्वयन को समन्वयित करने के लिए **सतत विकास आयोग** (सीएसडी) (Commission on Sustainable Development—CSD) बनाया।

15. *काहिरा सम्मेलन, 1994 (Cairo Conference, 1994)*: संयुक्त राष्ट्र ने 5 से 13 सितंबर 1994 तक काहिरा, मिस्र में *जनसंख्या और विकास पर एक अंतर्राष्ट्रीय सम्मेलन (आईसीपीडी)* (International Conference on Population and Development—ICPD) का समन्वय किया। इस सम्मेलन से जो सिफ़ारिशें आईं वे प्रजनन स्वास्थ्य सेवाओं और समाज में महिलाओं की स्थिति में सुधार के मुद्दों पर थीं। सम्मेलन का परिणाम कार्रवाई का कार्यक्रम (Programme of Action) था, जो *संयुक्त राष्ट्र जनसंख्या कोष* (यूएनएफपीए) (United Nations Population Fund—UNFPA) के लिए मार्गदर्शक दस्तावेज बन गया।

आईसीपीडी (ICPD) की आधिकारिक विज्ञप्ति के अनुसार, सम्मेलन के प्रतिनिधि सार्वभौमिक शिक्षा, शिशु और बाल मृत्यु दर में कमी, मातृ मृत्यु दर में कमी और परिवार नियोजन सहित प्रजनन और यौन स्वास्थ्य सेवाओं तक पहुंच के लिए चार गुणात्मक और मात्रात्मक लक्ष्यों पर आम सहमति पर पहुंचे।

16. *हैबिटेट II, 1996 (Habitat II, 1996)*: मानव बस्तियों पर दूसरा संयुक्त राष्ट्र सम्मेलन, जिसे हैबिटेट II कहा जाता है, 3 से 14 जून, 1996 तक इस्तांबुल, तुर्की में आयोजित किया गया था। हैबिटेट II का प्राथमिक फोकस सभी के लिए पर्याप्त आश्रय और सतत (sustainable) शहर था।

17. ***क्योटो प्रोटोकॉल, 1997 (Kyoto Protocol, 1997):*** जापान के क्योटो में संयुक्त राष्ट्र जलवायु परिवर्तन सम्मेलन के पक्षकारों के सम्मेलन की तीसरी बैठक में ग्रीनहाउस गैसों के वैश्विक उत्सर्जन को कम करने के लिए क्योटो प्रोटोकॉल (विशेषताओं पर बाद में चर्चा की गई) को अपनाया गया।

18. ***सहस्राब्दी विकास लक्ष्य (एमडीजी), 2000 (Millennium Development Goals (MDGs), 2000):*** संयुक्त राष्ट्र सहस्राब्दी शिखर सम्मेलन में, संयुक्त राष्ट्र महासभा ने आठ सहस्राब्दी विकास लक्ष्यों को मंजूरी दी, जो सभी परस्पर संबंधित हैं, जिनका उद्देश्य "पर्यावरणीय स्थिरता" (लक्ष्य-7) (Goal-7) सुनिश्चित करना है।

लक्ष्य-7 (Goal-7), जिसका उद्देश्य पर्यावरणीय स्थिरता सुनिश्चित करना है, निम्नलिखित को कायम रखता है:

- लक्ष्य 7ए (Target 7A): सतत विकास के सिद्धांतों को देश की नीतियों और कार्यक्रमों में एकीकृत करना; पर्यावरणीय संसाधनों के नुकसान को रोकना।
- लक्ष्य 7बी (Target 7B): 2010 तक जैव विविधता हानि को कम करना, और हानि की दर में उल्लेखनीय कमी लाना।
- लक्ष्य 7सी (Target 7C): 2015 तक सुरक्षित पेयजल और बुनियादी स्वच्छता तक स्थायी पहुंच न पाने वाली आबादी का अनुपात आधा करना।
- लक्ष्य 7डी (Target 7D): 2020 तक, कम से कम 100 मिलियन झुग्गी-झोपड़ियों में रहने वालों के जीवन में महत्वपूर्ण सुधार हासिल करना।

19. ***जोहान्सबर्ग शिखर सम्मेलन, 2002 (Johannesburg Summit, 2002):*** संयुक्त राष्ट्र के तत्वावधान में सतत विकास पर *विश्व शिखर सम्मेलन* (डब्ल्यूएसएसडी) (World Summit on Sustainable Development—WSSD) (जिसे रियो+10 भी कहा जाता है) वैश्विक स्थिति और 1992 में रियो और 1972 में स्टॉकहोम में मानव पर्यावरण पर संयुक्त राष्ट्र सम्मेलन में अपनाए गए अंतर्राष्ट्रीय समझौतों को लागू करने में प्रगति का आकलन करने के लिए दक्षिण अफ्रीका के जोहान्सबर्ग में आयोजित किया गया था।

अपनाई गई राजनीतिक घोषणा में कहा गया है कि सदस्य "स्थानीय, राष्ट्रीय, क्षेत्रीय और वैश्विक स्तर पर सतत विकास, आर्थिक विकास, सामाजिक विकास और पर्यावरण संरक्षण के अन्योन्याश्रित और पारस्परिक रूप से मजबूत स्तंभों को आगे बढ़ाने और मजबूत करने की सामूहिक जिम्मेदारी लेंगे" और इसे प्राप्त करने के लिए कार्यान्वयन की एक योजना (Plan of Implementation) बनाएंगे।

20. ***वियना जलवायु परिवर्तन वार्ता, 2007 (Vienna Climate Change Talks, 2007):*** जलवायु परिवर्तन पर संयुक्त राष्ट्र फ्रेमवर्क कन्वेंशन (यूएनएफसीसीसी) (United Nations Framework Convention on Climate Change—UNFCCC) के तत्वावधान में जलवायु परिवर्तन वार्ता का एक दौर ऑस्ट्रिया के वियना में आयोजित किया गया था। वियना में, क्योटो प्रोटोकॉल के तहत अनुबंध I पार्टियों (औद्योगिक देशों) की आगे की प्रतिबद्धताओं पर *"एड हॉक वर्किंग ग्रुप"* (एडब्ल्यूजी) (Ad Hoc Working Group—AWG) ने जलवायु परिवर्तन पर अंतरसरकारी पैनल (Intergovernmental Panel on Climate Change—IPCC) के संकेत को आधिकारिक तौर पर मान्यता दी कि ग्रीनहाउस गैसों के वैश्विक उत्सर्जन को अगले 10–15 वर्षों में उच्चतम स्तर तक पहुंचाने की जरूरत है। इसके बाद सांद्रता को सुरक्षित स्तर पर स्थिर करने के लिए हमें उत्सर्जन को बहुत कम करने के लिए काम करना चाहिए जो कि इस सदी के मध्य 2000 के स्तर के आधे से भी कम हो। इसके एड हाक वर्किंग ग्रुप

(एडब्लयूजी) (AWG) ने आधिकारिक तौर पर यह भी माना कि यदि आईपीसीसी (IPC) द्वारा किए गए सबसे विनाशकारी पूर्वानुमानों से बचना चाहते हैं, जिसमें दुनिया के बड़े हिस्सों में लगातार और गंभीर सूखा और पानी की कमी शामिल है, तो हमें ग्रीनहाउस गैसों के उत्सर्जन में महत्तवपूर्ण कटौती करनी होगी।

21. *विश्व खाद्य सुरक्षा पर उच्च स्तरीय सम्मेलन, 2008 (High-level conference on World Food Security, 2008):* विश्व खाद्य सुरक्षा, जलवायु परिवर्तन और जैव ऊर्जा की चुनौतियाँ पर उच्च स्तरीय सम्मेलन 3 से 5 जून 2008 तक रोम में एफएओ (FAO) मुख्यालय में आयोजित किया गया था। इस सम्मेलन में 181 सदस्य देशों ने भाग लिया। सम्मेलन का मुख्य आकर्षण एक घोषणा को अपनाना था जिसमें अंतर्राष्ट्रीय समुदाय से विकासशील देशों, विशेष रूप से सबसे कम विकसित देशों, जो उच्च खाद्य कीमतों से प्रभावित हैं, के लिए सहायता बढ़ाने का आह्वान किया गया था।

22. *जलवायु परिवर्तन पर संयुक्त राष्ट्र फ्रेमवर्क कन्वेंशन (United Nations Framework Convention on Climate Change):* पर्यावरण क्षेत्र में पहले उल्लेखित उल्लेखनीय विकासों के अलावा, रियो शिखर सम्मेलन के बाद एक और प्रगति हुई, जिसे रियो डी जनेरियो में 3 से 14 जून 1992 तक *आयोजित पर्यावरण और विकास पर संयुक्त राष्ट्र सम्मेलन (यूएनसीईडी)* (United Nations Conference on Environment and Development—UNCED) के रूप में जाना जाता है। यह **जलवायु परिवर्तन पर संयुक्त राष्ट्र फ्रेमवर्क कन्वेंशन (यूएनएफसीसीसी)** (United Nations Framework Convention on Climate Change—UNFCCC) का निर्माण था।

संधि स्वयं अलग-अलग देशों के लिए ग्रीनहाउस गैस उत्सर्जन पर कोई अनिवार्य सीमा निर्धारित नहीं करती है और इसमें कोई प्रवर्तन तंत्र शामिल नहीं है, लेकिन यह अपडेट (जिसे प्रोटोकॉल कहा जाता है) प्रदान करता है जो अनिवार्य उत्सर्जन सीमा निर्धारित करेगा। प्रमुख अपडेट 1997 का क्योटो प्रोटोकॉल है। यूएनएफसीसीसी (UNFCCC) को 9 मई 1992 को हस्ताक्षर के लिए प्रस्तुत किया गया था। यह 21 मार्च 1994 को लागू हुआ। दिसंबर 2009 तक, यूएनएफसीसीसी में 192 पार्टियाँ थीं। यूएनएफसीसीसी के लागू होने के बाद से इसका महत्व, जलवायु परिवर्तन से निपटने में हुई प्रगति का आकलन करने के लिए **पार्टियों के वार्षिक सम्मेलन (सीओपी)** (Conferences of the Parties (COP) में पाया जा सकता है। 1995 से लेकर वर्तमान तक, जलवायु परिवर्तन के मुद्दों पर चर्चा के लिए सीओपी की वार्षिक बैठक होती है। **क्योटो प्रोटोकॉल** ऐसी बैठकों का परिणाम है।

वर्ष 1995 के बाद से, ऐसे सोलह वार्षिक सीओपी बर्लिन (1995), स्विट्जरलैंड (1996), क्योटो (1997), ब्यूनस आयर्स (1998 और 2004), बॉन (1999 और 2001), द हेग (2000), माराकेच (2001), नई दिल्ली (2002), मिलान (2003), मॉन्ट्रियल (2005), नैरोबी (2006), बाली (2007), पॉज़्नान (2008), कोपेनहेगन (2009) और कैनकुन (2010) में आयोजित किए गए हैं।

कुछ महत्वपूर्ण सम्मेलनों और उनके परिणामों पर नीचे चर्चा की गई है।

संयुक्त राष्ट्र जलवायु परिवर्तन सम्मेलन 2005 मॉन्ट्रियल में आयोजित किया गया था। यह महत्वपूर्ण था क्योंकि 1997 में क्योटो में उनकी प्रारंभिक बैठक के बाद से यह क्योटो प्रोटोकॉल में **पार्टियों की पहली बैठक** (एमओपी-1) थी। **मॉन्ट्रियल एक्शन प्लान** (Montreal Action Plan) क्योटो प्रोटोकॉल के अवधि को 2012 की समाप्ति तिथि से आगे बढ़ाने और ग्रीनहाउस गैस उत्सर्जन में ज्यादा कटौती पर बातचीत करने के लिए सम्मेलन के अंत में हुआ एक समझौता है।

संयुक्त राष्ट्र जलवायु परिवर्तन सम्मेलन 2007 बाली, इंडोनेशिया में आयोजित किया गया था जहां उल्लेखनीय घटना 2012 के बाद के ढांचे (क्योटो प्रोटोकॉल की पहली प्रतिबद्धता अवधि के अंत) पर संरचित बातचीत के लिए **ब।ली कार्य योजना** (Bali Action Plan) को अपनाना था।

संयुक्त राष्ट्र जलवायु परिवर्तन सम्मेलन 2009 कोपेनहेगन, डेनमार्क में आयोजित किया गया था। यह यूएनएफसीसीसी के पक्षकारों के सम्मेलन का 15वां सत्र और *पक्षकारों की पांचवीं बैठक (एमओपी)* (Meeting of the Parties—MOP) थी। इस बैठक का लक्ष्य क्योटो प्रोटोकॉल के उत्तराधिकारी की नियुक्ति करना था ताकि क्योटो प्रोटोकॉल के तहत पहली प्रतिबद्धता अवधि की समाप्ति के बाद 2013 से एक वैश्विक जलवायु समझौता लागू हो सके।

संयुक्त राष्ट्र जलवायु परिवर्तन सम्मेलन 2010, जो **कैनकन**, मैक्सिको में हुआ, पार्टियों का सोलहवां सम्मेलन और क्योटो प्रोटोकॉल के लिए पार्टियों की छठी बैठक थी।

संयुक्त राष्ट्र जलवायु परिवर्तन सम्मेलन अपनी शुरुआत के बाद से मुख्यतः जलवायु परिवर्तन और अन्य पर्यावरण मुद्दों पर उत्तर-दक्षिण विभाजन के कारण कभी भी ऐतिहासिक सफलताएं दर्ज नहीं कर पाया है। भाग लेने वाले देशों के बीच आम सहमति हमेशा कठिन होती है। क्योटो प्रोटोकॉल केवल एक बड़ी उपलब्धि रही है, लेकिन क्योटो के बाद के उत्तराधिकारी के लिए बातचीत एक बाधा साबित हो रही है। कोपेनहेगन सम्मेलन 2009 कोई नई संधि नहीं कर सका।

एक बार फिर विकासशील देशों और विकसित देशों के बीच मतभेद सामने आ गये। विकासशील देशों, अल्प विकसित देशों और छोटे द्वीप देशों ने अपने रुख से पीछे हटने से इनकार कर दिया और अधिकतम ग्रीनहाउस उत्सर्जन के लिए विकसित देशों की ऐतिहासिक जिम्मेदारी दोहराई। उन्होंने मांग की कि जलवायु परिवर्तन कार्रवाई को ऐतिहासिक जिम्मेदारी और सामान्य और विभेदित जिम्मेदारी के सिद्धांतों द्वारा निर्देशित किया जाना चाहिए। वे क्योटो प्रोटोकॉल का विस्तार भी चाहते थे जो विकासशील देशों को कुछ राहत देता है। हालाँकि, अमेरिका और विकसित देश क्योटो प्रोटोकॉल को बदलना चाहते थे जिससे ग्रीनहाउस गैसों के उत्सर्जन में कटौती गरीब देशों पर भी लागू हो और वे यह भी चाहते थे कि भारत और चीन जैसे बड़े उत्सर्जक घरेलू उत्सर्जन पर अंकुश लगाने की कार्रवाइयों के बारे में अधिक पारदर्शी हों। भारत ने कोपेनहेगन वार्ता के दौरान अपनी स्थिति में कोई बदलाव नहीं किया, लेकिन समझौते के खंड सुझाव देते हैं कि उसके द्वारा उत्सर्जन में कटौती की जाये, यहां तक कि जो देश विदेशी वित्त द्वारा समर्थित नहीं हैं वे भी अंतर्राष्ट्रीय परामर्श ले सकते हैं। इसके अलावा, कानूनी रूप से बाध्यकारी दस्तावेज को डिजाइन करने पर कोई समझौता नहीं हुआ जो 2012 के बाद जलवायु परिवर्तन को नियंत्रित करता। इस प्रकार, कोपेनहेगन समझौता दक्षिण देशों तक की अपेक्षाओं को पूर्ण करने में विफल रहा और कई लोगों का मानना है कि समझाते का झुकाव विकसित देशों के पक्ष में है।

कानकुन सम्मेलन, 2010 भी वैश्विक सफलता प्राप्त नहीं कर सका। कैनकन दस्तावेज़ औद्योगिक और विकासशील देशों द्वारा निर्धारित उत्सर्जन लक्ष्यों को मान्यता देते हैं और आवश्यकता है कि राष्ट्रीय उत्सर्जन की सूची औद्योगिक देशों द्वारा सालाना और विकासशील देशों द्वारा हर दो साल में एक बार साझा की जाए। उम्मीद थी कि ये समझौते अगले दिसंबर 2011 में डरबन, दक्षिण अफ्रीका में होने वाले सम्मेलन में कानूनी संधि में तब्दील हो जायेंगे। विकासशील देशों में जलवायु कार्रवाई का समर्थन करने के लिए औद्योगिक देशों से 30 अरब डॉलर के त्वरित-प्रारंभिक वित्त की भी प्रतिज्ञा की गई है। हालाँकि, पर्यावरण समूहों का कहना है कि कैनकन समझौता यह सुनिश्चित करने के लिए कोई तंत्र स्थापित करने में विफल रहा है कि औद्योगिक देश किए गए वादों को नहीं तोड़ेंगे। उन्हें यह भी डर है कि कैनकन समझौता अंततः क्योटो प्रोटोकॉल को छोड़ने के लिए एक मंच प्रदान कर सकता है। इसके अलावा, भारत की कार्रवाई की आलोचना की गई है। भारत अपने पहले के रुख से हट गया है और उसने संकेत दिया है कि वह अंततः उत्सर्जन पर कानूनी रूप से बाध्यकारी अंकुश लगाने पर विचार करेगा, जिसे विश्वासघात के रूप में देखा गया है। गरीब देशों ने इसे गरीब देशों की कीमत पर प्रदूषकों के वैश्विक गठबंधन का हिस्सा बनने के लिए उत्सुक भारत के रूप में देखा

है। इस प्रकार, पर्यावरण की राजनीति भविष्य में भी तब तक जारी रहेगी जब तक उत्तर-दक्षिण का विभाजन है और दुनिया अमीर और गरीब में बंटी हुई है।

पर्यावरण एवं पर्यावरण संबंधी मामलों पर कुछ अंतर्राष्ट्रीय सम्मेलन (Some International Conventions on Environment and Environment Related Matters)

पर्यावरण संरक्षण से संबंधित कई वैश्विक सम्मेलनों को बड़ी संख्या में राज्यों द्वारा अनुमोदित किया गया है। उनमें से कुछ हैं:

- वन्य वनस्पतियों और जीवों की लुप्तप्राय प्रजातियों से संबंधित अंतर्राष्ट्रीय व्यापार पर कन्वेंशन (CITES), 1973।
- विशेष रूप से जलप्रवाह आवास के रूप में अंतर्राष्ट्रीय महत्व की आर्द्रभूमियों पर कन्वेंशन, 1971।
- विश्व सांस्कृतिक और प्राकृतिक विरासत के संरक्षण से संबंधित कन्वेंशन, 1972।
- अपशिष्टों और अन्य पदार्थों को डंप करके समुद्री प्रदूषण की रोकथाम पर कन्वेंशन, 1972।
- जहाजों और विमानों से डंपिंग द्वारा समुद्री प्रदूषण की रोकथाम के लिए अंतर्राष्ट्रीय सम्मेलन, 1973।
- तेल प्रदूषण हताहतों के मामलों में उच्च समुद्र पर हस्तक्षेप से संबंधित अंतर्राष्ट्रीय सम्मेलन, 1969।
- तेल प्रदूषण क्षति के लिए नागरिक दायित्व पर अंतर्राष्ट्रीय सम्मेलन, 1969।
- समुद्री कानून पर संयुक्त राष्ट्र कन्वेंशन, 1982।

खतरनाक अपशिष्टों और खतरनाक रसायनों के विनियमन के संबंध में कन्वेंशन (Conventions Regarding Regulation of Hazardous Wastes and Hazardous Chemicals)

- सड़क मार्ग से खतरनाक माल की अंतर्राष्ट्रीय ढुलाई के संबंध में यूरोपीय समझौता, जिनेवा, 1957।
- कीटनाशकों के वितरण और उपयोग पर एफएओ (FAO) अंतर्राष्ट्रीय आचार संहिता, रोम, 1985।
- खतरनाक अपशिष्टों की सीमापार गतिविधियों के नियंत्रण और उनके निपटान पर बेसल कन्वेंशन, बेसल, 1989।
- सड़क, रेल और अंतर्देशीय नेविगेशन जहाजों (सीआरटीडी) (Road, Rail, and Inland Navigation Vessels—CRTD) द्वारा खतरनाक माल की ढुलाई के दौरान होने वाली क्षति के लिए नागरिक दायित्व पर कन्वेंशन, जिनेवा, 1989।
- अफ्रीका में आयात पर प्रतिबंध और ट्रांसबाउंडरी आंदोलनों के नियंत्रण और अफ्रीका के भीतर खतरनाक कचरे के प्रबंधन पर कन्वेंशन, बमाको, 1991।
- औद्योगिक दुर्घटनाओं के सीमापार प्रभावों पर कन्वेंशन, हेलसिंकी, 1992।

- खतरनाक और रेडियोधर्मी कचरे के फोरम द्वीप देशों में आयात पर प्रतिबंध लगाने और दक्षिण प्रशांत क्षेत्र के भीतर सीमा पार पारगमन और खतरनाक कचरे के प्रबंधन को नियंत्रित करने के लिए कन्वेंशन, वेगानी, 1995।
- अंतर्राष्ट्रीय व्यापार में कुछ खतरनाक रसायनों और कीटनाशकों के लिए पूर्व सूचित सहमति प्रक्रिया पर रॉटरडैम कन्वेंशन, रॉटरडैम, 1998।
- अंतर्देशीय जलमार्ग द्वारा खतरनाक माल की अंतर्राष्ट्रीय ढुलाई के संबंध में यूरोपीय समझौता, जिनेवा, 2000।
- लगातार कार्बनिक प्रदूषकों पर स्टॉकहोम कन्वेंशन, स्टॉकहोम, 2001।

परमाणु सुरक्षा से संबंधित कन्वेंशन (Conventions Relating to Nuclear Safety)

- परमाणु क्षति के लिए नागरिक दायित्व पर वियना कन्वेंशन, वियना, 1963
- वायुमंडल में, बाहरी अंतरिक्ष में और पानी के नीचे परमाणु हथियार परीक्षण पर प्रतिबंध लगाने वाली संधि, (पीटीबीटी) (PTBT) 1963
- परमाणु दुर्घटना या रेडियोलॉजिकल आपातकाल के मामले में सहायता पर कन्वेंशन (सहायता कन्वेंशन), वियना, 1986
- परमाणु दुर्घटना की शीघ्र अधिसूचना पर कन्वेंशन (अधिसूचना कन्वेंशन), वियना, 1986
- परमाणु सुरक्षा पर कन्वेंशन, वियना, 1994
- व्यापक परीक्षण प्रतिबंध संधि (CTBT), 1996

क्योटो प्रोटोकॉल की विशेषताएं, 1997 (Features of Kyoto Protocol, 1997)

काफी सौदेबाजी और समायोजन के बाद क्योटो प्रोटोकॉल को अंतिम रूप दिया जा सका। इसे 11 दिसंबर, 1997 को अपनाया गया था। क्योटो प्रोटोकॉल की मुख्य विशेषताएं इस प्रकार हैं:

1. प्रोटोकॉल के तहत, 37 देश ("अनुलग्नक I देश") ("Annex I countries") उनके द्वारा उत्पादित चार ग्रीनहाउस गैसों (जीएचजी) (GHG) (कार्बन डाइऑक्साइड, मीथेन, नाइट्रस ऑक्साइड, सल्फर हेक्साफ्लोराइड) और गैसों के दो समूहों (हाइड्रोफ्लोरोकार्बन और परफ्लूरोकार्बन) की कमी के लिए प्रतिबद्ध हैं , और सभी सदस्य देश सामान्य प्रतिबद्धताएँ देते हैं। अनुबंध I देशों ने 1990 में प्रचलित स्तरों के सापेक्ष अपने सामूहिक ग्रीनहाउस गैस उत्सर्जन को 5.2% तक कम करने पर सहमति व्यक्त की।
2. अधिकांश गैर-अनुलग्नक I (non-Annex I) पार्टियाँ निम्न-आय समूह से संबंधित थीं, जिनमें से बहुत कम को मध्यम-आय के रूप में वर्गीकृत किया गया था। वे क्योटो प्रोटोकॉल में उत्सर्जन की सीमा के लिए बाध्य नहीं हैं। चीन, दक्षिण अफ्रीका, भारत और ब्राजील जैसे तेजी से बढ़ती अर्थव्यवस्था वाले देश अभी भी इस गैर-बाध्यता वाले समूह में हैं।
3. समझौते का लक्ष्य 2008–12 तक छह ग्रीनहाउस गैसों के समूह से समग्र उत्सर्जन को कम करना है। तीन सबसे महत्वपूर्ण गैसों—कार्बन डाइऑक्साइड (CO_2), मीथेन (CH_4), और

नाइट्रस ऑक्साइड (N_2O) में कटौती और तीन लंबे समय तक रहने वाली औद्योगिक गैसों—हाइड्रोफ्लोरोकार्बन (HFCs), परफ्लूरोकार्बन (PFCs), और सल्फर हेक्साफ्लोराइड (SF_6) में कटौती) पर सहमति बनी।

4. प्रतिबद्धता अवधि 2008-12 तक होनी थी।
5. स्रोतों में कटौती और परिभाषित 'सिंक' (sinks) या कार्बन अवशोषक सामग्री को हटाने के बीच समावेशन 1990 के बाद से वनीकरण, पुनर्वनीकरण और वनों की कटाई तक सीमित था।
6. उत्सर्जन कटौती को पूरा करने के लिए स्वच्छ विकास तंत्र (सीडीएम) (Clean Development Mechanism—CDM), उत्सर्जन व्यापार और संयुक्त परियोजनाओं के कार्यान्वयन पर सहमति व्यक्त की गई, जिसे गैर-अनुलग्नक I या विकासशील देशों की 'स्वैच्छिक' प्रतिबद्धताओं के रूप में पहचाना गया।
7. अनुपालन सुनिश्चित करने के लिए किसी तंत्र का अभाव या गैर-अनुपालन के लिए दंडात्मक उपाय।

क्योटो प्रोटोकॉल 2012 के अंत में समाप्त होने वाला था लेकिन 26 नवंबर-8 दिसंबर 2012 को दोहा में आयोजित संयुक्त राष्ट्र जलवायु परिवर्तन सम्मेलन में इसे 2020 तक बढ़ा दिया गया था। इस जलवायु परिवर्तन सम्मेलन में इस बात पर भी सहमति बनी थी कि क्योटो प्रोटोकॉल का क्रमानुयायी 2015 तक तैयार किया जाना था और 2020 तक लागू किया जाना था।

पर्यावरण वर्तमान समय में अंतर्राष्ट्रीय समुदाय की प्रमुख चिंता का विषय है। लेकिन इसमें बहुत सारी राजनीति शामिल है जैसा कि हमने संयुक्त राष्ट्र जलवायु परिवर्तन सम्मेलनों या पर्यावरण संबंधी किसी भी वार्ता में देखा है। अंतर्राष्ट्रीय समुदाय के सदस्यों के बीच आम सहमति की कमी के बावजूद, कुछ ऐतिहासिक समझौते और सम्मेलन लागू हुए हैं। इनमें से कई कानूनी उपकरण इस अहसास पर आधारित हैं कि अकेले पर्यावरण संरक्षण पर्याप्त नहीं है और इसे दुनिया के देशों को चुनौती देने वाले कई सामाजिक-आर्थिक और विकासात्मक मुद्दों के समग्र संदर्भ में देखा जाना चाहिए। सतत विकास प्रगति के साथ-साथ एक सुरक्षित पृथ्वी की कुंजी है जिसे हम अपनी भावी पीढ़ियों को दे सकते हैं। मानव जाति की एक साझा चिंता विश्व समुदाय को 'सामान्य लोगों की त्रासदी'* (tragedy of the commons) से ग्रस्त होने से बचाना है। आदर्श वाक्य होना चाहिए "पृथ्वी को एक मौका दें" (Give Earth a Chance) और इस तरह अपना भविष्य सुरक्षित करें।

संयुक्त राष्ट्र जलवायु परिवर्तन सम्मेलन, पेरिस, 2015–अब तक की मुख्य विशेषताएं (Highlights of United Nations Climate Change Conference, Paris, 2015–till date)

30 नवंबर-11 दिसंबर, 2015 को पेरिस में आयोजित संयुक्त राष्ट्र जलवायु परिवर्तन सम्मेलन का विश्लेषण 2011, 2012, 2013 और 2014 के संयुक्त राष्ट्र जलवायु परिवर्तन सम्मेलन की पृष्ठभूमि में किया जाना चाहिए।

28 नवंबर से 9 दिसंबर 2011 तक डरबन में आयोजित संयुक्त राष्ट्र जलवायु परिवर्तन सम्मेलन (सीओपी17/सीएमपी7) (COP17/CMP7) में अंतर्राष्ट्रीय समुदाय की ओर से क्योटो प्रोटोकॉल,

* The notion that 'rational' individual actions can lead to 'irrational' collective practices resulting in catastrophic over-exploitation of common resources.

1997, बाली एक्शन प्लान, 2007 और कैनकन समझौते, 2010 को लागू करने की प्रतिबद्धता दिखाई गई। पार्टियों द्वारा जलवायु परिवर्तन पर एक सार्वभौमिक कानूनी समझौते को अपनाने का निर्णय भी लिया गया जो 2020 में प्रभावी होना था।

26 नवंबर–8 दिसंबर, 2012 को दोहा में आयोजित संयुक्त राष्ट्र जलवायु परिवर्तन सम्मेलन काफी उल्लेखनीय था क्योंकि इसमें क्योटो प्रोटोकॉल की वैधता को 2020 तक बढ़ाने पर सहमति व्यक्त की गई थी। इसमें पहली बार 'नुकसान और क्षति' तंत्र को भी शामिल किया गया जिसके द्वारा अमीर राष्ट्र विकासशील देशों को स्वच्छ ऊर्जा की दिशा में काम करने और जलवायु परिवर्तन के अनुकूल होने में मदद करने के लिए वित्त प्रदान करने पर सहमत हुए। यह क्योटो प्रोटोकॉल का उत्तराधिकारी तैयार करने पर भी सहमत हुए।

11 नवंबर से 23 नवंबर, 2013 तक वारसॉ में आयोजित संयुक्त राष्ट्र जलवायु परिवर्तन सम्मेलन (सीओपी19/सीएमपी9) (COP19/CMP9)—(1) डरबन प्लेटफॉर्म को और आगे बढ़ाने, (2) ग्रीन क्लाइमेट फंड और दीर्घकालिक फाइनेंस, (3) आरईडीडी प्लस (REDD plus) के लिए वारसॉ फ्रेमवर्क, (4) दूसरों के बीच हानि और क्षति के लिए वारसॉ अंतर्राष्ट्रीय तंत्र के संबंध में महत्वपूर्ण निर्णयों को अपनाने के साथ समाप्त हुआ॥

1 दिसंबर–12 दिसंबर, 2014 (सीओपी20/सीएमपी10) (COP20/CMP10) को लीमा में आयोजित संयुक्त राष्ट्र जलवायु परिवर्तन सम्मेलन का उद्देश्य 2015 में पेरिस में सार्वभौमिक जलवायु समझौते को अपनाने की गति को बढ़ाना और उत्सर्जन को कम करने के लिए सभी देशों में परिवर्तनकारी कार्रवाई को बढ़ावा देना था।

30 नवंबर–11 दिसंबर, 2015 (सीओपी21/सीएमपी11) ((COP21/CMP11)) पेरिस में आयोजित संयुक्त राष्ट्र जलवायु परिवर्तन सम्मेलन इस मायने में एक बड़ी सफलता थी कि 195 राष्ट्र ग्रीनहाउस गैसों को कम करने और ग्लोबल वार्मिंग की समस्या को संबोधित करने के लिए एक योजना पर सहमत हुए, जिस पर वे वर्षों से विचार-विमर्श कर रहे थे। पेरिस योजना का लक्ष्य प्रदूषण के स्तर को कम करना है ताकि वैश्विक तापमान में वृद्धि को 2 डिग्री सेल्सियस तक सीमित किया जा सके। इसमें 195 हस्ताक्षरकर्ताओं में से अधिकांश देशों द्वारा अपने ग्रीनहाउस गैस उत्सर्जन में वृद्धि को कम करने या सीमित करने की प्रतिबद्धता शामिल है। हस्ताक्षरकर्ता इस बात पर भी सहमत हुए कि हर 5 साल में बैठकें बुलाई जाएंगी ताकि जायजा लिया जा सके और अपनी प्रतिज्ञाओं को पूरा किया जा सके ताकि 2 डिग्री सेल्सियस का लक्ष्य बीच में न छूट जाए। पेरिस समझौते में प्रत्येक देश की कार्बन कटौती की नियमित पारदर्शी रिपोर्टिंग भी शामिल है। 22 अप्रैल, 2016 (पृथ्वी दिवस) और 21 अप्रैल, 2017 के बीच देशों द्वारा पेरिस समझौते पर हस्ताक्षर करने में शामिल शानदार कार्य को हस्ताक्षरकर्ताओं की राष्ट्रीय प्रक्रियाओं के अनुसार अपनाना/अनुसमर्थन करना था।

हालाँकि, पर्यवेक्षकों ने बताया कि पेरिस समझौते की अधिकांश सफलता व्यक्तिगत हस्ताक्षरकर्ताओं, विशेष रूप से दुनिया के दो सबसे बड़े कार्बन उत्सर्जकों—संयुक्त राज्य अमेरिका और चीन की सद्भावना पर निर्भर करती है। हालाँकि, यह ध्यान दिया जाना चाहिए कि नवंबर 2014 में, संयुक्त राज्य अमेरिका और चीन दोनों ग्रीनहाउस गैसों के उत्सर्जन को सीमित करने पर सहमत हुए थे (जलवायु परिवर्तन और स्वच्छ ऊर्जा सहयोग पर अमेरिका-चीन संयुक्त घोषणा, 2014)। यह तो भविष्य ही बता सकता है कि पेरिस समझौता उसकी उम्मीदों पर खरा उतरेगा या नहीं। फिर भी तत्कालीन संयुक्त राष्ट्र महासचिव बान की मून ने इसे "ग्रह और उसके लोगों के लिए एक बड़ी सफलता" कहा। हमारी भावी पीढ़ियों के लिए एक सुरक्षित और

हरित ग्रह सुनिश्चित करने की आवश्यकता है और इसके लिए जलवायु परिवर्तन के मुद्दे को आपातकालीन आधार पर संबोधित करने की आवश्यकता है। दुर्भाग्य से, पूरे प्रयास को तब झटका लगा जब अमेरिका ने पेरिस समझौते पर हस्ताक्षर करने से इनकार कर दिया और 2017 में इससे हटने का फैसला किया। हालाँकि, फ्रांस, जर्मनी, इटली, जापान, कनाडा और यूनाइटेड किंगडम ने घोषणा की कि पेरिस समझौता अपरिवर्तनीय है और इसकी पूर्ण अखंडता ग्रह, समाज और अर्थव्यवस्थाओं की सुरक्षा और समृद्धि में योगदान देगी। यह स्पष्ट हो जाता है कि यह एक कठिन लड़ाई है जिसे हमारी भावी पीढ़ियों के लिए पृथ्वी को सुरक्षित करने के लिए विषमताओं के बीच लड़ना होगा।

सीओपी24 (COP24) का आयोजन 2018 में पोलैंड के कटोविस (Katowice) में किया गया था। पेरिस समझौते के कार्यान्वयन की दिशा में दिशानिर्देशों का विवरण निर्दिष्ट करने के लिए एक व्यापक "नियामवली" बनाई गई थी। *इंटरगवर्नमेंटल पैनल ऑन क्लाइमेट चेंज (आईपीसीसी)* (Intergovernmental Panel on Climate Change—IPCC) द्वारा 15 डिग्री सेल्सियस की ग्लोबल वार्मिंग पर नई विशेष रिपोर्ट को 2020 तक कार्बन उत्सर्जन में कटौती के संबंध में फीकी प्रतिक्रिया मिली। जलवायु, वित्त और विकसित और विकासशील देशों के बीच जिम्मेदारियों के भेदभाव जैसे मुद्दों पर बातचीत तनावपूर्ण हो गई। एक उपलब्धि निम्न कार्बन अर्थव्यवस्था की ओर संक्रमण से निपटने के लिए "*सॉलिडैरिटी एंड जस्ट ट्रांज़िशन सिलेसिया घोषणा*" (Solidarity and Just Transition Silesia Declaration) पर हस्ताक्षर करना था, जिसे वैश्विक जलवायु नीति को लागू करने की कोशिश कर रहे देशों के घरेलू मैदान पर कड़े सामाजिक प्रतिरोध का सामना करना निश्चित है।

संयुक्त राष्ट्र जलवायु परिवर्तन सम्मेलन, सीओपी 25 चिली की अध्यक्षता में 2 दिसंबर से 13 दिसंबर, 2019 तक मैड्रिड, स्पेन में हुआ (चिली द्वारा सम्मेलन की मेजबानी करने में असमर्थता व्यक्त करने के कारण सम्मेलन के स्थान में बदलाव किया गया था)। इसमें कोई बड़ी सफलता नहीं मिली क्योंकि बातचीत उलझ गई और कार्बन बाजार के नियमों से संबंधित अनुच्छेद 6 के संबंध में कोई आम सहमति नहीं बन पाई, जिसमें पारदर्शिता और जलवायु प्रतिज्ञाओं के लिए सामान्य समय-सीमा की आवश्यकता होती है। यह 2020 तक रुका हुआ था। सीओपी 25 के प्रति निराशा को संयुक्त राष्ट्र महासचिव एंटोनियो गुटेरेस ने जलवायु परिवर्तन के मुद्दे से निपटने के लिए शमन, अनुकूलन और वित्त पर बढ़ी हुई महत्वाकांक्षा दिखाने का एक खोया हुआ अवसर बताया।

अभ्यास (Exercises)

1. विभिन्न सम्मेलनों और विभिन्न सम्मेलनों को अपनाने के माध्यम से पर्यावरण के बारे में चेतना के क्रमिक विकास पर चर्चा करें।
2. वैश्विक जलवायु परिवर्तन से निपटने के लिए यूएनएफसीसीसी (UNFCCC) और उसके बाद के संयुक्त राष्ट्र जलवायु परिवर्तन सम्मेलनों के प्रयासों पर चर्चा करें। क्योटो प्रोटोकॉल की विशेषताएं संक्षेप में बताएं।

संदर्भ (References)

[1] http://www.unep.org/geo/geo3/english/045.htm.

[2] http://eelink.net/~asilwildlife/wcn.html.

20

प्रवासन और शरणार्थी
(Migration and Refugees)

अंतर्वस्तु (Contents)

परिचय (*Introduction*)

समय के साथ विद्वानों द्वारा अंतर्राष्ट्रीय राजनीति के साथ जुड़ाव ने विभिन्न आयाम ग्रहण किए हैं। अंतर्राष्ट्रीय परिदृश्य में विकास, परिवहन और संचार में सुधार, वैश्वीकरण, श्रम बाजार का विस्तार, सशस्त्र संघर्षों का प्रकोप, गृह युद्ध, पहचान की राजनीति और कई अन्य महत्वपूर्ण कारकों ने दुनिया भर में लोगों की आवाजाही को जन्म दिया है। इस आवाजाही को अंतर्राष्ट्रीय समुदाय द्वारा 'प्रवासन' की संज्ञा दी गई है। प्रवासन के कई रूप होते हैं लेकिन जो प्रवासी शरणार्थी की श्रेणी में आते हैं वे अंतर्राष्ट्रीय राजनीति में राज्यों के लिए एक बड़ी चिंता का विषय बन गए हैं। यह अध्याय प्रवासन और शरणार्थियों के रूप में वर्गीकृत लोगों के उन समूहों और शरणार्थियों से जुड़ी विभिन्न कठिनाइयों पर गौर करेगा।

प्रवासन (Migration)

प्रवासन को आम तौर पर व्यक्तिगत या समूह में लोगों की आवाजाही कहा जाता है। आवाजाही में अस्थायी (समय से संबंधित) और स्थानिक (स्थान से संबंधित) आवाजाही शामिल होते हैं। खानाबदोशों, संग्रहकर्ताओं, पर्यटकों की आवाजाही, काम से संबंधित यात्राएं, दीर्घकालिक या अल्पकालिक श्रम प्रवास और स्थायी प्रवासन कुछ प्रकार के प्रवासन हैं जिन्हें उद्धृत किया जा सकता है। इनमें समय और स्थान दोनों से संबंधित गतिविधियाँ शामिल हैं। हालाँकि, अंतर्राष्ट्रीय संबंधों में प्रवासन को कुछ मापदंडों/कसौटी के आधार पर माना जाता है जो समावेशी नहीं हो सकते हैं। प्रवासन और प्रवासन के प्रकारों को वर्गीकृत करने

के लिए अंतर्राष्ट्रीय निकायों द्वारा कुछ पैरामीटर निर्धारित किए गए हैं। प्रवासन की अवधारणा बनाना और एक ठोस परिभाषा देना हमेशा कठिन होता है।

अंतर्राष्ट्रीय प्रवासन संगठन (आईओएम) (International Organization of Migration—IOM) प्रवासन की एक परिभाषा देता है। यह किसी के अभ्यस्त निवास के संबंध में आवागमन को संदर्भित करता है। किसी व्यक्ति को अपना सामान्य निवास स्थान छोड़कर किसी राज्य की सीमा के भीतर या अंतर्राष्ट्रीय सीमा के पार जाना पड़ सकता है। यह परिभाषा व्यक्ति की कानूनी स्थिति और विस्थापन के कारणों या यहां तक कि व्यक्ति के किसी अन्य स्थान पर रहने की अवधि की परवाह किए बिना निवास के अभ्यस्त स्थान से विस्थापन पर जोर देती है।

विश्व स्वास्थ्य संगठन (डब्ल्यूएचओ) (World Health Organization—WHO) द्वारा प्रदान की गई प्रवासन की परिभाषा लगभग आईओएम की परिभाषा के अनुरूप है, जिसमें प्रवासियों की श्रेणियों को विस्थापित लोगों, शरणार्थियों, आर्थिक प्रवासियों और परिवार के पुनर्मिलन जैसे विभिन्न उद्देश्यों के लिए आगे बढ़ने वाले लोगों के रूप में निर्दिष्ट किया गया है। इसके अलावा, विश्व स्वास्थ्य संगठन की परिभाषा प्रवासियों की विभिन्न श्रेणियों को 'सेटलर्स' (Settlers), 'ट्रांजिट माइग्रेंट्स' (transit migrants) और 'सर्कुलर माइग्रेंट्स' (circular migrants) के रूप में पहचानती है। 'सेटलर्स' अपने गृह देश में या सीमा पार किसी मेज़बान देश में रह सकते हैं। 'पारगमन प्रवासी' वे हैं जो पारगमन उद्देश्य के लिए एक देश का उपयोग करके दूसरे देश में चले जाते हैं। 'सर्कुलर प्रवासी' मौसमी श्रमिकों की तरह समय-समय पर देशों में आते और जाते रहते हैं।

प्रवासियों को वर्गीकृत करते समय आमतौर पर अंतर्राष्ट्रीय स्तर पर स्थानिक आंदोलन से जुड़े प्रवासन पर विचार किया जाता है। चूँकि स्वैच्छिक प्रवास और अनैच्छिक प्रवास हो सकता है। किसी देश में वैध अप्रवासी और अवैध अप्रवासी हो सकते हैं। शरणार्थी और शरण चाहने वाले अंतर्राष्ट्रीय सीमाओं को पार करके किसी देश में प्रवेश कर सकते हैं या प्रवेश करने का प्रयास कर सकते हैं और संबंधित देशों के लिए चिंता का कारण बन सकते हैं। इससे राज्यों के बीच संबंधों में तनाव भी आ सकता है।

अब प्रवासन के कारणों पर गौर करें तो प्रवासन के पीछे अनेक प्रकार के कारण **पुश फैक्टर** (push factors) और **पुल फैक्टर** (pull factors) के रूप में काम करते नजर आते हैं। यदि अनैच्छिक, विशेष रूप से मजबूर प्रवासन के मामले पर विचार किया जाए, तो इसके कई कारण हैं जिनकी पहचान की जा सकती है। इसके कारण युद्ध, गृहयुद्ध, नरसंहार, जातीय सफाया और यहां तक कि प्राकृतिक आपदाएं भी हो सकते हैं। आर्थिक कारक जैसे अच्छी वेतन स्थिति, नौकरी-बाजार की उपलब्धता, उच्च जीवन स्तर और अन्य कारक प्रवासन के लिए आकर्षण कारक के रूप में कार्य कर सकते हैं। इसके विपरीत, मजबूरन प्रवासन को बढ़ावा देने वाले कारक उत्पन्न हो सकते हैं। आर्थिक अवसरों और खुशहाली की कमी आबादी के एक हिस्से को आकर्षक गंतव्यों की ओर पलायन करने के लिए मजबूर कर सकती है।

जबरन प्रवासन की एक और महत्वपूर्ण विशेषता मानव तस्करी और जबरन श्रम है। अंतराष्ट्रीय श्रमसंगठन (आईएलओ) (International Labour Organization—ILO) रिपोर्ट (2016) के अनुसार जबरन श्रम में श्रम के लिए मानव तस्करी और यौन शोषण के शिकार शामिल हैं। आईएलओ का अनुमान है कि 16 मिलियन लोग जबरन श्रम में हैं; 2016 में (9.2 मिलियन) महिलाएं और लड़कियां और (6.8 मिलियन) पुरुष और लड़के जबरन श्रम के शिकार हैं। 2016 में लगभग 15.4 मिलियन लोग जबरन विवाह में रह रहे थे। महिलाओं और लड़कियों से जबरन श्रम के मामलों को ध्यान में रखते हुए, वे वाणिज्यिक सेक्स उद्योग में 99% और अन्य क्षेत्रों में 58% पीड़ित थे।

स्वैच्छिक प्रवासन में प्रवासी श्रमिक, छात्र, पेशेवर, स्थायी निवासी शामिल हैं, लेकिन सभी के पास आव्रजन के वैध दस्तावेज हैं। समस्या 'अप्रलेखित' (undocumented) प्रवासियों के साथ उत्पन्न होती है जो एक देश में उस देश के भीतर अपनी उपस्थिति की अनुमति देने वाले वैध दस्तावेजों के बिना मौजूद हैं। हालाँकि, संयुक्त राष्ट्र महासभा (यूएनजीए) संकल्प #3449 (1975) "गैर-दस्तावेज" या "अनियमित प्रवासियों" शब्द के उपयोग पर जोर देता है। बिना दस्तावेज वाले प्रवासी भी किसी दूसरे देश में पहुंचने पर 'गैर नागरिक' और 'राज्यविहीन' हो सकते हैं, यदि 'मूल देश', जहां से वे भागे हैं, उन्हें अस्वीकार कर देता है और 'गंतव्य देश' उन्हें 'शरण' देने से इनकार कर देता है।

ऐसे लोगों की एक और श्रेणी हो सकती है जिन्हें अपना निवास स्थान छोड़ने के लिए मजबूर किया जा सकता है लेकिन वे अंतर्राष्ट्रीय सीमाओं को पार नहीं करते हैं। ये ऐसे लोगों के समूह हैं जिन्हें आंतरिक रूप से विस्थापित व्यक्तियों (आईडीपी) (Internally Displaced Persons—IDPs) की श्रेणी में रखा गया है।

ऐसे लोगों की एक और श्रेणी है जो किसी देश के कुछ कानूनों के कारण अपनी राष्ट्रीयता खो सकते हैं। इसके अलावा, उन्हें कोई भी देश अपना नागरिक नहीं मान सकता। वे किसी भी देश द्वारा अस्वीकृत हैं। ये लोग, राज्यविहीन व्यक्तियों की स्थिति से संबंधित संयुक्त राष्ट्र कन्वेंशन के अनुसार, राज्यविहीन लोग हैं [अनुच्छेद 1]। फिर इन लोगों को जबरन बेदखल किया जा सकता है या मजबूरी में देश छोड़ना पड़ सकता है। चूँकि उनकी कानूनी स्थिति अनिश्चित है, इसलिए उन्हें न्यूनतम बुनियादी सुविधाओं तक पहुँचने में बहुत कठिनाई और इनकार का सामना करना पड़ता है। वे दूसरे देश में शरण मांग सकते हैं। फिर उन्हें 'शरण चाहने वालों' की श्रेणी में रखा जाएगा। यदि वह देश उन्हें शरण देता है और शरणार्थी के रूप में मान्यता देता है, तो कुछ हद तक उनकी कठिनाइयां कम हो जाती हैं। *संयुक्त राष्ट्र शरणार्थी उच्चायुक्त (यूएनएचसीआर)* (United Nations High Commissioner for Refugees—UNHCR) जैसी अंतर्राष्ट्रीय एजेंसियां मानवीय सहायता प्रदान कर सकती हैं। यह एक कठिन प्रक्रिया है और मेजबान देशों के विभिन्न राजनीतिक और सुरक्षा विचारों पर निर्भर करती है।

संयुक्त राष्ट्र शरणार्थी उच्चायुक्त का अनुमान है कि 2018 के अंत तक दुनिया भर में लगभग 70.8 मिलियन जबरन विस्थापित लोग हैं। वैश्विक स्तर पर लगभग 41.3 मिलियन आंतरिक रूप से विस्थापित व्यक्ति हैं। शरणार्थियों की संख्या 25.9 मिलियन है। वहीं, 35 लाख लोग शरण चाहने वालों की श्रेणी में आते हैं। वर्ष 2018 में शरण चाहने वालों की सबसे बड़ी संख्या वेनेज़ुएला से आई। सीरिया, दक्षिण सूडान और अफगानिस्तान तीन सबसे बड़े शरणार्थी उत्पादक देश हैं। लगभग 57% शरणार्थी इन तीन देशों से आए थे।

विशेष रूप से अब, उन प्रवासियों की ओर रुख करना जिन्हें 'शरणार्थी' के रूप में वर्गीकृत किया गया है, हमारी चर्चा का केंद्र होगा। हालाँकि आम बोलचाल की भाषा में शरणार्थियों, प्रवासियों और शरण चाहने वालों में अंतर नहीं किया जाता है लेकिन अंतर्राष्ट्रीय कानून के तहत उनके बीच मतभेद हैं जिनकी चर्चा अगले भाग में की गई है।

शरणार्थी और शरणार्थी कानून (Refugees and Refugee Law)

क्षेत्र राज्य का एक महत्वपूर्ण तत्व है। जबरन या स्वैच्छिक प्रवासन, कानूनी या अवैध प्रवासन के लिए क्षेत्र पार करना, राज्यों की सीमाओं को सुरक्षित करने के लिए मुख्य बिंदु है। 'क्षेत्रीकरण' राज्यों की आप्रवासन नीतियों के केंद्र में है, खासकर जब प्रवासन के मुद्दों की बात आती है। उदाहरण के लिए, डोनाल्ड ट्रम्प ने

मेक्सिको से अवैध आप्रवासन को रोकने के लिए अमेरिका-मेक्सिको सीमा पर एक दीवार के निर्माण का प्रस्ताव रखा। उन्होंने कई बार विदेशी कामगारों को वर्क परमिट देने से संबंधित एच-1बी वीजा पर भी आपत्ति जताई। ट्रम्प ने आतंकवाद के इतिहास वाले क्षेत्रों से मुस्लिम आप्रवासन पर प्रतिबंध लगाने की नीतियों का भी प्रस्ताव रखा। इससे स्पष्ट रूप से पता चलता है कि राज्य प्रवासन के मुद्दों के प्रति कितने संवेदनशील हैं और सख्त आप्रवासन व्यवस्था की ओर बढ़ रहे हैं।

यदि हम शरणार्थियों और उनके समूह में या व्यक्तिगत रूप से दूसरे राज्य के क्षेत्र में प्रवेश पर विचार करें तो यह कहा जा सकता है कि यह अंतर्राष्ट्रीय राजनीति और राज्यों के नीति निर्धारण का केंद्र बन गया है। प्रवासियों की इस श्रेणी को 'शरणार्थी' के रूप में वर्गीकृत करने में शामिल महत्वपूर्ण तत्व 'अंतर्राष्ट्रीय सीमा पार करना' है। शरणार्थी ज्यादातर 'शरण' और 'गंतव्य देश' की सुरक्षा के लिए जबरन प्रवासन और 'मूल देश' से भागने के मामले हैं। शरणार्थियों की स्थिति से संबंधित कन्वेंशन, 1951 को उनके देश के बाहर के व्यक्तियों की स्थिति और उनके अधिकारों और स्वतंत्रता को बिना किसी भेदभाव के संबोधित करने के लिए अपनाया गया था।

इस कन्वेंशन को अपनाने के पीछे के महत्वपूर्ण कारणों की जड़ें प्रथम और द्वितीय विश्व युद्ध में हैं। प्रथम विश्व युद्ध और राष्ट्र संघ, 1919 के गठन के बाद, यूरोप में शरणार्थी समस्या से निपटने के लिए कई प्रयास किए गए। शरणार्थियों, विशेषकर रूस से, यूरोप में घुसपैठ करना अंतर्राष्ट्रीय समुदाय के लिए चिंता का विषय बन गया। इस संबंध में किया गया पहला प्रयास शरणार्थियों के लिए एक उच्चायुक्त की नियुक्ति थी जिसका नाम फ्रिड्जॉफ नानसेन (Fridtjof Nansen)* (नानसेन पासपोर्ट) (Nansen Passport) था। द्वितीय विश्व युद्ध के फैलने और अभी भी लीग ऑफ नेशंस की उपस्थिति के बाद, जर्मनी (ज्यादातर यहूदियों) से शरणार्थियों के प्रवाह को नियंत्रित करने के लिए लीग द्वारा कई सम्मेलनों को अपनाया गया था।

उनमें से एक 1936 में जर्मनी से आने वाले शरणार्थियों की स्थिति के संबंध में एक अनंतिम व्यवस्था (Provisional Arrangement) थी। इस व्यवस्था ने जर्मन और राज्यविहीन लोगों को यात्रा दस्तावेज़ जारी करने में मदद की।* लीग ने जर्मनी से आने वाले शरणार्थियों की स्थिति के संबंध में एक और कन्वेंशन अपनाया। वे शरणार्थी संकट से निपटने में आंशिक रूप से सक्षम थे। जब लीग के विघटन के बाद संयुक्त राष्ट्र का गठन हुआ, तो 24 अक्टूबर, 1945 को *अंतर्राष्ट्रीय शरणार्थी संगठन (आईआरओ)* (International Refugee Organization—IRO) की स्थापना की गई [यूएनजीए संकल्प: शरणार्थियों का प्रश्न, जी.ए. res.8/1, (फरवरी 12, 1946)] .

अतंराष्ट्रीय शरणार्थी संगठन ने यूरोप में विस्थापित लोगों को संयुक्त राज्य अमेरिका, कनाडा और ऑस्ट्रेलिया जैसे विभिन्न देशों में पुनर्वास की दिशा में प्रयास किए। द्वितीय विश्व युद्ध के बाद भारी मात्रा में शरणार्थी उत्पन्न होने के कारण शरणार्थी समस्या के समाधान के लिए एकाअधिक उपयुक्त निकाय की आवश्यकता पड़ी। इसलिए, संयुक्त राष्ट्र शरणार्थी उच्चायुक्त कार्यालय के क़ानून को 14 दिसंबर, 1950 को संयुक्त राष्ट्र महासभा (UNGA) द्वारा अपनाया गया था। यह 1 जनवरी, 1951 से क्रियाशील हो गया। इसके बाद 28 जुलाई, 1951 को शरणार्थियों की स्थिति से संबंधित कन्वेंशन को अपनाया गया। यह कन्वेंशन 22 अप्रैल, 1954 को लागू हुआ।

---

* *Nansen passport* was the first legal instrument used for the international protection of refugees particularly the Russian and Armenian refugees during the 1920s. This document gave an identity to the stateless people as well as helped host states to keep a track of refugees.

1951 शरणार्थी कन्वेंशन एक शरणार्थी को ऐसे व्यक्ति के रूप में परिभाषित करता है जो "1 जनवरी, 1951 से पहले हुई घटनाओं के परिणामस्वरूप और जाति, धर्म, राष्ट्रीयता, राजनीतिक विचारधारा के एक विशेष सामाजिक समूह की सदस्यता के कारण सताए जाने के उचित भय के कारण अपने पूर्व अभ्यस्त निवास के देश में वापस लौटने या उस देश की सुरक्षा का लाभ उठाने में असमर्थ या अनिच्छुक है; या ऐसे डर के कारण वहां लौटने को तैयार नहीं है।'' जिन लोगों ने विदेश में शांति के विरुद्ध अपराध, युद्ध अपराध, मानवता के विरुद्ध अपराध या गंभीर गैर-राजनीतिक अपराध किए हैं, वे शरणार्थियों की श्रेणी में नहीं आते है।

इसलिए, किसी के देश से बाहर जाने के कारणों के साथ-साथ एक समयरेखा और एक भौगोलिक स्थिति भी मौजूद होती है। यह शीत युद्ध के सुनहरे दिन थे और लोग साम्यवाद के डर से पूर्वी यूरोप से भाग रहे थे। इस प्रकार, राजनीतिक राय के रूप में एक कारण जोड़ा गया था। बाद में, 31 जनवरी, 1967 के शरणार्थियों की स्थिति से संबंधित प्रोटोकॉल ने 1 जनवरी, 1951 की समयसीमा को हटा दिया। इसमें यह भी कहा गया है कि वर्तमान प्रोटोकॉल बिना किसी भौगोलिक सीमा के लागू होना चाहिए क्योंकि 1951 के कन्वेंशन में "1 जनवरी, 1951 से पहले होने वाली घटनाओं" को यूरोप और अन्य जगहों पर होने वाली घटनाओं के रूप में संदर्भित किया गया है।

1951 कन्वेंशन के कुछ महत्वपूर्ण खंड नीचे दिए गए हैं:

- चूंकि शरणार्थी अक्सर वैध दस्तावेजों और क्षेत्र में प्रवेश की अनुमति के बिना किसी क्षेत्र में प्रवेश करते हैं, इसलिए अनुबंधित राज्यों को उनके अवैध प्रवेश या उपस्थिति के कारण जुर्माना नहीं लगाने का निर्देश दिया गया था। ऐसा इसलिए है क्योंकि वे सीधे उस क्षेत्र से अपने क्षेत्र में प्रवेश करते हैं जहां उनके जीवन या स्वतंत्रता को खतरा था जैसा कि कन्वेंशन के अनुच्छेद 1 में दिया गया है। [अनुच्छेद 31]
- अनुबंधित राज्यों को राष्ट्रीय सुरक्षा या सार्वजनिक व्यवस्था के आधार के अलावा अपने क्षेत्र में वैध शरणार्थी को निष्कासित नहीं करना चाहिए। [अनुच्छेद 32]
- 1951 के कन्वेंशन की सबसे महत्वपूर्ण विशेषता नॉन-रिफ़ाउलमेंट का सिद्धांत (principle of non-refoulement) है [अनुच्छेद 33(1)] [Article 33 (1)]। किसी भी शरणार्थी को उन क्षेत्रों की सीमाओं पर निष्कासित या वापस नहीं किया जाएगा ("रिफौलर") (refouler) जहां कन्वेंशन में उल्लिखित कारण से उस व्यक्ति के जीवन को खतरा है।

शरणार्थियों के मामले में लागू होने वाले कुछ अन्य मानवाधिकार दस्तावेज़ नीचे दिए गए हैं:

- मानव अधिकारों की सार्वभौम घोषणा, 1948।
- नागरिक और राजनीतिक अधिकारों पर अंतर्राष्ट्रीय समझौता, 1966।
- आर्थिक, सामाजिक और सांस्कृतिक अधिकारों पर अंतर्राष्ट्रीय समझौता, 1966।
- प्रादेशिक शरण पर संयुक्त राष्ट्र घोषणा, 1967।
- बाल अधिकारों पर कन्वेंशन, 1989।
- महिलाओं के विरुद्ध सभी प्रकार के भेदभाव के उन्मूलन पर कन्वेंशन, 1981।
- अत्याचार और अन्य क्रूर, अमानवीय या अपमानजनक व्यवहार या सजा के खिलाफ कन्वेंशन, 1984।
- सभी प्रवासी श्रमिकों और परिवारों के सदस्यों के अधिकारों की सुरक्षा पर अंतर्राष्ट्रीय सम्मेलन।

शरणार्थी शासन से संबंधित क्षेत्रीय दस्तावेजों में, लैटिन अमेरिका में शरणार्थी समस्या से संबंधित **शरणार्थियों पर कार्टाजेना घोषणा, 1984** (Cartagena Declaration on Refugees, 1984) का उल्लेख किया जाना चाहिए। इस घोषणा के बारे में उल्लेखनीय बात यह है कि इसमें उन लोगों को जबरन बेदखल करने के कारणों पर अधिक व्यापक दृष्टिकोण अपनाया गया है जो अंततः शरणार्थी बन जाते हैं। इसमें 1951 कन्वेंशन और इसके 1967 प्रोटोकॉल के तहत शरणार्थियों की परिभाषा के साथ-साथ सामान्यीकृत हिंसा, विदेशी आक्रमण, आंतरिक संघर्ष, मानवाधिकारों के बड़े पैमाने पर उल्लंघन या गंभीर रूप बाधित सार्वजनिक व्यवस्था से परेशान अन्य परिस्थितियों के खतरों के कारण अपने मूल देश से भागने वाले लोगों की श्रेणियां शामिल थीं।

अफ्रीका में शरणार्थियों की समस्याओं के विशिष्ट पहलुओं को नियंत्रित करने वाले **अफ्रीकी एकता संगठन (ओएयू) (Organization of African Unity—OAU)** कन्वेंशन, 1969 ने शरणार्थी की परिभाषा के दायरे को और व्यापक बना दिया। चूंकि अफ्रीका गंभीर शरणार्थी समस्या से ग्रस्त है, इसलिए किसी के देश से भागने के कारण काफी व्यापक थे और पहले के दस्तावेजों से काफी अलग थे। कारणों में बाहरी आक्रामकता, कब्ज़ा, विदेशी प्रभुत्व या उसके मूल देश या राष्ट्रीयता के किसी भी हिस्से या पूरे में सार्वजनिक व्यवस्था को गंभीर रूप से परेशान करने वाली घटनाएं शामिल हैं, जो उन्हें दूसरे देश या अन्य स्थान पर शरण लेने के लिए अपने अभ्यस्त निवास स्थान को छोड़ने के लिए मजबूर करती है।

इसलिए शरणार्थी और प्रवासन संबंधी समस्याओं के समाधान के लिए अंतर्राष्ट्रीय और क्षेत्रीय स्तर पर प्रयास किए गए हैं। हालाँकि, कई राज्यों ने 1951 शरणार्थी कन्वेंशन के साथ-साथ इसके 1967 प्रोटोकॉल को भी स्वीकार नहीं किया है। दक्षिण एशियाई राज्यों ने शरणार्थी सम्मेलन पर हस्ताक्षर नहीं किये हैं। शरणार्थियों से संबंधित क्षेत्रीय शरणार्थी सम्मेलन की हर कोशिश दक्षिण एशियाई क्षेत्र में कभी सफल नहीं हो सकी। दक्षिण एशियाई राज्य शरणार्थी समस्याओं से तदर्थ आधार पर निपटते हैं जो उनके राष्ट्रीय हित और अन्य देशों के साथ द्विपक्षीय समीकरणों पर निर्भर होता है।

संयुक्त राष्ट्र शरणार्थी उच्चायुक्त (यूएनएचसीआर) (United Nations High Commissioner for Refugees—UNHCR)

संयुक्त राष्ट्र शरणार्थी उच्चायुक्त संयुक्त राष्ट्र की एक विशेष एजेंसी है। इसे दुनिया भर में शरणार्थियों की मदद और सुरक्षा के लिए अधिदेशित किया गया है। इसे द्वितीय विश्व युद्ध के बाद यूरोप में शरणार्थी समस्या का समाधान करने के लिए महासभा संकल्प 428 (V) (General Assembly Resolution 428 (V)), 14 दिसंबर, 1950 के तहत बनाया गया था। प्रारंभ में इसका कार्यकाल तीन वर्ष के लिए था। बाद में, 1951 शरणार्थी सम्मेलन को अपनाने के साथ, संयुक्त राष्ट्र शरणार्थी उच्चायुक्त ने विश्व स्तर पर शरणार्थियों को अपनी सेवा प्रदान करना जारी रखा। उच्चायुक्त कार्यालय के क़ानून में प्रावधान है कि यह एक गैर-राजनीतिक निकाय होगा। यह शरणार्थियों की श्रेणी में आने वाले लोगों के लिए मानवीय सेवा होगी, जैसा कि क़ानून और 1951 शरणार्थी कन्वेंशन में प्रदान किया गया है।

संयुक्त राष्ट्र शरणार्थी उच्चायुक्त को संबंधित अंतर्राष्ट्रीय सम्मेलनों को अपनाने और कार्यान्वयन के माध्यम से शरणार्थियों के हितों को बढ़ावा देने का दायित्व सौंपा गया है। इसका मुख्य कार्य सरकारों के साथ बातचीत के माध्यम से शरणार्थियों की स्थितियों में सुधार करना, स्वैच्छिक प्रत्यावर्तन और यहां तक कि आत्मसात और पुनर्वास में सहायता करना, शरणार्थियों को एक राज्य के क्षेत्र में प्रवेश देना, शरणार्थियों

की संख्या और स्थितियों और विभिन्न अन्य संबंधित गतिविधियों के बारे में सरकारों से जानकारी प्राप्त करना है।

संयुक्त राष्ट्र शरणार्थी उच्चायुक्त महासभा के अधिकार के तहत काम करेगा। यह आर्थिक सामाजिक परिषद के माध्यम से महासभा को प्रतिवर्ष रिपोर्ट करता है। जून 2019 तक, यूएनएचसीआर के आदेश के तहत 20.4 मिलियन शरणार्थी और फिलिस्तीनी शरणार्थियों के लिए संयुक्त राष्ट्र राहत और कार्य एजेंसी यूएनआरडब्ल्यूए (United Nations Relief and Work Agency—UNRWA) के आदेश के तहत फिलिस्तीन से 5.5 मिलियन शरणार्थी विस्थापित हुए हैं।

संयुक्त राष्ट्र शरणार्थी उच्चायुक्त ने 1954 और 1981 में दो नोबेल शांति पुरस्कार जीते हैं। इस एजेंसी ने 1991 में अंतर्राष्ट्रीय सहयोग के लिए प्रिंस ऑफ ऑस्टुरियस (Prince of Asturias) पुरस्कार भी जीता है।

प्रवासन का अंतर्राष्ट्रीय संगठन (आईओएम) (The International Organization of Migration—IOM)

जहां तक प्रवासन का सवाल है, प्रवासन का अंतर्राष्ट्रीय संगठन (IOM) प्रवासन के मुद्दों पर आवश्यक योगदान देने वाला एक महत्वपूर्ण संगठन है। यह संयुक्त राष्ट्र की एक विशेष एजेंसी के रूप में कार्य करती है। आईओएम प्रवासन संबंधी मुद्दों के संबंध में सरकारों को सेवाएं और सलाह प्रदान करता है। यह प्रवासन के प्रबंधन और मानवोचित चेहरे के साथ व्यावहारिक समाधान खोजने में भी महत्वपूर्ण भूमिका निभाता है। यह प्रवासन पर कानूनों, प्रवासियों के अधिकारों और उनकी सुरक्षा और भलाई के संबंध में संवेदीकरण कार्यक्रम भी चलाता है। यह शरणार्थियों और आईडीपी सहित प्रवासियों को मानवीय सहायता प्रदान करता है। प्रवासन का अंतर्राष्ट्रीय संगठन में 173 सदस्य देश और 8 पर्यवेक्षक देश शामिल हैं।

यहां जिस बिंदु का उल्लेख किया जाना चाहिए वह 2015 में अपनाए गए **सतत विकास लक्ष्य या 2030 एजेंडा** (Sustainable Development Goals or 2030 Agenda) (अध्याय 19 देखें) का है। यहां विशेष रूप से प्रवासन के मुद्दे या प्रवासन से संबंधित मुद्दों का उल्लेख किया गया है। ऐसा इसलिए है क्योंकि 2030 का एजेंडा "किसी को भी पीछे न छोड़ने" पर जोर देता है, यहां तक कि प्रवासियों पर भी। लक्ष्य 10.7 (Target 10.7) में विशेष रूप से प्रवासन के प्रबंधन का उल्लेख है। इनमें उचित रूप से डिज़ाइन की गई प्रवासन नीतियों के साथ लोगों की जिम्मेदार, सुरक्षित, नियमित प्रवासन और गतिशीलता शामिल है। प्रवासन से सीधे संबंधित अन्य लक्ष्यों में तस्करी, प्रेषण, अंतर्राष्ट्रीय छात्र गतिशीलता और बहुत कुछ का उल्लेख है। प्रवासन के मामलों में विभिन्न अन्य क्रॉस-कटिंग लक्ष्य भी लागू किए जा सकते हैं।

निष्कर्ष (Conclusion)

यूरोप में 'नाव लोग' (Boat people) प्रवासन की समस्या और राष्ट्रीय सुरक्षा के मुद्दों की गंभीरता को दर्शाते हैं। राज्यों द्वारा अपनाई जा रही आप्रवासन नीतियां मानव सुरक्षा को और अधिक चुनौतीपूर्ण बना रही हैं। मध्य पूर्वी देशों और अफ्रीका से लोगों को यूरोप में प्रवेश करने के लिए मजबूर करने वाले प्रवासन के कारण राजनीतिक अशांति और लोगों के जीवन के लिए खतरा हैं। यूरोप के देशों में बड़ी संख्या में लोग शरण चाहने वालों, शरणार्थियों, गैरकानूनी और गैर-दस्तावेज आप्रवासियों के रूप में आ रहे हैं। यह न

केवल यूरोप की वास्तविकता है बल्कि प्रवासन एक विश्वव्यापी समस्या है। जैसा कि ऊपर दिए गए 2019 में प्रवासी आबादी के आंकड़ों से पता चलता है। यूएनएचसीआर (UNHCR) और आईओएम (IOM) अपनी निर्धारित श्रेणियों के लोगों की तकलीफों को दूर करने और प्रवासन के बारे में जागरूकता बढ़ाने के लिए अपना सर्वश्रेष्ठ प्रयास कर रहे हैं। अंतर्राष्ट्रीय समुदाय द्वारा अधिक ठोस प्रयास की आवश्यकता है। [नाव वाले लोगों (Boat People) के लिए अध्याय 22 देखें।]

अभ्यास (Exercises)

1. प्रवासन की अवधारणा से आप क्या समझते हैं?
2. विश्व स्तर पर आमतौर पर पाए जाने वाले विभिन्न प्रकार के प्रवासी कौन से हैं?
3. प्रवासन के कारण क्या हैं?
4. 1951 शरणार्थी कन्वेंशन के तहत शरणार्थी कौन है?
5. 1951 शरणार्थी कन्वेंशन के प्रमुख प्रावधान बताइए।
6. यूएनएचसीआर (UNHCR) की भूमिका पर संक्षेप में लिखें।
7. आईओएम (IOM) की प्रमुख गतिविधियाँ क्या हैं?

संदर्भ (References)

[1] Global Migration Data Analysis Centre (GMDAC), International Organization for Migration (IOM), *Global Migration Indicators, 2018*, GMDAC and IOM, Berlin, Germany, 2018.

[2] IOM UN Migration, "Key Migration terms" https://www.iom.int/key-migration-terms, accessed on 31 October, 2019, 11.30 pm.

[3] International Labour Organization (ILO), *Global Estimates of Modern Slavery: Forced Labour and Forced marriage*, Geneva, September 2017.

[4] United Nations Convention Relating to the Status of Stateless Persons, 28 September, 1954, [Article 1].

[5] United Nations, *Shaping Our Future Together*, https://www.un.org/en/sections/issues-depth/migration/index.html, accessed on 1 November, 2019, 11.30 pm.

[6] UNHCR, India, *Basic, International Legal Documents on Refugees*, UNHCR, New Delhi, 1999.

[7] UNHCR, *Handbook on Procedures and Criteria for Determining Refugee Status under the 1951 Convention and the 1967 Protocol Relating to the Status of Refugees*, UNHCR, Geneva, 1992.

[8] UNHCR, India, The UN Refugee Agency, https://www.unhcr.org/, 1 November, 2019, 11.00 pm.

[9] UNHCR, India, The UN Refugee Agency, "Figures At a Glance", https://www.unhcr.org/en-in/figures-at-a-glance.html, 1 November, 2019, 11.45 pm.

21

प्रमुख आर्थिक संस्थाएँ/व्यवस्थाएँ (Prominent Economic Institutions/ Arrangements)

अंतर्वस्तु (Contents)

परिचय (*Introduction*)

हमने अध्याय 10 में देखा है कि किस प्रकार एक विशेष क्षेत्र में स्थित राज्यों ने अपने सामान्य पारस्परिक हितों की पहचान करते हुए क्षेत्रीय व्यवस्थाएँ बनाई हैं। इस प्रकार, वर्तमान अंतर्राष्ट्रीय परिदृश्य में हम जो देखते हैं वह यह है कि क्षेत्रीय व्यापार समझौतों (आरटीए) (Regional Trading Agreements—RTA) को प्रमुखता मिली है। बहुपक्षीय वार्ताओं की बार-बार विफलता, विशेषकर विश्व व्यापार संगठन (WTO) की विभिन्न मंत्रिस्तरीय बैठकों में, आरटीए (RTA) की संख्या में वृद्धि हुई है। एक और प्रवृत्ति जो ध्यान देने

योग्य है वह यह है कि उभरती अर्थव्यवस्थाएं आपस में आर्थिक संबंधों को बढ़ावा दे रही हैं। आईएमएफ (IMF), विश्व बैंक (World Bank) और डब्ल्यूटीओ (WTO) जैसे मौजूदा अंतर्राष्ट्रीय संस्थानों और यूरोपीय संघ (EU), सार्क (SAARC), आसियान (ASEAN), एयू (AU), ओपेक (OPEC) और कई अन्य क्षेत्रीय व्यवस्थाओं के साथ-साथ कई नए आर्थिक समूहों और पहलों का लगातार उदय हुआ है। भारतीय विदेश नीति के संदर्भ में इनका महत्वपूर्ण प्रभाव है। इसलिए, यह अध्याय विश्लेषण के लिए ऐसे कुछ समूहों/पहल पर चर्चा करने का प्रयास करता है। इससे छात्रों को अंतर्राष्ट्रीय राजनीतिक अर्थव्यवस्था की वर्तमान प्रवृत्ति को समझने में मदद मिलेगी।

अंतर्राष्ट्रीय मुद्रा कोष
(International Monetary Fund—IMF)

अंतर्राष्ट्रीय मुद्रा कोष की कल्पना 1944 में ब्रेटन वुड्स, न्यू हैम्पशायर में द्वितीय विश्व युद्ध के तुरंत बाद आयोजित संयुक्त राष्ट्र मौद्रिक और राजकोषीय सम्मेलन में 45 राज्यों द्वारा की गई थी। "ब्रेटन वुड्स समझौते" के एक भाग के रूप में अंतर्राष्ट्रीय मुद्रा कोष और *अंतर्राष्ट्रीय पुनर्निर्माण और विकास बैंक (आईबीआरडी)* (International Bank for Reconstruction and Development—IBRD) को 'महामंदी' के बाद अंतर्राष्ट्रीय मौद्रिक प्रणाली को स्थिर करने के लिए विकसित किया गया था। अंतर्राष्ट्रीय मुद्रा कोष 27 दिसंबर 1945 को अस्तित्व में आया जब 29 देशों ने विनिमय दरों को स्थिर करने और दुनिया की अंतर्राष्ट्रीय भुगतान प्रणाली के पुनर्निर्माण में सहायता करने के लक्ष्य के साथ समझौते पर हस्ताक्षर किए।

इसलिए, अंतर्राष्ट्रीय मुद्रा कोष वैश्विक मौद्रिक सहयोग को बढ़ावा देने, वित्तीय स्थिरता को सुरक्षित करने, अंतर्राष्ट्रीय व्यापार को सुविधाजनक बनाने, उच्च रोजगार और सतत आर्थिक विकास को बढ़ावा देने और दुनिया भर में गरीबी को कम करने के लिए एक संगठन के रूप में कार्य करने के लिए स्थापित किया गया। 2022 तक, अंतर्राष्ट्रीय मुद्रा कोष के 190 सदस्य थे।

आईएमएफ के उद्देश्य और कार्य इस प्रकार बताए गए हैं:

1. अंतर्राष्ट्रीय आर्थिक सहयोग को बढ़ावा देना,
2. अंतर्राष्ट्रीय व्यापार के विस्तार और संतुलित विकास को सुविधाजनक बनाने,
3. अधिक रोजगार के अवसर पैदा करना,
4. विनिमय दर स्थिरता को बढ़ावा देना,
5. भुगतान की बहुपक्षीय प्रणाली की स्थापना में सहायता करना,
6. भुगतान संतुलन की जरूरतों को पूरा करने के लिए सदस्य देशों को संसाधन उपलब्ध कराने के प्रयासों सहित विभिन्न उपायों का सुझाव देकर अंतर्राष्ट्रीय तरलता (international liquidity) की समस्याओं को हल करना।

इसका मुख्यालय वाशिंगटन, डी.सी. में है। अंतर्राष्ट्रीय मुद्रा कोष के प्रत्येक सदस्य देश को एक कोटा दिया जाता है, जो मोटे तौर पर विश्व अर्थव्यवस्था में उसके सापेक्ष आकार पर आधारित होता है। इस कोटा के आधार पर ही किसी सदस्य का अंतर्राष्ट्रीय मुद्रा कोष के साथ संगठनात्मक संबंध उसकी मतदान शक्ति, विशेष आहरण अधिकार (एसडीआर) (Special Drawing Rights—SDR) और वित्तपोषण तक पहुंच निर्धारित करता है। बल्गेरियाई अर्थशास्त्री क्रिस्टालिना जॉर्जिएरा (Kristalina Georgiera) की 2019 में आईएमएफ के अध्यक्ष और प्रबंध निदेशक के रूप में नियुक्ति की गई हैं।

भारत 27 दिसंबर 1945 को अंतर्राष्ट्रीय मुद्रा कोष में शामिल हुआ और 1981–1982 और 1991–1993 में भारत की अर्थव्यवस्था की उथल-पुथल अवधि के दौरान आईएमएफ क्रेडिट ने भुगतान संतुलन घाटे से निपटने में मदद की थी। फिर भी, भारत और ब्रिक्स देशों जैसी अन्य उभरती अर्थव्यवस्थाएं कोटा प्रणाली और मतदान के अधिकार में सुधार की मांग कर रही हैं। जी-20 देश किसी देश के आर्थिक भार (economic weightage) की गणना के लिए एक गतिशील प्रणाली भी चाहते हैं।

विश्व बैंक (The World Bank)

विश्व बैंक भी अंतर्राष्ट्रीय मुद्रा कोष की तरह 1944 में ब्रेटन वुड्स सम्मेलन का परिणाम है। विश्व बैंक का मुख्यालय वाशिंगटन डी.सी. में है।

विश्व बैंक दुनिया भर के विकासशील देशों को वित्तीय और तकनीकी सहायता का एक महत्वपूर्ण स्रोत है। इसका मुख्य उद्देश्य सदस्य राष्ट्रों को पुनर्निमाण और विकास के कार्यों में आर्थिक सहायता देना है। यह एक अग्रणी विकास संस्थान है, जो विकासशील देशों में गरीबी से लड़ने तथा सतत् विकास को बढ़ावा देने के लिये ऋण, गारंटी, जोखिम प्रबंधन उत्पादों और विश्लेषणात्मक तथा सलाहकार सेवाएँ देने का काम करता है। इसके सदस्य देश संयुक्त रूप से इसके लिये ज़िम्मेदार होते हैं कि कैसे इसका वित्तपोषण किया जाता है और इसका पैसा कैसे खर्च किया जाता है। विश्व बैंक का प्रयास सतत गरीबी में कमी के उद्देश्य से सहस्राब्दी विकास लक्ष्यों तक पहुँचने पर केंद्रित हैं।

विश्व बैंक कोई सामान्य बैंक नहीं है जिसके हम आदी हैं। चूँकि इसका लक्ष्य दुनिया के गरीब देशों के बीच गरीबी को कम करना और विकास को बढ़ाना है, यह सहयोगी संस्थानों के माध्यम से कार्य करता है जिनकी संख्या दो है। बदले में, ये लक्षित देशों के लिए विकास परियोजनाएं शुरू करते हैं। इन विकास संस्थानों का स्वामित्व सामूहिक रूप से 189 सदस्य देशों के पास है। दो विकास संस्थान *इंटरनेशनल बैंक फॉर रिकंस्ट्रक्शन एंड डेवलपमेंट* (आईबीआरडी) (International Bank for Reconstruction and Development—IBRD) और *इंटरनेशनल डेवलपमेंट एसोसिएशन* (आईडीए) International Development Association—IDA) हैं। आईबीआरडी (IBRD) मध्यम आय वाले देशों, लेकिन ऋण योग्य गरीब देशों को लक्षित करता है और आईडीए (IDA) सबसे गरीब देशों को लक्षित करता है। ये विकास संस्थान *अंतर्राष्ट्रीय वित्त निगम (आईएफसी)* (International Finance Corporation—IFC), *बहुपक्षीय निवेश गारंटी एजेंसी (एमआईजीए)* (Multilateral Investment Guarantee Agency—MIGA) और *निवेश विवादों के निपटान के लिए अंतर्राष्ट्रीय केंद्र* (आईसीएसआईडी) (International Centre for the Settlement of Investment Disputes—ICSID) द्वारा समर्थित हैं।

विश्व बैंक समूह शाखाएँ (World Bank Group Branches)

- पुनर्निर्माण और विकास के लिए अंतर्राष्ट्रीय बैंक (IBRD)
- अंतर्राष्ट्रीय विकास संघ (IDA)
- अंतर्राष्ट्रीय वित्त निगम (IFC)
- बहुपक्षीय निवेश गारंटी एजेंसी (MIGA)
- निवेश विवादों के निपटान के लिए अंतर्राष्ट्रीय केंद्र (ICSID)

साथ में, ये शाखाएं विकासशील देशों को व्यापक उद्देश्यों के लिए कम ब्याज वाले ऋण, ब्याज मुक्त ऋण और अनुदान प्रदान करती हैं जिनमें शिक्षा, स्वास्थ्य, सार्वजनिक प्रशासन, बुनियादी ढांचे, वित्तीय और निजी क्षेत्र के विकास, कृषि और पर्यावरण और प्राकृतिक संसाधन प्रबंधन में निवेश शामिल हैं।

बैंक का सदस्य बनने के लिए, पुनर्निर्माण और विकास के लिए अंतर्राष्ट्रीय बैंक समझौते के अनुच्छेदों के तहत, किसी देश को पहले अंतर्राष्ट्रीय मुद्रा कोष में शामिल होना होगा। आईडीए (IDA), आईएफसी (IFC) और एमआईजीए (MIGA) में सदस्यता आईबीआरडी (IBRD) में सदस्यता की शर्त है। सदस्य देश विश्व बैंक समूह पर गवर्नर बोर्ड और कार्यकारी निदेशक मंडल के माध्यम से शासन करते हैं। ये निकाय संगठनों के लिए सभी प्रमुख निर्णय लेते हैं।

प्रत्येक संस्था में कुल सदस्य देश

पुनर्निर्माण और विकास के लिए अंतर्राष्ट्रीय बैंक (IBRD)	189
अंतर्राष्ट्रीय विकास संघ (IDA)	174
अंतर्राष्ट्रीय वित्त निग (IFC)	185
बहुपक्षीय निवेश गारंटी एजेंसी (MIGA)	181
निवेश विवाद के निपटान के लिए अंतर्राष्ट्रीय केंद्र (ICSID)	155

भारत 1944 में विश्व बैंक में शामिल हुआ, और इसलिए, सबसे पुराने सदस्यों में से एक है। यह अंतर्राष्ट्रीय पुनर्निर्माण और विकास बैंक से बाजार-आधारित ऋण और अंतर्राष्ट्रीय विकास संघ से विकास क्रेडिट के मामले में विश्व बैंक का सबसे बड़ा एकल उधारकर्ता है। वर्ष 2000 में राज्य-केंद्रित ऋण से लाभान्वित होने वाला आंध्र प्रदेश पहला और उत्तर प्रदेश दूसरा राज्य था।

हालाँकि, अंतर्राष्ट्रीय मुद्रा कोष जैसी विश्व बैंक की गतिविधियों की विकासशील दुनिया से आलोचना की है। यहां विकसित विश्व का आधिपत्य है और लेन-देन में पारदर्शिता और लोकतंत्र का अभाव है। संरचनात्मक समायोजन कार्यक्रमों ने गरीब विकासशील देशों के लिए बाधाएँ पैदा की हैं, और उनके निराशाजनक आर्थिक प्रदर्शन को बढ़ा दिया है। 1980 के दशक में उप-सहारा देशों को संरचनात्मक समायोजन कार्यक्रमों के कारण जबरदस्त संकट का सामना करना पड़ा। अंतर्राष्ट्रीय राजनीतिक अर्थव्यवस्था पर प्रभुत्व रखने वाली संस्थाओं के लोकतंत्रीकरण की जोरदार मांग है।

विश्व व्यापार संगठन (डब्ल्यूटीओ) (World Trade Organization—WTO)

टैरिफ और व्यापार पर सामान्य समझौता (गैट) (General Agreement on Tariffs and Trade—GATT) द्वितीय विश्व युद्ध की समाप्ति के बाद 1 जनवरी 1948 में स्थापित किया गया था। यह दुनिया भर के लोगों के आर्थिक विकास और विकास और कल्याण को बढ़ावा देने के उद्देश्य से विश्व व्यापार को उदार बनाने के उद्देश्य से एक बहुपक्षीय उपकरण था। टैरिफ और व्यापार पर सामान्य समझौता (GATT) के महत्वपूर्ण दौर थे—1947 में जिनेवा में पहला दौर, 1964–1967 का कैनेडी दौर, 1973–1979 का टोक्यो दौर और 1986–1994 का उरुग्वे दौर। विश्व व्यापार संगठन शासन की स्थापना के उरुग्वे दौर के अंतिम अधिनियम पर 15 अप्रैल 1994 को मराकेश, मोरक्को में मंत्रिस्तरीय बैठक के दौरान हस्ताक्षर किए गए थे। मराकेश समझौते पर हस्ताक्षर के साथ 1 जनवरी 1995 को विश्व व्यापार संगठन अस्तित्व में आया।

सदस्य बातचीत के माध्यम से विश्व व्यापार संगठन की प्रणाली में शामिल हो सकते हैं और परिणामस्वरूप सदस्यता प्राप्त कर सकते हैं। इसके लिए उन्हें अपने बाजार खोलने और नियमों का पालन करने की प्रतिबद्धता जतानी होगी। ये प्रतिबद्धताएँ सदस्यता या बातचीत में शामिल होने से उत्पन्न होती हैं। अप्रैल 2022 तक, सदस्यता पर बातचीत करने वाले देश विश्व व्यापार संगठन के "पर्यवेक्षक" हैं, और होली सी (Holy See) सहित उनकी संख्या 2.5 है। होली सी के अपवाद के साथ, पर्यवेक्षकों को पर्यवेक्षक बनने के पांच साल के भीतर परिग्रहण वार्ता शुरू करनी होगी। अप्रैल 2022 तक सदस्यों की कुल संख्या 164 है। 12 साल की परिग्रहण वार्ता (accession negotiation) के बाद अफगानिस्तान 29 जुलाई 2016 को 164वें सदस्य के रूप में डब्ल्यूटीओ में शामिल हुआ। विश्व व्यापार संगठन का मुख्यालय जिनेवा, स्विट्जरलैंड में है।

विश्व व्यापार संगठन समझौते नियमों का कानूनी आधार प्रदान करते हैं। जैसा कि ऊपर बताया गया है, टैरिफ और व्यापार पर सामान्य समझौता (GATT) वार्ता के कई दौरों में इन पर थोक में बातचीत की जाती है और दुनिया के व्यापारिक देशों द्वारा थोक में हस्ताक्षर भी किए जाते हैं। फिलहाल दोहा दौर के जरिए बातचीत जारी है। विश्व व्यापार संगठन का उद्देश्य नियमों के आधार पर बाधाओं को दूर करके मुक्त व्यापार प्रवाह सुनिश्चित करना है जो पारदर्शी और पूर्वानुमानित होंगे।

विश्व व्यापार संगठन में एक पैनल के फैसलों के माध्यम से एक अनूठी विवाद निपटान प्रक्रिया है जिसे विश्व व्यापार संगठन के सभी सदस्यों द्वारा या तो समर्थन दिया जाता है या अस्वीकार कर दिया जाता है। विवाद लंबे समय तक चल सकते हैं और कभी-कभी 'अदालत के बाहर' भी समझौता हो सकता है। जनवरी 2008 तक, 369 में से 136 मामलों का निपटारा पैनल द्वारा कर दिया गया है और बाकी मामलों का ज्यादातर 'अदालत के बाहर' निपटारा किया गया है।

विश्व व्यापार संगठन के कामकाजी घटक हैं:

1. मल्टी-फाइबर समझौता (एमएफए) (Multi-Fibre Agreement—MFA)
2. कृषि पर समझौते (एओए) (Agreements on Agriculture—AoA)
3. व्यापार संबंधी निवेश उपाय (ट्रिम्स) (Trade Related Investment Measures—TRIMs)
4. व्यापार संबंधी बौद्धिक संपदा अधिकार (ट्रिप्स) (Trade Related Intellectual Property Rights—TRIPS)
5. व्यापार और सेवाओं पर सामान्य समझौता (गैटस) (General Agreement on Trade and Services—GATS)

दोहा दौर की वार्ता नवीनतम दौर की वार्ता है, जो 2001 में दोहा, कतर में एक मंत्री-स्तरीय बैठक के साथ शुरू हुई। नई वार्ता के लिए 2001 में शुरू किया गया 'दोहा विकास एजेंडा' शुरू हुआ लेकिन 2014 तक ऐसा लगने लगा कि वार्ता विफल हो गई। इसके बाद मंत्रिस्तरीय बैठकें 2003 में कैनकुन, मैक्सिको और 2005 में हांगकांग में हुईं। संबंधित वार्ताएं पेरिस, फ्रांस में (2005); पॉट्सडैम, जर्मनी में (2007); और जिनेवा, स्विट्जरलैंड में (2004, 2006, 2008) बिना किसी खास सफलता के हुईं।

विश्व व्यापार संगठन शासन विवादों से भरा रहा है। विकासशील देशों का आरोप है कि विश्व व्यापार संगठन की नीतियां भेदभावपूर्ण हैं। *बौद्धिक संपदा अधिकार* (आईपीआर) (Intellectual Property Rights—IPR) और पेटेंट व्यवस्था, श्रम नीतियां, पर्यावरण, डंपिंग, कृषि, सब्सिडी समेत कई मुद्दों ने विवादों की लहरें बढ़ा दी हैं। लंबे समय से भारत की स्थिति बौद्धिक संपदा अधिकार व्यवस्थाओं का एक

प्रकार से उचित उपयोग करने और ट्रिप्स में विश्व व्यापार संगठन के तहत बौद्धिक संपदा अधिकार व्यवस्थाओं के मौजूदा तौर-तरीकों के सर्वोत्तम उपयोग की अनुमति देने की रही है।

बीस का समूह (जी-20) (The Group of Twenty (G-20))

ग्रुप ऑफ ट्वेंटी (जी-20) 20 अर्थव्यवस्थाओं के वित्त मंत्रियों और केंद्रीय बैंक गवर्नरों का एक समूह है। जी-20 में 19 देश और यूरोपीय संघ शामिल हैं, जिसका प्रतिनिधित्व यूरोपीय परिषद के अध्यक्ष और यूरोपीय सेंट्रल बैंक द्वारा किया जाता है।

जी-20 के गठन की पृष्ठभूमि 1990 के दशक के उत्तरार्ध के आर्थिक संकट द्वारा प्रदान की गई थी। इस संकट ने उभरते बाजार देशों को करीब ला दिया, और जी-7, जी-22 और जी-33 जैसे मंचों पर उनकी नियमित बातचीत ने वैश्विक वित्तीय मुद्दों को संबोधित करने और वैश्विक आर्थिक संकट के जोखिम को कम करने के लिए भाग लेने वाले देशों के निरंतर समूह के साथ नियमित बातचीत का लाभ दिखाया। इससे धीरे-धीरे 1999 में जी-20 के रूप में संस्थागतकरण हुआ। 2008 से जी-20 राष्ट्राध्यक्षों के शिखर सम्मेलन की शुरुआत हुई।

जी-20 शिखर सम्मेलन के निम्नलिखित उद्देश्य हैं:

1. वैश्विक आर्थिक स्थिरता, सतत विकास प्राप्त करने के लिए इसके सदस्यों के बीच नीति समन्वय;
2. वित्तीय नियमों को बढ़ावा देना जो जोखिमों को कम करें और भविष्य के वित्तीय संकटों को रोकें; और
3. एक नई अंतर्राष्ट्रीय वित्तीय संरचना का निर्माण करना।

सदस्य देश अर्जेंटीना, ऑस्ट्रेलिया, ब्राजील, कनाडा, चीन, फ्रांस, जर्मनी, भारत, इंडोनेशिया, इटली, जापान, मैक्सिको, रूस, सऊदी अरब, दक्षिण अफ्रीका, कोरिया गणराज्य, तुर्की, यूनाइटेड किंगडम, संयुक्त राज्य अमेरिका हैं। कई देश जो जी-20 के स्थायी सदस्य नहीं हैं, उन्हें शिखर सम्मेलन में भाग लेने के लिए निमंत्रण दिया जाता है। आमंत्रितों का चयन मेज़बान देश द्वारा किया जाता है। 2010 के शिखर सम्मेलन की तरह, कनाडा और दक्षिण कोरिया दोनों ने इथियोपिया (एनईपीएडी के अध्यक्ष), मलावी (अफ्रीकी संघ के अध्यक्ष), वियतनाम (आसियान के अध्यक्ष) और स्पेन को आमंत्रित किया। कनाडा ने नीदरलैंड को भी आमंत्रित किया, जबकि दक्षिण कोरिया ने सिंगापुर को आमंत्रित किया। कनाडा और दक्षिण कोरिया दोनों ने सात अंतर्राष्ट्रीय संगठनों—संयुक्त राष्ट्र, अंतर्राष्ट्रीय श्रम संगठन, विश्व बैंक, अंतर्राष्ट्रीय मुद्रा कोष, आर्थिक सहयोग और विकास संगठन, विश्व व्यापार संगठन और वित्तीय स्थिरता बोर्ड को आमंत्रित किया।

जी-20 ने 1999 के बाद से कई मुद्दों पर काफी प्रगति की है, जिसमें विकास के लिए नीतियों पर सहमति, वित्तीय प्रणाली के दुरुपयोग को कम करना, वित्तीय संकटों से निपटना और आतंकवादी वित्तपोषण का मुकाबला करना शामिल है। यह मनी लॉन्ड्रिंग और आतंकवाद के वित्तपोषण जैसी समस्याओं से निपटने के लिए राजकोषीय मामलों पर पारदर्शिता और सूचनाओं के आदान-प्रदान के आधार पर अंतर्राष्ट्रीय वित्तीय मानकों को स्थापित करने का भी प्रयास करता है।

2008 की वैश्विक मंदी ने जी-20 के लिए वैश्विक मंदी से निपटना आवश्यक बना दिया। जी-20 सदस्य देशों ने आर्थिक संकट से निपटने के लिए अपने सहयोग को मजबूत करने का संकल्प लिया। 2008 से जी-20 लीडर्स समिट का आयोजन शुरू हुआ। तदनुसार, जी-20 शिखर सम्मेलन 2008 में वाशिंगटन में, 2009 में लंदन और पिट्सबर्ग में और 2010 में टोरंटो और सियोल में आयोजित किए गए हैं। सियोल शिखर सम्मेलन किसी उभरते देश द्वारा आयोजित किया जाने वाला पहला जी-20 शिखर सम्मेलन था। इस

शिखर सम्मेलन में, नेताओं ने सियोल एक्शन प्लान का समर्थन किया, जो मजबूत, टिकाऊ और संतुलित आर्थिक विकास का समर्थन करने के लिए देश-विशिष्ट नीतिगत कार्रवाइयों का एक व्यापक पैकेज है।

कान्स में जी-20 2011 शिखर सम्मेलन ने जी-20 की प्रगति को मजबूत करने और पहले से चल रही प्रक्रियाओं पर सक्रिय अनुवर्ती सुनिश्चित करने का वचन दिया। इसने अंतर्राष्ट्रीय मौद्रिक प्रणाली में सुधार, कमोडिटी की कीमतों में अस्थिरता, पूंजी प्रवाह के प्रबंधन को निर्देशित करने के लिए सुसंगत उपायों को अपनाने, आईएमएफ और क्षेत्रीय वित्तीय व्यवस्था के बीच सहयोग के लिए सामान्य सिद्धांतों और एक कार्य योजना, स्थानीय मुद्रा बांड बाज़ार और यूरोज़ोन संकट जैसे महत्वपूर्ण मुद्दों को भी संबोधित किया।

जी-20 शिखर सम्मेलन 2012 18–19 जून 2012 को लॉस काबोस में आयोजित किया गया था। *लॉस काबोस घोषणापत्र* (Los Cabos Declaration) में आर्थिक स्थिरीकरण और वैश्विक सुधार, रोजगार और सामाजिक सुरक्षा, व्यापार, अंतर्राष्ट्रीय वित्तीय संरचना को मजबूत करने, वित्तीय क्षेत्र में सुधार और वित्तीय समावेशन को बढ़ावा देने, खाद्य सुरक्षा बढ़ाने और कमोडिटी मूल्य अस्थिरता को संबोधित करने, चुनौतियों का सामना करने दी गई। विकास, समावेशी हरित विकास के माध्यम से दीर्घकालिक समृद्धि को बढ़ावा देना और भ्रष्टाचार के खिलाफ लड़ाई को तेज करने जैसे मुद्दों को संबोधित किया गया। तालिका 21.1 में जी-20 शिखर सम्मेलनों की सूची दी गई है।

तालिका 21.1 जी-20 शिखर सम्मेलनों की सूची

वर्ष	मेजबान देश और शहर
2008 जी-20	यूएसए, वाशिंगटन (USA, Washington)
2009 जी-20	यूके, लंदन (UK, London)
2009 जी-20	यूएसए, पिट्सबर्गस (USA, Pittsburgh)
2010 जी-20	कनाडा, टोरंटो (Canada, Toronto)
2010 जी-20	दक्षिण कोरिया, सियोल (South Korea, Seoul)
2011 जी-20	फ्रांस, कान्स (France, Cannes)
2012 जी-20	लॉस काबोस, मेक्सिको (Los Cabos, Mexico)
2013 जी-20	स्ट्रेना, सेंट पीटर्सबर्ग, रूस (Streina, Saint Petersburg, Russia)
2014 जी-20	ब्रिस्बेन, ऑस्ट्रेलिया (Brisbane, Australia)
2015 जी-20	बेलेक, अंताल्या, तुर्की (Belek, Antalya, Turkey)
2016 जी-20	हांग्झू, चीन (Hangzhou, China)
2017 जी-20	हैम्बर्ग, जर्मनी (Hamburg, Germany)
2018 जी-20	ब्यूनस आयर्स, अर्जेंटीना (Buenos Aires, Argentina)
2019 जी-20	ओसाका, जापान (Osaka, Japan)
2020 G-20	रियाद, सऊदी अरब (Riyadh, Saudi Arabia)
2021 जी-20	रोम, इटली (Rome, Italy)
2022 जी-20	बाली, इंडोनेशिया (Bali, Indonesia)
2023 जी-20	नई दिल्ली, भारत (New Delhi, India)
2024 जी-20	ब्राज़ील रियो डी जनेरियो (आगामी) (Rio de Janeiro)

भारत अधिशेष और घाटे वाली अर्थव्यवस्थाओं के बीच असंतुलन को मापने के लिए *पारस्परिक मूल्यांकन प्रक्रिया (एमएपी)* (Mutual Assessment Process—MAP) जैसी चीजों को शामिल करने के अपने उद्देश्य को पूरा करने में जी-20 में सफल रहा है। भारत प्रतिस्पर्धी अवमूल्यन को लेकर सतर्क रहा है और इस बात की वकालत करता है कि संरक्षणवाद के किसी भी पुनरुत्थान का विरोध किया जाए और वह चालू खाता शेष पर अधिकतम सीमा लगाने के भी खिलाफ है, जिसे 2010 के शिखर सम्मेलन में अमेरिका द्वारा *सकल घरेलू उत्पाद (जीडीपी)* (Gross Domestic Product—GDP) के 4 प्रतिशत पर प्रस्तावित किया गया था। विभिन्न देशों में संरचनात्मक भिन्नताओं को देखते हुए अलग-अलग देशों के लिए प्रस्तावित स्थायी चालू खाता शेष तक पहुंचना कठिन था। अप्रैल 2012 में, लॉस काबोस शिखर सम्मेलन से पहले, पूर्व वित्त मंत्री प्रणब मुखर्जी ने भारत के इरादे स्पष्ट कर दिए थे। भारत ने जी-20 देशों से वैश्विक अर्थव्यवस्था को मजबूती से सुधार के रास्ते पर लाने के साथ-साथ मजबूत, सतत और संतुलित विकास को बढ़ावा देने के लिए एक "विश्वसनीय और महत्वाकांक्षी" कार्य योजना पर काम करने का आह्वान किया है। भविष्य में भारत से अपने ब्रिक्स सहयोगियों के साथ जी-20 में बड़ी भूमिका निभाने की उम्मीद है।

आठवां जी-20 राष्ट्राध्यक्ष शिखर सम्मेलन, 5–6 सितंबर, 2013, स्ट्रेना, सेंट पीटर्सबर्ग, रूस (Eighth G-20 Heads of the States Summit, 5–6 September, 2013, Streina, Saint Petersburg, Russia)

जी-20 शिखर सम्मेलन 5–6 सितंबर 2013 के दौरान स्ट्रेना, सेंट पीटर्सबर्ग, रूस में हुआ। यह **आठवां G-20 राष्ट्र प्रमुख शिखर सम्मेलन** (Eighth G-20 Head of the States Summit) था। *राष्ट्रीय सुरक्षा एजेंसी* (एनएसए) (National Security Agency—NSA) से गोपनीय जानकारी लीक करने के आरोपी स्नोडेन को शरण देने को लेकर रूस और अमेरिका के बीच थोड़ी अनबन हो गई थी। राष्ट्रपति ओबामा ने सितंबर 2014 में प्रस्तावित जी-20 शिखर सम्मेलन से ठीक पहले राष्ट्रपति पुतिन के साथ बैठक रद्द कर दी। हालाँकि, शिखर सम्मेलन हुआ और जी-20 की **5वीं वर्षगांठ के विजन वक्तव्य** में जी-20 देशों की एक साथ मिलकर कार्य करने की निम्नलिखित प्रतिबद्धता की पुष्टि की गई।

- विकास बढ़ाना, नौकरियां पैदा करना और आत्मविश्वास बढ़ाना;
- राजकोषीय स्थिरता बनाए रखना;
- आंतरिक और बाह्य असंतुलन को कम करना जारी रखना;
- व्यापार और निवेश के लिए बाज़ार खुले रखना;
- नियम-आधारित अंतर्राष्ट्रीय अर्थव्यवस्था को बढ़ावा देना;
- एक स्थिर, सुव्यवस्थित और पारदर्शी वैश्विक वित्तीय प्रणाली सुनिश्चित करना;
- मजबूत और अधिक प्रतिनिधि वैश्विक संस्थानों का समर्थन करना;
- खुली और पारदर्शी सरकारों को बढ़ावा देना; और
- सभी के लिए एक समावेशी और टिकाऊ वैश्विक अर्थव्यवस्था का निर्माण करना।

इनके लिए जी-20 देशों ने मजबूत सामूहिक कार्रवाई का प्रस्ताव रखा। ***सेंट पीटर्सबर्ग एक्शन प्लान*** ने विकास को मजबूत करने और नौकरियों के सृजन को सर्वोच्च प्राथमिकता के रूप में बरकरार रखा और जी-20 देशों की नौकरी-समृद्ध, मजबूत, टिकाऊ और संतुलित विकास पथ पर लौटने के लिए निर्णायक कार्रवाई करने की प्रतिबद्धता को बरकरार रखा।

नौवां जी-20 राष्ट्राध्यक्ष शिखर सम्मेलन 15–16 नवंबर, 2014, ब्रिस्बेन, ऑस्ट्रेलिया (Ninth G-20 Heads of the States Summit 15–16 November, 2014, Brisbane, Australia)

G-20 राष्ट्राध्यक्षों का नौवां शिखर सम्मेलन 15–16 नवंबर 2014 को ब्रिस्बेन, ऑस्ट्रेलिया में आयोजित किया गया था, जिसकी मेजबानी ऑस्ट्रेलियाई राष्ट्रपति टोनी एबॉट ने की थी। इस बात पर जबरदस्त प्रतिक्रिया हुई कि रूस को जी-20 बैठक में भाग लेने की अनुमति दी जानी चाहिए या नहीं। इसकी वजह यूक्रेन के प्रति रूस की नीति, मलेशियाई एयरलाइंस की उड़ान 17 की दुर्घटना पर रूस की प्रतिक्रिया और पुतिन की यात्रा के लिए ऑस्ट्रेलिया के पास अंतर्राष्ट्रीय जलक्षेत्र में युद्धपोतों का बेड़ा भेजना था। कनाडा के राष्ट्रपति स्टीफन हार्पर ने राष्ट्रपति पुतिन को 'यूक्रेन से बाहर निकलने' के लिए कहकर उनके लिए असहज माहौल पैदा कर दिया। शिखर सम्मेलन के बाद जारी संयुक्त विज्ञप्ति में विकास को बढ़ावा देने और नौकरियां पैदा करने, एक मजबूत, अधिक लचीली वैश्विक अर्थव्यवस्था बनाने, वैश्विक संस्थानों को मजबूत करने के लिए मिलकर काम करने के प्रयासों पर प्रकाश डाला गया, और ऊर्जा आपूर्ति, जलवायु परिवर्तन के साथ-साथ पश्चिम अफ्रीका में इबोला वायरस जैसे मुद्दों को भी संबोधित किया गया।

तुर्की ने 1 दिसंबर 2014 से जी-20 की अध्यक्षता ग्रहण की। तुर्की प्रेसीडेंसी शिखर सम्मेलन की प्राथमिकता को 'समावेशी और मजबूत आर्थिक विकास के लिए सामूहिक कार्रवाई' के रूप में बरकरार रखा गया है। यह तीन 'आई' (three 'I's) द्वारा व्यकत किया जा सकता है—विकास के लिए समावेशन (Inclusiveness), कार्यान्वयन (Implementation) और निवेश Investment। इस उद्देश्य की पूर्ति के लिए तीन स्तंभ होंगे:

[1] वैश्विक पुनर्प्राप्ति को मजबूत करना और क्षमता को बढ़ाना

[2] लचीलापन बढ़ाना

[3] स्थिरता को बढ़ावा देना

दसवां जी-20 राष्ट्र प्रमुख शिखर सम्मेलन, 15–16 नवंबर, 2015, बेलेक, अंताल्या, तुर्की (Tenth G-20 Heads of the States Summit, 15–16 November, 2015, Belek, Antalya, Turkey)

दसवें जी-20 शिखर सम्मेलन की पृष्ठभूमि काफ़ी तनावपूर्ण थी क्योंकि यह पेरिस पर आतंकवादी हमलों के तुरंत बाद हुआ था। यह जी-20 नेताओं की चर्चा का केंद्र बिंदु बन गया। आतंकवाद, बड़े पैमाने पर प्रवासन और वैश्विक शरणार्थी मुद्दे जी-20 नेताओं के लिए बड़ी चिंता का विषय थे और उन्होंने उन पर विस्तार से विचार-विमर्श किया। सीरिया, जिसकी सीमा अंताल्या के बहुत करीब है, भी एजेंडे में शीर्ष पर था। जलवायु परिवर्तन को संबोधित करने वाले बाली पैकेज के पूर्ण कार्यान्वयन पर भी चर्चा की गई और वे एक सफल पेरिस जलवायु सम्मेलन के लिए प्रतिबद्धता की आशा रखते थे। चूंकि वैश्विक आर्थिक विकास असमान है और उम्मीद से काफी कम हो रहा है, जी-20 नेताओं ने विकास और रोजगार सृजन को बढ़ावा देने के लिए ठोस कदमों पर चर्चा की। इसका उद्देश्य मजबूत, टिकाऊ और संतुलित वैश्विक आर्थिक विकास के साथ-साथ सर्व-समावेशी वैश्विक आर्थिक विकास हासिल करना है। जी-20 नेताओं ने वैश्विक वित्तीय प्रणाली को मजबूत करने के तरीकों के बारे में भी बात की। ये अंताल्या-एक्शन प्लान में परिलक्षित हुए जो वैश्विक आर्थिक सुधार हेतु निर्णायक कार्रवाई के लिए जी-20 की योजना प्रदान करता है।

ग्यारहवां जी-20 शिखर सम्मेलन, 4–5 सितंबर, 2016, हांग्झू, चीन (Eleventh G-20 Summit, 4–5 September, 2016, Hangzhou, China)

2016 जी-20 शिखर सम्मेलन 4–5 सितंबर, 2016 को चीन के हांगझू में आयोजित किया गया था। प्रमुख जोर सामूहिक उपाय करने और चुनौतियों का समाधान करने तथा बाजार कार्यों और समायोजन को बढ़ाने के लिए प्रभावी कदम उठाने पर था, जैसे कि अधिक जानकारी साझा करना और इस्पात उद्योगों के मामले में अतिरिक्त क्षमता के मुद्दे को संबोधित करने के लिए वैश्विक मंच बनाकर सहयोग को प्रोत्साहित करना। चीन, भारत और जापान जैसे प्रमुख इस्पात उत्पादक देशों के साथ-साथ अन्य जी-20 देशों ने संरचनात्मक समस्याओं और अतिरिक्त इस्पात क्षमता से निपटने का वादा किया है, जिसके कारण व्यापार और श्रम बाजार पर नकारात्मक प्रभाव पड़ा है।

बारहवां जी-20 शिखर सम्मेलन, 7–8 जुलाई, 2017, हैम्बर्ग, जर्मनी (Twelfth G-20 Summit, 7–8 July, 2017, Hamburg, Germany)

2017 जी-20 शिखर सम्मेलन 7-8 जुलाई, 2017 को हैम्बर्ग, जर्मनी में आयोजित किया गया था। जी-20 हैम्बर्ग एक्शन प्लान ने मजबूत, टिकाऊ, संतुलित और समावेशी विकास के साथ-साथ सदस्य देशों के बीच घनिष्ठ साझेदारी हासिल करने के लिए जी-20 की रणनीति को आगे बढ़ाया, जिससे आत्मविश्वास बढ़ेगा और साझा समृद्धि में योगदान मिलेगा।

तेरहवां जी-20 शिखर सम्मेलन, 30 नवंबर–1 दिसंबर, 2018, ब्यूनस आयर्स, अर्जेंटीना (Thirteenth G-20 Summit, 30 November–1 December, 2018, Buenos Aires, Argentina)

तेरहवें जी-20 शिखर सम्मेलन में विशेषकर अमेरिका के राष्ट्रपति डोनाल्ड ट्रंप के नेतृत्व को लेकर मतभेद स्पष्ट रूप से दिखे। यहां तक कि जी-20 शिखर सम्मेलन, 2018 की अंतिम घोषणा में, जिसका शीर्षक *निष्पक्ष और सतत विकास के लिए आम सहमति* (Building Consensus for Fair and Sustainable Development) बनाना है, पेरिस समझौते से हटने के संयुक्त राज्य अमेरिका के फैसले की फिर से पुष्टि की गई थी। बेशक अन्य सदस्यों ने पेरिस समझौते के पूर्ण कार्यान्वयन के लिए अपनी प्रतिबद्धता दोहराई। विशेषकर अमेरिका और चीन के बीच व्यापार और संरक्षणवाद को लेकर भी असहमति थी। शिखर सम्मेलन में जिन अन्य मुद्दों पर विचार किया गया उनमें डब्ल्यूटीओ में सुधार, आईएमएफ की कार्यप्रणाली, भ्रष्टाचार से लड़ना (भारत ने भगोड़े आर्थिक अपराधियों से निपटने के लिए 9 सूत्रीय एजेंडा प्रदान किया), लिंग अंतर को कम करने की दिशा में काम करना और वैश्विक महत्व के अन्य मुद्दे शामिल थे।

चौदहवां जी-20 शिखर सम्मेलन, 28–29 जून, 2019, ओसाका, जापान (Fourteenth G-20 Summit, 28–29 June, 2019, Osaka, Japan)

चौदहवें जी-20 शिखर सम्मेलन में आठ विषयों पर चर्चा हुई। वे वैश्विक अर्थव्यवस्था, पर्यावरण और ऊर्जा, नवाचार, व्यापार और निवेश, महिला सशक्तिकरण, विकास, रोजगार और स्वास्थ्य से संबंधित हैं। अमेरिका ने जलवायु परिवर्तन को लेकर पेरिस समझौते पर अपना रुख दोहराया। अन्य देश पेरिस समझौते के प्रति प्रतिबद्ध हैं। अमेरिका और चीन व्यापार वार्ता शुरू करने पर सहमत हुए। डब्ल्यूटीओ का आधुनिकीकरण, डिजिटल परिवर्तन, 2030 एजेंडा के प्रति प्रतिबद्धता के साथ-साथ असमानताओं और वृद्ध समाजों की चुनौतियां चर्चा के अन्य बिंदु थे।

पंद्रहवां जी-20 शिखर सम्मेलन, 21–22 नवंबर, 2020, रियाद, सऊदी अरब (Fifteenth G-20 Summit, 21–22 November, 2020, Riyadh, Saudi Arabia)

26 मार्च, 2020 को सऊदी अरब की अध्यक्षता में कोविड-19 पर एक असाधारण जी-20 शिखर सम्मेलन आयोजित किया गया था। इसके बाद, दूसरी बार जी-20 देश 21–22 नवंबर, 2020 को सऊदी प्रेसीडेंसी के तहत रियाद में मिले। रियाद घोषणा को अपनाया गया जिसने वर्तमान चुनौतियों का सामना करने और 21वीं सदी के अवसरों को साकार करने के लिए समन्वित वैश्विक कार्रवाई की आवश्यकता को रेखांकित किया। इसे लोगों को सशक्त बनाने, ग्रह की सुरक्षा करने और नई सीमाओं को आकार देने के माध्यम से हासिल किया जाएगा। घोषणापत्र में कोविड-19 के बाद एक मजबूत, टिकाऊ, संतुलित और समावेशी युग के निर्माण में दुनिया का नेतृत्व करने की प्रतिबद्धता का भी आह्वान किया गया।

सोलहवां जी-20 शिखर सम्मेलन, 30–31 अक्टूबर 2021, रोम, इटली (Sixteenth G-20 Summit, 30–31 October 2021, Rome, Italy)

सोलहवें जी-20 शिखर सम्मेलन में अपनाई गई जी-20 शीर्षलेख घोषणा में कोविड-19, सतत विकास और समावेशी विकास, महामारी के बाद वैश्विक आर्थिक सुधार, जलवायु परिवर्तन और लैंगिक समानता से संबंधित वैश्विक चुनौतियों को संबोधित किया गया।

सत्रहवां जी-20 शिखर सम्मेलन, 15 और 16 नवंबर 2022, बाली, इंडोनेशिया (Seventeenth G-20 Summit, 15–16 November 2022, Bali, Indonesia)

G-20 बाली शिखर सम्मेलन 2022, 20 देशों के समूह की सत्रहवीं बैठक थी, जो 15-16 नवंबर 2022 को नुसा दुआ, बाली, इंडोनेशिया में आयोजित की गई थी। 1 दिसंबर 2021 को हीं इंडोनेशिया ने जी 20 की अध्यक्षता संभाल ली थी। रूस द्वारा यूक्रेन के खिलाफ आक्रामक युद्ध शुरू करने के बाद से यह पहला G-20 शिखर सम्मेलन था और कोविड-19 (COVID-19) महामारी शुरू होने के बाद पहली पूर्ण रूप से नेताओं की प्रत्यक्ष बैठक थी। रूसी राष्ट्रपति व्लादिमीर पुतिन (Vladimir Putin) शिखर सम्मेलन में शामिल नहीं हुए और उनका प्रतिनिधित्व विदेश मंत्री सर्गेई लावरोव ने किया, यूक्रेनी राष्ट्रपति वलोडिमिर ज़ेलेंस्की (Volodymyr Zelenskyy) ने अतिथि के रूप में वीडियो-कॉन्फ्रेंस के माध्यम से भाग लिया। नेताओं की घोषणा में व्यक्त यूक्रेन पर रूस के आक्रमण की निंदा शिखर सम्मेलन में हावी रही, जो भूराजनीतिक तनाव, आर्थिक मंदी और बढ़ती खाद्य और ऊर्जा की कीमतों के समय हो रहा था। अंतिम विज्ञप्ति में वैश्विक स्वास्थ्य, संरचना, सतत ऊर्जा संक्रमण और डिजिटल परिवर्तन—इंडोनेशियाई जी-20 प्रेसीडेंसी की तीन प्राथमिकताओं से संबंधित आर्थिक उपायों और राजनीतिक प्रतिबद्धताओं की एक श्रृंखला भी शामिल है।

अठारहवाँ जी-20 शिखर सम्मेलन, 9–10 सितंबर, 2023, नई दिल्ली, भारत (Eighteenth G-20 Summit of 2023, 9–10 September, New Delhi, India)

अठारहवाँ G-20 शिखर सम्मेलन हाल ही में नई दिल्ली, भारत में संपन्न हुआ, जो देश द्वारा आयोजित पहला G-20 शिखर सम्मेलन है। शिखर सम्मेलन का विषय "वसुधैव कुटुंबकम" (*Vasudhaiva Kutumbakam*) था, जिसका अर्थ है "दुनिया एक परिवार है"। जी-20 नेताओं की नई दिल्ली घोषणा में रूस-यूक्रेन तनाव से लेकर सतत विकास, खाद्य सुरक्षा और वैश्विक जैव ईंधन गठबंधन शुरू करने जैसे विविध वैश्विक मुद्दों को संबोधित करते हुए सर्वसम्मत सहमति हासिल की गई।

ब्रिक्स (ब्राजील, रूस, भारत, चीन, दक्षिण अफ्रीका) (BRICS—Brazil, Russia, India, China, South Africa))

ब्रिक्स एक समूह का संक्षिप्त नाम था जो ब्राज़ील, रूस, भारत और चीन देशों को संदर्भित करता था। चीन और अन्य ब्रिक्स देशों द्वारा समूह में शामिल होने के लिए आमंत्रित किए जाने के बाद 24 दिसंबर 2010 को दक्षिण अफ्रीका को आधिकारिक तौर पर ब्रिक्स राष्ट्र के रूप में स्वीकार किया गया था। ब्रिक्स में कैपिटल "एस" "S" अब दक्षिण अफ्रीका के लिए है। अप्रैल 2011 में, दक्षिण अफ्रीका के राष्ट्रपति जैकब जुमा ने पूर्ण सदस्य के रूप में चीन के सान्या में 2011 ब्रिक्स शिखर सम्मेलन में भाग लिया। ब्रिक्स का और विस्तार हो सकता है और इसमें मैक्सिको और दक्षिण कोरिया को भी शामिल करने का प्रस्ताव है।

गोल्डमैन सैक्स बैंक ने भविष्यवाणी की है कि ब्राजील, रूस, भारत और चीन की आर्थिक क्षमता ऐसी है कि वे वर्ष 2050 तक चार सबसे प्रमुख अर्थव्यवस्थाओं में से एक बन सकते हैं। विकासशील ब्रिक्स (BRIC) देशों के इस मूल सहकारी गठबंधन के पीछे रूस के राष्ट्रपति व्लादिमीर पुतिन प्रेरक शक्ति थे। ब्रिक्स देश नियमित शिखर सम्मेलन स्तर की बैठकें आयोजित करते हैं। तालिका 21.2 में ब्रिक/ब्रिक्स शिखर सम्मेलनों की सूची दी गई है।

तालिका 21.2 ब्रिक्स शिखर सम्मेलनों की सूची

शिखर सम्मेलन	*सम्मेलन की तिथि*	*मेज़बान देश, शहर*	*मेज़बान राज्य प्रमुख*
पहला ब्रिक	16 जून 2009	रूस, येकातेरिनबर्ग	दिमित्री मेदवेदेव
दूसरा ब्रिक	16 अप्रैल 2010	ब्राज़ील, ब्रासीलिया	लुइज़ इनासिओ लूला दा सिल्वा
तीसरा ब्रिक्स	14 अप्रैल 2011	चीन, सान्या	हू जिंताओ
चौथा ब्रिक्स	29 मार्च 2012	भारत, नई दिल्ली	मनमोहन सिंह
5वां ब्रिक्स	26 मार्च 2013	दक्षिण अफ्रीका, डरबन	जैकब जुमा
छठा ब्रिक्स	14 जुलाई 2014	फोर्टालेज़ा और ब्रासीलिया, ब्राज़ील	डिल्मा रूसेफ
7वां ब्रिक्स	8 जुलाई 2015	बश्कोर्तोस्तान में ऊफ़ा, रूस	व्लादिमीर पुतिन
8वां ब्रिक्स	15 अक्टूबर 2016	गोवा, भारत	नरेंद्र मोदी
9वां ब्रिक्स	3 सितंबर 2017	ज़ियामेन, चीन	शी जिनपिंग
10वां ब्रिक्स शिखर सम्मेलन	25 जुलाई 2018	दक्षिण अफ्रीका, जोहान्सबर्ग	माटामेला सिरिल रामफोसा
11वां ब्रिक्स	13 नवंबर 2019	ब्राजील, ब्रासीलिया	जायर बोल्सोनारो
12वां ब्रिक्स	17 नवंबर 2020 (वर्चुअल माध्यम से वीडियो कॉन्फ्रेंसिंग)	सेंट पीटर्सबर्ग, रूस	व्लादिमीर पुतिन
13वां ब्रिक्स	9 सितंबर 2021 (वर्चुअल माध्यम से वीडियो कॉन्फ्रेंसिंग)	नई दिल्ली, भारत	नरेंद्र मोदी
14वां ब्रिक्स	23 जून 2022	बीज़ीग, चीन	शी जिनपिंग
15वां ब्रिक्स	22–24 अगस्त 2023	जोहनसबर्ग, दक्षिण अफ्रीका	सिरिल रामफोसा

2011 ब्रिक्स शिखर सम्मेलन 14 अप्रैल 2011 को चीन के हैनान द्वीप पर सान्या में हुआ और थीम थी **व्यापक दृष्टि, साझा समृद्धि** (Broad Vision, Shared Prosperity)। शिखर सम्मेलन का मुख्य एजेंडा ***वर्तमान अंतर्राष्ट्रीय परिदृश्य***, अंतर्राष्ट्रीय आर्थिक, वित्तीय और व्यापार मुद्दे, सतत विकास की चुनौतियाँ और ब्रिक्स देशों के बीच सहयोग था। शिखर सम्मेलन निम्नलिखित पर केंद्रित था:

1. संयुक्त राष्ट्र के तत्वावधान में आतंकवाद विरोधी कानून पर गतिरोध वाली वार्ता का शीघ्र निष्कर्ष, जो राज्यों के खिलाफ हिंसा में भाग लेने वाले अवैध समूहों के लिए वित्त पोषण को कम करेगा और उनके समर्थकों को धन, हथियार और सुरक्षित ठिकानों की पहुंच से वंचित करेगा।
2. संयुक्त राष्ट्र सुरक्षा परिषद में सुधार
3. अमेरिकी डॉलर में ऋण से निकासी समूहों ने अपनी राष्ट्रीय मुद्राओं में एक दूसरे को क्रडिट देने के अपने फैसले की घोषणा की
4. लीबियाई संघर्ष को समाप्त करने का आग्रह।

ब्रिक्स देशों के नेताओं ने नाटो के हवाई हमलों के बारे में आशंका व्यक्त की और लीबिया में दो महीने से चल रहे संघर्ष को समाप्त करने का आग्रह किया। गौरतलब है कि 2011 में सभी पांच सदस्य यूएनएससी में मौजूद थे, दो स्थायी सदस्य के रूप में और अन्य तीन गैर-स्थायी सदस्य के रूप में और इन सभी ने लीबिया में 'नो-फ्लाई जोन' की स्थापना को अधिकृत करने वाले प्रस्ताव 1973 पर मतदान से परहेज किया था।

सान्या घोषणापत्र में कहा गया है कि आर्थिक, वित्तीय और व्यापार मामलों में सहयोग करके, ब्रिक्स देश यह सुनिश्चित करेंगे कि वे वैश्विक आर्थिक उतार-चढ़ाव की अनिश्चितताओं से अप्रभावित रहकर मजबूत और निरंतर आर्थिक विकास का आनंद लें। सान्या शिखर सम्मेलन ने अंतर्राष्ट्रीय मौद्रिक और वित्तीय प्रणाली में सुधार और उन्नति पर जोर दिया और *विशेष आहरण अधिकार* (एसडीआर) (Special Drawing Rights—SDR) की शुरूआत का भी प्रस्ताव रखा, जिसे पूर्व निर्धारित दर पर डॉलर के साथ बदला जा सकता है। इससे ब्रिक्स देशों को वैश्विक मुद्रा के रूप में डॉलर का प्रतिस्थापन नहीं तो एक विकल्प मिल जाएगा। ब्रिक्स देश डॉलर के बजाय राष्ट्रीय मुद्राओं में ऋणों के पारस्परिक भुगतान की भी कल्पना करते हैं। वे मूल्य अस्थिरता को रोकने के लिए सख्त अंतर्राष्ट्रीय वित्तीय विनियमन और नीति समन्वय को मजबूत करने और अंतर्राष्ट्रीय वित्तीय और बैंकिंग प्रणालियों के कामकाज की जांच के लिए वित्तीय विनियमन और सहयोग का प्रस्ताव करते हैं।

भारत ने प्रधान मंत्री डॉ. मनमोहन सिंह के नेतृत्व में 29 मार्च 2012 को नई दिल्ली में चौथे ब्रिक्स शिखर सम्मेलन की मेजबानी की। सुश्री डिल्मा रूसेफ, ब्राज़ील की राष्ट्रपति; रूस के राष्ट्रपति श्री दिमित्री मेदवेदेव, चीन के राष्ट्रपति श्री हू जिंताओ; और दक्षिण अफ्रीका के राष्ट्रपति श्री जैकब जुमा ने शिखर सम्मेलन में भाग लिया। शिखर सम्मेलन का विषय ***वैश्विक स्थिरता, सुरक्षा और समृद्धि के लिए ब्रिक्स की साझेदारी*** (BRICS Partnership for Global Stability, Security and Prosperity) था।

शिखर सम्मेलन के अंत में ***दिल्ली घोषणा*** पत्र जारी किया गया, जिसमें वैश्विक और क्षेत्रीय महत्व के विभिन्न आर्थिक और राजनीतिक मुद्दों पर ब्रिक्स देशों की साझा स्थिति को सामने रखा गया। घोषणापत्र में दिल्ली एक्शन प्लान शामिल है जो आगे के सहयोग के लिए ब्रिक्स की भारत की अध्यक्षता में की जाने वाली गतिविधियों पर प्रकाश डालता है। नेताओं ने अपनी चर्चा वैश्विक शासन के मुद्दों—राजनीतिक (UN) और आर्थिक (IMF and World Bank) दोनों पर केंद्रित की। उन्होंने वैश्विक आर्थिक और वित्तीय स्थिति को भी कवर किया, जिसमें यूरोज़ोन संप्रभु ऋण संकट के साथ-साथ अफगानिस्तान, ईरान, सीरिया आदि में विकास जैसे राजनीतिक मुद्दों पर विशेष ध्यान दिया गया। दिल्ली घोषणापत्र ने सतत विकास की दिशा

में ब्रिक्स प्रयासों पर भी ध्यान केंद्रित किया और अक्टूबर 2012 में ब्राजील में रियो+20 और हैदराबाद में आयोजित होने वाले जैविक विविधता सम्मेलन (सीबीडी-सीओपी11) (Convention of Biological Diversity, CBD-COP11) के लिए पार्टियों के सम्मेलन के लिए जमीन तैयार की।

लॉस काबोस में जी-20 शिखर सम्मेलन के औपचारिक उद्घाटन से पहले ब्रिक्स नेताओं ने 18 जून 2012 को एक अनौपचारिक बैठक की। अन्य मुद्दों के अलावा नेताओं ने राष्ट्रीय मुद्राओं के बीच अदला-बदली व्यवस्था के साथ-साथ रिजर्व पूलिंग पर भी चर्चा की। वे इस बात पर सहमत हुए कि जी-20 को यूरोजोन संकट से निपटने के लिए गंभीर कदम उठाने चाहिए। इसलिए एक संवाद मंच के रूप में ब्रिक्स के महत्व को नकारा नहीं जा सकता। यदि सदस्य अंतर्राष्ट्रीय मुद्दों से निपटने के लिए इस समन्वय और सहयोग को बनाए रखने में सक्षम होंगे, तो ब्रिक्स सफल होगा।

पांचवां ब्रिक्स शिखर सम्मेलन 26–27 मार्च, 2013, डरबन, दक्षिण अफ्रीका (Fifth BRICS Summit 26–27 March, 2013, Durban, South Africa)

पांचवें ब्रिक्स शिखर सम्मेलन की मेजबानी दक्षिण अफ्रीका ने की थी और यह 26–27 मार्च 2013 के दौरान डरबन में आयोजित किया गया था। डरबन शिखर सम्मेलन के साथ, ब्रिक्स ने सभी सदस्य देशों द्वारा शिखर सम्मेलन की मेजबानी का पहला चक्र पूरा कर लिया। दक्षिण अफ्रीका में ब्रिक्स शिखर सम्मेलन का आयोजन अफ्रीकी एकता संगठन (Organization of African Unity), जिसे अब अफ्रीकी संघ (African Union) का नाम दिया गया है, की 50वीं वर्षगांठ समारोह के साथ मनाया गया। नए विकास बैंक, *आकस्मिक रिजर्व व्यवस्था (*सीआरए*)*(Contingent Reserve Arrangement—CRA), ब्रिक्स थिंक टैंक और ब्रिक्स बिजनेस काउंसिल की स्थापना के संबंध में ऐतिहासिक निर्णय लिए गए। ब्रिक्स इंटरबैंक सहयोग तंत्र के तत्वावधान में दो समझौते संपन्न हुए।

1. अफ्रीका के लिए ब्रिक्स बहुपक्षीय बुनियादी ढांचा सह-वित्तपोषण समझौता पूरे अफ्रीकी महाद्वीप में बुनियादी ढांचा परियोजनाओं के लिए सह-वित्तपोषण व्यवस्था की स्थापना का मार्ग प्रशस्त करता है।
2. ब्रिक्स बहुपक्षीय सहयोग और सतत विकास के लिए सह-वित्तपोषण समझौता जैसे द्विपक्षीय समझौतों का उद्देश्य देशों के बीच विशेष रूप से सतत विकास और हरित अर्थव्यवस्था तत्वों के लिए सहयोग और सह-वित्तपोषण व्यवस्था स्थापित करना है।

ब्रिक्स देशों ने अंतर्राष्ट्रीय मुद्रा कोष में सुधार और 2014 में विश्व व्यापार संगठन के महानिदेशक पद के लिए चुनाव की मांग की अपनी स्थिति दोहराई।

छठा ब्रिक्स शिखर सम्मेलन, 14–16 जुलाई, 2014, फोर्टालेज़ा और ब्रासीलिया, ब्राज़ील (Sixth BRICS Summit, 14–16 July, 2014, Fortaleza and Brasilia, Brazil)

छठा ब्रिक्स शिखर सम्मेलन ब्राजील द्वारा 14–16 जुलाई 2014 के दौरान फोर्टालेज़ा और ब्रासीलिया में आयोजित किया गया था। इस शिखर सम्मेलन में न्यू डेवलपमेंट बैंक का आधिकारिक उद्घाटन हुआ। ब्रिक्स नेताओं ने 16–17 जुलाई 2014 को यूनियन ऑफ साउथ अमेरिकन नेशंस (UNASUR) के ग्यारह नेताओं से भी मुलाकात की। शिखर सम्मेलन के परिणाम दस्तावेज़ (outcome documents) जिन्हें

एथेकविनी घोषणा और फोर्टालेज़ा कार्य योजना (*eThekwini Declaration and Fortaleza Action Plan*) के रूप में जाना जाता है, शिखर सम्मेलन के समापन पर अपनाया गया।

सातवां ब्रिक्स शिखर सम्मेलन, 8–9 जुलाई, 2015, ऊफ़ा, बश्कोर्तोस्तान, रूस (Seventh BRICS Summit, 8–9 July, 2015, Ufa, Bashkortostan, Russia)

सातवें ब्रिक्स शिखर सम्मेलन की मेजबानी रूस ने उफा में की। यहां नेताओं ने बढ़ते आतंकवाद, भारत, ब्राजील और दक्षिण अफ्रीका को संयुक्त राष्ट्र सुरक्षा परिषद के स्थायी सदस्यों के रूप में शामिल करने, यूक्रेन मुद्दे और रूस पर पश्चिम द्वारा प्रतिबंध लगाने, जलवायु परिवर्तन, व्यापक दक्षिण-दक्षिण सहयोग, में सहयोग जैसे मुद्दों पर विचार-विमर्श किया। वैज्ञानिक अनुसंधान और नवाचार पहल, संयुक्त राष्ट्र में विश्वास की पुष्टि करते हुए जिसने वर्ष 2015 में अपनी स्थापना की 70वीं वर्षगांठ मनाई और अन्य मुद्दों के अलावा विश्व युद्ध की समाप्ति की 70वीं वर्षगांठ पर द्वितीय विश्व युद्ध के पीड़ितों को भी याद किया। यह ध्यान दिया जाना चाहिए कि ब्रिक्स शिखर सम्मेलन जी-20 देशों के प्रमुखों के शिखर सम्मेलन से पहले हुआ था। ब्रिक्स नेताओं ने उभरती अर्थव्यवस्थाओं को बढ़ावा देने के लिए नए विकास बैंकों के साथ-साथ 100 अरब डॉलर के तरलता आरक्षित कोष की स्थापना में हुई प्रगति की समीक्षा की। प्रधानमंत्री नरेंद्र मोदी ने जोर दिया कि भारत ब्रिक्स राष्ट्रों की 50 बिलियन डॉलर की न्यू डेवेलपमेंट बैंक का नेतृत्व करेगा, जो ब्रिक्स की पहल का हिस्सा है और विश्व बैंक के एक विकल्प की स्थापना के प्रयासों का हिस्सा है। इसका मुख्य उद्देश्य दुनिया की विशेष रूप से उभरती अर्थव्यवस्थाओं की "समावेशी और उत्तरदायी" जरूरतों को पूरा करना होगा।

आठवां ब्रिक्स शिखर सम्मेलन, 15–16 अक्टूबर 2016, गोवा, भारत (Eighth BRICS Summit, 15–16 October 2016, Goa, India)

आठवां ब्रिक्स शिखर सम्मेलन भारत के गोवा में आयोजित किया गया था। भारत ने फरवरी से दिसंबर 2016 तक ब्रिक्स की अध्यक्षता की। इस आठवें शिखर सम्मेलन का विषय "उत्तरदायी, समावेशी और सामूहिक समाधान का निर्माण" (Building Responsive, Inclusive and Collective Solutions) था। गोवा घोषणापत्र में मजबूत, सतत, संतुलित और समावेशी विकास के लक्ष्य को प्राप्त करने के लिए व्यक्तिगत और सामूहिक रूप से सभी नीतिगत साधनों, मौद्रिक, राजकोषीय और संरचनात्मक, का उपयोग करने के सदस्य देशों के दृढ़ संकल्प की पुष्टि की गई। गोवा घोषणापत्र में समतापूर्ण अंतर्राष्ट्रीय व्यवस्था की दिशा में काम करने, लैंगिक समानता की दिशा में काम करने, सतत विकास के लिए एजेंडा 2030 को लागू करने की प्रतिज्ञा, बिम्सटेक देशों के साथ जुड़ने, वर्तमान सुरक्षा चुनौतियों का सामना करने, विवादों के सामूहिक और शांतिपूर्ण समाधान, कई अन्य लक्ष्यों के बीच मध्य पूर्व और उत्तरी अफ्रीका, अफगानिस्तान पर चिंता व्यक्त करने में ब्रिक्स देशों के विश्वास और प्रतिबद्धताओं पर भी प्रकाश डाला गया।

हालाँकि, आतंकवादी संगठनों के नामकरण को लेकर कड़ी लड़ाई हुई। संगठनों के नामकरण में भारत की मजबूत आवाज के बावजूद चीन पाकिस्तान के आतंकी संबंधों को बचाने में सक्षम था। रूस भी भारत के मामले का समर्थन करने में अनिच्छुक था और इसके परिणामस्वरूप एक घोषणा को अपनाया गया जो संयुक्त राष्ट्र द्वारा आतंकवादी संस्थाओं के रूप में नामित पाकिस्तान स्थित आतंकवादी संगठनों के नामों का उल्लेख करने में विफल रहा।

नौवां ब्रिक्स शिखर सम्मेलन, 3–5 सितंबर 2017, ज़ियामेन, चीन (Ninth BRICS Summit, 3–5 September 2017, Xiamen, China)

नौवें ब्रिक्स शिखर सम्मेलन की मेजबानी चीन ने सितंबर, 2017 में ज़ियामेन में की थी। ज़ियामेन घोषणापत्र की सबसे उल्लेखनीय बात यह रही है कि पहली बार पाकिस्तान स्थित आतंकी संगठनों जैसे लश्कर, हक्कानी नेटवर्क और जैश को आतंकी चिंताओं के रूप में नामित किया गया था। घोषणापत्र में आतंकवाद के संकट से निपटने के लिए एक व्यापक दृष्टिकोण का आह्वान किया गया।

दसवां ब्रिक्स शिखर सम्मेलन, 25–27 जुलाई, 2018, जोहान्सबर्ग, दक्षिण अफ्रीका (Tenth BRICS Summit, 25–27 July, 2018, Johannesburg, South Africa)

दसवां ब्रिक्स शिखर सम्मेलन अफ्रीका में ब्रिक्स: **चौथी औद्योगिक क्रांति में समावेशी विकास और साझा समृद्धि के लिए सहयोग** (BRICS in Africa: Collaboration for Inclusive Growth and Shared Prosperity in the 4th Industrial Revolution) विषय के तहत आयोजित किया गया था। जोहान्सबर्ग घोषणा में बहुपक्षवाद पर विश्वास और बढ़ते एकपक्षवाद के बारे में आशंकाओं को दोहराया गया। जिन अन्य विषयों पर प्रकाश डाला गया उनमें जलवायु परिवर्तन, सतत विकास, कृषि, ऊर्जा, पर्यावरण, जनसंख्या, आतंकवाद [यूएनजीए द्वारा अंतर्राष्ट्रीय आतंकवाद पर व्यापक सम्मेलन (सीसीआईटी) (Comprehensive Convention on International Terrorism—CCIT) को अंतिम रूप देना और अपनाना], अंतर्राष्ट्रीय शांति सुरक्षा, अर्थव्यवस्था, व्यापार, भ्रष्टाचार आदि शामिल थे।

ग्यारहवां ब्रिक्स शिखर सम्मेलन, 13–14 नवंबर, 2019, ब्रासीलिया, ब्राजील (Eleventh BRICS Summit, 13–14 November, 2019, Brasilia, Brazil)

ग्यारहवें ब्रिक्स शिखर सम्मेलन का विषय **नवोन्मेषी भविष्य के लिए आर्थिक विकास** (Economic Growth for an Innovative Future) था। शिखर सम्मेलन के अंत में अपनाई गई **ब्रासीलिया घोषणा** (Brasilia Declaration) में बहुपक्षवाद, संयुक्त राष्ट्र, डब्ल्यूटीओ और आईएमएफ जैसे बहुपक्षीय संगठनों के सुधार, विश्व मामलों में संयुक्त राष्ट्र की केंद्रीय भूमिका, अंतर्राष्ट्रीय कानून के लिए सम्मान, सतत विकास, 2030 एजेंडा के कार्यान्वयन, पेरिस समझौता, जैविक और जहरीले हथियारों पर चिंता, बाहरी अंतरिक्ष में हथियारों की दौड़, आतंकवाद से निपटना आदि जैसे मुद्दों पर प्रकाश डाला गया।

बारहवें ब्रिक्स शिखर सम्मेलन (2020) का विषय "***वैश्विक स्थिरता, साझा सुरक्षा और अभिनव विकास के लिए साझेदारी***" (Partnership for Global Stability, Shared Security and Innovative Growth) था।

तेरहवें ब्रिक्स शिखर सम्मेलन (2021) का विषय "***ब्रिक्स @ 15: निरंतरता, समेकन और आम सहमति के लिए इंट्रा-ब्रिक्स सहयोग***" ("BRICS @ 15: Intra-BRICS Cooperation for Continuity, Consolidation and Consensus) था। भारत की मेजबानी में प्रधान मंत्री नरेंद्र मोदी ने '*बिल्ड-बैक रेजिलिएंटली, इनोवेटिवली, क्रेडिबिली एंड सस्टेनेबल*' (Build-back Resiliently, Innovatively, Credibly and Sustainably) के आदर्श वाक्य के तहत ब्रिक्स सहयोग बढ़ाने का आह्वान किया।

2022 ब्रिक्स शिखर सम्मेलन चौदहवां वार्षिक ब्रिक्स शिखर सम्मेलन है, एक अंतराष्ट्रीय संबंध सम्मेलन जिसमें पांच सदस्य देशों ब्राजील, रूस, भारत, चीन और दक्षिण अफ्रीका के राष्ट्राध्यक्षों या सरकार के प्रमुखों ने भाग लिया। यह तीसरी बार था जब चीन ने 2011 और 2017 के बाद ब्रिक्स शिखर सम्मेलन की मेजबानी की। शिखर सम्मेलन को वस्तुतः वीडियो कॉन्फ्रेंस द्वारा आयोजित किया गया था।

शिखर सम्मेलन में एक प्रमुख विकास एक नई, टोकरी प्रकार की आरक्षित मुद्रा का निर्माण था। मुद्रा, ब्रिक्स मुद्राओं को जोड़ती है और कीमती धातुओं द्वारा समर्थित है।

पंद्रहवां ब्रिक्स शिखर सम्मेलन 22–24 अगस्त, 2023 को जोहान्सबर्ग, दक्षिण अफ्रीका में ब्रिक्स और अफ्रीका: पारस्परिक रूप से त्वरित विकास, सतत विकास और समावेशी बहुपक्षवाद के लिए साझेदारी विषय के तहत हुआ।

भारत-ब्राजील-दक्षिण अफ्रीका (आईबीएसए) त्रिपक्षीय (India-Brazil-South Africa (IBSA) Trilateral)

आईबीएसए (IBSA) दक्षिण-दक्षिण सहयोग और आदान-प्रदान को बढ़ावा देने के लिए भारत, ब्राजील और दक्षिण अफ्रीका के बीच एक त्रिपक्षीय, विकासात्मक पहल है। 2003 में एवियन (Evian) में हुई जी-8 बैठक के दौरान, आईबीएसए देशों के राष्ट्राध्यक्षों और शासनाध्यक्षों ने इस त्रिपक्षीय पहल का विचार रखा। इसके बाद त्रिपक्षीय परामर्श हुआ और अंततः, त्रिपक्षीय ने तब ठोस आकार लिया जब संबंधित देशों के विदेश मंत्रियों की 6 जून 2003 को ब्रासीलिया में बैठक हुई। दक्षिण अफ्रीका के मंत्री नकोसाजाना दलामिनी जुमा, ब्राजील के सेल्सो अमोरिम और भारत के यशवंत सिन्हा के बीच इस बैठक में, ब्रासीलिया घोषणा को अपनाने के माध्यम से आईबीएसए संवाद मंच के शुभारंभ को औपचारिक रूप दिया गया।

आईबीएसए संवाद मंच के मुख्य उद्देश्य इस प्रकार हैं:

1. अंतर्राष्ट्रीय महत्व के मुद्दों पर दक्षिण-दक्षिण संवाद, सहयोग और आम स्थिति को बढ़ावा देना
2. उन तीन क्षेत्रों के बीच व्यापार और निवेश के अवसरों को बढ़ावा देना, जिनका वे हिस्सा हैं
3. अंतर्राष्ट्रीय गरीबी उन्मूलन और सामाजिक विकास को बढ़ावा देना
4. सूचना, अंतर्राष्ट्रीय सर्वोत्तम पद्धति, प्रौद्योगिकियों और कौशल के त्रिपक्षीय आदान-प्रदान को बढ़ावा देने के साथ-साथ सामूहिक तालमेल में एक-दूसरे की प्रतिस्पर्धी शक्तियों की सराहना करना।
5. कृषि, जलवायु परिवर्तन, संस्कृति, रक्षा, शिक्षा, ऊर्जा, स्वास्थ्य, सूचना समाज, विज्ञान और प्रौद्योगिकी, सामाजिक विकास, व्यापार और निवेश, पर्यटन और परिवहन जैसे व्यापक क्षेत्रों में सहयोग को बढ़ावा देना।

आईबीएसए डायलॉग फोरम में वरिष्ठ अधिकारी (Focal Point), मंत्रिस्तरीय (त्रिपक्षीय संयुक्त आयोग) (Trilateral Joint Commission) और राज्य और/या सरकार के प्रमुख (शिखर सम्मेलन) (Summit) स्तरों पर नियमित परामर्श होता है, लेकिन यह शिक्षाविदों, व्यापार और नागरिक समाज के अन्य सदस्यों के बीच बातचीत की सुविधा भी प्रदान करता है। तालिका 21.3 में आईबीएसए शिखर सम्मेलनों की सूची दी गई है।

तालिका 21.3 आईबीएसए शिखर सम्मेलनों की सूची

शिखर सम्मेलन	*तिथि*	*मेज़बान देश, शहर*	*मेज़बान राज्य प्रमुख*
प्रथम आईबीएसए	13 सितम्बर 2006	ब्राज़ील, ब्रासीलिया	लुइज़ इनासिओ लूला दा सिल्वा
दूसरा आईबीएसए	अक्टूबर 2007	दक्षिण अफ्रीका, प्रिटोरिया	थाबो मबेकी
तीसरा आईबीएसए	अक्टूबर 2008	नई दिल्ली, भारत	मनमोहन सिंह
चौथा आईबीएसए	15 अप्रैल 2010	ब्राज़ील, ब्रासीलिया	लुइज़ इनासिओ लूला दा सिल्वा
पाँचवां आईबीएसए	अक्टूबर 2011	दक्षिण अफ्रीका, प्रिटोरिया	जैकब जुमा
छठा आईबीएसए	6 जून 2013	भारत, नई दिल्ली	मनमोहन सिंह
सातवां आईबीएसए	17 अक्टूबर, 2017	दक्षिण अफ्रीका, डरबन	मैती न्कोआना माशाबाने

आईबीएसए देशों के सहयोग के क्षेत्र मुख्य रूप से कृषि, जलवायु परिवर्तन, संस्कृति, रक्षा, शिक्षा, ऊर्जा, स्वास्थ्य, सूचना समाज, विज्ञान और प्रौद्योगिकी, सामाजिक विकास, व्यापार और निवेश, पर्यटन और परिवहन हैं। वैश्विक मंदी की पृष्ठभूमि में, तीसरा आईबीएसए शिखर सम्मेलन 2008 में नई दिल्ली में आयोजित किया गया था। इसलिए इस शिखर सम्मेलन का मुख्य जोर वित्तीय संकट के साथ-साथ ऊर्जा और खाद्य सुरक्षा, डब्ल्यूटीओ, जलवायु परिवर्तन और आतंकवाद पर था। 2015 तक 25 बिलियन अमेरिकी डॉलर का त्रिपक्षीय व्यापार लक्ष्य हासिल करने का लक्ष्य रखा गया था। ब्राजील में आयोजित चौथे आईबीएसए शिखर सम्मेलन में ब्रासीलिया घोषणा के साथ दो दस्तावेजों को अपनाया गया। एक थी सामाजिक विकास रणनीतियाँ और दूसरी थी भारत, ब्राज़ील और दक्षिण अफ्रीका में कृषि सहयोग का भविष्य। विज्ञान, प्रौद्योगिकी और नवाचार तथा सौर ऊर्जा से संबंधित दो समझौता ज्ञापनों पर भी हस्ताक्षर किए गए।

आईबीएसए एक तेजी से उभरती हुई त्रिपक्षीय पहल है और इसमें काफी संभावनाएं हैं। आईबीएसए समान लोगों के बीच साझेदारी की कल्पना करता है, और यदि यह सफलतापूर्वक अपनी साख साबित कर सकता है, तो सदस्य देश अंतर्राष्ट्रीय क्षेत्र में भी महत्वपूर्ण भूमिका निभाएंगे। ये तीन आईबीएसए देश वे हैं जो यूएनएससी में स्थायी सदस्यता के लिए अपनी दावेदारी भी आगे बढ़ा रहे हैं। इसलिए, इस त्रिपक्षीय स्तर पर एक मजबूत संबंध बनाने से निश्चित रूप से उन्हें इन तीन देशों की आम चिंताओं के मामलों पर अंतर्राष्ट्रीय स्तर पर अपने विचारों को आगे बढ़ाने का लाभ मिलेगा।

भारत ने 6 जून 2013 को नई दिल्ली में छठे आईबीएसए शिखर सम्मेलन की मेजबानी की, जिसके पहले संयुक्त कार्य समूहों और लोगों से लोगों के मंचों की कई बैठकें हुईं। यह शिखर सम्मेलन बहुत महत्वपूर्ण था क्योंकि इसने संवाद मंच की स्थापना के 10 वर्ष पूरे होने और ***ब्रासीलिया घोषणा की 10वीं वर्षगांठ*** को चिह्नित किया। आईबीएसए सदस्यों ने दक्षिण-दक्षिण सहयोग को बढ़ावा देने और एजेंडा को न भूलने की अपनी प्रतिज्ञा दोहराई। उन्होंने तीन चिंताजनक क्षेत्रों के बारे में बात की जहां सहयोग विकसित किया जा सकता है जैसे अन्य लोकतंत्रों तक पहुंचना, आईबीएसए के लोकतांत्रिक अनुभवों को साझा करना और महासागर प्रशासन के लिए नया प्रारूप विकसित करना। अब समय आ गया है कि वे आईबीएसए के परिपक्व होने और परिणाम देने के बारे में सोचें।

क्षेत्रीय सहयोग के लिए हिंद महासागर रिम एसोसिएशन (आईओआर-एआरसी)/हिंद महासागर रिम एसोसिएशन (आईओआरए) (Indian Ocean Rim Association for Regional Cooperation (IOR-ARC)/Indian Ocean Rim Association—IORA)

मॉरीशस सरकार ने हिंद महासागर परिधि (Indian Ocean Rim) के देशों के बीच आर्थिक सहयोग बढ़ाने की मांग की। इसलिए, इसने मार्च 1995 में एक बैठक बुलाई जिसमें ऑस्ट्रेलिया, भारत, केन्या, मॉरीशस, ओमान सल्तनत, सिंगापुर और दक्षिण अफ्रीका के सरकार, व्यावसायिक क्षेत्रों और शिक्षा जगत के प्रतिनिधियों ने भाग लिया, जिन्हें "कोर ग्रुप स्टेट्स" (Core Group States) एम-7 के रूप में जाना जाता है। इस बैठक से जो बात निकलकर सामने आई वह ***व्यापार उदारीकरण और व्यापार सहयोग को बढ़ावा देने के उद्देश्यों के साथ खुले क्षेत्रवाद और सदस्यता की समावेशिता के सिद्धांतों का अभ्यास करने की दृष्टि से एक संयुक्त वक्तव्य था। गतिविधियां व्यापार सुविधा, निवेश संवर्धन और आर्थिक सहयोग पर केंद्रित होंगी।*** आईओआर-एआरसी (IOR-ARC) को औपचारिक रूप से 6-7 मार्च 1997 को मॉरीशस में पहली मंत्रिस्तरीय बैठक में लॉन्च किया गया था। इस बैठक ने आईओआर-एआरसी चार्टर को अपनाया और कई प्रशासनिक और प्रक्रियात्मक मामलों का निर्धारण किया।

हिंद महासागर परिधि के सभी संप्रभु राज्य सदस्यता के लिए पात्र हैं। सदस्य बनने के लिए, राज्यों को चार्टर में निहित सिद्धांतों और उद्देश्यों का पालन करना होगा। सदस्य देश संघ की सदस्यता के विस्तार पर निर्णय ले सकते हैं। आईओआर-एआरसी (IOR-ARC के सदस्य देश ऑस्ट्रेलिया, बांग्लादेश, भारत, इंडोनेशिया, ईरान, केन्या, मेडागास्कर, मलेशिया, मॉरीशस, मोज़ाम्बिक, ओमान, सिंगापुर, दक्षिण अफ्रीका, श्रीलंका, तंजानिया, थाईलैंड, संयुक्त अरब अमीरात और यमन हैं। सेशेल्स ने जुलाई 2003 में एसोसिएशन से अपनी वापसी की घोषणा की, लेकिन नवंबर 2011 में फिर से शामिल हो गया और सदस्यता की संख्या 19 हो गई। संवाद भागीदार चीन, मिस्र, फ्रांस, जापान, यूनाइटेड किंगडम हैं। *आईओआर-एआरसी पर्यवेक्षक वर्तमान में हिंद महासागर पर्यटन संगठन* (आईओटीओ) (Indian Ocean Tourism Organization—IOTO) और *हिंद महासागर अनुसंधान समूह (आईओआरजी)* (Indian Ocean Research Group—IORG) तक सीमित हैं।

आईओआर-एआरसी गतिविधियों में साझा हितों वाले सदस्य देशों द्वारा संचालित कई चालू परियोजनाएं और कार्य कार्यक्रम शामिल हैं, जो सभी तीन अलग-अलग कार्य समूहों की छत्रछाया में हैं। ये *व्यापार और निवेश पर कार्य समूह* (डब्ल्यूजीटीआई) (Working Group on Trade and Investment—WGTI), *हिंद महासागर रिम बिजनेस फोरम* (आईओआरबीएफ) (Indian Ocean Rim Business Forum—IORBF), और *हिंद महासागर रिम अकादमिक समूह* (आईओआरएजी) (Indian Ocean Rim Academic Group—IORAG) हैं। एसोसिएशन हर दो साल में एक बार मंत्रिपरिषद की बैठक आयोजित करती है। कार्य समूहों में व्यावसायिक और शैक्षणिक प्रतिनिधि हैं जो यह सुनिश्चित करते हैं कि विभिन्न दृष्टिकोण और रुचियां आईओआर-एआरसी के कार्य कार्यक्रम में पूरी तरह से प्रतिबिंबित हों।

आईओआर-एआरसी *कार्य योजना* (Action Plan) आईओआर-एआरसी चार्टर के अनुच्छेद 3.2 (Article 3.2) में वर्णित एक दृष्टिकोण है। आईओआर-एआरसी का लक्ष्य व्यापार सुविधा, संवर्धन और उदारीकरण से संबंधित आर्थिक सहयोग के लिए परियोजनाएं तैयार करना और लागू करना है; गैर-भेदभावपूर्ण आधार पर विदेशी निवेश, वैज्ञानिक और तकनीकी आदान-प्रदान और पर्यटन, प्राकृतिक व्यक्तियों और सेवा प्रदाताओं की आवाजाही को बढ़ावा देना; और बुनियादी ढांचे और मानव संसाधनों का

विकास, जैसा कि एसोसिएशन के कार्य कार्यक्रम में निर्धारित किया गया है। (आईओआर-एआरसी चार्टर का अनुच्छेद 3.2 (Article 3.2))

भारत न केवल आर्थिक गतिविधियों के लिए बल्कि समुद्री डकैती के खतरे का मुकाबला करने के लिए भी हिंद महासागर के तटीय देशों तक पहुंचने में रुचि रखता है। भारत लोगों से लोगों (people-to-people) के बीच संपर्क और भारत तथा रिम देशों के बीच अधिक संयुक्त परियोजनाओं का भी आह्वान करता है। भारत सरकार *इंडियन ओशन रिम एसोसिएशन फॉर रीजनल कोऑपरेशन (आईओआर-एआरसी)* (Indian Ocean Rim Association for Regional Cooperation—IOR-ARC) छात्रवृत्ति योजना के तहत शैक्षणिक वर्ष 2011–2012 के लिए केवल स्नातकोत्तर पाठ्यक्रमों के लिए मलेशिया के मेधावी छात्रों को छात्रवृत्ति प्रदान कर रही है। *भारतीय सांस्कृतिक संबंध परिषद (आईसीसीआर)* (Indian Council for Cultural Relations—ICCR) छात्रवृत्ति कार्यक्रम का संचालन करती है। *क्षेत्रीय सहयोग के लिए पहला हिंद महासागर रिम एसोसिएशन (आईओआर-एआरसी)* (Indian Ocean Rim Association for Regional Cooperation—IOR-ARC) फिल्म महोत्सव 22 फरवरी 2008 को नई दिल्ली में आयोजित किया गया था। भारत ने मार्च 2007 में आयोजित IOR-ARC की 7वीं मंत्रिपरिषद बैठक में इस महोत्सव की मेजबानी की पेशकश की थी।

आईओआर-एआरसी को समुद्री सहयोग में और अधिक संलग्न होना चाहिए जिस पर बहुत कम ध्यान दिया गया है और यह केवल बंदरगाहों के विकास, उन्नयन और प्रबंधन तक ही सीमित है। हिंद महासागर नशीली दवाओं और हथियारों के लिए एक महत्वपूर्ण चैनल बनाता है। अफगानिस्तान, ईरान और पाकिस्तान, 'गोल्डन क्रिसेंट' (Golden Crescent) बनाते हैं और दो सदस्य देश, ईरान और पाकिस्तान इसका हिस्सा हैं। इसके अलावा म्यांमार और थाईलैंड म्यांमार, वियतनाम, लाओस और थाईलैंड को शामिल करते हुए 'स्वर्ण त्रिभुज' (Golden Triangle) का हिस्सा हैं। 'गोल्डन क्रिसेंट' और गोल्डन ट्राईएंगल' दोनों अवैध दवा उत्पादन के लिए कुख्यात हैं। इसलिए, नार्को-आतंकवाद, हथियार चलाने और समुद्री डकैती जैसे अंतर्राष्ट्रीय खतरों के मुद्दों पर ध्यान देने की प्रमुख आवश्यकता है। आईओआर-एआरसी को चक्रवात, अकाल, सुनामी जैसी प्राकृतिक आपदाओं के दौरान सहायता प्रदान करने के लिए भी सहयोग बढ़ाना चाहिए, जिन्हें "क्षेत्र से बाहर संचालन" कहा जा सकता है। 5 अगस्त 2010 को यमन में आयोजित मंत्रिपरिषद की दसवीं बैठक में व्यापार और निवेश को बढ़ावा देने, पर्यटन, संस्कृति, शिक्षा, संचारी रोगों और प्राकृतिक आपदाओं से निपटने और जलवायु परिवर्तन की चुनौतियों जैसे क्षेत्रों में आईओआर-एआरसी सदस्यों के बीच सहयोग पर जोर दिया गया। वे अदन की खाड़ी और हिंद महासागर के अन्य हिस्सों में समुद्री डकैती से निपटने के लिए पहल करने पर भी सहमत हुए। भारत ने 2011 में आईओआर-एआरसी (IOR-ARC) की अध्यक्षता संभाली भी।

आईओआर-एआरसी (IOR-ARC) के मंत्रिपरिषद की 12वीं बैठक की मेजबानी भारत ने की। ***गुड़गांव कम्युनिके-आईओआर-एआरसी 15—द नेक्स्ट डिकेड*** **(The Gurgaon Communiqué-IORARC at 15—The Next Decade)** ने हिंद महासागर के भू-रणनीतिक महत्व को रेखांकित किया और आम चुनौतियों का सामना करने के लिए रिम देशों के पास क्षमताएं जुटाईं। उन्होंने नेविगेशन की स्वतंत्रता के रखरखाव और हिंद महासागर में संचार के समुद्री मार्गों की सुरक्षा की पुष्टि की क्योंकि समुद्री डकैती एक बढ़ता खतरा है और आईओआर-एआरसी समुद्री क्षेत्र में प्राकृतिक आपदाओं से लड़ने की भी प्रतिज्ञा की। कोमोरोस संघ को एसोसिएशन के बीसवें सदस्य के रूप में आईओआर-एआरसी में शामिल किया गया था। आईओआर-एआरसी के सदस्य संयुक्त राज्य अमेरिका को आईओआर-एआरसी के छठे संवाद भागीदार के रूप में स्वीकार करने पर भी सहमत हुए हैं।

वर्तमान में इस क्षेत्रीय ब्लॉक का नाम बदलकर **इंडियन ओशन रिम एसोसिएशन** (IORA) कर दिया गया है।

मॉरीशस सरकार ने हिंद महासागर रिम एसोसिएशन के सहयोग से 2-3 सितंबर 2015 को मॉरीशस गणराज्य के ली मेरिडियन (Le Meridien), पॉइंट ऑक्स पिमेंट्स (Pointe aux Piments) में "आईओआरए क्षेत्र में सतत विकास के लिए ब्लू इकोनॉमी सहयोग को बढ़ाना" विषय पर पहले आईओआरए मंत्रिस्तरीय ब्लू इकोनॉमी सम्मेलन की मेजबानी की।

6–9 अक्टूबर 2014 को पर्थ, ऑस्ट्रेलिया में IORA की मंत्रिपरिषद की बैठक ने रोजगार पैदा करने और व्यापार और आर्थिक मॉडल में स्थिरता सुनिश्चित करने के लिए ब्लू इकोनॉमी को सर्वोच्च प्राथमिकता के रूप में अपनाया। आईओआर-एआरसी सचिवालय के ड्राफ्ट पेपर ने ब्लू इकोनॉमी में सहयोग के लिए निम्नलिखित **आठ प्राथमिकता** वाले क्षेत्रों की पहचान है:

1. मत्स्य पालन और जलकृषि (Fisheries and Aquaculture)
2. नवीकरणीय महासागर ऊर्जा (Renewable Ocean Energy)
3. बंदरगाह और नौवहन (Seaports and Shipping)
4. समुद्री तल अन्वेषण और खनिज (Seabed Exploration and Minerals)
5. समुद्री जैव प्रौद्योगिकी, अनुसंधान और विकास (Marine Biotechnology, Research and Development)
6. पर्यटन (Tourism)
7. महासागर ज्ञान समूह (Ocean Knowledge Clusters)
8. एसआईडीएस और एलडीसी (SIDS and LDCs)

प्रथम आईओआर-एआरसी मंत्रिस्तरीय ब्लू इकोनॉमी सम्मेलन ने पहले चार प्राथमिकता वाले क्षेत्रों को संबोधित किया। शेष प्राथमिकता वाले क्षेत्रों पर अगली बैठकों, आयोजनों और विचार-विमर्श में ध्यान दिया जाएगा। आईओआर देश अवसरों की ऐसी खिड़कियों का कितना बेहतर उपयोग कर सकते हैं और अपने आर्थिक सहयोग को आगे बढ़ा सकते हैं और कार्य योजनाएँ बना सकते हैं, यह विश्व राजनीति में आईओआर क्षेत्र की दिशा निर्धारित करेगा।

बहु-क्षेत्रीय तकनीकी और आर्थिक सहयोग के लिए बंगाल की खाड़ी पहल (बिम्सटेक) (Bay of Bengal Initiative for Multi-Sectoral Technical and Economic Cooperation—BIMSTEC)

एक और क्षेत्रीय पहल जो दक्षिण एशिया और दक्षिण-पूर्व एशिया को जोड़ने वाले एक महत्वपूर्ण आर्थिक ब्लॉक के रूप में उभरने वाली है, वह है बिम्सटेक। पहले यह बीआईएसटी-ईसी (BIST-EC) था, एक आर्थिक सहयोग पहल जिसमें बांग्लादेश, भारत, श्रीलंका और थाईलैंड शामिल थे। यह 6 जून 1997 को बैंकॉक घोषणा को अपनाने के साथ बैंकॉक में अस्तित्व में आया। बाद में, दिसंबर 1997 में बैंकॉक में एक विशेष मंत्रिस्तरीय बैठक में म्यांमार के समूह में शामिल होने के साथ, नाम बदलकर बिम्सटेक कर दिया गया। 1998 में ढाका में दूसरी मंत्रिस्तरीय बैठक में नेपाल एक पर्यवेक्षक देश बन गया और 2003 में पूर्ण सदस्यता हासिल कर ली। 2003 में भूटान भी इसका पूर्ण सदस्य बन गया।

बीआईएसटी-ईसी की स्थापना पर बैंकॉक घोषणापत्र बिम्सटेक के लक्ष्यों और उद्देश्यों का प्रतीक है। वे इस प्रकार हैं:

1. उप-क्षेत्र में तेजी से आर्थिक विकास और सामाजिक प्रगति में तेजी लाने के लिए एक सक्षम वातावरण बनाना,
2. सामान्य हित के मामलों पर सक्रिय सहयोग और पारस्परिक सहायता को बढ़ावा देना,
3. प्रशिक्षण और अनुसंधान सुविधाओं के रूप में एक दूसरे को सहायता प्रदान करना,
4. संयुक्त प्रयासों में अधिक प्रभावी ढंग से सहयोग करना जो सदस्य राज्यों की राष्ट्रीय विकास योजनाओं के समर्थक और पूरक हों,
5. मौजूदा अंतर्राष्ट्रीय और क्षेत्रीय संगठनों के साथ घनिष्ठ और लाभकारी सहयोग बनाए रखना, और
6. उन परियोजनाओं में सहयोग करना जिन्हें उप-क्षेत्रीय आधार पर सबसे अधिक उत्पादकता से निपटाया जा सकता है, और जो उपलब्ध तालमेल का सबसे अच्छा उपयोग करते हैं।

बिम्सटेक की शुरुआत थाईलैंड की 'लुक वेस्ट' (Look West) नीति और आसियान को भारत और दक्षिण एशिया की 'लुक ईस्ट' (Look East) नीति के साथ जोड़ने के लक्ष्य के साथ की गई थी। इस प्रकार बिम्सटेक को आसियान और एसएआरआरसी, यानी दक्षिण एशिया और दक्षिण-पूर्व एशिया के बीच एक कड़ी के रूप में देखा जा सकता है।

31 जुलाई 2004 को पहले शिखर सम्मेलन में, समूह के नेताओं ने सहमति व्यक्त की कि समूह का नाम **बिम्सटेक** या **बहु-क्षेत्रीय तकनीकी और आर्थिक सहयोग के लिए बंगाल की खाड़ी** की पहल के रूप में जाना जाना चाहिए। बिम्सटेक की अध्यक्षता रोटेशन के आधार पर की जाती है . तालिका 21.4 सदस्य देशों द्वारा अध्यक्षता की सूची और अध्यक्षता संभालने के वर्षों की सूची दर्शाती है।

बीआईएस-टीईसी या बैंकॉक घोषणा, 1997, बिम्सटेक की संगठनात्मक व्यवस्था बताती है। इसमें वर्णमाला क्रम के अनुसार रोटेशन के आधार पर सदस्य राज्यों द्वारा आयोजित की जाने वाली वार्षिक मंत्रिस्तरीय बैठक, वरिष्ठ अधिकारियों की समिति, प्रत्येक वार्षिक मंत्रिस्तरीय बैठक से पहले तैयारी कार्यों के लिए एक कार्य समूह और विशेष कार्य बल शामिल हैं, जिन्हें आवश्यक समझा जा सकता है।

तालिका 21.4 बिम्सटेक (BIMSTEC) अध्यक्षता करने वाले देशों की सूची वर्ष के साथ

क्र.सं.	देश	वर्ष
1.	बांग्लादेश	1997–1999
2.	भारत	2000–2001
3.	म्यांमार	2001–2002
4.	श्रीलंका	2002–2003
5.	थाईलैंड	2003–2005
6.	बांग्लादेश	2005–2006
7.	भारत*	2006–2009
8.	म्यांमार	2009–2014
9.	नेपाल	2014–2018
10.	श्रीलंका	2018–2022
11.	थाईलैंड	2022–अब तक

*भूटान हट गया इसलिए चेयरमैनशिप भारत को मिल गई।

बिम्सटेक ने 19 नवंबर 1998 को ढाका में दूसरी मंत्रिस्तरीय बैठक में छह प्राथमिकता वाले क्षेत्रों की पहचान की है और प्रत्येक के लिए एक 'अग्रणी देश' (lead country) है। व्यापार और निवेश बांग्लादेश के अधीन, प्रौद्योगिकी श्रीलंका के अधीन, परिवहन और संचार भारत के अधीन, ऊर्जा म्यांमार के अधीन, पर्यटन भारत के अधीन और मत्स्य पालन थाईलैंड के अधीन है। 18-19 दिसंबर 2005 को ढाका में 8वीं मंत्रिस्तरीय बैठक के बाद, सहयोग के कई नए क्षेत्र सामने आए जिनमें कृषि, सार्वजनिक स्वास्थ्य, गरीबी उन्मूलन, आतंकवाद और अंतर्राष्ट्रीय अपराध, जैव विविधता/पर्यावरण की सुरक्षा और प्राकृतिक आपदा प्रबंधन, संस्कृति और लोगों से लोगों का संपर्क शामिल हैं।

बिम्सटेक (BIMSTEC) की एक उपलब्धि 8 फरवरी 2004 को बिम्सटेक मुक्त व्यापार क्षेत्र फ्रेमवर्क समझौते की स्थापना है। फ्रेमवर्क समझौते में वस्तुओं का व्यापार, सेवाओं का व्यापार, निवेश और आर्थिक सहयोग शामिल है और नकारात्मक सूची में शामिल उत्पादों को छोड़कर, उत्पाद फास्ट ट्रैक या सामान्य ट्रैक के आधार पर टैरिफ में कटौती या उन्मूलन के अधीन होंगे। बिम्सटेक (BIMSTEC) समूह ने आतंकवाद से निपटने के लिए दिसंबर 2009 में एक सम्मेलन पर भी हस्ताक्षर किए और जल्द ही एक *मुक्त व्यापार समझौते (एफटीए)* (Free Trade Agreement—FTA) की पुष्टि करने पर सहमति व्यक्त की। आतंकवाद पर सम्मेलन के अलावा, समूह ने एक बिम्सटेक ऊर्जा केंद्र, मौसम और जलवायु के लिए एक केंद्र और एक सांस्कृतिक उद्योग वेधशाला की स्थापना पर एक *मेमोरंडा ऑफ एसोसिएशन* (एमओए) (Memoranda of Association—MoA) को अपनाया।

भारत सात देशों के संगठन को दक्षिण और दक्षिण-पूर्व एशिया को भारत के उत्तर-पूर्वी राज्यों से जोड़ने वाले 'एक पुल' के रूप में देखता है, और अधिक क्षेत्रीय आर्थिक एकीकरण की आवश्यकता को रेखांकित करता है। यह भारत की लुक-ईस्ट नीति का भी हिस्सा है। यदि भारत बिम्सटेक के साथ अपने संबंधों को मजबूत करने में सफल होता है, तो सदस्य देशों के साथ आर्थिक जुड़ाव से भारत को अलग-थलग करने की चीनी नीति से निपटने में मदद मिलेगी।

बिम्सटेक का दूसरा शिखर सम्मेलन 13 नवंबर 2008 को भारत, नई दिल्ली में आयोजित किया गया। सदस्य देश सहयोग को मजबूत करने के प्रयासों को तेज करने और शिखर सम्मेलन के निर्णयों, मंत्रिस्तरीय बैठकों और अन्य आधिकारिक बैठकों के कार्यान्वयन और समन्वय के लिए संस्थागत संरचनाएं स्थापित करने और एक स्थायी सचिवालय स्थापित करने पर सहमत हुए।

तीसरी बिम्सटेक शिखर बैठक 1–4 मार्च 2014 को *ने पई ताव* (Nay Pyi Taw), म्यांमार में हुई और इसमें बांग्लादेश, भूटान, भारत, म्यांमार, नेपाल, श्रीलंका और थाईलैंड के प्रधानमंत्रियों ने भाग लिया। यह निर्णय लिया गया कि चौथी बिम्सटेक ऊर्जा मंत्रिस्तरीय बैठक नेपाल में तीसरी बिम्सटेक शिखर बैठक के बाद 2015 में भूटान में आयोजित की जाएगी। बिम्सटेक की अन्य महत्वपूर्ण गतिविधियों में, सदस्य देशों ने नीति थिंक टैंक के बिम्सटेक नेटवर्क (BIMSTEC Network of Policy Think Tanks) के निर्माण की सराहना की, राष्ट्रीय समन्वय केंद्रों के बिम्सटेक नेटवर्क को बढ़ावा देने पर सहमति व्यक्त की, बेंगलुरु में बिम्सटेक ऊर्जा केंद्र की भूमिका को मान्यता दी, लोगों के बीच आदान-प्रदान और सम्पर्क को बेहतर बनाने की इच्छा व्यक्त की जिसमें बिम्सटेक बिजनेस वीज़ा योजना और बिम्सटेक वीज़ा छूट योजना को सुविधाजनक बनाने और बिम्सटेक गरीबी कार्य योजना के कार्यान्वयन शामिल हैं।

हस्ताक्षर किए गए तीन बिम्सटेक दस्तावेज़ इस प्रकार हैं:

[1] बिम्सटेक स्थायी सचिवालय की स्थापना पर एसोसिएशन का ज्ञापन

[2] बिम्सटेक सांस्कृतिक उद्योग आयोग (बीसीआईसी) (BIMSTEC Cultural Industries Observatory—BCIO) और बिम्सटेक सांस्कृतिक उद्योग वेधशाला (बीसीआईओ) (BIMSTEC Cultural Industries Commission—BCIC) की स्थापना पर समझौता ज्ञापन

[3] मौसम और जलवायु के लिए बिम्सटेक केंद्र की स्थापना के संबंध में बिम्सटेक सदस्य देशों के बीच एसोसिएशन का ज्ञापन

मार्च 2014 में नेपाल ने इसकी अध्यक्षता संभाली।

बांग्लादेश की प्रधान मंत्री शेख हसीना ने सितंबर 2014 में ढाका में बहु-क्षेत्रीय तकनीकी और आर्थिक सहयोग के लिए बंगाल की खाड़ी पहल (बिम्सटेक) के स्थायी सचिवालय का उद्घाटन किया। 2011 में म्यांमार के नाय पी ताव (Nay Pyi Taw) में आयोजित 13वीं बिम्सटेक मंत्रिस्तरीय बैठक के दौरान सर्वसम्मति से निर्णय लिया गया कि सचिवालय बांग्लादेश में स्थापित किया जाएगा और पहला महासचिव श्रीलंका से नियुक्त किया जाएगा। सचिवालय ढाका के गुलशन के राजनयिक एन्क्लेव में स्थापित किया गया है। श्रीलंका के पहले महासचिव, सुमित नकंदला, (Sumith Nakandala) जुलाई में सचिवालय में शामिल हुए और अगस्त 2014 से ढाका में पदभार ग्रहण किया।

वर्ष 2015 को कई मुद्दों पर बिम्सटेक देशों की बैठकों की श्रृंखला द्वारा चिह्नित किया गया था। कानूनी और कानून प्रवर्तन मुद्दों पर बिम्सटेक उप-समूह की छठी बैठक में 17–18 दिसंबर, 2015 के दौरान नई दिल्ली में आतंकवाद विरोधी और अंतर्राष्ट्रीय अपराध पर चर्चा हुई। सजायाफ्ता व्यक्तियों के स्थानांतरण पर बिम्सटेक कन्वेंशन के मसौदा पाठ की रूपरेखा तैयार करने के लिए बातचीत हुई।

बिम्सटेक नेटवर्क ऑफ पॉलिसी थिंक टैंक (BIMSTEC Network of Policy Think Tanks) की दूसरी बैठक 08–09 अक्टूबर 2015 को बैंकॉक, थाईलैंड में आयोजित की गई। उन्होंने बंगाल की खाड़ी क्षेत्र में लोगों के बीच संपर्क बढ़ाने और बिम्सटेक की दृश्यता (visibility) बढ़ाने के लिए सदस्य देशों के बीच सहयोग को पुनर्जीवित करने के तरीकों और साधनों पर ध्यान केंद्रित किया।

बिम्सटेक व्यापार वार्ता समिति की बीसवीं बैठक 7–9 सितंबर 2015 के दौरान पुलमैन खोन केन राजा ऑर्किड (Pullman Khon Kaen Raja Orchid), थाईलैंड में आयोजित की गई थी।

प्रौद्योगिकी हस्तांतरण सुविधा की स्थापना पर बिम्सटेक विशेषज्ञ समूह की तीसरी बैठक 25–26 अगस्त 2015 को कोलंबो, श्रीलंका में आयोजित की गई थी।

आतंकवाद-रोधी और अंतर्राष्ट्रीय अपराध पर बिम्सटेक संयुक्त कार्य समूह की सातवीं बैठक 04–05 अगस्त 2015 को बैंकॉक, थाईलैंड में आयोजित की गई थी। उन्होंने बंगाल की खाड़ी क्षेत्र में आतंकवाद और अंतर्राष्ट्रीय अपराध से निपटने से संबंधित मुद्दों पर चर्चा की। बैठक में आपराधिक मामलों में पारस्परिक कानूनी सहायता पर बिम्सटेक कन्वेंशन को भी अंतिम रूप दिया गया।

अब तक चार बिम्सटेक शिखर सम्मेलन आयोजित किए जा चुके हैं। पहला बैंकॉक, 2004 में, दूसरा नई दिल्ली, 2008 में, तीसरा ने पी ताव, म्यांमार, 2014 में, चौथा काठमांडू, नेपाल, 2018 में और नवीनतम विशाखापत्तनम, भारत, 2019 में।

चौथा बिम्सटेक अगस्त 2018 में काठमांडू, नेपाल में आयोजित किया गया। नेपाल के प्रधान मंत्री के.पी. शर्मा ओली (K.P. Sharma Oli) ने तत्कालीन श्रीलंकाई राष्ट्रपति मैत्रीपाला सिरिसेना को अध्यक्षता सौंपी। बिम्सटेक नेताओं ने संगठन को मजबूत करने का संकल्प लिया। काठमांडू घोषणापत्र, बिम्सटेक घोषणा के माध्यम से **एक शांतिपूर्ण, समृद्ध और टिकाऊ बंगाल की खाड़ी क्षेत्र की ओर**

(Towards a Peaceful, Prosperous and Sustainable Bay of Bengal Region), एक स्थायी और शांतिपूर्ण बिम्सटेक क्षेत्र के लिए सामूहिक ज्ञान और भविष्य के दृष्टिकोण को कायम रखता है। अन्य मुख्य बातों के अलावा, नेताओं ने बिम्सटेक के आवश्यक संस्थागत सुधारों के साथ बिम्सटेक देशों के बीच सहयोग के लिए भविष्य की योजनाओं के निर्माण में अपने विश्वास की पुष्टि की, संयुक्त राष्ट्र के चार्टर में अपनी निष्ठा की पुष्टि की, आतंकवाद और अंतर्राष्ट्रीय अपराधों से लड़ने, गरीबी कम करने, परिवहन और संचार में सुधार करने, व्यापार और निवेश को बढ़ावा देने, पर्यावरण और आपदा प्रबंधन के लिए चिंता व्यक्त करने, जलवायु परिवर्तन, ऊर्जा, ऊर्जा के क्षेत्र में संपर्क बढ़ाने, प्रौद्योगिकी, कृषि, मत्स्य पालन, सार्वजनिक स्वास्थ्य, संस्कृति, पर्यटन और लोगों के बीच संपर्क बढ़ाने के क्षेत्र में सहयोग बढ़ाने का संकल्प लिया। अन्य फोकस क्षेत्र पर्वतीय अर्थव्यवस्था (mountain economy) और नीली अर्थव्यवस्था (blue economy) का विकास करना था।

भारत ने विशाखापत्तनम (7 नवंबर-8 नवंबर 2019) में 2019 बिम्सटेक शिखर सम्मेलन की मेजबानी की। यह बंदरगाह पर पहला बिम्सटेक सम्मेलन था। कॉन्क्लेव के मुख्य फोकस में "बंदरगाह आधारित औद्योगिक विकास और पर्यटन विकास", वैश्विक आपूर्ति श्रृंखला में बंदरगाहों की भूमिका, सुरक्षित बंदरगाह, बंदरगाह सेवाएं-वितरण मूल्य और हरित बंदरगाह संचालन शामिल थे। तीन समझौता ज्ञापन (एमओयू— MOUs) पर हस्ताक्षर किए गए हैं। हस्ताक्षरकर्ताओं में रानोंग पोर्ट (थाईलैंड का बंदरगाह प्राधिकरण) और चेन्नई, विशाखापत्तनम और कोलकाता के पोर्ट ट्रस्ट शामिल थे। इसका उद्देश्य इन तीन बंदरगाहों के बीच कनेक्टिविटी बढ़ाना है जो भारत और थाईलैंड के बीच समुद्री यात्रा के समय को 10-15 दिनों से घटाकर 7 दिन करने में मदद करेगा। पांचवां बिम्सटेक शिखर सम्मेलन 30 मार्च 2022 को वर्चुअल मोड के माध्यम से श्रीलंका में आयोजित किया गया। भारत ने अपनी राय व्यक्त की कि वह एक 'लचीला क्षेत्र, समृद्ध अर्थव्यवस्था, स्वस्थ लोग' की आशा करता है। भारत ने कनेक्टिविटी, समृद्धि और सुरक्षा के पुल के रूप में बंगाल की खाड़ी के महत्व पर भी जोर दिया। **बिम्सटेक चार्टर** को 30 मार्च 2022 को अपनाया गया जिसने इस समूह को एक अंतर्राष्ट्रीय पहचान दी और बुनियादी अंतर्राष्ट्रीय संरचना तैयार की जिसके माध्यम से ब्रिक्स आगे से अपना काम करेगा।

मेकांग-गंगा सहयोग (Mekong-Ganga Cooperation—MGC)

मेकांग-गंगा सहयोग को औपचारिक रूप से 10 नवंबर 2000 को लाओटियन राजधानी वियनतियाने (Vientiane) में लॉन्च किया गया था। एमजीसी भारत और इन **पांच ग्रेटर मेकांग उप-क्षेत्र (जीएमएस)** (Five Greater Mekong Sub-region—GMS) देशों यानी कंबोडिया, लाओ पीडीआर, म्यांमार, थाईलैंड और वियतनाम के बीच पर्यटन, संस्कृति, शैक्षिक संपर्क और परिवहन और संचार के क्षेत्रों में सहयोग बनाने पर ध्यान केंद्रित करता है। इन पांच जीएमएस देशों ने एमजीसी के गठन से बहुत पहले ही 'मेकांग-गंगा स्वर्णभूमि कार्यक्रम' नामक एक सहयोग पहल शुरू कर दी थी। एमजीसी ने केवल अधिक मजबूत मंच प्रदान करके उनके सहयोग को संस्थागत बनाया।

पहली एमजीसी मंत्रिस्तरीय बैठक 10 नवंबर 2000 को वियनतियाने (Lao, PDR) में आयोजित की गई। इससे एमजीसी की नींव पड़ी। बैठक का परिणाम वियनतियाने घोषणा को अपनाना था। इस घोषणापत्र में सदस्य देशों की साझी विरासत की पहचान और मित्रता बढ़ाने की इच्छा को रेखांकित किया

गया। घोषणापत्र में पर्यटन, संस्कृति, शिक्षा और परिवहन और संचार के चार विशिष्ट क्षेत्रों में एमजीसी के उद्देश्यों को रेखांकित किया गया। इसने सदस्य देशों को सूचना प्रौद्योगिकी (आईटी) बुनियादी ढांचे के विकास में अपने सहयोग को मजबूत करने के लिए भी प्रतिबद्ध किया। दूसरी एमजीसी मंत्रिस्तरीय बैठक 28 जुलाई 2001 को हनोई में आयोजित की गई। यह बैठक सहयोग के चार क्षेत्रों में सहयोग करने की अपनी प्रतिबद्धता की पुष्टि करते हुए हनोई कार्यक्रम की कार्रवाई को अपनाने के साथ संपन्न हुई। हनोई कार्यक्रम की कार्रवाई ने 2001 से 2007 तक 6 साल की समय-सीमा का लक्ष्य रखा और इसके कार्यान्वयन की प्रगति की हर दो साल में समीक्षा की गई। तीसरी एमजीसी मंत्रिस्तरीय बैठक 20 जून 2003 को नोम पेन्ह में आयोजित की गई थी। नोम पेन्ह रोड मैप को सभी एमजीसी परियोजनाओं और गतिविधियों के कार्यान्वयन में तेजी लाने की योजना के रूप में अपनाया गया था। 2004 या 2005 में होने वाली चौथी मंत्रिस्तरीय बैठक की अनुपस्थिति में, वार्षिक एमजीसी वरिष्ठ अधिकारियों की बैठक 25 मई 2005 को नई दिल्ली में आयोजित की गई । लंबे समय से प्रतीक्षित चौथी एमजीसीआई मंत्रिस्तरीय बैठक 12 अक्टूबर 2006 को नई दिल्ली में आयोजित की गई । तत्कालीन भारतीय विदेश मंत्री, प्रणब मुखर्जी ने जीएमएस देशों के साथ भारत के सांस्कृतिक और वाणिज्यिक संबंधों को मजबूत करने की भारत की प्रतिबद्धता दोहराई। पांचवीं एमजीसी मंत्रिस्तरीय बैठक, सेबू (Cebu), 12 जनवरी 2007 में आयोजित की गई। इस बैठक में थाईलैंड ने एमजीसी की अध्यक्षता भारत को सौंप दी।

छठी मेकांग-गंगा सहयोग बैठक आसियान-भारत स्मारक शिखर सम्मेलन से पहले 3–4 सितंबर 2012 को नई दिल्ली में आयोजित की गई । यह शिखर सम्मेलन 20–21 दिसंबर 2012 को नई दिल्ली में आयोजित होने वाली थी। यह आसियान-भारत स्मारक शिखर सम्मेलन आसियान-भारत संवाद साझेदारी की 20वीं वर्षगांठ और आसियान-भारत शिखर सम्मेलन-स्तरीय साझेदारी की 10वीं वर्षगांठ को चिह्नित करने के लिए की जानी थी। इसलिए, एमजीसी बैठक महत्वपूर्ण थी क्योंकि इसने सदस्य देशों को सहयोग को मजबूत करने के लिए एक और मंच प्रदान किया, विशेष रूप से एमजीसी और आसियान के अतिव्यापी सदस्यों के बीच। छठी एमजीसी बैठक में छोटी अवधि की परियोजनाओं की आवश्यकता को पहचाना गया जो स्थानीय समुदायों को सीधे लाभ पहुंचा सकती हैं, जिनके परिणाम तत्काल और दृश्यमान होंगे। मंत्रियों ने महसूस किया कि इससे एमजीसी के तहत सहयोग को नई गति मिलेगी। इस संदर्भ में, मंत्रियों ने 1 मिलियन डॉलर के वार्षिक योगदान के साथ *भारत-कंबोडिया-लाओस-म्यांमार-वियतनाम* (सीएलएमवी) (India-Cambodia-Laos-Myanmar-Vietnam—CLMV) *त्वरित प्रभाव परियोजनां* (क्यूआईपी) (Quick Impact Projects—QIP) रिवॉल्विंग फंड की स्थापना पर भारत की घोषणा का स्वागत किया। बैठक के सदस्यों ने दिसंबर 2011 में सिएम रीप (Siem Reap), कंबोडिया में एमजीसी पारंपरिक एशियाई कपड़ा संग्रहालय भवन के निर्माण के पूरा होने की सराहना की। एमजीसी के साथ भारत के सहयोग को अलग करके नहीं देखा जा सकता है, बल्कि इसे भारत की पूर्वोन्मुखी नीति के एक हिस्से के रूप में देखा जाना चाहिए। इसलिए, भारत अपने एमजीसी भागीदारों के साथ सहयोग को मजबूत करने के लिए हर संभव प्रयास कर रहा है।

मेकांग-गंगा सहयोग को बढ़ावा सितंबर 2015 के दौरान भारत के उपराष्ट्रपति हामिद अंसारी की कंबोडिया यात्रा के दौरान दिया गया था, जहां उन्होंने कंबोडियाई प्रधान मंत्री के साथ पर्यटन और मेकांग-गंगा सहयोग पर दो समझौता ज्ञापनों पर हस्ताक्षर किए थे। मेकांग-गंगा समझौता ज्ञापन पांच "त्वरित प्रभाव परियोजनाओं" [1] एक उद्यमिता विकास केंद्र के उन्नयन के लिए कंबोडिया को 50,000 डॉलर का अनुदान, [2] स्वास्थ्य देखभाल में दो परियोजनाएं, [3] कृषि में एक परियोजना [4] महिला सशक्तिकरण में एक परियोजना से संबंधित था।

23 दिसंबर, 2015 को विदेश मंत्रालय की प्रेस विज्ञप्ति के अनुसार, यह घोषणा की गई है कि आसियान-भारत सहयोग कोष के माध्यम से, भारत ने कंबोडिया, लाओस, म्यांमार और वियतनाम के छात्रों को नालंदा विश्वविद्यालय में मास्टर डिग्री हासिल करने के लिए छह छात्रवृत्तियां प्रदान की हैं। चयनित छात्र अध्ययन की अवधि के लिए ट्यूशन फीस, बोर्डिंग, आवास और यात्रा किराया सहित पूरी फीस की छूट के पात्र हैं। इस छात्रवृत्ति के तहत वर्तमान में कुल 4 छात्र (लाओस से 2, म्यांमार से 2 और कंबोडिया से कोई नहीं) नालंदा विश्वविद्यालय में पढ़ रहे हैं।

नाफ्टा (NAFTA)

उत्तरी अमेरिका मुक्त व्यापार समझौता (नाफ्टा) (North America Free Trade Agreement—NAFTA) 1 जनवरी 1994 को संयुक्त राज्य अमेरिका, कनाडा और मैक्सिको के बीच लागू किया गया था। यह समझौता इन तीन देशों के बीच व्यापार और निवेश बाधाओं को दूर करने के उद्देश्य से किया गया था। शेष कर्तव्य और मात्रात्मक प्रतिबंध 1 जनवरी 2008 में समाप्त कर दिए गए। संयुक्त राज्य अमेरिका और कनाडा ने वर्ष 1989 में कनाडा-यूएसए मुक्त व्यापार समझौते (सीयूएफटीए) (USA and Canada signed the Canada-USA Free Trade Agreement—CUFTA) पर हस्ताक्षर किए। सीयूएफटीए के कुछ प्रावधानों जैसे कृषि से संबंधित प्रावधानों को नाफ्टा में शामिल किया गया था। *उत्तरी अमेरिका मुक्त व्यापार समझौता* के तहत संयुक्त राज्य अमेरिका और मैक्सिको के बीच कृषि व्यापार में सभी गैर-टैरिफ बाधाएं समाप्त हो गईं। इसके अलावा, कुछ प्रमुख टैरिफ बाधाओं को नाफ्टा के उद्भव के तुरंत बाद हटा दिया गया था जबकि अन्य को 5 से 15 वर्षों की अवधि में समाप्त किया जाना था। मेक्सिको और कनाडा कृषि उत्पादों के लिए बाजार पहुंच पर एक अलग नाफ्टा समझौते पर पहुंचे। इस समझौते ने लगभग सभी टैरिफ को, कुछ को तुरंत और कुछ को 5 से 15 वर्षों की अवधि में समाप्त कर दिया। हालाँकि, डेयरी, पोल्ट्री, अंडे और चीनी के व्यापार को प्रभावित करने वाले टैरिफ बने रहे। नाफ्टा ने दुनिया का सबसे बड़ा मुक्त व्यापार क्षेत्र बनाया, जो अब 17 ट्रिलियन डॉलर मूल्य की वस्तुओं और सेवाओं का उत्पादन करने वाले 450 मिलियन लोगों को जोड़ता है।

समझौते के लागू होने के बाद से संयुक्त राज्य अमेरिका और उसके नाफ्टा भागीदारों के बीच व्यापार बढ़ गया है। 2009 में नाफ्टा के साथ अमेरिकी वस्तुओं और सेवाओं का व्यापार 1.6 ट्रिलियन डॉलर था। निर्यात की राशि $397 बिलियन थी। आयात 438 बिलियन डॉलर का था। 2009 में नाफ्टा के साथ अमेरिकी वस्तु एवं सेवा व्यापार घाटा 41 बिलियन डॉलर था। इतना ही नहीं, नाफ्टा का अमेरिकी जॉब मार्केट पर भी काफी प्रभाव पड़ा। कुछ लोग नाफ्टा को भारी नौकरी हानि के लिए जिम्मेदार मानते हैं। कुछ लोग बड़े पैमाने पर रोजगार सृजन का समर्थन करते हैं। अन्य लोगों का तर्क है कि उच्च वेतन वाली विनिर्माण नौकरियां खत्म हो रही हैं और उनकी जगह कम वेतन वाली नौकरियां आ रही हैं और इससे कुछ क्षेत्रों में वेतन में गिरावट हो रही है। कनाडा के लिए भी तस्वीर इतनी सुखद नहीं है। नाफ्टा से भी कनाडा को कोई खास फायदा नहीं हुआ। मेक्सिको सबसे ज्यादा प्रभावित हुआ है। संयुक्त राज्य अमेरिका से सब्सिडी वाली मकई की आपूर्ति ('डंपिंग' (dumping) पढ़ें) गरीब मैक्सिकन मकई किसानों की आय के अवसरों को नष्ट कर रही है। मेक्सिको ने चियापास में नाफ्टा के जवाब में ज़ापतिस्ता विद्रोह (Zapatista Uprising) देखा। नाफ्टा देशों के साथ भारतीय व्यापार में अधिकतर भारत-अमेरिका व्यापार आदान-प्रदान का प्रभुत्व है। भारत-संयुक्त राज्य अमेरिका वाणिज्यिक वार्ता पर 23 मार्च, 2000 को हस्ताक्षर किये गये। जुलाई 2005

में मनमोहन सिंह की अमेरिका यात्रा के दौरान भारत-अमेरिका *व्यापार नीति फोरम (टीपीएफ)* (Trade Policy Forum—TPF) की घोषणा की गई थी। भारत अमेरिकी निर्यात और प्रत्यक्ष विदेशी निवेश गंतव्य के लिए एक संपन्न बाजार के रूप में उभरा है। कनाडा के साथ भारत की व्यापार साझेदारी मामूली है जबकि मेक्सिको के साथ यह वास्तविक क्षमता से काफी कम है।

मर्कोसुर (Mercosur)

यदि नाफ्टा उत्तरी अफ्रीकी देशों के बीच एक व्यापारिक व्यवस्था है, तो मर्कोसुर, लैटिन अमेरिकी देशों के बीच एक व्यापारिक गुट है। यह असुनसियन की 1991 की संधि (Treaty of Asunción, 1991) के निष्कर्ष के साथ अस्तित्व में आया। इस 1991 की संधि को 1994 में ओरो प्रेटो की संधि (Treaty of Ouro Preto) द्वारा संशोधित और अद्यतन किया गया था। इसके सदस्य देश अर्जेंटीना, ब्राजील, पैराग्वे, उरुग्वे और वेनेजुएला हैं। सहयोगी सदस्य बोलीविया, चिली, कोलंबिया, इक्वाडोर और पेरू हैं। यह व्यापारिक ब्लॉक सदस्य देशों के बीच वस्तुओं, सेवाओं, पूंजी और लोगों के मुक्त आवागमन की भी परिकल्पना करता है। यूरोपीय संघ, नाफ्टा और आसियान जैसी पहले से मौजूद क्षेत्रीय व्यवस्थाओं की तुलना में मर्कोसुर लगातार मजबूत हो रहा है।

भारत का लक्ष्य मर्कोसुर के साथ अपने आर्थिक संबंध विकसित करना भी है। जून 2003 में असुनसियन में भारत और मर्कोसुर के बीच एक फ्रेमवर्क समझौते पर हस्ताक्षर किए गए थे। समझौते के दोहरे उद्देश्य थे। सबसे पहले, दोनों देश पारस्परिक टैरिफ प्राथमिकताएं देंगे और इससे भारत और मर्कोसुर के बीच *मुक्त व्यापार क्षेत्र* (एफटीए) (Free Trade Area—FTA) की स्थापना के लिए बातचीत का मार्ग प्रशस्त होगा। मुक्त व्यापार क्षेत्र *(एफटीए)* की स्थापना के अपने प्रयासों को और मजबूत करने के लिए, दोनों ने जनवरी 2004 में नई दिल्ली में एक तरजीही व्यापार समझौते (Preferential Trade Agreement) के रूप में फ्रेमवर्क समझौते का अनुवर्ती निष्कर्ष निकाला।

इसके अलावा, पीटीए (PTA) के पांच अनुलग्नकों पर मार्च 2005 में नई दिल्ली में हस्ताक्षर किए गए। हालाँकि, जहाँ तक भारत का सवाल है, पीटीए मर्कोसुर और एंडियन समुदाय (Andean Community)* के बीच संपन्न क्षेत्रीय व्यापार समझौतों आरटीए (RTA) की तुलना में अधिक लाभदायक नहीं है। फिर भी भारत को मर्कोसुर के साथ आर्थिक सहयोग के साथ आगे बढ़ना चाहिए क्योंकि लैटिन अमेरिकी देशों के साथ संबंध विकसित करने से दक्षिण-दक्षिण सहयोग बढ़ेगा और निश्चित रूप से उभरते भारत के लिए बाजार के अवसर बढ़ेंगे।

अभ्यास (Exercises)

1. अंतर्राष्ट्रीय राजनीतिक अर्थव्यवस्था में आईएमएफ (IMF) की कार्यप्रणाली का वर्णन करें।
2. विश्व बैंक की गतिविधियों पर टिप्पणी कीजिये।
3. डब्ल्यूटीओ (WTO) का क्या मतलब है? यह कैसे कार्य करता है? दोहा दौर (Doha Rounds) पर टिप्पणी करें।

* **Andean Community** The Andean Community is a customs union comprising the South American countries of Bolivia, Colombia, Ecuador and Peru. With the new cooperation agreement with MERCOSUR, the Andean Community gained four new associate members: Argentina, Brazil, Paraguay and Uruguay in July 2005.

4. वर्तमान अंतर्राष्ट्रीय परिदृश्य में जी-20 की भूमिका पर चर्चा करें।
5. एक उभरती आर्थिक व्यवस्था के रूप में ब्रिक्स (BRICS) के महत्व पर चर्चा करें।
6. एक नई आर्थिक पहल के रूप में आईबीएसए (IBSA) की भूमिका पर टिप्पणी करें।
7. आईओआर-एआरसी (IOR-ARC) की कार्यप्रणाली के महत्व पर चर्चा करें।
8. एक आर्थिक समूह के रूप में बिम्सटेक (BIMSTEC) पर टिप्पणी करें।
9. मेकांग-गंगा सहयोग के महत्व का विश्लेषण करें।
10. एक महत्वपूर्ण आर्थिक व्यवस्था के रूप में नाफ्टा (NAFTA) पर टिप्पणी करें।
11. क्षेत्रीय आर्थिक व्यवस्था के रूप में मर्कोसुर (Mercosur) के महत्व का विश्लेषण करें।

22

अंतर्राष्ट्रीय संबंधों में वर्तमान चिंताएँ: भारत और विश्व (Current Concerns in International Relations: India and the World)

अंतर्वस्तु (Contents)

- भारत में पठानकोट आतंकी हमला (Pathankot Terror Attack)
- भारत में उरी और पुलवामा आतंकी हमले और सर्जिकल स्ट्राइक (Uri and Pulwama Terror Attacks and Surgical Strikes)
- आईएसआईएस (ISIS)
- कच्चे तेल की कीमतों में वैश्विक गिरावट (Global Fall in Crude Prices)
- यूरोप के नाव के लोग: यूरोप में एक शरणार्थी संकट का खुलासा (Europe's Boat People: A Refugee Crisis in Europe Unfolding)
- यूरोजोन संकट (Eurozone Crisis)
- भारत और चीन के बीच डोकलाम गतिरोध (Doklam Standoff between India and China)
- उत्तर कोरिया द्वारा परमाणु परीक्षण (Nuke Testing by North Korea)

भारत में पठानकोट आतंकी हमला (Pathankot Terror Attack)

भारत के लिए साल 2016 की शुरुआत 2 जनवरी को उसके पठानकोट के एयरफोर्स स्टेशन पर आतंकी हमले से हुई। यह प्रधानमंत्री नरेंद्र मोदी की 25 दिसंबर 2015 को पाकिस्तान में अपने समकक्ष नवाज शरीफ से अचानक मुलाकात के कुछ दिनों बाद की बात है। छह हमलावर थे जिन्होंने लंबी और कड़ी लड़ाई की, जिसमें सात सुरक्षाकर्मी शहीद हो गए। लड़ाई लगभग 38 घंटों तक जारी रही और बाकी समय तलाशी अभियान में व्यतीत हुआ। कुछ रिपोर्टों में कहा गया है कि दोनों पड़ोसियों के बीच उच्च स्तरीय वार्ता को पटरी से उतारने के लिए इस समय हमला किया गया है। फिर से आरोप लग रहे हैं कि इस आतंकी हमले के पीछे पाकिस्तान स्थित आतंकवादियों का हाथ है। यह विनाशकारी घटना बिना किसी संदेह के साबित करती है कि कैसे आतंकवादी हमले न केवल 'आसान' नागरिक लक्ष्यों को, बल्कि रक्षा लक्ष्यों को भी निशाना बना सकते हैं। यदि सुरक्षा और खुफिया जानकारी नहीं बढ़ाई गई और देशों के बीच समन्वय रणनीतिक रूप से तैयार नहीं किया गया, तो दुनिया भर के देश आतंकवादियों के आसान शिकार बन जाएंगे, चाहे वे राज्य प्रायोजित हों या अल-कायदा या कोई अन्य आतंकवादी संगठन।

भारत में उरी और पुलवामा आतंकी हमले और सर्जिकल स्ट्राइक (Uri and Pulwama Terror Attacks and Surgical Strikes)

सितंबर 2016 में नियंत्रण रेखा (एलओसी) (Line of Control—LOC) के पास उरी सीमा में भारतीय सेना ब्रिगेड मुख्यालय पर पाक प्रायोजित आतंकवादियों द्वारा आतंकी हमले किए गए थे। इस विनाशकारी आतंकी हमले में सत्रह (17) सैन्यकर्मी मारे गए। हमले के 11 दिन बाद भारत ने पाकिस्तान अधिकृत कश्मीर (पीओके) (Pakistan Occupied Kashmir—POK) में आतंकवादी लॉन्च पैड के खिलाफ एलओसी के पार सर्जिकल स्ट्राइक करके जवाबी कार्रवाई की। उरी हमलों की निंदा के प्रतीक के रूप में, सदस्य देशों द्वारा सार्क शिखर सम्मेलन को रद्द कर दिया गया था, जो इस्लामाबाद में आयोजित होने वाला था।

फिर 14 फरवरी 2019 को पुलवामा में जम्मू-कश्मीर राष्ट्रीय राजमार्ग पर भारतीय सुरक्षा कर्मियों को ले जा रहे वाहनों पर हमले हुए। इस बार यह एक वाहन सवार आत्मघाती हमलावर था जिसने हमलों को अंजाम दिया। छियालीस (46) केंद्रीय रिजर्व पुलिस बल (सीआरपीएफ) (Central Reserve Police Force—CRPF) के जवान मारे गए। भारत ने फरवरी 2019 के अंत में पाकिस्तान के खैबर पख्तूनख्वा (Khyber Pakhtunkhwa) प्रांत के बालाकोट शहर के आसपास एलओसी के पार सर्जिकल स्ट्राइक का एक और दौर करके जवाबी कार्रवाई की। पाकिस्तान ने कश्मीर मुद्दे का अंतर्राष्ट्रीयकरण करने की एक और व्यर्थ कोशिश की। उरी और पुलवामा दोनों आतंकी हमलों की अंतर्राष्ट्रीय समुदाय ने निंदा की है।

आईएसआईएस (ISIS)

नवंबर 2015 के पेरिस आतंकवादी हमलों के बाद ब्रुसेल्स हवाई अड्डे (मार्च 2016) में विनाशकारी आतंकवादी विस्फोट मौजूदा लोगों के साथ-साथ आतंक की एक नई धुरी—आईएसआईएस के उद्भव को दर्शाते हैं। यह कहना बहुत दूर की बात होगी कि अल-कायदा निष्क्रिय हो गया है, लेकिन फिलहाल सारा ध्यान आईएसआईएस की बढ़ती गतिविधियों पर है।

आईएसआईएस उस जिहादी आतंकवादी संगठन का संक्षिप्त रूप है जो खुद को इस्लामिक स्टेट ऑफ सीरिया एंड इराक कहता है। 2014 के मध्य तक, आईएसआईएस ने मोसुल, फालुजा और तिरकिट पर कब्ज़ा कर लिया। उन्होंने लीबिया में भी अपनी गतिविधियाँ बढ़ा दी हैं और सित्रे (Sitre) में अपनी मजबूत पकड़ बना ली है।

लगभग 60 देशों का एक अंतर्राष्ट्रीय गठबंधन 2014 से आईएसआईएस के खिलाफ लड़ रहा है। आईएसआईएस के खिलाफ इन कार्रवाइयों में अमेरिका अग्रणी भूमिका निभा रहा है। यह इराक, सीरिया और लीबिया में आईएसआईएस को निशाना बनाकर हवाई हमले करने वाले दो गठबंधनों का नेतृत्व कर रहा है। ब्रिटेन, फ्रांस और रूस अन्य प्रमुख गठबंधन सहयोगियों में से हैं। जर्मनी की संसद के निचले सदन ने भी 2015 के अंत में जर्मनी को आईएसआईएस के खिलाफ अंतर्राष्ट्रीय गठबंधन में शामिल होने के लिए हरी झंडी दे दी।

2016 की शुरुआत में, अमेरिका समर्थित सेनाएं सीरिया के शादादी (Shadadi) शहर से आईएसआईएस को पीछे धकेलने में सफल रहीं। इराक ने भी अपने सबसे बड़े शहर मोसुल (Mosul) पर कब्ज़ा करने के लिए सैन्य आक्रमण शुरू कर दिया है। कोई समाधान नज़र नहीं आ रहा है और आतंकवाद तथा आतंकवाद विरोधी गतिविधियाँ चलती रहेंगी, लेकिन पीड़ित निर्दोष लोग होंगे जो अपने देशों से भाग

रहे हैं और अन्य देशों, विशेषकर यूरोपीय देशों में शरण ले रहे हैं। यूरोप सीरिया और इराक के 'नाव वालों' (boat people) की त्रासदी झेल रहा है।

यूरोप के नाव के लोगः यूरोप में एक शरणार्थी संकट का खुलासा (Europe's Boat People: A Refugee Crisis in Europe Unfolding)

द्वितीय विश्व युद्ध के बाद से, दुनिया ने इतने बड़े आपातकालीन शरणार्थी संकट का अनुभव नहीं किया है, जहां इराक, अफगानिस्तान, सीरिया और युद्धग्रस्त लीबिया और सोमालिया से हजारों "नाव वाले" शरण मांग रहे हैं या प्रवासी शिविर स्थापित कर रहे हैं या कई यूरोपीय देश जैसे ग्रीस, जर्मनी, इटली और अन्य की ओर आगे बढ़ रहे हैं। यह दुनिया को 1970 के दशक में वियतनाम युद्ध के बाद "नाव वाले" संकट की याद दिलाता है। 1975 के आसपास और अगले दो दशकों में भी वियतनाम, कंबोडिया और लाओस में कम्युनिस्टों की जीत के बाद 30 लाख से अधिक लोग वहां से भाग गए। कम्युनिस्ट शासन के तहत रहने की इच्छा न रखते हुए, लोगों ने इन देशों से भागना शुरू कर दिया। यूएनएचसीआर (UNHCR) रिपोर्ट के अनुसार लगभग 80,000 वियतनामी नावों से भाग गए। यह शांतिकाल के दौरान एक बड़े पैमाने पर पलायन था। समुद्री डाकुओं के हमले, डूबने या भूख से तट पर पहुंचने से पहले ही बड़ी संख्या में लोग मर गए।

लेकिन मौजूदा संकट अभूतपूर्व और बड़े पैमाने पर है। अफगानिस्तान, इराक, सोमालिया, सीरिया, यमन और अन्य जगहों पर युद्ध, संघर्ष, उत्पीड़न और अशांति के कारण कम से कम 60 मिलियन लोग विस्थापित हुए हैं। 40 लाख से अधिक शरणार्थी सीरिया से भाग गए हैं जहां गृह युद्ध छिड़ गया है और बड़ी संख्या में लोग मारे गए हैं। 2011 में सीरिया में संघर्ष की शुरुआत के बाद से, दो मिलियन सीरियाई लोगों को *संयुक्त राष्ट्र शरणार्थी उच्चायुक्त* (यूएनएचसीआर) (United Nations High Commissioner for Refugees—UNHCR) ने शरणार्थियों के रूप में पंजीकृत किया गया है। अधिकांश अन्य देशों में चले गए हैं और कुछ का उल्लेख करने के लिए तुर्की, जॉर्डन, लेबनान, इराक और मिस्र में झोपड़ियों, शिविरों या गरीब स्थानीय समुदायों में रहते हैं। अन्य लोगों ने समुद्री मार्ग से कुछ अन्य देशों तक पहुँचने का प्रयास किया है। पलायन का रुझान यूरोप की ओर है। ग्रीस सीरियाई लोगों के लिए घरेलू युद्ध से बचने का पहला गंतव्य बन रहा है। कई लोग इटली के लिए सीधा लेकिन लंबा समुद्री मार्ग अपना रहे हैं। 2014 में इटली मुख्य रूप से इरिट्रिया और सीरिया से आए शरणार्थियों का गंतव्य था। हालाँकि, 2014 के मध्य तक एक बड़ी संख्या को शरणार्थी का दर्जा दिया गया है।

संयुक्त राष्ट्र की रिपोर्ट है कि युद्ध शुरू होने के बाद से, 500,000 से अधिक सीरियाई (कुल मिलाकर 4.2 मिलियन सीरियाई शरणार्थियों में से) लोगों ने यूरोप में शरण के लिए आवेदन किया है। अकेले 2013 में स्वीडन ने लगभग 10,000 सीरियाई शरण चाहने वालों को स्वीकार किया। समग्र रूप से यूरोपीय संघ ने 2011 से 2014 तक लगभग 30,000 सीरियाई शरणार्थियों और इराक युद्ध के दौरान कई हजार इराकी शरणार्थियों को स्थायी रूप से पुनर्वासित किया।

दुनिया मानवीय संकट का सामना कर रही है। यह न केवल प्रवासन मुद्दा या शरणार्थी मुद्दा है, बल्कि नावों द्वारा उत्पीड़न से भागने वाले लोगों के एक वर्ग की 'असुरक्षितता' (vulnerability) भी है। महिलाएं, युवा लड़कियां और बच्चे सबसे ज्यादा पीड़ित हैं। 'बोट पीपुल' (नाव द्वारा भागने वाले शरणार्थी) के लिए सबसे महत्वपूर्ण प्रश्न समुद्र में उनके 'अस्तित्व' और किसी क्षेत्र में पहुँचने पर उस क्षेत्र में उनकी सुरक्षा का प्रश्न है। अंतर्राष्ट्रीय समुदाय को लग सकता है कि इन युद्धग्रस्त देशों में युद्ध की समाप्ति से इस प्रकार

के पलायन को रोका जा सकता है। हालाँकि, वास्तविकता से पता चलता है कि इन देशों में स्थिरता और शांति को बहुत तेजी से हासिल करना बहुत दूर की बात है। अंतर्राष्ट्रीय समुदाय, संयुक्त राष्ट्र और यूरोपीय संघ के द्वारा किया गया संयुक्त प्रयास ही एकमात्र दृश्यमान संघर्ष समाधान का सबसे दृष्टिगत उपाय है।

यूरोजोन संकट और ब्रेक्जिट (Eurozone Crisis and Brexit)

2007–2008 की वैश्विक मंदी और उसके बाद 2008 से 2012 की विश्वव्यापी मंदी और एक आर्थिक बुलबुला फटने के बाद पहले ही दुनिया भर में घबराहट फैल गई थी। यूरोज़ोन (Eurozone) भी इससे अछूता नहीं रहा। इसके साथ-साथ कुछ परिधीय यूरोज़ोन देशों (peripheral Eurozone countries) की राजकोषीय नीतियां भी शामिल थीं। इसका नतीजा यह हुआ कि यूरोज़ोन संप्रभु-ऋण संकट (sovereign-debt crisis) में फंस गया। 2009 में मामले को बदतर बनाने के लिए ग्रीस की नई सरकार ने इस तथ्य का खुलासा किया कि पिछली सरकार ने अपने बजट घाटे को बहुत कम बताया था जो कि यूरोपीय संघ की नीति का सरासर उल्लंघन था और राजनीतिक और वित्तीय छूत (financial contagion) (वित्तीय प्रदूषण या भ्रष्टाचार) के माध्यम से यूरो के पतन की आशंका पैदा कर दी थी। जल्द ही यह पता चल गया कि यूरोज़ोन के कई देशों की वित्तीय स्थिति ने उन्हें अस्थिर बना दिया है।

2010 में ग्रीस, आयरलैंड, पुर्तगाल और स्पेन और जर्मनी जैसे परिधीय यूरोज़ोन देशों के बीच संप्रभु बांड पैदावार पर बढ़ते प्रसार के साथ समस्या बढ़ गई। अकेले ग्रीस पर सकल घरेलू उत्पाद का 113% कर्ज का बोझ था—जो कि यूरोजोन की 60% की सीमा से लगभग दोगुना है। 2010 में ग्रीस की उपज अलग हो गई और ग्रीस को यूरोज़ोन सहायता की आवश्यकता थी। इसे अगले पांच वर्षों में यूरोपीय संघ से दो बेलआउट पैकेज मिले, जिसके दौरान देश ने लागत में कटौती के लिए यूरोपीय संघ-अनिवार्य मितव्ययिता उपायों (EU-mandated austerity measures) को अपनाया, जबकि ग्रीस ने एक और आर्थिक मंदी का अनुभव किया लेकिन बड़े पैमाने पर सामाजिक अशांति और विरोध का सामना करना पड़ा। 2015 के मध्य तक संप्रभु ऋण संकट तीव्र हो गया। हालाँकि, जुलाई 2015 में, ग्रीक लोगों ने आगे मितव्ययिता उपायों के खिलाफ मतदान किया। ग्रीस के यूरोपीय मौद्रिक संघ या 'ग्रीक्सिट' से बाहर निकलने की ओर बढ़ने की भी संभावना थी। ग्रीस को कुल मिलाकर तीन बेलआउट पैकेज मिले लेकिन यह अभी भी गंभीर संकट से जूझ रहा है, और यूरोज़ोन के नेता समाधान खोज रहे हैं। ग्रीस के मामले और भी बदतर हो गए हैं क्योंकि वहां इराक, सीरिया और अन्य युद्धग्रस्त देशों से भारी संख्या में शरणार्थी आ रहे हैं। ग्रीस ऋण संकट ने यूरोपीय राजनीतिक और आर्थिक संघ का भविष्य दांव पर लगा दिया है। ब्रिटेन ने जून 2016 में ईयू (EU) से 'ब्रेक्जिट' के मुद्दे पर जनमत संग्रह कराया था। लगभग 51.9% ने ब्रेक्सिट के पक्ष में और लगभग 48.1% ने ब्रेक्सिट के विरुद्ध मतदान किया। इससे निश्चित रूप से ईयू में बेचैनी पैदा हो गई है और यूरोपीय संघ के भविष्य को लेकर यूरोजोन में घटनाक्रम पर गंभीरता से नजर रखनी होगी। यहां तक कि यूरोपीय संघ के साथ ब्रेक्जिट समझौते पर बातचीत करते समय ब्रिटिश राजनीति भी कठिन दौर से गुजर रही है। सांसदों द्वारा ब्रेक्जिट डील को तीन बार अस्वीकार किए जाने और ब्रेक्जिट अक्टूबर 2019 तक रुके रहने के बाद प्रधानमंत्री थेरेसा मे (Theresa May, 7 June 2019) ने इस्तीफा दे दिया था। ब्रेक्जिट 31 मार्च 2019 को होना था। थेरेसा मे (Theresa May) के कार्यकाल के दौरान इसमें दो बार देरी हुई थी। तत्कालीन प्रधान मंत्री बोरिस जॉनसन ने जुलाई 2019 में कंजर्वेटिव नेतृत्व में विजय प्राप्त की। उन्होंने महारानी को 10 सितंबर से 14 अक्टूबर तक संसद का सत्रावसान करने की सलाह दी। जॉनसन का यह काफी विवादास्पद कदम था। सुप्रीम कोर्ट ने इस तरह की कार्रवाई को गैरकानूनी करार दिया।

भारत और चीन के बीच डोकलाम गतिरोध (Doklam Standoff between India and China)

डोकलाम पठार एक भू-रणनीतिक रूप से महत्वपूर्ण क्षेत्र है, क्योंकि यह भूटान-चीन-भारत के त्रि-जंक्शन (tri-junction) में स्थित है, चुम्बी घाटी की ओर, चीन से भारत तक दो सिल्क रोड प्रवेश बिंदुओं—नाथू ला और जेलेप ला (Jelep La) के बीच स्थित है। डोकलाम दो बड़े पड़ोसियों—भारत और चीन—के बीच दरार का एक बिंदु (point of rift) बन गया, चीन द्वारा एक पक्की सड़क बनाने के प्रयासों के बाद जो 50 टन तक के वाहनों को ले जाने में सक्षम होगी। यह कदम सिलीगुड़ी कॉरिडोर या 'चिकन नेक' की सुरक्षा के लिए खतरे की तरह है, और एक बार परियोजना पूरी हो जाने के बाद यह चीन को संकीर्ण सिलीगुड़ी कॉरिडोर का बाधा क्षेत्र मार्ग को अवरुद्ध करके उत्तर-पूर्वी राज्यों को शेष भारत से काटने का अधिकार देने में सक्षम हो जाएगा।

डोकलाम भूटान और चीन के बीच विवादित क्षेत्र रहा है और दोनों ने एक समझौता किया है जिसके तहत दोनों डोकलाम में यथास्थिति बनाए रखने पर सहमत हुए हैं। चीन ने डोकलाम विवाद में भारत के हस्तक्षेप पर आपत्ति जताई थी। हालाँकि, भारत ने अपनी स्थिति स्पष्ट करते हुए कहा कि उसने 2007 की मैत्री संधि के अनुसार भूटान के अनुरोध पर कार्रवाई की है। डोकलाम विवाद के कारण दो विशाल पड़ोसियों के बीच लगभग टकराव की स्थिति बन गई और यह संकट लगभग दो महीने से कुछ अधिक समय तक चला। यह आमने-सामने की टक्कर जैसा था। अंततः, सितंबर 2017 में ब्रिक्स शिखर सम्मेलन के मौके पर, भारतीय प्रधान मंत्री नरेंद्र मोदी और चीनी राष्ट्रपति शी जिनपिंग की मुलाकात हुई और दोनों नेताओं ने संबंधों को आगे बढ़ाने की कसम खाई, और भविष्य में टकराव से बचने के लिए सैन्य सहयोग को बढ़ावा देने का भी फैसला किया। जापान ने चीन से डोकलाम में यथास्थिति बनाए रखने को कहा था। इससे चीन तो भड़क गया, लेकिन भविष्य में भारत-जापान के रणनीतिक रिश्तों में नई हलचल देखने को मिल सकती है। सितंबर 2017 में जापानी प्रधान मंत्री शिंजो आबे की भारत यात्रा उस दिशा में एक सकारात्मक संदेश देती है।

20 साल और तालिबान का सत्ता में आना (20 Years and Storming to Power by the Talibans)

15 अगस्त 2021 ने विश्व समुदाय को चौंका दिया कि तालिबान का काबुल पर पूर्ण नियंत्रण हो गया, जो उनके कब्जे में आने वाला आखिरी शहर था। दुनिया को जो चीज़ घातक लगी वह इंटरनेट पर वायरल हुए वे वीडियो थे जिनमें हताश अफ़गानों को डर और असुरक्षा के कारण देश छोड़ने के लिए विमानों के टायरों से लटकते हुए दिखाया गया था। ऐसा लग रहा था मानों कोई थ्रिलर फिल्म फिल्माई जा रही हो लेकिन ये बिल्कुल हकीकत थी। ऐसी दर्दनाक घटनाएं तालिबान शासन की वापसी के तहत अफगान लोगों के जीवन और अस्तित्व की अनिश्चितता की ओर इशारा करती हैं। देश से भागने के लिए हजारों लोग हवाईअड्डे पर एकत्र हो गए। महिलाएं और बच्चे सबसे ज्यादा पीड़ित हुए हैं। सीएनएन (CNN) की एक रिपोर्ट में यहां तक कहा गया है कि कई अफगान महिलाओं को काबुल हवाई अड्डे के बाहर निकासी शिविरों के अंदर उन पुरुषों के साथ विवाह करने के लिए मजबूर किया गया था जो निकासी के योग्य थे। एकमात्र आशा यह थी कि वे महिलाएँ भी आसानी से निकासी के लिए पात्र हो जाएँगी। तालिबानियों द्वारा अक्सर बच्चों को पीटा और परेशान किया जाता है। यातना की ऐसी भयानक घटनाओं के बारे में कुछ रिपोर्टें आती रहती हैं। फिर

भी वे काबुल हवाई अड्डे के रास्ते देश से भागने की कोशिश में तालिबान की सतर्क नज़रों से बचने की कोशिश करते हैं। काबुल हवाई अड्डे पर माताएं अपने बच्चों को कंटीले तारों के ऊपर फेंककर प्रार्थना कर रही हैं और विदेशी सैनिकों से अपने बच्चों को सुरक्षित स्थानों पर ले जाने की अपील कर रही हैं। माताओं को केवल यही आशा थी कि यदि वे स्वयं इसे सुरक्षित गंतव्य तक नहीं पहुंचा सकतीं या मर सकती हैं, तो कम से कम उनके बच्चे जीवित रहेंगे। अफ़ग़ान शरणार्थी बड़ी संख्या में पड़ोसी देशों में आ रहे हैं। हजारों लोगों को निकाला जा रहा है। कई और लोग देश छोड़ने में असमर्थ हैं और तालिबान शासन के तहत रहने के लिए मजबूर होंगे। निस्संदेह, अफगानिस्तान में मानवीय संकट व्याप्त है।

अनिश्चितता, खाद्य संकट और मानव जीवन खतरे में है। केवल तालिबान और वैश्विक राजनीति में प्रमुख शक्तियों के बीच भविष्य की राजनीति ही अफगान और अफगानिस्तान का भविष्य निर्धारित कर सकती है।

रूस-यूक्रेन युद्ध (Russia–Ukraine War)

मार्च 2014 में क्रीमिया पर रूस के आक्रमण और उसके बाद क्रीमिया को यूक्रेन से हड़पने के बाद से रूस-यूक्रेनी तनाव कई वर्षों से जारी है। 24 फरवरी, 2022 को सुबह 10.15 बजे रूसी राष्ट्रपति व्लादिमीर पुतिन ने यूक्रेन के खिलाफ "विशेष सैन्य अभियान" की घोषणा की।

रूसी यूक्रेनी सेनाओं के बीच तीव्र लड़ाई अभी भी जारी है (दिसम्बर 2023 तक), रूस ने यूक्रेन के कई यूक्रेनी शहरों जैसे कीव (Kyiv), खार्किव (Kharkiv) और ओडेसा (Odesa) पर बमबारी जारी रखी है। बताया गया है कि यूक्रेनी सेना भी रूसी सेना के खिलाफ कड़ा जवाबी हमला कर रही है। 22 मार्च 2022 तक, "सुपर शक्तिशाली बमों" ने मारियुपोल को हिला दिया, जो निरंतर रूसी बमबारी के बाद मलबे में तब्दील हो गया है। खबर है कि रूस ने यूक्रेन के खिलाफ ***किंजल*** (Kinzhal) नाम की किलर हाइपरसोनिक मिसाइल का इस्तेमाल किया है।

रूस यूक्रेन को उत्तर अटलांटिक संधि संगठन (नाटो) (North Atlantic Treaty Organization—NATO) में शामिल होने की इच्छा जताने पर गंभीर परिणाम भुगतने की चेतावनी देता रहा है। पोलैंड, हंगरी और चेक गणराज्य जैसे कई पूर्वी यूरोपीय राज्य पहले ही नाटो में शामिल हो चुके हैं। 2004 में रोमानिया, लिथुआनिया, एस्टोनिया जैसे कई अन्य देश नाटो में शामिल हुए। यूक्रेन द्वारा नाटो में शामिल होने की इच्छा जताने से ऐसा लगने लगा था कि नाटो रूस के दरवाजे तक पहुंच जाएगा और उसे चुनौती देगा। इसके साथ ही, जैसे ही 2021 में यूक्रेन के खिलाफ रूसी तैयारी तेज हुई, ***अमेरिका यूक्रेन के साथ रणनीतिक साझेदारी पर यूएस-यूक्रेन चार्टर में शामिल हुआ***, जिसका उद्देश्य रूसी आक्रामकता का मुकाबला करना था।जनवरी 2022 में, अमेरिका ने यूक्रेन को घातक और गैर-घातक सहायता की एक बड़ी डिलीवरी भी की। इससे रूस भी नाराज हो गया।

संकट की शुरुआत के बाद से, भारत पश्चिम की प्रतिक्रियाओं के साथ-साथ रूस के साथ लंबे समय से चले आ रहे संबंधों को बनाए रखने के बीच संतुलन बनाकर चल रहा है। भारत ने 27 फरवरी, 2022 को संयुक्त राष्ट्र सुरक्षा परिषद में यूक्रेन की स्थिति पर प्रस्ताव पर मतदान में भाग नहीं लिया। भारत ने यूक्रेन पर हमले के लिए रूस की निंदा करने वाले प्रस्ताव पर संयुक्त राष्ट्र महासभा में मतदान में भी भाग नहीं लिया। कथित तौर पर भारत रियायती मूल्य पर रूसी तेल खरीदने के लिए भी बातचीत कर रहा है। भारत की भू-राजनीतिक मजबूरी (बड़ा पड़ोसी चीन) और उसकी रक्षा आवश्यकताएं (सोवियत/रूस निर्मित रक्षा

उपकरण/शस्त्रागार/लड़ाकू विमान/मिसाइल रक्षा प्रणाली) भारत के लिए रूसी आक्रमण की पूर्ण निंदा करने के लिए बहुत कम जगह छोड़ती हैं। दूसरी ओर, भारत अमेरिका, जापान और ऑस्ट्रेलिया के साथ उभरते चीनी खतरे के सामने एक स्वतंत्र, खुले और नियम-आधारित इंडो-पैसिफिक क्षेत्र को सुनिश्चित करने के लिए क्वाड (QUAD) के एक हिस्से के रूप में शामिल होनें में दिलचस्पी ले रहा है। भारत के विदेश मंत्री, एस जयशंकर ने उभरती वैश्विक व्यवस्था में भारत की 'बहुपक्षीय भागीदारी' पर जोर दिया। भारत यूक्रेनी संकट में गुटनिरपेक्षता नहीं बल्कि 'सक्रिय तटस्थता' की भूमिका कर रहा है और साथ ही दुनिया के साथ जुड़ रहा है। ***ऑपरेशन गंगा*** (Operation Ganga) के जरिए भारत ने यूक्रेन से भारतीयों को सुरक्षित निकाला जो काफी सराहनीय है।

मार्च 2022 में ऑस्ट्रेलियाई प्रधानमंत्री स्कॉट मॉरिसन और भारतीय प्रधानमंत्री नरेंद्र मोदी के बीच हालिया बैठक में, ऑस्ट्रेलियाई प्रधानसंत्री ने स्पष्ट किया कि यूक्रेन संकट पर भारत की स्थिति को समझा जा सकता है कि क्यों भारत एक संतुलित स्थिति अपना रहा है और यूक्रेन संकट को कम करने के लिए बातचीत और कूटनीति का उपयोग कर रहा है।

मार्च 2022 में जापानी प्रधानमंत्री फुमियो किशिदा (Fumio Kishida) के साथ एक अन्य बैठक में, प्रधानमंत्री नरेंद्र मोदी, ने यूक्रेन में मानवीय संकट पर गंभीर चिंता व्यक्त की दोनों ने अपनी राय व्यक्त करते हुए कहा कि यूक्रेनी संकट को उसके बड़े प्रभाव के संर्दभ में मूल्यांकन करने के महत्व पर जोर दिया, खासकर भारत-प्रशांत क्षेत्र के संर्दभ में।

24 मार्च, 2022 तक, भारत ने संयुक्त राष्ट्र सुरक्षा परिषद के 12 अन्य सदस्यों के साथ यूक्रेन में मानवीय संकट पर रूस द्वारा लाए गए एक प्रस्ताव पर रूस-यूक्रेन स्थिति पर मतदान से परहेज किया। प्रस्ताव को संयुक्त राष्ट्र सुरक्षा परिषद द्वारा नहीं अपनाया गया क्योंकि इसे रूस और चीन से केवल 2 हाँ (yes) वोट मिले और 13 वोट नहीं मिले। प्रस्ताव में मांग की गई कि "मानवीय कर्मियों और महिलाओं और बच्चों सहित कमजोर परिस्थितियों में रहने वाले व्यक्तियों को पूरी तरह से संरक्षित किया जाए, नागरिकों की सुरक्षित, त्वरित, स्वैच्छिक और निर्बाध निकासी को सक्षम करने के लिए बातचीत के जरिए युद्धविराम का आह्वान किया जाए और संबंधित पक्षों की आवश्यकता को रेखांकित किया जाए जो इसके मानवतावादी समाधान के प्रति सहमत है"।

देखना होगा कि रूस-यूक्रेन संकट क्या मोड़ लेता है और क्या वैश्विक राजनीति में विश्व व्यवस्था में बदलाव होता है या नहीं।

श्रीलंकाई आर्थिक संकट (Sri Lankan Economic Crisis)

दक्षिण में भारत का पड़ोसी देश श्रीलंका फरवरी 2022 से तीव्र आर्थिक संकट में फंस गया है। श्रीलंकाई आर्थिक मंदी के कारण विदेशी मुद्रा की कमी देखी जा रही है जिससे भोजन सहित आवश्यक वस्तुओं का आयात नहीं हो पा रहा है। इसलिए दूध, ब्रेड, चावल, खाद्यान्न और सब्जियों जैसी आवश्यक वस्तुओं की कीमतें बढ़ रही हैं। पेट्रोल और डीज़ल की इतनी कमी हो गई है कि विरोध प्रदर्शन शुरू हो गए हैं और पेट्रोल पंपों पर सेना तैनात करनी पड़ी है। महामारी के कारण पर्यटन क्षेत्र में गिरावट ने मंदी में बहुत योगदान दिया है। इसके अतिरिक्त, हंबनटोटा बंदरगाह और कोलंबो पोर्ट सिटी जैसी परियोजनाओं में चीन के निवेश के लिए श्रीलंका पर चीन का भारी ऋण बकाया है। चीन से श्रीलंका ने लगभग 5 बिलियन डॉलर का उधार लिया है जो देश के विदेशी ऋण का लगभग 10% है। चीन ने श्रीलंका की मदद करने से परहेज किया है, हालांकि

श्रीलंका उसके *बेल्ट एंड रोड इनिशिएटिव* (बीआरआई) (Belt and Road Initiative—BRI) के अंतर्गत है और बीआरआई को साकार करने के लिए अधिकांश चीनी निवेश और ऋण देश में आए थे। भारत ने दवाओं, भोजन और अन्य आवश्यक वस्तुओं की खरीद के लिए श्रीलंका को 1 बिलियन डॉलर का ऋण दिया है। ऐसी संकटपूर्ण स्थिति में भारत ने चीन की तुलना में एक भरोसेमंद पड़ोसी की भूमिका निभाई। हालाँकि, यह आर्थिक संकट श्रीलंका से विशेषकर तमिलनाडु में शरणार्थियों की आमद को बढ़ा सकता है। भारत को श्रीलंका के प्रति अपने दृष्टिकोण में सावधान रहना होगा क्योंकि चीन का मुकाबला करने के लिए भारत को अपने हिंद महासागर के पड़ोस को सुरक्षित करना होगा।

अभ्यास

1. 2 जनवरी, 2016 को पठानकोट के वायु सेना अड्डे पर हुए आतंकवादी हमलों पर टिप्पणी करें।
2. आप कैसे सोचते हैं कि आईएसआईएस (ISIS) विश्व शांति के लिए ख़तरा है?
3. अंतर्राष्ट्रीय बाज़ार में कच्चे तेल की कीमतों में गिरावट और इसके आवश्यक परिणामों का विश्लेषण करें।
4. यूरोप की ओर बढ़ रहे 'नाव वालों' पर एक नोट लिखिए।
5. यूरोपीय संघ की स्थिरता के लिए बढ़ते खतरे के रूप में यूरोज़ोन संकट की जाँच करें।
6. चीन और भारत के बीच डोकलाम गतिरोध पर टिप्पणी करें।
7. अफगानिस्तान संकट पर संक्षेप में टिप्पणी करें।
8. रूस-यूक्रेन युद्ध के बारे में अपना दृष्टिकोण दीजिए।

अनुक्रमणिका